중등 국어 임용
시험 대비

최병해 전공국어
고전시가

머리말 Preface

> **국어 교사 임용 시험 – 고전시가를 어떻게 하면 효과적으로 공부할 수 있을까?**

이 책은 위의 질문에 대한 편저자 나름의 학습 방법을 제시하고 있다.

고전시가 문제에 대응하기 위해서는 먼저 기출문제가 어떻게 출제되었는지 검토할 필요가 있다. 이 책에서 기출문제는 해당 작품 뒤에 실었으며, 특히 2014년 이후의 서답형 문제는 모두 실어놓았다. (기출문제의 유형을 통해 접근하려면 편자의 『문학 서답형 10개년 기출문제 풀이(법률저널)』와 함께 공부하는 것이 많은 도움이 된다.)

고전시가 문제를 잘 풀기 위해 다음과 같은 능력이 요구된다. **첫째**, 고전 문학사의 흐름 및 고전시가의 영향 관계를 문학사적 맥락 차원에서 알고 있어야 하고, **둘째**, 고전시가 각 하위 갈래의 특징을 알고 그것을 작품 감상에 적용할 수 있어야 하며, **셋째**, 고전시가 작품을 통합적으로 감상할 수 있어야 하고, 마지막으로 적절한 예상 문제를 통해 문제를 파악하고 그에 대해 답안을 쓰는 능력을 길러가야 한다.

그래서 이 책에서는 교사임용 시험 고전시가 학습에 요구되는 과제를 **4단계로 나누어 구성**하였다.

1단계는 고전 문학사의 흐름 및 고전시가의 영향 관계를 문학사적 맥락에서 이해하는 단계이다. 이 단계는 고전문학사의 맥락을 제대로 이해하고, 고전문학사 도표를 통해 고전시가의 형식적 영향 관계를 잘 파악하는 것이 중점이다.

2단계는 고전시가 하위 갈래의 특징을 이해하고, 그것을 작품 감상에 적용하는 단계이다. 이 단계는 고전시가 각 하위 갈래들의 내용적, 형식적 특징을 파악하여 개별 작품을 감상할 때 그 특징을 적용하여 감상하는 것에 중점을 둔다.

3단계는 출제 방향을 알고 고전시가 작품을 통합적으로 감상하는 단계이다. 이 단계는 개별 작품의 출제 방향 알기, 작품 해석, 핵심 정리, 이해와 감상 및 주요 내용 등으로 이루어진다. 실제 강의에서는 작품을 내용 요소와 형식(표현) 요소로 나누어 구성 요소를 파악하고, 그 구성 요소들의 의미와 한계 등을 살펴봄으로서 최근 출제되는 시험 경향에 맞추어 강의가 이루어진다.

4단계는 작품별 기출문제 풀이 및 예상 문제에 대한 답안 쓰기로 실전 완벽하게 대비하는 단계이다. 먼저 기출문제 분석 및 풀이를 통해 작품과 관련된 내용이 실제 시험에서 어떻게 출제되었는지 확인한다. 그리고 주요 작품마다 예상 문제 및 답안 쓰기 연습 등이 이루어지게 한다. 서답형 시험은 내용 이해나 작품 감상 능력도 중요하지만, 예상 문제를 통해 문제를 파악하고 답을 적는 활동이 중요하다. 예상 문제 및 답안 쓰기 연습를 통해 문제 파악 능력과 답안 쓰기 능력을 길러갈 수 있다.

예비 교사들은 위에서 제시한 이 교재의 구성 원리를 알고 공부하면 훨씬 효과적으로 공부할 수 있다.

이 책이 예비 교사 여러분의 교사 임용 시험 합격에 많은 도움이 되기를 바란다.

Contents 목차

PART 1 문학 평가에 대한 이해 및 대응 방법

제1장 고전시가 기출문제 분석
- 제1절 고전시가 기출문제의 문제 유형 방법 — 16
- 제2절 연도에 따른 고전시가 출제 작자 및 작품 — 21
- 제3절 시대와 갈래에 따른 출제작자 및 작품 — 23
- 제4절 고전시가 기출문제 작품 및 중요 작품 — 25

제2장 임용 시험 고전시가 학습 방법 — 30
- 제1절 임용시험 고전시가에 대한 접근 방법 — 30
- 제2절 고전시가 기출문제 학습 방법 — 32
- 제3절 고전시가 서답형 문제 및 대응 방법 — 44
- 제4절 개정 교육과정에 따른 문학 14종 수록 작품 — 69

PART 2 고전시가 이해 및 작품 감상

제1장 고전문학사 — 82
- 제1절 원시·고대 문학 — 82
- 제2절 중세 전기 문학 — 84
- 제3절 중세 후기 문학 — 87
- 제4절 근대 이행기 문학 — 93

제2장 고전시가의 이해 — 100
- 제1절 고전시가의 개념 및 하위 갈래 — 100
- 제2절 고전시가 형식면의 영향 관계 — 102

제3장 고대 가요 — 112
- 제1절 고대 가요 이해 — 112
- 제2절 고대 가요 작품 감상 — 117
  1. 구지가(龜旨歌) — 117
  2. 해가사(海歌詞) — 122
  3. 황조가(黃鳥歌) — 124
  4. 공무도하가(公無渡河歌) — 128
  5. 정읍사(井邑詞) — 134

제4장 향가 — 142
- 제1절 향가 이해 — 142
- 제2절 향가 작품 감상 — 150
  1. 도솔가(兜率歌) — 150
  2. 서동요(薯童謠) — 152
  3. 헌화가(獻花歌) — 157
  4. 제망매가(祭亡妹歌) — 159
  5. 찬기파랑가(讚耆婆郞歌) — 168
  6. 안민가(安民歌) — 173
  7. 처용가(處容歌) — 181
  8. 혜성가(彗星歌) — 192
  9. 원왕생가(願往生歌) — 196
  10. 원가(怨歌) — 200
  11. 풍요(風謠) — 202
  12. 모죽지랑가(慕竹旨郞歌) — 203
  13. 우적가(遇賊歌) — 207
  14. 도천수관음가(禱千手觀音歌, 천수대비가) — 208
  15. 보현십원가(普賢十願歌) — 212

제5장 고려 속요   216

제1절	향가계 여요	216
제2절	고려 속요	218
제3절	고려 속요의 양상	223
제4절	소악부	225
제5절	고려 속요 작품 감상	226
	1 동동(動動)	226
	2 사모곡(思母曲)	234
	3 상저가	236
	4 가시리	238
	5 서경별곡(西京別曲)	243
	6 청산별곡(靑山別曲)	249
	7 정석가(鄭石歌)	256
	8 정과정(鄭瓜亭)	263
	9 쌍화점(雙花店)	272
	10 만전춘(滿殿春)	279
	11 이상곡(履霜曲)	285

제6장 경기체가   292

제1절	경기체가 이해	292
제2절	경기체가 작품 감상	299
	1 한림별곡(翰林別曲)	299
	2 상대별곡(霜臺別曲)	306
	3 관동별곡	309
	4 독락팔곡	311

제7장 악 장   318

제1절	악장 이해	318
제2절	악장 작품 감상	320
	1 용비어천가(龍飛御天歌)	320
	2 월인천강지곡(月印千江之曲)	334
	3 신도가(新都歌)	336
	4 감군은(感君恩)	340

제8장 시 조   346

제1절	시조 이해	346
제2절	시조 작품 감상 (1) 고려 후기	362
	1 梨花(이화)에 月白(월백)ᄒᆞ고	362
	2 春山(춘산)에 눈 녹인 바롬	363
	3 ᄒᆞᆫ 손에 막ᄃᆡ 잡고	364
	4 하여가(何如歌)	365
	5 단심가(丹心歌)	366
	6 가마귀 싸호는 골에	369
	7 白雪(백설)이 ᄌᆞ자진 골에	371
	8 구룸이 無心(무심)튼 말이	372
제3절	시조 작품 감상 (2) 조선 전기	373
	1 五百年(오백년) 都邑地(도읍지)를	373
	2 興亡(흥망)이 有數(유수)ᄒᆞ니	374
	3 눈 마ᄌ 휘어진 ᄃᆡ를	375
	4 仙人橋(선인교) 나린 물이	376
	5 가마귀 검다 ᄒᆞ고	377
	6 朔風(삭풍)은 나모 긋희 불고	378
	7 首陽山(수양산) 바라보며	379
	8 이 몸이 주거 가셔	380
	9 가마귀 눈비 마ᄌ	381
	10 房(방) 안에 혓는 燭(촉)불	382
	11 千萬里(천만 리) 머나먼 길히	383
	12 간밤에 우던 여흘	384
	13 이시렴 브디 갈짜	385
	14 강호사시가(江湖四時歌)	386
	15 聾巖(농암)애 올아 보니	389
	16 어부단가(漁父短歌, 어부가)	391
	17 말 업슨 靑山(청산)이요	394
	18 秋江(추강)에 밤이 드니	395
	19 대쵸볼 불근 골에	396
	20 삿갓셰 되롱이 입고	397
	21 十年(십 년)을 經營(경영)ᄒᆞ여	398
	22 ᄆᆞ음이 어린 後(후) ㅣ니	399
	23 재 너머 成勸農(성권롱) 집의	400

Contents 목차

24 두류산 양단수를	401	9 노래 삼긴 사람	484
25 三冬(삼동)에 뵈옷 닙고	402	10 춘산곡(春山曲)	485
26 녹초청강상(綠草晴江上)에	403	11 가노라 三角山(삼각산)아	486
27 올히 달은 다리	404	12 국치비가(國恥悲歌)	487
28 風霜(풍상)이 섯거친 날에	405	13 청석령 지났느냐	488
29 오륜가(五倫歌)	406	14 전가팔곡(田家八曲)	489
30 훈민가(訓民歌)	410	15 菊花(국화)야, 너난 어이	491
31 도산십이곡(陶山十二曲)	414	16 님이 헤오시매	492
32 淸凉山(청량산) 六六峰(육륙봉)을	425	17 하하 허허 흔들(笑意歌)	492
33 고산구곡가(高山九曲歌)	426	18 주려 주그려 하고	493
34 태산이 높다하되	431	19 농가 구장(農歌九章)	494
35 한거십팔곡(閑居十八曲)	432	20 江山(강산) 죠흔 景(경)을	498
36 꿈에 단니는 길히	439	21 書劍(서검)을 못 일우고	498
37 사랑이 엇써터니	440	22 田園(전원)에 나믄 興(흥)을	499
38 간밤에 부던 바람에	441	23 白鷗(백구)야 말 물어 보자	500
39 오면 가랴 하고	442	24 草庵(초암)이 寂寥(적료)한 디	500
40 북창이 맑다커늘	443	25 내 사리 담박한 중에	501
41 어이 얼어 잘이	444	26 뉘라서 가마귀를	502
42 冬至(동지)ㅅ달 기나긴 밤을	445	27 님 글인 相思夢(상사몽)이	503
43 어져 내 일이야	446	28 매화사(梅花詞)	504
44 靑山裏(청산리) 碧溪水(벽계수)ㅣ야	447	29 고울사 저 꽃이여	505
45 내 언제 무신(無信)하야	448	30 믜암이 밉다 울고	506
46 梨花雨(이화우) 훗색릴 제	449	31 靑山(청산)도 절로절로	506
47 묏버들 갈히 것거	449	32 한숨아 바람이 되고	507
48 내 마음 버혀내여	451	33 나뷔야 청산 가쟈	508
49 청초(靑草) 우거진 골에	452	34 굼벵이 매암이 되야	508
50 지당(池塘)에 비 뿌리고	453	35 풍파에 놀란 사공	509
제4절 시조 작품 감상 (3) 조선 후기	454	36 한산섬 달 밝은 밤에	510
1 어부사시사(漁父四時詞)	454	37 청강(淸江)에 비 듣는 소리	511
2 오우가(五友歌)	469	38 철령(鐵嶺) 높은 봉(峯)에	512
3 만흥(漫興)	473	39 동창(東窓)이 밝았느냐	513
4 견회요(遣懷謠)	475	40 아침은 비 오더니	514
5 盤中(반중) 早紅(조홍)감이	479	41 사랑이 거즛말이	515
6 동기로 세 몸 되어	480	42 빈천(貧賤)을 팔랴 하고	516
7 짚방석 내지 마라	481	43 말하기 좋다 하고	517
8 山村(산촌)에 눈이 오니	482	44 마음이 지척(咫尺)이면	518
		45 단가 육장(短歌六章)	519

	46 박인로 자경가(自警歌)	521	**제9장**	**가사**	**572**
	47 박인로의 입암(立巖) 29곡	522	제1절	가사 이해	572
	48 신계영의 탄로가(嘆老歌)	524	제2절	가사 작품 감상 ⑴ 조선 전기	586
제5절	사설시조(조선 후기) 이해	526	1	상춘곡(賞春曲)	587
제6절	사설시조 작품 감상 ⑴ 조선 후기	529	2	만분가(萬憤歌)	593
	1 흔 盞(잔) 먹새그려	529	3	면앙정가(俛仰亭歌)	601
	2 書房(서방)님 병 들여 두고	531	4	성산별곡(星山別曲)	611
	3 갓나희들이 여러 층이오레	532	5	관동별곡(關東別曲)	621
	4 나모도 바히돌도 업슨 뫼헤	533	6	사미인곡(思美人曲)	636
	5 님 그려 겨오 든 잠에	534	7	속미인곡(續美人曲)	645
	6 귀쏘리 져 귀쏘리	535	8	규원가(閨怨歌)	656
	7 개를 여라믄이나 기르되	536	제3절	가사 작품 감상 ⑵ 조선 후기	666
	8 님이 오마 ᄒᆞ거늘	540	1	선상탄(船上歎)	667
	9 붉가버슨 兒孩(아해)ㅣ 들리	541	2	누항사(陋巷詞)	676
	10 식어마님 며느리 낫바	542	3	태평사(太平詞)	688
	11 논 밭 갈아 기음 매고	545	4	만언사(萬言詞)	694
	12 개야미 불개야미	546	5	탄궁가(嘆窮歌)	702
	13 대천 바다 한가온데	547	6	농가월령가(農家月令歌)	707
	14 두터비 ᄑᆞ리를 물고	548	7	일동장유가(日東壯遊歌)	715
	15 흔 눈 멀고 흔 다리 져는	549	8	연행가(燕行歌)	719
	16 窓(창) 내고쟈 窓(창)을 내고쟈	550	9	고공가(雇工歌)	727
	17 한숨아 셰한숨아	551	10	용부가(庸婦歌)	734
	18 내게는 원슈가 업셔	552	11	계녀가(誡女歌)	743
	19 어이 못 오던가	553	12	우부가(愚夫歌)	750
	20 틱(宅)들에 동난지이 사오	555	13	봉선화가	755
	21 가마귀 가마귀를 따라	556	14	덴동 어미 화전가	760
	22 일신이 사쟈 ᄒᆞ이	556	15	상사별곡(想思別曲)	765
	23 天寒(천한)코 雪深(설심)흔 날에	558	16	청춘과부가(靑春寡婦歌)	767
	24 곡구롱(谷口哢) 우는 소릭에	561	17	상사회답곡(相思回答曲)	775
	25 벽사창 밖이 어른어른ᄒᆞ거늘	562	18	갑민가	780
	26 재 우희 우쑥 션 소나모	563	19	춘면곡	783
	27 갈가보다 말가보다	564	20	농부가	788
	28 님으란 회양(淮陽) 금성(金城) 오리남기 되냐	565	21	영삼별곡	791
	29 브롬도 쉬여 넘는 고기	566	22	별사미인곡	795
	30 청천(靑天)에 떳는 기러기 한 쌍	567	23	북찬가(北竄歌)	797
제7절	사설시조 작품 감상 ⑵ 기타 작품	568			

Contents 목차

24 황계사(黃鷄詞)	800	
25 고공답주인가	802	
26 관등가(觀燈歌)	804	
28 기음 노래	806	

제10장 잡가 — 810

제1절 잡가 이해 — 810
제2절 잡가 작품 감상 — 814
 1 유산가(遊山歌) — 814
 2 영변가(민요 계열 잡가) — 819

제11장 민요 — 822

제1절 민요 이해 — 822
제2절 민요 작품 감상 — 828
 1 시집살이요 — 828
 2 아리랑 타령 — 837
 3 모내기 노래 — 842
 4 논매기 노래 — 843
 5 자장 노래 — 845
 6 잠 노래 — 846
 7 강강술래 — 847
 8 밀양 아리랑 — 848
 9 베틀 노래 — 850
 10 진도 아리랑 — 852
 11 정선 아리랑 — 853
 12 수심가(愁心歌) — 854
 13 초부가(樵夫歌) — 855
 14 만가(輓歌) — 857
 15 창세가(創世歌) — 858
 16 여러 가지 민요 — 860

제12장 두시언해 — 864

제1절 두시언해 이해 — 864
제2절 두시언해 작품 감상 — 865
 1 춘망(春望) — 865
 2 강촌(江村) — 866
 3 절구(絶句) — 867
 4 등악양루(登岳陽樓) — 868
 5 등고(登高) — 869
 6 귀안(歸雁) — 870
 7 추흥(秋興) — 871

제13장 한 시 — 874

제1절 한시 이해 — 874
제2절 한시 작품 감상 — 877
 1 여수장우중문시(與隋將于仲文詩) — 877
 2 제가야산독서당(題伽倻山讀書堂) — 878
 3 추야우중(秋夜雨中) — 881
 4 송인(送人) — 882
 5 동명왕편(東明王篇) — 884
 6 시벽(詩癖) — 889
 7 사리화(沙里花) — 892
 8 부벽루(浮碧樓) — 893
 9 상률가(橡栗歌) — 897
 10 사청사우(乍晴乍雨) — 899
 11 영산가고(咏山家苦) — 900
 12 만보(晚步) — 901
 13 봄비 — 902
 14 빈녀음(貧女吟) — 903
 15 곡자(哭子) — 904
 16 불일암 인운 스님에게(佛日庵贈因雲釋) — 905
 17 잠령민정(蠶嶺閔亭) — 906
 18 산민(山民) — 907
 19 농가탄(農家歎) — 908
 20 탄빈(歎貧) — 909

21 이노행(貍奴行) 910
22 탐진촌요(耽津村謠) 912
23 보리타작(打麥行) 913
24 구우(久雨) 918
25 가마꾼(肩輿歎) 919
26 용산마을 아전[龍山吏] 922
27 과안락견(過安樂見:안락성을 지나며) 924
28 무제(無題) 925
29 절명시(絶命詩) 926
30 무어별 927
31 누항락 929
32 원생원 930
33 스무나무 밑의 931
34 유배지에서 아내의 죽음을 슬퍼하며(配所輓妻喪) 933

Guide 이 책의 활용법

❶ 고전문학사 흐름 파악으로 출제경향 완벽대비 가능

고전문학사의 흐름과 다양한 작품들 간의 관계를 정리하여 작품 감상을 좀더 효과적으로 할 수 있도록 하였습니다. 실제 시험에서도 문학사적 맥락을 묻는 문제와 작품 간 연관성을 묻는 문제들이 자주 출제되므로 이러한 출제경향을 대비할 수 있도록 구성하였습니다.

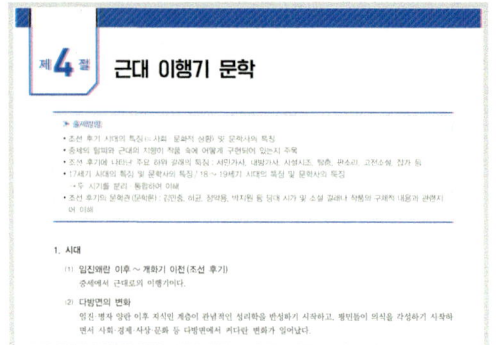

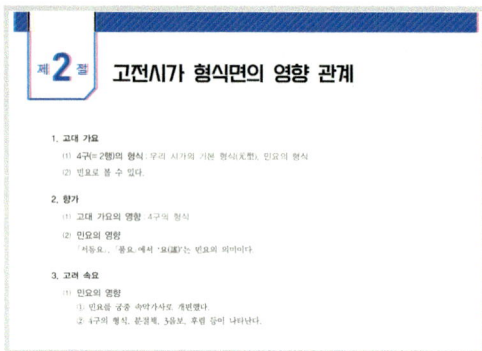

고전문학사의 흐름 이해
고전문학사를 크게 원시·고대, 중세, 근대 시기로 구분하였고, 각 시기에 새로 형성된 고전시가 갈래들을 체계적으로 정리하였습니다. 이를 통해 고전문학사의 흐름을 이해할 수 있어 작품을 보다 쉽게 감상할 수 있습니다.

고전시가 작품 간의 관계 파악
다양한 고전시가 작품들은 서로 형식과 내용면에서 관련이 있는 경우가 많습니다. 따라서 작품들 사이에 어떤 관련이 있는지를 보기 쉽게 정리하여 고전시가 작품들을 통사적으로 이해할 수 있습니다.

❷ 다양한 고전시가의 하위 갈래를 체계적으로 학습 가능

고전시가는 고대 가요, 향가, 고려 속요, 경기체가, 악장, 시조, 가사, 잡가, 민요, 두시언해, 한시 등 다양한 하위 갈래가 존재합니다. 이러한 다양한 하위 갈래별 특징을 분석하여 작품 감상을 좀더 효과적으로 할 수 있습니다.

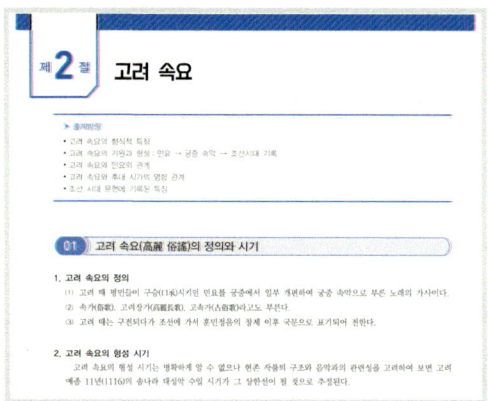

다양한 작품을 갈래별·시기순으로 제시
다양한 고전시가 작품들을 갈래를 기준으로 구분하여 한 갈래에 속하는 작품들을 모아 볼 수 있습니다. 또한 각 갈래를 형성 시기 순으로 수록하여 다양한 갈래의 변화과정을 파악할 수 있습니다.

핵심적인 특징들을 체계적으로 정리
각 갈래별로 형성 배경, 담당층과 향유층, 형식 및 내용의 특징 등 핵심적인 특징들을 체계적으로 정리하였습니다. 이를 통해 작품의 기본적인 특징뿐 아니라 작품을 보다 심층적으로 이해할 수 있습니다.

❸ 다양한 요소를 통한 효율적이 고전시가 작품 감상 가능

각 작품의 출제방향으로 작품 감상의 방향을 정한 후 작품 해석을 통해 작품을 이해하고, 작품의 주요 특징들을 정리하면서 방대하고 어려운 고전 작품들을 보다 효율적으로 감상할 수 있습니다.

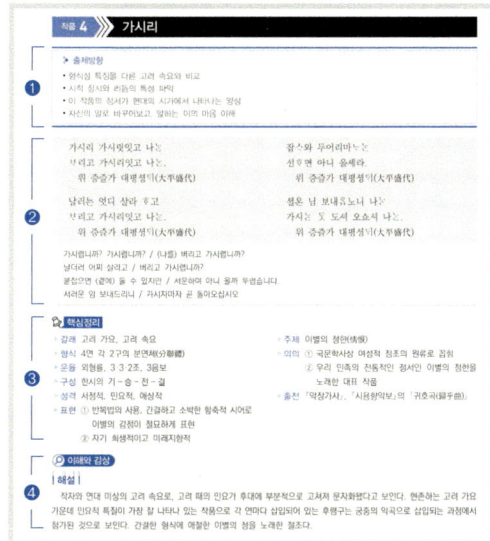

❶ 출제방향
작품에 대한 시험의 출제 방향을 먼저 제시하여 작품에서 중점적으로 학습할 부분을 파악할 수 있어 효율적인 학습이 가능합니다.

❷ 작품 해석
고전시가 원문 속 많은 고어나 한문에 대한 해석을 수록하여 작품을 보다 정확하고, 쉽게 이해할 수 있습니다.

❸ 핵심정리
작품의 핵심적인 특징을 한 눈에 볼 수 있도록 간략하고, 명확하게 정리하였습니다. 핵심정리에는 작자, 갈래, 주제, 의의 등으로 구분하여 정리하였습니다.

❹ 이해와 감상
작품에 대한 배경과 해설을 자세히 설명하여 작품에 대해 심층적인 이해가 가능하며, 작품에서 중요한 내용을 항목별로 제시하여 작품에 대한 이해의 폭을 넓힐 수 있습니다.

❹ 기출 및 예상문제를 통한 실전 감각 향상 가능

고전시가 작품이 실제 시험에서 어떻게 출제되었는지 살펴보고, 작품들을 문제에 적용하는 능력을 기를 수 있습니다. 또한 다양한 예상문제와 예상답안을 제공하여 임용시험에 완벽하게 대비할 수 있습니다.

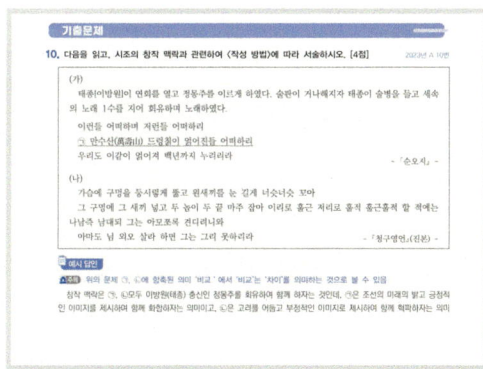

기출문제 · 예상답안
1996~2023학년도 기출문제를 수록하여 고전시가 작품의 출제방향을 알 수 있습니다. 기출문제를 통해 문제풀이 감각을 익힐 수 있으며 예상답안을 통해 자신이 작성한 답안과 비교해가며 답안 작성 능력을 기를 수 있습니다.

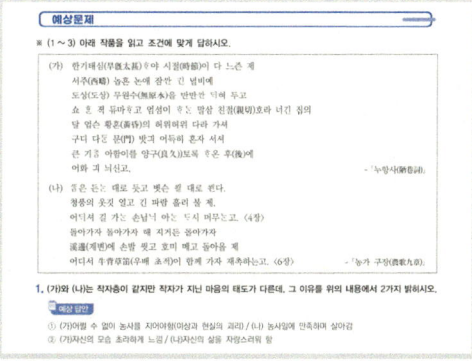

예상문제 · 예상답안
각 작품과 관련하여 예상문제를 수록하여 문제를 풀어봄으로써 문제파악 능력을 향상시킬 수 있습니다. 또한 예상답안을 통해 자신이 작성한 답안과 비교해가며 답안 작성 능력을 기를 수 있습니다.

최병해
고 / 전 / 시 / 가

Part 1

문학 평가에 대한 이해 및 대응 방법

최병해
고 / 전 / 시 / 가

chapter 1

고전시가 기출문제 분석

제1절 고전시가 기출문제의 문제 유형
제2절 연도에 따른 고전시가 출제 작자 및 작품
제3절 시대와 갈래에 따른 출제 작자 및 작품
제4절 고전시가 기출문제 작품 및 중요 작품

제1절 고전시가 기출문제의 문제 유형 방법

1 고전시가 관련 배경지식(문학·국문학일반)

문제 유형	출제 연도	문제의 세부 내용
1. 문학사 관련 문제	1996년 모의시험 3번	전통 계승의 측면에서 한국 문학사 기술상의 난점 / 외국 문학이 한국문학에 미친 영향 / 근대 문학 정립의 바람직한 방향
	1997년 7-1번	「관동별곡」 끝부분 - 이 작품에 영향을 미친 작품과 이 작품의 영향을 받은 작품
	2010년 선택형 26번	「원왕생가」, 길재의 「오백년 - 」, 사설시조 '귓도리 - 」 형식 측면의 문학사적 의의
	2010년 2차 논술형 2-2번	「처용가」, 박인로 「선상탄」, 김만중 「사씨남정기」의 문학사적 위상 설명
	2009년 선택형 27번 2011년 선택형 28번 2013년 선택형 27번	여러 시가 제시 - 역사적 전개 과정
	2020년 A형 9번	이현보 「어부가」와 윤선도 「어부사시사」 전승 및 영향관계 - 공감적·비판적 수용 찾기
	2022년 B 2번 (기)	「해가」, 「정석가」, 작자미상 시조 / 「정석가」와 「서경별곡」의 관련성 / 시조에 나타난 표현의 계승
2. 고전시가의 하위갈래	2013년 2차 논술형 2-3	기본갈래 교술과 서사 - 정훈의 「우활가」와 박지원의 「허생전」에서 작가가 현실에 대한 인식을 제시하는 방식을 갈래별 특징과 관련지어 서술
	1998년 8-1번	잡가 - 「유산가」 - 장르명과 향유계층 / 장르의 기능상 특징 / 민요, 시조, 가사, 판소리 등 다른 갈래와의 관련성
	1999년 10-1번	시조·가사 - 윤선도의 「어부사시사」와 박인로의 「태평사」의 장르상의 차이
	2000년 8-1번	가사·민요 - 「규원가」와 「시집살이 노래」 - 국문학상의 장르 명칭과 향유계층
	2016년 A 6번 (기)	고려속요 - 「가시리」, 「정석가」를 통해 고려속요 갈래의 형성배경 파악
	2009년 선택형 25번	경기체가 - 갈래의 전개와 구현양상 중심으로 작품 설명
	2012년 선택형 29번	향가 - 향가 특징과 배경 설화를 고려하여 「서동요」, 「혜성가」 비교
	2018년 A 6번 (기)	향가 - 「도솔가」를 통한 향가의 주술적 특징 이해
	2018년 B 서술형 2번	사설시조 - '어이 못 오던다'와 '천한코 설심한 날에'를 통해 사설시조 중장의 병렬(나열)의 차이
	2021년 B형 11번	시조 -이황, 「도산십이곡」 - 사대부 시조의 내용 파악(언지-언학)

문제 유형	출제 연도	문제의 세부 내용
3. 전통의 계승	1996년 모의시험 3번	고전 문학 전통이 근대문학에 계승된 실례
	2014년 A 10번 (기)	시가 형식 - 사모곡을 통해 사뇌가(향가)-사모곡-시조의 형식 계승
	2010년 2차 논술형 2-3번	고전문학과 현대문학 - 김만중 「사씨남정기」를 읽고 고전문학 작품의 현대적 의미 발견하도록 하는데 적합한 학습과제 2가지 및 그 과제의 의의
4. 한국문학과 자연	2004년 7-2번	「상춘곡」(정극인)과 「농가월령가」(정학유)의 자연에 대한 시각 비교 / 「상춘곡」에 나타난 조선 전기 사대부의 자연관
	2005년 27번	가마귀 소재 시조 두 편에서 가마귀 인식 태도
	2008년 15번	「면앙정가」, 「누항사」, 사설시조 「논밭 갈아 기음 매고」 등의 작품 - 시적화자에게 각 공간의 의미
	2016년 서술형 12번	성혼과 위백규의 시조에서 공간(자연)의 성격
	2017년 기입형 7번 (기)	「면앙정가」를 통해 자연 속에서 풍류적 삶을 지향하는 화자의 태도 이해
	2017년 논술형 8번	「오우가」와 「푸라타나스」에서 오우가의 주요 소재이 표사아는 인간의 덕목 / 푸라타나스가 시적 화자에게 어떤 의미인가 / 자연(물)에 대한 시적 화자의 인식의 공통점·차이점 「오우가」와 「푸라타나스」에 나타난 자연관을 중심으로 한국 문학의 특질 파악
	2018년 서술형 13번	주세붕의 「오륜가」와 곽시징 「오륜가」에 나타난 자연물을 찾고, 그것을 사용한 이유 밝힐 것
5. 미적범주	2004년 7-3번	「정석가」와 사설시조 「님이 오마 하거늘-」의 미적범주 제시 / 시상의 전개방식을 중심으로 미적범주의 구현양상 비교
6. 골계 (해학과 풍자)	2009년 2차 논술 2번	김병연 「과안락성-」, 사설시조 「개를 여라믄이나 - 」, 「박흥보가」 - 골계의 개념, 문학적 발상과 주체의 태도를 중심으로 골계의 양상과 특성 이해 - 학습 활동 3가지 및 기대할 수 있는 학습 효과
7. 문학과 문화	1998년 8-1번	「유산가」에 나타난 생활문화, 예술 문화
8. 모티프	2021년 A 4번	정서, 「정과정」, 정철 「속미인곡」, 이정보 사설시조 - 변신모티프에 나타난 정서
9. 배경 사상	2018년 6번 (기)	「도솔가」를 통한 향가의 주술적 특징 이해
10. 감상 방법 관련	2020년 A형 9번	이현보 「어부가」와 윤선도 「어부사시사」 전승 및 영향관계 - 공감적·비판적 수용 찾기
11. 기타		시조의 역사적 전개, 가사의 역사적 전개, 정약용의 한시 - 사회시, 조선시

2 고전시가 관련 사회·문화적 맥락(시대상황)

문제 유형	출제 연도	문제의 세부 내용
사회문화적 맥락 (=시대상황)	2006년 17번	「우부가」에서 작중화자가 비판하고자 한 개똥이의 행위와 당시의 세태를 분석하고, 비판의 잣대로 삼은 것을 밝힐 것
	2010년 논술형 2번	「처용가」, 박인로 「선상탄」, 김만중 「사씨남정기」에서 알 수 있는 사회적 문제를 작품 내·외적 근거로 해석할 것
	2013년 2차 논술형 2-3번	정훈의 「우활가」와 박지원의 「허생전」에서 작가가 현실에 대한 인식을 제시하는 방식을 갈래별 특징과 관련지어 서술
	2014년 논술형 2번	「사미인곡」과 「이춘풍전」에서 사미인곡의 시적화자와 '춘풍 처'와 같은 인간형이 갖는 시대적 의미를 제시할 것.
	2020년 B형 5번	누항사의 사회문화적 상황이 드러난 부분과 그 의미 누항사에 나타난 화자의 의식 – 이상과 현실의 괴리

3 고전시가 작품 분석 및 감상능력(구성요소의 의미·효과)

(1) 내용 요소

문제 유형	출제 연도	문제의 세부 내용
1. 정서	2011년 2차 논술형	「제망매가」, 「논메기 노래」, 「숙향전」의 내적 근거를 바탕으로 정서를 설명 / 정서에 주목하여 위 3작품의 효용 설명하되, 당대 문학 향유 맥락과 관련지을 것
	2023년 A 10번	이방원, 「하여가」, 정몽주, 「단심가」, 변안열(고려)의 시 – 두 작품의 주제 제시 / 함축적 의미의 비교
	2019년 A 서술형 10번	「서경별곡」과 3연과 「만언사」에서 시적화자의 주된 정서, 그 정서를 표현하는데 현상적 청자가 어떤 역할을 하는지 각각 서술
2. 시적화자 및 화자의 상황 / 화자의 대응 방법과 태도	1999년 10-2번	윤선도의 「어부사시사」와 박인로의 「태평사」의 삶의 태도의 차이
	2000년 8-2번	「규원가」와 「시집살이 노래」의 현실 대응방식의 차이 내적 근거로 서술하기
	2003년 7-1번	「제망매가」, 「정과정」, 사설시조「나모도 바히돌도」에 나타난 이별의 내용과 화자의 태도
	2011년 선택형 25번	박인로 「누항사」와 허전 「고공가」의 문제상황에 대한 문학적 해결 방안
	2014년 논술형 2번	「사미인곡」과 「이춘풍전」에서 사미인곡의 시적화자와 (나)의 '춘풍 처'가 처한 상황과 둘의 문제 해결 방식 대비 서술
	2015년 기입형 7번	「견회요」와 「별사미인곡」에서 상황이 드러나는 작품의 의도 파악하기
	2016년 서술형 12번	성혼과 위백규의 시조에서 시적 화자가 지향하는 삶

문제 유형	출제 연도	문제의 세부 내용
	2017년 기입형 7번	「면앙정가」에서 강호한정의 삶과 다른 의도를 드러낸 부분 찾기
	2018년 B 서술형 2번	사설시조 '어이 못 오던다'와 '천한코 설심한 날에'에서 각 작품의 상황에 대한 화자의 태도 차이
	2020년 B형 5번	누항사의 사회문화적 상황이 드러난 부분과 그 의미 누항사에 나타난 화자의 의식 – 이상과 현실의 괴리
	2021년 B형 11번	이황, 「도산십이곡」 – 사대부 시조의 내용 파악(언지-언학)
	2022년 B 10번	이이 「고산구곡가」, 권호문 「한거십팔곡」 / 화자의 미래에 대한 삶의 지향을 드러낸 말 및 그 의미 / 화자가 삶의 지향을 확립하기까지 고뇌의 과정을 알려주는 시어 및 그 의미
	2023년 B 9번	정철 「성산별곡」 – 시적화자의 상황 공간과 인물의 측면에서 파악 / 계절적 배경을 고려한 함축적 의미 및 화자의 심리
3. 작품 속의 갈등	2009년 대비 논술형 모의 2-1번	「온달전」, 「이생규장전」, 「시집살이 노래」에 나타난 갈등의 양상과 그 성격 – 서사적 갈등은 '자아와 세계의 관계'를 중심으로 설명
	2013년 2차 논술형 2-1번	권호문 「한거십팔곡」과 정훈 「우활가」에 형상화된 내적 갈등의 구체적인 양상과 이에 대한 화자의 태도 박지원 「허생전」에 드러나는 인물 간 대립의 구체적인 양상 및 그 의미를 당대 가치관의 변화와 관련지어 서술
4. 기타	제재의 의미, 제재의 의미 관계 / 공감적, 비판적 감상 / 비판적 수용 – 비판하는 내용, 비판하는 방법 / 작품에 나타난 한	

(2) 형식·표현 요소

문제 유형	출제 연도	문제의 세부 내용
	2001년 8-1번	상징 – 「공무도하가」, 「송인」(정지상), 「서경별곡」 3연 – 물의 의미
	2023년 A 10번	이방원, 「하여가」, 정몽주, 「단심가」, 변안열(고려)의 시 – 함축적 의미의 비교 / 두 작품의 주제 제시
비유, 상징(이미지) 시어의 의미	2023년 B 9번	정철 「성산별곡」 – 계절적 배경을 고려한 함축적 의미 및 화자의 심리 / 시적화자의 상황 공간과 인물의 측면에서 파악
	2022년 A 4번 (기)	허전의 「고공가」 / 대상의 의미 파악 / 국조 – 한어버이, 외부세력 – 화강도
	2015년 서술형 4번	상징 – 유응부 시조, 사설시조, 정호승 「맹인 부부 가수」 – 눈의 상징적 의미 / 개인적 상징과 구분되는 관습적 상징의 특징
후렴(운율)	2005년 23번	「청산별곡」의 가창방식과 후렴의 가창 효과
	2007년 19번	「한림별곡」 후렴의 시적 기능 / 잔치 상홍에서 후렴의 역할을 어조와 어법을 중심으로 서술

	1999년 5월 9-1번	「차마설」과 이황의 「청산은 어찌하여」의 시상전개 비교 - 문제오류 있음
	2002년 9-1번	「제가야산 독서당」(최치원)의 시상 전개방식
시상의 전개방식	2004년 7-3번	「정석가」와 사설시조 「님이 오마 하거늘-」의 미적범주 / 시상의 전개방식을 중심으로 미적범주의 구현양상 비교
	2007년 18번	「한림별곡」 1장과 8장의 내용 차이 및 1장과 8장의 시상 전개 파악하기
	2021년 A 3번 (기)	정서, 「정과정」, 정철 「속미인곡」, 이정보 사설시조 - 시상의 전개 방식 - 과거, ·현재 시간에 따른 시상 전개의 의미
기타		반어, 역설, 감정이입 / 개별 작품의 형식·운율 / 서술(표현)상의 차이

4 고전시가 소통·유통 관련 문제

문제 유형	출제 연도	문제의 세부 내용
작자 관련	1997년 7-1번	「관동별곡」 - 지어진 시기 작가의 전기적 사실 / 작가의 문학사적 위치를 박인로와 대비하여 서술
	2019번 A 6번 (기)	안민가의 창작 의도를 파악해가는 사고 과정
작품 내의 소통구조 (화자-청자의 소통 양상 / 화자-청자 관계 / 화자의 대상에 대한 태도)	2006년 16번	「구지가」, 「훈민가」(오늘도 다 새거다), 「우부가」를 화자와 청자의 관계를 중심으로 비교
	2019 서술형 A 10번	서경별곡 3연과 만언사에서 시적화자의 주된 정서, 그 정서를 표현하는데 현상적 청자가 어떤 역할을 하는지 각각 서술
	2018 서술형 A 13번	주세붕의 「오륜가」와 곽시징 「오륜가」에서 시적화자 또는 인물을 전달방식의 차이
	2005년 29번	시조 「가마귀 검다하고」, 시조 「가마기 싸우는 골에」의 화자 논쟁상황에서 박지원 「예덕선생전」 화자가 각 화자에 대해 어떤 입장 취하고 어떤 주장을 할지 추론하기
독자 관련	2003년 7-2번	「제망매가」와 「정과정」 감상할 때, 작가, 제목, 배경설화 등과 같은 배경지식을 고려하는 경우와 그렇지 않은 경우 해석의 차이
기타		독자 입장에서 비판적 수용

5 고전시가 문학교육 및 기타 문제

문제 유형	출제 연도	문제의 세부 내용
문학교육	2020년 A형 9번	이현보 「어부가」와 윤선도 「어부사시사」 전승 및 영향관계 - 공감적·비판적 수용 찾기

제 2 절 연도에 따른 고전시가 출제 작자 및 작품

년도	고전 시가 작자 및 작품
2023	이방원, 「하여가」, 정몽주, 「단심가」, 변안열(고려)의 시 / 정철 「성산별곡」
2022	고공가(허전) / 해가, 정석가(정서), 시조(작자 미상) / 고산구곡가(이이), 한거십팔곡(권호문)
2021	도산십이곡(이황) / 정과정(정서), 속미인곡(정철), 님으란 회양 금성(이정보)
2020	어부가(이현보), 어부사시사(윤선도) / 누항사(박인로)
2019	안민가 / 서경별곡, 만언사(안조환) / 봉림대군 시조 '청석령 지나거냐~
2018	도솔가(월명사) / 오륜가(시조; 주세붕), 오륜가(가사; 곽시징), / 어이 못 오던가, 천한코 설심한 날에(둘 다 사설시조)
2017	면앙정가(송순) / 오우가(윤선도)(현대시 프라타나스(김현승)
2016	가시리, 정석가 / 말 업슨 청산이오 (성혼), 서산에 돋을 볕 서고(위백규)
2015	견회요(윤선도), 별사미인곡(김춘택) / 시집살이 노래 / 간밤에 부는 바람에(유응부), 사설시조 '천한코 설심한 날에~ '
2014	사모곡 / 사미인곡(정철 – 논술형)
2013	정과정 / 장진주사 / 농암가(이현보), 산촌에(신흠), 영삼별곡(가사-권섭)
	2차 논술 – 한거십팔곡(권호문), 우활가(가사-정훈), 허생전(박지원)
2012	상대별곡 / 규원가, 용부가 / 정석가, 십년을 경영하여(시조), 님 그려 기피 든 병(사설시조), 선유가(잡가)
	2차 논술 – 관동별곡, 원광서학(삼국유사), 춘향가
2011	누항사(박인로), 고공가(허전) / 안민가 / 동동 12월, 한림별곡 2장, 오려 고개 숙고(시조), 일신이 사쟈하니 (사설시조)
	2차 논술 – 제망매가, 논매기 노래, 숙향전
2010	농가월령가, 복선화음가(가사) / 원왕생가, 오백년 도읍지를(시조), 귓도리 저 귓도리(사설시조) / 삼장(쌍화점)
	2차 논술 – 처용가, 선상탄(박인로), 사씨남정기(김만중)
2009	가시리 / 계녀가 / 춘풍에 화만사산하고, 하하 허허 한들, 전원에 나믄 흥을, 싀어머님 며느라기 낫바(모두 시조)
	2차 논술 – 안악성(김병연), 개를 여라믄이나 기르되(사설시조), 박흥보가
2008 모의	도솔가, 서동요, 혜성가 / 사미인곡 / 청산별곡
	2차 논술 – 온달전, 이생규장전, 시집살이 노래
2008	면앙정가(송순), 누항사(박인로), 논밭 갈아 기음 매고(사설시조)

년도	고전 시가 작자 및 작품
2007	한림별곡, 용제총화(성현)
2006	구지가, 훈민가(정철), 우부가
2005	가마귀 검다하고(시조), 가마귀 사호는 골에(시조)
2004	정석가, 상춘곡(정극인), 님이 오마 ᄒ거늘(사설시조)
2003	제망매가, 정과정(정서), 나모도 바히돌도 업슨 뫼헤(사설시조)
2002	제가야산독서당(최치원), 농암가(이현보), 관동별곡(정철)
2001	공무도하가, 송인(정지상), 서경별곡
2000	규원가(허난설헌), 시집살이 노래(민요)
1999/5	차마설(이곡), 청산은 어찌하여(도산십이곡, 이황)
1999	어부사시사(윤선도), 태평사(박인로), 객야(두시언해, 두보)
1998	유산가(잡가)
1997	관동별곡(정철)

제3절 시대와 갈래에 따른 출제작자 및 작품

갈래 및 시대		출제된 작가 및 작품
고대가요	삼국	해가(2022), 구지가(2006), 공무도하가(2001)
향가	신라	안민가(2019, 2011, 충담사), 도솔가(2018), 제망매가(2011 2차 논술, 2003, 월명사), 원왕생가(2010), 처용가(2010 2차 논술, 처용), 도솔가(2008 모의), 서동요(2008 모의), 혜성가(2008 모의),
고려속요 (소악부)	고려~조선	정석가(2022), 정과정(2021 정서) / 서경별곡(2019, 2001), 가시리(2016, 2009), 정석가(2016, 2012, 2004), 사모곡(2014), 정과정(2013, 2003, 정서), 동동 12월(2011), 삼장(쌍화점-소악부)(2010), 청산별곡(2008 모의),
경기체가		상대별곡(2012), 한림별곡 2장(2011, 2007)
시조	고려말	가마귀 사호는 골에(2005, 정몽주 모친) 이방원, 「하여가」, 정몽주, 「단심가」, 변안열(고려)의 시(2023)
	조선 전기	고산구곡가(2022 이이), 한거십팔곡(2022 권호문) / 도산십이곡(2021 이황) / 어부가(2020, 이현보), 오륜가(2018, 주세붕), 말 업슨 청산이오(2016, 성혼), 간밤에 부는 바람에(2015, 유응부), 농암가(2013, 2002, 이현보), 한거십팔곡(2013 2차, 권호문), 십년을 경영하여(2012, 송순), 오려 고개 숙고(2011, 이현보), 오백년 도읍지를(2010, 길재), 춘풍에 화만산하고(2009, 도산십이곡 제6곡, 이황), 훈민가(2006, 정철), 가마귀 검다하고(2005, 이직), 청산은 어찌하여(1999년 5월, 도산십이곡 제11곡, 이황)
	조선 후기 (이행기)	평시조 - 시조(작자 미상, 2022), 어부사시사(2020, 윤선도), 오우가(2017, 윤선도), 서산에 돋을 볕 서고(2016, 위백규), 견회요(2015, 윤선도), 산촌에(2013, 신흠), 하하 허허 한들(2009, 권섭), 전원에 나믄 흥을(2009, 김천택), 어부사시사(1999, 윤선도),
		님으란 회양 금성 (2021 이정보 사설시조) / 봉림대군 시조 '청석령 지나거냐~(2019)', 사설시조 - '어이 못 오던다~, 천한코 설심한 날에~ (2018)' '천한코 설심한 날에~ '(2015), 장진주사(2013, 정철), 님 그려 기피 든 병(2012), 일신이 사쟈하니(2011), 귓도리 저 귓도리(2010), 식어머님 며느라기 낫바(2009), 개를 여라믄이나 기르되(2009 2차 논술), 논밭 갈아 기음 매고(2008, 사설시조), 님이 오마 ᄒ거늘(2004), 나모도 바히돌도 업슨 뫼헤(2003)
가사	조선 전기	성산별곡(2023 정철), 속미인곡(2021 정철) / 오륜가(2018 곽시징), 면앙정가(2017, 2008, 송순), 사미인곡(2014, 2008 2차 모의논술, 정철) 규원가(2012, 2000, 허난설헌), 관동별곡(2012 2차 논술, 2002, 1997, 정철), 상춘곡(2004, 정극인)
	조선 후기 (이행기)	고공가(2022, 허전), 누항사(2020, 박인로), 만언사(2019, 안조환) 별사미인곡(2015, 김춘택), 우활가(2013 2차, 정훈), 영삼별곡(2013, 권섭), 용부가(2012), 누항사(2011, 2008, 박인로), 고공가(2011, 허전), 선상탄(2010 2차 논술, 박인로), 농가월령가(2010, 정학유), 복선화음가(2010), 계녀가(2009), 우부가(2006), 태평사(1999, 박인로)
두시언해	조선시대	객야(1999, 두시언해, 두보)

갈래 및 시대		출제된 작가 및 작품
잡가	조선후기	선유가(2012), 유산가(1998)
한시	삼국시대	제가야산독서당(2002, 최치원),
	고려시대	송인(2001, 정지상)
	조선시대	안악성(2009 2차 논술, 김삿갓)
민요	조선~현대	시집살이 노래(2015), 논매기 노래(2011 2차 논술), 시집살이 노래(2008 2차 모의 논술), 시집살이 노래(2000, 민요)

제4절 고전시가 기출문제 작품 및 중요 작품

갈래 및 시대		출제된 작품, 작가, 출제년도
고대가요	삼국	해가, 정석가, 시조(2022) //구지가(2006) // 공무도하가, 송인(정지상), 서경별곡(2001)
		* 황조가, 정읍사
향가	신라	도솔가 (2018) // 도솔가, 서동요, 혜성가(2008)
		서동요, 도솔가, 혜성가(2008) // 서동요 – 문법 관련 문제, 청산별곡 3장 (2005)
		월명사 – 제망매가(월명사), 논매기 노래, (숙향전)(2011) // 제망매가(월명사), 정과정(정서), 사설시조 '나모도 돌도–' (2003)
		충담사 – 안민가(충담사)(2019 // 2011)
		원왕생가, 오백년 도읍지를 (길재), 사설시조 '귓도리 –'(2010)
		처용가(처용), 선상탄(박인로), (사씨남정기(김만중)) (2010)
		* 제망매가, 찬기파랑가, 처용가(고려 처용가), 모죽지랑가, 혜성가
(한시)		한시 제가야산독서당(최치원) (2002)
고려 속요	고려~조선	서경별곡(2019, 2006) // 사모곡(2014) // 동동 12월(2011)
		청산별곡(2008) // 청산별곡 3장 (2005)
		가시리(2016), 가시리 (2009)
		정석가, 해가, 시조(2022), 정석가(2016) // 정석가, 십 년을 경영하여(송순), 사설시조 '님 그려 깊이 든 잠을–', 잡가 '선유가'(2012) // 정석가, 상춘곡(정극인), 사설시조 '님이 오마 하거늘–', 가사 농가월령가(정학유)(2004)
		정과정(2021) // 정과정(2013 / 2003),
		* 청산별곡, 동동, 처용가, 이상곡, 만전춘, 서경별곡, 가시리
소악부		소악부 삼장(쌍화점)(2010)
경기체가 (고려속요)	고려–조선	한림별곡 2장, 동동 12월, 오려 고개 숙고(이현보), 사설시조 '일신이 사자하니–'(2011) // 한림별곡 1장, 8장, 용제총화 자료(성현)(2007)
		상대별곡(2012)
		* 한림별곡
전기 시조	고려말	가마귀 사호는 골에(정몽주 모친)(2005) 이방원, 「하여가」, 정몽주, 「단심가」, 변안열(고려)의 시(2023)
	조선 전기	오백년 도읍지를(길재)(2010)
		가마귀 검다하고(이직), 예덕선생전(박지원)(2005)

갈래 및 시대		출제된 작품, 작가, 출제년도
		간밤에 부는 바람에(유응부) (2015)
		오려 고개 숙고(황희, 2011)
		이현보 - 어부가(이현보, 2020) // 오륜가(이현보, 2018) // 농암가(이현보, 2013)
		십년을 경영하여(2012, 송순)
		이황 - 도산십이곡(2021, 이황) // 춘풍에 화만산하고(도산십이곡 제6곡, 이황)(2009) // 청산은 어찌하여(1999년 5월, 도산십이곡 제11곡, 이황) / 차마설(이곡)(1991)
		이이, 권호문 - 고산구곡가, 한거십팔곡(2022)
		정철 - 훈민가(정철), 우부가, 구지가(2006)
		말 업슨 청산이오(성혼) / 서산에 돋을볕 서고(위백규)(2016)
전기 가사		정극인 - 상춘곡(정극인) (2004)
		송순 - 면앙정가(송순)(2017) // 가사 면앙정가(송순), 가사 누항사(박인로), 사설시조 '논밭 갈아 기음 매고-' (2008)
		성산별곡(2023,정철), 속미인곡(2021, 정철) // 사미인곡(정철), (「이춘풍전」)(2014) // 사미인곡(정철)(2008)
		관동별곡(정철), 원광서학, 춘향가(2012) // 관동별곡(정철)(2002) // 관동별곡(정철)(1997)
		허난설헌 - 규원가(허난설헌), 용부가(2012) // 규원가(허난설헌), 시집살이 노래(2000)
		* 상춘곡, 면앙정가, 만분가, 관동별곡, 사미인곡, 규원가
후기 시조		윤선도 - 어부사시사(2020, 윤선도) // 어부사시사(윤선도), 태평사(박인로), 두시언해 '객야'(두보)(1999) // 오우가(윤선도) (현대시 푸라타나스(김현승)(2017) // 견회요(윤선도), 별사미인곡(김춘택)(2015) //
		봉림대군 시조 (청석령 지나거냐(2019))
		산촌에(신흠), 농암가(이현보), 영삼별곡(권섭)(2013)
	조선 후기 (이행기)	시조(작자 미상), 해가, 정석가(2022) / 하하 허허 한들(권섭), 전원에 나믄 흥을(김천택), 춘풍에 화만산하고(도산십이곡 제6곡, 이황)(2009)
		서산에 돋을 볕 서고(위백규)(2016)
사설 시조		님은 회양 금성(2021, 이정보) / 사설시조 '어이 못 오던다 / 천한코 설심한 날에'(2018) // 사설시조 '천한코 설심한 날에-', 간밤에(유응부), 정호승 「맹인 부부 가수」(2015) // 사설시조 장진주사(정철), 석주 권필의 한역 장진주사 (2013) // 사설시조 님 그려 기피 든 병(2012) 사설시조 일신이 사쟈하니(2011) // 사설시조 귓도리 저 귓도리(2010) // 사설시조 싀어머님 며느라기 낫바(2009)// 사설시조 개를 여라믄이나 기르되, 안악성(김병연), (「박흥보가」)(2009 2차 논술) // 사설시조 논밭 갈아 기음 매고(2008) // 사설시조 님이 오마 ᄒᆞ거늘(2004) // 사설시조 나모도 바히돌도 업슨 뫼헤(2003)
후기 가사		박인로 - 누항사(2020, 박인로), // 누항사(박인로), 고공가(허전)(2011) // 누항사(박인로), 선상탄(박인로), 처용가(처용), 사씨남정기(김만중)(2010) // 태평사(박인로)

갈래 및 시대		출제된 작품, 작가, 출제년도
		만언사(안도환, 2019),
		오륜가(곽시징)(2018)
		우활가(정훈), 한거십팔곡(권호문), 허생전(박지원)(2013)
		별사미인곡(김춘택), 견회요(윤선도)(2015)
		영삼별곡(권섭), 산촌에(신흠), 농암가(이현보)(2013)
		고공가(2022) / 고공가(허전), 누항사(박인로) (2011)
		농가월령가(정학유), 복선화음가(이씨 부인)(2010)
		용부가, 규원가(허난설헌)(2012)
		계녀가(2009)
		우부가, 훈민가(정철), 구지가(2006)
		* 탄궁가, 상사화답가, 덴동어미 화전가, 용부가, 우부가, 누항사
두시언해	조선 전기	객야(두시언해, 두보)(1999)
잡가	조선 후기	선유가(2012)
		유산가(1998)
민요	조선~현대	논매기 노래(2011 2차 논술)
		시집살이 노래, (「심청가」)(2015) // 시집살이 노래(2000, 민요) // 시집살이 노래, (「온달전」/「이생규장전」)(2008)
		* 시집살이 노래, 아리랑 타령, 모내기 노래, 초부가
한시	삼국시대	제가야산독서당(2002, 최치원),
	고려시대	송인(정지상), 공무도하가, 서경별곡(2001)
	조선시대	구운몽 – 한시의 기능(2015)
		안악성(김병연), 사설시조 '개를 여남은 이나 –'(2009)
		* 동명왕편, 부벽루, 상률가, 사청사우, 산민, 이노행, 보리타작, 용산마을 아전

최병해
고/전/시/가

chapter 2
임용시험 고전시가 학습 방법

제1절 임용시험 고전시가 학습 방법
제2절 고전시가 기출문제 학습 방법
제3절 고전시가 서답형 문제 및 대응 방법
제4절 개정 교육과정에 따른 문학 14종 수록 작품

제1절 임용시험 고전시가에 대한 학습 방법

고전시가에 대한 접근 방법은 현대시와 거의 같다. 고전시가의 경우에도 첫째, 시의 구성 요소를 파악하고 그 의미나 효과 및 한계를 묻는 문제나 직접적인 감상 능력을 묻는 문제가 많이 출제되고 있다. 그래서 시(시가)의 기본 이론을 미리 공부하고, 개별적으로 이해 감상 및 적용 능력을 기르도록 하는 것이 좋다. 그리고 최근 개정된 2022 개정 교육과정도 주목할 필요가 있다. 고전시가는 현대시와 같은 서정 갈래이므로 다음과 같이 세 가지 분야로 나눠 학습하되, 작품을 통해 전체를 통합적으로 이해해야 한다.

01 시가(시)에 대한 일반적 지식

1. 세부 유형
  (1) 서정 갈래에 대한 일반론(작품의 내용·형식·표현 요소)
  (2) 문학사의 흐름
  (3) 작품의 하위 갈래 및 주요 작자에 관한 문제

2. 접근 방향

  유형 1은 그 자체로도 많은 문제로 출제되면서 아래에 이어지는 유형 2, 유형 3의 문제를 위해 꼭 필요한 지식이 된다. 문제 유형을 살펴보면 대체로 유형 1의 내용을 바탕으로 출제되므로 미리 잘 이해하도록 한다.

  서정 갈래의 내용적·형식적 특징을 세밀히 살펴보고, 그것을 바탕으로 그 작품의 의의를 공부한다. (시의 구성 요소 (시어, 기법, 이미지, 비유·상징, 운율, 어조, 서정적 자아) 등) 그리고 당대 현실과 관련이 있는 작품의 시대적 배경이나, 중요한 작품의 문학사적 배경 등도 주목해야 한다.

  고전시가에서 특히 주목할 것은 하위 갈래의 특징 및 갈래들의 전승 관계이다.
  (1) 시가 감상에 필요한 이론 (구성 요소의 종류, 개념, 특징 및 감상의 방법)
  (2) 하위 갈래의 특징 및 문학사의 흐름 : 문학사 도표 및 교재 참고

02 시가(시) 작품에 대한 감상 능력

1. 세부 유형

  작품의 내용·형식·표현의 의미·효과 파악 및 다른 작품과의 비교(작품에 대한 감상 및 텍스트 상호성에 의한 접근)

2. 접근 방향

  시(시가)의 감상 능력과 유형1의 시의 구성 요소에 대한 기본적 이론을 바탕으로 개별 작품의 내용적·형식적·표현적 특징을 세밀히 파악하고, 그것에 담긴 의미와 효과 및 한계를 생각하며 감상하면서, 그 작품이 지닌 의의를 이해한다. 그리고 그 작품과 내용·형식·표현의 측면에서 관련이 있는 다른 작품을 제시하여 서로 비교하고 그 공통점과 차이점을 파악해 보도록 한다.
  (1) 기본 갈래와 하위 갈래를 고려한 주요 작품의 내용, 형식, 표현 요소 파악
  (2) 개별 작품이 지닌 의미·효과 및 한계의 파악을 통한 감상 및 창조적 감상

(3) 개별 작품끼리 텍스트 상호성 : 내용, 형식, 표현의 장르별, 시대별 상호 관련성 및 공통점·차이점 파악
    ① 내용 : 소재, 주제, 정서, 시적 화자, 시적 상황, 이미지
    ② 형식 : 운율, 행, 연, 구조
    ③ 표현 : 비유, 상징, 반어, 역설
(4) 시가 및 시 감상의 주요 요소 및 용어 정리

구분			세부 내용		고등 국어의 개념	
작품 외적			작자		표현론	
			사회적 배경, 내용과 관련지어		반영론	
			독자		효용론	
작품 내적	내용		시적 화자 및 시적 화자의 상황, 내용 전개, 소재(제재), 주제, 정서, 어조, 미적 범주 등			소통론
			이미지(감각)	형상성	구조론	
	형식	형식	운율(음보율, 음위율(각운), 반복(단어, 통사구조), 대구, 열거, 문장부호, 의성어·의태어 등)	음악성		
			시어, 행, 연 등 시상 전개 방식(형태)			
		표현	비유, 상징, 반어, 역설, 감정 이입 등의 시적 표현, 이미지(표현 방법)	함축성		

03 시(시가) 교육에서 교사의 학습 지도 능력 및 교육 능력

1. 세부 유형
   (1) 작품의 지도 내용
   (2) 작품과 관련된 교수·학습 방법 : 학습지도안과 관련하여 이해

2. 접근 방향
   유형 3의 분야는 유형 1의 지식과 유형 2의 감상 능력을 바탕으로 하면서 그것을 교수·학습 상황에서 학생들에게 어떻게 적용하여 지도하는가에 관한 문제이다. 이 분야의 문제는 교육과정을 참고하는 것이 좋다. 이러한 유형은 뒤섞여 나타나는 경우가 많다. 이 분야는 1차, 2차 시험에서 모두 중요하고, 특히 2차 시험에서 동점일 경우 당락을 결정하므로 공부를 하면서 미리 생각해 보아야 한다.
   (1) 학습 목표에 관한 문제
   (2) 수업 단계에 관한 문제 : 도입 - 전개(읽기 전, 중, 후 활동) - 정리 - 평가
   (3) 교사 - 학생 활동의 구분 및 학생의 활동 유도에 관한 문제
   (4) 수업에서 적절한 학습의 형태에 관한 문제
   (5) 단계별 적절한 자료 및 매체에 관한 문제
   (6) 교수·학습 시 지도상의 유의점에 관한 문제
   (7) 학습의 단계별 교사의 발문에 관한 문제
   (8) 학생 질문에 대한 예상 답변에 관한 문제
   (9) 학생 활동에 대한 진단, 평가 및 교정하는 문제
   (10) 내면화 및 창조적 문학 체험에 관한 문제

제2절 고전시가 기출문제 학습 방법

01 문학 기출 문제 학습 방법

어떤 시험이나 마찬가지이지만, 교사 임용 시험에서도 기출문제는 단순히 지난 시험을 돌아보는 일에 그치지 않는다. 기출문제에 대한 분석과 이해는 시험 준비의 출발점이다. 기출문제를 통해 중요한 내용과 그렇지 않은 내용을 구분할 수 있고, 문제의 유형과 문제의 흐름을 파악할 수 있으며, 최근의 문제 경향까지 파악할 수 있기 때문에 교사 임용 시험 공부를 할 때 방향타 역할을 한다. 그래서 기출문제를 먼저, 잘 살펴볼 필요가 있다.

고전시가 기출문제를 공부할 때는 출제된 한 문제 한 문제에 대해 아래 표와 같은 3가지 질문을 염두에 두고 문제를 파악하고, 답을 생각하면서, 앞으로 출제될 가능성이 있는 문제에 대비해야 한다. 이 자료는 이러한 3가지 질문을 고려하여 기출문제를 분석한다. 그리고 그것을 문학의 모든 기출문제에 대해 아래와 같은 표로 만들어 제시하고자 한다. 그리고 각 표에는 다음과 같은 내용들을 제시할 것이다.

문제의 핵심 요소	문제 분석의 세부 내용
Ⅰ. 문제 파악 – 어떤 요소가 어떤 문제로 출제로 출제	1. 문학 분야의 어떤 요소(문학 지식 및 문학 감상능력)에 관한 문제인가? 2. 문제 파악에서 주의해야 할 부분이 무엇인가? ① 최근 문제유형 – 기입형, 서답형, 논술형에서 특이한 점이 있는가, 있다면 무엇인가? ② 문제와 가지 문제를 함께 고려해야하는가 그렇지 않은가? / 단계형 문제인가 그렇지 않은가? ③ 조건이 어떻게 제시되어 있는가? ④ 반복되어 출제되는 유형을 알고 있는가?
Ⅱ. 이 문제의 답안 쓰기	1. 중요하게 다룬 문학의 관점 파악하기 – 교육과정과 연관지어 파악하기(2012, 2015년 교육과정) 2. 문제의 답안 또는 오답에 대한 해설 : ㉠ 중요하게 다룬 문학사 및 문학적 사실, ㉡ 중요하게 다룬 작자 및 작품 등을 문제와 관련하여 해설하기 3. 기출문제에 대해 문제를 정확하게 파악하고 답을 효과적으로 쓰기 : 예상 답안으로 제시 4. 문제의 의의 또는 문제 자체의 논리적 결함 혹은 복수 답안의 가능성 생각하기 – 문제를 내려보기
Ⅲ. 앞으로 이 분야에 대한 출제 예상과 대응방안	1. 출제된 분야의 문학지식 및 문학감상 능력은 잘 갖춰져 있는가? – 문학 용어, 교육과정의 관점이나 용어, 작품 관련 문학내용학 관련 지식 / – 문학 감상능력(문학능력) 2. 반복 출제되거나 앞으로도 출제될 가능성이 있는 문제 유형을 선별하여 효과적으로 대응할 수 있는가? 앞으로 이 문제와 관련하여 출제될 수 있는 부분은 무엇이며, 어떻게 대응해야 하는가?

02 문학 기출문제 학습 방법의 적용

1 2023년 A형 10번

10. 다음을 읽고, 시조의 창작 맥락과 관련하여 〈작성 방법〉에 따라 서술하시오. [4점]

(가)
　태종[이방원]이 연회를 열고 정몽주를 이르게 하였다. 술판이 거나해지자 태종이 술병을 들고 세속의 노래 1수를 지어 회유하며 노래하였다.

　이런들 어떠하며 저런들 어떠하리
　㉠ 만수산(萬壽山) 드렁칡이 얽어진들 어떠하리
　우리도 이같이 얽어져 백년까지 누리리라

　　　　　　　　　　　　　　　　　　　　　- 『순오지』 -

(나)
　고려 조정을 장차 혁파하려 할 적에 태종[이방원]이 재상들을 맞이하여 술잔을 기울이며 스스로 노래를 불러 제공(諸公)의 뜻을 시험하였다. 그 노래는 다음과 같다.

　이런들 어떠하며 저런들 어떠하리
　㉡ 성황당 뒷담장이 무너진들 어떠하리
　우리도 이같이 하여 죽지 않음 어떠리

　그러자 정몽주가 다음과 같이 노래하였다.

　이 몸이 죽고 죽어 일백 번 고쳐 죽어
　백골이 진토 되어 넋이라도 있고 없고
　임 향한 일편단심이야 가실 줄이 있으랴

　변안열(邊安烈)이 정몽주에 이어 다음과 같이 노래하였다.

[A]
　내 가슴에 말[斗]만한 구멍 뚫고
　길고 긴 새끼줄 꿰어
　앞뒤로 끌고 당겨 갈고 쓸지라도
　네가 하는 대로 내 마다치 않겠으나
　내 임 빼앗고자 한다면
　이런 일엔 내 굽히지 않으리라

　　　　　　　　　　　　　　　　- 『대은선생실기』 -

(다)
　가슴에 구멍을 둥시렇게 뚫고 왼새끼를 눈 길게 너슷너슷 꼬아 그 구멍에 그 새끼 넣고 두 놈이 두 끝 마주 잡아 이리로 훌근 저리로 훌적 훌근훌적 할 적에는 나남즉 남대되 그는 아모쪼록 견디려니와
　　아마도 님 외오 살라 하면 그는 그리 못하리라

― 『청구영언』(진본) ―

――― 〈작성 방법〉 ―――
- 창작 맥락을 고려할 때 밑줄 친 ㉠, ㉡에 함축된 의미를 비교하여 설명할 것.
- [A]와 (다)의 주제를 순서대로 제시할 것.

문제분석

Ⅰ. 출제된 분야 및 문제 파악
1. 앞의 문제는 창작의 시대적 배경과 작품에 담긴 의미를 연관지어 묻는 문학사 문제이고, 뒤의 문제는 주제를 묻는 문제.
2. 두 문제 모두 조금 새로운 문제로 볼 수 있는데, 앞의 문제는 문학사와 관련 된 문제이다. 밑줄 부분의 의미 차이를 명확히 드러내야 한다. 뒤의 문제는 두 작품에서 유사한 표현 사용 뒤 그 주제를 묻는데, 역시 주제의 차이가 명확히 드러나야 출제자가 요구하는 정확한 답이 될 수 있다.

Ⅱ. 주목할 내용(답안) 및 의의·한계
1. 고려 말기 시조 및 시가의 문학사적 배경 / 주제 파악
2. 예상 답안 참고

Ⅲ. 문제 해결에 필요한 요소 및 앞으로의 출제 예상
1. 출제된 분야의 문학지식 및 문학감상 능력
   - 문학사적 배경을 고려한 작품 이해 / 공통적 표현 뒤의 주제 차이
2. 앞으로 이 문제와 관련하여 출제될 수 있는 부분 – 갈등이 있던시기 문학사적 배경과 작품 설명 출제될 수 있음 / 조선 건국 초기 – 고려 유신과 개국 공신 / 계유정난 – 사육신 시조 등

채점기준

- 1점 – 창작 맥락이 아래와 같이 맞으면 : 1점
- 1점 – ㉠, ㉡의 함축된 의미 차이(비교)가 맞으면 : 1점 (혹은 ㉠, ㉡의 의미 차이가 맞으면 : 각각 1점)
- 2점 – [A]와 (다)의 주제가 각각 맞으면 : 각각 1점

예상 답안

주의 위의 문제 ㉠, ㉡에 함축된 의미 '비교'에서 '비교'는 '차이'를 의미하는 것으로 볼 수 있음

　창작 맥락은 ㉠, ㉡모두 이방원(태종) 충신인 정몽주를 회유하여 함께 하자는 것인데, ㉠은 조선의 미래의 밝고 긍정적인 이미지를 제시하여 함께 화합하자는 의미이고, ㉡은 고려를 어둡고 부정적인 이미지로 제시하여 함께 혁파하자는 의미이다.
　([A]와 (다)는 모두 인간이 견딜 수 없는 극한 상황은 견딜 수 있지만,) [A]는 고려(왕)와 결코 이별할 수 없다는 충신의 굳은 의지가 주제이고, (다)는 님(연인)과 이별할 수 없어 늘 함께 사랑하며 살고 싶은 여인(연인)의 의지가 주제이다.

> 문제 관련 배경지식

▌이방원 「하여가」 1

1. 핵심정리
   - ▷ 작자 이방원(李芳遠, 1367 ~ 1422)
     이성계 휘하에서 신진 정객들을 포섭하고, 구세력의 제거에 큰 역할을 함. 1400년(정종 2) 제2차 왕자의 난 이후 조선 제3대 왕으로 즉위하였고, 관제 개혁을 통하여 왕권 강화를 도모함
   - ▷ 갈래 단시조, 평시조
   - ▷ 성격 우회적, 회유적, 설득적
   - ▷ 표현 설의, 반복, 직유, 상징법을 사용하여 주제를 표현함
   - ▷ 주제 ① 유연한 삶에 대한 회유
     ② 정적(政敵)에 대한 회유
   - ▷ 특징 현실에 대한 영합을 권유하고자 하는 자신의 의도를, 직설적인 말로 내비치지 않고 우거진 칡덩굴에 비유하여 조선의 미래의 발전적이고 긍정적인 상황 전개를 우회적으로 표출함

2. 감상
   이방원이 고려의 충신 정몽주의 속셈을 떠보고, 그를 회유하기 위해 지었다고 전해진다. 정치적 복선을 깔고 있으면서도 아주 부드러운 어조를 바탕으로 우회적으로 설득하고 있다. 즉, 직설적인 말은 내비치지도 않고 비유를 동원해가며 상대방에게 시세에 영합하라고 은근하게 회유하는 것이다. 이 시조에 대해 정몽주는 「단심가」로 응답하였다.

▌이방원 하여가 2

핵심정리
- ▷ 갈래 단시조, 평시조
- ▷ 성격 우회적, 회유적, 설득적
- ▷ 표현 설의, 반복, 직유, 상징법을 사용하여 주제를 표현함
- ▷ 주제 ① 유연한 삶에 대한 회유
  ② 정적(政敵)에 대한 회유
- ▷ 특징 현실에 대한 영합을 권유하고자 하는 자신의 의도를, 직설적인 말로 내비치지 않고 고려의 상황을 무너지는 성황당 담장에 비유하여 어둡고 부정적인 상황에서 벗어나야 한다는 생각을 우회적으로 표출함

▌정몽주 「단심가」

핵심정리
- ▷ 작자 정몽주(鄭夢周, 1337 ~ 1392)
  고려 말기의 문신·학자. 호는 포은. 1392년 이성계 일파를 제거하려 했으나 방원의 기지로 실패했으며, 이어 정세를 엿보려고 이성계를 찾아보고 귀가하던 도중 선죽교에서 방원의 부하 조영규 등에게 격살되었음. 문집에 『포은집』이 있음

▷ **갈래** 단시조, 평시조
▷ **성격** 화답가, 의지적, 직설적
▷ **표현** 반복·점층·설의법으로 자신의 굳은 의지(변함없는 충성심)를 강조
▷ **주제** 고려에 대한 충성심

2. 감상

고려 말 혁명을 일으키려는 계획을 세우고 있던 이방원이 정몽주의 속셈을 떠보려고 「하여가」를 불러 회유하자, 이에 대답해 불렀던 시조이다. 「하여가」가 암시적인 표현을 사용한 데 비해, 직설적인 표현을 사용하여 충절을 강조하고 단호한 의지를 드러내고 있다.

초장에서는 '죽음'이라는 극단적인 언어로 반복법과 점층법을 썼고, 이어 중장에서는 점층법이 극에 다다랐으며, 종장 앞부분에서 '님 향한 일편단심'으로 주제를 분명하게 제시한 후, 종장 뒷부분에서 설의법으로 화자의 변함없는 충성심을 비장하게 다짐하고 있다.

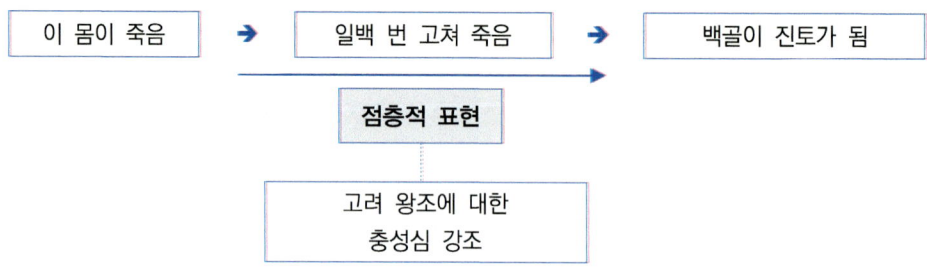

변안열의 시

핵심정리

▷ **작자** 변안열(邊安烈), 고려 말기의 문신
▷ **갈래** 한시
▷ **성격** 화답가, 의지적(뒷부분)
▷ **표현** 시적 역설(견딜 수 없는 극한 상황), 가정
     1-4행 : 시적 역설
     5-6행 : 의지를 직접적으로 제시
▷ **주제** 고려에 대한 변함없는 충성심

사설시조

▷ **작자** 작자 미상
▷ **갈래** 사설시조
▷ **성격** 의지적
▷ **표현** 시적 역설(견딜 수 없는 극한 상황), 가정
▷ **주제** 사랑하는 님과 이별하고 싶지 않은 마음

2 2021 B형 11번

11. (가)~(다)는 교수·학습 상황이고 (라)는 학생의 학습 활동 결과이다. 학생의 학습 활동 결과에 대해 〈작성 방법〉에 따라 서술하시오. [4점]

(가) 성취기준
- [12문학 03-02] 대표적인 문학 작품을 통해 한국 문학의 전통과 특질을 파악하고 감상한다.

(나) 교수 내용의 요지

> 자연 친화적 삶의 형상화는 한국 문학의 중요한 전통 중 하나로서, 조선 전기 사대부 문학에는 대표적으로 자연의 의미와 역할이 다음과 같이 나타난다.
>
> ㉠ 완상(玩賞)의 대상으로서 감흥이나 즐거움을 느끼게 함.
> ㉡ 정치 현실과 거리를 둔 공간으로서 연군의 정을 느끼게 함.
> ㉢ 도(道)의 구현체로서 삶의 모범을 보여 줌.
> ㉣ 학문의 공간으로서 수양의 환경을 형성함.
>
> 이황의 〈도산십이곡〉은 '언지(言志)' 6수와 '언학(言學)' 6수로 구성되어 있는 연시조로서, '언지'에서는 주로 ㉠과 ㉡이, '언학'에서는 주로 ㉢과 ㉣이 우세하게 나타난다.

(다) 학습 활동

> ※ 다음은 이황의 〈도산십이곡〉의 일부를 순서 없이 배열한 것이다. [A]~[D]에 나타난 자연의 의미를 파악하여 '언지'와 '언학'으로 구분해 보고 그렇게 판단한 이유를 적어 보자.
>
> [A]
> 유란(幽蘭)이 재곡(在谷)ᄒᆞ니 자연(自然)이 듯디 죠희
> 백운(白雲)이 재산(在山)ᄒᆞ니 자연이 보디 죠해
> 이 중에 피미일인(彼美一人)을 더옥 닛디 못ᄒᆞ얘
>
> [B]
> 청산(靑山)은 엇졔ᄒᆞ여 만고(萬古)에 프르르며
> 유수(流水)는 엇졔ᄒᆞ여 주야(晝夜)애 긋지 아니ᄂᆞ고
> 우리도 그치지 마라 만고상청(萬古常靑) ᄒᆞ리라
>
> [C]
> 연하(煙霞)로 집을 삼고 풍월(風月)로 벗을 사마
> 태평성대(太平聖代)에 병(病)으로 늘거 가뇌
> 이 중에 ᄇᆞ라는 일은 허믈이나 업고쟈
>
> [D]
> 천운대(天雲臺) 도라드러 완락재(琓樂齋) 소쇄(瀟灑)ᄒᆞ듸
> 만권(萬卷) 생애(生涯)로 낙사(樂事)ㅣ 무궁ᄒᆞ얘라
> 이 중에 왕래풍류(往來風流)를 닐러 므슴 홀고

(라) 학습 활동 결과

구분	판단 결과의 이유	
[A]	'유란'과 '백운'을 보면서 감흥을 느끼는 가운데 임금으로 추정되는 '피미일인'을 그리워하는 마음이 나타난 것으로 보아, 언지에 포함될 것으로 보인다.	①
[B]		②
[C]	'연하'와 '풍월'로 표상되는 자연을 완상하면서 느끼는 즐거움이 태평성대를 누리고자 하는 태도로 이어지는 것으로 보아, 언지에 포함될 것으로 보인다.	③
[D]	자연과 어우러진 '천운대'와 '완락재'의 '소쇄'한 풍경을 보며 풍류를 즐기는 감흥이 나타난 것으로 보아, 언지에 포함될 것으로 보인다.	④

─────────────── 〈작성 방법〉 ───────────────

◦ ②에 들어갈 내용을 서술할 것.
◦ ①, ③, ④에서 적절하지 않은 내용을 찾고, 그 이유를 서술할 것.

문제분석

➡ **Ⅰ. 출제된 분야 및 문제 파악**
1. 고전시가 - 하위갈래 이황 시조의 내용전개 파악 - '언지(言志)'와 '언학(言學)'
2. 도산십이곡]은 중요한 작품으로 작품을 공부했다면, 암기로도 쉽게 풀 수 있는 문제임.

➡ **Ⅱ. 주목할 내용(답안) 및 의의·한계**
1. 사대부 시조에 나타난 내용 파악
2. 예상 답안 참고
3. 문제의 의의 또는 문제 자체의 논리적 결함 혹은 복수 답안의 가능성 생각하기 - 문제를 내려보기

➡ **Ⅲ. 문제 해결에 필요한 요소 및 앞으로의 출제 예상**
1. 사대부 시조의 내용, 특징, 흐름 이해
2. 시조와 가사는 고전시가의 가장 중요한 두 축임 - 사대부 시조와 가객 시조, 기녀 시조, 평민 시조 등의 내용 파악, 시조의 역사적 전개, 시조 형식, 가사와 시조의 갈래 특징, 영향을 받은 갈래와 영향을 준 갈래 등 매년 다양한 문제로 출제될 수 있음.

예상 답안

'청산'과 '유수'는 쉼 없이 이어지는 부지런한 존재로 우리도 학문을 하면서 그렇게 성실하고 근면한 태도로 임해야 한다는 것으로 보아 '언학'으로 보인다.

④가 적절하지 않은데, ④는 '천운대'와 '완락재'의 '소쇄'한 풍경 속에서 만 권의 책을 읽으며 즐거움을 찾고, 그러한 학자와 교류하는 내용이어서 '언학'에 해당된다.

문제 관련 배경지식

구분	판단 결과의 이유
[A] 4연 언지	'유란'과 '백운'을 보면서 감흥을 느끼는 가운데 임금으로 추정되는 '피미일인'을 그리워하는 마음이 나타난 것으로 보아, 언지에 포함될 것으로 보인다.
[B] 11연 언학	'청산'과 '유수'는 쉼 없이 이어지는 부지런한 존재로 우리도 학문을 하면서 그렇게 성실하고 근면한 태도로 임해야 한다는 것으로 보아 '언학'으로 보인다.
[C] 2곡 언지	'연하'와 '풍월'로 표상되는 자연을 완상하면서 느끼는 즐거움이 태평성대를 누리고자 하는 태도로 이어지는 것으로 보아, 언지에 포함될 것으로 보인다.
[D] 7곡 언학	자연과 어우러진 '천운대'와 '완락재'의 '소쇄'한 풍경 속에서 만 권의 책을 읽으며 즐거움을 찾고, 그러한 학자와 교류하는 내용이어서 '언학'에 해당된다.

▌이황 「도산십이곡」

(1) 핵심 정리
▷ 작자 이황(李滉)
▷ 갈래 평시조, 연시조
▷ 연대 조선 명종 20년(1565년)
▷ 구성 전 6곡 언지(言志), 후 6곡 언학(言學) 전체 12수
▷ 성격 교훈적, 회고적
▷ 제재 자연, 학문
▷ 주제 자연 친화적 삶의 추구와 학문 수양에 대한 변함없는 의지
▷ 특징 ① 도학파의 자연 관조적 자세와 학문 정진에 대한 의지가 잘 나타남
　　　② 낯설고 어려운 한자어가 많이 사용됨
　　　③ 반복법, 설의법, 대구법 등을 통해 주제를 부각함
▷ 출전 『진본 청구영언』

(2) 감상
　이 작품은 총 12수로 전반부와 후반부로 나누어지는데, 전반부 6수는 자연의 감흥을 내용으로 하는 언지(言志)이고 후반부 6수는 학문 수양의 자세를 노래한 언학(言學)이다.
　퇴계가 관직에서 물러나, 도산 서원을 건립하고 후진 교육을 양성시키고 있을 때 지은 작품이다.
　이 작품은 이황(李滉)이 지은 연시조로서, 작가가 안동에 도산 서원을 세우고 학문에 열중하면서 사물을 대할 때 일어나는 감흥과 수양의 경지를 읊은 것이다. 모두 12곡으로 이루어졌으며, 작가 자신이 전 6곡(前六曲)을 언지(言志), 후 6곡(後六曲)을 언학(言學)이라 하였다. 전 6곡은 자연에 동화된 생활을 하면서 사물에 접하는 감흥을 노래한 것이고, 후 6곡은 학문 수양에 임하는 심경을 노래한 것이다.
　중국 문학을 차용한 것이 많고, 생경한 한자어가 많이 사용되어 문학적으로 볼 때에는 아쉬운 점도 있으나, 인간 속세를 떠나 자연에 흠뻑 취해 사는 자연 귀의 생활과 후진 양성을 위한 강학, 사색에 침잠하는 학문 생활을 솔직 담백하게 표현해 놓은 점이 훌륭하다. 한편, 이 작품의 끝에 붙인 발문(跋文)에 작자 자신이 이 노래를 짓게 된 연유와 우리나라 가요를 평하고 있다. 성리학 대가의 작품이라는 데서 시조의 성장과 발전에 유학자들이 기여했음을 입증할 만한 작품이다.

3 2019년 A형 10번 : 시적 화자 관련 문제

10. 다음은 조선 시대 오륜시가를 탐구하기 위한 교수·학습 자료이다. 〈보기〉를 참고하여 오륜시가의 감상 내용에 대해 〈작성 방법〉에 따라 서술하시오. [4점]

(가)
아바님 날 나ᄒᆞ시고 어마님 랄 기ᄅᆞ시니
　父母옷 아니시면 ㉠내 몸이 업실랏다
이 덕을 갑ᄑᆞ려 ᄒᆞ니 하ᄂᆞᆯ ᄀᆞ이 업스샷다 〈제2수〉

　동과 항것*과ᄅᆞᆯ 뉘라서 삼기신고
　벌와 가여미**아 이 ᄯᅳ들 몬져 아이***
ᄒᆞᆫ ᄆᆞᄋᆞ매 두 ᄠᅳᆮ 업시 소기지나 마옵생이다 〈제3수〉

　　　　　　　　　　- 주세붕, 「오륜가」

(나)
　부모은덕 모로고셔 ㉡졔 몸만 즁이 알며
졔 몸의 의식지졀 먹고 입기 풍비ᄒᆞ되
부모의게 ᄒᆞ올거슨 등한이 이겨시니
부모의 훈계 칙망 ᄃᆡ답의 블슌ᄒᆞ여
힝긱 갓치 ᄃᆡ졉ᄒᆞ니 륜긔가 물너진다
사라셔 불효라도 그 부모 주거지면
남의 이목 ᄒᆞ여셔 삼연거상 이블젹의
실흔 우름 강잉ᄒᆞ고 읍난 졍셩 지여ᄂᆡ여
예졀를 아ᄂᆞᆫ 다시 경찬으로 졔우한델
나무 이목 두려우니 그 놈 아니 주길숀가
말 못하ᄂᆞᆫ 가마귀도 반포할 쥴 아라거든
사람이라 명ᄒᆞ고 미물만도 못하여라
부모의게 득죄ᄒᆞ고 셰상의 엇지 용납ᄒᆞ리
명쳔이 미워ᄒᆞᄉᆞ 앙화가 일노나니
그 아니 두려우며 젼들 어이 죠흘숀가
　　　…(하략)…

　　　　　　　　　　- 곽시징, 「오륜가」

* 동과 항것 : 종과 주인.
** 가여미 : 개미.
*** 아이 : 아니.

〈보기〉

　오륜시가는 조선 시대 반에 걸쳐 창작되었고, 여러 장르에서 다양한 표현 방식을 창출하면서 전개되었다. 조선 전기 악장 「오륜가」에서부터 주세붕의 시조 「오륜가」, 조선 후기 곽시징의 가사 「오륜가」 등이 그 라 할 수 있다.
　성리학 이념에 따라 건국된 조선은 윤리 교화로써 공동체의 질서를 세우고 보하는 것을 목적으로 오륜시가를 지어 보급하였다. 오륜 교화의 목적은 상하를 분별하여 낮은 위치에 놓인 사람이 높은 위치에 놓인 사람에 대해 오륜의 도리를 당위적으로 실천하게 하는 데 있다. 이러한 이유로 교화 대상자를 설득하기 위해 문학적 장치가 필요했다.
　오륜시가의 작가는 작품 속 인물에 따라 전달 방식을 달리 함으로써 독자는 의무적 수용 혹은 자발적·성찰적 수용 사이에 놓이게 된다.

〈작성 방법〉

- ㉠, ㉡을 중심으로 (가), (나)의 전달 방식의 차이에 대해 서술할 것.
- (가), (나)에서 각 작품과 관련된 오륜의 덕목을 드러내고 있는 자연물을 각각 찾고, 그 자연물을 끌어들인 이유를 서술할 것.

예상 답안

 (가)에서 ㉠은 시적화자 자신인데, 시적화자는 ㉠에서 자기 자신과 동등한 인물을 독자(청자)로 설정하여 말하는 방식을 택해 자발적·성찰적 수용을 강조하고, (나)에서 ㉡은 제3자인데, 시적화자는 우월한 위치에서 자신보다 하위의 제3자를 독자(청자)로 설정하여 말하는 전달방식을 택해 의무적 수용을 강조한다.

 (가)에서는 (군신유의(君臣有義)의 덕목을) 벌과 개미(벌과 가여미)를 통해 드러내며, 벌과 개미의 충직한 습성을 통해 두 마음을 품지 않는 충이라는 주제를 효과적으로 드러낸다. (나)에서는 (효와 관련 있는 부자유친(父子有親)의 덕목을) 가마귀를 통해 드러내며, 가마귀가 반포 보은한다는 고사를 통해 부모에 대한 효라는 주제를 효과적으로 드러낸다.

문제분석

Ⅰ. 출제된 분야 및 문제 파악

- 『문학내용학』 교재- 현대시 감상 - 내용 요소 : 시적 화자
- 『문학내용학』 교재- 국문학 일반론 : 한국문학과 자연
  → 이 부분이 중요하므로 실제 강의에서는 모든 문제에서 이 내용을 구체적으로 다룸
- 첫 번째 문제가 시가에 제시된 인물을 바탕으로 서정 갈래의 전달방식, 곧 시적화자와 청자의 관계를 묻는 문제이므로 인물이 누구인지 파악하여 시적화자와 청자를 파악한다. / 두 번째 문제는 최근 교사 임용 시험에서 단골로 나오는 문제로 시가에 나타난 자연물과 그 자연물을 사용한 이유를 묻는 문제인데, 시에 사용된 자연물의 맥락적 의미와 그것을 사용한 작자의 의도를 파악하도록 한다.

Ⅱ. 주목할 내용(답안) 및 의의·한계

1. 시의 전달방식은 크게 '시인 - 작품 - 독자'로 나눌 수 있고, '작품'은 다시 그 내부에서 '시적화자'와 '청자'로 나눌 수 있다. 그리고 시적화자의 경우 현상적 화자인지, 숨은 화자인지 파악할 수 있고, 청자 역시 '형상적 청자'인지 '숨은 청자'인지 파악할 수 있다. ㉠, ㉡이 각각 누구인가, 화자가 자신에게 말하는가 제3자에게 말하는가, 화자가 청자와 동등한 위치인가 화자가 우월한 위치인가 등을 고려해야 한다. 그리고 〈보기〉에 제시된 '의무적 수용', '자발적·성찰적 수용'이란 용어를 제시할 필요가 있다. 자주 출제되는 좋은 문제 유형이다.
2. 2017년 문학 논술형에서도 고전과 현대의 자연물이 지닌 문제가 출제되었는데, 2018년에도 역시 자연물에 관한 문제가 출제되었다. 오륜과 관련 있는 자연물이지만 굳이 오륜의 내용까지는 요구하지 않고 있다. 오륜과 관련 있는 자연물을 제시하고 그 자연물과 오륜의 관계를 묻고 있으므로 각각 충, 효를 잘 드러낸다는 의미로 답을 하면 될 듯하다. 자주 출제되는 문제이고 익숙한 문제 유형이다.

Ⅲ. 문제 해결에 필요한 요소 및 앞으로의 출제 예상

 첫째 문제의 해결을 위한 배경지식은 『문학내용학』 교재에서 현대시의 내용 요소 중 '시적화자'와 관련된 내용이다. 아래에 그 부분을 제시한다. / 둘째 문제의 해결을 위한 배경지식은 『문학내용학』 교재 국문학일반론 중 '한국문학과 자연'이다. 『문학 내용학』 교재의 내용이 기본이 되고 있음을 다시 한번 확인할 수 있다.

 첫째 문제는 시적화자와 관련지어 다양한 문제가 출제될 수 있으므로, 시적화자와 청자의 개념, 시적화자의 유형, 전달 방식의 차이, 시적화자의 상황과 정서 등에 대해 고전시가 분만 아니라 현대시 작품을 통해 다양하게 연습할 필요가 있다. 둘째 문제 역시 한국문학과 자연의 관계가 중요하므로 자연물의 의미, 작자의 의도, 고전과 현대에서 의미의 공통점과 차이점, 자연물과 국문학의 전통 등에 대해 작품을 통해 이해하고 있어야 한다. 쉽지만 앞으로도 자주 출제될 수 있으므로 중요하다.

- 문제 관련 배경지식

▌『문학내용학』에서 현대시의 '3. 시적화자 및 화자의 상황 관련 내용' 부분

1. 시적화자
   (1) 시 속에 나타난 목소리의 주인공을 '서정적 자아' 또는 '시적 화자'라고 한다. 시적 화자는 주제를 효과적으로 나타내기 위해 의도적으로 설정한다.
   (2) 시인은 시에서 주제를 가장 잘 드러내기 위한 시적 화자를 설정한다. 그렇기 때문에 시적 화자를 파악하는 것은 가장 기본이 되며, 시적 화자가 누구인지에 따라 그 정서가 달라질 수 있다.
   (3) 시에 나타나는 목소리의 주인공은 '탈(persona)'로서 시인과는 구별된다. 실제적 발화자가 아니라 시인의 제2의 자아, 허구적 자아이며, 시인에 의해 창조된 허구적 인물로 존재한다.
   (4) 시적 화자는 작품 내의 존재이기 때문에 허구적이지만, 끊임없이 실제적 발화자인 시인과 동일화되고자 한다.
   (5) 시인은 서정적 자아를 설정하여 세계에 대한 자신의 태도를 표명한다.

2. 시적화자와 청자
   (1) 시 작품에서 시적 화자는 명시적으로 드러나는 경우가 있고, 그렇지 않은 경우가 있다. 드러나건 드러나지 않건 서정 갈래의 본질상 시적 화자는 모두 '나(우리)'이다. 명시적으로 드러나는 경우를 편의상 현상적 화자, 드러나지 않은 경우를 숨은 화자로 이해한다. 시점으로 접근하면 명시적으로 날 때는 1인칭 시점, 드러나지 않으면 3인칭 시점이 될 수 있다.
   (2) 시 작품에서 청자의 경우도 명시적으로 드러나는 경우가 있고 그렇지 않은 경우가 있다. 명시적으로 드러나면 현상적 청자, 드러나지 않으면 숨은 청자로 이해한다.
   (3) 위 (1), (2)는 다음과 같은 표로 제시할 수 있다.

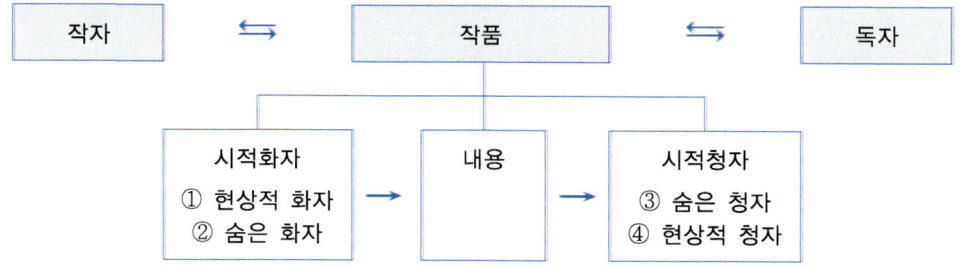

   (4) 시는 보통 '① 현상적 화자 → ③ 숨은 청자'로 제시되는 경우가 일반적이지만 '① 현상적 화자 → ④ 현상적 청자', '② 숨은 화자 → ③ 숨은 청자', '② 숨은 화자 → ④ 현상적 청자'로 제시되기도 한다.
   ㉠ ① 현상적 화자 → ③ 숨은 청자 예 김소월 '진달래꽃', 한용운 '님의 침묵', 신석정, '꽃덤불', 박남수 '종소리' 등
   ㉡ ① 현상적 화자 → ④ 현상적 청자 예 김광규 '상행', 박두진, '해', 박목월 '가정', 박두진 '도봉' 등
   ㉢ ② 숨은 화자 → ③ 숨은 청자 예 박목월 '나그네', '청노루', 김기림 '바다와 나비' 김광섭, '성북동 비둘기', 박남수 '새', 기무영 '풀' 등
   ㉣ ② 숨은 화자 → ④ 현상적 청자 예 김수영 '눈'(2, 4연), 김현승 '나비의 여행'(3연), 신동엽, '껍데기는 가라' 등

3. 시적화자의 상황
   (1) 시적 화자의 상황에서는 시적 화자가 어떤 시·공간 배경 속에 어떤 일을 겪고 있는가에 관한 내용을 이해해야 한다.
   (2) 시적 화자가 처한 상황은 개인적 문제로 인한 상황일 수도 있고, 사회적 문제로 인한 상황일 수도 있다.
   (3) 시적 화자가 처한 상황에서 어떤 태도를 보이는가에 따라 시적 화자의 태도 또는 현실 대응 방식이 드러나게 된다. 이것은 개별 작품에서도 물을 수 있지만, 두 작품을 비교하여 이러한 내용을 물을 수 도 있다. 개별 작품에서 아래와 같이 3가지로 구분하여 인식하면 시험 문제에 효과적으로 대응할 수 있다.

시적 화자	시적 화자의 상황 및 대응	1. 시적화자의 정서 2. 시적 화자의 태도 (대응 방식)
↓	↓	↓
누구인가? 기능 / 역할	어떤 상황인가? 일반적 : 화자의 상황 현실문제 : 시대 + 상황(문제)	1. 정서가 무엇인가? 2. 대응 방식이 어떠한가?

(4) 위의 표는 시에서 시적화자 뿐만 아니라 시의 다른 인물, 소설의 주인공이나 인물 등에 적용하여 활용할 수 있다.
(2018년 기출문제 중 시적화자 관련 A형 7번, 13번 / 인물 관련 - B형 3번, 4번, 5번)

■ 『문학내용학』에서 국문학일반론 중 '6. 한국문학과 자연'

(1) 자연물의 시적 형상화 방식
  ① 자연물의 외형이나 속성에 인간적 가치를 부여하여 작자의 의도(주제)를 표현하는 방식이다.
  ② 인간화된 자연으로 나타난다.
(2) 자연의 공간적 의미
  ① 강호한정하며 한가롭게 살아가는 삶의 공간
  ② 학문을 닦고 심신을 수양하는 장소
  ③ 생활의 터전, 노동의 현장인 공간
  ④ 작자가 현실을 벗어나 지향하고자 하는 이상의 세계
  ⑤ 민족적 삶의 터전
(3) 자연(물)과 관련된 내용 (겹치는 경우도 있다.)
  ① 위 (2)의 ①~④ 내용의 의미에 대한 동화 또는 물아일체를 지향한다.
  ② 자연물에 인간적 가치를 부여 - 긍정(지향)하거나 부정(비판)한다.
  ③ 의미를 부여하여 신앙 또는 속신의 대상으로 여긴다.
(4) 자연물의 표현 방식
  ① 의인화, ② 우의 또는 우화, ③ 감정이입, ④ 비유, 상징 등이 다양하게 사용된다.

제3절 고전시가 서답형 문제 및 대응 방법

01 기입형 문제

1 기입형 문제란?

　기입형은 국어에 대한 지식이나 이해의 수준, 적용 능력 등을 측정하는 문항 형식이다. 기입형은 문항에서 요구하는 답을 핵심어나 핵심 어구 등으로 작성하는 경우에 사용할 수 있다. 중등교사 임용시험에서는 완성형과 단답형을 기입형 문항으로 출제한다. 완성형이란 질문을 위한 문장의 처음, 중간 또는 끝에 여백을 두어 응답을 유도하는 문항 형식이며, 단답형이란 질문에 대해 짧은 단어, 구, 절 혹은 수, 기호 등 제한된 형태로 답하는 형식이다.

2 기입형 문제에 대한 학습 방법

(1) 문제 파악 중요
　① 출제자의 의도가 무엇인지, 출제자가 무엇을 묻는 건지 잘 고려해야 함
　② 문제에서 제시한 조건을 잘 고려하여 거기에 맞게 대응
　③ 표의 경우 위쪽이나 왼쪽에 제시된 의미를 잘 고려하여 답해야 함
　④ 작품 전체인지, 제시된 예문인지, 아니면 특정한 부분(밑줄, 단락)인지 잘 고려해야 함

(2) 핵심어 제시
　기입형 문제에서는 길게 표현하지 말고 핵심어를 제시하며 간략하게 답해야 함.

(3) 자료에 제시된 내용을 고려해야 할 때가 많으므로, 자료의 위 아래 내용을 잘 살펴 답을 쓰도록 함

(4) 신중하게 접근
　점수 배점이 낮아 가볍게 생각하고 답을 쓰기 쉬우므로 정답을 쓰기 위해 최선을 다할 필요가 있음

(5) 문제에서 몇 가지 조건인지, 답을 쓸 때 몇 가지로 해야 하는지 잘 파악하여 답을 쓸 것

(6) 비워진 칸을 초과하지 말고 그것에 맞게 답을 쓰는 습관을 기를 것

3 기입형 문제의 유형

(1) 써야 할 답안의 형태에 따라
　① 단답형(단어형) : 하나의 단어로 간략하게 제시(괄호의 빈 칸 / 예문의 단어 / 해당하는 내용)
　② 구절 혹은 문장 제시형 : 구절이나 문장으로 제시(예문 찾아 제시 / 의미 파악 / 핵심 파악 제시)
　③ 간략한 설명 요구 또는 줄글 형태 : 조건에 맞는 설명 요구(2014년 제시 – 그 후에 사라졌음)

(2) 가지 문제의 상호 관련성에 따라
   ① 각 가지 문제 독립형 - 각 가지 문제가 서로 다른 내용 - 대부분의 문제
   ② 가지문제 연관형(단계형) - 앞의 문제를 바탕으로 뒤의 문제 답안을 제시하는 경우 - 드물게 나타남
      2017년 8번 / 뒤에 제시한 기입형의 예시 문제 1번, 7번 (앞 문제가 틀리면 뒤의 문제도 틀리게 됨)

(3) 예문 제시 여부에 따라
   ① 예문 제시형 - 하나의 단어 또는 구절, 문장(제목, 행, 연) 등을 조건에 맞게 예문에서 찾아 제시 - 2019년 기입형 4번 첫째, 5번, 6번
   ② 생성 답안형 - 문제 파악에 따라 답안 생성 - 2019 기입형 4번 둘째 문제, 2019 기입형 7번 둘째 문제

(4) 문제의 조건에 따라
   ① 감상능력 - 예문의 의미 해석 및 이해 관련 문제
   ② 감상능력 - 구성 요소의 개념, 원리 및 적용 문제
   ③ 문학 일반이나 국문학 일반 관련 문제(범위 넓음)
   ④ 문학사 또는 하위갈래, 문학 유파 등에 관한 문제
   ⑤ 기타 출제 예상 문제 (비교 및 대조 및 기준 제시 등)

※ 기입형 문제는 보통 2점 배점이므로, 위의 ① ~ ⑤ 문제들이 하나만 나올 수도 있지만, 2가지가 뒤섞여 나오는 경우도 많으므로 각각의 특징을 잘 고려하여 답할 필요가 있음

기출문제

1. (가)~(다)를 읽고, 〈보기〉의 ㉠, ㉡에 해당하는 말을 순서대로 쓰시오. [2점] 2022년 B 2번

(가)
거북아 거북아 수로를 내놓아라   龜乎龜乎出水路
남의 부녀 뺏어간 죄 얼마나 큰가   掠人婦女罪何極
네 만일 거역하여 내어놓지 않으면   汝若悖逆不出獻
그물로 잡아 구워 먹으리라   入網捕掠燔之喫

- 해가 -

(나)
구스리 바회예 디신들
구스리 바회예 디신들
긴힛돈 그츠리잇가
즈믄 히를 외오곰 녀신들
즈믄 히를 외오곰 녀신들
信잇돈 그츠리잇가

- 정석가 -

(다)
남의 님 향흔뜻지 죽으면 엇더홀지
상전(桑田)이 변흐여 벽해(碧海)는 되려니와
님 향흔 일편단심(一片丹心)이야 가실 줄이 이시랴

- 작자 미상 -

〈보기〉

한국 시가에서는 동일 어휘, 동일 어구, 동일 어법, 소재, 시적 발상 등이 반복 또는 변용되어 활용되는 특징이 있다. (가)는 『삼국유사』 '수로부인' 이야기에 나오는 『해가(海歌)』로, '호명 - 명령 - 가정 - 위협'의 구성을 취한 고대가요 『구지가』가 변이를 거쳐 후대로 전승된 것이다. (나)는 고려속요 『정석가』의 제6연인데, 같은 노랫말이 고려속요 (『 ㉠ 』)에도 나타난다. (다)는 조선 후기 가집에 수록된 작자 미상의 시조로, '(㉡)'(이)라는 표현은 정몽주의 『단심가』로부터 전승된 것으로 볼 수 있다. 이처럼 훌륭한 작품의 표현이나 기법은 반복 또는 변용의 방식으로 활용되는데, 주제나 정서의 전달과 공감의 확보 등 노래의 효용성을 극대화하는 데 효과적이다. 이는 한국시가의 표현이나 기법이 문화적으로 축적된 공동체 모두의 자산임을 보여 준다.

예상 답안

㉠ 서경별곡 / (서경별곡 2연),
㉡ 님 향흔 일편단심(一片丹心)이야 가실 줄이 이시랴

2. (가), (나)를 읽고 ㉠, ㉡에 해당하는 말을 (가)에서 찾아 순서대로 쓰시오. [2점]   2022년 A 4번

(가)
집의 옷밥을 언고 들먹는 져 고공(雇工)아
우리 집 긔별을 아는다 모로는다
비 오는 눌 일 업슬 지 숯 소면셔 니르리라
처음의 한어버이 사롬스리 흐려 홀 지
인심(仁心)을 만히 쓰니 사름이 졀로 모다
풀 베고 터을 닷가 큰 집을 지어내고
셔리 보십 장기 쇼로 전답(田畓)을 긔경흐니
오려논 터밧치 여드레 그리로다
자손에 전계(傳繼)흐야 대대로 나려오니
논밧도 죠커니와 고공도 근검터라
저희마다 여름지어 가음여리 사던 것을
요스이 고공들은 혬이 어이 아조 업서
밥사발 큰나 쟈그나 동옷시 죠코 즈나
모음을 둣호는 둣 호슈*
을 식오는 둣
무솜 일 감 드러 흘깃할긧 흐는슨다
너희닉 일 아니코 시절좃츠 스오나와
ᄀ득의 뇌 셰간이 플러지게 되야는듸
엇그지 화강도(火强盜)에 가산(家産)이 탕진(蕩盡)흐니
집 흐나 불타붓고 먹을 썼시 전혀 업다
　　　　　　　　　　　　　　　　- 허전, 고공가 -

* 호슈 : 공물과 세금을 거두어 바치는 일을 맡아 하던 사람.

(나)
〈고공가〉는 전란 직후 어려워진 현실의 문제를 비판하고 교훈하기 위해 창작된 작품이다. 작품 속에서 주인은 근검한 고공 덕분에 대대로 덕을 쌓은 과거 집안 내력을 얘기하면서, 요즘은 고공들의 올바르지 못한 처신에다 외부의 약탈까지 더해져 집안의 형편이 어려워졌음을 개탄하고 있다. 이를 작품 밖 정치 현실의 비유적 표현으로 본다면, 집, 고공, (㉠)은/는 각각 나라, 신하, 국조(國祖)를 빗댄 것으로 볼 수 있다. 또한 (㉡) 역시 나라를 어렵게 한 외부 세력으로 볼 수 있다.

예상 답안

㉠ 한어버이 ㉡ 화강도

[3~4] 다음을 읽고 물음에 답하시오.

(가)
前腔 내 님믈 그리ᄉᆞ와 우니다니
中腔 산졉동새 난 이슷ᄒᆞ요이다
後腔 아니시며 거츠르신 ᄃᆞᆯ 아으
附葉 잔월효성(殘月曉星)이 아ᄅᆞ시리이다
大葉 넉시라도 님은 ᄒᆞᆫᄃᆡ 녀져라 아으
附葉 벼기더시니 뉘러시니잇가
二葉 과(過)도 허믈도 천만 업소이다
三葉 ᄆᆞᆯ힛마리신뎌
四葉 ᄉᆞᆯ읏븐뎌 아으
附葉 니미 나ᄅᆞᆯ ᄒᆞ마 니ᄌᆞ시니잇가
五葉 아소 님하 도람 드르샤 괴오쇼셔

— 정서, 「정과정」 —

(나)
강천(江天)의 혼자 셔셔 디ᄂᆞᆫ 히ᄅᆞᆯ 구버보니
님다히 소식이 더욱 아득ᄒᆞ뎌이고
모쳠(茅簷) 츤 자리의 밤듕만 도라오니
반벽청등(半壁靑燈)은 눌 위ᄒᆞ야 불갓ᄂᆞᆫ고
오르며 ᄂᆞ리며 헤ᄯᅳ며 바니니
져근덧 역진(力盡)ᄒᆞ야 픗ᄌᆞᆷ을 잠간 드니
정성이 지극ᄒᆞ야 ᄭᅮ믜 님을 보니
옥 ᄀᆞ튼 얼굴이 반이나마 늘거셰라
ᄆᆞ음의 머근 말ᄉᆞᆷ 슬ᄏᆞ장 ᄉᆞᆲ쟈 ᄒᆞ니
눈물이 바라 나니 말인들 어이 ᄒᆞ며
정(情)을 못 다ᄒᆞ야 목이조차 몌여ᄒᆞ니
오면된 계셩(鷄聲)의 ᄌᆞᆷ은 엇디 ᄭᅢ돗던고
어와 허사로다 이 님이 어ᄃᆡ 간고
결의 니러 안자 창을 열고 ᄇᆞ라보니
어엿븐 그림재 날 조츨 ᄲᅮᆫ이로다
ᄎᆞᆯ하리 싀여디여 낙월(落月)이나 되야 이셔
님 겨신 창 안히 번드시 비최리라
각시님 ᄃᆞᆯ이야ᄏᆞ니와 구ᄌᆞᆫ비나 되쇼셔

— 정철, 「속미인곡」 —

(다)
님으란 회양(淮陽) 금성(金城) 오리남기 되고 나ᄂᆞᆫ 삼사월 츩너출이 되야
그 남긔 그 츩이 낙거미 나븨 감듯 이리로 츤츤 저리로 츤츤 외오 프러 올이 감아 밋붓터 ᄭᅩᆺᄭᅵ지 ᄒᆞᆫ 곳도 뷘 틈 업시 주야장상(晝夜長常) 뒤트러져 감겨 이셔
동(冬)섯ᄯᅳᆯ 바람비 눈셔리를 아모리 마즌들 플닐 줄이 이시랴

— 이정보 —

3. <보기>는 고전 시가에 나타난 시간 의식에 대한 설명의 일부이다. 괄호 안의 ㉠, ㉡에 해당하는 시어나 시구를 찾아 쓰시오. [2점]

2021년 A 3번

― 〈보기〉 ―

한국의 시가 문학에서 '과거-긍정적, 현재-부정적, 미래-부정적'인 시간 의식의 유형은 매우 보편적이다. 과거는 (가)에서 '님'과 '흔듸 녀'던 시간으로, (나)에서 '님'의 (㉠)을/를 가까이서 보았던 시간으로 나타난다. 이와 달리 현재는, (가)에서는 (㉡)에서 짐작할 수 있듯이 '님'에 의한 망각을 두려워하는 시간으로, (나)에서는 오직 꿈을 통해서만 '님'을 만날 수 있는 시간으로 나타난다. 미래에는 '님'과 '나'의 관계가 과거와 같이 회복되기를 바라지만 그것은 불확실하거나 실현되기 어려운 소망이다.

📝 **예상 답안**

㉠ 얼굴
㉡ 니즈시니잇가 / (그리슥와)

4. <보기>는 상호텍스트성을 중심으로 (나)와 (다)를 비교한 내용이다. 문맥을 고려하여 괄호 안의 ㉠, ㉡에 들어갈 말을 쓰시오. [2점]

2021년 A 4번

― 〈보기〉 ―

(나)와 (다)는 모두 변신 모티프를 시적 발상의 단초로 활용하여 남녀 간 애정과 관련된 정서를 표현하고 있다. 그런데 (나)에서 화자는 '님'과의 이별에서 오는 (㉠)이/가 현생에서는 해소될 수 없음을 직감하면서 전생(轉生)을 통한 변신을 바탕으로 그 해소를 추구하게 된다면, (다)에서는 '님'과의 사랑에서 느끼는 (㉡)을/를 극대화하고자 전신(轉身)을 통한 변신을 소망하게 된다. 이처럼 상반된 성격의 정서가 동일하게 변신의 소망으로 귀결된다는 점은 매우 흥미롭다.

📝 **예상 답안**

㉠ 한(정한, 슬픔)
㉡ 즐거움(쾌락, 기쁨)

5. (가)는 향가의 교수·학습 자료이고, (나)는 이를 학습하는 학생의 사고 과정을 정리한 것이다. 괄호 안의 ㉠, ㉡에 해당하는 말을 작품에서 찾아 순서대로 쓰시오. [2점]

2019 A 6번

(가)
경덕왕이 말했다.
"내 들으니 스님이 기파랑을 찬미한 사뇌가가 그 뜻이 매우 높다 하던데 과연 그러하오?"
"그렇습니다."
"그렇다면 짐을 위해 백성을 다스려 편안히 할 노래[안민가(安民歌)]를 지어 주오."
승려는 즉시 칙명을 받들어 노래를 지어 바쳤다. 왕이 그를 아름다이 여겨 왕사(王師)로 봉하니 충담사는 두 번 절하고 굳이 사양하며 받지 않았다. 「안민가」는 이렇다.

임금은 아비요
신하는 사랑하실 어미요
백성은 어린아이로다 하실진대
백성이 사랑을 알리라
꾸물거리며 살손 물생(物生)
이를 먹여 다스릴러라
이 땅을 버리고 어디 가리 할진대
나라 안이 유지될 줄 알리이다
아으 임금답게 신하답게 백성답게 할지면
나라 안이 태평하니이다

- 일연, 삼국유사 -

(나) 안민가의 창작 의도를 파악해 가는 사고 과정

노래의 주제에 대해 의문 제기하기	이 노래의 3분절에 중심을 두고, 그 주제를 임금은 임금답지 못하고 신하는 신하답지 못하며 백성은 백성답지 못한 신라 사회의 난맥상에 대한 포괄적인 비판으로 파악하는 견해가 있다. 그런데 과연 임금, 신하, 백성을 모두 비판하고 있는 노래일까?
노래의 표현과 제목을 단서로 의문 해결하기	'이를 먹여 다스릴러라'와 함께 (㉠)(이)라고 표현하여 백성을 보살핌의 대상으로 간주한 점과 제목에 담긴 뜻으로 보아, 일단 백성을 비판하고 있는 것은 아닌 것으로 보여.
노래의 의도에 대해 또 다른 의문 제기하기	그렇다면 과연 임금과 신하를 같은 무게로 질책한 걸까?
노래의 표현을 단서로 의문 해결하기	(㉡)(이)라는 표현을 명시하여 신하의 역할을 특별히 강조한 것으로 보아 신하들에 대한 질책의 의미에 더 큰 무게를 둔 것 같아.
배경 설화를 함께 고려하여 노래의 심층적인 의도 이해하기	노래를 들은 왕이 충담사를 아름답게 여겼다는 배경 설화와 2분절의 내용을 함께 고려해 보면, 이 노래는 신라 사회의 어지러운 질서에 대한 책임을 결국 백성들의 삶을 제대로 보살피지 못하는 신하들에게 돌리려는 의도를 담고 있는 노래일 것 같아.

📝 **예상 답안**

㉠어린아이 / ㉡사랑하실

6. 다음 작품에서 화자의 태도를 탐색하는 과정을 〈보기〉와 같이 나타낼 때, 〈보기〉의 괄호 안 ㉠에는 해당하는 말을 쓰고, ㉡에는 해당하는 구절을 작품에서 찾아 쓰시오. [2점]

2017년 기출 7번

〈전략〉
ⓐ 人間을 써나 와도 내 몸이 겨를 업다
니것도 보려 ᄒ고 져것도 드르려코
ᄇᆞ람도 혀려 ᄒ고 ᄃᆞᆯ도 마즈려코
봄으란 언제 줍고 고기란 언제 낙고
柴扉란 뉘 다드며 딘 곳츠란 뉘 쓸려료
아ᄎᆞᆷ이 낫브거니 나조히라 슬흘소냐
오ᄂᆞ리 不足거니 來日리라 有餘ᄒᆞ랴
이 뫼히 안ᄌ 보고 져 뫼히 거러 보니
煩勞ᄒᆞᆫ ᄆᆞ음의 ᄇᆞ릴 일리 아조 업다
쉴 ᄉᆞ이 업거든 길히나 젼ᄒᆞ리야
다만 호 靑藜杖이 다 뫼듸여 가노ᄆᆡ라
ⓑ 술리 닉어거니 벗지라 업슬소냐
블ᄂᆞ며 ᄐᆞ이며 혀이며 이아며
온가짓 소ᄅᆡ로 醉興을 빈야거니

근심이라 이시며 시름이라 브터시랴
누으락 안즈락 구브락 져츠락
을프락 ᄑᆞ람ᄒᆞ락 노혜로 노거니
天地도 넙고 넙고 日月도 한가ᄒᆞ다
羲皇을 모ᄅᆞ너니 니 적이야 긔로괴야
神仙이 엇더턴지 이 몸이야 긔로고야
江山風月 거ᄂᆞ리고 내 百年을 다 누리면
岳陽樓上의 李太白이 사라오다
浩蕩 情懷야 이예서 더홀소냐
이 몸이 이렁 굼도 亦君恩이샷다

- 송순, 「면앙정가(俛仰亭歌)」

〈보기〉

과정	내용
작품의 내적 문맥에 기반한 태도 탐색	'굽어보고[俛] 우러러보는[仰] 정자[亭]'라는 '면앙정'의 뜻과 ⓐ에서 확인되는 화자의 상황으로 보아, 이 작품에서는 정자와 그 근처에서 자연의 풍광을 완상하며 살아가는 (㉠)적 삶을 지향하는 화자의 태도를 확인할 수 있음
	그런데 ⓑ 장면 및 현실 세계의 이념적 윤리에 대한 의식을 보여 주는 '(㉡)'(이)라는 구절을 보면, 앞서 파악한 화자의 태도가 일관되게 유지되지 않음을 알 수 있음
작품의 외적 맥락에 기반한 태도 탐색	면앙정에 대한 송순의 다른 글에 있는 '俛有地 仰有天 亭其中(굽어보니 땅이요 우러러보니 하늘이라, 그중에 정자 있어)'라는 구절과, 송순이 출사(出仕)를 했던 사대부라는 사실에서 화자가 자연 친화를 넘어서는 (㉠)적 삶과 현실의 이념적 윤리를 동시에 지향하는 이유의 단서를 발견할 수 있음
탐색 결과	이 작품에서 사대부인 화자는 스스로 자연에 조화되기를 바라는 한편, 천지의 섭리와 인간의 윤리가 조화되는 세상이 실현되기를 바라는 태도를 보여 주고 있음

📝 예상 답안

㉠ 풍류 / (물아일체), ㉡ 이 몸이 ~ 역군은 이샷다

🚨 ㉠의 경우 '풍류'라고 생각하지만, 의미상 '물아일체'도 답이 될 수 있음

7. 다음을 읽고 〈보기〉의 ㉠, ㉡에 해당하는 말을 순서대로 한 단어씩 쓰시오. [2점]   2016년 기출 6번

(가)
가시리 가시리잇고 나는
ᄇᆞ리고 가시리잇고 나는
위 증즐가 대평셩ᄃᆡ 大平盛代

날러는 엇디 살라 ᄒᆞ고
ᄇᆞ리고 가시리잇고 나는
위 증즐가 대평셩ᄃᆡ 大平盛代

잡ᄉᆞ와 두어리마ᄂᆞᄂᆞᆫ
선ᄒᆞ면 아니 올셰라
위 증즐가 대평셩ᄃᆡ 大平盛代

셜온님 보내ᄋᆞ노니 나는
가시는 듯 도셔 오쇼셔 나는
위 증즐가 대평셩ᄃᆡ 大平盛代
　　　　　　　　　　－「가시리」

(나)
딩아 돌하 당금當今에 계샹이다
딩아 돌하 당금當今에 계샹이다
션왕셩ᄃᆡ 先王聖代예 노니ᄋᆞ와지이다
　　　　　⋮
　　　　　⋮
구스리 바회예 디신ᄃᆞᆯ
구스리 바회예 디신ᄃᆞᆯ
긴힛ᄃᆞᆫ 그츠리잇 가
즈믄 ᄒᆡᄅᆞᆯ 외오곰 녀신ᄃᆞᆯ
즈믄 ᄒᆡᄅᆞᆯ 외오곰 녀신ᄃᆞᆯ
신信잇ᄃᆞᆫ 그츠리잇 가
　　　　　　　　　－「정석가」

〈보기〉

(가)의 '위 증즐가 대평셩ᄃᆡ 大平盛代', (나)의 '션왕셩ᄃᆡ 先王聖代예 노니ᄋᆞ와지이다'는 작품 전체의 내용에 비추어 볼 때 관련성이 긴밀하지 않은 편이다. 일반적으로, 이러한 양상은 위 노래들이 (㉠)에서 유행하다가 (㉡)에 수용되면서 나타난 것으로 설명된다.

민간(서민계층) / 궁중(궁중속악)

8. 다음은 "작가가 처한 상황과 관련지어 창작 동기를 악할 수 있다."를 학습 목표로 하는 수업의 자료이다. 〈보기〉의 ㉠, ㉡에 들어갈 말을 순서대로 쓰시오. [2점]

2015년 기출 7번

(가)
　　슬프나 즐거오나 옳다 하나 외다 하나
　　내 몸의 해올 일만 닦고 닦을 뿐이언정
　　그 밖에 여남은 일이야 분별할 줄 있으랴

　　내 일 망녕된 줄을 내라 하여 모를손가
　　이 마음 어리기도 님 위한 탓이로세
　　아매 아무리 일러도 님이 혜여 보소서

　　　추성(楸城) 진호루(鎭胡樓) 밖에 울어 예는 저 시내야
　　　무슴 호리라 주야(晝夜)에 흐르는다
　　　님 향한 내 뜻을 좇아 그칠 뉘를 모르나다

　　　　　　　　　　　　　　　　　- 윤선도, 「견회요(遣懷謠)」

(나)
　　이보소 져 각시님 설운 말삼 그만 하오
　　말삼을 드러하니 설운 줄 다 모를쇠
　　인년인들 한가지며 니별인들 갓탈손가
　　광한젼 백옥경의 님을 뫼셔 즐기더니
　　니래랄 하였거니 재앙인들 업살손가
　　해 다 문 날의 가난 줄 설워마소
　　엇더타 니 내 몸이 격홀 대 젼혀 업내
　　광한젼 어디 머오 백옥경 내 아던가
　　원앙침 비취금의 뫼셔본 젹 바히 업내
　　내 얼골 이 거동이 무엇로 님 길고
　　질삼을 모라거니 가무야 더 니랄가
　　　　　　〈중략〉
　　산호 지게 백옥함의 님 옷도 잇내 마난
　　뉘려셔 가저가며 가저간들 보실손가
　　내 하인 뉘라 하고 무산 말노 보내올고
　　스사로 면괴하니 남이 엇디 니루려니
　　누어도 생각이오 안자도 생각이라
　　아마도 이 생각은 일각을 못 이즐쇠
　　치운 밤 더운 낫과 죽됴반 조셕 딘디
　　님의 소식 듯자 하니 뉘라셔 할손가

　　　　　　　　　　　　　　　　　- 김춘택, 「별사미인곡(別思美人曲)」

―――――――――― 〈보기〉 ――――――――――

교수·학습 내용	교수·학습 활동
작가가 처한 상황 이해하기	윤선도와 김춘택의 전기적 사실을 조사하여 이 작품이 유배지에 있을 때 창작되었다는 점을 발표 한다.
작품의 표현 의도 파악하기	표현 의도가 잘 드러나는 시어 및 시구를 중심으로 작품을 해석한다.
	(가)의 '님 향한 내 뜻'의 구체인 내용은 자신의 충심(忠心)과 연정(戀情), (㉠)을/를 알아주길 바라는 마음이다.
	(나)의 '나'는 '각시'처럼 임의 총애(寵愛)를 받아본 적은 없지만 자신도 (㉡)을/를 마련할 정도로 임에 해 정성스러운 마음을 가지고 있음을 강조한다.
작품의 창작동기 추론하기	작가가 처한 상황과 표 의도를 바탕으로 창작 동기를 추론하는 모둠별 토의를 한다.

예상 답안

㉠ 결백함(억울함), ㉡ 임의 옷

◆ 작품의 기본 내용을 이해하고 숨은 의미를 파악할 수 있는 좋은 문제로 볼 수 있음. ㉠에서 가장 가까운 답은 '결백(함)(억울함)이라고 생각하고, 지조(절개) 등은 부차적인 답이 될 수 있음

02 서술형 문제

1 서술형 문제란?

서술형은 문제 인식, 추리, 예상, 결론 도출, 인과관계, 상관관계, 문제해결 과정 등의 사고 능력을 측정하며 문장 형태의 답안을 요구하는 문항 형식이다. 서술형은 기입형 문항보다 심층적이거나 상세한 내용을 물을 때 사용할 수 있다. 중등교사 임용시험에서는 상기의 사고 과정을 바탕으로 한 응답 결과를 3~5문장 정도로 기술하는 문항을 서술형으로 출제한다. 분량을 고려할 때 간략하게 서술하는 약술형에 가까운데, 기입형에 비해 설명, 분석, 감상 등의 내용이 더 요구되며, 논술형보다는 분량이 적다는 점에서 차이가 있다.

2 서술형 문제에 대한 대응 방법

① 문제 파악 중요
  ㉠ 출제자의 의도가 무엇인지, 출제자가 무엇을 묻는 건지 잘 고려해야 함.
  ㉡ 문제에서 제시한 조건을 잘 고려하여 거기에 맞게 대응.
② 답안쓰기 방법 중요 – 감상, 분석, 의미 파악 / 공통점, 차이점 / 이론의 적용 / 틀린 이유 찾기 및 교정 등 다양한 문제 유형이 있으므로 문제에 맞춰 답안을 작성해야 함.
③ 핵심어를 포함하여 답을 쓸 것 – 핵심어를 사용하여 정해진 분량에 맞게 서술할 것.(핵심어를 몰르면 그 내용을 보충할 수 있는 말로 바꾸거나 풀어서 서술)
④ 문제에서 몇 가지 조건인지, 답을 쓸 때 몇 가지로 해야 하는지 잘 파악하여 답을 쓸 것.
⑤ 배점이 보통 3~4점이므로 배점을 잘 고려하면서 정해진 분량을 지켜 답을 작성할 것.(출제위원들이 적당한 답의 양을 제시하므로 그에 맞춰 답을 쓰면 효과적임)

3 서술형 문제의 유형

① 전체 감상(구성요소 – 주제) 관련 문제
② 예문 중심 의미 파악 및 감상 문제
③ 문학일반론 / 국문학일반론을 바탕으로 한 감상 문제
④ 시 / 소설의 구성 요소 및 이론 적용 감상 문제
⑤ 사회·문화적 배경 관련 문제
⑥ 문학사 및 기본갈래·하위갈래 / 문학 유파 적용 감상
⑦ 내용의 비교(공통점)·대조(차이점) 문제
⑧ 감상 결과에 대한 교정 관련 문제
⑨ 문학교육론 / 문학 교육활동 관련 문제
⑩ 기타 출제 예상 문제

❖ 위의 ㉠~㉥의 문제들이 하나가 나올 수도 있지만, 2가지 이상 뒤섞여 나오는 경우도 많으므로 각각의 특징을 잘 고려하여 답할 필요가 있음.

기출문제

1. 다음은 성산별곡 본사의 일부이다. 〈작성 방법〉에 따라 서술하시오. [4점]

2023년 B 9번

[A]
　　산듕의 칙녁(冊曆) 업서 사시를 모르더니
　　눈 아래 헤틴 경(景)이 쳘쳘이 졀노 나니
　　듯거니 보거니 일마다 선간(仙間)이라
　　미창(梅窓) 아젹 벼틱 향긔예 줌을 끼니
　　션옹(仙翁)의 히욜 일이 곳 업도 아니ᄒᆞ다
　　울 밋 양디 편의 외씨를 세허두고
　　미거니 도도거니 빗김의 달화내니
　　청문고ᄉ(靑門故事)*를 이제도 잇다 ᄒᆞ다
　　망혜(芒鞋)를 뵈야 신고 듁댱을 훗더디니
　　도화 핀 시내길히 방초쥬(芳草洲)의 니어셰라
　　닷봇근 명경(明鏡) 둥 절로 그린 셕병풍(石屛風)
　　그림애를 버들 사마 셔하(西河)로 홈ᄭᅴ가니
　　도원은 어드매오 무릉이 여긔로다
　　남풍이 건듯 부러 녹음을 헤혀 내니
　　졀 아는 괴ᄭᅩ리는 어드러셔 오돗던고
　　희황(羲皇) 벼개 우히 풋ᄌᆞᆷ을 얼픗 ᄭᆡ니
　　공듕 져즌 난간 믈 우히 써잇고야
　　마의(麻衣)를 니믜 ᄎᆞ고 갈건(葛巾)을 기우 쓰고
　　구브락 비기락 보는 거시 고기로다
　　ᄒᆞᄅᆞ밤 비ᄭᅴ운의 홍ᄇᆡᆨ년(紅白蓮)이 섯거 픠니
　　ᄇᆞ람ᄭᅴ 업서셔 만산이 향긔로다

　　　　　… (중략) …

[B]
　　공산의 싸힌 닙흘 삭풍이 거두 부러
　　ᄯᅦ구름 거ᄂᆞ리고 눈조차 모라오니
　　텬공(天公)이 호ᄉᆞ로와 옥으로 고즐지어
　　만슈쳔림(萬樹千林)을 ᄭᅮ며곰 낼셰이고
　　앏여홀 ᄀᆞ리 어러 독목교(獨木橋) 빗겻ᄂᆞᄃᆡ
　　막대 멘 늘근 즁이 어닉뎔로 간닷 말고
　　㉠ 산옹의 이 부귀를 ᄂᆞᆷᄃᆞ려 헌ᄉᆞ마오
　　㉡ 경요굴(瓊瑤窟) 은세계(隱世界)를 ᄎᆞᄌᆞ리 이실셰라

　　　　　　　　　　　　　　- 정철, 성산별곡 -

* 청문고ᄉ: 진나라 소평이 청문 밖에 참외를 심고 살며 벼슬하지 않았다는 고사

─────────────── 〈작성 방법〉 ───────────────

◦ [A]에서 화자가 적막 산중에 살아가는 주인의 삶을 어떠한 모습으로 그려내고 있는지 공간과 인물의 측면에서 서술할 것.
◦ [B]에서 계절적 배경을 고려하여 밑줄 친 ㉠의 함축적 의미를 쓰고, 밑줄 친 ㉡에 담긴 화자의 심리를 서술할 것.

채점기준

- 2점 – 주인의 삶을 공간과 인물의 측면에서 맞게 서술했으면 : 각각 1점
- 2점 – ㉠의 함축적 의미 및 ㉡에 담긴 화자의 심리가 맞으면 : 각각 1점

예상 답안

[A]에서 화자가 주인의 삶을 공간의 측면에서는 '션간', '도원'과 '무릉' 등에 비유하여 신선이 사는 곳으로 드러냈고, 인물의 측면에서는 '션옹'에 비유하여 신선으로 드러냈다.
[B]의 계절이 겨울임을 고려할 때, ㉠의 의미는 나뭇가지마다 쌓인 눈꽃의 아름다운 경치이다. ㉡은 자신이 누리는 눈 내린 겨울 경치를 남들이 찾아와 어지럽힐까 경계하고 두려워하는 마음이다.

---

2. 다음을 읽고, 시조의 창작 맥락과 관련하여 〈작성 방법〉에 따라 서술하시오. [4점]   2023년 A 10번

(가)
   태종[이방원]이 연회를 열고 정몽주를 이르게 하였다. 술판이 거나해지자 태종이 술병을 들고 세속의 노래 1수를 지어 회유하며 노래하였다.

   이런들 어떠하며 저런들 어떠하리
   ㉠ 만수산(萬壽山) 드렁칡이 얽어진들 어떠하리
   우리도 이같이 얽어져 백년까지 누리리라

                                               - 『순오지』 -

(나)
   고려 조정을 장차 혁파하려 할 적에 태종[이방원]이 재상들을 맞이하여 술잔을 기울이며 스스로 노래를 불러 제공(諸公)의 뜻을 시험하였다. 그 노래는 다음과 같다.

   이런들 어떠하며 저런들 어떠하리
   ㉡ 성황당 뒷담장이 무너진들 어떠하리
   우리도 이같이 하여 죽지 않음 어떠리

   그러자 정몽주가 다음과 같이 노래하였다.

이 몸이 죽고 죽어 일백 번 고쳐 죽어
　　　백골이 진토 되어 넋이라도 있고 없고
　　　임 향한 일편단심이야 가실 줄이 있으랴

　　변안열(邊安烈)이 정몽주에 이어 다음과 같이 노래하였다.

　　　　┌ 내 가슴에 말[斗]만한 구멍 뚫고
　　　　│ 길고 긴 새끼줄 꿰어
　　　　│ 앞뒤로 끌고 당겨 갈고 쓸지라도
　　[A]　│ 네가 하는 대로 내 마다치 않겠으나
　　　　│ 내 임 빼앗고자 한다면
　　　　└ 이런 일엔 내 굽히지 않으리라
　　　　　　　　　　　　　　　　　　　- 『대은선생실기』 -

(다)
　가슴에 구멍을 둥시렇게 뚫고 왼새끼를 눈 길게 너슷너슷 꼬아
　그 구멍에 그 새끼 넣고 두 놈이 두 끝 마주 잡아 이리로 훌근 저리로 훌적 훌근훌적 할 적에는 나남즉 남대되 그는 아모쪼록 견디려니와
　아마도 님 외오 살라 하면 그는 그리 못하리라
　　　　　　　　　　　　　　　　　　　- 『청구영언』(진본) -

― 〈작성 방법〉 ―
∘ 창작 맥락을 고려할 때 밑줄 친 ㉠, ㉡에 함축된 의미를 비교하여 설명할 것.
∘ [A]와 (다)의 주제를 순서대로 제시할 것.

채점기준

- 1점 – 창작 맥락이 아래와 같이 맞으면 : 1점
- 1점 – ㉠, ㉡의 함축된 의미 차이(비교)가 맞으면 : 1점
  (혹은 ㉠, ㉡의 의미 차이가 맞으면 : 각각 1점)
- 2점 – [A]와 (다)의 주제가 각각 맞으면 : 각각 1점

예상 답안

주의 위의 문제 ㉠, ㉡에 함축된 의미 '비교'에서 '비교'는 '차이'를 의미하는 것으로 볼 수 있음

창작 맥락은 ㉠, ㉡ 모두 이방원(태종) 충신인 정몽주를 회유하여 함께 하자는 것인데, ㉠은 조선의 미래의 밝고 긍정적인 이미지를 제시하여 함께 화합하자는 의미이고, ㉡은 고려를 어둡고 부정적인 이미지로 제시하여 함께 혁파하자는 의미이다.
　([A]와 (다)는 모두 인간이 견딜 수 없는 극한 상황은 견딜 수 있지만,) [A]는 고려(왕)와 결코 이별할 수 없다는 충신의 굳은 의지가 주제이고, (다)는 님(연인)과 이별할 수 없어 늘 함께 사랑하며 살고 싶은 여인(연인)의 의지가 주제이다.

3. 다음을 읽고, 화자의 삶의 지향을 이해하여 〈작성 방법〉에 따라 서술하시오. [4점]   2022년 A 10번

> **(가)**
> 고산 구곡담(高山九曲潭)을 사룸이 모로더니
> 주모 복거(誅茅卜居)ᄒ니 벗님ᄂᆡ다 오신다
> 어즈버 무이(武夷)를 상상ᄒ고 학주자(學朱子)를 ᄒ리라
> (제1수)
>
> 오곡(五曲)은 어ᄃᆡ믜오 은병(隱屛)이 보기 됴타
> 수변 정사(水邊精舍)는 소쇄(瀟灑)흠도 ᄀᆞ이업다
> 이 중에 강학(講學)도 ᄒ려니와 영월음풍(詠月吟風)ᄒ리라
> (제6수)
> - 이이, 〈고산구곡가〉 -
>
> **(나)**
> 생평(生平)애 원ᄒᄂ니 다만 충효ᄲᅮᆫ이로다
> 이 두 일 말면 금수(禽獸)ㅣ나 다라리야
> ᄆᆞ음애 ᄒ고져 ᄒ야 십재황황(十載遑遑)ᄒ노라
> (제1수)
>
> 출(出)ᄒ면 치군택민(致君澤民) 처(處)ᄒ면 조월경운(釣月耕雲)
> 명철 군자(明哲君子)는 이룰사 즐기ᄂᆞ니
> ᄒᄒᆞᆯ며 부귀위기(富貴危機)ㅣ라 빈천거(貧賤居)를 ᄒ오리라
> (제8수)
> - 권호문, 〈한거십팔곡〉 -

―〈작성 방법〉―

- (가), (나)에서 화자의 미래에 대한 삶의 지향을 드러낸 말을 각각 찾아 쓰고, 그 의미를 설명할 것.
- (나)의 화자가 삶의 지향을 확립하기까지 고뇌의 과정을 알려주는 시어를 (나)에서 찾아 쓰고, 그 의미를 서술할 것.

📝 예상 답안

 (가)에서 화자의 미래의 지향을 드러낸 말은 '강학(=학주자)'이다. 이는 자연 속에서도 학문에 정진하면서 후학을 지도하는 삶을 지향하는 것이다. (나)에서 미래의 지향을 드러낸 말은 '빈천거'이다. 이는 속세에 대한 미련을 버리고 자연 속에서 안빈낙도하는 삶을 지향하는 것이다.
 (나)의 화자의 삶의 지향을 확립하기까지 고뇌의 과정을 알려주는 시어는 '십재황황(十載遑遑)'이다. 이것은 화자가 안빈낙도의 삶을 지향하기까지 십 년이나 방황하며 길을 찾아 헤매었다는 의미를 담고 있다.

4. (가)~(다)는 교수·학습 상황이고 (라)는 학생의 학습 활동 결과이다. 학생의 학습 활동 결과에 대해 〈작성 방법〉에 따라 서술하시오. [4점]

2021년 B 11번

(가) 성취기준
- [12문학 03-02] 대표적인 문학 작품을 통해 한국 문학의 전통과 특질을 파악하고 감상한다.

(나) 교수 내용의 요지

　자연 친화적 삶의 형상화는 한국 문학의 중요한 전통 중 하나로서, 조선 전기 사대부 문학에는 대표적으로 자연의 의미와 역할이 다음과 같이 나타난다.

　㉠ 완상(玩賞)의 대상으로서 감흥이나 즐거움을 느끼게 함.
　㉡ 정치 현실과 거리를 둔 공간으로서 연군의 정을 느끼게 함.
　㉢ 도(道)의 구현체로서 삶의 모범을 보여 줌.
　㉣ 학문의 공간으로서 수양의 환경을 형성함.

　이황의 〈도산십이곡〉은 '언지(言志)' 6수와 '언학(言學)' 6수로 구성되어 있는 연시조로서, '언지'에서는 주로 ㉠과 ㉡이, '언학'에서는 주로 ㉢과 ㉣이 우세하게 나타난다.

(다) 학습 활동

※ 다음은 이황의 〈도산십이곡〉의 일부를 순서 없이 배열한 것이다. [A]~[D]에 나타난 자연의 의미를 파악하여 '언지'와 '언학'으로 구분해 보고 그렇게 판단한 이유를 적어 보자.

[A]
유란(幽蘭)이 재곡(在谷)ᄒᆞ니 자연(自然)이 듯디 됴희
백운(白雲)이 재산(在山)ᄒᆞ니 자연이 보디 됴해
이 즁에 피미일인(彼美一人)을 더옥 닛디 못ᄒᆞ얘

[B]
청산(靑山)은 엇졔ᄒᆞ여 만고(萬古)에 프르르며
유수(流水)는 엇졔ᄒᆞ여 주야(晝夜)애 긋지 아니ᄂᆞᆫ고
우리도 그치지 마라 만고상청(萬古常靑) ᄒᆞ리라

[C]
연하(煙霞)로 집을 삼고 풍월(風月)로 벗을 사마
태평성대(太平聖代)에 병(病)으로 늘거 가뇌
이 즁에 ᄇᆞ라는 일은 허믈이나 업고쟈

[D]
천운대(天雲臺) 도라드러 완락재(玩樂齋) 소쇄(瀟灑)ᄒᆞᆫ듸
만권(萬卷) 생애(生涯)로 낙사(樂事) ㅣ 무궁ᄒᆞ얘라
이 즁에 왕래풍류(往來風流)를 닐러 므슴 홀고

(라) 학습 활동 결과

구분	판단 결과의 이유	
[A]	'유란'과 '백운'을 보면서 감흥을 느끼는 가운데 임금으로 추정되는 '피미일인'을 그리워하는 마음이 나타난 것으로 보아, 언지에 포함될 것으로 보인다.	①
[B]		②
[C]	'연하'와 '풍월'로 표상되는 자연을 완상하면서 느끼는 즐거움이 태평성대를 누리고자 하는 태도로 이어지는 것으로 보아, 언지에 포함될 것으로 보인다.	③
[D]	자연과 어우러진 '천운대'와 '완락재'의 '소쇄'한 풍경을 보며 풍류를 즐기는 감흥이 나타난 것으로 보아, 언지에 포함될 것으로 보인다.	④

─────────〈작성 방법〉─────────

- ②에 들어갈 내용을 서술할 것.
- ①, ③, ④에서 적절하지 않은 내용을 찾고, 그 이유를 서술할 것.

📝 예상 답안

 '청산'과 '유수'는 쉼 없이 이어지는 부지런한 존재로 우리도 학문을 하면서 그렇게 성실하고 근면한 태도로 임해야 한다는 것으로 보아 '언학'으로 보인다.
 ④가 적절하지 않은데, ④는 '천운대'와 '완락재'의 '소쇄'한 풍경 속에서 만 권의 책을 읽으며 즐거움을 찾고, 그러한 학자와 교류하는 내용이어서 '언학'에 해당된다.

5. 다음은 「누항사」의 일부이다. 〈보기〉를 참고하여 〈작성 방법〉에 따라 서술하시오. [4점] 2020년 B 5번

> 어리고 우활(迂闊)홀산 이 닉 우히 더니 업다
> 길흉화복(吉凶禍福)을 하날긔 부쳐 두고
> 누항(陋巷) 깁푼 곳의 초막(草幕)을 지어 두고
> 풍조우석(風朝雨夕)에 석은 딥히 셥히 되야
> 셔홉 밥 닷홉 죽(粥)에 연기(煙氣)도 하도 할샤
> 설 데인 숙냉(熟冷)애 뷘 빈 쇡일 쑨이로다
> 생애(生涯) 이러호다 장부(丈夫) 뜻을 옴길넌가
> 안빈일념(安貧一念)을 젹을망졍 품고 이셔
> 수의(隨宜)로 살려 호니 날로조차 저어(齟齬)호다
> 가을히 부족(不足)거든 봄이라 유여(有餘)호며
> 주머니 븨엿거든 병(甁)의라 담겨시랴
> 빈곤(貧困)호 인생(人生)이 천지간(天地間)의 나쑨이라
> 기한(飢寒)이 절신(切身)호다 일단심(一丹心)을 이질는가
> 분의망신(奮義忘身)호야 죽어야 말녀 너겨
> 우탁우낭(于橐于囊의 줌줌이 모와 녀코
> 병과오재(兵戈五載)예 감사심(敢死心)을 가져 이셔
> 이시섭혈(履尸涉血)호야 몃 백전(百戰)을 지닉연고
> 일신(一身)이 여가 잇사 일가(一家)를 도라보랴
> 일노장수(一奴長鬚)는 노주분(奴主分)을 이졋거든
> 고여춘급(告余春及)을 어닉 사이 싱각호리
> 경당문노(耕當問奴)인들 눌두려 물룰는고
> 궁경가색(躬耕稼穡)이 닉 분(分)인 줄 알리로다
>
> — 박인로, 「누항사」 —

---〈보기〉---

16세기 말에서 17세기에 걸친 전란을 거치면서 조선 후기에는 경제적으로 몰락하거나 정치적으로 몰락한 양반층이 생겨났다. 박인로, 정훈 등과 같은 작가들도 이러한 계층에 속하는데 이들의 가사에도 변화하는 시대의 징후들이 나타나기 시작했다. 이들은 중앙 정계에 진출하지 못하고 소외된 지방의 한미한 사(士) 계층으로, 그 가운데 일부는 물적 기반이 미약하여 스스로 농사일에 종사해야 하는 처지로 내몰리기도 했다.

---〈작성 방법〉---

∘〈보기〉를 참고하여, 작가에게 삶의 전환을 가져온 계기가 된 사건과 이후 변화된 사회적 처지를 알려 주는 시어를 작품에서 각각 찾아 쓰고, 그 의미를 각각 서술할 것.
∘작품의 화자가 지향하는 삶과 그가 처한 현실 사이의 괴리에서 나타나는 양립적인 의식을 〈보기〉를 참고하여 서술할 것.

예상 답안

작가에게 삶의 전환을 가져온 계기가 된 사건을 드러낸 시어는 '병과오재'이고 이것은 임진왜란 5년 동안의 전란 기간을 의미한다. 그 이후 변화된 사회적 처지를 알려 주는 시어는 '궁경가색'이며 몰락한 양반이 생겨나 직접 밭 갈고 농사를 짓게 된 상황을 의미한다.

화자는 안빈낙도 강호한정 등의 유교적인 이상적 삶을 추구하려고 하지만, 임진왜란을 거치면서 경제적으로 몰락하여 현실은 너무 궁핍한 상황이어서 그 삶을 추구하지 못하고 이상과 현실의 괴리를 느끼고 있다.

6. 다음은 '고전 시가의 전승 및 창작 과정의 문학사적 맥락을 이해할 수 있다.'라는 학습목표를 달성하기 위한 수업자료이다. (가)~(다)를 읽고, 〈작성 방법〉에 따라 서술하시오. [4점]   2020년 A 9번

(가)
구버는 천심녹수(千尋綠水…) 도라보니 만첩청산(萬疊靑山)
십장홍진(十丈紅塵)이 언매나 ᄀᆞ롓는고
㉠강호(江湖)애 월백(月白)ᄒᆞ거든 더욱 무심(無心)ᄒᆡ라
〈제2수〉

장안(長安)을 도라보니 북궐(北闕)이 천리(千里)로다
어주(漁舟)에 누어신들 니즌 스치 이시랴
두어라 내 시름 아니라 제세현(濟世賢)이 업스랴
〈제5수〉
- 이현보, 「어부단가」 -

(나)
취(醉)ᄒᆞ야 누얻다가 여흘 아래 ᄂᆞ리려다
빈 미여라 빈 미여라
낙홍(落紅)이 흘러오니 도원(桃源)이 갓갑도다
지국총 지국총 어사와
인세홍진(人世紅塵)이 언매나 ᄀᆞ롓ᄂᆞ니
〈춘사 제8수〉

창주오도(滄洲吾道)를 녜브터 닐럳더라
닫 디여라 닫 디여라
칠리(七里) 여흘 양피(羊皮) 옷슨 긔 엇더ᄒᆞ니런고
지국총 지국총 어사와
삼천육백(三千六百) 낙시질은 손고븐 제 엇디턴고
〈동사 제9수〉
- 윤선도, 「어부사시사」 -

(다)
　우리나라에는 옛날에 ⓒ「어부사(漁父詞)」가 있었는데 어느 사람이 지은 것인지는 모르나, 고시(古詩)를 채집하여 가락을 붙인 것이다. 이를 읊으면 강바람과 해우(海雨)가 치아와 뺨 사이에 생겨나서, 사람으로 하여금 표연히 세상을 버리고 홀로 서게 하는 뜻이 있게 한다. 이러므로 농암 이현보 선생이 좋아하기를 게을리하지 않았으며, 퇴계 이황 선생도 끊임없이 감탄하며 완상하였다.
　그러나 음향이 서로 상응치 못하고 언어가 심히 완비되지 않았다. 대개 옛것을 채집함에 장애를 받음으로 하여 움츠러지는 부족함을 면할 수가 없다. 내가 그 뜻을 부연하여 우리말을 사용하여 「어부사시사」 각 1편 10장을 지었다.

- 윤선도, 「어부사시사 발문」-

〈작성 방법〉

- (가)의 ㉠과 대립적 관계에 있는 세계를 나타내는 표현을 (가)에서 찾아 쓰고, 그것이 내포하고 있는 의미를 서술할 것.
- (다)의 ⓒ을 (나)의 작가가 공감적, 비판적으로 수용하여 자신의 작품을 창작했다고 할 때, (다)를 참고하여 (나)에 나타난 공감적, 비판적 수용 양상을 (나)의 구절을 활용하여 각각 서술할 것.

📝 예상 답안

- 강호와 대립되는 세계 - 둘 다 가능할 듯

　㉠강호와 대립적 관계를 나타내는 표현은 '십장홍진(十丈紅塵)'이다. 이것은 속세의 삶과 혼란스러운 정치 등을 의미한다.
　㉠강호와 대립적 관계를 나타내는 표현은 '북궐'이다. (사대부는 물러나면 강호에서 강호한정하고), 벼슬길에 나아가 궁궐에서 연주충군(우국충절)하며 나라를 다스리는 것을 의미한다.

　(다)의 ⓒ을 (나)의 작가가 공감적으로 수용한 것은 '인세홍진(人世紅塵)이 언메나 ᄀ렷ᄂ니'에서 속세를 벗어나 가어옹이 되어 자연에서 강호한정하며 한가롭게 살아가는 삶이다.

- 비판적 수용 - 둘 다 가능할 듯

1. (다)의 ⓒ을 (나)의 작가가 비판적으로 수용한 것은 '빈 미여라', '지국총 지국총 어사와' 등의 후렴을 통해 음향을 상응하게 했고, '빈 미여라', '닫 디여라' 등에서 우리말을 사용하여 표현했다.
2. (다)의 ⓒ을 (나)의 작가가 비판적으로 수용한 것은 '도원(桃源)이 갓갑도다', '창주 오도' 등에서 정치에 대한 관심을 완전히 끊고 자연에 완전히 귀의한 삶을 드러냈다.

7. (가), (나)의 시적 소통 구조의 특징을 〈작성 방법〉에 따라 서술하시오. [4점]　　2019년 A 10번

(가)
大同江 아즐가 大同江 너븐디 몰라셔
위 두어렁셩 두어렁셩 다링디리
빅 내여 아즐가 빅 내여 노흔다 샤공아
위 두어렁셩 두어렁셩 다링디리
네 가시 아즐가 네 가시 럼난디 몰라셔
위 두어렁셩 두어렁셩 다링디리
녈 빅예 아즐가 녈 빅예 연즌다 샤공아
위 두어렁셩 두어렁셩 다링디리
大同江 아즐가 大同江 건넌편 고즐여
위 두어렁셩 두어렁셩 다링디리
빅 타 들면 아즐가 빅 타 들면 것고리이다 나는
위 두어렁셩 두어렁셩 다링디리

- 서경별곡 -

(나)
어와 벗님네야 이 내 말삼 들어보소
인생 천지간에 그 아니 느꺼온가
평생을 다 살아도 다만지 백년이라
하물며 백년이 반듯기 어려우니
백구지과극(白駒之過隙)이요 창해지일속(滄海之一粟)이라
역려건곤(逆旅乾坤)에 지나가는 손이로다
빌어온 인생이 꿈의 몸 가지고서
남아(男兒)의 하올 일을 역력히 다 하여도
풀끝에 이슬이라 오히려 덧업거든
어와 내 일이야 광음을 혜여보니
반생이 채 못 되어 육육(六六)에 둘이 업네
이왕 일 생각하고 즉금(卽今) 일 혜아리니 번복도 측량업다
　　　… (중략)…
마른 섭흘 등에 지고 열화(烈火)에 들미로다
재가 된들 뉘 탓이리 살 가망 업다마는
일명(一命)을 꾸이오셔 해도(海島)에 보내시니
어와 성은이야 가지록 망극하다
강두(江頭)에 배를 대어 부모 친척 이별할 제
슬픈 눈물 한숨 소리 막막수운(漠漠愁雲) 머무는 듯
손잡고 이른 말삼 조히 가라 당부하니
가삼이 막히거든 대답이 나올소냐
　　　… (하략)…

- 안도환, 만언사 -

─────────────── 〈작성 방법〉 ───────────────
• (가), (나)의 시적 화자의 주된 정서를 쓰고, 그 정서를 표현하는 데 현상적 청자가 어떤 역할을 하는지를 각각 서술할 것. (단, 각각의 현상적 청자를 명시할 것.)

예상 답안

(가)의 화자의 주된 정서는 '원망, 불신'이고, (나)의 화자의 주된 정서는 '후회, 반성'이다.
(가)의 현상적 청자 '사공'은 시적화자가 님에 대한 '원망, 불신'의 정서를 사공을 통해 우회적으로 드러내는 역할을 하고, (나)의 현상적 청자 '벗님네'는 시적화자가 자신이 저지른 잘못에 대한 '후회, 반성'의 정서를 같이 벼슬했던 사람들에게 더욱 호소력 있게(=간절하게) 전달하는 역할을 한다.

8. 다음을 읽고 〈작성 방법〉에 따라 두 작품의 의미를 서술하시오. [4점] 2016년 기출 12번

(가)
말 업슨 청산(靑山)이오 태(態) 업슨 유수(流水) ㅣ로다
갑 업슨 청풍(淸風)과 임즈 업슨 명월(明月)이로다
이 듕에 일 업슨 ᄂᆡ 몸이 ㉠<u>분별(分別)</u>업시 늙그리라
- 성혼

(나)
서산에 돋을볕* 서고 구름은 늦이로 낸다*
비 뒤 묵은 풀이 뉘 밭이 짙었던고
두어라 차례 지은 일이니 ㉡<u>매는 대로</u>* 매오리라
- 위백규

* 돋을볕 : 해가 뜰 때에 서녘 하늘에 되비치는 햇빛
* 늦이로 낸다 : 천천히 피어오른다
* 매는 대로 : 김매는 대로

─────────────── 〈작성 방법〉 ───────────────
(1) (가), (나)에 표현된 공간의 성격을 각각 서술할 것
(2) ㉠, ㉡에 주목하여 (가), (나)의 시적 화자가 지향하는 삶을 각각 서술할 것

예상 답안

(가)의 공간은 사대부들이 자연 속에서 자연과 친하게 지내며 강호한정의 공간이고, (나)의 공간은 농부들이 풀을 매고 농사를 지으며 살아가는 현실적인 노동의 공간이다.
(가)의 화자는 사대부인데 ㉠에서 보듯이 자연 속에서 강호한정하는 삶을 살겠다는 의지를 드러냈고, (나)의 화자는 농부인데 ㉡에서 보듯이 부지런히 농사를 지으며 살겠다는 의지를 드러냈다.

9. 다음은 시의 상징을 이해하기 위한 수업 자료이다. 교사의 지도 내용을 〈보기〉의 지시에 따라 서술하시오. [5점]

2015년 기출 서술형 4번

(가)
　　간밤에 부든 ᄇᆞ롬에 ㉠<u>눈서리</u> 티단 말가
　　낙락장송(落落長松)이 다 기우러 가노ᄆᆡ라
　　허믈며 못다 퓐 곳이야 닐너 무슴 ᄒᆞ리요
　　　　　　　　　　　　　　　　　　　　　　- 유응부

　　천한(天寒)코 ㉡<u>설심(雪深)</u>ᄒᆞᆫ 날에 님을 ᄶᅡ라 태산(泰山)으로 넘어갈 졔
　　갓 버셔 등에 지고 보션 버셔 품에 픔고 신으란 버셔 손에 들고 천방지방(天方地方) 지방천방(地方天方) ᄒᆞᆫ 번도 쉬지 말고 허위허위 넘어가니
　　보션 버슨 발은 아니 스리되는 여러 번 념믠 가슴이 산득산득ᄒᆞ여라
　　　　　　　　　　　　　　　　　　　　　　- 작자 미상

(나)
　　눈 내려 어두워서 길을 잃었네
　　갈 길은 멀고 길을 잃었네
　　사람도 없는 겨울밤 이 거리를
　　찾아오는 사람 없어 노래 부르니
　　눈 맞으며 세상 밖을 돌아가는 사람들뿐
　　등에 업은 아기의 울음소리를 달래며
　　갈 길은 먼데 함박눈은 내리는데
　　사랑할 수 없는 것을 사랑하기 위하여
　　용서받을 수 없는 것을 용서하기 위하여
　　눈사람을 기다리며 노랠 부르네
　　세상 모든 기다림의 노랠 부르네
　　눈 맞으며 어둠 속을 떨며 가는 사람들을
　　노래가 길이 되어 앞질러가고
　　돌아올 길 없는 길 앞질러가고
　　아름다움이 이 세상을 건질 때까지
　　절망에서 즐거움이 찾아올 때까지
　　함박눈은 내리는데 갈 길은 먼데
　　무관심을 사랑하는 노랠 부르며
　　눈사람을 기다리는 노랠 부르며
　　이 겨울 밤거리의 눈사람이 되었네
　　눈이 와도 녹지 않을 ㉢<u>눈사람</u>이 되었네
　　　　　　　　　　　　　　　　　　- 정호승, 「맹인 부부 가수」

───────────── 〈보기〉 ─────────────
(1) (가)의 ㉠, ㉡이 공통으로 상징하는 의미와 (나)의 ㉢이 상징하는 의미를 밝힐 것
(2) ㉠, ㉡을 관습적 상징, ㉢을 개인적 상징이라고 할 때, 개인적 상징과 구별되는 관습적 상징의 성격을 서술할 것

예상 답안

㉠은 '시련, 고난, 어려움' 등의 의미가 있고, ㉡은 '타인에 대한 배려(사랑), 희망, 따뜻한 인정'의 의미가 있다.

㉠, ㉡의 관습적 상징은 ㉢과 같은 개인적 상징과 달리 첫째, 관례적이고 공공성을 띠어 공동체(대중)가 함께 향유한다는 점, 둘째, 널리 사용되어 그 의미를 쉽게 이해할 수 있다는 점, 셋째, 표현면에서 새로움이나 참신함이 적고 상투적 표현이 된다는 점 등이 그 특징이다.

- 고전시가와 현대시가 결합된 문제. 과거에는 시가나 현대시를 결합한 문제가 없었는데, 고전과 현대를 결합하여 제시한 것은 문학사의 연속성 이해를 위한 좋은 문제
- 〈최병해 문학내용학〉 현대시 분야의 표현 중 '상징'을 바탕으로 한 문제 의미 파악과 상징의 종류 및 특징 등을 묻는 문제이며 문제도 분명하고 좋은 문제

제4절 개정 교육과정에 따른 문학 14종 수록 작품
(2011개정 + 2015 개정 교육과정 모두 포함)

* 고전시가 총 194(2011 교육과정 144 + 2022 교육과정 50)
● 본문 제재   ■ 본문 외 제재

01 고대 가요

	작품명	미래엔	교학(윤)	교학(조)	두산	비상(유)	비상(박)	신사고	지학(권)	지학(최)	창비	천재(고)	천재(김)	천재(정)	해냄
1	공무도하가 … 백수 광부의 아내				●	■			●	●	●				●
2	구지가 … 구간 등	■	●		●	●		■	●			■	●	●	■
△	황조가 … 작자 미상	●													
3	해가 … 작자 미상		■			■			■			■			
4	정읍사 … 어느 행상인의 아내				■			●	■	●			■	■	

02 향가

	작품명	미래엔	교학(윤)	교학(조)	두산	비상(유)	비상(박)	신사고	지학(권)	지학(최)	창비	천재(고)	천재(김)	천재(정)	해냄
5	서동요 … 서동	●						■		■					
6	제망매가 … 월명사	●	●		■				■			●		■	●
7	찬기파랑가 … 충담사				●		●	●		●		●	●	●	●
8	원왕생가 … 광덕					●					●				
9	헌화가 … 작자 미상					■									
10	처용가 … 처용							●						■	
11	도솔가 … 월명사							■							
12	모죽지랑가 … 득오									■					
13	안민가 … 충담사		■												

03 한시

	작품명	미래엔	교학(윤)	교학(조)	두산	비상(유)	비상(박)	신사고	지학(권)	지학(최)	창비	천재(고)	천재(김)	천재(정)	해냄
					원시 시대 ~ 삼국 시대										
14	여수장우중문시 … 을지문덕				●								■		
					통일 신라										
15	추야우중 … 최치원	●				■			●						■
16	제가야산독서당 … 최치원				●		●			●				■	
△	촉규화 … 최치원													●	
17	무제 … 최치원										■				
					고려										
18	사리화 … 이제현											■			■
19	정과정 … 이제현	■													
20	송인 … 정지상				■						●		●	●	●
21	독두시 … 이색					●									
22	부벽루 … 이색								●						
23	시벽(詩癖) … 이규보											■			
△	설중방우인불우 … 이규보														
△	동명왕편 … 이규보														
24	입송선상기경중제우(入宋船上寄京中諸友) … 최사제		■												
					조선 전기										
25	무어별(無語別) … 임제				■								■		■
26	몽혼(夢魂) … 이옥봉												■		
27	만보(晚步) … 이황													■	
28	곡자(哭子) … 허난설헌		■												
△	봄비 … 허난설헌														
29	산민 … 김창협														■
					조선 후기										
△	요양의 달 … 허균												●		
30	제비 한 마리 … 정약용				●										
31	고시 8 … 정약용						■								
32	탐진촌요 … 정약용				■										
33	보리타작(打麥行) … 정약용												●		●
34	용산마을 아전[龍山吏] … 정약용							●							
△	송파에서 시를 주고 받으며 … 정약용														
△	유배지에서 처의 죽음을 슬퍼하며 … 김정희														
35	이십수하(二十樹下) … 김병연												■		

	작품명	미래엔	교학(윤)	교학(조)	두산	비상(유)	비상(박)	신사고	지학(권)	지학(최)	창비	천재(고)	천재(김)	천재(정)	해냄
36	무제 … 김병연													■	
37	내 삿갓 … 김병연														■
38	상률가(橡栗歌) … 윤여형	■													
39	절명시 … 황현	●							●			●	■		■
40	요야(遼野) … 김정희												■		
41	누항락(陋巷樂) … 이형상											■			

04) 고려 속요

	작품명	미래엔	교학(윤)	교학(조)	두산	비상(유)	비상(박)	신사고	지학(권)	지학(최)	창비	천재(고)	천재(김)	천재(정)	해냄
42	청산별곡 … 작자 미상	■				■			●						●
43	정과정 … 정서	■							■					■	
44	서경별곡 … 작자 미상	●			●		■	●	●	●		■		●	●
45	정석가 … 작자 미상						■						●	●	
46	동동 … 작자 미상		●			●	●	●			●	●			
47	가시리 … 작자 미상		■	●	■		■	●		■		●		■	■
48	만전춘별사 … 작자 미상												●		
49	고려 처용가 … 작자 미상								■	■					
△	사모곡 … 작자 미상														
△	쌍화점 … 작자 미상														

05) 경기체가

	작품명	미래엔	교학(윤)	교학(조)	두산	비상(유)	비상(박)	신사고	지학(권)	지학(최)	창비	천재(고)	천재(김)	천재(정)	해냄
50	한림별곡 … 한림제유		●		●	●	●		■	●	■	■		■	■

06 악장

	작품명	미래엔	교학(윤)	교학(조)	두산	비상(유)	비상(박)	신사고	지학(권)	지학(최)	창비	천재(고)	천재(김)	천재(정)	해냄
51	용비어천가 … 정인지 외	■	●		●	●								■	
52	감군은 … 상진										■				
53	신도가 … 정도전		■												

07 시조

	작품명	미래엔	교학(윤)	교학(조)	두산	비상(유)	비상(박)	신사고	지학(권)	지학(최)	창비	천재(고)	천재(김)	천재(정)	해냄
	고려														
54	이화에 월백하고 … 이조년						●		■			■	●		
55	이 몸이 주거주거 … 정몽주								■						
56	이런들 엇더하며 … 이방원														■
57	백설이 자자진 골에 … 이색								■						
58	춘산에 눈 녹인 바람 … 우탁									●					
59	한 손에 막대 잡고 … 우탁								■				■		
60	오백년 도읍지를 … 길재										■	■		■	■
61	흥망이 유수하니 … 원천석		■						■		●				
62	한송정 달 밝은 밤에 … 홍장		■												
△	구룸이 무심탄 말이 … 이존오														
△	가마귀 사호는 골에 … 정몽주의 어머니														
	조선 전기														
△	가마귀 검다 하고 … 이직														
△	오백년 도읍지를 … 길재														
△	흥망이 유슈하니 … 원천석														
△	눈 마자 휘어진 대를 … 원천석														
△	선인교 나린 물이 … 정도전														
63	삭풍은 나무 끝에 불고 … 김종서											■			
△	가마귀 눈비 마즈 … 박팽년														
△	간밤의 부던 바람에 … 유응부														

	작품명	미래엔	교학(윤)	교학(조)	두산	비상(유)	비상(박)	신사고	지학(권)	지학(최)	창비	천재(고)	천재(김)	천재(정)	해냄
64	수양산 바라보며 … 성삼문		●										■	●	
65	이 몸이 주거 가셔 … 성삼문				■							●			
66	방 안에 혓는 촉불 … 이개														●
67	천만 리 머나먼 길에 … 왕방연							●							
68	말 업슨 청산이오 … 성혼					●		●							
△	대초볼 불근 골에 … 황희											●			
△	추강에 밤이 드니 … 월산대군														
70	십 년을 경영하여 … 송순					●				■			●		●
△	농암에 올아 보니 … 이현보														
71	꿈에 단니는 길히 … 이명한											●			
72	사랑이 엇떠터니 … 작자 미상	●													
73	꿈에나 님을 볼려 … 호석균								■						
74	마음이 어린 후ㅣ니 … 서경덕								■					■	
75	풍상이 섯거친 날에 … 송순											■			
△	청초 우거진 골에 … 임제														
△	두류산 양단수를 … 조식														
△	삼동에 베옷 입고 … 조식														
△	청량산 육륙봉을 … 이황														
△	재 너머 성권롱 집에 … 정철														
76	어져 세상 사람 … 작자 미상														
77	묏버들 갈해 것거 … 홍랑				●		●						■		
△	이화우 흣뿌릴 제 … 계랑														
77	청산은 내 뜻이오 … 황진이										●				
78	동짓달 기나긴 밤을 … 황진이			●	●	●			■	■		●	●		●
79	어져 내 일이야 … 황진이							●					■		
80	내 언제 무신하야 … 황진이									●				■	
81	어부단가 … 이현보	■			■										
△	오륜가 … 주세붕														
82	도산십이곡 … 이황								●	●	■		●		
△	고산구곡가 … 이이														
△	한거십팔곡 … 권호문														
83	청산은 엇데하야 … 이황					●	●								
84	강호사시가 … 맹사성											●			■
85	간밤에 불던 바람에 만정도화 … 작자 미상				■										

작품명	미래엔	교학(윤)	교학(조)	두산	비상(유)	비상(박)	신사고	지학(권)	지학(최)	창비	천재(고)	천재(김)	천재(정)	해냄
조선 후기															
86 님 그려 겨오 든 잠에 … 작자 미상												■		
87 짚방석 내지 마라 … 한호	■												●	
88 사랑이 거짓말이 … 김상용							●							
89 산촌에 눈이 오니 … 신흠			■			■								
△ 아츰은 비 오더니 … 신흠														
△ 봄이 왓다 흐되 … 신흠														■
90 반중 조홍감이 … 박인로	■										●	■		
91 국화야 너는 어이 … 이정보									●			■		
92 가노라 삼각산아 … 김상헌					■							■		
△ 청강에 비 듯는 소리 … 효종														
93 철령 높은 봉을 … 이항복														
△ 국치비가 … 이정환														
△ 한산섬 달 밝은 밤에 … 이순신														
94 바람에 휘엿노라 … 인평대군				■										
95 청산도 절로절로 … 송시열												■		
96 매화사 … 안민영							■						■	●
97 주려 주그려 하고 … 주의식												■		
98 보리밥 풋나물을 … 윤선도									■					
99 만흥 … 윤선도		●												
100 오우가 … 윤선도							■							
101 어부사시사 … 윤선도	●				●	●			■				●	●
102 견회요 … 윤선도				●										
103 농가 … 위백규					■									
104 풍파에 놀란 사공 … 장만				■										
△ 하하 허허 흔들 … 권섭														
△ 믿암이 됩다 울고 … 이정신														
105 전원에 나믄 흥을 … 김천택									■					
106 서검을 못 일우고 … 김천택		●												
△ 강산 조흔 경을… 김천택														
△ 백구야 말 무러 보자 … 김천택														
107 님 그린 상사몽이 … 박효관						●								
△ 뉘라서 가마귀를 … 박효관														
108 내 사리 담박한 중에 … 김수장							●							
109 서방님 병 들여 두고 … 김수장							●							

	작품명	미래엔	교학(윤)	교학(조)	두산	비상(유)	비상(박)	신사고	지학(권)	지학(최)	창비	천재(고)	천재(김)	천재(정)	해냄
△	초암이 적료ᄒᆞᆫ데 … 김수장														
110	귓도리 져 귓도리 … 작자 미상	■													
111	창 내고쟈 창을 내고쟈 … 작자 미상					●			■			●	■		
112	싀어마님 며느라기 낫바 … 작자 미상	●				●	●								●
113	두터비 파리를 물고 … 작자 미상					●									●
114	어이 못 오던가 … 작자 미상					●			●	●			●		
115	개를 여라믄이나 기르되 … 작자 미상				■										
116	댁들에 동난지이 사오 … 작자 미상				■					●					
117	발가버슨 아해들이 … 이정신											●			
118	님이 오마 하거늘 … 작자 미상											●	●		
119	창천에 떳난 기러기 … 작자 미상												●		
120	죽장망혜(竹杖芒鞋) 단표자(單瓢子)로 … 작자 미상							■							
121	개미야 불개미야 … 작자 미상											■			
122	한 눈 멀고 한 다리 저는 두터비 … 작자 미상											●	●		
123	나모도 바히돌도 업슨 … 작자 미상		●					●						■	
124	사랑 사랑 고고이 맺힌 사랑 … 작자 미상	■													
125	천지간 만물지중에 … 작자 미상												■		
126	각설(却說) 현덕이 관공(關公) 장비 … 작자 미상												■		

08 가사

작품명	미래엔	교학(윤)	교학(조)	두산	비상(유)	비상(박)	신사고	지학(권)	지학(최)	창비	천재(고)	천재(김)	천재(정)	해냄
127 상춘곡 … 정극인	●	■		■				●	●					●
128 면앙정가 … 송순			●											
129 관동별곡 … 정철													■	
130 사미인곡 … 정철	●			■	●		●	●	■					
131 속미인곡 … 정철		●		●		●				●	●	●	●	
132 규원가 … 허난설헌		■								●			●	
133 만분가 … 조위	■													
조선 후기														
134 선상탄 … 박인로												■		
135 누항사 … 박인로		●					■		●				■	●
△ 탄궁가 … 정훈														
△ 고공가 … 허전														
△ 만언사 … 안조환														
△ 북천가 … 김진형														
△ 춘면곡 … 작자 미상														
136 용부가 … 작자 미상	●													
137 우부가 … 작자 미상							■					■		
138 계녀가 … 작자 미상	■													
139 일동장유가 … 김인겸	●											■		
140 연행가 … 홍순학						■							■	
141 농가월령가 … 정학유				■						■				
142 화전가(간 대마다 춘풍이라) … 작자 미상				●										
143 화전가(화간에 벌려 앉아) … 작자 미상				■										
144 덴동 어미 화전가 … 작자 미상	●											●		
△ 상사별곡 … 작자 미상														
△ 상사화답가 … 작자 미상														
△ 유산가(잡가) … 작자 미상														

09 잡가

	작품명	미래엔	교학(윤)	교학(조)	두산	비상(유)	비상(박)	신사고	지학(권)	지학(최)	창비	천재(고)	천재(김)	천재(정)	해냄
145	유산가 … 작자 미상				●									■	

10 민요

	작품명	미래엔	교학(윤)	교학(조)	두산	비상(유)	비상(박)	신사고	지학(권)	지학(최)	창비	천재(고)	천재(김)	천재(정)	해냄
146	황계사(黃鷄詞) … 작자 미상													■	
147	노 젓는 소리 … 작자 미상													■	
148	강강술래 … 작자 미상												■		
149	달타령 … 작자 미상				■										
150	달풀이 노래 … 작자 미상								■						
151	켕마쿵쿵 노세 … 작자 미상	●													
152	만경 산타령 … 작자 미상	■													
153	시집살이 노래 … 작자 미상	●							●	●					
154	베틀 노래 … 작자 미상						●						■		■
155	밀양 아리랑 … 작자 미상					●				■		■			
156	잠 노래 … 작자 미상					■		■							
157	자진방아 타령 … 작자 미상												■		
158	논매기 노래 … 작자 미상					■						●	●		
159	명주 모심기 노래 … 작자 미상		●												
160	아리랑 타령 … 작자 미상					■			■					●	
161	본조 아리랑 … 작자 미상												■		
162	사할린 본조 아리랑 … 작자 미상													■	
163	정선 아리랑 … 작자 미상							●							■
164	정선 아라리 … 작자 미상				■								■		
165	독립군 아리랑 … 작자 미상												■		
166	광복군 아리랑 … 작자 미상													■	
167	창세가 … 작자 미상 (김쌍돌이 구연)								■						

최병해

고 / 전 / 시 / 가

Part 2

고전시가 이해 및 작품 감상

최병해
고 / 전 / 시 / 가

chapter 1

고전문학사

제1절 원시·고대 문학

제2절 중세 전기 문학

제3절 중세 후기 문학

제4절 근대 이행기 문학

제1절 원시·고대 문학

> **▶ 출제방향**
> - 이 시기가 우리 문학사의 시작 : 이 시기 갈래의 특징 및 문학의 존재 양상 등 파악
> - 서사에서 신화의 특징 및 개별 작품의 특징 이해
> - 서정에서 고대 가요의 특징 및 개별 작품의 특징 이해

1. 시대

우리 선조가 한반도 및 만주 대륙을 중심으로 활동하기 시작한 옛날부터 왕권 중심의 국가 체제가 정비되던 때(삼국 시대 이전)까지의 시기이다.

2. 문학 형태

구비 문학으로 공동체적인 제의(제천행사)를 하는 가운데 춤이나 음악이 결합한 가무악의 원시종합예술 형태로 존재하며 이것이 주된 문학사적 흐름을 형성하였을 것이다.

3. 원시 시대의 언어 예술

(1) 문학은 인류가 말로 의사를 전달하고 감정을 표현할 수 있게 되면서 생겨난다.
(2) 조형 예술, 동작 예술, 언어 예술이 한 데 얽힌 원시종합예술이다.
(3) 신석기 시대에 농사가 지어지면서 풍작을 기원하기 위해 주술적인 행위인 춤과 함께 농업 노동요가 불리고, 천지 창조나 생명의 유래에 관한 신화가 형성되었을 것이다.

4. 건국 신화의 출현

(1) 서사시로서 불렸다가 구전되어 문자로 정착하여 현재 전하는 신화(산문)로 남아 있다.
   예 최초의 건국 신화 : 「단군 신화」, 「주몽 신화」, 「박혁거세 신화」
(2) 자기 집단의 우월성과 힘을 과시할 필요에 따라 형성된다.
(3) 민족의 이동과 천신족의 우월감, 건국의 과정 및 원초적 세계관 등이 집약적으로 반영되었다.
(4) 영웅의 일생 유형 구조를 지니는 경우가 많다.

5. 고대 서정 가요의 발생

(1) 고대 가요는 시가와 무용과 음악이 함께 어울린 원시종합예술의 형태에서 발생했다.
(2) 원시종합예술에서 떨어져 나온 시가는 구전의 형태로 전승되면서 구비문학을 이루고, 그것이 배경 설화와 함께 한역가(漢譯歌) 형태로 전해진다.
(3) 집단적·의식적 서사 문학에서 개인적 서정 문학으로 분화, 발전하였다.
(4) 집단적인 서사 문학의 성격 : 「구지가」
(5) 집단적인 서사 문학에서 개인적 서정 문학으로의 이행기 : 「공무도하가」, 「황조가」
(6) 노랫말이 남아 있는 최초의 작품이라는 점에 의의가 있다.

(7) 현전 고대가요

작품명	작자	연대	성격	내용	출전
공무도하가 (公無渡河歌)	백수광부의 처	고조선 (古朝鮮)	서정가요	물에 빠져 죽은 남편을 애도한 노래. 악곡명은 '공후인'	해동역사 (원전 : 고금주)
구지가 (龜旨歌)	구간(九干) 등	신라 유리왕 19 (A.D. 42)	집단가요	새로운 신군 탄생을 바라는 주술적인 노동요. 일명 '영신군가'	삼국유사
황조가 (黃鳥歌)	유리왕	고구려 유리왕 (B.C. 17)	서정가요	치희를 찾으러 갔다 못 만나고 오면서 부른 서정 가요	삼국사기
정읍사 (井邑詞)	백제	백제	서정가요	행상나간 남편의 신변을 근심하여 부른 노래. 현존하는 유일한 백제 가요	악학궤범
해가 (海歌)	강릉의 백성들	신라 성덕왕 (702 ~ 737)	집단가요	납치된 수로 부인을 구원하려고 부른 집단의 주술적인 노래. 「구지가」와 유사	삼국유사

제 2 절 중세 전기 문학

> ❖ **출제방향**
> - 고려 전기까지 이어진 향가 및 향가계 여요 이해
> - 『수이전』, 『삼국사기』, 『삼국유사』 등에 기록된 설화 이해
> - 이 시기까지의 문학이 후대에 어떻게 계승되는지 이해

1. 시대
(1) 삼국 시대와 남북국 시대, 그리고 고려 전기에 이르는 시기이다.
(2) 고구려, 백제, 신라의 삼국으로 나뉘었다가 신라로 통일된 후, 발해와 통일 신라가 남북국의 시대를 이어 갔다. 통일 신라가 분열되자 고려가 성립하여 신라 지역과 사회를 아우르며 발전하였다.

2. 특징
(1) 중세의 보편 종교인 불교와 표기 수단인 한문학이 등장하여 성숙하였다.
(2) 향가가 나타나 발전하다가, 고려 시대로 넘어가면서 점차 쇠퇴하였다.
(3) 설화집이 만들어지고, 설화를 수식하거나 변용한 전기(傳奇), 패관문학(稗官文學), 야담(野談) 등이 등장하였다.

3. 고구려와 백제의 노래
삼국의 국가 체제가 정비되면서, 신라에 비해 오늘날까지 남아 있는 고구려와 백제의 문학 유산은 많지 않다. 「정읍사」만이 유일하게 가사가 전한다.

4. 신라 향가의 전개 과정 : 중세 전기의 가장 대표적인 문학 갈래
(1) 향가의 형식
  ① 4구체 향가 : 「서동요」, 「풍요」, 「헌화가」, 월명사 「도솔가」
  ② 8구체 향가 : 「처용가」, 「모죽지랑가」
  ③ 향가 대부분은 10구체 : 융천사 「혜성가」, 월명사 「제망매가」, 광덕 「원왕생가」, 신충 「원가」, 충담사 「찬기파랑가」, 「안민가」, 희명 「천수대비가」, 영재 「우적가」 등
(2) 배경설화와 함께 전해지며, 불교적 세계관을 바탕으로 숭고한 이상을 추구, 주술성을 지닌다.
(3) 고려 시대에는 향가가 쇠퇴하였다.
  예 예종 「도이장가」, 정서 「정과정」

(4) 현전하는 향가 : 『삼국유사』에 14수, 『균여전』에 11수가 전해진다.

작품명	작자	연대	형식	내용
서동요 (薯童謠)	백제 무왕	진평왕 (579~632)	4구체	서동(백제 무왕)이 선화공주를 아내로 취하고자, 지어서 아이들에게 부르게 한 참요(讖謠)의 성격을 띤 동요, 민요, 최초의 4구체 노래
풍요 (風謠)	만성 남녀	선덕여왕 (632~647)	4구체	양지가 영묘사, 장육존상을 주조할 때 장안의 남녀들이 진흙을 나르며 부른 불교적인 노동요
헌화가 (獻花歌)	실명 노인	성덕왕 (702~737)	4구체	수로 부인이 절벽 위의 철쭉꽃을 탐하기에, 소를 몰고 가던 노인이 꽃을 꺾어 바치며 부른 노래, 민요
도솔가 (兜率歌)	월명사	경덕왕 19 (760)	4구체	두 해가 같이 나타나므로 왕이 월명사로 하여금 지어 부르게 한 산화공덕의 노래(개기일식현상)
모죽지랑가 (慕竹旨郎歌)	득오	효소왕 (692~702)	8구체	최초의 8구체이며, 화랑인 죽지랑의 죽음을 문도(門徒)인 득오가 추모
처용가 (處容歌)	처용	헌강왕 5 (879)	8구체	처용이 출타 중 역신이 자기 아내를 범함에 노래를 불러 굴복시켰다는 무가(巫歌)
혜성가 (彗星歌)	융천사	진평왕 16 (594)	10구체	혜성이 심대성을 범했을 때 이 노래를 지어 물리쳤다는 축사의 노래, 최초의 10구체 노래, 주술가
원왕생가 (願往生歌)	광덕 (廣德)	문무왕 (661~681)	10구체	달을 서방정토의 사자로 비유하여 그 곳으로 귀의하고자 하는 소망을 노래한 불교신앙의 노래
원가 (怨歌)	신충 (信忠)	효성왕 원년 (737)	10구체	후일을 약속한 효성왕이 즉위 후 자기를 잊고 등용하지 않기에 이 노래를 지어 잣나무에 붙였더니 그 나무가 말라 버렸다고 하는 주가(呪歌)
제망매가 (祭亡妹歌)	월명사	경덕왕 24 (765)	10구체	월명사가 죽은 누이의 명복을 빌기 위하여 제를 올릴 때 부른 추도와 불교신앙의 노래로 서정성이 뛰어남
안민가 (安民歌)	충담사	경덕왕 (742~765)	10구체	충담사가 경덕왕의 요청으로 군(君), 신(臣), 민(民)이 할 바를 노래한 치국의 노래
찬기파랑가 (讚耆婆郎歌)	충담사	경덕왕 (742~765)	10구체	충담사가 화랑인 기파랑의 훌륭한 인격을 찬양하여 부른 찬화랑가
천수대비가 (千手大悲歌)	희명 (希明)	경덕왕 (742~765)	10구체	희명이 생후 5년 만에 눈이 먼 아들을 위하여 천수대비 앞에 나가 부른 불교 신앙의 노래
우적가 (遇賊歌)	영재 (永才)	원성왕 (785~798)	10구체	영재가 지리산으로 은거하러 가던 길에 군도를 만나 회개시켰다는 설도의 노래

5. **설화 문학의 양상**
(1) 서사 문학으로는 설화(특히 전설과 민담)가 있다.
(2) 『수이전』, 『삼국유사』에 전하는 '전기'라 부를 수 있는 서사 문학이 나타났다.
    예 「조신의 꿈」

6. 한문학의 전개

(1) 한문은 상층 귀족들 사이에서 크게 발전하였다.
(2) 삼국시대 한문학 작품 : 을지문덕 「여수장우중문시」, 진덕여왕 「치당태평송」 등
(3) 발해 : 한문학 난숙의 경지에 이르렀었다.
(4) 통일 신라 : 문화적으로 전성기를 누렸다.
　　예 설총 「화왕계」, 김대문 『화랑세기』
(5) 통일 신라 말기
　　당나라 빈공과에 급제하고 돌아온 육두품 출신의 문인(최치원)이 등장하였다.
(6) 고려
　　① 향가가 쇠퇴하고, 한문학 전성기를 이루었다.
　　② 과거제를 실시하여 한문학의 사회적 지위를 급격히 향상시켰다.
(7) 무신난을 계기로 신흥사대부 세력이 새로운 문학 담당층으로 등장하였다.

7. 연극

(1) 연극이 굿으로부터 분화되기 시작하였다.
(2) 후대 탈춤의 원류로는 고구려의 〈꼭두각시놀음〉, 백제의 〈기악〉, 신라의 〈처용무〉, 〈오기〉가 있다.

8. 불교 문화의 역할

(1) 문학 수준을 높이는 데 큰 역할을 하였다.
　　예 원효, 균여, 의천 등
(2) 중세에 불교와 한문의 도입은 고대에서 중세로의 이행에 결정적인 역할을 하였다.

제3절 중세 후기 문학

01 고려 후기 문학

> **출제방향**
> - 고려 후기 사회상의 특징 및 그것이 반영된 작품의 특징
> - 이 시기 문학사의 특징
> - 고려 후기에 새롭게 나타난 담당층과 새롭게 나타난 하위 갈래의 특징
> - 고려 후기의 문학론: 이인로, 이규보, 최자 및 신흥사대부(이곡, 이제현, 이색, 정몽주 등)
>   → 당대 시가 및 소설 갈래나 작품의 구체적 내용과 관련지어 이해

1. 시대
(1) 몽고의 침입, 무신란 등으로 혼란한 사회 분위기였다.
(2) 혼란한 현실 속에서 민중들의 빈궁한 삶을 살았고, 유이민이 발생했다.
(3) 전기의 문신 귀족들이 점차 몰락하였으며, 몰락 후 가전체, (경기체가) 등을 지었다.
(4) 개방적 사회 풍조와 민중 문화가 발달하였다.
   ① 민요의 발달: 고려속요
   ② 민요의 한시화(소악부)
(5) 신유교를 바탕으로 한 신진사대부들이 등장하기 시작했으며, 그들에 의해 재도론적 문학관이 퍼지게 되었다. 경기체가, 시조, 가사를 지었다.

2. 고려속요 (궁중 속악가사)
(1) 평민들이 부르던 민요를 궁중 음악의 악곡에 맞게 개편하여 부른 노래의 가사이다. 속악가사, 여요, 또는 좁은 의미의 고려가요라고도 한다.
(2) 하층 문화의 민요가 궁중 속악에 맞게 개편되어 상층 문화로 변모되면서 속악가사가 크게 발전했다.
(3) 고려속요는 아름다운 우리말 표현과 유려한 율조, 소박한 표현에 담긴 함축성, 진솔한 생활감정의 표출 등에서 뛰어난 면모를 보인다.
(4) 10여 편의 작품이 『악학궤범』, 『악장가사』, 『시용향악보』에 실려 있다.

작품명	작자	연대	형식	내용	출전
동동 (動動)	미상	미상	13연 월령체	계절의 변화에 따라 님의 향한 그리움과 사모의 정을 노래, 월령체가, 달거리체	악학궤범
처용가 (處容歌)	미상	미상	비연시 희곡적	처용설화에서 유래한 처용가를 부연해서 부른 무가, 축사의 노래	악학궤범 악장가사
청산별곡 (靑山別曲)	미상	미상	8연 3·3·2조	현실 도피적인 태도와 남녀 애정의 비애를 체념하려는 노래, 자연도피적 태도	악장가사 시용향악보

작품명	작자	연대	형식	내용	출전
가시리	미상	미상	4연 3·3·2조	이별을 안타까워하며 부른 민요풍의 노래. 『시용향악보』에는 「귀호곡」이란 이름으로 첫 연만 수록. '기 - 승 - 전 - 결' 형식을 취함. 전통적 정서의 작품이며, 남녀상열지사	악장가사 시용향악보
서경별곡 (西京別曲)	미상	미상	3연 14절 3·3·3조	남녀 간의 사랑과 그에 따른 이별의 슬픔을 주제로 한 노래. 능동적 여인상이 노출된 유일한 가요	악장가사 시용향악보
정석가 (鄭石歌)	미상	미상	6연	남녀 간의 사랑의 무한함과 님의 만수무강을 축원한 노래. 절대 불가능한 설정, 불멸의 사랑을 노래	악장가사 시용향악보
사모곡 (思母曲)	미상	미상	비연시	'엇노리'라고도 하며 어머니의 사랑이 훨씬 깊고 자애롭다는 내용을 소박하게 표현한 노래. 신라 '목주가'의 후신이라고도 함	악장가사 시용향악보
쌍화점 (雙花店)	미상	충렬왕 (13세기)	4연	남녀 간의 사랑을 노골적으로 표현한 남녀상열지사	악장가사 시용향악보
만전춘 (滿殿春)	미상	미상	5연 시조적	남녀 간의 애정을 적나라하게 노래한 남녀상열지사, 제2연과 제5연은 시조형에 거의 접근한 형식	악장가사
이상곡 (履霜曲)	미상	충숙왕	비연시	남녀 간의 애정을 진실하고 대담하게 표현한 남녀상열지사. 최근의 문헌에 작자는 채홍철로 추측하는 의견도 있음	악장가사
상저가 (相杵歌)	미상	미상	비연시	효도를 주제로 한 「방아타령」을 연상하게 하는 일종의 노동요, 신라 때의 백결선생의 대악과 관련이 있는 듯함	시용향악보
유구곡 (維鳩曲)	미상	미상	비연시	속칭 '비두루기'라 함. 비둘기와 뻐꾹새를 빌어 잘못된 정치를 풍자한 노래	시용향악보

3. 경기체가 · 시조 · 가사의 발생

(1) 경기체가
  ① 교술시적 성격을 띠는 새로운 갈래이다. (구체적인 사물이나 사실을 열거하며 감흥을 찾음)
  ② 조선 시대에 갈래 자체가 소멸하였다. 예 고려 고종 – 「한림별곡」

(2) 시조
  ① 고려 중엽 발생하였으며, 말엽 형식을 완성하였다.
  ② 신흥사대부가 창안해 낸 새로운 형태의 서정시이다.
  ③ 고려 후기 시조 특징 : 고려에 대한 충절과 회고, 봄밤의 애상, 탄로가 등의 내용이 있다.

(3) 가사
  가사의 원형이 나타났다. 예 「서왕가」, 「심우가」 등 이두 형식

4. 서사문학

(1) 무신란 이후 주체의식이 성장하였다.　예 이규보 「동명왕편」, 이승휴 「제왕운기」

(2) 고려의 패관 문학(교술의 성격도 지님)
시화를 중심으로 하며 설화를 수록하였다.　예 이규보 『백운소설』, 이인로 『파한집』, 최자 『보한집』 등

(3) 전(傳)이 널리 지어지는 분위기 속에 가전(假傳)이 유행하였다.
　① 인물전
　　　예 이곡 「절부조씨전」, 이숭인 「배열부전」, 탁전 : 이규보 「백운거사전」
　② 가전(假傳)
　　　예 임춘 「국순전」, 「공방전」, 이규보 「국선생전」, 이곡 「죽부인전」 등

5. 이 시기의 비평문학

(1) 이인로
작품의 전거를 중시하는 '용사론'을 강조했다.

(2) 이규보
참신하고 새로운 언어와 내용을 강조하는 '신의론'을 강조했다.

(3) 최자
전대의 형식이나 표현을 중시하는 귀족의 문학을 비판하면서 내용이나 교훈성을 중시하여 신흥 사대부의 문학관으로 이어졌다.

(4) 신흥사대부
풍속을 교화하며 문학의 교훈성을 강조하는 재도적 문학관을 강조했다.　예 이곡, 이제현, 이색, 정몽주 등

02 조선 전기 · 중기 문학

> **출제방향**
> - 조선 전기 시대의 특징 및 문학사의 특징
> - 조선 전기에 나타난 시가 및 산문의 하위 갈래의 특징
> - 조선 전기 당대의 문학론 : 당대 시가 및 소설 갈래나 작품의 구체적 내용과 관련지어 이해
> - 김시습의 사상과 문학론, 『금오신화』의 특징
> - 조선 중기 시대의 특징 및 문학사의 특징
> - 조선 중기 하위 갈래의 특징(임진왜란 이전)
> - 조선 중기의 문학론 : 3당 시인, 성정론 등 당대 시가 및 소설 갈래나 작품의 구체적 내용과 관련지어 이해
> - 사림파 문학의 전개 및 영남가단, 호남가단의 특징
> - 기녀 시조의 특징

1. 시대
(1) 조선의 건국과 함께 신진사대부 중 훈구파가 등장하여 새로운 담당층으로 대두했다.
(2) 훈민정음의 창제가 국문 문학이 발전하는 계기가 되었다.

> **참고** 신진사대부
> 성리학의 교훈적 문학관을 토대로, 한문학에 현실 인식의 과제를 부여하면서 새로운 문학을 정리해 나갔으며, 고려 말 이후의 국가적 위기를 타개하고 지배 체제를 정비하기 위해 한글을 창제하고, 시조, 가사, 경기체가, 악장 등의 새로운 갈래를 만들었다.

2. 훈민정음 창제와 언해, 악장
(1) 훈민정음 창제는 민족적 자주 의식의 발로, 국문학의 전개에 신기원을 이룩했다는 점에서 의의가 있다.
(2) 악장
  ① 조선의 건국을 송축한 교술시이다.
  ② 국가의 공식적 행사에 사용된 노래이다.
  ③ 문학적으로 정착하지 못했다.

3. 경기체가 · 가사 · 시조의 발전
(1) 경기체가
  ① 조선 전기 훈구파 사대부들에 의해 계승되다가 조선 중기에 갈래의 의미를 상실했다.
  ② 조선 시대에 갈래 자체가 소멸하였다.
(2) 시조
  ① 조선 전기
   회고가와 사육신의 시조 이후 이현보, 맹사성, 송순 등에 의해 연주충군 및 강호한정의 내용으로 이어진다.
  ② 조선 중기
   영남가단, 호남가단이 나타나며, 애정을 주제로 한 기녀 시조가 지어졌다.
  ③ 강호가도가 주된 내용이다.
   예 맹사성 「강호사시가」, 이현보 「어부가」, 이황 「도산십이곡」, 이이 「고산구곡가」, 정철, 송순 등

(3) 가사
① 사물의 세계를 복합적이고 유기적인 것으로 인식하고 표현해야 할 필요성에서 대두하였다.
② 조선 시대
정극인의 「상춘곡」 이후 사대부를 중심으로 한 다양한 주제의 작품들이 광범위하게 지어진다.
③ 다양한 전개
예 유배가사 – 조위 「만분가」, 기행가사 – 백광홍 「관서별곡」, 도학가사 – 「권선지로가」
④ 대표적 작가와 작품으로는 정철의 「관동별곡」, 「사미인곡」, 「속미인곡」이 있다.

4. 서사 문학의 전개와 소설의 출현

(1) 가전체·몽유록의 발전
가전체로 정수강의 「포절군전」이 있었고, 몽유록으로 심의의 「대관제몽유록」, 임제의 「원생몽유록」 등이 나타났다.

(2) 천군 소설의 전개
마음을 의인화한 작품으로 김우옹의 「천군전」, 임제의 「수성지」 등 천군 소설이 이어졌다.

(3) 불전계 소설(불교 설화)의 등장
불경을 번역하는 과정에서 다양한 「목련국태자전」, 「금우태자전」 등 불교 설화(소설)이 국문으로 번역되어 인기를 누렸다.

(4) 조선의 패관 문학
서거정의 『동인시화』, 『필원잡기』, 『태평한화골계전』, 강희맹의 『촌담해이』, 송세림의 『어면순』, 성현의 『용재총화』, 어숙권의 『패관잡기』, 홍만종의 『순오지』 등으로 이어진다.

(5) 소설
① 주인공이 재자가인(才子佳人)적 인물이다.
② 문장 표현이 문어체이다.
③ 내용은 비현실적이고 신비로우며, 주제가 권선징악적이다.
④ 사건의 전개가 우연적이고, 사건의 결말이 행복하게 끝난다.
예 김시습의 『금오신화』, 「만복사저포기」, 「이생규장전」, 「취유부벽정기」, 「남염부주지」, 「용궁부연록」, 채수(蔡壽, 1449~1515)의 『설공찬전』, 신광한(申光漢, 1484~1555)의 『기재기이(企齋奇異)』 등

5. 한문학의 전개

(1) 성리학으로 인해 한문학이 번성하며 조선 시대 사상의 주류를 이루었다.

(2) 조선 전기 훈구파(문학 표현의 장식적인 기능 중시)가 중심을 이루었으나, 성종 이후 사림파들이 정계에 진출하여 대립을 보였다.

(3) 방외인 문학
위 (1)의 주리론적 세계관을 거부하고 김시습은 주기론적 세계관을 추구하며 문학 활동을 전개하였다.

> 참고 김시습 『금오신화』 – 동시대의 문학사적 배경
> (1) 조선의 건국과 함께 신진사대부 중 훈구파가 등장하여 새로운 담당층으로 대두한 시기였다.
> (2) 가전인 정수강의 「포절군전」이 나타나고 그 뒤에 마음을 의인화한 천군 소설이 나타났다.
> (3) 일화, 소화, 외설담 등을 담은 서거정의 「태평한화골계전」, 강희맹의 「촌담해이」, 송세림의 「어면순」 등이 나타났다.
> (4) 교술시인 악장이 많이 지어져 국가의 공식적 행사에 사용되었다.
> (5) 강호한정의 내용을 담은 맹사성의 「강호사시가」와 이현보의 「어부가」 그리고 정극인의 「상춘곡」 등이 나타났다.

6. 조선 중기 문학의 특징(조선 전기의 끝 부분)

(1) 사림파 사대부 내에서 주세붕, 이황, 권호문 등 교훈과 도학을 강조한 영남가단과 문학적 표현과 아름다움을 강조한 호남가단으로 나누어져 전개된다.
(2) 경기체가의 갈래적 의의가 소멸하였다. 예 퇴계 「도산십이곡」의 발문
(3) **기녀 시조의 출현** 예 황진이
작자와 내용에서 새로운 시도였으며, 조선 후기 다양한 작자와 주제가 나타나는 계기가 되었다.
(4) **삼당 시인 등장** 예 백광훈, 최경창, 이달 등
조선 중기 전기의 교훈적 문학관을 벗어난 삼당 시인이 등장하였다.
(5) 이황과 이이의 시조, 정철의 시조와 가사 등도 이 시기에 해당한다.

제4절 근대 이행기 문학

> **◆ 출제방향**
> - 조선 후기 시대의 특징(= 사회·문화적 상황) 및 문학사의 특징
> - 중세의 탈피와 근대의 지향이 작품 속에 어떻게 구현되어 있는지 주목
> - 조선 후기에 나타난 주요 하위 갈래의 특징 : 서민가사, 내방가사, 사설시조, 탈춤, 판소리, 고전소설, 잡가 등
> - 17세기 시대의 특징 및 문학사의 특징 / 18 ~ 19세기 시대의 특징 및 문학사의 특징
>   → 두 시기를 분리·통합하여 이해
> - 조선 후기의 문학관(문학론) : 김만중, 허균, 정약용, 박지원 등 당대 시가 및 소설 갈래나 작품의 구체적 내용과 관련지어 이해

1. 시대

(1) **임진왜란 이후 ~ 개화기 이전(조선 후기)**
중세에서 근대로의 이행기이다.

(2) **다방면의 변화**
임진·병자 양란 이후 지식인 계층이 관념적인 성리학을 반성하기 시작하고, 평민들이 의식을 각성하기 시작하면서 사회·경제·사상·문화 등 다방면에서 커다란 변화가 일어났다.

(3) **사회의 혼란**
사대부들의 당쟁과 탐관오리의 착취, 평민들의 궁핍으로 인한 도적의 발생 등으로 인해 사회적으로 혼란스러웠다.

(4) **상업의 발달과 신분제의 변화**
상업의 발달로 상업자본 형성, 화폐경제가 자리 잡았으며, 상공업의 발달과 새로운 계층의 등장, 신분제의 동요가 일어났다.

(5) 실학 운동이 사상과 문학에 영향을 미쳐 피폐한 현실을 비판하는 경향을 보였다.

(6) 평민들이 축적된 부를 바탕으로 조선 후기 사회 변동을 이끌게 되었고 민중의 의식이 각성되었으며, 평민들이 문학의 주체로 자리 잡았다.

> **참고**
>
> **1. 조선 후기 앞 부분(17세기) - 「홍길동전」**
>
> (1) 임진왜란 이후 다양한 문학 갈래에서 사실주의적 경향이 강하게 대두한 시기였다.
>   예 「홍길동전」, 「최척전」, 역사영웅 소설 등
> (2) 관념적인 성리학에 대한 반성으로 천기론이 나타났고, 허균은 '성정론'에서 '성'보다 '정'을 중시하여 규범이나 제도 등에서 벗어날 것을 강조했다.
> (3) 사대부 시가에서 조선 전기의 천편일률적 경향을 벗어난 내용으로 전쟁을 소재로 하거나 관리를 비판하는 노래가 나타났다.
> (4) 지배층에 대한 비판의식이 팽배하여 민중 의식의 성장이 있었고, 민중들이 다양한 분야에서 문화의 담당층으로 대두하기 시작했다.
> (5) 산대극 상연이 폐지되면서, 해산된 연희자들이 민간에 정착하게 되어 오락을 위한 민속극으로 변모하는 계기가 되었다.

2. 조선 후기 (18세기 중반 ~ 19세기) - 박지원

(1) 몰락한 처지에서 벗어나고자 하는 작가의 욕망이 작품 속에 반영되면서 이인일사(異人逸士), 재자가인, 여항의 다양한 인물 등이 등장하는 장편 가문소설이 출현하였다.
(2) 개별적 인간에 대한 관심이 사회적으로 증대하면서 인간의 보편적 성정(性情)을 강조하기보다는 진솔한 감정과 개성을 작품에 긍정적으로 다루는 경향이 나타났다.
(3) 비현실적인 남녀 간의 애정보다 현실 속에서의 애정이 여성 독자층의 인기를 끌면서 영향력을 증대시키자 여성 주인공이 서사를 주도하는 내용의 애정 소설이 유행하게 되었다.
(4) 경제 성장과 함께 물질적인 것을 중시하는 풍조가 생겨나자 남녀 간의 관계에서 상대방의 표면적 조건만을 따지는 내용의 세태소설이 하나의 경향을 형성하였다.
(5) 중화주의에 대한 비판과 우리 전통에 대한 관심이 증대하면서 그 영향으로 구비 문학이 기록 문학에 영향을 주었고 이 경향은 양반들의 문학을 대중화시키는 계기가 되었다.
(6) 사회 변동에 따라 개인의 체험이나 역사적 사실에 대한 느낌을 기록할 필요가 제기되면서 「동명일기」, 「한중록」 등 여성들의 수필이 나타났다.
(7) 양반 사대부 계층과 서민 사이의 중간 계층인 위항인이라고 하는 중인·서리들의 문학인 「소대풍요」, 「풍요속선」 등의 시선집이 발간되었다.
(8) 지식인으로서 사회적 책임을 자각하고 사회의 모순을 비판하며 개혁의 방향성을 모색한 문학이 추구되었다.
(9) 민중 의식의 각성으로 구비문학이 크게 발전하면서 「계서야담」, 「청구야담」 등 다양한 설화를 모은 야담집이 만들어졌다.
(10) 한문학에서 홍세태, 정내교 등이 전기의 교훈적 문학관에서 벗어나기의 자연스러운 드러냄을 중시하는 천기론을 더욱 적극적으로 표방했다.

2. 구비문학의 변모

(1) 민중 의식이 각성되고, 구비문학이 크게 발전하였다.
   예 설화, 민요, 무가, 가면극, 판소리

(2) 설화 문학의 발전이 두드러지게 나타나며, 현실적인 삶의 양상을 사실적으로 그려내는 이야기가 많다.
   예 『어우야담』, 『계서야담』 등의 야담집

(3) 판소리의 발생과 발전
   ① 민간의 이야기 문학과 민족 음악이 결합하였다. (뛰어난 음악성, 독특한 미학, 당대 현실적 삶을 문제 삼은 주제 의식, 높은 문학성)
   ② 중인층과 양반층의 호응을 얻어 국민 예술로써 크게 발전하였다.
   ③ 천민 예능인에 의해 전승되었다.

(4) 가면극
   ① 개념 : 배우가 가면을 쓰고 하는 연극인데, 전 과정이 춤으로 전개되므로 탈춤이라고도 한다.
   ② 전개 : 농촌 굿놀이에서 비롯되어 도시 가면극(탈춤)으로 발전하였다.
   ③ 무대 장치가 없으므로 시·공간을 자유롭게 선택할 수 있고, 두 개의 사건을 한 무대에서 보여줄 수 있다.
   ④ 관중이나 악사도 극에 개입하며, 대사는 말과 노래가 섞여 있고, 무언극(無言劇)처럼 몸짓과 춤이 의미 전달의 주요 수단이 된다.
   ⑤ 양반 계층의 허위의식과 횡포를 신랄하게 고발·풍자하여, 고조된 민중의식을 보여준다.

(5) 인형극 (꼭두각시놀음)
   유랑 연예 집단 남사당패에 의해 연희된 인형극으로, 일명 「박첨지 놀음」이라고 한다.

3. 시가 문학의 변화

(1) 창조와 향유의 계층이 사대부로부터 그 이하의 계층으로 확대되었다.
(2) 형식과 내용 면에서 변화하였으며 관념성을 탈피하고, 현실을 폭넓게 담았다.
(3) 가객이 활약하였다.
   예 김천택, 김수장, 안민영의 시조집 『청구영언』 편찬 , 『해동가요』, 『가곡원류』
(4) 사대부
   ① '충절', '강호한정'을 노래하였다.
      예 윤선도 「산중신곡」, 「어부사시사」
   ② 농민의 입장에서 농촌 생활을 노래하였다.
      예 위백규 「농가」
   ③ 목민관의 신분으로 사회적 모순을 비판하였다.
      예 이세보의 일부 작품
(5) 사설시조의 등장
   ① 형식의 자유분방함, 비속어나 일상 어휘의 구사, 해학적 표현을 사용하였다.
   ② 내용 면에서 생동감 있는 표현, 감정을 진술하게 표현하였다.
   ③ 산문화 경향의 영향으로 탈중세적 지향이 내포되어 있다.
(6) 가사
   ① 이 시기 가사는 현실적인 문제에 관심을 기울이고, 실생활의 구체적인 내용을 다루려는 추세를 반영하여 이전의 가사와 달라진 모습을 보여 준다.
   ② 작자층이 확대되었으며, 규방가사나 무명씨의 작품이 많다.
   ③ 소재가 다양하다. 풍속과 세태, 농업, 애정 등 현실의 문제 등을 드러낸 생활가사, 내방가사 등이 나타나고, 기행가사, 유배가사 등 장편 가사가 나타났으며, 서민가사도 나타나 현실의 문제점을 풍자하고 비판정신을 드러냈다.
   ④ 조선 전기에 비해 길어진 반면, 표현에 대한 문학성은 부족하다.
   ⑤ 대표적 가사 작자와 작품 : 박인로 「누항사」, 「선상탄」
      ㉠ 기행가사 : 김인겸 「일동장유가」, 홍순학 「연행가」
      ㉡ 농촌생활 : 「농가월령가」
      ㉢ 역사 : 「한양오백년가」
      ㉣ 세태풍자 : 「우부가」, 「용부가」
      ㉤ 신세한탄 : 「상사별곡」, 「노처녀가」

4. 산문 문학의 발전

(1) 임·병 양란 이후 평민의 의식 각성과 함께 문학에 대한 참여가 많아졌고, 이 과정에서 산문의 발달이 촉진되었다.
(2) 산문 문학의 확장
   다양한 소설과 한글 수필이 등장하였다.
(3) 한글 소설의 창작
   일반 민중도 작품의 창작과 향유에 참여하였다.
(4) 소설의 유형
   영웅·군담 소설, 가문 소설, 판소리계 소설 등이 있다.
(5) 허균 「홍길동전」 : 최초의 한글 소설, 영웅·군담 소설의 효시

(6) 역사·군담 소설의 전개 (「홍길동전」 이후)
　① 우리 역사를 소재, 민족의 자존심 회복 :「임진록」,「박씨전」,「임경업전」
　② 중국을 무대, 유교적 관념이 주제 :「유충렬전」,「조웅전」,「소대성전」
(7) 사대부의 장편 소설 : 김만중「구운몽」,「사씨남정기」, 조성기「창선감의록」
(8) 판소리가 소설로 정착 :「춘향전」,「심청전」,「흥부전」,「토끼전」
(9) 애정과 세태소설 :「옥단춘전」,「이춘풍전」
(10) 한글 수필
　① 사회 변동에 따라 개인의 체험이나 역사적 사실에 대한 느낌을 기록할 필요가 제기되면서 수필이 다양하게 나타났다.
　② 궁중의 일 :「계축일기」,「한중록」,「산성일기」
　③ 사대부가 부녀의 작품 :「의유당 관북 유람일기」,「조침문」

5. 한문학의 지속과 변화

(1) 실학파 문학
　① 실학파 문인들이 등장하면서 관습적인 한문학 경향이 비판되고, 현실성과 비판성을 특징으로 하는 새로운 문학을 추구하였다.
　　　예 박지원, 홍대용, 정약용, 박제가, 이옥
　② 지식인으로서 사회적 책임을 자각하고 사회의 모순을 비판하며 개혁의 방향성을 모색한 문학을 추구하였다.
　　　예 정약용, 박지원
　③ 문학의 주체성과 현실성을 강조한 민족 문학 경향을 보이고 있다.
　④ 실학파 문인들의 비판정신은 개화사상에 영향을 미쳤다.

(2) 위항(委巷) 문학
　① 위항 문학은 위항인이라는 양반 사대부 계층과 서민 사이의 중간 계층인 중인·서리들의 문학을 말한다.
　② 시사(詩社)와 같은 문학 그룹을 형성했고,「소대풍요」등의 시선집을 발간했다.

6. 우리 문학의 근대성

(1) 중세 사회 봉건적인 것에 대한 비판과 근대사회에 대한 지향을 담았다.
　① 신분 질서의 동요, 새로운 계급의 대두
　② 지배층의 위선, 무능 비판
　③ 충, 효, 열의 가치 비판
　④ 경제적, 물질적 가치의 중시
　⑤ 상공업의 성장
　⑥ 인간의 욕망에 대한 긍정
　⑦ 민중의식의 성장
　⑧ 실학사상

(2) 봉건시대 문학보다 사실적이고 현실 비판적 성격을 가진다.

(3) 표현 문제가 한문이 아니라 우리말이다.

(4) 봉건시대 사대부 문학을 벗어난 시민 문학적 성격을 가진다.

MEMO

최병해
고 / 전 / 시 / 가

chapter 2 고전시가의 이해

제1절 고전시가의 개념 및 하위 갈래

제2절 고전시가 형식면의 영향 관계

제1절 고전시가의 개념 및 하위 갈래

01 고전시가의 개념

1. 일반적 개념
고전시가란 흔히 상고시대로부터 갑오개혁(1894년)때까지 우리나라에서 가창되어 온 노래를 총칭하는 일반적인 명칭으로 사용되고 있다.

2. 고전시가의 개념 설정 문제
'고전시가'란 용어는 '고전(古典)'과 '시가(詩歌)'의 합성어이므로 이 두 용어의 기본적 개념이 설정되어야 한다.

(1) '고전'이란 용어가 지니는 시간적 범주의 문제
 일반적으로 근대 문학의 기점을 갑오개혁(1894년)으로 잡고 그 이전을 고전 문학, 이후를 근대 내지 현대 문학이라고 규정하는 것이 통설이다.

(2) '고전'이란 용어가 지니는 가치의 문제
 ① '고(古)'가 시간의 개념이라면 '전(典)'은 '전범(典範)', '전형(典型)'이라는 의미를 내포하고 있다.
 ② 고전이란 단순히 옛 책이라는 의미보다는 과거의 문학이면서 동시에 오늘의 문학 원천이라는 개념으로 이해하여야 할 것이다.

(3) '시가'란 용어가 지니는 문학적 형식과 전달 방식의 문제
 ① 문학(詩)과 음악(歌)의 성격이 결합된 것이 고전시가의 본질적 특징이므로 '시가(詩歌)'란 고전시가의 실상을 가장 적절히 표현한 말이다.
 ② '시가(詩歌)'란 '시(詩)'와 '가(歌)'의 합성어로서, 문학과 음악의 양면성을 지니고 있다.

3. 고전시가의 음악적 성격
(1) '시가'의 기원은 제천행사에서 부르던 '가무악(歌舞樂)'(원시종합예술)의 형태였으며, 가무악은 집단적, 의식적, 서사적 성격을 지녔다(건국서사시).
(2) 그 후 '가무악'이 '가악(歌樂 : 노래)', '무악(舞樂 : 무용)', '음악(音樂)'으로 등으로 분화되면서 '가악'이 '시가'의 형태가 되었다.
(3) '가악'은 '노랫말[歌詞]을 지닌 음악'의 의미이며, 문학에서는 음악적 성격보다 노랫말에 초점을 맞추어 연구한다.
(4) '가악'으로 불리면서 개인적, 서정적 성격을 지니게 되었다.

02 고전시가의 하위 갈래

1. 고전시가의 하위 갈래 종류

| ① 고대 가요 | ② 향가 | ③ 고려 속요(소악부 포함) | ④ 경기체가 | ⑤ 악장 | ⑥ 시조 |
| ⑦ 가사 | ⑧ 잡가 | ⑨ 민요 | | ⑩ 두시언해 | ⑪ 한시 |

2. 하위 갈래의 분류

(1) 구전과 기록에 따른 분류

구비 문학	잡가, 민요
기록문학	고대 가요, 향가, 고려 속요, 경기체가, 악장, 시조, 가사, 두시언해, 한시

✅ 고대 가요, 고려 속요 등은 그 바탕이 구비 문학이지만, 그것을 다시 기록하였음

(2) 기본 갈래의 성격에 따른 분류

서정	서정 민요(구비), 고대 가요, 향가, 고려 속요, 시조, 잡가(구비), 한시, 두시언해
서사	(건국 서사시), 서사 민요, 서사 무가, 「동명왕편」(이규보), 「용비어천가」, 「월인천강지곡」, 판소리(구비), 서사 한시
희곡(극)	(속미인곡)
교술	교술 민요, 경기체가, 가사(가사 내에서 다시 분류됨), 대부분의 악장

(3) 기록된 문자에 따른 분류

국문	고려 속요, 경기체가, 악장, 시조, 가사, 잡가, 민요
차자	향가
우리 노래를 한시로 기록	고대 가요(「정읍사」 제외), 소악부
한시를 국문으로 번역	두시언해
우리나라 사람이 한문으로 지음	한시

제 2 절 고전시가 형식면의 영향 관계

1. **고대 가요**
   (1) 4구(= 2행)의 형식 : 우리 시가의 기본 형식(元型), 민요의 형식
   (2) 민요로 볼 수 있다.

2. **향가**
   (1) 고대 가요의 영향 : 4구의 형식
   (2) 민요의 영향
      「서동요」, 「풍요」에서 '요(謠)'는 민요의 의미이다.

3. **고려 속요**
   (1) 민요의 영향
      ① 민요를 궁중 속악가사로 개편했다.
      ② 4구의 형식, 분절체, 3음보, 후렴 등이 나타난다.
   (2) 향가의 영향
      ① 향가계 여요
         「정과정」은 10구체 사뇌가의 영향을, 「도이장가」는 8구체 형식과 향찰 표기의 영향을 받았다.
      ② 고려 속요
         ㉠ 「만전춘」, 「이상곡」, 「사모곡」, 「정과정」 등의 '결사' 부분은 향가 낙구의 영향을 받았다.
         ㉡ 「사모곡」은 사뇌가의 분절 구조(3단락)의 영향을 받은 것으로 볼 수 있으며, 이것이 시조에 영향을 미쳤다.
   (3) 「소악부」는 민요를 한시화한 것으로, 민요와 한시의 영향을 받았다.

4. **경기체가**
   (1) 고려 속요의 영향
      고려 속요에 나타난 분절체, 3음보, 후렴 등이 나타난다.
   (2) 민요의 영향
      고려 속요가 민요의 영향을 받았으므로 고려 속요의 영향으로 형성된 경기체가도 민요의 영향을 받은 것으로 볼 수 있다.
   (3) 향가의 영향
      10구체 향가(사뇌가)에서 나타난 분절 구조가 경기체가의 분절 구조에 영향을 미쳤다.

5. **악장**
   (1) 경기체가, 향가의 영향
      일부 악장에서 나타나는 분절 구조는 경기체가나 10구체 향가(사뇌가)의 영향을 받았다.
   (2) 고려 속요, 민요의 영향
      일부 악장에서 나타나는 분절체, 3음보, 후렴의 사용 등은 고려 속요나 민요의 영향을 받았다.

6. 시조

(1) 고려 속요의 영향
① 일부 고려 속요는 시조의 3장 6구와 유사하다.
   예 「정읍사」, 「사모곡」, 만전춘 2·5연 등
② 4구의 형식을 지닌 고려 속요에 10구체 향가의 낙구가 결합한 것으로 본다.

(2) 경기체가의 영향
시조의 4음보는 경기체가에 일부 나타나는 4음보의 영향으로 본다.

(3) 향가의 영향
① 시조의 3장 형식이 10구체 향가에서 3개의 의미 단락과 유사하다.
② 시조의 종장은 10구체 향가 낙구의 영향을 받았다.

(4) 민요(무가)의 영향
① 민요나 무가의 형식 중 3장 6구와 비슷한 형식이 있다.
② 4구 형식
③ 고려 속요가 민요를 바탕으로 형성되었으므로 시조도 민요의 영향을 받은 것으로 본다.

(5) 한시의 영향
한시에 토를 다는 것에서 시조가 나왔다고 본다.

7. 가사

(1) **경기체가의 영향**: 경기체가 후반부의 4음보 형식, 교술 갈래
(2) **시조의 영향**: 4음보 형식, 시조 종장의 형식
(3) **민요의 영향**: 4음보로 길게 이어지는 교술 민요의 영향(「시집살이 노래」)을 받았다.
(4) **한시의 영향**: 한시에 토를 다는 것에서 가사가 나왔다고 본다.

8. 잡가

(1) **민요의 영향**: 분절체
(2) **사설시조의 영향**: 사설시조의 내용
(3) **가사의 영향**: 4음보, 가사의 내용
(4) **판소리의 영향**: 대화체, 판소리의 내용

9. 민요

(1) 구비 문학으로 기록된 시가의 근원이 된다.
(2) 다양한 고전시가 갈래에 영향을 미쳤다.
(3) 구비 문학이 기록 문학의 원천임을 알 수 있다.

10. 두시언해

(1) **한시의 영향**: 중국 두보의 시를 우리말로 번역하였다.
(2) 조선 시대 사대부들의 문학관과 한시에 영향을 미쳤다.

11. 한시

(1) 중국 한시의 영향을 받았다.
(2) 다양한 한시의 형식을 수용하였다.

기출문제

※ 다음 글을 읽고 물음에 답하시오.

(가)
十二月ㅅ 분디남ᄀ로 갓곤 아으
나울 盤잇 져다호라
니믜 알픠 드러 얼이노니
소니 가재다 므ᄅ읍노이다 아으
動動다리

(나)
唐漢書 莊老子 韓柳文集
李杜集 蘭臺集 白樂天集
毛詩尙書 周易春秋 周戴禮記
위 註조쳐 내외옩景 긔 엇더ᄒ니잇고
太平廣記 四百餘卷 太平廣記 四百餘卷
위 歷覽ㅅ景 긔 엇더ᄒ니잇고

(다)
오려 고개 속고 열무우 술졋ᄂ듸
낙시에 고기 물고 게ᄂ 아니 ᄂ리ᄂ고
아마도 農家에 ᄆᄅ근 맛시 이 죠흔가 ᄒ노라

(라)
一身이 사쟈ᄒ이 물썻 계워 못 견딀쐬
皮ㅅ겨ᄀᄐᆫ 갈랑니 보리알ᄀᄐᆫ 슈통니 줄인니 ᄀᄉᆫ니 준벼룩 굴근벼룩 강벼룩 倭벼룩 긔ᄂ 놈 쒸ᄂ 놈에 琵琶ᄀᄐᆫ 빈대삭기 使令ᄀᄐᆫ 등에아비 갈짜귀 샴의약이 셴 박회 눌은 박회 바곰이 거절이 불이 쌰쥭ᄒᆫ 목의 달리 기다ᄒᆫ 목의 야윈 목의 술진 목의 글임애 쏙록이 晝夜로 뷘씌 업시 물건이 쏘건이 샐건이 뜻건이 甚ᄒᆫ 唐빌리 예서 얼여왜라
그 中에 참아 못 견딀손 六月 伏더위예 쉬ᄑ린가 ᄒ노라

1. 고전시가의 역사적 전개 과정을 고려하여 (가)~(라)를 설명한 내용으로 가장 적절한 것은? 2011년 기출 28번
① (가)는 구비 전승되어 오다가 조선 전기 『고려사』를 편찬할 때 수집·기록되었다.
② (나)와 같은 갈래의 노래들은 형식이 까다로운 데다가 사대부들로부터 '긍호방탕(矜豪放蕩)'하다는 비판을 받자 조선 시대에 들어와서 더 이상 창작되지 않았다.
③ (다)와 같은 주제의 시조들은 조선 후기 중인들에 의해 창작되었고, 양반들은 평민들의 생활상을 담고 있다고 하여 창작하지 않았다.
④ (라)와 같은 갈래의 노래들은 조선 후기 들어 김천택에 의해 『청구영언』에 정리되었고, 『해동가요』, 『가곡원류』에 지속적으로 수록되었다.
⑤ (가)와 (나)는 고려 전기에 나타난 우리말 노래로서 '사뇌가(詞腦歌)'의 형식을 계승하였다.

| 정답 ④

예상문제

※ (1 ~ 5) 아래 작품을 바탕으로 조건에 맞게 답하시오.

(가)
딩아 돌하 당금(當今)에 계샹이다.
딩아 돌하 당금(當今)에 계샹이다.
션왕셩디(先王聖代)예 노니 와지이다.

삭삭기 셰몰애 별헤 나는
삭삭기 셰몰애 별헤 나는
구은 밤 닷 되를 심고이다.
그 바미 우미 도다 삭나거시아
그 바미 우미 도다 삭나거시아
㉠ 유덕(有德)ᄒ신 님믈 여히ᄋ와지이다.
　　　　　〈중략〉
므쇠로 한쇼를 디여다가
므쇠로 한쇼를 디여다가
텰슈산(鐵樹山)애 노호이다.
그 쇠 텰초(鐵草)를 머거아
그 쇠 텰초(鐵草)를 머거아
유덕(有德)ᄒ신 님 여히ᄋ와지이다.

구스리 바회예 디신들
구스리 바회예 디신들
긴힛ᄃᆞᆫ 그츠리잇가.
즈믄 ᄒᆡ를 외오곰 녀신들
즈믄 ᄒᆡ를 외오곰 녀신들
신(信)잇ᄃᆞᆫ 그츠리잇가

　　　　　　　　　　　- 작자 미상, 「정석가」, 『악장가사』 · 『시용향악보』

(나)
어름 우희 댓닙자리 보와 님과 나와 어러 주글만뎡
어름 우희 댓닙자리 보와 님과 나와 어러 주글만뎡
情(정) 둔 오ᄂᆞᆯ밤 더듸 새오시라 더듸 새오시라.

耿耿(경경) 孤枕上(고침상)애 어느 ᄌᆞ미 오리오.
西窓(서창)을 여러ᄒᆞ니 桃花(도화)ㅣ 發(발)ᄒᆞ도다.
도화(桃花)는 시름 업서 소츈풍(笑春風)ᄒᆞᄂᆞ다 소츈풍(笑春風)ᄒᆞᄂᆞ다.

넉시라도 님을 ᄒᆞᆫᄃᆡ 녀닛 景(경) 너기다니

넉시라도 님을 ᄒᆞᆫ듸 녀닛 景(경) 너기다니
벼기더시니 뉘러시니잇가 뉘러시니잇가.

올하 올하 아련 비올하
여흘란 어듸 두고 소해 자라 온다.
소콧 얼면 여흘도 됴ᄒᆞ니 여흘도 됴ᄒᆞ니

南山(남산)애 자리 보와 玉山(옥산)을 버여 누어
錦繡山(금수산) 니블 안해 麝香(사향) 각시를 아나 누어
南山(남산)애 자리 보와 玉山(옥산)을 버여 누어
錦繡山(금수산) 니블 안해 麝香(사향) 각시를 아나 누어
藥(약)든 가ᄉᆞᆷ을 맞초ᅀᆞᆸ사이다 맞초ᅀᆞᆸ사이다

ⓒ 아소 님하, 遠代平生(원대평생)애 여힐ᄉᆞᆯ 모ᄅᆞᆸ새.

– 작자 미상, 「만전춘」, 『악장가사』

1. [기입형] (가)에서 민요의 특징을 내용면·형식면에서 각각 2가지 제시하시오.

📋 **예상 답안**

내용면 – ㉠ 남녀 사랑에 관한 내용, ㉡ 일상적·민중적인 소재
형식면 – ㉠ 3음보, ㉡ 반복구, ㉢ 후렴, ㉣ 다른 노래에도 수록되어 민요로 봄

2. [기입형] 구체적 근거를 통해 (나)에 영향을 준 작품을 제시하고, 구체적 근거를 통해 (나)가 영향을 미친 갈래를 제시하시오. [2점]

📋 **예상 답안**

① (나)의 3연에 제시된 내용은 고려 속요 '정과정의 영향을 받았음
② (나)의 2연, 5연은 3장(=3행) 6구의 형태이며, 이것이 시조의 3장 6구 형성에 영향을 미쳤음

3. [기입형] (가)의 ㉠에 나타난 표현을 밝히고, (나)에서 유사한 표현을 2가지 찾아 제시한 후, ㉠을 바탕으로 '이중적 화자'의 특징에 대해 서술하시오. [4점]

> **예상 답안**
>
> ㉠에는 반어가 나타난다. 유사한 표현은 '어름 우희 댓닙자리', '님과 나와 어러 주글만뎡' 등에서 나타난다.
> ㉠에서 표면적 화자는 님과 헤어지고 싶다고 하지만, 이면적 화자는 님과 헤어지지 않으려는 의도를 지닌다. 반어는 이중적 화자를 통해 이면의 의도를 더욱 강조하는 특징이 있다.

4. [서술형] (가)와 (나) 작품의 형성과정 및 구성의 특징에 대해 교수·학습할 때, 형성 과정이나 구성상의 공통점과 차이점을 각각 2가지씩 밝히시오. [4점]

> **예상 답안**
>
> (가)와 (나)는 ① 민요에 바탕을 둔 노래가 고려 시대 궁중에서 궁중 속악으로 불려졌다는 점, ② 당시에 민요로 떠돌던 서로 다른 노래들이 결합되어 형성되었다는 점, 그리고 ③ 노래의 끝부분에 각각 결론을 맺어주는 내용을 제시했다는 점에서 형성 과정 및 구성상의 공통점이 있다.
> 그렇지만 ① (가)는 서사에서 왕에 대한 송도의 내용을 덧붙였고, (나)는 왕에 대한 송도의 내용이 없다. ② (가)는 시적 화자의 정서가 통일성을 지니게 구성했지만, (나)는 시적 화자의 정서가 통일성이 부족하게 구성되었다. ③ (가)의 2~5연은 전개나 표현이 중복되고 비슷하지만, (나)는 연 별로 비슷하거나 중복되는 내용이 없다. 또 ④ (가)는 민요에서 주로 4구체 형식의 영향을 받아 구성되었고, (나)는 민요에서 주로 3장(세 줄) 형식의 영향을 받아 구성되었다. 그리고 ⑤ (가)는 3음보 위주로 내용을 구성했고, (나)는 4음보 위주로 내용을 구성했다.

5. [서술형] 위의 (나)의 밑줄 친 ㉡의 내용과 형식의 특징을 밝히고, 이것을 전·후대 시가와 연관 관계 속에서 서술하시오.

> **예상 답안**
>
> ㉡은 고려 속요의 결사인데, 형식은 '아소 (님하)'라는 감탄사와 결론의 결합으로 이루어졌고, 내용은 감탄사를 통해 주의를 환기하면서 님에 대한 영원한 사랑이라는 전체의 결론을 드러낸다.
> 이것은 전대 시가 사뇌가의 낙구에서 유래 했는데, 낙구 역시 차사와 결론으로 구성되어 있었으며 고려속요의 결사에 영향을 미쳤다. 그리고 ㉡은 후대 시조의 종장에 영향을 미쳤다.

6. 아래 작품에 나타난 전대 시가의 영향관계를 구체적 예를 통해 제시하시오.

> (가)
> 녜는 양쥬(楊州)ㅣ 꼬올히여
> 디위예 신도형승(新都形勝)이샷다
> ᄀᆡ국셩왕(開國聖王)이 셩ᄃᆡ(聖代)를 니르어샷다
> 잣다온뎌 당금경(當今景) 잣다온뎌
> 셩슈만년(聖壽萬年)ᄒᆞ샤 만민(萬民)의 함락(咸樂)이샷다
> 아으 다롱다리
> 알ᄑᆞᆫ 한강슈(漢江水)여 뒤흔 삼각산(三角山)이여
> 덕듕(德重)ᄒᆞ신 강산(江山)즈ᅀᆞ메 만셰(萬歲)를 누리쇼셔
>
> — 정도전, 「신도가」, 『악장가사』

예상 답안

(가)에서 하나의 연이 전절(6구)과 후절(2구)로 나누어지는 구조는 '사뇌가(향가)'의 분절구조 영향으로 볼 수 있다.

(가)에서 하나의 연이 전절(6구)과 후절(2구)로 나누어지는 구조는 '경기체가'의 분절구조 영향을 받은 것으로 볼 수 있다.

(가)에서 '녜는 양쥬(楊州)ㅣ 꼬올히여'와 같이 3음보의 운율이나, '~이여, ~샷다' 등의 종결형, '아으 다롱다리'라는 후렴은 고려속요의 영향을 받은 것으로 볼 수 있다.

7. 아래 (가), (나)의 형식적 전승 관계에 대해 교수·학습할 때, 지도할 내용을 2가지 밝히시오.

> (가)
> 紅塵(홍진)에 뭇친 분네 이내 生涯(생애) 엇더ᄒᆞ고.
> 넷 사름 風流(풍류)를 미출가 못 미출가.
> 天地間(천지간) 男子(남자) 몸이 날만흔 이 하건마는,
> 山林(산림)에 뭇쳐 이셔 至樂(지락)을 모를 것가.
> 數間茅屋(수간모옥)을 碧溪水(벽계수) 앏픠 두고,
> 松竹(송죽) 鬱鬱裏(울울리)예 風月主人(풍월주인) 되여셔라.
> 〈중략〉
> 功名(공명)도 날 쯰우고 富貴(부귀)도 날 쯰우니,
> 淸風明月(청풍 명월) 外(외)예 엇던 벗이 잇ᄉᆞ올고.
> 簞瓢陋巷(단표누항)에 훗튼 혜음 아니ᄒᆞᄂᆡ.
> 아모타, 百年行樂(백년 행락)이 이만흔들 엇지ᄒᆞ리.
> 　　　　　　　　　　　　　　　　　　　　　　ー「상춘곡」
>
> (나)
> 말 업슨 靑山(청산)이요, 態(태) 업슨 流水(유수)ㅣ로다.
> 갑 업슨 淸風(청풍)이요, 님ᄌᆞ 업슨 明月(명월)이라.
> 이 中(중)에 病(병) 업슨 이 몸이 分別(분별)업시 늙으리라.

예상 답안
① (나)에 나타난 4음보 형식이 (가)의 4음보에 영향을 미친 것으로 볼 수 있다.
② (나)에 나타난 종장의 형태가 (가)의 마지막 결사에 영향을 미친 것으로 볼 수 있다.

최병해
고 / 전 / 시 / 가

chapter 3

고대 가요

제1절 고대 가요 이해
제2절 고대 가요 작품 감상

제1절 고대 가요 이해

> **출제방향**
> - 고대 가요의 존재 양상과 분화
> - 고구려 · 백제 · 신라 시가의 특징
> - 고대 가요의 특징 : 배경 설화, 4구의 형식, 한역(漢譯)되어 전함, 구조, 주술가
> - 주요 작품의 특징

01 고대 가요의 개념

1. 개념

고대 가요 또는 상대 가요란 우리 민족이 한반도와 남만주 일대에 삶의 터전을 잡고 생활을 영위하고부터 향찰 표기의 향가가 발생하기 이전까지에 존재하였던 시가를 묶어서 편의상 부르는 명칭이다.

2. 고대 가요의 시기적 특징

(1) 정치·사회적으로 구석기 시대의 씨족사회 시대로부터 부족 국가 시대를 거쳐 고대 국가인 고구려, 백제, 신라가 정립되던 시기이다.

(2) 문학사적으로는 주술 노래 시대로부터 원시종합예술의 존재시기를 거쳐 향찰 표기의 향가가 발생하기까지의 시기이다.

3. 고대 가요의 존재 양상

고대 가요의 존재 양상과 구조는 중국의 고기록(古記錄)과 우리의 고기록에 의존하여 추정할 수 있다.

(1) **중국의 고기록에 의한 추정**
『삼국지』 위지 동이전, 『후한서』 동이전의 기록

(2) **우리의 고기록에 의한 추정**
『삼국사기』, 『삼국유사』, 『동국이상국집』의 기록

> **참고**
> 중국측 사료(史料)나 우리측 사료에서 우리의 고대 가요는 생활과 직결되는 여러 종류의 노래들이 여러 가지 방식으로 불리어지되, 원시종합예술 형태 속에서 불리거나 행사와 분리되어 독립적으로 불리기도 하였다.

02 고대 가요의 존재 양상과 구조

원시 시가는 원시종합예술(Ballade Dance)의 형태였으며, 제의 가운데서 불렀는데, 환기적인 주사(呪詞)와 기소적인 찬가(讚歌)로 나누어진다.

주사의 구성 원리는 명령법을 주축으로 하는 부분과 이를 뒷받침하는 서술법을 주축으로 하는 부분으로 이루어졌고, '환기 - 명령 - 가정 - 위협적 다짐'의 어법 형태를 취했다.

지고한 신격에 대한 찬송적 기원의 노래는 주사(呪詞)와 같은 엄격성을 지니지는 않았으나, 신격에 대한 외경심이 커지고 제의가 더욱 격식화됨에 따라 양식화되고 장식된 문학적 구성을 갖게 되었다. 찬송가의 경우 칭찬, 환호, 칭명, 추수, 감탄의 어법을 사용하였고, 기원가의 경우에는 청원, 탄원 및 기구, 고백의 어법을 사용하였다. 형식은 4구체(2행)가 중심일 것으로 보인다.

부족 연맹 국가 시대에 이르면, 시가는 제의와 결부된 원시종합예술 형태에서 점차 벗어나 개인작의 서정적 성격을 지니게 된다. 중국의 기록을 종합해 추론해 보면 시가는 집단적·계절적 제의와 분리되어 불리되, 오락과 유희를 목적으로 하고 개인적·서정적 내용으로 발전하게 되었음을 알 수 있다.

1. 신격에 대한 찬송적·기원적 노래

현전하는 것이 없어 그 구조를 알 수 없으나 대개 신에 외경심을 가지고 칭명(稱名), 칭찬, 추수(追隨), 감탄의 어법이나 청원, 기구(祈求), 고백의 어법을 많이 사용한 듯하다.

2. 주술적 노래 또는 주사(呪詞)

(1) 구지가(龜旨歌)
　　환기(호명)·명령·가정·위압적 다짐의 서술의 어법을 사용하였다.

(2) 해가(海歌)
　　① 환기(호명)·명령·의문·가정·위압적 다짐의 서술의 어법을 사용하였다.
　　② 고대 가요의 주술적 노래는 ㉠ 환기·명령·의문·가정·위압적 다짐의 서술, 또는 ㉡ 신격 내력의 서술, ㉢ 가정문과 명령의 어법을 사용하였다.

3. 서정적 노래

「황조가」나 「공무도하가」에서 볼 수 있듯이 4구(2행시체)가 중심 형식이되, 애소적(哀訴的)인 의문형이나 체념적 의문형으로 노래의 끝을 맺는 구성법을 곧잘 사용한 듯하다.

이러한 의문형의 사용은 그 후의 시가에 영향을 미쳐 향가인 「모죽지랑가」, 고려 속요인 「청산별곡」, 의문형으로 끝맺는 시조 등에 영향을 미친 것으로 볼 수 있다.

03 고대 가요의 발전 과정

1. 고대 가요의 발전

우리나라의 고대 가요는 기원을 전후할 때는 4구(2행시체) 형식의 노래들이 주류를 이루었으나, 삼국 정립의 시기에 이르면 인문의 내재적 발전 과정과 철기 문화의 유입·보급 및 한문화의 영향으로 인하여 급속히 발전하게 된다. 그리고 삼국의 경우는 고구려와 백제, 신라의 순으로 시가가 발전하였으나 신라에 비해 고구려와 백제의 가악에 관한 자료는 빈약하다.

2. 삼국의 문학

(1) 고구려의 문학
  ① 서사 양식이 주류를 이루며 남성적 웅혼한 기상을 드러냈다.
  ② 고구려 문학을 대표하는 것은 설화로서 「바보온달 설화」, 「호동왕자 설화」, 「유리태자의 설화」 등이 『삼국사기』에 실려 전하고 있다.
  ③ 시가는 「황조가」 외에 「내원성가」, 「연양가」, 「여수장우중문시」 등이 있다.
    ㉠ 「황조가」: 4언 4구의 한역 시가이고, 서정 내지 서사적 가요로 알려지고 있다.
    ㉡ 「공후인」: 개인적인 한역 서정 시가이다. 이 시는 작자 문제, 창작 연대 문제, 출신 성분 문제, 작품의 국적 문제 등에 대한 논의가 있다.
    ㉢ 「내원성가」: 적인이 투항해 오면 정주에 있는 수중의 땅에 두어 살게 함으로써 지어졌다.
    ㉣ 「연양가」: 남에게 고용된 연양의 어떤 사람이 죽기를 무릅쓰고 열심히 일을 하면서 자기를 나무에 비유하여 '나무가 불을 도우려면 반드시 자체를 해치는 화를 초래하지만, 그래도 쓰여짐이 다행이니 비록 재가 되더라도 사양하지 않겠다.'라는 자기 충정을 노래하고 있다.
    ㉤ 「명주가」: 서울의 한 서생이 명주 양가의 딸과 아름다운 사랑을 맺기 위해 지었다는 설화가 있는데, 신라 경덕왕과 혜공왕 사이에 김무월랑 곧 유정이 지은 것이라 추정되지만, 가사가 전해지지 않고 창작 연대나 작가가 알려져 있지 않다.
    ㉥ 이들 작품은 전체적으로 고구려 시가 양상을 논의하는 데 문헌적인 역할을 할 뿐 그 전개 양상을 밝히는 데는 아무런 도움도 제공해 주지 않는다.
    ㉦ 다만, 「여수장우중문시」 등으로 보아 웅혼하고 활달한 고구려인의 기상을 담았을 것으로 추측된다.

(2) 백제의 문학
  ① 백제의 시가 양상도 파악하기 어려운데, 중국의 기록을 통해 백제인들은 주술적 사고 방식의 표현으로써 농사가 잘 되게 가무를 즐겼을 뿐만 아니라 일찍부터 민요, 무용이 발달되어 있었음을 알 수 있다.
  ② 일찍 한문을 수입한 백제는 문학, 예술에 많은 발전을 보였으나 신라의 향찰과 같은 문자를 창안하기 전에 신라와 당나라에 패망함으로써 시가까지도 잃게 되었다.
  ③ 문헌이 인멸되어 가사가 전해지는 것은 「정읍사」 하나뿐이고 「선운산가」(장사인의 처 지음), 「방등산가」(장일현인의 처 지음), 「지리산가」(구례현의 여인 지음), 「산유가」, 「무등산가」 등은 가사나 창작 연대 없이 그 가명(歌名)과 가창 유래만 기재되어 있을 뿐으로 그 양상을 추정하기 어렵다.
  ④ 다만 백제 시가는 남녀 간의 애정을 기조로 하여 노래된 것이 많으며 작자도 서민 여성이 대부분이란 것을 알려줄 뿐이다. 개인적이고 온화하며 서정적인 것이 특징이다.

(3) 신라의 문학
  신라 초기 부족 연맹국가 시대의 시가는 북방지역과는 달리 가무악(歌舞樂)의 종합예술형태 속에 그대로 존속해 있었다. 그러나 거기 사용된 가사는 집단적·종교적 요소가 지배적이었던 부족 국가 시대의 것과는 달리 개인적·서정적 요소가 주조를 이루는 한 갈래의 가무악과 현재 각 지방에 산재 전승되고 있는 농악처럼 집단적·향토적 요소가 주조를 이루는 또 한 갈래의 가무악이 공존해 있어 한문화의 영향을 일찍부터 받고서 개인적·

서정적 시가를 창작한 고구려 초기에 비하면 후진성을 면치 못하는 위치에 놓여 있었다. 신라의 문학도 온화하며 서정적인 것이 특징이다.

① 개인적·서정적 요소가 주조를 이루는 가무악
  ㉠ 「도솔가」: 중국의 예악 사상에 입각하여 신라 가악의 시초로 유리왕 5년에 지어졌다. 이 노래에 사뇌격(詞腦格)이 있었다 하니 4구의 단연체형에서 벗어난 것으로 추측된다.
  ㉡ 「회소곡」: 가윗날 길쌈하기에서 진 편의 한 여자가 일어나 춤추며 구슬프고 아름답게 탄식한 '회소회소'를 인연으로 하여 뒷날 사람들이 지었다고 전해진다.
  ㉢ 「돌아악」: 탈해왕대에 불린 것으로 「정읍사」와 접맥될 수 있다.
  ㉣ 「물계자가」: 내해왕 17년에 물계자가 포상·갈화 싸움에서 전공을 세우고도 포상 받지 못한 것을 스스로 충효의 도가 없었기 때문이라 하여 머리를 풀어 헤치고 거문고를 메고 산으로 들어가서 대나무의 곧은 성벽(性癖)을 슬퍼하여 그것에 기탁하여 노래를 짓고 졸졸 흐르는 시냇물 소리에 비겨 거문고를 타며 곡조를 지었다.
  ㉤ 「사내기물악」: 원낭도가 지은 것으로 창작 연대는 알려지지 않았다.

② 집단적 가무악
  일상의 군악인 「내지」, 압량의 군악인 「백실」, 하서의 군악인 「덕사내」, 도동벌의 군악인 「석남사내」가 있다.

04 고대 가요의 작품 개관

1. 현전 시가 (배경 설화와 가사가 다 전해지는 고대 가요)

작품명	연대	작자	성격	내용	출전
공무도하가 (公無渡河歌)	고조선 (古朝鮮)	백수광부의 처	서정가요	물에 빠져 죽은 남편을 애도한 노래. 악곡명은 '공후인'	해동역사 (원전 : 고금주)
구지가 (龜旨歌)	신라 유리왕 19 (A.D. 42)	구간(九干) 등	집단가요	새로운 신군 탄생을 바라는 주술적인 노동요. 일명 '영신군가'	삼국유사
황조가 (黃鳥歌)	고구려 유리왕 (B.C. 17)	유리왕	서정가요	치희를 찾으러 갔다 못 만나고 오면서 부른 서정가요	삼국사기
정읍사 (井邑詞)	백제	미상	서정가요	행상나간 남편의 신변을 근심하여 부른 노래. 현존하는 유일한 백제가요	악학궤범
해가 (海歌)	신라 성덕왕 (702~737)	강릉의 백성들	집단가요	납치된 수로 부인을 구원하려고 부른 집단의 주술적인 노래. 「구지가」와 유사	삼국유사

2. 현전하지 않는 고대 시가

작품명	연대	작자	내용(설화)	출전
내원성가 (來遠城歌)	고구려	미상	항복해 온 오랑캐를 내원성에 정착시켜 그 기쁨을 노래로 불렀다는 가요	고려사악지 문헌비고
연양가 (延陽歌)	고구려	미상	연양현의 한 머슴이 자기의 몸을 아끼지 않고 충실히 일할 것을 다짐한 노래	고려사악지 증보문헌비고

작품명	연대	작자	내용(설화)	출전
명주가 (溟州歌)	고구려	미상	강릉에 갔던 한 청년이 그 곳 처녀와 헤어진 뒤 기적적으로 다시 만남을 노래함	고려사악지 증보문헌고
지리산가 (智異山歌)	백제	미상	구례현의 한 여인이 임금의 입궁 명령에도 남편이 있으므로 응할 수 없음을 노래함	고려사악지
선운산가 (禪雲山歌)	백제	미상	장사(長沙) 사람이 부역에 나갔다가 돌아오지 않으므로 그 아내가 선운산에 올라가 부른 노래.「정읍사」와 유사	고려사악지
무등산가 (無等山歌)	백제	미상	무등산에 성을 쌓으니, 지방민이 안심하고 살 수 있어 그 기쁨을 읊은 노래	고려사악지
도솔가	신라 유리왕 5	미상	민속 환강을 노래함 향가의 모태로서 우리나라 최초의 정형시라고 함	삼국유사
원사 (怨詞)	신라 진평왕	천관녀	김유신에게서 버림받은 기생 천관(千官)이 원통해서 부른 노래	신증동국여지승람
회소곡 (會蘇曲)	신라 유리왕	미상 (여인)	추석날 동경의 여자들이 길쌈내기를 하여 진 편에서 이긴 편에게 음식을 대접하면서 불렀다는 노래. 전통 명절 추석과 관련 있음	삼국사기
치술령곡 (鵄述嶺曲)	신라 눌지왕	미상	박제상의 아내가 치술령에서 남편을 기다리다가 죽은 슬픈 사연을 후인들이 애도하여 부른 노래. 망부석 설화, 기다림의 정서	증보문헌비고
대악 (碓樂)	신라 자비왕	백결선생	섣달 그믐달 떡거리가 없어 한탄하는 아내에게 떡방아 찧는 소리를 내어 위로하였다는 노래	삼국사기
목주가 (木州歌)	신라	미상 (효녀)	목주(木州)에 사는 한 효녀가 불렀다는 효심의 노래「사모곡」과 관계가 있다고 보는 견해도 있음	고려사악지

05 고대 가요의 특징

(1) 고대 가요는 건국 서사시 등의 서사시에서 서정시로 분화하는 시기의 노래이며, 기본 갈래에서 서정 갈래로 이해하는 것이 일반적이다.
(2) 집단 가무, 원시종합예술 상태에서 서정적 시가, 노래가 분리·발전하여 형성되었다.
(3) 문자가 없이 구전되다가, 한자의 습득과 더불어 한역(漢譯)으로 전한다.
(4) 모두 설화 속에서 전해진다. 이는 서사 양식과 서정 양식이 아직 완전히 분리되지 않았음을 말한다.
(5) 최초의 서정시는 「공무도하가」, 최초의 연애시는 「황조가」이다.
(6) 종류는 가사가 전해지는 「공무도하가」, 「황조가」, 「구지가」, 「해가」, 「정읍사」 등과 가사가 전하지 않고 제목만 전해지는 가요가 있다.
(7) 고대 가요의 형태는 4구체(2행)이다.
(8) 주술가는 '환기 - 명령 - 가정 - 위협'의 구조이고, 서정 가요는 4구(2행), 의문형으로 끝난다.
(9) 최초의 시가형태는 「도솔가」이다.

제2절 고대 가요 작품 감상

작품 1 ▶ 구지가(龜旨歌)

龜何龜何	거북아, 거북아,
首其現也	머리를 내어라.
若不現也	내놓지 않으면,
燔灼而喫也	구워서 먹으리.

핵심정리

- **갈래** 4구체 한역 시가
- **연대** 신라 유리왕 19년(A.D. 19)
- **구성** 1·2행(요구), 3·4행(위협)
- **성격** 주술요, 서사적, 노동요, 집단 무가
- **표현** 주술적, 직설적 표현, 명령 어법
- **주제** 수로왕 강림 기원
- **출전** 『삼국유사(三國遺事)』
- **의의** ① 현전(現傳)하는 것 중 가장 오래 된 집단 무가
  ② 주술성을 지닌 것 중 가장 오래 된 노동요
  ③ 고대인들의 신과 인간에 대한 인식을 엿볼 수 있음
  ④ 가야 문학의 유일한 자료
- **별칭** 영군가(迎君歌), 영신군가(迎神君歌), 구지봉 영신가, 가락국가
- **관련** 「구지가」의 아류작(亞流作)「해가사(海歌詞)」

이해와 감상

| 배경 |

후한 세조 광무제(光武帝) 건무(建武) 18년 임인(壬寅: A.D. 42)년 3월, 계욕일(禊浴日 : 삼짇날)에 가락국의 서울 김해에서 일어났던 일이다. 이곳에는 천지가 개벽한 뒤 아직 나라의 이름도 없고 군신의 칭호도 없었다. 다만 구간(九干 : 가락국 아홉 마을 추장)이 있어 이들이 백성을 통솔하였는데, 그 수효가 무릇 100호, 7만5천 명이었다. 사람들은 산과 들에 모여 살면서 우물을 파서 물을 마시고, 밭을 일구어 곡식을 심으면서 살고 있었다.

그러던 어느 날, 마을 북쪽에 있는 구지봉에서 마치 누군가를 부르는 듯 한 이상한 소리가 들려왔다. 마을 사람 3백여 명이 그곳에 모이니, 사람의 소리가 나는 것 같은데 그 모습은 전혀 보이지 않았다. 또다시 소리만 들리는데, "여기에 사람이 있느냐?"라는 말이었다. 그 마을 구간들은 "우리들이 여기 와 있습니다." 하고 대답하였다.

그러자 또 이르기를 "내가 와 있는 곳이 어디냐?" 하고 물으니, "여기는 구지봉입니다."라고 대답하였다. 다시 이르기를, "하늘이 내게 명하시기를 이곳에 나라를 세우고 너희들의 임금이 되라 하시어 여기에 온 것이니, 너희는 이 봉우리의 흙을 파면서 노래(구지가)를 부르며 춤을 추어라. 그러면 곧 하늘로부터 대왕을 맞게 될 것이니, 너희들은 매우 기뻐하며 즐거워하게 될 것이다." 하였다. 그 말에 따라, 마을 구간들과 사람들이 모두 함께 기뻐하며 노래를 부르고 춤을 추었다.

얼마 후, 보랏빛 줄이 하늘에서 내려와 땅에 닿았다. 줄 끝을 살펴보니 붉은 보자기에 금합자(金合子)가 싸여 있었다. 그것을 열어 보니 해처럼 둥근 황금알 여섯 개가 가지런히 놓여 있었다. 그것을 그대로 두었다가 이튿날 새벽에 다시 열어 보니 황금알 여섯 개가 여섯 동자로 나타났다. 그들은 나날이 성장해 10여 일이 지나자 키가 9척이나 되었다. 그들은 모두 용모가 빼어났으며, 그 달 보름에 즉위하였는데, 세상에 처음 나왔다 하여 왕의 이름을 '수로(首露)'라 하고 나라를 '대가락(大駕洛)'이라고 불렀다. 이렇게 여섯 사람이 각각 가야의 왕이 되었으니, 바로 여섯 가야국이다.

| 해설 |

『삼국유사』의 〈가락국기(駕洛國記)〉편에 전하는 금관가야의 노래로, 가락국의 시조인 김수로왕의 「강림신화(降臨神話)」 속에 삽입된 무가적 서사시다. 집단적이고 주술적인 '무요(巫謠)' 또는 '노동요(勞動謠)'로 볼 수 있으며, 「영군가(迎君歌)」, 「영신군가(迎神君歌)」, 「구지봉 영신가」라고 불린다.

비록 한역으로 전해져 완전한 모습을 볼 수 없지만, 향가의 4구체와 유사한 형식의 노래는 여러 가지의 해석으로 풀이되고 있다. 첫째, '노동요'로 보는 경우와 둘째, 태초에 신을 최초로 맞이하는 장엄하고 경건한 영신의 제의(祭儀)에서 신탁(信託)을 통해 인간에게 주어진 신의 노래로 보는 경우, 셋째, 원시인의 성욕에 대한 은유적인 표현으로 보는 경우와 넷째, 잡귀를 쫓는 주문으로 보는 경우 등이 있다. 그러나 배경 설화가 이와 유사한 노래로서 700년 후에 불린 「해가사(海歌詞)」와 비교해 보면, 이 노래는 원시 종합 예술인 집단 가무와 관련이 있는 '무요'로 그 성격은 주술적인 것으로 보는 것이 타당하다.

이 노래의 구성은 우리 민요의 기본 형식인 2행체에서 한역되어 4구체로 정착되었다. (4구 2행) 1구는 거북의 존재에 대한 상기, 2구는 명령을, 3구는 조건적인 가정을, 4구는 위압적인 서술을 하고 있다. 따라서 1구와 2구는 상기와 명령을 통해 왕조의 건립을 요구하고 있으며, 3구와 4구는 요구를 거절할 경우에 대한 위협을 하는 것이다.

'요구'와 '위협'의 구조는 주술적인 노래의 전형적인 모습이다. 그리고 수로왕이라는 신적인 존재를 맞이하기 위한 노래이기 때문에 신맞이 노래, 즉 '영신군가'의 성격도 아울러 지닌다. 이 노래의 강한 주술성 때문에, 후세에도 어떤 소망을 성취시키고자 할 때 이 노래가 불렸을 가능성이 크다. 그 좋은 예로 신라 성덕왕 때, 수로부인을 찾기 위해 불렀다는 「해가사」가 있다. 한편, 마을 사람들이 흙을 파면서 불렀다는 점을 주목해 본다면 그것은 노동의 괴로움을 덜고자 하는 생각에서 나온 것일 가능성이 크므로 노동요의 성격도 지닌다고 할 수 있다.

옛날 기록에는 서정시인 「황조가(黃鳥歌)」보다 후대의 작품으로 되어 있으나, 현재 전하는 한역가 중에서 가장 정제되어 있지 않고 주술성을 띤 원시적인 집단 무요이므로 작품의 성격상 서정시보다 훨씬 이전부터 불려진 서사시의 일부라고 보는 것이 타당하다.

| 감상 |

이 노래는 수로왕을 맞이하는 집단의식의 한 과정을 표현한 것으로서 흙을 파서 모으는 행위 및 춤과 노래가 조화를 이룬 집단의 노래이다. 이것은 옛날 마한에서 5월 씨를 뿌릴 때와 10월 농사를 마쳤을 때, 무리를 지어 노래를 부르고 춤을 추며 술을 마셨다는 행사와 비슷하다. 신령스런 존재인 거북이의 머리를 내놓는 것이 곧 수로인데, 거북이로 하여금 그렇게 하도록 위협하는 내용에서 이 노래가 주술적인 기능을 갖고 있음을 알 수 있게 한다.

「구지가」의 내용을 분석하는 데 있어서 가장 문제가 되는 것은 '거북'의 의미에 대한 해석이다. '거북'이 무엇을 의미하는가에 대해서는 의견이 분분하지만 대체로 신령스러운 존재로 해석된다. 예부터 거북은 신령스럽고 장수하는 동물로 상징되어 왔으며, 이러한 거북을 등장시킨 것은 그들의 지도자로서의 왕에 대한 신성성을 말하고 왕의 장수를 기원하는 의미가 있다. 한편 그것은 '남성의 성기' 혹은 '생명의 근원'을 상징하기도 한다. 거북의 머리가 생명의 근원을 뜻한다고 할 때, 머리를 내놓는다는 것은 곧 새로운 생명의 탄생을 뜻하며, 하늘에서 내려진 알에서 수로왕이 탄생하는 것을 나타낸다. 여기에서 거북의 머리를 생명의 의미로 본 고대인의 소박한 상징 수법이 잘 나타나고 있다. 그러나 거북에 대해 위협적인 태도를 취하는 것을 볼 때, 거북은 원시 시대에 주술적 소망을 성취시키는 매개체, 또는 그런 힘을 가진 어떤 존재이되 인간과 친화 관계에 있지 않은 대상이라 이해할 수도 있다.

어떤 소망에 대한 인간의 욕구가 강하게 나타날 때 기원하는 의식과 함께 불리던 것이 주술적인 노래이며, 후대에까지 이어지는 데는 그만한 이유가 있었다. 신을 향한 자신의 소망이나 기원이 반드시 기도조의 형식을 통해서만 나타나는 것은 아니다. 단순히 이상적인 무엇을 찬미하거나 순수한 아름다움을 노래한 것이 아니어서, 오히려 대부분의 시는 오히려 현실이나 역사가 드러내는 부정적 요인에 대한 저항 의식에서 비롯되는 경우가 많다. 「구지가」는 단순히 자신의 소망을 비는 차원을 떠나 위협의 표현을 담고 있다. 이것은 절대적 신념에 대한 또 다른 표현으로서의 저항 의식이 깔려 있는 것이다.

이처럼 고대인들은 실제 행동이 아닌 집단적 염원을 담은 언어로써 문제를 해결할 수 있다는 믿음을 지니고 있었고, 머리를 내어놓으라는 주술적 명령을 통해 마침내 수로 임금을 맞이하게 되었으니 주술이 효과를 거두었다고 볼 수 있다.

거북	신령스러운 존재이자, 인간의 집단적 의지에 복종하는 존재
머리	• 생명 : 새로운 생명 즉, 임금의 탄생을 의미함 • 우두머리 : '머리'는 '최고, 으뜸'을 가리키므로 지도자, 임금을 의미함 • 남근 : 외형이 남근과 유사함. 생명력의 근원을 상징함

1 주술적 성격
① 본풀이 : 근본내력을 서술 (예 「바리데기」, 「성조풀이」) → 위력을 알게 함
② 요구와 위협 : 조건문의 형태 (예 「구지가」, 「해가사」, 「안민가」)
③ 주문(言靈)
✔ 그 밖에 '반대되는 행위', '부적' 등도 주술성을 지님

2 「구지가」의 성격
이 노래는 주술요로 보는 견해, 노동요로 보는 견해, 영신제(迎神祭)의 절차 중 희생 무용(犧牲舞踊)에서 불린 노래로 보는 견해 등 다양한 견해가 있으며 이 노래를 부른 배경을 단서로 삼아 노래의 성격을 다음과 같이 규정지을 수 있다.

단서		성격
무엇인가를 염원하면서 불렀고, 그 염원이 이루어졌다.	→	주술가
3월 계욕일(禊浴日)에 여럿이 흙을 파면서 불렀다.	→	노동요
임금을 맞이하는 행사에서 불렀다.	→	영신군가

3 「구지가」와 「해가사」

구분	구지가	해가사
공통점	① 주술성을 지녔으며, 신격(神格)이 '거북'이다. ② 형식 : "거북아 거북아 / …하라 / …않으면 / 구워서 먹으라"의 기본적 구성 방법과 위협하는 어조가 유사하다. ③ 여러 사람이 함께 불렀으며, 집단가요, 노동요의 성격을 지닌다. ④ 노래를 부른 결과 소원이 이루어진다. ⑤ 한역시(漢譯詩)로 전해진다. (4구체)	
차이점	① 「구지가」의 한역시는 4언 4구를 주조로 하고 있으나, 「해가사」는 한역시는 7언 4구로 되어 있다. ② 주술의 내용에 해당하는 2행의 표현이 '구지가'는 직설적이지만, '해가'는 상대적으로 완곡하다. ③ 「해가사」의 2행 표현은 「구지가」에 비해 윤리적 설득의 성격이 강하다. ④ '거북'을 「구지가」에서는 신성한 경외의 대상으로 긍정적 존재이지만, 「해가사」에서는 공격의 대상으로 부정적 존재이다. ⑤ 「구지가」는 신군(神君)을 맞이하기 위한 주술요이자 영신군가로, 주술 내용이 임금을 맞이하는 공적인 것이라면, 「해가」는 액(厄)을 당하고 여기에서 헤어나려는 축사가로, 주술요로, 사적인 인물인 수로 부인의 구출을 내용으로 하고 있다. ⑥ 구지가에는 요청의 근거가 없고, 해가에는 남의 아내를 빼앗는 죄가 크다는 요청의 근거가 있다.	

4 「구지가」와 「해가사」에 나타난 '거북'의 상징성
두 작품 모두 '거북'에 대해 위협적인 태도를 취하고 있지만, 이는 곧 머리(군왕)의 맞이와 수로 부인의 구출을 소망하는 기원의 표현이라고 할 수 있다. 따라서 '거북'은 신령스러운 존재로 소망을 들어주는 주술의 대상, 주술의 매체이다.

5 「구지가」와 고려 가요 「처용가」의 주술적 측면에서의 공통점

어조의 측면	구조의 측면
대상에 대한 강렬한 위협적 어조	• 호명 : 거북, 처용 • 발원 : 머리를 내밀어라, 열병 신을 잡아 날 주소서

6 작품 속의 상징물

① 구지봉(龜旨峯)

  수로왕의 이야기를 신성한 것으로 믿는 사람들에게 구지봉은 신과 인간이 교통하는 지역, 즉 세계의 중심이 되는 지역이라고 할 수 있다. 이 지역은 지상에 있지만, 지상의 다른 지역과는 구별되는 신성한 지역이다. 그들은 이 지역에서 자신들의 생각을 신에게 전달하고, 또 신의 응답도 여기에서 이루어진다고 생각한다. 신화시대의 인간들은 자기들이 거주하는 지역에 이런 특별한 지역을 설정하고, 자신들을 신과 교통하는 특별한 인간으로 생각한다. 단군 신화의 신단수나 그리스 신화의 신전 등도 바로 '세계의 중심'이라는 의미를 가진다고 할 수 있다.

② 난생(卵生)의 의미

  알은 하나의 세계이지만 완성형이거나 현재형의 세계가 아니라 가능성을 지니는 미래의 세계라고 할 수 있다. 그런데 생명의 핵을 덮고 있는 알의 껍데기는 현실과 맞붙어 있다. 따라서 껍질을 깨뜨리고 새로운 생명이 탄생하는 것은 현실을 거부하고 새로운 세계의 질서를 세우는 것을 의미한다.

- 신화의 변형과 관련해 읽을 작품 : 「수로왕 탄생 설화」, 「석탈해 신화」
- 삽입된 노래의 주술성과 관련해 읽을 작품 : 「지귀 설화」, 「처용가」, 「공무도하가」, 「황조가」, 『삼국유사』의 〈가락국기〉

기출문제

※ 다음 글을 읽고 물음에 답하시오.

(가)
거북아, 거북아,　　　　龜何龜何
머리를 내어라.　　　　　首其現也
내어놓지 않으면　　　　若不現也
구워서 먹으리.　　　　　燔灼而喫也
　　　　　　- 「구지가(龜旨歌)」

(나)
오늘도 다 새거다 호미 메고 가쟈스라
내 논 다 믜여든 네 논 졈 믜어주마
올 길헤 뽕 따다가 누에 머겨 보쟈스라
　　　　　　- 정철, 「훈민가(訓民歌)」

(다)
내 말씀 광언(狂言)인가 저 화상을 구경하게
남촌 한량 개똥이는 부모 덕에 편히 놀고
호의호식 무식하고 미련하고 용통하여
눈은 높고 손은 커서 가량없이 주제넘어
시체(時體) 따라 의관하고 남의 눈만 위하것다
장장춘일 낮잠 자기 조석으로 반찬 투정
매팔자로 무상출입 매일 장취(長醉) 게트림과
이리 모여 노름 놀기 저리 모여 투전질에
기생첩 치가(置家)하고 오입쟁이 친구로다
사랑에는 조방군이 안방에는 노구 할미
명조상(名祖上)을 떠세하고 세도 구멍 기웃기웃
염량(炎凉) 보아 진봉(進奉)하기 재업을 까불리고
허욕으로 장사하기 남의 빚이 태산이라
내 무식은 생각 않고 어진 사람 미워하기
후할 데는 박하여서 한푼 돈에 땀이 나고
박할 데는 후하여서 수백 냥이 헛것이라
　　　　　　- 「우부가(愚夫歌)」

1. (가) ~ (다)를 화자와 청자의 관계를 중심으로 비교하시오. [3점]　　2006년 기출 16번

예상 채점기준

3점 – 아래와 같이 맞게 작성한 경우 각각 1점

예상 답안

(가)의 화자는 인간, 청자는 신령스런 존재이며 청자에게 요구·기원하므로 청자의 우위가 나타나고, (나)의 화자는 농민 청자는 다른 농민들이며 청자에게 함께 일할 것을 권유하므로 대등한 관계가 나타나고, (다)의 화자는 지식인(=양반 계층) 청자는 당시 세상 사람이며 청자에게 훈계하고 권계하므로 화자의 우위가 나타난다.

❖ 문제에서 '비교'의 의미를 강조하면 (가), (나), (다) 모두 화자가 청자에게 어떻게 하기를 바라는 내용이 포함되어야 함

작품 2 해가사(海歌詞)

龜乎龜乎出水路	거북아 거북아 수로를 내놓아라.
掠人婦女罪何極	남의 아내를 앗은 죄 그 얼마나 큰가?
汝若悖逆不出獻	네가 만일 어기어 내놓지 않으면,
入網捕掠燔之喫	그물로 잡아서 구워 먹으리.

핵심정리

- 갈래 고대 가요
- 연대 신라 성덕왕 때
- 형식 7언 4구체
- 성격 주술적, 집단적
- 제재 수로 부인의 납치
- 주제 수로 부인의 귀환을 기원
- 의의 「구지가」가 후대에 전승되었음을 알려 주는 시가
- 출전 『삼국유사(三國遺事)』

이해와 감상

| 배경 |

신라 성덕왕(聖德王) 때에 순정공(純貞公)이 강릉 태수로 부임하는 도중 임해정(臨海亭)이란 곳에서 점심을 먹고 있었는데, 불현듯 해룡(海龍)이 나타나 그의 아내 수로 부인의 미모를 탐내 바닷속으로 납치해 가는 것이었다. 공이 어찌할 바를 모르고 있는데 그때 한 노인이 나타나 말하기를, "옛날 말에 여러 입은 쇠도 녹인다 하니 이제 바닷속의 물건인들 어찌 여러 입을 두려워하지 않으랴? 경내의 백성을 모아 노래를 지어 부르고 막대로 언덕을 치면 부인을 찾을 수 있으리라."하였다. 이에 공이 그 노인의 말대로 하였더니 용이 부인을 받들고 나와 도로 내놓았다 한다.

| 해설 |

이 노래는 주술성을 지니고 있는 면이나 주제와 내용에서 「구지가」와 거의 비슷하다. 단지 「구지가」는 신군(神君)을 맞이하기 위한 주술요인 반면에, 「해가사」는 액(厄)을 당하고 여기에서 벗어 나오려는 주술요인 것이다. 그 동기와 목적은 각각 다르지만 노래의 내용과 형식이 같다는 데 주목할 필요가 있다. 결국 소원을 빌어서 성취한 점과 집단 가요라는 점에서는 일치한다. 그러므로 「해가사」는 「구지가」를 수로 부인의 경우에 맞게 발전시킨 것이다. 그렇게 보면 「해가사」와 「구지가」에서 보는 바와 같이 위협적인 주술가의 한 짜여진 틀인, '거북아 거북아 / ……하라. / ……않으면 / 구워서 먹으리.' 라고 한 것은, 정해진 하나의 형식이 일반적으로 관용되었는지도 모른다. 주력(呪力)이 미치는 대상이 용이든 거북이든 구애받지 않고 단지 그 대상을 위협하는 주가(呪歌)를 불러야 할 때, 그 경우에 맞게 가사를 보충해서 불렀음을 짐작할 수 있다. 또 한편으로는 강원도의 민간 설화가 작품화된 것이라고 보는 설도 있다.

「해가사」는 「해가(海歌)」라고도 한다. 사상 면에서는 「구지가」와 유사하며, 배경이나 인물은 향가에 속하는 「헌화가(獻花歌)」와 유사하다.

| 감상 |

신라 성덕왕 때 수로 부인이 해룡(海龍)에게 잡혀가자 남편 순정공이 백성들을 동원해서 불렀다는 노래로 『삼국유사』에 한역되어 전한다. 내용과 형식이 고대 가요 「구지가」와 매우 유사하여 「구지가」가 오랜 시간 구비 전승되었음을 알 수 있게 한다. '거북'이라는 중심 소재나 '호명 – 명령 – 가정 – 위협'의 구조가 그대로 계승되어 있다. 「구지가」가 건국 서사시의 한 부분으로 전승되다가 신화적 성격이 약화되면서 인물 전설에 결부되어 「해가사」로 변모되었다고 추정할 수 있다. 「구지가」와 마찬가지로 「해가사」 역시 주술적 성격을 띠는데, 주술성이 터무니없이 초월적 존재에 의존하는 것만은 아니라는 것을 알 수 있다.

배경 설화의 "옛날 말에 여러 입은 쇠도 녹인다 하니 이제 바다 속의 물건인들 어찌 여러 입을 두려워하지 않으랴? 경내의 백성을 모아 노래를 지어 부르고 막대로 언덕을 치면 부인을 찾을 수 있으리라."는 노인의 말을 통해 고대인들이 언어의 힘, 언어의 주술성을 믿었다는 것을 알 수 있다. 그리고 여러 사람이 힘을 합하면 아무리 어려운 일이라도 해결할 수 있다는 상부상조(相扶相助)의 정신이 나타난다. 이것은 「구지가」에서도 엿볼 수 있는 정신이다.

1 「구지가」와 「해가사」

「해가사」는 「구지가」보다 700여 년 이후에 불린 집단 가요인데, 「구지가」와 매우 비슷한 내용과 형식을 지니고 있다. 하지만 목적과 가창자의 태도 면에서는 뚜렷한 차이가 난다. 「구지가」는 한 집단의 우두머리를 맞이하기 위해 부른 노래인 반면, 「해가사」는 수로 부인을 구출하기 위해 부른 노래이다. 즉, 구비 전승되는 과정에서 표현이 바뀌고 내용이 달라진 것이다.

항목		구지가	해가사
공통점	중심 소재	거북	
	성격	• 주술요 : 노래를 불러 소원 혹은 목적을 달성함 • 노동요 : 노동을 상징하는 몸동작을 수반함	
	어조	상대를 위협하는 말하기 방식	
	구조	'호명 – 명령 – 가정 – 위협'의 구조	
차이점	요구 내용과 목적	임금(수로왕)의 출현 → 공적인 목적 → 영신군가(迎神君歌)	수로 부인의 구출 → 사적인 목적 → 축사가(逐邪歌)
	형태	4언 4구	7언 4구
	거북의 역할	소망을 들어주는 신령스러운 존재 (경외의 대상)	수로 부인 납치라는 부정적 행위를 한 존재 (공격의 대상)
	요청의 근거 제시 여부	없음	있음 (남의 아내를 앗은 죄가 큼)

작품 3 ▶▶ 황조가(黃鳥歌)

▶ 출제방향
- 서사시에서 서정시로의 변모 양상
- 한국적 서정 가요의 원형 이해
- 시가 문학 발달 과정상 지니는 의미
- 노래의 내용 그대로 이해하였을 때 가지는 의미
- 노랫말을 상징적으로 해석하였을 때 가지는 의미
- 문학사적 의의

翩翩黃鳥	펄펄 나는 꾀꼬리는
雌雄相依	암수 서로 놀건마는
念我之獨	외로운 이 내 몸은
誰其與歸	뉘와 함께 돌아갈꼬

🔖 핵심정리

- ▶ 작자 유리왕(琉璃王, ?~A.D. 18년, 고구려 2대 왕)
- ▶ 갈래 4언 4구의 한역가(漢譯歌)
- ▶ 연대 유리왕 3년(B.C. 17년)
- ▶ 성격 개인적 서정시
- ▶ 출전 『삼국유사(三國遺事)』
- ▶ 표현 ① 자연물을 빌려 우의적(寓意的)으로 표현
  ② 대조법, 의태법
- ▶ 주제 짝을 잃은 슬픔(외로움)
- ▶ 의의 ① 현전(現傳)하는 최고(最古)의 개인적 서정시
  ② 집단 가요에서 개인적 서정시로 넘어가는 단계의 가요

🔍 이해와 감상

| 배경 |

대략 기원전 1세기의 일로 알려져 있다. 동명왕(東明王)의 뒤를 이어 고구려 제 2 대 왕이 된 유리왕(瑠璃王)은 송씨(松氏)를 맞아 왕비로 삼았으나, 왕비는 1년 후 세상을 떠났다. 이어 왕은 두 여자를 계비(繼妃)로 맞이하였는데, 우리나라 골천(鶻川) 사람의 딸 화희(禾姬)와 한(漢)나라 사람의 딸인 치희(雉姬)였다. 이 두 여인은 왕의 사랑을 두고 서로 다투어 사이가 좋지 않았다. 왕은 하는 수 없이 양곡(凉谷)의 동서(東西)에 두 궁전을 지어 따로 살게 하였다.

어느 날 왕이 기산(箕山)으로 사냥을 나가 이레 동안 돌아오지 않았는데, 그 사이에 두 여자가 심하게 다투게 되었다. 이때 화희가 치희를 꾸짖어 말하기를, "너는 한나라(남의 나라)의 천한 계집의 몸으로 어찌 이렇게 무례히 구느냐?"라고 하니, 치희는 업신여김을 당한 분함을 참지 못하여 자기 나라로 돌아가 버렸다. 왕이 돌아와 이 사실을 듣고 급히 말을 달려 그 뒤를 쫓아갔으나, 치희는 끝내 돌아오지 않았다. 외롭고 쓸쓸한 마음으로 돌아오던 왕이 나무 아래에서 고달픈 몸을 쉬고 있던 중, 꾀꼬리들이 정답게 모여드는 것을 보고 자신의 처지를 비추어 노래를 지어 불렀다.

| 해설 |

이 노래는 고구려 제 2 대 유리왕이 계비 치희를 잃은 슬픔을 노래한 작품이다. 4언 4구(2행)의 형태로 『삼국사기』의 〈고구려본기〉에 한역되어 전해지고 있는데, 집단적인 서사 문학에서 개인적인 서정 문학으로 넘어가는 단계의 노래로 국문학사상 가장 오래된 서정 시가로 고대 서정시의 면모를 잘 보여 주고 있는 작품이다.

한편, 이 노래를 서정시가 아닌 서사시로 보는 견해도 있다. 배경 설화에 나오는 유리왕은 고대의 영웅, 두 왕비는 두 부족의 심상(心像)으로 보아, 이들 종족 간의 상쟁(相爭)을 화해시키려다가 실패한 족장의 슬픔을 술회한 것으로 보는 것이다. 그러나 이 주장은 아직까지도 구체적 논증이 없어서 널리 인정되고 있지 못하고 있다. 그리고 또 한편으로는 한 나라의 임금이 이런 서정시를 짓는다는 것에 의문을 제기해 이 노래는 유리왕의 노래가 아니라 널리 퍼진 민요라는 견해도 있다. 유리왕에 관한 기록에 끼어 들어간 것이라는 해석을 하는 것이다. 이런 추정을 뒷받침하기 위하여 기원전 17년이라는 시기는 문학사적으로 서정시가 지어지기 어려운 때라는 점을 들기도 한다. 이 관점에서는 이 노래를 구애하는 남자가 부르는 민요로 본다.

이 외에도 여러 가지 견해들이 있는데, 『삼국지 위지 동이전』에 전하는 제례 의식 중에서 남녀가 배우자를 선택할 때 부른 사랑가의 한 토막으로 보는 경우와 원시적 서사 문학 가운데에서 축수 또는 기원의 요소 부분이 분화·독립하여 서정시로 형성된 것의 한 예로 보는 경우가 있다. 그리고 유리왕이 당시의 민요를 단지 가창했을 것이라고 보는 경우와 유리왕의 상대가 치희가 아니고 전에 서거한 원비(元妃) 송씨라고 보는 경우 등이 있다.

또한, '벼[禾]'를 의미하는 화희와 '꿩[雉]'을 의미하는 치희의 투쟁을 통해 수렵 경제생활 체제에서 농경 경제생활 체제로 발전되던 역사적 사실을 신화적으로 투영한 것으로 보는 견해도 있다.

그러나 사랑하는 아내 치희를 잃은 슬픔을 노래한 서정시로 보는 견해가 가장 일반적이다. 유리왕이 남의 나라인 한나라에서 치희를 아내로 맞이했기에 낯선 나라에 와서 살아야 하는 치희의 외로움을 애처롭게 여겨 특별히 어여삐 여기는 마음이 있었다는 이야기와 그럼에도 불구하고 왕이라는 위치 속에서 이 마음을 쉽게 드러낼 수 없었다는 이야기를 덧붙인 이야기도 있다.

작품 성격		견해
서정시	개인 서정시	치희가 떠난 뒤 유리왕이 그 슬픔을 노래했다고 보는 견해
	서정 민요	오래전부터 전승되어 오던 남녀 연정에 관한 민요가 나중에 유리왕 설화 속에 삽입된 것으로 보는 견해
서사시		화희로 대표되는 농경족과 치희로 대표되는 수렵족의 분쟁을 중재하지 못한 왕의 탄식을 읊은 노래로 보는 견해

| 감상 |

이 노래는 매우 짧고 단순해 보이면서도 시상의 전개에 짜임새가 있다. 짝을 지어 즐겁게 노니는 꾀꼬리와 짝을 잃고 쓸쓸히 돌아가야만 하는 자신의 외로운 신세를 대비시킴으로써 그 외로움의 도를 더해 주고 있으며, 그것이 펄펄 나는 꾀꼬리의 가벼운 날갯짓과 자신의 무거운 마음으로 중첩되면서 떠나버린 여인에 대한 간절한 그리움으로 이어지고 있다.

지극히 순수하고 인간적인 서정의 노래가 근엄한 왕의 작품이라는 사실에 더욱 관심이 가는 작품이다. 유리왕은 비록 왕위에 있었으나 자연 현상에서 보는 평안함과 달리 투쟁과 시련이 뒤얽힌 인간의 삶에 대하여 누구보다도 쓸쓸한 고독감을 맛보았을 것이다. 사람은 어우러져 서로 의지하며 살아가야 하는데 실연의 아픔으로 외로워진 유리왕은 정답게 노니는 꾀꼬리를 보고 자신의 고독한 현실을 더욱 절감하게 된 것이다. 이 한 편의 시에서 왕이 아닌, 평범한 인간으로서의 유리왕의 모습을 볼 수 있으며, 따뜻한 애정을 느낄 수 있다. 그러므로 「황조가」는 「공무도하가」와 함께 가장 오래된 우리의 서정 가요로 '순박한 고대인의 서정성을 흠뻑 맛볼 수 있는 일품이 아닐 수 없다'라는 찬사를 받기까지 한 것이다. 그리고 「황조가」의 이런 서정성은 고려 가요의 「서경별곡」이나 「가시리」에 계승되어 한국 시가의 전통을 이루고 있다. 김소월의 「진달래꽃」이나 김영랑의 「모란이 피기까지는」, 그리고 박목월 등 청록파 시인에게도 이와 같은 서정성의 맥락을 찾아볼 수 있다.

「공무도하가」가 중국의 문헌에 전하고, 작품 자체가 우리 것이 아니라는 설도 있는 것에 견주어 볼 때, 이 「황조가」야말로 분명한 우리의 시가 작품으로서 최초의 서정시라고 보아도 틀리지 않는다.

고구려는 신라나 백제보다 한나라에 더 가까이 있었으므로 한문화를 빠르게 흡수했을 것이라는 점에서 많은 시가가 있었으리라 추정된다. 그러나 모두가 인멸되고, 가사를 알 수 있는 유일한 작품으로서의 「황조가」는 고구려 시가의 전모를 짐작하게 한다.

1 「황조가」의 시상 전개

① 선경후정(先景後情)의 시상 전개
　　1·2행에서는 꾀꼬리의 정다운 모습을 제시하고, 3·4행에서는 임을 잃은 화자의 슬픔과 고독을 노래하고 있다.
② 기승전결의 시상 전개
　　㉠ 기 : 1행에서는 가볍게 나는 꾀꼬리의 모습을 제시하였다.
　　㉡ 승 : 2행에서는 암수가 서로 정답게 노는 모습을 통해 화자의 정서를 환기하고 있다.
　　㉢ 전 : 3행에서는 시상이 화자로 전환되어 외로운 정서를 표현한다.
　　㉣ 결 : 4행에서는 화자의 슬픔과 고독이 절망에 이르는 모습을 보여 주고 있다.
③ 대조에 의한 시상 전개
　　이 노래는 1·2행과 3·4행이 완벽한 대칭 구조로 균형을 이루고 있다. 하늘을 나는 꾀꼬리의 가벼움과 외로움으로 인한 화자의 무거운 심정, 짝을 이루어 즐겁게 노니는 꾀꼬리와 외롭게 있는 화자가 서로 대립적으로 중첩되면서 그리움의 간절함과 깊이를 드러내고 있다.

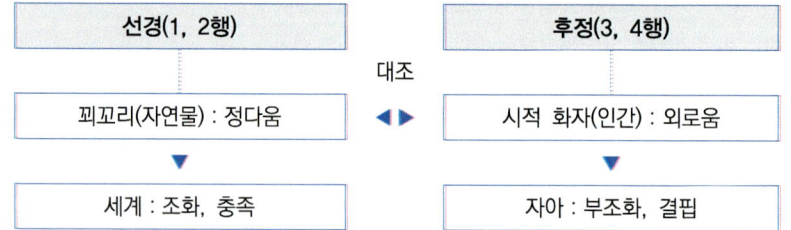

2 시가 문학의 발전 과정과 「황조가」의 위치

　　기록상으로는 「구지가」보다 「황조가」가 앞서지만, 시가 문학이 집단적 의식요를 거쳐서 개인적 서정시로 발전하여 간다는 일반적인 흐름 위에서 보았을 때, 「구지가」형의 노래가 더 앞섰을 것으로 추정된다. 「황조가」는 그 과도기에 위치하며 현전하는 가장 오래된 서정 시가 작품이라 할 수 있다.

집단적 의식요	▶	개인적 서정시
구지가		공무도하가, 황조가

3 「황조가」와 「구지가」의 비교

　　「황조가」는 설화 속에 끼여 전하며, 4언 고시의 한역가라는 점에서 「구지가」와 유사한 점을 많이 가지고 있다. 그러나 「구지가」는 주술성을 띤 초기적 작품인 데 비해, 「황조가」는 자연을 빌어 인간의 감정을 우의적으로 표현한 점에서 보다 발달된 창작 과정을 밟았다고 할 수 있다.
　　이 노래의 중심 소재인 '꾀꼬리'는 「황조가」를 이해하는 데 매우 중요하다. 「구지가」의 '거북'이 다분히 신화적인 상서로움의 대상이 되는 것과는 달리, 가까이 있는 평범한 꾀꼬리를 통하여 자신의 마음을 노래한 것은 그 자체로서 인상적인 서정성을 느끼게 한다.

4 「황조가」와 김소월의 「산유화」 비교

　　두 작품은 먼저 화자의 정서가 '고독'이라는 점과 표현 면에서 자연물을 통해 화자의 정서를 표현한다는 점에서 공통점을 보인다. 즉, '저만치 혼자서' 피어 있는 꽃은 화자의 정서를 표현하고 있는 것이다. 하지만, 「황조가」의 '새'가 화자의 외로움을 더욱 부각하는 소재인 데 비해, 「산유화」의 '새'는 화자의 감정이 이입된 소재라는 점에서는 차이점을 보인다.

예상문제

※ (1 ~ 2) 아래 작품을 바탕으로 조건에 맞게 답하시오.

(가)
펄펄 나는 저 ㉠꾀꼬리.
암수 서로 정답구나.
외로워라, 이내 몸은
뉘와 함께 돌아갈꼬.

- 「황조가(黃鳥歌)」

(나)
㉡거북아, 거북아,   龜何龜何
머리를 내어라.   首其現也
내어놓지 않으면   若不現也
구워서 먹으리.   燔灼而喫也

- 「구지가(龜旨歌)」

1. 다음은 (가)와 (나)의 갈래 특징을 비교하여 정리한 표이다. 아래 ①, ②에 적절한 단어를 쓰되, ②는 한자로 쓰시오. [2점]

구분	(가)	(나)
공통점	• (①)와 함께 전해지고 있다. • 4구의 형식으로 되어 있다. • 우리말 노래가 (②)되어 전해진다.	
성격의 차이점	개인적 감정(정서)을/를 노래한다.	집단적인 소망을 노래한다.

📝 예상 답안

① 배경 설화, ② 漢譯(= 漢文으로 번역)

2. (가)에서 ㉠의 의미와 역할을 화자와 연관지어 설명하고, (나)의 내용을 고려할 때 ㉡이 지닌 모순되는 특성을 제시하시오. [4점]

📝 예상 답안

㉠ 꾀꼬리는 사랑의 대상이 있는 존재이며, 현재 화자의 처지와 대립적이어서 화자의 외로움을 더욱 절실하게 느끼게 한다.
㉡ 거북은 화자의 소원을 들어줄 만큼 신이한 능력을 지닌 존재이면서도, 청자에게 생명의 위협을 당하고 있는 존재라는 점에서 모순되는 특성이 있다.('거북'이 머리를 내면 오히려 잡혀 생명의 위협을 받게 되고, '거북'이 머리를 내지 않으면 화자가 잡을 수 없어 안전하다는 점에서도 모순을 찾을 수 있다.)

| 작품 4 | 공무도하가(公無渡河歌) |

출제방향
- 서정적 자아의 정서 이해
- 물의 이미지

公無渡河	임이여, 물을 건너지 마오.
公竟渡河	임은 기어이 물을 건너시네.
墮河而死	물에 빠져 돌아가시니,
當奈公何	임이여, 이 일을 어찌할꼬.

핵심정리

- **갈래** 4언 4구의 한역 시가(漢譯詩歌)
- **연대** 고조선
- **성격** 개인적 서정 가요
- **표현** 직서법, 직정적(直情的)이고 절박한 표현
- **주제** 임을 여읜 슬픔
- **출전** 『해동역사(海東繹史)』
- **의의** ① 「황조가(黃鳥歌)」와 함께 우리나라 최고(最古)의 서정 가요
  ② 집단 가요에서 개인적 서정시로 넘어가는 시기의 가요
- **별칭** 공후인(箜篌引)

이해와 감상

| 배경 |

어느 날, 고조선의 뱃사공 곽리자고(藿里子高)가 새벽에 일어나 배를 손질하고 있을 때 머리카락이 허옇게 센 미치광이(백수광부)가 머리를 풀어헤친 채 술병을 들고 물속으로 들어가는 것이었다. 뒤쫓아 온 그의 아내가 그를 말리려 하였으나, 이미 때는 늦어 그 미치광이는 결국 죽고 말았다. 이를 본 그의 아내는 남편을 안타깝게 불렀으나 소용이 없었다. 울다 문득 갖고 있던 공후를 타면서 자신의 심정을 노래 부르고, 물에 몸을 던져 스스로 목숨을 끊었다.

뜻밖의 광경을 목격한 곽리자고가 집에 돌아와 아내 여옥에게 이야기를 해 주고 마디마디 구슬펐던 노래를 들려주었다. 이야기를 들은 여옥은 어느새 눈물을 흘리며, 벽에 걸렸던 공후를 끌어안고 그 노래를 바탕으로 연주하니 눈물을 흘리지 않는 사람이 없었다. 여옥은 이웃에 사는 아낙네 여용(麗容)에게도 이 노래를 가르쳐 주어, 이것이 점점 세상에 알려지게 되었다는 것이다.

| 해설 |

이 노래는 남편이 물에 빠져 죽자 이를 슬퍼한 여인의 극진한 사랑과 애상 및 체념이 한데 엉긴 4언 4구체의 서정 비가(悲歌)로, 악곡명으로 '공후인(箜篌引)'이라고도 불린다.

또 이 작품은 당시 여러 사람의 입에서 입으로 전해지다가 중국의 악부에 실렸고 오랜 시간이 지나 한치윤의 『해동역사(海東繹史)』, 차천로의 『오산설림』, 박지원의 『열하일기』와 『동란섭필』에 실려 전해지고 있다. 한치윤의 『해동역사』에는 이 작품이 최표의 『고금주』에 실려 전한다고 하였으나 확인 결과 『고금주』에는 관련 기록이 있고, 이 작품 자체는 실려 있지 않다.

종래 학계에서는 『해동역사』의 내용대로 이 노래가 '여옥'이 지은 것으로 전해졌으나, 근래에는 '여옥'은 단순히 노래의 전승자일 뿐, 실제 작자는 백수광부의 아내라는 통설이 인정되고 있다.

이 노래는 「황조가」와 함께 우리나라 최고의 서정 가요로서 「구지가」처럼 원시 고대 문학의 집단 가요에서 개인적 서정 가요로 넘어가는 시기의 작품이라는 데 의의가 있으며, 우리 시가에서 물(河)이 등장하는 최초의 노래이다.

이 작품에 대한 여러 가지 견해가 있으나, 대체로 세 가지 견해로 해석해 볼 수 있다. 첫째, 여인의 비극적 상심을 노래한 것으로 「정읍사」, 「가시리」, 「진달래꽃」으로 연결되는 전통적 정한의 세계를 표현하였으며, 둘째, 남편을 따라 죽어야 한다는 일부종사(一夫從事)라는 전통적 여인의 정절의 마음을 노래한 것이며, 셋째, 백수광부는 술의 신(酒神 : 희랍 신화의 디오니소스, 로마 신화의 바쿠스)이고 그의 아내는 주신을 따라다니는 음악의 신(樂神 : 님프의 하나)으로 표현되어 '충만한 깊이'인 물의 이미지를 통해서 사랑과 죽음을 맞바꿀 수 있다는 강렬한 애정 지상주의를 표현한 것이다. 이 견해들은 모두 타당성을 지닌 해석이라고 할 수 있다.

> **참고** 『해동역사(海東繹史)』
> 조선 정조 때 한치윤이 지은 책으로 중국 및 일본의 사서 중 단군에서 고려까지의 우리나라 기록을 가려 뽑아 엮었다. 전 85권으로 70권은 작자가 쓰고, 15권은 그의 조카 한진서가 써서 완성하였다.

| 감상 |

이 노래에서 가장 중심을 이루고 있는 소재는 물(河), 즉 강물이며, 강은 곧 인간의 앞길과 인간 사이를 가로막는 장애물로 상징되고 있다. 또 한편으로 기독교, 불교 등 종교에서도 천국이나 극락의 세계는 강 건너 저편에 있는 것으로 표현되고 있듯이, 인간에게 있어서 강 건너편은 현실 세계를 떠난 새로운 세계, 즉 꿈의 세계이며, 초월의 세계에 대한 그리움이 존재하는 곳이다.

이러한 의미에서 '강물'을 두 가지로 살펴볼 수 있는데, 첫째, 백수광부가 물로 들어간 것은 현실을 초극하여 신천지를 향해 찾아간 것으로 볼 수 있다. 비록 죽음으로 끝나기는 했지만 새로운 세계에 대한 그리움과 도전은 그 자체로서 가치가 있다.

둘째, 이 작품 전체를 대상으로 할 때(설화 포함), 물은 '이별의 의미, 헤어짐의 의미'를 지니지만, 또한 '만남의 의미, 결합의 의미'를 동시에 지닌다. 여기서 '강물'은 먼저 백수광부의 아내와 남편의 사이를 갈라놓는 장애물이 된다. 그런데 아내가 이 장애물을 넘어 남편이 그리는 세계(죽음으로 가는 길)로 함께 들어감으로써 만남의 의미를 지니는 것이다. 남편의 죽음에 자신도 스스로 목숨을 끊고 남편의 뒤를 따르는 아내의 모습에서, 기다림의 한과 체념에 묻혀 살아온 인종의 전통적인 여인상을 발견할 수 있다.

이 노래는 '물'을 중심 소재로 하여, 임의 죽음이라는 사건이 결부되어 있다. 제1행은 사랑하는 남편이 물속으로 뛰어들려는 순간을 노래하고 있는데, '물'은 여인의 남편에 대한 사랑과 대조적 의미를 지닌다. 제2행에서는 사랑의 종말을 뜻하며, 여인의 입장에서 임과의 헤어짐의 이미지를 드러낸다. 제3행에서 '물'은 여인의 입장에서는 이별(사별)을 드러낸다. 그런데 이 부분은 남편을 중심으로 볼 때는 새로운 세계의 추구라는 의미도 지닌다. 제4행에서는 한국의 전통적인 여인상을 발견할 수 있다.

그리고 뒤에 이어지는 설화에서 남편의 죽음을 보고 뒤따라 죽은 아내의 모습은 기다림과 한, 체념에 묻혀 살아온 인종의 한국 여인상을 보여준다. 그리고 여인이 남편을 따라 죽는 부분에서 물은 남편 또는 남편의 세계와의 만남이라는 의미가 드러난다. 이 노래에서의 물의 이미지는 훗날 고려 속요인 「서경별곡」, 정지상의 「송인(送人)」 등 많은 이별가에 등장하고 있다.

한편 「공무도하가」는 한국적인 여심을 노래한 첫 번째의 작품이다. 간결하고도 직접적인 표현 속에 여인의 비극적 상심이 거침없이 표현되고 있다. '공무도하(公無渡河)'라는 시구는 임과의 이별을 거부하는 여인의 절규가 생생하게 들리는 듯하여 비장미를 더해 주고, 임과의 만남을 지속시키려는 여인의 처절한 몸부림이 '건너지 말라'는 짤막한 표현 속에서 이미 비극적 종식을 예감하기에 이른다. '공경도하(公竟渡河) 타하이사(墮河而死)'는 비극적 여심을 불러일으키는 상황의 서경적 묘사로 애절한 행복을 지속시키려는 의지가 마침내 무너지고 마는 이별의 상황인 것이다. 임의 죽음이라는 비극적인 사건이 '이제 그대 어찌하란 말인가(當奈公何)'에서 볼 수 있듯이 남편을 걱정하던 아내의 마음이 결국 아내마저 죽음을 선택하고 마는 극한으로 치닫게 하고 있다.

1 작자

이 노래의 지은이는 일반적으로 백수광부(白首狂夫)의 아내로 알려져 있으나 이에 대한 반론도 있다. 남편이 죽는 광경을 보고 아내가 공후(箜篌)를 들고 와서 노래를 부른다는 것은 이치에 맞지 않으므로 뱃사공인 곽리자고(霍里子高)의 아내 여옥(麗玉)이 지은 것으로 보아야 한다는 것이다. 그러나 설화에 따라 백수광부의 아내가 지은 것으로 보는 것이 통설(通說)이다.

2 '물'의 상징성

이 노래에서 가장 중심을 이루는 소재는 '물'이다. 첫 구절에서의 '물'은 남편으로 표현된 사랑을 의미한다. 그리고 둘째 구절의 '물'은 사랑의 종언(終焉)과 함께 임의 부재(不在)를 의미한다. 셋째 구절의 '물'은 사랑과 죽음을 함께 내포하면서, 사랑 곧 죽음이라는 새로운 이미지를 자아내고 있다. 그리고 설화를 고려할 때, 임을 따라감으로써 만남의 의미도 지니게 된다. 즉 '물'이 죽음의 의미로 끝나지 않고 만남과 재생의 이미지까지 내포하고 있다고 볼 수 있다.

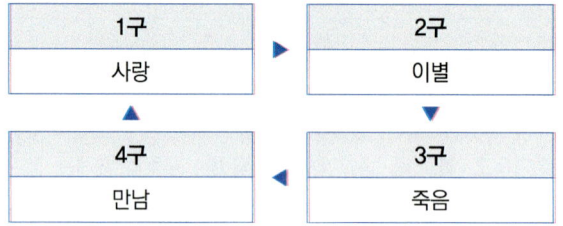

3 이 노래에 대한 견해들

① 정병욱(鄭炳昱)

설화 속의 백수광부는 희랍 신화에 나오는 바쿠스에, 그의 처는 주신을 따라 다니는 악신(樂神) 님프에 비교해 볼 만하다. 물을 매개로 하여 사랑과 죽음이 결합된 이 노래는 사랑과 죽음을 서로 바꿀 수 있다는 강렬한 애정을 나타낸 것으로 보인다.

② 장덕순(張德順)

'당나공하(當奈公何)'에서 남편을 따라 죽어야 한다는 여인의 의지를 찾을 수 있어 이 노래는 결국 정렬(貞烈)의 여심(女心)을 노래한 것이다.

■ 작품의 정서와 유사한 작품 : 「가시리」, 「진달래꽃」

기출문제

※ (1 ~ 2) 다음에 제시된 시를 읽고, 물음에 답하시오. [총 6점]

(가)
　　公無渡河　(님이여 그 물을 건너지 마오.)
　　公竟渡河　(님은 그예 물을 건너시네.)
　　墮河而死　(물에 들어가 빠져 죽으니,)
　　當奈公河　(내 님을 이제 어찌하리오.)

(나)
　　雨歇長堤草色多
　　送君南浦動悲歌
　　大洞江水何時盡
　　別淚年年添綠波

(다)
　　大洞江 아즐가 大洞江 너븐디 몰라셔
　　위 두어렁셩 두어렁셩 다링디리
　　빅내여 아즐가 빅내여 노혼다 샤공아
　　위 두어렁셩 두어렁셩 다링디리
　　네가시 아즐가 네가시 럼난디 몰라셔
　　위 두어렁셩 두어렁셩 다링디리
　　녈비예 아즐가 녈비예 연즌다 샤공아
　　위 두어렁셩 두어렁셩 다링디리
　　大洞江 아즐가 大洞江 건너편 고즐여
　　위 두어렁셩 두어렁셩 다링디리
　　빅타들면 아즐가 빅타들면 것고리이다 나는
　　위 두어렁셩 두어렁셩 다링디리

1. 위의 시들에서 공통적으로 나타나는 '물(강)'의 의미를 설명하시오. [3점]　　　2001년 기출 8-1번

출제기관 채점기준

⟨조건 1⟩ '물(강)'의 상징적 의미 (총 1점)

(1) 이분되어 있는 공간에서 '물(강)'을 건너 상대의 공간으로 들어가면 만남이 이루어지고, 그 반대로 함께 존재하던 두 주체 가운데 하나가 '물(강)'을 건너 다른 공간으로 가면 이별이 생성된다.
(2) '물(강)' 자체는 본래 이별이나 만남과 관련을 맺지 않은 자연 현상물 가운데 하나이나, 사람이 '물(강)'에서 이루어지는 자신들의 행위를 인위적으로 관련지어 생각하는데, 그 관련된 의미 가운데 대표적인 것이 만남과 이별이다.

※ 점수 부여
　① (1) 또는 (2)의 내용이 포함되어 있으면 1점
　② (1)의 내용과 같지 않더라도 '물(강)'의 의미를 '만남'과 '헤어짐'의 관계로 설명하였으면 1점
　③ '물(강)'의 의미를 논리적으로 설명한 부분이 없거나, '물(강)'의 의미를 설명한 내용이 '만남'과 '헤어짐'의 문제와 거리가 멀면 0점

〈조건 2〉 작품에 담긴 '물(강)'의 상징적 의미 (총 1점)
　　이러한 만남과 이별의 다양한 모습이 예시한 작품들에 나타난다. (가)는 이별이 만들어지는 상황을 사실적으로 보여주고 있으며, (나)는 이별 이후에 생성된 자이의 그리움을 이야기한다. (다)는 이별과 또 다른 만남으로의 확산을 회화적으로 말하고 있다.

> ※ 점수 부여
> ① (2)의 내용이 포함되어 있으면 1점
> ② (2)와 내용이 같지 않으나, 작품을 들어 구체적으로 '이별'의 양상을 설명했으면 1점
> ③ (2)와 관련하여, 작품을 들어 설명했어도 그 내용이 '이별'의 양상을 설명하는 것이라고 보기 어려운 경우 0점

〈조건 3〉 작품에 공통적으로 나타난 물의 의미에 대한 결론 (총 1점)
이 작품들은 '물(강)'이라는 소재를 통하여 이별이 생성하는 다양한 모습들을 화자의 말을 통해 보여주고 있다.

> ※ 점수 부여
> ① (3)의 내용이 포함되어 있으면 1점
> ② (3)의 내용과 같지 않더라도, (2)의 내용을 요약·정리한 내용이 있으면 1점
> ③ 이상 1) 또는 2)에 해당하는 기술 내용이 없으면 0점
>
> ※ 점수 부여
> 3점 - 〈조건 1〉, 〈조건 2〉, 〈조건 3〉을 충족시킨 응답
> 　　　- 〈조건 1〉, 〈조건 3〉을 충족시킨 응답
> 　　　- 〈조건 2〉, 〈조건 3〉을 충족시킨 응답
> 2점 - 〈조건 3〉을 충족시킨 응답
> 　　　- 〈조건 1〉, 〈조건 2〉를 충족시킨 응답
> 1점 - 〈조건 1〉을 충족시킨 응답
> 　　　- 〈조건 2〉를 충족시킨 응답

예상 답안

　　이 시에 나타나는 '물(강)'은 공통적으로 첫째, 님에 대한 사랑을 좌절시키는 요소(장애물)의 의미를 지니며, 둘째, 이별의 상황 또는 그것이 나타나는 장소(경계)의 의미를 지닌다. 물은 이쪽과 저쪽을 가르는 경계이며, 이분되어 있는 공간에서 '물(강)'을 건너 상대의 공간으로 들어가면 만남이 이루어지고, 그렇게 하지 못하면 이별이 만들어진다.
　　구체적으로 보면, (가)의 경우 물은 사별(죽음)과 연관되며, 강은 그 사실적이고 구체적 공간으로 나타난다. (나)의 경우 이별 후 시적 화자의 회상과 그리움을 드러내며, 역시 이별이 이루어졌던 장소이다. (다)의 경우 남성의 외도에 대한 인식을 드러내어 이별을 해학적으로 표현했고, 강(물)은 이별과 또 다른 만남의 장소로 나타난다.
　　이 세 편에 나타나는 '강(물)'의 공통점은 님에 대한 사랑을 좌절시키는 장애물이면서 동시에 '물'을 통해 이별이 이루어지는 다양한 모습, 또는 다양한 장소(경계)의 의미로 나타난다.

2. (가)와 (다)가 노래로 불리다가 문헌에 정착되는 과정에 대하여 구체적인 문헌을 들어 설명하시오. [3점]

2001년 기출 8-2번

🔍 출제기관 채점기준

〈조건 1〉「공무도하가」 작품의 원문이 수록된 문헌 (총 1점)
『고금주(古今注)』, 『해동역사(海東繹史)』

> ※ 점수 부여
> 이상의 두 문헌이 모두 맞아야 1점, 그 외는 0점(이상의 문헌이 포함되고, 모범 답안에 든 관련 문헌을 기술했으면 1점, 관련 없는 문헌이 포함되어 있으면 0점)

〈조건 2〉〈「서경별곡」〉 작품 원문이 수록된 문헌 (총 1점)
『시용향악보(時用鄕樂譜)』, 『악장가사(樂章歌詞)』

> ※ 점수 부여
> 이상의 두 문헌 가운데 하나 이상을 썼으면 1점. (이상의 문헌이 포함되었지만, 관련 없는 문헌이 포함되어 있으면 0점)

〈조건 3〉 노래가 시로 정착되는 과정 (총 1점)
(가) 고대에 민요로 불려지다가 점차 중국의 악부에 편입되면서 중국의 문헌에 정착되었다.
(다) - (1) 이 작품은 고려 시대에 널리 불려지면서 고려의 궁중악으로 편입되었다. 그 과정에서 일차 변형이 이루어졌다. 조선 시대에 들어와서도 계속해서 불려지다가 조선 성종 때 구악(舊樂) 정리 사업에 따라 이차 변형을 겪는다.
(다) - (2) 민간에서 노래로 불려지는 과정과 궁중을 비롯한 집권층의 기록 과정이 병행하여 이루어졌다.

> ※ 점수 부여
> ① 이상 (가), (다)의 두 가지 내용이 모두 맞아야 1점, 그 외는 0점
> ② (다)는 '(다)-1'이나 '(다)-2' 가운데 하나를 썼으면 정답으로 처리(부분적으로 내용의 첨가 또는 생략이 있어도 밑줄 친 부분의 내용이 들어 있으면 1점)
>
> ※ 점수 부여
> 3점 - 〈조건 1〉, 〈조건 2〉, 〈조건 3〉 모두 충족시킨 응답
> 2점 - 〈조건 1〉, 〈조건 2〉, 〈조건 3〉 가운데 2개 항목을 충족시킨 응답
> 1점 - 〈조건 1〉, 〈조건 2〉, 〈조건 3〉 가운데 1개 항목을 충족시킨 응답

📝 예상 답안

　(가)의 「공무도하가」는 작자가 백수광부의 처라고 했으나, 당시 여러 사람이 불렀던 민요로 보는 의견이 많다. 이것이 중국의 악부(민요시를 채록한 것)에 먼저 실렸고, 이것이 시간이 지나, 한치윤의 『해동역사』, 『청구시초』 등에 기록되어 전해진 것으로 본다. (이 작품이 최표의 『고금주』에 실려 전한다고 알려졌으나, 확인 결과 『고금주』에는 이 작품 자체는 실려 있지 않다고 한다. 그래서 한치윤의 『해동역사』에 기록된 것으로 본다.)
　(다)의 「서경별곡」은 고려 시대에 서경에서 민중들 사이에 불려진 민요였다. 이것이 고려 궁중으로 들어와 일정 부분 개편되어 궁중 속악의 가사가 되어 불리다가, 조선 시대 들어와서 훈민정음 창제 이후 『악장가사』나 『시용향악보』 등에 국문으로 실려 전해진다. (다) 작품은 문헌에 정착된 이후에도 계속해서 조선 중기까지 노래로 불렸다는 사실을 이황의 「서어부가후(書漁父歌後)」를 통해 알 수 있다. 따라서 이 작품은 민간에서 노래로 불려지는 과정과 궁중을 비롯한 집권층의 기록 과정이 병행하여 이루어졌음을 알 수 있다.

제2절 고대 가요 작품 감상

작품 5 〉〉 정읍사(井邑詞)

> **출제방향**
> - 서정적 자아의 순박한 서정 세계
> - 서정적 자아의 모습과 목소리를 전통 시가의 맥락 속에서 이해
> - 형식적 특성과 표현미
> - 「정읍사」와 망부석 설화와의 관계
> - 서정시가 창작되는 조건
> - 이와 같은 노래가 오늘날까지 남게 된 이유

前 腔	둘하 노피곰 도두샤
	어긔야 머리곰 비취오시라.
	어긔야 어강됴리
小 葉	아으 다롱디리
後腔全	져재 녀러신고요
	어긔야 즌 되를 드되욜셰라.
	어긔야 어강됴리
過 篇	어느이다 노코시라.
金善調	어긔야 내 가논 되 졈그를셰라.
	어긔야 어강됴리
小 葉	아으 다롱디리

핵심정리

- **갈래** 3장 6구의 시가
- **연대** 미상(백제로 추정)
- **어조** 여성적 어조
- **주제** 행상 나간 남편의 안전을 기원
- **출전** 『악학궤범(樂學軌範)』
- **의의** ① 현전하는 유일한 백제 가요
  ② 국문으로 표기된 가장 오래된 노래
  ③ 시조 형식의 원형을 가진 노래
- **관련** 『고려사 악지』에는 백제 시대의 가요와 그 배경 설화가 기록되어 있음(「정읍사」, 「선운산가」, 「지리산가」, 「방등산가」, 「무등산가」)

이해와 감상

| 배경 |

　이 노래는 현전하는 유일한 백제 노래로, 『악학궤범』에 가사가 전하고 『고려사 악지』에 배경 설화가 전한다. 『악학궤범』에 고려 가요와 함께 실려 있고, 고려 가요의 특징인 후렴구가 있어 이 노래를 고려 가요로 보기도 하나 『고려사 악지』에 백제의 노래로 소개되어 있으므로 구비 전승되던 백제 노래가 후대에 기록된 것으로 보는 것이 타당하다.
　전주(全州)의 속현인 정읍(井邑)에 한 장사치가 있었는데, 어느 날 행상을 떠난 뒤 오래도록 돌아오지 않자 그의 아내가 산 위에 올라가 달빛 아래로 뻗친 길을 바라보며, 남편이 밤길을 다니다가 해를 입지나 않을까 함을 진흙에 비유하여 노래한 것이다. 따라서 이는 망부가(望夫歌)의 하나로 남편이 무사하기를 기원하는 노래라고 할 수 있다. 전하는 바에 의하면, 정읍 등점산(登岾山)에 망부석이 있다고 한다.

| 해설 |

현재 전하는 유일한 백제의 가요이다. 작가와 제작 연대는 미상이나, 아마 후백제 때에 백제 지방의 전래 민요를 개작한 것으로 보인다.

이 노래는 연모의 정이 충신이 임금을 연모하는 것과 통한다 하여 고려, 조선 시대를 통하여 삼국 속악의 하나로 오랫동안 궁중에서 무고(舞鼓)와 함께 연주되었으며, 이 노래에 따른 춤을 '정읍무(井邑舞)'라고 한다.

그러나 조선 중종 때에 이르러 「동동」과 함께 '남녀상열지사'의 노래라 하여 금지되었으며, 그 뒤 민간에 전승되어 「아롱곡(阿弄曲)」으로 불리었다.

「정읍사」에 대해서는 여러 가지 해석이 있지만, 두 가지 정도의 방향으로 집약해 볼 수 있다.

하나는 ① 멀리 행상 나간 남편을 걱정하며 진심으로 그가 무사히 귀가하기를 달에게 기원하는 갸륵한 아내의 정성을 나타낸 사랑의 노래로 보는 것과, 다른 하나는 이와 반대로 ② 집을 나가 오래 돌아오지 않는 남편이 객지에서 다른 여인과 사귀며 즐기고 있지는 않을까 하는 근심으로 자신의 앞날에 대한 어두운 불행을 두려워하는 노래로 보는 경우이다.

즉, 여인의 자기 초월적 지순한 애정을 직설적으로 표현한 노래일 가능성과 여인의 자기 불안 의식을 은유적으로 표현한 노래일 가능성인 것이다. 이 두 가지 해석을 생각해 봄으로써 전자의 해석을 통하여 애정의 지고함을 배울 수 있고, 후자의 해석을 통하여 표현의 묘미를 맛보게 된다.

「정읍사」의 해석은 어느 한 가지를 정설로 볼 수는 없다. 이 노래가 조선 중종 때 음란한 노래라고 하여 금지되었던 점에서 후자의 해석도 타당성을 갖는다. 어떠한 일로 집을 나갔든지 남편이 오랫동안 집에 들어오지 않는다면 온갖 걱정을 다 할 수밖에 없을 것이다. 그러므로 이 노래는 어느 한 가지의 위험이 아니라 남편에게 있을 수 있는 모든 좋지 않은 일을 걱정할 수밖에 없는 아내의 심정을 나타낸 것으로 보고, 남편의 안위라는 것에는 후자도 하나의 내용으로 포함될 수 있다는 생각으로 아내의 너그럽고 깊은 사랑으로 이해해야 할 것이다.

주제 면에서 비슷한 가요로는 백제의 「선운산가(禪雲山歌)」와 신라의 「치술령곡」이 있다.

| 감상 |

사랑하는 사람을 그리워하고 걱정하는 것은 예나 지금이나 마찬가지이다. 「정읍사」의 서정적 자아도 우리의 전통적인 여인상을 보여 주고 있는데, 특히 기다림, 인내할 수밖에 없었던 전통적 여인의 삶을 표현하고 있다. 이런 점에서 '망부가(望夫歌)'라 부르기도 한다. 대체로 그 표현이 소박하고 진솔하며 남편을 기다리는 아내의 따뜻한 정이 안타깝고도 넉넉하게 흐르고 있다.

이 노래의 중심 소재인 '달'은 남편의 귀갓길과 아내의 마중길, 나아가서는 그들의 인생행로의 어둠을 물리치는 광명의 상징으로서 길 가운데의 '진 곳'과 선명한 대조를 이루고 있다.

이것은 달에 소원 성취를 기원하는 우리의 전통적 풍속과도 관련이 있다. 대보름날 높이 솟은 보름달을 천지신명의 상징으로 여겨 달밤에 강강술래를 부르고 춤을 추며 풍년을 기원하고, 소원 성취를 바라는 풍속과 연결시켜 전통적인 정서의 맥을 잇고 있다고 볼 수 있다. 한편 '달'은 1인칭 화자가 말을 건네는 대상인 청자, 즉 2인칭의 존재로 나타나 있다. 사실상 여인의 말은 남편을 향한 것이지만, 그 심정을 밝게 세상을 비추는 고귀한 대상으로서의 '달'에게 의탁함으로써 시의 정서를 객관화하고, 아울러 사랑의 숭고한 아름다움을 느낄 수 있도록 하는 것이다.

이 노래를 전통적 정서의 차원이 아니라 현대적 가치관에 비추어 앞에서 언급한 두 가지 해석을 기반으로 살펴보면, 먼저 남편의 안부를 걱정하는 아내의 사랑으로 볼 때는 부부가 쉽게 남으로 돌아서고 서로 자신만을 생각하여 다투는 각박한 현시대에서는 찾아볼 수 없는 지순한 사랑으로 감탄할 수밖에 없다. 이 점은 현대를 살아가는 우리가 다시 한 번 생각해 볼 만한 가치가 있는 것이다. 두 번째, 남편이 객지에서 다른 여자에게 빠질까 걱정하는 내용으로 볼 경우는 그 당시 여자에게는 일부종사와 정절이 아주 중요시되면서도 남자들에게는 다른 여자를 사귄다거나 첩을 얻는다는 것이 너무나 자연스럽게 인정되었던 것에 대한 부당함이 느껴진다. 또한, 그러한 부당함에 대해서도 그저 달만 보고 남편이 객지에서 다른 여자와 놀아나면 어쩌나 하는 한탄만을 하고 있으니 그저 달만 보고 남편이 객지에서 다른 여자와 놀아나면 어쩌나 하는 한탄만을 하고 있으니 그저 달의 아내가 아닌, 한 인간으로서의 주체적 의지가 아쉽다.

현대의 가치관으로 보면 부정적인 면이 없지 않겠지만, 고전시가 그 가치와 의미를 갖는 것은 그 시대상과 정서를 그대로 반영하며, 단지 현대 가치관으로만 평가할 수 없는 그 시대 고유의 멋과 교훈이 있기 때문일 것이다.

1 '달'의 이미지

이 노래에 나오는 '달'의 이미지는 원형적 이미지라 할 수 있다. 달은 찼다가는 기울고 다시 차는 속성으로, 분리와 합일, 충만함과 이지러짐의 이미지를 갖는다. 그리고 어둠 속에서 빛을 발하는 속성으로 소망과 기원의 이미지도 내포한다. 그것은 월하(月下)의 소원 성취를 기원하던 전통적인 달이기도 하다. 더구나 이 노래에서의 달은 단순한 달이 아니라 남편의 안전을 빌고 있는 달이다. 나아가 그들의 인생행로의 어둠을 물리치는 광명의 상징이기도 하다. 그리고 멀리 떨어져 있는 화자와 임 사이의 거리감을 좁혀주는 매개물이다. 또한, 임을 무사히 돌아오게 지켜줌으로써 결국 화자와 임과의 사랑을 유지해주고 화자의 인생을 밝혀주는 존재라고 볼 수 있다. '돌'과 '즌 딕'는 대칭 구조를 이루며, 끝 구절의 '내 가논 딕 졈그룰셰라'와 연결된다. 이 시의 화자는 날이 '저물어' 임이 행상을 다니다가 혹은 집으로 돌아오다가 밤에 '즌 딕'달이 지면 어둠이 차게 되고, 그렇게 되면 나와 남편 사이에는 절망이 오게 된다.

빛		어둠
'달'	◀▶	'즌 딕'
'비취오시라'		'졈그룰셰라'

2 '즌 딕'의 상징적 의미와 시적 화자의 성격

'즌 딕'의 의미에 따라 아래와 같이 두 가지 해석을 할 수 있는데, 배경 설화나 전후 문맥, 분위기를 살펴볼 때 첫 번째 해석이 좀 더 자연스러운 것으로 보인다.

'즌 딕'의 의미	시적 화자의 성격
남편에게 닥칠 수 있는 위험한 요소	남편을 걱정하며 기다리는 순종적 여인
다른 여성, 남편을 유혹하는 것	남편이 다른 여자를 만나지 않을까 의심하고 질투하는 속된 여인

3 「정읍사」의 형식과 시조와의 관련성

형식은 여음을 제외하면 3장 6구로 된 가요로, 시조 형식의 연원으로 보기도 한다. 초장, 중장은 3·3조의 기조로 되어 빠르고 명쾌한 무조(舞調)이며, 종장은 4·4조로 침착, 안정감을 주는 음률에 맞추어져 있다. 즉, 이 노래는 여음을 제외하면 2음보 1구씩 모두 6구로 되어 있다. 2구를 1장으로 묶어 본다면 전체가 3장 6구로 되어 평시조의 형식과 상통하게 된다.

> 둘하 / 노피곰 도두샤 // 머리곰 / 비취오시라 //
> 져재 / 녀러신고요 // 즌 딕를 / 드딕욜셰라 //
> 어느이다 / 노코시라 // 내 가논 딕 / 졈그룰셰라 //

따라서 이 노래의 형식은 10구체 향가에서 시조로 전이(轉移)해 가는 과도기적 모습을 보여 준다고 하겠다. 그래서 이 작품은 시조 형식의 연원을 탐구하는 데 중요한 자료이기도 하다.

4 망부석(望夫石) 설화와 현대적 수용

『고려사』권 71, 악지 2의 기록에 의하면, '정읍은 전주 속현으로 정읍현 사람이 행상을 떠나 오래도록 돌아오지 않으므로 그의 아내가 산에 올라가 남편이 있는 먼 곳을 바라보며 남편의 안전을 빌다가 돌이 되었다'하며, 등점산에 이 망부석이 있다고 한다. 망부석 설화가 전래되는 배경에는 그리움과 기다림의 서정적 애환이라는 우리 민족의 보편적 성정(性情)이 깔려 있다.

이러한 전통적 정서를 계승한 대표적인 예를 김소월의 「초혼(招魂)」에서 찾아볼 수 있다. 이 시에서 '선 채로 돌이 된다'는 표현을 통해 임의 죽음을 인정할 수 없고 꼭 돌아와야만 한다는 의지의 응결체로서 망부석의 모티프가 차용(借用)되었다.

5 '고대 가요'와 '고려 속요'

「정읍사」는 이전에 고려 속요로 보기도 했는데, 다른 고려 속요와 마찬가지로 『악학궤범』에 전해지며, 국문으로 표기되어 있기 때문이다. 그러나 이 작품은 '백제'의 노래였다는 기록이 있으며, 그 노래가 민중들에게 전승되어 고려에까지 이어진 것으로 볼 수 있다. 그래서 이 작품이 나타난 시기에 따라 고대 가요로 보는 것이 적절하다.

> **참고** 백제 노래의 성격
> ① 평민들의 현실 노래 : 행상(「정읍사」), 부역(「선운산가」), 도적으로 인한 수난(「방등산가」, 「무등산가」), 권력에 의한 억압(「지리산가」) 등으로 평민들이 고통받는 현실이 노래의 바탕이 되고 있다.
> ② 기다림의 노래 : 「정읍사」는 행상 나간 남편을, 「선운산가」는 부역 나간 남편을 기다리며 부른 노래이고, 「방등산가」는 도적에게 납치된 아내가 남편의 구원을 기다리며 부른 노래이다.

- 국문학에 나타난 '이별의 정서'와 관련해 읽을 작품 : 「공무도하가」, 『삼국사기』의 박제상의 설화, 「가시리」, 「진달래꽃」
- '전통적 여성상의 이해'와 관련해 읽을 작품 : 「박씨전」, 「규원가」, 「동동」, 「사모곡」, 『고려사 악지』에 전하는 「선운산가」, 「방등산가」, 「무등산가」, 「지리산가」 등의 배경 설화
- '달'과 관련해 읽을 작품 : 「원왕생가」, 「찬기파랑가」, 「오우가」

예상문제

1. 아래 작품을 바탕으로 '시적 화자'와 관련지어 〈조건〉에 맞게 서술하시오. [5점]

(가)
  ᄃᆞᆯ하 노피곰 도ᄃᆞ샤
  어긔야 머리곰 비취오시라.
  어긔야 어강됴리
  아으 다롱디리
  져재 녀러신고요
  어긔야 ⊙즌 ᄃᆡ를 드ᄃᆡ욜셰라.
  어긔야 어강됴리
  어느이다 노코시라.
  어긔야 내 가논 ᄃᆡ 졈그를셰라.
  어긔야 어강됴리
  아으 다롱디리

  - 작자 미상, 「정읍사」

(나)
  1
  "아하, 무사히 건넜을까,
  이 한밤에 남편은
  두만강(豆滿江)을 탈없이 건넜을까?
  저리 국경 강안(江岸)을 경비하는
  외투(外套) 쓴 검은 순사(巡査)가 왔다— 갔다—
  오르명 내리명 분주히 하는데
  발각도 안 되고 무사히 건넜을까?"
  소금실이 밀수출(密輸出) 마차를 띄워 놓고
  밤새 가며 속 태우는 젊은 아낙네,
  물레 젓던 손도 맥이 풀려서
  '파!' 하고 붙는 어유(魚油) 등잔만 바라본다.
      북국(北國)의 겨울밤은 차차 깊어 가는데.

  2
  어디서 불시에 땅 밑으로 울려 나오는 듯,
  "어—이" 하는 날카로운 소리 들린다.
  저 서쪽으로 무엇이 오는 군호(軍號)라고
  촌민(村民)들이 넋을 잃고 우두두 떨 적에,
  처녀(妻女)만은 잡히우는 남편의 소리라고
  가슴을 뜯으며 긴 한숨을 쉰다.

  - 김동환, 「국경의 밤」 제1부

―〈조건〉―
⑴ (가)의 밑줄 친 ㉠에 시적화자가 부여한 의미를 고려할 때, (나)에서 가장 유사한 단어를 제시하고 그 공통적 의미를 밝히시오. (2점)
⑵ (가), (나)에 지시된 시적 상황의 공통점을 밝힌 후, 그것을 다르게 표현한 서술상의 특징을 2가지 제시하시오. (3점)

예상 답안

㉠과 가장 유사한 단어는 (나)에서 '(검은) 순사'이며, 공통적인 의미는 남편을 위험하게 하는 존재, 혹은 아내의 근심의 원인(남편의 안위에 대한 염려)이라는 의미를 지닌다.

남편이 장사를 하러 나갔기 때문에 남편의 안위에 대해 걱정을 하고 있거나 그러한 상황을 관찰하여 제시하고 있다는 점이 공통점이다.

(가)는 '나'가 나의 상황을 제시하는 1인칭 주인공 시점으로 제시했고, (나)는 제3자가 주인공인 여인의 내면 심리나 전체 사건을 제시하는 전지적 시점으로 제시했다. (가)의 경우에는 여성 화자가 직접 안전을 기원하는 목소리로 서술했고, (나)의 경우에는 남성 화자가 이야기 밖에서 여성의 불안해하는 심리 및 상황을 관찰하여 서술했다.

최병해
고/전/시/가

chapter 4 향가

제1절 향가 이해
제2절 향가 작품 감상

제1절 향가 이해

> **출제방향**
> - 향가의 개념·명칭
> - 향가의 기원과 형성
> - 향가의 형식
> - 향가의 작자층
> - 향가의 분류
> - 주요 향가 작품의 특징 및 해석

01 향가의 명칭과 범위

『삼국유사』 소재 14수와 『균여전』에 수록된 11수 등 향찰로 표기한 노래를 향가라 한다. 그리고 향가의 범위는 '향찰'이란 특수 문자로 표기된 신라 시대의 가요 4, 8, 10구체 등의 정형으로 구성되어 있는 작품으로 국한함이 옳을 듯하다.

어학적으로 보면 사뇌가는 '시닉'의 한자 차용인데, '시'는 동쪽(東)의 옛말이고 '닉'는 지방, 토, 양, 천, 부락 등을 의미하여 사뇌는 동토, 동천, 즉 시닉노래 - 새내노래 - 신라노래 - 동방고유의 노래란 의미를 지니는 것으로 볼 수 있다. 문헌학적으로는 최초에 사뇌야 지방에서 주로 유포되다가 후일 신라 시가 전체를 대표하게 된 일종의 정형시를 말한다.

(1) 향가는 좁은 의미로 6세기에서 고려 중기까지의 문학(사뇌가)을, 넓은 의미로는 중국의 한시에 대한 우리의 노래를 의미한다.
(2) 신라 시대에 가창된 우리말 시가의 총칭으로 향찰(鄕札)로 표기된 신라시대의 시가 14수와 『균여전』의 11수를 향가로 본다.(고려 초기 예종의 「도이장가(悼二將歌)」를 광의의 향가로 다루기도 한다.)
(3) 다른 명칭으로는 도솔가(兜率歌), 사뇌가(詞腦歌) 등이 있는데, 이 중 사뇌가는 10구체 향가를 의미하는 것으로 본다.
(4) 최초의 향가는 「서동요」(596년)이고, 최후의 향가는 10세기 말 고려 광종 때에 지은 「보현십원가」이다.
(5) 9세기 말 진성여왕 대에 향가집인 『삼대목』이 간행된 것으로 보아 당시에 향가가 상당히 융성된 것으로 볼 수 있다.

02 향가의 표기

향찰(鄕札)	• 한자의 음과 뜻을 빌려 순 우리말을 어순대로 적은 것이며 주로 시가에 사용 • 체언이나 어간은 한자의 뜻을 빌려 사용하고, 조사나 어미는 한자의 음을 빌려 사용
이두(吏讀)	• 일반적으로 한자를 빌린 우리말 표기법을 총칭하지만, 좁은 의미로는 우리말을 활용한 보조용 한문어를 지칭하며 주로 문서에 사용
구결(口訣)	• 한문 해독의 편의상 달았던 토(吐)

03 향가의 문학사적 의의

(1) 우리 문학상 최초로 정형화된 서정시이다.
(2) 향가의 가사와 표기 형식은 신라어 연구의 귀중한 자료이다.
(3) 소박하면서도 깊이 있는 수사로 원만하고 차원 높은 신라인의 정신세계를 잘 반영했다.
(4) 표기법은 우리 문학의 주체성을 보여주면서 민족정신과 정서를 바탕으로 하여 꽃피운 민족 문학의 유산이다.
(5) 고대 가요에서 고려 속요, 경기체가 등으로 이어지는 형식적 관련성을 짐작하게 한다.

04 향가의 특징

(1) 본래 중국의 노래에 대한 우리말 노래를 지칭했으나, 오늘날에는 한자의 음과 훈을 빌려서 표기(향찰)한 신라의 노래이다.
(2) 사뇌가(詞腦歌), 사내가(詞內歌), 도솔가(兜率歌) 등의 여러 가지 명칭이 있다.
(3) 『삼국사기』에 의하면 유리왕 5년(A.D. 28)에 지어진 「도솔가」가 향가의 시초라 하나 전해지지 않고, 6세기 신라 26대 '진평왕조' 전후에 나타나 고려 광종 「보현십원가」에까지 이어진다.
(4) 향가의 작자
당대 지배 계층인 6두품 귀족(승려, 화랑 등도 이 계층에 포함)이 주로 지었고, 전 국민이 향유한 것으로 본다.
(5) 후대 시가에 영향을 미침
사뇌가의 낙구는 결사가 있는 고려 속요와 시조에 영향을 미쳤고, 낙구의 첫머리 '아으, 아야(阿也)'라는 차사(감탄사)는 결사가 있는 고려 속요 및 시조의 종장 첫 구에 영향을 준 것으로 보며, 사뇌가의 분절 구조는 경기체가에 영향을 미쳤다.
(6) 『삼국유사』에 14수, 『균여전』에 11수가 전한다.
(7) 향가집으로 『삼대목』(진성여왕 2년, 각간 위홍과 대구화상이 지었다는 향가집)이 있었다고 하나, 전해지지 않는다.
(8) 향가에 반영된 불교사상
① 미륵 신앙: 국가의 편안과 안녕을 기원 예 「도솔가」, 「안민가」
② 아미타 신앙: 사후의 극락세계를 기원 예 「제망매가」, 「원왕생가」
③ 화엄 신앙: 석가모니 사상, 행적 예 「보현십원가」
(9) 향가의 형식
① 4구체: 향가의 초기 형태. 민요에서 온 것으로 봄
② 8구체: 4구체에서 발전된 형태(겹침)
③ 10구체: 향가의 완성형으로, 특히 사뇌가라 하고 개인 서정시로 봄
(10) 향가의 내용별 분류
① 순수 서정시로서의 향가: 「제망매가」, 「찬기파랑가」, 「헌화가」, 「원가」 등
② 전래민요로서의 향가: 「서동요」(현전 향가 중 최고(最古)), 「풍요」
③ 불교가요로서의 향가: 「원왕생가」, 「천수대비가」, 「우적가」, 「도솔가」, 「보현십종원왕가」, 「안민가」, (「제망매가」)
④ 주가(呪歌)로서의 향가: 「혜성가」, 「도솔가」, 「처용가」

05 향가의 형식

향가의 형식에 관한 관심은 향가를 해독하기 시작할 때부터 제기되었다. 향가의 시형 모색은 향가 해독에서 나아가 수사, 내용 등 향가 자체에 대한 문학적인 이해와 더불어 향가를 구조적으로 파악하는 데 긴요한 바탕이 되므로 이에 대한 검토는 향가 연구에서 중요한 부분이다.

소창진평(小倉進平), 조윤제(趙潤濟) 등 초기 연구자들과 같이 『삼국유사』와 『균여전』에서 향가를 기록할 때 '띄어쓰기'를 한 점에 유의하여, 이 띄어쓰기를 향가의 '시행 구분(詩行區分)'으로 인식하고, 이에 따라 4구체, 8구체, 10구체로 나누어 살펴보는 것이다. 이것은 이후 오늘날에 이르기까지 통설로 되어 향가 연구의 기본적인 출발점이 되어 오고 있다.

최행귀(崔行歸)가 『균여전(均如傳)』 「보현십원가(普賢十願歌)」 역서(譯序)에서 말한 "시구당사 마탁어오언칠자 가배향어 절차어삼구육명(詩構唐辭 磨琢於五言七字 歌排鄉語 切磋於三句六名)"의 '3구 6명(三句六名)'을 중심으로 하여, 그 해석을 통해 향가의 형태적 특징을 밝히고자 하는 것이다. 또한, 향가를 낙구형과 비낙구형으로 나누는 견해도 있다.

1. 분절에 의한 형식

향가는 우리나라 최초의 정형시라 할 수 있다. 음보는 대개 2·3·4 음보로서 3음보가 주류를 이룬다. 그리고 낙구의 차사(감탄사)는 시조 종장 첫 구의 감탄사에 영향을 미쳤을 것으로 보인다. 4, 8, 10구체의 향가가 있으며, 노래만 전하는 것이 아니라 반드시 그와 연관된 산문 기록을 수반하고 있다.

(1) 4구체
고대 가요 또는 민요의 4구 형식을 바탕으로 '민요, 동요, 무가'가 문자로 정착된 형식이다.

(2) 8구체
4구체가 겹쳐 이루어진 형식으로 8구로 이루어진다.

(3) 10구체 : 사뇌가(詞腦歌), 3구 6명(三句六名))
① 가장 정제된 향가의 형식이다.
② 4구 / 4구 / 2구로 나누어져 3장의 분절 구조로 되어 있다.
③ 마지막 2구는 낙구이며, 낙구 첫머리에 '아으' 등의 감탄사가 있다.
④ 낙구는 고려 속요 일부 작품의 결사 및 시조의 종장과 관련지어 설명하기도 한다.
⑤ 고려 때 최행귀는 「균여전」에서 3구 6명(三句六名)으로 설명하였다.
⑥ 향가는 4구체(2행체), 10구체(5행체) 등의 모든 시가 형식을 포괄하지만 사뇌가는 10구체(3구 6명체, 5행체) 향가에서만 국한하여 사용한다.

(4) 사뇌가(10구체)와 민요(4구체)의 관계
① 사뇌가가 개인 창작물인 데 반해 민요는 민중의 생활 감정을 노래한 집단적 구비 시가로서 확실히 구분이 된다.
② 민요는 사뇌가에 비해 창작과 전승이 쉽고 표현이 투박하지만, 사뇌가는 창작과 전승이 어렵고 세련된 표현이 사용되었다.
③ 현존 향가 중 민요의 갈래에 속하는 것은 「서동요」와 「풍요」가 있다.

소창진평은 향가의 형식을 『삼국유사』 및 『균여전』에서의 띄어쓰기에 착안하여 크게 4구체가와 8구체가로 나누었고, 또 8구체가는 끝에 2구를 덧붙이는 것과 그렇지 않은 것으로 구분하였다. 이후 조윤제는 소창진평이 말한 8구체에 대한 것을 후구가 첨가되는 10구체와 그렇지 못한 8구체로 다시 독립 분류시켜 향가의 시행을 정립하였다. 『삼국유사』에서는 때로 이 띄어쓰기가 정연하지 못한 양상을 보이는 경우가 있으나, 『균여전』에서는 정연하게 11개의 단위로 끊어져 쓰여 있으므로, 그 띄어쓰기가 시행의 구분으로 간주될 수 있는 소지를 지니고 있기도 하다.

그러나 이 표기상의 띄어쓰기를 시행 구분과 동일시하는 견해에는 다음과 같은 두 가지의 문제점이 제기될 수 있다. 첫째, 이른바 4구체라고 하는 작품들인 「서동요(薯童謠)」, 「풍요(風謠)」, 「헌화가(獻花歌)」, 「도솔가(兜率歌)」의 네 편에서 「풍요」를 제외한 나머지 세 편이 모두 3단위로 띄어쓰기 되어 있음을 설명할 수 없다는 것이다. 둘째,

소창진평의 시행 구분에 의할 때, 각 시행들의 길이가 달라 한 작품 내에서 5～6음절로 된 시행과 12～14음절로 된 시행들이 함께 있는 예들이 적지 않게 나타나게 되고, 이러한 시행 구조 속에서는 정연한 율격의 면모를 찾기가 어렵다는 것이다. 더구나 우리의 옛 시가를 기사(記寫)함에 있어서 오늘날과 같이 시행별로 구분하여 띄어 쓰는 경우는 옛 문헌에서 거의 찾아볼 수가 없다.

향가 시형에 대한 통설인 4구체가, 8구체가, 10구체가의 구분·정립이 그 근거가 허약하다는 사실을 이른바 8구체가라고 하는 「모죽지랑가(慕竹旨郞歌)」와 「처용가(處容歌)」에서 살펴볼 수 있다.

모죽지랑가(慕竹旨郎歌)

간봄 그리매 모든 것사 우리 시름. 아름 나토샤온 즈시 살쯈 디니져. 눈 돌칠 스이예 맛보옵디 지소리 郎(한)이여 그릴 무수미 녀올 길 다봊 굴허헤 잘 밤 이시리. 〈양주동 해독〉	간 봄 몯 오리매 모들 기스샤 우롤 이 시름. 두둠곳 볼기시온 즈시 히 혜나삼 헐니져. 누늬 도랄 업시 뎌옷 맛보기 엇디 일오아리. 郎(한)이여 그릴 무수미 줏 녀올 길 다보짓 굴헝히 잘밤 이샤리 〈김완진 해독〉

기왕의 3분 정립 논의처럼 양자가 8개의 시행으로 이루어져 있다고 볼 때, 그 형식상의 동질성이라고 할 수 있는 것은 적다. 또 양 작품에서의 시행들을 구성하는 음절 수의 범위를 살펴보아도 그 이질적인 면모는 뚜렷이 드러난다. 이러한 점을 통해 볼 때, 향가의 시형을 4구체가, 8구체가, 10구체가의 세 종류로 분류·정립하는 기왕의 통설은 재고되어야 할 것으로 보인다.

2. '도솔가'와 '사뇌가'

향가는 유형 상으로 보아 도솔가, 사뇌가 등으로 분류할 수 있다. '도솔가'의 경우, '도솔'은 다솔(治理), 따라서 '도솔가= 다솔놀애 = 치리가(治理歌)'로서 서정 가요적 색채와 서사시적 요소가 혼합된 성격의 가요이다. 차사는 '도솔가'와 같이 정제된 형태에 나타났으므로, '도솔가'는 구전 민요 계열의 가요처럼 단형체의 노래는 아니리라 추측되고 있다. '도솔가'의 형태는 새로 등장한 향가의 마지막 형태인 '사뇌가'에 흡수되었는데, '사뇌가'는 서사적 요소가 제거된 서정 가요이다.

향가의 사적 발달은 '전사뇌가 시대(사뇌가 이전의 시대) - 도솔가 시대 - 후사뇌가 시대(사뇌가 시대)'로 변천되었다고 보인다. 전사뇌가는 신가적·집단 서사적·자생적으로 발달한 민요적인 것으로 구비 가요의 성격을 띠었다고 보이며, 후사뇌가 시대는 창작 가요, 서정 가요, 개인 가요로 변모, 발전한 것으로 보인다. 다시 말하면 '도솔가'가 나타나 전사뇌가와 구분되게 하고 후에는 도솔가군의 노래들이 후사뇌가군에 흡수되었으며, 시가 장르로서의 '도솔가'는 과도적·가교적 색채를 띤 것이라고 볼 수 있다.

『삼국사기』에 '시년민속환강 시제두솔가 차가악지시야(是年民俗歡康 始製兜率歌 此歌樂之始也)'란 기록과 『삼국유사』에 '시제두솔가 유차사사뇌가격(始製兜率歌 有嗟辭詞腦歌格)'라는 기록을 근거로 유리왕 대(24～57년)의 「도솔가」(28년)를 사뇌가의 초기작으로 추정할 수 있고, 다음과 같은 흐름으로 이해할 수 있다.

구분	도솔가 이전의 시대	도솔가(유리왕 대, 28년)	사뇌가 시대
형식	4구체 중심	4구체 벗어남	10구체
내용	서사적	서사적 + 서정적	서정적
	집단적	집단적, 개인적	개인적
	의식적		의식적 성격 사라짐

3. 낙구형 · 비낙구형

시행으로 향가를 구별하던 방법적 결함을 벗어나기 위해서는 무엇보다도 향가에 나타나고 있는 두드러진 특징을 찾는 일이 필요하다.

향가의 형태에서 우선 변별적 특징으로 꼽을 수 있는 것은 차사(嗟辭)의 유무다. 차사(嗟辭)를 가졌느냐 가지지 않았느냐가 먼저 중요한 선별 기준이 된다. 소위 10구체 향가들이 가진 공질적인 요소는 차사(嗟辭)요, 그 차사(嗟辭)는 낙구형(落句型)을 결정하는 요건인 것이다. 이를 가지지 못하면 당연히 비낙구형(非落句型)으로 분류된다.

(1) **낙구형** : 낙구를 지닌 사뇌가

(2) **비낙구형** : 낙구가 없는 4구체, 8구체 등의 향가

낙구형은 『삼국유사』에 나오는 '유차사사뇌격(有嗟辭詞腦格)'에서 볼 수 있듯이 사뇌격(詞腦格)이 여기에 속한다. 『삼국유사』에 나오는 향가 중에서「혜성가(彗星歌)」,「원왕생가(願往生歌)」,「모죽지랑가(慕竹旨郎歌)」,「원가(怨歌)」,「제망매가(祭亡妹歌)」,「찬기파랑가(讚耆婆郎歌)」,「안민가(安民歌)」,「도천수대비가(禱千手大悲歌)」,「우적가(遇賊歌)」가 여기에 속하고「보현십원가(普賢十願歌)」11수가 여기에 포함된다. 그러나 작품이 전하지 않아 알 수는 없지만, 이미 신라 3대왕인 노례왕(유리왕) 때 지어졌다는 「도솔가(兜率歌)」가 차사(嗟辭)를 가졌다는 사실로 보아 낙구형(落句型)은 근 천여 년의 역사를 지켜 왔던 향가의 유형이기도 하다.

한편 낙구형(落句型)과 비낙구형(非落句型)은 단순히 형태적 혹은 외양의 차이뿐만 아니라 그것의 발생 계통과도 맞물려 있다. 낙구형은 자연 발생적인 시가 형태라기보다는 특정한 의도와 함께 만들어졌던 시형인 것이다. 낙구형의 시가가 대개 상류층에서 즐겨 불렸던 사실을 생각해 보면 그 발생론적 계통을 간접적이나마 읽을 수 있다. 낙구형에 비해서 비낙구형은 자연 발생적인 시가 형태였다. 특정한 정치 사회적 의도가 아닌 생활 속에서 자연스럽게 배태되고 또 불리었던 것이기 때문에 특수한 형식적인 낙구를 의식적으로 장치할 필요가 없었다.

비낙구형은 다시 순수한 민요 계통과 무가 계통으로 나눌 수 있다.

민요격은 향가 중에서도 가장 단순한 형식을 가진 것으로 4음보 2구가 1행을 이루며, 이것이 중복된 2행시 형태다. 우리나라의 민요에서 가장 일반적으로 볼 수 있는 형태로, 이들을 다시 동요 유형과 선후창 유형으로 구분해 보았다. 동요류는 어린애들이 부르는 것으로「서동요」가 이에 해당하며, 선후창류는 집단노동요로 불렸던「풍요」의 가창방식에서 따온 명칭이다.

무가격으로는「처용가」와「도솔가」를 들 수 있다. 발생 계통이나 연행론적 상황을 고려하지 않고 보면 이러한 분류는 무의미하다. 수로왕의 탄강을 위해 구지봉에서 불렸던「구지가」나 수로부인의 구출을 위해 동해변에서 불렸던「해가사」 등도 무가 계통의 노래가 아니었을까 싶다. 즉, 「구지가」와 「해가사」가 모두 구조와 내용과 기능이 일치할 뿐만 아니라, 수로(首露)와 수로(水路)를 한자가 아닌 우리말로 읽었을 때 동일한 음가를 가진다. 맞이굿이 치러지는 무굿의 연행 현장에서 불린 노래들로서 주술·종교적 기능을 가졌던 것으로 미루어 보아 오랜 기간을 두고 무속 속에 전승됐던 무가일 가능성이 높은 작품들이다. 이처럼 무속과 관련된 노래라는 뜻의 무가격을 우리나라의 한 시가 유형으로 설정할 수 있다면, 향가 중에서는「처용가」와「도솔가」가 곧 무가격의 작품에 해당할 것으로 생각된다. 이상을 도표로 나타내면 다음과 같다.

유형			작품
낙구형	사뇌격		혜성가, 원왕생가, 원가, 제망매가, 찬기파랑가, 안민가, 도천수대비가, 우적가, 보현십원가 11수
비낙구형	민요격	단가	헌화가, 도이장가 2수
		동요	서동요
		선후창	풍요
	무가격		도솔가, 처용가

물론 이 분류도 여러 기준이 사용되었기 때문에 향가의 특성을 제대로 파악하여 드러내지는 못했다. 다만 향가의 형식을 이해하는 데 다소 도움을 줄 수 있다.

4. '삼구(三句)와 육명(六名)'에 관한 논의

향가의 형식이나 작시법을 해명하기 위하여 최행귀가 언급한 삼구 육명이 무엇을 뜻하는가에 대해서 여러 견해가 제기되었는데 그 양상을 몇 가지로 정리하여 그 문제점과 함께 검토해 보면 다음과 같다.

(1) 삼구와 육명을 관련 체계로 보는 견해

구는 곧 명이라는 견해(3자 6자)와, 구를 명의 상위 단위로 보아 6개의 명이 한 개의 구를 이룬다는 설과, 3명이 결합하여 한 구를 이룬다는 설이 있다.

이들과는 다르게 김수업은 삼구 육명을 우리 가요의 한 행에 쓰이는 소리의 분량을 나타내는 말로 보고, 구를 글자가 모여 만드는 덩이로, 명을 글자(자)로 파악했다. 그래서 육명은 여섯 음절 즉 여섯 소리덩이이며, 삼구는 이 여섯 음절이 둘씩 모여서 3개의 큰 덩이로 토막진다고 보았다.

(2) 삼구와 육명을 별개 체계로 보는 견해

① 구와 명을 차사로 보는 견해가 있다.
② 삼구와 육명을 별개의 시형으로 보는 견해가 있다.
　이는 성호경의 견해로, 그에 따르면 중국 시의 대표적인 두 양식으로 「오언시」와 「칠언시」가 있듯이 우리 시가 곧 향가의 두 양식으로 「삼구형」과 「육명형」이 있었음을 관련 문맥을 통해 이해할 수 있다는 것이다.
③ 삼구는 형식, 육명은 해석으로 보는 견해도 있다. 이는 정창일의 견해로, 그는 구와 명을 불교 용어로 규정하고서 해석을 시도했다.

그러나 '삼구 육명'의 해석에 있어 주의할 것은 최행귀의 지적이 향가의 형식을 밝히는 데 있어 중요한 한 관건이 될 수는 있으나, 이는 한 면모만을 지적한 데 그치는 것이며, 그 지적이 반드시 정확하다고 단언할 수만도 없다는 점이다. 또 이를 지나치게 확대하여 우리나라의 거의 모든 시가에 나타나는 현상으로 보는 논의들은 많은 문학 유산을 단편적인 자료에 의존하여 해석하는 우를 범할 수 있다. 따라서 '삼구 육명'에 대한 논의에는 그 한계성을 주의해야 한다.

06 향가의 내용과 전승

1. 향가의 내용

민요, 동요, 토속 신앙(주술)에 대한 것, 임금을 그리워하는 노래, 나라를 다스리는 노래 등 다양하나 불교적 기원과 신앙심을 노래한 것이 많다. 그러나 유교적 내용도 있어 그 사상적 폭을 알게 한다. 당시 유행하던 향가는 주술적 성격도 강했으리라 짐작된다.
(1) 민요계열 향가 : 「서동요」, 「풍요」
(2) 서정계열 향가 : 「헌화가」, 「모죽지랑가」, 「찬기파랑가」, 「원가」, 「제망매가」
(3) 불교계열 향가 : 「원왕생가」, 「안민가」, 「우적가」, 「보현십종원왕가」, 「도솔가」, 「도천수대비가」
(4) 주사계열 향가 : 「처용가」, 「혜성가」

2. 향가의 전승

향가는 배경 설화와 함께 전승되는데, 향찰로 표기된 노래말의 앞이나 뒤에 그 노래와 관련된 이야기가 서술되어 있는 것이 특징이다. 설화적 성격의 이야기가 대부분이나 노래가 창작될 당시의 역사적 사실이 기술되기도 한다.

07 향가의 작자와 향유층

향가의 작자들은 대부분 승려와 화랑 등 개인이요, 국가의 왕은 아니었으므로 이 노래도 특정 개인의 작으로 생각된다. 특정 개인이 즐겁고 편안함(민속환강)을 노래했다면 이것은 서사적이기보다는 서정적으로 표현했을 가능성이 있다. 사뇌가는 국민 문학으로서 위로는 제왕으로부터 아래로는 광덕, 희명 등의 서민에 이르기까지 다양한 작자층을 이루고 있었으나 엄격하게 말해서 신라의 사뇌가 문학은 육두품 귀족(화랑)의 문학이었다고 추정된다. 불교적 색채가 많아 승려의 노래라는 의견도 있지만, 당시 승려도 화랑 출신이 많았기 때문이다.

1. 향가의 작자 : 귀족층
　　작자는 승려, 여류, 무명씨 등 여러 계층에 걸쳐 있는데, 현전하는 향가에는 승려의 작품이 가장 많고, 승려도 귀족층이었으므로 귀족의 노래로 보는 것이 일반적이다.

2. 향가의 향유층
　　전 국민이 함께 향가를 향유했다.

08 현전하는 향가 (『삼국유사』 수록)

작품명	작자	연대	형식	내용
서동요 (薯童謠)	백제 무왕	진평왕 (579 ~ 632)	4구체	서동(백제 무왕)이 선화공주를 아내로 취하고자, 지어서 아이들에게 부르게 한 참요(讖謠)의 성격을 띤 동요, 민요, 최초의 4구체 노래
풍요 (風謠)	만성 남녀	선덕여왕 (632 ~ 647)	4구체	양지가 영묘사, 장육존상을 주조할 때 장안의 남녀들이 진흙을 나르며 부른 불교적인 노동요
헌화가 (獻花歌)	실명 노인	성덕왕 (702 ~ 737)	4구체	수로 부인이 절벽 위의 철쭉꽃을 탐하기에, 소를 몰고 가던 노인이 꽃을 꺾어 바치며 부른 노래, 민요
도솔가 (兜率歌)	월명사	경덕왕 19 (760)	4구체	두 해가 같이 나타나므로 왕이 월명사로 하여금 지어 부르게 한 산화공덕의 노래(개기일식현상)
모죽지랑가 (慕竹旨郎歌)	득오	효소왕 (692 ~ 702)	8구체	최초의 8구체이며, 화랑인 죽지랑의 죽음을 문도(門徒)인 득오가 추모
처용가 (處容歌)	처용	헌강왕 5 (879)	8구체	처용이 출타 중 역신이 자기 아내를 범함에 노래를 불러 굴복시켰다는 무가(巫歌)
혜성가 (彗星歌)	융천사	진평왕 16 (594)	10구체	혜성이 심대성을 범했을 때 이 노래를 지어 물리쳤다는 축사의 노래, 최초의 10구체 노래, 주술가
원왕생가 (願往生歌)	광덕 (廣德)	문무왕 (661 ~ 681)	10구체	달을 서방정토의 사자로 비유하여 그 곳으로 귀의하고자 하는 소망을 노래한 불교신앙의 노래
원가 (怨歌)	신충 (信忠)	효성왕 원년 (737)	10구체	후일을 약속한 효성왕이 즉위 후 자기를 잊고 등용하지 않기에 이 노래를 지어 잣나무에 붙였더니 그 나무가 말라 버렸다고 하는 주가(呪歌)

작품명	작자	연대	형식	내용
제망매가 (祭亡妹歌)	월명사	경덕왕 24 (765)	10구체	월명사가 죽은 누이의 명복을 빌기 위하여 제를 올릴 때 부른 추도와 불교신앙의 노래로 서정성이 뛰어남
안민가 (安民歌)	충담사	경덕왕 (742~765)	10구체	충담사가 경덕왕의 요청으로 군(君), 신(臣), 민(民)이 할 바를 노래한 치국의 노래
찬기파랑가 (讚耆婆郞歌)	충담사	경덕왕 (742~765)	10구체	충담사가 화랑인 기파랑의 훌륭한 인격을 찬양하여 부른 찬화랑가
천수대비가 (千手大悲歌)	희명 (希明)	경덕왕 (742~765)	10구체	희명이 생후 5년 만에 눈이 먼 아들을 위하여 천수대비 앞에 나가 부른 불교 신앙의 노래
우적가 (遇賊歌)	영재 (永才)	원성왕 (785~798)	10구체	영재가 지리산으로 은거하러 가던 길에 군도를 만나 회개시켰다는 설도의 노래

> **참고**
> (1) 이밖에 고려 시대에 지어진 「보현십종원왕가」는 불교의 힘으로 대중을 교화시키는 동시에 질병을 낫게 하기 위하여 지은 11수의 노래로 『균여전』에 실려 있다.
>   ※ 「보현십종원왕가」 11수
>   ㉠ 예경제불가, ㉡ 칭찬여래가, ㉢ 광수공양가, ㉣ 참회업장가, ㉤ 수희공덕가, ㉥ 청전법륜가,
>   ㉦ 청불주세가, ㉧ 상수불학가, ㉨ 항순중생가, ㉩ 보개회향가, ㉪ 총결무진가
> (2) 향가집으로 『삼대목』이 있었다고 하나, 현재는 전해지지 않는다.

제2절 향가 작품 감상

작품 1 ▶ 도솔가(兜率歌)

今日此矣散花唱良	오늘 이에 산화(散花) 블어
巴寶白乎隱花良汝隱	샌쏠본 고자 너는
直等隱心音矣命叱使以惡只	고둔 무수미 명(命)ㅅ 브리옵디
彌勒座主陪立羅良	미륵좌주(彌勒座主) 뫼셔롸

〈양주동 해독〉

오늘 이에 '산화'의 노래 불러	오늘 이에 산화 불러
뿌리온 꽃아 너는	솟아나게 한 꽃아 너는,
곧은 마음의 명을 심부름하옵기에	곧은 마음의 명에 부리워져
미륵 좌주를 뫼셔라!	미륵 좌주 뫼셔 나립하라 (벌려 늘어서라)
〈양주동 풀이〉	〈김완진 풀이〉

핵심정리

- ▶ **작자** 월명사(月明師, 신라 경덕왕 때의 승려)
- ▶ **갈래** 4구체 향가
- ▶ **연대** 신라 경덕왕(742 ~ 765)
- ▶ **성격** 불교적, 주술적
- ▶ **표현** 명령법을 사용하여 자신의 소망 제시
- ▶ **주제** 미륵 신앙을 통한 국태민안(國泰民安)
- ▶ **출전** 『삼국유사(三國遺事)』

이해와 감상

| 해설 |

 월명이 지은 4구체의 향가이다. 해가 두 개 나타난 이변을 다스리고자 명승(名僧)으로 불려온 월명이 미륵의 강림을 바라며 지은 노래다. 그래서 흔히 불찬(佛讚)이나 또는 공덕(功德)의 노래로 일컬어지지만, 기록에 의하면 주사(呪詞)의 성격도 지니고 있다. 이 작품에서 꽃은 도솔천에 계신 미륵불에게 바치는 공양이다. 그렇지 않다면 꽃을 공중에 부려 올리는 산화(散花)의 의식은 필요 없었을 것이다. 물론 산화의 의식이 주술성에 있는지 또는 공양적인 의미를 가지고 있는지는 아직 더 면밀하게 살펴볼 여지를 가지고 있기는 하다. 하지만 이미 기록상에 있어서 분명히 '산화공덕'이라고 하고 있는 것을 보면, 산화의 의도가 공덕 예찬과 긴밀히 관계되어 있음을 알 수 있다. 따라서 인간의 신심과 예찬을 모은 꽃의 공양으로 미륵불을 예찬하고 또 그의 영험을 빌어 두 개의 해가 나타난 괴변을 물리쳐 버리려는 것이다. 이로 보아 월명사의 시는 「제망매가」와 더불어 의식과 밀접히 연관되는 성격을 지니고 있다 하겠으며, 미륵신앙과 아미타(정토)신앙의 양면성이 그 기조에 있음을 알 수 있는 것이다. 여기서 진언적(眞言的) 주술 언어의 언령성(言靈性)의 기능이 음미된다.

기출문제

1. 다음을 읽고 (나)의 괄호 안의 ㉠에 공통으로 들어갈 말을 쓰고, ㉡에 해당하는 것을 (가)에서 찾아 쓰시오. [2점]

2018년 A 6번

(가)

　경덕왕 19년 경자 4월 초하룻날 두 해의 괴변이 10여 일간 없어지지 않았다. 일관(日官)이 아뢰기를, "인연 있는 중을 청하여 산화공덕을 드리면 재앙을 물리칠 수 있을 것입니다."라고 하였다. 이에 왕은 조원전에 단을 깨끗이 만들고 청양루에 행차하여 인연 있는 스님을 기다렸다. 그때 마침 월명사가 밭둑을 걷다가 마침 남쪽 길로 지나가고 있었다. 왕은 사람을 시켜 그를 불러와 단을 열고 계(啓)를 짓게 하였다. 월명사는 왕께 아뢰기를, "저는 국선의 무리에 속해 있으므로 오직 향가만 알고 범패 소리에는 익숙하지 못합니다."라고 하였다. 왕은 "이미 인연 있는 중으로 정하였으니 향가를 지어도 좋다."라고 하였다. 월명사는 이에 도솔가를 지어 불렀다. 그 가사는 다음과 같다.

　　오늘 이에 '散花'를 불러
　　뿌리온 꽃아, 너는,
　　곧은 마음의 命을 부리옵기에,
　　彌勒座主를 모셔라!
　　　　　　　　　… (중략) …

　이 일이 있고 나서 곧 두 해의 괴변이 사라졌다.

- 일연, 「삼국유사」

(나)

　「도솔가」의 창작 배경 및 과정, 기능 및 효과에 주목할 때, 산화공덕의 의례가 (㉠)와/과 관련되어 있기 때문에 종교로 보면 (㉠)적 성격을, 이 노래로 ㉡ 재앙이 소멸되었기 때문에 효과로 보면 주술적 성격을 가졌다고 할 수 있다.

예상 답안

㉠ : 불교
㉡ : '두 해의 괴변' (또는 '두 해')

작품 2 ▶ 서동요(薯童謠)

❖ 출제방향
- 4구체 향가의 민요적 성격
- 노래에 실려 있는 삶의 숨결, 역사의 숨결 이해

善化公主主隱 他密只嫁良置古 薯童房乙 夜矣卯乙抱遣去如	선화공주(善化公主)니믄 눔 그스지 얼어 두고, 맛둥바올 바미 몰 안고 가다. 〈양주동 해독〉	善化公主니리믄 눔 그슥 어러 두고 薯童 방올 바매 알홀 안고 가다 〈김완진 해독〉
선화공주님은 남 모르게 사귀어 두고 마동 서방을 밤에 몰래 안고 간다 〈양주동 풀이〉		선화공주님은 남 몰래 짝 맞추어 두고 薯童 방올 바매 알을 안고 가다 〈김완진 풀이〉

핵심정리

- **작자** 백제 제30대 무왕
- **갈래** 4구체 향가
- **연대** 신라 진평왕 때(599년 이전)
- **성격** 참요(예언, 암시하는 노래), 동요
- **표현** 풍자적
- **주제** ① 선화공주의 은밀한 사랑
  ② 선화공주에 대한 연모의 정
- **의의** ① 현전(現傳)하는 가장 오래된 향가
  ② 4구체 향가가 동요로 정착한 유일한 노래
- **출전** 『삼국유사(三國遺事)』

이해와 감상

| 배경 |

　백제의 제30대 무왕(武王)의 이름은 장(璋)이다. 그 어머니가 남편을 여의고 백제의 서울 남쪽 못가에 살면서, 연못의 용과 정을 통하여 아들을 낳았다. 그 아들은 재주와 도량이 커서 장차 큰 일 할 바탕을 갖추고 있었으나, 어려서는 항상 마[薯]를 캐서 팔아서 생계를 꾸려 갔으므로, 사람들이 그를 '서동(薯童)'이라 불렀다.

　그는 신라 진평왕의 셋째 딸 선화 공주가 아름답기 그지없다는 소문을 듣고 그녀를 아내로 맞이하고자 머리를 깎아 중의 형색을 하고 신라의 서울로 들어갔다. 서울 근방의 아이들에게 마를 나누어주면서 그들과 친해져 그를 따르게 되자 자신이 지은 동요를 부르게 하였다. 이 노래가「서동요」인 것이다.

　이 동요의 내용이 선화 공주를 모함하는 내용이었기에, 이 노래가 대궐에까지 알려져 백관들이 공주의 비행을 임금에게 아뢰어 공주를 먼 곳으로 귀양을 보내게 하였다. 공주가 장차 떠나려 할 때 왕후가 애처로워 순금 한 말을 노자로 주었고, 공주가 귀양처로 가는 도중에 서동이 나타나 맞이하며 함께 가고자 하였다. 실의에 빠져 있던 공주는 그가 누구인지 어디에서 왔는지 아랑곳하지 않고 우연이라 여기고 기뻐하며 그를 따라 갔다. 공주는 서동이 믿음직스럽고 좋아 그와 결혼했는데, 그 후에야 그가 서동임을 알았고, 또 그 동요의 영험함도 알았다.

　선화 공주가 어머니가 준 금을 꺼내어 생계를 꾸려 가려 하자, 서동은 그때서야 자신이 어려서부터 마를 파던 곳에 흙과 함께 쌓여 있던 것이 바로 황금이요, 부를 가져다 주는 보물이라는 것을 알게 되었다. 그래서 그것을 캐어 인심을 모으고, 마침내 백제의 왕이 되었다고 한다.

| 해설 |

이 작품은 백제 무왕이 지은 현전하는 최고(最古)의 향가로서, 4구체 형식을 갖춘 향가 중 유일한 동요이다. 그리고 민요의 하위 갈래인 동요이면서 참요(讖謠)이다. 이런 점에서 전래 민요체가 후대에 와서 문자로 정착된 것으로 보인다. 따라서 『삼국유사』에 전하는 백제 무왕의 설화는 전래 민요로서의 「서동요」를 배경으로 설명하기 위해 결부된 후대의 이야기일 것이다.

통일신라 이전의 향가로 원사(原辭)가 전하는 것은 「풍요(風謠)」, 「혜성가(彗星歌)」와 함께 「서동요」가 있을 뿐이다.

배경 설화 내용을 그대로 받아들여 무왕의 이야기로 보는 것이 이 노래를 해석하는 일반적인 견해이나, 그밖에 여러 가지 설을 살펴보면 다음과 같다. 서동을 백제 동성왕(東成王)의 이름이라 하고 그가 신라와 통혼(通婚)한 사실을 근거로 동성왕의 이야기를 극화한 것으로 보는 경우와, 백제의 익산 미륵사(彌勒寺)의 연기 설화(緣起說話)에도 「서동 설화」와 비슷한 것이 있다는 것을 근거로, 백제가 망할 무렵 왕실의 원찰(願刹)이었던 미륵사를 신라의 군졸로부터 보호하기 위하여 백제와 신라가 과거부터 깊은 관계가 있음을 꾸미기 위해 퍼뜨린 것으로 보는 견해가 있다. 또한, 무왕의 작품이 아닌 구전되던 전래 민요가 정착한 것으로 보는 견해도 있다.

이 작품은 내용과 형식이 소박하고 단순한 4구체 향가인데, 일반적으로 4구체 향가를 민요에서 정착되었다고 보아 민요체 향가라고 일컬으며, 10구체 향가를 개인 서정시로 이해한다. 이 작품은 서동이 아이들에게 부르게 하였다는 점에서 동요의 성격이 분명하지만, 구애의 목적과 작가가 분명하여 개인 서정시와 같은 성격을 지니기도 한다.

이 노래의 단순함 속에는 아직 일어나지 않은 일을 실제로 일어나게 만들고자 하는 의도가 숨어 있다. 또한 배경 설화에 따르면 이 노래의 힘은 실제로 그 일을 이루어지게 만들었다. 이러한 점에서 이 노래는 주술적 성격을 지니고 있다고 할 수 있으며, 시대적 상황이나 정치적 징후 따위를 예언, 암시하는 민요인 참요(讖謠)라고 볼 수 있다.

| 감상 |

「서동요」는 소박하고 구김새가 없는 동심(童心)이 잘 나타나 있는 작품이다. 해설에서도 설명했듯이 이 노래의 성격에 대해서는 여러 가지 설이 있다. 무왕과 연결된 설화의 내용을 그대로 소박하게 받아들인다면, 이 노래는 지금으로부터 1,300여 년 전에 야심 많은 한 소년이 미모의 공주를 아내로 삼기 위하여 교묘한 계획에 사용한 동요이다. 사랑을 위해서는 수단과 방법을 가리지 않는 한 소년의 지혜가 미소를 머금게 한다. 그래서 어떤 사람은 이 노래의 작자를 일러 간교하고 짓궂지만 뜨거운 로맨스의 주인공이라고 하였다.

다른 측면에서 보면 시대상을 엿볼 수 있다. 이 노래는 예언, 혹은 암시성을 지니고 있음으로써 일종의 참요(讖謠)로 분류되기도 한다. 서동의 잠재적 갈망을 선화공주라는 상대편에게 전가해 주객을 전도시키는 데 수사적 특징이 있다. 그러나 한편으로 보면 소박하고 장난스러운 동심이 서려 있는 동요적인 단순성은 있으나 깊은 문학적 배경을 발견하기는 어렵다. 다만 배경 설화의 내용처럼 '서동'이라는 한 영웅이 시련을 극복하고 왕이 되기까지 벌어지는 하나의 사건으로 이해할 수 있으며 사랑을 위해 목숨도 희생하는 고대인의 강한 정열을 엿볼 수 있을 뿐이다. 신라 시대 남녀의 연애는 오늘날에 비해 오히려 자유롭고 공개적이었다. 그러나 귀족의 경우 연애는 자유로웠지만 결혼에는 여러 가지 제약이 따랐음을 알 수 있다. 이러한 어려운 제약을 뚫고 자신이 원하는 것을 이룬다는 것은 영웅에게는 필연적으로 포함되어야 하는 이야기이다. 서동은 용자(龍子)로 출생하여 고난을 극복하고, 왕위에 오른다는 영웅 설화의 일반적인 과정을 밟은 것이다. 영웅의 일생은 결혼이라는 것에 의해 성공의 실마리가 풀리며, 이 「서동요」는 이러한 성공의 열쇠 구실을 하는 것이었다는 점에서 그 흥미를 더해 준다.

제2절 향가 작품 감상

1 결혼의 의미

여기서 서동과 선화 공주의 결혼은 엄격한 계급 분화가 이루어진 시대에 상하층의 관계를 갈라놓는 사회적 장벽에 불만을 나타내면서, 예전에는 이런 자유로운 상하의 교통이 있었다는 것을 구체적으로 드러내기 위해 설정된 사건으로 볼 수 있다. 서동이 백제의 무왕이 되었다거나 선화 공주가 진평왕의 딸이라는 것은 이 이야기가 실제 일어난 것처럼 보이게 하는 증거물로서의 의미를 가진다.

2 「서동요」의 주술성

주술성이란, 아직 일어나지 않은 일을 실제로 일어나게 하려는 의도와 관련을 지니며 달리 표현한다면 실제로 그것이 이루어지기를 갈망하는 강한 욕망이라 할 수도 있다. 「서동요」에서 언급되고 있는 사건은 아직 일어나지 않은 일이다. 아직 일어나지 않은 일을 마치 이미 일어난 것처럼 서술하여 실제로 그 일이 일어나게 하려는 의도가 노래에 담겨 있는 것이다. 할머니가 아직 눈이 말똥말똥한 아이를 안고 '우리 아기 잘도 잔다'라고 하는 것과 같은 발상의 노래라고 할 수 있다.

3 민요체 향가와 사뇌가

향가는 그 형식에 따라 크게 4구체, 8구체, 10구체로 나뉜다. 그런데 4구체 향가와 10구체(및 8구체) 향가는 그 문학적 특성에서 많은 차이가 있다.

형식 면에서 4구체 향가는 단일 구성, 10구체 향가는 3단계의 정제된 구성 방식을 취하고 있다.

내용 면에서 4구체 향가가 서민들의 소박한 정서를 담은 민요적 성격을 지닌다면, 10구체 향가는 개인의 서정이나 높은 이념을 나타내는 것이 많다. 대개의 작품이 승려나 화랑과 같은 귀족층 작자에 의해 지어졌다는 것 또한 10구체 향가의 특성이다. 이런 차이에 착안해, 전자를 '민요체 향가', 후자를 '사뇌가'로 나누어 이해하는 학자들이 많다.

4 배경 설화의 신화적 성격

이 작품의 배경 설화는 서동이라는 한 미천한 신분의 남성이 높은 신분의 여성과의 혼인에 성공하여 왕이 될 만한 능력이 있음을 입증하는 이야기라 할 수 있다. 따라서 이 이야기는 무왕과 관련된 신화의 한 부분이라고 할 수 있다. 하지만 일반적인 신화와는 달리 위기를 극복하는 과정이 없이 바로 행복한 결말에 도달한다는 점에서 온전한 신화라 보기는 어렵다.

일반적인 신화에 드러나는 영웅담	「서동요」의 배경 설화
고귀한 혈통, 기이한 출생 ▼	용의 아들로 태어남
어린 시절 버림받고 시련을 겪으나 구원자를 만나 이를 극복함 ▼	▼
자라서 다시 위기에 부딪히나 투쟁으로 위기를 극복함 ▼	('위기 극복 과정'이 없음) ▼
승리자가 됨	선화 공주와 결혼한 후 왕이 됨

- 향가의 형식적 특성과 관련해 읽을 작품 : 「찬기파랑가」, 「모죽지랑가」
- 신분이 다른 남녀의 결합과 관련해 읽을 작품 : 「서동 설화」, 「온달 설화」
- 4구체 향가 : 「풍요」, 「헌화가」

기출문제

※ 다음 글을 읽고 물음에 답하시오.

(가)
善化公主主隱
㉠ 他密只嫁良置古
薯童房乙
㉡ 夜矣卯乙抱遣去如

- 「서동요」

(나)
善化公主니믄
눔 그스지 얼어두고
맛둥바훌
바미 몰 안고 가다

〈양주동 해독〉

(다)
善化公主니리믄
눔 그슥 어러 두고
薯童 방울
바매 알훌 안고 가다

〈김완진 해독〉

(라)
가던 새 가던 새 ㉢본다 믈 아래 가던 새 본다
잉 무든 장글란 가지고 믈 아래 가던 새 본다
㉣얄리 얄리 얄라셩 얄라리 얄라

- 「청산별곡」 제3장

1. 다음은 고대 국어의 고유 명사 표기법에 대한 지식을 갖춘 학생들에게 (가) ~ (다)의 제재를 활용하여 향찰(鄕札)의 표기 원칙을 지도하는 교수·학습 과정안의 일부이다. 빈 곳에 적절한 내용을 서술하시오. [2점]

2005년 기출 21번

단계	지도 내용
단계 1	(가)와 (나)를 대조하며 ㉠에서 훈차(訓借) 자와 음차(音借) 자를 구별해 보게 한다. • 뜻만 빌려 쓴 글자의 예 : 他 密 嫁 置 • 음만 빌려 쓴 글자의 예 : 只 良 古
단계 2	(가)의 ㉠에 한정하여 표기 방법을 선택하는 원칙을 추론하게 한다. • _____ • _____
단계 3	추론한 원칙에 따라 ㉡을 분석하게 하되, 예외적인 부분에 대해서는 (나)와 (다)를 비교하며 설명하게 한다. • '夘乙'의 '夘'은 원전에서 판독이 명료하지 않다. (나)는 '夘乙 = 卯乙'로 판독하여 음차 표기로 보고 '몰'로 음독한 것이며, (다)는 '夘乙 = 卵乙'로 판독하여 훈차 표기로 보고 '알훌'로 훈독한 것이다. • 추론한 원칙을 따르지 않은 해독을 수용하는 것은 지금 전하는 향찰 표기 자료가 그 원칙을 일반화하기에 충분하지 않다고 보기 때문이다.

예상 답안

단계 2	(가)의 ㉠에 한정하여 표기 방법을 선택하는 원칙을 추론하게 한다. • <u>체언이나 어간 부분(어휘적 의미를 지닌 부분)은 뜻을 빌어 씀</u> • <u>조사나 어미 부분(문법적 요소)은 음을 빌어 씀</u>

작품 3 》 헌화가(獻花歌)

紫布岩乎过希	딛배 바회 ᄀᆞ히	지뵈 바회 ᄀᆞ새
執音乎手母牛放教遣	자ᄇᆞ온손 암쇼 노히시고	자ᄇᆞ온손 암쇼 노히시고,
吾肹不喩慚肹伊賜等	나ᄒᆞᆯ 안디 붓ᄒᆞ리샤ᄃᆞᆫ	나ᄅᆞᆯ 안디 붓그리샤ᄃᆞᆫ
花肹折叱可獻乎理音如	곶ᄒᆞᆯ 것가 받ᄌᆞ보리이다.	고ᄌᆞᆯ 것거 바도림다.
	〈양주동 해독〉	〈김완진 해독〉

자줏빛 바윗 끝에	자줏빛 바윗가에
암소 잡은 손 놓게 하시고	잡고 있는 암소 놓게 하시고
나를 아니 부끄러워 하신다면	나를 아니 부끄러워하시면
꽃을 꺾어 바치겠나이다.	꽃을 꺾어 바치겠나이다.
〈양주동 풀이〉	〈김완진 풀이〉

핵심정리

- **작자** 실명 노옹(失名老翁)
- **갈래** 4구체 향가
- **성격** 민요적
- **주제** 꽃을 바침, 아름다움 찬양
- **의의** 신라인의 소박하고 보편적인 미의식을 보여 주는 서정시
- **출전** 『삼국유사(三國遺事)』

이해와 감상

| 배경 |

신라 성덕왕 때에 순정공(純正公)이 강릉 태수로 부임하는 도중 바닷가에서 점심을 먹었다. 그 옆에는 천 길 높이의 바위 봉우리가 있어 병풍과 같이 바다를 둘렀으며 꼭대기 위에는 철쭉꽃이 만발하게 피어 있었다. 공의 부인인 수로가 그것을 보고 자기를 모시고 가던 사람들에게 청하였다.
"누가 저 꽃을 꺾어다 주겠소?"
옆에 있던 무리가 대답하기를, "그곳은 사람의 발자취가 이르지 못하는 곳입니다."하며 위험하여 모두 불가능한 일이라고 하였다.
그때, 암소를 끌고 지나가던 한 노인이 부인의 말을 듣고 꽃을 꺾어 바치며 노래를 지어 불렀다 한다.

| 해설 |

이 작품은 신라가 삼국을 통일한 후, 태평성대인 제33대 성덕왕 때 어느 노인이 지은 민요풍의 4구체의 향가이다.
수로부인이 바닷가에서 한 길이나 되는 절벽 위에 피어 있는 꽃을 탐내지만, 주위의 모든 사람은 도저히 꺾을 수 없다고 하는데, 지나가던 한 노인이 천 길 높이의 벼랑을 올라가 꽃을 꺾어다 바쳤다는 것에서 신라인들의 낭만적인 면을 엿볼 수 있다. 또한, 노인이 꽃을 주면서 자신이 너무 늙었기에 '나를 부끄러워하지 않는다면'이라고 한 표현 속에서 자조와 해학적인 면을 발견할 수 있다. 아주 간결하면서도 낭만적인 멋을 지닌 작품이다. 이 시는 주술성이나 종교적 색채 없이 아름다움의 상징적 이물인 수로 부인에 대한 순수한 예찬을 표현한 구애의 노래로, 신라인의 미의식을 전형적으로 보여 주는 작품이라 할 수 있다.
이 노래는 『삼국유사』에 「해가사」와 함께 전하는데, 「해가사」는 한역되어 전하고, 「헌화가」는 향찰로 전한다. 배경 설화는 「해가사」와 연결되어 전해진다.

| 감상 |

　노인의 몸에도 불구하고 아름다운 여인을 위해 목숨을 걸고 벼랑 끝의 꽃을 꺾어 바치는 노인의 순수성을 느낄 수 있다. 여기서 우리는 노인의 낭만적인 행동뿐만 아니라 수로 부인의 아름다움에 주목할 필요가 있다. 부인이 아름다웠기 때문에 한 노인이 생명을 걸고 벼랑을 탈 수 있었으며, 바닷속의 용까지 흠모한 것이다. 부인이 아름답지 않았다면 용에게 잡혀간 수로 부인을 구하기 위해 여러 사람이 노래를 부르지는 않았을 것이다. 결국, 그 '아름다움'에 육체가 쇠한 한 노인이 죽음의 결단을 서슴지 않고 여인이 원하는 아름다움(꽃)을 찾기 위해 천 길 벼랑에 올라가는 위험을 감수한 것이다.
　노인이 그 어려운 일을 했으나 종자(從者)들은 그렇게 하지 못했다는 점에서 '아름다움'의 진실한 의미가 무엇인지 생각해 볼 수 있다. 실용적인 면에만 매여 있는 종자들은 도저히 미(美)를 알아볼 수 없으며, 아름다움을 알아볼 수 있는 것은 위대한 인격을 소유한 어느 노인이나 바닷속의 용, 노래를 부르는 민중인 것이다.
　그러므로 세상살이를 풍부하게 경험한, 청년이 아닌 노인을 등장시켜 부인의 아름다움을 찾고자 한 듯하다. 이런 점에서 수로 부인의 아름다움은 단순히 겉으로 드러나는 미모만이 아니라 내면의 아름다움이 외모의 아름다움과 조화를 이루었으리라. 여기에서 우리는 진정한 아름다움이 무엇인지 생각해 보아야 할 것이다.

❶ 견우 노인의 정체

　이 작품의 주인공인 노인과 수로 부인은 구애의 노래를 주고받을 수 있는 일반적인 남녀 관계가 아니다. 게다가 노인이 아무도 오르지 못하는 높은 절벽을 올라 꽃을 꺾어왔다는 점에서 비범한 신화적 인물이라는 것을 알 수 있다. 즉 인간의 아름다움이 초자연적 존재까지 감동시킬 수 있었음을 보여주는 것이다.

작품 4 ▶ 제망매가(祭亡妹歌)

❖ 출제방향
- 이 노래의 주제
- 10구체 향가의 구성상 특징
- 배경 설화를 통해 제망매가의 주술성 이해
- 표현상의 특징 : 비유에 의한 시적 형상화

生死路隱	생사로(生死路)는	생사(生死)길흔
此矣有阿米次肹伊遣	예 이샤매 저히고,	이에 이샤매 머뭇그리고
吾隱去內如辭叱都	나는 가느다 말ㅅ도	나는 가느다 말ㅅ도
毛如云遣去內尼叱古	몯다 닏고 가느닛고.	몯다 니르고 가느닛고.
於內秋察早隱風未	어느 ᄀᆞ᠆ᆯ 이른 ᄇᆞᄅᆞ매	어느 ᄀᆞᄋᆞᆯ 이른 ᄇᆞᄅᆞ매
此矣彼矣浮良落尸葉如	이에 저에 떠딜 닙다이	이에 뎌에 ᄠᅳ러딜 닙ᄀᆞᆮ
一等隱枝良出古	ᄒᆞᄃᆞᆫ 가재 나고	ᄒᆞᄃᆞᆫ 가지라 나고
去奴隱處毛冬乎丁	가논 곧 모ᄃᆞ온뎌.	가논 곧 모ᄃᆞ론뎌
阿也彌陀刹良逢乎吾	아으 미타찰(彌陀刹)애 맛보올 내	아야 미타찰(彌陀刹)아 맛보올 나
道修良待是古如	도(道) 닷가 기드리고다.	도(道) 닷가 기드리고다.
	〈양주동 해독〉	〈김완진 해독〉

생사의 길은	삶과 죽음의 길은
여기에 있으매 두려워	이(이승)에 있음에 두려워하여
나는 갑니다 하는 말도	나는(죽은 누이를 이름) 간다고 말도
다 못하고 가버렸는가.	못 다 이르고 갔는가
어느 가을 이른 바람에	어느 가을 이른 바람에
여기저기 떨어지는 잎처럼	여기 저기에 떨어지는 나뭇잎처럼
한 가지에서 났지만	같은 나뭇가지(한 어버이)에 나고서도
가는 곳 모르겠구나	(네가) 가는 곳을 모르겠구나
아아 미타찰에서 만나볼 나는	아으 극락세계(저승)에서 만나 볼 나는
도를 닦으며 기다리련다.	불도(佛道)를 닦아서 기다리겠다
〈양주동 풀이〉	〈김완진 풀이〉

핵심정리

- **작자** 월명사(月明師)
  (신라의 승려. 경주 사천왕사에 있었으며, 달 밝은 밤에 피리를 불면 달이 그의 길을 밝혀 주어 이름을 '월명사'라 불렀다고 함. 향가를 잘 지어 작품으로 「도솔가(兜率歌)」, 「제망매가」가 전하며 「산화가(散花歌)」를 지었다고 하나 지금은 전하지 않음)
- **갈래** 10구체 향가, 불찬 추도가(佛讚追悼歌 : 죽은 누이의 재를 올리며 미타 신앙을 호소)
- **연대** 신라 경덕왕 때
- **표현** 비유법, 상징법
- **사상** 불교 아미타 사상
- **주제** 죽은 누이의 명복을 빎
- **의의** ① 뛰어난 비유를 통해 인간고(人間苦)의 종교적 승화를 노래
  ② 충담사의 「찬기파랑가」와 함께 현전하는 향가 중 가장 빼어난 서정적 작품
- **이칭(異稱)** 「제망매영재가(祭亡妹營齋歌)」
- **성격** 애상적, 추모적, 종교적
- **출전** 『삼국유사(三國遺事)』

이해와 감상

| 배경 |

신라 서라벌의 사천왕사(四川王寺)에는 피리를 잘 부는 한 스님이 있었다. 그의 이름은 월명이었는데, 피리의 명수인 월명이 일찍이 달 밝은 밤에 피리를 불며 문 앞 큰길을 지나가니, 달이 그를 위해 가기를 멈추었다. 그래서 그 동리 이름을 '월명리'라 하고, 그의 이름 '월명'도 여기서 유래한 것이다.

그는 향가도 잘 지어 일찍이 죽은 누이를 위하여 재(齋)를 올릴 때 향가를 지어 제사를 지었다. 이렇게 노래를 불러 제사를 지냈더니, 문득 광풍이 불어 종이돈이 서쪽으로 날려 사라졌다.

| 해설 |

신라 경덕왕 때의 월명사가 죽은 누이를 추모하여 지은 10구체 향가로 「위망매영재가(爲亡妹營齋歌)」라고도 한다. 『삼국유사』의 기록에 따르면 월명사가 재를 올리며 이 노래를 불렀더니 갑자기 회오리바람이 일어 지전(紙錢)이 서쪽으로 날아갔다고 한다. 이런 점에서 주술성을 지닌 노래라고 할 수 있지만, 이 노래의 근본적 지향은 혈육의 죽음으로 인한 정서의 표출이므로 순수 서정시의 단계에 이른 작품으로 볼 수 있다. 이 시는 단순히 죽음을 감상적으로 표백하는 데 그치지 않고 삶과 죽음의 문제를 깊이 성찰하고, 뛰어난 비유로 그려낸 작품으로 향가 가운데서도 특히 뛰어난 문학성과 고도의 서정성을 지니고 있다는 평가를 받고 있다.

이 노래는 누이와의 사별(死別)로 인해 인생의 무상함을 느끼고 슬픔과 비탄에 젖기도 하지만, 이를 종교적으로 잘 승화시켜 다시 만날 것을 다짐하는 불교적인 윤회(輪廻) 사상을 바탕으로 하고 있다.

이 노래 역시 대부분의 10구체 향가와 마찬가지로 '기 – 서 – 결'의 세 단락의 시상 전개 구조를 보인다. 기(1~4구)에서는 누이의 죽음에 직면한 현재 상황을 제시하여 자연의 냉혹한 섭리에 대한 두려움과 누이에 대한 추모의 정을 노래했고, 서(5~8구)에서는 자신과 누이의 관계를 한 가지에 난 나뭇잎으로 견주는 뛰어난 비유를 통해 개인의 고뇌를 인간의 보편적 운명과 괴로움으로 확대한다. 즉, 누이와의 속세에서의 인연을 생각하는 과거를 통해 삶의 무상함을 노래하고 있다. 결(9~10구)인 낙구에서는 극락에서의 만남이라는 미래를 설정하여, 누이를 극락세계에서 다시 만날 것을 다짐하고 있다. 이와 같은 '현재 – 과거 – 미래'의 설정은 불교에서 말하는 삼세 윤회(三世輪廻)의 진리를 표상한 것으로 작가의 뛰어난 기교를 엿볼 수 있다.

| 감상 |

내용에 있어서도 이 노래는 단순히 누이의 죽음을 애도하고 인생의 무상함을 노래하는 데 그치지 않고 이를 초극하려는 내면적 의지를 보임으로써, 누이의 죽음이라는 현실에서 비롯된 갈등을 문학적으로 잘 극복하고 있다.

이 노래는 10구체 향가로 내용상 세 단락으로 나뉘지고, 셋째 단락의 첫머리에 감탄사가 놓이는 것이 일반적인데 이 작품도 그러한 틀을 지키고 있다.

이 노래는 첫 단락에서 누이의 죽음을 직면한 현재를, 둘째 단락에서는 누이와의 속세의 인연을 기린 과거를, 그리고 마지막 단락에서는 서방 정토(西方淨土)에서의 만남이라는 미래를 노래 하고 있어 불교의 삼세 윤회(三世輪廻)의 진리를 바탕으로 하고 있다. 때문에 월명사는 죽은 누이 동생을 애도하는 데 머무르지 않고, 그것을 빌어 불교 신앙, 특히 대승(大乘)의 아미타(阿彌陀)신앙에의 귀의(歸依)를 노래하며, 죽음에 직면한 슬픔을 회자정리(會者定離)의 불교 정신을 바탕으로 새로운 만남을 기약하고 있다. 이러한 표현법은 한용운(韓龍雲)의 '님의 침묵'에서도 발견되는 이미지로 인간적인 슬픔을 종교적 정신 세계로 정화하여 초극하려 하고 있다.

첫째 단락에서는 요절(夭折)한 누이에 대한 인간적인 안타까움을 노래하였고, 둘째 단락에서는 '죽음=낙엽', '형제=같은 가지에 난 잎사귀'와 같은 적절한 비유를 통해 애틋한 혈육의 정을 구체화시키고 있다. 셋째 단락에는 인간적인 슬픔과 고뇌를 종교적인 숭고함으로 제어하여 승화시키는 차원 높은 정신 세계가 잘 나타나 있다.

죽은 누이에 대한 애절한 심정을 내세(來世)에서 다시 만날 기약(불교의 윤회사상)으로 극복한 선인들의 드높은 정신 세계는, 이기적이고 충동적인 현대인의 행동 양식을 되돌아보게 하기에 충분한 작품으로 불교의 숭고한 신앙을 바탕으로 서정성이 뛰어나며 비유와 상징이 두드러진 작품으로 평가받고 있다.

이 노래는 제의식에서 죽은 자의 명복을 빌기 위한 것이며 나아가 극락왕생을 천도한 노래로 일종의 축(祝)과 같은 것이다. 그러나 그런 의식적 형태에만 얽매이지 않고 누이의 죽음을 계기로 하여 죽음에 대한 인식과 그것에서 느끼는 정서를 표현한 개성적인 서정시이기도 하다.

1 표현상의 특징

구	표현상의 특징
5구	• 누이의 요절(夭折)을 표현 • '바람' : 삶과 죽음을 가르는 자연의 섭리를 비유
6구	• 죽음으로 인한 혈육 간의 이별을 표현 • '잎' : 형제 자매를 비유
7구	• 남매 간의 혈연 관계를 표현 • '한 가지' : 부모를 비유
8구	• 감탄 어법으로 삶의 덧없음과 죽음의 고뇌를 표현
9구	• '아아' : 10구체 향가의 형식적 특징인 낙구 • 앞에서 보인 심화된 고뇌의 극한에서 터져 나오는 탄식이자, 종교적 초극이 이루어지는 전환점
10구	• 작가의 승려로서의 면모가 드러나며, 삶의 무상함을 뛰어넘어 슬픔의 종교적 승화를 이룸

2 「제망매가」에 나타난 주술성

「제망매가」는 월명사가 죽은 누이를 위하여 이 노래를 지어 제사를 지냈더니 광풍(狂風)이 불어 지전(紙錢)을 서쪽으로 날려 보냈다는 배경 설화와 함께 전해지는데, 이는 향가가 하늘과 땅을 움직이고 귀신을 감동시키는 주술성을 가지고 있음을 말해 주는 것이다.

3 죽음에 대한 시적 화자의 태도

이 작품의 시적 화자는 누이의 갑작스러운 죽음으로 인해 안타까움과 인생의 허무함과 같은 인간적인 정서를 느끼지만, 이러한 감정을 감상적으로 표출하지 않고 삶과 죽음의 문제에 대한 진지한 성찰의 자세를 보인다. 그리하여 낙구에서 시적 화자는 혈육의 죽음으로 인한 슬픔을 불교적 믿음으로 극복, 승화하여 수용하고 있다.

〈'죽음'을 다룬 다른 작품과의 비교〉

작품	죽음의 대상	시적 화자의 태도
「공무도하가」	임(남편)	'가신 임을 어이할꼬?'라며 체념
정지용, 「유리창」	자식	비유적 이미지에 의한 감정 절제
김소월, 「초혼」	사랑하는 임	비극적, 절규하는 목소리로 슬픔을 표출
박목월, 「하관」	아우	경건하고 담담한 목소리로 그리움을 표현
천상병, 「귀천」	화자 자신	죽음을 필연적이고 긍정적으로 인식

> **참고** 유사한 내용의 현대시 – 한용운 「님의 침묵」
>
> 　한용운의 「님의 침묵」은 임과 이별한 상황에서도 임과의 재회를 기약하고 영원한 사랑을 다짐하는 내용의 작품이다. 「제망매가」와 「님의 침묵」에는 이별을 영원한 단절로 이해하는 것이 아니라, 새로운 만남이 예정되어 있다고 보는 일종의 낙관론과 종교적 신념이 잘 드러난다. 두 작품 모두 만남과 이별이 대립적인 자질이 아니라, 만남 뒤의 이별, 이별 뒤의 만남이 지속됨으로써 결국 만남과 이별이 나누어지지 않고 하나일 수 있다는 일원론적 세계 인식의 한 단면을 잘 보여준다.
>
> 　「제망매가」의 마지막 단락에서 이승에서의 슬픔과 고뇌를 불교적 신앙에 의해 초극하고 내세에서의 만남이라는 미래를 노래함으로써 불교의 삼세 윤회(三世輪廻)를 시적 구조의 차원으로 승화시키고 있다.
>
> 　죽음에 직면한 슬픔을 회자정리(會者定離)의 불교 정신으로 초극하려는 시도는 한용운의 「님의 침묵」에서도 발견된다.

기출문제

※ (1 ~ 2) 다음 글을 읽고 물음에 답하시오. [총 7점]

(가)
生死路는
예 이샤매 저히고
나는 가느다 말ㅅ도
몯다 닏고 가느닛고
어느 ㄱ술 이른 ㅂㄹ매
이에 저에 뻐딜 닙다이
ㅎ든 가재 나고
가논 곧 모드온뎌
아으 彌陀刹애 맛보올 내
道 닷가 기드리고다

— 월명사, 「제망매가」〈양주동 해독〉

(나)
내 님믈 그리ᅀᆞ와 우니다니
山 졉동새 난 이슷ᄒᆞ요이다
아니시며 거츠르신들 아으
殘月曉星이 아ᄅᆞ시리이다
넉시라도 님은 ᄒᆞᆫ딕 녀겨라 아으
벼기더시니 뉘러시니잇가
過도 허믈도 千萬 업소이다
믈힛마리신뎌
ᄉᆞᆯ읏븐뎌 아으
니미 나를 ᄒᆞ마 니즈시니잇가
아소 님하 도람 드르샤 괴오쇼셔

— 「정과정」, 『악학궤범』

(다)
나모도 바히돌도 업슨 뫼헤 매게 쪼친 가토리 안과
大川 바다 한가온대 一千石 시른 ᄇᆡ에 노도 일코 닷도 일코 뇽총도 근코 돗대도 것고 치도 싸지고 ᄇᆞ람 부러 물결 치고 안개 뒤셧계 ᄌᆞ자진 날에 갈 길은 千里 萬里 나믄듸 四面이 거머어득 져뭇 天地 寂寞 가치노을 쩟ᄂᆞᆫ듸 水賊 만난 都沙工의 안과
엇그제 님 여휜 내 안히야 엇다가 ᄀᆞ을ᄒᆞ리오

— 『진본 청구영언』, 사설시조

1. (가) ~ (다)에 나타난 '이별'의 내용과 그에 대한 화자의 태도를 비교하여 서술하시오. [4점]

2003년 기출 7-1번

🔍 **출제기관 채점기준**

① '이별의 내용'과 ② '화자의 태도'에 대한 배점을 각 2점으로 하고, ①, ② 각 항에서 세 작품의 차이점을 옳게 쓰면 2점, 두 작품만 옳게 쓰면 1점씩 주어 1점 ~ 4점으로 점수 부여

※ 점수 부여
  4점 – ①, ② 두 항에서 세 작품의 차이점을 다 옳게 쓸 경우
  3점 – ①, ② 중 어느 한 항에서 한 작품에 대한 설명이 틀리거나 없는 경우
  2점 – ①, ② 중 어느 한 항에서 세 작품의 차이를 옳게 쓴 경우
  1점 – ①, ② 두 항에서 두 작품에 대한 설명만 옳은 경우
  예 ①에서는 (가)와 (나) 작품에 대한 설명이 맞고, ②에서는 (가)와 (다)의 설명이 맞는 경우 등

📝 **출제기관 제시답안**

(가)에는 누이의 죽음으로 인한 혈육 간의 사별이 나타나 있다. (나)에는 간신의 모함으로 인한 군신 간의 이별이 나타나 있다. (다)에서는 사랑하는 사람과의 사별로 인한 안타까움을 드러내고 있다.

(가)는 만남에 대한 희망을 드러내지만, 그것이 현세에서는 불가능하여 내세에서 이루어지기를 바라고, (나)는 현세에서 모함을 벗고 임금의 총애를 받게 될 희망을 드러내었다. 그리고 (다)는 사랑하는 님을 잃은 화자의 절망이 드러난다.

2. (가)와 (나)를 감상할 때 작가, 제목, 배경 설화 등과 같은 배경 지식을 고려하는 경우와 고려하지 않는 경우, 작품 해석에는 어떤 차이가 있는지 서술하시오. [3점]

2003년 기출 7-2번

🔍 **출제기관 채점기준**

예시 답안 A, B 중 어떤 형태로 답하든 두 작품의 차이점을 다 쓰면 3점,
(가) 작품의 차이점만 옳게 쓰면 2점, (나) 작품의 차이점만 옳게 쓰면 1점 부여
※ (가) 작품의 차이점이 2점인 것은 ㉠과 ㉡을 함께 고려하여 단계별 채점을 하기 위한 것임
  (즉 차이점을 쓰되 ㉠과 ㉡을 다 썼느냐 둘 중 하나만 썼느냐에 차별을 둠)

※ 점수 부여
  3점 – 두 작품의 차이점을 다 쓴 경우
  2점 – (가) 작품의 차이점만 옳게 쓴 경우
    – (나) 작품의 차이점을 옳게 쓰고, (가) 작품의 ㉠과 ㉡ 중 하나가 빠져 있는 경우
  1점 – (가) 작품의 ㉠과 ㉡ 중 하나가 빠진 경우
    – (나) 작품만 옳게 쓴 경우

📝 **출제기관 제시답안**

(가)와 (나)를 감상할 때, 작가, 제목, 배경 설화 등을 고려한다면, 작가의 의도, 작품의 배경과 나타난 시대적 상황, 작품이 담고 있는 의미 등에 대해 좀 더 깊고 넓게 이해할 수 있지만, 고려하지 않는다면, 독자가 느끼는 표면적인 의미로만 이해하게 된다.

(가)의 경우 배경 지식을 고려한다면, 작자는 월명이라는 스님이며, 죽은 누이를 그리워하며 지었다는 점, 불교 사상을 바탕으로 하고 있다는 점 등을 알 수 있지만, 고려하지 않는다면 작자나 작자의 상황, 죽은 사람과의 관계에 대해서는 알지 못한다.

(나)의 경우 역시 배경 지식을 고려한다면, 이 작품이 고려 속요이고, 작가는 정서라는 신하인데 유배를 간 상황에서 임금에게 호소하는 내용이며, 여기서 님은 임금이라는 점 등을 알 수 있지만, 고려하지 않는다면 (나)를 단순히 님을 그리는 사랑의 내용으로만 이해하게 될 것이다.

3. 작품에 나타난 정서를 파악하여 문학의 효용을 이해하는 수업을 하고자 한다. 〈조건〉에 따라 수업 설계에 필요한 내용을 한 편의 글로 논술하시오. [20점]

2011년 기출 2번

(가)

生死路隱	生死 길은
此矣有阿米次肸伊遣	예 있으매 머뭇거리고,
吾隱去內如辭叱都	나는 간다는 말도
毛如云遣去內尼叱古	몯다 이르고 어찌 갑니까.
於內秋察早隱風未	어느 가을 이른 바람에
此矣彼矣浮良落尸葉如	이에 저에 떨어질 잎처럼,
一等隱枝良出古	한 가지에 나고
去奴隱處毛冬乎丁	가는 곳 모르온저.
阿也彌陀刹良逢乎吾	아아, 彌陀刹에서 만날 나
道修良待是古如	道 닦아 기다리겠노라.

- 월명사, 「제망매가」〈김완진 해독〉

(나)

잘두하네 잘두하네	오하월신 덴호리야
단호리 단참 매어를 주구서	오하월신 덴호리야
삼천리 방방에 곳곳마다	오하월신 덴호리야
풍년(豊年)이 들었으니	오하월신 덴호리야
저건너 김풍헌 거동을 보소	오하월신 덴호리야
노적가리를 달아를 놓며	오하월신 덴호리야
춤만둥실 추는구나	오하월신 덴호리야
올해두 풍녀 내년에두 풍년	오하월신 덴호리야
년년년년 풍년이 오면	오하월신 덴호리야
우리농부가 신이 나서	오하월신 덴호리야
태평성대(太平聖代)를 누립시다.	오하월신 덴호리야

- 「논매기 노래」

(다)

숙향이 다섯 살 되던 때에 병란(兵亂)이 일어나 형주를 침노(侵擄)하니 백성들이 피란하였다. 김생도 가족을 데리고 강릉으로 가다가 도중에서 도적을 만나 행장노복(行裝奴僕)을 다 잃어버리고 다만 부인과 함께 숙향을 업고 가다가 도적이 점점 가까이 오는지라 생이 능히 달아나지 못하고 부인더러 말하기를,

"사세(事勢) 위급하니 숙향을 바위틈에 감추어 두고 갔다가 도적이 간 후에 데려감이 어떻겠습니까?"

하니, 장씨가 울며 말하였다.

"첩은 숙향과 함께 죽을 것이니 낭군은 어서 몸을 피하십시오."

생이 또 말하였다.

"어찌 그대를 버리고 홀로 가리오? 차라리 셋이 함께 죽읍시다."

장씨가 거듭 말하기를,

"장부가 어찌 아녀자를 위하여 죽음을 취하겠습니까? 빨리 가십시오."
하였다. 생이 종내 응하지 아니하니 장씨가 어쩔 수 없이 숙향을 반야산 바위틈에 앉히고 꼈던 옥지환 한 짝을 숙향의 옷 안 고름에 채우고 찬밥을 표주박에 담아 주며 말하기를,
"이것을 먹고 기다리고 있으면 내일 와서 데려갈 것이니 울지 말고 기다려라."
하니 숙향이 발을 구르며 울며 말하기를,
"모친은 나를 버리고 어디로 가십니까"
하며 따르거늘, 김생이 무수히 달랠 즈음에 돌아보니 도적이 멀지 아니 하거늘 숙향을 어쩔 수 없이 그 바위틈에 버리고 장씨를 이끌고 산골짜기로 달아났다. 도적이 다다라 숙향을 보고 물었다.
"네 부모는 어디 가고 너 혼자 앉아 울고 있느냐?"
숙향이 그 말을 다 일러 말하니 도적이 죽이려 하였다. 그런데 그 중 한 늙은 도적이 말리며 말하기를,
"부모를 잃고 우는 아이를 죽여 무엇 하겠는가? 내가 그 아이 상(相)을 보니 훗날 귀히 될 것이니 죽이지 말게."
하고, 업어다가 마을 근처에 놓고 갔다.
숙향이 어찌할 바를 몰라 길가의 가시덤불 밑에 앉아서 부모를 부르며 있노라니 행인들이 불쌍히 여겨 밥도 주고 또 물도 주며 위로하여 말하기를,
"너를 데리고 가고 싶으나 내 자식도 간수(看守)하기가 어려우니 불쌍은 하다마는 어쩔 수가 없구나."
하였다.
이 때는 추구월(秋九月)이었다. 한풍(寒風)이 쌀쌀하여 밤이 되자 몸이 추워 잠을 이루지 못하고 잇노라니, 홀연 황새 한 쌍이 날아와 날개로 덮어 주므로 마음속으로 이상히 여겼으나 그 따스한 기운에 잠을 자고 깨어나 보니 날이 이미 밝았는지라 부모를 생각하여 부르짖으며 울었다. 문득 까치가 날아와 숙향의 무릎위에 앉아 울고 날아가거늘 숙향이 괴이하게 여겨 까치 가는 데로 따라가 여러 산을 넘어 한 곳에 다다르니 큰 마을이 있는지라 숙향이 울고 헤매었다. 이를 보고, 마을 사람이 물었다.
"너는 어떤 아이인데 울고 다니느냐?"
숙향이 말하였다.
숙향이 말하였다.
"부모님께서 '내일 와서 데려가마.' 하더니 아직까지도 오지 아니하기에 속절없이 울고 있습니다."
마을 사람이 말하기를,
"너는 필시 난중에 잃은 아이구나."
하고 먹을 것을 주고 갔다. 숙향이 갈 바를 몰라 주저하는데, 홀연 잔나비가 삶은 고기를 물어다가 주기를 받아먹으니, 배고픈 것을 진정할 수 있었다.

- 「숙향전」

〈조건〉
(1) (가) ~ (다)에 나타난 정서를 작품 내적 근거를 바탕으로 분석하여 지도 내용으로 제시할 것
(2) 정서에 주목하여 (가) ~ (다)의 효용을 설명하되, 당대 문학 향유 맥락과 관련지을 것
(3) (다)를 제재로 고전 문학의 정서가 지닌 현대적 효용을 학습자가 이해하는 데 필요한 학습 활동 2가지를 제시하고, 지도상의 유의점 2가지를 이유와 함께 설명할 것

예상 답안

　　정서를 파악하여 문학의 효용의 효용을 이해하기 위해서는 먼저 문학에 나타난 정서를 파악하고, 고전문학에 나타난 문학의 효용을 당대의 관점과 현대의 관점을 비교하여 제시해야 한다.

　　(가)는 혈육(누이)과 사별한 슬픔의 정서가 '생사길', '나는 간다는 말도 못다 이르고 간다'는 구절을 통해 죽음에 대해 나타나고, '한 가지에서 나다'는 것을 통해 그 죽음이 혈육의 죽음임을 알 수 있다. 작품에 나타난 혈육을 잃은 슬픔을 불교적 세계관(아미타 신앙, 서방정토)에서 다시 만날 것에 대한 기다림, 슬픔을 내세에서 만나고자 하는 기다림으로 극복하는 정서를 당대의 향유 맥락과 관련지으면 당대의 독자층 역시 당대의 불교적 기반 위에서 동병상련을 느끼고 추체험하면서 그러한 정서를 내면화한다. 이러한 효용은 현대적 효용과 크게 다르지 않다.

　　(나)에 나타나는 정서는 풍년을 맞은 기쁨과 흥겨움(신명)이다. 이는 '논매기를 한 후에 삼천리 방방곡곡마다 풍년이 들었다.', '우리 농부가 신이 나서 태평성대를 누립시다.'라는 노랫말을 통해 알 수 있다. 논매기 노래의 당대적 효용은 논매기라는 고된 노동의 상황에서 부른 노래로 힘겨운 노동을 흥을 통해 쉽게 할 수 있고, 여러 사람이 힘을 모아 함께 할 수 있다. 이를 통해 고된 노동이지만 풍년을 생각하며 극복할 수 있음을 드러내고 있다.

　　(다)의 경우 제시된 지문을 바탕으로 볼 때 주인공은 부모와 이별한 상황에서 느끼는 슬픔과 외로움의 정서를 나타내고, 한편으로는 부모 잃은 아이에 대한 배려와 동정의 정서를 읽을 수 있다. 이것은 지문에서 전란의 상황에서 도적에게 쫓겨 부모와 이별하고 숙향이 우는 장면과 도적이 숙향을 살려주고 사람들이 측은지심을 나타내는 모습을 통해 배려와 동정의 정서가 나타난다고 볼 수 있다. 여기에 나타난 정서의 당대적 효용은 당대 민중들의 고난(전란, 가난, 이별)을 겪는 부분을 통해 당대의 사람들이 동병상련의 마음을 지니게 되고 이를 통해 감정의 정화를 가져온다. 또한, 배려와 동정의 정서를 통해서는 어려운 상황에서 서로 돕는 삶의 자세와 인정, 공동체 의식을 느낄 수 있다.

　　(다)를 제재로 고전 문학의 정서가 지닌 현대적 효용을 이해하기 위한 학습 활동으로 '가족 이산의 원인이 되는 당대 및 현대 사회·문화적 배경을 이해한다'는 학습 과제를 통해 이산가족이 발생한 원인과 그 슬픔에 대해 이해한다는 효용을 파악할 수 있도록 한다. 또, '다른 인물들이 숙향(약자)을 대하는 태도를 현재의 관점에서 이해한다'는 학습 활동을 통해 사회에서 약자와 소외 계층에 대한 관심과 배려를 파악하도록 한다. 이와 같은 학습 활동을 지도할 때에는 고전 문학의 당대적 효용과 현대적 효용이 같을 수도 있고 다를 수도 있음을 알아야 하며, 어느 것을 긍정하고 부정하기보다 그 향유된 상황을 잘 이해시킬 필요가 있다. 한다. 또 문학 작품의 의미나 효용에 대한 평가가 고정된 것이 아니라 시대에 따라 가변적일 수 있다는 점을 주의하면서 고전이 고전으로 평가받을 수 있는 근거를 생각하도록 한다.

작품 5 ▶▶ 찬기파랑가(讚耆婆郎歌)

> ❖ **출제방향**
> - 10구체 향가의 형태적 특징
> - 이 노래에 투영된 화랑의 모습
> - 이 작품에 쓰인 시어의 문맥적 의미
> - 주제가 문학적으로 형상화되는 양상
> - 내용과 당대의 삶이 어떤 관계를 가지는지 파악

咽嗚爾處米	열치매	늣겨곰 ᄇᆞ라매
露曉邪隱月羅理	나토얀 ᄃᆞ리	이슬 볼갼 ᄃᆞ라리
白雲音逐于浮去隱安支下	힌구룸 조초 ᄠᅥ가ᄂᆞᆫ 안디하	힌 구룸 조초 ᄠᅥ간 언저레
沙是八陵隱汀理也中	새파ᄅᆞᆫ 나리여ᄒᆡ	몰이 가ᄅᆞᆫ 믈서리여ᄒᆡ
耆郎矣皃史是史藪邪	기랑(耆郎)이 즈ᄉᆡ 이슈라.	기랑(耆郎)이 즈ᄉᆡ올시 수프리야.
逸烏川理叱磧惡希	일로 나리ㅅ 진벽히	일오(逸烏)나릿 ᄌᆡ벼긔
郞也持以支如賜烏隱	郎(낭)이 디니다샤온	낭(郎)이여 디니더시온
心未際叱肹逐內良齊	ᄆᆞᅀᆞᄆᆡ ᄀᆞᇀ홀 좇ᄂᆞ아져.	ᄆᆞᅀᆞᄆᆡ ᄀᆞᇫ을 좃나라져
阿耶栢史叱枝次高支好	아으, 잣ㅅ가지 노파	아야 자싯가지 노포
雪是毛冬乃乎尸花判也	서리 몯누올 花判(화반)이여.	누니 모ᄃᆞᆯ 두폴 곳가리여.
	〈양주동 해독〉	〈김완진 해독〉

열치매	흐느끼며 바라보매
나타난 달이	이슬 밝힌 달이
흰구름 따라가는 것 아니냐?	흰 구름 따라 떠간 언저리에
새파란 냇가에	모래 가른 물가에
기파랑의 모습이 있구나	기랑(耆郎)의 모습이올시(모습과 같은) 수풀이여.
이로부터 냇가 조약에	일오(逸烏) 내 자갈 벌에서
낭의 지니시던	낭(郎)이 지니시던
마음의 끝을 따르련다	마음의 갓(끝)을 좇고(따르고) 있노라.
아아 잣가지처럼 높아	아아, 잣나무 가지가 높아
서리를 모를 화랑이여	눈이라도 덮지 못할 고깔이여(화랑의 우두머리여.)
〈양주동 풀이〉	〈김완진 풀이〉

📢 핵심정리

- ▷ **작자** 충담사(忠談師), 신라의 승려
- ▷ **갈래** 10구체 향가
- ▷ **연대** 신라 경덕왕 때
- ▷ **성격** 추모가, 서정적
- ▷ **표현** 은유법, 상징법, 문답법
- ▷ **주제** 기파랑의 고매한 인품을 추모
- ▷ **출전** 『삼국유사(三國遺事)』
- ▷ **특징**
  ① '사뇌가(詞腦歌)'라는 명칭이 붙어 '찬기파랑사뇌가'라고도 불림
  ② 대상과의 문답을 통해 찬양의 효과를 극대화

▷ 의의
① 「제망매가」와 함께 표현 기교 및 서정성이 돋보이는 향가의 백미
② 종교적 색채나 주술성이 없는 순수 서정시
③ 우리 시가에서 흔히 볼 수 있는 애상적인 면이 없고, 미래 지향적이고 진취적인 기상과 의지가 엿보이는 작품

이해와 감상

배경

신라 제35대 경덕왕이 나라를 다스린 지 24년 만에 오악, 삼산의 신들이 간혹 육신을 나타내어 대궐 뜰에서 왕을 모시었다. 경덕왕 24년 3월 3일 왕이 귀정문(歸正門) 누상(樓上)에 납시어 측근에게 말하기를, "누가 길에서 영복승(營服僧) 하나를 데려오겠느냐." 하고 물었다.

그때 마침 위의(威儀)있는 대덕이 지나가는 것을 보고 왕에게 보이니, 왕은 "이 사람은 내가 말하는 영복승이 아니다."라고 그를 돌려보냈다. 또, 한 중이 장삼에 앵통(櫻筒)을 지고 남쪽에서 걸어 오길래 왕이 반갑게 누상에 맞아들여 그 앵통을 보니 다구(茶具)만 담겨 있었다.

왕이 "그대는 누구이며, 어디에서 오는 길이냐?" 하고 물으니, 그는 "충담(忠談)입니다. 매년 3월 3일과 9월 9일에 차를 달여 남산 삼화령(三花嶺)의 미륵세존에게 바치는데, 오늘도 또한 차를 올리고 돌아오는 길입니다." 라고 하였다.

왕이 차 한 잔을 달라고 하자, 충담이 차를 달여 바치었다. 차 맛이 독특하고 그릇 속에서도 향기가 풍겼다.

왕이 다시 묻기를, "일찍이 들으니 그대가 지은 사뇌가의 뜻이 대단히 깊다 하던데 과연 그러한가?" 하니 "그렇습니다." 충담이 대답하였다.

왕이 "그렇다면 나를 위하여 이 백성을 다스릴 만한 편안한 노래를 지어주오." 하니, 충담사가 그에 따라 「안민가」와 「찬기파랑가」를 지어 바쳤다. 왕이 그를 아름답게 여겨 왕사(王師)로 봉하니, 충담사는 두 번 절하고 굳이 사양하며 받지 않았다.

해설

기파랑을 찬양하는 노래라는 뜻의 제목을 지닌 이 작품은 신라 경덕왕 때 승려 충담사가 화랑인 기파랑을 추모하며 지은 10구체 향가로, 『삼국유사』의 '경덕왕 충담사 표훈대덕(表訓大德)'조에 전한다. 이 노래의 화자는 달이 이슬을 밝히고 떠나간 모습을 흐느끼며 바라본다. 또 모래 언덕 깊숙이 냇물이 갈라 들어간 강변에서 기파랑의 모습을 보지만 실은 착각이었고 화자는 다시 '일오내' 자갈벌에서 기파랑이 지녔던 숭고한 마음의 끝을 찾아 헤맨다. 그리하여 기파랑의 정신은 하늘 높이 솟은 잣나무 가지와 같아서 눈이라도 덮을 수 없는 모습이라고 찬양한다.

이 노래는 기파랑이 화랑으로서 평소 지녔던 인품을 기리면서, 그 고고(孤高)한 인품을 직접 언급하지 않고 자연물인 달과 화자의 문답 형식으로 은연중에 나타내고 있다. 즉 이 노래는 달과의 문답을 통해 기파랑의 인품을 찬양한 작품이며, 하늘의 달마저 기파랑의 뜻을 따르고 있다고 함으로써 기파랑에 대한 찬양이 효과적으로 이루어지고 있다.

이처럼 이 시는 기파랑의 인품을 열거하거나 모습을 직접 묘사하는 대신 고도의 비유와 상징을 사용하여 세련되게 표현하였다. 또한 흰색(눈)과 푸른색(잣나무)의 색채 대비를 통해 기파랑의 인품을 표상하였으며, 수평적인 것(구름, 시냇물)과 수직적인 것(달, 잣나무)이 꽉 짜인 공간적인 조형미를 구축하고 있다. 이러한 점에서 이 작품은 당대에 그 뜻이 매우 고상하다는 평판을 얻어 문학성이 뛰어난 향가 작품으로 손에 꼽힌다.

감상

이 노래에 '달'은 기파랑을 상징하는데 달은 서정적 자아가 바라보는 광명의 달이며, 그를 통하여 기파랑의 고매한 자태를 그려볼 수 있는 그리움이 어려 있는 달이다.

낙구의 '잣나무'는 기파랑의 고결한 인품을 알 수 있게 해주며, 곧게 뻗은 가지는 강직한 성품을 나타내 주고 있다. '서리'는 잣나무에 닥치는 시련이나 역경 혹은 유혹을 비유하는 것이라면, 이 '잣가지'와 '서리'는 서로 대비가 되어 기파랑의 인격을 역경에 굴하지 않는 고고한 것으로 표현해 주고 있다. 문답 형식의 의인법을 구사함으로써 시상이 '잣가지'에 응결된다. 특히 '마음의 끝을 좇누아져'는 기파랑에 대한 흠모가 가장 잘 나타나 있는 부분으로 그 표현법이 놀랍다.

이 노래에서 최고의 묘기(妙技)를 보여주는 시상은 역시 제8구의 '마음의 끝을 좇누아져'에 있다. 달이 서쪽으로 감은

그저 간다는 것이 아니라 '냇가 모래 위에 기랑이 서서 지녔던 마음의 끝을 좇아감'이라고 달이 답하는 것이다.

이 시를 읽는 독자로 하여금 눈을 감으면, '천 년 전 어느 달밤 냇가 흰 모래 위에 홀로 우뚝 서서 멀리 아득히 서쪽 하늘을 바라보며, 무한한 동경과 머나먼 이상을 그리던 기파랑의 고고한 자태와 인격'이 눈앞에 선연히 떠오르게 한다. 기파랑을 만나면 전혀 알지 못하는 사람이라도 이 노래를 통해 기파랑의 고매한 인격에 반하게 되고, 이 노래의 작자와 마찬가지로 '기파랑'을 흠모하는 마음을 갖게 될 것이다.

1 소재의 함축적 의미

소재	함축적 의미
달	흔히 광명과 염원을 상징하는데, 여기에서의 달은 시적 화자에게 높이 우러러보이는 존재이다. 그래서 화자는 달을 통하여 기파랑의 고매한 자태를 그려볼 수 있다. 즉, 달에는 기파랑에 대한 시적 화자의 그리움이 투영되어 있다.
시내	천상의 달이 지상의 냇물에 비치고 있으므로, '시내'는 기파랑의 청순한 인품을 부각하는 것이다.
조약돌	모서리가 둥근 소재의 속성을 통해 기파랑의 원만하고 강직한 인품을 나타내고 있다.
잣가지	시련이나 역경과 같은 세속적 유혹을 뜻하는 '서리'와 대립되는 이미지로서 고난과 역경에 굴하지 않는 기파랑의 고결한 절개를 상징한다.

2 작품에 대한 해석

이 작품에 대한 해석은 크게 두 가지로 나뉜다.

〈양주동 해독〉에 따르면 물음(1 ~ 3구)과, 그 물음에 대한 답사(4 ~ 8구), 그리고 결사(9 ~ 10구)의 3단 구성을 취하고 있으며, 낙구의 첫머리에 '아야'라는 감탄사가 있어 10구체 향가의 전형적인 모습을 보여준다. 그러나 일반적인 10구체 향가가 4구·4구·2구로 구성된 데 반해, 이 노래는 3구·5구·2구로 구성되었다는 형식적인 특징도 가지고 있다.

〈김완진 해독〉에 따르면 이 시는 화자의 독백 형식으로 이루어져 있다. 1 ~ 5구는 기파랑을 생각하며 그의 부재에 대한 안타까움을, 6 ~ 8구는 기파랑의 고매한 인격을 본받으려는 화자의 의지를, 9 ~ 10구는 기파랑의 인품을 찬양하면서 흠모의 정을 표현했다고 해석한다. 그러나 〈양주동 해독〉에 따르면 이 시는 화자와 달의 문답으로 이루어져 있다고 볼 수 있다. 1 ~ 3구는 화자가 기파랑의 모습을 생각하면서 달에 묻고, 4 ~ 8구는 화자의 물음에 대한 달의 대답으로 기파랑의 고매한 인품을 찬양하고 있으며, 9 ~ 10구는 화자의 독백으로 기파랑의 높은 절개를 예찬한 것으로 본다.

또한, 첫 구절을 '흐느끼며 바라보매'로 해석할 경우 서정적인 분위기가 강조되고 감상적인 시가 되지만, '열치매'로 해석할 경우 앞뒤 긴말이 줄어들어 시적 긴장도가 높아진다. 주요 시어의 의미 차이는 아래와 같다.

시어	김완진 해독	양주동 해독
달	상상을 통해 접근하는 대상	현재 직접 볼 수 있는 대상
물	시적 화자가 존재하는 공간	푸르고 맑은 정신세계를 비추는 대상
돌	자갈 벌	조약돌

> **참고** 함께 읽으면 좋은 작품 – 득오 「모죽지랑가」
>
> 「모죽지랑가」는 신라 효소왕 때 낭도인 득오가 죽지랑이라는 화랑을 추모, 사모하여 지었다는 향가이다. 두 작품 모두 화랑을 기리고 그리워하는 노래라는 점에서 공통점을 지닌다. 그러나 형식적인 면에서 「찬기파랑가」는 10구체 향가인 반면, 「모죽지랑가」는 8구체 향가라는 차이가 있다. 또한, 서정적 주체의 태도 면에서 「찬기파랑가」는 기파랑의 고결한 인품을 예찬하는 것이 중심이 된 반면, 「모죽지랑가」는 인생무상의 정감이 주를 이룬다는 점에서 차이가 있다.

예상문제

※ (1 ~ 3) 아래 작품을 읽고 조건에 맞게 답하시오.

(가)
오백년(五百年) 도읍지(都邑地)를 필마(匹馬)로 도라드니,
산천(山川)은 의구(依舊)ㅎ되 인걸(人傑)은 간 듸 업다.
어즈버, 태평연월(太平烟月)이 쑴이런가 ㅎ노라.
- 길재(吉再), 「오백년(五百年) 도읍지(都邑地)를」

(나)
호미도 늘히언마ᄅᆞᄂᆞᆫ
낟ᄀᆞ티 들 리도 업스니이다
아바님도 어이어신마ᄅᆞᄂᆞᆫ
위 덩더둥셩
어마님ᄀᆞ티 괴시리 업세라.
아소 님하
어마님ᄀᆞ티 괴시리 업세라.
-「사모곡(思母曲)」

(다)
열치매
나토얀 ᄃᆞ리
힌구롬 조초 ᄢᅥ가ᄂᆞᆫ 안디하
새파른 나리여희
기랑(耆郎)의 즈ᅀᅵ 이슈라
일로 나리ㅅ 직벽힉
낭(郞)의 디니다샤온
ᄆᆞᅀᆞ믹 ᄀᆞᇂ홀 좇누아져
아으, 잣ㅅ가지 노파
서리 몯누올 화반(花判)이여
-「찬기파랑가(讚耆婆郎歌)」

1. 위의 세 작품에서 시어의 대립 관계를 활용하여 주제를 각각 밝히고, 시어의 대립 관계를 이해하는 것이 왜 중요한지 밝히시오. [4점]

📝 **예상 답안**

① (가) 인걸의 사라짐과 산천의 의구함을 통해 느끼는 인생 무상(인걸과 산천의 대비를 통해 느끼는 망국의 한)
(나) 아바님보다 더 깊은 어마님의 사랑(혹은 호미같은 아버지의 사랑보다 낫같이 더 깊은 어머니의 사랑)
(다) 서리가 범치 못할 잣가지와 같은 기파랑의 훌륭한 인품
② 독자는 그 대립되는 의미 관계에 주목하여 주제를 효과적으로 파악할 수 있기 때문이다.
(시인은 대립되는 시어를 통해 주제를 더욱 강조하여 표현함)

2. (나)의 밑줄 친 부분과 유사한 부분을 (가)와 (다)에서 각각 찾아 제시하고, 각 갈래의 용어를 사용하여 이것의 전승 관계를 밝히시오.

① (가) 어즈버 태평연월(太平烟月)이 쑴이런가 ᄒᆞ노라
   (다) 아으, 잣ㅅ가지 노파 서리 몯누올 화반(花判)이여
② 향가의 '낙구' (다) → 고려속요 일부 작품의 '결사' (나) → 시조의 '종장' (가)으로 이어짐
   (위 세 작품의 첫 구는 모두 감탄사임)

3. (다) 작품은 아래의 (라)와 같이 번역한 경우도 있다. 이 둘을 비교하여 표현상의 차이를 2가지 밝히시오. (단순한 단어 차이는 제외할 것)

> (라)
> 흐느끼며 바라보매
> 이슬 밝힌 달이
> 흰구름을 따라 떠 간 언저리에
> 모래 가른
> 기랑의 모습이올시 수풀이여
> 일오(지명)내 자갈 벌에서
> 낭이 지니시던
> 마음의 갓을 좇고 있노라
> 아아,
> 잣나무 가지가 높아 눈이라도 덮지 못할 고깔이여
>
> - 「찬기파랑가」, 〈김완진 해독〉

① (라)는 '달'이 기파랑에 대한 상징이 아니며, 또 상상을 통해 접근하는 존재임
② (라)는 '물가'나 '자갈벌'이 기파랑에 대한 상징이 아닌 장소를 나타냄
③ (라)는 문답체로 보기 어려움

작품 6 〉〉 안민가(安民歌)

◆ 출제방향
- 이 노래의 주제
- 이 노래의 형성 배경
- 이 작품과 「찬기파랑가」의 차이 파악 : 원론 – 각론, 말투의 차이
- 이 노래와 「용비어천가」를 비교하여 이해

君隱父也 臣隱愛賜尸母史也 民焉狂尸恨阿孩古爲賜尸知 民是愛尸知古如 窟理叱大肹生以支所音物生 此肹喰惡支治良羅 此地肹捨遣只於冬是去於丁爲尸知 國惡支持以支知古如 後句君如臣多支民隱如爲內尸等焉 國惡太平恨音叱如	군(君)은 어비여, 신(臣)은 ᄃᆞᅀᆞ샬 어ᅀᅵ여. 민(民)은 얼흔 아ᄒᆡ고 ᄒᆞ샬디 민(民)이 ᄃᆞᆺ 알고다. 구믈ㅅ다히 살손 물생(物生) 이흘 머기 다ᄉᆞ라. 이 ᄯᅡ흘 ᄇᆞ리곡 어듸 갈뎌 홀디 나라악 디니디 알고다. 아으, 군(君)다이 신(臣)다이 민(民)다이 ᄒᆞᄂᆞᆯᄃᆞᆫ 나라악 태평(太平)ᄒᆞ니잇다. 〈양주동 해독〉	군(君)은 아비여 신(臣)은 ᄃᆞᄉᆞ실 어ᅀᅵ여 민(民)은 어릴흔 아히고 ᄒᆞ실디 민(民)이 ᄃᆞᆺ 알고다. 구릿 하ᄂᆞᆯ 살이기 바라ᄆᆞᆯ씨 이를 치악 다ᄉᆞ릴러라. 이 ᄯᅡ흘 ᄇᆞ리곡 어드리 가늘뎌 홀디 나락 디니기 알고다. 아야, 군(君)다 신(臣)다히 민(民)다 ᄒᆞᄂᆞᆯᄃᆞᆫ 나락 태평(太平)ᄒᆞᄂᆞᆯ싸. 〈김완진 해독〉

군(君)은 아버지요
신(臣)은 사랑하시는 어머니요
민(民)은 어린(어리석은) 아이로고
하실진댄 민이 사랑을 알리라.
대중을 살리기에 익숙해져 있기에
이를 먹여 다스릴러라.
이 땅을 버리고 어디로 가겠는가
할진댄 나라 보전(保全)할 것을 알리라.
아아, 군답게 신답게 민답게
한다면 나라가 태평을 지속하느니라.

〈김완진 풀이〉

핵심정리

- **작자** 충담사(忠談師), 신라의 승려
- **갈래** 10구체 향가
- **연대** 신라 경덕왕 때
- **구성** ① 1~4행(기) : 가족 관계에 비유된 군, 신, 민의 관계(위정자의 선정)
  ② 5~8행(서) : 백성을 배불리 먹이는 일의 중요성(민본주의를 실천하는 근본 원리)
  ③ 9~10행(결) : 각자 자신의 도리를 지킴(군, 신, 민의 바른 자세)
- **성격** 교훈적, 유교적, 설득적
- **표현** 임금, 신하, 백성을 가족 관계에 비유, 논리적이며 직설적인 어법을 써서 주제를 직설적으로 제시
- **주제** 나라를 다스리는 올바른 방책, 치국 안민의 도리와 국태민안의 이상
- **의의** 향가로서는 유일하게 유교적인 성격을 띰
- **특징** ① 장중한 표현으로 숭고미 구현
  ② 소박한 은유와 경구적 표현으로 시상 전개
  ③ 기 - 서 - 결의 엄정한 논리적 구조
  ④ 일종의 잠요(箴謠 : 훈계적 내용의 노래)로서 유교적 사상을 바탕으로 치국의 근본을 밝힌 노래
- **사상** 충의(忠義)와 애민(愛民) 사상(유교적), 불교 사상
- **출전** 『삼국유사(三國遺事)』

이해와 감상

| 배경 |

경덕왕 24년(765) 3월 3일, 왕이 귀정문 누각에 올라 좌우에 있는 사람에게 이르기를 "누가 길에 나서서 훌륭하게 차린 중 하나를 데려 올 수 있겠느냐?" 하였다. 마침 한 중이 점잖고 깨끗하게 차리고 천천히 지나가니, 좌우에 있던 사람이 이를 데려왔다. 왕이 말하기를, "내가 훌륭하게 차렸다고 말한 것은 이런 것이 아니다." 라며 돌려보냈다. 또 한 중이 옷을 기워 입고 앵초풀로 만든 물건을 담는 통을 들고 남쪽에서 오고 있었다. 왕이 기뻐하며 문루(門樓) 위로 맞아들였다. 그 통 속을 들여다보니 차 달이는 제구가 들어 있을 뿐이었다. 왕이 "그대는 누구인가?" 라고 물으니, 중이 말하기를 "충담이라 합니다." 하였다. 〈중략〉 왕이 말하기를, "내 일찍이 듣건대 대사의 기파랑을 찬양한 사뇌가(詞腦歌)는 그 뜻이 매우 높다고 하는데 과연 그런가?" 하니, "네, 그렇습니다." 하였다. 왕이 또 말하기를 "그러면 나를 위해 백성을 편안히 살도록 다스리는 노래 (안민(安民)의 노래)를 지으라." 하였다. 충담이 당장 노래를 지어 바치니, 왕이 칭찬하고 왕사(王師)에 봉하였으나, 충담은 굳이 사양해서 받지 않았다.

| 해설 |

신라 제35대 경덕왕 24년(765)에 충담사가 경덕왕을 위하여 지은 10구체 향가로 잠요(箴謠)이며, 치국의 노래이다. 충담사는 월명사와 함께 뛰어난 향가 작가이다. 현전하는 향가 중 유일하게 유교적 이념을 담고 있는 작품이라는 점에서 의의가 있다. 『삼국유사』의 기록을 보면, 신라 경덕왕 때는 가뭄, 지진 등의 천재지변과 외척 중심의 정국 운영 등으로 국가적 어려움이 컸다고 한다. 이러한 상황에서 민심을 수습하고 위기에서 벗어나기 위해 경덕왕이 충담사에게 「안민가」를 짓도록 한 것이다. 이러한 점에서 이 작품은 예술성보다는 목적성과 교훈성이 강한 노래라고 할 수 있다.

이 작품에서 '왕'을 '아버지'에, '신하'를 '어머니'에, 그리고 '백성'을 '어린 아이'에 비유하여 '각기 자신의 본분을 다하라'는 유교적 사상이 돋보인다. 이 노래를 보면 우선 '백성은 백성답고 신하는 신하답고 임금은 임금다워야 한다'는 말이 나온다. 임금과 신하와 백성이 각자 자기 구실을 다하면 나라와 백성 모두가 태평하리라는 정치 이념을 발전시켜서 유교적인 내용이 다분하다.

그런데 백성이 백성 노릇을 하는 것은 열심히 일하는 것 말고는 없다. 또한 백성이 빈곤에서 벗어나 있거나, 적어도 노력하면 빈곤에 벗어날 수 있는 가능성이 있어야 한다. 그러므로 노래에서 '꾸물거리며 사는 백성을 먹이는 것은 임금과 신하가 하는 일'이라고 한 것이다. 그러나 먹인다고 해서 제 마음대로 노예처럼 부려도 좋다는 뜻은 아니다. 임금이 아버지이고 신하가 자애 깊은 어머니라면, 백성은 어리석은 아이라도 좋다. 서로 간의 '사랑'과 '인정'으로 친밀해지기를 강조하고 있는 것이다.

이 노래는 '왕도(王道)를 도파(道破)한 유불습합(儒佛習合)의 잠요(箴謠)', 또는 '치국(治國)의 노래'로 평가된다. 지은이는 기록에 의하면 비록 외양으로는 옷을 기워 입고 앵통을 짊어진 초라한 승려이긴 하지만, 미륵 부처를 받드는 신심에 차향(茶香)으로 젖은 덕 높은 스님이요, 뜻 높은 시를 지은 시인이다. 교훈 문학으로서의 이 시가는 임금에게 치세(治世)의 바른

군주학(君主學)을 일깨워주는 격언시적 성격과 경세(經世)에의 권유적인 어법이 교직된 작품이다. '군(君) - 신(臣) - 민(民)'의 관계를 '부(父) - 모(母) - 자(子)'의 가장 기본적인 인간관계로 비유함으로써 민(民) - 자(子)의 운명이 군신(君臣)이나 부모(父母)의 다스림과 돌봄의 여하에 달려 있음을 전제하고, 백성이 그들에게 어버이와 같이 하는 군신의 사랑을 알게 함으로써 나라와 국토의 고마움을 알게 되도록 하라는 권고를 한다. 그러면서 한 걸음 더 나아가서 나라의 태평함의 요체가 바로 왕이나 신하나 백성이 모두 스스로 제 본분에 충실한 것에 있음을 밝히고 있다. 요컨대 세속(世俗) 왕법(王法)과 미륵 신앙과 연결된 호국 이념이 제시되고 있다 하겠다.

이 노래는 배경 설화가 「찬기파랑가」와 같으므로 '기파랑'을 자기의 본분을 다한 인물의 한 사람으로 보면서, 「찬기파랑가」와 함께 살펴보는 것도 의미 있는 일이다. (원론 - 각론)

| 감상 |

『논어』에 "임금은 예로써 신하를 부리고 신하는 충으로써 임금을 섬겨야 한다." 라는 말이 있다. 군신 간에 서로 화합하지 않고 불화가 생기는 원인을 공자는 바로 예와 충성의 결여로 보았다. 물론 공자가 말한 것은 임금과 신하가 체면만을 내세워 대하는 태도가 아니라 서로의 진심에서 우러나오는 거짓 없는 태도를 말한다. 이 작품에서도 같은 뜻의 교훈이 담겨 있다. 다만 그 과정을 아버지, 어머니, 아이 등에 비유함으로써 문학적 표현의 기교를 살리고 있다.

대부분의 향가 작품들이 불교 사상을 배경으로 하고 있는 데 반해, 오늘날까지 전해지는 향가 작품 중 유일하게 유교적 이념을 노래한 작품이다. '임금, 신하, 백성'의 관계를 '아버지, 어머니, 어린 아이'라는 가족 관계에 비유해 친근감과 설득력을 가진다. 천재지변으로 백성은 굶주리고 정치적으로는 반역의 기미가 보이는 등 사회적 혼란이 극심해지자, 왕명에 의해 지어 바친 것으로, 예술성보다는 목적성과 교훈성이 강한 작품이다.

❶ 유교적 이념에 기반한 노래

작자가 승려의 신분임에도 불구하고 유교적 이념을 노래했다는 점, 사뇌가(詞腦歌) 중 다른 노래가 대개 불교 중심인데 반해 이 노래는 오로지 유교적 사상을 기반으로 했다는 점에서 이 작품의 특징을 찾을 수 있다. 특히 작품 자체의 내용과 어의(語意)로 볼 때, 이 노래의 사상적 기반을 유교적 이념에 토대를 두고 있다고 볼 수 있다. 먼저, 군(君), 신(臣), 민(民)을 가족 관계에 비유한 발상부터가 국가에 대한 충이 가정 내의 효로부터 확장된 것으로 생각하는 유교적 사고방식이다. 통치자는 백성을 잘 먹여 다스려야 한다는 훈계 또한 위정자를 목민관(牧民官)으로 규정하는 유교적 사고의 반영이라 볼 수 있다. 특히 9구는 『논어』의 '군군신신부부자자(君君臣臣父父子子 : 임금은 임금답고 신하는 신하답고 아비는 아비답고 자식은 자식다워야 한다.)'라는 구절을 원용한 것으로 명분과 실제가 일치해야 한다는 유교적 정명사상(正名思想)에 바탕을 두고 있다.

❷ 비유적 관계를 통한 설득력 확보

이 작품에서는 국가적 관계를 가족 관계에 빗대어 표현하고 있다. 즉 임금과 아버지, 신하와 어머니, 백성과 자식이 각각 은유적 관계를 형성하고 있는 것이다. 이처럼 교훈적인 내용을 누구나 친근함을 느낄 수 있는 소재를 이용해 표현함으로써 독자의 이해를 돕고 작품의 설득력을 높이고 있다.

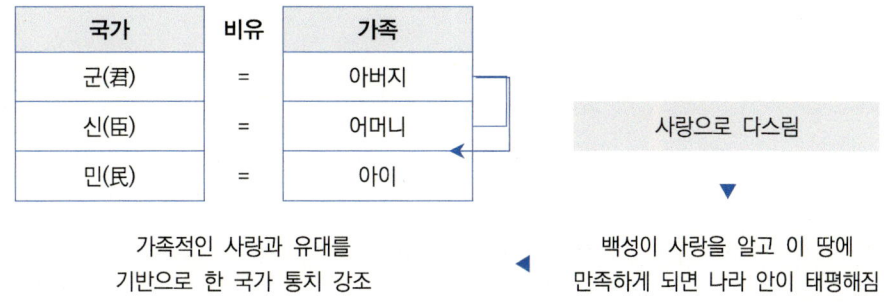

3 「안민가」과 「찬기파랑가」의 어투 비교

안민가	찬기파랑가
• '~ 하실지면, ~ 알리이다'처럼 조건문으로 존대하는 문장 형식 → 공손하지만 예언자적이고 교훈적인 어투	• '아니야, 있어라, 좇누아져, 화반이여'처럼 영탄이나 바람의 형식 → 독백조의 어투
• 위정자가 지켜야 할 도리를 일깨워 줌 → 우월한 위치에서 훈계적·예언자적 어투	• 예찬적·서정적·영탄적이며, 독백조의 어투
• 충고, 경고, 설득을 통하여 사회적 이념을 드러냄	• 추모를 통해 개인적 서정을 드러냄

4 「안민가」와 「용비어천가(125장)」의 비교

구분		안민가	용비어천가(125장)
내용	공통점	모든 임금이 가져야 할 도리를 드러냄	
	차이점	군·신·민의 태도가 드러남	군의 태도만 드러남
형식	차이점	10구체 향가이며, 4·4·2구로 나누어짐	전체 125장으로 각 장은 4구 2행인데, 125장은 파격을 보임
	차이가 나타나는 이유	각 장르가 시대를 반영하기 때문. 즉, 각 시대 세계관을 반영하므로 예술의 형식이 달라지지 않을 수 없음	
창작 상황	공통점	두 작품이 모두 정치적·사회적으로 불안정한 상황에서 쓰임	
	차이점	「안민가」는 신하가 임금의 자리를 위협하는 정치적 위기와 관련 (김양상이라는 신하가 임금을 위협하는 상황)	「용비어천가」는 대내외적으로 혼란한 정세에 있었다는 점

5 충담사의 「안민가」와 월명사의 「도솔가」

두 작품은 모두 정치적 위기를 향가의 주술적인 힘으로 해결하기 위해 창작되었다. 「안민가」는 신하가 위협하는 상황을 벗어나기 위해 백성의 지지가 필요하여 지었고, 「도솔가」는 두 개의 해가 나타난 변괴를 없애기 위해 지었다.

이 두 작품은 향가의 주술력을 빌리고자 지었기 때문에 표현상 주술적인 노래가 갖는 특징을 가지고 있다. 일반적으로 주술적인 노래들은 사물을 호칭하고 명령하는 형태를 취하거나(「도솔가」), '~하면 ~하리라'라는 조건문의 형태를 취하는(「안민가」) 경우가 많다. 즉, 창작 동기와 표현상의 특성은 밀접한 관련이 있다.

기출문제

1. (가)는 향가의 교수·학습 자료이고, (나)는 이를 학습하는 학생의 사고 과정을 정리한 것이다. 괄호 안의 ㉠, ㉡에 해당하는 말을 작품에서 찾아 순서대로 쓰시오. [2점] 2019년 A 6번

(가)

경덕왕이 말했다.
"내 들으니 스님이 기파랑을 찬미한 사뇌가가 그 뜻이 매우 높다 하던데 과연 그러하오?"
"그렇습니다."
"그렇다면 짐을 위해 백성을 다스려 편안히 할 노래[안민가(安民歌)]를 지어 주오."
승려는 즉시 칙명을 받들어 노래를 지어 바쳤다. 왕이 그를 아름다이 여겨 왕사(王師)로 봉하니 충담사는 두 번 절하고 굳이 사양하며 받지 않았다. 「안민가」는 이렇다.

임금은 아비요
신하는 사랑하실 어미요
백성은 어린아이로다 하실진대
백성이 사랑을 알리라
꾸물거리며 살손 물생(物生)
이를 먹여 다스릴러라
이 땅을 버리고 어디 가리 할진대
나라 안이 유지될 줄 알리이다
아으 임금답게 신하답게 백성답게 할지면
나라 안이 태평하니이다

- 일연, 삼국유사-

(나) 안민가의 창작 의도를 파악해 가는 사고 과정

노래의 주제에 대해 의문 제기하기	이 노래의 3분절에 중심을 두고, 그 주제를 임금은 임금답지 못하고 신하는 신하답지 못하며 백성은 백성답지 못한 신라 사회의 난맥상에 대한 포괄적인 비판으로 파악하는 견해가 있다. 그런데 과연 임금, 신하, 백성을 모두 비판하고 있는 노래일까?
노래의 표현과 제목을 단서로 의문 해결하기	'이를 먹여 다스릴러라'와 함께 (㉠)(이)라고 표현하여 백성을 보살핌의 대상으로 간주한 점과 제목에 담긴 뜻으로 보아, 일단 백성을 비판하고 있는 것은 아닌 것으로 보여.
노래의 의도에 대해 또 다른 의문 제기하기	그렇다면 과연 임금과 신하를 같은 무게로 질책한 걸까?
노래의 표현을 단서로 의문 해결하기	(㉡)(이)라는 표현을 명시하여 신하의 역할을 특별히 강조한 것으로 보아 신하들에 대한 질책의 의미에 더 큰 무게를 둔 것 같아.
배경 설화를 함께 고려하여 노래의 심층적인 의도 이해하기	노래를 들은 왕이 충담사를 아름답게 여겼다는 배경 설화와 2분절의 내용을 함께 고려해 보면, 이 노래는 신라 사회의 어지러운 질서에 대한 책임을 결국 백성들의 삶을 제대로 보살피지 못하는 신하들에게 돌리려는 의도를 담고 있는 노래일 것 같아.

문제 해설

이 문제는 「안민가」를 바탕으로 작품 감상에 관한 문제이면서 작자의 창작 의도를 파악하는 과정을 드러낸 것이다. 「안민가」에 대해서 '신라 사회의 어지러운 질서에 대한 책임을 결국 백성들의 삶을 제대로 보살피지 못하는 신하들에게 돌리려는 의도'를 찾는 과정을 드러내었다. 이러한 의도는 안민가에 대한 전통적 이해가 아니라 새로운 관점의 이해라는 점을 먼저 인식해야 한다.

이 문제의 표에 제시한 「안민가」에 대한 이러한 해석의 이러한 의도를 먼저 이해해야 ㉠, ㉡의 답을 쉽게 찾을 수 있으므로 그 점을 유의한다. 이 문제는 작품 감상에 관한 기본적인 문제이다. 앞으로의 시험에서도 출제될 수 있으므로 문학 작품에 대해 구절의 의미를 주제나 관점과 관련지어 정확하게 이해하는 연습이 필요하다.

예상 답안

㉠어린아이 / ㉡사랑하실

---

2. 「안민가」에 대한 교수·학습 활동과 심화 자료가 모두 적절한 것은? [1.5점] 2011년 기출 26번

> 君은 어비여
> 臣은 ᄃᆞᅀᆞ샬 어시여
> 民은 얼흔 아히고 ᄒᆞ샬디
> 民이 ᄃᆞᆯ 알고다
> 구믈ㅅ다히 살손 物生
> 이흘 머기 다ᄉᆞ라
> 이 ᄯᅡᄒᆞᆯ ᄇᆞ리곡 어듸 갈뎌 ᄒᆞᆯ디
> 나라악 디니디 알고다
> 아으 君다이 臣다이 民다이 ᄒᆞᄂᆞᆯᄃᆞᆫ
> 나라악 太平ᄒᆞ니잇다
>
> ─ 「安民歌」, 〈양주동 해독〉

	교수·학습 내용	교수·학습 활동	심화 자료
①	화자의 특성 이해	집단적 이상과 가치의 대변자로서 노래하며 청자로 하여금 그러한 이상과 가치를 승인하도록 함을 확인하고, 같은 특성이 나타나는 예를 찾아 비교해 본다.	「용비어천가」
②	제재의 구조화에 대한 이해	크게 세 단락으로 구성되어 1, 2단락에서 시상을 일으켜 전개하다가 감탄사로 시작되는 낙구에서 전환·완결하는 구조를 확인하고, 같은 특성이 나타나는 예를 찾아 비교해 본다.	「처용가」 (향가)
③	시적 형상화 방식의 이해	윤리나 이념을 상징과 암시를 통해 노래함을 확인하고, 같은 특성이 나타나는 예를 찾아 비교해 본다.	정철, 「훈민가」
④	시대적 맥락의 이해	나라를 개국하는 상황에서 나라의 안녕과 질서를 다지기 위해 지어진 것임을 확인하고, 같은 특성이 나타나는 예를 찾아 비교해 본다.	상진, 「감군은」
⑤	주제에 대한 이해	나라를 태평하게 다스리기 위해서는 계층 간의 명분을 올바로 세우는 것이 중요하다고 노래함을 확인하고, 같은 특성이 나타나는 예를 찾아 비교해 본다.	맹사성, 「강호사시가」

▎정답 ①

예상문제

※ (1 ~ 3) 아래 작품을 읽고 조건에 맞게 답하시오.

(가)
군(君)은 어비여,
신(臣)은 ᄃᆞᄉᆞ샬 어ᅀᅵ여,
민(民)은 얼혼 아ᄒᆡ고 ᄒᆞ샬디
민(民)이 ᄃᆞᄉᆞᆯ 알고다.
구믈ㅅ다히 살손 물생(物生)
이홀 머기 다ᄉᆞ라.
이 ᄯᅡᄒᆞᆯ ᄇᆞ리곡 어듸 갈뎌 홀디
나라악 디니디 알고다.
아으, 군(君)다이 신(臣)다이 민(民)다이 ᄒᆞᄂᆞᆯᄃᆞᆫ
나라악 태평(太平)ᄒᆞ니잇다.

- 「안민가」

(나)
어버이 사라신 제 섬길 일란 다하여라.
디나간 휘면 애ᄃᆞᆯ다 엇디ᄒᆞ리.
평ᄉᆡᆼ애 고텨 못홀 이리 이ᄲᅮᆫ인가 ᄒᆞ노라 〈제4수〉

- 「훈민가」

(다)
남북관계 역사상
처음으로 6시간 동안이나
수석대표(단장)의 격(格)을 따지다가
당국회담이 무산된 뒤
남북관계의 앞날이 다시 불투명해졌다.

북측 단장의 격을 높이는 것이
새로운 남북관계라고 우기는 남과,
과거 관행을 벗어나지 못한 북이
함께 빚은 결과는 초라하기 그지없다.

정전협정 60주년이 되도록
티격태격이나 하는
남북관계의 현실에 아연할 뿐이다.
지금은 회담 무산의 책임을
서로 상대편에 미루는 데 급급할 때가 아니다.
박근혜 정부와 김정은 체제의

           첫 대화가 무산된 지난 며칠 동안의 과정을
       되돌아보면서
       깊은 성찰을 해야 마땅하다. 〈경향 신문〉
                                                    -「그럼에도 남북은 다시 만나야 한다.」

1. 위의 (가), (나), (다)의 공통적인 특징을 교수·학습 하려한다. 학생들이 스스로 그 특징을 발견할 수 있도록 하기 위해 교사가 적절하게 제시할 수 있는 질문 두 가지와 그에 대한 답을 각각 제시하라. [2점]

> 📝 **예상 답안**
>
> ① 각 작품의 화자는 독자들과 어떤 관계에 있는가?   → 답 : 독자보다 우월한 위치
> ② 화자는 독자들에게 어떤 태도(자세)를 취하는가?   → 답 : 계몽적 태도(가르치는 자세)
> ③ 각 작품에서 전하고자 하는 주제는 어떤 내용인가? → 답 : 교훈적 내용
> ④ 각 작품은 주제를 어떻게 제시하고 있는가?   → 답 : 전면에 그대로 드러냈음(직접적 제시)
>
> ✅ 공통적인 특성을 먼저 파악하고, 그에 대한 질문을 만들어가야 함

2. 위 1의 문제에서 도출된 내용을 바탕으로 우리 고전 시가와 현대 시사에서 각각 이러한 내용을 담고 있는 하위 갈래 및 작품을 각각 하나씩 밝히시오.

> 📝 **예상 답안**
>
> ① 고전 시가 : 악장 「용비어천가」의 125장, 시조 「오륜가」, 가사 「농가월령가」, 「고공가」
> ② 개화 가사 : 「동심가」, 「애국하는 노래」, 신체시 「해에게서 소년에게」, 카프시 「우리 오빠와 화로」

3. (가)와 (나)에 나타난 표현의 요소와 그 효과를 각각 1가지씩 밝히시오.

> 📝 **예상 답안**
>
> (가) 표현 : '군 - 신 - 민'의 관계를 각각 '부 - 모 - 자'에 비유(은유)
>   효과 : 적절한 비유를 통해 ① 내용에 설득력이 있고, ② 참신하게 느끼게 하며, ③ 군신민의 제 역할로 바른 정치 실현이라는 주제를 잘 드러냄
>
> (나) 표현 : 순 우리말로 표현
>   효과 : 순 우리말로 표현함으로써 ① 독자에게 쉽게 전달할 수 있고, ② 주제 전달이 쉬우며, ③ 명령형 어미의 사용으로 주제 전달에 효과적임

작품 7 ▶ 처용가(處容歌)

❖ 출제방향
- 이 노래가 '벽사진경'과 관련된 까닭
- 마지막 행에 나타난 서정적 자아의 정서
- 향가 형식의 변모 과정 속에서 이 노래의 위치 파악

東京明期月良	시블 불기 드래	동경(東京) 불기 드라라
夜入伊遊行如可	밤 드리 노니다가	밤 드리 노니다가
入良沙寢矣見昆	드러사 자리 보곤	드러사 자리 보곤
脚烏伊四是良羅	가르리 네히어라	가로리 네히러라.
二肹隱吾下於叱古	둘흔 내해엇고	두브른 내해엇고
二肹隱誰支下焉古	둘흔 뉘해언고.	두브른 누기핸고.
本矣吾下是如馬於隱	본딕 내해다마른	본딕 내해다마르는
奪叱良乙何如爲理古	아사늘 엇디호릿고	아사늘 엇디호릿고.
	〈양주동 해독〉	〈김완진 해독〉

📖 핵심정리

▷ **작자** 처용(處容)
▷ **갈래** 8구체 향가
▷ **연대** 신라 헌강왕 때
▷ **성격** 축사(逐邪 : 사악함을 쫓음)의 노래
▷ **표현** 풍자, 제유법
▷ **주제** 축신(逐神 : 귀신을 쫓음)
▷ **출전** 『삼국유사(三國遺事)』

▷ **의의**
① 벽사진경(辟邪進慶 : 사악한 것은 물리치고 경사로운 것을 맞이함)의 민속에서 형성된 무가(巫歌 : 무속의 노래)
② 향가 해독의 시금석의 역할
③ 의식무, 또는 연희의 성격을 띠고 고려와 조선 시대까지 전승
④ 신라 향가의 마지막 작품
⑤ 고려 가요 「처용가」의 모태

🔍 이해와 감상

| 배경 |

신라 제 49 대 헌강왕 때에는 서울에서 지방까지 집과 담장이 앝고 초가는 하나도 없었으며, 길거리에 풍악이 그치지 않았고, 비바람도 사철 순조로웠다. 이때 대왕이 개운포(開雲浦)에 놀러 나갔다가 곧 돌아오려고 물가에서 쉬는데, 문득 짙은 구름과 안개가 끼어 길을 분간하기가 어렵게 되었다. 이상하게 여겨 일관(日官)에게 물으니, "이는 동해 용왕의 조화이므로 마땅히 용왕을 위해 좋은 일을 하여 그 마음을 풀어주셔야 합니다." 하였다. 대왕은 곧 용을 위하여 근처에 절을 세우도록 명하였다. 왕의 명령이 떨어지자 안개가 걷히고 구름이 개었으므로 '개운포'라 이름 지었다. 이윽고 동해 용왕이 기뻐하며 일곱 아들을 데리고 헌강왕 앞에 나타나서 덕을 찬양하고 춤을 추며 풍악을 울렸다.

그때 나왔던 용왕의 아들 하나가 임금을 따라 서울에 와서 정사(政事)를 보좌하였는데 이름은 '처용(處容)'이라 하였다. 왕은 그에게 아름다운 아내를 선택하여 장가들게 하고 급간(級干)이란 벼슬을 주어 오래 머물게 하였다.

한 번은 역신이 아름다운 처용의 아내를 탐내, 사람으로 변하여 그의 방을 침입하여 들어왔다. 밖에서 놀다가 밤늦게 돌아온 처용은 잠자리에 두 사람이 누워 있는 광경을 보고 노래를 부르고 춤을 추며 물러 나왔다. 이에 감복한 역신은 제 모습을

나타내고 처용 앞에 꿇어앉아, "내가 공의 아내를 흠모하여 잘못을 범하였는데, 노하지 않으시니 감격하여 아름답게 여기는 바입니다. 이후로는 맹세코 공의 그림이 그려져 있는 곳이라도 들어가지 않겠습니다." 라고 하였다.

그 후로 모든 사람들이 처용의 형상을 문에 붙여 사귀(邪鬼)를 물리치고 경사를 맞이하는 표지로 삼게 되었다. 이후 사람들은 처용의 형상을 문에 붙여서 '벽사진경(辟邪進慶)'의 상징으로 삼았다. 이때 처용이 처음 부른 노래를 '처용가'라 하고 그 춤을 '처용무'라 한다.

| 해설 |

『삼국유사』 권 2 '처용랑 망해사(處容郞望海寺)'에 실려 전하는 이 작품은 8구체 향가로, 현전하는 신라 향가 중 마지막 작품이다. 또한 「구지가」에서 「해가」로 이어지는 주술 시가의 맥을 계승하고 있으며, 고려 가요 「처용가」의 모태가 된 작품이라는 점에서 문학사적 의의를 가지고 있다.

이 노래는 향가 해독의 시금석 역할을 하기도 하였다. 향가 「처용가」의 여섯 구절이 고려 가요 「처용가」에 그대로 들어가 있는데 『악학궤범』에 훈민정음으로 기록되어 있어 향찰 표기의 기본 원리를 찾아낼 수 있었다.

신라 헌강왕 때에 처용이 그의 아내를 범하는 역신을 물리치기 위해 지어 불렀다는 8구체의 주술적 성격의 향가로, 집단적인 가무에 사용되었다. 벽사진경을 위해 신라에서는 처용의 가면을 대문에 걸어 두는 풍습이 있었다는 것으로 보아 당시의 풍속과도 관련이 된다.

이 노래는 체념적인 농사(弄詞)로 풍자적인 표현과 제유법을 사용하였다. 8구체 향가는 대체로 두 단락으로 나누어지는데, 이 노래는 내용상 세 단락으로 나누어 볼 수 있다. 첫째 단락(제 1 ~ 4 구)에서는 비범하고 호탕한 풍류아(風流兒)의 기질이, 둘째 단락(제 5 ~ 6 구)에서는 그러한 인물의 익살이 잘 나타나 있고, 마지막 단락(제 7 ~ 8 구)에서는 이미 다른 사람의 애인이 되어버린 아내에 대한 체념이 나타나 자신의 아내까지도 대상에게 바치는 관용적인 표현으로 해석하기도 한다.

마지막 제 7 ~ 8 구의 '본디 내해다마론 아사놀 엇디ㅎ릿고'를 '본디 내 것이었는데 감히 누가 빼앗단 말이냐?'로 해독하는 경우도 있으나, 이는 처용을 범용(凡庸)한 인간으로 보는 것과 같다. 역신이 처용에 감복하여, 그 뒤로는 처용의 얼굴 그림만 보아도 침범하지 않았다는 처용 설화의 내용과 거리가 먼 것으로, 역신이 감복한 것은 처용의 초월적 관용성 때문이다. 그러므로 '본디 내 것이다마는 빼앗긴 것을 어찌하겠느냐?'로 해석하는 것이 타당하다.

주술적인 마력이 있는 노래로 본격적인 무가(巫歌)의 기원은 이 노래에서 시작된다. 이 노래는 신라 향가 14수 중 후세에 가장 많은 영향을 주었다. 섣달 그믐날 밤에 나쁜 귀신을 쫓기 위하여 대궐 안에서 '처용무'를 추게 하면서, 고려와 조선 시대에 거쳐 의식무 또는 연희(演戱)로 계승되었다. 가사의 일부가 고려 속인 「처용가」에 인용, 한글로 표기되어 『악학궤범』과 『악장가사』에 수록되어 전함으로써 향찰 문자 해독이 중요한 열쇠가 되었다. 고려의 「처용가」는 향가 「처용가」와 다른 것이지만 이것에서 발전하여 발생한 노래이다. 여기에는 위 향가 「처용가」의 7, 8구가 누락되어 있다. 조선 시대에 들어와서는 제야(除夜)에 구나례(驅儺禮)를 행한 뒤 두 번 처용무를 연주하여 그 가무(歌舞)와 노래가 질병을 몰아내는 주술적 양식으로 바뀌었다.

이 노래는 언뜻 외설적인 느낌을 갖게 한다. 그러나 전반부의 상황 설정은 결구에서 처용의 태도를 부각시켜 신격화하기 위한 극한 상황 설정으로 이해할 수 있을 것이다.

특히, 이 노래에는 한국인의 신관(神觀)이 뚜렷이 부각되고 있다. 신라와 고려, 조선으로 이어져 오면서 처용이 신격화된 것은 바로 한국인이 신을 관용의 화신으로 숭앙하고 있다는 증거로 볼 수 있다. 이는 지금까지도 관용을 큰 미덕으로 보는 한국인의 정서를 보면 더 잘 알 수 있다. 한국인은 관용의 덕을 쌓아 가는 것이 신에 가까운 인간이 되는 것으로 보고 이를 실현하는 것을 높이 샀던 것이며, 지금도 우리의 정서로 이어지고 있는 것이다.

1 「처용가」의 주술성 : 세 가지 측면

첫째, 원인의 기술이나 그 지적이다. 역신에서 범함을 당한 것은 역질에 든 것을 의미한다. 역질은 역신에 의해 범해진 결과이며, 역신이 범한 것은 역질의 원인이다. 즉, 그 원인을 지적함으로써 그 지적이 원인에 작용하여 결과에 영향을 미친다는 심리가 작용하고 있다. 곧 병은 그 원인에 의하여 고쳐질 수 있다는 주술의 원리가 작용하고 있는 것이다.

둘째, 역질의 원인은 곧 역질의 부분임을 고려할 수 있다. '가룰'이 육신(肉身)의 제유이듯 '가룰'을 역신에게 빼앗긴 것은 육신 자체를 역신에게 빼앗긴 것의 제유일 수 있고, 나아가 역신으로 인해 병든 것을 의미하는 것이며, 여기에 전염 주술의 원리가 작용하고 있다.

셋째, 「처용가」는 예상되는 결과의 반대 상황을 진술하고 있다. 이는 기우제의 역설적 구조처럼 역신이 물러날 경우와는 반대인 역신이 들어 있는 상태를 그리고 있는 것이다.

2 「처용가」의 다양한 해석

① 민속학적 관점 : 벽사진경(辟邪進慶)의 노래

민속학의 관점에서 처용을 무속과 관련지어 보는 견해가 가장 타당할 듯하다. 이는 제 아내가 다른 남자와 자고 있는 것을 보고도 '노래를 부르고 춤추며 물러났다'고 하는 것은 상식의 범주를 벗어난 무격사회(巫覡社會)에만 있을 법한 풍습이기 때문이다. 그래서 이 작품은 축사(逐邪) 및 벽사진경(辟邪進慶)의 노래로 해석되는 것이 일반적이다. 역신이 처용의 너그러운 태도에 감복하여 자신의 본체를 밝히고 물러간 내용과 관련하여 무속에서는 아무리 악한 신이라도 즐겁게 하여 보낸다는 풍속과 한국인의 여유에 찬 생활의 예지를 엿볼 수 있다. 따라서 이 노래를 무가의 일종으로 보아 악신을 보내는 '뒷전풀이'로 보기도 한다.

② 불교 신앙적 관점

종교적 의도를 문학 작품에 반영한 것으로 파악하는 입장으로, 처용을 호국호법(護國護法)의 용으로 보고, 그의 왕정 보좌와 가무는 중생 교화의 임무 수행이자 불교적 교화가무(敎化歌舞)의 의미를 지니고 있다고 보는 견해이다.

③ 역사적 관점

신라 말기의 역사적 현실과 처용 설화 전체 문맥을 결부시켜 해석하는 입장으로서, 처용을 중앙의 왕권에 순복하지 않는 지방 호족의 자제로 보아, 헌강왕의 개운포 출유(出遊)는 지방 호족의 무마책이고, 동해 용왕의 조화는 지방 호족의 중앙 왕권에 대한 도전의 표시이며, 용의 아들 처용의 입경(入京)과 왕정 보좌는 고려의 기인 제도와 같이 호족의 자제를 인질로 잡은 것이라고 보는 견해이다. 그리고 처용의 아내를 범한 역신을 중앙 귀족 자제의 타락한 모습으로 파악한다.

3 처용의 심리와 태도

처용은 아내가 다른 남자와 동침하는 장면을 목격하고서도 아내나 그 남자를 비난하지 않고 관용의 태도를 보여 주고 있다. 이때 처용의 심리는 슬픔과 체념, 그것을 극복하는 달관으로 설명될 수 있다. 설화에 따르면 처용은 아내의 간음에서 오는 심리적 갈등을 해결하기 위해 노래를 부르고 춤을 추며 그 자리에서 물러났다. 이는 대상에 대한 부정과 공격을 통한 갈등 해결이 아니라, 자기 절제와 초극을 통한 갈등 해결이란 점에서 특징적이다. 이러한 절제와 초극은 아내와 역신에 대한 처용의 윤리적 우월성을 입증하는 것이며, 설화 내에서 역신이 처용에게 감복한 이유도 이러한 윤리적 우월성에 감화받았기 때문이다.

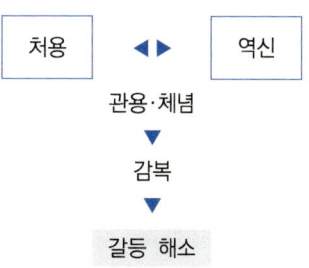

4 처용의 정체와 작품의 성격

처용의 정체에 대해서 무당, 지방 호족의 아들, 아랍 상인 등 다양한 견해가 있는데 처용을 동해 용왕을 모시는 무당으로 보는 견해가 가장 일반적이다. 그렇게 볼 때, 이 노래는 단순히 남녀 사이의 치정 관계를 담은 노래가 아니라, 처용의 아내가 병이 들었다가 처용이 그 병을 치료한 것을 비유적으로 표현한 노래로 볼 수 있다. 역신은 역병을 의미하는 것이고, 동해 용왕의 아들인 처용은 동해 용왕을 모시던 무당이었다는 것이다. 역신과 동침한 아내를 보고도 노래를 부르고 춤을 추며 물러났다는 것은 상식의 범주를 벗어난 무격 사회에만 있는 풍습이다. 무가에서는 악신(惡神)이라도 즐겁게 하여 보내는 것이 통례이기 때문이다. 이 노래를 무가(巫歌)로 보는 것은 바로 이러한 이유에서이다.

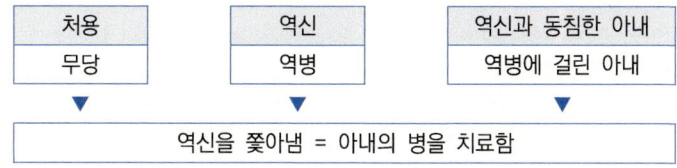

보충 ▶ 고려 「처용가」(고려 속요)

前腔	新羅盛大 昭盛大	신라 성대 밝고 거룩한 시대
	天下大平 羅侯德 處容아바	천하 태평 나후의 덕 처용 아비여
	以是人生애 相不語ᄒᆞ시ᄅᆞᆫ디	이로써 늘 인생에 말씀 안 하시어도
	以是人生애 相不語ᄒᆞ시ᄅᆞᆫ디	이로써 늘 인생에 말씀 안 하시어도
附葉	三災八難이 一時消滅ᄒᆞ샷다	삼재와 팔난이 단번에 없어지시도다
中葉	어와 아븨 즈ᅀᅵ여 處容아븨 즈ᅀᅵ여	아아, 아비의 모습이여. 처용 아비의 모습이여
附葉	滿頭揷花 계오샤 기울어신 머리예	머리 가득 꽃을 꽂아 기우신 머리에
小葉	아으 壽命長遠ᄒᆞ샤 넙거신 니마해	아으 목숨 길고 멀어 넓으신 이마에
後腔	山象이슷 깃어신 눈섭에	산의 기상 비슷 무성하신 눈썹에
	愛人相見ᄒᆞ샤 오ᅀᆞᆯ어신 누네	애인 상견 하시어 온전하신 눈에
附葉	風入盈庭ᄒᆞ샤 우글어신 귀예	바람이 찬 뜰에 들어 우그러지신 귀에
中葉	紅桃花ᄀᆞ티 븕거신 모야해	복사꽃같이 붉은 모양에
附葉	五香 마ᄐᆞ샤 웅긔어신 고해	오향 맡으시어 우묵하신 코에
小葉	아으 千金 머그샤 어위어신 이베	아으, 천금을 머금으시어 넓으신 입에
大葉	白玉琉璃ᄀᆞ티 히여신 닛바래	백옥 유리같이 흰 이에
	人讚福盛ᄒᆞ샤 미나거신 특애	사람들이 기리고 복이 성하시어 내미신 턱에
	七寶 계우샤 숙거신 엇게예	칠보를 못 이기어 숙어진 어깨에
	吉慶 계우샤 늘의어신 ᄉᆞ맷 길헤	길경에 겨워서 늘어진 소매에
附葉	설믜 모도와 有德ᄒᆞ신 가ᄉᆞ매	슬기 모이어 유덕하신 가슴에
中葉	福智俱足ᄒᆞ샤 브르거신 빅예	복과 지가 모두 넉넉하시어 부르신 배에
	紅鞓 계우샤 굽거신 허리예	붉은 패옥에 겨워서 굽으신 허리에
附葉	同樂大平ᄒᆞ샤 길어신 허튀예	태평을 함께 즐겨 기나긴 다리에
小葉	아으 界面 도ᄅᆞ샤 넙거신 바래	아아, 계면조 맞추어 춤추며 돌아 넓은 발에
前腔	누고 지ᅀᅥ 셰니오 누고 지ᅀᅥ 셰니오	누가 만들어 세웠는가? 누가 지어 세웠는가?
	바늘도 실도 어뼈 바늘도 실도 어뼈	바늘도 실도 없이, 바늘도 실도 없이
附葉	處容 아비ᄅᆞᆯ 누고 지ᅀᅥ 셰니오	처용의 가면을 누가 만들어 세웠는가?
中葉	마아만 마아만ᄒᆞ니여	많고 많은 사람이여
附葉	十二 諸國이 모다 지ᅀᅥ 셰온	모든 나라가 모이어 만들어 세웠으니
小葉	아으 處容 아비ᄅᆞᆯ 마아만ᄒᆞ니여	아아, 처용 아비를 많고 많은 사람들이여.
後腔	머자 외야자 綠李야	버찌야, 오얏아, 녹리야
	샐리 나 내 신 고흘 ᄆᆡ야라	빨리 나와서 나의 신을 매어라.
附葉	아니옷 ᄆᆡ시면 나리어다 머즌 말	아니 매면 나릴 것이니 궂은 말이
中葉	東京 ᄇᆞᆯᄀᆞᆫ ᄃᆞ래 새도록 노니다가	신라 서울 밝은 달밤에 밤새도록 놀다가
附葉	드러 내 자리를 보니 가ᄅᆞ리 네히로새라	돌아와 내 자리를 보니 다리가 넷이로구나
小葉	아으 둘흔 내 해어니와 둘흔 뉘 해어니오	아아, 둘은 내 것이거니와, 둘은 누구의 것인가?
大葉	이런 저긔 處容 아비옷 보시면	이런 때에 처용 아비가 보시면
	熱病神이ᅀᅡ 膾ㅅ 가시로다	열병대신 따위야 횟갓이로다.
	千金을 주리여 處容 아바	천금을 줄까? 처용 아비여
	七寶를 주리여 處容 아바	칠보를 줄까? 처용 아비여
附葉	千金 七寶도 말오	천금도 칠보도 다 말고
	熱病神를 날 자바 주쇼셔	열병신을 나에게 잡아 주소서

中葉	산이여 미히여 千里 外예	산이나 들이나 천리 먼 곳으로
附葉	處容 아비를 어여 녀거져	처용 아비를 피해 가고 싶다.
小葉	아으 熱病大神의 發願이샷다	아아, 열병 대신의 소망이로다.

핵심정리

▷ **작자** 미상
▷ **갈래** 고려 가요, 속악 가사
▷ **구성** 비연시(非聯詩), 희곡적 구성
　　4개의 단락으로 나눌 수 있음
　① 첫째 단락 : 서사(序詞)
　② 둘째 단락 : 처용의 위압적인 모습을 그림
　③ 셋째 단락 : 많은 사람이 처용의 가면을 제작하는 과정
　④ 넷째 단락 : 역신에 대한 처용의 위용을 말함으로써 역신을 물리치고 접근을 방지

▷ **성격** 무가(巫歌)
▷ **표현** 향가 「처용가」의 일부가 들어 있음
▷ **주제** 축사(逐邪)의 노래
▷ **출전** 『악장가사』, 『악학궤범』
▷ **특징**
　① 신라 처용가 1~6구가 국문으로 실려 있어 그 부분이 향가 해독의 열쇠가 됨
　② 우리 시가사에서 최초로 묘사가 사용된 작품
　③ 내용은 처용의 유래와 역신과의 대립에 관한 서사적인 이야기
　④ 4단락의 대화 및 처용과 역신의 갈등을 고려하면 희곡의 특징을 지님

이해와 감상

| 해설 |

『삼국유사』에 실린 향가체의 처용과 『시용향악보』의 잡처용, 『악장가사』·『악학궤범』의 처용 등 3종이 한글로 정착되었다. 고려의 「처용가」는 조선 시대에 와서 '봉황음'이란 악곡으로 바뀐다. 고려 시대에 이루어진 「처용가」(한글 표기의 「처용가」)의 형식은 후세의 가사체로 되어 그 방면의 중요 문헌도 되고 내용상으로는 신라의 것에 비해 한층 서사적임을 볼 수 있다.

구성 형식을 4단으로 나누면 1단 – 서곡, 2단 – 처용의 형용 묘사, 3단 – 처용 제작에 관한 사설, 4단 – 처용의 역신에 대한 위력 서술이 된다. 이 노래는 구나의식(驅儺儀式)에 합용된 만큼 벽사력을 지닌 처용의 위세가 눈에 보이며, 주술적 무계 문학의 본령을 감득할 수 있다. 『삼국유사』에 실린 향가식 표기로 된 신라 「처용가」에서 『악학궤범』에 실린 바처럼 '동경(東京) 볼 ᄀ 두래 ~ 둘흔 뉘해어니와'까지의 원가(原歌)를 제외한 전후 사설적 표현 부분은 고려대에 와서 분장된 것으로 보인다. 그러나 『시용향악보』의 작품은 신라 것보다 한층 더 서사적이고 주술적인 무가(巫歌)의 성격이 농후하다. 신라(헌강왕) – 고려(고종) – 조선 초(태종)에 이르기까지 변모했으나, 고려 것이 가장 풍부한 사설을 보여주며 그러한 변모에도 불구하고 무격적 성격은 조금도 손상되지 않은 채 일관되고 있다.

『악장가사』나 『악학궤범』의 「처용가」는 고려에서 노래 부르던 것을 조선조에 문자화한 것으로 이는 무악의 한 요소이지만, 무가라 할 수 있다. 이 무가는 신라의 「처용가」를 내포하여 그 연원이 오래임을 보여주는데, '본풀이' 위주의 무가가 아니고 역신 스스로가 '견화공지형용 불입기문의(見畵公之形容 不入其門矣)'라 맹세하여 처용의 형용을 문에 붙여 벽사진경 의식이 크게 작용하여, 머리에서 발끝까지 말로써 처용의 형상을 그리고, 여기에 역신을 대립시켜 역신 스스로가 처용을 피해 도망가는 극적 장면을 서사하고 있다. 무가 그 자체는 극의 설화이겠지만, 이 처용가는 구나의식의 핵이 되는 역신의 도망 장면을 극적으로 연출하고 있다. 그러므로 처용의 형상을 그린 이 노래의 뒷부분은 역신, 기원 대중, 처용의 대사로 이루어져 있다.

무가로서 연극화된 것이지만 우리 시가사에 묘사와 서사의 지평을 열어주는 작품이 「처용가」임을 알 수 있는데, 이는 음악적 제도에서 벗어나면 3구를 주로 하는 시행들의 무제한적 전개가 가능하리라고 본다. 이러한 점에서 후대의 가사에 맥을 이어갈 수 있다. 여기에 또 4구행들의 어울림으로 자유롭고 다양한 시형의 가능성을 예비해 준다.

> **참고** 신라「처용가」와 고려「처용가」의 비교
>
> 　고려가요 〈처용가〉는 향가 '처용가'와 마찬가지로 처용이 역신을 몰아내는 축사의 내용을 지닌 일종의 무가이다. 처용의 모습이 자세히 묘사되고, 역신에 대한 처용의 분노가 절실하게 나타나 있어서 희곡적 분위기가 강하다. 향가 '처용가'의 일부분이 들어 있으며, 처용희의 일부로서 가창되었다. 신라의 향가인 '처용가'는 고려에 와서 궁중의 나례(잡귀를 쫓기 위한 의식)와 결부되어 '처용희', '처용무'로 발전되었다. 조선 시대에 들어와서는 제야에 구나례를 행한 뒤 두 번 처용무를 연주하여 그 가무와 노래가 질병을 몰아내는 주술적 양식으로 바뀌었다. 　신라의 처용가는 처용 스스로가 역신과의 대립에서 물러서려 할 때 역신이 굴복해서 다시는 침범하지 않겠다고 맹서하게 만들어서 노래에 더없는 주능(呪能)을 갖게 한 것이다. 표현의 체념적 언사는 결코 체념이 아니며 힘 있는 자의 관용이고, 그 관용은 역신을 영구히 제압하게 되는 것이다. 그래서 이 노래 자체에 주능(呪能)이 있는 것이 아니라, 관용을 드러낸 처용에게 주능(呪能)이 있는 것이다.
>
> 　그러나 신라의「처용가」가 역신에게 관용을 베풀어서 내면적 자세를 취한데 반해, 고려의「처용가」는 역신을 위협하고 저주하여 외향적 자세를 취하고 있다. 역신에 대한 태도에서 관용이 아니라 적대 의식이 강하게 나타나고, 또 역신에 대한 분노가 절실하게 나타나 있어 극적(劇的) 요소가 강조되어 있다. 또 신라「처용가」와 달리 서사와 묘사의 내용이 다양하게 나타나는데, 고려「처용가」에서 처용의 모습이 자세히 묘사되는 이유는 배경 설화와 관련지을 때 처용의 얼굴이 주술적 능력을 지니기 때문이다.

기출문제

1. (가) ~ (다)를 제재로 하여 '사회·역사적 맥락을 고려하여 작품을 수용할 수 있다.'는 학습목표로 수업을 하고자 한다. 〈조건〉에 따라 논술하시오. (30±3행) [20점]　　　　　　　　　　　　　　2010년 기출 2번

(가)
　　東京明期月良　　　　東京 불기 드라라
　　夜入伊遊行如可　　　밤 드리 노니다가
　　入良沙寢矣見昆　　　드러사 자리 보곤
　　脚烏伊四是良羅　　　가로리 네히러라.
　　二肹隱吾下於叱古　　두브른 내해엇고
　　二肹隱誰支下焉古　　두브른 누기핸고.
　　本矣吾下是如馬於隱　본디 내해다마ᄅᆞᆫ
　　奪叱良乙何如爲理古　아사ᄂᆞᆯ 엇디ᄒᆞ릿고.

　　　　　　　　　　　　　　　　　　　　　　　-「처용가」,〈김완진 해독〉

(나)
　　時時로 멀이 드러 北辰을 ᄇᆞ라보며
　　傷時 老淚를 天一方의 디이ᄂᆞ다
　　吾東方 文物이 漢唐宋애 디랴마는,
　　國運이 不幸ᄒᆞ야 海醜 兇謀애 萬古羞을 안고 이셔
　　百分에 ᄒᆞᆫ 가지도 못 시셔 ᄇᆞ려거든
　　이 몸이 無狀ᄒᆞᆫᄃᆞᆯ 臣子ㅣ 되야 이셔다가

窮達이 길이 달라 몬 뫼옵고 늘거신들
憂國 丹心이야 어닉 刻애 이즐년고

- 박인로, 「선상탄」

(다)
　그때 동청은 더욱 부지런하게 엄 승상을 섬기고 있었다. 금과 구슬 십만 냥을 냉진에게 주어 서울로 올라가 승상의 생일 헌수(獻壽)로 바치게 하였다.
　냉진은 서울에 도착하여 뜻밖의 말을 들었다. '천자가 엄 승상의 간사함을 점차 깨닫고 그의 관작을 삭탈한 후 시골로 추방하였다. 가재(家財)는 적몰(籍沒)하여 관수(官需)로 편입하게 하였다.'는 소문이었다. 냉진은 깜짝 놀라 속으로 생각하였다.
　'동청은 많은 죄악을 저질렀지. 하지만 사람들은 엄 승상이 두려워 감히 고발하지 못했던 것이야. 이제 빙산이 녹았어. 동청이 어찌 오래 갈 리가 있겠는가? 계책을 쓰는 것이 무엇보다 좋을 것이야.'
　냉진은 즉시 대궐로 나아가 등문고(登聞鼓)를 두드렸다. 그러자 법관(法官)은 그를 잡아 놓고 까닭을 물었다. 냉진이 대답했다. "나는 본래 북방 사람입니다. 마침 계림 지방을 지나가다가 태수 동청이 자행하는 불법을 목격하고 속으로 몹시 분통이 터졌습니다. 이에 감히 먼 지방의 백성들을 위해 천자께 아뢰려는 것입니다."
　냉진은 인하여 동청이 백성을 학대하고, 사람들을 죽이거나 겁박하여 재물을 빼앗고, 도적질을 일삼고, 편당을 모아 변란을 일으켰다는 등의 열두 가지 죄상을 조목조목 진술하였다. 법관은 그것을 천자에게 올렸다.
　천자는 진노하여 금의위(錦衣衛)에 명하여 동청의 가속(家屬)을 옥에 가두게 하였다. 아울러 냉진이 열거한 열두 가지 죄상을 본도(本道)로 하여금 조사하게 하였다. 그 결과 냉진의 말과 하나도 다른 것이 없었다.
　마침내 천자는 동청을 저자에서 참수하고 그 가산을 적몰하게 하였다. 그의 가산은 황금이 삼만 냥이요, 백금이 오십 만 냥이었다. 주옥과 비단은 이루 헤아릴 수조차 없었다. 처첩은 관비로 삼게 하였다.
　냉진은 관가에 재물을 바치고 교씨를 샀다. 그리고 그녀와 함께 산동으로 가려 하였다.
　교씨는 재앙을 겪기는 하였으나 그래도 냉진을 따라갈 수 있었다. 또한 수중에 재물도 남아 있었다. 처음에 냉진이 가지고 가서 엄 승상에게 바치려 했던 금과 구슬은 도합 십만 냥이었다. 냉진은 그것을 모두 자신이 취했다.
　두 사람은 몹시 즐거워하며 수레를 빌어 재물을 싣고 내려갔다. 동창(東昌)에 이르러 객점으로 들어가 술과 고기를 마음껏 샀다. 두 사람은 마주앉아 술을 마시다가 크게 취하여 정신을 잃고 곯아떨어졌다.
　차부(車夫) 정대(鄭大)라는 자가 있었다. 그는 본래 도적이었다. 정대는 그날 밤 자신의 도당과 함께 냉진의 재물 몇 수레를 모두 약탈한 후 도망을 갔다.
　냉진과 교씨가 아침에 일어났다. 그러나 몸만 남아 길을 떠날 수가 없었다. 이에 동창에 머물며 관가에 호소하여 정대의 종적을 찾으려 하였다. 하지만 그를 잡을 수 없었다.
　어느 날 천자가 조회(朝會)에 나갔다. 그날 대화가 '수령이 백성을 학대하는 문제'에 미쳤다.
　천자가 좌우에 물었다.
　"전에 동청이 저지른 죄상을 살펴보니 참으로 강도와 다름이 없었소. 동청이 어떻게 벼슬을 얻었던 것이오?"

승상 서계(徐階)가 아뢰었다.

"엄숭이 동청을 천거하여 진류 현령으로 삼았습니다. 그리고 다시 발탁하여 계림 태수를 맡겼습니다."

"짐이 이제야 생각하니 엄숭은 문학(文學)과 이재(吏才)를 갖추었다는 구실로 동청을 천거했소. 그로써 보건대 엄숭이 천거한 사람은 모두 소인이었고, 그에게 공척(攻斥)을 당한 사람은 모두 군자였을 것이오."

천자는 이부(吏部)에 명하여 엄숭이 천거하였던 관리 백여 명을 도태시키게 하였다.

그리고 과거 엄숭의 일로 죄를 입었던 사람들을 다시 탁용하게 하였다. 그에 따라 간의대부(諫議大夫) 해서(海瑞)로 도어사(都御使)를 삼고 한림학사 유연수(劉延壽)로 이부시랑(吏部侍郎)을 삼았다.

— 김만중,「사씨남정기」

〈조건〉

(1) (가) ~ (다)에서 알 수 있는 사회적 문제를 작품의 내·외적 근거를 들어 각각 해석할 것
(2) (가) ~ (다)의 문학사적 위상을 각각 설명할 것
(3) (다)를 읽고 학습자가 고전문학 작품의 현대적 의미를 발견하도록 하는 데 적합한 학습 과제 2가지를 들되, 그 과제의 의의를 논할 것

예상 답안

(가)「처용가」의 사회적 문제를 알 수 있는 내적 근거는 '가로리 네히러라, 둘은 내것인데 둘은 누구의 것인가'를 통해서 작품 내에서 다리 둘은 역신(역병)을 의미하는 것으로 설명을 한다. 이에 대한 외적 근거로 시대적으로 역병이 돌던 시기로 보기도 하고, 처용을 지방의 관리로 볼 경우 중앙 관리의 지방 관리에 대한 횡포로도 설명이 가능하다. (나)「선상탄」의 사회적 문제는 작품 내의 내적 근거로 '해추 흉모(바다 외적의 흉계, 모략)'를 통해 알 수 있고, '외적 근거로 임진왜란에서 왜의 침입으로 인한 고난의 의미'로 생각해 볼 수 있다. (다)의 내적 부분은 교씨의 사통, 중국 왕(천자)의 무능을 제시할 수 있다. 사씨남정기의 외적 부분은 작품 전체적으로 볼 때, 장희빈의 국정 농단, 인현왕후의 폐비 사건을 통해 조선 왕의 무능이 제시되었다고 볼 수 있다.

(가)는 신라 향가의 마지막 작품으로 「구지가」,「해가」로부터 이어지는 주술 시가의 맥을 이으며, 고려 가요 「처용가」, '처용무'가 이어지고 있음을 통해 향가 작품 중 우리 문학사에 가장 영향을 미친 작품으로 볼 수 있다. 또한 역병을 물리치는 것 등을 통해 우리 생활 문화, 무속과도 깊은 관련을 맺고 있다. 그리고 고려 가요「처용가」와 향가「처용가」에 똑같은 구절이 한글로 표기되어 전함으로 향찰 해독의 열쇠가 되었다. (나)는 조선 전기 가사와 후기 가사를 이어주는 과도기의 역할을 하고 있다. 또한 내용 면에서 전기와는 다른 내용 변화를 잘 드러내고 있다. 전기 가사의 경우 주로 강호한정, 연주충군이었다면 「선상탄」의 경우 당대 현실에 대한 인식, 전쟁의 문제를 드러내고 있다. (다)는 가정소설 중 처첩 간의 갈등을 다룬 쟁총형 가정소설의 효시이다. 또한 소설을 배척하던 조선시대에「사씨남정기」를 통해 왕의 잘못된 점을 꼬집어 잘못을 고치게 했다는 점에서 소설 논의에서 소설을 긍정적으로 보는 데 기여한 작품이다.

'사건 전개에 따른 결말을 파악한다'는 학습 과제를 제시하여 (다)에 제시된 내용 전개(줄거리)를 통해 선인이 풀려나고 악인이 징벌을 받게 되는 권선징악의 내용을 드러내고 있음을 알 수 있다. 이것은 현대적 의미에서도 여전히 교훈적 의미를 지니는 것으로 파악된다. 또, '작품에 나타난 인간형을 파악한다'는 학습 과제를 제시한다. 작품에 나타나는 두 인물 유형 중 긍정적 인물의 행위는 충·효·열, 신의를 지키고, 부정적 인물은 신의를 지키지 않고 배반하고 있다. 이러한 인물의 특징을 통해 가치관의 측면에서 신의가 있는 행동이나 의 필요성에 대해 생각해 보게 한다. 그리고 '작품에 나타난 인물(위정자)의 행위와 태도를 파악한다'는 과제를 통해 갈등의 원인이 된 왕(남편)의 무능을 깨닫고 해석하여 오늘날의 삶에서 위치(사회적 신분)에 맞는 처신과 행동의 중요성을 생각하게 한다.

예상문제

※ (1 ~ 2) 아래 작품을 바탕으로 조건에 맞게 답하시오.

(가)
東京明期月良	시볼 붉기 드래
夜入伊遊行如可	밤 드리 노니다가
入良沙寢矣見昆	드러사 자리 보곤
脚烏伊四是良羅	가루리 네히어라
二肹隱吾下於叱古	둘흔 내해엇고
二肹隱誰支下焉古	둘흔 뉘해언고.
本矣吾下是如馬於隱	본디 내해다마룬
奪叱良乙何如爲理古	아사눌 엇디ᄒᆞ릿고

- 『삼국유사(三國遺事)』, 〈양주동 해독〉

1. (가)의 문학사적 의미를 2가지 밝히시오. [2점]

📝 **예상 답안**

(가)와 관련된 벽사진경의 내용으로 인해 민간에 널리 전승되었으며, 고려의 '처용가' 등으로 이어져 폭넓게 연행되었다. (가)의 1~6구가 고려의 처용가에 국역되어 실림으로서 향가를 해독하는 데 중요한 기여를 했다.

2. (가)의 배경 설화를 고려하여 주술적 특징을 밝히시오. [2점]

📝 **예상 답안**

(가)는 노래 자체에 주술성이 있는 것이 아니라, 배경 설화에서 처용의 행위에 역신이 감복하여 처용의 모습이 있으면 나타나지 않겠다고 하여 사악한 것을 물리치는 주술적 특징이 있다.

※ (3 ~ 4) 아래 작품을 바탕으로 조건에 맞게 답하시오.

(가)
前腔	新羅盛大 昭盛大
	天下大平 羅侯德 處容아바
	以是人生애 相不語ᄒᆞ시룬딘
	以是人生애 相不語ᄒᆞ시룬딘
附葉	三災八難이 一時消滅ᄒᆞ샷다
	〈중략〉

제2절 향가 작품 감상 **189**

後腔	머자 외야자 綠李야
	설리 나 내 신 고흘 미야라
附葉	아니옷 미시면 나리어다 머즌 말
中葉	東京 볼ᄀ 도래 새도록 노니다가
附葉	드러 내 자리를 보니 가ᄅ리 네히로새라
小葉	아으 둘흔 내 해어니와 둘흔 뉘 해어니오
大葉	이런 저긔 處容 아비옷 보시면
	熱病神이사 膾ㅅ 가시로다
	千金을 주리여 處容 아바
	七寶를 주리여 處容 아바
附葉	千金 七寶도 말오
	熱病神를 날 자바 주쇼셔
中葉	산이여 미히여 千里 外예
附葉	處容 아비를 어여 녀거져
小葉	아으 熱病大神의 發願이샷다

(나) 〈제6과장〉 양반춤

말뚝이 : (벙거지를 쓰고 채찍을 들었다. 굿거리 장단에 맞추어 양반 3형제를 인도하여 등장)

양반 3형제 : [말뚝이 뒤를 따라 굿거리 장단에 맞추어 점잔을 피우나, 어색하게 춤을 추며 등장. 양반 3형제 중에서 맏이는 샌님[生員], 둘째는 서방님[書房], 끝은 도련님[道令]이다. 샌님과 서방님은 흰 창옷에 관을 썼다. 도련님은 남색 쾌자에 복건(幅巾)을 썼다. 샌님과 서방님은 언청이며(샌님은 언청이 두 줄, 서방님은 한 줄이다.) 부채와 장죽(長竹)을 가지고 있고, 도련님은 입이 삐뚤어졌고, 부채만 가졌다. 도련님은 일절 대사는 없으며, 형들과 동작을 같이하면서 형들의 면상을 부채로 때리며 방정맞게 군다.]

말뚝이 : (가운데쯤에 나와서) 쉬이. (음악과 춤 멈춘다.) 양반 나오신다아! 양반이라고 하니까 노론(老論), 소론(少論), 호조(戶曹), 병조(兵曹), 옥당(玉堂)을 다 지내고 삼정승(三政丞), 육판서(六判書)를 다 지낸 퇴로 재상(退老宰相)으로 계신 양반인 줄 알지 마시오. 개잘량이라는 '양'자에 개다리 소반이라는 '반'자 쓰는 양반이 나오신단 말이오.

양반들 : 야아, 이놈 뭐야아!

말뚝이 : 아, 이 양반들, 어찌 듣는지 모르갔소. 노론, 소론, 호조, 병조, 옥당을 다 지내고 삼정승, 육판서 다 지내고 퇴로 재상으로 계신 이 생원네 3형제분이 나오신다고 그리하였소.

양반들 : (합창) 이 생원이라네. (굿거리 장단으로 모두 춤을 춘다. 도령은 때때로 형들의 면상을 치며 논다. 끝까지 그런 행동을 한다.)

말뚝이 : 쉬이. (반주 그친다.) 여보, 구경하시는 양반들, 말씀 좀 들어 보시오. 짤다란 곰방대로 잡숫지 말고 저 연죽전(煙竹廛)으로 가서 돈이 없으면 내게 기별이래도 해서 양칠간죽(洋漆竿竹), 자문죽(紫紋竹)을 한 발 가웃씩 되는 것을 사다가 육모깍지, 희자죽(喜子竹), 오동 수복(梧桐壽福) 연변죽을 사다가 이리저리 맞추어 가지고 저 재령(載寧) 나무리 거이 낚시 걸 듯 죽 걸어 놓고 잡수시오.

양반들 : 머야아!

말뚝이 : 아, 이 양반들, 어찌 듣소. 양반 나오시는데 담배와 훤화(喧嘩)를 금하라고 그리하였소.

양반들	: (합창) 훤화(喧譁)를 금하였다네. (굿거리 장단으로 모두 춤을 춘다.)
말뚝이	: 쉬이. (춤과 반주 그친다.) 여보, 악공들 말씀 들으시오. 오음 육률(五音六律) 다 버리고 저 버드나무 홀뚜기 뽑아다 불고 바가지 장단 좀 쳐 주오.
양반들	: 야아, 이놈 뭐야!
말뚝이	: 아, 이 양반들, 어찌 듣소. 용두 해금(奚琴), 북, 장고, 피리, 젓대 한 가락도 뽑지 말고 건 건드리지게 치라고 그리하였소.
양반들	: (합창) 건 건드리지게 치라네. (굿거리 장단으로 춤을 춘다.)

3. (가)를 바탕으로 (가)의 형성 배경 및 문학사적 의의를 제시하시오. [2점]

📝 **예상 답안**

　(가)는 신라 향가 처용가를 바탕으로 하여 민간에서 떠돌다가 고려시대에 임금에 대한 송도의 내용 등을 덧붙여 궁중 속악으로 편입되었다.
　(가)는 신라의 처용가가 폭넓게 향유된 사실을 보여주며, 또 (가)에 제시된 국문 처용가 부분은 신라 향가 해독의 열쇠가 되는 부분으로 의의가 있다.

4. (가)와 (나)의 연극적 요소와 관련지어 아래 〈조건〉에 맞게 서술하시오. [10점]

〈조건〉
(1) (가), (나)에서 공통적으로 나타나는 전통 연극의 특성을 2가지 밝히시오. (2점)
(2) (가), (나)의 구체적 내용을 근거로 연극의 내용면 형식면에서 공통적으로 나타나는 요소를 각각 구체적으로 제시하시오. (4점)
(3) (가), (나)를 연극 면에서 차이점을 구체적으로 2가지 서술하시오. (4점)

📝 **예상 답안**

　(가)와 (나)에서 공통적으로 나타나는 전통 연극의 특징은 첫째, 전통 음악과 춤을 바탕으로 진행된다는 점, 둘째, 대중의 참여 가능성이 열려 있다는 점 등을 들 수 있다.
　연극의 내용면의 공통적인 요소로 인물간의 대립과 갈등(사건)이 강조되는데, (가)는 처용과 역신의 대립과 갈등이 나타나고, (나)는 서민층인 말뚝이와 지배층인 양반의 대립과 갈등이 나타난다. 연극의 형식면의 공통적인 요소로 (가)의 경우 처용과 관객(대중), 역신의 대사가 나누어지고, (나)의 경우 말뚝이와 양반들 사이의 대사가 나누어진다.
　(가)는 연극적 요소보다 음악과 춤이 중심이 되고 (나)는 춤은 표면적이고 양반과 말뚝이의 대사가 더 중심이 된다. 그리고 (가)는 만들어진 무대 위에서 공연이 되었고, (나)는 만들어진 무대가 아니라 마당에서 공연이 되었다. (가)의 경우 역신을 몰아내는 축사와 주술의 의식으로 사용되었고, (나)의 경우 지배층과 피지배층의 대립을 다룰 뿐 축사와 주술의 의식이 드러나지 않는다. 그리고 (가)의 경우 대사가 짧고 대사의 기능이 강조되지 않으며, (나)의 경우 대사가 길고 대사를 통해 사건전개, 해학적 표현 등의 다양한 기능을 드러낸다.

작품 8 혜성가(彗星歌)

舊理東尸汀叱乾達婆矣	녜 시ㅅ믌ᄀ 乾達婆의	녀리 실믌ᄀ
遊烏隱城叱肹良望良古	노론 잣흘란 ᄇ라고	건달바(乾達婆)이 노른 자솔랑 ᄇ라고,
倭理叱軍置來叱多	예ㅅ 군(軍)두 옷다	여릿 군도 옛다
烽燒邪隱邊也藪耶	수(燧)슬얀 ᄀ 이슈라.	횃 틱얀 어여 수프리야.
三花矣岳音見賜烏尸聞古	삼화(三花)이 오롬보샤올 듣고	삼화(三花)이 오롬 보시올 듣고
月置八切爾數於將來尸波衣	들두 ᄇ즈리 혀렬바애	ᄃ라도 ᄀᄅᄀ시 자자렬 바애,
道尸掃尸星利望良古	길쓸 별 ᄇ라고	길 쓸 벼리 ᄇ라고
彗星也白反也人是有叱多	혜성(彗星)여 슬ᄫ여 사ᄅ미 잇다.	혜성(彗星)이여 슬바녀 사ᄅ미 잇다.
後句 達阿羅浮去伊叱等邪	아으 ᄃᆯ 아래 ᄠ갯더라.	아야 ᄃ라라 ᄠ갯ᄃ야.
此也友物叱所音叱彗叱只有叱故	이 어우 므슴ㅅ 혜(彗)ㅅ기 이실꼬.	이예 버믈 무슴ㅅ 혜(彗)ㅅ 다므닛고.
	〈양주동 해독〉	〈김완진 해독〉

예전 동해 물가 건달바의	옛날 東쪽 물가
논 성(城)을 바라보고,	乾達婆의 논 城을랑 바라고,
"왜군이 왔도다."	倭軍도 왔다
봉화 올린 변방이 있어라	횃불 올린 어여 수플이여.
세 화랑의 산 구경오심을 듣고	세 花郞의 山 보신다는 말씀 듣고,
달도 부지런히 등불을 켜는데	달도 갈라 그어 잦아들려 하는데,
길 쓸 별 바라보고	길 쓸 별 바라고,
"혜성이여" 사뢴 사람이 있구나.	彗星이여 하고 사뢴 사람이 있다.
아아, 달은 아래로 떠 갔더라.	아아, 달은 떠가 버렸더라.
이에 무슨 혜성이 있을꼬.	이에 어울릴 무슨 彗星을 함께 하였습니까.
〈양주동 풀이〉	〈김완진 풀이〉

핵심정리

- **작자** 융천사(融天師, 신라 진평왕 때의 승려)
- **갈래** 10구체 향가
- **연대** 신라 진평왕 16년(594)
- **성격** 주술적
- **제재** 혜성의 출현
- **주제** 혜성의 변괴를 없애고 왜병의 침략을 막음

- **특징**
  ① 이 노래는 세 화랑의 공덕을 칭송하여 부른 노래라는 견해도 있지만, 혜성의 출현과 왜구의 침입을 막았다는 데에서 주사(呪詞)로 본다.
  ② 이 노래의 속뜻은 탁월한 불교의 경지로서 본래가 청정무애(淸淨無碍)한 현상을 중생이 스스로 미망(迷妄)을 내어 현혹되고 고통받는 것으로 이해할 수 있다.
- **출전** 『삼국유사(三國遺事)』

배경 설화

고구려와 신라가 금강산에서 대치하였을 때 왜적 병선과 혜성이 출현함으로 불렀다는 노래로 삼국 유사 권 5 융천사 혜성 가조에 실려 있다. 다섯째 거열랑, 여섯째 실처랑, 일곱째 보동랑 등 세 화랑의 무리가 풍악(금강산)에 놀이를 가려 할 제 혜성이 나타나 心大星(북극성)을 범하였으므로, 이를 불길한 징조라 하여 풍악행을 중지하여 하였더니, 이때에 융천사가 노래를 지어 부름으로서, 혜성을 즉멸케 하고, 일본병을 환국케 하였다. 왕은 화가 변하여 복이 되었다고 기뻐하여 화랑들에게 풍악놀이를 시켰다.

이해와 감상

| 해설 |

융천사가 지은 10구체의 노래로 축사(逐邪)를 위한 주사(呪詞)의 노래이다. 제 5 거열랑, 제 6 실처랑(혹은 돌처랑이라 함), 제 7 보동랑 등 세 화랑의 무리가 금강산을 유람하려 하는데 혜성이 심대성을 범하는 일이 생기자 낭도들은 의아하게 생각하고 가지 않으려 했다. 그때 융천사가 노래를 지어 부르자 혜성의 변괴가 없어지고 때마침 일본의 군대도 되돌아가 도리어 복이 되었다.

노래의 가사는 향찰로 기록되어 있으며 해독상 비교적 이견이 많은 작품에 속한다. 전체는 의미상 3단락으로 구분된다. 현대역으로 작품을 소개하고 해석하면 다음과 같다. "옛날 동쪽 물가 건달바(乾達婆)의/논 성(城)을랑 바라보고/왜군이 왔다/햇불 올린 변방이 있어라." 고대인은 혜성을 흉조로 파악했다. 혜성이 나타나면 역적이 나타나거나 외적의 침략을 받는다고 생각했다. 심대성은 전갈좌에 있는 별로서 국왕을 상징한다. 혜성이 동쪽에 나타나 심대성을 침범한 것은 신라에 어떤 재앙이 닥쳐올 것을 예고하는 것이다. 그래서 사람들은 왜병이 쳐들어온다고 봉홧불을 올렸다. 그러나 융천사는 사람들이 본 것은 '건달바가 노는 성'이라고 말한다. 건달바는 불교에서 말하는 제석(帝釋)의 천악신(天樂神)을 말하며, '건달바가 노는 성'은 신기루를 의미한다. 화랑을 건달바로 나타낸 데서 신라인의 호국불교사상을 엿볼 수 있다.

그런데 신기루를 보고 봉화를 올린 것은 분명히 잘못이다. "세 화랑이 산에 오르심을 보고/달도 부지런히 불을 밝히려 하는데/길을 쓸어줄 별을 바라보고/혜성이라 아뢴 사람이 있다." 달은 천상계 질서에서 혜성보다 우위를 차지한다. 혜성은 달 밑에서는 아무 힘이 없다. 이런 달이 화랑의 유람행을 돕기 위해 부지런히 떠서 갈 길을 밝혀준다고 했다. 달이 이미 떠 있으니 혜성은 달을 도와 '길을 쓸어주는 별'이 될 뿐이다. "아아, 달 아래 떠갔더라/이 무슨 혜성 기운이 있을꼬." 달이 이미 떠갔으니 무슨 흉조의 기미가 있겠느냐고 다시 한번 강조했다. 이 노래의 주된 성격은 주가(呪歌)이다. 흉조라고 여기는 혜성을 오히려 '길을 쓸어주는 별'이라 단언함으로써 길조로 전환시켰다. 있어야 하는 현실을 미리 언어로 말하여 그렇게 되기를 강하게 희망하는 언어의 주술적 기능을 이용했다. 혜성이라고 말한 사람이 있어도, 그것은 사실이 아니고 혜성이 없다고 하면, 나타난 혜성이 사라진다는 주술원리가 작용하고 있다. 이 노래의 시적 세계는 '동해물가·성·봉화·달·혜성'과 같은 시어(詩語)를 통해 광활한 우주적 시계(視界)를 형성하며 펼쳐졌다. 언어의 주술적 기능을 활용한 주가로서의 면모 외에도 탁월한 서정성을 지니고 있는 향가 작품이다.(출처 : 브리태니커백과사전)

| 다른 해석 |

초장에서는 동해변 건달파들이 놀던 신기루 현상을 보고는 왜병이 왔다고 봉화를 올린 변방이 있다고 했다. 불교 문헌에서는 음악을 맡은 귀신을 건달파(乾達婆)라고 불렀고, 이로부터 음악이나 배우도 건달파라고 불렀다. 우리말의 '건달'도 여기에서 유래한 것이다. 여기에서 '건달파가 놀던 성'은 금강산의 절경을 비유한 말로 해석하여야 할 것이다. 그러므로 이 부분은 예전 동해 물가의 절경인 금강산의 경승(景勝)을 보고 왜군이 왔다고 봉화를 올리던 모습, 또는 건달파들이 노래하던 곳에다 견주어 본 것이다. 혜성의 모습을 보고 이러저러한 자유로운 연상을 하는 대목이다.

중장에서는, 혜성은 산놀이 가는 사람들의 길을 쓸어 줄 빗자루처럼 떠 있고 달은 앞길을 밝혀 전송하려고 중천에 떠 있는데, 사람들은 혜성이 나왔다고 하면서 변고가 날듯이 떠들고 있다고 하였다. 달이 떠서 세 화랑의 유람행차를 도와주므로 앞으로 반드시 경사스러운 일이 있으리라는 것을 예언적으로 설명한다. 혜성은 요성(妖星)이 아니라 이성(利星)이라는 것이다.

종장에서는 혜성 뿐 아니라 달까지 나와 있으니 이것은 좋은 일이 겹친 것인데 무슨 변고가 있겠는가 하고 주위의 의구심을 말끔히 없앴다. 노래의 핵심은 인간은 허망한 일들에 정신을 빼앗겨 진실로 참되고 보람 있는 사실들을 잊고 있다는 점을 밝힌다고 볼 수 있다. 그렇다면 이 노래 는 허상에서 깨어나야 함을 강조하는 의미가 된다.

이 노래는 기록에 근거해 보면 지상의 화평을 깨뜨리는 왜군의 침략과 불길함을 표상하는 천상의 혜성이 나타나는 이중적인 이변을 물리치려는 목적성을 갖고 있다. 향가에 주술적 힘이 있다고 신성시하던 창작 당시의 사회적 분위기를 엿볼 수 있다. 여기서 첫 구절이 '날이 샐 물가'로 해석되면 두 개의 이변의 현상은 동시적인 것이 될 뿐 아니라 혜성이 조짐이 되고 왜군의 침략이 그런 조짐의 한 결과적인 현상으로서 묶어지게 된다. 그리고 이변의 일시적인 한 현상으로 설사 혜성이 떴다고 할지라도 그게 밝은 달에 어찌 맞설 수 있는 것이 될 수가 있겠는가의 뜻을 포함하게 된다. 이런 점에서 보면 난리나 들뜬 민심을 진정시키는 진무(鎭撫)의 주술적 목적성을 가지고 있고 또 실질적으로 융천(融天)의 주력을 가지게 된다. 이처럼 신라인에게 있어서는 의식의 주력 못지않게 시로서의 향가의 가력(歌力) 또는 시력(詩力)이 신성화된 흔적이 없지 않다.

1 「혜성가」에 담긴 주술적 상징

「혜성가」는 축사(逐邪)를 위한 주사(呪詞)로 언어와 사실을 동일시하려는 주술적 상징이 담겨 있다. 나타난 혜성이 없다고 함으로써 혜성을 사라지게 할 수 있다고 믿는 고대인의 의식이 바탕이 되고 있다. 이는 노래에 마력이 있어서 영험한 기적은 나타낸다는 고대 가요에 잘 나타나는 특징이기도 하다.

기출문제

1. (가)의 진술과 (나), (다)의 배경 설화를 동시에 고려하여 (나), (다)를 비교한 것으로 가장 적절한 것은?

2009년 모의 25번

> (가)
> 　신라 사람들이 향가를 숭상한 지는 오래되었으니, 향가는 대개 『시경(詩經)』의 송(頌)과 같은 것이었다. 그러므로 이따금 천지의 귀신을 감동시킨 일이 한두 가지가 아니었다.
> 　　　　　　　　　　　　　　　　　　　- 『삼국유사』 월명사 도솔가조(月明師兜率歌條)
>
> (나)
> 　善花公主니믄 / 눔그스지 얼어두고 / 맛둥바ᄋᆞᆯ / 바미몰 안고가다 〈양주동 해독〉
> 　　　　　　　　　　　　　　　　　　　- 『삼국유사』 무왕조(武王條)
>
> (다)
> 　녜 시ᄉ믌ᄀᆞᆺ 乾達婆이 / 노론 잣ᄒᆞ란 ᄇᆞ라고 / 예ㅅ 軍두 옷다 / 熢 술ᄫᅡᆫ ᄀᆞᆺ 이슈라 / 三花이 오롬보샤올 듣고 / 둘두 ᄇᆞ즈리 혀렬바애 / 길ᄡᅳᆯ 별 ᄇᆞ라고 / 彗星여 ᄉᆞᆯᄫᅧ 사ᄅᆞ미 잇다 / 아으 둘 아래 ᄠᅥ 갯더라 / 이 어우 므슴ㅅ 彗ㅅ기 이실꼬 〈양주동 해독〉
> 　　　　　　　　　　　　　　　　　　　- 『삼국유사』 융천사 혜성가조(融天師彗星歌條)

① (나)에서는 시적 화자의 지극한 정성에, (다)에서는 시적 청자의 신비한 신통력에 초점을 맞추었다.
② (나)에서는 미래에 일어날 일을 현재의 일로, (다)에서는 현재 일어난 일을 당장 없어질 일로 규정했다.
③ (나)에서는 소망이 성취된 상태에 대한 기대감을, (다)에서는 현실의 질곡으로 인한 불안감을 표현했다.
④ (나)는 '말이 씨 된다'는 속담과 같은 인식을, (다)는 '말이 말을 만든다'는 속담과 같은 인식을 바탕으로 삼았다.
⑤ (나)에서는 '천상 – 지상 – 인간'의 공간적 조응을, (다)에서는 '과거 – 현재 – 미래'의 시간적 조응을 통해 문제 해결을 추구했다.

정답 ②

예상문제

※ (1 ~ 2) 아래 작품을 바탕으로 조건에 맞게 답하시오.

(가)

舊理東尸汀叱乾達婆矣
遊烏隱城叱肹良望良古
倭理叱軍置來叱多
烽燒邪隱邊也藪耶
三花矣岳音見賜烏尸聞古
月置八切爾數於將來尸波衣
道尸掃尸星利望良古
彗星也白反也人是有叱多
後句 達阿羅浮去伊叱等邪
此也友物叱所音叱彗叱只有叱故
— 「혜성가」, 『삼국유사(三國遺事)』

녜 싯ㅅ믌ㄱㆍ 乾達婆의
노론 잣홀란 ㅂ라고
예ㅅ 군(軍)두 옷다
수(燧)술얀 ㄱㆍ 이슈라
삼화(三花)이 오름보샤올 듣고
돌두 ㅂ즈리 혀렬바애
길쁠 별 ㅂ라고
혜성(彗星)여 솔ㅸ여 사ㄹ미 잇다
㉠ 아으 둘 아래 뻐갯더라
이 어우 므슴ㅅ 혜(彗)ㅅ기 이실꼬
〈양주동 해독〉

(나)

딩아 돌하 당금(當今)에 계샹이다.
딩아 돌하 당금(當今)에 계샹이다.
션왕셩ᄃᆡ(先王聖代)예 노니ᄋᆞ와지이다.

삭삭기 셰몰애 별헤 나는
삭삭기 셰몰애 별헤 나는
구은 밤 닷 되를 심고이다.
그 바미 우미 도다 삭나거시아
그 바미 우미 도다 삭나거시아
유덕(有德)ᄒᆞ신 님믈 여희ᄋᆞ와지이다.

구스리 바회예 디신들
구스리 바회예 디신들
긴힛ᄃᆞᆫ 그츠리잇가.
즈믄 ᄒᆡᄅᆞᆯ 외오곰 녀신들
즈믄 ᄒᆡᄅᆞᆯ 외오곰 녀신들
신(信)잇ᄃᆞᆫ 그츠리잇가
— 「정석가」, 『악장가사, 시용향악보』

1. (가)의 ㉠에 담긴 의미를 (나)를 통해 제시할 때, ㉠을 만든 인물과 시대에 해당하는 내용을 각각 찾아 제시하시오.

📝 예상 답안

유덕하신 님 / 선왕성대

2. (가)와 (나)의 2연을 비교하여 시상 전개의 특징을 서술하시오. [4점]

📝 예상 답안

(가)는 왜군의 침입이 아닌 사건을 왜군이 침입한 것처럼 잘못 알고 있다고 했고, 불길한 징조가 아닌 것을 불길한 징조인 것처럼 잘못 알고 있다고 했다. 앞의 두 가지 예 뒤에 불길한 일이 없다는 결론을 제시하여 귀납적으로 전개하고 있다.
 (나)는 앞부분에 불가능한 내용을 제시하고 그것이 이루어지면 님과 이별하겠다고 하여 이별하지 않겠다는 마음을 역설적 구조로 제시하고 있다. ((나) 전체: '기 – 서 – 결' 구조 / 2-5연: 반복)

작품 9 》》 원왕생가(願往生歌)

月下伊底亦	들하 이데
西方念丁去賜里遣	서방ᄭ장 가샤리고
無量壽佛前乃	무량수불(無量壽佛)전(前)에
惱叱古音多可支白遣賜立	닏곰다가 솗고샤셔
誓音深史隱尊衣希仰支	다딤 기프샨 존(尊)어히 울워러
兩手集刀花乎白良	두 손 모도호ᄉ롸
願往生願往生	원왕생 원왕생(願往生 願往生)
慕人有如白遣賜立	그릴 사ᄅᆞᆷ 잇다 솗고샤셔
阿邪此身遺也置遣	아으 이몸 기뎌 두고
四十八大願成遣賜去	사십팔대원(四十八大願) 일고샬까

〈양주동 해독〉

달이 어째서	달님이시여, 이제
西方까지 가시겠습니까.	서방까지 가셔서
無量壽佛前에	무량수 부처님 앞에
報告의 말씀 빠짐없이 사뢰소서.	일러다가 사뢰소서.
誓願 깊으신 부처님을 우러러 바라보며,	다짐 깊으신 부처님께 우러러
두 손 곧추 모아	두 손을 모아
願往生願往生	원왕생 원왕생
그리는 이 있다 사뢰소서.	그리는 사람 있다고 사뢰소서.
아아, 이 몸 남겨 두고	아아, 이몸 남겨 두고
四十八大願 이루실까.	사십팔대원을 이루실까.

〈김완진 풀이〉 〈양주동 풀이〉

핵심정리

- 갈래 10구체 향가
- 연대 문무왕(661 ~ 681)
- 성격 기원가(祈願歌), 불교 신앙의 노래
- 표현 비유법, 상징법, 설의법
- 주제 아미타불에게 귀의하고자 하는 간절한 소망
- 의의 ① 아미타 신앙을 바탕으로 하여 서방 정토의 왕생을 염원한 서정 가요
  ② 의식적인 격식을 갖추고 있는 기원가로, 기원가의 한 전형을 보여 줌
- 출전 『삼국유사(三國遺事)』

이해와 감상

| 배경 |

　신라 문무왕 때 광덕과 엄장이라는 사람이 있었다. 그들은 누구든지 먼저 극락에 갈 때는 서로 알려 주기로 약속하였다. 어느 날 엄장의 집 밖에서 "나는 벌써 서방으로 가니 그대는 잘 있다가 속히 나를 따라오라." 하는 소리가 들렸다. 엄장이 문을 열고 나가 둘러보니 구름 밖에서 풍악 소리가 나고 빛이 땅에까지 뻗쳤다. 다음날 광덕이 머물던 곳을 찾아가 보니 그가 과연 죽은 것이었다. 광덕의 장사를 지낸 후 엄장은 광덕의 아내와 함께 살게 되었는데, 엄장이 동침을 청하자 광덕의 아내가 거절하며 "스님이 정토를 구하는 것은 가히 고기를 잡으러 나무에 오르는 격입니다." 하였다. 엄장이 놀라 "광덕도 이미 그러했는데 나라고 해로울 것이 있느냐?" 하고 물으니, 여인이 말하기를 "남편은 동거한 지 십여 년이었지만 일찍이

한 자리에 눕지도 않았는데 하물며 추한 일이 있었겠습니까? 다만 밤마다 단정히 하고 반듯이 앉아서 한 마음으로 아미타불의 이름만 생각하였습니다."라고 하였다. 이에 엄장은 부끄러워하며 물러나 원효 법사를 찾아가 도를 닦고 서방 정토(西方淨土)로 가게 되었다. 일찍이 광덕에게 '원왕생가'라는 노래가 있었다.

| 해설 |

신라 문무왕 때 광덕(廣德)이라는 사람이 극락세계에서 다시 태어나고 싶은 간절한 마음을 노래한 10구체의 향가로, 『삼국유사』에 실려 전한다. 「광덕 엄장(廣德 嚴莊)」 또는 「가고파 노래」란 표제로도 불리어진다. 자신의 소망을 초월적 대상에게 기도한 전형적인 기원가(祈願歌)로, 종교적인 색채가 두드러지는 작품이다.

광덕이 달을 서방 정토의 사자(使者)로 비유하여 그곳에 귀의하고자 하는 간절한 소원을 읊은 노래이다. 달은 어두운 밤과 관련된다. 밤의 어둠 속에서 그 어둠과 대조를 이루는 유일한 존재인 달은 어둠 속에 존재하는 시적 자아의 친화(親和)의 대상이 되면서 어둠 속 어딘가에 존재하는 그리움의 대상과 달빛을 통하여 교감을 이루어지게 하는 매개체이다. 이 노래에서 광덕은 아미타불에게 귀의하고자 하는 마음을 달에 의탁하고 있다. 서정적 자아가 그리는 대상은 아미타불이다. 차안(此岸)에서 피안(彼岸)의 서방 정토의 아미타불을 희구하고 있다. 그런데 달은 차안과 피안을 오고 갈 수 있는 불법(佛法)의 사자이다. 그리하여 시적 자아는 가슴 깊은 신앙심이 아미타불에게 전하여지기를 달에게 빌고 있다. 즉 달을 통해 서정적 자아의 불교적 신앙심을 형상화한 것이다.

이 작품의 속의 의사소통 구조를 살펴보면 시적 화자, 달, 무량수불이 등장하는데, 일차적·표면적 청자는 달이지만 궁극적으로 화자가 자신의 뜻을 전하고자 하는 본질적인 청자는 무량수불이라 할 수 있다. 1~4구에서는 먼저 달에게 자신의 소원을 서방 세계에 있는 무량수불에게 전해주기를 부탁한다. 여기서 달은 현세와 이상 세계를 연결해주는 매개체의 역할을 하고 있다. 그리고 5~8구에서는 바로 경건하고 간절한 자세로 자신의 소망이 바로 왕생임을 표현하고 있다. 마지막으로 9~10구에서는 자신의 소망이 실현되지 않을 것을 염려하여, 무량수불이 소원을 이루기 위해선 자신의 소망을 들어주어야 한다는 점을 제시하여 소망 성취에 대하여 강하게 청원하고 있다.

1 시상 전개 과정과 청원의 성격

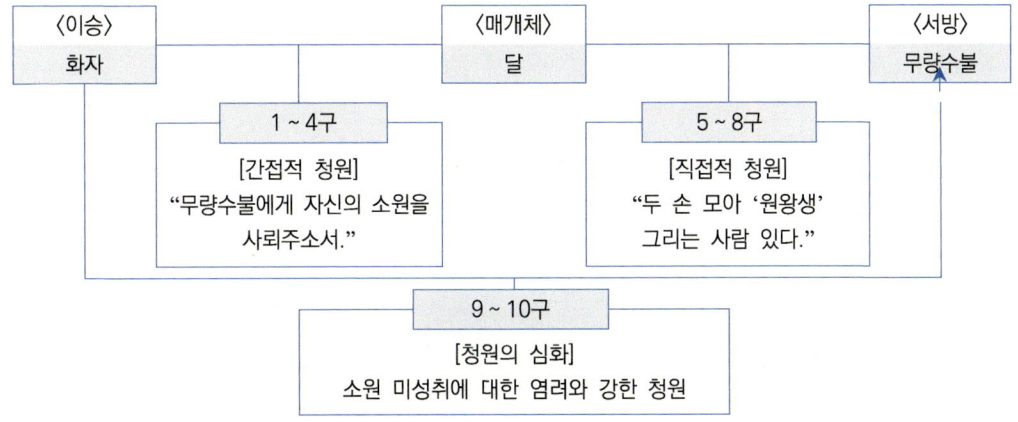

2 '달'의 의미

달은 어두운 밤하늘에 높이 떠서 세상을 밝혀주는 광명의 존재라는 점에서 전통적으로 소망과 기원의 이미지를 지닌 소재로 많이 사용되어 왔다.

이 작품에서도 역시 '달'은 화자가 바라보며 소원을 비는 기원의 대상이다. 그러나 이 때 '달'은 화자가 가고자 하는 이상 세계로 갈 수 있다는 점에서 초월성을 지닌 존재이긴 하지만, 화자의 소원을 직접 이루어지게 할 능력은 없으며 단지 소원을 전달해 주는 역할만 하고 있다. 즉, 화자의 소원을 서방 정토에 있는 무량수불에게 전하는 매개체로서의 역할, 시적 화자가 발 딛고 서 있는 차안(此岸)과 아미타불이 존재하는 피안(彼岸)의 서방 정토를 오고 갈 수 있는 불법(佛法)의 사자 역할을 하고 있는 것이다.

> 참고
>
> 1. 다른 작품 속에 등장한 '달'의 역할
>
> | 작품 | 달의 역할 |
> |---|---|
> | 고대가요 「정읍사」 | 기원의 대상, 소망을 이루어주는 존재 |
> | 이조년, 「이화에 월백ᄒᆞ고~」 | 달밤의 애상적 분위기를 형성 |
> | 윤선도, 「오우가」 | 광명, 과묵함의 미덕을 지닌 존재 |
>
> 2. 함께 읽으면 좋은 작품 - 김현승 「가을의 기도」
>
>   김현승의 「가을의 기도」는 절대 고독을 통해 진실된 삶의 가치를 추구하고자 하는 경건한 마음을 기도 형식으로 표현한 시이다. 두 작품은 모두 종교적인 색채가 두드러지며, 초월적 대상에게 기도를 하는 형식이라는 점, 화자의 경건한 마음가짐과 자세를 발견할 수 있다는 점에서 공통점을 지닌다. 하지만, 「원왕생가」의 종교적 기반이 불교인 데 반해, 「가을의 기도」는 기독교적 사상을 배경으로 한 시라는 점에서 차이가 있다.

기출문제

※ (1 ~ 2) 다음 글을 읽고 물음에 답하시오.

(가)

月下伊底亦　　　　　　　㉠ 달이 어째서
西方念丁去賜里遣　　　　 西方까지 가시겠습니까.
無量壽佛前乃　　　　　　㉡ 無量壽佛 前에
惱叱古音多可支白遣賜立　 報告의 말씀 빠짐없이 사뢰소서.
誓音深史隱尊衣希仰支　　 誓願 깊으신 부처님을 우러러 바라보며,
兩手集刀花乎白良　　　　㉢ 두 손 곧추 모아
願往生願往生　　　　　　㉣ ┌ 願往生願往生
慕人有如白遣賜立　　　　 └ 그리는 이 있다 사뢰소서.
阿邪 此身遺也置遣　　　　㉤ ┌ 아아, 이 몸 남겨 두고
四十八大願成遣賜去　　　 └ 四十八大願 이루실까.

- 「원왕생가」, 〈김완진 해독〉

(나)

五百年 都邑地를 匹馬로 도라드니
山川은 依舊ᄒᆞ되 人傑은 간 듸 업다
어즈버 太平烟月이 쭘이런가 ᄒᆞ노라

- 길재

(다)

  귓도리 져 귓도리 에엿부다 져 귓도리
  어인 귓도리 지는 달 새는 밤의 긴 소릐 쟈른 소릐 節節이 슬픈 소릐 제 혼자 우러녜어 紗窓 여윈 줌을 술드리도 끽오는고야
  두어라 제 비록 微物이나 無人洞房에 내 뜻 알 리는 저뿐인가 ㅎ노라

- 작자 미상

1. (가) ~ (다)의 문학사적 의의를 형식 측면에서 설명한 내용으로 옳지 않은 것은?   2010년 기출 26번

① (가)의 감탄적 어사를 활용한 종결 형식은 (나), (다)와 같은 우리말 노래의 형식적 전통으로 이어졌다.
② (나)는 (가)에 비해 단형임에도 불구하고 초·중장의 반복된 율격을 종장에서 파괴하여 내용의 전환이나 비약을 효과적으로 표현하였다.
③ (가)와 (나)는 개인적 서정시 형식으로, 한시 절구의 기·승·전·결 구조와 달리 3단 구조로 정형화되었다.
④ (나), (다)가 지닌 구비 전승된 노래로서의 특징은 병렬, 반복, 공식구적 표현 등에서 확인할 수 있다.
⑤ (다)는 (나)에서 비롯된 형식이지만, 어느 음보든 음절 수가 늘어날 수 있기 때문에 (나)의 형식상 제약이 극복되었다.

    | 정답 ⑤

2. ㉠ ~ ㉤에 대한 해석으로 적절하지 않은 것은? [1.5점]   2010년 기출 27번

① ㉠ : 청원의 대상이자 전달자로서, 인간적 번뇌와 신적 깨달음을 지닌 존재이다.
② ㉡ : 기원자가 소망을 비는 궁극적인 청원 대상이다.
③ ㉢ : 합장하는 행위를 통해 청원의 대상을 향한 기원자의 경건한 마음을 드러내었다.
④ ㉣ : 청원의 내용과 청원을 전달해 달라는 부탁이 모두 담겨 있다.
⑤ ㉤ : 청원의 대상이 내세운 서원(誓願)을 환기하여 소망 성취의 간절함을 드러내었다.

    | 정답 ①

작품 10 　원가(怨歌)

物叱乎支栢史	믈흿 자시
秋察尸不冬爾屋支墮米	ㄱ술 안ᄃᆞᆯ 이우리 디매
汝於多支行齊敎因隱	너 엇뎨 니저 이신
仰頓隱面矣改衣賜乎隱冬矣也	울월던 ᄂᆞ치 겨샤온ᄃᆡ
月羅理影支古理因淵之叱	ᄃᆞᆯ 그림제 녯 모샛
行尸浪 阿叱沙矣以支如支	녈 믈겼 애와티ᄃᆞᆺ
貌史沙叱望阿乃	ᄌᆞᅀᅡ ᄇᆞ라나
世理都 之叱逸烏隱第也	누리도 아쳐론 뎨여
〈後句亡〉	〈양주동 해독〉

질 좋은 잣이	뜰의 잣(栢)이
가을에 말라 떨어지지 아니하매	가을에 아니 이울어지매
너를 중히 여겨 가겠다 하신 것과는 달리	"너를 어찌 잊으리오?" 하신
낯이 변해 버리신 겨울에여.	우러르던 낯이 계시온데
달이 그림자 내린 연못갓	달 그림자가 옛 못(淵)의
지나가는 물결에 대한 모래로다.	가는 물결 원망하듯이
모습이야 바라보지만	얼굴이야 바라보나
세상 모든 것 여희여 버린 처지여	누리도 싫은지고!
〈김완진 풀이〉	〈양주동 풀이〉

핵심정리

▷ **작자** 신충(信忠)
▷ **갈래** 향가
▷ **연대** 신라 효성왕 1년(737)
▷ **형식** 원래는 10구체 형식이었으나 현재는 후구(後句)가 없는 8구체로 전함
▷ **성격** 주술적, 연군가
▷ **주제** 약속을 잊은 왕을 원망함
▷ **의의** 약속을 잊은 임금을 원망하며 부른 노래
▷ **출전** 『삼국유사(三國遺事)』

이해와 감상

| 해설 |

　신충(信忠)이 지은 노래이다. 효성왕이 왕위에 오르기 전에 신충을 중용하겠노라 잣나무를 두고 약속을 했는데 왕위에 오른 다음 그 약속을 지키지 않자 신충이 이 노래를 지어 잣나무에 걸었더니 그 나무가 시들었다고 한다. 왕이 이 사실을 알고 신충을 등용시켰더니 나무가 다시 소생했다. 「백수가(栢樹歌)」, 「잣나모 노래」라 불리는 향가이다. 원래 10구체의 형태로 추정되나, 현재 8구까지만 남아 있다. 연군(戀君)의 노래라고도 하며 주가(呪歌)로 보는 이도 있다. 노래의 뜻을 따른다면 전자에 해당하고, 이 노래에 얽힌 글을 지은 까닭을 밝힌 기록에 의하면 후자의 성격을 지닌다. 이 시의 특징은 약속의 다짐을 잣나무의 늘 푸름으로 상징한다거나, 또는 이런 약속의 변질과 망각 상태를 차갑고 싸늘한 겨울의 냉담으로 비기고 있는 형상화의 능력 및 다짐의 덧없음이 연못에 내린 달 그림자를 흐려 놓는 물결 등으로 은유한 것에 있다.

　지극한 사랑의 일념은 원망을 또한 동반하는 것으로, 이 원망을 담은 지극한 노래는 맹세를 다짐한 잣나무에 붙여짐으로써 나무를 시들게 하는 이변의 주술력을 나타내었다. 이 작품에서 겨울이 표상하는 것은 냉기로서 지난날 우러러 보던 온화했던 효성왕의 변심과 냉담함을 이와 연결한 것이다.

앞의 4구는 배경설화에 소개된 노래의 유래 설명과 완전히 일치한다. 즉, 효성왕이 작자에게 잣나무를 두고 맹세한 사건의 경위가 그대로 노래의 문맥에 표출되어 있다. 잣나무는 상록수이므로 가을이 되어도 낙엽이 지지 않는다. 그 불변의 상록수처럼 작자를 중용(重用)하겠다는 왕의 약속과는 달리 왕의 태도는 차가운 겨울처럼 돌변하였다. 제4구의 비유적 표현은 왕의 냉혹한 약속 위반을 의미한다. 이 부분까지는 왕의 태도변화에 대한 작자의 원망이 분출되어 있다.

뒤의 4구는 앞 4구의 결과로 인하여 고난에 처한 작자의 상황을 자탄하는 형식으로 표현한 것이다. 연못의 물결에 일그러지는 달 그림자, 물결에 밀려나는 모래로 작자의 고난에 찬 현실, 등용되지 못하고 소외당한 현실을 차원 높은 비유로 노래하였다. 그 밑바탕에는 물론 원망의 감정이 응어리져 있다. 왕을 존경하는 마음은 여전히 남아 있지만 현실의 상황은 '모든 것을 잃어버린 처지'라고 절망으로 끝맺었다.

이처럼 작품 전체에 왕의 약속 위반에 대한 원망과 그로 인한 소외감 및 좌절·절망의 심경이 처절하게 분출되어 있다. 맨 끝 구절은 의연한 체념으로도 볼 수 있고 소외된 자의 처절한 절망으로 볼 수도 있다. 후자의 관점을 따를 경우, 이러한 절망의 감정은 곧 원망과 접맥되어 있으며, 이 같은 원망의 언어가 주술력을 얻어 잣나무를 시들게 할 수 있다는 신념으로까지 나아간 것으로 보인다.

이 작품은 효성왕을 시적 독자로 하였을 경우에 왕이 맹세를 깨고 있다는 사실을 간접적으로 표현하여, 우선 왕으로 하여금 맹세를 이행하도록 일차적으로 촉구한다. 다른 면으로는 그 보증자이고 징계주체인 잣나무로 하여금 보증과 징계의 책임을 지고 변색하여 왕이 이 변색을 보고 맹세를 이행하도록 다시 촉구하는 동시에 나무에 이상이 발생하며 왕권에 흉한 일이 일어난다는 속신(俗信)을 바탕으로 왕에게 다시 압박을 가하는 삼중의 장치를 담고 있다.

이 작품에서 주목할 것은 감정을 표출하는 소재로 '잣'·'물'·'달'이 선택되었다는 것이다. 이 점에서 〈찬기파랑가(讚耆婆郎歌)〉와 동일하다. 그러나 후자에서 그것은 원형상징(原型象徵)으로 쓰였지만, 이 작품에서는 그러한 상징어로서가 아니라 작자의 개인 서정을 노래하는 비유어로 쓰였다는 점에서 차이가 있다. 원형상징으로 쓰일 경우에 그것은 풍요와 번영·영원을 상징하지만, 비유어로 쓰일 경우에 그러한 상징과는 무관하게 개인의 감정을 표출하는 기능만 수행할 뿐이다.

따라서 원형상징의 기능은 고대적(古代的)인 사유(思惟), 즉 전 논리(前論理)를 바탕으로 한 집단서정의 표출에 있지만 비유어의 기능은 합리주의를 바탕으로 한 개인 서정 표출에 있기 때문에 이를 토대로 하여 신라 향가에서 원형상징의 해체와 개인 서정의 표출로 전환되는 시기를 이 작품의 출현에서 단서를 잡는 견해도 있다.

즉, 경덕왕대에 율령제가 실시되면서 한문화적(漢文化的)인 합리주의가 정치·문화적 기반이 되면서 원형상징은 해체를 맞고 합리적 사고에 입각한 개인 서정이 표출되기 시작하였으며, 그러한 배경을 깔고 〈원가〉가 출현하였다는 것이다.

한편, 이 노래가 주술에 바탕을 둔 서정을 갖추었다는 점에서 사뇌가의 전통에 깊이 뿌리를 두었으나, 개인의 감정을 차원 높게 승화하지 못했다는 측면에서 〈찬기파랑가〉의 경지에는 이르지 못했다는 평가를 받기도 한다.

이 향가는 후대 유배 시가의 효시가 된다.

1 「원가」에 나타난 자연물

이 작품에서 주목할 것은 감정을 표출하는 소재로 '잣'·'물'·'달'이 선택되었다는 것이다. 이 점에서 <찬기파랑가(讚耆婆郎歌)>와 동일하다. 그러나 후자에서 그것은 원형상징(原型象徵)으로 쓰였지만, 이 작품에서는 그러한 상징어로서가 아니라 작자의 개인 서정을 노래하는 비유어로 쓰였다는 점에서 차이가 있다. 원형상징으로 쓰일 경우에 그것은 풍요와 번영·영원을 상징하지만, 비유어로 쓰일 경우에 그러한 상징과는 무관하게 개인의 감정을 표출하는 기능만 수행할 뿐이다.

작품 11 》 풍요(風謠)

來如來如來如
來如哀反多羅
哀反多矣徒良
功德修叱如良來如

오다 오다 오다
오다 셔럽다라
셔럽다 의내여
공덕(功德) 닷ᄀ라 오다
〈양주동 해독〉

온다 온다 온다
온다 서러운 이 많아라.
서러운 중생의 무리여
공덕 닦으러 온다
〈김완진 풀이〉

오라 오라 오라
오라 서럽더라
서럽다 우리들이여
공덕 닦으러 오라
〈양주동 풀이〉

핵심정리

- **작자** ① 만성 남녀(滿城 男女)
  ② 양지(선덕 여왕 때의 승려. 재주가 많고 문장에 능통한 것으로 전해짐)
- **연대** 신라 선덕 여왕(632 ~ 647)
- **갈래** 4구체 향가, 노동요
- **성격** 불교적, 기구적
- **의의** 현존 향가의 민요적 형태를 가장 잘 보여 줌
- **주제** 공덕을 닦음으로써 극락왕생을 기원함
- **출전** 『삼국유사(三國遺事)』

이해와 감상

| 해설 |

이 노래는 「양지사석가(良志使錫歌)」 또는 「바람결 노래」라고도 불리는 민요 형태의 4구체 향가이다. 기록에 의거하면 양지가 영묘사의 장육존상(丈六尊像)을 만들 때 왕경의 사녀(士女)들이 공덕을 쌓기 위해서 이에 쓰이는 진흙을 나르면서 불렀다고 되어 있다. 이런 점에서 보면 이 노래는 '공덕(功德)' 운운에서 암시되듯 종교적인 정조를 수반하고 있는 일종의 노동요의 성격을 지닌다고 할 수 있다. 이러한 반복은 민요적인 서정이 반복의 쾌미와 연결되고 있다는 본질성이나 또는 노동요로서의 노동의 기계적인 율동성과의 관계에서 이해될 수 있는 점도 없지 않을 것이다. 그리고 '서럽더라'는 적어도 이중의 의미를 지니고 있는 것으로 보인다. 일반 노동요나 민요에 내재된 비감성과 믿음이 없는 삶의 허적감의 지난 날 또는 고해의 괴로움을 벗어나지 못한 인간의 서러움이 함께 교차된 것이 아닌가 한다.

이 시가의 수사적 특성은 반복법이다. '내여(來如)'의 5회 반복에 의해서 정조가 지속되고 있는 것이다. 이러한 단순한 동의어의 반복으로 이루어진 대신에 반복의 형태 가운데서도 행의 규칙적인 반복이라든가 또는 「청산별곡」 같은 후렴적인 반복 및 결구 반복법 등은 보이지 않는다. 그러나 점층적 구조는 지니고 있다. 결과적으로 소박한 민요 형태의 반복이라고 할 것이다.

작품 12 모죽지랑가(慕竹旨郎歌)

去隱春皆理米	간봄 그리매	간 봄 몯 오리매
毛冬居叱沙哭屋尸以憂音	모든 것사 우리 시름.	모들 기스샤 우롤 이 시름.
阿冬音乃叱好支賜烏隱	아름 나토샤온	ᄆᆞ둠곳 븟기시온
皃史年數就音墮支行齊	즈싀 살쯈 디니져.	즈싀 히 혜나삼 헐니져.
目煙廻於尸七史伊衣	눈 돌칠 ᄉᆞ이예	누늬 도랄 업시 뎌옷
逢烏支惡知作乎下是	맛보ᅀᆞ디 지소리	맛보기 엇디 일오아리.
郎也慕理尸心未行乎尸道尸	郎이여 그릴 ᄆᆞᄉᆞ미 녀올 길	郎이여 그릴 ᄆᆞᄉᆞ미 즛 녀올 길
蓬次叱巷中宿尸夜音有叱下是	다봊 굴허헤 잘 밤 이시리.	다보짓 굴헝히 잘밤 이샤리
	〈양주동 해독〉	〈김완진 해독〉

간 봄을 그리워함에	지나간 봄 돌아오지 못하니
모든 것이 서러워 시름하는구나	살아계시지 못하여 우올 이 시름.
아름다움 나타내신	전각(殿閣)을 밝히오신
얼굴이 주름살을 지으려고 하는구나	모습이 해가 갈수록 헐어 가도다.
눈 깜짝할 사이에	눈의 돌음 없이 저를
만나 뵈올 기회를 지으리이다.	만나보기 어찌 이루리.
낭이여, 그리운 마음의 가는 길에,	낭 그리는 마음의 모습이 가는 길
다북쑥 우거진 마을에 잘 밤 있으리	다복 굴헝(다북쑥이 우거진 무덤)에서 잘 밤 있으리.
〈양주동 풀이〉	〈김완진 풀이〉

핵심정리

- 작자 득오
- 갈래 8구체 향가, 추모시
- 연대 신라 효소왕(692 ~ 702)
- 성격 추모적, 찬양적
- 제재 죽지랑의 인품
- 주제 죽지랑에 대한 추모의 정, 죽지랑의 인품에 대한 사모
- 의의 주술성이나 종교적 색채가 없는 순수 서정 가요
- 출전 『삼국유사(三國遺事)』

이해와 감상

| 해설 |

신라 효소왕 때 죽지랑의 낭도인 득오가 지은 8구체 향가로, 죽지랑이 죽자 그를 추모하며 지은 노래이며, '찬기파랑가'와 더불어 신라 화랑의 세계를 잘 보여주고 있다. 또한 이 시는 주술적, 종교적 색채가 없는 순수한 개인의 서정시로 죽지랑를 사모하는 마음과 인생에 대한 무상감이 잘 드러나 있다. 1, 2구에서는 죽지랑이 살아 있을 때 함께 지냈던 아름다운 시절을 그리워하며 시름에 잠긴 화자의 모습이 드러나며, 3, 4구에서는 살아 생전의 낭의 모습을 회상하고, 아름다웠던 죽지랑의 모습에 세월이 흘러감에 따라 주름살이 생겼다는 표현을 통해 인생의 무상감을 표현하였다. 5, 6구에서는 죽지랑과 다시 만나기를 바라는 화자의 간절한 마음이 표현되었으며, 이 마음은 7, 8구에서 죽지랑을 만나지 못함에 대한 한탄과 재회에 대한 소망으로 이어진다.

죽지랑과 함께 지내던 '간 봄'을 그리워하며, 죽지랑이 죽고 없는 현재의 '시름'을 말하고, 죽지랑을 그리워하며 다시 만나기 위해 '녀올 길'을 노래하여 '과거 → 현재 → 미래'의 시간적 순서에 따라 시상을 전개하며 죽지랑에 대한 추모의 정을

극대화 하면서 인간이 시간에 불가역적임을 암시하고 있다. 7, 8구의 '郞이여'의 돈호법으로 이어지는 은유적인 표현은 그 기능성이 고도로 발휘된 것이다. 즉, '그리워하는 마음의 가는 길을 다북쑥 우거진 마을에 잘 밤 있으리'가 그것이다. 님의 부재와 상실의 심정을 객관화시키고 구체화시키는 데 탁월함을 보여주고 있다. 황무지와 폐허를 흔히 표상하는 '쑥대밭'에 자는 밤, 그것은 삭막하기 이를 데 없는 고독의 한 극치를 보여준다. 이는 절묘한 은유적 표현이 전개된 것이다. 죽지랑의 고매한 인품을 사모하여 인생의 무상함을 표현하고 있다.

이 작품의 불교적 성향에 대한 논의가 있음에도 불구하고, 일반적으로 죽지랑이 타계한 뒤에 그의 탁월한 인품과 고역(苦役)에서 자신을 구해 준 덕을 추모하는 정감이 주를 이루고 있다고 본다. 그러므로 「모죽지랑가」는 주술성이나 종교적인 색채가 다른 작품에 비해 현저하게 적다는 점에서 순수 서정시라 할 수 있으며, 사회 세력 간의 갈등이라는 정치적 요소를 한 인간의 서정성에 용해시킨 점에서 그 가치가 뛰어난 향가라 할 수 있다.

1 「모죽지랑가」의 다양한 해석

이 작품은 그 창작 시기와 관련하여 노래의 성격이 추모시 또는 사모시로 달리 해석된다.

① 추모시로 볼 경우(김완진)

이 작품을 죽지랑이 타계한 뒤에 쓴 추모의 시로 해석하면, 주술적·종교적 색채가 없는 순수 서정시라고 할 수 있다. 이 시에서, '봄'은 죽지랑과 지내던 좋은 날들을 상징하는데, 제1·2행에는 그 시절로 되돌아갈 수 없는 한(恨)과 슬픔이 서려 있다. 제3·4행은 이러한 한과 슬픔이 세월 따라 노쇠해 가던 죽지랑의 모습과 관련된 것임을 표현하고 있다. 화자의 애통한 마음은 제5·6행에 이르러 낭(郞)에 대한 그리움으로 절정에 이르게 된다. 그러나 제7·8행에 이르러 화자의 정서는 만날 수 없음에 대한 처절한 탄식으로 응결된다. '다북쑥 우거진 마을'은 낭(郞)을 만날 수 없다는 인식에서 유래된 정신의 황폐화를 비유한 것이다.

설화에서처럼 득오가 죽지랑에게서 큰 은덕을 입었기에 죽지랑이 세상을 떠나자 추모의 정을 못 이겨 이승에서의 헤어짐과 슬픔, 그리고 피안에서의 만남과 기쁨을 대비시키면서 사랑과 깨달음의 힘으로 무상한 현실을 이겨 나가는 한 인간의 모습을 감동적으로 그려낸 것이라고 볼 수 있다.

② 사모시로 볼 경우(양주동)

죽지랑이 살아 있을 때 득오가 이 노래를 지었다고 본다면, 지나간 봄을 그리며 시름에 젖고, 또 죽지랑의 아름답던 모습이 쇠함을 바라보는 득오의 안타까움과 그리움의 정서가 주된 정조를 형성하게 된다. 제1·2행에서 '간 봄'은 죽지랑의 위세 당당했던 시절을 뜻한다. 제3·4행은 낭의 수려한 용모가 해가 갈수록 쇠해 가는 데 대한 안타까움의 표현이며, 제5·6행은 죽지랑과의 재회를 확신하고 예비하는 내용이다. 마지막 두 구는 낭(郞)과의 만남에 대한 기대로 잠을 못 이룬다는 뜻인 바, '다봊 굴헝'은 낭(郞)과 헤어져 지내는 황량한 곳, 즉 부역을 하는 곳을 말한다. 이 노래의 시적 화자는 익선에게 징발되어 부역하고 있던 당시의 득오가 되며, 현재의 황량한 고난의 처지에서 죽지랑을 다시 만나는 감격과 기쁨을 기다리는 애절한 사모의 정을 표현한 작품이라 해석된다. 결국 죽지랑을 향한 득오의 변치 않는 존경을 잘 나타낸 작품이라 할 수 있다.

예상문제

※ (1 ~ 2) 아래 작품을 바탕으로 조건에 맞게 답하시오.

(가)
  간봄 그리매
  모든 것사 우리 시름.
  아름 나토샤온
  즈싀 살쯈 디니져.
  눈 돌칠 수이예
  맛보옵디 지소리
  郞이여 그릴 모수미 녀올 길
  다봊 굴허헤 잘 밤 이시리. 〈양주동 해독〉

— 득오, 「모죽지랑가」

(나)
  비오다가 개야 아 눈 하 디신 나래
  서린 석석사리 조본 곱도신 길헤
  다롱디우셔 마득사리 마득너즈세 너우지
  잠 짜간 내 니믈 너겨
  깃돈 ㉠열명길헤 자라오리잇가
  종종 벽력(霹靂) 아 싱함타무간(生陷墮無間)
  고대셔 싀여딜 내 모미
  종종 벽력(霹靂) 아 싱함타무간(生陷墮無間)
  고대셔 싀여딜 내 모미
  내 님 두숩고 년뫼를 거로리
  이러쳐 뎌러쳐
  이러쳐 뎌러쳐 긔약이잇가
  아소 님하, 혼딕 녀졋 긔약이이다.

— 작자 미상, 「이상곡」

(다)
  ㉡내 모음 둘 딕 업다. 어드러로 가쟛 말고.
  잡거니 밀거니 놉픈 뫼히 올라가니
  구롬은 코니와 안개는 므스 일고.
  산쳔(山川)이 어둡거니 일월(日月)을 엇디 보며
  지쳑(咫尺)을 모르거든 쳔 리(千里)를 브라보랴.
  출하리 물マ의 가 비 길히나 보쟈 한니
  브람이야 믈결이야 어둥졍 된뎌이고.
  샤공은 어딕 가고 븬 빅만 걸렷누니.
  강텬(江天)의 혼쟈 셔셔 디는 히를 구버보니

제2절 향가 작품 감상 **205**

님다히 쇼식(消息)이 더옥 아득ᄒ뎌이고.
　　모쳠(茅簷) ᄎᆞᆫ 자리의 밤듕만 도라오니
　　반벽(返壁) 쳥등(靑燈)은 눌 위ᄒᆞ야 볼갓ᄂᆞᆫ고.
　　오ᄅᆞ며 ᄂᆞ리며 헤쓰며 바니니,
　　져근덧 녁진(力盡)ᄒᆞ야 풋ᄌᆞᆷ을 잠간 드니
　　졍셩(精誠)이 지극ᄒᆞ야 ᄭᅮᆷ의 님을 보니
　　옥(玉) ᄀᆞᄐᆞᆫ 얼굴이 반(半)이나마 늘거셰라.
　　ᄆᆞᄋᆞᆷ의 머근 말ᄉᆞᆷ 슬ᄏᆞ장 ᄉᆞᆲ쟈 ᄒᆞ니
　　눈믈이 바라 나니 말인들 어이ᄒᆞ며
　　졍(情)을 못다ᄒᆞ야 목이조차 몌여ᄒᆞ니,
　　오뎐된 계셩(鷄聲)의 ᄌᆞᆷ은 엇디 ᄭᅢ돗던고.
　　어와 허ᄉᆞ(虛事)로다. 이 님이 어ᄃᆡ 간고.
　　결의 니러 안자 창(窓)을 열고 ᄇᆞ라보니
　　어엿븐 그림재 날 조ᄎᆞᆯ ᄲᅮᆫ이로다.
　　ᄎᆞᆯ하리 싀여디여 낙월(落月)이나 되야이셔
　　님 겨신 창(窓) 안히 번드시 비최리라.
　　ⓒ 각시님 ᄃᆞ리야ᄏᆞ니와 구ᄌᆞᆫ 비나 되쇼셔.

- 정철, 「속미인곡」

1. [기입형] (가), (나)의 감상 활동에서 아래 제시한 과제에 적절한 지도 내용을 제시하시오.

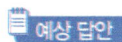 예상 답안

학습 과제	과제에 대한 지도 내용
(가) 형식의 형성 배경	4구체의 전대 시가(민요, 고대가요, 향가)를 두 번 결합하여 형성된 것으로 봄
(나)에서 ㉠의 의미를 구체화하여 제시한 부분	1~2행(비오다가 ~ 길헤)

2. [서술형] (가), (나)에서 '시적 화자와 시인의 관계'에 대해 교수·학습할 때, (가), (나)에서 공통적인 요소를 각각 구체적으로 제시하시오. [4점]

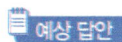 예상 답안

　　(가)의 경우 3-4구(아롬 나토샤온 / 즈ᅀᅵ 살쯈 디니져.)에서 시적 화자를 여인으로 볼 수 있으며, 여인이 이별한 님을 그리워하는 목소리로 제시하였다. (나)의 경우 4행, 10행, 13행 등에서 시적 화자를 여인으로 볼 수 있으며, 사별한 님을 그리워하며 일편단심을 맹세하는 목소리로 제시하였다. (가)와 (나)를 바탕으로 할 때 여성 화자가 님을 그리워한다는 면에서 공통점이 있다.

작품 13 ▶ 우적가(遇賊歌)

自矣心米	제 ᄆᆞᅀᆞ매	계의 ᄆᆞᅀᆞ미
兒史毛達只將來吞隱日	즛 모ᄃᆞ렷단 날	즈시 모ᄃᆞᆯ 보려든,
遠鳥逸□□過出知遣	머리 □□ 디나치고	日遠鳥逸 ᄃᆞ라릭 난 알고
今吞藪未去遣省如	엳쫀 수메 가고쇼다	몃단 수플 가고셩다.
但非乎隱焉破□主	오직 외온 파계주(破戒主)	다만 외오ᄂᆞᆫ 破家나림
次弗□□史內於都還於尸朗也	저플 즈새 ᄂᆞ외 쏘 돌려	머믈오시ᄂᆞᄂᆞᆯ 도도랄랑여.
此兵物叱沙過乎	이 잠ᄀᆞᆯ사 디내온	이 자ᄇᆞᆫ가시ᅀᅡ 말오
好尸日沙也內乎吞尼	됴혼날 새누웃다니	즐길 法이ᅀᅡ 듣ᄀᆞ오다니,
阿耶唯只伊吾音之叱恨隱澝陵隱	아으 오지 이오맛흔 션(善)은	아야, 오직 뎌오맷흔 물ᄅᆞᆫ
安支尙宅都乎隱以多	안디 새집 ᄃᆞ외니다.	안즉 턱도 업스니다.
	〈양주동 해독〉	〈김완진 해독〉

제 마음에	제 마음의
모든 형상을 모르려 하던 날은	모습이 볼 수 없는 것인데,
멀리 □□ 지나치고	일원조일(해는 서산에 멀어지고 새도 제 깃에 숨다) 달이 달아 난 것을 알고
이제는 숨어서 가고 있네	지금은 수풀을 가고 있습니다.
오직 그릇된 파계승을	다만 잘못된 것은 강호님(세력이 강하여 대적하기 힘든 사람),
두려워할 모습으로 (내 어찌) 다시 또 돌아가리오?	머물 게 하신들 놀라겠습니까.
이 칼이야 지내고 나면	병기를 마다 하고
좋은 날이 새리라 여겼더니	즐길 법(불법, 곧 부처의 가르침)이랑 듣고 있는데,
아, 오직 요만한 선은	아아, 조만한 선업(善業)은
새 집이 아니 되느니라	아직 턱도 없습니다.
〈양주동 풀이〉	〈김완진 풀이〉

핵심정리

▷ **작자** 영재(永才, 신라 원성왕 때의 승려)
▷ **갈래** 10구체 향가
▷ **연대** 신라 원성왕 때(785 ~ 798)
▷ **성격** 교훈적, 교화 설득적
▷ **주제** 도둑에 대한 교화(敎化)
▷ **의의** 도둑의 무리를 만나 회개(悔改)시킨 설도(說道)의 노래
▷ **출전** 『삼국유사(三國遺事)』

이해와 감상

| 해설 |

신라 원성왕 때 영재란 중이 지리산으로 은거하러 가던 길에 대현령에서 도둑을 만났는데 도둑들의 요청으로 이 노래를 지었다고 한다. 그 내용은 도둑들의 불의를 꾸짖는 것인데 도둑들은 이에 감화되어 지리산에 들어가 중이 되었다고 한다.
영재란 중은 성질이 익살 맞고 물욕에 구애되지 않고 향가를 잘 하였다. 나이 늙어서 남악 속으로 들어가 은거하려고 가던 차 대현 고개에 으르러 도적놈 60여 명을 만났다. 장차 죽이려고 하는 데 영재는 칼을 보고도 무서운 기색이 없이 태연하게 행동하였다. 도적이 야릇해서 그 이름을 물었더니 영재라고 하는 것이다. 도적돌도 그 전부터 들어서 알기 때문에 노래를 지으라고 명했다. 그 노래가 바로 만적가이다. 도적들이 그 노래의 사연에 감동되어 비단 두 끝을 주었더니 영재가 웃고

나와서 사양하기를 "재물이 지옥의 근본이라는 것을 알고 장차 깊은 산 속으로 피해 가서 일생을 마치려는 길이요. 어떻게 감히 이런 것을 받겠소?" 비단을 그만 땅에 던져 버렸다. 도적들이또 그 말에 감동되어 칼을 놓고 창을 던지고 머리를 깎고 그의 상제들이 되었다. 함께 지리산으로 들어가서 다시 세상에 나오지를 않았다. 영재의 나이 90까지 살았으니 원성대왕시대였다. 그를 예찬하여 시를 지었다.

"지팡이 뒤던져 산속으로 돌아갈 제 비단이랑 보배랑 구 무에 탐이 나랴? 도적질로 사는 분네 그런 것 주지 마소! 몇 푼의 쇠천도 지옥갈 장본입네."

『삼국유사(三國遺事)』의 「영재우적(永才遇賊)」에 그 유래와 가사가 실려 전하나, 노래 가운데 결실자(缺失字)가 간간이 눈에 띈다. 재물에 눈이 어두운 중생에게 인생의 참뜻과 바른 길을 제시하여 자신을 수련하며 참되게 살아가라는 교훈이 담겨 있는 10구체 향가로 설법적 교훈성을 지니고 있는 작품이다. 천성이 매우 익살스럽고 또 물질에의 탐심이 전혀 없던 그가 산중에서 한 수의 노래로 도둑의 칼과 도심(盜心)을 다스려 낸 것으로서 불심(佛心)과 시심(詩心)의 감화력이 얼마나 큰 것인가를 미루어 짐작하게 하는 교훈적인 시다.

작품 14 　도천수관음가(禱千手觀音歌, 천수대비가)

膝肹古召旀	무루플 고조며
二尸掌音手乎支內良	둘 솑바당 모호누아
千手觀音叱前良中	천수관음(千手觀音)ㅅ 전(前)아히
祈以支白屋尸置內乎多	비솔볼 두누오다
千隱手叱千隱目肹	즈믄손ㅅ 즈믄눈흘
一等下叱放一等肹除惡支	ᄒᆞ든흘 노호 ᄒᆞ든흘 더옵디
二于萬隱吾羅	둘 업는 내라
一等沙隱賜以古只內乎叱等邪	ᄒᆞ든사 그ᅀᅳ시 고티누옷다라
阿邪也吾良遺知支賜尸等焉	아으으 나애 기티샬ᄃᆞᆫ
放冬矣用屋尸慈悲也根古	노틱 뿔 자비(慈悲)여 큰고

〈양주동 해독〉

무릎을 낮추며	무릎을 꿇으며
두 손바닥 모아,	두 손바닥을 모아
千手觀音(천수관음) 앞에	천수관음 앞에
祈求(기구)의 말씀 두노라.	비옵니다.
千(천)개의 손엣 千(천)개의 눈을	천 개의 손 천개의 눈
하나를 놓아 하나를 덜어,	하나를 내놓고 하나를 덜어서
두 눈 감은 나니	둘 다 없는 나이니
하나를 숨겨 주소서 하고 매달리누나.	하나만 그윽이 고쳐 주시옵소서.
아아, 나라고 알아 주실 진댄	아아, 나에게 끼쳐 주시면
어디에 쓸 慈悲(자비)라고 큰고.	놓되 베푼 자비여 얼마나 큰가!
〈김완진 풀이〉	〈양주동 풀이〉

핵심정리

- **작자** 희명(希明, 신라 경덕왕 때의 여자. 경주 한기리(漢岐里) 사람)
- **갈래** 10구체 향가
- **연대** 신라 경덕왕 때(742 ~ 765)
- **성격** 불교적, 기원적
- **출전** 『삼국유사(三國遺事)』
- **제재** 관음보살의 자비스러움
- **주제** 눈 낫기를 간절히 기구함
- **의의** 명령법이나 강제적 요소에 의존하는 주술가와는 달리 종교적 신심(信心)을 바탕으로 한 종교적 서정시의 경지를 보임

이해와 감상

| 해설 |

신라 경덕왕 때 희명이란 여자의 아이가 다섯 살 때 갑자기 눈이 멀었다. 희명은 아이를 안고 분황사로 가서 천수대비, 즉 관음보살의 벽화 앞에서 아이로 하여금 이 노래를 부르고 기도를 하게 하니 아이가 눈을 떴다고 한다. 「천수대비가(千手大悲歌)」, 「도천수관음가(禱千手觀音歌)」, 「맹아득안가(盲兒得眼歌)」, 「눈밝안 노래」 등으로 불린다. 그 구조나 어법으로 보아서 관음신앙과 같이 연결된 일종의 기원 또는 기도의 시다. 따라서 근본적으로 칭명(稱名)과 청원을 그 기조로 한다.

신라 경덕왕 때의 희명이 쓴 10구체의 향가로, 분황사에서 눈을 뜨게 해 달라고 빌며 읊은 불교적인 노래이자 기도의 노래이다. 불교에서 말하는 관세음보살은 주로 일반 중생의 삶을 보호하는 일을 한다. 만일 한량없는 중생이 온갖 고뇌를 받을 때에 이 관세음보살의 일을 듣고 한 마음으로 부르면, 관세음보살은 곧 그의 음성을 듣고 고통 속에서의 해탈을 얻게 한다.

관음사상에 들어있는 "응현(應現)"과 "위난구제(危難救濟)사상"은 아들을 얻고자 빈다거나, 장님이 눈을 얻는다거나 하는 것으로 나타나 있다. 이렇게 우주의 무수한 관음이 어느 때 어느 곳에서라도 나타나 사람의 기원을 들어주고 위난을 구제해 주며, 변화무쌍한 관음력을 구현하여 사바 세계의 실제적 보살로서 신앙되어 온 것이다.

이 작품은 기원의 노래인 동시에 눈먼 자식의 눈을 고쳐보겠다는 모성애를 포함하고 있는 노래이다. 무릎을 조아리고 두 손바닥을 합장하여 비는 모습을 제시하고 있을 뿐만 아니라 천 개의 눈을 가지고 초월력을 지닌 관세음보살께 하나만이라도 제발 주어서 아들의 눈먼 눈을 고쳐달라는 애절한 청원을 말하고 있다. 여기서 신분의 높낮이와는 아무런 관계없이 보편적으로 가진 어머니들의 지극한 모성애를 볼 수 있다. 아울러 관음의 자비함과 사뇌가의 신비로움을 보여준 시이다.

향찰로 표기된 내용의 해독이 연구자에 따라 다소 틀리기는 하지만 대체로 천수천안(千手千眼 : 천 개의 손과 그 손바닥마다 박혀 있는 천 개의 눈)을 가진 천수관음 앞에 합장하고 앉아 "두 눈이 없는 나에게 눈을 주신다면 그 자비로움이 얼마나 크겠습니까."하는 기원의 노래라는 데는 일치한다. 원전의 "영아작가(령아작가)"라는 대복에 대한 풀이에 따라 이 노래의 작자를 희명의 아들로 추정하는 견해도 있으나 이 노래를 향찬(鄕讚)으로 본다면 향찬의 전통적인 창법에 따라 희명이 부른 것을 그 아들이 따라 불렀다고 보는 것이 타당하다고 주장한 분도 있다.

이 노래는 명령법이나 강제의 요소에 의존하는 주술가(呪術歌)와는 달리 종교적 신심(信心)으로써 신격(神格)을 환기하고 나아가 초월적인 신격에 의하여 자신이 구제되기를 기원하고 있다는 점에서 종교적 서정시의 경지에 이르렀다고 말할 수 있다. 하여간 이 작품은 향가를 영이(靈異)한 것으로 신성시하던 당시의 예를 여기서 볼 수 있고, 관음의 자비함과 사뇌가의 신비로움을 아울러 표시한 노래이다.

예상문제

※ (1 ~ 2) 아래 작품을 읽고 물음에 맞게 답하시오.

(가)
　무루플 고조며
　둘 솓바당 모호누아
　千手觀音ㅅ 前아히
　비술볼 두누오다
　즈믄손ㅅ 즈믄눈흘
　ᄒᆞᄃᆞᆫ홀 노ᄒᆞ ᄒᆞᄃᆞᆫ홀 더ᄋᆞᆸ디
　둘 업는 내라
　ᄒᆞᄃᆞᆫ사 그스시 고티누옷다라
　아으으 나애 기티샬ᄃᆞ
　노틴 뿔 慈悲여 큰고

　　　　　　　　　　　　　　- 「천수대비가(千手大悲歌)」, 〈양주동 해독〉

(나)
　군(君)은 어비여,
　신(臣)은 ᄃᆞᄉᆞ샬 어ᅀᅵ여.
　민(民)은 얼흔 아히고 ᄒᆞ샬디
　민(民)이 ᄃᆞᆯ 알고다.
　구믈ㅅ다히 살손 물생(物生)
　이흘 머기 다ᄉᆞ라.
　이 짜흘 ᄇᆞ리곡 어듸 갈뎌 홀디
　나라악 디니디 알고다.
　아으, 군(君)다이 신(臣)다이 민(民)다이 ᄒᆞᄂᆞᆯᄃᆞᆫ
　나라악 태평(太平)ᄒᆞ니잇다.

　　　　　　　　　　　　　　- 「안민가(安民歌)」, 〈양주동 해독〉

(다)
　호미도 ᄂᆞᆯ히언마ᄅᆞᄂᆞᆫ
　낟ᄀᆞ티 들 리도 업스니이다
　아바님도 어이어신마ᄅᆞᄂᆞᆫ
　위 덩더둥셩
　어마님ᄀᆞ티 괴시리 업세라.
　아소 님하
　어마님ᄀᆞ티 괴시리 업세라.

　　　　　　　　　　　　　　- 「사모곡(思母曲)」, 『악장가사, 시용향악보』

1. (가), (나)에 나타난 내용을 통해 향가 갈래의 공통적인 기능에 대해 설명할 내용을 밝히고, (가)와 (나)에 공통적으로 나타나는 형식 및 그 의미(특징)에 대해 지도할 내용을 아래 표와 같이 2가지 밝히시오. [4점]

	(가), (나)의 형식	그러한 형식의 의미(특징)
예	낙구에 차사가 있음	독자의 주의를 끌어 결론을 더욱 부각시킨다는 점을 알게 함
①		
②		
③		

📝 **예상 답안**

① 내용 : (가)는 ㉠ 눈을 잃은 자식이 눈을 뜨기를 바라고, (나)는 ㉡ 군신민이 본분을 지켜 나라가 태평하기를 바람
② 기능 : 향가 갈래는 노래의 힘을 통해 화자의 바람을 이루고자 하는 기능이 있음

	(가), (나)의 형식	그러한 형식의 의미(특징)
예	낙구에 차사가 있음	독자의 주의를 끌어 결론을 더욱 부각시킨다는 점을 알게 함
①	10구체 사뇌가 (3구 6명체)	향가 중에 가장 발달한 형식이라는 점을 알게 함
②	4·4·2구의 분절구조	㉠ 사뇌가가 4구체 민요의 중첩과 낙구로 이루어진 유래를 알게 함 ㉡ 내용을 민요 단위로 구분하여 쉽게 이해하게 함
③	낙구(마지막 2구)	시상을 종합하고 결론을 제시함

2. 위의 세 작품은 모두 '부모 – 자식' 간의 관계가 나타나는데, 그것에 담긴 공통적인 의미와 각 작품의 개별적인 의미를 각각 밝히시오. [4점]

📝 **예상 답안**

① 공통적 의미 : (부모와 자식 간의) 사랑(자애와 효도)
② 개별적 의미
    (가) 어머니(부모)가 자식을 사랑하는 마음(= 모성애)을 제시
    (나) ㉠ 임금이 백성들에게 베푸는 선정, ㉡ 본분을 지키는 삶
    (다) ㉠ 자식이 어머니(부모)의 사랑에 대해 말함, (㉡ 어머니(부모)에 대한 자식의 사랑(효도))

작품 15 》 보현십원가(普賢十願歌)

心未筆留	ᄆᆞᅀᆞ미 부드루
慕呂白乎隱佛體前衣	그리ᅀᆞᆯ본 부텨전에
拜內乎隱身萬隱	젓누온 모ᄆᆞᆫ
法界毛叱所只至去良	法界 ᄆᆞᆺ드록니르가라
塵塵馬洛佛體叱刹亦	塵塵마락 부텻 刹이
刹刹每如邀里白乎隱	刹刹마다 뫼시리ᅀᆞᆯ본
法界滿賜隱佛體	法界 ᄎᆞ샨 부텨
九世盡良禮爲白齊	九世 다아 禮ᄒᆞ솗져
歎曰身語意業无疲厭	아으 身語意業 无疲厭
此良夫沙毛叱等耶	이에 부즐 ᄉᆞᄆᆞᆺ다라

〈양주동 해독〉

마음의 붓으로
그리는 부처 전에
젓누온 몸은
법계 끝나도록 이르거라.
진진(塵塵)마다 부처 찰(刹)
찰찰(刹刹)마다 뫼실 바이신
법계 차신 부처
구세(九世) 다 예(禮)하살저
아으 신어의업(身語意業) 무피염(无疲厭)
이에 부지런이 사맛다라.

〈양주동 풀이〉

핵심정리

- **작자** 균여(均如)
- **갈래** 향가
- **연대** 고려 광종 24년(973)
- **구성** 『화엄경』 보현십행원에 기초하여, 그 10행원의 순서로 제목을 '○○○○가'로 고치고 그 밖의 다른 글자는 거의 그대로 쓰면서 10수의 향가를 창작한 다음에 「총결무진가」를 더하여, 전체 11수로 짜고 있음
- **출전** 『균여전(均如傳)』
- **형식** 10구체로 보는 것이 통설이나, 그 띄어쓰기를 존중하여 11구체라 주장하는 학설도 있음. 형식상 정연한 형태를 보여주고 있는데, 제 1 구는 매우 짧으며, 제 9 구 앞에는 감탄사를 수반하는 것이 특징임. 각 작품 모두가 의미 단위로는 세 단락임
- **성격** 불교적. 포교적
- **주제** 대중에 대한 불교 사상 포교(布敎)
- **의의** ① 불교 가요로 사뇌가 형식의 정착에 기여
  ② 향가의 전성기를 마지막으로 장식하는 작품

🔍 이해와 감상

| 해설 |

「보현십종원가」 또는 「원왕가(願往歌)」라고도 하는 모두 11수의 연작시로 이루어진 것으로서 균여대사가 지은 것이다. 이 향가는 균여가 자유자재한 상상력으로 만들었다기보다는 불교의 대중화를 위하여 『화엄경(華嚴經)』의 '보현십행원(普賢十行願)'의 하나하나에 향가 한 수씩을 짓고, 11장은 그 결론으로 된 사뇌가 「총결무진가(總結無盡歌)」를 붙인 것이다. 고려 제4대 광종(光宗) 연간에 지은 것으로 추정되는 이 작품은 해인사의 장판인 『대화엄 수좌원통양중대사 균여전』(속칭 『균여전』)에 실려 향찰(鄕札)로 기록되어 전하고 있다.

이는 『삼국유사(三國遺事)』에 수록된 14수와 함께 현재까지 발견된 향가의 전부이며, 고려 시대 향가의 연구와 해독(解讀)에 소중한 자료가 된다.

이 작품의 특징을 살피면 먼저, 「보현십원가」의 11수 연작시는 신라의 불교 가찬의 기본 전형을 이루는 것으로서 화엄경의 수행신심을 그대로 시화하고 대중화한 다소 어려운 설경을 포교적인 교훈성으로 풀이함을 목적으로 하는 목적 시가이다. 둘째, 그러면서도 「청전법륜가」와 같은 시는 화엄경의 원의와는 깊이 밀착되지 않으면서 신앙적인 내지는 종교적인 서정의 감정 상태를 비유와 상징의 수법에 의해서 훌륭하게 형상화하고 있는 것이다. 종교적인 서정의 기본 구조는 언제나 그 대상과 '나'라는 자아와의 관계에 있어서 관계의 수직성이 전제될 뿐 아니라 어법에 있어서의 예찬, 환희, 청원, 다짐 등이 전제되는 것이다.

셋째, 이 일련의 시는 세속적인 기원의 양식으로서의 타력 위주의 기원보다는 자력적인 다짐과 예찬의 위상을 주로 하고 있다.

넷째, 민간에는 치병의 위력으로 받아 들여졌다. 여기에서 일련의 향가에서 발휘되는 가력(歌力)이 문제된다.

『균여전』에는 균여대사(均汝大師)와 같은 시대 사람인 최행귀(崔行歸)가 「보현십원가」 11수를 번역한 한역시(漢譯詩)도 함께 전하는데, 원문과는 상당한 차이가 있다.

> **참고** 보현십원가의 11수
> ① 「예경제불가(禮敬諸佛歌)」: 여러 부처들에게 두루 절하자는 노래
> ② 「칭찬여래가(稱讚如來歌)」: 여래(=부처)를 칭송하고 찬양하자는 노래
> ③ 「광수공양가(廣修供養歌)」: 부처 공양하는 공덕을 널리 닦자는 노래
> ④ 「참회업장가(懺悔業障歌)」: 업장(스스로 전생과 현생에서 지은 인연이 업이 되어 만드는 장애)을 참회하자는 노래
> ⑤ 「수희공덕가(隨喜功德歌)」: 다른 사람이 공덕 닦는 것을 기뻐하자는 노래
> ⑥ 「청전법륜가(請轉法輪歌)」: 불법의 바퀴(법륜)을 굴려서 설법해주기를 부처에게 청하자는 노래
> ⑦ 「청불주세가(請佛住世歌)」: 부처가 항상 세상에 머물기 바라자는 노래
> ⑧ 「상수불학가(常隨佛學歌)」: 항상 부처의 가르침을 따르자는 노래
> ⑨ 「항순중생가(恒順衆生歌)」: 항상 중생의 뜻을 따르자는 노래
> ⑩ 「보개회향가(普皆廻向歌)」: 스스로 닦은 공덕을 모두 다른 사람들에게 돌리자는 노래
> ⑪ 「총결무진가(總結无盡歌)」: 두어서 끝없는 사연을 마무리하는 노래

최병해
고 / 전 / 시 / 가

chapter 5 고려 속요

제1절 향가계 여요
제2절 고려 속요
제3절 고려 속요의 양상
제4절 소악부
제5절 고려 속요 작품 감상

제1절 향가계 여요

01 향가계 여요(鄕歌系 麗謠)의 정의와 특징

1. 정의
향가계 여요는 신라의 향가에서 고려 속요로 넘어오는 과정에서 생긴 과도기적 형태의 시가로, 고려 때 지어졌지만 향찰로 표기되었거나, 향가의 형태를 유지한 고려 속요를 총칭하는 말이다.

2. 특징
(1) 「정과정(鄭瓜亭)」: 고려 말 정서가 동래로 유배 가서 지은 작품
  ① 향가의 특징
    ㉠ 속요처럼 분장(分章)이 되어 있지 않음
    ㉡ 후렴구도 없음
    ㉢ 향가의 10구체와 유사한 형태
    ㉣ 낙구 첫머리에 '아소'라는 감탄사가 있음
  ② 고려 속요의 특징
    ㉠ 국문 표기로 되어 있음
    ㉡ '아소 님하'라는 표현과 감탄형 종결 어미
    ㉢ 3음보에 가까운 형태
    ㉣ 님을 그리는 정서 측면에서 고려 속요와 유사함
(2) 「도이장가(悼二將歌)」: 예종이 김낙, 신숭겸을 추모하는 시
  ① 향가의 특징
    ㉠ 8구체
    ㉡ 향찰로 표기되어 있음
  ② 고려 속요의 특징
    ㉠ 분장체(분절체)
    ㉡ 고려 시대에 지어짐

3. 향가 소멸의 원인
(1) 고려 시대 시행된 과거 제도의 영향으로 지식인들이 한문학만을 숭상했기 때문이다.
(2) 향가 표기법인 향찰 사용이 부진했기 때문이다.

02 향가계 여요의 주요 작품

작품명	작자	연대	형식	내용	출전
도이장가	예종	예종 15	8구체	예종이 서경(평양)에서 베풀어진 팔관회에서 고려 공신 김낙, 신숭겸 두 장군의 가상희(假想戱)를 보고 그 덕을 찬양한 추도의 노래. 추모시, 향찰로 표기	평산신씨 장절공유사
정과정	정서	의종	10구체	임금을 연모하여 억울함을 하소연한 충신연주지사. 악곡명으로는 '삼진작'이라고 함. 비연시. 국문으로 표기 유배시가, 「사미인곡」 등에 영향	악학궤범

제2절 고려 속요

> **출제방향**
> - 고려 속요의 형식적 특징
> - 고려 속요의 기원과 형성 : 민요 → 궁중 속악 → 조선시대 기록
> - 고려 속요와 민요의 관계
> - 고려 속요와 후대 시가의 영향 관계
> - 조선 시대 문헌에 기록된 특징

01 고려 속요(高麗 俗謠)의 정의와 시기

1. 고려 속요의 정의
(1) 고려 때 평민들이 구승(口承)시키던 민요를 궁중에서 일부 개편하여 궁중 속악으로 부른 노래의 가사이다.
(2) 속가(俗歌), 고려장가(高麗長歌), 고속가(古俗歌)라고도 부른다.
(3) 고려 때는 구전되다가 조선에 가서 훈민정음의 창제 이후 국문으로 표기되어 전한다.

2. 고려 속요의 형성 시기
고려 속요의 형성 시기는 명확하게 알 수 없으나 현존 작품의 구조와 음악과의 관련성을 고려하여 보면 고려 예종 11년(1116)의 송나라 대성악 수입 시기가 그 상한선이 될 것으로 추정된다.

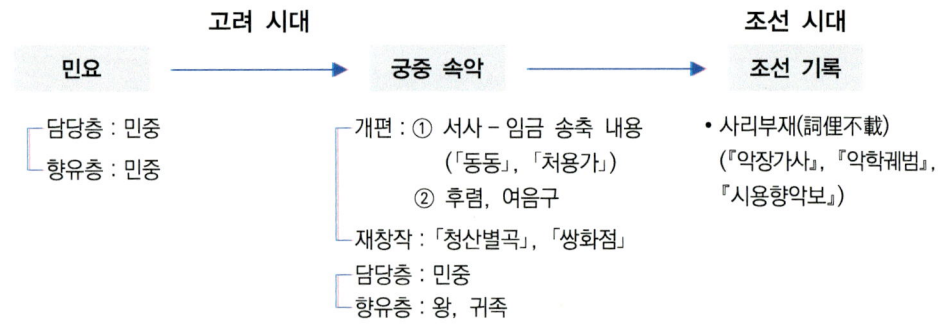

> **참고** 사리부재(詞俚不載)
> 『고려사악지』에 나오는 말로 '가사가 속되어 책에 싣지 않는다' 또는 '가사가 우리말로 되어 있어 싣지 않는다'의 의미로 해석한다. 이 결과 많은 고려 속가가 제목만 전하고 내용이 전하지 않게 된 것이다. 이를 적용한 문헌은 조선의 『악학궤범』이 있다.
>
> 예 「쌍화점」, 「만전춘」, 「이상곡」 : 사랑과 연군에서 나타나는 주제의 공통성 때문에 내용이 남게 된 것으로 보인다.

02 고려 속요의 형식과 내용

1. 고려 속요의 형식
(1) 국문으로 표기되었다.
(2) 전체 갈래에 공통되는 형식은 없지만, 분절체 작품의 경우 각 연들은 형식에서 공통성이 있다.
(3) 형식
  ① 분절체가 많고 단연체도 있다.
  ② 3·3·2의 음수를 지닌 3음보가 많다.
  ③ 분절마다 후렴구가 붙는 것이 특징이다.
  ④ 다양한 작품에서 전대의 4구 형식을 그대로 계승하거나 변형하여 사용한다.

2. 고려 속요의 내용
(1) 남녀 간의 사랑, 자연에 대한 예찬, 이별의 아쉬움 등 평민들의 허식이 없고 진솔한 인간성을 담고 있다.
(2) 현세적, 향락적, 애욕적, 퇴폐적이다.
(3) 그중 남녀 간의 애정을 주제로 한 것은 조선조 학자들이 '남녀상열지사(男女相悅之詞)'라 하여 문헌에 사리부재(詞俚不載)하였다는 기록이 있다.

03 고려 속요의 특징

1. 고려 속요의 특성
(1) 향가에 뒤이어 나타난 고려의 평민 문학이다.
(2) 개인 창작의 시가가 아니라 민요라고 여겨진다.
(3) 서민들의 유동 문학으로 구비 전승되었다.
(4) 고려 속요의 작자는 대부분 밝혀져 있지 않다. 예외 정서 「정과정」
(5) 서민들의 생활과 정서를 적나라하게 표출시켰다.
(6) 고려 속요의 원천은 민요에 있으므로 본래의 작자층은 민중층으로 볼 수 있고, 그것을 바탕으로 재창작하여 향유한 왕실과 그 주변 인물인 권문세족은 수용자층으로 볼 수 있다.
(7) 연마다 다른 내용을 담고 있는 경우가 많다. 이러한 점 때문에 고려 속요는 시로서의 다양성과 정체성을 동시에 지닌다.
(8) 한글 창제 이후에 『악학궤범』, 『악장가사』, 『시용향악보』에 기록하였다.
(9) 분절체로 이루어진 경우가 많다.
(10) 각 연 뒤에는 후렴구가 붙는데, 후렴구는 일정하지 않다.
(11) 3·3·2조, 3·3·4조 등 3음보의 운율을 지녔다.
(12) 남녀의 애정을 다룬 것은 '남녀상열지사'라 하여 대부분 조선 한학자들에 의해 사리부재의 대상이 되었다.
(13) 고려 말에 형식이 완성된 시조 문학으로 발전하는 데 영향을 미쳤다. 예 「만전춘」 2·5연, 「정읍사」, 「사모곡」 등
(14) 『악학궤범』, 『악장가사』, 『시용향악보』, 『대악후보』 등에 실려 전한다. 이밖에 가사는 전하지 않고 제목과 내용만 전하는 것이 『고려사악지』에 30여 편이 소개되어 있다.

> **참고**
>
> **1. 『악학궤범』: 음악의 이론, 제도, 법식 중심**
>
> 　성종 24년(1493) 왕명에 따라 예조판서 성현(成俔) 등이 엮은 악규집(樂規集)으로 이 책에는 「동동(動動)」, 「정읍사(井邑詞)」, 「처용가(處容歌)」, 「여민락(與民樂)」, 「봉황음(鳳凰吟)」, 「북전(北殿)」, 「문덕곡(文德曲)」, 「납씨가(納氏歌)」, 「정동방곡(靖東方曲)」 등의 가사가 한글로 정착되어 실렸다.
>
> 　가사의 내용이 주가 된 책이 『악장가사(樂章歌詞)』이고, 음악의 곡조를 위주로 한 것이 『시용향악보(時用鄕樂譜)』임에 비하여, 『악학궤범』은 음악의 이론과 제도 및 법식(法式)을 주로 다루어 이 방면의 연구와 이해에 귀중한 문헌이다.
>
> **2. 『악장가사』: 가집, 노래 가사 중심**
>
> 　조선 중종(中宗, 15세기 말) ~ 명종(明宗, 16세기 중엽) 연간에 밀양 사람 박준(朴浚)이 엮었다는 일설이 있다. 현재 전하는 순수한 가집(歌集)으로는 가장 오래된 것으로, 특히 오랫동안 구전되어 오다가 훈민정음이 창제된 후 기록된 고려가요들이 실려 있어 『악학궤범』, 『시용향악보』와 함께 빼놓을 수 없는 자료이다. 수록된 가사의 연대 범위가 고려에서 조선 초에 걸쳐 광범위할 뿐만 아니라, 이 책에서만 발견된 가사도 14종에 달하여 가치가 매우 높다.
>
> **3. 『시용향악보』: 향악의 악보**
>
> 　조선 명종 ~ 선조 때(16세기 중·말엽) 지은 악보집이다. 악보를 궁(宮)·상(商)·각(角)·치(徵)·우(羽) 등으로 표시하여 26수의 가사를 수록한 것으로 그 중 16수는 『악학궤범』 및 『악장가사』에도 누락되어 종전에는 제목조차 알려지지 않았던 고가요(古歌謠)들이다. 다만, 향악(鄕樂)의 악보를 기록하고자 엮은 까닭에 26편의 가사가 모두 제1장만 기재되고 제2장 이하의 가사가 없는 것이 아쉬운 점이다.

2. 고려 속요와 민요의 관련성

(1) 지방적 성격을 띤 속요가 많다.　예 「서경별곡」
(2) 동일하거나 비슷한 내용이 두 속요에서 나타난다.　예 「서경별곡」 2연과 「정석가」 6연, 「정과정」과 「만전춘」
(3) 민요 특유의 구조(병치·반복), 표현(공식적·관습적), 시어(일상어·비속어), 율격(3음보)을 가진다.
(4) 민요의 여음구, 상투어 등을 더 다양하게 발전시켜 사용하였다.
(5) 내용 면에서 남녀 간의 사랑이나 그리움에 관한 내용이 많다.

3. 후렴구 · 반복구 · 조흥구

(1) **후렴구 · 반복구 · 조흥구의 특징**

　고려 속요는 3·3·2조, 혹은 3·3·3조의 3음보로 이루어져 있으며, 각 연은 후렴구를 중심으로 나뉘는, 분절체(分節體) 형식을 취한다.

　후렴구, 반복구, 조흥구는 여음이라고 하며, 가사의 뜻 전달과 관계없이 덧붙는 말이다. 민요가 궁중 속악의 가사로 개편되면서 악곡의 형식에 맞추다 보니 생긴 현상이다. 특히 다양한 후렴구는 민요적 성격을 반영하며, 우리말의 아름다움과 매끄러운 리듬을 살리고 있다.

(2) **후렴구의 기능**
① 연장체: 노래를 길게 함　예 「동동」, 「청산별곡」
② 단장체: 조흥의 구실을 함　예 「사모곡」, 「정읍사」

(3) **반복구의 기능**
　강조의 구실을 함　예 「만전춘별사」

(4) **조흥구의 기능**
　흥을 돋우는 구실을 함　예 「서경별곡」, 「동동」, 「사모곡」

참고	고려 속요 작품의 주요 후렴구
작품명	주요 후렴구
정읍사	어강됴리 아으 다롱디리
동동	아으 動動다리
가시리	위 증즐가 大平盛代
청산별곡	얄리얄리 얄랑셩 얄라리 얄라
서경별곡	위 두어렁셩 두어렁셩 다링디리
사모곡	위 덩더둥셩
쌍화점	더러둥셩 다리러디러 다리러디러 다로러거디러 다로러

4. 고려 속요의 문학사적 의의

(1) 아름다운 우리말 사용과 표현의 소박성과 함축성, 꾸밈없는 생활 감정의 표현 등으로 인해 국문학 사상 백미로 평가 받는다.
(2) 음악적으로 경쾌한 리듬을 잘 살린 기교 등을 통해 고전 문학의 진수를 보여준다.

04 고려 속요 주요 작품

작품명	작자	연대	형식	내용	출전
동동 (動動)	미상	미상	13연 월령체	계절의 변화에 따라 님의 향한 그리움과 사모의 정을 노래, 월령체가, 달거리체	악학궤범
처용가 (處容歌)	미상	미상	비연시 희곡적	처용설화에서 유래한 처용가를 부연해서 부른 무가, 축사의 노래	악학궤범 악장가사
청산별곡 (靑山別曲)	미상	미상	8연 3·3·2조	현실 도피적인 태도와 남녀 애정의 비애를 체념하려는 노래, 자연도피적 태도	악장가사 시용향악보
가시리	미상	미상	4연 3·3·2조	이별을 안타까워하며 부른 민요풍의 노래 『시용향악보』에는 「귀호곡」이란 이름으로 첫 연만 수록. '기 – 승 – 전 – 결' 형식을 취함. 전통적 정서의 작품이며, 남녀상열지사	악장가사 시용향악보
서경별곡 (西京別曲)	미상	미상	3연 14절 3·3·3조	남녀 간의 사랑과 그에 따른 이별의 슬픔을 주제로 한 노래. 능동적 여인상이 노출된 유일한 가요	악장가사 시용향악보
정석가 (鄭石歌)	미상	미상	6연	남녀 간의 사랑의 무한함과 님의 만수무강을 축원한 노래. 절대 불가능한 설정, 불멸의 사랑을 노래	악장가사 시용향악보
사모곡 (思母曲)	미상	미상	비연시	'엇노리'라고도 하며 어머니의 사랑이 훨씬 깊고 자애롭다는 내용을 소박하게 표현한 노래. 신라 「목주가」의 후신이라고도 함	악장가사 시용향악보
쌍화점 (雙花店)	미상	충렬왕 (13세기)	4연	남녀 간의 사랑을 노골적으로 표현한 남녀상열지사	악장가사 시용향악보

작품명	작자	연대	형식	내용	출전
만전춘 (滿殿春)	미상	미상	5연 시조적	남녀 간의 애정을 적나라하게 노래한 남녀상열지사, 제 2 연과 제 5 연은 시조형에 거의 접근한 형식	악장가사
이상곡 (履霜曲)	미상	충숙왕	비연시	남녀 간의 애정을 진실하고 대담하게 표현한 남녀상열지사, 최근의 문헌에 작자는 채홍철로 추측하는 의견도 있음	악장가사
상저가 (相杵歌)	미상	미상	비연시	효도를 주제로 한 「방아타령」을 연상하게 하는 일종의 노동요, 신라 때의 백결선생의 대악과 관련이 있는 듯함	시용향악보
유구곡 (維鳩曲)	미상	미상	비연시	속칭 '비두루기'라 함. 비둘기와 뻐꾹새를 빌어 잘못된 정치를 풍자한 노래	시용향악보

제3절 고려 속요의 양상

고려 속요란 현전하는 고려 가요 중 경기체가(景幾體歌) 이외의 국문 시가에 대한 편의적 지칭이기 때문에 그것이 단일한 시가 양식으로서 공통 원리와 속성을 가진다고 가정하는 것은 위험하다. 뿐만 아니라 좀 더 자세히 따진다면 그 모두가 속요, 즉 민속 가요만은 아니라는 점에서 속요라는 용어도 반드시 적절한 것이라고는 하기 어렵다.

이제까지의 논의에 의하면 고려 속요의 성격은 대체로 세 가지로 나눌 수 있는데, 첫째는 민요적 노래로서 대부분이 그 작자를 알 수 없다는 견해, 둘째는 지식층의 개인 창작시라는 견해, 셋째는 궁중 가악의 가사라는 견해이다.

01 민요

고려 속요의 주류를 형성한 것은 당시 민중의 수난과 사랑을 주제로 한 민요로 이들은 특정 지역에 그 전승 범위가 국한된 지방 민요적 성격을 다분히 지녔던 것 같다. 대다수의 고려 속요에 특정한 지명이 그 제목으로 붙여지거나 그와 관련된 설화를 거느린 채 기록에 전하고 있는 점이 이를 암시하고 있다.

많은 학자들은 속요 전체를 민요와 동일시했다. 이들은 속요의 대부분이 민요 특유의 반복·병치의 구조와 민중의 일상어, 보편적 율격인 3음보격을 두루 갖추고 있다는 점, 그리고 뚜렷하게 작가가 밝혀지지 않은 점 때문에 속요를 민요와 동일시하고, 그 작자층을 고려 시대의 민중층으로 이해하였다.

정동화는 아래의 여덟 가지 근거를 들어서 속요가 독립된 창작 시가의 한 장르가 아니라 민요라고 단정지었다.

① 구비전승(口碑傳承)의 구비 문학이라는 점
② 작자가 없고 연대는 전혀 알 수 없다는 사실
③ 후렴구의 쓰임
④ 형식적 특징(음수율, 음보율, 일률적으로 여러 연이 중첩되어 있다는 점)이 민요의 일반적 특징과 일치
⑤ 반복어의 쓰임 : 「동동」, 「처용가」, 「서경별곡」, 「청산별곡」, 「쌍화점」에서 예를 들어 설명
⑥ 관용어구의 쓰임 : 민요 문체의 대표적인 특징으로 이는 창자에게는 기억을 돕고, 청자에게는 이해를 돕는 데 기여
⑦ 일상용어에 의한 구어체의 문장화
⑧ 거의가 연장체(聯章體)라는 점 예외 「사모곡」, 「정과정」

그러나 고려 시대에 지어진 시가 작품들 중 일부만이 『시용향악보』 등에 실려 전하므로 이것만으로는 고려 시대 시가 전체에 대한 것으로 일반화하기는 곤란하다고 지적하였다. 속가가 민요의 성격을 어느 정도 지니고 있는 것은 사실이겠지만, 일부 작품에 나타나는 민요의 성격을 전체 작품이 가지고 있는 것처럼 일반화하는 것은 무리가 있다.

02 개인 창작곡의 성격을 지닌 작품

현전 속요치고 작가를 알 수 있는 작품은 그리 많지 않다. 한편 속요의 '속'을 종래 잘못 이해하여, 속된 것 또는 저속한 것 등의 뜻으로 풀이하여 이들 속요는 귀족적인 노래가 아닌, 아마도 민간에 떠돌아다니던 민요적 노래로 보고, 그 작자를 알 수 없게 된 것이라는 견해가 거의 정설처럼 이야기되어 왔다. 그러나 개인 창작의 성격이 두드러지는 작품도 있다. 창작 가요로서의 성격이 두드러지는 작품은 「청산별곡」과 「쌍화점」이다. 고려 속요 가운데 개인 창작 시가로서의 논의가 활발하게 이루어진 작품은 「청산별곡」과 「쌍화점」, 「이상곡」이라 할 수 있다.

1. 「청산별곡」

「청산별곡」에 나타나는 형식과 내용의 세련성, 고도의 상징성, 작품에 나타난 철학과 집요한 삶의 추구로 보아 당대 지식인의 창작 시가라는 주장이 여러 논자들에 의해 주장되고 있다.

「쌍화점」의 경우 문헌 기록에 대한 실증적인 분석의 관점에서 연구가 진전되어 당대 행신들의 합작이거나 오잠이라는 인물의 작이라고 추정하고, 상연되었던 가극의 대본으로서 관객은 충렬왕이었다는 데까지 논의가 진전되었다. 그런데 「쌍화점」의 주제가 음란성을 즐긴 것인지, 그것에 대한 경계인지는 불분명하다. 오잠의 무리가 충렬왕의 취향에 따라 음란한 놀이를 하여 부르기에 알맞게 고치고, 민간의 전승을 다른 기능을 가진 것으로 바꾸어 놓는 과정에서 창작이 이루어졌다고도 볼 수 있을 것이다.

2. 「쌍화점」

「쌍화점」은 『악장가사』 및 『대악후보』에 전하고, 『시용향악보』에는 「쌍화곡 속칭 쌍화점 평조(雙花曲 俗稱 雙花店 平調)」라는 이름으로 한역 가사가 전하는데, 그 내용은 원가사와 전혀 다르다.

「쌍화점」과 민요와의 관계에 대한 견해는 충렬왕대에 유행한 민요라는 주장, 작자가 뚜렷한 창작시라는 주장, 그리고 궁중 무악으로 불리게 되는 과정에서 기존의 민요를 편집·개작한 노래라는 주장으로 정리해 볼 수 있다.

「쌍화점」이 궁중 무악으로 불리게 되면서 원가사가 편집·개작되었을 경우를 생각해 볼 수 있으며 원가사는 일반 민중이나 지식인층, 또는 귀족에 의해 창작되었을 것으로 생각해 볼 수 있다. 정병욱의 견해대로 작자가 궁중의 행신일 것이라는 견해를 수용한다면 결국 「쌍화점」은 당시 상층 지식인의 창작시라는 가능성을 배제할 수 없는 것이다.

3. 「이상곡」

「이상곡」에 대한 연구는 비교적 소홀한 편인데, 이것을 개별적 고찰의 항에 넣을 수 있는 것은 최근의 논문 가운데 「이상곡」에 관한 비교적 구체적인 의견이 있기 때문이다. 장효현은 이 작품을 채홍철이 지었다는 '병와 이형상'의 기록을 논의의 단서로 삼고 있는데, 만약 작가에 대한 추측이 사실이라면 이 작품의 저작 시기도 그가 유배 중이던 충숙왕 8년 겨울로 상당히 구체적인 저작 배경이 밝혀진 개인 창작의 성격을 지닌 고려 시가가 된다.

03 궁중 무악

우리가 알고 있는 대부분의 고려 가요는 속악으로 널리 쓰인 것들이다. 그 중 다수를 차지했던 민요 계통의 가요들은 속악으로 수용될 때 궁중 음악으로서의 요구에 맞춰서 음악, 사설, 가창 방식 등에서 일정한 변개를 겪은 것으로 추정된다. 그 결과 일면 민요적 특징을 바탕으로 간직하면서도 궁중 음악적 특징을 아울러 가진 복합적 면모를 가진 작품이 적지 않다.

(1) 「동동」, 「정석가」, 「처용가」, 「가시리」: 「동동」, 「정석가」, 「처용가」는 임금에게 아뢰며 축복하는 사설이 첫 부분에 덧붙여졌고, 「가시리」는 후렴에 덧붙여짐
(2) 「만전춘별사」, 「서경별곡」, 「정석가」: 궁중에서 필요로 하는 노래의 구성에 맞추기 위해 여러 가지 다른 사설을 모아서 새로운 한 편을 만들었음
(3) 「처용가」: 신라 「처용가」에서 시작되어 민간에서 전승되다가 고려 속악에 수용됨

위의 세 가지 설 중에서 그래도 고려 속요 전반의 저변에 놓여 있는 성격은 민요적인 부분이 강하다는 점을 인정할 수밖에 없다. 궁중 무악(속악 가사)라 불리든지 개인의 창작 시가이든지간에 그 저변에는 민요적인 속성을 어느 정도 가지고 있다는 것이다. 그러나 문학의 연속성을 생각해 볼 때, 고려 시대 전반 시가에 보이는 민요적인 속성은 민요로서의 민요가 아니라, 더욱 세련된 문학 형식으로 발전하고 있으며, 이것은 전대 문학의 연속성 위에서 나타난 것이다. 그렇기에 민요적인 속성들이 다소 많이 보인다 하더라도 그것만을 중시할 수는 없으며, 속악 가사로 개작·변모되거나 개인 창작에 가까운 작품의 의의도 함께 고려해야 한다.

제4절 소악부

01 소악부의 정의와 의의

1. 소악부의 정의
(1) 고려 후기에 유행하던 민요를 한시로 옮겨 놓은 것이다.
(2) 한역 고려 속요(漢譯 高麗民謠)라고도 한다.
(3) 소악부는 궁중 속악 가사를 한역한 것과 전래 민요를 한역한 것으로 구분된다.

2. 소악부 갈래가 지닌 의의
(1) 상·하층 시가 양식의 접목으로 나타난 양식이다.
(2) 당시 민중 문화가 발달하였다.(상승문화재설의 근거)
(3) 당시 서민층의 풍습 및 사상, 정조를 파악할 수 있는 귀중한 자료이다.

02 소악부 제목 및 출전

제목	출전
고려사악지 속악조	「오관산」, 「거사연」, 「사리화」, 「장암」, 「제위보」, 「한송정」, 「정과정」, 「삼장」, 「사룡」
익재 소악부	「장암」, 「거사연」, 「제위보」, 「사리화」, 「오관산」, 「단심」, 「정과정」 (단, 「처용」은 관극시이므로 제외)
급암(及庵) 소악부	「삼장」, 「안동자청」, 「월정화」
김수온 술악부사	「만전춘」

제5절 고려 속요 작품 감상

작품 1 동동(動動)

> **출제방향**
> - 고려 속요의 민요적, 송도적 성격
> - 월령체 노래의 형태상 특징

덕(德)으란 곰비예 받줍고, 복(福)으란 림비예 받줍고,
덕(德)이여 복(福)이라 호놀 나ᅀᆞ라 오소이다.
아으 동동(動動)다리.

정월(正月)ㅅ 나릿므른 아으 어져 녹져 ᄒᆞ논ᄃᆡ,
누릿 가온ᄃᆡ 나곤 몸하 ᄒᆞ올로 녈셔.
아으 동동(動動)다리.

이월(二月)ㅅ 보로매, 아으 노피 현 등(燈)ㅅ블 다호라.
만인(萬人) 비취실 즈싀샷다.
아으 동동(動動)다리.

삼월(三月)나며 개(開)혼 아으 만춘(滿春) 들욋고지여.
ᄂᆞ민 브롤 즈을 디녀 나샷다.
아으 동동(動動)다리.

사월(四月) 아니 니저 아으 오실셔 곳고리새여.
므슴다 녹사(綠事)니ᄆᆞᆫ 녯 나를 닛고신뎌.
아으 동동(動動)다리.

오월(五月) 오일(五日)애, 아으 수릿날 아ᄎᆞᆷ 약(藥)은
즈믄 힐 장존(長存)ᄒᆞ샬 약(藥)이라 받줍노이다.
아으 동동(動動)다리.

유월(六月)ㅅ 보로매, 아으 별해 ᄇᆞ룐 빗 다호라.
도라보실 니믈 젹곰 좃니노이다.
아으 동동(動動)다리.

칠월(七月)ㅅ 보로매, 아으 백종(百種) 배(排)ㅎ야 두고,
니믈 흔 듸 녀가져 원(願)을 비숩노이다.
아으 동동(動動)다리.

팔월(八月)ㅅ 보로믄 아으 가배(嘉俳) 나리마른,
니믈 뫼셔 녀곤 오늘낤 가배(嘉俳)샷다.
아으 동동(動動)다리

구월(九月) 구일(九日)애 아으 약이라 먹논 황화(黃花)
고지 안해 드니, 새셔 가만ᄒ얘라.
아으 동동(動動)다리.

시월(十月)애, 아으 져미연 ᄇᆞᄅᆺ 다호라.
것거 ᄇᆞ리신 후(後)에 디니실 흔 부니 업스샷다.
아으 동동(動動)다리.

십일월(十一月)ㅅ 봉당 자리예 아으 한삼(汗衫) 두퍼 누워
슬흘ᄉᆞ라온뎌 고우닐 스싀옴 녈셔.
아으 동동(動動)다리.

십이월(十二月)ㅅ 분디남ᄀᆞ로 갓곤, 아으 나슬 반(盤)잇 져 다호라.
니믜 알픠 드러 얼이노니 소니 가재다 므ᄅᆞ숩노이다.
아으 동동(動動)다리.

덕은 뒤에(뒷잔에, 신령님께) 바치옵고, 복은 앞에(앞잔에, 임에게) 바치오니, 덕이며 복이라 하는 것을 진상(進上)하러 오십시오.(송축 – 뒤에 추가)
정월 냇물은 아아, 얼려 녹으려 하는데, 세상 속에 태어나 몸이(나가) 홀로 살아가는구나.
2월 보름에 아아, 높이 켜 놓은 등불 같구나. 만인을 비추실 모습이시도다.
3월 지나며 핀 아아, 늦봄의 진달래꽃이여, 남이 부러워할 모습을 지니고 태어나셨구나.
4월을 잊지 않고 아아, 오는구나 꾀꼬리새여. 어찌하여 녹사(綠事)님은 옛 나를 잊고 계시는가.
5월 5일(단오)에 아아, 단옷날 아침 약은 천 년을 사실 약이기에 바치옵니다.
6월 보름(유두일)에 아아, 벼랑에 버린 빗 같구나. 돌아보실 임을 잠시나마 따르겠습니다.
7월 보름(백중)에 아아, 여러 가지 제물을 별어 놓고 임과 함께 살고자 소원을 비옵니다.
8월 보름(한가위)은 아아, 한가윗날이지마는, 임을 모시고 지내야만 오늘이 뜻있는 한가윗날입니다.
9월 9일(중양절)에 아아, 약이라고 먹는 노란 국화꽃이 집 안에 피니 초가집이 고요하구나.
10월에 아아, 잘게 베어버린 보리수나무 같구나. 꺾어 버리신 후에 (나무를) 지니실 한 분이 없구나.
11월 봉당 자리에 아아, 한삼을 덮고 누워 슬프구나. 고운 임을 여의고 홀로 살아가는구나.
12월에 분지 나무로 깎은 아아, 내가는 소반 위의 젓가락 같구나. 임의 앞에 들어 가지런히 놓으니 손님이 가져다가 뭅니다.

핵심정리

- **갈래** 고려 가요, 고려 속요, 장가(長歌)
- **형식** 전 13연의 달거리 노래
- **구성** 서사와 본사인 1월에서 12월까지의 달거리로 구성 (전 13연의 월령체)
- **성격** 이별 노래, 민요풍, 송도가(頌禱歌), 서정적
- **출전** 『악학궤범』
- **표현** 영탄법, 직유법, 은유법, 여음구 '동동'은 북소리를 '다리'는 악기 소리를 흉내냄
- **주제** 임에 대한 송도(頌禱)와 연모(戀慕)
- **의의** ① 고려 속요 중에서 유일한, 우리 문학 최초의 월령체(달거리) 노래
  ② 계절의 변화에 따라 새로워지는, 임을 잃은 한 여인의 그리움이 절절한 어조로 표현

이해와 감상

| 해설 |

작자와 연대 미상의 고려 시대 송도체 속요로, 월령(月令)에 따라 민속과 계절감에서 오는 정감을 바탕으로 각 연마다 독특한 내용을 담아 남녀의 애정을 노래한 작품이다. 이 노래는 구전되어 오다가 조선 시대 때 한글로 『악학궤범』에 전해지는데, 월령체의 효시라는 데 의의가 있다. 제목의 '동동'은 후렴구 '아으 동동다리'에서 비롯된 것인데, '동동'이란 북소리의 상징적인 의성어이다.

이 노래는 분절체 형식과 조흥적(助興的) 후렴구 사용 등에서 고려 속요의 형식을 그대로 지니고 있으나, 월령체 형식의 분절체라는 점에서 특이하다. 전 13연으로 첫 연은 서사(序詞)이고, 나머지 2~13연까지는 정월부터 12월까지의 월령체(月令體)로 되어 있는 현존 최고(最古)의 노래이다. 각 달의 특성과 세시 풍속을 중심으로 송축과 찬양, 떠나버린 임에 대한 원망과 한스러움, 그리움 등 시적 화자의 애절한 정서를 노래하고 있다는 것이 특징이다. 또한 시적 화자와 시적 대상을 다양한 사물에 비유한 표현도 이 노래의 특징 중 하나이다.

이 노래는 시상이 일관된 흐름을 보여 주지 않을 뿐만 아니라, 각 연의 주제도 통일되어 있지 않아 한 작가의 일관된 정서의 표출이라고 보기 힘들다. 서사와 2, 3, 5월령은 임을 향한 순수한 송도(頌禱)의 내용이다. 따라서 이때의 '임'은 임금 혹은 임금처럼 높이 추앙된 공적인 인물이라고 볼 수 있다. 그러나 정월, 4월령은 개인적 정서, 즉 구체적인 시적 화자의 고독이며, '나의 임'에 대한 원망적 호소를 담고 있다. 또한 6, 7, 8월령은 공적 정서와 개인적 정서가 융합된 중간적 정감의 노래이다. 그리고 11월령과 12월령은 임에 대한 그리움과 임과 각기 살아가는 자신의 신세에 대한 한탄이다. 이것은 이 노래가 원래 연가(戀歌)적 성격의 민요였으나, 궁중으로 흘러 들어가 궁중 연악(宴樂)으로 쓰이면서 변형되었기 때문으로 추측된다.

조선 시대를 통하여 아박(牙拍)과 함께 연주되었으며, 나례(儺禮) 뒤의 처용희(處容戲)에 동동무(動動舞)가 포함되었다. 그러나 중종 때에 와서 '남녀상열지사'라 하여 「정읍사」와 더불어 폐기되었다.

| 감상 |

「동동」은 다른 고려 속요와는 달리 정월에서 12월까지의 달수에 맞추어 한 여인의 정감을 노래하여 한국적인 내면적 함축미와 서정적 깊이를 잘 드러내고 있는 작품이다. 전편에 흐르고 있는 송도와 연모를 통해서 당시 여인들의 섬세한 정서를 이해할 수 있다.

서사는 임에 대한 송도인데, 여기에서 임은 개인적인 정서에 의한 임일 수도 있지만, 다른 연과는 달리 임금과 같은 공공의 임이라는 느낌이 강하게 든다.

정월의 냇물이 '얼려 녹으려' 한다는 것은 중의적인 의미를 가지고 있다. 자기 마음을 임으로 하여금 녹게 한다는 우의적인 표현이 있으니, 이 세상에 태어나서 정(情)을 녹여 줄 사람도 없이 홀로 슬픔을 삼키는 여인의 처지와 대비된다고 할 수 있다.

2월은 연등절에 높이 켜 놓은 등불에 임의 모습을 빗대어 송축하고 있다. 그 임은 모든 사람에게 빛을 보내 줄 그런 임이기도 하다.

3월은 늦봄에 핀 진달래꽃에 임의 모습을 비추어 떠올려보고 있다. 사랑의 상징인 진달래꽃은 임의 모습 그 자체이며 그 모습이 진달래꽃처럼 남이 부러워할 얼굴을 지니셨음을 표현하고 있다.

4월에는 녹음 속의 꾀꼬리새가 운다. 잊지 않고 찾아 온 꾀꼬리새, 그러나 옛 임이신 녹사님은 옛날을 잊었는지 아무런 소식이 없는가. 녹음은 생명의 상징, 이 가운데 여인은 상사(相思)에 여위어만 간다.

5월 5일은 수릿날, 이날 아침에 먹는 약은 천 년을 장수하는 약이라 한다. 그러나 임의 모습은 보이지 않고 혼자 임의 모습을 그리며 받들어 드릴 뿐이다.

6월은 유두의 달이며, 흐르는 물에 머리를 감고 벼랑에 버려진 빗처럼 버림받은 자신을 한탄하고 있다.

7월은 백중날이 있으며, 온갖 음식과 과일을 차려 놓고 올리는 기원 속에 임과 함께 살아 보겠다는 애절한 소망이 담겨 있다.

8월 보름은 한가위라 하여 땀 흘려 가꾼 곡식과 과일을 천신(薦新)하는 때로 일 년 중 가장 즐거운 명절 중의 하나이다. 그러나 사랑하는 임과 있어야만 진정 즐거운 한가윗날이 되련만, 임이 없기에 홀로 임을 그리는 고독과 그리움이 한가위와 대조되어 더 외롭게 다가온다.

9월은 중양절, 이 절기에는 황화전(黃花煎)을 해 먹는 풍습이 있다. 황화전의 재료인 노란 국화꽃이 집안에 가득 피니 임이 안 계신 초가가 더욱 적막하게만 느껴진다.

10월 산에는 보리수가 열린다. 그 붉은 열매를 따먹고 싶어서 가지를 꺾지만 열매를 다 먹은 뒤에는 그 가지를 버린다. 시적 화자는 버림받은 자신의 가련한 신세를 꺾이어 버려진 보리수 나무의 가지와 같은 신세라고 한탄한다. 체념과 애상(哀傷)이 한데 엉긴 애련을 노래하고 있다.

11월의 추운 겨울밤, 맨바닥인 봉당 자리에 홑적삼 하나를 덮고 누워 생각하니 임 생각에 저절로 눈물이 흐르는데, 홀로 살아가는 자신의 신세는 참으로 기가 막히다는 비애를 그리고 있다. 상사(相思)의 괴로움을 봉당 자리와 홑적삼에 대비시켜 비련을 잘 표현하고 있다.

12월은 마지막 연으로, 귀한 손님에게 올리는 진짓상을 놓고 임께서 쓰시라고 가지런히 젓가락을 올렸더니, 생각지도 않은 다른 사람이 가져다 써 버렸다는 내용이다. 이루지 못할 사랑, 곧 뜻하지 않은 사람에게 시집가게 된 비련의 주인공인 '나'의 신세를 비유하여 노래하고 있다.

위에서 본 바와 같이 이 노래는 시상이 일관된 흐름을 보여 주지 않을 뿐더러, 각 연마다 나타나는 주제도 통일되어 있지 않아 한 작가의 일관된 정서의 표출이라고 보기 힘들다. 서사와 2, 3, 5 월령은 임에게 순수한 송도(頌禱)이다. 이 때의 '임'은 임금이거나 임금처럼 높이 추앙된 공적인 사람일 수 있다. 그러나 정월, 4월령은 개인적 정서, 즉 구체적인 '나의 고독'이며, '나의 임'에 대한 원망적(願望的) 호소이다. 6, 7, 8월령은 공적 정서와 개인적 정서의 애한(哀恨)이 함께 융합된 중간적 정감의 노래이다. 따라서 이 노래는 원래 연가적(戀歌的) 민요가 궁중으로 흘러 들어가 궁중 연악(宮中宴樂)으로 쓰이면서 변형되었으리라 추측된다. 형식은 민요풍으로서 시어의 구사가 뛰어나며, 현실적으로 맺어질 수 없는 사랑의 비극성을 내포한 서정시다. 「동동」은 「농가월령가」 같은 후대의 월령체에 영향을 주었으리라 짐작된다.

1 전체 구성

월	소재	주제	세시풍속	내용과 표현
서사	덕(德) 복(福)	송도(頌禱)	불교 행사인 팔관회 백희 가무상 연대 구호를 읊음	대구 형식으로 임을 송축
1월	나릿물	고독(孤獨)	1일은 설, 15일은 대보름	정월의 냇물과 외로운 자신의 처지 대조
2월	등불	송축(頌祝)	1일은 노비일로서 연등(燃燈)이 노래되고 있음	임의 빼어난 모습을 등불에 빗대어 송축
3월	돌욋곳 (진달래꽃)	송축(頌祝)	3일은 삼짇날, 양력 4월 5일 무렵은 청명, 그 다음날은 한식	임의 아름다운 모습을 진달래꽃에 빗대어 송축
4월	꾀꼬리새	애련(哀戀)	8일은 초파일(또는 욕불일, 연등일)	잊지 않고 찾아온 꾀꼬리와 오지 않는 임을 대조
5월	아침 약	송도(頌禱)	5일은 단오	단옷날 아침 약을 바치며 임의 장수 기원
6월	빗	애련(哀戀)	15일은 유두	임에게 버림받은 자신의 처지를 빗에 비유
7월	백종	연정(戀情)	7일은 칠석, 15일은 백중	제사상을 차려 놓고 임과 함께 살고 싶은 소망기원

월	소재	주제	세시풍속	내용과 표현
8월	한가위	사모(思慕)	15일은 한가위	임이 없는 한가위의 쓸쓸함
9월	황화	적요(寂寥)	9일은 중양절	고요한 초가 속에서 쓸쓸하게 지내는 심정
10월	보리수	비련(悲戀)	상달이라 하며 20일은 대풍(大風)	임에게 버림받은 슬픔을 잘게 자른 보리수에 비유
11월	한삼	비련(悲戀)	동짓달로서 양력 12월 22일에서 23일 경 동지	한삼을 덮고 누워 홀로 살아가는 자신의 신세 한탄
12월	젓가락	애련(哀戀)	섣달로서 동지 후 제3일은 납향이고 마지막 날은 그믐밤	임을 위해 차려 놓은 잔칫상의 젓가락을 다른 손님이 가져가는 것에 비유해 자신의 외로운 사랑을 슬퍼함

2 월령체

① 정의

1년을 열두 달로 나누어 구성한 시가 형식으로, 그 노래를 가리켜 '월령체가(月令體歌)', 또는 '달거리요'라고도 한다.

② 형식

작품에 따라 12개 혹은 13개로 분절하며 매 연은 흔히 그 달의 자연, 기후, 명절놀이, 민속 행사를 반영하면서 서정적으로 노래하며 다양하고 풍부한 생활 감정을 자유분방하게 표현하는 것이 특징이다.

③ 효과

읊고 있는 내용을 더욱 절실히 전달해 주고, 인생에서의 문제가 자연의 변화에 비유되어 화자의 정서를 효과적으로 전달한다.

④ 그 밖의 작품

「농가월령가」, 「12월가」, 「사친가」, 「관등가」 등

3 시적 화자와 시적 대상을 비유한 표현

시적 화자	별해 ᄇᆞ룐 빗 (6월령)	임에게서 버림받은 자신의 처지를 벼랑에 버린 빗과 잘게 썬 보리수 나무에 비유
	져미연 ᄇᆞ롯 (10월령)	
	반잇 져 (12월령)	임에게서 버림받고 다른 사람에게 시집 간 자신의 처지를 소반 위의 젓가락에 비유
시적 대상(임)	등ㅅ블 (2월령)	임이 만인을 비출 모습을 등불에 비유
	돌욋고지 (3월령)	임의 아름다운 모습을 진달래꽃에 비유

4 시적 대상인 '임'의 성격

공적인 '임'	개인적인 '임'
• 서사, 2월령, 3월령, 5월령 • 송도, 송축의 대상	• 정월, 4월령 등 • 화자의 고독을 유발하며 그리움, 원망의 대상

5 형식상의 특징

① 율격

우리 민요에서 흔히 볼 수 있는 3음보의 율격이 나타난다.

② 연장체

하나의 작품이 몇 개의 연으로 이루어지는 시가의 한 양식으로, 고려 가요에서 일반적으로 나타나는 형식이다. 이 작품에서도 서사와 또한 열두 개의 연으로 구성된 본사, 총 13연으로 구성된 연장체의 성격을 띤다.

③ 후렴구

각 연 사이에 '아으 動動(동동)다리.'라는 후렴구가 있는데 이는 고려 가요의 보편적인 특징으로, 각 연을 분절(分節)시키는 기능을 하면서 음악적 흥취를 고조시키는 역할도 한다. 여기서의 '동동'은 북소리를 본뜬 의성어로 보는 의견이 일반적이다.

예상문제

※ (1 ~ 4) 아래 작품을 바탕으로 조건에 맞게 답하시오.

(가)
　덕(德)으란 곰비예 받즙고, 복(福)으란 림비예 받즙고,
　덕(德)이여 복(福)이라 호놀 나슨라 오소이다.
　아으 동동(動動)다리.

　정월(正月)ㅅ 나릿므른 아으 어져 녹져 ᄒ논ᄃᆡ,
　누릿 가온ᄃᆡ 나곤 몸하 ᄒ올로 녈셔.
　아으 동동(動動)다리.

　사월(四月) 아니 니저 아으 오실셔 곳고리새여.
　므슴다 녹사(綠事)니믄 녯 나를 닛고신뎌.
　아으 동동(動動)다리.

　유월(六月)ㅅ 보로매, 아으 ㉠별해 ᄇ론 빗 다호라.
　도라보실 니믈 젹곰 좃니노이다.
　아으 동동(動動)다리.

(나)
翩翩黃鳥	펄펄 나는 꾀꼬리는
雌雄相依	암수 서로 놀건마는
念我之獨	외로운 이 내 몸은
誰其與歸	뉘와 함께 돌아갈꼬

　　　　　　　　　　　　　　　　　　　- 『삼국유사(三國遺事)』

(다)
　나모도 바히돌도 업슨 뫼헤 매게 또친 가토릐 안과,
　大川(대천) 바다 한가온ᄃᆡ 一千石(일천 석) 시른 ᄇᆡ에, 노도 일코 닷도 일코 뇽총도 근코 돗대도 것고 치도 빠지고 ᄇᆞ람 부러 물결 치고 안개 뒤섯계 ᄌᆞ자진 날에, 갈 길은 千里萬里(천리 만리) 나믄듸 四面(사면)이 거머어득 져뭇 天地寂寞(천지 적막) 가치노을 떳ᄂᆞᆫᄃᆡ 水賊(수적) 만난 도사공(都沙工)의 안과
　엇그제 님 여흰 내 안히야 엇다가 ᄀᆞ을ᄒᆞ리오

　　　　　　　　　　　　　　　　　　　- 작자 미상

1. (가) 작품 전체가 지닌 형식적 특징을 4가지 밝히고, '서사'가 지닌 내용적·형식적 특징을 각각 1가지씩 밝히시오. [4점]

> 📒 **예상 답안**
>
> (가)는 월령체로 이루어져 있고 매 월의 내용이 앞에 제시된다는 점, 각 연은 4구로 되어 있고 각 구는 3음보로 볼 수 있다는 점, 각 연 뒤에 '아으 동동다리'라는 후렴이 있다는 점, 1구와 2구 사이에 '아으'라는 조흥구가 온다는 점, 전 13절의 분절체로 되어있다는 점 등이 전체에 걸쳐 나타나는 형식적 특징이다.
> (가)의 서사는 내용면에서 임금에 대한 송도의 의미를 지니고 있다는 점이 다른 연과 차이가 있고, 형식면에서 월령이나 1,2구 상이에 조흥구가 없다는 점, 원래의 노래에 다른 노래를 만들어 끼워넣었다는 점 등이 특징이다.

2. (가)의 ㉠과 유사한 상황을 (나), (다)에서 각각 찾아 제시하고, 공통적인 의미를 밝히시오. [2점]

> 📒 **예상 답안**
>
> ① ㉠과 유사한 상황 : (나) '외로운 이내 몸' / (다) '님 여흰 내 안'
> ② 공통적인 의미 : 모두 님에게 버림받거나 님을 잃은 상황이 드러남

3. (가)의 '사월' 노래와 (나)의 시적 발상의 유사성을 2가지 설명하시오. [2점]

> 📒 **예상 답안**
>
> (가)의 '사월' 노래와 (나)는 모두 꾀꼬리를 제재로 했다는 점, 또한 자연(꾀꼬리) 현상과 대조되는 시적 화자의 상황을 제시했다는 점에서 시적 발상이 유사하다.

4. (나), (다)에서 대비되는 시상 전개 방식을 밝히고, 각 작품에서 그 효과를 설명하시오. [3점]

> 📒 **예상 답안**
>
> (나)에서는 대조에 의한 전개가, (다)에서는 비교에 의한 전개가 대비가 된다.
> (나)는 암수가 함께인 꾀꼬리와 혼자인 '나'를 대조적으로 제시하여 나의 외로움이라는 주제를 강조했고, (다)는 님을 잃은 나의 마음을 매에게 쫓기는 까투리의 마음이나 배가 움직일 수 없는 상황에서 도적을 만난 도사공의 마음과 비교하여 님을 잃은 후의 막막함을 강조했다.

작품 2 사모곡(思母曲)

호미도 ᄂᆞᆯ히언마ᄅᆞᄂᆞᆫ
낟ᄀᆞ티 들 리도 업스니이다
아바님도 어이어신마ᄅᆞᄂᆞᆫ
위 덩더둥셩
어마님ᄀᆞ티 괴시리 업세라.
아소 님하
어마님ᄀᆞ티 괴시리 업세라.

호미도 날이지마는 / 낫같이 잘 들 리도 없습니다 / 아버님도 어버이시지마는 / 위 덩더둥셩
어머님같이 사랑할 리 없어라 / 아! 님이여 어머님같이 사랑할 리 없어라.

핵심정리

▷ 갈래 고려 가요, 고려 속요
▷ 형식 ① 6구체 비연시(非聯詩 : 연의 구분이 없는 시)
　　　　② 여음구의 사용
▷ 표현 비유법, 비교법
▷ 주제 어머니의 사랑
▷ 특징 ① 여음구를 제외하면 시조의 3장 6구 형식과 비슷
　　　　② 감탄적 어구는 향가의 낙구와 비슷
▷ 출전 『악장가사』·『시용향악보』

이해와 감상

| 해설 |

　고려 속요 중에서 가장 짧은 노래로, 작자와 연대 미상이다. 어머니의 깊은 사랑을 아버지의 사랑에 비교하여 읊은 소박한 민요이다. 고려 가요의 특성인 3음보 율격, 여음구가 나타나지만 고려 가요의 일반적인 형태와 달리 단연시로, 여음구를 제외하면 형식상 시조와 유사하며, '아소 님하'라는 감탄 어구는 향가의 낙구와 유사하다. 비유적인 표현을 통해 어머니에 대한 사랑을 아버지에 대한 사랑에 비교하여 강조하고 있는 점이 특징적이라 할 수 있다.
　그리고 내용의 전개에 있어서는 같은 의미를 가진 구절을 반복하는 동의적(同意的) 병행 구조를 취하고 있으며 '아소 님하'를 등장시켜 종합적 전환을 꾀하고 있다.

1 표현상의 특징

　어머니와 아버지의 사랑의 차이를 체험한 서정적 자아가 어머니의 사랑이 아버지의 사랑보다 더 깊고 넓음을 호미와 낫에 비유하여 소박하게 읊고 있는 작품이다. 어머니의 사랑은 낫에, 아버지의 사랑은 호미에 비유하여 둘다 날(刃)을 지녔지만 낫의 날이 호미보다 더 잘 드는 것처럼 어머니의 사랑이 더 크다는 것이다. 그런데 이 비유는 다소 기이한 느낌이 든다. 어버이의 사랑을 호미나 낫같이 차갑고 날카로운 이미지의 쇠붙이에 비유하고 있기 때문이다. 이러한 세련되지 못한 비유는 노래의 배경이 농경 사회라는 점과 아울러 지은이가 꾸밈없고 소박한 느낌도 주고, 작가의 신분도 짐작해 볼 수 있다.

2 다른 제목 : 「목주가(木州哥)」, 「엇노리」

　『고려사(高麗史)』〈삼국 속악 신라조〉에 「목주가」의 유래가 전해지는데, 이 「목주가」의 주제가 「사모곡」과 비슷하여 「목주가」의 후대 형태로 보고 있으며 「목주가」 관련 설화가 배경 설화로 함께 거론되기도 한다.

『시용향악보』에는 속칭 「엇노리」라는 제목으로 불리게 되었다. '엇'은 현대어의 '어머니'에 해당하는 말이므로, 「엇노리」는 「사모곡」의 순우리말 제목이라고 할 수 있다.

3 「사모곡」과 「상저가」

둘 다 부모를 봉양하는 지극한 효심을 읊으면서 육친애와 어버이의 사랑을 다루고 있으며, '농사'와 관련지어 생각할 수 있다. 그리고 장이 나누어져 있지 않은 짧은 형식을 가진다는 점에서 비슷하다. 또한 노동을 하면서 부르는 노래인 '노동요'로 쓰였다는 점에서도 비슷하다. 이렇듯 「상저가」와 「사모곡」에는 주로 농사를 짓던 고려 시대 민중들의 소박한 생활상이 잘 드러나 있다.

기출문제

1. 다음은 고려 가요의 문학사적 이해를 위해 수업에서 활용한 작품이다. 〈보기〉의 ㉠ ~ ㉢에 들어갈 말을 각각 쓰시오. [2점]

2014년 기출 10번

> 호미도 놀히언마ᄅᆞᄂᆞᆫ
> 낟ᄀᆞ티 들 리도 업스니이다
> 아바님도 어이어신마ᄅᆞᄂᆞᆫ
> 위 덩더둥셩
> 어마님ᄀᆞ티 괴시리 업세라
> 아소 님하
> 어마님ᄀᆞ티 괴시리 업세라
>
> — 작자 미상, 「사모곡(思母曲)」

〈보기〉

김 교사는 학생들이 문학 작품을 올바르게 감상하기 위해서는 통시적 안목을 갖추는 것이 중요하다고 생각한다. 문학사의 지속과 변이를 따라가며 작품을 감상할 수 있어야 그에 대한 더욱 깊은 이해가 이루어지기 때문이다. 「사모곡」이 그 좋은 예이다. 「사모곡」은 구조적인 측면에서 이전 시대의 (㉠)와/과 같이 (㉡)(으)로 나눌 수 있고, 마지막 단락의 첫머리에는 감탄사가 있다. 이러한 구조는 조선 시대의 (㉢)에서도 지속적으로 나타나고 있다.

📝 예상 답안

㉠ 사뇌가(= 10구체 향가, 향가), ㉡ 기·서·결의 세 부분(세 단락), ㉢ 시조

작품 3 상저가

듥긔동 방해나 디허 히얘,
게우즌 바비나 지서 히얘,
아바님 어마님씌 받줍고 히야해
남거시든 내 머고리, 히야해 히야해.

덜커덩 방아나 찧어 히얘 / 거친 밥을 지어서 히얘 / 부모님께 드리고 히야얘 / 남으면 내가 먹으리라, 히야해 히야해

핵심정리

- **갈래** 고려 가요, 노동요
- **형식** 비연시
- **성격** 유교적, 서민적
- **제재** 방아 찧는 촌부
- **주제** 촌부의 소박한 효심
- **특징** ① 방아 타령의 일종으로 농촌 부녀자의 소박한 풍속과 정서가 나타남
  ② 반복법과 영탄법을 사용하여 시상을 전개함
- **의의** 고려 가요의 유일의 노동요
- **출전** 『시용향악보』

이해와 감상

| 해설 |

이 노래는 부모를 위하여 방아를 찧는 고려 시대 여성의 정경이 떠오르게 하는 노래로, 두 사람 이상이 절구통으로 방아를 찧을 때 부르는 일종의 노동요이다. 특히 방아 찧는 소리를 나타내는 의성어로 시작하는 이 노래는 '히얘'라는 메김 소리의 중복으로 숨을 돌리며 일하는 노동의 분위기를 고조시킨다.

이 노래는 짧은 시행에도 불구하고 거친 밥이나마 지어 부모님께 드리고, 남는 것이 있으면 그것을 자기가 먹겠다는 선인들의 지극한 효심을 읽을 수 있고, 시골 아낙네의 순박한 생활 감정이 진솔하게 드러나 있어 「유구곡(維鳩曲)」과 함께 민간 속요의 절조(絶調)라 할 수 있다. 또한 구전 민요인 「방아 타령」을 연상하게 하여 신라 때 백결 선생(百結先生)이 지었다는 「대악」과 관련이 있는 것으로 보기도 한다.

❶ 고려 가요의 특징

고려 가요는 민요를 비롯하여 개인의 창작요에 이르기까지 다양하며 궁중 음악으로 편입되어 불리기도 했다. 반복되는 여음구(후렴구)를 제외하면 대개 3·3·2조 3 음보의 운율로 읽히는 것이 많다. 형식상 연 구분이 있는 노래 '분연체(分聯體)'와 연 구분이 없는 노래 '단연체(單聯體)'로 나눌 수 있다.

❷ 비연시(非聯詩)로서의 「상저가」

고려 가요의 대표적인 특징 중 하나는 '분연체', '분절체'의 구성을 취한다는 것인데, 「상저가」는 비연시라는 특징을 갖는다. 하지만 이 노래는 『시용향악보(時用鄕樂譜)』에만 실려 있고(『시용향악보』에 실린 모든 노래는 1 연만 실려 있다.), 특별한 종결 형식이 발견되지 않기 때문에 연장체의 한 장이었을 가능성도 배제할 수 없다. 따라서 이 노래를 단연체라고 단정지을 수는 없다.

3 시용향악보(時用鄕樂譜)

향악의 악보를 기록한 악보집으로 1권 1책이다. 향악(鄕樂)이란, 삼국 시대부터 조선 시대까지 사용하던 궁중 음악의 한 갈래로, 삼국 시대에 들어온 당나라 음악인 당악(唐樂)과 구별되는 한국 고유의 음악을 말한다. 이 책에는 악장을 비롯한 민요, 창작 가사 등의 악보가 실려 있는데, 그 가운데 악보가 있는 가사(歌詞) 총 26편이 실려 있다. 1장에만 수록되어 있는 26편의 가사 중에 「상저가」, 「유구곡」을 비롯한 16편은 다른 악보집에 전하지 않아 제목조차 알려지지 않은 고려 가요이다. 새로이 발견된 16편에는 순 한문으로 된 「생가요량」, 한글로 된 「나례가」, 「상저가」 등이 있고, 「구천」, 「별대왕」 등과 같이 가사가 아닌 '리로노런나 로리라 리로노런나'와 같은 여음(餘音)으로만 표기된 것도 있다.

이 책의 앞부분 4장은 원본이 아니라 영인본을 베껴 쓴 것인데, 아마도 1954년 연희대학교에서 이 책을 영인 출판하기 위해 책을 해체하는 과정에서 원본의 앞부분 4장이 없어진 듯하다. 만들어진 시기와 펴낸 사람을 알 수 없으나, 다만 조선 중기에 제작된 것으로 보인다. 가사의 원형이 잘 보전되어 있는 이 책은 국문학 연구 및 민속학 연구에 귀중한 새로운 자료로 평가된다. (문화재청)

4 고려 가요 유일의 노동요(勞動謠)

노동요(勞動謠)란 특정 기능을 수행하는 민요의 한 종류이다. 즉, 고된 노동 속에서도 즐거움을 찾고 일의 효율성을 높이고자 한 우리 조상들의 지혜가 담긴 노래라고 할 수 있다. 「상저가」의 '저(杵)'는 '절구공이, 방앗고'의 의미로서 '상저'는 부녀자들이 절구통을 둘러서서 방아를 찧는 것을 말한다. 따라서 이 작품은 시골 아낙네들이 절구 또는 디딜방아 앞에 둘러서서 방아를 찧으면서 불렀던 일종의 노동요로 보인다. 「상저가」의 경우 이러한 노동요의 성격으로 미루어 비연시가 아닌 연시(聯詩)일 가능성이 높다. 보통 노동은 장시간 계속되기 때문에 1절만 가지고 계속 부르는 것은 곤란하며, 여러 사람의 입을 거치다 보면 새로운 내용이 첨가될 가능성이 많기 때문이다.

5 가사 「상저가」와의 비교

> 어와 계장(係長)닉 이 방하 씨허스라
> 이 방하 씨흘 젹의 방하 노래 내 부르마
> 〈중략〉
> 구중 궁궐의 우리 님군 혜신 후에
> 일국 신민이 뉘 아니 먹을소니
> 먹고 노닐소냐 홀 일이 다 잇느니
> 치국안민은 성상의 홀 일이오
> 섭리 음양은 재상의 홀 일이오
> 〈중략〉
> 방적 주식은 부녀의 홀 일이오
> 친상 사장은 군사의 홀 일이오
> 우리도 이 방하 씨허 내야 부모 공양ᄒ리라.
>
> — 이황, 「상저가」

『고금가곡(古今歌曲)』에 실려 전하는 퇴계 이황의 가사 「상저가」는 '부모 공양'이라는 주제어를 분명히 제시하여 윤리적인 이념을 직접적으로 전달하고 있다. 가사 「상저가」가 목적의식이 뚜렷한 교훈 가사라고 한다면 그에 비해 고려 가요 「상저가」는 교훈적인 내용의 직접적 전달 없이 소박한 심정을 진솔하게 토로함으로써 노래를 듣는 이로 하여금 자연스럽게 감화를 불러일으키는 효과를 지닌다고 할 수 있다.

6 「상저가」와 「사모곡」의 주제 측면에서의 차이점

「사모곡」은 아버지와 어머니의 사랑을 비교하여 어머니의 높은 사랑을 기리고 부각하는 데 반해, 「상저가」는 부모의 사랑 자체에 보답하고 공양해야 함을 드러내고 있다.

작품 4 가시리

출제방향
- 형식상 특징을 다른 고려 속요와 비교
- 시적 정서와 리듬의 특성 파악
- 이 작품의 정서가 현대의 시가에서 나타나는 양상
- 자신의 말로 바꾸어보고, 말하는 이의 마음 이해

가시리 가시리잇고 나는
ᄇ리고 가시리잇고 나는.
    위 증즐가 대평셩되(大平盛代)

날러는 엇디 살라 ᄒ고
ᄇ리고 가시리잇고 나는.
    위 증즐가 대평셩되(大平盛代)

잡ᄉ와 두어리마ᄂᆞ는
선ᄒ면 아니 올셰라.
    위 증즐가 대평셩되(大平盛代)

셜온 님 보내ᄋᆞ노니 나는
가시는 ᄃᆺ 도셔 오쇼셔 나는.
    위 증즐가 대평셩되(大平盛代)

가시렵니까? 가시렵니까? / (나를) 버리고 가시렵니까?
날더러 어찌 살라고 / 버리고 가시렵니까?
붙잡으면 (곁에) 둘 수 있지만 / 서운하여 아니 올까 두렵습니다.
서러운 임 보내드리니 / 가시자마자 곧 돌아오십시오

핵심정리

▷ **갈래** 고려 가요, 고려 속요
▷ **형식** 4연 각 2구의 분연체(分聯體)
▷ **운율** 외형률, 3·3·2조, 3음보
▷ **구성** 한시의 기 – 승 – 전 – 결
▷ **성격** 서정적, 민요적, 애상적
▷ **표현** ① 반복법의 사용, 간결하고 소박한 함축적 시어로 이별의 감정이 절묘하게 표현
② 자기 희생적이고 미래지향적
▷ **주제** 이별의 정한(情恨)
▷ **의의** ① 국문학사상 여성적 정조의 원류로 꼽힘
② 우리 민족의 전통적인 정서인 이별의 정한을 노래한 대표 작품
▷ **출전** 『악장가사』, 『시용향악보』의 「귀호곡(歸乎曲)」

이해와 감상

| 해설 |

작자와 연대 미상의 고려 속요로, 고려 때의 민요가 후대에 부분적으로 고쳐져 문자화됐다고 보인다. 현존하는 고려 가요 가운데 민요적 특질이 가장 잘 나타나 있는 작품으로 각 연마다 삽입되어 있는 후렴구는 궁중의 악곡으로 삽입되는 과정에서 첨가된 것으로 보인다. 간결한 형식에 애절한 이별의 정을 노래한 절조다.

전 4연으로 매구 3·3·2조의 3음보이다. 2구 1연으로 되어 있으며 각 연은 후렴구로 끝난다. 『악장가사』에 전편이 수록되어 있고, 『시용향악보』에는 「귀호곡(歸乎曲)」 속칭 「가시리」라 하여 1연만 수록되어 있다.

「예성강곡 전편(藝成江曲前篇)」과 공통성이 있는 것으로 알려져 있다. 「예성강곡 전편」도 「가시리」와 같이 이별의 노래이지만 「가시리」는 여인의 작품이고, 「예성강곡 전편」은 남자의 작품이다.

이 노래의 이별의 심정은 국문학의 여성적 정조의 원류(源流)를 이루어 왔다. 후에 나온 황진이의 시조 '어져 내 일이야 그릴 줄을 모르드냐, 이시라 ᄒ더면 가랴마는 제 구틱야, 보내고 그리는 정(情)은 나도 몰라 ᄒ노라'와 「아리랑」의 '십리도 못 가서 발병 난다.' 그리고 김소월의 「진달래꽃」과 일맥상통하는 한국적 정조의 대표적 작품이다.

「서경별곡」과 함께 석별의 정이 간결한 형식과 함축적 시어, 소박한 정조로 표현되어 있는 이 노래는 기 - 승 - 전 - 결의 구성 형식을 취하며, 민족의 전통적인 정한의 정서를 나타내고 있다.

제 1 연의 내용은 시적 화자가 자기를 버리고 떠나려 하는 임에게 그 의사의 진위를 확인하면서 갈등을 느끼는 내용이다. 제 2 연은 임이 떠난다는 사실이 구체화되고, 시적 화자의 고독한 삶의 문제가 부각되면서 갈등이 고조되는 내용이다. 제 3 연은 떠나려는 임과의 갈등을 시적 화자가 양보함으로써 갈등의 고조를 차단하는 내용이다. 제4연은 시적 화자가 선뜻 양보를 보여주었듯이 임도 곧 돌아오기를 간청하면서 시적 화자가 스스로 갈등을 정리하는 것으로 되어 있다.

이 작품에서는 이별이라는 상황이 던져 준 갈등을 종결에 이르러 정리하였으므로, 종결 구조를 가진 노래라는 주장도 있다.

| 감상 |

이 노래는 사랑하는 사람을 떠나보내는 시적 화자의 슬프고도 애절한 마음과 애이불비(哀而不悲 : 슬프지만 겉으로 슬픔을 나타내지 아니함)의 태도가 잘 형상화되어 있는 작품으로 우리 민족의 보편적 정서인 이별의 정한을 계승하고 있다는 평가를 받는다.

이 노래는 기 - 승 - 전 - 결의 4단 구성으로 간결 소박하면서도 함축성 있는 시어를 통하여, 가슴을 에는 듯한 이별의 슬픔을 감동적으로 표현하고 있다.

[제 1 연] 뜻밖의 이별에 대하여 가지 말라는 애원

기(起)연으로 '정말 가시겠습니까, 나를 버리고 가시겠습니까? 마음을 되돌려서 다시 내게로 돌아오시지 않으렵니까?'의 내용을 담고 있다.

[제 2 연] 가시는 임에 대한 안타까움과 원망의 강조

승(承)연으로 '저는 임이 계시기에 살아가는 보람을 얻고 있는데, 임이 가신다면 저는 어떻게 살라는 겁니까?'하고 어쩔 수 없이 임을 떠나보낸 후에 남게 되는 자신의 처지를 떠올린다.

[제 3 연] 전구(前句) : 잡을 듯하면서 놓아 주는 마음, 후구(後句) : 어쩔 수 없이 보내야 하는 마음

전(轉)연으로 '억지로 떠나려는 임을 붙잡아 두면 오히려 임이 서운해 하셔서 영영 돌아오시지 않을지도 모릅니다'로 체념을 표현하고 있다.

[제 4 연] 곧 돌아와 달라는 부탁과 기원

결(結)연으로 임이 떠나가는 것처럼 다시 내게로 돌아올 것을 간절히 소망하며 종결시킨다.

한 여성의 가냘픈 애소와 이별의 아쉬움이 평이한 시어를 통하여 잘 형상화되어 있다. 심하게 할 수도 심하지 않게 할 수도 없는 심경, 이른바 '금종허실(擒縱虛實)'의 묘를 살린 작품이다. 그래서 정히 그렇게 가시겠다면 '셜온 님 보내옵노니' 보내 드리겠지만, '가시는 둣 도셔 오쇼셔'라고 말하는 것이다. 나를 버리고 가시는 임이 다시 오기를 기다리는 기약 없는 이별의 한이 나타나 있다.

이 작품의 임을 향한 사랑과 그리움의 정서를 직서(直敍)적으로 표현하고 있는 특징은 훗날 김소월의 「진달래꽃」으로 이어진다고 볼 수 있다. 이별을 주제로 한 현대시에도 많은 영향을 주고 그 가사에 곡이 붙여져 노래로 불려지고 있는데, 그것은 그만큼 소박하게 흐르는 정한이 우리의 정서에 파고들기 때문일 것이다.

1 후렴구 '위 증즐가 대평셩딕(大平聖代)'의 기능

이 구절은 악기의 소리를 흉내낸 의성어로, 악률을 맞추기 위한 여음구에 해당한다. 여음구는 일반적으로 노래에 리듬을 갖게 하여 흥을 돋우는 구실을 한다. 또 시상 전개에 통일성을 부여하여 형태적 안정감도 얻을 수 있게 한다. 「가시리」는 이별의 슬픔이라는 비극적 정조를 노래하고 있다. 그러나 '대평셩딕'라는 말은 작품의 내용과 어울리지 않게 흥겨운 분위기를 자아낸다. 이는 '이별의 정한'을 주제로 한 민요가 궁중 속악으로 수용되면서, 궁중의 잔치를 위한 음악의 기능을 부여하기 위해 민요 자체의 비극적 분위기와는 상관없이 임금께 나라의 태평성대를 고하며, 성덕(聖德)을 기리는 축원(祝願)의 의도의 후렴구를 덧붙인 결과로 여겨진다.

2 '셜온 님'의 의미

① 이별을 서러워 하는 님(님이 서러움)
② 말하는 이를 서럽게 하는 님(나(시적 화자)가 서러움)

3 '이별의 정한(情恨)'의 맥

'정한(情恨)'은 자신에게 닥친 부당한 상황을 어쩔 수 없이 수용하는 데서 발생하는 정서이다. 「가시리」의 시적 화자도 이별의 상황을 어쩔 수 없이 받아들이고 있는데 이로 인해 한(恨)의 정서가 발생한다. 이러한 '이별의 정한(情恨)'은 한국 여인의 보편적 정서인 '이별의 정한'은 고구려의 「황조가」에서 고려 속요인 「서경별곡」, 한시인 정지상의 「송인(送人)」, 황진이의 시조, 민요 「아리랑」, 김소월의 「진달래꽃」과 같은 많은 문학 작품에 면면이 이어져 내려오고 있다. 그러나 이 작품들의 서정적 자아가 보여 주는 정서는 조금씩 다르다. 「가시리」의 경우, 자기 희생과 감정의 절제를 통해 재회를 기약하고 있으며, 이러한 감정의 표출이 자연스럽고 소박하게 표현되어 있다.

① 「황조가」의 정한 : '꾀꼬리'라는 매개체로 부각되고 있다.
② 「가시리」의 정한 : 소극적이고 직서적이지만, 희생과 감정의 절제를 통한 기다림의 정서를 담고 있다.
③ 「서경별곡」의 정한 : 어떤 매개체 없이 직설적으로 절박한 감정을 전달하고 있다. 저돌적이고 자기중심적인 여성의 어조로 이별을 거부하며 함께하는 행복과 애정을 강조한다.
④ 「송인(送人)」의 정한 : 서경과 서정을 바탕으로 도치와 과장을 통해 임과의 이별을 단절로 보며 비애의 정서로 드러내고 있다.
⑤ 「진달래꽃」의 정한 : 「가시리」처럼 다시 돌아와 달라는 원망을 토로하지 않고 감정의 절제 및 자기 희생적 자세를 역설적으로 보인다.

4 「가시리」와 「서경별곡」, 「진달래꽃」의 현실 대응 방식 비교

작품명	가시리	서경별곡	진달래꽃
현실 대응 방식	• 이별 당하는 여인이 감정을 억제하면서 다시 만날 것을 기약하는, 순박하고 착한 면모를 보임 • 임이 돌아오기를 기다리겠다는 의지를 보임으로써, 결코 절망하지 않는 긍정적인 자세를 보임	• 가는 임에 대해서 하소연, 다짐, 원망 등의 심리적 갈등을 보이고 또 질투심까지 나타냄 • (부분적으로는)끝까지 따라가겠다는 태도를 보임	• 아무 말없이 눈물도 흘리지 않고 보내며, 더 나아가 진달래꽃을 뿌리겠으니 '사뿐히 즈려 밟고 가시옵소서'라고 요청하는 태도를 보임 • 언제까지나 이별의 슬픔을 인내하겠다는 태도를 보임

5 「가시리」와 「진달래꽃」의 시적 진술 방법의 비교

「가시리」는 임을 붙잡고자 하는 심정이 그대로 진술된 직서적(直敍的) 방법을 취했고, 「진달래꽃」은 속마음과 말이 서로 어긋나는 반어적(反語的) 방법을 취했다.

6 「고려사」의 「예성강곡」

옛날에 당나라 상인인 하두강이라는 사람이 바둑을 잘 두었다. 그가 한 번은 예성강에 갔다가 아름다운 여인을 보고는 마음이 움직였다. 그는 그녀의 남편과 바둑을 두어 거짓으로 지고는 많은 물건을 주었다. 그리고 또 그의 아내를 걸고 바둑을 두자고 하였는데 하두강이 이겨서 그의 아내를 빼앗아 배에 싣고 떠나가 버렸다. 이 때 회한(悔恨)에 찬 남편이 이 노래를 지어 불렀다. 배가 바다 가운데서 움직이지 않아 점을 치자 '절부(節婦)에 감동되어 일어난 일이니 여인을 돌려 보내지 않으면 파선하리라.'하였다. 뱃사공이 하두강을 설득하여 결국 그녀를 돌려 보냈다.

기출문제

1. "「가시리」의 심미적 예술성과 문화 전승적 가치를 이해한다."라는 학습 목표로 교수·학습 계획을 세웠다. (가)~(마) 중 교수·학습 내용에 따른 활동과 보충 자료가 모두 적절한 것을 고른 것은? 2009년 기출 25번

	교수·학습 내용	교수·학습 활동	보충 자료
(가)	화자 특성 확인	이별의 상황에 처한 여인의 격정적 호소와 애원의 어조로 노래함을 확인하고, 같은 특성의 화자가 나타나는 경우와 비교함	작자 미상, 「정읍사(井邑詞)」
(나)	시적 의미 파악	제4연 '선ᄒ면'의 의미에 따라 작품이 다양하게 해석될 수 있음을 이해하고, 유사한 경우와 비교함	황진이(黃眞伊), 「어저 내 일이야」
(다)	시적 표현 이해	이질적인 내용의 두 표현이 서로 충돌하면서도 융합함을 이해하고, 현대시와 비교함	황지우, 「새들도 세상을 뜨는구나」
(라)	양식 특성 이해	동일 어구의 반복적 표현과 3음보격이 지닌 의미를 이해하고, 같은 표현 관습을 지닌 경우와 비교함	변계량(卞季良), 「화산별곡(華山別曲)」
(마)	문화적 의미 이해	작품에 드러나는 '은근과 끈기'의 태도가 시대와 양식을 넘어서는 한국문학의 특질임을 이해함	작자 미상, 「유산가(遊山歌)」

① (가), (나), (마) ② (가), (다), (라) ③ (나), (다), (라)
④ (나), (다), (마) ⑤ (다), (라), (마)

▎정답 ③

2. 다음을 읽고 <보기>의 ㉠, ㉡에 해당하는 말을 순서대로 한 단어씩 쓰시오. [2점]

2016년 기출 6번

(가)
가시리 가시리잇고 나는
 리고 가시리잇고 나는
위 증즐가 대평셩티 大平盛代

날러는 엇디 살라 고
 리고 가시리잇고 나는
위 증즐가 대평셩티 大平盛代

잡사와 두어리마나는
선면 아니 올셰라
위 증즐가 대평셩티 大平盛代

셜온님 보내압노니 나는
가시는 닷 도셔 오쇼셔 나는
위 증즐가 대평셩티 大平盛代
- 「가시리」

(나)
딩아 돌하 당금當今에 계샹이다
딩아 돌하 당금當今에 계샹이다
션왕셩티 先王聖代예 노니와지이다
⋮
구스리 바회예 디신들
구스리 바회예 디신들
긴힛든 그츠리잇가
즈믄 를 외오곰 녀신들
즈믄 를 외오곰 녀신들
신信잇든 그츠리잇가
- 「정석가」

<보기>

(가)의 '위 증즐가 대평셩티 大平盛代', (나)의 '션왕셩티 先王聖代예 노니와지이다'는 작품 전체의 내용에 비추어 볼 때 관련성이 긴밀하지 않은 편이다. 일반적으로, 이러한 양상은 위 노래들이 (㉠)에서 유행하다가 (㉡)에 수용되면서 나타난 것으로 설명된다.

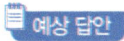

민간(서민계층) / 궁중(궁중속악)

작품 5 서경별곡(西京別曲)

> **출제방향**
> - 이 노래에 설정된 시적 상황
> - 이 노래에 나타난 애정 표현의 특징
> - 고려 속요의 형태적 특징

서경(西京)이 아즐가 서경(西京)이 셔울히 마르는
   위 두어렁셩 두어렁셩 다링디리
닷곤딕 아즐가 닷곤딕 쇼셩경 고외마른
   위 두어렁셩 두어렁셩 다링디리
여히므론 아즐가 여히므론 질삼뵈 브리시고
   위 두어렁셩 두어렁셩 다링디리
괴시란딕 아즐가 괴시란딕 우러곰 좃니노이다.
   위 두어렁셩 두어렁셩 다링디리

구스리 아즐가 구스리 바회예 디신들
   위 두어렁셩 두어렁셩 다링디리
긴힛뚠 아즐가 긴힛뚠 그츠리잇가 나는
   위 두어렁셩 두어렁셩 다링디리
즈믄 히를 아즐가 즈믄 히를 외오곰 녀신들
   위 두어렁셩 두어렁셩 다링디리
신(信)잇둔 아즐가 신(信)잇둔 그츠리잇가 나는
   위 두어렁셩 두어렁셩 다링디리

대동강(大洞江) 아즐가 대동강(大洞江) 너븐디 몰라셔
   위 두어렁셩 두어렁셩 다링디리
빅 내여 아즐가 빅 내여 노흔다 샤공아
   위 두어렁셩 두어렁셩 다링디리
네 가시 아즐가 네 가시 럼난디 몰라셔
   위 두어렁셩 두어렁셩 다링디리
녈 빅예 아즐가 녈 빅예 연즌다 샤공아
   위 두어렁셩 두어렁셩 다링디리
대동강(大洞江) 아즐가 대동강(大洞江) 건넌편 고즐여
   위 두어렁셩 두어렁셩 다링디리
빅 타 들면 아즐가 빅 타 들면 것고리이다 나는
   위 두어렁셩 두어렁셩 다링디리

서경(평양)이 서울이지마는 / (터전을) 닦아놓은 작은 서울(서경)을 사랑하지마는 / (임과) 이별하기보다는 길쌈하던 베를 버리고서라도 / (저를) 사랑해 주신다면 울며 (임을) 따르겠습니다.

구슬이 바위에 떨어진들 / 끈이야 끊어지겠습니까? / (임과 헤어져) 천 년을 외롭게 살아간들 / (임을 향한) 믿음이야 끊어지겠습니까?

대동강 넓은 줄 몰라서 / 배를 내어 놓았느냐, 사공아. / 네(사공) 아내가 바람난 것도 모르고 / 떠나는 배에 (임을) 태우는 것이냐, 사공아. / (임은) 대동강 건너편 꽃(여인)을 / 배를 타고 가면 꺾을 것입니다.

핵심정리

- **갈래** 고려 가요, 고려 속요, 장가(長歌)
- **형식** 전 3연의 분절체, 3·3·3조의 정형률
- **성격** 이별의 노래. 남녀상열지사(男女相悅之詞)
- **표현** 반복법, 설의법
- **주제** 이별의 정한(情恨)
- **출전** 『악장가사』, 『시용향악보』
- **특징** ① 설의적 표현의 사용으로 임과의 사랑을 맹세하는 화자의 정서가 효과적으로 드러남
  ② 상징적 시어의 사용으로 화자가 처한 이별의 상황을 드러냄
- **의의** ① 「청산별곡」과 함께 창작성과 문학성이 뛰어남
  ② 「가시리」와 함께 전통적 정서인 이별의 정한을 읊은 노래임

이해와 감상

| 해설 |

작가와 연대가 미상인 고려 속요이다. 서경을 중심으로 서민층에 널리 불리다가 궁중 음악으로 채택된 이별의 노래로 「가시리」와 함께 이별의 정한을 그린 대표적인 고려 가요이다. 전 3연으로 구성되어 있으며, 3·3·3조의 정형률을 지니고 있다. 고려 속요 중 「청산별곡」과 함께 창작성이 뛰어나 문학성이 높은 작품으로 꼽힌다.

이 노래의 구성상의 특징은 첫째, 각 연 각 구절의 첫 구가 그 사설의 첫 구를 취하고 있는 점이다. 즉 '서경이 아즐가'의 사설 다음에 '서경(평양)이 셔울히 마르는'으로, '닷곤디 아즐가'의 사설 다음에 '닷곤디 쇼셩경 고외마른'과 같은 식으로 전편을 일관하고 있다. 둘째, 이 노래는 악률에 맞추기 위한 '아즐가', '나는' 이외에 후렴구 '위 두어렁셩 두어렁셩 다링디리(북소리의 의성어)'로 경쾌한 리듬 감각을 살리고 있다.

내용상으로 세 단락으로 나눌 수 있는데, 제 1·3 연이 여성적인 목소리라면 제 2 연은 남성적인 목소리로 볼 수 있으며, 「정석가」의 여섯째 연과 내용이 같다.

세종 때부터 궁중의 종묘악으로 불려지다가 성종 때는 '남녀상열지사'라 하여 논의되었고, 『익재난고』〈소악부〉에는 제 2 연이 7 언 절구로 한역되어 전해진다. 문헌에 「서경곡」이라는 것과 「대동강곡」이라는 것이 있는데 「서경별곡」은 이 두 노래를 합친 것이라는 견해도 있다. 이 의견을 뒷받침하는 근거로는 「서경별곡」의 시상이 제 2·3 연 사이에서 비약되었고, 제 3 연은 앞의 연보다 2 구나 더 길다. 이런 점에서 2 연과 3 연이 서로 다른 노래가 합쳐져 하나의 노래를 이루었을 가능성이 더 높다는 것이다.

이 노래의 배경은 대동강변이며, 푸른 물결을 눈앞에 두고 단장곡(斷腸曲)이 펼쳐진다. 노래 제목인 '서경'은 평양을 가리키며, '별곡'은 '한시에 대한 우리 가요'란 뜻이다.

| 감상 |

서경의 이별을 노래하였는데, 임과의 이별을 너무 애타게 생각하여 울면서까지 따르려는 안타까움을 담고 있으며, 언제까지나 변하지 않을 사랑을 굳은 맹세와 믿음으로 다짐하고 있다.

「서경별곡」의 서정적 자아는 적극적이고 활달하며 명랑한 고려 시대의 여인상을 나타내고 있다. 특히 3 연에 나타나는 '사공'과 '그의 아내'에서, '사공'은 '그의 아내'가 음란한 것을 몰랐기 때문에 대동강을 건너게 해 주었다. 그러나 떠나는

임이 대동강을 건너가기만 하면, 다른 연인에게 정을 주리라는 것을 알고 있기 때문에 임을 보낼 수 없다는 서정적 자아의 목소리에서 '골계미(滑稽美)'를 발견할 수 있다.

이 작품은 '서경'과 '대동강'이라는 구체적 지명을 드러냄으로써 강한 향토애를 표현하고 있다.

전 3연의 분연체 노래로, 사랑을 쟁취하려는 적극적인 삶의 태도와 현실적 생활 감정의 표현을 통해 이별을 거부하는 적극적이고 저돌적인 시적 화자의 모습이 형상화된다.

1연에서 시적 화자는 자신을 버리고 떠나는 임에게 정든 고향이나 일상적 삶을 모두 버리고서라도 임을 따르겠다는 의지를 표현하고 있다. 2연에서 자신의 사랑을 구슬에 꿰었던 끈에 비유하여 임과 영원한 이별을 할지라도 임에 대한 자신의 사랑은 결코 변하지 않을 것임을 다짐하고 있다. 이와 같이 임에 대한 영원한 사랑을 다짐하던 화자의 태도는 3연에서 변하게 된다. 3연에서 임을 배에 싣고 가는 사공에 대한 원망을 통해 임이 강을 건너면 다른 여인을 사귀게 될 것이라는 불안과 그 상대 여성에 대한 질투를 직접적으로 드러내고 있다.

1 「가시리」와 「서경별곡」의 화자(話者)의 태도

고려가요 「가시리」와 「서경별곡」은 여성 화자가 이별의 정한(情恨)을 노래하고 있다는 데 공통점이 있다. 그러나 두 작품의 시적 화자는 이별에 대처하는 자세에서 상이한 면을 보인다.

구분	공통점	차이점
서경별곡	여성 화자의 이별의 정한(情恨)	생활 터전을 버리고서라도 임을 따르겠다는 열정을 보이며 원망과 애원의 감정을 표출하는 적극적인 여성
가시리		인고(忍苦)와 순정을 간직하고 있는 순종(順從)적인 여성

하지만 「서경별곡」의 시적 화자에게서도 전통적인 여인상의 한 모습을 볼 수 있는데, 원망의 대상이 자신이 사랑하는 임이 아니라 임이 떠날 수 있도록 배를 제공하는 사공에게 향해 있는 데서 그것을 확인할 수 있다.

2 '물'의 이미지

이 작품에서의 '물'은 '대동강'이라는 특정한 공간과 관련을 맺고 있다. '대동강 너븐디 몰라셔'라는 표현에서 알 수 있듯이 시적 화자는 대동강이 넓다고 한다. 사랑하는 임을 떠나보내야 하는 사람에게 있어서는 아무리 가까운 거리라 하더라도 심리적으로 그것은 팽창한다. 하물며 배를 타고 왕래해야 하는 강이 가로놓여 있을 때에는 분명한 분리 의식이 조성된다. 또한 시적 화자는 나를 사랑하던 임이 배를 타고 저쪽 땅에 내리기만 하면 그 곳의 꽃(여인)을 꺾으리라는 추측과 더불어 맹렬한 질투심을 숨기고 있다. 그러한 질투심이 애꿎은 사공에 대한 원망으로 이어지고 있는 것이다.

또 다른 측면으로 보면 대동강이라는 공간은 만남의 공간이기도 하다. 강의 이쪽과 저쪽을 이어주는 배가 존재하기 때문이다. 그러나 시적 화자에게는 강 너머의 세계는 낯설고 두려운 곳이며, 그 곳에서는 자신이 사랑을 빼앗길 것으로 여기고 있다. 그러므로 시적 화자의 입장에서 대동강의 물은 두려운 미지의 세계로 나아가는 통로쯤으로 여겨진다.

이렇게 볼 때, 「서경별곡」에 나타난 '물'이 이미지는 사랑하는 사람을 분리시키는 단절의 공간이자, 미래에 대한 두려움을 일으키는 공간이라고 할 수 있다.

3 한국 문학 작품에 나타나는 '강'의 상징적 성격

① 「공무도하가」
임에 대한 작가의 '사랑', 물을 건너 버린 임과 작가의 '이별', '죽음'을 의미한다.

② 주요한 「불놀이」
덧없이 흘러가는 강물은 시간의 덧없음을 상징하는 동시에 '냉정', '죽음'의 이미지를 가진다.

③ 박목월 「이별가」
강의 이쪽은 이승을, 저쪽은 저승 세계를 암시. 시적 화자는 이승에 있지만, 자꾸만 저쪽에서 들려오는 죽음의 소리를 듣는다.

④ 강은교 「우리가 물이 되어」
'물'은 '가뭄'으로 상징되고 있는 병들어 가는 현대 사회에 부려져서 활기를 되찾게 하는 생명수로, 비정한 현대 사회를 맑고 깨끗하게 정화시키는 존재이다.

4 남녀상열지사(男女相悅之詞)
조선 전기의 학자들이 고려 가요 중, 남녀 간의 애정을 노골적으로 그린 노래를 업신여겨 일컫던 말이다. 고려 가요는 평민들의 애환을 사실적으로 그린 내용이 많았는데, 이 중 남녀의 사랑을 노골적으로 묘사한 노래는 조선의 유학자들에 의해 대거 삭제·수정되었다. 「쌍화점」, 「만전춘」, 「이상곡」 등이 여기에 속한다.

5 형식상의 특징
이 노래는 '서경이 / 셔울히 / 마르는'과 같이 3음절의 시어들이 형성하는 3·3·3조 3 음보의 노래이다. 또한 3 연으로 구성된 분연체이며 각 연 4 행에는 '위 두어렁셩 두어렁셩 다링디리'라는 후렴구가 반복되어 경쾌한 리듬감을 형성하고 있다. 3 음보, 분연체 구성, 후렴구의 반복은 고려 가요의 형식적 특성으로 이를 통해 「서경별곡」은 정형적 운율을 형성하고 있다.

예상문제

※ (1 ~ 3) 아래 작품을 읽고 물음에 맞게 답하시오.

(가)
어름 우희 댓닙자리 보와 님과 나와 어러 주글만뎡
어름 우희 댓닙자리 보와 님과 나와 어러 주글만뎡
정(情)둔 오닔밤 더듸 새오시라 더듸 새오시라.

경경(耿耿) 고침상(孤枕上)애 어느 주미 오리오.
서창(西窓)을 여러ᄒᆞ니 도화(桃花)ㅣ 발(發)ᄒᆞ도다.
도화(桃花)는 시름 업서 소춘풍(笑春風)ᄒᆞᄂᆞ다 소춘풍(笑春風)ᄒᆞᄂᆞ다.

넉시라도 님을 ᄒᆞᆫ듸 녀닛 경(景) 너기다니
넉시라도 님을 ᄒᆞᆫ듸 녀닛 경(景) 너기다니
벼기더시니 뉘러시니잇가 뉘러시니잇가.

올하 올하 아련 비올하
여흘란 어듸 두고 소해 자라 온다.
소콧 얼면 여흘도 됴ᄒᆞ니 여흘도 됴ᄒᆞ니

남산(南山)애 자리 보와 옥산(玉山)을 벼여 누어
금수산(錦繡山南) 니블 안해 사향(麝香) 각시를 아나 누어
남산(南山)애 자리 보와 옥산(玉山)을 벼여 누어

금수산(錦繡山南) 니블 안해 사향(麝香) 각시를 아나 누어
　　약(藥)든 가슴을 맛초ᄋᆞ사이다 맛초ᄋᆞ사이다

　　아소 님하 원대 평생(遠代平生)애 여힐 줄 모ᄅᆞᄋᆞ새

- 「만전춘(滿殿春)」, 『악장가사』

(나)
　서경(西京)이 아즐가 서경(西京)이 셔울히 마르는
　　위 두어렁셩 두어렁셩 다링디리
　닷곤ᄃᆡ 아즐가 닷곤ᄃᆡ 쇼셩경 고외마른
　　위 두어렁셩 두어렁셩 다링디리
　여히므론 아즐가 여히므론 질삼뵈 ᄇᆞ리시고
　　위 두어렁셩 두어렁셩 다링디리
　괴시란ᄃᆡ 아즐가 괴시란ᄃᆡ 우러곰 좃니노이다.
　　위 두어렁셩 두어렁셩 다링디리

　구스리 아즐가 구스리 바회예 디신ᄃᆞᆯ
　　위 두어렁셩 두어렁셩 다링디리
　긴히ᄯᆞᆫ 아즐가 긴히ᄯᆞᆫ 그츠리잇가 나는
　　위 두어렁셩 두어렁셩 다링디리
　즈믄 ᄒᆡ를 아즐가 즈믄 ᄒᆡ를 외오곰 녀신ᄃᆞᆯ
　　위 두어렁셩 두어렁셩 다링디리
　신(信)잇ᄃᆞᆫ 아즐가 신(信)잇ᄃᆞᆫ 그츠리잇가 나는
　　위 두어렁셩 두어렁셩 다링디리

　대동강(大洞江) 아즐가 대동강(大洞江) 너븐디 몰라셔
　　위 두어렁셩 두어렁셩 다링디리
　ᄇᆡ 내여 아즐가 ᄇᆡ 내여 노흔다 샤공아
　　위 두어렁셩 두어렁셩 다링디리
　네 가시 아즐가 네 가시 럼난디 몰라셔
　　위 두어렁셩 두어렁셩 다링디리
　녈 ᄇᆡ예 아즐가 녈 ᄇᆡ예 연즌다 샤공아
　　위 두어렁셩 두어렁셩 다링디리
　대동강(大洞江) 아즐가 대동강(大洞江) 건넌편 고즐여
　　위 두어렁셩 두어렁셩 다링디리
　ᄇᆡ 타 들면 아즐가 ᄇᆡ 타 들면 것고리이다 나는
　　위 두어렁셩 두어렁셩 다링디리

- 「서경별곡」, 『악장가사, 시용향악보』

1. 위 두 작품의 구성상의 공통점과 그로 인해 나타나는 내용의 특징에 대해 밝히시오.

    ① 작가의 일관된 시상에 의해 창작된 것이 아니라, 떠돌던 민요들을 모아서 (가), (나)와 같은 작품을 만들었다.
    ② 그로 인해 두 작품 모두 각 연의 내용은 통일성이 부족하고 서로 다른 내용들이 함께 뒤섞여 있다.

2. '시가 갈래의 영향 관계에 대해 안다'는 내용으로 교수·학습할 때, (가) 작품에서 파생되었다고 보는 후대의 시가 갈래를 밝히고, 그와 관련하여 형식적 관련성에 대해 교사가 지도할 내용을 2가지 밝히시오.

    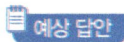
    ① 후대의 시가 갈래 : 시조
    ② 교사가 지도할 내용 :
       ㉠ 연과 5연의 반복구를 제외하면 시조의 3장 6구 형식과 유사하다고 할 수 있다.
       ㉡ 연과 5연의 1~2행의 내용은 4음보이며, 시조 초, 중장과 유사하며, 3행은 종장은 종장과 조금 다르지만, 4음보로 볼 수 있는 측면이 있다. (6연의 내용은 시조의 종장의 형태와 유사한 것으로 볼 수 있음)

3. (가)의 4연과 (나)의 3연을 비교하여 그 공통점을 파악하는 수업을 진행하고자 한다. 공통되는 요소를 3가지 밝히고, 그것에 관한 구체적 지도내용을 각각 제시하라. [3점]

① 공통 요소 : 시적 화자(여성)와 상대 남성의 태도
지도 내용 : 시적 화자는 모두 여성이며, 그 여성들이 사랑하는 님이 모두 외도를 하려한다는 것을 모두 알고 있는 상황이다.
② 공통 요소 : 상징적 표현
지도내용 : (가)에서 '오리'는 남성을, '여흘'은 본부인을, '소'는 화자 자신을 말한 것이며, (나)에서 '곶'은 다른 여인을 말하는 것으로 상징적 표현이 나타난다. ((가)의 3연은 '여흘'과 '소'관계가 바뀜)
③ 공통 요소 : 해학적 내용이 나타남
지도내용 : (가)에서는 뱃사공의 어리석은 모습에서, (나)에서는 시적 화자와 상대 남성이 주고받는 대화에서 각각 해학적 내용이 나타난다.

작품 6 청산별곡(靑山別曲)

> **출제방향**
> - 이 작품의 내용 및 음악적 특징 이해
> - 이 작품이 생성된 사회적 배경 파악
> - 형태적 특징 이해
> - 표현 기법 파악
> - 이 작품의 시적 화자 이해

살어리 살어리랏다. 쳥산(靑山)애 살어리랏다.
멀위랑 ᄃᆞ래랑 먹고, 쳥산(靑山)애 살어리랏다.
  얄리얄리 얄랑셩 얄라리 얄라.

우러라 우러라 새여, 자고 니러 우러라 새여.
널라와 시름 한 나도 자고 니러 우니로라.
  얄리얄리 얄라셩 얄라리 얄라.

가던 새 가던 새 본다. 믈 아래 가던 새 본다.
잉 무든 장글란 가지고, 믈 아래 가던 새 본다.
  얄리얄리 얄라셩 얄라리 얄라.

이링공 뎌링공 ᄒᆞ야 나즈란 디내와손뎌.
오리도 가리도 업슨 바므란 ᄯᅩ 엇디 호리라.
  얄리얄리 얄라셩 얄라리 얄라.

어듸라 더디던 돌코, 누리라 마치던 돌코.
믜리도 괴리도 업시 마자셔 우니노라.
  얄리얄리 얄라셩 얄라리 얄라.

살어리 살어리랏다. 바ᄅᆞ래 살어리랏다.
ᄂᆞᄆᆞ자기 구조개랑 먹고, 바ᄅᆞ래 살어리랏다.
  얄리얄리 얄라셩 얄라리 얄라.

가다가 가다가 드로라. 에졍지 가다가 드로라.
사ᄉᆞ미 짒대예 올아셔 ᄒᆡ금(奚琴)을 혀거를 드로라.
  얄리얄리 얄라셩 얄라리 얄라.

가다니 ᄇᆡ브른 도긔 설진 강수를 비조라.
조롱곳 누로기 ᄆᆡ와 잡ᄉᆞ와니, 내 엇디 ᄒᆞ리잇고.
  얄리얄리 얄라셩 얄라리 얄라.

살고 싶구나 살고 싶구나 / 청산에 가서 살고 싶구나 / 머루랑 다래랑 먹고 / 청산에 가서 살고 싶구나
우는구나 우는구나 새여 / 자고 일어나서 우는구나 새여 / 너보다 시름이 많은 나도 / 자고 일어나서 울며 지낸다
가던 새(갈던 밭) 가던 새를 보았느냐 하류(속세)로 가던 새를 보았느냐 / 이끼 묻은 쟁기를 가지고 / 하류(속세)로 가던 새를 보았느냐
이렇게저렇게 하여 / 낮일랑 지내왔구나 / 올 사람도 갈 사람도 없는 / 밤은 또 어찌 지낼까
어디에 던지던 돌인가? / 누구를 마치려던 돌인가? / 미워할 사람도 사랑할 사람도 없이 / 맞아서 울고 있다
살고 싶구나 살고 싶구나 / 바다에 가서 살고 싶구나 / 나문재나 굴 조개를 먹고 / 바다에서 살고 싶구나
가다가 가다가 들었다 / 부엌 옆을 지나다가 들었다 / 사슴이 장대에 올라가서 / 해금을 타는 것을 들었다
가더니 둥근 술독에 / 독한 술을 빚는구나 / 조롱박꽃 같은 누룩이 매워 / 붙잡으니 낸들 어찌하리까

핵심정리

- **갈래** 고려 가요, 고려 속요, 장가(長歌)
- **배경** 척신(戚臣)의 전횡(專橫), 무신(武臣)의 횡포, 몽고군의 침입 등 내우외환(內憂外患)이 계속되어 양심적인 지성인들은 언제나 현실에서 안심입명(安心立命)할 수가 없음
- **형식** 전 8연의 분절체, 매 연 4구
- **운율** 3·3·2조, 3음보
- **구성** ① 기 – 승 – 전 – 결의 4단 구성
  ② '산 – 바다'의 대칭적 2단 구성
- **성격** 현실 도피적, 애상적, 평민 문학
- **표현** ① 'ㄹ'음의 반복과 'ㅇ'음의 어울림에서 빚어내는 음악성 대비 시구의 반복을 통해 의미를 강조
  ② 'a – a – b – a 형태'의 구조
- **주제** ① 삶의 고뇌와 비애
  ② 실연의 애상(哀傷)
  ③ 삶의 터전을 잃은 유랑민의 슬픔
  ④ 임을 잃은 여인의 처절한 삶과 임을 향한 그리움
- **의의** ① 고려 속요 중 「서경별곡」과 함께 비유성이 뛰어나며, 문학성이 빼어남
  ② 고려인들의 삶의 애환을 반영한 작품임
- **출전** 『악장가사』, 『악학편고』, 『시용향악보』(1연만 전함)

이해와 감상

| 해설 |

작자와 연대 미상의 고려 속요로, 고려인의 소극적이고 현실 도피적인 생활상을 보여주는 연연한 슬픔이 담겨져 있다. 전 8연으로 구성되어 있으며, 매 연 4구 3·3·2조의 3음보와 각 연은 후렴구로 끝난다. 『악장가사』에는 전문이 실렸고, 『시용향악보』에는 첫째 연만이 전한다. '고독과 생의 비애'의 정서를 세련된 수법과 상징적 시어를 사용해 읊은 명작(名作)이며, 고려 속요 중 『서경별곡』과 함께 비유성이 뛰어나서 문학성이 높은 작품이다. 극단적인 현실 도피와 현실 부정의 사상이 나타나 있어 평민 문학, 도피 문학이라고 할 수 있다.

작품 창작 연대는 고려 후기 원문화가 유입되고 난 이후인 13세기 이후에서 14세기 사이로 추정되고 있다. 이는 '얄리얄리 얄라셩 얄라리 얄라'라는 후렴구가 당시 원나라에서 수입되어온 악기 해금의 의성적 표현으로 해석한 데서 기인한다.

각 연의 소재와 이미지, 내용을 분석해 보면 다음과 같다.

① 제1연의 소재 : '청산'
  이미지는 삶의 현장과 대칭으로서의 자연이며, 내용은 속세를 멀리 한 심심산천에서 자연과 벗하여 조용히 혼자 살아가겠다는 체념적인 애조와 삶의 집착을 보이고 있다. 내용을 요약해보면 '멀위랑 두래랑 먹고서 청산애 살어리랏다'로 머루와 다래와 같은 자연물로서 생식을 하면서 청산에서 살고 싶다는 자연(청산)으로의 귀의를 표현하고 있다. 서정적 자아는 아직 사람들이 무리지어 사는 현실적 사회 공간에서 삶을 영위하고 있으며 시적 자아가 청산에서 살고 싶어 한다는 것은 현재의 삶의 공간에서 벗어나 떠나고자 하는 것이다. 여기에서 청산은 자연적인 공간으로, 인간이 일정한 사회적인 경계를 지니고 형성하는 마을과 도시가 아닌 그 바깥의 공간을 의미한다. 도시와 대립되는 청산에서 사회가 지니는 부정적인 요소가 없는 평화와 고요함 밝음을 기대하고 있으며 현실의 각축과 분열 혼탁함에서 자신을 분리시켜 청산에 기대어 영속성과 안정감을 누리고자 하고 있는 것으로 볼 수 있다.

② 제2연의 소재 : '새'
  이미지는 함께 근심하는 유일한 벗이며, 내용은 새와 함께 슬픔에 빠진 처지로 삶의 비애가 나타난다.

③ 제3연의 소재 : '새'
  이미지는 자신이 분신인 '새'와 속세에의 미련이며, 내용은 속세에 대한 미련으로 번민이다.

④ 제4연의 소재 : '밤'
  이미지는 절망적인 고독이며, 내용은 처절한 고독으로 인한 번민으로 괴로워하고 있는 것이다. 쟁기를 들고 무력해진 자신을 보며, 속세를 떠나 고독한 밤을 지내는 두려움으로 세상 사람에 대한 미련을 가지고 있다.

⑤ 제5연의 소재 : '돌'
  이미지는 운명이며, 내용은 고독을 운명으로 생각하는 것이다.

⑥ 제 6 연의 소재 : '바다'

  이미지는 삶의 현장의 또 다른 대칭으로서의 자연이며, 내용은 청산도 안식처가 될 수 없고, 새로운 환경을 찾아 바다로 나가 굴이랑 조개를 따먹으며 살고자 하는 것이다.

⑦ 제 7 연의 소재 : '사슴'

  이미지는 비애의 감정을 이완시키는 것이며, 내용은 사슴이 장대 끝에 오른다는 표현으로 기적을 바라는 희망을 표현한다.

⑧ 제 8 연의 소재 : '강술'

  이미지는 비애의 초극을 가능케 하는 매개체이며, 내용은 청산은 고독이 있고 바다는 구원이 없으니 현실을 떠나선 살 수 없는 삶의 고뇌를 잊기 위해 술로 구원을 찾고자 하는 것이다.

  위의 각 연을 계층적인 짜임으로 분석하면 제 1 연이 기(起), 제 2 연 ~ 4 연까지를 승(承), 제 5 연 ~ 7 연까지를 전(傳), 마지막 8 연을 결(結)로 하여 4 단 구성으로 보기도 한다.

  이 노래가 작가와 연대가 미상일 뿐 아니라, 『고려사 악지』나 그 밖의 문헌에 그 명칭이나 기록이 없으므로 고려 속요로 단정할 근거는 없다. 그러나 그 형식이나 내용이 조선의 작품과 다르고, 「서경별곡」과 용어나 시상·정조(情調)면에서 일치하는 점이 많은 것으로 보아 고려 때에 일반 민중이 부른 노래로 보는 것이 타당하다.

| 감상 |

  척신의 세도와 무신의 횡포, 몽고군의 침입 등 내우외환이 계속된 상황에서 양심적인 지성인들은 현실에 안주할 수 없었고, 고뇌와 비탄에 가득 찬 현실을 술에 의탁하여 잊으려는 생각으로 노래를 지어 불렀다. 실의 또는 실연의 밑바닥에 빠져 있는 작가의 은둔적 심정을 노래한 작품으로 번거로운 속세를 떠나 청산과 해변, 깊은 산 속을 방황하지만 마음의 공허함을 채울 수는 없고 이 상처를 고치자면 독한 술이라도 마실 수밖에 없다고 끝을 맺고 있다. 은둔한다고 해도 풀어질 수 없는 현실적 삶의 고뇌를 술로 달랠 수밖에 없는 인생고가 우수적인 표현과 음악성 속에 잘 용해되어 있다.

  또한 여기에서는 고려 시가에 공통적으로 주류를 이루고 있는 체념과 인생 한탄, 술의 구가를 단적으로 찾아볼 수 있으며 고려인의 생활관을 알 수 있다. 체념적 애조에서 생에 대한 강한 집념을 느끼게 하면서도, 청산을 동경하는 것은 그들의 이상 세계를 소박하게 표현한 측면과 현실 도피적인 면을 지니고 있음을 알 수 있다.

  집시의 노래 같기도 하지만, 지성인의 반항시 같기도 하고, 헐벗은 걸인의 노래 같기도 하지만, 그 표현의 절조와 심각성으로 보아 갈등으로 고뇌하는 지성인의 작품임을 짐작할 수 있다.

  후렴구인 '얄리얄리 얄라셩 얄라리 얄라'는 음악적인 리듬을 살리고 번뇌의 심정을 운율적으로 표출하고 있어서 절묘하다. 이 노래는 애달픈 가운데 해학이 있고, 우수가 깔린 반면에 낙천적이고 명랑한 기조가 있어 유연한 정조를 발견할 수가 있다.

  시어의 이미지에 있어서 관용적인 것이 없으며 구문에 있어서 동적이면서 논리성을 일관하고 있고, 고도의 상징성을 지니고 있다는 점에서 완전무결한 한 편의 창작시로 볼 수 있다. 특히 제 2 연의 감정이입 수법과 제4연의 고독, 제 5 연의 운명 철학, 제 7 연의 공상적 상념, 제 8 연의 체념과 낙관 등이 뛰어나게 표현되고 있다.

❶ 서정적 자아와 주제에 대한 다양한 견해

① 유랑민(流浪民)이라는 견해

  청산에 들어가 머루나 다래 등을 따먹고 살아야 하는 민중의 괴로운 삶, 특히 유랑민의 처지를 나타낸 민요이다. 외적으로는 원의 침입과 내적으로 무신란과 정쟁 등의 내우외환으로 삶의 뿌리가 흔들릴 수밖에 없었고 민중들은 어느 곳에도 안주하기 어려웠고 많은 유랑민들이 떠돌게 되었을 것이다. 이 점에 주목하여 청산별곡을 유랑민들이 떠돌면서 자신의 삶을 한탄하며 노래 부른 것으로 볼 수 있다.

② 지식인(知識人)이라는 견해

  속세의 번뇌를 해소하기 위해 청산을 찾고, 기적과 위안을 구하면서 사회적 공간과 대립되는 자연의 공간에 귀의해서 평안함과 고요함 속에서 자신의 삶을 추구하는 지식인의 노래로 보는 견해이다. 시대의 힘에 밀려 어쩔 수 없이 현실로부터 소외당한 화자는 현실에 대한 불만으로 이상을 갈구하나 자신의 힘으로는 극복할 수 없는 현실에 대한 도피처로 술을 통해 이상과 현실의 조화를 이루고자 한다. 이 경우 민요라는 가정은 부정되고 고도의 상징성을 지닌 표현으로 보아 창작 가요의 성격을 띤다.

③ 실연(失戀)한 사람이라는 견해
　　실연의 슬픔을 잊기 위해 청산으로 도피하고 싶어하는 사람의 심정을 읊은 노래로 사랑하는 사람을 이별한 슬픔을 그 주제로 보는 견해이다.
④ 「청산별곡」이 삶의 근원적 슬픔을 드러낸다고 보는 경우도 있다. 현실의 비애감과 사회 현실에 대한 갈등이 상징적으로 심도 있게 표현되어 있다고 보는 경우이다.
→ 전체적으로 보아 고통스런 삶으로 인해 방황하기는 하지만, 삶에 대한 의지를 상실하지는 않은 인물이다.

2 구성

본래 민요였던 것을 궁중 음악화했으므로, 8연 전편에 걸쳐 단일한 화자를 상정하고 시상의 긴밀한 전개를 파악하기는 어렵다. 굳이 통일적인 관점에서 파악하고자 하는 견해는 제5연과 제6연이 후대 전승 과정에서 뒤바뀌었다고 보고, 제1, 2, 3, 4연과 제6, 5, 7, 8연이 서로 대응을 이룬다고 보는 것이다.

청산		대칭구조	바다	
1연	청산 : 자연에 대한 동경	◀▶	6연	바다 : 새로운 세계에 대한 동경
2연	새 : 삶의 비애와 고독	◀▶	5연	돌 : 운명적 고독과 번뇌
3연	새 : 현실에 대한 미련	◀▶	7연	사슴 : 생의 절박함과 고독
4연	밤 : 고독과 괴로움	◀▶	8연	술 : 고뇌의 해소

3 후렴구의 기능과 음악성

① 후렴구는 노래의 흥을 돋우어 주며, 노래의 운율을 맞추기 위해 사용된다.
② 'ㄹ, ㅇ'을 연속적으로 사용하여 매끄러운 음악적 효과를 얻고 있다.
③ 경쾌하고 명랑한 느낌을 주어 작품의 내용과는 상반되나, 민중들의 낙천성이 드러난다.
④ 사설의 내용과는 무관하고, 음악적인 곡조와 관련을 갖고 있다.

4 문학적 아름다움

이 노래는 3·3·2조의 3음보 율격과 'a – a – b – a' 구조, 후렴구를 통해 음악성을 살리고 있다. 그리고 시적 화자의 비애와 같은 심리를 '새'와 같은 구체적인 형상으로 전달하고 있다. 또한 '이상향, 도피처'를 '청산, ᄇᆞ롤'으로, '운명적 삶, 삶의 비애'를 '돌'로 표현하여 함축성을 높이고 있다. 이러한 음악성, 형상성, 함축성은 이 노래의 문학적 아름다움을 형성하고 있다.

5 해독(解讀)에 대한 이설(異說)

① '살어리랏다'
　　'-리랏다'를 과거 가정법으로 보아 '살았으면 좋았을 것을'로 해석하기도 한다. 이 경우 '과거에 내가 좀 더 현명했더라면 청산에 살았을 것을' 그렇게 하지 못한 점을 아쉬워한다는 의미가 함축되어 있다.
② '우러라'
　　명령법으로 보아 '새여, 울어라'로 풀이하기도 한다. '노래하다'의 의미로 보아 '노래 불러라 새여. 너보다도 근심이 많은 나도 이렇게 노래 부르고 있는데'로 풀이되고 있다.
③ '가던 새'
　　'가던 새'의 '새'를 '鳥[새]'로 보지 않고 '갈던 새[밭이랑]'로 보기도 한다. 즉 '가던'은 '(밭을) 갈던'에서 'ㄹ'이 탈락된 형태이고, '새'는 '사래'에서 'ㄹ'이 탈락되고 축약된 형태로 보는 것이다. 여기서 '사래'는 밭이랑 내지 마름이 지어 먹는 밭[私耕(사경)] 등을 뜻한다. 따라서 제3연을 '갈던 밭을 본다. 녹슨 연장을 가지고 갈던 밭을 본다.'로 풀이하여, 경작하던 밭을 빼앗기고 산 속에 들어와 옛 생활을 회상하는 내용으로 파악하기도 한다.

④ '사수미 짒대예 올아셔 히금(奚琴)을 혀거를 드로라.'
　㉠ 못난 속세 사람들이 잘난 체하며 뽐내는 꼴을 할 수 없이 보노라.
　㉡ 산대잡회(山臺雜戱)를 하는 광대 중에 사슴으로 분장한 사람이 장대에 올라가서 해금을 켜는 것을 듣노라.
⑤ '설진 강수를 비조라.'
　'설진'을 '주름잡힌'으로 해석하여, '술이 끓어올라서 누룩이 우글쭈글 엉겨 주름잡힌 덜 익은 술(독한 술)을 빚는구나.'로 풀이하기도 한다.

- 별곡의 형태적 특징과 관련해 읽을 작품 : 「동동」, 「서경별곡」
- 자신의 처지나 의지를 임금께 알리고자 하는 내용과 관련해 읽을 작품 : 「정과정」, 「속미인곡」

기출문제

※ 다음 글을 읽고 물음에 답하시오.

(가) 지문 생략
(나) 지문 생략
(다) 지문 생략

(라)
　가던 새 가던 새 본다 믈 아래 가던 새 본다
　잉 무든 장글란 가지고 믈 아래 가던 새 본다
　㉢ 얄리 얄리 얄라셩 얄라리 얄라

- 「청산별곡」 제3장

1. 〈보기〉에 제시된 텍스트 정보를 활용하여 (라)의 '청산별곡' 전부를 가창(歌唱)한 방식을 추론하고, ㉢의 가창 효과를 설명하시오. [2점]
2005년 기출 23번

〈보기〉
- 전체 텍스트는 (라)와 동일한 형식을 갖춘 여덟 개의 장으로 구성되어 있다.
- 각 장의 화자는 동일 화자가 아니고, 각 장에 표현된 화자의 정서는 서로 대립하거나 모순을 이루기도 한다.

예상 답안

(라)는 한 명의 선창자(메기는 사람)가 사설(앞의 2행)을 노래하고, 여러 명(받는 사람)이 입을 모아 후렴을 노래하는 선후창의 형태로 반복하며 가창하는 분절체의 노래이다.
('독창'과 '제창'으로 나눌 경우 여러 사람이 부르는 '제창'에 해당한다.)

> **참고** 후렴의 효과
> (1) 노래의 흥을 돋운다. (비애를 넘어 낙천적인 삶의 지향)
> (2) 유음과 비음을 많이 사용하여 리듬감을 형성한다.
> (3) 노래를 길게 만들어 주고, 각 장을 나누어 준다.
> (4) 주제가 다른 노래일 경우에도 통일성을 부여한다.

※ (2～3) 다음에 제시된 교수·학습 자료를 보고 물음에 답하시오.

- 제재 : 고려 가요 「청산 별곡」
- 교수·학습 내용 선정

(가) 작가 및 향유 조건에 대한 견해
    ⓐ 궁중에서 음악으로 연행된 속악의 노랫말
    ⓑ 개인이 창작 또는 개작한 노래
    ⓒ 본래는 민간에서 향유된 민요

(나) 구성 및 표현상의 특징
    ⓓ 전반부와 후반부의 조응
    ⓔ 유성음이 포함된 시어의 반복적 배치
    ⓕ 다섯 개 연을 aaba형으로 조사(措辭)

(다) 시적 화자에 대한 견해
    ⓖ 가혹한 수탈로 삶의 터전을 빼앗긴 유랑 농민
    ⓗ 전란을 피해 유랑을 하던 피난민
    ⓘ 현실의 질곡을 벗어나고자 하는 지식인
    ⓙ 헤어진 임을 그리워하는 여인

(라) 중심 소재 '청산'과 '바다'의 의미에 대한 해석
    ⓚ 피안 지향 의식을 바탕으로 한 낭만적 공간
    ⓛ 유랑민들의 비애가 담긴 현실 공간

(마) 2연의 '우러라'의 어석 논란
    ⓜ 문장 형식은 명령형인가, 감탄형인가
    ⓝ 의미는 '울어라'인가, '노래 불러라'인가

2. 다음은 문학교육에 대한 관점과 관련하여 위의 각 항목을 설명한 것이다. 적절한 것을 모두 묶은 것은? [1.5점]

2009년 모의 27번

> ㉠ (가)는 작품의 장르적 성격과 함께 문학사적 견지에서 중요시하는 교수·학습 내용이다.
> ㉡ (나)와 (마)는 작품의 유기적 짜임새에 초점을 맞추는 문학관의 주된 관심사이다. 이 입장에서는 학생들의 작품 분석 능력을 길러 주어야 한다고 본다.
> ㉢ (다)는 문학 고유의 요소와 관련된 견해로, 여기에 초점을 맞추면 문학과 비문학을 엄밀하게 구별하여 문학 능력과 언어 능력을 별개의 것으로 설정한다.
> ㉣ (라)에 주목하는 관점에서는 문학 작품의 가치 있는 경험의 언어적 표현으로 간주하고, 문학교육이 학생들의 경험의 성장에 기여해야 한다고 본다.

① ㉠, ㉡ ② ㉠, ㉢ ③ ㉢, ㉣
④ ㉠, ㉡, ㉣ ⑤ ㉡, ㉢, ㉣

▎정답 ④

3. 위의 교수·학습 자료를 "화자의 정서에 공감하면서 작품을 읽는다."라는 학습 목표에 맞추어 지도하는 방법으로 가장 적절한 것은? [2.5점]

2009년 모의 28번

① (가) : ⓐ~ⓒ는 작품의 역사적 존재 방식상 배타적이지 않은 견해임을 주지시키고, 그 이유를 노랫말의 폭넓은 공감대와 관련지어 추론해 보도록 한다.
② (나) : ⓓ는 후반부 두 연의 위치가 바뀜에 따라 유기성의 정도가 달라질 수 있음을 주지시키되, 이에 따라 갈등 해소 방식의 의미도 달라진다는 점에 주목하도록 한다.
③ (다) : 전승 문헌의 기록의 차이로 인한 논란임을 알려 주되, ⓔ~ⓙ는 현실 생활에서 어떤 결핍을 느끼고 있는 존재라는 공통점에 주목하도록 한다.
④ (라) : ⓚ와 ⓛ은 양립 가능한 해석으로서 ⓚ는 그 역사적 특수성에, ⓛ은 인간 존재의 보편성에 각각 주목한 결과임을 추론하도록 한다.
⑤ (마) : 시적 언어의 특징인 중의성으로 인한 것임을 알려 주되, 결과에 관계없이 화자와 새의 상호 관계는 동일하다는 점에 주의하여 지도한다.

▎정답 ①

작품 7 〉〉 정석가(鄭石歌)

> **출제방향**
> - 이 노래가 불린 배경 이해
> - 이 작품이 지닌 주술성의 특징
> - 이 노래에 등장하는 사물의 상징적 의미
> - 신화 속에 삽입된 고대 집단 가요의 성격

딩아 돌하 당금(當今)에 계샹이다.
딩아 돌하 당금(當今)에 계샹이다.
션왕셩딕(先王聖代)예 노니ᄋᆞ와지이다.

삭삭기 셰몰애 별헤 나는
삭삭기 셰몰애 별헤 나는
구은 밤 닷 되를 심고이다.
그 바미 우미 도다 삭나거시아
그 바미 우미 도다 삭나거시아
유덕(有德)ᄒᆞ신 님믈 여희ᄋᆞ와지이다.

옥(玉)으로 련(蓮)ㅅ고즐 사교이다.
옥(玉)으로 련(蓮)ㅅ고즐 사교이다.
바회 우희 졉듀(接柱)ᄒᆞ요이다.
그 고지 삼동(三同)이 퓌거시아
그 고지 삼동(三同)이 퓌거시아
유덕(有德)ᄒᆞ신 님 여희ᄋᆞ와지이다.

므쇠로 텰릭을 ᄆᆞᆯ아 나는
므쇠로 텰릭을 ᄆᆞᆯ아 나는
텰ᄉᆞ(鐵絲)로 주롬 바고이다.
그 오시 다 헐어시아
그 오시 다 헐어시아
유덕(有德)ᄒᆞ신 님 여희ᄋᆞ와지이다.

므쇠로 한쇼를 디여다가
므쇠로 한쇼를 디여다가
텰슈산(鐵樹山)애 노호이다.
그 쇠 텰초(鐵草)를 머거아
그 쇠 텰초(鐵草)를 머거아
유덕(有德)ᄒᆞ신 님 여희ᄋᆞ와지이다.

구스리 바회예 디신ᄃᆞᆯ
구스리 바회예 디신ᄃᆞᆯ
긴힛ᄃᆞᆫ 그츠리잇가.
즈믄 ᄒᆡ를 외오곰 녀신ᄃᆞᆯ
즈믄 ᄒᆡ를 외오곰 녀신ᄃᆞᆯ
신(信)잇ᄃᆞᆫ 그츠리잇가

징이여 돌이여 지금에 계십니다. / 징이여 돌이여 지금에 계십니다. / 태평성대에 노닐고 싶습니다.
메마른 모래 벼랑에 / 구운 밤 다섯 되를 심습니다. / 그 밤이 움 돋아 싹이 나면 / 유덕하신 님을 여의고 싶습니다.
옥으로 연꽃을 새깁니다. / 바위 위에 접을 붙입니다. / 그 꽃이 세 묶음 피면 / 유덕하신 님 여의고 싶습니다.
무쇠로 철릭(철조각)을 말라 / 철사로 주름을 박습니다. / 그 옷이 다 헐면 / 유덕하신 님 여의고 싶습니다.
무쇠로 큰 소를 지이다가 / 쇠나무 산에 놓습니다. / 그 소가 쇠로 된 풀을 먹으면 / 유덕하신 님 여의고 싶습니다.
구슬이 바위에 떨어진들 / 끈이야 끊어지겠습니까 / 천 년을 외로이 살아간들 / 믿음이야 끊어지겠습니까.

핵심정리

- **갈래** 고려 가요, 고려 속요, 장가(長歌)
- **형식** ① 전 6 연(1연은 3 구, 2 ~ 6 연은 6 구)
  ② 3 음보
- **내용** 태평성대를 구가하고, 남녀 간의 사랑이 무한함을 표현
- **주제** ① 임에 대한 영원한 연모의 정
  ② 영원한 해로를 축원하는 사랑의 충정
  ③ 임금의 만수무강을 축원
- **출전** 『악장가사』, 『시용향악보』
- **표현** ① 과장법, 역설법(시적 역설), 반어법
  ② 불가능한 것을 가능으로 설정해 놓고 영원한 사랑을 노래함
  ③ '딩아 돌하'의 '딩, 돌'은 '정석(鄭石)'의 차자(借字)로 볼 수 있음
- **의의** ① 영원무궁한 사랑을 노래한 작품으로 가장 뛰어남
  ② 불가능한 사실을 전제한 완곡(婉曲)한 표현법을 살린 작품임

이해와 감상

| 해설 |

작자 미상의 고려 속요로, 임금의 덕과 만수무강을 연가풍으로 부른 송축가이다. 한 연이 6 구 3 행으로 전 6 연으로 구성되어 있고, 3·3·4 조를 기본 율조로 하고 있다. 노래명 '정석'은 노래의 첫머리에 나오는 '딩아 돌하'에서 '딩 돌'을 빌려 쓰인 것으로, '딩 돌'은 악기의 이름인 '징'과 '경'를 의인적으로 호격화한 것이다.

이 노래의 끝 연(제 6 연)은 「서경별곡」의 제 2 연과 그 내용이 같다. 내용은 불가능한 사건을 설정하여 임과의 이별이 가능하지 않음을 강조한 독특한 기교가 특징이다. 당시의 효자 문충(文忠)이 지은 「오관산요(五冠山謠)」와 유사한 점이 많은데, 『고려사 악지』에 그 설화와 이제현이 한역한 시가 전한다.

이 노래는 태평성대의 구가를 '서사'로 삼고, 제 2 연에서 5 연까지 임과의 영원한 사랑을 노래하였다. 즉 제 2 연에서는 전혀 물기가 없는 모래 언덕에 구운 밤을 심어 놓고 그것의 싹이 나야 임과 이별하겠다고 하고, 제 3 연에서는 옥으로 새긴 연꽃을 바위에 접붙여 그것의 꽃이 피면 임과 이별하겠다고 하였으며, 제 4 연에서는 무쇠로 관복을 말아 쇠실로 주름을 잡아 놓고 그 옷이 다 해지면 임과 이별하겠다고 하였다. 그리고 제 5 연에서는 무쇠로 만든 황소가 쇠로 된 나무가 있는 산에서 쇠로 된 풀을 다 먹어야 임과 이별하겠다고 나타낸다.

위 5 연까지의 소재는 모두 다르지만, 모두 불가능한 것을 가능한 것으로 설정해 놓고 임과의 영원한 사랑을 기원하고 있는 것이다. 제 2 연에서의 '구운 밤'과 제 3 연에서의 '옥련꽃', 제 4 연에서의 '무쇠옷'과 제5연에서의 '무쇠소'라는 소재로 영원히 임과는 헤어질 수 없음을 노래하고 있다.

「정석가」의 제 2 연은 농경민의 생활, 제 3 연은 불교적인 사고, 제4연은 사대부의 생활, 제 5 연은 유목민의 생활을 각각 그 바탕으로 하고 있다.

이 작품은 「동동」과 마찬가지로 '임'을 어떤 인물로 보느냐에 따라 다르게 해석할 수 있다. '임'에 대한 심상 표출이 없기 때문에 '임'을 임금으로, 혹은 구원(久遠)의 연인으로 해석할 수도 있다. '임'을 임금으로 볼 경우, 선왕 성대(先王聖代)를 바라는 신하와 백성들이 '유덕(有德)하신 임금'에게 바치는 축수의 송도가 된다. 영원토록 임금님의 은총을 받으며 태평성대에 살고 싶다는 임금에 대한 만수무강의 축원인 것이다. 한편, 임을 구원의 연인으로 볼 경우, 이 노래는 유덕하신 연인과의 백년해로를 기원하는 구원의 연모가(戀慕歌)가 된다.

이 작품은 『악장가사』에 전편이, 『시용향악보』에 첫 연이 실려 있으며, 조선 시대에는 궁중 악장으로 사용되었다.

| 감상 |

이 노래는 '임'을 임금과 연인 두 가지로 해석할 수 있다고 하였다. 그러나 이 노래의 '임'을 연인으로 보더라도 「가시리」나 「서경별곡」처럼 남녀 간의 연정만을 바탕으로 한 정절을 이야기한 것이라기보다는 인격적 흠모를 동시에 투사시킨 유덕한 연인이다. 임과 백년해로하고자 하는 생각을 굳히는 견인력(牽引力)으로 연정만이 아닌 임의 덕성에 대한 숭앙까지 곁들여 보다 관념화된 임을 나타내고 있으며, 따라서 이 노래는 임을 연인으로 보더라도 순수한 연가로 보기는 어려울 것 같다.

이러한 양면적 해석의 가능성을 다 받아들이면서 이 작품을 감상할 때 우리가 찾을 수 있는 이 작품만의 독특한 개성은

모래에 심은 구운 밤에 싹이 날 때, 옥에 새긴 연꽃이 피어날 때, 쇠옷이 다 해질 때라야 임과 이별하겠다는 역설 논리의 표현법을 사용했다는 점이다. 불가능한 현실, 이러한 역설적인 표현은 임과의 백년해로를 기원하는 염원의 절실성이 더욱 생생하게 느껴지고 고대인들의 해학을 알 수 있게 한다. 아울러 현대시에서 흔히 맛볼 수 있는 신기성(新奇性)의 묘미를 여기에서도 발견할 수 있다.

1 표현상의 특징

이 노래에는 전체적으로 과장법, 역설법(시적 역설), 반어법을 구사하고 있다.

'구운 밤 닷 되가 모래밭에서 싹이 돋아 자랄 때까지(2연)', '옥으로 새긴 연꽃을 바위에 접을 붙여 그 꽃이 활짝 필 때까지(3연)', '무쇠로 만든 철릭(무관의 옷)을 철사로 박아 그 옷이 해질 때 까지(4연)', '무쇠로 황소를 만들어 쇠붙이 나무가 우거진 숲에 방목하여 쇠붙이 풀을 다 먹을 때까지(5연)' 등 현실적으로 도저히 불가능한 상황을 설정하여 더욱 절실한 감정을 표현한 시적 역설은 임과의 이별을 부정하면서 현재적이고 유한한 사랑을 추구하고 있는 시적 화자의 의지를 전달하고 있다.

또한 2-5연의 마지막 행 '유덕(有德)ᄒ신 님 여희ᄋ와지이다.'는 님과 헤어지고 싶지 않지만, 헤어지고 싶다고 하여 반어로 표현했고, 님과 헤어지지 않고 영원한 사랑을 추구하는 정서를 잘 드러냈다.

2 「서경별곡」과 동일 구절

이 노래의 마지막 연은 「서경별곡」의 2연과 동일하다. 이는 아마도 당시에 이와 같은 구절이 널리 유행했을 것이라는 추측을 가능하게 하는데 한편으로 고려 속요의 창작 과정에서 민간의 민요가 궁중악으로 편입될 때 서사 부분이나 유행 사설을 첨가하여 재창작했을 것이라는 가정을 가능하게 하는 하나의 근거가 된다.

3 시적 역설의 표현 : 문충 「오관산요(五冠山謠)」

「정석가」의 구성 방식과 같이 불가능을 가능으로 설정해 놓고 모친이 늙지 않고 영원하기를 비는 노래로 효자인 문충(文忠)이 지었다.

> 나무 도막으로 당닭[唐鷄]을 깎아
> 젓가락으로 집어 벽에 앉히고
> 이 새가 꼬끼요 하고 때를 알리면
> 어머님 얼굴은 비로소 서쪽으로 기우는 해처럼 늙으시리라.
>
> — 문충, 「오관산요(五冠山謠)」

기출문제

1. (가)~(다)를 읽고, 〈보기〉의 ㉠, ㉡에 해당하는 말을 순서대로 쓰시오. [2점]
2022년 B 2번

> (가)
> 거북아 거북아 수로를 내놓아라　　　　龜乎龜乎出水路
> 남의 부녀 뺏어간 죄 얼마나 큰가　　　　掠人婦女罪何極
> 네 만일 거역하여 내어놓지 않으면　　　汝若悖逆不出獻
> 그물로 잡아 구워 먹으리라　　　　　　入網捕掠燔之喫
>
> 　　　　　　　　　　　　　　　　　　　　　　　- 해가 -
>
> (나)
> 구스리 바회예 디신들
> 구스리 바회예 디신들
> 긴힛든 그츠리잇가
> 즈믄 히를 외오곰 녀신들
> 즈믄 히를 외오곰 녀신들
> 信잇든 그츠리잇가
>
> 　　　　　　　　　　　　　　　　　　　　　　　- 정석가 -
>
> (다)
> 남의 님 향흔 뜻지 죽으면 엇더홀지
> 상전(桑田)이 변호여 벽해(碧海)는 되려니와
> 님 향흔 일편단심(一片丹心)이야 가실 줄이 이시랴
>
> 　　　　　　　　　　　　　　　　　　　　　　　- 작자 미상-

〈보기〉

　한국 시가에서는 동일 어휘, 동일 어구, 동일 어법, 소재, 시적 발상 등이 반복 또는 변용되어 활용되는 특징이 있다. (가)는 『삼국유사』 '수로부인' 이야기에 나오는 『해가(海歌)』로, '호명 – 명령 – 가정 – 위협'의 구성을 취한 고대가요 『구지가』가 변이를 거쳐 후대로 전승된 것이다. (나)는 고려속요 『정석가』의 제6연인데, 같은 노랫말이 고려속요 (『 ㉠ 』)에도 나타난다. (다)는 조선 후기 가집에 수록된 작자 미상의 시조로, '(㉡)'(이)라는 표현은 정몽주의 『단심가』로부터 전승된 것으로 볼 수 있다. 이처럼 훌륭한 작품의 표현이나 기법은 반복 또는 변용의 방식으로 활용되는데, 주제나 정서의 전달과 공감의 확보 등 노래의 효용성을 극대화하는 데 효과적이다. 이는 한국시가의 표현이나 기법이 문화적으로 축적된 공동체 모두의 자산임을 보여 준다.

📝 **예상 답안**

㉠ 서경별곡 / (서경별곡 2연),
㉡ 님 향흔 일편단심(一片丹心)이야 가실 줄이 이시랴

제5절 고려 속요 작품 감상　**259**

※ (2~3) 다음 글을 읽고 물음에 답하시오. [총 7점]

(가)
<u>삭삭기 셰몰애 별헤 나는</u>
삭삭기 셰몰애 별헤 나는
구은 밤 닷 되를 심고이다
그 바미 우미 도다 삭 나거시아
그 바미 우미 도다 삭 나거시아
유덕(有德)ᄒ신 님믈 여히ᄋᆞ와지이다

옥(玉)으로 련(蓮)ㅅ고즐 사교이다
옥(玉)으로 련(蓮)ㅅ고즐 사교이다
바회 우희 접듀(接柱)ᄒ요이다
그 고지 삼동(三同)이 퓌거시아
그 고지 삼동(三同)이 퓌거시아
유덕(有德)ᄒ신 님 여히ᄋᆞ와지이다

- 「정석가」

(나)
小童 아ᄒᆡ 드려 酒家에 술을 믈어
얼운은 막대 집고 아ᄒᆡ는 술을 메고
微吟緩步ᄒ야 시냇ᄀᆞ의 호자 안자
明沙 조흔 믈에 잔 시어 부어 들고
淸流를 굽어보니 ᄯᅥ오ᄂᆞ니 桃花ㅣ로다
武陵이 갓갑도다 져 ᄆᆡ이 긘 거인고
松間細路에 杜鵑花를 부치 들고
峰頭에 급피 올나 구름 소긔 안자 보니
千村萬落이 곳곳이 버러 잇닉
煙霞日輝는 錦繡를 재폇ᄂᆞᆫ 듯
엇그제 검은 들이 봄빗도 有餘ᄒᆞ샤
功名도 날 ᄭᅴ우고 富貴도 날 ᄭᅴ우니
淸風明月 外예 엇던 벗이 잇ᄉᆞ올고
<u>簞瓢陋巷에 훗튼 혜음 아니 ᄒᆞ닉</u>
아모타 百年行樂이 이만ᄒᆞᆫᄃᆞᆯ 엇지ᄒᆞ리

- 「상춘곡」

(다)
님이 오마 ᄒ거늘 져녁밥을 일 지어 먹고
中門 나서 大門 나가 地方 우희 치ᄃᆞ라 안자 以手로 加額ᄒ고 오ᄂᆞᆫ가 가ᄂᆞᆫ가 건넌 山 ᄇᆞ라보니 거머횟들 셔 잇거늘 져야 님이로다 보션 버서 품에 품고 신 버서 손에 쥐고 <u>곰븨님븨 님븨곰븨 천방지방 지방천방</u> 즌 듸 무른 듸 굴희지 말고 워렁충창 건너 가셔 情옛 말 ᄒ려 ᄒ고 겻눈을 흘긧 보니 上年 七月 사흔날 골가 벅긴 주추리 삼대 슬드리도 날 소겨라
모쳐라 밤일식만졍 ᄒᆡᆼ혀 낫이런들 ᄂᆞᆷ 우일 번ᄒ괘라

2. (가), (나), (다)의 밑줄 친 부분을 해석하시오. [2점] 2004년 기출 7-1번

📋 예상 답안

(가) 바삭바삭한(= 바삭 마른) 가는 모래 벼랑에
(나) ① 조촐한 음식과 누추한 곳에서 생활하며(= 누추한 곳에서 가난한 생활을 하면서) 허튼 생각을 아니하네
(다) ① 엎치락 뒤치락 천방지축(= 엎어지고 자빠지고 너무 급해 어쩔 줄 몰라 날뜀며)
　　② 뒤로앞으로 앞으로뒤로 하늘로땅으로 땅으로하늘로 (직역)

3. (가)와 (다)에 나타난 미적 범주를 제시하고, 시상의 전개 방식을 중심으로 그 구현 양상을 비교하여 설명하시오. [3점]

2004년 기출 7-3번

예상 답안

　(가)에는 숭고미, (다)에는 골계미(해학미)가 두드러지게 나타난다. ((가)에서 우아미, (다)에서 비장미도 부분적으로 드러남)
　(가)의 앞부분 1~5행은 여러 가지 불가능한 상황을 설정했고, 마지막 6행은 불가능한 것이 이루어져야 님과 이별하겠다고 역설적·반어적으로 표현하였고, 이러한 연의 형태를 다시 반복 제시하여 '님에 대한 영원한 사랑'을 드러내었다. 이것은 가치(님에 대한 사랑)를 현실에서 추구하고 실현하고자 하는 내용이므로 숭고미를 드러낸다.
　(다)는 초장에서 님을 기다리는 초조함을, 중장에서 그것이 성급한 행동으로 이어지는 장면을 열거하고 과장하여 드러내다가 착각한 것을 알게 되며, 종장에서 그 행동에 의해 남의 웃음을 살 뻔 했다고 하여 반전되는 의미를 지니는데 이것은 가치(님을 기다리는 나의 마음과 행동)를 존중하지 않고 추락시키고 희화화하므로 골계미를 드러낸다.

※ (4~5) 다음 작품을 읽고 물음에 답하시오.

(가)
　玉으로 蓮ㅅ고즐 사교이다
　玉으로 蓮ㅅ고즐 사교이다
　바회 우희 接柱ᄒ요이다
　그 고지 三同이 퓌거시아
　그 고지 三同이 퓌거시아
　有德ᄒ신 님 여희ᄋ와지이다

(나)
　十年을 經營ᄒ여 草廬 三間 지여 내니
　나 ᄒᆫ 간 ᄃᆞᆯ ᄒᆫ 간에 淸風 ᄒᆫ 간 맛겨 두고
　江山은 들일 ᄃᆡ 업스니 둘러 두고 보리라

(다)
　님 그려 기피 든 病을 어이ᄒ여 곤쳐 낼고
　醫員 請하여 命藥하며 쇼경에게 푸닥거리하고 무당 불러 당즑글기 흔들이 모진 病이 ᄒ릴소냐
　眞實로 님 ᄒᆞᄃᆡ 이시면 곳에 죠흘가 ᄒ노라

(라)
　가세 가세 자네 가세 가세 가세 놀러를 가세 배를 타고 널러를 가세 지두덩기여라 둥게둥덩시루 놀러 가세
　이별이야 이별이야 이별 두 자 내인 사람 날과 백 년 원수로다 동삼월 계삼월아 회양도 봉봉 돌아를 오소 아나 월선(月仙)이 돈 받소 살아생선 생이별은 생초목에 불이 나니 불 꺼 줄 이 뉘 있음나
　가세 가세 자네 가세 가세 가세 놀러를 가세 배를 타고 놀러를 가세 지두덩기여라 둥게둥덩시루 놀러 가세

4. 고전시가의 문학사적 맥락을 고려하여 (가)~(라)를 설명한 내용으로 가장 적절한 것은? 2012년 기출 31번

① (가)와 (다)에서 이별의 슬픔을 극복하는 여성을 화자로 설정하는 장치는 충신연주지사의 전통에서 비롯되었다.
② (가)와 (라)의 반복과 병렬의 표현은 두 노래가 민요의 사설 구성 원리와 밀접하게 관계되어 있음을 보여 준다.
③ (나)는 가집에 수록된 후 구비 전승된 반면, (라)는 구비 전승되다가 기록되었다.
④ (나)와 (다)에 나타난 정형적 율격이 (라)에 와서 변화된 것은 가창자들이 대중들의 요구에 부응하여 가창한 결과이다.
⑤ (다)는 사대부들에 의해 주로 향유된 반면, (라)는 도시 서민들에 의해 주로 향유되었다.

┃정답 ②

5. (가)~(라)에 대한 설명으로 가장 적절한 것은? [1.5점] 2012년 기출 32번

① (가)에 나타난 후렴은 신흥 사대부의 유교적 이념을 반영하여 주제를 심화하고 있다.
② (나)에 나타난 '鶴, 淸風, 江山' 등은 '무위자연(無爲自然)'의 교훈적 주제를 전달하기 위한 문학적 수사에 해당한다.
③ (다)에 나타난 '님'은 화자와 일탈적 애정 관계에 있는 대상이다.
④ (다)와 (라)의 화자의 행위로 보아 문제 상황을 극복하기 위한 화자의 실천 의지가 강함을 알 수 있다.
⑤ (라)에 나타난 유락적(遊樂的) 지향과 풍류적 정서는 통속적인 연행 환경과 관련이 깊다.

┃정답 ⑤

작품 8 ▶ 정과정(鄭瓜亭)

> **출제방향**
> - 향가의 후대적 변모 양상 이해
> - 시적 문맥에 따른 주제의 표출 양상 이해 및 감상

내 님믈 그리ᄉᆞ와 우니다니
山(산) 졉동새 난 이슷ᄒᆞ요이다.
아니시며 거츠르신 둘 아으
殘月曉星(잔월효성)이 아ᄅᆞ시리이다.
넉시라도 님은 ᄒᆞᆫᄃᆡ 녀져라 아으
벼기더시니 뉘러시니잇가.
過(과)도 허믈도 千萬(천만) 업소이다.
ᄆᆞᆯ힛마리신뎌
슬읏븐뎌 아으
니미 나를 ᄒᆞ마 니ᄌᆞ시니잇가.
아소 님하, 도람 드르샤 괴오쇼셔.

내 님을 그리워하여 울고 있으니 / 산에서 우는 접동새가 나와 비슷합니다. / (모함들이 사실이) 아니며 거짓인 줄을 / 잔월효성(지는 달 뜨는 별)이 아실 것입니다.
넋이라도 님과 함께하고 싶구나 아아 / (내게 죄가 있다고) 우기시는 이가 누구입니까 / 잘못도 허물도 전혀 없습니다. / 참소하는(모함하는) 말입니다 / 서럽구나 아아 / 님이 나를 벌써 잊으셨습니까
아아 님이시여, 돌려(다시) 들으시어 사랑해 주십시오.

핵심정리

▷ **작자** 정서(鄭敍, 생존 연대 미상) 호는 과정(瓜亭) 인종의 매제로 벼슬은 내시낭중에 이르렀으나 참소로 귀양, 의종으로부터 곧 소명을 내리겠다는 약속을 받고 20년을 기다렸으나 소식이 없었음, 정중부의 난으로 의종이 쫓겨난 후 명종 1년(1170)에야 기용되었으며 문장이 뛰어나고 묵죽화(墨竹畫)에도 능했음
▷ **갈래** 향가계 여요
▷ **형식** 3단 구성
▷ **구성** ① 기 : 자연물에 빗댄 자신의 처지와 결백
② 서 : 결백의 직접적 진술
③ 결 : 임에 대한 간절한 애원
▷ **주제** 충절, 연군지정(戀君之情)
▷ **의의** ① 10구체 향가의 전통을 잇고 있는 3단 구성의 가요
② 충신연주지사의 원류
③ 유배 문학의 원류
④ 고려 가요 중 작자를 알 수 있는 유일한 작품
▷ **출전** 『악학궤범』

🔍 이해와 감상

| 배경 |

정서(鄭敍)는 인종(仁宗)의 사랑을 받았으나, 의종이 왕위에 오른 후 궁중을 둘러 싼 외척과 권신들의 세력 다툼으로 권력 싸움이 표면화되는 가운데 정서도 비난의 대상이 되어 버렸다. 의종 5년(1151)에 정서가 역모에 가담했다는 죄명으로 동래로 귀양을 갈 때, 의종은 "오늘은 어쩔 수 없으나, 가 있으면 다시 부르겠다."라고 했다. 그러나 유배지에서 아무리 자신을 부르기를 기다려도 소식이 없었으므로, 정서는 임금에게 자신의 억울함과 결백을 밝히고자 이 작품을 지었다고 한다. 정서가 스스로 호를 과정(瓜亭)이라 했기 때문에 후세 사람들이 이 노래를 「정과정」이라 했다. 또 곡조의 이름을 따서 「삼진작(三眞勺)」이라고도 한다.

| 해설 |

이 노래는 10구체 단연(單聯) 향가체 가요로 고려 가요에 속하며 비연시(非聯詩)이다. 내용의 단락 구분은 향가의 형식에 준하여 1~4구, 5~8구, 9~10구 혹은 1~4구, 5~9구, 10구로 나누어지기도 한다. 5구의 '넉시라도 님은 혼디 녀져라'는 다른 고려 가요에서도 여러 번 나오는 것으로 보아 당시에 몹시 유행한 시구였음을 알 수 있다.

『악학궤범』에는 「삼진작(三眞勺)」이라는 곡조명과 가사가 수록되어 있고, 「정과정」이라는 가사명은 『고려사 악지』에 나온다. 이제현의 『익재난고』〈소악부(小樂府)〉편에 전 4구가 한역되어 전한다.

「정과정」은 한글로 적혀 전하는 고려 가요 중 연대와 작자가 분명한 유일한 노래라는 의의를 지니고 있는 작품이다. 또한 유배 시가(流配詩歌)에 속하는데 고려 가요 중 연군(戀君)을 노래한 유일한 작품이다. 이 작품에서 시적 화자는 자신에 대한 참소가 거짓임을 역설하면서 억울하고 원통한 심정, 임을 모시고 싶다는 충절의 심정을 드러내고 있는데 임을 그리워하며 울고 있는 자신의 처지를 '접동새'라는 자연물에 빗대어 표현함으로써 결백 주장의 객관성을 획득하고 있다.

이 노래는 '충신연주지사(忠臣戀主之詞)'라 하여 궁중과 사대부 사이에 널리 애송되었다. 또한 뒷날 조선 성종 때 궁중 가악으로 지정되었을 뿐 아니라, 궁중 전속의 음악가를 채용하는 시험 과목 중 하나가 되었다.

| 감상 |

이 노래는 정서 자신을 산(山) 접동새로 비유하며 자신의 결백을 이야기하는 것이 주된 구성을 이루고 있다.

제1구는 '내 님믈 그리슨와 우니다니'로 시작하여 임에 대한 간절한 충성은 다시 '산 접동새 난 이슷ᄒ요이다'로 이어지며, 눈물겨운 충성으로 이어지고 있다.

'산 접동새'는 나라를 버리고 산 속에 숨었던 촉나라 망제(望帝)의 넋이라는 전설이 있는데, 한 번 울기 시작하면 피를 토하며 쓰러질 때까지 울고야 만다는 것이다. 따라서 접동새가 지니는 이미지는 사뭇 처절한 것이고, 그 울음 소리는 원한(怨恨)의 상징이다. 또한 접동새는 밤에 우는 새이다. 아무도 없는 밤에 외롭게 우는 접동새는 정서 자신의 결백과 임에 대한 충성이 투영된 이미지이며, 그 새의 애절한 호소와도 같은 울음에 자신을 비유하여 나타내고 있다.

그렇기 때문에 정서의 진실은 더욱 엄숙한 가운데 사실임을 강조하는 것이라 할 수 있다. 이렇듯 산에서 외롭고 피나게 우는 두견새와 같이 임을 그리워하는 자신을 그대로 나타내며 충성을 다짐하지만, 원통하고도 원통하여 한때 원한이 임금에게까지 미쳤던 것이다. 그러나 이것은 신하의 도리가 아니다. 그래서 오직 자기 결백만 하소연('잔월효성이 아르시리이다')하게 되는 것이다. 제10구의 '아, 님이시여, 부디 마음을 되돌려 나의 충정을 들으시어 옛날과 같이 사랑하소서!'로 피나는 애소(哀訴)를 한다.

전체적으로 작자의 자세는 자신의 모습에 대한 원망이 아니라 자신을 다시 불러줄 임(임금)에 대한 미련이며, 하염없는 기다림의 자세이다. 그것은 작자가 처한 상황이 자신의 과오에서 비롯된 것이 아니라, 주위 환경의 소산(간신배의 참언)으로 보았기 때문이다.

이 노래는 어디까지나 유교적인 냄새가 풍기는 사랑의 서정시 같기도 하지만, 알고 보면 군(君)과 신(臣)의 의리를 읊은 연군지사(戀君之詞)이다. 이와 같이 연군의 정을 하나의 애정시로 읊은 작품은 고려 가요 「정과정」을 비롯해 조선 전기의 많은 시조 작품과 가사 중 대표적인 「사미인곡」으로 다시 일제 시대의 한용운의 작품에 이르기까지 면면히 이어져 내려오고 있다.

1 「정과정」과 향가의 관계

① 고려 시대 작품임에도 불구하고 향가계 시가로 보는 이유
　㉠ 고려 속요 특징인 '분장(分章, 분연(分聯))'이 되지 않았다.
　㉡ 후렴구가 보이지 않는다.
　㉢ 10행(8행과 9행을 한 행으로 보면 모두 10행)
　㉣ 낙구에 '아소'와 같은 감탄사가 있다.
　　이 노래는 향찰로 표기되어 전해지는 '향가'는 아니지만 형식 면에서 볼 때, 10구체 향가의 전통을 잇고 있으며, 3단 구성이라든지 11행의 '아소 님하'와 같은 시구는 모두 향가계 가요임을 증명하는 것이다. 또한, 창작 동기와 내용면에서 10구체 향가인 신충의 「원가(怨歌)」와 서로 통한다. 물론, 10구체 향가와는 달리 감탄사의 위치가 바뀌고, 내용상의 격조가 떨어지기도 하는, 향가 해체기의 잔영을 보인 작품이다. 이러한 형식의 동요나 격조 낮은 표현은 긍정적인 시각으로 보아 형식의 자유로움과 진솔한 표현으로 이해할 수도 있다. 자유로움과 진솔함은 곧 고려 속요의 특징이기 때문이다. 그러므로 이 작품이 향가에서 고려 속요로 넘어가는 과도기에 놓여 있음을 알 수 있다.

② 향가와의 유사점
　분절구조, 10구, 감탄사

③ 고려 속요와의 유사점
　3음보, 주제 면(사랑과 이별)

2 감정 이입

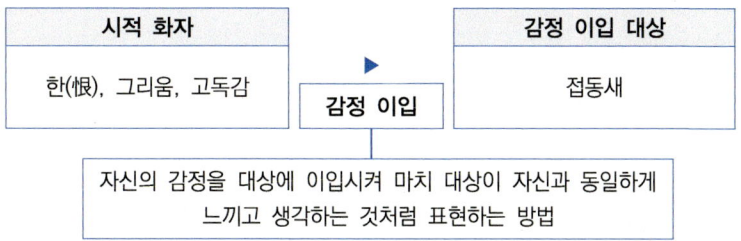

　'접동새'는 고전시가에서 흔히 자규, 소쩍새, 귀촉도, 두견새 등과 비슷한 의미를 지닌 것으로 한(恨)과 고독함의 정서를 드러낼 때 쓰인다.

3 고려 가요 : 민요 기반의 서민들의 유행가(流行歌)

　고려 가요의 율격은 3음보라는 점에서 민요의 특성을 반영하고 있다. 이는 당시 서민 계층이 고려 가요를 즐겨 불렀다는 사실을 반증하는 것이다. 3음보의 율격을 따르는 「정과정」의 일부분은 또 다른 고려 가요인 「만전춘별사」와 매우 유사하다. 고려 가요가 민요를 기반으로 한다는 점을 고려할 때, 정서가 당시 사람들 사이에 구전(口傳)되어 유행되던 민요의 곡이나 노랫말을 자신의 창작물에 첨가해서 지은 것이라 볼 수 있다.

4 충신연주지사(忠臣戀主之詞)의 원류

　이 노래는 유배지에서 신하가 임금을 그리워하는 정을 절실하고 애달프게 노래하였다 하여 '충신연주지사(忠臣戀主之詞)'로 널리 알려졌으며 그 때문에 궁중의 속악 악장으로 채택되어 기녀는 물론 사대부 간에도 학습의 대상이 되었다. 그래서 후대 정철의 「사미인곡」, 「속미인곡」과 같은 연주지사의 원류가 되었다.

기출문제

[1~2] 다음을 읽고 물음에 답하시오.

(가)
前腔　　내 님믈 그리ᄉᆞ와 우니다니
中腔　　산졉동새 난 이슷ᄒᆞ요이다
後腔　　아니시며 거츠르신 ᄃᆞᆯ 아으
附葉　　잔월효성(殘月曉星)이 아ᄅᆞ시리이다
大葉　　넉시라도 님은 ᄒᆞᆫᄃᆡ 녀져라 아으
附葉　　벼기더시니 뉘러시니잇가
二葉　　과(過)도 허믈도 쳔만 업소이다
三葉　　ᄆᆞᆯ힛마리신뎌
四葉　　ᄉᆞᆯ읏븐뎌 아으
附葉　　니미 나를 ᄒᆞ마 니ᄌᆞ시니잇가
五葉　　아소 님하 도람 드르샤 괴오쇼셔

　　　　　　　　　　　　　　　　　　　　　　　　　　- 정서, 「정과정」 -

(나)
　강쳔(江天)의 혼자 셔셔 디ᄂᆞᆫ 히ᄅᆞᆯ 구버보니
　님다히 쇼식이 더옥 아득ᄒᆞ뎌이고
　모쳠(茅簷) 춘 자리의 밤듕만 도라오니
　반벽쳥등(半壁靑燈)은 눌 위ᄒᆞ야 ᄇᆞᆯ갓ᄂᆞᆫ고
　오ᄅᆞ며 ᄂᆞ리며 헤ᄯᅳ며 바니니
　져근덧 역진(力盡)ᄒᆞ야 풋ᄌᆞᆷ을 잠간 드니
　졍셩이 지극ᄒᆞ야 ᄭᅮ믜 님을 보니
　옥 ᄀᆞᄐᆞᆫ 얼굴이 반이나마 늘거셰라
　ᄆᆞ음의 머근 말ᄉᆞᆷ 슬ᄏᆞ장 ᄉᆞᆲ쟈 ᄒᆞ니
　눈물이 바라 나니 말인들 어이 ᄒᆞ며
　졍(情)을 못 다ᄒᆞ야 목이조차 몌여ᄒᆞ니
　오뎐된 계셩(鷄聲)의 ᄌᆞᆷ은 엇디 ᄭᆡ돗던고
　어와 허ᄉᆞ로다 이 님이 어ᄃᆡ 간고
　결의 니러 안자 창을 열고 ᄇᆞ라보니
　어엿븐 그림재 날 조출 ᄲᅮᆫ이로다
　출하리 싀여디여 낙월(落月)이나 되야 이셔
　님 겨신 창 안ᄒᆡ 번드시 비최리라
　각시님 ᄃᆞ리야ᄏᆞ니와 구ᄌᆞᆫ비나 되쇼셔

　　　　　　　　　　　　　　　　　　　　　　　　　　- 정철, 「속미인곡」 -

(다)
 님으란 회양(淮陽) 금성(金城) 오리남기 되고 나ᄂᆞᆫ삼사월 츩너출이 되야
 그 남긔 그 츩이 낙거믜 나븨 감듯 이리로 츤츤 저리로 츤츤 외오 프러 올이 감아 밋붓터 ᄭᅳᆺ신지 ᄒᆞᆫ 곳도 뷘 틈 업시 주야장상(晝夜長常) 뒤트러져 감겨 이셔
 동(冬)섯ᄯᅡᆯ 바람비 눈셔리를 아모리 마즌들 플닐 줄이 이시랴
— 이정보 —

1. 〈보기〉는 고전 시가에 나타난 시간 의식에 대한 설명의 일부이다. 괄호 안의 ㉠, ㉡에 해당하는 시어나 시구를 찾아 쓰시오. [2점]

2021년 A3번

〈보기〉

한국의 시가 문학에서 '과거-긍정적, 현재-부정적, 미래-부정적'인 시간 의식의 유형은 매우 보편적이다. 과거는 (가)에서 '님'과 'ᄒᆞ듸 녀'던 시간으로, (나)에서 '님'의 (㉠)을/를 가까이서 보았던 시간으로 나타난다. 이와 달리 현재는, (가)에서는 (㉡)에서 짐작할 수 있듯이 '님'에 의한 망각을 두려워하는 시간으로, (나)에서는 오직 꿈을 통해서만 '님'을 만날 수 있는 시간으로 나타난다. 미래에는 '님'과 '나'의 관계가 과거와 같이 회복되기를 바라지만 그것은 불확실하거나 실현되기 어려운 소망이다.

예상 답안

㉠ 얼굴
㉡ 니즈시니잇가 / (그리ᄉᆞ와)

> **참고** 시가의 시상 전개 방식
> ① '과거-긍정적, 현재-부정적, 미래-부정적': 부정적 현실의 지속
>   정과정, 속미인곡, 사미인곡 등 유배 시가에 많음
> ② '과거-긍정적, 현재-부정적, 미래-긍정적': 부정에서 긍정으로 전환
>   만전춘, 청춘과부가

2. "「정과정(鄭瓜亭)」의 심미적·문학사적 가치를 이해한다."라는 학습 목표로 교수·학습 계획을 세웠다. (가) ~ (마) 중 교수·학습 내용에 따른 활동과 보충 자료가 모두 적절한 것을 고른 것은? 2013년 기출 25번

```
前腔    내 님믈 그리ᄉᆞ와 우니다니
中腔    산졉동새 난 이슷ᄒᆞ요이다
後腔    아니시며 거츠르신ᄃᆞᆯ 아으
附葉    殘月曉星이 아ᄅᆞ시리이다
大葉    넉시라도 님은 ᄒᆞᆫᄃᆡ 녀져라 아으
附葉    벼기더시니 뉘러시니잇가
二葉    過도 허믈도 천만 업소이다
三葉    ᄆᆞᆯ힛마리신뎌
四葉    ᄉᆞᆯ읏븐뎌 아으
附葉    니미 나ᄅᆞᆯ ᄒᆞ마 니ᄌᆞ시니잇가
五葉    아소 님하 도람 드르샤 괴오쇼셔
```

	교수·학습내용	교수·학습 활동	보충 자료
(가)	시적 화자 특성 확인	이별의 상황에 처한 화자가 자성의 심경을 고백함을 확인하고, 같은 특성의 화자가 나타나는 경우와 비교함	조위, 「만분가(萬憤歌)」
(나)	시적 대상 특성 확인	시적 대상인 '임'이 화자에게 관념적으로 절대화된 존재임을 확인하고, 같은 특성의 대상이 나타는 경우와 비교함	허난설헌, 「규원가(閨怨歌)」
(다)	시적 공간 특성 이해	노래하는 장소가 소망이 이루어지지 않는 결핍된 공간임을 이해하고, 유사한 특성이 나타나는 경우와 비교함	황진이, 「동짓달 기나긴 밤」
(라)	양식 특성 이해	'아으'가 시상 전개의 단락화 또는 분장의 표지 기능을 지님을 이해하고, 유사한 기능을 지니는 경우와 비교함	작자 미상, 「동동(動動)」
(마)	전승적 가치 이해	눈앞의 현실 너머 초월하려는 욕망이 보편적 공감을 얻을 수 있는 시적 모티프임을 확인하고, 유사한 경우와 비교함	서정주, 「추천사(鞦韆詞)」

① (가), (나), (다)　　② (가), (다), (마)　　③ (나), (다), (라)
④ (나), (라), (마)　　⑤ (다), (라), (마)

▍정답 ⑤

예상문제

※ (1 ~ 3) 아래 작품을 읽고 물음에 맞게 답하시오.

(가)

物叱乎支栢史　　　　　　　　믈흿 자시
秋察尸不冬爾屋支墮米　　　　ᄀᆞ술 안ᄃᆞᆯ 이우리 디매
汝於多支行齊敎因隱　　　　　너 엇뎨 니저 이신
仰頓隱面矣改衣賜乎隱冬矣也　울월던 ᄂᆞ치 겨샤온ᄃᆡ
月羅理影支古理因淵之叱　　　ᄃᆞᆯ 그림제 녯 모샛
行尸浪 阿叱沙矣以支如支　　　녈 믈결 애와티ᄃᆞᆺ
貌史沙叱望阿乃　　　　　　　즈ᅀᅡ ᄇᆞ라나
世理都 之叱逸烏隱第也　　　　누리도 아쳐론 뎨여
　　〈後句亡〉

— 「원가」, 『삼국유사(三國遺事)』, 〈양주동 해독〉

(나)

내 님믈 그리ᅀᆞ와 우니다니
山(산) 졉동새 난 이슷ᄒᆞ요이다.
아니시며 거츠르신 ᄃᆞᆯ 아으
殘月曉星(잔월효성)이 아ᄅᆞ시리이다.
넉시라도 님은 ᄒᆞᆫᄃᆡ 녀져라 아으
벼기더시니 뉘러시니잇가.
過(과)도 허믈도 千萬(천만) 업소이다.
ᄆᆞᆯ힛마리신뎌
슬읏븐뎌 아으
니미 나를 ᄒᆞ마 니ᄌᆞ시니잇가.
아소 님하, 도람 드르샤 괴오쇼셔.

— 정서, 「정과정」

1. 위의 (가)를 자료를 교수·학습할 때, 주제 면에서 아래 〈보기〉의 배경설화를 제시하기 전(前)과 제시한 후(後) 지도 내용에서 차이가 있다. 아래 표에 맞게 주제면의 텍스트 상호성과 관련한 자료를 각각 제시하시오.

〈보기〉

'원가'의 배경설화

　이 노래는 「삼국유사」 권5 〈신충괘관(信忠掛冠)〉에 실려 있다. 신라 효성왕이 왕위에 오르기 전의 일이다. 어느 날, 어진 선비 신충(信忠)과 더불어 대궐 뜰 잣나무 밑에서 바둑을 두다가 신충에게 말했다. "뒷날에 내가 결코 그대를 잊지 않을 것을 이 잣나무를 두고 맹세하리라." 하니 신충은 감격하여 일어나서 절을 하였다. 몇 달 후에 효성왕이 즉위하여 공이 있는 신하들에게 상을 주면서 신충의 일은 까맣게 잊고서 등용시키지 않았다. 신충은 왕을 원망하며 노래를 지어서 그 잣나무에 붙였다. 그러자 갑자기 잣나무가 시들고 말았다. 왕이 이를 이상히 여겨 사람을 시켜서 살펴보게 하였는데, 잣나무에 붙어 있는 그 노래를 왕에게 전달하니 왕은 크게 놀라며 말하였다. "정무(政務)가 번잡하여 하마터면 충신을 잊을 뻔했구나!" 이에 신충을 불러 벼슬을 주니 그제야 잣나무도 되살아났다.

예상 답안

과제	배경설화를 알기 전 주제면에서 유사한 작품	배경설화 내용을 고려할 때 주제면에서 유사한 작품
제시할 작품	정서의 「정과정」 조위의 「만분가」 윤선도의 「견회요」 등	충담사의 「안민가」, 「도솔가」 융천사의 「혜성가」 서사무가 「바리공주」 등

2. (나)는 향가계 여요로서 사뇌가의 특징과 고려 속요의 특징을 함께 지닌다. 다음 〈보기〉 중 고려 속요의 특징을 모두 골라 항목번호를 제시하시오.

〈보기〉

　㉠ 11행으로 되어 있지만 10구체의 형식과 유사하다.
　㉡ "넉시라도 님은 혼딕 녀져라" 등이 다른 작품에 나타난다.
　㉢ 마지막 구 첫머리에 감탄사가 있다.
　㉣ 결사는 낙구와 기능과 형식이 유사하다.
　㉤ 향찰 표기가 아니라 국문으로 표기 되었다.
　㉥ 3음보를 바탕으로 내용이 전개되었다.
　㉦ 전체의 내용을 세 부분으로 나누어 파악할 수 있다.
　㉧ "아소 님하", "-잇가", "-이다", "ㄴ뎌" 등의 어미와 감탄사 '아으' 등이 사용되었다.
　㉨ 「원가」와 그 내용이 유사하다.
　㉩ 표면적으로 임에 대한 사랑과 호소의 내용을 담고 있다.
　㉪ 여성 화자가 내용을 제시하고 있다.

예상 답안

㉡, ㉤, ㉥, ㉧, ㉩, ㉪

3. (나)에 대해 '고전 시가의 심미적 특성을 이해한다.'라는 학습 목표에 맞추어 교수·학습한 후 학생들의 감상 결과를 제시했다. 적절하지 않은 학생을 골라 바르게 지도할 내용을 제시하시오.

〈보기〉

㉠ 시적 화자가 자신의 무고함과 결백을 호소하기 위해 '접동새'를 제재로 활용했는데, 이것은 감정 이입의 대상이자 객관적 상관물임로 볼 수 있어.
㉡ '과(過)도 허물도 천만(千萬) 업소이다'라는 구절은 창작 배경과 직접적인 연관이 있고, 여기에는 시적 화자를 참소한 사람들의 말을 믿은 임에 대한 원망의 감정도 담겨 있어.
㉢ 주제 면에서 이 작품을 계승한 현대 시의 예로 김소월의 「접동새」등과 같은 작품을 제시하면 국문학의 전통과 연속성을 잘 드러낼 수 있어.

예상 답안

적절하지 않은 것은 ㉢이다.
제재면에서는 연관성이 있지만, (나)의 주제는 '자신의 억울함에 대한 호소'이며 주제 면에서 김소월의 '접동새'와 관련이 없다.

작품 9 쌍화점(雙花店)

雙花店(쌍화점)에 雙花(쌍화) 사라 가고신된
回回(회회)아비 내 손모글 주여이다.
이 말스미 이 店(점) 밧긔 나명들명
다로러거디러 죠고맛감 삿기광대 네 마리라 호리라
  더러둥셩 다리러디러 다리러디러 다로러거디러 다로러
  긔 자리예 나도 자라 가리라
  위 위 다로러거디러 다로러
  긔 잔 디フ티 덦거츠니 업다

三藏寺(삼장사)에 브를 혀라 가고신된
그 뎔 社主ㅣ 내손모글 주여이다
이 말스미 이 뎔 밧긔 나명들명
다로러거디러 죠고맛간 삿기(上座)ㅣ 네 마리라 호리라
  더러둥셩 다리러디러 다리러디러 다로러거디러 다로러
  긔 자리예 나도 자라 가리라
  위 위 다로러거디러 다로러
  긔 잔 디フ티 덦거츠니 업다

드레우므레 므를 길라 가고신된
우뭇 용(龍)이 내 손모글 주여이다
이 말스미 이 우믈 밧긔 나명들명
다로러거디러 죠고맛간 드레바가 네마리라 호리라
  더러둥셩 다리러디러 다리러디러 다로러거디러 다로러
  긔 자리예 나도 자라 가리라
  위 위 다로러거디러 다로러
  긔 잔 디フ티 덦거츠니 업다

술 풀 지븨 수를 사라 가고신된
그 짓 아비 내 손모글 주여이다
이 말스미 이 집 밧긔 나명들명
다로러거디러 죠고맛간 싀구바가 네마리라 호리라
  더러둥셩 다리러디러 다리러디러 다로러거디러 다로러
  긔 자리예 나도 자라 가리라
  위 위 다로러거디러 다로러
  긔 잔 디フ티 덦거츠니 업다

만두집(세공품 가게)에 만두 사러 갔더니만 / 회회아비(이슬람인) 내 손목을 쥐더이다
이 소문이 이 가게 밖에 나고들면 / 다로러거디러 조그마한 새끼 광대 네 말이라 하리라
〈후렴〉 더러둥셩 다리러디러 다리러디러 다로러거디러 다로러 / 그 잠자리에 나도 자러 가리라
위 위 다로러거디러 다로러 / 그 잔 데같이 거친(난잡한) 곳이 없다

삼장사에 불 켜러 갔더니만 / 그 절 지주 내 손목을 쥐더이다
이 소문이 이 절 밖에 나고들면 / 다로러거디러 조그마한 새끼 상좌 네 말이라 하리라

두레 우물에 물을 길러 갔더니만 / 우물 용이 내 손목을 쥐더이다
이 소문이 이 우물 밖에 나고들면 / 다로러거디러 조그마한 두레박아 네 말이라 하리라

술 파는 집에 술을 사러 갔더니만 / 그 집 아비 내 손목을 쥐더이다
이 소문이 이 집 밖에 나고들면 / 다로러거디러 조그마한 시궁 바가지 네 말이라 하리라

핵심정리

- **연대** 고려 충렬왕 때(1274~1308) '오잠'이 지었다는 설이 있음
- **형식** 전 4연의 분연체
- **성격** 향락적, 퇴폐적, 해학적, 풍자적
- **표현** 노골적이고 직접적인 표현
- **제재** ① 성적으로 자유분방한 여자의 밀애
  ② '쌍화'를 만두로 보고 있지만, 유리, 보석 등의 세공품으로 보고, 쌍화점'을 '세공품 가게'로 보는 주장도 설득력이 있음.
- **주제** 남녀간의 향락 추구(퇴폐적인 사회상에 대한 풍자)
- **특징** 각 연의 앞 4구는 한 여인의 불륜 행각을 노래하고, 뒤의 2구는 그 여인처럼 자기도 한번 놀아보고 싶다는 욕망을 독백체로 표현
- **의의** 정사(情事) 감정을 극화(劇化)한 연극적 가요
- **출전** 『악장가사』, 『시용향악보』, 『대악후보』

이해와 감상

| 해설 |

고려 충렬왕 때 만들어진 향악곡의 하나로 『악장가사』에 실려 있으며, 『고려사 악지』에는 제2장만이 발췌되어 삼장(三藏)이라는 제목으로 한역되어 있다.

이른바 '남녀상열지사'의 대표적인 것으로 지목되는 이 작품은 그 기원에 있어 고려 때 유행하던 속요로 보기도 하고 『고려사』에 기록되어 전하는 승지 오잠(吳潛)의 창작물, 혹은 궁중 내 다수에 의한 창작물이라고도 한다. 당시 방탕한 기질을 보이던 충렬왕의 기호에 부합하도록 이 노래가 만들어졌다면 대체로 당시 원의 간섭과 왕권의 동요로 혼란하고 타락한 사회상을 반영하는 속요를 채취하여 왕의 기호에 맞게 손질했을 가능성도 있다.

여느 고려 속요처럼 악무와 더불어 연행되었을 이 노래는 특히 연극적인 성격이 강하여 주목된다. 기록에 의하면 남장별대(男裝別隊)에 의하여 불렸다고 하는데 이들은 수도 개성과 전국에서 차출된 여자 기생들이 남자 복색을 한 집단이었다. 이들이 1279년에 오잠의 지휘 하에 충렬왕의 상설무대였던 수령궁의 향각에서 왕을 모시고 이 노래를 대본으로 연희하였다는 것이다.

제목인 '쌍화점'은 제1장 첫 구에서 따온 것으로 만두가게를 의미하며 한역가의 제목인 '삼장'도 제2장 첫 구에서 나온 것이다. 노래는 전 4장으로 구성되어 있는데 각 장에서 각각 회회아비, 삼장사의 사주, 우물의 용, 술집의 아비가 노래의 대상이 된다. 사건이 일어난 장소와 그 대상은 각각 다르지만 동일하게 남녀의 관계를 표현한 것이다. 결국 이 노래는 충렬왕 대의 퇴폐적인 시대상을 반영하였다는 점과 내적으로 독특한 연극적 구조를 보여준다는 점에서 주목할 만한 작품으로 평가된다.

| 감상 |

전 4연으로 된 이 노래는 당시의 퇴폐한 성윤리를 노골적으로 표현하여 조선 시대에 '남녀상열지사(男女相悅之詞)'라고 지목되기도 하였다. 그러나 상징과 은유를 풍자적 수법으로 구사하여 차원 높은 시의 가치를 발휘하고 있기도 하다. 표현 면에 있어서 유창한 운율과 아울러 금기(禁忌)이던 왕궁을 우물로, 제왕을 용(龍)으로 은유한 것이 뛰어나다.

사회 각계각층의 타락상을 풍자한 노래라는 것이 통설인데, 또 이를 종족, 기성도덕, 권력, 계급을 초월한 인간 평등과 인간성의 세계를 노래한 것으로 보는 견해도 있다. 그 이전에 우선 이 작품은 가극(歌劇)의 대본으로 간주되고 있다. 이를 장면적으로 재구성하는 데는 대화의 중단과 무대 공간의 대화 처리라는 난점이 있다.

이 작품을 재구성해 보면 여주인공과 상대역 남자의 주관적인 측면과 보조역인 샷기 광대와 상대역 여자의 객관적인 측면의 두 가지로 들 수 있을 것이다. 이를 다시 긍정·부정의 측면으로 나누어 주관적 입장을 보면 애정을 긍정하는 경우와 이를 부정하는 경우로 나눌 수 있다. 다음으로 객관적인 입장으로 보면 자유분방한 삶을 동경하는 경우와 타락한 사회상을 풍자·고발한 경우로 나눌 수 있다. 따라서 이를 종합적으로 따져 보면 이 작품은 이를 모두 포괄하는 경우로 볼 수 있다. 각각의 입장에서 상대방을 평가하는 인물들의 관계를 간명하고 정연한 형식으로 노래한 쌍화점은 사물을 객관적으로 파악하는 사유 방식에 바탕을 둔 고도의 세련된 창작 의식의 소산이라 하겠다.

1 「쌍화점」의 후렴구

이 작품에서는 고려 가요의 특징 중 하나인 '후렴구'가 등장하는데 이를 통해 리듬감이 형성되고 있다.

후렴구	의미
그 잔 듸フ티 덦거츠니 업다	• 우울하고 답답하다는 의미로 시적 화자의 심리 상태를 나타내는 것 • 거칠고 지저분하다는 의미로 동침한 자리를 형용한 것

2 「쌍화점」에 반영된 사회상

「쌍화점」에는 당시의 퇴폐적인 사회상이 계층을 불문하고 두루 잘 나타나 있다.

구분	소재	계층
1연	회회(回回)아비	몽고 족속, 고려에 주둔한 외인부대
2연	사주(社主)	종교 대표
3연	용(龍)	왕
4연	그 짓(술 폴 집) 아비	평민

이 작품에 반영된 사회상을 보면, 위로는 왕으로부터 아래로는 평민에 이르기까지, 종교계부터 점령군까지 퇴폐적인 생활을 했던 부패된 사회였음을 확인할 수 있다.

위와 같이 '왕'을 '용'으로 은유한 것으로 보는 것은 각 연의 장면 구성이 그 시대의 대표적인 사회 공간을 망라하게 되어 합리적이기 때문이다. 만두 파는 시정, 승려가 있는 사원, 임금이 있는 왕궁, 술 파는 주점으로 사회 공간을 망라하여 자연스럽다는 것이다. '용'을 평민, 하인, 과객 정도의 인물로 보는 견해도 있는데 이 작품에서 소재로 쓰인 공간이 모두 부녀자가 자유로이 드나들 수 있는 곳이어야 한다는 전제 때문일 것이다.

3 '쌍화'와 '쌍화점'에 대한 다른 주장

인하대학교 국어교육과는 박덕유 교수는 '쌍화'가 '만두'가 아니라고 주장한다.(박덕유, 〈쌍화점〉의 운율 및 통사구조 연구', 〈어문연구〉(통권 110호 2001년 제29권 2호) 박덕유 교수는 중한사전(1989)에서 '霜花[솽화, shuanghua]'에 대해 "① 성에, ② 서리 모양의 細工(세공)"으로 풀이하고 있음을 지적하며, 고려가요 〈쌍화점〉에서의 '쌍화'는 만두가 아니라 '세공품'이고, 따라서 '쌍화점'은 '세공품 가게'임을 밝혀냈다. 자연스럽게 아라비아인인 '회회아비'는 세공품 가게 주인이 된다는 것이다.

'쌍화'를 세공품으로, '쌍화점'을 세공품 가게로, '회회아비'를 세공품을 파는 아라비아인으로 해석해 보면, 보다 고려가요 〈쌍화점〉에 대해 해석이 자연스러워 진다. 박덕유 교수는 "회회인들이 광대를 두고 만두를 팔았다기 보다는 당시 부녀자들을 상대로 악세서리의 일종인 물건을 팔았다는 것이 더 합리적"이라고 한다. 즉, '회회아비'는 아라비아인이 분명하며, 이들은 각종 유리, 보석 등을 가공하여 판매하는 상인으로 고려에 들어와 '쌍화', 곧 세공품을 파는 세공품 가게를 열었던 것이다. 따라서 '쌍화점'은 세공품 가게, 혹은 '유리, 보석 가게'라고 보는 것이 타당하다는 것이다.

기출문제

1. 〈자료〉를 통해 알 수 있는 문학사적 동향에 대한 설명으로 적절한 것은?   2010년 기출 28번

〈자료〉

三藏寺裏點燈去	삼장사에 등불을 켜러 갔더니
有社主兮執吾手	그 절 사주가 내 손목을 쥐더이다.
倘此言兮出寺外	이 말이 절 밖으로 새어 나간다면
謂上座兮是汝語	상좌의 말이라고 이르겠노라.

-「삼장(三藏)」

이 두 노래*는 충렬왕 때 지어진 것이다. 왕이 소인(小人)의 무리들을 좋아하고 잔치와 놀이를 즐겼으므로, 총애를 받던 오기·김원상과 환관 석천보·석천경 등이 기악(伎樂)과 여색(女色)으로 왕의 환심을 사기에 힘썼다. 그들은(……) 여러 고을에 총애받는 신하를 보내어 관기(官妓) 중에 미모와 기예를 갖춘 이를 뽑고, 또 성 안의 관비(官婢)와 무녀(巫女)로서 가무(歌舞)에 뛰어난 자를 선발하여 궁중에 적을 두어 머물게 하였다. 이들에게 비단옷을 입히고 말총갓을 씌워서 따로 한 무리를 만들어 남장(男粧)이라 부르고 이 노래들을 교습하였다.

-『고려사 악지』

* 원문에는 「삼장」과 「사룡(蛇龍)」 두 곡이 실려 있다.

① 궁중의 관료들이 민간 음악에 능한 예능인들을 궁중에 불러 모아 교습하는 과정에서 민간의 노래가 궁중 연희에 맞게 변개되어 속악(俗樂)으로 유입되었다.
② 왕의 주변에서 전횡을 일삼던 부패 관료들에 의해 궁중 음악이 난삽해진 현실을 우려한 신흥 사대부들이 민간의 노래를 수집하여 신조(新調)를 창작하였다.
③ 구비 전승되던 무가들이 제의적 성격을 잃고 오락성이 강화된 모습으로 궁중으로 들어간 후 아악(雅樂)과 결합하여 새로운 궁중 음악이 만들어졌다.
④ 기방에서 유행하던 노래들이 남장별대를 통해 정제된 형태로 재편된 후 경기체가계 악장(樂章)과 결합하여 새로운 궁중 음악이 만들어졌다.
⑤ 민간의 노래가 궁중으로 유입되자 원나라의 음악이 주류를 이루었던 당시 궁중 음악이 당악(唐樂) 중심으로 바뀌었다.

▎정답 ①

예상문제

※ (1 ~ 3) 아래 작품을 바탕으로 조건에 맞게 답하시오.

(가)
　[서사(序詞)]
　엇그제 저멋더니 ᄒᆞ마 어이 다 늘거니.
　少年行樂(소년행락) 생각ᄒᆞ니 일러도 속절업다.
　늘거야 서른 말슴 ᄒᆞ자니 목이 멘다.
　父生母育(부생모육) 辛苦(신고)ᄒᆞ야 이내 몸 길너 낼 제
　公侯配匹(공후배필)은 못 바라도 君子好逑(군자호구) 願(원)ᄒᆞ더니,
　三生(삼생)의 怨業(원업)이오 月下(월하)의 緣分(연분)으로,
　長安遊俠(장안유협) 輕薄子(경박자)를 쑴ᄀᆞ치 만나 잇서,
　當時(당시)의 用心(용심)ᄒᆞ기 살어름 디듸는 듯,
　三五二八(삼오 이팔) 겨오 지나 天然麗質(천연여질) 절로 이니,
　이 얼골 이 態度(태도)로 百年期約(백년 기약) ᄒᆞ얏더니,
　年光(연광)이 훌훌ᄒᆞ고 造物(조물)이 多猜(다시)ᄒᆞ야,
　봄바람 가을 믈이 뵈오리 북 지나듯
　雪鬢花顔(설빈화안) 어ᄃᆡ 두고 ⊙面目可憎(면목가증) 되거고나.
　내 얼골 내 보거니 어느 님이 날 괼소냐.
　스스로 慙愧(참괴)ᄒᆞ니 누구를 怨望(원망)ᄒᆞ리.
　三三五五(삼삼 오오) 冶遊園(야유원)의 새 사름이 나단 말가.
　곳 피고 날 저물 제 定處(정처) 업시 나가 잇어,
　白馬金鞭(백마 금편)으로 어ᄃᆡ어ᄃᆡ 머무는고.
　遠近(원근)을 모르거니 消息(소식)이야 더욱 알랴.
　　　　　　〈중략〉
　欄干(난간)의 비겨 셔서 님 가신 ᄃᆡ 바라보니
　草露(초로)는 맷쳐 잇고 暮雲(모운)이 디나갈 제.
　竹林(죽림) 푸른 고ᄃᆡ 새소리 더욱 설다.
　世上(세상)의 서룬 사람 數(수)업다 ᄒᆞ려니와,
　薄明(박명)ᄒᆞᆫ 紅顔(홍안)이야 날 가ᄐᆞ니 쏘 이실가.
　아마도 이 님의 지위로 살동말동 ᄒᆞ여라.
　　　　　　　　　　　　　　　　　　　 - 「규원가」

(나)
　雙花店(쌍화점)에 雙花(쌍화) 사라 가고신ᄃᆡᆫ
　回回(회회)아비 내 손모글 주여이다.
　이 말ᄉᆞ미 이 店(점) 밧긔 나명들명
　다로러거디러 죠고맛감 삿기광대 네 마리라 호리라
　　더러둥셩 다리러디러 다리러디러 다로러거디러 다로러
　　그 자리예 나도 자라 가리라

```
        위 위 다로러거디러 다로러
        그 잔 딕ᄀ티 덦거츠니 업다 〈1장〉


    드레우므레 므를 길라 가고신딘
    우믓 龍이 내 손모글 주여이다
    이 말ᄉ미 이 우믈 밧긔 나명들명
    다로러거디러 죠고맛간 드레바가 네마리라 호리라
        더러둥셩 다리러디러 다리러디러 다로러거디러 다로러
        그 자리예 나도 자라 가리라
        위 위 다로러거디러 다로러
        그 잔 딕ᄀ티 덦거츠니 업다
```

― 「쌍화점」

1. (가)의 ㉠에 나타난 시적화자의 상황과 대비되는 남편의 모습을 드러낸 한자어를 두 가지 찾아 제시하고, 인물의 특징을 밝히시오. [2점]

📝 **예상 답안**

① 長安遊俠(장안유협), 白馬金鞭(백마 금편)
② 가정사는 등한시하면서 화려하게 꾸민 채 밖으로 떠돌아 다니는 한량

2. (나)의 구조를 아래와 같이 제시할 때, 표의 빈 칸에 각각 적절한 구조의 내용을 제시하시오. [2점]

구조의 내용	관련 부분
①	1행
제1 화자의 의도와 다른 일(외도) 발생	2행
다른 일이 소문 남	3~4행
후렴	5행
②	6행
제2화자의 만족감 제시	7~8행

📝 **예상 답안**

① 제1 화자의 순수한 의도 추구
② 제2 화자의 다른 일(외도) 추구

3. (가), (나)의 구체적 내용을 통해 여인의 삶의 태도 차이를 밝히고, 그것을 '시대상' 및 '신분'과 관련지어 서술하시오.

> **예상 답안**
>
>   (가)에서 '공후배필'은 못 바라도 '군자호구'를 바란다는 부분에서 사대부가의 여인이라는 점을 알 수 있고, '장안유협 경박자', '백마금편으로 어디어디 ~ '라는 부분에서 남편의 상황이 드러나며, 신세를 한탄하면서 '살동말동 하여라'라는 부분에서 당대의 유교 윤리를 벗어날 수 없는 상황이 제시되었다.
>   (나)에서 '쌍화'를 사거나 '물'을 긷는 부분에서 서민 부녀자임을 알 수 있고, 손목을 쥐는 행위나 그 자리를 찾아가는 부분에서 윤리에 개의치 않는 개방적 성격을 드러내었다.
>   이러한 차이는 시대상의 측면에서 (가)가 유교 이념 및 가부장제에 따라 체제가 정비된 조선 시대의 현실을 담고 있고, (나)는 윤리면에서 보다 자유로웠던 고려 시대의 현실을 담고 있기 때문인 것으로 볼 수 있다.
>   또한 신분 면에서 (가)의 여인은 사대부가의 여인이지만, (나)의 여인은 서민으로 볼 수 있다. 사대부가의 부녀자들에게는 엄격한 윤리 도덕이 요구되었고, 서민층은 그 점에서 자유로웠기 때문에 이러한 차이가 나타난 것으로 볼 수 있다.

작품 10 만전춘(滿殿春)

어름 우희 댓닙자리 보와 님과 나와 어러 주글만뎡
어름 우희 댓닙자리 보와 님과 나와 어러 주글만뎡
情(정) 둔 오눐밤 더듸 새오시라 더듸 새오시라.

耿耿(경경) 孤枕上(고침상)애 어느 즈미 오리오.
西窓(서창)을 여러ᄒᆞ니 桃花(도화)ㅣ 發(발)ᄒᆞ도다.
도화(桃花)는 시름 업서 소춘풍(笑春風)ᄒᆞᄂᆞ다 소춘풍(笑春風)ᄒᆞᄂᆞ다.

넉시라도 님을 ᄒᆞᆫ듸 녀닛 景(경) 너기다니
넉시라도 님을 ᄒᆞᆫ듸 녀닛 景(경) 너기다니
벼기더시니 뉘러시니잇가 뉘러시니잇가.

올하 올하 아련 비올하
여흘란 어듸 두고 소해 자라 온다.
소콧 얼면 여흘도 됴ᄒᆞ니 여흘도 됴ᄒᆞ니

南山(남산)애 자리 보와 玉山(옥산)을 버여 누어
錦繡山(금수산) 니블 안해 麝香(사향) 각시를 아나 누어
南山(남산)애 자리 보와 玉山(옥산)을 버여 누어
錦繡山(금수산) 니블 안해 麝香(사향) 각시를 아나 누어
藥(약)든 가슴을 맞초ᄋᆞᆸ사이다 맞초ᄋᆞᆸ사이다

아소 님하, 遠代平生(원대평생)애 여힐ᄉᆞᆯ 모ᄅᆞᄋᆞᆸ새.

얼음 위에 댓잎 자리 보아 / 임과 내가 얼어 죽을망정 / 얼음 위에 댓잎 자리 보아 / 임과 내가 얼어 죽을망정 / 정을 나눈 오늘 밤 더디 새오소서, 더디 새오소서.
근심 어린 외로운 침상에 / 어찌 잠이 오리오 / 서창을 열어젖히니 / 복숭아꽃 피었구나 / 복숭아꽃은 시름 없이 봄바람에 웃는구나 봄바람에 웃는구나.
넋이라도 임과 함께 / 살아가는 모습 그렸더니 / 넋이라도 임과 함께 / 살아가는 모습 그렸더니 / 모함하던 사람이 누구였습니까 누구였습니까
오리야 오리야 / 어린(아련한) 비오리야 / 여울일랑 어디 두고 / 못[沼]에 자라 오느냐 / 못이 얼면 여울도 좋으니 여울도 좋으니
남산에 자리 보아 / 옥산을 베고 누워 / 금수산 이불 안에 / 사향 각시를 안고 누워 / 약 든 가슴을 맞춥시다 맞춥시다
아! 임이여 오랜 평생에 이별할 일을 모르고 지냅시다

핵심정리

- **별칭** 「만전춘 별사(滿殿春別詞)」
- **형식** 전 5연의 분연체(6연으로 보기도 함)
- **성격** 관능적, 향락적, 퇴폐적 : 대표적인 남녀상열지사
- **표현** 비유와 상징, 반어와 역설, 감각적인 언어로 감정의 표현이 진솔하여 문학성이 높음
- **주제** 변치 않는 사랑에 대한 소망
- **의의** 시조 장르의 기원을 찾는 자료로서 주목되기도 하며, 민요와 경기체가의 형식에도 영향을 끼쳤다고 봄
- **출전** 『악장가사』, 『시용향악보』

이해와 감상

| 해설 |

이 작품은 궁중에서 잔치를 벌일 때 속악정재(俗樂呈才)에서 불렸던 것으로, 임과 이별하지 않고 계속 사랑하고자 하는 소망을 노래한 작자 미상의 고려 가요이다. 전체 5연으로 보는 경우도 있으나 마지막 종결짓는 결사(結詞)가 마지막에 추가되고 있어 이것을 독립된 연으로 볼 경우 6연이 된다. 각 연은 형식상으로 불균형을 보이고 있고 시어도 이질적이며 의미론적으로도 통일성이 결여되어 있어서, 이 작품의 형성이 여러 이질적이고 독립적인 당대의 유행 노래를 궁중의 속악 가사로 합성, 편사(編詞)함으로써 성립된 것으로 본다. 「만전춘 별사」의 첫째, 셋째, 넷째 연은 그 표기 방법이 우리말식 표기임에 반해 둘째와 다섯째 연은 한자 어투가 많은 것을 보아도 이 노래는 두 개 이상의 가요가 혼성된 것으로 볼 수 있다.

내용은 남녀 간의 애정을 적나라하게 노래한 것으로 노골적이고 퇴폐적인 표현 때문에 조선 시대 사대부에 의하여 음사(淫辭)로 규정되어 배척되고 새로운 만전춘사로서의 「봉황음(鳳凰吟)」을 짓게 되는 계기가 되기도 하였다.

남녀 사이의 강렬한 사랑을 비유와 상징, 반어와 역설, 감각적인 언어를 적절히 구사하고 있음이 돋보인다. 이 노래는 시조의 원류라는 평가를 받는데, 작품의 2연과 5연이 시조 양식에 접근하는 형태를 보여 주고 있기 때문이다. 3장이라는 분장 형태, 4음보 율격, 호흡의 완급, 수사 방법까지 시조와 접근하는 것으로 파악되어 고려 가요가 붕괴되면서 시조의 형식이 형성된 것으로 보는 근거가 된다.

| 감상 |

원제목은 「만전춘(滿殿春)」이며, 「만전춘 별사」는 조선 시대에 윤회(尹淮)가 지은 가사 「만전춘사」와 구별하기 위해 붙여진 별칭이다. 「이상곡」, 「쌍화점」과 함께 소위 남녀상열지사의 대표작으로 평가되는 작품이다. 전 5연으로 된 이 노래는 남녀 간의 사랑을 대담하고 솔직하게 읊고 있어서 고려 가요 특유의 주제와 소재를 가장 잘 구비하고 있다. 특히 2연과 5연은 후기의 시조 형식과 가까워 주목을 끌고 있다. 조선 성종 때에는 내용이 음란하다 하여 유학자들 사이에서 논란을 빚기도 하였으나, 비유법과 심상의 전개가 흡사 현대의 시 작법을 보는 것처럼 참신하고 신선하다.

한편 이 노래는 모두 5연으로 되어 있으나, 마지막에 시상을 종결짓는 시구가 있어, 이를 독립된 연으로 여겨 6연으로 된 노래로 보기도 한다.

이 노래의 내용을 살펴보면 먼저 1연에서는 남녀 간의 정열적인 애정을 그리고 있다. 그러나 이것이 추해 보이지 않는 것은 2연에서 나타난 것처럼 임은 이미 떠났고, 얼음 위에서라도 임과 함께 있고 싶은 여인의 간절한 소망을 담고 있기 때문이다. 이러한 점 때문에 1연은 두 연인의 사모(思慕)의 정을 훌륭하게 담아 낸 절창(絶唱)으로 평가되기도 한다. 2연에서는 기약도 없이 떠난 임을 그리며 외로운 베갯머리에 누워 쓸쓸한 마음에 잠을 못 이루고 있는 시적 화자의 가련한 신세를 무심코 만발하는 복숭아꽃에 견주어 한탄하고 있다. 마지막에 복숭아꽃이 봄바람에 웃는다는 표현은 문학적으로 매우 뛰어난 기교로 볼 수 있으며, 마치 임에게 버림받은 자신을 비웃는 듯한 느낌을 갖게 한다. 3연은 만날 수 없는 임의 넋이라도 만나 함께 하고 싶다는 내용으로 사랑이 지나쳐 원망으로 번져 가고 있는 부분이다. 즉, 약속을 저버린 임에 대한 원망을 드러낸 것이다. 정서의 「정과정곡」에도 이와 유사한 구절이 나타나는데, 고려 가요가 정착되는 과정에서 첨삭이 있었음을 짐작하게 하는 동시에 당시에도 많은 사람들에게 유행했던 구절이 있었음을 추측하게 하는 자료가 되기도 한다. 4연에서는 오리에 빗대어 임의 음탕함을 풍자하고 있다. 여기서 '여흘'과 '소'는 각기 다른 여인을 가리키는 말로, '여흘'과 '소'를 왔다 갔다 한다는 것은 정상적인 애정 행위가 아닌 방탕하고 퇴폐적인 애정 행위에 가깝다. 그러나 그것이 우의적인 기교에 의해 표현됨으로써 추하게 다가오지는 않는다. 5연에서는 임과 함께 하고 싶은 욕망, 좀 더 직접적으로 말하면 임과 잠자리를

함께 하고 싶은 욕망을 강하게 표출하고 있다. 임이 없는 밤, 임과 함께 덮고 자던 금침을 꺼내어 임과 함께 잠자리에 들 때 뿌리던 사향을 안고 임을 그리워하는 행위는 상상이기는 하지만 매우 노골적인 표현이라고 할 수 있다. 마지막 결사에서는 임과의 해후를 그리며 평생에 변치 않는 사랑을 다짐하고 있어 속된 내용 속에서도 한국 여인의 끈질긴 사랑을 은연중에 암시하고 있다. 각 연은 순차적으로 되어 있지 않고, 사랑의 여러 모습을 보여 주고 있음을 확인할 수 있다.

1 4연과 5연에서 비유적으로 사용된 어휘들의 의미

4연의 '소(늪)'과 '오리', '여흘'은 그 상징적 의미가 여러 각도로 해석되고 있다. 먼저 '소'를 서정적 자아인 여성 화자로 보고, '오리'는 서정적 자아의 대상인 임(남성)으로, '여울'은 서정적 자아인 '소'와 대조적 속성을 지닌, 서정적 자아와 상대방 여성의 상징으로 보는 견해가 있다. 이에 대하여 '오리'로 비유된 남성을 과거의 임이 아닌 새로운 임, 새로 나타난 남성으로 보기도 하고, 제3의 바람둥이 남자로 보기도 한다. 5연의 '남산', '옥산', '금수산'은 어휘의 의미와 상징을 살펴보면, 이들은 각각 '따뜻한 아랫목', '옥베개', '수놓은 비단 이불'을 뜻하는 것으로 해석할 수 있다. 또한 나아가서 '남성', '여성', '남성'을 상징하는 복합 심상을 지닌 것으로 보기도 한다.

2 「만전춘」의 시적 상황

시적 상황	상황의 속성
어름 우희 댓닙자리	차가움
情(정) 준 오놄밤	뜨거움

1연에서는 죽음을 불사할 정도의 극한 상황을 설정함으로써, 얼음과 댓잎 자리의 차가운 이미지에 대비된 임에 대한 뜨거운 사랑과 열망을 효과적으로 드러내고 있다. 이처럼 상식적으로 이해하기 어려운 상황을 설정할 때 오히려 참신성이 드러날 수 있다.

예상문제

※ (1 ~ 4) 아래 작품을 바탕으로 조건에 맞게 답하시오.

(가)
　딩아 돌하 당금(當今)에 계샹이다.
　딩아 돌하 당금(當今)에 계샹이다.
　션왕셩ᄃᆡ(先王聖代)예 노니ᄋᆞ와지이다.

　삭삭기 셰몰애 별헤 나는
　삭삭기 셰몰애 별헤 나는
　구은 밤 닷 되를 심고이다.
　그 바미 우미 도다 삭나거시아
　그 바미 우미 도다 삭나거시아
　㉠유덕(有德)ᄒᆞ신 님믈 여ᄒᆡᄋᆞ와지이다.
　　　　　〈중략〉
　므쇠로 한쇼를 디여다가
　므쇠로 한쇼를 디여다가
　텰슈산(鐵樹山)애 노호이다.
　그 쇠 텰초(鐵草)를 머거아
　그 쇠 텰초(鐵草)를 머거아
　유덕(有德)ᄒᆞ신 님 여ᄒᆡᄋᆞ와지이다.

　구스리 바회예 디신ᄃᆞᆯ
　구스리 바회예 디신ᄃᆞᆯ
　긴힛ᄃᆞᆫ 그츠리잇가.
　즈믄 ᄒᆡᄅᆞᆯ 외오곰 녀신ᄃᆞᆯ
　즈믄 ᄒᆡᄅᆞᆯ 외오곰 녀신ᄃᆞᆯ
　신(信)잇ᄃᆞᆫ 그츠리잇가

- 작자미상, 「정석가」, 『악장가사, 시용향악보』

(나)
　어름 우희 댓닙자리 보와 님과 나와 어러 주글만뎡
　어름 우희 댓닙자리 보와 님과 나와 어러 주글만뎡
　情(정) 둔 오ᄂᆞᆳ밤 더듸 새오시라 더듸 새오시라.

　耿耿(경경) 孤枕上(고침상)애 어느 ᄌᆞ미 오리오.
　西窓(서창)을 여러ᄒᆞ니 桃花(도화)ㅣ 發(발)ᄒᆞ도다.
　도화(桃花)는 시름 업서 소춘풍(笑春風)ᄒᆞᄂᆞ다 소춘풍(笑春風)ᄒᆞᄂᆞ다.

　넉시라도 님을 ᄒᆞᄃᆡ 녀닛 景(경) 너기다니

넉시라도 님을 ᄒᆞᄃᆡ 녀닛 景(경) 너기다니
벼기더시니 뉘러시니잇가 뉘러시니잇가.

올하 올하 아련 비올하
여흘란 어듸 두고 소해 자라 온다.
소콧 얼면 여흘도 됴ᄒᆞ니 여흘도 됴ᄒᆞ니

南山(남산)애 자리 보와 玉山(옥산)을 벼여 누어
錦繡山(금수산) 니블 안해 麝香(사향) 각시를 아나 누어
南山(남산)애 자리 보와 玉山(옥산)을 벼여 누어
錦繡山(금수산) 니블 안해 麝香(사향) 각시를 아나 누어
藥(약)든 가ᄉᆞᆷ을 맛초ᄋᆞᆸ사이다 맛초ᄋᆞᆸ사이다

아소 님하, 遠代平生(원대평생)애 여힐ᄉᆞᆯ 모ᄅᆞᄋᆞᆸ새.

— 작자 미상, 「만전춘」, 『악장가사』

1. [기입형] (가)에서 민요의 특징을 내용면·형식면에서 각각 2가지 제시하시오. [2점]

📝 **예상 답안**

① 내용면 : ㉠ 남녀 사랑에 관한 내용, ㉡ 일상적·민중적인 소재
② 형식면 : ㉠ 3음보, ㉡ 반복구, ㉢ 후렴, ㉣ 다른 노래에도 수록되어 민요로 봄

2. [기입형] 구체적 근거를 통해 (나)에 영향을 준 작품을 제시하고, 구체적 근거를 통해 (나)가 영향을 미친 갈래를 제시하시오. [2점]

📝 **예상 답안**

① (나)의 3연에 제시된 내용은 고려 속요 '정과정의 영향을 받았다.
② (나)의 2연, 5연은 3장(= 3행) 6구의 형태이며, 이것이 시조의 3장 6구 형성에 영향을 미쳤다.

3. [기입형] (가)의 ㉠에 나타난 표현을 밝히고, (나)에서 유사한 표현을 2가지 찾아 제시한 후, ㉠을 바탕으로 '이중적 화자'의 특징에 대해 서술하시오. [4점]

📝 **예상 답안**

㉠에는 반어가 나타난다. 유사한 표현은 '어름 우희 댓닙자리', '님과 나와 어러 주글만뎡' 등에서 나타난다.
㉠에서 표면적 화자는 님과 헤어지고 싶다고 하지만, 이면적 화자는 님과 헤어지지 않으려는 의도를 지닌다. 반어는 이중적 화자를 통해 이면의 의도를 더욱 강조하는 특징이 있다.

4. [서술형] (가)와 (나) 작품의 형성 과정 및 구성의 특징에 대해 교수·학습할 때, 형성 과정이나 구성상의 공통점과 차이점을 각각 2가지씩 밝히시오. [4점]

▣ 예상 답안

　　(가)와 (나)는 ① 민요에 바탕을 둔 노래가 고려 시대 궁중에서 궁중 속악으로 불려졌다는 점, ② 당시에 민요로 떠돌던 서로 다른 노래들이 결합되어 형성되었다는 점, 그리고 ③ 노래의 끝부분에 각각 결론을 맺어주는 내용을 제시했다는 점에서 형성 과정 및 구성상의 공통점이 있다.

　　그렇지만 ① (가)는 서사에서 왕에 대한 송도의 내용을 덧붙였고, (나)는 왕에 대한 송도의 내용이 없다. ② (가)는 시적 화자의 정서가 통일성을 지니게 구성했지만, (나)는 시적 화자의 정서가 통일성이 부족하게 구성되었다. ③ (가)의 2~5연은 전개나 표현이 중복되고 비슷하지만, (나)는 연 별로 비슷하거나 중복되는 내용이 없다. 또 ④ (가)는 민요에서 주로 4구체 형식의 영향을 받아 구성되었고, (나)는 민요에서 주로 3장(세 줄) 형식의 영향을 받아 구성되었다. 그리고 ⑤ (가)는 3음보 위주로 내용을 구성했고, (나)는 4음보 위주로 내용을 구성했다.

작품 11 ▶ 이상곡(履霜曲)

비 오다가 개야 아 눈 하 디신 나래
서린 석석사리 조븐 곱도신 길헤
다롱디우셔 마득사리 마득너즈세 너우지
잠 싸간 내 니믈 너겨
깃든 열명 길헤 자라오리잇가
종종 벽력(霹靂) 아 싱함타무간(生陷墮無間)
고대셔 싀여딜 내 모미
종종 벽력(霹靂) 아 싱함타무간(生陷墮無間)
고대셔 싀여딜 내 모미
내 님 두숩고 년뫼를 거로리
이러쳐 뎌러쳐
이러쳐 뎌러쳐 긔약이잇가
아소 님하, 훈 녀졋 긔약이이다.

비 오다가 날이 개어 다시 눈이 많이 내린 날에 / 서리어 있는 숲의 좁고 굽어 도는 길에, /(후렴구)다롱디우셔 마득사리 마득너즈세 너우지 / 잠을 앗아간 내 님을 생각하지만, / 이렇게 힘든 길에 임이 자러 오겠습니까? / 때때로 벼락이 쳐서 무간지옥(無間地獄)에 떨어져 / 금방 사라져 갈 내 몸이, 때때로 벼락이 쳐서 무간지옥(無間地獄)에 떨어져 / 금방 사라져 갈 내 몸이, / 임을 두고 다른 임과 살아가겠습니까? / 이렇게 저렇게 / 이렇게 저렇게(아무렇게, 의미 없이) 한 기약이었습니까? / 아아 임이시여, 임과 함께 살고자 한 기약이었습니다.

핵심정리

- **작자** 미상(고려 충숙왕 때 채홍철이라는 설도 있음)
- **갈래** 고려 속요
- **형식** 비연시
- **성격** 연모적, 순정적
- **표현** 여자와 남자가 서로 번갈아 부르는 문답 형식의 노래로 보기도 함
- **주제** 변치 않는 사랑의 다짐
- **출전** 『악장가사』

이해와 감상

| 해설 |

초장은 화자와 임 사이에 놓인 길이 닫힌 상태에 있음을 노래하고 있다. 즉, 비·눈을 통한 천상의 악조건과 석석사리·길을 통한 지상의 악조건을 드러내고 이를 '열명 길'로 집약시키고 있다. 길은 천상과 지상을 잇는 수직적인 것이며, 자연적·절대적 세계와 인위적·상대적 세계를 잇는 것이기도 하다. 전자는 '비·눈'이며 후자는 '석석사리·길'로 인간에 의해 극복될 수 있는 것이기 때문이다.

중장은 수직적인 길의 폐쇄성이 벽력에 의해 열릴 가능성을 암시한다. 그것은 또한 임의 환생을 뜻한다. 하지만, 자연 현상인 벽력에 비유됨으로써 숙명적이고도 무의식적인 것이며, 광명을 뜻하기는 하나 순간적이며 허무한 것임을 뜻하기도 한다. 따라서 임에 대한 그리움은 강렬할수록 허무감도 더한 것이다. 여기서 임이 없는 삶은 지옥으로 인식되고 삶의 무상감으로 이어진다. 그러한 인식은 임과의 만남을 추구하게 하고 그 만남은 산에서 가능한 것으로 제시된다. 이 산은 화자와 임이 만나 이별 없는 영원한 사랑을 누릴 수 있는 모든 인위적·가변적인 상황이 제거된 이상향의 이미지를 갖는다.

종장은 두 사람 사이에 가로놓인 악조건을 부정하면서 앞서 이상으로 제시된 산을 '훈딕'로 바꾸어 표현하면서 합일을 노래하는 것이다.

| 감상 |

청상(青孀)의 애수와 번민을 노래한 「이상곡」은, 남편을 여의고 혼자 겪어야 하는 고독으로 가신 임에 대한 그리움과 일편단심을 애절하게 표현하고 있다.

크게 두 부분으로 나누어 보면, 제 1~8 행은 임과 함께 하지 못하는 고통스런 자신의 처지를 노래했고, 제 9~13 행은 그러한 고통과 한계를 초월하여 임과 영원히 하겠다는 다짐과 기약을 노래하고 있다.

이 작품의 특징은 시적 기교가 뛰어나다는 점이다. '비오다 개야 아 눈하 디신 나래', '서린 석석사리 조븐 곱도신 길헤'의 배경 설정이 선명히 드러나 있고, '년뫼롤 거로리'와 같은 은유적 수법과 '이러쳐 뎌러쳐'의 시적 구조의 묘미 등이 특이하다.

예상문제

※ (1 ~ 3) 아래 작품을 바탕으로 조건에 맞게 답하시오.

(가)
비오다가 개야 아 눈 하 디신 나래
서린 석석사리 조븐 곱도신 길헤
다롱디우셔 마득사리 마득너즈세 너우지
잠 싸간 내 니믈 너겨
㉠ 깃든 열명 길헤 자라오리잇가
죵죵 벽력(霹靂) 아 싱함타무간(生陷墮無間)
고대셔 싀여딜 내 모미
죵죵 벽력(霹靂) 아 싱함타무간(生陷墮無間)
고대셔 싀여딜 내 모미
내 님 두숩고 년뫼를 거로리
이러쳐 뎌러쳐
이러쳐 뎌러쳐 긔약이잇가
아소 님하, 혼디 녀젓 긔약이이다.

- 「이상곡」, 『악장가사』

(나)
〈중략〉
일신의 병이 되고 만사(萬事)의 무심(無心)하여
서창(書窓)을 구지 닫고 섬거이 누어시니,
화용월태(花容月態)난 안중(眼中)의 암암(黯黯)하고
분벽창(粉壁窓)은 침변(枕邊)에 의의(依依)하야
화총(花叢)의 노적(露滴)하니 별루(別淚)를 뿌리는 듯
류막(柳幕)의 연롱(籠)하니 이한(離恨)을 먹음은 듯.
공산 야월(空山夜月)의 두견(杜鵑)이 제혈(啼血)한 제

슳흐다 뎌 새소리 내 말갓치 불여귀(不如歸)로다.
삼경(三更)에 못든 잠을 사경말(四更末)에 비러 드러
상사(相思)하던 우리 님을 꿈 가운데 해후(邂逅)하니,
천수만한(千愁萬恨) 못다 닐너 일장호접(一場胡蝶) 흐터지니
아릿다온 옥발 홍안(玉髮紅顔) 곁에 얼픗 안잣는 듯.
어화 황홀(恍惚)하다 꿈에 생시(生時) 합(合)고지고.
무침(無寢) 허희(噓唏)하야 바삐 니러 바라보니,
운산(雲山)은 첩첩(疊疊)하야 천리몽(千里夢)을 가려잇고
호월(皓月)은 창창(蒼蒼)하야 양향심(兩鄕心)을 비취였다.
어와 내일이야 나도 모를 일이로다.
이리저리 그리면서 어이 그리 못 가는고.
약수(弱手) 삼천 리(三千里) 머닷말이 이런대를 일러라.
가기(佳期)는 격절(隔絶)하고 세월이 하도 할사,
엊그제 곳이 안류변(岸柳邊)의 붉엇더니
그 덧의 훌훌하야 낙엽 추성(落葉秋聲)이라.
새벽서리 디난달의 외기럭이 싫히울 제
반가온 님의 소식 행혀 올가 바라더니
창망(滄茫)한 구름 밖에 븬소리 뿐이로다.
지리타 이 이별이 언제면 다시볼고.
산두(山頭)의 편월(片月)되야 님의 낯이 비취고져
석상(石上)의 오동(梧桐)되야 님의 무릎 베이고져
공산(空山)의 잘새되야 북창(北窓)의 가 울니고져
옥상(屋上) 조양(朝陽)의 제비되야 날고지고
옥창(玉窓) 앵도화(櫻桃花)에 나뷔되여 날고지고
태산(泰山)이 평지(平地) 되도록 금강(錦江)이 다 마르나
평생 슗흔 회포(懷抱) 어대를 가을하리
　　　　　〈후략〉

- 「춘면곡」

1. (가)에서 ㉠과 같은 표현이 나타나는 곳을 2가지 더 제시하고, 이 표현의 효과를 밝히시오. [4점]

📒 예상 답안

　㉠에 나타나는 표현은 반어적 의문(설의법)이며, 이것은 '내 님 두숩고 년뫼롤 거로리', '이러쳐 뎌러쳐 긔약이잇가'에서 나타난다.
　이것은 화자가 지향하려는 삶과 반대되는 요소를 의문형으로 제시하고, 스스로 그렇게 하지 않겠다는 의지를 더욱 강조하여 드러낸다.

2. (나)에서 시적화자의 시름과 한을 해소하는 장치를 찾고, 그것이 내용 전개에서 어떤 기능을 지니는지 밝히시오. [2점]

> 📋 **예상 답안**
>
> 화자는 꿈을 통해 상사하던 님을 만남으로서 현재 느끼고 있는 모든 갈등이나 고뇌를 해결하고자 한다. 그러나 그것은 현실이 아니기 때문에 이루어질 수 없고 오히려 님에 대한 그리움과 나의 외로움을 더욱 강조하게 된다.

3. (가), (나)의 구체적 부분을 근거로 시적 화자 및 상황을 밝히고, 화자의 차이로 인한 내용의 차이점을 서술하시오. [4점]

> 📋 **예상 답안**
>
> (가)는 4행, 10행, 마지막 행 등을 바탕으로 여성 화자가 사별 또는 이별한 남성을 그리워하는 내용을 제시했고, (나)는 3행, 11행 등을 통해 남성 화자가 이별한 여성 화자를 그리워하는 내용을 제시했다.
> (가)는 여성 화자여서 사별한 후 여인이 지니는 일편단심의 지조와 절개를 강조했고, (나)는 남성 화자여서 일편단심의 마음보다 상실로 인한 슬픔과 그리움을 강조했다.

MEMO

최병해
고 / 전 / 시 / 가

chapter

6 경기체가

제1절 경기체가 이해
제2절 경기체가 작품 감상

제1절 경기체가 이해

> ▶ **출제방향**
> - 경기체가의 형식적 특징
> - 경기체가의 형성과 기원
> - 전·후대 시가와의 영향 관계
> - 경기체가와 속요의 비교
> - 경기체가의 소멸 원인

01 경기체가의 정의 및 특징

1. 경기체가의 정의

고려 고종 때 발생하여 조선 철종(민규, 「충효가」) 때까지 이어진 시가로 '위 … 경 긔 엇더하니잇고'의 표현이 포함된 시가로 고려 중기의 정치적 혼란기를 배경으로 발생하여 조선 전기까지 유행한 신흥 사대부 문학이다.

2. 경기체가의 형성 배경

(1) 경기체가는 신흥 사대부들이 자신들의 세계관을 표출하기 위해 만든 문학이다.
(2) 사물에 대한 관심(물(物)에서 도(道)를 찾고자 함), 현실에 대한 객관적 인식, 실천적 활동의 중시 등이 그 배경이다.

3. 경기체가의 작자

무신 정권 하에서 몰락했거나 한미한 문신(귀족)들과 고려 말 새롭게 등장한 신흥사대부와 조선 건국 공신들이 주요 작자이다.

4. 형식

(1) 분절체로서 후렴이 있다.
(2) 분절 구조로 각 장은 4구의 전대절(前大節)과 2구의 후소절(後小節)로 나누어진다.
(3) 전 3구는 3·3·4조, 4·4·4조 등으로 이루어진 3음보이며, 후 3구는 4·4·4·4의 4음보로 보는 경우가 많다.
(4) 보격은 앞은 3보격, 뒤는 4보격으로 뒤가 무거운 시연이며, 음수율도 역시 앞이 3음, 뒤가 4음인 뒤가 무거운 시행을 이룬다.
(5) 대부분 한문투의 나열이며, 부분적으로 이두를 사용한 경우도 있다.
(6) 매절의 끝마다 '爲~景 긔 엇더ᄒ니잇고'란 후렴구가 있다.

5. 내용

(1) 귀족들의 멋과 풍류, 서경, 건국 칭송, 귀족의 현실도피적인 풍류 등을 다루었다.
(2) 훈구파 사대부들의 고답적·퇴폐적·현실 도피적 내용의 귀족 문학이다.

6. 경기체가의 소멸

(1) **재도적(載道的) 문학관**
사림파 사대부의 등장하여 교훈적 문학을 추구하면서 경기체가가 배척되었다.
> 예 이황의 「도산십이곡」 '발문' : 「한림별곡」류의 경기체가가 방탕하며, 퇴폐적, 향락적이라고 비판하였다.
> (① 가사 오만, ② 음란, ③ 사물 나열(한자어) : 교술 장르)

(2) **형태적 폐쇄성**
① 경기체가는 한자어 위주 표현, 사물의 나열 위주이다.
② 작자의 생각 표현에 제약이 있다. → 시조와 가사에 밀려났다.

(3) 「한림별곡」이 최초의 경기체가이고, 민규의 「충효가」(철종 때)를 최후의 경기체가로 본다.

7. 경기체가의 의의 및 한계

경기체가는 정제된 형식미를 갖추었고, 음악성은 잘 살렸지만, 내용이나 표현 면에서 문학성을 잘 살리지 못했으며, 한시와 우리나라 시의 중간적 성격을 띤 문학이다.

8. 고려 속요와 경기체가의 비교

구분	경기체가	속요
형식 (공통점)	분연체(分聯體), 후렴구 발달, 3·3·4조 3음보	
작자	귀족층	평민층
표기	한자투의 나열, 후렴구에 이두 사용	구전되다 조선시대에 문자로 기록(국문으로 정착)
내용	멋과 풍류, 서경, 건국 칭송(향락적, 퇴폐적), 귀족의 고답성, 귀족성	평민의 소박한 생활감정, 사랑(현세적, 향락적), 진솔, 솔직, 평민의 심정을 솔직하게 표현

02 경기체가 작품 개관

1. 고려시대

작품명	연대	작자	내용	출전
한림별곡 (翰林別曲)	고종 3 (1216)	한림제유	• 한림제유들이 문인의 명문을 한자투로 노래한 8연의 시가 • 최초의 경기체가	악장가사 고려사악지 악학편고
관동별곡 (關東別曲)	충숙왕 17 (1330)	안축	• 강원도 안렴사(按廉使)로 있다가 돌아오는 길에 관동의 절경을 노래 • 전 9 연 • 이두문이 많이 쓰임	근재집
죽계별곡 (竹溪別曲)	충숙왕 17 (1330)	안축	• 고향인 풍기(豊基)땅 순흥(順興)의 경치를 노래 • 전 8 연 • 이두문이 많이 쓰임	근재집

2. 조선시대

작품명	연대	작자	내용	출전
연형제곡	미상	미상	형제의 우애와 조선 문화를 칭송	악장가사
불우헌곡	성종	정극인	전 6 장이며 이두로 되어 있음	불우헌집
화전별곡	중종	김구	• 해남에 귀양가서 그곳에서의 생활을 노래 • 전 6 장	자암집
독락팔곡	선조	권호문	• 자연에서 느낀 기쁨을 노래 • 전 7 장	송암속집
충효가	철종	민규	• 유영일(1770 ~ 1831)의 효행을 찬양한 노래 • 경기체가의 마지막 작품	고흥유씨 세보

> **참고** 현전 경기체가의 내용상 분류
>
> 1. 풍류적(風流的) 노래
>   「한림별곡」, 「관동별곡」, 「죽계별곡」, 「구월산별곡」, 「불우헌곡」, 「금성별곡」, 「화전별곡」, 「독락팔곡」
>
> 2. 송도적(頌禱的) 노래
>   「상대별곡」, 「화산별곡」, 「가성덕」, 「축성수」, 「배천곡」, 「충효가」
>
> 3. 교도적(敎道的) 노래
>   「오륜가」, 「연형제곡」, 「육현가」, 「도동곡」, 「엄연곡」, 「태평곡」, 「미타찬」, 「안양찬」, 「미타경찬」, 「서방가」, 「기우목동가」

03 경기체가의 갈래

경기체가의 장르에 대한 문제는 경기체가 작품들에서 표현하는 바가 '세계의 자아화'인가 또는 '자아의 세계화'인가, 아니면 양자의 복합적 또는 중간적 장르인가 하는 점이고, 둘째는 이러한 보편 실재론적 장르론에 의한 장르 귀속적 성격 규정이 얼마만큼의 타당성을 지닐 수 있을 것인가 하는 점이다.

경기체가는 시가의 일종으로 취급해 온 것이 관례인데, 시가라는 것은 율격을 지닌 율문에 지나지 않고 장르론적 의의를 가진 개념이 아니다. 그러므로 경기체가가 시가의 일종이라고 하는 견해는 형식론으로서는 타당하면서도 장르론으로서는 사실상 공허한 말이다. 국문학을 시가와 산문으로 나누는 데 만족하지 않고, 서정(抒情), 서사(敍事), 희곡(戲曲) 등으로 장르 구분을 하는 이론이 등장하자, 경기체가는 서사일 수도 없고 희곡일 수도 없으므로, 서정인 것처럼 간주되었는데 이러한 견해는 경기체가의 장르적 성격을 더욱 모호하게 만들었다. 문학의 장르를 서정, 교술, 서사, 희곡의 넷으로 나누게 되자, 경기체가의 장르적 성격을 밝힐 수 있는 단서를 찾게 되었다.

1. '교술'이라는 견해

서정의 본질인 '세계의 자아화'와 교술의 본질인 '자아의 세계화'는 작품에 등장하는 세계상의 차이에서 다시 설명될 수 있다. 서정은 세계의 자아화이므로, 서정시 작품에 등장하는 세계상은 어느 것이나 그것이 작품화되기 전에 가졌던 문자 그대로의 의미 즉 외연적 의미를 제시하는 데 그치지 않고, 보다 복잡하고 미묘한 내포적 의미를 환기한다. 그런데 자아의 세계화인 교술에서는 이러한 현상이 발견되지 않는다. 교술시 작품에서는 자아(自我)가 자아(自我)로 표출되지 않고, 세계화된다고 할 때의 세계화는 실제로 존재하는 세계상(世界像)이라기 보다는 세계상(世界相)을 제시함으로써 이루어진다. 실제로 존재하는 세계상(世界相)은 세계로서의 의미 또는 외연적 의미에 머물러야 한다. 그러므로 서정시에서의 세계상(世界像)은 작품에서 특별히 설정된 작품 내적 창조물이지만, 교술시에서의 세계상(世界像)은 작품을 떠나서도 존재하는 실제물을 작품 내에다 옮겨 놓은 것에 지나지 않는다. 이런 이론을 근거로 하여 조동일은 「한림별곡」의 첫 장을 분석하면서 경기체가를 교술 장르에 포함시켰다. 다음은 논의의 주대상이 되어왔던 「한림별곡」의 제1 연이다.

> 元淳文 仁老詩 公老四六
> 李正言 陳翰林 雙韻走筆
> 冲基對策 光均經義 良鏡詩賦
> 위 詩場ㅅ 景 긔 엇더ᄒ니잇고.
> 琴學士의 玉笋門生 琴學士 玉笋門生
> 위 날조ᄎ 몃 부니잇고.

조동일은 이 작품에서는 작품 내적 자아가 작품 내적 세계를 일방적으로 대상화하지만 작품 내적 세계의 객관성을 자기대로 변화시키는 데 이르지 않고 오히려 세계의 객관성에 의해 지배되고 있으며, ① 작품 내적 세계의 객관성은 작품 외적 세계에 의해 보장되며, 작품 내적 세계는 작품 외적 세계를 그대로 작품에다 옮겨 놓아 이루어진 것이어서, 작품 외적 세계에 관한 일정한 지식이 없으면 이 작품은 무의미하게 된다고 하였다. 자아는 세계를 위해 봉사하는 데 그치고 자아 본래의 자유를 갖지 못하여, 자아는 세계를 선택하나, 그 결과 드러나는 것은 세계일 뿐이고, 자아는 세계화되어 나타나기 때문에 이는 자아의 세계화라는 것이다. ② '위 試場ㅅ 景 긔 엇더ᄒ니잇고'에서 의문을 나타내는 자아의 작용이 보이지만, 여기서도 자아는 세계의 모습에 관심을 갖도록 촉구하는 구실을 할 뿐이지, 세계의 사정을 돌보지 않는 일방적인 작용을 하는 것은 결코 아니라는 것이다.

이처럼 경기체가는 작품 내적 자아 및 세계에 작품 외적 세계가 개입하고 있으며, 자아와 세계의 대립이 세계 쪽으로 귀착된 자아의 세계화로서 교술 장르에 든다는 것이다.

2. '서정'이라는 견해

경기체가에서 나타나는 세계상은 실제로 존재하는 객관적인 세계상인가?

사실 경기체가에서 나타나는 세계상이 실재하는 세계상의 양상을 다분히 띠고 있다는 점은 부정하기 어렵다. 앞서 든 「한림별곡」 제 1 연에서 보듯이, 금의(琴儀) 문하의 유원순(兪元淳)·이인노(李仁老)·이공노(李公老)·이규보(李奎報)·진화(陳澕)·유충기(兪冲基)·민광균(閔光鈞)·김량경(金良鏡) 등이 모두 고려 명종 대에서 고종 대의 문인으로서 이름을 떨친 실제 인물이라는 점에서 이 「한림별곡」의 제1연은 일단 실재하는 객관적인 세계상의 제시로 보임직도 하다. 그리고 다른 작품들에서도 이러한 면은 많이 나타나고 있다.

그러나 바로 이 「한림별곡」 제 1 연의 경우에도 개별적으로 열거되는 '문인' 및 그 '장점'이 실재성·객관성을 지닌다고 해서 그것들을 포괄하는 ① '시장(試場)'까지도 실재적·객관적인 것이라고 쉽게 단정하기는 어렵다. 이들 당대의 일류 문인들은 한데 모여 시장(試場)을 가졌을 수도 있겠으나, 그러지 않았을 수도 있을 것이다. 즉 그것은 상상적 체험에 의해 감흥을 일으키려는 '꿈의 시장(試場)'일 수 있는 것이다.

「한림별곡」의 제 2·3·4·5·8 연에서도 그 나타나는 상황은 실재하는 객관적 세계상일 수도 있겠으나, 반드시 그러하지는 않아도 관계없는 것이다. 이들에서 제시되는 상황들이 작가 및 독자들에게 그에 감응되어서 나타나게 되는 일정한 미감을 불러일으킬 수만 있으면 족한 것이다. 정서적 고양은 반드시 세계상의 실재성과 객관성에 기초해야 하는 것은 아니다. 상상적인 세계상에 의해서도 이는 감발(感發)될 수가 있는 것이다.

또 경기체가 양식의 핵은 그 각 절의 결구인 ② '위~ 景 긔 엇더ᄒ니잇고'라고 하겠는데, 이는 '과시, 찬양의 설의적 표현'이다. 앞의 행들에서 열거된 사상들을 통일적으로 포괄하여 서정의 분출로서 완결시켜 주는 이 결구에서는 작자의 의도가 직접적으로 이루어지지 못하고 간접적으로 암시하는 방법에 의해 전달된다. 이에는 작자와 독자 사이의 공감이 전제되어야 하는데, 이 작자와 독자 사이의 공감을 위해서는 양자가 함께 체험하고 모두가 잘 알 수 있는 세계상이 필요한 것이다. 이러한 성격을 잘 구현할 수 있는 것으로는 역시 실제로 존재하는 객관적인 세계상이 가장 유용할 것이다. 경기체가에서 많이 나타나는 실재적·객관적 세계상은 이러한 면에서 이해되어야 할 것으로 보인다. 그러나 작자와 독자 사이의 공감을 위한 세계상이 반드시 실재성·객관성을 지녀야만 하는 것은 아니다. 앞서 든 「한림별곡」 제 1 연의 경우처럼 현실적으로 존재하지 않는 상상적인 세계상이라도 그것이 양자에게 모두 잘 알려져 있으며, 그 상상적인 세계상을 통하여 양자가 동일한 정서적 체험을 얻을 수 있을 때면, 이는 경기체가에서 작품 내적 세계로 나타날 수가 있는 것이다. 「한림별곡」 등을 중심으로 하여 볼 때, 경기체가는 역시 정서적 체험의 표현을 위주로 하는 서정적 장르라고 할 것이다.

04 경기체가의 구조

1. 율격의 구조

(1) 경기체가의 전형적인 형태

① 전절(前節)
   제 1 구   3·3·4 (短·短·長)
   제 2 구   3·3·4 (短·短·長)
   제 3 구   4·4·4 (長·長·長)
   제 4 구   위 ~ 景 긔 엇더ᄒ니잇고
② 후절(後節)
   제 5 구   4·4·4·4 (長·長·長·長)
   제 6 구   위 ~ 景 긔 엇더ᄒ니잇고

(2) 이에서 우리는 몇 가지 율격상의 특징을 지적할 수 있다.
① 전절은 3 음보격, 후절은 2 음보격으로 되어 있다.
② 전절에서 제 1 구와 제 2 구는 '3·3·4'의 반복 구성이며, 제 3 구는 이에 변화를 부여하여 '4·4·4'로 되어 있다.
③ 후절은 '4·4'의 반복 구성이다.
④ 여기서 우리는 율격적 규칙성과 변화 및 대비를 찾아볼 수 있다. 경기체가는 율격적 변화와 대비를 통하여 시상의 강화·전환 발전 및 균형을 획득한다.
⑤ 전절(前節)은 3 음보격으로 제 1·2 구는 '短·短·長'의 신속하고 경쾌한 진행감, 명랑하고 화려한 정조를 통해서 거의 한자어로만 된 명사어의 나열이 주는 딱딱한 맛을 해소시켜 주며, 끝의 장음보(長音步)를 통해 안정감을 획득하여 부유성에서 벗어나게 된다. 제 3 구는 율격의 변화를 통해 의미를 강조하고 시상을 전환·발전시켜 준다. 또 이는 장음보(長音步)만으로 이루어져서 장중한 맛을 준다. 제4구는 강렬한 감흥을 직정적(直情的)으로 표출하는 감탄사 및 감탄어구이므로 율격분석에서 제외한다.
⑥ 후절(後節)은 2 음보격으로서 제 5 구(나누어 두 개의 구로 보기도 함)는 '장(長)·장(長)'의 반복을 통해 강조를 가져오며, 제 6 구는 제 4 구와 마찬가지로 율격 분석에서 제외된다. 후대에 들어 전절이 탈락하고 후절만이 남는 현상은 그 의미의 중점이 후절에 위치한다는 점에도 기인하며 '기수[奇數 : 홀수] 음보격(音步格) → 우수[偶數 : 짝수] 음보격(音步格)'의 율격적 변천과도 관련이 있다.

2. '~景 긔 엇더ᄒ니잇고'의 기능

'~ 景 긔 엇더ᄒ니잇고'는 경기체가의 성격을 결정하는 중요 어구인데, 의문의 형식을 한 영탄으로서 '과시 및 찬양의 설의적 표현'이다. 따라서 경기체가의 제재 및 소재는 '진(眞)·선(善)·미(美)'한 것이라야 한다. 이 어구는 경기체가의 주제와 정조를 제약하는데, 주제는 인간의 삶에 있어서의 '진(眞)·선(善)·미(美)'를 추구하여 이를 과시·찬양함을 주조로 하며, 고려 시대에는 주로 산천의 미, 인간의 풍류적 삶 등 순수 미적 가치를 추구하였고, 조선 초에서 세조 대까지는 주로 인간의 도덕적 삶과 사회 상황 등 도덕적 가치를 추구하였으며, 성종 대에서 임란까지는 극단적인 도덕적 가치 추구에서 다시 인간의 풍류적 삶을 위주로 한 순수 미적 가치의 추구로 기울어지는 경향을 보였다.

'~ 景 긔 엇더ᄒ니잇고'의 설의적 표현은 간접적 표현으로, 이로 인해 경기체가에서는 작가의 구체적·개성적 정서가 드러나지 못하게 되고, 또 그 정서도 과시·찬양의 범위를 벗어날 수 없게 되며, 교훈에서도 권유·설득력이 약해진다. 그리고 그 형태의 단형성은 비지속적 서술성을 갖게 하여 서사에서는 사건의 서술을 불가능하게 하고, 서경에서는 경치 열거의 제한과 함께 경치의 아름다움과 작가의 감흥을 구체적으로 표현하는 것을 제약한다.

3. 분절 및 연장체 구조

경기체가는 분절구조를 통해 미적인 균형을 갖추며 전절에 후절을 병치하며 이를 종합한 총체적 의미를 구성한다. 전절은 한시와 같이 '기(起) - 승(承) - 전(轉) - 결(結)'의 구조를 가지며 열거 및 그 계승 전환 등을 통해 긴장의 추적, 시상의 발전을 이루어 제4구 '위 ~ 景 긔 엇더ᄒ니잇고'에서 이를 극적으로 활성화시키며 전절의 주제를 제시한다.

후절은 반복의 구조를 통해 시의 정서적 절정을 이룩하며, 중요한 의미 단위(뜻덩이)로서 전절의 의미와 병치되어 시의 총체적 의미를 구성하거나 전절의 의미를 전환 발전시켜 총체적 의미에 도달하게 해 준다.

연장체 구조는 「보현십원가」, 「동동」 등과 같이 동일 범주에 속하는 여러 구체적 내용들의 작품들이 동일한 형식으로 결합되거나, 또는 일정한 내용을 일정한 형식의 장(章)으로 분재(分載)할 때 생겨나는 것으로, 우리 시가의 전통에서 자연스럽게 성립되는 구조이다. 경기체가의 각 장은 전체적으로 관련 있는 개개의 내용으로 이루어지며, 그 장별 배열은 내용 전개상 일관된 순차적 배열의 구조가 아니고 평면적·독립적·대등적 관계를 가지는 각(各) 장(章)들의 집합으로서, 전편의 대주제는 각 장들의 주제들의 집합이다. 그리고 첫 장에서 서사의 성격을 띤 것과, 끝 장에서 결사(結詞)의 성격을 띤 것이 일부 있으나, 이는 전편을 통한 일관적인 것이 아니며, 뚜렷한 배열 의식에 의한 것이기보다는 자연발생적·무의식적 현상이다. 또 연장체 구조를 통해 서사의 제약성을 벗어나려는 시도가 「도동곡(道東曲)」에서 보이기도 하지만 불완전함을 벗어나지 못했다.

제2절 경기체가 작품 감상

작품 1 〉〉 한림별곡(翰林別曲)

> **출제방향**
> - 이 작품의 작자층
> - 경기체가의 형태적 특징
> - 이 노래를 향유하던 계층의 정신세계와 삶의 방식
> - 무엇을 노래하고 있는가를 파악
> - 노래의 대상이 지닌 특성

[제 1 장]
원슌문(元淳文) 인노시(仁老詩) 공노스륙(公老四六)
니졍언(李正言) 딘한림(陣翰林) 솽운주필(雙韻走筆)
튱긔딕책(冲基對策) 광균경의(光均經義) 량경시부(良鏡詩賦)
위 시댱(試場)ㅅ 경(景) 긔 엇더ㅎ니잇고.
엽(葉) 금혹ᄉ(琴學士)의 옥슌문싱(玉笋門生) 금혹ᄉ(琴學士)의 옥슌문싱(玉笋門生)
위 날조ᄎ 몃 부니잇고.

[제 2 장]
당한셔(唐漢書) 장로ᄌ(莊老子) 한류문집(韓柳文集)
니두집(李杜集) 난ᄃᆡ집(蘭臺集) 빅락텬집(白樂天集)
모시샹셔(毛詩尙書) 쥬역춘추(周易春秋) 쥬ᄃᆡ례긔(周戴禮記)
위 주(註)조쳐 내 외옩 경(景) 긔 엇더ㅎ니잇고.
엽(葉) 대평광긔(大平廣記) ᄉ빅여 권(四百餘卷) 대평광긔(大平廣記) ᄉ빅여 권(四百餘卷)
위 력남(歷覽)ㅅ 경(景) 긔 엇더ㅎ니잇고.

[제 4 장]
황금쥬(黃金酒) 빅ᄌ주(柏子酒) 숑쥬례쥬(松酒醴酒)
듁엽쥬(竹葉酒) 리화쥬(梨花酒) 오가피쥬(五加皮酒)
잉무잔(鸚鵡盞) 호박빅(琥珀盃)예 ᄀ득 브어
위 권상(勸上)ㅅ 경(景) 긔 엇더ㅎ니잇고.
엽(葉) 유영도ᄌᆷ(劉伶陶潛) 량션옹(兩仙翁)의 유영도ᄌᆷ(劉伶陶潛) 량션옹(兩仙翁)의
위 취(醉)ᄒᆞᆫ 경(景)긔 엇더ㅎ니잇고.

[제8장]
당당당(唐唐唐) 당츄ᄌ(唐楸子) 조협(皁莢)남긔
홍(紅)실로 홍(紅)글위 ᄆᆡ요이다.
혀고시라 밀오시라 뎡쇼년(鄭少年)하
위 내 가논 ᄃᆡ ᄂᆞᆷ 갈셰라.
엽(葉) 샥옥셤셤(削玉纖纖) 솽슈(雙手)ㅅ길헤 샥옥셤셤(削玉纖纖) 솽슈(雙手)ㅅ길헤
위 휴슈동유(携手同遊)ㅅ 경(景) 긔 엇더ᄒᆞ니잇고.

　　유원순의 문장, 이인로의 시, 이공로의 사륙변려문, / 이규보와 진화의 쌍운을 맞추어 써 내려간 글, / 유충기의 대책문, 민광균의 경서 해의(解義), 김양경의 시와 부(賦) / 아, 과거 시험장의 광경, 그것이 어떠합니까? / 금의가 배출한 죽순처럼 많은 제자들, 금의가 배출한 죽순처럼 많은 제자들 / 아, 나를 포함하여 몇 분입니까?〈1장〉
　　당서와 한서, 장자와 노자, 한유와 유종원의 문집 / 이백과 두보의 시집, 난대영사(令使)들의 시문집, 백낙천의 문집 / 시경과 서경, 주역과 춘추, 대대례와 소대례 / 아, 이러한 책들을 주석까지 포함하여 내처 외는 광경이 그 어떠합니까? / 대평광기 사백여 권을 대평광기 사백여 권을 / 아, 열람하는 광경이 그 어떠합니까?〈2장〉
　　황금빛 도는 술·잣으로 빚은 술·솔잎으로 빚은 술·그리고 단술 / 댓잎으로 빚은 술·배꽃 필 무렵 빚은 술·오갈피로 담근 술 / 앵무새 부리 모양의 자개껍질로 된 앵무잔과, 호박빛 도는 호박배에 술을 가득 부어, / 권하여 올리는 광경, 그것이야말로 어떻습니까? / 진나라 죽림칠현의 한 분인 유령과 도잠이야 두 분 신선같은 늙은이로, / 아! 거나하게 취한 광경, 그것이야말로 어떻습니까?〈4장〉
　　당당당 당추자(호도나무) 쥐엄나무에 / 붉은 그네를 맵니다 / 당기시라 미시라 정소년이여 / 아, 내가 가는 곳에 남이 갈까 두렵다 / 옥을 깎은 듯 고운 손길에, 옥을 깎은 듯 고운 손길에 / 아, 마주 손잡고 노니는 정경, 그것이 어떠합니까?(참으로 좋습니다)〈8장〉

핵심정리

▷ 작자　한림 제유(翰林諸儒)
▷ 갈래　경기체가, 정형시
▷ 연대　고려 고종 때
▷ 구성　전 8장의 분절체(각 장에서 1~4행은 전대절, 5~6행은 후소절이라 함)
▷ 성격　과시적, 풍류적, 향락적, 귀족 문학
▷ 표현　열거법, 영탄법, 설의법, 반복법

▷ 주제　① 귀족들의 사치스런 생활상과 향락적이고 퇴영적인 기풍
　　　　② 신진 사류(新進士類)들의 의욕적 기개 영탄(詠嘆)
▷ 의의　최초의 경기체가로 귀족의 생활 감정을 표현. 가사 문학에 영향을 줌
▷ 출전　『악장가사』, 『악학궤범』, 『고려사 악지』

이해와 감상

| 배경 |

　　고려 고종 때는 안으로는 무신(武臣)의 집권과 밖으로는 몽고의 침입 등으로 국토가 유린되는 내우외환(內憂外患)의 다난한 시대였으나, 귀족 계급의 문학은 난숙기에 달하였다. 최충헌은 정권이 안정되자 문인들을 적극 등용해서 나라를 다스리는 데 도움을 받고, 문학이 융성하도록 했다. 그래서 모여든 사람들은 등용되었다고 기뻐했을 뿐만 아니라, 자기대로 포부를 지니고 재능을 자랑하는 데 거리낄 것이 없다고 생각했다. 이 노래는 이런 분위기에서 흥청거리는 놀이를 벌이면서 지은 것이다.
　　또한 이 노래의 배경에 대한 견해를 달리하는 이들도 있다. 고려 중기 이후 무신들이 권력을 잡게 되자 문신들은 산야에 묻혀 기로회(耆老會)니 죽림칠현(竹林七賢)이니 하는 교계(交契)를 맺으면서 유흥과 퇴폐적인 향락에 빠지게 되었는데, 여기서 발생되었다고 보는 견해이다.

| 해설 |

　이 작품은 현전하는 최고(最古)의 경기체가 작품으로, 고려 시대 사대부들의 정서를 표현한 대표적인 귀족 문학이라 할 수 있다. 고려 고종 때 한림원(翰林院)의 여러 유학자들에 의해 만들어진 총 8장으로, 각 연마다 일경(一景)을 배치하고 있다. 각 장은 전대절 4 행과 후소절 2 행의 총 6 행으로 구성되어 있으며 공통된 후렴구가 있다. 음보는 3 음보가 중심인데 3·3·4, 3·3·4, 4·4·4 의 기본 율조는 후세에 가사 탄생의 바탕이 되었다. 제 1 장에서 제 7 장까지는 한문어구의 나열과 현토한 듯한 문장을 보이고 있는 반해 제8장은 우리말의 아름다움을 살려 표현함으로써 문학성을 인정받고 있다. 또 한자를 연결하여 우리말 율격인 3 음보에 맞추어 음보율을 형성하였으며, 각 연의 규칙적인 반복, 후렴구 등에서 음악적 효과가 드러난다.

　제1장은 당대 문인의 시부(詩賦), 제 2 장은 한당서(漢唐書)를 비롯한 중국의 전적(典籍), 제 3 장은 진경서(眞卿書)와 비백서(飛白書) 등의 명필을 내용으로 하고 있다. 그리고 제 4 장은 황금주와 백자주 등의 명주(名酒), 제 5 장은 모란 등의 화훼(花卉), 제 6 장은 아양금(阿陽琴)과 문탁적(文卓笛) 등의 음악, 제 7 장은 봉래산 등의 누각, 제 8 장은 추천(鞦韆 : 그네)의 순서로 되어 있다.

　이 노래에 대해서는 여러 가지 견해가 있는데, 고려 고종 때 무신 정권의 호화스러움이 극에 달한 생활을 읊은 것으로, 당시 문인들의 생활상과는 거리가 먼 무신 집권자들에게 아부하기 위해 자신들의 모습을 그리고 있다고 보는 견해도 있다.

　그러나 당시 권좌를 꿈꾸는 신흥 사대부들의 활기찬 감정과 의식 세계를 표현하고 있다는 견해가 지배적이며, 이 작품의 구체적인 배경은 새로 과거에 합격한 문인들이 최충헌의 집에서 부른 찬가로 보는 견해가 일반적이다.

　이 노래는 매 장 제 4 행의 '위 ~ 경(景) 긔 엇더ᄒ니잇고'라는 구절 때문에 '경기체가'라는 명칭을 가지고 있다. '경기체가'라는 독특한 형식으로 지어진 최고(最古)의 현존 작품으로서, 경기체가의 전범(典範)을 보여 주는 작품이다. 작자는 첫 장에 나오는 사람들로 추정할 수 있는데, 『고려사 악지』의 기록에 '제한림(諸翰林)'으로 되어 있으며, 금의(琴儀)의 공거문인(貢擧文人)들로도 볼 수 있다. 이 노래 첫 장에 등장하는 문인들은 모두 당대에 실재했던 인물들로서 한결같이 같은 시대의 벼슬길에서 활약했다.

　『악장가사』와 『악학궤범』에 국한문으로 실려 있는 이 작품은, 『고려사 악지』에는 속악 가사의 하나로 실려 있다. 이 노래는 엄격한 정형률을 지키고 있는 시가로서 음수율, 음보율에서 정연한 형태를 보이고 있으며, 문학적인 함축미는 없지만 한자어와 우리말의 운율과의 조화를 알맞게 이루었다는 점은 국문학사적인 면에서 의의가 크다. 또한 이전까지의 관념적이고 추상적인 대상을 노래했던 문학적 관습에서 벗어나 구체적이고 실제적인 사물에 시적 화자의 정서를 결부시켜 노래한 새로운 문학 양식이라는 점에서 그 의의가 크다.

| 감상 |

　고려 고종 때는 국권이 무신인 최우에게 장악되어 있던 때였다. 이때 문인들은 그 세력을 잃어 어떤 사람은 무신들의 문객이 되어 호화로운 잔치 자리에서 무신의 풍류와 덕망을 예찬하였고, 어떤 사람은 산림에 숨어살면서 시와 술을 벗 삼아 풍류 도취의 생활을 보낼 수밖에 없었다.

　이 노래의 작자는 그러한 선비 중 다행히 벼슬에 올라 국가의 중요한 기관인 한림원에서 지내는 신분으로, 그 호화로운 생활상과 득의의 절정에 있는 자신들을 과시하는 만족감을 노래하고 있다. 그만큼 신흥 사대부들의 향락을 주 내용으로 하고 있는 것이며, 자신들의 문화적 우월감을 과시하려는 태도도 보이고 있다.

　전형적인 '경기체가'인 이 노래는 조선 중기에 이르러 도학자 이황으로부터 무례하고 방탕하며, 퇴폐적이라는 비판을 받을 정도로 내용이 건전하지 못했다. 그 시대의 역사적 배경과 관련시켜 감상할 때, 다소 비판적인 시각으로 볼 필요가 있다.

　이 노래는 시어가 함축적이기보다는 지시적이며, 개인의 내면 정서보다는 객관적인 사물들을 그대로 운율에 맞게 나열하고 있는 것이 특징이다. 이 점에서 '교술 문학'에 속한다고 할 수 있으며, 이 노래의 작자들이 객관적 현실에 관심을 기울였음을 알 수 있다.

　제 1 장에는 시문에 있어서 당대의 일인자들이라는 강한 자부심과 긍지를 갖고 있던 귀족 계급의 호탕하고 풍류적인 기풍이 잘 드러나 있다. 제 2 장은 「한림별곡」 어느 장에서나 그렇듯이, 표면적으로는 호탕하고 화려하고 득의만만한 시풍이 잘 드러나고 있다. 무신의 독재로 말미암아 벼슬길에서 물러난 선비들이 모여, 위세 당당하게 무신들에게 보라는 듯 선비들의 식자연(識者然)하는 기풍을 과시하는 어조가 한계의 느낌을 주기도 한다.

　그러나 이면에는 당시 문인들의 퇴영적이고 향락적인 면이 엿보이기도 한다. 또한 새로운 시가형으로 특이한 운율미가 있다. 제8장은 호탕한 기풍을 그네 뛰는 여인에 비유하여 노래하고 있는 것이 재미있다. 또한 다른 장보다 순수한 우리말을 많이 사용한 특징으로 우리말 의미를 가장 잘 살리고 있다. 호탕하고 화려하고 득의만만한 시풍과 신흥 사대부들의 득의와 활기에 찬 감정이 시의 전체적인 분위기로 흐르고 있다.

이 「한림별곡」이 귀족 문인들에 의해서 불렸다는 것은 이 노래의 내용과 여기에 쓰이고 있는 한문투를 보아 짐작할 수 있다.

1 「한림별곡」의 내용 분석

① 1장 ~ 3장
시부, 서적, 명필과 관련된 사물들을 나열함으로써 문사들의 학문에 대한 의욕적 기개와 의식 세계를 영탄하였다.

② 4장 ~ 8장
명주, 화훼, 음악, 누각, 추천을 소재로 하여 신흥 사대부의 향락적 생활과 풍류를 과시했다.

장	제재	주제	장	제재	주제
1장	시부(詩賦)	문장가·시인 등의 명문장 찬양	5장	화훼(花卉)	아름다운 꽃이 핀 화원의 경치 예찬
2장	서적(書籍)	지식 수련과 학식에 대한 자긍심	6장	음악(音樂)	흥겨운 주악(奏樂)의 흥취 예찬
3장	명필(名筆)	유행 서체와 필기구 등 명필 찬양	7장	누각(樓閣)	아름다운 후원의 경치 감상
4장	명주(名酒)	상층 계급의 주흥(酒興) 예찬	8장	추천(鞦韆)	그네 뛰며 노는 광경 예찬

2 「한림별곡」의 특징

① 많은 한자의 사용
한문학에 익숙했던 문학 향유 계층의 지식을 과시하기 위해 한자어를 나열했다.
② 지시적 시어 사용
개인의 내면 정서보다 객관적인 사물들을 그대로 운율에 맞게 나열했다.
③ 여러 장이 연속되는 장가 형식으로 전절은 길고 후절은 짧다.
④ '위~ 경(景) 긔 엇더하니잇고'의 후렴구를 가지고 있다.
⑤ 1~3행은 3음보(3·3·4, 4·4·4), 5행은 4음보(4·4·4·4)이다.

3 '경기체가'와 '고려 속요'의 공통점과 차이점

구분		경기체가	고려 속요
공통점		분연체 후렴구 존재	3·4음절의 음수율 3음보의 율격
차이점	향유 계층	한문학에 능한 귀족	평민
	표현 수단	한자 및 이두 표현	우리말 표현
	종결 어미	의문형 종결 어미를 사용하여 확신과 단정의 기능으로 활용	평서형 종결 어미를 사용하여 대상이나 정서, 상황을 드러냄
	내용	• 관념적이고 교술적임 • 내면보다는 외부에 치중하여 귀족만이 경험할 수 있는 대상과 관념을 노래함	• 하층민의 경험에서 형성되는 보편적 정서를 다룸 • 일반 백성들이 누구나 공감할 수 있는 상황이나 대상을 노래함

❹ 「한림별곡」의 성격에 대한 다른 견해

「한림별곡」은 『고려사 악지』에 의하면 '고종시 한림제유 소작(高宗時 翰林諸儒所作)'이라고 하였는데, 이는 이 노래의 작가를 한림제유로 보는 중요한 근거가 되었다. 그러나 이에 대해, 고종 3년(1216) 5월 학사연(學士宴) 때에 새로 과거에 합격한 문인들이 최충헌의 집에 모여서 부른 찬가라는 견해도 있다. 작가도 한림제유가 아니라 금의(琴儀) 문하의 신진 인사들로 한정해서 파악해야 하며, 문신들이 향락과 자부심을 노래한 것이 아니라, 당시 무신 정권의 수반이던 최충헌, 최우 부자에게 아첨하기 위하여 최씨 부자(父子)의 호화로운 생활을 칭송한 것이라는 입장이다.

참고

1. 경기체가의 '교술' 갈래적 특징

'교술(敎述)'이란 사실이나 정황을 객관적으로 관찰, 기록하여 자신의 생각을 알리려는 태도를 가진 갈래의 범주로, 문학의 산문적 사실성을 강조한 동양 문화권의 경우 수필, 전기, 기행, 일기, 회고록 등이 이러한 특징을 반영한다. 경기체가도 한자어를 나열하여 관찰된 사실과 현상을 기술하는 방식으로 쓰인 점에서 교술적 태도를 보인다.

2. 경기체가의 형식상 특징

(1) 분연체, 연장체
(2) 전대절과 후소절로 양분
(3) 1~3행 : 3음보, 5행 : 4음보
(4) 5행의 4음보 가운데 뒷부분은 2음보는 앞부분 2음보의 가사 반복
(5) 음수율은 1, 2행은 3·3·4, 3행은 4·4·4, 5행은 4·4·4·4의 음절로 고정

- 경기체가의 형식적인 특징 이해와 관련해 읽을 작품 : 권근 「상대별곡」
- 고려 시대 장시(長時) 형식의 비교를 위해 읽을 작품 : 「청산별곡」, 「정석가」, 「서경별곡」, 안축 「관동별곡」, 「죽계별곡」

기출문제

※ (1 ~ 2) 다음 글을 읽고 물음에 답하시오.

(가)
　元淳文원슌문　仁老詩인노시　公老四六공노亽륙
　李正言니졍언　陳翰林딘한림　雙韻走筆솽운주필
　冲基對策튱긔딕척　光鈞經義광균경의　良鏡詩賦량경시부
　㉠위 試場시댱ㅅ景경 긔 엇더ᄒᆞ니잇고
(葉) 琴學士玉금ᄒᆞᆨ스의 玉笋門生옥슌문ᄉᆡᆼ 琴學士금ᄒᆞᆨ스의 玉笋門生옥슌문ᄉᆡᆼ
　위 날조차 몃부니잇고　　　　　　　　　　　　　　　　(제1장)

　唐唐唐당당당　唐楸子당츄ᄌᆞ　皂莢조협남긔
　紅홍실로 紅홍글위 ᄆᆡ요이다
　혀고시라 밀오시라 鄭小年뎡쇼년하
　위 내 가논 ᄃᆡ ᄂᆞᆷ 갈셰라
(葉) 削玉纖纖샥옥셤셤 雙手솽슈ㅅ길헤 削玉纖纖샥옥셤셤 雙手솽슈ㅅ길헤
　위 携手同遊휴슈동유ㅅ景경 긔 엇더ᄒᆞ니잇고　　　　　　(제8장)
　　　　　　　　　　　　　　　　　　　　　　　- 한림제유,「한림별곡(翰林別曲)」

(나)
　예문관(藝文館)이 더욱 심하다. 신래(新來)가 처음 벼슬에 임명되면 잔치를 연다. (중략) 새벽이 되면 상관장(上官長)이 술자리에서 일어선다. 여러 사람들이 다 손뼉을 치고 춤을 추면서 '한림별곡'을 부른다. 이에 맑은 노랫소리가 매미 울음처럼 쏟아지는 사이에 개구리 들끓는 소리를 섞어 시끄럽게 놀다가 날이 새면 비로소 흩어진다.

　　　　　　　　　　　　　　　　　　　　　　　- 성현,『용재총화(慵齋叢話)』

1. "소재, 형식, 시상(詩想)의 유기적 관계를 바탕으로 시 작품을 이해한다."라는 학습 목표에 따라 (가)를 지도하고자 한다. 제1장과 제8장이 노래의 전반부와 후반부를 각각 대표한다고 가정하고, 각 항목에 맞추어 서술하시오. [5점]

2007년 기출 18번

교수·학습 활동			교수·학습 내용
활동 1 (지식)	창작에 대한 문학사적 지식 이해하기		무신 집권기인 고려 고종 때 신흥 세력인 한림제유가 지은 작품
활동 2 (분석)	1장과 8장을 대조하기	소재의 성격	1장: 8장:
		시적 분위기	1장: 8장:
		대상에 대한 태도와 표현 방식	1장: 8장:
		형식의 특성	1장: 정형성 8장: 탈정형성
활동 3 (종합)	전반부와 후반부의 대조를 통해 시상의 전개 파악하기		

예상 채점기준

3점 - ① 소재의 성격, ② 시적 분위기, ③ 태도와 표현 방식이 각각 맞은 경우 각각 1점
2점 - ① 전·후반부 대조의 내용과 ② 시상 전개 파악의 내용이 맞은 경우 각각 1점

예상 답안

교수 · 학습 활동			교수 · 학습 내용
활동 2 (분석)	1장과 8장을 대조하기	소재의 성격	1장 : ㉠ 양반적, ㉡ 교훈적(학문)
			8장 : ㉠ 서민적, ㉡ 일상적(놀이)
		시적 분위기	1장 : ㉠ 엄숙함, ㉡ 무거움, ㉢ 장엄함, ㉣ 정적, ㉤ 자만
			8장 : ㉠ 발랄함, ㉡ 가벼움, ㉢ 향락적, ㉣ 동적, ㉤ 유흥
		대상에 대한 태도와 표현 방식	1장 : ㉠ 대상은 숭고한 것으로 우러러 봄(찬양) ㉡ 표현 방식은 한자어의 사용(대상의 열거)
			8장 : ㉠ 대상은 일상적인 것으로 내려 봄(친근함) ㉡ 표현 방식은 우리말의 사용(대상의 열거)
		형식의 특성	1장 : 정형성
			8장 : 탈정형성
활동 3 (종합)	전반부와 후반부의 대조 를 통해 시상의 전개 파 악하기		① 대조의 내용 : 전반부에는 양반적이며, 엄숙한 내용을 한자어로 표현하였고, 후반부에는 서민적이며 발랄한 내용을 우리말로 표현하였다. ② 시상 전개 파악 : 전반부의 교훈적 내용(학문적 자긍심)에서 후반부에서 개인의 정서(향락적 내용)를 담은 내용으로 시상이 전개된다. (또는 전반부의 양반적·유교적 내용에서 후반부에는 서민적·일상적 내용을 담은 것으로 시상이 전개된다.)

✅ 전반부와 후반부의 대조를 통해 시상의 전개 파악하기
　문제에 제시된 '제1장과 제8장을 각각 전 · 후반부'로 본다는 전제에 유의해야 함

2. ㉠이 제 1 장에서 하는 시적 기능을 밝히고, 이를 바탕으로 (나)의 상황에서 ㉠이 어떤 역할을 하는지 어조와 어법을 중심으로 서술하시오. [2점]　　　　　　2007년 기출 19번

예상 채점기준

1점 - ㉠의 시적 기능이 2가지 맞은 경우
1점 - ㉠의 역할을 어조와 어법을 중심으로 맞게 설명한 경우

예상 답안

(1) 제 1 장에서 ㉠의 시적 기능
　① 형식
　　㉠ 흥을 돋움, ㉡ 앞의 시상을 집약하고 내용을 전환, ㉢ 전대절과 후소절을 나눔
　② 내용
　　(가치 있는) 대상(사물)의 제시
(2) (나)의 상황에서 ㉠의 역할 : 어조와 어법 중심
　① 형식
　　어조 : 흥겨움, 감탄의 어조, 어법 : 감탄사의 사용과 의문형을 통한 강조 → 술자리의 흥을 돋움
　② 내용
　　어조 : 찬양, 자부심의 어조, 어법 : 감탄사의 사용과 의문형을 통한 강조 → 문인들의 자긍심을 드러냄

작품 2 〉〉 상대별곡(霜臺別曲)

[제1장]
화산람(華山南) 한슈븍(漢水北) 천년승디(千年勝地)
광통교(廣通橋) 운종가(運鐘街) 건나 드러
락락댱숑(落落長松) 명명고빅(亭亭古栢) 츄상오부(秋霜烏府)
위 만고쳥풍(萬古淸風)ㅅ 경(景) 긔 엇더ᄒᆞ니잇고.
엽(葉) 영웅호걸(英雄豪傑) 일시인ᄌᆡ(一時人材) 영웅호걸(英雄豪傑) 일시인ᄌᆡ(一時人材)
위 날조차 몃 분니잇고.

　　북한산의 남쪽, 한강의 북쪽, 옛날부터 이름난 경치 좋은 땅,
　　광교, 종로 건너 들어가
　　휘휘 늘어진 소나무, 우뚝 솟은 잣나무, 위엄 있는 사헌부
　　위 청렴한 모습 그것이 어떠합니까?
(엽) 영웅 호걸 당대의 인재들 영웅 호걸 당대의 인재들
　　위 나를 위시하여 몇 사람입니까?

[제2장]
계긔명(鷄旣鳴) 텬욕효(天欲曉) ᄌᆞ맥댱뎨(紫陌長堤)
대ᄉᆞ헌(大司憲) 로집의(老執義) 딕댱어ᄉᆞ(臺長御使)
가학참난(駕鶴驂鸞) 젼아후옹(前呵後擁) 벽뎨좌우(辟除左右)
위 상ᄃᆡ(上臺)ㅅ 景 긔 엇더ᄒᆞ니잇고
엽(葉) 싁싁ᄒᆞ며 풍헌소ᄉᆞ(風憲所司) 싁싁ᄒᆞ며 풍헌소ᄉᆞ(風憲所司)
위 진긔퇴강(振起頹綱)ㅅ 경(景) 긔 엇더ᄒᆞ니잇고

　　닭은 몇 해 울어 새벽이 오자, 하늘은 훤히 밝아 날이 새는데, 서울의 길게 쭉쭉 뻗은 길로,
　　사헌부(司憲府) 으뜸인 대사헌(大司憲)과 늙은 집의(執義) 그리고 장령(掌令) 지평(持平)들이,
　　아름다운 학무늬 가마와 난새무늬수레를 타고 상대(上臺)하는데, 앞에서는 잡인의 접근을 막으며 고함치고, 뒤에서는
　　옹위(擁衛)하며 좌우의 잡인을 물리치매,
　　아! 사헌부 관원들이 등청하는 광경, 그것이야말로 어떻습니까?
(엽) 그 모습도 엄숙하구려, 사헌부의 모든 관원들이여
　　아! 퇴폐한 기강을 다시 떨쳐 일으키는 광경, 그것이야말로 어떻습니까?

[제5장]
초택셩음(楚澤醒吟)이아 너는 됴ᄒᆞ녀
녹문댱왕(鹿門長往)이아 너는 됴ᄒᆞ녀
명량상우(明良相遇) 하쳥셩대(河淸盛代)예
총마회집(驄馬會集)이아 난 됴ᄒᆞ이다.

초나라 상수의 물가에서 '세상 사람이 다 술에 취했는데 홀로 깨어 있다.'고 한 굴원이 그대는 좋은가?
절의를 지켜 녹문산에 들어가 은거했던 맹호연이 그대는 좋은가?
현명한 임금과 충성스런 신하가 만나 이룩한 태평성대에
뛰어난 인재들이 모인 것이야말로 나는 좋습니다.

핵심정리

▷ **작자** 권근(權近)
▷ **갈래** 악장(경기체가)
▷ **연대** 세종 때
▷ **성격** 과시적, 예찬적
▷ **제재** 사헌부(오부(烏府), 상대(霜臺))
▷ **주제** 사헌부의 위엄 칭송
▷ **출전** 『악장가사』
▷ **형식** ① 전 5장의 분절체 (1~4장(정격), 5장(파격))
　② 1장 : 새 왕조의 도읍터가 천년승지임을 말하고, 이어서 서울의 거리와 사헌부의 엄숙한 기풍 및 관원들의 기상과 자기과시(추상같은 사헌부의 위용)
　③ 2장 : 사헌부 관원들의 등청하는 광경에서 씩씩하고 믿음직한 자태를 묘사함(사헌 관리들의 등청하는 모습과 씩씩한 기상)
　④ 3장 : 임금의 현명함과 신하의 충직한 모습을 그리면서 태평성대를 구가함(사헌부의 광명정대한 정사)
　⑤ 4장 : 관원들이 일을 끝내고 술잔치에서 즐기는 장면을 노래함(공무를 마친 후의 흥겨운 술자리)
　⑥ 5장 : 어진 임금과 충성스런 신하들이 어우러진 태평성대에 훌륭한 인재들의 모임이 더욱 좋다는 것을 노래(뛰어난 인재들이 모여 새 왕조의 확립에 이바지하는 긍지)

이해와 감상

| 해설 |

　조선 초기의 학자 권근이 지은 경기체가로 사헌부의 위엄 있는 모습을 그린 작품이다. 여기서 '상대(霜臺)'는 '사헌부'의 별칭으로, 지은이가 1399년(정종 1) 대사헌에 취임했을 즈음에 이 노래를 지었을 것으로 추정된다.
　사헌부는 새 왕조의 기강을 바로잡는 기관이다. 서릿발 같은 기세로 관리들의 부조리와 나태를 규찰하고 엄격한 질서를 수립하는 중대한 임무를 맡았으니 거기서 일하는 관원은 위의(威儀)가 대단하고 자부심도 남다르다는 관점에서, 그러한 취지를 펴고자 이 작품을 쓴 것으로 보인다.
　이 작품은 전 5장의 분절체 형식으로 구성된 경기체가 형식의 악장이다. 총 5장 중, 제 5장은 제 1~4 장과 달리 파격적인 형태인데, 자연 속에 묻혀 사는 것보다 관도(官途)의 즐거움이 더 낫다는 것을 강조함으로서 새 왕조의 확립에 이바지한 자신의 긍지를 은근히 드러내고 있다. 이 노래는 한자어를 나열한 것과 3·3·4 조의 운율, 후렴구가 경기체가의 형식이며, 전절과 후절로 나뉜 것도 경기체가와 같다.

기출문제

1. '문학 갈래의 전개와 구현 양상을 이해한다.'라는 학습 목표에 근거하여 다음 작품을 가르칠 때, 학습 내용에 따른 설명으로 적절하지 <u>않은</u> 것은? [2.5점]

2012년 기출 29번

> 제4장
> 원의후(圓議後) 공사필(公事畢) 방주유사(房主有司)
> 탈의관(脫衣冠) 호선생(呼先生) 섯거 안자
> 팽룡포봉(烹龍炮鳳) 황금례주(黃金醴酒) 만루대잔(滿鏤臺盞)
>   위 권상(勸上)ㅅ 경(景) 긔 엇더ᄒᆞ니잇고
> 즐거온뎌 선생감찰(先生監察) 즐거온뎌 선생감찰
>   위 취흔 경(景) 긔 엇더ᄒᆞ니잇고
>
> 제5장
> 초택성음(楚澤醒吟)이아 너는 됴ᄒᆞ녀
> 녹문장왕(鹿門長往)이아 너는 됴ᄒᆞ녀
> 명량상우(明良相遇) 하청성대(河淸聖代)예
> 총마회집(驄馬會集)이아 난 됴ᄒᆞ이다
>
> * 초택성음 : 굴원이 참소를 당하여 멱라수에서 지내던 일
> * 녹문장왕 : 맹호연이 녹문산에서 절의를 지키며 지내던 일
>
> — 『상대별곡(霜臺別曲)』

① 제4장에서 전대절의 3음보와 후소절의 4음보가 혼효된 리듬은 선행 시가의 영향으로 볼 수 있다.
② 제4장의 4행과 6행은 동일 구조의 반복적 표현이 나타나는데, 이것이 갈래 명명의 근거가 되었다.
③ 제5장에서 은자적 존재들을 비판하는 것은 새로운 중세 질서의 등장을 합리화하는 것이다.
④ 제5장과 같이 갈래의 전형적인 형식으로부터 일탈해 가는 현상은 후대로 갈수록 더 심해진다.
⑤ 이 작품은 사물이나 경물의 시어 등을 나열하는 언어 배치 방식을 활용하여 향유층과 친숙한 세계를 구성하고 있다.

| 정답 ③

작품 3 ▶ 관동별곡

[제 1 장]
海千重(해천중) 山萬壘(산만루) 關東別境(관동별경)
碧油幢(벽유당) 紅蓮幕(홍연막) 兵馬營主(병마영주)
玉帶傾盖(옥대경개) 黑槊紅旗(흑삭홍기) 鳴沙路(명사로)
爲(위) 巡察景(순찰경) 幾何如(기하여)
朔方民物(삭방민물) 慕義趣風(모의추풍)
爲(위) 王化中興景(왕화중흥경) 幾何如(기하여)

바다는 천겹으로 깊고 산은 만겹을 높은 관동의 색다른 지경으로
푸른 깃발과 붉은 연막을 친듯 兵馬營門(병마영문)의 영주가 되어
옥띠를 매고 日傘(일산)을 기울이고, 호위하는 병사들의 검은 창과 붉은 깃발, 명사길로
아! 순찰하는 광경, 그것이야말로 어떻습니까?
삭방지역 백성들의 재물을 보호해주니, 백성들은 正道(정도)를 본받아 새 기풍을 일으키도다!
아! 왕의 德化(덕화)가 中途(중도)에 일어나는 광경 그것이야말로 어떻습니까?

[제 2 장]
鶴城東(학성동) 元帥臺(원수대) 穿島國島(천도국도)
轉三山(전삼산) 移十州(이십주) 金鼇頂上(금오정상)
收紫霧卷紅嵐(수자무권홍람) 風恬浪靜(풍염랑정)
爲(위) 登望滄溟景(등망창명경) 幾何如(기하여)
桂棹蘭舟(계도란주) 紅粉歌吹(홍분가취)
爲(위) 歷訪景(역방경) 幾何如(기하여)

학성 동쪽 호수 가운데 원수대와 천도와 국도
이 세 섬들은 삼신산을 옮아온 듯 십주를 옮겨온 듯, 해중에 산다는 금자라 이마 위로
자주빛 안개 걷고 붉은 이내가 감도니 바람과 물결을 고요한데,
아! 대에 올라 푸른 바다를 바라보는 광경 그것이야말로 어떻습니까?
계수나무 노로 저어가는 목란으로 꾸민 호화로운 배에는 기녀들의 노래와 피리 소리 넘치는데,
아! 勝地(승지)를 둘러보는 광경 그것이야말로 어떻습니까?

핵심정리

▷ **작자** 안축(安軸, 1287 ~ 1348), 고려 말 문신
▷ **갈래** 경기체가
▷ **연대** 1330년(충숙왕 17년)
▷ **구성** 9장으로 구성
▷ **성격** 의욕적
▷ **주제** 관동의 아름다움을 노래함
▷ **특징** ① 이두문으로 표기되었으며 각 장의 3구는 4·4·3조로 3·3·4조의 정격을 벗어나고 있음
② 공간의 이동에 따라 시상을 전개함

이해와 감상

| 해설 |

충숙왕 17년(1330) 안축(安軸)이 지은 경기체가로 작자가 44세 때 강원도 존무사(存撫使)로 있다가 돌아오는 길에 관동 지방의 뛰어난 경치와 유적 및 명산물에 감흥하여 지었다.

전체 9장으로 1장은 작품의 서사로서 위풍당당한 순찰(巡察)의 정경을, 2장은 학성(鶴城)을, 3장은 총석정(叢石亭)을, 4장은 삼일포(三日浦)를 노래했다. 5장은 영랑호(永郞湖), 6장은 양양(襄陽)의 풍경을, 7장은 임영(臨瀛)을, 8장은 죽서루(竹西樓)를 9장은 정선(旌善)을 노래했다.

이 작품은 실재하는 자연을 주관적 흥취로 여과하고 관념화하여 나열하며, 그 미감을 절도 있게 표출함으로써 사대부 특유의 세계관을 작품으로 승화하였다는 평가를 받고 있다. 작품 곳곳에 경기체가의 정격이라고 할 수 있는 3·3·4조를 지키지 않는 부분은 경기체가 장르의 형성 과정을 보여 준다.

「관동별곡」과 작자의 다른 작품인 「죽계별곡」은 양반들의 한가한 생활 풍경과 현실도피적 경향을 반영하고 있다는 부정적 요소를 지니지만 아름다운 자연 풍치에 대한 긍지와 사랑의 감정을 노래했다는 데에 큰 의의가 있다고 볼 수 있다.

1 「관동별곡」의 창작 의도

안축의 『관동와주』에 실린 한시는 강원도 존무사의 임무로 강원도를 기행하면서 목격한 백성의 고통에 대한 고뇌와 이들을 구제해야겠다는 의지를 담고 있다. 그러나 경기체가 「관동별곡」은 자연을 유유자적하는 여유와 풍류가 작품의 중심이 되고 있다. 이는 신진 사대부로서의 과시욕이 창작 동기에 영향을 미쳤기 때문으로 볼 수 있다.

작품 4 　독락팔곡

[제1장]
太平聖代(태평성대) 田野逸民(전야일민) 再唱(재창)
耕雲麓(경운록) 釣烟江(조연강)이 이밧긔 일이업다.
窮通(궁통)이 在天(재천)ᄒᆞ니 貧賤(빈천)을 시름ᄒᆞ랴.
玉堂(옥당) 金馬(금마)는 내의願(원)이 아니로다.
泉石(천석)이 壽域(수역)이오 草屋(초옥)이 春臺(춘대)라.
於斯臥(어사와) 於斯眠(어사면) 俯仰宇宙(부앙우주) 流觀(유관) 品物(품물)ᄒᆞ야,
居居然(거거연) 浩浩然(호호연) 開襟獨酌(개금독작) 岸幘長嘯(안책장소) 景(경) 긔엇다 ᄒᆞ니잇고.

태평스럽고 성스러운 시대에, 시골에 은거하는 절행이 뛰어난 선비가,
구름 덮인 산기슭에 밭이랑을 갈고, 내 낀 강가에 낚시를 드리우니, 이밖에는 일이 없도다.
빈궁과 영달이 하늘에 달렸으니, 가난함과 천함을 걱정하리오,
한(漢)나라때 궁궐문이나 관아 앞에 동마(銅馬)를 세움으로 명칭한 금마문(金馬門)과, 한림원(翰林院)의 별칭인 옥당서(玉堂署)가 있어, 이들은 임금을 가까이서 모시는 높은 벼슬아치로, 이것이 내가 원하는 바가 아니로다.
천석으로 이루어진 자연에 묻혀 사는 것도, 인덕(仁德)이 있고 수명이 긴 수역(壽域)으로 성세(盛世)가 되고, 초옥에 묻혀 사는 것도, 봄 전망이 좋은 춘대(春臺)로 성세로다.
어사와! 어사와! 천지를 굽어보고 쳐다보며, 삼라만상이 제각기 갖춘 형체를 멀리서 바라보며,
안정(安靜)된 가운데 넓고도 큰 흉금을 열어젖혀 놓고 홀로 술을 마시니, 두건이 높이 머리 뒤로 비스듬히 넘어가, 이마가 드러나서 예법도 없는 데다 길게 휘파람부는 광경, 그것이야말로 어떻습니까.

[제2장]
草屋三間(초옥삼간) 容膝裏(용슬리) 昂昂(앙앙) 一閒人(일한인) 再唱(재창)
琴書(금서)를 벗을 삼고 松竹(송죽)으로 울을ᄒᆞ니
簫簫(소소) 生事(생사)와 淡淡(담담) 襟懷(금회)예 塵念(진념)이 어ᄃᆡ나리.
時時(시시)예 落照趁清(낙조진청) 蘆花(노화) 岸紅(안홍)ᄒᆞ고,
殘烟帶風(잔연대풍) 楊柳(양류) 飛(비)ᄒᆞ거든,
一竿竹(일간죽) 빗기안고 忘機伴鷗(망기반구) 景(경) 긔엇다 ᄒᆞ니잇고.

초가삼간이 너무 좁아, 겨우 무릎을 움직일 수 있는 방에는, 지행 높고 한가한 사람이,
야금을 타고, 책 읽는 일을 벗 삼고, 집 둘레에는 소나무와 대나무로 울을 하였으니,
찢기어진 생계와 산뜻하게 가슴깊이 품고 있는 회포는, 속세의 명리를 생각하는 마음이 어디서 나리오.
저녁 햇빛이 맑게 갠 곳에 다다르고, 흰 갈대꽃이 핀 기슭에 비쳐서 붉게 물들었는데, 남아 있는 내에 섞여 부는 바람결에 버드나무가 날리거든,
하나의 낚싯대를 비스듬히 끼고, 세속 일을 잊고서 갈매기와 벗이 되는 광경, 그것이야말로 어떻습니까.

[제 3 장]
士何事乎(사하사호) 尙志而已(상지이이) 再唱(재창)
科名(과명) 損志(손지)ᄒᆞ고 利達(이달) 害德(해덕)이라.
모ᄅᆞ미 黃券中(황권중) 聖賢(성현)을 뫼압고,
言語精神(언어정신) 日夜(일야)애 頤養(이양)ᄒᆞ야,
一身(일신)이 正(정)ᄒᆞ면 어듸러로 못가리오.
俯仰(부앙) 恢恢(회회)ᄒᆞ고 往來(왕래) 平平(평평)ᄒᆞ니,
갈길를 알오 立志(입지)를 아니ᄒᆞ랴.
壁立萬仞(벽립만인) 磊落(뇌락) 不變(불변)ᄒᆞ야,
嘐嘐然(교교연) 尙友千古(상우천고) 景(경) 긔엇다 ᄒᆞ니잇고.

선비는 무엇을 일삼아야 하느냐, 뜻을 높게 가질 뿐이로다.
과거급제란 명예로움은 내 뜻을 손상시키고, 이익과 출세란 덕을 해치는 것이로다.
모름지기 책 가운데서 성현을 모시옵고,
언어와 정신을 맑은 달밤에 잘 가다듬고 고요히 수양하여,
내 한 몸이 바르게 된다면 어디로 못 가리오.
굽어보고·쳐다보아 크고 넓게 포용하는 모습이 왕래가 평이로워지느니, 내 갈 길을 알아서 뜻을 세우지 아니하리오.
벽처럼 선 낭떠러지가 만 길은 되는데, 내 마음은 활달하여 작은 일에 구애되지 않고 변하지 않느니,
뜻이 커서 말함이 시원스러운데다, 책 읽어 아득한 옛 현인을 벗으로 삼는 광경, 그것이야말로 어떻습니까.

[제 4 장]
入山(입산) 恐不深(공불심) 入林(입림) 恐不密(공불밀)
觀閒之野(관한지야) 寂寞之濱(적막지빈)에 卜居(복거)를 定(정)ᄒᆞ니
野服(야복) 黃冠(황관)이 魚鳥外(어조외) 버디업다.
芳郊(방교)애 雨晴(우청)하고 萬樹(만수)애 花落(화락)후에,
靑藜杖(청려장) 뷔집고 十里(십리) 溪頭(계두)애 閒往(한왕) 閒來(한래)ᄒᆞᄂᆞᆫ ᄯᅳ든
曾點氏(증점씨) 浴沂(욕기) 風雩(풍우)와 程明道(정명도) 傍花(방화) 隨柳(수류)도 이러턴가 엇다턴가.
暖日(난일) 光風(광풍)이 불쎠니 불거니 興(흥) 滿前(만전)ᄒᆞ니,
悠然胸次(유연흉차)ㅣ 與天地(여천지) 萬物上下(만물상하) 同流(동류) 景(경) 긔엇다 ᄒᆞ니잇고.

한유(韓愈)가 산에 들면 산이 깊지 않을까 두려워하고, 숲에 들면 숲이 빽빽하지 않을까 두려워하며, 음은 너그럽고도 한가한 들판에서 밭을 갈고, 쓸쓸한 물가에서 낚시를 드리울 수 있는, 살만한 곳을 가려 점쳐서 정하였느니,
시골사람의 의복에다 야인(野人)의 관을 쓰고 살면서, 물고기와 새밖에는 벗이 없도다.
향기로운 교외에는 비가 개이고, 수많은 나무들에는 꽃이 떨어진 뒤에,
명아주지팡이를 짚고서, 십리 되는 시냇머리를 한가하게 오고 가는 뜻은,
마치 증점씨(曾點氏)가 기수(沂水)에서 목욕하고 무우(舞雩)로 바람을 쐬며 돌아오는 산뜻한 그 기분과, 정명도(程明道)가 꽃을 곁에 두고 버드나무를 좇아 거닐던 기분도 이럴던가 어떻던고.
따스한 햇볕과 청명한 날씨에 부는 바람이 불거니, 밝거니 하여 흥취가 내 앞에 가득하여지느니,
침착하고도 여유있는 가슴속이, 천지만물과 더불어 상하가 함께 흘러가는 광경, 그것이야말로 어떻습니까.

[제5장]
집은 范萊蕪(범래무)의 蓬蒿(봉호)ㅣ오 길은 蔣元卿(장원경)의 花竹(화죽)이로다.
百年浮生(백년부생) 이러타 엇다ᄒ리.
진실로 隱居(은거) 求志(구지)ᄒ고 長往(장왕) 不返(불반)ᄒ면
軒冕(헌면)이 泥塗(이도)ㅣ오 鼎鐘(정종)이 塵土(진토)ㅣ라.
千磨(천마) 霜刃(상인)인ᄃᆞᆯ 이ᄯᅳᆮ을 긋츠리랴.
韓昌黎(한창려) 三上書(삼상서)는 내의ᄯᅳᆮ데 區區(구구)ᄒ고,
杜子美(두자미) 三大賦(삼대부)ㅣ 내동내 行道(행도)ᄒ랴.
두어라 彼以爵(피이작) 我以義(아이의) 不願人之(불원인지) 文繡(문수)ᄒ야
世間萬事(세간만사) 都付天命(도부천명) 景(경) 긔엇다 ᄒ니잇고.

내 집은 저 후한(後漢)적 범래무(范萊蕪)가 끼니가 떨어질 정도로 가난하였어도, 태연자약하게 초야에 묻혀 살았듯, 전한(前漢)적 장원경(蔣元卿)이 뜰 앞의 꽃과 대나무 아래에다 세 갈래 길을 여고, 구중(求仲)과 양중(羊仲)으로 더불어 조용히 놀기를 구하였도다.
평생 동안 덧없는 인생이 이렇다고 어떠하리.
진실로 은거하여 뜻을 구하고, 죽어서 영영 돌아오지 않는다면,
대부가 타는 수레와 복장이 진흙처럼 천한 것에 지나지 않는 것이오, 종묘에 두는 그릇에다 공적을 새긴 이름도 아득한 후세에는 흙먼지에 지나지 않는도다.
천 번이나 갈았을 서릿발 서슬이 푸른 날카로운 칼날일지라도 이 뜻을 끊으랴.
한창려(韓昌黎)는 세 번이나 상서를 올림에, 그 때마다 귀양을 감으로써 벼슬길이 막혔는데, 그것은 나의 뜻에 각기 달랐고,
두자미(杜子美)는 삼대예부(三大禮賦)를 올림에 드디어 벼슬길이 트였다고, 내 마침내 그러한 도를 행하랴.
두어라, 그들은 그들의 작위를 가지고 행하나, 나는 나의 정의(正義)를 가지고 행하는데, 남의 수놓은 비단옷(벼슬)을 원치 않으매,
세간의 만사가 모두 천명에 달려 있는 광경, 그것이야말로 어떻습니까.

[제6장]
君門(군문) 深九重(심구중) ᄒ고 草澤(초택) 隔萬里(격만리) ᄒ니,
十載(십재) 心事(심사)를 어이ᄒ야 上達(상달)ᄒ료.
數封(수봉) 奇策(기책)이 草(초)하얀디 오래거다.
致君(치군) 澤民(택민)은 내의才分(재분) 아니런가.
窮經(궁경) 學道(학도)를 ᄯᅳᆮ두고 이리ᄒ랴.
ᄎᆞᆯ하리 藏修丘壑(장수구학) 遯世(둔세) 無悶(무민)ᄒ야
날조츤 번님네 뫼옵고
綠籤(녹첨) 山窓(산창)의 共把遺經(공파유경) 究終始(구종시) 景(경) 긔엇다 ᄒ니잇고.

임금님 계신 곳은 깊은 구중궁궐이고, 초야에 묻혀 사는 백성들과는 만 리로 막혔느니,
십년동안 마음에 생각한 일을 어찌하여 위로 임금님께 여쭈어 알게 하리오.
운수가 기이하여 내 계책을 봉하여 둔 지가 오래되었도다.
벼슬하면 임금에게 충성함에 이르게 되고, 백성에게는 은택을 내려 주어야 하는 것인데, 이는 나의 천부의 재능이 아니던가.
경서를 궁구하는 가운데, 성현의 도를 배우기 위한 데다 뜻을 두고 이리하랴.
차라리 쉬지 않고 글을 읽어서, 배움에 힘쓰는 저 언덕과 구릉이 있는 은거 처에서, 세상을 숨어 살아도 고민이 없으매,
나를 따르는 벗님네 뫼옵고 사서고(史書庫)의 녹아첨(綠牙籤)을 표지로 한, 장서가 가득한 창 앞에서 성현의 경서를 잡고, 처음부터 끝까지 궁구하는 광경, 그것이야말로 어떻습니까.

[제7장]
一屛一榻(일병일탑) 左箴右銘(좌잠우명) 再唱(재창)
神目(신목) 如電(여전)이라 暗室(암실)을 欺心(기심)ᄒᆞ며,
天聽(천청) 如雷(여뇌)라 私語(사어)인들 妄發(망발)ᄒᆞ랴.
戒愼(계신) 恐懼(공구)를 隱微間(은미간)애 닛디마새.
左如尸(좌여시) 儼若思(엄약사) 終日乾乾(종일건건) 夕惕若(석상약) ᄒᆞᄂᆞᆫ ᄯᅳᆮᄃᆞᆫ
尊事(존사) 天君(천군)ᄒᆞ고 攘除(양제) 外累(외누)ᄒᆞ야,
百體從令(백체종령) 五常(오상) 不斁(불두)ᄒᆞ야
治平(치평) 事業(사업)을 다이루려 ᄒᆞ엿더니
時也(시야) 命也(명야)인디 迄無成功(흘무성공) 歲不我與(세불아여) ᄒᆞ니,
白首(백수) 林泉(임천)의 ᄒᆞ올일이 다시업다.
우읍다. 山之男(산지남) 水之北(수지북)애 斂藏(염장) 蹤跡(종적)ᄒᆞ야
百年閒老(백년한로) 景(경) 긔엇다 ᄒᆞ니잇고.

하나의 병풍에다 하나의 평상을 두고, 왼쪽에는 경계가 되는 잠언(箴言)을. 오른쪽에는 마음에 아로새길 좌우명(座右銘)을 두고,
귀신의 눈으로 볼 제는 번갯불같이 밝게 보이므로, 어두운 방안이라고 제 마음을 못 속이며,
하늘이 들을 제는 천동소리처럼 크게 들리므로, 사사로이 하는 말이라도 망발을 하랴.
군자가 경계하고, 삼가며 몹시 두려워하는 것은, 은암한 곳보다 더 잘 드러나는 곳은 없고, 세미한 일보다 더 뚜렷해진다는 게 없다는 사실을 잊지 마세.
앉은 모습은 시동씨(尸童氏)처럼 반드시 공경하고, 장중한 태도로 앉아야 하고, 얼굴빛과 몸가짐은 엄숙하고, 단정하게 가져서 무엇인가 생각하는 것처럼, 낮에는 하루 종일 쉼 없이 노력하고, 저녁에는 반성하여 삼가고 조심하는 뜻은,
존경하는 마음을 갖고, 잘 섬김으로써, 내 몸 밖에서 오는 누끼치는 일을 물리쳐 없애고,
온몸이 령(令)을 좇아서, 아비는 의롭고, 어미는 자애롭고, 형은 우애롭고, 아우는 공경하고, 아들은 효성함으로써, 오상(五常)을 싫어함이 없어야만,
백성들이 잘 다스려져 평안한 세상이 되게 하고, 사업을 모두 이루고자 하였더니,
때가 아닌지 운명인지, 마침내 성공함이 없었고, 세월은 나와 더불어 기다려 주지 않으니, 흰머리의 늙은이로 숲과 샘이 있는 은거 처에서 할 일이 다시없도다.
우습다, 산의 남쪽과 물의 북쪽인 양지바른 곳에다 내 발자취를 거두어 감추고, 평생 동안을 한가하게 늙어가는 광경, 그것이야말로 어떻습니까.

핵심정리

▷ **작자** 권호문(權好文, 1532~1587) 조선 선조 때의 학자로서, 자는 장중(章仲)이며 호는 송암(松巖). 이황의 문인(門人)으로 청성산(靑城山)에 무민재(無悶齋)를 짓고 독서와 작시(作詩)로 일생을 보냄
▷ **갈래** 경기체가
▷ **연대** 조선 선조
▷ **주제** 자연 속에 묻혀 사는 한정의 즐거움
(이면에는 소외감과 마음껏 의기를 펴지 못하는 불평)

🔍 이해와 감상

| 해설 |

제목에는 8 곡으로 되어 있으나 실제로는 7 곡만이 문집인『송암별집』에 수록되어 있다. 1860년에 민규가 지었다는 「충효가」 1 편이 더 알려져 있으나, 이 작품은 경기체가가 이미 소멸된 지 3 세기가 지난 뒤에 단지 그 양식을 흉내낸 작품에 불과하므로 문제 삼을 것이 없다. 따라서, 이 작품은 쇠퇴기 혹은 소멸기의 형태적 변형을 잘 드러내 주고 있다. 즉, 전통적인 경기체가의 양식은 1연이 6행으로 되어 있는 연장체로서 각 연의 제 4 행과 제 6 행에 '위 景긔 엇더ᄒ니잇고'라는 특별한 구조적 기능을 하는 구절이 반드시 놓여지고, 각 행의 음보수에 있어서도 제 1~3행까지는 3음보격으로 제 4~6 행까지는 4 음보격으로 되어 있고, 각 연은 전대절과 후소절로 크게 나누어지는 특성을 가지고 있다. 그런데 이 작품은 각 연이 전대절과 후소절로 나뉘어 있지 않을뿐더러 행수에 있어서도 4보격이 압도적으로 중심을 이루고 있다. 또 경기체가 특유의 구조적 기능을 하는 '景긔 엇더ᄒ니잇고'라는 구절은 각 연의 맨 끝에 1회씩만 실현되어 있다. 이처럼 경기체가 고유의 정통적 양식에서 크게 이탈하여 장형화하고 4보격이 중심이 된 것은 인접 장르인 가사문학의 작품활동이 활발한 시기에 있었으므로 그 영향을 받은 것으로 추정된다.

| 감상 |

이 작품의 서문에서 작자는 "고인이 말하기를 노래라 하는 것은 흔히 시름에서 나오는 것이라 하였듯이 이 노래 또한 나의 불평에서 나온 것이니, 한편 주자(朱子)의 말처럼 노래함으로써 뜻을 펴고 성정(性情)을 기르겠다."라고 제작동기를 피력하였다. 이로 보아 작자는 강호자연의 유연한 정서생활을 노래하면서 그것을 성정을 닦고 기르는 도학의 자세로 받아들였으며, 그러면서도 그 이면에는 외로움과 불평이 서려 있음을 알 수 있다. 실제로 작자는 평생 벼슬길에서 나가지 못하였으며 산림처로 자처하면서 산수에서 노닐며 노래로써 시름을 달래었다.

작자의 어머니가 천비(賤婢)이었다는 점에서 벼슬길에 제약이 있었을 것은 확실하며, 웅대한 학덕을 지니고도 크게 펴보지 못한 데서 오는 소외감과 불평이 응어리져 있었을 것이다. 특히, 이 작품의 제 5 연을 보면 그의 의기(意氣)가 얼마나 드높으며, 그러면서도 불평에 가득찬 사람이 세상을 저 아래로 내려다보는 고고한 태도가 여실히 나타나 있다. 그리고 작품의 전편에 표면적으로는 강호자연 속에 파묻혀 한가로이 지내는 즐거움을 노래하고 태평성대에 한 일민(逸民)으로 자연을 사랑하며 유유히 살아가는 삶을 드러내었지만, 이면적으로는 홀로 즐기는 소외감과 마음껏 의기를 펴보지 못하는 불평이 짙게 깔려 있다.

최병해
고 / 전 / 시 / 가

chapter 7 악 장

제1절 악장 이해
제2절 악장 작품 감상

제 1 절 악장 이해

> **출제방향**
> - 악장의 성격
> - 악장 「용비어천가」와 「월인천강지곡」의 구조
> - 전·후대 시가와의 영향 관계
> - 「용비어천가」와 「월인천강지곡」의 서사시적 성격
> - 주요 작품의 특징

01 악장의 정의 및 특징

1. 정의

악장이란, 14세기말 ~ 15세기초 조선 전기의 송축가로 원래 종묘제향에 쓰이던 음악을 의미하였는데 지금은 그 노래의 가사를 뜻한다.

2. 내용

(1) 내용적 특징
  ① 조선 건국의 천명성과 당위성을 밝혔다.
  ② 임금의 만수무강을 축원하였다.
  ③ 왕실의 무궁한 번영을 축원하였다.
  ④ 후대 왕에 대한 권계의 내용을 담고 있었다.
(2) 왕에 대해 지나치게 아유(阿諛)가 심하고, 과장된 찬양과 송축으로 일관되었으며, 당시 민중들의 정서와 유리되어 있어서 대중화되지 못했다.

3. 작자

대부분 조선 건국의 공신이었던 신진사대부(훈구파)들이 지었으며, 일종의 귀족 문학으로 왕권이 확립된 후 더 이상 창작되지 않았다.

4. 형식

일정한 틀은 없으나 초기에는 중국 고시체의 형태를 본받았고, 훈민정음의 제정을 보게 되자 약간의 국어가 섞인 토체(吐體)로 바뀌었다가, 후에 「용비어천가」나 「월인천강지곡」과 같은 정형성을 띤 신체 형식으로 고정된 것으로 보인다. 그리하여, 이를 신체, 속요체, 경기체가체, 한시체 등으로 나누기도 한다.

(1) **한시체** : 「납씨가」, 「정동방곡」, 「문덕곡」, 「근천정」, 「수명명」, 「봉황음」, 「북전」 등
(2) **경기체가** : 「상대별곡」, 「화산별곡」, 「축성수」, 「가성덕」, 「오륜가」, 「연형제곡」 등
(3) **속요체** : 「신도가」, 「유림가」, 「감군은」
(4) **악장체 (신체)** : 「용비어천가」, 「월인천강지곡」

> **참고**
> (1) 세종 때는 관습도감을 두어 박연을 중심으로 악장과 악제를 연구하도록 하였다.
> (2) 악장이 수록된 문헌으로는 『악학궤범』, 『악장가사』, 『시용향악보』 등이다.
> (3) 귀족 문학으로서 아유가 심하여 문학성이 적다.
> (4) 성격상으로 송도가, 송축가이어서 예술성을 찾기는 어렵다.

5. **악장의 문학사적 의의**
   (1) 우리의 문자인 훈민정음의 창제와 비슷한 시기에 지어진 것이 많기 때문에 우리글의 발전 과정을 살필 수 있으며, 왕실을 중심으로 노래의 형태를 국가적인 차원에서 모색했던 갈래이다.
   (2) 세종이 지은 「월인천강지곡」은 석가의 공덕을 찬양한 노래로 문학적 가치보다는 국어학적 가치에 더욱 의의가 있다.

02 악장의 주요 작품

구분	작품명		연대	작자	내용	출전
비정형 악장	문덕곡		태조 2	정도전	태조의 문덕(文德)을 찬양	악학궤범
	무공곡	납씨가	태조 2	정도전	이성계가 몽고의 나하추를 격퇴한 무공을 칭송한 노래	악학궤범 악장가사 시용향악보
		정동방곡	태조 2	정도전	이성계의 위화도 회군을 노래	악학궤범
	신도가		태조 3	정도전	서울 한양의 경치, 임금의 덕을 노래	악장가사
경기체가형 악장	봉황음		세종	윤회	왕조의 문물을 찬양하고 왕가를 축복한 노래	악학궤범
	상대별곡		세종 1	권근	조선 사헌부 관헌의 생활과 긍지를 통해 조선의 문물제도 찬양	악장가사
	화산별곡		세종 7	변계량	왕조의 창업을 칭송한 노래	세종실록 악장가사
	축성수		세종 11	예조	왕조의 창업을 칭송한 노래	세종실록
	성덕가 (가덕성)		세종 11	예조	왕조의 창업을 칭송한 노래	세종실록
	오륜가		세종	미상	오륜에 대하여 부른 노래	악장가사
	연형제곡		세종	미상	형제의 우애와 조선의 문물제도를 찬양한 노래	악장가사
정형 악장	용비어천가		세종 27	정인지 안지 권제	조선 6조의 조선 창업의 간난과 천명성을 노래 한글로 찬양한 노래	용비어천가 (단행본)
	월인천강지곡		세종 29	세종	석보상절을 보고 세종이 몸소 지은 석가의 전기적 서사시 (전 3권 중 상권 194장만 현존)	월인천강지곡 (단행본)

제2절 악장 작품 감상

작품 1 ▶ 용비어천가(龍飛御天歌)

> **출제방향**
> - 제작 동기와 내용상의 특징
> - 국어 국문학상의 의의
> - 악장 문학의 형성 및 그 형식 파악
> - 영웅 서사시적 성격

[제1장]
海東六龍飛 莫非天所扶 古聖同符

海東(해동) 六龍(육룡)이 ᄂᆞᄅᆞ샤 일마다 天福(천복)이시니.
古聖(고성)이 同符(동부)ᄒᆞ시니.

해동(海東)의 여섯 용이 나(飛)시어 일마다 하늘의 복을 받으시니.
중국의 옛 성왕(聖王)과 딱 들어맞으시니.

[제2장]
根深之木 風亦不扤 有灼其華 有蕡其實
源遠之水 旱亦不竭 流斯爲川 于海必達

불휘 기픈 남ᄀᆞᆫ ᄇᆞᄅᆞ매 아니 뮐ᄊᆡ, 곶 됴코 여름 하ᄂᆞ니.
ᄉᆡ미 기픈 므른 ᄀᆞᄆᆞ래 아니 그츨ᄊᆡ, 내히 이러 바ᄅᆞ래 가ᄂᆞ니.

뿌리가 깊은 나무는 바람에 흔들리지 아니하므로, 꽃이 좋고 열매가 많으니.
샘이 깊은 물은 가뭄에 그치지 아니하므로, 내가 이루어져 바다에 가나니.

[제4장]
狄人與處 狄人于侵 岐山之遷 實維天心
野人與處 野人不禮 德源之徙 實是天啓

狄人(적인)ㅅ 서리예 가샤 狄人(적인)이 글외어늘, 岐山(기산) 올ᄆ샴도 하ᄂᆶ 쁘디시니.
野人(야인)ㅅ 서리예 가샤 野人(야인)이 글외어늘, 德源(덕원) 올ᄆ샴도 하ᄂᆶ 쁘디시니.

오랑캐 사이에 가시어 오랑캐가 덤비거늘, 기산으로 옮아가심도 하늘의 뜻이시니.
오랑캐 사이에 가시어 오랑캐가 덤비거늘, 덕원으로 옮아가심도 하늘의 뜻이시니.

[제7장]
赤爵啣書 止室之戶 聖子革命 爰示帝祜
大蛇啣鵲 寘樹之揚 聖孫將興 爰先嘉祥

블근 새 그를 므러 寢室(침실) 이페 안ᄌᆞ니 聖子革命(성자 혁명)에 帝祜(제호)를 뵈ᅀᆞᄫᆞ니.
ᄇᆞ야미 가칠 므러 즘겟 가재 연ᄌᆞ니 聖孫將興(성손 장흥)에 嘉祥(가상)이 몬졔시니.

붉은 새가 글을 물고 (문왕의) 침실 문 앞에 앉으니, 거룩한 임금의 아들(무왕)이 혁명을 일으키려 하매 하느님이 주신 복을 미리 보이신 것입니다.
뱀이 까치를 물어다가 큰 나뭇가지에 얹으니, 거룩한 임금의 성손(聖孫)인 태조가 장차 일어남에 있어 경사로운 징조를 먼저 보이신 것입니다.

[제13장]
獻言雖衆 天命尙疑 昭玆吉夢 帝迺趣而
謳歌雖衆 天命靡知 昭玆吉夢 帝迺報之

말ᄊᆞᄆᆞᆯ 슬ᄫᆞ리 하ᄃᆡ 天命(천명)을 疑心(의심)ᄒᆞ실ᄊᆡ 꾸므로 뵈아시니.
놀애를 브르리 하ᄃᆡ 天命(천명)을 모ᄅᆞ실ᄊᆡ 꾸므로 알외시니.

(무왕에게 은나라 주왕을 치라는) 말씀을 사뢰는 사람이 많되, (무왕이) 천명을 의심하므로 (천명인지 아닌지 몰라 주저하므로) (신인이) 꿈으로 (주왕을 치라고) 재촉하시도다.
(여말에 이씨를 찬양하는) 노래를 부르는 이가 많되, 천명을 모르시므로 (나라를 세우지 않더니) (하늘이) 꿈으로 알리시도다.

[제 34 장]
江之深矣 雖無舟矣 天之命矣 乘馬截流
城之高矣 雖無梯矣 天之佑矣 躍馬下馳

믈 깊고 비 업건마른 하늘히 命(명)ᄒ실ᄊᆡ 물톤 자히 건너시니이다.
城(셩) 높고 ᄃ리 업건마른 하늘히 도ᄫ실ᄊᆡ 물톤 자히 ᄂᆞ리시니이다.

물이 깊고 배가 없건마는 하늘이 명하시므로 (금나라 태조가) 말을 탄 채 (혼동강을) 건너시었습니다.
성이 높고 사닥다리도 없건마는 하늘이 도우시므로 (태조께서) 말을 탄 채 내리시었습니다.

[제 48 장]
深巷過馬 賊皆回去 雖半身高 誰得能度
絶壁躍馬 賊以悉獲 雖百騰奮 誰得能陟

굴허에 ᄆᆞ를 디내샤 도즈기 다 도라가니 半(반) 길 노ᄑᆡᆫᄃᆞᆯ 년기 디나리잇가.
石壁(셕벽)에 ᄆᆞ를 올이샤 도ᄌᆞᆯ 다 자ᄇᆞ시니 현 번 ᄠᅱ운ᄃᆞᆯ ᄂᆞ미 오ᄅᆞ리잇가.

구렁에 말을 지나게 하시어 도적이 다 돌아가니, 반 길의 높이인들 남이 지나리이까.
돌벽에 말을 올리시어 도적을 다 잡으시니, 몇 번을 뛰게 한들 남이 오르리이까.

[제 67 장]
宿于江沙 不潮三日 治其出矣 江沙迺沒
宿于島嶼 大雨三日 治其空矣 島嶼迺沒

ᄀᆞᄅᆞᆷ ᄀᆞᅀᅢ 자거늘 밀므리 사ᄋᆞ리로ᄃᆡ 나거ᅀᅡ ᄌᆞᄆᆞ니이다.
셤 안해 자싫 제 한비 사ᄋᆞ리로ᄃᆡ 뷔어ᅀᅡ ᄌᆞᄆᆞ니이다.

강가에 자거늘 밀물이 사흘이로되 떠나야 잠기었습니다.
섬 안에 자실 제 큰비가 사흘이나 내리되 비우고서야 잠기었습니다.

[제 91 장]
侍宴父皇 憶母悲涕 左右訴止 父皇則懠
來見父王 戀母悲淚 左右傷之 父王

아바님 이받ᄌᆞᄫᇙ 제 어마님 그리신 눈므를 左右(좌우)ㅣ 하ᅀᆞᄫᅡ 아바님 怒(노)ᄒᆞ시니.
아바님 뵈ᅀᆞᄫᆞᇙ 제 어마님 여희신 눈므를 左右(좌우)ㅣ 쓸ᄊᆞᄫᅡ 아바님 일ᄏᆞᄅᆞ시니.

(당 태종이 궁중에서) 당 고조(高祖)를 모시고 잔치를 할 때, 죽은 모후(母后)를 그리워하신 눈물을 좌우가 참소하여 아버님께서 성을 내시니.
(태종이 모후 산소에서 시묘하며) 아버님을 뵐 때, 어머님을 여의심을 슬퍼하여 흘리신 눈물을 좌우가 슬퍼하니, 아버님이 아들의 효성을 칭찬하시니.

[제 102 장]
心無憂矣 將宿是屋 維皇上帝 動我心曲
身無恙矣 欲往彼室 維皇上帝 降我身疾

시름 ᄆᆞᅀᆞᆷ 업스샤ᄃᆡ 이 지븨 자러 ᄒᆞ시니 하ᄂᆞᆯ히 ᄆᆞᅀᆞ믈 뮈우시니.
모맷 病(병) 업스샤ᄃᆡ 뎌 지븨 가려 ᄒᆞ시니 하ᄂᆞᆯ히 病(병)을 ᄂᆞ리오시니.

근심하는 마음이 없으시므로 이 집(백인)에서 유숙(留宿)하려 하시니, 하늘이 (한 고조의) 마음을 움직이게 하시니.
몸에 병이 없으시지마는 저 집(방간의 집)에 가려 하시니, 하늘이 (방원에게) 병을 내리시도다.

[제 110 장]
四組莫寧息 幾處徙厥宅 幾間以爲屋
入此九重闕 亨此太平日 此意願毋忘

四祖(사조)ㅣ 便安(편안)히 몯 겨샤 현 고ᄃᆞᆯ 올마시뇨. 몇 間(간)ᄃ 지븨 사ᄅᆞ시리잇고.
九重(구중)에 드르샤 太平(태평)을 누리싫 제 이 ᄠᅳ들 닛디 마ᄅᆞ쇼셔.

사조(목조, 익조, 도조, 환조)께서 편안히 못 계시어 몇 곳을 이주하셨겠는가? 몇 칸이나 되는 집에서 사셨겠는가? (그 고초가 이루 말할 수 없었습니다.)
(후대의 임금들께서) 궁궐에 드시어 태평성대를 누리실 때에 이 뜻(조상들의 개국을 위한 고초)을 잊지 마소서.

[제 125 장]

千世默定 漢水陽 累仁開國 卜年無彊
子子孫孫 聖神雖繼 敬天勤民 迺益永世
嗚呼 嗣王監此 洛表游畋 皇祖其恃

千世(천 세) 우희 미리 定(정)ᄒᆞ샨 漢水(한수) 北(북)에, 累仁開國(누인개국)ᄒᆞ샤 卜年(복년)이 ᄀᆞ업스시니,
聖神(성신)이 니ᅀᆞ샤도 敬天勤民(경천근민)ᄒᆞ샤ᅀᅡ, 더욱 구드시리이다.
님금하, 아ᄅᆞ쇼셔. 落水(낙수)예 山行(산행) 가 이셔 하나빌 미드니잇가.

천 세(千世) 전에 미리 정하신 한강 북쪽에, 여러 대를 물린 어진 임금이 나라를 여(開)시어 왕조가 끝이 없으시니.
성신(聖神)이 대를 이으시어도 하늘을 공경하고 백성을 부지런히 다스리는 데에 부지런히 힘쓰셔야, 더욱 굳건할 것입니다.
임금이여, 아소서. 낙수(落水)에 사냥을 가 있으면서 조상만 믿으시겠습니까?

핵심정리

▷ **작자**
① 정인지(鄭麟趾, 1396~1478) : 문신, 학자, 호는 학역재(學易齋), 훈민정음 창제에 공이 큼
② 권제(權踶, 1387~1445) : 문신, 학자, 호는 문경(文慶), 『고려사』 편찬에 참여
③ 안지(安止, 1377~1464) : 문신, 호는 고은(皐隱), 시호는 문정(文靖), 시와 서예에 능함

▷ **연대** 세종 27년(1445)
▷ **형식** 악장(樂章), 2절 4구(전절은 중국 제왕(帝王)의 사적을, 후절은 조선 왕조의 사적을 찬양)

▷ **구성** 10권 5책 125장
① 서가(序歌) : 제 1 장 ~ 제 2 장(개국송(開國頌))
② 본가(本歌) : 제 3 장 ~ 제 109 장(사적찬(事蹟讚))
③ 결가(結歌) : 제 110 장 ~ 제 125 장(계왕훈(戒王訓))

▷ **성격** 서사시, 송축가(頌祝歌)
▷ **주제** 조선 창업의 당위성과 후왕에 대한 권계
▷ **의의** ① 훈민정음으로 기록된 최초의 문헌
② 훈민정음으로 기록된 최초의 장편 영웅 서사시
③ 「월인천강지곡」과 함께 악장 문학의 대표작
④ 세종 당시 국어 연구의 귀중한 자료
⑤ 역사 연구의 보조 자료

이해와 감상

| 배경 |

[제 4 장]
- 전절 : 주나라 태왕(太王) 고공단보가 빈곡에 살고 있을 때에, 적인(狄人)의 침범이 잦으므로 피폐(皮幣)와 견마(犬馬), 주옥(珠玉) 등을 주어 달랬으나, 이에 응하지 않으므로 칠수(漆水)와 저수(沮水) 두 강을 건너 기산 밑에 가서 살자, 빈곡 사람들이 따르는 자가 많아 시장과 같았다.
- 후절 : 목조(穆祖)의 뒤를 이어 익조(翼祖)가 오동에서 원나라 벼슬인 오천호 소장(五千戶所長)으로 있으면서 인심을 얻으니, 여진(女眞) 장수들이 시기하여 죽이려 하므로 적도(赤島)로 피하였다가 덕원으로 옮겼다. 이에 경흥 백성들이 따라 옮기는 자가 많아서 시장과 같았으니, 이것이 다 하늘의 뜻이라 하였다.

[제 7 장]
- 전절 : 주나라 문왕(文王) 때 천명을 받아 표시로 붉은 새가 다음과 같은 글을 물고 문왕 침실 문에 와 앉았다. "부지런한 사람은 길(吉)하고 게으른 사람은 망한다. 의리(義理)를 지키는 사람은 흥하고 사욕(私慾)을 탐하는 자가 흉(凶)하다. 무릇 모든 일이 억지로 하지 않으면 사곡(邪曲)이 생기지 않고, 굳세지 못하면 바르지 못한다. 사곡(邪曲)이 일면 망할 것이고, 굳센 사람은 만세를 누린다. 인(仁)으로써 얻고, 인(仁)으로써 다스리면 백세를 누릴 것이고, 불인(不仁)으로써 얻고 불인

(不仁)으로써 다스리면 당세(當世)를 마치지 못하리라."
- 후절 : 도조(度祖)가 행영(行營 : 야영을 하는 곳)에 있을 때, 까치 두 마리가 영중(營中)의 나무에 앉았다. 도조(度祖)가 그것을 쏘고자 하니 휘하 군사들이 모두, "몇 백 보나 되는 먼 곳이니 맞히니 못할 것입니다."라고 하였으나, 도조(度祖)는 활을 쏘아 두 마리의 까치를 땅에 떨어뜨렸다. 마침 그 때 큰 뱀이 나와서 물어다가 나무 위에 가져다 놓고 먹지 않았다. 사람들이 신기하게 여기며 모두 칭송했다.

[제 13 장]
- 전절 : 무왕이 문왕을 이어 즉위하여 관병(觀兵)할 때, 기약하지 않고 모인 제후(諸侯)가 팔백이나 되었는데, 모두 주(紂)를 쳐야 한다고 무왕에게 진언(進言)했다. 그러나 무왕은 천명을 알 수 없다 하여 군대를 돌렸다. 그 후 2년 뒤 주왕의 학정은 점점 심해가므로, 무왕은 '내 꿈으로 보나 점괘로 판단하나 천의(天意)가 내게 있음을 알 수 있으니, 반드시 주(紂)를 쳐 이기리라.' 하고 발병(發兵)했다.
- 후절 : 이 태조가 위화도에서 회군할 무렵에, 진중에서는 태조가 나라를 세워 백성을 구해 줄 것을 바라는 동요['木子得國 (목자득국)'이라는 참요적(讖謠的) 내용으로 이 씨가 나라를 세울 것]가 떠돌기도 하고, 목자(木子 즉 李씨)가 나라를 얻을 것이란 뜻의 노래가 불리었으나, 태조는 천명을 모른다 하여 잠저(潛邸 : 왕위에 오르기 전에 살던 집)에 있을 때, 꿈에 신인(神人)이 하늘에서 내려와 금척(金尺 : 금으로 된 자)을 주면서 '공이 문무(文武)를 겸하여 민망이 높으니, 이것으로써 나라를 바로 잡으라'고 하여, 드디어 마음을 결정하기에 이른 것이라 한다.

[제 34 장]
- 전절 : 금 태조(金 太祖)가 요나라 황룡부(黃龍府)를 칠 때 혼동강(混同江)에 이르니 배가 없었다. 태조는 한 사람을 시켜 앞을 인도케 하므로, 제군(諸軍)이 따라 건너는데 물 깊이가 말의 배에 미치었다. 다 건너고 나서 사공을 시켜 건너온 물목을 재게 하니 그 깊이를 헤아릴 수가 없었다. 그 길로 황룡부를 점령했다.
- 후절 : 이 태조(李 太祖)가 송도에서 침입하여 온 홍건적(紅巾賊) 20만을 물리쳤는데, 한때 이 싸움에서, 적이 오히려 방루(防壘)를 쌓고 굳게 지키는 것을 해질 무렵에 여러 군사가 나가 에워쌌다. 이 날 밤 태조는 길가의 한 집에 머물러 있었는데, 밤중에 적이 포위를 뚫고 달아나려고 우리 군사와 성문(城門)을 다투느라 혼란해 있었다. 이 틈에 한 적이 뒤에서 창으로 태조의 귀 뒤를 찔렀다. 형세가 매우 위급하여 칼을 빼어 앞의 7, 8인을 베고, 말을 뛰게 하여 성을 넘었건만 말은 넘어지지 않았다. 이에 사람들은 모두 신이(神異)하게 여기었다.

[제 48 장]
- 전절 : 금 태조가 적에 쫓겨 골목에 들어 길을 잃었는데, 적이 급히 쫓는지라 높은 언덕을 대번에 뛰어 넘어가니 적이 쫓아오지 못했다.
- 후절 : 이 태조가 지리산에서 왜적을 토벌할 때 왜적이 절벽 위에서 대치하거늘, 장수들이 모두 올라갈 수 없다하므로, 태조가 칼등으로 말을 쳐서 한달음으로 올라가니 군사들이 뒤쫓아 적을 섬멸하였다.

[제 67 장]
- 전절 : 원 세조(元 世祖)의 중서승상(中書丞相) 백안(伯顔)이 송나라를 치려고 군사를 전당 강가에 주둔시키니, 항주(杭州) 사람이 이를 보고 곧 조수(潮水)에 잠길 것이라 생각하여 기뻐하였는데, 밀물이 사흘 동안이나 들어오지 않다가 떠난 뒤에야 그 곳이 물 속에 잠기었다.
- 후절 : 이 태조가 위화도에 군사를 주둔시키니, 장맛비가 수일 동안이나 내렸어도 물이 붇지 않더니 회군한 뒤에야 비로소 온 섬이 물 속에 잠기었다.

[제 91 장]
- 전절 : 당 태종(唐太宗)이 궁중에서 아버지인 고조를 모시고 잔치를 할 때, 죽은 모후(母后)를 생각하여 눈물을 흘리니, 고조의 총희(寵姬)들이 저희를 미워하여 우는 것이라고 참소하니, 고조가 아들에게 성을 냈다.
- 후절 : 태종(太宗, 이방원)이 모후인 신의왕후(神懿王后)의 상(喪)을 입었을 때, 능(陵) 앞에 여막(廬幕)을 짓고 있다가 태조

를 뵈러 서울로 향할 때면 길에서 눈물을 그치지 않았다. 태조저(太祖邸)에 이르러서도 느낀 바가 있으면 통곡하니 좌우가 다 슬퍼하였고, 태조는 항상 그 효성을 칭찬하였다.

[제 102 장]

- 전절 : 흉노(匈奴)가 마읍(馬邑)에 침입하자 한신(韓信)도 이에 가담하였다. 한 고조가 이를 토벌하다 평성(平城)에서 포위되었다. 7일 만에 조(趙)나라로 돌아와 조왕(趙王) 장오(張敖)를 핍박하자, 조나라 재상 관고(貫高)와 조오(趙午) 등이 노하여 고조를 해하려 하였다. 고조가 한신의 잔당을 파하고 조나라 고을인 백인(柏人)에서 유하려다가, 지명이 좋지 않다고 생각하여 [柏人을 迫人으로 고치면 사람에게 핍박을 당한다는 뜻] 자지 않고 갔기 때문에 조왕(趙王)의 해를 면하였다. 즉 고조를 해치지 못하게 하기 위하여 하늘이 그 마음을 움직였다.
- 후절 : 정도전(鄭道傳)의 난('방원의 난'이라고도 함)을 평정한 뒤, 논공행상에 있어 불평을 가진 박포(朴苞)가 방간(芳幹)을 충동하여 태종을 제거하려고 했다. 이에, 방간이 태종을 해하려고 자기 집으로 청하였으나, 태종은 갑자기 병이 나서 가지 못하였기 때문에 화를 면하였다. 태종을 구하기 위하여 하늘이 갑자기 태종에게 병을 내렸다.

[제 110 장]

- 전절 : 목조가 전주에 살 때 지주(知州)와의 사이가 어긋나서 강원도 삼척현으로 옮겨서 살게 되었다. 그러나 거기서도 못 살게 되어 바다를 건너 함길도(함경도)로 옮겼다가 원나라에 귀화하여, 뒤에 다시 경흥부(慶興府) 동쪽 오동 땅에 옮아 살게 되었다. 원나라에서는 목조에게 오천호 소장(五千戶所長)의 벼슬을 주었는데, 우리나라의 동북면의 민심이 모두 목조께로 돌아갔다. 익조는 목조의 뒤를 이어 위덕(威德)이 날로 높아지니, 야인(野人)들이 익조를 시기하여 죽이려 하므로 익조는 경흥부 동쪽 60여 리에 있는 적도(赤道)로 피신하여 움을 파고 살다가, 후에 다시 덕원(德源)으로 돌아와 살게 되니 경흥 백성들이 좇아와서 마치 저자를 이루듯 하였다.

[제 125 장]

- 전절 : 신라 때의 승려 도선(道詵)의 「비결서(祕訣書)」에 의하면, 삼각산의 남쪽, 곧 한수(漢水)의 북쪽에 도읍을 정하면 나라가 흥하리라고 하였다. '한수북(漢水北)'은 도선의 풍수지리설에 의하면 '수지북왈양(水之北曰陽 : 강의 북쪽을 양(陽)이라 한다.)'이라 하였으니, '한수북(漢水北)'은 '한양'을 가리킨다.
- 후절 : 하(夏)나라 태강(太康)이 임금으로 있으면서 놀음에 빠져 그 덕을 잃으니 백성이 모두 다른 마음을 먹었다. 그런데도 할아버지인 우왕(禹王)의 덕만 믿고 그 버릇을 고치지 못하더니, 마침내는 사냥을 절도(節度)없이 해서 뤄수이(洛水) 밖으로 사냥간 지 백 날이 넘어도 돌아오지 않으므로, 궁(窮)나라 제후인 예(羿)가 백성을 위하여 참을 수 없다 하여 태강을 허베이(河北)에 돌아오지 못하게 하고, 폐위시켜 버렸다.

| 해설 |

조선 건국을 찬양한 송축가인데, 영웅 서사시로서의 조건을 구비한 장편 서사시로서 높은 자리를 차지하고 있다. 창업을 송축한 악장 중에서 가장 대표적인 존재로 국문 표기된 최초의 작품이다. 세종의 명을 받들어 1445년에 권제, 정인지, 안지 등이 제찬하였다.

이 작품은 건국의 시조(始祖 : 목조, 익조, 도조, 환조, 태조, 태종)들을 찬양하고 조선의 건국이 천명에 의한 필연적인 결과임을 합리화하기 위한 것이다. 등장인물의 탄생과 성장 과정, 사업 등에 영웅적 성격을 부여하고 사건 중심으로 서술한 서사시라는 점에서 고대의 건국 신화와 일맥 상통한다.

구성은 총 125장으로 되어 있고, 형식은 2행 4구체의 연장체(聯章體)이다. 이 작품의 체제는 우리말 노래, 한역시, 한문 주해의 순서로 되어 있다. 즉 국문 가사에 이어서 같은 내용의 한시가 뒤따르고, 그 다음에 역사적 사실이나 전설을 자료로 한 주해가 붙어 있다.

제 1 ~ 2 장은 서사(序詞)로서 전체의 주제가 요약되어 있다. 제 1 장에서는 조선 건국이 천명에 따른 것임을 밝히고, 제 2 장에서는 조선 왕조 개국 설립의 깊은 뜻을 노래하였다. 순 국어체로 125 장 중 백미이다. 제 3 ~ 109 장은 본사(本詞)로 전 6대의 사적을 노래함으로써 건국의 합리성을 찬양하였고, 제 110 ~ 125 장은 결사(結詞)로서 후대 임금에 대한 경계로 되어 있다. 제 110 장에서 제 124 장까지를 합하여 '잊지 말라'는 뜻의 '무망장(毋忘章)'이라 하는데 「용비어천가」 전체의 결사가 되는 부분이다. 즉 개국을 위한 조상들의 고초를 생각하여 나라를 잘 다스리라는 권계의 말들로 구성되었다.

제 1 ~ 4 장과 제 125 장은 곡을 붙여 이것을 '여민락(與民樂)'이라 부르고, 제 1 ~ 8 장과 제 125 장의 국문 가사에 곡을 붙인 것을 '치화평(致和平)', 제 1 ~ 16 장과 제 125 장의 국문가사에 곡을 붙인 것을 '취풍형(醉豊亨)' 등으로 불렀다. 궁중악과 나라의 잔치나 행사 때의 행진곡으로 사용하였다. 이 점에서 악장(樂章)으로 분류된다. 훈민정음으로 기록된 최초의 작품으로 악장 및 장편 서사시의 대표작이다.

이 작품은 훈민정음 창제 후 그것을 문학적으로 실험한 첫 작품이며, 문학적인 면에서만이 아니라 15세기 중엽 우리 국어의 표기 형태를 살펴볼 수 있는 매우 중요한 자료이다.

| 감상 |

'용'은 왕을 상징한다. 작품이 제목은 '용이 날아서 하늘을 덮었다'는 뜻이다. 「용비어천가」는 신화적인 성격을 강화하기 위해 민간 전승되는 설화까지 받아들이기도 했다.

그러나 당시 시대는 신화가 통용될 수 있는 시대가 아니었으므로 일관된 줄거리에 입각한 영웅의 투쟁이 나타나지 않아 긴장감이 없고, 단편적인 사건의 연속으로 된 것이 특징이다. 서사시로서 이 작품은 고려 왕조의 신하가 나라에 반기를 들고 조선 왕조를 세운 것을 오히려 합리화하고 신성화하여, 그것이 반역이 아니라 천명(天命)에 의한 것임을 강조하고자 하는 의도를 드러낸다.

그러나 이것은 애초부터 많은 무리를 따를 수밖에 없었다. 이성계를 고려 왕조의 충신으로 만들어 놓고, 또 새로운 나라를 세운 사람으로 내세우려는 이율배반적인 것이 있을 수밖에 없었던 것이다. 이성계를 결정적인 중요 시기에는 몸을 사리게 하고 그 대역으로 그 아들 방원을 내세워, 이에 악역은 아들 방원이 맡고 이성계는 좋은 역할만을 맡게 하였다. 이러한 이성계의 모습은 왠지 개국의 시조로서 당당하지 못하고, 정치인으로서 뚜렷하지 못한 자세를 나타낸다.

한편, 이 작품은 무조건의 사대주의적인 시필(詩筆)이 드러난다. 전구가 중국의 고사요, 후구가 조선 창업의 사실인데 중국 하(夏), 은(殷), 주(周), 수(隨), 당(唐) 등의 고대 사회의 기사이적(奇事異跡)을 들어, 여기에 덧붙여 14세기의 조선의 전설과 고사를 창작해 내려고 했으니 어색한 신화를 만들어낸 듯하다. 목조(穆祖)를 비롯한 대조(代祖)의 신화는 거의 신빙성이 없는 이야기 같고, 사실 장엄하다거나 흥미 있는 줄거리가 없이 극히 빈약하다.

이것은 이 작품 제작에 참여한 이들이 모두 유학자이기 때문에 신화를 만들어 낼만한 상상력과 필치가 부족했고, 중국 고사의 지식만을 깊이 알고 있었기 때문이라고 생각한다. 이것이 이 작품을 위대한 영웅 서사시로 승화시키지 못한 이유이기도 하다.

이런 점에서 「용비어천가」는 훈민정음으로 된 최초의 작품이라는 국문학적 의의는 크지만, 자연스러운 문학성이 돋보이는 순수한 내용의 작품의 성격과 거리가 멀다.

1 제목의 의미

주역(周易) 건괘(乾卦) 풀이에 있는 '시승육룡이어천(時承六龍以御天)'에서 유래한 말로 '용비(龍飛)'는 '용이 난다'는 뜻인데, 이는 영웅이 뜻을 얻어 흥기(興起)한다는 비유로, 여기에서는 임금의 위(位)에 오름을 나타내었다. '어천(御天)'은 '하늘을 어거함'의 뜻인데 이는 천도(天道)·천명(天命)에 맞도록 처신하는 것을 말한다. 따라서 '용비어천가'는 '용이 날아서 하늘을 본받아 처신한다.'는 뜻으로 조선 건국의 천명성(天命性)을 표현한 말이다.

2 「용비어천가」의 체제 및 특징

① 전 10 권 5 책 제 125 장으로 구성되어 있다.
② 각 장은 2절로 중국의 고사와 대구를 이룬다.
　㉠ 전절 : 중국 역대 제왕의 사적을 찬양
　㉡ 후절 : 조선 왕조 육조의 사적을 찬양(단, 제 1 장, 제 125 장 등 10 여장은 예외)
③ 본문은 국문에 한자를 섞어 쓰고, 그 뒤에 한역시와 배경 설화를 한문으로 주해하여 국주한종의 원칙을 지켰다.
④ 구성
　㉠ 서사 : 제 1 장 ~ 제 2 장 – 조선 건국의 원대한 염원을 송축
　㉡ 본사 : 제 3 장 ~ 제 109 장 – 건국의 천명성을 밝힘
　㉢ 결사 : 제 110 장 ~ 제 125 장 – 후대왕에 대한 권계

⑤ 「용비어천가」의 표기상 특징
　㉠ 8 종성('ㄱ, ㄴ, ㄷ, ㄹ, ㅁ, ㅂ, ㅅ, ㆁ')과 함께 'ㅈ, ㅊ, ㅍ'의 종성이 쓰였다.
　㉡ 모음 조화가 철저하게 지켜졌다.
　㉢ 'ㄱ, ㄷ, ㅂ, ㅈ, ㅿ, ㆆ' 등의 다양한 사잇소리가 구별되어 쓰였다.
　㉣ 한자 표기 이외에는 방점이 사용된다. (본문에서는 생략)

3 「용비어천가」의 창작 동기

① 내적 동기
　㉠ 조선 건국의 합리화 : 역성혁명(易姓革命)의 정당성을 부각시켜 민심을 귀의(歸依)시킨다.
　㉡ 후대 왕에 대한 훈계 : 왕통의 확립과 경천근민(敬天勤民)의 자세를 권계
　㉢ 조선의 영원한 발전 송축

② 외적 동기
　㉠ 훈민정음의 실용성을 시험하기 위한 실험
　㉡ 훈민정음의 권위를 부여

③ 문학 언어의 주술성과 작품의 창작 의도
　　언어로 표현된 것은 그것이 실제로 존재하는지 여부에 관계없이 화자나 청자로 하여금 그렇게 믿도록 하는 기능을 가지고 있다. 그러므로 문학 언어가 그려내는 형상은 독자로 하여금 그것이 실재한다는 믿음을 심리적으로 형성하기 마련이다. 문학 언어의 주술성은 문학 작품에 사용된 언어가 독자들로 하여금 어떤 사실이나 주장에 대해 그렇게 알도록, 그리고 그렇게 믿도록 하며 더 나아가 작품이 의도하고자 한 바대로 행동하도록 심리적 영향을 끼치는 것을 말한다.
　　조선 건국이 이루어진 1392년을 중심으로 한 14세기 말과 15세기 초의 동북아 정세는 매우 혼란했다. 중국에서는 명나라가 건국하여 북원이 멸망하고 세워진 오이랏 타타르와 갈등 관계를 유지하고, 서아시아와 중앙아시아에서는 티무르가 서아시아와 중앙아시아를 통일하게 된다. 이러한 혼란스러운 정세 속에서 이 노래는 대외적으로 건국의 정당성을 설득하고, 대내적으로 민심을 수습하여 왕업의 기초를 튼튼하게 하려는 의도를 가지고 창작된 것으로 이해할 수 있다.

4 형상화

① 「용비어천가」의 문학적 형상화
　　형상화는 사실 그 자체를 지시하기보다는 암시하거나 빗대어 표현하는 방법 가운데 하나이다. 어떤 사실을 설명하는 대신 심상으로 형상화하면 그 의미는 다의적이 되므로 함축성이 높아진다.
　　「용비어천가」는 제1장에서 '고성 동부(古聖同符)'로 집약되는데, 조선을 건국한 육조의 행적을 중국의 역대 성왕들의 행적에 비유하여 조선 건국의 당위성을 상징적으로 말한 것이다. 제2장에서는 조선 국가의 심원함을 '뿌리 깊은 나무'와 '샘이 깊은 물'에 비유하고, 왕조가 무궁한 발전을 이룩할 것임을 '꽃 좋고 열매 많음'과 '내를 이루어 바다에 이름'으로 상징하고 있다. 제125장은 중국 하나라 태강왕의 고사를 들어 후왕들에게 '경천근민'할 것을 당부하고 있다.

② 인물(태조)의 형상화
　㉠ 영웅적인 존재
　　초인적인 능력을 지닌 비범한 인물로 등장한다. 일반적으로 영웅 서사시에서 보이듯, 역경과 시련을 자신의 능력으로 극복해 낸다.
　㉡ 천명을 받은 존재
　　주인공이 위기에 처했을 때, 하늘의 도움으로 이를 벗어나는 것을 통해 천명이 내려진 존재로 등장한다.

5 「용비어천가」의 문학적 특징 : 우리나라 최초의 왕조 서사시

① 서사시로 보기 어려운 점
  ㉠ 육조의 행적이 뒤섞여 노래되어 주인공이 여러 명이다.
  ㉡ 일관된 줄거리에 입각한 영웅의 투쟁이 없고 인물과 사건이 단편적이다.
② 그럼에도 서사시로 보는 이유
  ㉠ 역사를 배경으로 하고 설화를 소재로 하여 왕조의 건국이라는 내용이 담겨 있다.
  ㉡ 다수의 영웅들이 등장하고 태조를 중심으로 한 영웅적 인물의 행위가 서술되어 있다.
  ㉢ 영웅에 수반하는 조건 즉, 준마, 용맹, 무기, 무훈 등이 화려하게 서술되어 있다.
  ㉣ 사건의 진술이 주관적 정서의 영탄이 아닌, 서술에 의해 이루어지고 있다.

6 제4 · 7 장에서 주나라를 비교 대상으로 한 이유

제4장 전절의 주인공은 주나라 태왕 고공단보이고, 제7장 전절의 주인공은 주나라 무왕이다. 두 장 모두 전절에서 주나라의 고사를 들어 후절의 조선 육룡의 사적과 비교하고 있다는 공통점이 있다. 주나라의 창업을 의도적으로 조선 건국의 원형으로 삼은 것은 조선의 역성혁명의 당위성을 유교적 천명사상에서 찾고, 유교적 이상 정치를 실현한 왕조의 하나로 숭앙되던 주나라의 혁명으로써 그 실증을 제시한 것이다.

7 「용비어천가」의 영웅 신화적 요소

'고귀한 혈통, 출생에 따른 시련, 탁월한 능력, 투쟁의 승리'라는 전기적 구조 유형으로 되어 있다. 육조(六祖)는 '떠남 – 시련 – 귀환'이라는 통과 제의적 단일 신화 구조를 취하여 성화(聖化)되며, 특히 목조를 비롯한 사조(四祖)는 주인공 태조의 '고귀한 혈통'으로서의 역할을 한다.

8 「용비어천가」의 두 줄 형식의 의도와 용도

① 「용비어천가」의 두 줄 형식의 의도
「용비어천가」 제3 장에서 제 109 장에 이르기까지의 두 줄 형식은 새 왕조 창업의 정당성·당위성을 확보하려는 의도와 관계가 있다. 중국이 역대 창업주들이 하늘의 뜻을 받고 나라를 일으켰듯이 육조의 대를 이은 새 왕조 조선도 이와 같은 과정을 밟았기에 하늘의 뜻으로 이루어진 것이고, 그런 점에서 성스러운 연원(淵源)을 자랑할 수 있다는 것이다. 즉 단순히 정당하다는 것보다는 근거를 대는 방식을 동원한 셈이고, 그 근거는 당대의 세계관이 중국 중심이었음을 그대로 반영하는 중국 쪽 사적을 앞세워 근거로 삼았다는 점이 사대적 의식을 나타낸 것이라고 볼 수 있다.
한편으로는 중국과 조선이 대등하다는 것을 드러내고 있다고 볼 수 있다. 즉 제후국의 왕은 하늘과 바로 연결될 수 없으며 천자가 그 지위를 보장해 주어야 한다는 논리를 넘어서려는 것이다.
② 「용비어천가」의 용도 : 궁중음악으로 불림
  ㉠ 여민락(與民樂)
     제1 장 ~ 제4 장과 제 125 장의 한역가에 곡을 붙인 것이다.
  ㉡ 치화평(致和平)
     제1 장 ~ 제8 장과 제 125 장의 국문 가사에 곡을 붙인 것이다.
  ㉢ 취풍형(醉豊形)
     제1 장 ~ 제 16 장과 제 125 장의 국문 가사에 곡을 붙인 것이다.

9 전대 시가와의 영향 관계

전대 시가	▶	악장	▶	용비어천가
향가·경기체가 (분절구조)	▶	신도가	▶	① 분절 구조 ┌ 전절 : 중국 고사 　　　　　　└ 후절 : 우리 고사
속요·경기체가 (연장체)	▶	문덕곡 (4장)	▶	② 연장체 : 125장

10 「용비어천가」와 다른 작품과의 비교

① 「용비어천가」와 서정시와의 차이점
　㉠ 개인의 정서 표출, 주정적 정서의 표출에 서술의 초점이 놓이는 대신, 사건의 서술에 초점을 둔다.
　㉡ 작가 개인의 상상력을 바탕으로 하는 대신, 집단적 경험인 역사적 사실을 소재로 삼는다.

② 「용비어천가」와 '애국가', '교가(校歌)'의 공통점
　　'애국가'나 '교가'는 일반 대중가요와 비교할 때 국가 및 학교에 대한 자부심 고취, 국가 및 학교의 발전 기원, 국가 및 학교의 소속원으로서의 자세 당부 등의 내용으로 구성되며, 그러한 노래를 통해 소속원들의 단합을 꾀하는 목적성을 띠게 된다. 「용비어천가」도 이와 같은 맥락을 지니고 있다. 새로 건국된 조선 왕조는 「용비어천가」를 통해 개혁 세력 및 백성들의 단합과 민심의 귀의를 꾀하고자 했던 것이다. 이와 같이 애국가나 학교 교가와 마찬가지로 「용비어천가」는 현실적인 목적성을 강하게 띤다.

- 악장의 형식과 관련해 읽을 작품 : 「신도가」, 「월인천강지곡」
- 전 시대 문학 형식과 관련해 읽을 작품 : 권근 「상대별곡」, 변계량 「화산별곡」, 「단군 신화」, 「주몽 신화」, 「월인천강지곡」, 정도전 「신도가」

예상문제

※ (1 ~ 3) 다음 글을 읽고 물음에 답하시오.

(가)
　海東(해동) 六龍(육룡)이 ᄂᆞᄅᆞ샤 일마다 天福(천복)이시니.
　古聖(고성)이 ㉠同符(동부)ᄒᆞ시니. 〈제1장〉

　千世(천 세) 우희 미리 定(정)ᄒᆞ샨 漢水(한수) 北(북)에, 累仁開國(누인개국)ᄒᆞ샤 卜年(복년)이 ᄀᆞᆺ 업스시니,
　聖神(성신)이 니ᅀᅳ샤도 敬天勤民(경천 근민)ᄒᆞ샤ᅀᅡ, 더욱 ㉡구드시리이다.
　님금하, 아ᄅᆞ쇼셔. ㉮落水(낙수)예 山行(산행) 가 이셔 하나빌 미드니잇가. 〈제125장〉

　　　　　　　　　　　　　　　　　　　　　　－「용비어천가(龍飛御天歌)」

(나)
　집의 옷 밥을 언고 들 먹는 져 고공(雇工)아,
　우리 집 긔별을 아는다 모로는다.
　비오는 날 일 업슬 지 숏 꼬면서 니르리라.
　처음의 한어버이 사롬ᄉᆞ리 ᄒᆞ려 할 지,
　인심(仁心)을 만히 쓰니 사름이 졀로 모다,
　플 뷧고 터을 닷가 큰 집을 지어내고,
　셔리 보십 장기 쇼로 전답(田畓)을 기경(起耕)ᄒᆞ니,
　오려논 터밧치 여드레 ᄀᆞ리로다.
　자손(子孫)에 전계(傳繼)ᄒᆞ야 대대(代代)로 나려오니,
　논밧도 죠커니와 고공(雇工)도 勤儉(근검)터라.
　저희마다 여름 지어 가ᄋᆞ여리 사던 것슬,
　요ᄉᆞ이 고공(雇工)들은 혬이 어이 아조 업서,
　밥 사발 큰나 쟈그나 동옷시 죠코 즈나,
　ᄆᆞ음을 듯ᄒᆞ는 듯 호슈을 싀오는 듯,
　무ᄉᆞ 일 감드러 흘긧할긋 ᄒᆞᄂᆞᆫ다.
　너희ᄂᆡ 일 아니코 時節(시절) 좃ᄎᆞ ᄉᆞ오나와,
　ᄀᆞ득의 ᄂᆡ 셰간이 플어지게 되야ᄂᆞᄃᆡ,
　엇그저 화강도(火強盜)에 가산(家産)이 탕진(蕩盡)ᄒᆞ니,
　집 ᄒᆞ나 불타 붓고 먹을 썻시 전혀 업다.
　큰나큰 셰ᄉᆞ(歲事)을 엇지ᄒᆞ여 니로려료
　김가(金哥) 이가(李哥) 고공(雇工)들아 싀 ᄆᆞ음 먹어슬라.
　　　　〈중략〉
　너희ᄂᆡ ᄃᆞ리고 새 ᄉᆞ리 사쟈 ᄒᆞ니,
　엇그저 왓던 도적 아니 멀리 갓다 ᄒᆞᄃᆡ,
　너희ᄂᆡ 귀눈 업서 져런 줄 모르관ᄃᆡ,

> 화살을 전혀 언고 옷밥만 닷토ᄂᆞ다.
> 너희ᄂᆡ 다리고 팁ᄂᆞᆫ가 주리ᄂᆞᆫ가.
> 죽조반(粥早飯) 아ᄎᆞᆷ 져녁 더ᄒᆞ다 먹엿거든,
> 은혜란 ᄉᆡᆼ각 아녀 제 일만 ᄒᆞ려ᄒᆞ니,
> 혬 혜ᄂᆞᆫ 새 들이리 어ᄂᆡ 제 어더이셔,
> 집 일을 맛치고 시름을 니즈려뇨.
> 너희 일 이ᄃᆞ라 ᄒᆞ며셔 ᄉᆞᆺ ᄒᆞᆫ ᄉᆞ리 다 쇠쾌라.
>
> — 「고공가(雇工歌)」

1. (가)에서 밑줄 친 ㉠, ㉡ 부분의 청자를 각각 밝히고, 그와 관련하여 어미(종결어미)를 달리 사용한 이유를 각각 밝히시오. [2점]

📝 예상 답안

	청자	어미를 달리 사용한 이유
㉠	일반 독자(백성)	화자가 신하이므로 청자보다 높으므로 반말체의 예사 낮춤인 '-니'를 사용하여 청자를 낮춤
㉡	임금	화자보다 청자가 높으므로 'ᄒᆞ쇼셔'체의 아주 높임인 '-이다'를 사용하여 청자를 높임

2. (가)의 밑줄 ㉮의 염려에 담긴 의미를 밝히고, (나)에서 그 염려가 실제 사실이 되어 나타난 부분을 찾아 제시하라. [2점]

📝 예상 답안

① 의미 : 정사를 게을리 하다가 난이 일어나서 나라를 잃을 뻔한 전대의 이야기로 권계한다.
② 염려가 사실이 되어 나타난 부분
  • 엇그지 화강도(火强盜)에 가산(家産)이 탕진(蕩盡)ᄒᆞ니, / 집 ᄒᆞ나 불타 붓고 먹을 것시 전혀 업다. (18, 19행)
  • 엇그지 왓던 도적 아니 멀리 갓다 ᄒᆞ듸, (22행)

3. (나) '고공가'의 감상에 도움을 주기 위해 가상으로 '작가와의 인터뷰'를 계획하려 한다. 우리가 작자라고 가정할 때, 작품과 아래의 〈창작 동기〉를 고려하여 아래 질문에 제시된 예와 같이 적절하게 답변할 내용을 제시하라. [4점]

---〈창작 동기〉---

전란 후 나라가 어려운 상황에 처해 있음에도 불구하고, 붕당을 만들고 사리사욕만을 추구하는 무능하고 부패한 신하들의 행태를 비판하고 개선을 촉구한다.

예상 답안

〈작자와의 인터뷰〉

	질문	작자의 예상 답변
①	화자와 청자 및 상황은 각각 어떻게 설정했습니까?	주인(또는 한 어른)이 머슴(고공)의 잘못을 나무라고 비판하는 것으로 했습니다.
②	작자가 인식한 현실의 문제점은 무엇입니까?	현실의 문제점은 신하(고공)들의 무능과 당쟁과 사리사욕의 추구로 인한 국정의 혼란과 가난입니다.
③	작자가 인식한 문제에 대한 해결책은 무엇입니까?	신하들이 과거를 반성하고, 깊이 생각하고, 근검과 청빈을 실천하여 국정의 혼란이 바로 잡히기를 바랍니다.
④	어떻게 표현하려고 노력했습니까?	㉠ 나라의 전체 일을 농사일에 빗대고, 신하를 머슴에 빗대어, 비유적(환유)으로 표현했습니다. ㉡ 건국 초기와 현재의 상황을 비교하여 현재의 모순이나 문제점을 강조하려고 했습니다. ㉢ 농사와 관련된 어휘를 사용하여 사실감을 높이려고 했습니다.
예	어떠한 어조를 사용했습니까?	청자에게 청유형이나 명령문, 의문문을 주로 사용하여 권계, 설득, 권고하는 목소리로 드러내었습니다.

작품 2 》 월인천강지곡(月印千江之曲)

[끠其읧一]
외巍외巍 ·셕釋가迦 ·뿛佛 무無 ·량量무無변邊 공功·득得·을 ·겁劫·겁劫·에 어·느 :다술·ᄫ·리

높고 큰 석가모니 부처의 끝없는 공덕을 이 세상 다하도록 어찌 다 말할 수 있겠습니까?

[끠其·싀二]
·셰世존尊ㅅ:일 솔·ᄫ·리·니 ·먼萬:리里 외外ㅅ·일·이시·나 눈·에 ·보논·가 너·기ᅀᆞ·ᄫ쇼·셔
·셰世존尊ㅅ말 솔·ᄫ·리·니 쳔千 ᄌᆡ載 ·쌍上ㅅ·말·이시·나 귀·예 듣·논·가 너·기ᅀᆞ·ᄫ쇼·셔

부처님이 하신 일을 말씀드릴 것이니, 만 리나 떨어진 곳의 일이지만 눈에 보는 듯이 여기소서.
부처님의 하신 말씀을 사뢰리니, 천 년 전의 말씀이시나 귀에 듣는 듯이 여기소서.

[끠其사四]
휑兄:님·을 모·ᄅᆞᆯ·씨 ·발자·쵤 바·다 남·기 :뻬·여 ·셩性·명命·을 ᄆᆞᄎᆞ·시·니
:ᄌᆞ子·식息:업·스실·씨 몸·앳·필 뫼·화 그·르·세 담·아 남男·녀女·를:내·ᅀᆞ·ᄫ·니

(왕은 정사에 앉아 있는 보살이) 형님인 줄 모르므로 (도둑의) 발자취를 밟아가서 (보살을 잡아다가) 나무에 몸을 꿰어 (화살로 쏘아) 목숨을 마치게 하시니,
(보살 소구담의) 자식이 없으므로 (대구담이) 보살의 피를 모아 그릇에 담아서 남녀를 태어나게 하셨다.

[끠其·오五]
:어·엿브·신 ·명命중終·에 감甘·쟈蔗:씨氏 :니·ᅀᆞ샤·ᄆᆞᆯ ·때大·꾸瞿땀曇·이 일·우·니이·다
·아·득ᄒᆞᆫ :훃後·셰世·예 ·셕釋가迦·뿛佛 ᄃᆞ외·싫·들 :포普광光·뿛佛·이 니ᄅᆞ·시·니이·다.

(소구담이) 불쌍하게 생명을 마치신 후에 (그 피로 인하여 태어난) 감자씨가 (그 뒤를) 이으실 것을 대구담이 이룩하시었습니다.
아득한 뒷세상에 석가모니 부처가 되실 것을 보광불이 말씀하시었습니다.

핵심정리

▸ 작자 세종(1397~1450, 재위 : 1418~1450)
▸ 연대 창작(세종 29년~1447년), 간행(세종 31년~1449년)
▸ 형식 악장(樂章), 서사시
▸ 구성 전문 580여 장의 장편 서사시. 각 장 2절 4구체
▸ 주제 석가의 공덕 찬양과 아름다운 자연 경관의 실체

▸ 의의 ① 「용비어천가」와 쌍벽을 이루는 대표적 악장 문학이며 최대의 서사시
② 15세기 국어의 모습과 당시 표기법의 특이성을 보여 주는 귀중한 자료
③ 불교 문학의 정화(精華)

▷ 특징 ① 당시의 표기법이 연철(連綴)을 원칙으로 삼고 있으나 이 작품에서는 분철(分綴)도 많이 보임 (예 일어서니, 눈에)
　　　② 당시의 문헌들이 한자 밑에 국문으로 음을 달았으나 국문 밑에 한자를 씀 (예 셰世존尊)
　　　③ 종성부용초성(終聲復用初聲)의 받침 규정을 따르고 있음(「용비어천가」와 공통적 특징)
▷ 출전 『월인천강지곡(月印千江之曲)』

이해와 감상

| 해설 |

「월인천강지곡」은 세종이 수양대군의 『석보상절(釋譜詳節)』을 보고 쓴 악장체 서사시이다. 내용은 석가모니의 공덕을 칭송한 노래로, 세종 29년(1447)에 창작하였는데, 세조 5년(1459)에 『석보상절』과 합본하여 『월인석보(月印釋譜)』란 이름으로 간행되었다.

다시 말해서, 세조가 수양대군으로 있을 때 부왕(父王)인 세종이 명을 받아 어머니 소헌왕후의 복을 빌기 위해 석가의 전생과 일대기를 기록한 것이 『석보상절』이며, 이것을 읽고 세종이 감동하여 석가의 공덕을 찬양하는 노래를 손수 지은 것이 바로 「월인천강지곡」이다.

이 두 작품을 합하여 『월인석보』라는 이름의 책을 세조 5년에 간행하였는데, 그 일부가 오늘날까지 전해진다. 원본은 상·중·하 세 권으로 나뉘어 총 500여 장이나 되지만, 그 중 194장만이 발견되어 전해지고 있다. 매 장은 2절, 4구로 되어 있다.

훈민정음으로 기록된 문헌 「용비어천가」와 더불어 15세기의 대표적인 악장 문학이며, 최대의 장편 서사시인 「월인천강지곡」은 15세기 고어 연구의 귀중한 자료가 된다. 훈민정음 문학 최고(最古) 자료의 하나로서 한글 자형의 변천 과정을 알려 주는 귀중한 문헌인 것이다.

표기상의 특징은 '종성부용초성'의 원칙을 지켰으며, 그 시대의 연철을 원칙으로 사용하였으나 분철이 많이 보인다. 이것은 'ㄴ, ㄹ, ㅁ, ㅇ, ㅿ'을 끝소리로 가진 체언이 모음으로 시작되는 조사와 결합할 때, 또 'ㅏ, ㅁ'을 끝소리로 가진 체언이 모음으로 시작되는 어미와 결합할 때에 한한다. 사잇소리는 'ㅅ' 하나만 쓴다.

당시의 문헌들이 한자 밑에 국문으로 음을 달았으나 여기서는 훈민정음을 주문자로 삼고 한자는 밑에 조그맣게 썼으며, 종성(받침)에서 8종성 이외에 'ㅈ, ㅊ, ㅌ, ㅍ' 받침이 「용비어천가」보다 더 철저히 나타나 있다.

'월인천강(月印千江)'이란 '부톄 백억세계(百億世界)예 화신(化身)ᄒᆞ야 교화(敎化)ᄒᆞ샤ᄃᆡ 드리 즈믄 ᄀᆞᄅᆞ매 비취요메 ᄀᆞᄐᆞ니라(부처가 수많은 세상에 몸을 바꾸어 태어나 중생을 교화하심이 마치 달이 천 개나 되는 강에 비치는 것과 같으니라).'로 풀이된다. 그러므로 '달(月)'은 세존(世尊)을, '천강(千江)'은 중생을 비유한 것이다.

> **참고** 『석보상절(釋譜詳節)』
> 세종이 죽은 소헌 왕후의 명복을 빌기 위하여 세종 29년(1447)에 수양대군을 시켜 석가의 일대기를 저술한 책이다. 활자본, 전 5권으로 구성되어 있다. 「석가보」, 「법화경」, 「자장경」, 「아미타경」, 「약사경」 등에서 뽑아 한글로 번역한 것으로 조선 초기 언어 연구에 귀중한 자료가 된다.

| 감상 |

제 1, 2장은 작품 전체의 서사이고, 제 3장 이하는 석가 세존이 이 세상에 태어나기 전의 멀고 먼 옛날에 있었다는 전세의 이야기이다. 이와 같이 일정한 인물과 줄거리를 갖추었다는 점에서 서사시의 일종으로 볼 수 있으며, 특히 불교 서사시라고 볼 수 있다.

시적 구성의 형태를 보면 「용비어천가」와 마찬가지로 대구가 되는 두 줄을 맞추어 한 장(章)으로 삼는 방식을 취했으며, 15세기 국어의 표현력을 장중하고 우아하게 구사하여 매우 엄숙한 느낌을 준다. 그러나 불교 서사시라는 작품 성격에 따라 쓰이는 언어들이 딱딱하고 좀 어렵게 느껴지기도 한다.

서사인 제 1, 2장은 설의법과 과장법을 통해 무량무변한 석가모니의 공덕을 찬양하였으며, 석가에 대한 외경심을 표현하고 있다. 제 3장 이하부터 계속되는 세존의 전생에 대한 이야기는 윤회사상을 바탕으로 하고 있음을 볼 수 있다.

작품 3 신도가(新都歌)

> **출제방향**
> - 이 작품의 창작 동기
> - 이 작품과 고려 속요의 형태적 친근성 파악
> - 악장의 기능적 특성 이해

녜는 양쥬(楊州)ㅣ 고올히여
디위예 신도형승(新都形勝)이샷다
ㅣ국셩왕(開國聖王)이 셩티(聖代)를 니르어샷다
잣다온뎌 당금경(當今景) 잣다온뎌
셩슈만년(聖壽萬年)ㅎ샤 만민(萬民)의 함락(咸樂)이샷다
아으 다롱다리
알ᄑᆞᆫ 한강슈(漢江水)여 뒤흔 삼각산(三角山)이여
덕듕(德重)ᄒᆞ신 강산(江山)즈으메 만셰(萬歲)를 누리쇼셔

옛날에는 양주 고을이었다. / 이 자리에 새 도읍이 좋은 경치로구나. / 나라를 여신 거룩한 임금께서 태평성대를 이룩하셨도다. / 도성답구나. 지금의 경치, 도성답구나. / 임금께서 만 년을 누리시어 온 백성이 함께 누리는 즐거움이시도다. / 아으 다롱다리 (여음구) / 앞에는 한강물이여, 뒤에는 삼각산이여, / 복덕이 많으신 강산에서 영원한 생명을 누리소서.

핵심정리

- **작자** 정도전(鄭道傳, 1337~1398)
- **갈래** 악장
- **형식** 속요체 악장
- **성격** 예찬적, 송축가
- **어조** 조선 건국 주체로서의 당당하고 예찬적 어조
- **주제** 태조의 덕과 한양의 훌륭한 경치 예찬
- **출전** 『악장가사』

이해와 감상

| 해설 |

정도전이 태조 2~3년 사이에 지은 작품으로 추정된다. 형식은 8구체 비연시(非聯詩)로, 속요체 형식의 악장이다.

이 작품은 새로운 도읍인 한양의 빼어난 경관을 찬양한 것으로 정도전의 다른 악장 작품(「납씨가」,「정동방곡」,「문덕곡」 등)들과 달리 한시로는 전하지 않고 국문 악장만 전한다. 조선 개국 후 천도한 새 도읍지 한양에서 느낀 환희와 임금의 만수무강을 기원하는 한편, 자손만대의 번영에 대한 기약과 새 나라의 미래에 대한 낙관적인 전망을 예찬적 어조로 노래하고 있다.

이 노래를 고려 가요 「양주곡(楊州曲)」에 맞추어 지었다고 보는 견해도 있다.

| 감상 |

고려 속요의 경쾌한 리듬을 살려, 만민이 환호하는 경축 분위기가 부각된 시가이다. 이 악장의 일반적 특색은 전아(典雅)하고도 귀족적인 성격이다. 그 표현 방식이 고려 속요풍을 닮은 점이 독특하다.

표현 면에서 한자어가 많고, 율격은 안정되어 있지 않지만, 서술 어미를 감탄형으로 처리한 것에서 알 수 있듯이, 국문 악장이 한시에 토(吐)를 단 초보적 수준을 벗어나 독자적인 한 장르를 형성하고 있는 작품임을 알 수 있다. 영탄의 반복과 '누리쇼셔'의 기원으로 끝맺은 것은 악장체 송축 가사로서의 특색을 나타내고 있다.

1 작자 : 정도전(1337 ~ 1398)

조선 건국의 공신이었으며, 자는 종지(宗之)이고 호는 삼봉(三峯)이다. 이색 문하에서 학문을 쌓아 정몽주 등과 교분이 깊었으나, 이성계와 긴밀히 접촉하여, 후에 조선 왕조 건국에 중요한 역할을 하였고, 성리학을 새로운 국가의 지도 이념으로 정립하는 데 기여하였다. 문집으로 『삼봉집』이 있고, 「납씨가」, 「문덕곡」 등의 악장과 시조가 전한다.

2 「신도가」의 형식과 표현

「신도가」의 형식은 좀 불안정하기는 하지만 3음보가 중심을 이루고, '아으 다롱다리'라는 여음구가 있어 고려 속요의 형식에 가깝다. 그러나 여음구('아으 다롱다리')를 중심으로 하여 전대절, 후소절로 나뉘어 있어 부분적으로는 경기체가 형식도 혼용되었다고 할 수 있다. 전대절(1 ~ 5행)은 신도(新都)의 승경(勝景)과 태조의 성덕을 찬양하였고, 후소절(7 ~ 8행)은 새 도읍지의 지세(地勢)를 서술하고, 왕조의 무궁함을 기원하는 내용이다.

「신도가」는 고려 가요의 형식을 취하면서 조선 초기의 시가에 흔히 쓰이는 '~이샷다', '~이여', '~ㄴ뎌', '~쇼셔' 등의 감탄 어구를 지닌 대표적인 송축가의 하나로 평가되고 있다.

천도 직후에 지어진 것인 만큼, 구체적이고 사실적인 묘사가 되지 못하고 천도의 벅찬 기쁨을 직설적이고 포괄적으로 표현하고 있다. 이러한 한계는 문학적 아름다움에 대한 관심보다는 조선의 창업과 관련된 정치적 이념의 정당화에 목적을 두고 쓰인 목적 문학이라는 점에서 그 원인을 찾을 수 있다.

3 악장의 문학사적 성격

악장 문학은 형태 면에서 일정한 정형을 취하지 않았는데, 이러한 독특한 형식이 나타난 것은 문학 외적인 의미, 즉 고려의 멸망과 함께 조선 왕조의 창업기에 민심을 수습하고 건국의 정당성을 홍보하려는 정치적 필요성 때문이라 볼 수 있다. 특히 특권층의 문학으로 향유 계층이 없었고, 목적성이 강했기 때문에 그 수명이 길지 못했다. (시로서는 그 형식이 안정되지 못하여 곧 쇠퇴했지만 새로운 시대가 열렸다는 홍보적 측면이 강조된, 이전에 볼 수 없었던 양식이다.) 그러나 그 중 「용비어천가」와 「월인천강지곡」은 영웅 서사시로서의 문학성이 인정되고 있다.

- 「정동방곡(靖東方曲)」, 「용비어천가」, 이필균 「애국하는 노래」

예상문제

※ (1 ~ 4) 아래 작품을 바탕으로 조건에 맞게 답하시오.

(가)
녜는 양쥬(楊州) ㅣ 고올히여
디위예 신도형승(新都形勝)이샷다
기국셩왕(開國聖王)이 셩디(聖代)를 니르어샷다
잣다온뎌 당금경(當今景) 잣다온뎌
셩슈만년(聖壽萬年)ᄒᆞ샤 만민(萬民)의 함락(咸樂)이샷다
아으 다롱다리
알ᄑᆞᆫ 한강슈(漢江水)여 뒤흔 삼각산(三角山)이여
덕듕(德重)ᄒᆞ신 강산(江山) 즈음에 만셰(萬歲)를 누리쇼셔

　　　　　　　　　　　　　　　　　- 「신도가」,『악장가사』

(나)
興亡(흥망)이 有數(유수)ᄒᆞ니 ㉠ 滿月臺(만월대)도 秋草(추초) ㅣ 로다.
五百年(오백 년) 王業(왕업)이 牧笛(목적)에 부쳐시니,
夕陽(석양)에 지나는 客(객)이 눈물계워 ᄒᆞ드라.

　　　　　　　　　　　　　　　　　- 「흥망이 유수하니」

(다)
가마귀 검다 ᄒᆞ고 白鷺(백로) ㅣ 야 웃지 마라.
것치 거믄들 속조차 거믈소냐.
아마도 것 희고 속 검을슨 너쑨인가 ᄒᆞ노라.

(라)
昨過永明寺　　어제 영명사를 지나가다
暫登浮碧樓　　잠시 부벽루에 올랐네.
城空月一片　　텅 빈 성엔 달 한 조각 떠 있고
石老雲千秋　　천 년 구름 아래 바위는 늙었네.
麟馬去不返　　㉡ 기린마는 떠나간 뒤 돌아오지 않는데
天孫何處遊　　천손은 지금 어느 곳에 노니는가
長嘯倚風磴　　돌다리에 기대어 휘파람을 부노라니
山靑江自流　　산은 오늘도 푸르고 강은 절로 흐른다.

　　　　　　　　　　　　　　　　　- 이색(李穡),「부벽루(한시)」

1. (가)에 나타난 전대 시가의 영향관계를 구체적 예를 통해 제시하시오. [3점]

📋 **예상 답안**

　(가)에서 하나의 연이 전절(6구)과 후절(2구)로 나누어지는 구조는 '사뇌가(향가)'의 분절구조 영향으로 볼 수 있다.
　(가)에서 하나의 연이 전절(6구)과 후절(2구)로 나누어지는 구조는 '경기체가'의 분절구조 영향을 받은 것으로 볼 수 있다.
　(가)에서 '녜는 양쥬(楊州) ㅣ 고올히여'와 같이 3음보의 운율이나, '-이여, -샷다' 등의 종결형, '아으 다롱다리'라는 후렴은 고려속요의 영향을 받은 것으로 볼 수 있다.

2. (나), (다)의 사회·문화적 배경을 고려하여 각 작품의 작자가 말하고자 하는 내용을 각각 적절한 종결문으로 제시하시오. [2점]

> **예상 답안**
> ① (나) 고려가 망하고 풀로 덮인 흔적을 보니 슬프구나 / 슬프다.(감탄형 또는 평서형)
> ② (다) 고려 충신인양 하면서 조선 건국 공신을 비웃는 너희의 태도를 바꿔라 (명령형)

3. (나)에서 ⊙의 기능을 하는 예를 (라)에서 두 가지 찾아 제시하고, 각 작품에서의 의미를 밝히시오. [2점]

> **예상 답안**
> ① '영명사', '부벽루'
> ② '만월대'는 고려 왕궁 터이고, '염명사', 부벽루'는 고구려 왕궁 터인데, 모두 화려했던 전 왕조를 회고하면서 동시에 인생무상을 느끼게 한다.

4. (가), (라)에 대해 좀더 깊이 있게 감상하기 위해 아래와 같은 과제를 제시했다. 적절한 내용을 제시하시오. [4점]

구분	(가)	(라)
과제	비판적으로 수용할 때 한계 2가지	배경 설화 및 그것의 제시 이유
내용		

> **예상 답안**

구분	(가)	(라)
과제	비판적으로 수용할 때 한계 2가지	배경 설화 및 그것의 제시 이유
내용	① 제목이 신도가인데, 신도에 관한 묘사가 부족함 ② 왕에 대한 찬양이 직접 제시되었음 ③ 당시 민중들의 의식과 유리된 내용이어서 수용되기 어려웠음	동명왕 신화와 관련 있으며, 당시 원나라의 오랜 침략을 겪고 난 뒤여서 국가적으로 극히 쇠약한 형편에서 고구려의 웅혼한 역사를 일으킨 동명왕의 위업을 떠올려 민족의식을 고취했음

작품 4 감군은(感君恩)

출제방향
- 이 노래의 핵심적 주제
- 조선 초기에 지어진 이 노래의 창작 동기 추리
- 노래 형식에 나타난 특질을 통한 창작 동기

    스히(四海) 바닷 기픠는 닫줄로 자히리어니와,
    님의 덕틱(德澤) 기픠는 어닉 줄로 자히리잇고.
      향복무강(享福無彊)ᄒ샤 만셰(萬歲)를 누리쇼셔.
      향복무강(享福無彊)ᄒ샤 만셰(萬歲)를 누리쇼셔.
      일간명월(一竿明月)이 역군은(亦君恩)이샷다.

    태산(泰山)이 놉다컨마ᄅᆞᄂᆞᆫ 하ᄂᆞᆯ해 몯 밋거니와,
    님의 놉ᄑᆞ샨 은(恩)과 덕(德)과ᄂᆞᆫ 하ᄂᆞᆯ ᄀᆞ티 노ᄑᆞ샷다.
      향복무강(享福無彊)ᄒ샤 만셰(萬歲)를 누리쇼셔.
      향복무강(享福無彊)ᄒ샤 만셰(萬歲)를 누리쇼셔.
      일간명월(一竿明月)이 역군은(亦君恩)이샷다.

    스히(四海) 넙다흔 바다흔 쥬즙(舟楫)이면 건너리어니와,
    님의 너브샨 은틱(恩澤)은 ᄎᆞ싱(此生)애 갑소오릿가.
      향복무강(享福無彊)ᄒ샤 만셰(萬歲)를 누리쇼셔.
      향복무강(享福無彊)ᄒ샤 만셰(萬歲)를 누리쇼셔.
      일간명월(一竿明月)이 역군은(亦君恩)이샷다.

    일편단심(一片丹心)ᄲᅮᆫ을 하ᄂᆞᆯ하 아ᄅᆞ쇼셔.
    빅골미분(白骨糜粉)인들 단심(丹心)이ᄯᅩᆫ 가시리잇가.
      향복무강(享福無彊)ᄒ샤 만셰(萬歲)를 누리쇼셔.
      향복무강(享福無彊)ᄒ샤 만셰(萬歲)를 누리쇼셔.
      일간명월(一竿明月)이 역군은(亦君恩)이샷다.

핵심정리
- **작자** 상진(尙震)으로 널리 알려졌으나, '정도전' 혹은 '하륜'으로 보는 견해가 있음
- **연대** 명종 때
- **갈래** 악장
- **형식** 4장으로 분연된 속요체 악장
- **성격** 교술적, 송축가
- **표현** 임금의 은덕을 극단적인 대상과 비교하여 과장적으로 찬미
- **주제** 임금의 은덕을 송축
- **출전** 『악장가사』, 『고금가곡』

이해와 감상

| 해설 |

이 작품은 조선 초기 상진(尙震)이 지은 속요계 악장으로 『악장가사』, 『고금가곡』에 전한다.(작자에 대해서는 정도전, 하륜이라는 설도 있다.)

이 작품은 전 4장으로 구성되어 있는데, 제 1장에서는 사해(四海)의 깊이에, 제 2장에서는 태산(泰山)의 높이에, 제 3장에서는 사해의 넓이에 임금의 은혜와 덕을 비유하여 칭송하였고, 제 4장에서 임금에 대한 일편단심의 충성을 맹세하였다. '역군은(亦君恩)이샷다'란 표현은 맹사성의 「강호사시가(江湖四時歌)」, 이현보의 「어부가」, 송순의 「면앙정가(俛仰亭歌)」 등에도 나타나는 표현이다.

| 감상 |

전 4장으로 구성된 속요체 악장으로 임금의 은덕을 송축하고 향복무강을 송축하는 내용을 다루고 있다. 이 노래는 3·3·4조의 운율을 보이며 후렴구를 속요와 비슷한 형식으로 반복하고 있어 속요체 악장이라 한다.

이 노래는 임금의 은총을 감축하는 충정이 소박한 비유로 표현되어 있으며, 태평스럽고 한가한 백성의 즐거운 모습이 역력히 느껴진다. 또한 임금의 높은 은덕을 높은 태산과 깊은 바다에 직접적으로 비유 표현함으로써 연군에 대한 충성스런 마음과 은총에 대한 감사를 나타내고 있다. 또, 매 장마다 반복법을 통해서 태평성대의 세월과 임금의 은혜에 대한 찬탄의 뜻을 나타내고 있다.

다른 조선조 악장들과 마찬가지로 왕조에 대한 과장적 찬사와 아첨하는 언사(言辭)가 중심을 이루고 있는 목적 문학으로 직설적, 관념적 표현으로 문학적 형상화가 이루어지지 못하였다.

❶ 표현상의 특징

이 작품의 전체 4장 가운데서 3장까지는 첫 줄의 끝이 '~어(거)니와'로 똑같은데 그 다음에 진술되는 것이 훨씬 크고 중함을 뜻한다. 둘째 줄에서 임금님의 은혜가 바다의 깊이, 태산의 높이, 바다의 넓이 그 어느 것보다 크고 중하다고 강조한다. 이러한 표현 구조는 오늘날 '어머님의 마음'에 나오는 한 구절을 연상하게 해 준다. "하늘 아래 그 무엇이 높다 하리오. 어머님의 은혜는 가이 없어라."가 바로 그것이다. 이 두 노래의 표현 구조가 같다는 사실은 우리 문학이 생활과 밀착되어 있다는 점과 전통적이고 보편적이라는 점을 우리에게 확인시켜 준다. 또한 한글 창제로 기록된 국문 문학의 초기 작품에서 이 점을 알 수 있다는 데 이 작품 감상의 한 가지 의의가 있다.

후렴구는 임금께 드리는 기원과 임금님 은덕의 재확인으로 되어 있다. 이것을 각 장에서 번번이 되풀이하고 있어서 어찌 보면 지루해 보이기까지 한다. 그러나 이러한 반복이 심리적으로 주는 효과는 매우 크다. 반복은 일종의 최면에 빠지게 함으로써 그렇게 생각할 수밖에 없도록 한다. 송축가인 악장은 궁중의 여러 행사에서 이런 반복을 거듭함으로써 왕조와 임금을 송축하려는 의도를 충분히 달성할 수 있었을 것이다. 이 작품의 작자를 정도전이나 하륜으로 추정하기도 하는 까닭이 여기에 있다. 조선 초기에 국가의 기틀을 잡는 데 헌신했던 두 사람이기에 이런 작품의 창작도 가능했을 것이라는 추정이다. 그 추정은 별로 신빙성이 없는 것으로 여기고 있지만, 이 작품이 목적 문학의 본보기임을 확인하게 해주는 데는 충분한 증거가 된다.

❷ 강호한정과 충군의 결부

이 작품이 다른 송축가와 구별되는 독특한 면모는 후렴구의 마지막 '일간명월(一竿明月)이 역군은(亦君恩)이샷다'라는 구절에 있다. 대부분의 악장은 화려하고 장엄한 시어들을 구사하여 왕덕을 찬미하고 군주의 복을 빌고 있으나,「감군은」은 유유자적하는 태평한 삶을 임금의 은혜와 일체화 시키고 있다. 즉 일간명월(一竿明月 : 자연을 즐기는 생활)이 군은(君恩 : 왕덕과 찬양과 송축) 가운데 하나라는 것이다. 이러한 기법은 그 뒤를 이은 많은 가사, 시조 등의 작품에서 자연과 임금을 별개의 것이 아닌 등가물(等價物)로 놓고 충군을 노래하게 되었다.

❸ 송축가의 한 표현 유형 : '~샷다'

표현 형식 면에서 '~샷다'는 고려 속요「동동」,「처용가」등 이외에도 조선 시대 송축가 계통의 시가에서 하나의 관습적 표현으로 통용되고 있다.「감군은」의 '역군은(亦君恩)이샷다'도 앞선 송축가의 관행을 이어받은 것으로 보이며 조선 중기를 거쳐 말엽까지 계승된다.

예상문제

※ (1 ~ 3) 아래 작품을 통해 물음에 맞게 답하시오.

(가)
前　腔　둘하 노피곰 도ᄃ샤
　　　　어긔야 머리곰 비취오시라.
　　　　어긔야 어강됴리
小　葉　아으 다롱디리
後腔全　져재 녀러신고요
　　　　어긔야 즌 ᄃᆡ를 드ᄃᆡ욜셰라.
　　　　어긔야 어강됴리
過　篇　어느이다 노코시라.
金善調　어긔야 내 가논 ᄃᆡ 졈그를셰라.
　　　　어긔야 어강됴리
小　葉　아으 다롱디리

- 「정읍사(井邑詞)」

(나)
잔 들고 혼자 안자 먼 뫼흘 ᄇᆞ라보니
그리던 님이 오다 반가옴이 이러ᄒᆞ랴
말ᄉᆞᆷ도 우움도 아녀도 몯내 됴하 ᄒᆞ노라 〈3장〉

- 윤선도(尹善道), 「만흥(漫興)」

(다)
ᄉᆞ희(四海) 바닷기픠ᄂᆞᆫ 닫줄로 자히리어니와,
님의 덕틱(德澤) 기픠ᄂᆞᆫ 어닉 줄로 자히리잇고?
향복무강(享福無彊)ᄒᆞ샤 만셰(萬歲)를 누리쇼셔.
향복무강(享福無彊)ᄒᆞ샤 만셰(萬歲)를 누리쇼셔.
일간명월(一竿明月)이 역군은(亦君恩)이샷다.

태산(泰山)이 놉다컨마ᄅᆞᄂᆞᆫ 하늘해 몬 밋거니와,
님의 놉ᄑᆞ샨 은(恩)과 덕(德)과ᄂᆞᆫ 하늘ᄀᆞ티 노ᄑᆞ샷다.
향복무강(享福無彊)ᄒᆞ샤 만셰(萬歲)를 누리쇼셔.
향복무강(享福無彊)ᄒᆞ샤 만셰(萬歲)를 누리쇼셔.
일간명월(一竿明月)이 역군은(亦君恩)이샷다.

ᄉᆞ희(四海) 넙다ᄒᆞᆫ 바다ᄒᆞᆫ 쥬즙(舟楫)이면 건너리어니와,
님이 너브샨 은틱(恩澤)은 ᄎᆞ싱(此生)애 갑소오릿가?
향복무강(享福無彊)ᄒᆞ샤 만셰(萬歲)를 누리쇼셔.
향복무강(享福無彊)ᄒᆞ샤 만셰(萬歲)를 누리쇼셔.
일간명월(一竿明月)이 역군은(亦君恩)이샷다.

> 일편단심(一片丹心)을 하늘하 아르쇼셔.
> 빅골미분(白骨麋粉)인들 단심(丹心)잇든 가수리잇가?
> 향복무강(享福無彊)ᄒ샤 만셰(萬歲)를 누리쇼셔.
> 향복무강(享福無彊)ᄒ샤 만셰(萬歲)를 누리쇼셔.
> 일간명월(一竿明月)이 역군은(亦君恩)이샷다.
>
> - 「감군은(感君恩)」

1. 위의 세 작품에 나타난 님이 누구인지 각각 밝히고, 님에 대한 태도의 측면에서 차이가 있는 다른 작품과 그렇게 생각한 이유를 밝히시오. [2점]

📝 예상 답안

① (가) 남편, (나) 친구(또는 연인), (다) 임금
② 다른 작품과 다른 것 : (나)
   이유 : (나)는 님보다 자연 속에 몰입되고 있는 작자의 정취를 더 중시함((가), (나)는 님의 소중함이 드러남)

2. (가)와 (다)의 내용면에서 어느 작품이 더 보편적 공감을 주는지 밝히고, 두 작품의 내용을 비교하여 그 이유를 3가지 밝히시오. [3점]

📝 예상 답안

① 보편적 공감을 주는 작품 : (가)

② ㉠ (가) 구체적 상황의 제시   ㉡ (가) 일상적·생활 주변 소재
    (다) 상황이 분명하지 않음   (다) 극단적·상투적 소재

  ㉢ (가) 다양한 계층에서 공감하는 일   ㉣ (가) 남편을 걱정하는 여인의 간절한 정서
    (다) 특별한 계층과 관련된 일   (다) 임금을 예찬하고 복을 비는 신하의 정서

  ㉤ (가) 주제의 간접적 제시
    (다) 주제의 직접적·반복적 제시

3. (다)에서 '노래 형식(표현)에 나타난 특징을 통해 창작 동기를 파악할 수 있다'는 내용을 목표로 교수·학습하려 한다. 이 목표에 적절한 지도 내용을 3가지 밝히시오. [2점]

📝 예상 답안

① 비유적 표현(= 과장적 표현) : 극단적인 대상(태산, 깊은 바다)에 비유하고 과장적으로 찬미하여 임금에 대한 충성과 은총에 대한 감사를 나타냈음
② 분절체의 형태(= 연의 반복 구조) : 반복을 거듭함으로써 왕조와 임금을 송축하려는 의도를 달성(송축가인 악장은 궁중의 여러 행사에서 이런 비슷한 내용을 반복하는 형식이 많음)
③ 반복구의 사용 : 각 장마다 주제를 담은 행의 반복을 통해 임금의 복과 만수무강을 비는 내용이 나타남
④ 각 장마다 비슷한 내용의 후렴구나 반복되는 관용구('역군은이샷다') : 임금에 대한 송도와 예찬 강조

최병해
고 / 전 / 시 / 가

chapter 8 시조

제1절 시조 이해

제2절 시조 작품 감상 (1) 고려 후기

제3절 시조 작품 감상 (2) 조선 전기

제4절 시조 작품 감상 (3) 조선 후기

제5절 사설시조(조선 후기) 이해

제6절 사설시조 작품 감상 (1) 조선 후기

제7절 사설시조 작품 감상 (2) 기타 작품

제1절 시조 이해

> ▶ **출제방향**
> - 시조의 명칭
> - 시조의 기원 및 발생
> - 시조의 형식적 특성
> - 시조 종장의 형식 및 기능
> - 시조의 전개 과정
> - 주요 작품의 특징
> - 영남·호남 가단의 특징
> - 기녀 시조의 의의
> - 가객의 역할과 가집의 편찬
> - 사설시조의 특징

01 시조의 개념과 명칭

1. 시조의 개념

　시조는 고려 말에서 조선 초에 이르는 기간에 정제되어 조선시대와 개화기를 거쳐 현재에 이르기까지 생명력을 유지해 온 3장(행), 6구, 4음보(전체 12음보), 45자 내외의 서정 시가이다.

2. 시조의 명칭

　'시조'라는 명칭이 나타나는 것은 신광수의 『석북집(石北集)』 권 십(卷 十) 신광수(申光洙)의 기록 '일반시조배장단 래자장안이세춘(一般時調排長短 來自長安李世春)'(일반적으로 시조라는 것은 길고 짧은 것을 배열하였는데 장안의 이세춘으로부터 명칭이 왔다.)이 최초이다. 영조 이전에는 단가(短歌), 신번(新飜), 영언(永言), 장단가(長短歌) 등이 사용되었다가 영조 시대 명창인 이세춘이 그 당시에 불려진 곡목인 '가곡'이 지나치게 번거로워 간결하게, 그러면서도 창곡(唱曲)에 맞도록 노래를 만들어 냄으로써 '시조'란 명칭이 생겼다. 따라서 '시조'라는 명칭은 문학 사상에 있어 어떤 특유의 형태를 가진 시형에서 온 이름이 아니라 노래, 다시 말하면 창곡의 이름으로 생겨난 명칭이다.

02 시조의 기원

시조의 기원은 형식적 측면에 따라 외래기원설과 재래기원설로 크게 나누어진다.

1. 외래기원설
시조의 형식적 모태를 중국의 한시나 불가(佛歌)에서 찾는 견해로 절구 형식(絶句形式)의 한시를 번역하는 과정에서 발생(漢詩懸吐體)하였다는 한시 기원설과 불가곡(佛歌曲)에서 그 연원을 찾을 수 있다는 불가 기원설이 있다.

2. 재래기원설
시조의 형식적 모태를 우리나라의 시가 형식 가운데서 찾는 견해로 시조 형식의 원형이 육구삼절형의 민요나 무가의 노래 가락에서 파생되었다는 민요·신가 기원설, 삼구육명의 향가 형식에서 발생했다는 향가 기원설, 그리고 고려 속요의 영향에서 성립되었다는 고려 속요 기원설 등이 있다.

(1) 민요·무가 기원설(이희승, 이병기, 조윤제, 조동일 교수 설)
   ① 근거
      특정 지역에서 채록된 민요나 무당들의 무가(巫歌)가 시조의 3장 형식과 완전히 닮아 있다.
   ② 반론
      사설시조는 평시조의 형태가 변모하여 생성되었는데, 평시조는 줄 수가 제한된 짧은 형식의 민요에서, 그리고 사설시조는 여음이 없는 긴 형식의 민요에서 발생하였다는 가설은 평시조와 사설시조의 기원이 다르다는 문제점을 안고 있다.

(2) 향가 기원설(천태산인, 이병기, 지헌영, 이탁, 김병국, 김사엽 교수 설)
   ① 근거
      ㉠ 향가가 3개의 의미 단락을 가진다는 점
      ㉡ 삼구육명(三句六名)의 뉘앙스가 시조의 3장 형식과 비슷하다.
   ② 반론
      ㉠ 삼구육명의 해석에 아직까지 정설이 없다.
      ㉡ 향가의 낙구와 시조 종장과 같은 양대분적 성격은 고려가요, 조선조의 악장에도 나타나는 공통점이다.
      ㉢ 향가의 의미상 분절과 시조의 3장과는 통사적 대응에 무리가 있으며, 향가의 창법에 대한 규명이 이루어지지 못한 상태에서 시조와 연결시키는 것은 논란의 여지가 있다.

(3) 고려 속요 기원설(고정옥, 정병욱, 최동원, 김대행 교수 설)
   ① 근거
      ㉠ 「정읍사」와 「사모곡」은 여음과 후렴구를 뺀 유의어만 독립시켜 결속하면 3장 6구체가 된다.
      ㉡ 「만전춘」의 2, 5연은 시조 형식과 흡사하다.
   ② 반론
      ㉠ '여음을 제외하고 시형식을 논의할 수 있는가'하는 문제가 제기된다.
      ㉡ 지금까지 시조창이 가곡창보다 후대에 이루어졌다는 의견이 지배적인데, 위의 학설은 시조창과 가곡창이 고려시대에 존재하고 있었다는 가설을 전제로 한다.

(4) 경기체가 기원설
   경기체가의 뒷부분(후 3 구)에 나타나는 4 음보가 시조의 4 음보에 영향을 미친 것으로 본다.

03 시조의 형식

1. 행의 형태
(1) 행으로는 3행(장), 구로는 6구이다.
(2) 현대 시조에서는 구별 배행에 따라 행이 달라지기도 한다.

2. 기본 음보율
(1) 각 행 4음보, 전체 12음보이다.
(2) 음수율로 파악하면 3·4조 또는 4·4조의 흐름에 전체 45자 내외이다.

3. 종장의 형식과 기능
(1) 종장의 형식
 ① 종장의 첫 음보는 반드시 3글자여야 한다.
 ② 종장은 '3·5(6·7)·4·3'의 구조를 이룰 때 운율의 특징이 잘 살아난다.
(2) 종장의 기능
 ① 종장은 향가의 '낙구', 고려 속요의 '결사' 등을 이은 것으로 내용을 완결하고 끝맺는 기능이 있다.
 ② 첫 음보는 감탄사인 경우가 많고, 초·중장의 내용에서 원하는 내용으로 시상을 전환하는 기능이 있다.
 ③ 종장은 전환과 동시에 시조 전체의 의미에 대한 강조 및 영탄의 기능을 함께 하는 것이다.
 ④ 둘째 음보는 초, 중장의 내용을 함축하며, 5음절 이상일 때 시조 운율의 묘미가 잘 살아난다. 가창을 할 때는 두 마디의 길이가 되어 그 결과 마지막 마디를 생략하게 된다.
 ⑤ 종장 끝 음보는 의미소가 아니라 형태소이므로 필요 불가결한 요소는 아니라고 할 수 있으나, 시조 전체 분위기 조성에는 크게 기여한다.

4. 시조의 유형
(1) 평시조
3장 6구 4음보(전체 12음보) 내외의 기본 시조
(2) 사설시조
종장 첫 구(句)의 3음절과 3장의 의미 단락만 유지되고, 초장·중장·종장의 어느 한 장이나 2장 또는 3장 전체가 길어져 파격을 이룬 시조
(3) 연시조
초, 중, 종 3장의 시조를 몇 번이고 거듭하여 나가는 시조
(4) 양장시조
3장이 1수이던 종래의 시조 형식을 2장 1수의 새로운 시조 형식으로 바꾼 단형 시조로서 이은상이 시도함

04 시조의 전개 과정

1. 제1기 고려 말의 시조

(1) 한계

고려 말의 시조는 특정 작가군에 의한 상층 문학의 성격을 띠고 있으나 다양한 제재를 취하여 단편적인 심정을 토로했다는 데 그 한계가 있다.

(2) 내용

늙음에 대한 탄식과 한탄, 황음(荒淫)한 군주에 대한 걱정, 무인이 가진 우국충절, 혼란한 정치에 대한 원망, 쇠락해가는 고려왕조에 대한 번민 등이 어우러져서 이 시기 시조의 내용적 특성을 형성하고 있다.

(3) 대표 작가

이 시기의 대표 작가로는 이색, 정몽주, 최영 등이 있다. 특히 이방원의 「하여가(何如歌)」와 정몽주의 「단심가(丹心歌)」는 왕조교체기의 고민을 한시(漢詩)가 아닌 시조로 토로함으로써 이후 신흥 사대부에 시조가 격조 높고 울림이 큰 서정시로 받아들여지는 계기가 되었으며, 사고를 자유롭게 집약하는 데 효과적인 형식으로 인식하는 데 큰 역할을 하였다.

2. 제2기 조선 초기의 시조

(1) 조선 왕조가 건국되자 왕조교체의 시대적 배경을 타고 사라져 간 고려 왕조를 슬퍼한 고려 유신들의 회고의 노래와 신왕조 건설에 적극 참여한 이들의 송찬(頌讚)의 노래가 서로 대립하며 나타나기 시작했다.

(2) 여말유신들의 쓸쓸한 회고의 노래는 시조의 서정적 특징을 반영한 것으로 건국 공신인 정도전까지도 악장에서와는 달리 회고풍의 시조를 썼음은 주목할 만한 사실이다.

(3) 변계량이나 맹사성의 시조는 조선 건국 15년에 태평성대의 기운이 거리마다 가득 찼다는 내용의 시조나 계절의 변화에 맞추어 태평한 시대를 노래하면서 이것이 모두 군왕의 덕이라고 하는 우회적인 표현을 썼다.

(4) 조선 초기에는 자연 속에 유유자적하는 강호한정(江湖閑情)의 노래가 맹사성의 「강호사시가」에서부터 비롯되어 태평성대의 일면을 보여 주기도 하였다.

(5) 정치적인 사건과 관련된 시조가 등장하기도 하였는데, 수양대군의 왕위찬탈을 둘러싼 충군수절의 작품들은 비장한 심정을 절실하게 표현하여 처참했던 당시의 상황을 유감없이 보여주고 있다. 특히 사육신 가운데도 성삼문과 박팽년의 작품이 가장 강한 표현을 쓰고 있는데, 수양대군을 까마귀에 비유한 것이라든지, 수양산에서 굶주려 죽은 백이·숙제를 원망하는 표현들은 웬만한 각오가 아니고서는 나타내기 어려운 것이라고 할 수 있다.

(6) 정치적 변혁기를 거쳐서 다시 안정되기 시작한 15세기 말에는 월산대군이나 성종 같은 왕족이 지은 시조도 등장하여 눈길을 끈다. 특히 성종의 시조와 관련된 오산설림장고의 기록은 시조의 발생을 조선으로 하려는 주장의 근거가 되기도 한다.

3. 제3기 조선 중기의 시조

(1) 호남 가단과 영남 가단

당쟁에서 이겨 권력을 쥔 사람들은 관료에 있으면서 문학을 하게 되고, 당쟁에서 져 산림으로 쫓겨난 사람들은 한적한 시골에 은거하여 후학(後學)을 길러서 다음을 노리는 생활을 하면서 문학을 하게 되었으니 이른바 관각 문학(館閣文學 : 사장파)과 처사 문학(處士文學 : 사림파)이 그것이다. 처사 문학은 이른바 강호가도를 추구하였는데, 이 시기의 시조에는 이러한 경향이 역력하여 이현보를 시조로 하는 영남가단과 송순을 시조로 하는 호남가단이 탄생되었다.

① 영남 가단 : 이현보, 주세붕, 이황, 이숙양, 강익, 권호문 등
  ㉠ 시문보다 도학(道學) 표방에 힘썼다.
  ㉡ 읊조리는 한시보다는 우리말로 되어 있으면서 노래로 부를 수 있는 시조가 이들에게는 중요한 교류수단이 되었던 것이다. (이황의 「도산십이곡」 발(跋))
  ㉢ 도학을 중시한 영남의 기풍은 시조를 짓는 데 있어서도 사상적인 것들을 중시하여, 세상에서 벗어나 강호에 노닐면서도 완세불공(玩世不恭)에 빠지지 않고 온유돈후(溫柔敦厚)한 경지를 살려야 한다는 생각을 주된 내용으로 하고 있다.
② 호남 가단 : 송순, 김인순, 유희춘, 김성원, 기대승, 고경명, 정철, 임제 등
  ㉠ 도학적 전통의 미흡으로 강호가도(江湖歌道)의 세계에 몰입하지는 못했지만 규범화된 수사를 배격하였고 인간과 자연이 하나 될 수 있는 경지를 노래하였다.
  ㉡ 영남가단에 비해 훌륭한 작품을 남긴 이가 많으며, 정철에 이르러 절정에 도달할 만큼 명맥이 유지되었다.

> **참고** 강호가도의 작품 세계
> 강호가도의 작품 세계는 자연과 인간의 조화를 통한 인격의 도야라는 측면과 인간과 인간의 조화를 통한 이상적 사회의 지향이라는 측면을 함께 가지고 있었다고 볼 수 있는데, 전자가 주류를 이루었다.

(2) 기녀 시조
  ① 기녀 시조의 등장
    조선의 문물이 발전함에 따라 사대부의 이념을 표현하던 시조에 풍류의 시상(詩想)이 나타났으며, 이와 더불어 사대부 계층의 풍류에 직접적으로 관여했던 기녀(妓女)들의 시조도 다수 나타났다. 상층 사대부의 전유물이었던 시조가 조선 중기에 이르러 기녀들을 그 작가층으로 받아들인 현상은 조선 후기에 가서 다시 가객 및 평민층으로 그 작가층을 확대하게 되는 시조 문학 변모과정의 첫 조짐이라고 할 수 있다.
  ② 황진이
    ㉠ 시조 문학에는 전·후기를 통틀어도 여성의 작품이 거의 없음을 고려할 때, 기녀들의 시조는 조선 여인들의 개인적 정서를 엿볼 수 있는 독특한 예로 주목되는데, 그 중에서도 황진이의 작품은 기녀 시조의 진면목을 유감없이 보여주고 있다.
    ㉡ 주로 사랑에 얽힌 내용을 담은 그녀의 시조는 사대부의 작품에서는 생각할 수 없었던 표현을 갖춤으로써 관습화되어 가던 시조에 생기를 불어넣었으며, 중의법과 시각적 이미지의 절묘한 구사는 놀랄 만한 수준이라고 할 수 있다.
    ㉢ 황진이가 남긴 시조는 임을 그리는 심정을 읊은 노래 3 수와 권유(勸諭), 별한(別恨), 무상(無常)을 나타낸 작품들이 각각 한 수씩 있다.
  ③ 이 외에도 소춘풍(笑春風), 계랑(桂娘), 한우(寒雨) 등의 작품과 조선 후기의 홍랑(紅娘), 명옥(明玉), 천금(千錦) 등의 작품이 참다운 인간성과 애정관을 보여준 기녀시조의 대표작으로 평가받고 있다.
  ④ 애정에 대한 속요(俗謠)와 기녀 시조의 비교
    ㉠ 속요(俗謠) : 일방적으로 우러러 바치는 사랑을 노래, 절대적 사랑을 드러내고 있다.
    ㉡ 기녀 시조 : 주고받는 사랑을 노래, 상대적 사랑을 드러내고 있다.
  ⑤ 의의
    ㉠ 조선 후기에 작가층의 확대와 더불어 시조가 새로운 모습으로 탈바꿈하는 데에 바탕을 마련해 준 것으로 평가할 수 있다.
    ㉡ 소재의 다양성 : 작품의 내용에 있어서 사대부 시조와 달리 애정 소재가 많다.

(3) 기녀 시조에 대한 이해
  ① 기녀 시조의 특징과 문학사적 의미
    ㉠ 일반적 특징 : 기녀 시조는 자신들의 애정과 이별 문제를 노래한다는 점에서 동시대의 시조 담당층인 사대부의 시조와 비교된다. 사대부들의 시조가 흔히 관념의 표출에 그치는 데 반해, 기녀들의 시조는 인간의 정서를 숨김없이 표출하였다. 또한 그들의 시조는 우리말의 아름다움을 잘 살려 시적 언어로 발전시켰다는 점에서도 그 특징을 살펴볼 수 있다.
    ㉡ 문학사적 의미 : 기녀 시조는 세련된 표현 기교를 갖추었을 뿐만 아니라 순수 국어를 잘 구사하였다는 데 그 의의가 있으며, 내용 면에서는 남녀간의 애정 및 인간의 정서를 솔직 담대하게 표현하였다는 데 초점을 둔다. 또한 기녀들이 시조를 짓고 향유했던 문화는 시조 작자층의 확대와 더불어 시조가 새로운 모습으로 탈바꿈하는 계기를 마련하였다. 상류 계층의 전유물이었던 시조를 조선 중기에 이르러 기녀들도 짓고 읊었다는 점은 후기의 가객 및 평민층으로까지 시조 작자층이 확대될 수 있었던 계기를 마련한 것이며, 이런 점으로 미루어 보아 기녀 시조는 시조 문학 변모에 큰 역할을 하였다고 할 수 있다.
  ② 기녀 시조와 고려 가요의 관계
      기녀 시조는 상실의 상황에서 노래한다는 점에서 동시대의 시조 담당층인 사대부 시조와 비교된다. 말하자면, 황진이의 시적 정서와 사대부의 시적 정서는 판이하다는 것이다.
      한편 기녀 시조는 '이별'이 제재라는 점에서 고려 가요와 상통하는데 고려 가요가 이별의 순간을 노래한다면 기녀 시조는 이미 벌어진 이별의 상황을 노래한다. 시적 화자의 의식면에 있어서도 고려 가요가 임과의 관계를 수직적으로 보고 있다면 기녀 시조는 수평적 관계로 보고 있다. 또, 발화의 차이에서도 고려 가요는 이별의 순간에 발화하는 것으로 직접적이고 절박한 발화가 이루어지는 반면, 기녀 시조는 이미 지나간 과거이므로 자아를 성찰하고 더불어 스스로에게 묻고 답하며 간접적으로 발화한다. 요약해 말하자면, 기녀 시조는 이별 상황, 언술 방식, 태도, 갈등의 해결 등은 고려 가요의 전통을 잇고 있지만, 그것을 변용시킨 셈이라 할 수 있다.
  ③ 애정시와 연군시의 비교
      애정시에는 서정적 주체인 '나'와 그 대상인 '임'이 대립되고 내가 서 있는 장소인 '여기'와 임이 서 있는 장소인 '거기'가 대립되어 있다. 이를 상실의 원인에 따라 '제자리 / 이탈'의 경우로 따져 보면, 임은 제자리에 있고 내가 거기서 이탈한 경우와, 나는 자리에 있는데 임이 여기서 이탈한 경우로 나눌 수 있다. 그러므로 상실의 회복도 앞의 경우에는 내가 거기로 돌아가야 할 것이고, 뒤의 경우에는 임이 여기로 돌아와야 할 것이다. 이를 기준으로 애정시와 연군시를 구분할 수 있다. 황진이의 시조와 같은 애정시는 '버림받은 아내의 시'의 형식을 갖춘 연군시와 비교, 검토할 수 있는 것이다. 「사미인곡」을 보면 화자 자신이 임의 곁을 떠났는데, 그 이유는 전적으로 자신의 잘못에 있음을 이야기한다. 그러므로 결여 상태의 회복은 범나비가 되어서라도 임의 곁으로 가는 데 있다. 화자에게 임이란 절대적인 선을 의미하는 존재이고 임이 있는 공간도 또한 절대화된 공간이다. 이와 반대로 「규원가」에서는 화자의 남편이 자신의 곁을 떠났는데, 그 이유는 장안에서 허송세월하는 경박한 상대방의 도덕적 결함 때문이다. 「규원가」의 화자나 그의 공간은 남편과, 그가 있는 공간보다 도덕적으로 우월하다. 이렇게 볼 때, 보통의 애정시와 애정의 형식을 취한 연군시는 주체와 객체 및 그 공간이 대립이라는 관습을 공유하고 있으나, 양자의 패러다임이 도치되어 있음을 알 수 있다.

4. 제4기 조선 후기의 시조

임진왜란(1592~1598)과 정묘호란(1627), 병자호란(1636) 등 반세기에 걸친 국난을 경험하는 동안 조선 왕조는 정신적으로 커다란 충격을 받게 되었다.

(1) 전쟁과 관련된 시조
  ① 전쟁의 영향
      전쟁으로 인하여 경제의 파탄, 양반의 증가에 따른 신분제의 붕괴, 그리고 천주학을 통한 만민평등사상의 유입 등으로 관념론에 빠졌던 성리학을 배격하고 실용적인 학문을 주장하는 실학이 발달되었다.

② 전쟁의 소용돌이 속에서 그 고뇌와 나라의 앞날을 걱정하는 이순신, 이덕일 등의 시조가 탄생하였다. 전쟁의 상처를 치유하는 한 방법으로 앞서의 강호가도와 같은 내용의 작품도 나타났다.
③ 특히 이덕일의 「우국가」 28수는 전쟁의 참화를 입은 것에 대한 한탄과 그래도 정신을 못 차리는 조정대신에 대한 분개가 동시에 어우러져 표현된 의미 있는 작품이라고 할 수 있다.

(2) 강호가도를 통한 풍류의 시조
① 박인로의 경우, 왜적에 대한 적개심과 우국충정은 가사로 표현하고, 시조를 통해서는 인륜과 도덕을 노래하여 시조와 가사의 역사적 기능이 서로 달랐음을 암시하고 있다. 이것은 아직 시조가 산문 정신을 수용할 만큼 개방되지 않았음을 말해 주고 있는 것으로서 이 시기의 다른 작가들이 하나의 주제를 놓고 수십 수의 연시조를 쓰고 있는 현상과 밀접한 관련을 가진다고 할 수 있다.
② 윤선도는 생동감 있는 표현을 통해 자연과 언어의 아름다운 조화를 추구한 정상의 시조 작가로 75 수의 시조만을 남겼으며, 이들 이외에도 신흠, 홍서봉, 이정환 등의 대표적 작가가 있다.

(3) 사설시조의 등장
① 실학사상의 영향을 비롯해 17·18세기를 지나면서 문학의 거의 모든 분야는 산문화의 경향을 띠게 되고, 성리학을 배경으로 하여 존재했던 평시조는 자연히 그 기반을 잃을 수밖에 없었다. 따라서 시조는 새로운 모습으로 바뀌어지지 않으면 안 되게 되는데, 서민의식의 성장과 산문화 경향의 조류에 힘입어 삶의 모습을 사실적으로 묘사하고 일정한 틀에 묶여 있던 평시조의 형태를 깨뜨리게 되었으니 이것이 바로 사설시조이다.
② 사설시조의 특징
　㉠ 형태
　　평시조의 삼행시 형태를 그대로 살리고 있으면서도 초장과 종장에는 큰 변화를 주지 않고 중장을 길게 하여 작가가 표현하고 싶은 것들을 비교적 자유롭게 나타낼 수 있도록 하고 있다. 그리고 종장에 '모쳐라, 그츰에' 등의 새로운 허사가 사용되었다.
　㉡ 내용
　　소재가 다양화되어 삶의 고통, 남녀의 사랑과 이별, 정치에 대한 풍자 등을 주요 내용으로 하면서 다채로운 주제를 다루는 데 성공하게 된다. 그리고 평시조보다 희화적, 희곡적, 풍자적 내용을 담고 있다.
　㉢ 작자층
　　작자는 중인 이하 서민층으로 확대되었다. 작품의 내용이나 표현기법, 어휘의 사용 등을 분석해 보면 그것이 서민들에 의해 쓰여진 것임을 쉽게 알 수 있기 때문에 사설시조의 중심이 되는 작가는 서민층으로 보아야 할 것이다.
③ 한계
　사설시조가 가지는 산문화된 경향과 정제되지 못한 시어의 선택 등은 결국 시조 문학을 쇠퇴시키는 데 일정한 기여를 하였다. 따라서 18세기 후반을 지나면서부터 조선 전기에 보여 주었던 작가층은 많이 엷어지게 되고, 전문 가객들만이 소수의 평시조를 짓고 기존의 것을 부르는 쪽으로 시조의 경향이 바뀌게 되었다.

(4) 전문가객의 등장
　임·병 양란으로 인한 국가적 상흔이 어느 정도 치유된 17세기 말에 이르자, 예술 전반에 걸쳐 근대적인 양식을 모색하고 정립하고자 하는 노력이 나타났으며, 이와 더불어 여항인(閭巷人)들의 존재가 부각되기 시작하였다. 가객(歌客)은 위항인(委巷人) 중에서도 지체가 낮아 서리(胥吏), 포교(捕校) 이하의 계층에 주로 속하고 한문(漢文)에 능하지 못해 음악활동(音樂活動)으로 보람을 삼았다. 위항시인(委巷詩人) 800여명 중 가객(歌客)과 겹치는 인물은 정내교, 주의식, 김유기 정도가 있다.
　위항시인(委巷詩人)의 모임을 시사(詩社), 평민(平民) 가객(歌客)의 모임을 가단(歌壇)이라 한다. 김천택의 「경정산가단(敬亭山歌壇)」은 자기 일에 열등의식을 가지고 사대부의 풍류를 동경했기에 소극적 태도를 보였으나, 김수장의 「노가재가단(老歌齋歌壇)」은 세속적 기풍을 오히려 자랑으로 삼고 호탕한 놀이를 즐겼다. 18세기 중말엽에는 '이세춘가단'이 활동했으나, 시조창만을 하는 집단이라기보다는 '연희 집단'으로 성격이 바뀌었다. 19세기에 들어오면서 시조가 쇠퇴했다.

① 가객(歌客)의 출현은 17세기 중엽에 처음 이루어졌으며 17세기 ~ 18세기 초에 본격화되어 시조의 다양한 창법 개발 및 독자적인 문학성 추구를 통한 근대 문학의 성립을 촉진시켰다.
② 전문가객의 활동
  ㉠ 시조창법의 개발 : 김성기에 의해서 시조창법의 새로운 모형이 시도되고 불려졌으며 그 외에도 한유신이 쓴 「영언집서(永言集序)」의 기록 등에서도 이들의 시조창법을 새롭게 발전시키려는 노력을 했다는 사실을 발견할 수 있다.
  ㉡ 전문가단의 설립과 후진양성
    • 가단 : 조선 후기 시조 문학에 힘쓴 평민 가객(중인 계층)들의 모임이다. 가객들은 양반들이 시조를 여가 삼아 지었던 것과 달리 절실한 자기 표현의 양식으로 수용하고 창작했다. 그리고 진실성의 측면에서 한시보다 더 가치 있다는 인식에까지 이르렀으며, 이러한 인식에 근거하여 시조집을 만들었다. 가객들은 격조와 권위를 강조하는 사대부 시조와 삶의 진실을 토로하는 평민 시조 사이의 중간적인 성격을 지닌다. 그리고 중인들의 활동에 의해 시조가 민족문학으로서 핵심적인 구실을 한다는 인식이 일반화될 수 있게 했다.
    • 경정산가단 : '경정산가단(敬亭山歌壇)'은 영조 때에 김천택과 김수장을 중심으로 하여 활동한 가객들의 모임을 가리키는 것인데, 이 경정산가단은 활동에 적극적이었던 김천택에 의해서 주로 움직여졌던 것으로 보인다.
    • 노가재가단 : 김수장에 의해 운영된 '노가재가단(老歌齋歌壇)'은 많은 가객들을 모아서 여러 가지 활동을 한 것으로 평가된다.
    • 승평계 : 고종 때 박효관, 안민영 등을 중심으로 한 평민 가객들이 어울려 노래를 지으며 풍류를 즐기던 가객 단체로, 승평은 태평한 세월을 뜻하는 말이다.
    • 이세춘가단 : 18세기 중·말엽에는 '이세춘가단'이 활동했으나 시조창만을 전문적으로 하는 집단이라기보다는 '연희집단' 정도로 성격이 바뀌었으며, 초기의 가단처럼 시조집을 편찬하지도 않았다.
  ㉢ 가집의 편찬을 통한 시조의 보존 : 양 가단을 대표하는 김천택과 김수장에 의해서 편찬된 청구영언과 해동가요는 구전되어 오던 수많은 시조들을 집대성한 문헌으로 시조문학사에 매우 중요한 업적이라고 할 수 있다.
    • 청구영언 : 조선 영조 4년에 김천택이 엮은 시조집. 역대 시조 998수를 곡조에 의해 분류 수록
    • 해동가요 : 조선 영조 39년 김수장이 엮은 시조집. 모두 883수를 작가에 의하여 분류 수록
    • 가곡원류 : 고종 13년 박효관과 그의 제자 안민영이 공동으로 엮은 시조집. 시조와 가사 800수십 수를 곡조의 종류에 따라 남창(男唱), 여창(女唱)으로 나누어 편찬
    • 고금가곡 : 편찬 연대 미상, 송월(松月)이라는 이가 엮은 가집. 장가, 단가를 합쳐 모두 302수를 주제에 의해서 인륜(人倫), 근(勤), 고(古) 등의 21항목으로 분류, 편찬하고 자작 시조 14수가 부록으로 실려 있음
    • 동가(東歌) : 편자·연대 미상. 수록 작품 235수를 작자를 중심으로 하여 분류 편찬했는데 작품마다 주제를 표시하였음
    • 남훈태평가 : 편자, 연대 미상의 시조 가사집. 시조 224수, 잡가 3편, 가사 4편이 수록되어 있음. 국문으로 된 인본인데, 순전히 음악적인 목적을 위해서 엮어진 것이어서 수록된 시조의 종장 끝 어절이 없는 것이 특징. 시조의 창에서는 마지막 세 음절은 부르지 않기 때문임
    • 병와가곡집 : 편찬 연대 미상. 이형상이 편찬한 것으로 시조 1109수가 실려 있음. 1956년 9월에 새로 발견된 시조집으로 최다 작품을 수록하고 있으며 작가 및 곡조별로 분류
    • 시조유취 : 육당 최남선이 우리나라 역대 문헌에 실린 시조를 모아 엮은 시조집. 모두 1405수를 시조의 내용에 따라 시조, 목화, 금수(禽獸) 등 21부분으로 나누어 실었음. 1928년 발간, 우리나라 고시조 모음집

(5) 시조의 쇠퇴
① 시조가 쇠퇴기로 접어든 이유는 18세기 이후 다양한 계층에 의해 유흥적 성격을 띤 노래로 전락하면서 양반 사대부들의 관심이 시조 창작으로부터 멀어졌기 때문이다.
② 이러한 상황에서 가객들 역시 노래 부르는데 치우쳐 창작에 노력을 기울이지 않았다.
③ 19세기에 문화가 전반에 걸쳐 쇠퇴하는 현상이 있었고, 시조도 그 영향을 받았다.
④ 이러한 상황 속에서도 박효관, 안민영 두 가객은 승평계(昇平契)를 조직하고 『가곡원류(歌曲源流)』를 편찬하면서 시조음악 및 시조문학의 본령을 되찾고자 힘썼으며 조황과 이세보의 시조는 사대부 시조의 마지막 모습을 보여준다는 데 그 의의가 있다.

기출문제

※ 다음 글을 읽고 물음에 답하시오.

(가)
春風에 花滿山ᄒ고 秋夜에 月滿臺라
四時 佳興ㅣ 사름과 ᄒᆞᆫ 가지라
ᄒᆞ믈며 魚躍鳶飛 雲影天光[1]이야 어늬 그지 이슬고

(나)
하하 허허 흔들 내 우음이 졍 우움가
하 어쳑 업서셔 늣기다가 그리 되게
벗님ᄂᆡ 웃디를 말구려 아귀 ᄯᅴ여디리라

(다)
田園에 나믄 興을 젼 나귀에 모도 싯고
溪山 니근 길로 흥치며 도라와셔
아ᄒᆡ 琴書를 다스려라 나믄 ᄒᆡ를 보내리라

(라)
싀어마님 며ᄂᆞ라기 낫바 벽바흘[2] 구르지 마오 빗에 바든 며ᄂᆞ린가 갑세 쳐 온 며ᄂᆞ린가
밤나모 서근 등걸에 휘초리 나[3] ᄀᆞ치 알살픠신[4] 싀아바님 볏 뵌 쇳동ᄀᆞ치 되죵고신[5] 싀어마님 三年 겨론 망태에 새 송곳 부리ᄀᆞ치 샢족ᄒᆞ신 싀누으님 ㉠당피 가론 밧틔 돌피 나니ᄀᆞ치 싀노란 욋곳[6] ᄀᆞᆮ튼 피똥 누는 아들 ᄒᆞ나 두고
건 밧틔 멋[7]곳 ᄀᆞᆮ튼 며ᄂᆞ리를 어듸를 낫바ᄒᆞ시는고

1. 독음은 '어약연비 운영천광'임
2. 벽바닥을

3. '난[出]'의 잘못
4. 앙살이 피신. '알살'은 다른 이본에 모두 '앙살'로 되어 있음
5. 말라 곤두서신
6. 오이[瓜]의 꽃
7. 능금의 일종

1. 고전시가의 역사적 전개 과정을 고려할 때, (가) ~ (라)에 대한 서술로 적절한 것은? 2009년 기출 27번

① (가)는 '四時'와 '사룸'이 하나가 되는 천인합일(天人合一)의 태도를 고양한 반면, (나)는 일상적이고 비속한 표현을 통해 시정인(市井人)의 삶을 산 작자의 익살스런 태도를 나타냈다.
② (가)의 시적 공간은 도(道)가 구체적으로 구현되는 대상으로 파악한 곳인 반면, (다)의 시적 공간은 진퇴(進退)의 문제에 대해 갈등하던 화자가 안주하기 위해 선택한 곳이다.
③ (나)의 화자는 자연에서 인간으로 시선을 전환하고 '벗님←'를 청자로 끌어들인 반면, (다)의 화자는 자연 속에서 이념을 찾는 소박한 삶을 꿈꾸며 '아희'를 청자로 삼았다.
④ (가)와 (나)는 개별적으로 또는 특정 집단 내부에서 향유하는 양식으로 생산되었던 반면, (다)와 (라)는 상업 발달에 따른 도시적 연행 문화의 분위기 속에서 향유되었다.
⑤ (가), (나), (다)는 순간적 감흥이나 회포를 단일한 정서와 단선적 시상으로 수렴해 낸 반면, (라)는 순간성이 강하면서도 복합적인 정서와 시상을 사실적으로 표현하여 서술성을 확장하였다.

┃정답 ④

05 주요 시조(집)의 서(序)·발(跋)

1. 『도산십이곡(陶山十二曲)』 발(跋)

이 「도산십이곡」은 도산이 지었다. 노인(도산)이 이것을 지은 까닭은 무엇인가. 우리 동방의 가곡은 대개 음탕하여 족히 말할 수 없게 되었다. 저 「한림별곡」과 같은 류는 문인의 구기에서 나왔지만 긍호와 방탕에다 설만과 희압을 겸하여 더욱이 군자로서 숭상할 바 못되고, 다만 근세에 이별이 지은 「육가」란 것이 있어서 세상에 많이 전한다. 오히려 저것이 이것보다 나을 듯하나 역시 그 중에는 완세불공의 뜻이 있고 온유돈후의 실이 적은 것이 애석한 일이다. 노인이 원래 음률을 잘 모르기는 하나 오히려 세속적인 음악을 듣기는 싫어하였으므로 한가하게 병을 수양하다가 무릇 느낀 바 있으면 문득 시로써 표현을 하였다.

그러나 오늘의 시는 옛날의 시와는 달라서 읊을 수는 있겠으나 노래하기는 어렵게 되었다. 이제 만일에 노래를 부른다면 반드시 세속의 말로써 지어야 할 것이니 이는 대개 우리의 음절이 그렇지 않을 수 없기 때문이다. 그러기에 내가 일찍이 이별의 노래를 대략 모방하여 「도산육곡」을 지은 것이 둘이니 그 첫째는 뜻을 말하였고 그 둘째는 배움에 관해 말하였다. 아이들로 하여금 아침, 저녁으로 이를 연습하여 노래를 부르게 하고 궤를 비겨 듣기도 하려니와 또한 아이들로 하여금 스스로 노래를 부르면서 또한 스스로 무도를 한다면 거의 비속함을 씻고 감발하고 융통할 바 있어서 노래 부르는 이와 듣는 이가 서로 이익이 없지 않을 것이다.

돌이켜 생각컨대 나의 종적이 이 세속과 맞지 않는 점도 있으므로 만일 이러한 한가한 일로 인하여 요단을 일으킬지도 모르겠다. 아직 한 건을 써서 서랍 속에 간직하였다가 때때로 내어 완상하여 스스로 반성하고 또 다른 날 읽는 사람의 거취 여하를 기다리기로 한다.

가정 44년 을축년 3월 16일 도산 노인이 쓴다.

2. 『청구영언(靑丘永言)』 서(序)

옛날의 노래라는 것은 반드시 시를 사용하였다. 노래를 문으로 기록하면 시를 이루고 시를 관현에 올리면 노래를 이루니, 이런 까닭으로 시와 더불어 노래는 하나의 도가 된다. 시 삼백 편이 변하여 고시를 이루고 고시가 변하여 근체시가 되면서 시와 노래는 둘로 나뉘게 된다. 한나라와 위나라 이후 시 가운데 율이 맞는 것을 악부라고 불렀다. 그때까지 향인이나 방국에서는 아직 쓰이지 못하였다. 진나라와 수나라 이후에 가사별체라는 것이 있어서 세상에 전하여졌으나 시가의 성대함과 같지 않았다. 대개 가사를 짓는 것은 문장과 음률에 정통하지 않으면 즉 지을 수 없는 까닭에 시에 능한 사람이라 해서 반드시 노래를 잘하는 것은 아니며 노래를 잘한다고 해서 반드시 시에 능한 것은 아니었다. 우리 왕조에 이르러 대대로 핍진하지 않았으나 가사를 짓는 것은 전무하거나 겨우 있었고, 있어도 역시 오래 전해지지 못하였다. 어찌 국가가 문학만을 숭상하고 음악을 소홀히 한 까닭이 그러했겠는가, 남파 김군 백함은 좋은 노래로써 한나라를 울렸고 성률에 정통하였고 문예를 겸해 닦았다. 이미 스스로 신번을 지어 비천한 이항인(里巷人)들에게 그것을 익히게 하였다. 또 우리나라 명공석사의 작품 및 민간 가요 중 음률에 맞는 것 수백여 편을 수집하여 그 잘못된 것을 바로잡고 한 권의 책을 이루었으며 나의 글을 구하여 서문으로 삼아 널리 그것을 전하고자 하는 생각이 있으니 그 뜻이 근실하다. 내가 받아보니 그 뜻이 그 가사가 실로 아름다워 완상할 만하다. 격앙된 것은 사람을 감동시켜 한 시대의 성쇠를 징계하였고 풍속의 아름답고 나쁜 것을 징계하였으니 시인들과 함께 안팎으로 병행하여 서로 상관이 없지 않았다. [시조 내용과 시조 시인이 서로 연관이 있다.]

오호! 무릇 이 가사를 이루는데 오직 그 생각을 서술하는 것만이 아니라 답답함을 풀어주기까지 한다. 사람으로 하여금 보고 느껴 흥이 일어나게 하는 까닭에 악부에 올려 항인(巷人)에게 사용하면 또한 족히 풍속의 교화에 일조가 될 것이다. 그 가사가 비록 시가들의 교묘함에 항상 다하지는 못하지만 세도에 유익한 것이 오히려 많은 데도 세상의 군자가 버려둔 채 채집하지 아니하는 것은 무엇 때문인가. 어찌 노래소리를 즐기는 자들이 버려두고 살펴보지 않는가? 이에 백함이 이것을 수 백년 동안 전해오는 중에 인멸된 나머지를 얻어 드러내어 전하고자 하니, 지은이들로 하여금 저승에서나마 알게 한다면 그들은 백함이야말로 자기들을 알아주는 사람이라고 할 것이다. 백함은 이미 선가로서 스스로 신성(新聲)을 지을 줄 알았다. 또한 거문고의 명인 전악사와 함께 아양(峨洋)의 친교를 맺어 전악사가 거문고를 타고 백함이 화답하여 노래하면 그 소리가 맑고 밝아서 가히 귀신을 움직이고 양화를 발할 수 있었다. 두 군의 기량은 일세의 묘절이라 이를 만하다. 내가 일찍이 마음 속 우환으로 병이 들어 가히 그것을 달래 줄 자가 없었는데 백함이 전악사와 함께 와서 이 가사를 취하여 노래하니 나로 하여금 한 번 듣게 하매 울적한 마음을 녹일 수 있었다. 무신년 늦은 봄 상순 흑와는 서를 쓴다.

3. 『가곡원류(歌曲源流)』 서(序)

시 삼백오 편은 상나라와 주나라의 가사이다. 그 말이 예의에 그쳤으므로 성인이 삭제하고 취하여 경으로 만들었다. 주나라가 쇠하자 정나라, 위나라의 음이 일어나면서 시의 성률이 폐지되었다. 한나라가 흥하자 제씨가 오히려 그 행장을 전했으나 원제와 성제의 시대에 이르러 창악이 크게 일어나면서 귀족 왕후였던 정릉, 부평 등 황제 외척 집안의 음란과 사치가 과도하여 황제와 더불어 연악을 다툼에 이르자 제씨가 전한 것은 드디어 민멸하여 전해지는 것이 없게 되었다. 『문선』에 실린 악부시, 『진서』에 실린 갈석 등의 작품, 『고악부』에 실린 삼백 편의 악부시 등은 진나라와 한나라의 가사이다. 그 근원은 정·위에서 나온 것으로 대개 한 때의 문인이 감발한 바가 있어 세속의 용태에 따라 지은 것이다. 오호의 난리를 거쳐 북방이 분열되자 원씨의 위나라, 고씨의 제나라, 우문씨의 주나라가 모두 오랑캐의 강한 종족으로서 중원에 웅거했다. 그러므로 그 노래는 중국과 오랑캐의 것이 뒤섞여 초쇄, 급촉, 비리, 속하(서툴고, 급하고, 속됨)했고 절주도 없어 고악부의 성률이 전해지지 않았다. 주나라 무제 때 구자의 비파공과 소사라는 사람이 처음으로 칠균을 말했고 우홍과 정역이 이에 기초를 두고 연주하여 84조가 비로소 그 싹을 보였으며 당나라 장문숙과 조효손이 교묘한 음악을 토론하자 그 숫자가 이에 크게 갖추어졌다. 당 개원 천보 시대에 이르러 임금과 신하가 함께 음탕한 음악을 즐기고 명황이 더욱 오랑캐의 음악에 빠지자 천하는 훈연이 이런 풍속을 이루었다.

이에 재사가 비로소 악공이 내는 목제 악기의 소리를 사구의 장단에 맞추어 각각 곡조를 이루었다. 그러나 '성의영(聲依詠 : 소리는 읊조림에 의거하다.)'이라는 옛날의 이치는 더욱 유실되었다. 온정균과 이상은의 무리는 홀연히 한때의 운치를 표출 음염하고 외설하여 가히 들을 수 없는 말로 흘러버렸다. 송나라가 일어남에 종공과 거유로서 문장력이 천하에 뛰어난 자가 오히려 그 유풍을 조술했는데 하도 넓어서 그칠 바를 몰랐고 사방으로 전하여 노래 부름에 매양 빠르기가 풍우와 같았다. (『능개재만록(能改齋漫錄)』)

4. 『대동풍아(大東風雅)』 서(序)

공자께서 말씀하시기를 시 삼백 수는 한마디로 말해 생각함에 사사로움이 없다. 시는 가희 사람으로 하여금 생각함에 사사로움이 없게 하니 진실로 사람에게 없어서는 아니되는 것이다. 대저 시라는 것은 민간에서 오랫동안 불러온 노래의 종류이다. 내가 일찍이 우리나라의 가요를 보니 혹 충효도덕을 노래한 바가 있고 또 음탕한 가락이 있다. 대체로 누가 충효도덕을 노래하는 바이며 또 누가 음란하고 방탕함이 넘치는 노래 사하리오. 또 이미 이와 같음이 있고 어찌 저와 같음이 있으리오. 이미 저와 같음이 있어서 또 어찌 이와 같음이 있으리오. 슬프다, 내가 그것을 아는 것이. 조정이 위에 있어서 시를 가려냄에 급하지 않고 문인학사는 아래에 있어서 서둘러 아직 시를 모으지 않는다.

군자가 세상에 있어 충효도덕의 노래가 있고 군자가 세상을 떠남에 음란하고 방탕한 가락이 있으니 그 사람이 존재함에 임해서 그 시가 존재하고 그 사람이 죽으면 곧 그 시가 없어지니 슬프다. 시가 사라지는 것을 막을 사람이 없고 그 사악한 생각을 막지 못하니 인하여 세상의 도가 날로 아래로 떨어지고 풍속이 날로 오염됨이 나의 무리에게 책임이 있으니 지금 김군[김교헌]은 성인의 문장을 모아서 열거하여 먼저 학사대부가 덕을 지키고 바른 것에 이름으로써 일컫는다. 민간의 노래가 더불어 바르게 되니 이를 일러 대동풍아(大東風雅)라 한다. 그 책임을 아는 자는 오직 김군이다. 선비의 책임은 이에 그치지 아니하고 그것에 힘써야 한다. 대개 시의 요의는 사람의 마음을 감발하는 데 있으니 너는 이 시를 암송해서 알아야 한다는 것은 장차 감발함에 이르러야 한다는 것이다.

　　조정이 위에 있어서 덕화가 성하고 아래에서는 전시대 풍속의 아름다움이 이루어지니 한숨을 쉬며 탄식하고 찬탄하여 오호! 흥이 일어남을 느끼고 옛날 우리나라에서 유래된 것을 안다. '충신효경 온공혜화 강의견인 맹진 불숙 불욕기선' 그것으로 먼저 열고 그 후 이 시의 공이 내 동포가 반드시 그러하고자 하는 바이니 지금 임금의 밝은 덕으로 다스림에 융성하게 하고 그 책임을 다하지 않음이 없으니 김군이 먼저 그것을 해야 한다. 무릇 내 동포는 그 시를 외우지 못하는 사람이 없어서 생각하는데 사악함이 없다. 그 시에 감명 받아 책임을 다하는 것이 김군이 지고 있는 바이니라.

5. 농암(聾巖) 「어부가(漁父歌)」 발(跋)

　　오른편에 있는 것은 어부가 양편인데 누구의 소작인지 알지 못한다. 내가 벼슬에서 물러나 밭 사이에 있을 때(즉 시골에 기거할 때) 마음이 한가롭고 할 일이 없어 옛사람들이 즐기고 읊조리던 것들을 모으니 노래할 수 있는 시문이 꽤 많았다. 비복들에게 가르치어 때때로 그것을 들어 즐거움을 얻고 노닐던 어린 자손들이 늦게 이 노래를 얻어 와서 보여주니, 내가 그 가사의 한적함과 의미의 심원함을 보고 여유로이 음영하였다. 사람들로 하여금 공명을 생각하게 하지 않는 바가 있고 이를 표표히 세상의 티끌로 멀리하는 뜻이 있다. 이것을 얻은 이후 그 이전의 것은 버리고 가사를 완상하며 기뻐하였다. 전하는 뜻이 이러하여 손수 책을 베끼어 꽃핀 아침과 달뜬 저녁에 술을 차려 친구를 불러 읊조리게 하여 분강 소정 위를 건너가니 흥취의 맛이 더욱 진실하다. 책을 읽음에 게으름을 잊고 많은 말로써 전하나 무리를 이루는 것은 아니며 혹은 무겁기도 하다. 반드시 그것을 베끼어 전하는 것은 잘못된 것이며 이것은 성현의 경거지문이 아니다. 선택하고 고쳐서 일편 십이장이 되어 세 개를 빼니 아홉이 되고 장가를 지어서 읊었다. 일편 십장은 단가를 짓기로 약속하여 다섯 편을 발하여 버리고 그것을 창하니 합하여 일부 신곡을 이루었다. 무리들이 책을 고치는 바가 아니었고 첨가하고 보충하는 곳이 많았다. 그러나 역시 각각 구문 본래의 뜻으로 인하여 그것을 증원하였다. 이름하여 농암야록이라 하고 보여주니, 다행히 찬을 건너 내가 지은 것을 고치는 바가 없었다. 때는 가정기 주하 유월 유두 후 삼일 설발옹 농암주인이 쓰고 분강을 건너는 고깃배 머리에서.(『농암집(聾巖集)』)

06 주요 작품

1. 조선 전기 작자와 작품

작품명	작자	연대	출전	내용
강호사시사	맹사성	세종	청구영언	• 4수 • 최초의 연시조 • 「사시한정가」라고도 함
어부사	이현보	명종	해동가요 농암집	• 단가 5수 • 장가 9편 • 윤선도의 「어부사시사」에 영향
농암가	이현보	명종	해동가요 농암집	• 1수 • 작자가 만년에 고향의 '농암'이라는 바위에서 읊음
오륜가	주세붕	명종	무릉속집	• 서시(序詩)를 포함하여 모두 6수로 이루어진 연시조 • 삼강오륜을 노래로 표현한 교훈적이고 도덕적인 시조
도산십이곡	이황	명종	청구영언	• 12수 • 일명 「도산육곡」 • 전 6곡(언지), 후 6곡(언학)
고산구곡가	이이	선조	청구영언	• 10수 • 주자의 「무이구곡가」를 본떠서 지음
한거십팔곡	권호문	선조	송암속집	• 18수
훈민가	정철	선조	송강가사	• 16수 • 『경민편』에 전함 • 오륜도덕
장진주사	정철	선조	송강가사	• 1수 • 권주가로서 사설시조 • 이백의 「장진주」와 주제가 같음

2. 조선 후기 작자와 작품

작품명	작자	연대	출전	내용
조홍시가 (早紅柿歌)	박인로 (朴仁老)	선조	노계집	• 4수 • 작자가 이덕형을 찾아 갔을 때 조홍감을 대접받고 육적의 회귤고사를 생각하고 지은 시조. 주제는 효심
오륜가 (五倫歌)	박인로 (朴仁老)	인조	노계집	• 22수 • 부자유친 5수, 군신유의 5수, 부부유별 5수, 형제우애 5수, 붕우유신 2수 등 오륜을 노래
자경 (自警)	박인로 (朴仁老)	인조	노계집	• 3수 • 스스로 자기 마음을 경계하기 위한 내용의 노래
모현 (慕賢)	박인로 (朴仁老)	인조	노계집	• 2수 • 백이, 숙제, 초나라의 굴원 등을 생각하면서 쓴 시
사친 (思親)	박인로 (朴仁老)	인조	노계집	• 1수 • 서리가 내림을 보고 어버이를 생각하는 정을 읊음. 효심을 주제로 한 시조
강호연군가 (江湖戀君歌)	장경세 (張經世)	선조	사촌집	• 12수 • 전 6곡, 후 6곡으로 된 연시조. 이황의 「도산십이곡」을 모방
당쟁차탄가 (黨爭嗟歎歌)	이덕일 (李德一)	선조	칠실유고	• 3수 • 당시의 어지러운 정쟁을 통분해 함
오륜가 (五倫歌)	김상용 (金尙容)	인조	선원유고	• 5수 • 오륜을 주제로 하여 읊음
견회요 (遣懷謠)	윤선도 (尹善道)	광해군 10	고산유고	• 5수 • 작자가 32세 때 이이첨 사건으로 경원에 유배되었을 때 지음
우후요 (雨後謠)	윤선도 (尹善道)	광해군 10	고산유고	• 1수 • 이이첨 사건으로 경원유배 때 쓴 시조
산중신곡 (山中新曲)	윤선도 (尹善道)	인조 20	고산유고	• 18수 • 산중신곡은 일종의 시조모음집에 해당 • 만흥 6, 조무요 1, 하우요 2, 일모요 1, 야심요 1, 기세탄 1, 오우가 6수가 실려있다. [오우(五友) : 물(水), 돌(石), 솔(松), 대(竹), 달(月)]
산중속신곡 (山中續新曲)	윤선도 (尹善道)	효종 2	금쇄동집고	• 2수 • 추야조 1수, 춘효음 1수
어부사시사 (漁父四時詞)	윤선도 (尹善道)	효종 3	고산유고	• 40수 • 춘사, 하사, 추사, 동사 각 10수씩
몽천요 (夢天謠)	윤선도 (尹善道)	효종 6	고산유고	• 3수 • 정치적 여건으로 노환을 핑계 삼아 경기도 양주 고산에 가 정양하고 있을 때 지음
영매가 (詠梅歌)	안민영 (安玟英)		가곡원류	• 8수 • 작자의 스승인 박효관이 가꾼 매화를 보고 지은 것이라 함 • 매화사(梅花詞)라고도 함

🔹 고려 때의 「어부가」(작자 미상) → 중종 때의 「어부사」(이현보 개작) → 효종 때의 「어부사시사」('지국총 지국총'이라는 이두표기가 있음)

07. 시조 작품의 관련성 이해(텍스트 상호성)

관련 내용 큰 과제	세부 내용	관련 작품 번호
소재·제재 1	봄밤의 애상	고려 1 (이조년), 봄은 간다(김억)
	탄로(嘆老)	고려 2 (우탁), 고려 3 (우탁), 춘향전 예문 '백발가'
	가마귀	고려 6 (정몽주 모친), 5 (이직), 9 (박팽년), 후기 26 (박팽년), 사설 21 (미상)
	고려 / 조선 건국	1 (길재), 2 (원천석), 3 (원천석) 4 (정도전), 5 (이직), 상대별곡 5 장
	4계절	14 강호사시가(맹사성), 후기 1 (어부사시사, 윤선도), 후기 14 (이휘일), 가사 – 면앙정가, 성산별곡, 사미인곡 등
	어부가	16 (어부가, 이현보), 후기 1 (어부사시사, 윤선도)
소재·제재 2 (자연)	자연 – 흥취, 생활	19 (황희), 23 (정철), 사설 1 (정철)
	자연 – 연정	22 (서경덕, 357) – 후기 3 (만흥 3, 윤선도)
	자연 – 무릉도원	24 (조식), 32 (이황), 33 이이(고산구곡가 3)
	자연 – 학문	31 (도산십이곡, 이황), 33 (고산구곡가, 이이)
	자연, 유배, 연군	25 (서익), 후기 4 (윤선도), 후기 8 (신흠)
	자연 – 농사, 생활	20 (김광필), 30 (훈민가, 정철), 후기 14 (이휘일), 후기 19 (위백규), 사설 11 (미상)
	자연 – 향락	44 (황진이)
소재·제재 3	계몽	30 (훈민가, 정철), 가사 농가월령가
	님 – 미인(왕)	31 (도산십이곡, 이황), 가사 사미인곡, 속미인곡
	전란	후기 10 (김덕령) / 후기 11 (김상헌), 후기 12 (이정환), 후기 13 (봉림대군)
	연군, 원망	후기 4 (견회요, 윤선도), 후기 16 (송시열), 정석가, 원가
	연정(남성 작가)	22 (서경덕), 36 (이명한), 후기 27 (박효관)
	세상사 비판, 한탄	후기 9 (신흠), 후기 17 (권섭), 후기 34 (미상), 후기 35 (장만), 사설 14 (미상), 사설 15(미상), 사설 22 (미상)
	시름, 억울함 호소	사설 9 (미상), 사설 12 (미상), 사설 13 (미상)
단종 관련	사육신	7 (성삼문), 8 (성삼문), 9 (박팽년), 10 (이개), 38 (유응부)
	생육신	11 (왕방연), 12 (원호)
작자 – 화자	사대부 – 여성	고려 5 (정몽주), 10 (이개), 11 (왕방연), 가사 작품
작자	왕	13 (성종), 9 (선조)
	기녀	41 ~ 47
	가객	후기 20 ~ 후기 30, 사설 2 (김수장), 사설 3 (김수장)
시적 역설		27 (김구), 36 (이명한), 42 (황진이), 후기 27 (박효관), 사설 16 (미상), 정석가, 청산별곡 7
화답(대화)		고려 4 (이방원) – 고려 5 (정몽주) / 22 (서경덕) – 45 (황진이) / 40 (임제) – 41 (한우) / 7 (성삼문) – 후기 18 (주의식)
내용 연관		사설 14 (미상), 사설 15 (미상) 사설 16 (미상), 사설 17 (미상), 사설 19 (미상) 사설 7 (미상), 사설 18 (미상)

제2절 시조 작품 감상 (1) 고려 후기

작품 1 › 梨花(이화)에 月白(월백)ᄒ고

梨花(이화)에 月白(월백)ᄒ고 銀漢(은한)이 三更(삼경)인 제
一枝春心(일지춘심)을 子規(자규) ㅣ야 아랴마ᄂᆞᆫ
多情(다정)도 病(병)인 냥ᄒ야 줌 못 드러 ᄒ노라

핵심정리

- 작자 이조년(李兆年)
- 갈래 평시조
- 성격 애상적, 서정적, 다정가(多情歌)
- 제재 봄밤의 정취
- 주제 봄밤의 애상적 정감, 봄밤의 정한(情恨)
- 특징 상징법, 의인법과 시각적, 청각적 심상을 활용하여 주제를 표현

이해와 감상

| 해설 |

고독과 애상의 정서를 시각적으로, 한의 정서를 청각적으로 형상화한 작품으로, 고려 시조 가운데에서 가장 뛰어난 표현 기법과 서정적인 문학으로 평가된다. 정치를 비판하다가 권력에서 밀려나 고향에 은거하며 살아간 이조년이 충혜왕의 잘못을 걱정한 심정을 하소연한 것으로 해석되기도 하는 작품이다.

| 감상 |

의인법과 직유법이 표현으로 '배꽃과 달빛', '소쩍새'의 이미지를 통하여 봄밤의 애상과 우수에 잠겨 잠을 이루지 못하는 작자의 심정이 잘 나타나 있다.

한 가닥 지향할 수 없는 애상적인 봄밤의 정서는 '이화·월백·은한' 등의 백색 언어와 자규(소쩍새)에 연결되어 작자의 충정이 청빈, 고독함을 나타내면서 모든 시상이 춘심(春心)에 집중되고 있다. 이 시조는 고려의 시조 중에서 문학성이 가장 뛰어난 작품이다.

작품 2 　春山(춘산)에 눈 녹인 바룸

春山(춘산)에 눈 녹인 바룸 건 듯 불고 간 듸 업다
져근 덧 비러다가 마리 우희 불니고져,
귀 밋틱 히 묵은 서리를 녹여 볼가 ᄒ노라

핵심정리

- **작자** 우탁(禹倬)
  자는 천장(天章), 역동(易東). 원종 ~ 충혜왕 때의 학자
- **갈래** 평시조
- **성격** 탄로가(嘆老歌), 달관적
- **표현** 상징(환유)
- **제재** 봄바람, 흰머리
- **주제** 늙음에 대한 탄식
- **특징** ① 은유법과 도치법을 사용하여 시적 화자의 정서를 형상화함
  ② 색채 이미지를 활용하여 참신한 비유를 함

이해와 감상

| 감상 |

봄이 찾아든 동산에 남아있는 눈 사이로 새싹들을 움돋게 한 바람을 빌려와, 자신의 귀밑에서 허옇게 센 머리카락을 다시 젊게 하고 싶다는 표현이 참으로 신선한 이미지를 준다. 푸르러 가는 산 위에 있는 몇 점의 흰 눈들을 보고, 자신의 검은머리 아래로 바래져가는 흰 머리카락을 연상했다는 점에서 시적 감각이 돋보인다. 종장의 '해묵은 서리'는 작자 자신의 하얀 백발을 뜻하며, 그 하얀 빛을 녹여 볼까 한다는 것은 개성 있는 문학적 표현이다.

'늙음'과 함께 인생무상을 한탄하는 시조들이 많지만, 여유 있는 마음으로 남은 인생을 밝게 살아 보려는 의욕적인 내용으로, 건강하고 긍정적인 작가의 정신이 들어 있다. 흔히 고려 속요에서 볼 수 있는 감상적·애상적 정조에 비해, 허무의식을 극복하고자 하는 긍정적 자세가 엿보인다.

춘산	눈, 서리
• 젊음, 청춘 상징 • 눈이 녹고 새순이 돋아난 산	• 늙음 상징 • 귀 밑의 흰 머리

작품 3 〉〉 흔 손에 막뒤 잡고

흔 손에 막뒤 잡고 또 흔 손에 가싀 쥐고,
늙는 길 가싀로 막고 오는 白髮(백발) 막뒤로 치려터니,
白髮(백발)이 제 몬져 알고 즈럼길노 오더라.

핵심정리

- ▶ **작자** 우탁(禹倬, 1263 ~ 1343)
  자는 천장(天章), 역동(易東). 원종 ~ 충혜왕 때의 학자
- ▶ **갈래** 평시조, 단시조
- ▶ **연대** 고려 말
- ▶ **구성** 초장(막대와 가시를 잡음), 중장(백발을 막으려 함), 종장(백발을 막지 못함)
- ▶ **성격** 탄로가(嘆老歌), 해학적
- ▶ **표현** 대구법, 대조법, 과장법 등 다양한 수사법을 활용함
- ▶ **주제** 늙음을 탄식함

이해와 감상

| 감상 |

「탄로가(嘆老歌)」 2 수 가운데 한 수이다. '늙음' 이라는 추상적인 인생길을 구체적이고 시각적인 길로 전환시키고, 세월의 흐름을 가시와 막대기로 막으려는 발상이 재미있다.

인간의 힘으로도 어쩔 수 없는 것이 '늙어감'과 '죽음'일 것이다. 그래서 예로부터 많은 사람들은 불로초(不老草)를 찾아 심산유곡(深山幽谷)을 헤매지 않았던가. 탄로가(嘆老歌)에 속하는 이 작품은 이와 같은 '늙어감'을, 나아가 인생무상을 달관한 경지를 엿볼 수 있게 하는 작품으로, 시적 표현이 매우 참신하며 감각적이다.

세월(늙은 길)과 늙음(백발)을 구상화(具象化)한 공감감적(共感覺的) 이미지를 통해 늙음의 안타까운 심정이 간결하고도 선명하게 표현되었다.

늙는 길	세월(추상적) → 길(구체적)	가시로 막음	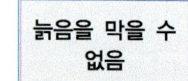 늙음을 막을 수 없음
오는 백발	늙음(추상적) → 백발(구체적)	막대로 침	

작품 4 ▶ 하여가(何如歌)

이런들 엇더ᄒ며 져런들 엇더ᄒ료.
萬壽山(만수산) 드렁츩이 얼거진들 엇더ᄒ리.
우리도 이ᄀ치 얼거져 百年(백년)ᄭ지 누리리라.

핵심정리

- **작자** 이방원(李芳遠, 1367 ~ 1422)
  이성계 휘하에서 신진 정객들을 포섭하고, 구세력의 제거에 큰 역할을 함. 1400년(정종 2) 제 2 차 왕자의 난 이후 조선 제 3 대 왕으로 즉위하였고, 관제 개혁을 통하여 왕권 강화를 도모함
- **갈래** 단시조, 평시조
- **성격** 우회적, 회유적, 설득적
- **표현** 설의, 반복, 직유, 상징법을 사용하여 주제를 표현함
- **주제** ① 유연한 삶에 대한 회유
  ② 정적(政敵)에 대한 회유
- **특징** 현실에 대한 영합을 권유하고자 하는 자신의 의도를, 직설적인 말로 내비치지 않고 칡덩굴에 비유하여 우회적으로 표출함

이해와 감상

| 감상 |

이방원이 고려의 충신 정몽주의 속셈을 떠보고, 그를 회유하기 위해 지었다고 전해진다. 정치적 복선을 깔고 있으면서도 아주 부드러운 어조를 바탕으로 우회적으로 설득하고 있다. 즉, 직설적인 말은 내비치지도 않고 비유를 동원해가며 상대방에게 시세에 영합하라고 은근하게 회유하는 것이다. 이 시조에 대해 정몽주는 「단심가」로 응답하였다.

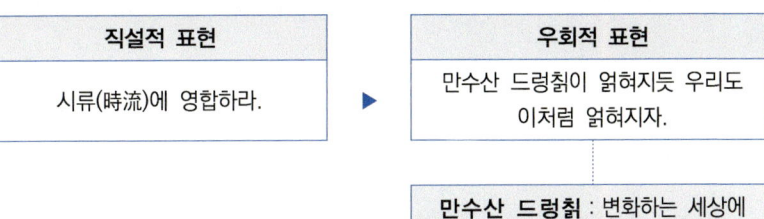

작품 5 ▶ 단심가(丹心歌)

이 몸이 주거주거 일백번(一白番) 고쳐 주거
백골(白骨)이 진토(塵土)되어 넉시라도 잇고 업고
님 향(向)한 일편단심(一片丹心)이야 가실 줄이 이시랴

핵심정리

- **작자** 정몽주(鄭夢周, 1337~1392)
  고려 말기의 문신·학자. 호는 포은. 1392년 이성계 일파를 제거하려 했으나 방원의 기지로 실패했으며, 이어 정세를 엿보려고 이성계를 찾아보고 귀가하던 도중 선죽교에서 방원의 부하 조영규 등에게 격살되었음. 문집에 『포은집』이 있음

- **갈래** 단시조, 평시조
- **성격** 화답가, 의지적, 직설적
- **표현** 반복·점층·설의법으로 자신의 굳은 의지(변함없는 충성심)를 강조
- **주제** 고려에 대한 충성심

이해와 감상

|감상|

　고려 말 혁명을 일으키려는 계획을 세우고 있던 이방원이 정몽주의 속셈을 떠보려고 「하여가」를 불러 회유하자, 이에 대답해 불렀던 시조이다. 「하여가」가 암시적인 표현을 사용한 데 비해, 직설적인 표현을 사용하여 충절을 강조하고 단호한 의지를 드러내고 있다.

　초장에서는 '죽음'이라는 극단적인 언어로 반복법과 점층법을 썼고, 이어 중장에서는 점층법이 극에 다다랐으며, 종장 앞부분에서 '님 향한 일편단심'으로 주제를 분명하게 제시한 후, 종장 뒷부분에서 설의법으로 화자의 변함없는 충성심을 비장하게 다짐하고 있다.

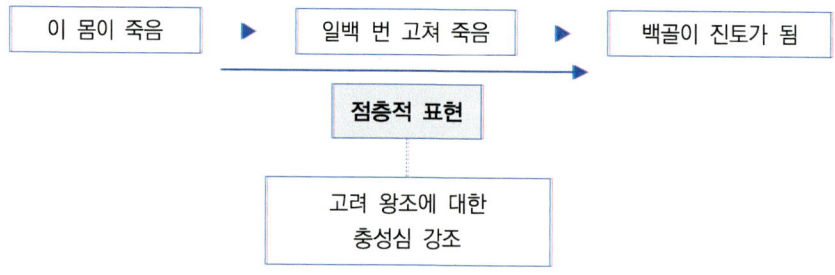

기출문제

1. 다음을 읽고, 시조의 창작 맥락과 관련하여 〈작성 방법〉에 따라 서술하시오. [4점] 　　2023년 A 10번

(가)
　태종[이방원]이 연회를 열고 정몽주를 이르게 하였다. 술판이 거나해지자 태종이 술병을 들고 세속의 노래 1수를 지어 회유하며 노래하였다.

　이런들 어떠하며 저런들 어떠하리
　㉠ 만수산(萬壽山) 드렁칡이 얽어진들 어떠하리
　우리도 이같이 얽어져 백년까지 누리리라

　　　　　　　　　　　　　　　　　　　　 - 『순오지』 -

(나)
　고려 조정을 장차 혁파하려 할 적에 태종[이방원]이 재상들을 맞이하여 술잔을 기울이며 스스로 노래를 불러 제공(諸公)의 뜻을 시험하였다. 그 노래는 다음과 같다.

　이런들 어떠하며 저런들 어떠하리
　㉡ 성황당 뒷담장이 무너진들 어떠하리
　우리도 이같이 하여 죽지 않음 어떠리

　그러자 정몽주가 다음과 같이 노래하였다.

　이 몸이 죽고 죽어 일백 번 고쳐 죽어
　백골이 진토 되어 넋이라도 있고 없고
　임 향한 일편단심이야 가실 줄이 있으랴

　변안열(邊安烈)이 정몽주에 이어 다음과 같이 노래하였다.

[A]
　┌ 내 가슴에 말[斗]만한 구멍 뚫고
　│ 길고 긴 새끼줄 꿰어
　│ 앞뒤로 끌고 당겨 갈고 쓸지라도
　│ 네가 하는 대로 내 마다치 않겠으나
　│ 내 임 빼앗고자 한다면
　└ 이런 일엔 내 굽히지 않으리라

　　　　　　　　　　　　　 - 『대은선생실기』 -

(다)
　가슴에 구멍을 둥시렇게 뚫고 왼새끼를 눈 길게 너슷너슷 꼬아
　그 구멍에 그 새끼 넣고 두 놈이 두 끝 마주 잡아 이리로 훌근 저리로 훌적 훌근훌적 할 적에는 나남즉 남대되 그는 아모쪼록 견디려니와
　아마도 님 외오 살라 하면 그는 그리 못하리라

　　　　　　　　　　　　　　　　　　　 - 『청구영언』(진본) -

〈작성 방법〉

- 창작 맥락을 고려할 때 밑줄 친 ㉠, ㉡에 함축된 의미를 비교하여 설명할 것.
- [A]와 (다)의 주제를 순서대로 제시할 것.

채점기준

- 1점 – 창작 맥락이 아래와 같이 맞으면 : 1점
- 1점 – ㉠, ㉡의 함축된 의미 차이(비교)가 맞으면 : 1점
    (혹은 ㉠, ㉡의 의미 차이가 맞으면 : 각각 1점)
- 2점 – [A]와 (다)의 주제가 각각 맞으면 : 각각 1점

예상 답안

주의 위의 문제 ㉠, ㉡에 함축된 의미 '비교'에서 '비교'는 '차이'를 의미하는 것으로 볼 수 있음

창작 맥락은 ㉠, ㉡ 모두 이방원(태종) 충신인 정몽주를 회유하여 함께 하자는 것인데, ㉠은 조선의 미래의 밝고 긍정적인 이미지를 제시하여 함께 화합하자는 의미이고, ㉡은 고려를 어둡고 부정적인 이미지로 제시하여 함께 혁파하자는 의미이다.

([A]와 (다)는 모두 인간이 견딜 수 없는 극한 상황은 견딜 수 있지만,) [A]는 고려(왕)와 결코 이별할 수 없다는 충신의 굳은 의지가 주제이고, (다)는 님(연인)과 이별할 수 없어 늘 함께 사랑하며 살고 싶은 여인(연인)의 의지가 주제이다.

작품 6 〉〉 가마귀 싸호는 골에

가마귀 싸호는 골에 白鷺(백로)] 야 가지 마라.
셩낸 가마귀 흰빗츨 새오나니,
淸江(청강)에 잇것 시슨 몸을 더러일가 ᄒ노라.

핵심정리

▷ **작자** 정몽주의 어머니 혹은 김정구
▷ **갈래** 평시조, 단시조, 정형시
▷ **성격** 교훈적, 경세적(警世的), 경계적, 우의적
▷ **표현** 자연물에 의탁하여 우의적으로 표현함. 풍유
▷ **주제** ① 나쁜 무리와 어울리는 것을 경계함
　　　　② 군자로서 절의(節義)를 지키려 함

이해와 감상

| 감상 |

　포은 정몽주가 이성계를 문병 가던 날(저녁 무렵), 팔순이 가까운 그의 노모(老母)가 간밤의 꿈이 흉하니 가지 말라고 문 밖까지 따라 나와 아들을 말리면서 이 노래를 불렀다 한다. 정몽주는 결국 어머니의 말씀을 듣지 않고 갔다가, 돌아오는 길에 선죽교(善竹橋)에서 이방원이 보낸 자객 조영규에게 피살되고 말았다. 시대가 바뀌는 과정에서 새로운 지배 세력과 변절자들 사이에서 아들과 같은 곧은 지조와 의리를 갖춘 사람이 자칫 시류에 휩쓸리지 않을까 염려하는 내용이다.
　정몽주의 노모가 타계한 후 선죽교 옆에 그 노모의 비석을 세웠는데, 기이하게도 그 비석은 언제나 물기에 젖어 있었다고 한다. 그래서 아들의 횡사를 서러워하는 어머니의 눈물이 마를 날이 없기 때문이라는 전설이 전해 오고 있다. 여기에서 '백로'는 '정몽주'를 '가마귀'는 '이성계 일파'를 뜻한다.
　이 작품의 시적 화자는 당시 여성상을 반영하듯, 소극적인 자세로 아들의 신변을 염려하고 있다.

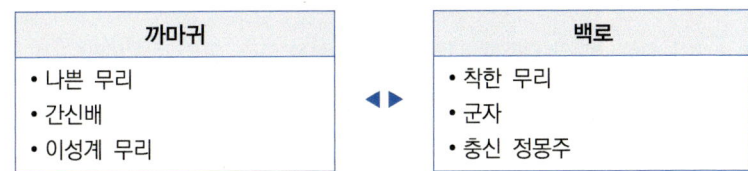

　이희령(李希齡)의 『약파만록(藥坡漫錄)』에 이와 비슷한 한역이 있어서 이 시조를 연산군 때, 김정구가 당쟁을 비웃으며 지었다고 보기도 한다.

기출문제

※ 다음 글을 읽고 물음에 답하시오. [총 8점]

(가)
가마귀 검다 ᄒ고 白鷺ㅣ야 웃지 마라
겻치 거믄들 속조차 거믈소냐
아마도 것 희고 속 검을슨 너쑨인가 ᄒ노라

- 『진본 청구영언』

(나)
가마귀 싸호는 골에 白鷺ㅣ야 가지 마라
셩낸 가마귀 흰빗츨 새올셰라
淸江에 잇것 시슨 몸을 더러일가 ᄒ노라

- 『진본 청구영언』

(다) 지문 생략

- 박지원(朴趾源), 「예덕선생전(穢德先生傳)」에서

1. (가)와 (나)의 화자가 사상(事象)을 인식하는 태도를 비교하여, 그 차이점과 공통점을 서술하시오. [2점]

2005년 기출 27번

예상 답안

(1) 차이점
  (가) 겉은 희고 속은 검은 백로의 이중성 비판 (가마귀의 본성 긍정, 위선·가식 비판)
  (나) 겉이 흰 백로의 외형 긍정 (가마귀의 외형 부정, 고고한 삶의 자세 유지)

(2) 공통점
  ① 빛깔과 본성을 관련시킴 (외형과 속성의 관련성 인식)
  ② 동물의 속성을 통해 인간적 가치 지향
  ③ 삶의 자세에 대한 성찰
  ④ 사물을 대조적으로 인식하고 있음

작품 7 白雪(백설)이 ᄌᆞ자진 골에

白雪(백설)이 ᄌᆞ자진 골에 구루미 머흐레라.
반가온 梅花(매화)는 어ᄂᆡ 곳에 픠엿ᄂᆞᆫ고.
夕陽(석양)에 홀로 셔 이셔 갈 곳 몰라 ᄒᆞ노라.

핵심정리

- 작자 이색(李穡)
- 갈래 평시조, 단시조, 정형시
- 성격 우의적, 우국적, 비유적, 풍자적
- 제재 백설, 구름, 매화, 석양
- 주제 고려의 국운 쇠퇴에 대한 한탄과 우국 충정
- 특징 고려의 충신으로 나라를 걱정하는 마음을 상징적으로 드러냄

이해와 감상

| 감상 |

이 작품은 고려 유신인 이색이 기울어져 가는 나라를 바라보며 안타까워하는 모습과 우국충정(憂國衷情)의 마음이 한 폭의 그림처럼 그려지고 있는 시조이다. 고려 후기의 문신이자 학자인 이색은 흰 눈처럼 눈부시게 발전하던 고려 왕조를 몰락시키려는 '먹구름'이 드리워져, 어서 빨리 국운의 회복을 알리는 반가운 매화꽃 같은 소식이 있기를 고대하고 있다. '백설'은 고려의 유신, '구름'은 신흥 세력인 이성계 일파, '매화'는 우국지사, '석양'은 쓰러져가는 고려의 운명을 우의적으로 표현한 것이다. 이를 통해 역사적 전환기에 고뇌하는 지식인의 모습을 엿볼 수 있다.

1 시어의 원형적 이미지

원형적 이미지란 어느 한 시대의 개인이나 민족 구성원의 차원을 넘어서 고대로부터 현대까지 이어지며 되풀이되는 인류의 보편적 이미지(심상)을 뜻한다.

시어	속성	의미
구름	무상, 허황	새로운 세계를 건설하려는 신흥 세력을 비꼬는 표현
매화	지조, 충성	기울어져 가는 고려에 충절을 다하는 우국지사를 표현

2 표현상의 특징 및 문학사적 의의

자연물을 통해 화자의 심정을 우의적으로 드러냈으며, 대조적인 소재(구름-매화)를 사용해 주제를 형상화하고 있다. 국운이 날로 쇠퇴해가는 고려의 현실을 한탄하는 작품으로 역사적 전환기에 직면한 지식인의 고뇌를 잘 표현하고 있다는 점이 문학사적 의의이다.

작품 8 ▶▶ 구룸이 無心(무심)툰 말이

구룸이 無心(무심)툰 말이 아마도 虛浪(허랑)ᄒ다.
中天(중천)에 써 이셔 任意(임의)로 ᄃ니면셔
구틱야 光明(광명)흔 날빗츨 짜라가며 덥ᄂ니.

핵심정리

- ▷ **작자** 이존오(李存吾)
- ▷ **갈래** 평시조, 단시조, 정형시
- ▷ **성격** 풍자적, 우의적, 비판적, 우국적
- ▷ **제재** 구름(간신 신돈)
- ▷ **주제** 간신 신돈의 횡포 풍자
- ▷ **특징** 우의적 표현이 돋보이며, 간신을 '구름'에, 왕의 총명을 '날빛'에 비유함

이해와 감상

| 해설 |

이 작품은 고려 말 승려 신돈이 공민왕의 총애에 힘입어 진평후라는 관직을 받고서 나라를 어지럽게 하는 것에 통탄하여 이를 풍자한 시조이다. 작가인 이존오는 신돈의 횡포를 보고 이를 탄핵하다가 왕의 노여움을 사게 되어 좌천되었고 고향인 공주에 내려가 은둔 생활을 하던 중 울분 속에서 지내다 울화병으로 사망했다. 이존오가 죽은 지 석 달 만에 신돈이 주살(誅殺 : 죄를 물어 죽임)되자 왕은 이존오의 충성심을 기려 대사성으로 추증(追贈 : 나라에 공로가 있는 벼슬아치가 죽은 뒤에 품계를 높여 주던 일)을 하였다.

| 감상 |

초장의 '구름'은 간신 신돈을 가리키며, 궁궐 안에서 멋대로 정사(政事)에 참견하며 돌아다니는 모습을 중장에서 표현하였다. 마지막 종장의 '광명'은 임금의 은혜로운 덕(德)과 총명한 기운을 비유한 것이고, 이 빛을 일부러 따라다니며 백성과 신하들에게 미치지 못하게 하려는 신돈의 횡포를 개탄하고 있다.

> **참고** 회고와 충절
>
> 고려 말에서 조선 초기에 이르는 기간은 정치적인 격변기였다. 고려 왕조가 망하고 새롭게 조선이 건국됨에 따라 '군신유의(君臣有義)'라는 유학자, 선비들의 덕목이 흔들릴 수밖에 없었다. 따라서 이 시기의 갈등이 시인들의 작품에 투영되었는데 크게 옛 왕조에 대한 회고의 정과 변함없는 충절을 표현한 것과 새로운 왕조에 대한 애국, 충절을 표현한 것으로 나눌 수 있다.

제3절 시조 작품 감상 (2) 조선 전기

작품 1 ▶ 五百年(오백년) 都邑地(도읍지)를

五百年(오백년) 都邑地(도읍지)를 匹馬(필마)로 도라드니,
山川(산천)은 依舊(의구)ᄒ되 人傑(인걸)은 간 듸 업다.
어즈버 太平烟月(태평연월)이 쑴이런가 ᄒ노라.

핵심정리

▷ **작자** 길재(吉再)
▷ **성격** 회고가, 감상적, 비유적
▷ **주제** 망국의 한과 인생무상
▷ **특징** 대조법, 영탄법, 비유적 표현을 사용하여 고려 왕조에 대한 회고의 정과 인생무상을 노래함

이해와 감상

| 감상 |
  초야에서 은둔하다가 한 필의 말에 외로운 자신을 의지하고 옛 도읍지를 돌아보니, 변함없는 산천초목과 달리 절개를 끝까지 지키지 못한 사람들에게 씁쓸한 인생무상만을 느끼게 된다.
  초장에서는 고려의 옛 서울에서 필부의 신분으로 돌아온 화자의 모습이 나타나고 중장에서는 무상한 인간사와 유구한 자연을 대조시켜 문학적 효과를 높였으며, 종장에서는 회고의 정으로 망국에 대한 허무감을 집약시키고 있다.
  고려 유신의 회고가로, 당대의 시대상에 대한 작자의 감정이 잘 표현되어 있다.

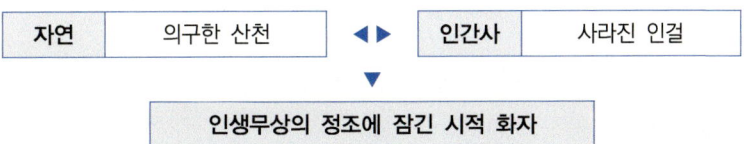

작품 2 — 興亡(흥망)이 有數(유수)ᄒᆞ니

興亡(흥망)이 有數(유수)ᄒᆞ니 滿月臺(만월대)도 秋草(추초) ㅣ로다.
五百年(오백 년) 王業(왕업)이 牧笛(목적)에 부쳐시니,
夕陽(석양)에 지나는 客(객)이 눈물계워 ᄒᆞ드라.

핵심정리

- **작자** 원천석(元天錫)
- **성격** 회고적, 비유적, 감상적
- **주제** 고려 왕조의 회고와 무상감
- **특징** ① 시각과 청각의 이미지로 인생무상의 정서를 표현
  ② 비유와 중의적 수법을 통해 주제를 형상화함

이해와 감상

| 감상 |

　이미 패망한 고려 왕조를 회상하며, 지조를 간직한 마음으로 옛 궁궐터를 찾아 읊은 회고가(懷古歌)로 고려의 멸망에서 느끼는 무상감이 탄식하는 어조로 잘 표현되어 있다. 초장과 중장의 '추초(秋草)'와 '목적(牧笛)'은 흥망성쇠의 무상함을 시각적, 청각적으로 상징한 시어이다. 그리고 종장에서는 자신을 '객(客)'으로 표현하여 주관적 정서를 객관화시켜 드러내고 있다. 추초(秋草)와 석양이 전체의 시적 정서를 대표한다.

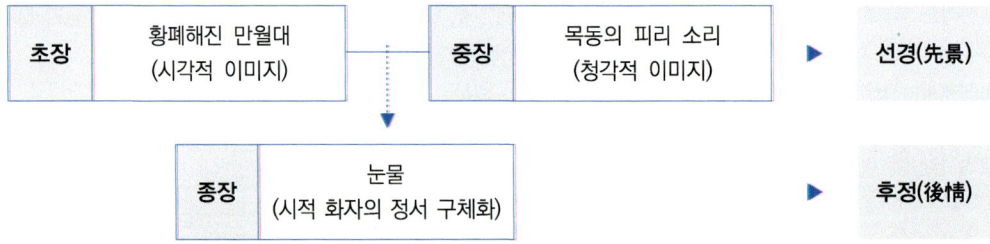

작품 3 　 눈 마주 휘어진 디를

눈 마주 휘어진 디를 뉘라셔 굽다턴고,
구블 節(절)이면 눈 속에 프를소냐.
아마도 歲寒高節(세한고절)은 너뿐인가 ᄒᆞ노라.

핵심정리

▷ 작자 　원천석(元天錫)
▷ 갈래 　시조, 서정시
▷ 성격 　절의적, 의지적, 회고적
▷ 제재 　대나무
▷ 주제 　고려 왕조에 대한 굳은 지조
▷ 특징 　① 상징법, 설의법, 의인법을 통해 작자의 굳은 의지를 표현함
　　　　② 색채의 대비를 보임

이해와 감상

| 해설 |

이 작품은 눈 속에서도 푸르름을 잃지 않는 대나무를 통해 두 왕조를 섬길 수 없다는 작가의 굳은 의지를 드러내고 있다. 고려의 유신(遺臣)인 작가는 시류(時流)에 영합하는 무리들의 회유에 동요되지 않고 끝까지 지조를 지키고자 하는 충절을 비유와 상징을 통해 표현하였는데 초장의 '눈 마주 휘어진 디를'에서 '눈'은 새 왕조에 협력을 강요하는 무리를, '휘여진'은 그 속에서 견디는 고충을 의미한다. 중장에서는 이미 대세가 기울어 맞서지는 못하지만 은둔하여 절개를 지키는 유신의 정신이 잘 표현되어 있고, 종장에서는 대나무를 높은 절개는 지닌 존재로 형상화하여 자신과 동일시하고 있다. 즉, 자신도 대나무와 같이 끝까지 절개를 지키겠다는 의지를 드러내고 있는 것이다.

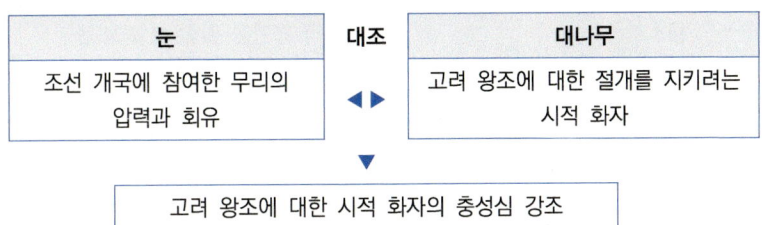

| 감상 |

초장의 '눈'은 고려를 멸망시킨 당시의 시대적인 원인을 나타내며, '휘어진 대'는 몰락한 왕조 아래에서 패기를 잃어버리고 슬픔에 잠긴 작자 자신을 나타낸 것이다. 그러나 그러한 역경 속에서도 끝까지 굽히지 않을 자신의 신념을 종장에서 푸른 대나무에 비유하며 굳게 다짐하고 있다.

두 왕조를 섬길 수 없다는 유학자적인 곧은 충절은 시류에 부동하는 무리들의 핍박에 더욱 고절(高節)을 돋보이게 한다. 이는 바로 '세한연후 지송백지후조(歲寒然後 知松柏之後凋)'와 일맥상통한다.

작품 4 　仙人橋(선인교) 나린 물이

仙人橋(선인교) 나린 물이 紫霞洞(자하동)에 흘너 드러,
半千年(반천 년) 王業(왕업)이 물소릭뿐이로다.
아희야, 故國興亡(고국흥망)을 무러 무솜ᄒ리오.

핵심정리

- 작자　정도전(鄭道傳)
- 성격　회고적, 감상적, 훈계적, 권유적
- 주제　고려 왕조를 회고와 새로운 왕조 건설의 의욕
- 특징　① 청각적 이미지, 영탄법, 설의법을 통해 시적 화자의 감정을 드러냄
　　　② 고려 왕조를 회고하면서도 변화된 현실을 수긍할 것을 은근히 권유함

이해와 감상

|감상|

　고려 왕업의 무상함을 노래한 조선 개국 공신의 회고가로, 망국의 슬픔에 빠져들지 않고 오히려 그것을 잊으려는 태도를 보이고 있다. '선인교', '자하동'이 고려 왕조의 융성했던 시절의 상징이라면 '물소리'는 고려 왕업의 무상함(덧없음)을 상징하는 것이다. 중장에서 '물소리뿐이로다'라고 하여 인지상정(人之常情)의 무상감을 나타내고 있지만, 종장에서 '무러 무솜ᄒ리오'라고 하여 무상감을 극복하려는 개국 공신의 면모를 보여 주고 있다. 시세에 따라야 함을 은근히 드러내어 새 왕조에 비협조적인 고려 유신들을 달래고 탓한 노래이다.

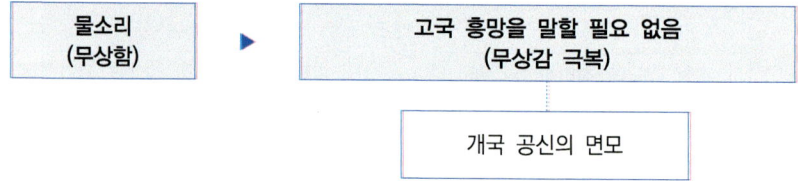

작품 5 》》 가마귀 검다 ᄒᆞ고

가마귀 검다 ᄒᆞ고 白鷺(백로) | 야 웃지 마라.
것치 거믄들 속조차 거믈소냐.
아마도 것 희고 속 검을슨 너ᄲᅮᆫ인가 ᄒᆞ노라.

핵심정리

▷ **작자** 이직(李稷, 1362 ~ 1431)
  고려 말 조선 초의 문신. 고려 때 예문관 제조를 지내고, 조선 개국 후 공신이 되었으며, 태종 때는 영의정을 지냄
▷ **성격** 절의가(節義歌), 풍자적

▷ **표현** 의인법
▷ **주제** ① 소인에 대한 훈계와 스스로의 결백 주장
  ② 조선 왕조에 가담한 자기를 비웃는 자들에 대한 항변(抗辯)
  ③ 표리부동(表裏不同)한 인물에 대한 풍자

이해와 감상

| 감상 |

고려 왕조가 망한 뒤 일부 고려 유신들은 절의를 지키며 새 왕조에 가담하지 않았지만, 한편으로 새 왕조에 가담한 자들도 있었다. 이 작품은 조선 건국의 개국 공신이며 태종 때 영의정을 지낸 이직(李稷)의 작품으로 새 왕조에 가담하여 두 왕조를 섬기게 된 자신의 자기 합리화와 정당성을 노래했다. 그러니까 조선 창업에 동참했던 지은이가 자신의 행위를 옹호하고 정당성을 부여하기 위해 지은 것으로, 여기서 '백로'는 고려 조(高麗祖)의 유신(遺臣)들을 뜻하는데, 자신을 검다 하고 비웃지만 실상 겉이 희고 속이 검은 자들을 비난하고 있다.

작품 6 朔風(삭풍)은 나모 긋희 불고

朔風(삭풍)은 나모 긋희 불고 明月(명월)은 눈 속에 츠듸,
萬里邊城(만리 변성)에 一長劍(일장검) 집고 셔셔,
긴 ᄑᆞ롬 큰 흔 소릭예 거틸 거시 업세라.

핵심정리

- **작자** 김종서(金宗瑞)
- **갈래** 평시조
- **성격** 의지적, 남성적, 우국적
- **제재** 만리변성, 일장검
- **주제** 장부의 호탕한 기개

이해와 감상

| 감상 |

　세종 때 여진족을 몰아내고 육진(六鎭)을 개척한 작가의 호쾌한 기상과 의지가 돋보이는 작품으로 '호기가(豪氣歌)'의 대표작이다. 겨울철 변방의 혹독한 상황이 주는 시련 속에서 굽히지 않는 시적 화자의 의지가 드러나 있다. 차갑고 매운 겨울 북풍이 불고 있는 큰 성(城) 위에서 긴 칼을 차고서 당당하고 위엄 있게 서 있는 장군의 기백이 눈에 보이는 듯 선하다. 마지막 종장에는 긴 휘파람을 불며 큰 뜻을 생각하고 숨을 들이마시는 용맹스런 장군의 기상이 집약되어, 아무것도 거칠게 없는 대장부를 잘 묘사하고 있다.

일장검, 긴 ᄑᆞ롬, 큰 흔 소리	▶	무인의 호쾌한 기상과 의지를 드러냄
직설적 표현		

작품 7 ≫ 首陽山(수양산) 바라보며

首陽山(수양산) 바라보며 夷齊(이제)를 恨(한)ᄒᆞ노라
주려 주글진들 採薇(채미)도 ᄒᆞᄂᆞᆫ것가.
비록애 푸새엣 거신들 긔 뉘 ᄯᅡ헤 낫ᄃᆞ니.

핵심정리

▷ **작자** 성삼문(成三問)
▷ **성격** 지사적, 풍자적, 비판적, 의지적
▷ **주제** 단종을 향한 굳은 절개와 지조
▷ **특징** ① 중의법, 설의법을 통해 일반적 상식을 뒤집어 표현하여 더욱 완벽한 지조를 부각시킴
　　　　② 백이·숙제의 태도를 새로운 시각으로 평가하고 자신의 절의를 강조함

이해와 감상

| 감상 |

　세조의 단종 폐위에 항거한 작가의 의지를 은유적으로 드러낸 작품으로서, 은(殷)나라의 충신 백이(伯夷)·숙제(叔齊)를 자신과 비교하면서 자신의 굳은 의지를 강조하고 있다. 일반적으로 유교 사회에서 백이, 숙제는 절의(節義)를 대표하는 충신이다. 그러나 작가는 그들이 수양산에 들어가 캐어 먹은 고사리 역시 주나라 땅에서 난 것임을 상기시킴으로써 그들의 절의가 부족했음을 비판하고 이를 통해 자신의 절의를 부각시키는 표현 효과를 거두었다.
　초장은 백이와 숙제를 이야기하며 세조의 녹을 받지 않겠다는 작자의 곧은 충의를 나타낸다. '수양산'이 수양대군을 비유한 것이라면, 중장의 '채미'는 수양대군이 내리는 녹을 뜻한다. 단종을 내쫓고 왕위에 오른 세조 아래에서 단종을 향한 자신의 지조와 절개를 굳게 지키겠다는 내용의 '절의가(節義歌)'이다.

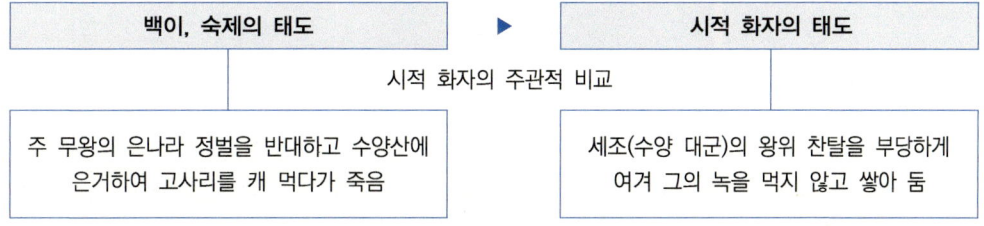

작품 8 이 몸이 주거 가셔

이 몸이 주거 가셔 무어시 될꼬 하니,
蓬萊山(봉래산) 第一峯(제일봉)에 落落長松(낙락장송) 되야 이셔
白雪(백설)이 滿乾坤(만건곤)홀 제 獨也靑靑(독야청청)ᄒᆞ리라.

핵심정리

- **작자** 성삼문(成三問)
- **성격** 절의가, 풍자적, 지사적, 우의적
- **주제** 단종을 향한 곧은 절의(節義)와 지조
- **특징** ① 전통적으로 충절을 상징하는 소나무의 이미지를 활용하여 자신의 지조를 부각시킴
  ② 가정과 상징을 통해 주제를 드러냄

이해와 감상

| 감상 |

　이 시조는 작가가 단종의 복위를 꾀하다가 실패하고 죽임을 당하게 되었을 때, 모진 고문 속에서도 결코 단종에 대한 충절을 버릴 수 없음을 밝힌 작품이다. 이 작품에서는 주로 비유와 상징을 통해 주제를 드러내고 있다. 초장에서는 자신의 죽음을 예견한 듯이, 죽어서 무엇이 될까하고 스스로에게 질문을 던진다. 이에 대해 중장과 종장에서는 온 세상이 '백설'로 가득하더라도, 이에 굴하지 않고 홀로 푸름을 발하는 '소나무'가 되겠다고 답한다. 이는 곧 온 세상이 세조를 섬기더라도 자신만은 선왕(단종)에 대한 충절을 지키겠다는 신념을 나타낸 것이다. 이 시조에서 '백설이 만건곤(하늘과 땅에 가득한 상태)홀 제'란 부당하게 왕위를 찬탈한 세조의 세력이 온 나라를 뒤덮을 때를 말하고, '낙락장송'과 '독야청청'은 지은이의 지조와 신념을 상징한다.

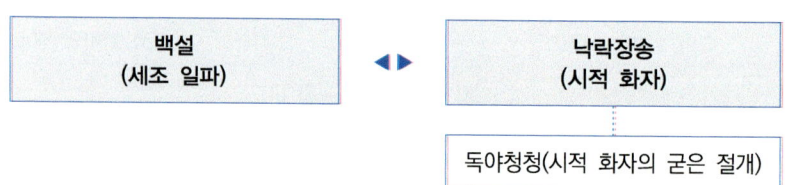

작품 9 — 가마귀 눈비 마즈

가마귀 눈비 마즈 희는 듯 검노민라.
夜光明月(야광명월)이 밤인들 어두오랴.
님 向(향)흔 一片丹心(일편단심)이야 고칠 줄이 이시랴.

핵심정리

- **작자** 박팽년(朴彭年)
  호는 취금헌(醉琴軒), 세종 때 집현전 학자로 사육신(死六臣)의 한 사람임
- **성격** 절의가(節義歌)
- **주제** 임금을 향한 일편단심의 충정

이해와 감상

| 감상 |

사육신의 한 사람인 박팽년이 어린 단종(端宗)을 위한 일편단심의 절의(節義)를 노래한 작품이다. 박팽년은 다른 동지들과 함께 단종의 복위에 뜻을 두고 힘을 썼지만, 같은 동지였던 김질의 밀고로 투옥되었다. 이에 김질이 세조의 명으로 작가를 회유하자 그 답변으로 지은 시조이다. 까마귀가 한때의 눈비를 맞아 희게 되었다고 해도 결국은 다시 제 모습으로 돌아오는 것처럼, 그리고 야광명월의 구슬이 어둔 '밤(역경)'에도 변하지 않는 것처럼, 님(단종)에게로 향하는 자신의 일편단심은 변할 줄을 모른다고 굳은 절개를 표현하고 있다. 세상이 어지러워 충신과 간신의 경계가 불분명하고, 간신이 충신 노릇을 하기도 하나 자신의 충절은 언제나 늘 빛나는 야광주(夜光珠)처럼 한결같다고 하며 단종에 대한 절의를 분명하게 드러낸다.

초장과 중장은 대조적 관계로 연결되었으며, 종장은 주제장으로 볼 수 있다. 즉, 이 시는 초장과 중장에서 '가마귀'와 '야광명월'을 대조시켜 간신과 충신의 이미지를 뚜렷이 한 후, 종장에 자신의 충절을 부각시킨 '절의가(絶義歌)'이다. 야광주가 밤이라 해서 그 빛을 잃을 까닭이 없는 것과 같이 자신의 충절은 변함이 없을 것임을 강조한 것이다.

'가마귀'는 변절한 간신 혹은 정통성이 없는 임금인 세조를 비유한 시어이고, '야광명월'은 역경에도 변함이 없는 충신 혹은 정통성을 갖춘 임금으로서의 단종을 비유한 시어이다.

'가마귀'와 대조적인 시어는 '야광명월'과 '일편단심'으로 연군에 대한 한결같은 충성심을 나타낸다. 시련 속에서도 작자가 깊이 다짐하고 있는 절의(節義)가 돋보이는 시조이다.

가마귀	간신(세조의 왕위 찬탈에 동조하는 세력), 세조
야광명월	지조 있는 신하(단종에 절의를 지키는 세력), 단종

작품 10 》 房(방) 안에 혓는 燭(촉)불

房(방)안에 혓는 燭(촉)불 눌과 離別(이별)ᄒᆞ엿관ᄃᆡ,
것츠로 눈물 디고 속타는 줄 모로ᄂᆞᆫ고.
뎌 燭(촉)불 날과 갓트여 속타는 쥴 모로도다.

방 안에 켜 있는 촛불은 누구의 이별하였기에
겉으로 눈물을 흘리면서 속 타 들어가는 줄 모르는가?
저 촛불도 나와 같아서 (눈물만 흘릴 뿐) 속이 타는 줄을 모르는구나.

핵심정리

▷ **작자** 이개(李塏)
▷ **갈래** 평시조
▷ **성격** 여성적, 애상적, 감상적
▷ **주제** 임(단종)과 이별한 슬픔
▷ **특징** ① 여성적 어조의 완곡한 표현 속에 자신의 절의를 드러냄
② 의인법을 사용하여 시적 화자의 감정을 특정한 대상(촛불)에 이입함

이해와 감상

| 감상 |

수양대군이 계유정난을 일으켜 어린 단종의 왕위를 빼앗고 영월로 유배시킬 때, 작가가 단종과 이별하는 슬픔을 촛불에 비유하여 형상화한 시조로서, 「촉루가(燭淚歌)」라고도 한다.

자신의 심정을 타는 촛불에 비유해 촛농이 떨어지는 것을 '눈물 디고'로, 심지가 타들어가는 것을 '속타는'으로 표현해 작자 자신의 애타는 마음을 은유적으로 묘사하였다. 여성적 어조를 사용하여 단종을 향한 뜨거운 충정과 절의를 완곡하게 드러내고 있었고, 단종의 처지에 대한 깊은 염려를 조용하게 타오르는 촛불을 소재로 하여 작자의 피맺힌 연군의 정이 함축성 있게 표현하였다.

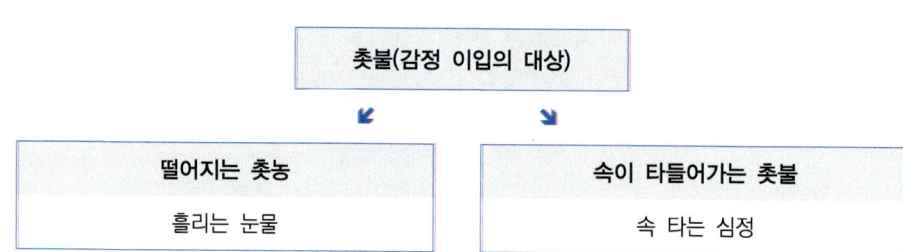

작품 11 千萬里(천만 리) 머나먼 길히

千萬里(천만 리) 머나먼 길히 고은 님 여희옵고,
닉 무음 둘 틱 업셔 냇ᄀ의 안쟈시니,
져 믈도 닉 은 굿ᄒ여 우러 밤길 녜놋다.

천만리 머나먼 길에서 떠나와 고운 님(단종)을 이별하고,
내 마음을 매어 둘 곳이 없어 냇가에 앉아 있으니,
저 냇물도 내 마음 같아서 울며 밤길 흐르는구나.

핵심정리

▷ **작자** 왕방연(王邦衍)
▷ **성격** 애상적, 감상적, 연군가
▷ **주제** 유배된 어린 임금(단종)에 대한 애절한 마음
▷ **특징** ① 단종과 이별하는 슬픔과 단종을 호송한 죄책감을 진솔하게 드러냄
  ② 시냇물이라는 자연물을 인격화하여 시적 화자의 감정을 이입함

이해와 감상

| 감상 |

어린 단종이 폐위되어 강원도 영월로 유배될 때 금부도사로서 호송 책임을 맡았던 작가가 돌아오는 길에 불렀다는 시조이다. 어린 임금을 유배지에 남겨 두고 돌아와야만 했던 안타까움과 죄책감을 흐르는 시냇물에 이입하여 표현하고 있다.
초장에서는 화자의 슬픔의 깊이를 '천만 리'로 수량화했고, 중·종장에서는 시냇가에 앉아 흐르는 물소리를 듣고 그것을 자신과 동일시함으로써 애절한 마음을 드러내고 있다
작자의 '고은 님'은 어린 단종을 가리키며, '물'은 작가의 감정이 이입된 공간적 배경이다. 애달픔과 그리움을 함께 실은 연군의 단장곡(斷腸曲)으로, 사실적인 심정이 비유를 통해 안타까운 현실을 표현하고 있다.

시적 화자		시냇물
슬퍼서 울고 있음	▶ 감정 이입	울면서 밤길을 흘러감

작품 12 〉〉 간밤에 우던 여흘

간밤에 우던 여흘 슬피 우러 지내여다
이제야 생각하니 님이 우러 보내도다.
저 물이 거스리 흐르고져 나도 우러 녜니라.

지난 밤에 울며 흐르던 여울, 슬프게도 울면서 흘러가도다.
이제야 생각하니 (그 슬픈 여울물 소리는) 임이 울어 보내는 소리로다.
저 물이 거슬러 흐르게 하고 싶구나. 나도 울면서 가리라.

핵심정리

- **작자** 원호(元昊)
- **갈래** 평시조
- **성격** 감상적, 연군가, 절의가
- **표현** 의인법, 영탄법, 중의법
- **제재** 여울 물소리
- **주제** 임금을 그리워하는 애절한 마음

이해와 감상

| 감상 |

초장의 '여울의 울음'이 중장에서는 '임의 울음'으로, 다시 종장에서는 '나의 울음'이 되는 점층적 연상법을 사용하고 있다. 중장의 '님'은 곧 어린 단종을 가리키며 그 임금을 바라보는 작자의 애달픈 마음이 '여울'에 투영되어 이 작품 전반에 흐르고 있다. 물을 거꾸로 흐르게 하고 싶다는 종장의 표현은 작자의 슬픔이 자연의 순리에 역행하고 싶을 만큼 깊다는 것을 의미한다.

| 해설 |

지은이가 단종이 유배된 강원도 영월까지 따라가 유배지 가까이에서 석실(石室)을 지어 거처하면서 쓴 시조다. 여울물 소리를 마치 단종이 슬피 우는 소리인 것처럼 애절하게 표현한 연군가(戀君歌)이다. 원호는 단종이 승하한 뒤, 고향에 내려가 두문불출(杜門不出)하며 여생을 보냈다고 한다.

작품 13 ▶ 이시렴 브디 갈싸

이시렴 브디 갈싸 아니 가든 못홀쏜냐
無端(무단)이 슬튼야 눔의 말을 드럿는야
그려도 하 애도래라, 가는 뜻을 닐러라

있으려무나, 부디(꼭) 가야겠느냐, 아니 가진 못하겠느냐
괜히 싫더냐, 남의 말을 들었느냐
그래도 정말 애타는구나, 가는 뜻을 말해보아라

핵심정리

▷ **작자** 성종(成宗, 1457-1494) 조선 제 9대 임금. 행정 개혁과 문화 진흥의 공적이 큼
▷ **갈래** 평시조
▷ **성격** 회유적(懷柔的). 유교적. 군신유의(君臣有義)
▷ **표현** 문답법(
▷ **제재** 신하의 사임(辭任)
▷ **주제** 신하를 떠나 보내는 임금의 애달픈 마음

이해와 감상

| 감상 |

조선 성종 때 유호인(兪好仁)이라는 신하가 고향에 계신 늙은 어머니를 봉양하기 위해 벼슬을 사임하고 내려가게 되자, 임금(성종)이 여러 번 만류하다가 할 수 없이 친히 주연을 베풀어 술을 권하면서 읊은 작품이다. 작품 전체의 내용이 직설적으로 표현되어 있는 노래로, 임금이 지켜야 할 여러 가지 법도에서 벗어나 인간적인 인정미가 넘치는 작품이다. 중·종장에 이르러서 그 귀향의 연유를 확실하게 알고자 하는 작자의 간곡함이 나타나 있다. 짧은 노래 안에 군신간의 끈끈한 애정이 담겨져 있음을 알 수 있다.

작품 14 〉〉 강호사시가(江湖四時歌)

[春詞(춘사)]
江湖(강호)에 봄이 드니 미친 興(흥)이 절로 난다.
濁醪溪邊(탁료계변)에 錦鱗魚(금린어)ㅣ 안주로다.
이 몸이 閒暇(한가)히옴도 亦君恩(역군은)이샷다.

[夏詞(하사)]
江湖(강호)에 녀름이 드니 草堂(초당)에 일이 업다.
有信(유신)훈 江波(강파)는 보내느니 브람이로다.
이 몸이 서늘히옴도 亦君恩(역군은)이샷다.

[秋詞(추사)]
江湖(강호)에 ᄀ올이 드니 고기마다 솔져 잇다.
小艇(소정)에 그믈 시러 흘리 띄여 더뎌 두고,
이 몸이 消日(소일)히옴도 亦君恩(역군은)이샷다.

[冬詞(동사)]
江湖(강호)에 겨월이 드니 눈 기픠 자히 남다.
삿갓 빗기 쓰고 누역으로 오슬 삼아,
이 몸이 칩지 아니히옴도 亦君恩(역군은)이샷다.

강호에 봄이 찾아드니 참을 수 없는 흥겨움이 절로 솟구친다. / 탁주를 마시며 노는 시냇가에 싱싱한 물고기가 안주로 제격이로구나. / 이 몸이 이렇듯 한가롭게 지냄도 역시 임금의 은혜로구나.
강호에 여름이 닥치니 초당에 있는 이 몸이 할 일이 별로 없다. / 신의 있는 강 물결은 보내는 것이 시원한 강 바람이다. / 이 몸이 이렇게 서늘하게 지냄도 역시 임금의 은혜로구나
강호에 가을이 찾아드니 물고기마다 살이 올랐다. / 작은 배에 그물을 싣고서, 물결 따라 흘러가 배를 띄워 버려 두니, / 이 몸이 이렇듯 고기잡이로 세월을 보내는 것도 역시 임금의 은혜로구나
강호에 겨울이 닥치니 쌓인 눈의 깊이가 한 자가 넘는다. / 삿갓을 비스듬히 쓰고 도롱이를 둘러 입어 덧옷을 삼으니, / 이 몸이 이렇듯 추위를 모르고 지내는 것도 역시 임금의 은혜로구나.

핵심정리

▸ 작자 맹사성(孟思誠)
▸ 성격 풍류적, 낭만적
▸ 제재 강호에서의 사계절
▸ 주제 강호에서 자연을 즐기며 임금의 은혜에 감사해 함
▸ 특징 ① 자연예찬, 유교적 충의
② 계절별로 한 수씩 노래, 각 수 마다 공통된 표현이 있음
▸ 표현 ① 반복법, 열거법, 의인법을 구사
② 각 연마다 초장과 종장의 형식을 통일하여 주제를 효과적으로 드러냄
▸ 의의 ① 우리나라 최초의 연시조
② 강호가도의 선구적 작품

🔍 이해와 감상

| 감상 |

작자가 말년에 벼슬자리에서 물러나 고향으로 돌아가 한적한 전원생활을 보낼 때 지은 작품으로, 임금의 은혜를 생각하는 내용을 봄·여름·가을·겨울 한 수씩 노래했다. 「강호사시가」는 우리나라 최초의 연시조로, 국문학사적인 의의가 크다.

[춘사]
속세를 떠나 자연에서 봄을 즐기다 보니 그 흥겨움을 참기가 어렵다. 맑은 물가에서 싱싱한 물고기를 잡아 안주로 삼고, 막걸리를 마시며 유유자적 여유 있게 지낼 수 있는 것도 모두 임금님께서 베풀어주시는 은혜로 알고 감사하게 지낸다는 작자의 풍류와 충성심이 잘 나타나 있다.

[하사]
어느새 강촌에 여름이 찾아와, 무더워진 날씨 속에서 별채에 있는 나는 마땅히 할 일이 없다. 단지 이 더위를 식혀주려고 푸른 강물이 시원한 바람을 가끔씩 불어 보내준다. 다행히 이렇게 더운 여름을 신선하게 보낼 수 있는 것도 모두 임금님이 주시는 은혜라고 생각한다.

[추사]
여름이 가고 점점 가을이 깊어 가는 강가에서 무릇 물고기들이 통통 살이 올라 있다. 작은 배에 고기잡이 그물을 싣고 배를 타고 물 흐르는 대로 낚시를 하며 이 넉넉한 가을을 보내니, 이것 역시 임금이 주시는 은혜 덕택이라고 생각한다.

[동사]
겨울이 찾아든 강촌에 소복하게 쌓인 눈의 깊이가 한 자나 넘는 듯하고, 도롱이 옷을 껴입으니 춥지 않게 겨울을 보낼 수 있어 이 또한 고마운 일이다. 이 모두가 우리 임금님의 은혜 덕택이 아닐까 생각한다.

1 형식상의 특징

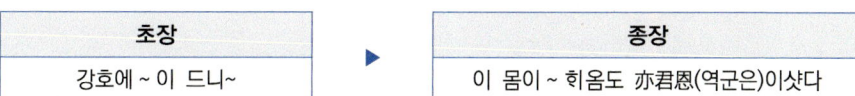

초장	종장
강호에 ~ 이 드니~	이 몸이 ~ 히옴도 亦君恩(역군은)이샷다

각 연마다 초장과 종장에서 다음과 같은 구절을 되풀이하여, 각 연의 초장에서는 계절의 바뀜과 그에 맞는 흥취를, 각 연의 중장에서는 시적 화자의 구체적인 생활의 모습을, 각 연의 종장에서는 계절마다 느끼는 감정과 삶의 모습을 집약적으로 보여 주는 구절을 등장시켜 이를 임금의 은혜로 귀결시키고 있다. 이러한 형식적 통일성은 시적 화자의 조화로운 삶의 자세 및 임금의 은혜에 대한 감사를 드러내는 데 효과적인 구성이라고 할 수 있다.

2 사시(四時)에 따른 화자의 태도

봄	여름
시냇가에서의 풍류를 통해 봄의 흥취를 느낌	초당에서 시원한 강바람을 즐김
가을	겨울
작은 배로 고기잡이를 하며 소일함	아름다운 설경 속에서 안분지족을 느낌

안분지족의 삶 속에서 자연과 조화를 이루는 한가로운 생활을 영위하며 이 모든 것을 임금의 은혜로 귀결시킴으로써 유교적 충의 사상을 드러낸다.

3 작자의 삶과 시조의 창작 배경

이 작품은 작자가 각 계절에 따라 자연과 하나가 되어 자신이 처한 상황에 만족하면서 지내는 모습을 노래하고 있다. 특히 매 연마다 임금의 은혜라는 말로 끝맺고 있는데, 이는 소박한 자연 속에서 자연과 정서적 교감을 나누고 한가롭게 지내는 것이 모두 임금의 선정(善政)때문이라는 유교적 충의관을 드러낸 것이다. 이 의식은 세종이 다스리던 조선 초기의 정치적 안정 상황을 반영하고 있는 것으로 임금의 은혜에 대한 칭송과 아울러 태평성대를 구가하고자 하는 사대부들의 소망이 반영된 것으로 볼 수 있다. 물론 맹사성이 실제로 이 시에 형상화된 삶을 살았는지는 확인할 수는 없다. 그러나 청백리로 명성이 자자했던 화자가 벼슬을 그만두고 자연에 은거하며 이 시조를 지었다면 작품 속에 그려진 화자의 삶이 관념이 아닌 현실 경험에 바탕을 둔 것이라 보아도 무방할 것이다.

> **참고** 「강호사시가」의 새로운 이해
>
> 「강호사시가」의 핵심 주제는 '감군은(感君恩 : 군주의 은혜에 감사함)'이다. 흥을 즐기며 한가하게 지내는 봄, 하는 일 없이 시원한 바람을 쐬는 여름, 살진 물고기를 잡으며 소일하는 가을, 꿰맨 옷을 입고도 추위를 느끼지 못하는 겨울은 태평한 시절의 상징이다.
>
> 한 나라의 재상까지 오른 인물이었음에도 불구하고 죽을 때까지 변변한 집 한 칸 마련하지 못했다고 전해지는 맹사성에 관한 일화를 통해 볼 때 이 노래에 형상화된 삶이 그의 실제적인 삶을 반영한 것인지 의심을 품게 된다. 더구나 맹사성의 삶의 역정을 보면 그가 강호에서 자족하는 삶을 살 수 있었던 시기는 거의 찾아보기 어렵다.
>
> 이렇게 볼 때, 「강호사시가」는 강호에서의 생활 체험에 바탕을 두고 지어진 것이 아니라 맹사성으로 대표되는 세력 집단이 새 왕조의 질서 체계에 편입되어 그 질서의 유지에 기여하게 되었음을 상징적으로 드러내는 차원에서 지어진 것이라고 볼 수 있다. 맹사성이 '감군은'을 주제로 하는 노래를 지은 것은 결국 고려 왕조 중심의 통치 질서 체계에 편입되어 있던 유자(儒者)들이 새 왕조 중심의 통치 질서에 적극 가담하게 되었음을 상징적으로 보여 주는 것이다.

작품 15 聾巖(농암)애 올아 보니

聾巖(농암)애 올아 보니 老眼(노안)이 猶明(유명)이로다.
人事(인사)ㅣ 變(변)흔 들 山川(산천)이똔 가실가.
巖前(암전)에 某水 某丘(모수모구)이 어제 본 둣 ᄒᆞ예라.

농암에 올라가 보니 늙은 눈이 오히려 밝아지는구나
사람의 일이 변한다 하지만, 산천은 변할 리가 있을까
바위 앞 물과 언덕이 어제 본 듯 선하구나.

핵심정리

▷ 작자 이현보(李賢輔)
▷ 갈래 평시조, 서정시
▷ 성격 자연 귀의적, 한정적
▷ 표현 대조법, 직유법, 설의법
▷ 제재 농암에서 바라보는 고향의 경치
▷ 주제 ① 변함없는 자연에 대한 감회
　　　 ② 자연귀의(自然歸依)

이해와 감상

| 감상 1 |

　이현보는 퇴관(退官)하여 고향인 예안으로 돌아가 물살이 센 낙동강변에서 한가로이 지냈다. 강변 동쪽 비탈에 큰 바위가 있어 한녘이 물에 잠겼는데, 높이는 여남은 길이 됨직하며 비스듬히 누워서 신기롭게 솟아 있었다. 그는 이 바위 위에다 초막을 지어 어버이를 위한 놀이터로 만들고 애일당(愛日堂)이라 불렀다. 이로 말미암아 스스로 호를 '농암'이라 하였으니, 물살이 바위를 스치매 급한 여울을 이루며, 물이 불으면 초막에 앉았어도 아래서 부르는 소리가 들리지 않았으므로, 이 바위를 '농암(聾岩: 귀머거리 바위)'이라 일컬었다.

　오래간만에 농암에 올라 보니, 노안이 더욱 밝아진 듯, 고향산천이 선하기만 하구나. 사람에 관한 일들은 변한 것이 많지만, 산천은 변한 것이 하나도 없다. 내가 오른 농암 앞에 펼쳐져 흐르는 이 물, 저 언덕들이 어제 본 듯 변함없이 예전의 모습 그대로구나. 오래간만에 그리운 고향 산천을 다시 보니 그 어떤 부귀영화에 비할 수 없는 반가움과 즐거움이 절로 우러나는구나. 어린 아이처럼 자연을 반기는 옛 선비의 모습이다.

　초장은 작자가 벼슬을 그만두고 고향에 돌아와 홀가분한 심정으로 고향 산천을 돌아보니, 너무나 낯익은 모습이라 노안에도 그 모습이 선명히 다가옴을 나타내고 있다. 중장에서는 변화무쌍한 인간사와 불변의 자연을 대조 놓고 있다. 종장에서는 초장과 마찬가지로 세월의 흐름에도 불구하고 변하지 않은 그대로의 고향 산천의 모습을 확인하고 있다. 어느새 늙어 버린 자신을 새삼스럽게 확인하면서도, 변하지 않은 고향 산천의 모습에서 편안함과 친근감을 느끼고 있는 것이다. 작자가 말년에 고향에 돌아온 기쁨을 노래한 귀거래사에 해당되는 작품이라 하겠다.

| 감상 2 |

　이 작품은 번거로운 속세를 떠나 전원으로 돌아온 한가로운 심경을 읊은 한정가이다. 초장에서 '바위에 올라 보니 노안이 오히려 밝아진다.'고 한 것은 고향으로 돌아온 화자의 반가운 심정을 표현한 것이며 세속적 욕망을 벗어나 자연의 아름다움을 감상할 수 있는 안목이 생겼다는 의미이다. 중장에서는 변화무쌍한 인간 세상과 불변하는 자연의 모습을 대조적으로 표현하며 인생무상의 정서를 드러낸다. 종장에서는 젊은 시절 보았던 바위 앞 물과 언덕을 선명하게 떠올리고 있다. 세월이 흘렀음에도 불구하고 변함없는 고향 산천의 풍경을 접하게 되어 반갑다는 말로, 유구한 자연을 벗 삼아 여생을 살겠다는 귀거래(歸去來)의 지향 의식을 드러낸 것이다.

기출문제

※ 다음 글을 읽고 물음에 답하시오. [총 7점]

(가) 지문 생략

- 최치원, 「제가야산독서당」

(나)
聾巖에 올라 보니 老眼이 猶明ㅣ로다
人事이 變혼들 山川이쭌 가실가
巖前에 某水 某丘이 어제 본 듯 예라

- 이현보, 「농암가」

(다) 지문 생략

- 정철, 「관동별곡」

1. (나)의 밑줄 친 "老眼이 猶明ㅣ로다"의 함축적 의미를 밝히시오. [2점] 2002년 기출 9-2번

출제기관 채점기준

2점 - 모범 답안의 ①, ② 중 하나만 답한 경우
1점 - 예) 어릴 적 놀던 농암에 돌아오니 젊어진 듯하여 눈이 밝아졌다.
      예) 농암에 돌아와 자연을 보니 늙어서 흐린 눈이 오히려 밝아졌다.

예상 답안

귀거래의 기쁨을 드러낸 것으로, 늙어 고향의 자연을 보니 인사와 달리 자연은 변하지 않아서 새로운 모습으로 다가온 다는 점과 세속에 찌들고 늙은 눈이 오히려 밝아졌다는 의미를 담고 있다.

작품 16 어부단가(漁父短歌, 어부가)

이 듕에 시름 업스니 漁父(어부)의 生涯(생애)이로다.
一葉片舟(일엽편주)를 萬頃波(만경파)에 띄워 두고
人世(인세)를 다 니젯거니 날 가는 줄를 안가.
                    [제1수 – 주제 : 인세(人世)를 잊은 어부의 한정(閑情)]

구버는 千尋綠水(천심녹수) 도라보니 萬疊靑山(만첩청산)
十丈紅塵(십장홍진)이 언매나 マ롓는고,
江湖(강호)에 月白(월백)ᄒ거든 더옥 無心(무심)ᄒ얘라.
                    [제2수 – 주제 : 강호에 묻혀 사는 유유자적의 생활]

靑荷(청하)애 바블 받고 綠柳(녹류)에 고기 떼여
蘆荻花叢(노적 화총)에 비 미야 두고
一般淸意味(일반청의미)를 어늬 부니 아르실고.
                    [제3수 – 주제 : 한가한 삶에서 느끼는 자연의 참 의미]

山頭(산두)에 閑雲(한운)이 起(기)ᄒ고 水中(수중)에 白鷗(백구)이 飛(비)이라.
無心(무심)코 多情(다정)ᄒ니 이 두 거시로다.
一生(일생)애 시르믈 닛고 너를 조차 노로리라.
                    [제4수 – 주제 : 시름을 잊고 자연 속에서 함께 하는 삶]

長安(장안)을 도라보니 北闕(북궐)이 千里(천 리)로다.
魚舟(어주)에 누어신들 니즌 스치 이시랴.
두어라, 내 시름 아니라 濟世賢(제세현)이 업스랴.
                    [제5수 – 주제 : 우국충정, 세속을 초월한 강촌 생활]

이러한 생활(자연) 속에 근심이 없으니 어부의 생애로구나(좋구나) / 조그마한 쪽배를 끝없이 넓은 바다 위에 띄워 두고, / 인간 세사를 다 잊었으니 세월 가는 줄을 알랴.〈제1수〉
 아래로 굽어보니 천 길이나 되는 깊고 푸른 물이며, 돌아보니 겹겹이 쌓인 푸른 산이로다. / 열 길이나 되는 홍진(어수선한 세속의 일)은 얼마나 가려 있는고. / 강호에 밝은 달이 비치니 더욱 무심하구나.〈제2수〉
 연잎에 밥을 싸고 버들가지에 고기 끼워 / 갈대와 억새풀이 가득한 곳에 배 매어 두고 / (이러한) 자연의 참된 의미를 어떤 사람이 알 것인가?〈제3수〉
 산봉우리에 한가로운 구름이 일고 물 위에 갈매기 난다. / 아무런 욕심 없이 다정한 이는 이 두 것이로구나. / 일생의 시름을 잊고 너를 좇아 놀리라.〈제4수〉
 멀리 서울을 돌아보니 경복궁이 천 리로다. / 고깃배에 누워 있은들 (나랏일을) 잊을 새가 있으랴. / 두어라, 나의 걱정이 아닌들 세상을 건져 낼 위인이 없겠느냐?〈제5수〉

핵심정리

- **작자** 이현보(李賢輔, 1467 ~ 1555). 호는 농암(聾巖) 저서 『농암집(聾巖集)』
- **갈래** 연시조(전 5 수)
- **성격** 풍류적, 낭만적, 자연 친화적
- **주제** 강호에 묻혀 사는 어부의 한정(閑情)
- **특징** 상투적인 표현을 사용하여 정경 묘사가 추상적이고 관념적임
- **의의** ① 고려 때 전해 오는 「어부가」를 개작한 강호가도의 맥을 잇는 작품
  ② 고산(孤山) 윤선도(尹善道)의 「어부사시사(漁父四時詞)」에 영향을 끼침
- **기타** 「어부가(漁父歌)」는 일찍이 고려 때부터 12장으로 된 장가와 10장으로 된 단가로 전해져 왔는데, 이현보가 이를 개작(改作)하여 9장의 장가, 5장의 단가로 만듦

이해와 감상

| 감상 |

이 작품은 일찍이 고려 때부터 전하여 오던 것을 농암(聾巖) 이현보(李賢輔)가 개작(改作)한 것이다. 여기 실은 작품은 「어부단가 5 장(漁父短歌 五章)」 가운데 세 수인데, 농암의 「어부가」는 한자어가 많고 부르기에 적합하지 않은 결점을 지녔으며, 정경의 묘사도 관념적이다. 후에 고산(孤山) 윤선도(尹善道)의 「어부사시사(漁父四時詞)」에 영향을 준다.

생업을 떠나 자연을 벗하며 고기잡이 하는 풍류객으로서의 어부의 생활을 그린 이 작품은, 우리 선인들이 예부터 요산요수(樂山樂水)의 운치 있는 생활을 즐겼음을 알 수 있다. 그러나 아무리 자연 속에 묻혀 은일(隱逸)을 즐겼을망정 마음 속에는 인간사에서 벗어날 수 없었던 것이니, '인세(人世)를 다 니젯거니'와 '니즌 스치 이시랴'라 한 것은 임금에 대한 충성을 표현한 것으로 애국 충정을 나타낸 것이다. 정경의 묘사나 생활의 실태를 구체적으로 나타냄이 없이 '천심녹수(千尋綠水)', '만첩청산(萬疊靑山)'과 같이 상투적인 용어를 구사하여 관념적으로 어부의 생활을 그렸다.

❶ 어부단가의 형성 과정

이현보가 76세에 치사하여 전원에서 한가로이 지내고 있을 때, 아이들이 작자를 알 수 없는 12장의 〈어부장가〉와 10장의 〈어부단가〉를 구해 왔다고 한다.

이 작품들에 흥미를 느낀 이현보는 노랫말이 차례가 맞지 않고 간혹 중첩된 곳이 있어서 개작에 착수하였다. 단가는 10장(章)을 5결(闋)로 줄이고 엽(葉)으로 불러, 1편의 새로운 노래를 만들었으니 곧 5연으로 구성된 〈어부단가〉이다. 개작 과정에는 이황을 비롯한 주변 문사들의 의견을 참조한 것으로 드러난다. 10장으로 이루어진 원래의 어부단가는 현재 전해지고 있지 않기 때문에 어느 수준에서 개작이 이루어졌는지는 확인할 수 없다.

❷ 어부(漁父)의 의미

어부는 굴원의 「어부사」 이래로 우리 문학 작품에 자주 등장하는 은자(隱者)의 상징이 되어 왔다. 즉 어부는 고기잡이를 생업으로 하는 어부가 아니라, 세속과 정치 현실에서 벗어나 자연 속에서 풍류를 즐기며 사는 가어옹(假漁翁)일 뿐이다. 따라서 이 작품은 실제 어부로서 생활을 하면서 지은 것이 아니라 관념적인 어부의 이미지를 빌려 세속에서 벗어나 한가한 삶을 살고 싶어 하는 작가의 소망을 노래한 것이다.

❸ 시적 화자의 내적 갈등

이현보는 32세이던 연산군 4년(1498)에 문과에 급제하여 관직에 진출한 이래, 은퇴할 때까지 결코 평탄치 않은 관료 생활을 했으며 끊임없는 갈등과 번민을 겪었다. 그는 76세가 되어서야 '귀거래'를 외치며 관직에서 물러나 고향에 돌아갈 수 있었는데, 그가 지은 「농암가」와 「어부가」도 이 시기에 지은 것이다. 이현보의 「어부가」는 현실 도피를 꿈꾸었던 작가가 근심 걱정 많은 삶을 살다가 지친 육신을 이끌고 도피하다시피 내려온 강호이기 때문에 비록 자연에서 한가롭게 지내고자 하여도 임금과 나라에 대한 걱정을 완전히 떨칠 수는 없었던 것이다.

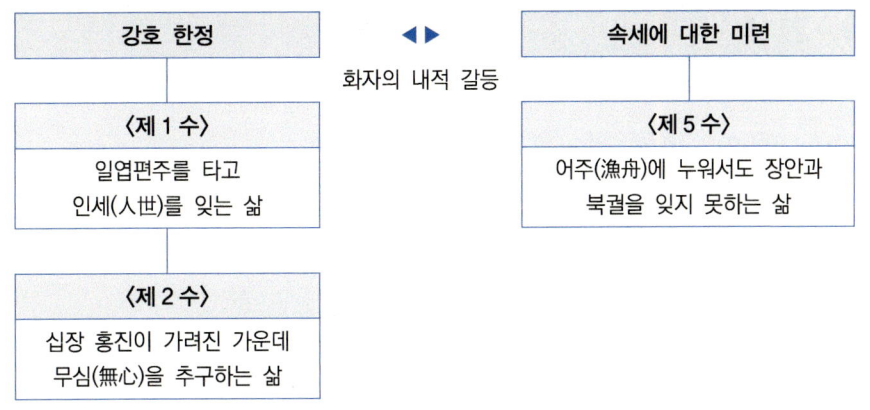

　[제1수]에서 시적 화자는 인세 즉, 세속의 일을 잊고 자연을 벗 삼아 한가로운 삶을 누리고자 한다. [제2수]에서도 십장 홍진으로 대표되는 속세를 잊고자 천심 녹수, 만첩청산이라는 화자를 둘러싼 자연물을 제시했다. [제3수]는 자연의 참된 의미를 아는 사람이 적음을 탄식하는 내용, [제4수]는 근심을 잃고 한가롭게 지내고 싶은 소망을 드러냈는데, 모두 화자가 자연에 귀의하고자 하며 속세와의 단절 의지를 드러낸 소재라 할 수 있다.
　그러나 [제5수]에서 장안과 북궐을 의식하며 속세에 대한 그리움과 함께 임금에 대한 걱정을 드러내면서 현실에서 완전히 벗어나지 못했음을 암시하고 있다.

작품 17 》 말 업슨 靑山(청산)이요

말 업슨 靑山(청산)이요, 態(태) 업슨 流水(유수) ㅣ로다.
갑 업슨 淸風(청풍)이요, 님ᄌ 업슨 明月(명월)이라.
이 中(중)에 病(병) 업슨 이 몸이 分別(분별)업시 늙으리라.

말 없는 것은 청산이요, 모양 없는 것은 흐르는 물이로다.
값 없는 것은 바람이요, 주인 없는 것은 밝은 달이로다.
이러한 자연에서 병 없는 이 몸은 걱정 없이 늙으리라.

핵심정리

▶ 작자 성혼(成渾, 1535~1598). 호는 우계(牛溪).
▶ 성격 한정가, 풍류적, 전원적, 달관적
▶ 표현 ① 대구법, 의인법
　　　 ② 자연물에 가치를 부여하여 주제를 제시했음
▶ 제재 자연
▶ 주제 자연을 벗삼아 사는 즐거움

이해와 감상

│감상│

　사대부들은 자연 속에서 세파에 찌든 마음을 씻고 정신적 안식을 찾았었다. 따라서, 시조의 소재도 자연에서 즐겨 찾았다. 이른바 '강호가도(江湖歌道)'라 일컬어지는 작품들이 성행하게 되었다. 이 작품에서는, 말 없는 청산(靑山)과 모양이 없는 유수(流水)를 벗하며 세 속의 명리(名利)보다는 학문에 뜻을 두고 살아가는 옛 선비의 생활상을 엿볼 수 있다.
　의연하고 꾸밈이 없으며 누구나 소유할 수 있는 자연을 벗삼아 지내는 즐거움을 노래한 작품이다. 초장에서는 '말'과 '태', '청산'과 '유수'가 대구를 이루고 있으며, 중장에서는 '값'과 '임자', '청풍'과 '명월'이 각각 대구를 이루어 '말 많고 가식적이며, 물욕에 찌들어 병(病)이 든 인간'을 돌아보게 한다. 종장에서는 자연의 일부로서 자연과 조화되어 세속적인 근심을 잊고 살겠다는 달관의 경지를 노래하였다. 자연을 있는 그대로 보고 즐기는 차원에서 한 걸음 더 나아가 그 속에 내재된 의미를 추구하여 삶의 교훈을 얻으려는 지적 관조가 돋보인다.
　표현면에서는 대구법과 의인법을 사용했으며, '없다'라는 말의 반복으로 표현의 묘를 더하고 있다.
　'청풍'과 '명월'은 앞서 설명했듯이 소동파가 말한 내용으로 누구나 쉽게 자연을 가까이 하여 즐길 수 있는 대표적인 소재이다. 자연과 내가 하나를 이루었고, 더 이상의 아무런 근심과 슬픔이 없이 자연 속에서 살아가고자 하는 작자에겐 늙어가는 인생조차 아득하고 편안하다. 『논어』의 '지자요수(知者樂水) 인자요산(仁者樂山)'의 경지라 할 수 있다.
　자연과 인생의 조화를 노래하는 넉넉한 마음의 '한정가'에 속한다.

말, 태, 값, 임자		청산, 유수, 청풍, 명월
인위적 가치, 유한한 존재 → 병(근심, 걱정) 유발		자연적 가치, 무한한 존재 → 조화 속에 달관의 삶 누림

작품 18 ▶ 秋江(추강)에 밤이 드니

秋江(추강)에 밤이 드니 물결이 추노미라.
낙시 드리치니 고기 아니 무노미라.
無心(무심)훈 둘빗만 싯고 뷘 빈 저어 오노미라.

핵심정리

- 작자 월산대군(月山大君)
- 성격 한정가, 낭만적, 풍류적, 탈속적
- 표현 대구법
- 제재 가을 강에서의 낚시
- 주제 가을 달밤의 풍류와 정취

이해와 감상

| 감상 |

물욕(物慾)과 명리(名利)를 벗어나 자연 속에서 유유자적하는 삶의 모습을 그린 작품이다.

가을 달밤에 배를 띄워 낚시질로 풍류를 즐기는 한가하고 여유로운 삶을 한 폭의 동양화처럼 선명하게 제시한 대표적인 '강호한정가'로서 여유로움 속에 멋을 즐기는 옛 선비들의 면모가 드러나고 있다. 중장의 '아니 무노미라'와 종장의 '무심' 그리고 '뷘 빈'의 표현에서 시적 화자가 마음을 비우고 여유 있게 자연의 풍취를 즐기고 있음을 알 수 있다. 빈 배에 고기 대신 달빛만 가득 싣고 돌아오는 풍류는 바로 욕심을 버린 작가의 마음을 반영한다.

```
┌──────────────────┐       ┌──────────────────┐
│ 달빛(탈속적 자연) │   +   │ 빈 배(무욕의 심리) │
└──────────────────┘       └──────────────────┘
            ┌──────────────────────────┐
            │ 세속적 명리를 초월한 삶의 경지 │
            └──────────────────────────┘
```

작품 19 》 대쵸볼 불근 골에

대쵸 볼 불근 골에 밤은 어이 뜻드르며,
벼 뷘 그르헤 게는 어이 ᄂ리ᄂ고.
술 닉쟈 체 쟝ᄉ 도라가니 아니 먹고 어이리.

대추 빨갛게 익은 골짜기에 밤이 뚝뚝 떨어지고 / 벼 베어낸 그루터기에는 게가 기어오른다 / (가을날) 술이 익었는데 체 장수까지 지나가니 (새 체로 술 거르고 밤, 대추 안주 삼고 게도 삶아서) 술을 먹지 않을 수가 있겠는가

핵심정리

▷ **작자** 황희(黃喜)
▷ **제재** 풍요로운 가을 농촌
▷ **성격** 풍류적, 낭만적
▷ **표현** 대구법
▷ **표현** ① '대추, 밤, 벼, 게, 술' 등의 시어를 나열하여 가을 농촌의 풍요로움을 표현함
    ② 순 우리말과 감각적인 표현으로 농촌 풍경을 구체적으로 묘사함

이해와 감상

| 감상 |

풍요로운 가을 농촌의 흥겨움과 풍류를 노래하고 있다. 대추와 밤이 익어 저절로 떨어지고, 벼를 베고 난 논에 게가 기어 올라와 안주가 풍부한데, 술 익을 때에 맞추어 체 장수까지 지나간다. 이에 새 체로 새 술을 걸러 마시면서 마음껏 풍요를 만끽하겠다는 시상의 흐름이 점층적이고 경쾌한 리듬에 맞춰 자연스럽게 전개되고 있다. '대추, 밤, 벼, 게, 술' 등의 시어의 나열을 통해 농촌의 풍요로움을 집중적으로 표현하고 있다. 관념적 자연이 아닌 현실적이며 구체적인 자연의 모습을 그리고 있고, 감각적인 표현을 효과적으로 사용하고 있다.

1 시의 구조

초·중장	'대추 → 밤 → 게'의 시선의 이동에 따라 가을 농촌의 풍요로운 모습을 순차적으로 묘사	선경
종장	술을 마시는 흥겨움을 드러냄	후정

작품 20 삿갓셰 되롱이 입고

삿갓셰 되롱이 입고 細雨 中(세우중)에 호뫼 메고
山田(산전)을 훗믹다가 綠陰(녹음)에 누어시니,
牧童(목동)이 牛羊(우양)을 모라다가 줌든 날을 씨와다.

핵심정리

▷ **작자** 김굉필(金宏弼, 1454 ~ 1504)
　　　　조선 성종 ~ 연산군 때의 문신이며 학자
▷ **성격** 전원 한정가
▷ **주제** 한가롭고 평화로운 전원생활
▷ **참고** 맹사성(孟思誠)의 작품이라고도 함

이해와 감상

| 감상 |
　이 작품은 김굉필이 무오사화(戊午士禍)에 연루되어 귀양살이와 은둔 생활을 하는 동안에 궁궐의 조정을 멀리하고서, 한가롭게 평화로운 전원생활을 즐기고 있을 때 읊은 시조다. 가랑비가 내리는 중에도 밭을 매는 것을 게을리 하지 않고 일을 한 후, 나무 그늘에 누워 한숨 자다가 평화롭게 우는 소와 양떼들 때문에 잠을 깨는 풍경이 하나의 그림을 연상케 한다. 짧은 글 속에 작자의 감각적인 좋은 묘사가 잘 나타나 있고, 벼슬을 떠나서 전원생활에 만족하는 작자의 심정이 엿보인다.

작품 21 十年(십 년)을 經營(경영)ᄒᆞ여

十年(십 년)을 經營(경영)ᄒᆞ여 草廬三間(초려 삼간) 지여 내니,
나 ᄒᆞᆫ 간 달 ᄒᆞᆫ 간에 淸風(청풍) ᄒᆞᆫ 간 맛져 두고,
江山(강산)은 들일 듸 업스니 둘러 두고 보리라.

핵심정리

- **작자** 송순(宋純)
- **성격** 전원적, 풍류적, 낭만적, 관조적, 한정가
- **주제** 자연 속에서의 안빈낙도(安貧樂道)
- **특징** ① 자연을 소유의 대상으로 생각하지 않았던 동양의 자연관이 잘 드러남
  ② 의인법과 강산을 병풍처럼 둘러 두고 보겠다는 기발한 발상을 통해 자연과 혼연일체된 모습을 효과적으로 표현함

이해와 감상

| 감상 |

　지은이는 만년에 벼슬길에서 물러나 담양에 은거하면서 제월봉 밑에 면앙정과 석림정사를 짓고 독서와 시작에 전념하였으며, 강호가도를 주창했는데 이 시조도 그 당시의 작품이다. 자연의 아름다움에 몰입한 경지를 노래한 이 작품은 자연 친화를 통해 안분지족, 안빈낙도의 삶의 지혜를 터득한 작가의 높은 정신세계를 보여주고 있다. 산수의 아름다움에 몰입된 심정을 잘 묘사하고 있고, 초장에서 자연에 은거하는 청빈한 생활 즉 안빈낙도를 노래했다. 중장에서는 나와 달과 청풍이 함께 어우러지는 물아일체의 경지를 나타내었으며, 종장에서는 강산을 방에 친 병풍처럼 둘러두고 보겠다는 기발한 착상을 드러내고 있다. 중장은 근경, 종장은 원경으로 표현의 조화를 이루고 있다.

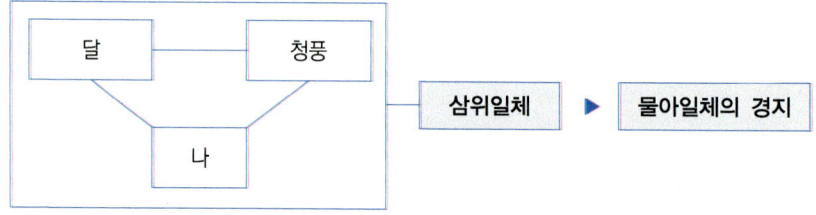

작품 22 ᄆᆞ음이 어린 後(후) | 니

ᄒᆞ는 일이 다 어리다.
萬重雲山(만중운산)에 어ᄂᆡ 님 오리마는,
지는 닙 부는 ᄇᆞ람에 힝여 귄가 ᄒᆞ노라.

핵심정리

▷ **작자** 서경덕(徐敬德)
▷ **성격** 연정가, 감상적, 낭만적
▷ **표현** 과장법, 도치법
▷ **제재** 그리움과 기다림
▷ **주제** 임에 대한 그리움과 기다림

▷ **특징**
① 도학자가 인간 본연의 순수한 감정을 노래하여 더욱 공감을 줌
② 연역적 시상 전개와 과장법을 사용하여 시적 화자의 정서를 강조함

이해와 감상

| 감상 |

 이 시조는 당대 이름난 도학자인 작가가 자신의 솔직한 심정을 고백한 작품으로, 황진이를 대상으로 지은 작품이라 한다. '만중운산'은 임과의 만남을 방해하는 장애물인 동시에 기다림의 정감을 고조시키는 매개물이다. 종장에서의 착각은 초장에서 '어리석다'고 표현된 화자의 갈등(애타는 기다림)을 극적으로 드러낸다. 스스로 마음이 어리석다고 자신을 낮추고 있지만 이는 억누를 수 없는 인간에 대한 그리움과 사랑의 감정이 그만큼 강렬하다는 것을 보여 주는 것이다.

만중 운산	임과 화자 사이의 장애물	임이 오리라는 기대를 하지 못함
지는 잎, 부는 바람	자연의 미세한 움직임	혹시 임인가 기대함

작품 23 〉〉 재 너머 成勸農(성권롱) 집의

재 너머 成勸農(성권롱) 집의 술 닉닷 말 어제 듯고,
누은 쇼 발로 박차 언치 노하 지즐 트고,
아히야, 녜 勸農(권롱) 겨시냐 鄭座首(정좌수) 왓다 ᄒᆞ여라.

핵심정리

- **작자** 정철(鄭澈, 1536~1593)
  조선 선조 때의 문신
- **성격** 전원한정가(田園閑情歌), 풍류적, 해학적
- **표현** 해학적 표현, 시상의 과감한 생략, 호방한 성격
- **제재** 성 권농 집의 술과 벗
- **주제** 전원 생활의 흥취(興趣)
- **특징** ① 생동감이 있음
  ② 우리말을 자유자재로 멋스럽게 구사함
- **출전** 『송강가사(松江歌辭)』

이해와 감상

| 감상 |

　술과 벗을 좋아하는 작가의 풍류와 멋스러움이 토속적인 농촌의 정취와 조화를 잘 이루고 있다. 작품 속에서 정좌수로 나타나는 시적 화자가, 맛있는 술이 있다는 성권농의 집에 도달하기까지의 과정을 압축과 생략을 통해 경쾌하게 서술하고 있다. 전 편을 통해 생동감이 넘쳐 흐르며, 우리말을 자유자재로 멋스럽게 구사하는 송강의 언어 능력이 유감없이 발휘되어 있다. 중장에서 잠이 취해 한가로이 누워 있는 소를 억지로 깨워 걸음을 바삐 재촉하는 모습에서 시적 화자의 익살과 해학을 느낄 수 있다.

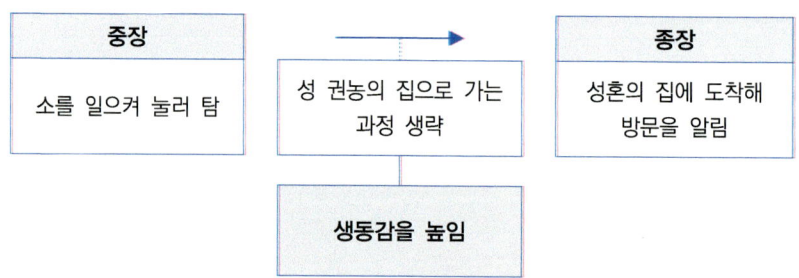

작품 24 〉〉 두류산 양단수를

頭流山(두류산) 兩端水(양단수)를 네 듯고 이졔 보니,
桃花(도화) 쓴 묽은 물에 山影(산영)조츠 잠겻셰라.
아희야, 武陵(무릉)이 어듸오, 나는 옌가 ᄒ노라.

핵심정리

▷ **작자** 조식(曺植, 1501 ~ 1572)
　조선 명종 때의 학자. 호는 남명(南冥). 어려서부터 제자백가(諸子百家)에 통하고 학문이 깊었으나, 산야에 은거(隱居)하여 벼슬을 구하지 않았음. 퇴계 이황과 함께 명성이 높았으며, 광해군 때 영의정에 추증됨.「권선지로가(勸善指路歌)」등의 가사와 3수의 시조가 전해짐
▷ **구성** ① 초장(기) : 말로만 들은 두류산 양단수
　　② 중장(승) : 실제로 본 두류산 양단수 승경
　　③ 종장(전, 결) : 무릉을 실감케 하는 선경

▷ **성격** 한정가(閒情歌), 자연 친화적, 예찬적
▷ **표현** 문답법, 영탄법, 시각적 심상
▷ **제재** 두류산, 시냇물, 도화
▷ **주제** ① 지리산 양단수의 승경(勝景)을 찬미(讚美)함
　　② 절경에 대한 감탄
　　③ 자연에의 귀의(歸依)

이해와 감상

| 감상 |

　이 작품은 지리산의 승경(勝景)을 선경(仙境)에 비유하여 찬미하며, 자연 속에 은거하는 즐거움을 노래하고 있는 작품이다. 종장의 '무릉'은 '무릉도원'을 뜻하는 말로, '낙원'을 가리킨다.
　지은이는 중국의 죽림 칠현(竹林七賢)을 본받은 산림학파(山林學派)의 한 사람으로, 수차에 걸친 관직의 부름을 물리치고 지리산의 덕소동(德小洞)에 살며 산천재(山天齋)라 당호(堂號)를 짓고 사색과 연구에 전념하였다.
　초장에서 지리산 양단수를 정적(靜的) 조화로 감흥하고, 중장에서 맑은 물에 잠겨 있는 산영(山影)을 동적(動的) 조화에서 노래했으며, 종장에서 이 동이정(動而靜)의 승경(勝景)이 바로 무릉도원임을 확인한 것이다.
　벼슬을 버리고 산속에 들어가 학문 수업에만 전념한 지은이는, 이곳 지리산 양단수를 무릉도원에 비유하고 있다. 무릉도원은 동양인들이 동경하는 이상향이다. 또한, 자연 귀의(自然歸依)를 할 수 있는 이상적인 세계, 즉 선경(仙境)인 것이다. 지은이는 그곳을 지리산에서 찾고, 그 속에서 마음껏 즐긴 것이다.
　조식이 지리산의 계곡물을 보고 무릉도원을 떠올린 것은 경치의 아름다움도 있지만 세속으로부터 벗어나고자 하는 의식이 더 강했기 때문이라고 할 수 있다. 한편, 현실 공간이 지리산 계곡을 탈속적 이상향으로 여기는 것에서 자연을 대하는 선조들의 소박한 친근감도 엿볼 수 있다.

작품 25 ▶ 三冬(삼동)에 뵈옷 닙고

三冬(삼동)에 뵈옷 닙고 巖穴(암혈)에 눈비 마자
구름 낀 볏뉘도 쬔 적이 업건마는,
西山(서산)에 히지다 ᄒᆞ니 눈물겨워 ᄒᆞ노라.

핵심정리

- **작자** 조식(曺植, 1501~1572)
- **성격** 상징적, 유교적, 연군가
- **특징** 상징과 비유의 표현 방법을 사용하여 군신유의의 유교적 정신을 드러냄
- **제재** 중종의 승하
- **주제** 임금의 승하를 애도

이해와 감상

| 감상 |

이 작품의 작자인 조식은 조정의 부름에 응하지 않고 재야에서 후학을 길러 내는 일만 하였다. 그렇다고 그가 국가의 어려움을 외면한 것도 아니다. 명종(明宗)의 부름을 받고 임금께 치란(治亂)의 도리와 학문의 길을 아뢰었으나, 임금이 이를 적극적으로 실천할 의지를 보이지 않자 다시 초야로 돌아와 후진 양성에 몰두했다.

군신유의(君臣有義)의 유교 이념을 잘 보여 주는 작품으로서 상징과 비유를 적절하게 구사하고 있다. 초·중장에서 화자는 벼슬을 하지 않고 산중에 은거하는 몸이라 국록(國祿)을 먹거나 군은(君恩)을 입은 바가 없음을 밝혔다. 종장에서는 그럼에도 불구하고 임금(중종)이 승하했다는 소식을 듣고 애도하는 마음을 금할 수 없다고 고백하고 있다.

초장의 '뵈옷'은 벼슬을 하지 않은 선비 자신을 나타내고, 종장의 '히지다'는 임금의 승하를 은유적으로 비유한 것이다. 임금이 세상을 떠나니 그 애처로운 마음을 신하의 충심으로 담아내고 있다.

1 시어의 비유와 상징

뵈옷, 암혈	화자가 벼슬을 하고 있지 않음을 비유함
볏뉘	임금의 은총을 상징함
히	임금(중종)을 상징함
서산에 히지다	임금이 승하함을 상징함

작품 26 >> 녹초청강상(綠草晴江上)에

綠草晴江上(녹초 청강상)에 구레 버슨 물이 되여
때때로 멀이 들어 北向(북향)ᄒ야 우는 뜻은
석양(夕陽)이 재 넘어 감애 님자 그려 우노라.

핵심정리

▷ **작자** 서익(徐益, 1542 ~ 1587) 자는 군수(君受), 호는 만죽(萬竹). 27세때인 선조 2년에 별시에 급제했으며, 선조 18년에 의주목사를 지낼 때 이이 등을 옹호하다 파직 또는 유배됨.
▷ **성격** 유교적, 군신유의
▷ **표현** 은유법
▷ **주제** 유배(파직) 상황에서 연군에 대한 정 / 파직 상황에서 풀리기를 바라는 마음

이해와 감상

| 감상 |

　이 시조는 지은이 서익(徐益.1542.중종 37~1587.선조 20)이 그가 죽기 전 의주목사(義州牧使)에 올라 있을 때, 율곡 이이(李珥)의 탄핵을 변호하다가 파직(罷職)당하여 고향인 충청도(忠淸道)에 내려가 있을 즈음에 지은 것으로 알려지고 있다. 그는 향리(鄕里)인 충청도에 내려가 2년을 넘기고 47세에 작고(作故)한 것으로 되어 있다. 그렇다면 이 시조는 작고하기 전 2, 3년간에 지은 것으로, 자신의 파직이 풀려 다시 벼슬하기를 바라는 내용으로 볼수 있으며, '왕(중종이나 명종)이 승하했다는 소식을 듣고, 슬픈 심정을 읊은 시조'라는 설명은 작자의 생몰 연대 및 그가 살던 시기 중종과 선종의 재위 기간을 고려할 때, 적절하지 않은 내용이다. (중종은 서익이 2살 때 승하했다. 명종은 서익이 25살 때 승하했지만, 당시 서익은 벼슬을 하지 않았다. 그리고 이 작품은 서익이 죽기 2-3년 전에 지은 것이어서 당시 선조의 재위기간이었으므로 선조의 승하와도 관련이 없다.〈주의 : 서익(徐益.1542.중종 37~1587.선조 20) / 명종(1434~1567) 재위(1545-1567) / 선조(1552~1608) 재위(1567~1608) 〉)

　'굴레 벗은 말'은 관직에서 물러난 자유로운 몸을, '북향하여 우는 뜻'은 충성심을 각각 비유하는 것으로, 늙어가는 나이에 임금을 그리는 정이 더욱 안타까움을 노래하고 있다. '석양'처럼 점점 늙어가는 자신을 깨달아, 목숨이 다하면 다시 보지 못할 임금에 대한 서글퍼지는 마음 때문이다. 저물어가는 자신의 인생과 유배 생활 속에서 임금에 대한 충의가 그려진 작품이다.

작품 27 〉〉 올히 댤은 다리

올히 댤은 다리 학긔 다리 되도록애,
거믄 가마괴 해오라비 되도록애,
享福無疆(향복무강)ᄒ샤 億萬歲(억만세)를 누리소셔.

핵심정리

▷ **작자** 김구(金絿, 1488~1533)
　　조선 중기의 문신. 호는 자암(自庵)·삼일재(三一齋). 조선 전기의 4대 서예가의 한 사람으로 꼽힘
▷ **표현** 시적 역설
▷ **주제** 임금의 향복무강(享福無疆)을 빎

이해와 감상

| 감상 |

　이 시조는 중종이 달밤에 김구(金絿)의 글 읽는 소리를 듣고, 노래도 잘 할 것 같으니 한 번 노래를 부르라고 술까지 내리면서 명하므로 즉석에서 부른 것이라고 한다. 짧은 오리의 다리가 학의 다리같이 될 수는 없는 것이며, 검은 까마귀가 흰 백로가 될 수는 없는 것이다. 그래서 이 시조는 불가능한 것·비현실적인 것을 가능한 것·현실적인 것으로 표현하여 영원한 복(福)을 축수(祝壽)하고 있다.

작품 28 ▶ 風霜(풍상)이 섯거친 날에

風霜(풍상)이 섯거 친 날에 굿 픠온 黃菊花(황국화)를
金盆(금분)에 ᄀ득 다마 玉堂(옥당)에 보ᄂᆡ오니,
桃李(도리)야, 곳이온 양 마라, 님의 뜻을 알괘라.

핵심정리

▷ **작자** 송순(宋純, 1493 ~ 1583)
  호는 면앙정(俛仰亭), 가사에 「면앙정가」가 있음
▷ **성격** 충의가
▷ **표현** 대조, 의인화, 감탄형 종결
▷ **주제** 임금의 마음에 감복하여 변함 없는 충절 맹세

이해와 감상

| 감상 |

이 시조는 「자상특사황국옥당가(自上特賜黃菊玉堂歌)」라는 제목이 있다. 명종이 궁전에 핀 국화를 옥당관에게 하사하며 시를 지으라 했으나, 옥당관이 미처 시를 짓지 못하여 숙직을 하고 있던 송순(宋純)에게 부탁하여 지어 올렸더니 임금이 크게 기뻐하고 상을 내렸다는 일화가 있다. 초장의 '풍상(風霜)'은 시련과 역경을 나타내며, '금분(金盆)'에 담은 사군자 중에 하나인 '국화'는 정성스럽게 간직하며 지켜나가야 하는 지조를 상징한다. 한때 피웠다 쉽게 지는 '도리(桃李)꽃'과 대조를 이룬 '국화'는, 역경에서도 절개와 도리를 지켜 충성된 신하가 되라는 뜻으로 임금이 보낸 꽃이다. 은유와 상징으로 주제의 깊은 뜻을 잘 살려 내고 있는 작품이다.

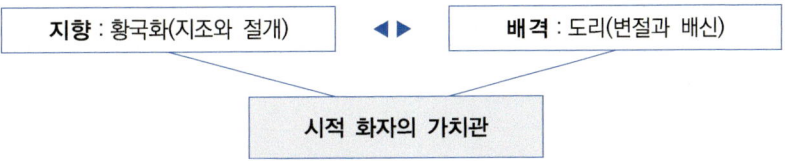

작품 29 — 오륜가(五倫歌)

[제 1 수 : 서사]
사룸 사룸마다 이 말숨 드러스라.
이 말숨 아니면 사룸이오 사룸 아니니
이 말숨 닛디 말오 비호고야 마로리이다.

[제 2 수 : 부자유친(父子有親)]
아바님 날 나ᄒ시고 어마님 날 기ᄅ시니,
父母(부모)옷 아니시면 내모미 업슬랏다.
이 덕을 갑프려 ᄒ니 하늘 ᄀᆞ이 업스샷다.

[제 3 수 : 군신유의(君臣有義)]
동과 항것과를 뉘랴셔 삼기신고.
벌와 가여미사 이 ᄠᅳ들 몬져 아니,
ᄒᆞᆫ ᄆᆞᅀᆞ매 두 ᄠᅳᆮ 업시 소기디나 마옵새이다.

[제 4 수 : 부부유별(夫婦有別)]
지아비 밭 갈라 간 ᄃᆡ 밥고리 이고 가,
반상을 들오ᄃᆡ 눈썹의 마초이다.
친코도 고마오시니 손이시나 ᄃᆞᄅ실가.

[제 5 수 : 형제우애(兄弟友愛)]
兄(형)님 자신 져줄 내 조쳐 머궁이다
어와 뎌 아ᅀᆞ야 어마님 너 ᄉᆞ랑이아.
兄弟(형제)옷 不和(불화)ᄒᆞ면 개 도티라 ᄒ리라.

[제 6 수 : 장유유서(長幼有序)]
늘그니ᄂᆞᆫ 父母(부모) ᄀᆞᆮ고 얼우ᄂᆞᆫ 兄(형) ᄀᆞᄐᆞ니,
ᄀᆞᆮᄐᆞᆫᄃᆡ 不恭(불공)ᄒᆞ면 어ᄃᆡ가 다ᄅᆞᆯ고.
날료셔 ᄆᆞ디어시ᄃᆞᆫ 절ᄒ고야 마로리이다.

사람 사람들마다 이 말씀을 들어라 / 이 말씀이 아니면 사람이거나 사람이 아니, / 이 말씀을 잊지 않고 배우고야 말 것이다. 〈제1수〉

아버님이 나를 낳으시고 어머님이 나를 기르시니 / 부모님이 아니셨으면 이 몸이 없었으리로다. / 이 덕을 갚고자 하니 하늘같이 끝이 없다. 〈제2수〉

종과 상전의 구별을 누가 만들어 내었던가. / 벌과 개미들이 이 뜻을 먼저 아는구나. / 한 마음에 두 뜻을 가지는 일이 없도록 속이지 말아라.〈제3수〉

남편이 밭을 갈러 간 곳에 밥을 담은 광주리를 이고 가서, / 밥상을 들이되 (지아비의) 눈썹 높이까지 공손히 들어 바칩니다. / (남편은) 진실로 고마우신 분이시니 (삼가고 조심해야 할) 손님을 대하는 것과 무엇이 다르냐?〈제4수〉

형님이 잡수신 젖을 나까지 먹습니다. / 아아, 우리 아우야 어머님 너 사랑이야. / 형제간에 화목하지 못하면 개나 돼지라 할 것이라.〈제5수〉

늙은이는 부모님 같고, 어른은 형님 같으니, / (이와) 같은데 공손하지 않으면 (짐승과) 어디가 다른 것인가. / 나로서는 (노인과 어른들을) 맞이하게 되면 절하고야 말 것이다.〈제6수〉

핵심정리

▷ **작자** 주세붕(周世鵬)
▷ **구성**

제1수	서사(序詞)	삼강오륜(三綱五倫)을 배우는 이유	전개될 내용을 포괄적으로 제시
제2수	부자유친(父子有親)	부모에 대한 자식의 도리	오륜(五倫)의 각 항목을 병렬적으로 제시
제3수	군신유의(君臣有義)	임금에 대한 신하의 도리	
제4수	부부유별(夫婦有別)	남편에 대한 아내의 도리	
제5수	형제우애(兄弟友愛)	형제 간에 지켜야 할 도리	
제6수	장유유서(長幼有序)	웃어른에 대한 아랫사람의 도리	

▷ **성격** 교훈적, 교술적, 계도적, 설득적
▷ **주제** 삼강오륜의 교훈 강조
▷ **특징** 유교 이념의 전파를 목적으로 창작되어 설교조의 어조로 시상이 전개되어 있으며, 교훈적인 의도를 직설적으로 표현함
▷ **출전** 『무릉속집(武陵續集)』

이해와 감상

| 감상 |

이 작품은 작가가 해주에서 감사 생활을 할 때 지은 것으로, '백성의 생활 풍속이 무지한 것으로 보고 이 노래를 지어 사람의 큰 윤리를 밝히고자 했다.' 라고 밝힌 데서 알 수 있듯이 삼강오륜의 내용을 바탕으로 백성들이 일상에서 지켜야 할 일들을 노래로 표현한 교훈적 시조이다.

이 작품은 서시(序詩)를 포함하여 모두 6수로 이루어진 연시조로서 삼강오륜의 유교 사상을 노래로 표현한 교훈적이고 도덕적인 시조이다. 오륜의 다섯 덕목 중, 붕우유신(朋友有信)을 제외하고 대신 형제우애(兄弟友愛)를 첨가하여 국문으로 쉽게 풀어 써서 노래 부르게 함으로써 일반 백성들을 교화하고자 지은 것이다.

「오륜가」에는 주세붕의 작품 외에도 박인로, 김상용의 작품들도 있다. 이들 역시 유교적 윤리를 주위 사람들에게 알리고자 하는 의도를 지닌 작품들로 직설적으로 교훈을 전달한다는 특성을 지닌다.

1 「오륜가」에 담긴 사회 의식

이 시조의 내용은 전체적으로 개인의 내면세계나 체험을 그린 것이 아니라, 당면한 현실적 과제의 해결에 중점을 둔다. 즉, 무너져 가는 당시의 신분 질서를 회복하고 조선의 사회 체제를 굳건히 하려는 목적으로 이 노래를 지은 것이다.

기출문제

1. 다음은 조선시대 오륜시가를 탐구하기 위한 교수·학습 자료이다. 〈보기〉를 참고하여 오륜시가의 감상 내용에 대해 〈작성 방법〉에 따라 서술하시오. [4점]

2018 A 13번

(가)
아바님 랄 나ᄒ시고 어마님 랄 기르시니
父母옷 아니시면 ㉠내 몸이 업실랏다
이 덕을 갑ᄑ려 ᄒ니 하ᄂᆞᆯ ᄀᆞ이 업스샷다   〈제2수〉

동과 항것*과를 뉘라셔 삼기신고
벌와 가여미**아 이 ᄯᅳ들 몬져 아이***
ᄒᆞᆫ ᄆᆞᄋᆞ매 두 ᄯᅳᆮ 업시 소기지나 마옵생이다   〈제3수〉

— 주세붕, 「오륜가」

(나)
부모은덕 모로고셔 ㉡졔 몸만 즁이 알며
졔 몸의 의식지졀 먹고 입기 풍비ᄒ되
부모의계 하올거슨 등한이 이져시니
부모의 훈계 ᄎᆡ망 ᄃᆡ답의 블슌ᄒ여
힝ᄀᆡ갓치 ᄃᆡ졉ᄒ니 륜긔가 믈너진다
사라셔 불효라도 그 부모 주거지면
남의 이목 위ᄒ여셔 삼연거상 이블젹의
실혼 우름 강잉ᄒ고 읍난 졍셩 지여ᄂᆡ여
예졀를 아ᄂᆞᆫ다시 졍찬으로 졔우한덜
나무 이목 두려우니 그 놈 아니 주길숀가
말 못ᄒᄂᆞᆫ 가마귀도 반포할 줄 아라거든
사람이라 명ᄒ고 미물만도 못하여라
부모의계 득죄ᄒ고 셰상의 엇지 용납ᄒ리
명쳔이 미워ᄒᆞᆺ 앙화가 일노나니
그 아니 두려우며 젼들 어이 죠흘숀가

… (하략) …

— 곽시징, 「오륜가」

* 동과 항것: 종과 주인
** 가여미: 개미
*** 아이: 아니

─ 〈보기〉 ─

　오륜시가는 조선시대 전반에 걸쳐 창작되었고, 여러 장르에서 다양한 표현 방식을 창출하면서 전개되었다. 조선 전기 악장 「오륜가」에서부터 주세붕의 시조 「오륜가」, 조선 후기 곽시징의 가사 「오륜가」 등이 그 예라 할 수 있다.
　성리학적 이념에 따라 건국된 조선은 윤리적 교화로써 공동체의 질서를 세우고 보전하는 것을 목적으로 오륜시가를 지어 보급하였다. 오륜 교화의 목적은 상하를 분별하여 낮은 위치에 놓인 사람이 높은 위치에 놓인 사람에 대해 오륜의 도리를 당위적으로 실천하게 하는 데 있다. 이러한 이유로 교화 대상자를 설득하기 위해 문학적 장치가 필요했다.
　오륜시가의 작가는 작품 속 인물에 따라 전달 방식을 달리 함으로써 독자는 의무적 수용 혹은 자발적·성찰적 수용 사이에 놓이게 된다.

─ 〈작성 방법〉 ─

· ㉠, ㉡을 중심으로 (가), (나)의 전달 방식의 차이점에 대해 서술할 것
· (가), (나)에서 각 작품과 관련된 오륜의 덕목을 드러내고 있는 자연물을 각각 찾고, 그 자연물을 끌어들인 이유를 서술할 것

문제 해설

　첫 번째 문제 조건은 서정 갈래에서 시적 화자가 청자에게 어떤 전달 방식을 드러내는가에 관한 문제로, 기입형 7번의 ㉡과 유사한 문제이고, 두 번째 문제 조건은 고전시가에서 주제를 제시할 때 사용한 자연물 제재와 그 효과를 묻는 문제이다. 첫 번째 문제 조건은 ㉠과 ㉡이 각각 누구인가, 화자가 자신에게 말하는가, 제3자에게 말하는가, 화자가 청자와 동등한 위치인가, 화자가 우월한 위치인가 등을 고려해야 할 듯하다. 그리고 〈보기〉에 제시된 '의무적 수용', '자발적·성찰적 수용'이란 용어를 제시할 필요가 있다. 두 번째 문제 조건은 오륜과 관련 있는 자연물을 제시하고 그 자연물과 오륜의 관계를 묻고 있으므로 각각 충과 효를 잘 드러낸다는 의미로 답을 하면 될 듯하다.

예상 답안

　(가)에서 ㉠은 시적 화자 자신인데, 시적 화자는 ㉠에서 자기 자신과 동등한 인물을 독자(청자)로 설정하여 말하는 방식을 택해 자발적·성찰적 수용을 강조하고, (나)에서 ㉡은 제3자인데, 시적 화자는 우월한 위치에서 자신보다 하위의 제3자를 독자(청자)로 설정하여 말하는 전달 방식을 택해 의무적 수용을 강조한다.
　(가)에서는 (군신유의(君臣有義)의 덕목을) 벌과 개미("벌과 가여미")를 통해 드러내며, 벌과 개미의 충직한 습성을 통해 '두 마음을 품지 않는 충'이라는 주제를 효과적으로 드러낸다. (나)에서는 (효와 관련 있는 부자유친(父子有親)의 덕목을) '가마귀'를 통해 드러내며, 가마귀가 반포보은한다는 고사를 통해 '부모에 대한 효'라는 주제를 효과적으로 드러낸다.

작품 30 ▶ 훈민가(訓民歌)

[1]
아바님 날 나ᄒᆞ시고 어마님 날 기ᄅᆞ시니
두분 곳 아니시면 이 몸이 사라실가
하늘 ᄀᆞ튼 ᄀᆞ업손 은덕을 어듸 다혀 갑ᄉᆞ오리.

부생모육의 은혜
|해석| 아버님이 나를 낳으시고 어머님께서 나를 기르시니 / 두 분이 아니셨다면 이 몸이 살아있었겠는가 / 하늘과 같이 높으신 은덕을 어느 곳에 갚아드리오리까?

[2]
님금과 백성과 ᄉᆞ이 하늘과 짜히로듸
내의 셜운 일을 다 아로려 ᄒᆞ시거든
우린들 살진 미나리를 홈자 엇디 머그리.

임금과 백성의 관계와 부모님의 배려
|해석| 임금과 백성의 사이는 하늘과 땅만큼 차이가 큰데 / 나의 서러운 일까지 다 알려고 마음쓰시고, 헤아리니 / 우리들 살진 미나리를 어찌 혼자 먹을 수 있으리오.

[3]
형아 아이야 네 술흘 만져 보아
뉘손듸 타 나관듸 양재조차 ᄀᆞᄐᆞᆫ다
ᄒᆞᆫ 졋 먹고 길러나 이셔 닷 마음을 먹디 마라.

형제간의 반복을 금하고 우애있게 지내기를 바람
|해석| 형아, 아우야 네 살들을 한 번 만져 보아라. / (너희 형제가) 누구에게서 태어났길래 얼굴의 생김새까지 닮았단 말이냐? / (한 어머니에게서)같은 젖을 먹고 길러졌기에, 딴 마음을 먹지 마라.

[4]
어버이 사라신 제 셤길 일란 다하여라.
디나간 후면 애듧다 엇디ᄒᆞ리
평생(平生)애 곳텨 못ᄒᆞᆯ 일이 잇ᄲᅮᆫ인가 ᄒᆞ노라.

부모님에 대한 효도권유
|해석| 부모님 살아계실 동안에 섬기는 일을 정성껏 다하여라. / 세월이 지나 돌아가시고나면 아무리 뉘우치고 애닯다 한들 어쩌겠는가. / 평생에 다시 못할 일이 부모님을 섬기는 일이 아닌가 하노라.

[5]
ᄒᆞᆫ 몸 둘헤 ᄂᆞ화 부부를 삼기실샤
이신 제 함ᄭᅴ 늙고 주그면 ᄒᆞᆫ듸 간다
어듸셔 망녕의 ᄭᅴ시 눈 흘긔려 ᄒᆞᄂᆞ뇨.

부부는 동심일체, 상호간의 존경
| 해석 | 한몸을 둘로 나누어 부부를 삼으셨기에 / 살아있는 동안에 함께 늙어죽고 죽어서도 같은 곳에 가는구나 / 어디서 망령된 것이 눈을 흘기려고 하는가?

[8]
마을 사름들아 올한 일 하쟈스라
사름이 되어나셔 올치옷 못ᄒ면
ᄆ쇼를 갓곳갈 씌워 밥 먹이나 다르랴.

올바른 행동권유
| 해석 | 마을 사람들아 올바른 행동을 하자꾸나 / 사람으로 태어나서 옳지 못하면 / 말과 소에게 갓이나 고깔을 씌워 놓고 밥이나 먹이는 것과 다를 게 무엇이겠는가

[10]
눔으로 삼긴 듕의 벗ᄀ티 유신(有信)하랴
내의 왼 일을 다 닐오려 ᄒ노매라.
이 몸이 벗님곳 아니면 사름되미 쉬올가.

벗의 관계
| 해석 | 남남으로 생긴 가운데 친구같이 신의가 있어 / 나의 모든 일을 말하려 하노라 / 이 몸이 친구가 아니면 사람됨이 쉬울까

[11]
어와 뎌 족하야 밥 업시 엇디ᄒᆯ고
어와 뎌 아자바 옷 업시 엇디ᄒᆞᆯ고
머흔 일 다 닐러스라 돌보고져 ᄒ노라.

상부상조의 정신
| 해석 | 아, 저 조카여, 밥 없이 어찌할 것인고 / 아, 저 아저씨여, 옷 없이 어찌할 것인고 / 궂은 일 있으면 다 말해주시오. 돌보아 드리고자 합니다

[13]
오늘도 다 새거다 호믜 메고 가쟈스라.
내 논 다 ᄆᆡ여든 네 논 졈 ᄆᆡ여 주마.
올 길헤 ᄲᅩᆼ ᄠᅡ다가 누에 머겨 보쟈스라.

근면한 농사일 상부상조의 정신
| 해석 | 오늘도 날이 다 밝았다, 호미매고 가자꾸나 / 내 논을 다 매거든 너의 논을 조금 매어주마 / 일을 마치고 돌아오는 길에 뽕을 따다가 누에에게 먹여보자꾸나

[14]
비록 못 니버도 ᄂᆞ믜 오슬 앗디 마라.
비록 못 먹어도 ᄂᆞ믜 밥을 비디 마라.
ᄒᆞᆫ젹 곳 ᄠᅴ시른 휘면 고텨 씻기 어려우리.

남의 물건을 탐내지 말 것
|해석| 비록 못 입어도 남의 옷을 빼앗지 마라
비록 못 먹어도 남의 밥을 빌지 마라
한 번만이라도 때가 묻은 후면 다시 (그 죄를) 씻기 어려우리

[15]
쌍뉵(雙六) 쟝긔(將碁) ᄒᆞ디 마라 숑ᄉᆞ(訟事) 글월 ᄒᆞ디 마라.
집배야 므슴ᄒᆞ며 ᄂᆞ미 원슈 될 줄 엇디,
나랏히 법을 세우샤 죄 잇ᄂᆞᆫ 줄 모ᄅᆞᄂᆞᆫ다

도박과 송사를 금함
|해석| 노름이나 장기를 하지마라. 고소문 쓰지마라. / 집안을 탕진하면 무엇을 할수 있으며, 남의 원수되면 어떻게 할 것인가 / 나라가 법을 세우시는데 죄 있는 줄을 모르겠느냐

[16]
이고 진 뎌 늘그니 짐 프러 나를 주오
나는 졈엇써니 돌히라 므거올가
늘거도 셜웨라커든 짐을 조차 지실가.

노인에 대한 공경의 마음-하늘같이 끝없는 부모의 은덕
|해석| 머리에 이고 등에 짐을 진 저 늙은이, 짐 풀어서 나에게 주오 / 나는 젊었거든 돌이라도 무겁겠소? / 늙는 것도 서럽다하는데 무거운 짐까지 지셔야겠소?

　이 작품은 송나라 신종(神宗)때 진양이 지은 「선거권유문(仙居勸誘文)」의 내용 중 '반백자불부대(斑白者不負戴)'를 시화하여 늙은이에 대한 애련을 나타낸 부분이다. 경로사상을 일깨워주기 위한 노래로, 「훈민가」의 마지막 수다. 초·중장에서는 짐을 이고 진 노인의 힘겨운 모습을 나타내었고, 종장은 그러한 늙음에 대한 연민으로 노인을 공경하고자 하는 마음을 표현하였다.

핵심정리

▷ 작자 정철(鄭澈)
▷ 갈래 연시조
▷ 성격 교훈적, 설득적, 계몽적, 유교적
▷ 제재 유교의 윤리, 도덕
▷ 주제 올바른 삶의 도리, 유교 윤리의 실천 권장
▷ 의의 ① 계몽적이고 교훈적 노래지만 세련된 문학적 기교로 작가의 문학적 안목이 드러남
② 연시조의 형태를 취하고 있으나 각 수가 독립되어 있음

▷ 특징
① 「경민가」, 「권민가」로 불리기도 하는 일종의 목적 문학임
② 백성들의 교화를 위한 계몽적, 교훈적 성격의 노래
③ 우리말로 된 일상어의 사용으로 백성들의 이해를 도움
④ 청유형, 명령형 어미의 사용으로 설득력을 높임

🔍 이해와 감상

| 해설 |

　이 작품은 작가가 강원도 관찰사로 재직하였던 1580년(선조 13) 정원부터 이듬해 3월 사이에 백성들을 계몽하고 교화하기 위하여 지은 것으로 일명 「경민가」 또는 「권민가」라고도 한다. 송나라 진양(陣襄)이 지은 「선거권유문(仙居勸誘文)」의 13조목에 군신(君臣)·장유(長幼)·붕우(朋友)의 3조목을 추가하여 시조 형식으로 표현하였으며, 『송강가사』에 실려 있다.
　「훈민가」의 창작 의도는 백성들이 유교적인 윤리관에 근거하여 바람직한 생활을 영위하도록 권유하는 데 있었다. 사실 도덕의 실천궁행(實踐躬行)을 목적으로 하는 계몽적인 내용의 작품들은 독자들의 호응을 얻기가 쉽지 않다. 그래서 작가는 이를 일방적으로 따르도록 명령하는 어법만을 사용하지 않고, 청유적 어법을 섞어서 활용하였으며 백성들이 절실하게 느끼는 인간 관계를 설정하고 정감 어린 어휘들을 사용함으로써 다른 어떤 작품들보다도 강한 설득력을 얻고 있다. 즉, 이 작품은 인정이 넘치는 나와 너, 한 백성과 또 다른 백성의 목소리가 부각되고 있는 것이다.
　순수한 우리말로 지어서 민중들의 이해와 접근을 용이하게 하였으며, 청유형이나 명령형으로 민중을 설득하는 강한 효과를 이끌어내고 있다.

❶ 「훈민가」의 전달 체계 : 화자의 세 모습

　「훈민가」는 교화를 목적으로 지은 노래이므로, 문학의 효용성이 두드러지게 나타나고, 화자가 청자에게 메시지를 전달하는 방식이 관건이 된다. 일반적인 사대부 시조에서는 작자와 화자가 일치하게 된다. 그렇다 보니 훈민 시조의 화자는 대부분 청자보다 높은 층위에서 발화하는 '화자 상위형'이 보편적인 양상이나, 「훈민가」는 화자가 청자보다 낮은 층위에서 발화하는 '화자 하위형'과 어떤 일에 대해 화자가 전면에 나서 적극적으로 행동한 후에 이웃에게 권유, 동참을 유도하는 '화자·청자 동등형'도 나타난다.
　「훈민가」에서 화자 하위형에 해당하는 작품은 1, 2, 9, 10, 16 수로 이들은 오륜의 질서를 그 중심 내용으로 하며 화자·청자 동등형은 7, 8, 13 수로 자제의 교육, 사람의 도리, 근면과 상부상조를 권장하는 내용이다.

❷ 명령, 청유형 어미를 통한 화자의 표현 방식

① ~디 마라
　당위적 명령형 표현을 통해 인간의 기본 도리 실천을 강조함
② ~쟈스라
　청유형의 표현을 통해 바람직한 생각의 실천을 권유함
③ 이 작품은 작자가 강원도 관찰사로 부임하였을 때, 백성이 도덕을 깨우치고 이웃들과 상부상조하는 바람직한 생활을 하도록 권계하기 위하여 지은 것이다. 따라서 사람이 지녀야 할 당위적인 유교 윤리의 가르침에 대해서는 강한 어조로 강조하고 있고, 향촌에서 서로 도우며 살아가는 미덕을 실천하도록 권유하는 연에서는 청유형의 표현을 쓰고 있다. 내용에 따라 적합한 표현을 사용함으로써 전달 효과를 극대화하고 있다.

❸ '정철'의 삶과 문학적 재능

　「훈민가」는 그의 대표적 가사 작품인 「관동별곡」의 연장선 상에서 백성들의 풍속이 우매한 것을 보고 이들을 교화하기 위해 지었다고 볼 수 있는데, 경직된 한문투의 표현이 아니라 「관동별곡」보다는 평이하고 정감 있는 말로 생동감 있게 유교 윤리를 깨우치고 있다. 이는 정철의 문학적 재능이 탁월했음을 알려 주는 방증(傍證)이 된다.

작품 31 >> 도산십이곡(陶山十二曲)

〈도산육곡지일〉 言志

1.
이런들 엇더ᄒᆞ며 뎌런들 엇더ᄒᆞ료
초야우생(草野愚生)이 이러타 엇더ᄒᆞ료
ᄒᆞᄆᆞᆯ며 천석고황(泉石膏肓)을 고텨 므슴 ᄒᆞ료.

해석
*천석고황 : 자연의 아름다운 경치를 몹시 사랑하고 즐기는 성벽(性癖).=연하고질(煙霞痼疾)
  이런들 어떠하며 저런들 어떠하랴? / 시골에서 살아가는 어리석은 사람(시골 선비)의 삶이 이렇다고(공명이나 시비를 떠나 살아간다) 어떠하랴? / 더구나 자연을 사랑하는 고질병을 고쳐서 무엇하랴?

2.
연하(煙霞)에 집을 삼고 풍월(風月)로 버들 사마
태평성대(太平聖代)에 병으로 늘거 가니
이 듕에 ᄇᆞ라는 일은 허믈이나 업고쟈

해석
  안개와 노을을 집으로 삼고 풍월을 친구로 삼아 / 태평성대에 병으로 늙어가네 / 이 중에 바라는 일은 허물이나 없이 살고 싶다.

3.
순풍(淳風)이 죽다 ᄒᆞ니 진실로 거즈 마리
인성(人性)이 어지다 ᄒᆞ니 진실로 올ᄒᆞᆫ 마리
천하(天下)에 허다 영재(英才)를 소겨 말솜ᄒᆞᆯ가

해석
*순풍 : 순박한 풍속 / *인성 : 인간의 어진 품성 / *시적대상 : 순풍, 인성
  예부터 내려오는 순수한 풍습이 줄어 없어지고 사람의 성품이 악하다고 하니 이것은 참으로 거짓이다. / 인간의 성품은 본디부터 어질다고 하니 참으로 옳은 말이다. / 그러므로 착한 성품으로 순수한 풍습을 이룰 수 있는 것을 그렇지 않다고 많은 슬기로운 사람(영재)을 속여서 말할 수 있을까?

4.
유란(幽蘭)이 재곡(在谷)하니 자연이 듣디 죠희
백설(白雪)이 재산(在山)하니 자연이 보디 죠해
이 듕에 피미일인(彼美一人)을 더옥 닛디 못하얘

해석
*피미일인 : 저 아름다운 한 사람, 곧 임금을 뜻함
  그윽한 난초가 골짜기에 피어 있으니 듣기 좋아 / 흰 눈이 산에 가득하니 자연이 보기 좋아 / 이 중에 아름다운 한 사람(왕)을 더욱 잊지 못하네
  위 시조는 벼슬자리를 떠나 자연에 흠뻑 빠져 지내면서도 임금을 그리워하는 정을 노래하고 있다. 초장의 '듣디 죠희(듣는 게 좋구나)'는 난초 향기에 대하여 논리상 모순의 표현이지만, 한시의 번역 표현에서 비롯된 까닭이다. 마지막 종장의 '피미일인'은 고운 분, 즉 '임금'을 나타낸다.

5.
산전(山前)에 유대(有臺)호고 대하(臺下)애 유수(有水)ㅣ로다.
떼 만흔 골며기는 오명가명 호거든
엇더다 교교백구(皎皎白駒)는 머리 무음 호는고

> 해석
> *교교백구 : 현자(賢者)가 타는 흰 망아지. 여기서는 현자
>   산 앞에 높은 대가 있고, 대 아래에 물이 흐르는구나. / 떼를 지어 갈매기는 오락가락 하는데 / 어찌하여 현자(인재)들은 (정치에서 / 나로부터) 멀리 마음을 두는가

6.
춘풍(春風)에 화만산(花萬山)호고 추야(秋夜)애 월만대(月萬臺)라
사시가흥(四時佳興)ㅣ 사롬과 흔 가지라.
호믈며 어약연비(魚躍鳶飛) 운영천광(雲影天光)이아 어늬 그지 이슬고.

> 해석
> *어약연비 운영천광 : 대자연의 우주적 조화와 오묘한 이치를 가리킴 / 어약연비 : 물고기가 뛰어 오르고, 솔개가 날다. / *운영천광 : 구름의 그림자와 하늘의 밝음
>   춘풍에 산에 꽃이 가득 피고 가을 밤 정저에 달빛 그윽하다/사계절의 흥이 사람과 한가지로구나/하물며 물고기 뛰고 제비가 날고 구름 속에서 햇빛 비치는 일이 어찌 끝이 있겠는가

〈도산육곡지이〉 言學

1(7).
천운대 도라드러 완락재 소쇄(瀟灑)호디
만권(萬卷) 생애(生涯)로 낙사(樂事)ㅣ 무궁(無窮)호애라.
이 중에 왕래(往來) 풍류를 닐어 므슴홀고

> 해석
> 천운대를 돌아서 완락재가 맑고 깨끗한데 / 많은 책을 읽는 인생으로 즐거운 일이 끝이 없구나./ 이 중에 오고 가는 풍류를 말해 무엇할까.

2(8).
뇌정(雷霆)이 파산(破山)호야도 농자(聾者)는 못 듣누니
백일(白日)이 중천호야도 고자(고者)는 못 보누니
우리는 이목 총명(聰明) 남자로 농고(聾瞽) 곧디 마로리

> 해석
>   벼락이 산을 부숴도 귀먹은 자는 못 듣고/태양이 하늘 한가운데 떠 있어도 장님은 보지 못 하니/우리는 눈도 밝고 귀도 밝은 남자로서 귀먹은자와 장님같지는 말아야 한다(학문을 닦아 도를 깨우치며 살자).

3(9).
고인(古人)도 날 몯 보고 나도 고인 몯 뵈
고인을 몯 봐도 녀던 길 알픽 잇니
녀던 길 알픽 잇거든 아니 녀고 엇멸고

해석
  옛 어른이 나를 못 보고 나도 옛 어른 뵙지 못하네/고인을 뵙지 못해도 그분들 행하시던 길은 앞에 놓여 있네/그 길(진리의 길)이 앞에 있으니 나 또한 아니 가고 어떻게 하겠는가?

4(10).
당시(當時)예 녀던 길흘 몃 히를 브려 두고
어듸 가 둔니다가 이제아 도라온고
이제나 도라오나니 년듸 마솜 마로리.

해석
  그 당시에 학문에 뜻을 두고 실천하던 길을 몇 해나 버려두고/ 어디로 가 다니다가 이제야 돌아왔는가?/이제라도 돌아왔으니 다른 곳에 마음을 두지 않으리라.
감상
  언학(言學)을 내용으로 하는 '후(後)6곡'의 넷째 수다. 젊을 때 학문에 뜻을 두다가 수양의 정도(正道)을 져버리고 늦지 않게 학문 수양에 힘쓰리라는 다짐을 하고 있다.

5(11).
청산(靑山)은 엇뎨ᄒ야 만고(萬古)애 프르르며,
유수(流水)는 엇뎨ᄒ야 주야(晝夜)애 긋디 아니ᄂ고.
우리도 그치디 마라 만고상청(萬古常靑) ᄒ오리라.

해석
  청산은 어찌하여 변함 없이(항상) 푸르며,/흐르는 물은 어찌하여 밤낮으로 그칠 줄을 모르는가/우리도 그치지 말고 오래도록 높고 푸르게 살아가리라.
  '청산'과 '유수'라는 자연의 영원 불변성을 소재로 하여 인생 무상을 먼저 극복하고, 자연을 닮아 변치 않는 지조와 인품으로 살아가겠다는 다짐과 아울러 교훈적인 의미를 전하고 있다. 허무와 회의에 빠진 삶이 아니라, 정신적인 학문 수양을 꾸준히 그침없이 나아가 한결같은 마음으로 '만고상청'하는 우리의 삶을 이루어 보자는 내용이다.

6(12).
우부(愚夫)도 알며 ᄒ거니 긔 아니 쉬운가?
성인도 못다 ᄒ시니 긔 아니 어려온가?
쉽거나 어렵거낫 듕에 늙ᄂ 주를 몰래라.

해석
  어리석은 사람도 알며 실천하는데, 그것이 쉬운 일이 아닌가? / 성인도 못 다 행하니, 그것이 또한 어려운 일이 아닌가? / (학문 수양 하면서) 쉽거나 어렵거나 간에 늙는 줄을 모르겠구나

  〈도산십이곡〉의 '결사'부분으로, 학문에 대한 작자의 원숙한 태도를 나타내고 있다. 학문에 뜻을 둔다는 것쯤은 어리석은 사람도 쉽게 알며 행하려고 하지만, 막상 그 실천의 과정에서는 성인이라도 끝없는 학문의 길을 못다 이룬다는 내용이다. 그리고 학문의 수양이 쉽든 어렵든 실천해 나가고 있는 중에는, 몰입하고 있는 자신이 세월이 흘러 늙어가는 것 또한 모를 정도라고 하면서 학문 수양의 길을 강조하고 있다.

핵심정리

▷ **작자** 이황(李滉)
▷ **갈래** 평시조, 연시조
▷ **연대** 조선 명종 20년(1565년)
▷ **구성** 전 6곡(言志), 후 6곡(言學) 전체 12수
▷ **성격** 교훈적, 회고적
▷ **제재** 자연, 학문
▷ **주제** 자연 친화적 삶의 추구와 학문 수양에 대한 변함없는 의지

▷ **특징**
 ① 도학파의 자연 관조적 자세와 학문 정진에 대한 의지가 잘 나타남
 ② 낯설고 어려운 한자어가 많이 사용됨
 ③ 반복법, 설의법, 대구법 등을 통해 주제를 부각함
▷ **출전** 『진본 청구영언』

이해와 감상

| 해설 |

이 작품은 총 12수로 전반부와 후반부로 나누어지는데, 전반부 6수는 자연의 감흥을 내용으로 하는 언지(言志)이고 후반부 6수는 학문 수양의 자세를 노래한 언학(言學)이다.

퇴계가 관직에서 물러나, 도산 서원을 건립하고 후진 교육을 양성시키고 있을 때 지은 작품이다.

이 작품은 이황(李滉)이 지은 연시조로서, 작가가 안동에 도산 서원을 세우고 학문에 열중하면서 사물을 대할 때 일어나는 감흥과 수양의 경지를 읊은 것이다. 모두 12곡으로 이루어졌으며, 작가 자신이 전 6곡(前六曲)을 언지(言志), 후 6곡(後六曲)을 언학(言學)이라 하였다. 전 6곡은 자연에 동화된 생활을 하면서 사물에 접하는 감흥을 노래한 것이고, 후 6곡은 학문 수양에 임하는 심경을 노래한 것이다.

중국 문학을 차용한 것이 많고, 생경한 한자어가 많이 사용되어 문학적으로 볼 때에는 아쉬운 점도 있으나, 인간 속세를 떠나 자연에 흠뻑 취해 사는 자연 귀의 생활과 후진 양성을 위한 강학, 사색에 침잠하는 학문 생활을 솔직 담백하게 표현해 놓은 점이 훌륭하다. 한편, 이 작품의 끝에 붙인 발문(跋文)에 작자 자신이 이 노래를 짓게 된 연유와 우리나라 가요를 평하고 있다. 성리학 대가의 작품이라는 데서 시조의 성장과 발전에 유학자들이 기여했음을 입증할 만한 작품이다.

| 감상 |

[제 1곡]

세상의 벼슬과 물질, 이기들을 멀리하고 자연만을 알고 자연에 묻혀 사는 사람이 이렇게 살아간들 저렇게 살아간들 아무 상관이 없다는 내용으로, 전원에 대한 깊은 애정을 표현하고 있다. 아름다운 자연에 순응하면서 순리대로 살아가려는 간절한 마음을 종장에서 '천석고황'이라는 고치지 못할 병으로까지 비유하고 있다.

[제 4곡]

위의 작품은 벼슬자리를 떠나 자연에 흠뻑 빠져 지내면서도 임금을 그리워하는 정을 노래하고 있다. 초장의 '난초 향'을 '듣는 게 좋다'로 표현한 것은 논리상 모순된 표현인데, 한시의 번역 표현에서 나타난 것으로 볼 수 있다. 종장의 '피미일인'은 '고운 분' 즉, 임금을 나타낸다.

[제 5곡]

아름다운 자연을 두고 먼지 낀 속세만을 그리워하고 미련을 버리지 못하는 사람들을 나무라고 있다. 초장과 중장에서 아름다운 자연의 모습을 제시하고, 종장에서 글이나 좀 읽고 수양을 쌓았다는 자들이 입신양명에만 눈이 어두워 아름다운 자연을 등지는 안타까운 현실을 개탄하고 있다.

[제 6곡]

이 연에서는 사시(四時) 자연(自然)의 한없이 아름답고 흥겨운 조화의 세계를 웅대한 드라마처럼 펼쳐 보이고 있다. 그리고 작자는 이러한 대자연의 조화와 질서에 완전히 도취된 모습을 보여 주고 있다. '사시가흥(四時佳興)이 사롬과 혼가지라.'에 이러한 작자의 모습이 잘 드러나 있다. '사시가흥'이 사람과 같은 것은 이루어야 할 목표이지 현재 삶의 실상은 아니다. 즉,

이 작품에서 '자연'은 이상 세계(성리학적 개념으로는 이(理)를 말한다)이며, 그 이상을 찾아 작자는 벼슬을 버리고 자연에 귀의한 것이다. 거기서 작자는 '어약연비 운영천광(魚躍鳶飛 雲影天光 : 물고기가 힘있게 뛰어 오르고 하늘 멀리 소리개가 날아가며 구름이 그늘을 짓고 태양이 빛남)'의 우주적 생명과 만나게 되는 것이다. 불교의 진여(眞如)의 세계가 이런 것이 아닐까 싶다.

[제 9 곡]
대구법을 이룬 초장의 '고인(과거)'과 중장의 '알픠 잇닉(현재)', 종장의 '아니 녀고 엇뎔고(미래)'는 이 시조의 시간적인 구성을 이루고 있다. 옛 성현들의 인륜지도(人倫之道)가 면면히 이어져 내려오고 있으니, 현재의 우리도 그 길을 실천하며 살아야 하지 않겠는가의 내용을 앞구와 뒷구의 연쇄법의 효과로 잘 나타내고 있다.

[제 10 곡]
언학(言學) 부분의 넷째 수로서 학문과 수양에 대한 정진을 강조했다. 초장과 중장은 학문의 길을 중도에서 포기한 사람들에 대해 질책하는 것처럼 보이지만, 종장을 보면 그것은 결국 자기 자신에 대한 채찍질임을 알 수 있다.

[제 11 곡]
'청산'과 '유수'라는 자연의 영원 불변성을 소재로 하여 인생무상을 먼저 극복하고, 자연을 닮아 변치 않는 지조와 인품으로 살아가겠다는 다짐과 아울러 교훈적인 의미를 전하고 있다. 허무와 회의에 빠진 삶이 아니라, 정신적인 학문 수양을 꾸준히 그침 없이 나아가 한결같은 마음으로 만고상청하는 우리의 삶을 이루어 보자는 내용이다.

1 창작 동기 – 「도산십이곡(陶山十二曲)」 발(跋) 전문

> 이 「도산십이곡」은 도산 노인이 지은 것이다. 노인이 이 시조를 지은 까닭은 무엇 때문인가. 우리 동방의 가곡은 대체로 음와(음탕)하여 족히 말할 수 없게 되었다. 저 「한림별곡」과 같은 류는 문인의 구기(口氣)에서 나왔지만 긍호(矜豪)와 방탕에다 설만(褻慢)과 희압(戱狎)을 겸하여 더욱이 구낯로서 숭상할 바 못 되고, 다만 근세에 이별(李鼈)이 지은 「육가(六歌)」란 것이 있어서 세상이 많이들 전한다. 오히려 저것(육가)이 이것(한림별곡)보다 나을 듯하나, 역시 그중에는 완세 불공(玩世不恭)의 뜻이 있고 온유돈후(溫柔敦厚)의 실(實)이 적은 것이 애석한 일이다.
>
> 〈중략〉
>
> 그러기에 내가 일찍이 이별의 노래를 대략 모방하여 「도산 육곡」을 지은 것이 둘이니, 〈기 일(基一)〉에는 '지(志)'를 말하였고, 〈기 이(基二)〉에는 '학(學)'을 말하였다. 아이들로 하여금 조석(朝夕)으로 이를 연습하여 노래로 부르게 하고는 궤를 비겨 듣기도 하려니와, 또한 아이들로 하여금 스스로 노래를 부르는 한편 스스로 무도(舞蹈)를 한다면 거의 비린(鄙吝)을 씻고 감발(感發)하고 융통할 바 있어서, 가자(歌者)와 청자(聽者)가 서로 자익(資益)이 없지 않을 것이다.

2 성리학적 이념의 문학적 형상화

작자는 〈제 1 곡〉에서 세속에 얽매이지 않으며 주변의 자연과 벗하며 살고 싶은 심정을 드러내고 있고, 〈제 10 곡〉에서는 자신이 그간 벼슬살이를 한 것을 후회하면서 학문 수양을 다짐하고 있다. 그리고 〈제11곡〉에서는 인간이 끊임없는 학문 수양을 통해 자연의 영원성을 닮을 수 있음을 깨우치고 있다. 이 작품을 통해 벼슬에서 물러난 후 서원을 지어 후진을 양성하면서 성리학 연구에 몰두하는 대학자의 기품을 엿볼 수 있다.

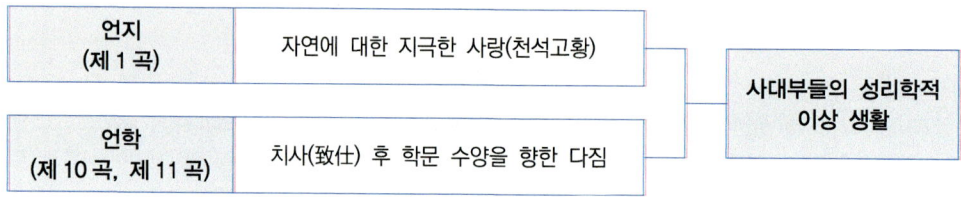

> **참고** 「도산십이곡(陶山十二曲)」 발(跋)
>
> **(1) 내용 요약**
> ① 「한림별곡」과 같은 '경기체가'는 으스대며 마음대로 하고 게다가 외람되고 버릇없이 하고, 이별의 「육가(六歌)」는 세상을 놀려대며 삼가지 아니하는 뜻이 있어 온유돈후(溫柔敦厚)한 실(實)이 적다.
> ② 한시는 노래 부를 수 없으므로, 노래로 부르기 위해서는 우리말로 된 시가를 지어야 한다.
> ③ 이별의 「육가」를 본떠서 「도산육곡」 둘을 지으니 하나는 언지(言志)이고 하나는 언학(言學)이다. 비루한 마음을 거의 다 씻어 버리고, 느낌이 일어나 마음이 녹아 서로 통하게 한다.
> ④ 「도산십이곡」을 읽는 자의 거취의 여하를 기다리기로 한다. 퇴계는 노래를 부를 수 있는 시조가 그럴 수 없는 한시보다 요긴하다고 하였다. 곧 시조를 통해 노래 부르고 춤추기도 하면, 감정을 유발하여 서로 통하게 하는 효과가 크고, 노래 부르는 사람과 이를 듣는 사람이 서로 유익하게 되는 관계가 이루어진다는 것이다. 「육가」를 본떠서 「도산육곡」을 지은 것은, 그에게는 세상을 희롱하기 보다는 도를 깨닫고 전하는 것이 더욱 중요했기 때문이다.
>
> **(2) 이황의 문학관**
> 이황은 문학이 재도지기(載道之器 : 도를 담는 그릇)가 되어야 한다고 하여 문학의 효용론을 강조하였다. 도학을 강조하여 문학을 통해 도학을 전하고자 하였으므로 자신의 사상을 시조에 담아 표현하였는데, 그 표현보다는 내용을 더 중시하였다. 「도산십이곡」 역시 그 발문에서 밝혔듯이 이러한 문학관이 잘 반영되어 있다. 그러나 문학 자체의 가치보다는 문학의 목적성을 강조한 결과, 독창적이고 참신한 내용과 표현을 개척하는 데에는 한계를 지니고 있다.

기출문제

1. (가)~(다)는 교수·학습 상황이고 (라)는 학생의 학습 활동 결과이다. 학생의 학습 활동 결과에 대해 〈작성 방법〉에 따라 서술하시오. [4점]

2021년 B 5번

(가) 성취기준
- [12문학 03-02] 대표적인 문학 작품을 통해 한국 문학의 전통과 특질을 파악하고 감상한다.

(나) 교수 내용의 요지

　자연 친화적 삶의 형상화는 한국 문학의 중요한 전통 중 하나로서, 조선 전기 사대부 문학에는 대표적으로 자연의 의미와 역할이 다음과 같이 나타난다.

　㉠ 완상(玩賞)의 대상으로서 감흥이나 즐거움을 느끼게 함.
　㉡ 정치 현실과 거리를 둔 공간으로서 연군의 정을 느끼게 함.
　㉢ 도(道)의 구현체로서 삶의 모범을 보여 줌.
　㉣ 학문의 공간으로서 수양의 환경을 형성함.

　이황의 〈도산십이곡〉은 '언지(言志)' 6수와 '언학(言學)' 6수로 구성되어 있는 연시조로서, '언지'에서는 주로 ㉠과 ㉡이, '언학'에서는 주로 ㉢과 ㉣이 우세하게 나타난다.

(다) 학습 활동

※ 다음은 이황의 〈도산십이곡〉의 일부를 순서 없이 배열한 것이다. [A]~[D]에 나타난 자연의 의미를 파악하여 '언지'와 '언학'으로 구분해 보고 그렇게 판단한 이유를 적어 보자.

[A]
유란(幽蘭)이 재곡(在谷)ᄒᆞ니 자연(自然)이 듯디 죠희
백운(白雲)이 재산(在山)ᄒᆞ니 자연이 보디 죠해
이 중에 피미일인(彼美一人)을 더옥 닛디 못ᄒᆞ얘

[B]
청산(靑山)은 엇제ᄒᆞ여 만고(萬古)애 프르르며
유수(流水)는 엇제ᄒᆞ여 주야(晝夜)애 긋지 아니ᄂᆞᆫ고
우리도 그치지 마라 만고상청(萬古常靑) ᄒᆞ리라

[C]
연하(煙霞)로 집을 삼고 풍월(風月)로 벗을 사마
태평성대(太平聖代)에 병(病)으로 늘거 가뇌
이 중에 ᄇᆞ라는 일은 허믈이나 업고쟈

> [D]
> 천운대(天雲臺) 도라드러 완락재(琓樂齋) 소쇄(瀟灑)ᄒᆞ듸
> 만권(萬卷) 생애(生涯)로 낙사(樂事)ㅣ 무궁ᄒᆞ얘라
> 이 중에 왕래풍류(往來風流)를 닐러 므슴 ᄒᆞ고

(라) 학습 활동 결과

구분	판단 결과의 이유	
[A]	'유란'과 '백운'을 보면서 감흥을 느끼는 가운데 임금으로 추정되는 '피미일인'을 그리워하는 마음이 나타난 것으로 보아, 언지에 포함될 것으로 보인다.	①
[B]		②
[C]	'연하'와 '풍월'로 표상되는 자연을 완상하면서 느끼는 즐거움이 태평성대를 누리고자 하는 태도로 이어지는 것으로 보아, 언지에 포함될 것으로 보인다.	③
[D]	자연과 어우러진 '천운대'와 '완락재'의 '소쇄'한 풍경을 보며 풍류를 즐기는 감흥이 나타난 것으로 보아, 언지에 포함될 것으로 보인다.	④

─────────── 〈작성 방법〉 ───────────
◦ ②에 들어갈 내용을 서술할 것.
◦ ①, ③, ④에서 적절하지 않은 내용을 찾고, 그 이유를 서술할 것.

📝 예상 답안

'청산'과 '유수'는 쉼 없이 이어지는 부지런한 존재로 우리도 학문을 하면서 그렇게 성실하고 근면한 태도로 임해야 한다는 것으로 보아 '언학'으로 보인다.
④가 적절하지 않은데, ④는 '천운대'와 '완락재'의 '소쇄'한 풍경 속에서 만 권의 책을 읽으며 즐거움을 찾고, 그러한 학자와 교류하는 내용이어서 '언학'에 해당된다.

※ (2~3) 다음의 두 작품을 읽고, 아래 물음에 답하시오. [총 8점]

(가)
　내가 집이 가난하여 말이 없으므로 혹 빌려서 타는데, 여위고 둔하여 걸음이 느린 말이면 비록 급한 일이 있어도 감히 채찍질을 가하지 못하고 조심하여 곧 넘어질 것같이 여기다가, 개울이나 구렁을 만나면 내려서 걸어가므로 후회하였으나, 발이 높고 귀가 날카로운 준마로서 잘 달리는 말에 올라타면 의기양양하게 마음대로 채찍질하여 고삐를 놓으면 언덕과 골짜기가 평지처럼 보이니 심히 장쾌하였다. 그러나 어떤 때에는 위태로워서 떨어지는 근심을 면치 못하였다.
　아! 사람의 마음이 옮겨지고 바뀌는 것이 이와 같을까? 남의 물건을 빌려서 하루 아침 소용에 대비하는 것도 이와 같거든, 하물며 참으로 자기가 가지고 있는 것이랴.
　그러나 사람이 가지고 있는 것이 어느 것이나 빌리지 아니한 것이 없다. 임금은 백성으로부터 힘을 빌려서 높고 부귀한 자리를 가졌고, 신하는 임금으로부터 권세를 빌려 은총과 귀함을 누리며, 아들은 아비로부터, 지어미는 지아비로부터, 비복(婢僕)은 상전으로부터 힘과 권세를 빌려서 가지고 있다.
　그 빌린 바가 또한 깊고 많아서 대개는 자기 소유로 하고 끝내 ㉠반성할 줄 모르고 있으니, 어찌 미혹(迷惑)한 일이 아니겠는가?
　그러다가도 혹 잠깐 사이에 그 빌린 것이 도로 돌아가게 되면, 만방(萬邦)의 임금도 외톨이가 되고, 백승(百乘)을 가졌던 집도 외로운 신하가 되니, 하물며 그보다 더 미약한 자야 말할 것이 있겠는가?
　맹자가 일컫기를 "남의 것을 오랫동안 빌려 쓰고 있으면서 돌려 주지 아니하면, 어찌 그것이 자기의 소유가 아닌 줄을 알겠는가?"하였다.
　내가 여기에 느낀 바가 있어서 차마설을 지어 그 뜻을 넓히노라.

- 이곡, 「차마설(借馬說)」

(나)
　청산(靑山)은 어찌하여 만고(萬古)애 푸르르며,
　유수(流水)난 어찌하여 ㉡주야에 긏지 아니난고.
　우리도 그치지 말아 만고상청(萬古常靑)하리라.

-「이황의 시조」

2. (가)와 (나)의 글쓴이는 자신이 말하고자 하는 바를 표현하기 위하여, (가)에서는 '사실 – 상상 – 깨달음'의 구조, (나)에서는 '선경 – 후정'의 구조를 표현 방식으로 활용하고 있다. 이에 대하여 다음 〈조건〉에 맞추어 설명하시오. [6점]

1999년 기출 9-1번

〈조건〉
⑴ (가)와 (나)에서 활용된 표현 방식을 통해 나타내고자 하는 내용을 각각 밝힐 것
⑵ (가)와 (나)에 나타난 표현 방식의 차이점을 설명할 것
⑶ 위의 작품들과 관련하여 문학의 본질이 인간의 삶을 형상화하는 것이라는 점을 설명할 것

🔍 출제기관 채점기준

1. (가)는 '사실 – 상상 – 깨달음'의 구조를 통하여, 일상사의 흔한 이야기에서 인간의 삶에 대한 진리를 도출하고, 다시 이를 개인적인 깨달음에 이르는 과정을 보여주고 있다. 즉 인간의 일상적인 삶의 계기 속에서 앎(깨달음)의 즐거움에 도달하고 있다. 이에 비하여 (나)는 '선경 – (상상) – 후정'의 구조를 통하여 자연 대상이나 자연 세계에서 찾을 수 있는 현상에서 우리도 변하지 말자는 인간의 삶에 작용하는 진리를 발견하고 있다.

   ※ 점수 부여
   2점 – 이와 같은 내용을 모두 기술한 경우
   1점 – 하나만 기술한 경우(내용의 서술은 두 작품의 내용을 구체적으로 분석하여 설명할 수 있으며, 채점기준처럼 개괄적으로 써도 무방함)

2. (가)와 (나)의 차이 이해, 즉 (가)는 일상의 현실을 파악함에 있어서 나름의 상상력을 동원하여 결론에 도달하는 3단 구성을 택하고 있다.

문제점	'사실 – 상상 – 깨달음'의 구조는 (가)에만 적용되는 것이 아니며, (나) 작품에도 그대로 적용될 수 있다. ('사실 – 상상 – 깨달음'의 구조 　예　 청산별곡, 구운몽, 화랑의 후예)

   그러나 (나)에는 상상력은 작용하고 있으나, 전이 과정이 구체적으로 형상화되어 나타나지 않는 2단으로 구성되어 있다. 이런 차이는 산문(수필)과 시조(운문)의 언어 표현 차이, 즉 산문의 언어에 비하여 운문의 언어는 시적 언어의 함축성과 시조 양식의 간결성 등이라는 특성과 관련이 있으며, 글쓴이의 상상력이 작동하는 방식(사유 방식)에서도 영향을 받는다.

문제점	'표현 방식'과 '산문 – 운문'은 위의 문제를 전제로 할 때, 이 답안에서 사용하기 어려운 용어임(여기서 표현 방식은 형식(짜임)의 의미를 지님)

   ※ 점수 부여
   2점 – 이런 차이와 의미를 모두 설명한 경우
   1점 – 산문과 운문의 차이 정도만 기술한 경우
   1점 – 3단 구성과 2단 구성이라는 차이 정도만 기술한 경우

3. 「차마설」에는 말을 빌려서 탈 때의 여러 가지의 이야기를 사람의 마음과 관련시키고 있으며, 이황의 시조에는 자연에서 흔히 볼 수 있는 현상 속에서 인간의 삶의 도리를 유추하고 있다. 이처럼 결국 문학이라는 것도 우리가 일상의 현실이나 대상을 바탕으로 하여 인간의 삶의 진실(진리)을 형상화하는 것이다.

   ※ 점수 부여
   2점 – 이런 점을 모두 밝힌 경우
   1점 – 하나만 밝힌 경우

📝 출제기관 제시답안

◆ 아래 내용은 출제기관에서 제시한 답안인데, 부적절한 내용이 있으므로 비판적으로 볼 것

1. 이들 작품들은 일상의 생활 속에서 진리를 발견하여, 이를 인간의 삶에 교훈으로 활용할 수 있음을 보이고 있다. 이 과정에서 이곡의 「차마설」은 '사실 – 상상 – 깨달음'의 구조를 통하여, 일상사의 흔한 이야기에서 인간의 삶에 대한 진리를 도출하고, 다시 이를 개인적인 깨달음에 이르는 과정을 보여 주고 있다. 즉 인간의 일상적인 삶의 계기 속에서 앎(깨달음)의 즐거움에 도달하고 있다. 이에 비하여 이황의 시조는 '선경 – (상상) – 후정'의 구조를 통하여 자연 대상이나 자연 세계에서 찾을 수 있는 현상에서 우리도 변하지 말자는 인간의 삶에 작용하는 진리를 발견하고 있다.

2. 그러나 이 두 작품은 그 구체적인 진술이나 형상화 과정에서 차이를 보이고 있다. 즉 이곡의 「차마설」은 일상의 현실을 파악함에 있어서 나름의 상상력을 동원하여 결론에 도달하는 3단 구성을 택하고 있다. 그러나 이황의 시조는 상상력은 작용하고 있으나, 전이 과정이 구체적으로 형상화되어 나타나지 않는 2단으로 구성되어 있다. 이런 차이는 산문(수필)과 시조(운문)의 언어 표현 차이, 즉 산문의 언어에 비하여 운문의 언어는 시적 언어의 함축성과 시조 양식의 간결성 등이라는 특성과 관련이 있으며, 글쓴이의 상상력이 작동하는 방식(사유 방식)에서도 영향을 받는다.

문제점	(1) '사실 – 상상 – 깨달음'의 구조는 (가)에만 적용되는 것이 아니며, (나) 작품에도 그대로 적용될 수 있음 ('사실 – 상상 – 깨달음'의 구조의 예 청산별곡, 구운몽, 화랑의 후예)
	(2) '표현 방식'과 '산문 – 운문'은 위의 문제를 전제로 할 때, 이 답안에서 사용하기 어려운 용어임 (여기서 표현 방식은 '형식(짜임)'의 의미를 지님)

3. 그리고 「차마설」에는 말을 빌려서 탈 때의 여러 가지 이야기를 사람의 마음과 관련시키고 있으며, 이황의 시조에는 자연에서 흔히 볼 수 있는 현상 속에서 인간의 삶의 도리를 유추하고 있다. 이런 문학의 표현 방식은 우리 인간들이 자신들의 생각을 표현하는 방식과 유사하다. 아울러 위의 작품들에서 알 수 있는 것처럼, 결국 문학이라는 것도 우리가 일상의 현실이나 대상을 바탕으로 하여 인간의 삶의 진실(진리)을 형상화하는 것이라고 할 수 있다.

보충답안

2. (가)는 사실 – 상상 – 깨달음의 3단 구조로서 ① 실제 겪은 체험(현실)을 바탕으로 하여 그것에서 상상을 통해 ② 깨달음을 드러낸다. 이것은 ③ 교훈적인 내용을 산문으로 서술하여 ④ 인식하며 전달하는 성격을 진다. (나)는 선경 – 후정의 2단 구조로서 ① 상상력을 바탕으로 한 것이다. 여기서 선경이라 해서 먼저 경치가 나타나지만, 이 경치도 작가가 특정한 산이나 강을 지칭하는 것이 아니라 산과 강을 통해 작가의 머리 속에 형성된 ② 관념(정서)으로 볼 수 있다. 이것은 노래로 읊어내는 것이며, ③ 정서를 ④ 압축적·함축적인 언어로 표현하는 성격을 지닌다. (가)는 사실을 바탕으로 깨달음을 전달하는 교술 장르의 성격이 강하며, (나)는 상상을 바탕으로 정서를 표현하는 서정 장르의 성격이 강하다.

3. 밑줄 친 ㉠과 ㉡을 漢字로 쓰시오. [2점]

1999년 기출 9-2번

출제기관 채점기준

㉠ 反省, ㉡ 晝夜가 각각 1점

※ 점수 부여
  2점 – 모두 맞은 경우
  1점 – 하나만 맞은 경우
  0점 – 항목별로 한 자라도 틀린 경우

출제기관 제시답안

㉠ 反省, ㉡ 晝夜

작품 32 — 淸凉山(청량산) 六六峰(육륙봉)을

淸凉山(청량산) 六六峰(육륙봉)을 아ᄂ니 나와 白鷗(백구)
白鷗(백구)야 헌사ᄒ랴 못 미들손 桃花(도화)ㅣ로다.
桃花(도화)야 써나지 마로렴 魚舟子(어주자) 알가 하노라.

핵심정리

- 작자 이황(李滉)
- 성격 전원적, 관조적, 풍류적, 낭만적, 한정적
- 특징 ① 청량산의 아름다움을 소박하게 표현함
  ② 도연명의 「도화원기」를 인용함
- 제재 백구, 도화
- 주제 ① 무릉도원을 연상하게 하는 청량산의 아름다움 예찬
  ② 연쇄법과 의인법을 사용하여 자연과 더불어 사는 기쁨을 그려냄

이해와 감상

| 해설 |

이 시조는 청량산의 아름다운 경치를 자신만 홀로 누리고 싶다는 화자의 바람을 드러낸 작품으로, 그 이면에는 도연명의 「무릉도원」고사에서 유추된 속세의 번거로움을 잊고 안락한 삶을 누리고자 하는 이상향에 대한 동경심이 반영되어 있다. 청량산의 아름다운 경치를 오히려 남이 알까 두렵다고 한 것은 「고산구곡가」에서 고산의 아름다운 경치를 세상 사람들에게 알리고 싶어한 이이(李珥)와 태도 면에서 비교가 된다.

| 감상 |

이 시조에서 화자는 청량산 열두 봉우리의 아름다움을 아는 것은 오직 자신과 백구뿐이라며 그 아름다움을 남에게 전하지 않고 고이 간직하고 싶어 한다. 다행히 백구는 말이 없어서 비밀이 유지될 것 같은데 복사꽃은 믿을 수가 없다. 복사꽃이 물에 떨어져 산 아래로 흘러가면 속세에 배를 타고 가던 어부가 청량산에 도원경이 있다는 것을 알게 될 것이기 때문이다. 표면적으로 이 시조는 자연의 아름다움을 자기 혼자 간직하고 즐기겠다는 욕심을 드러내고 있다. 그러나 그 이면에는 청량산이 마치 무릉도원처럼 탈속적인 자연이라는 예찬과 신선 세계같이 아름다운 자연에 묻혀 번잡한 속세와는 거리를 두고 조용하고 한가롭게 살고자 하는 시적 화자의 소망이 담겨 있다.

작품 33 고산구곡가(高山九曲歌)

[제 1 곡]
高山九曲潭(고산구곡담)을 살룸이 몰으든이,
誅茅卜居(주모복거)ᄒᆞ니 벗님네 다 오신다.
어즙어, 武夷(무이)를 想像(상상)ᄒᆞ고 學朱子(학주자)를 ᄒᆞ리라.

해석
「고산구곡가」의 서시에 해당하는 부분으로 자연을 벗하며 주자학을 연찬(研鑽)하겠다는 학구적 열의가 강하게 나타난 노래이다. 고산(高山)에 있는 석담(石潭)의 승경을 노래한 「고산구곡가」는 그 서시에서 성리학의 대가로서의 학문 수양이 그 첫째의 의지임을 나타내 주고 있다. 따라서 여기서 말하는 벗님네는 풍류객으로서의 찾아오는 벗들이 아니라, 학문에 뜻을 품고 모여 드는 후학(後學)들을 이르는 것이라 보는 것이 옳은 것이다. 또한, '武夷(무이)를 想像(상상)ᄒᆞ고'는 무이산에서 후학을 가르친 주자(朱子)의 「무이구곡가(武夷九曲歌)」를 본떴음을 의미한다.

[제 2 곡]
一曲(일곡)은 어디미고 冠巖(관암)에 ᄒᆡ 빗쵠다.
平蕪(평무)에 니 거든이 遠近(원근)이 글림이로다.
松間(송간)에 綠樽(녹준)을 녹코 벗 온 양 보노라.

해석
'관암(冠巖)'을 노래한 것으로 아름다운 자연에서 술통을 벗어 놓고 벗을 기다리며 풍류를 즐기는 여유에서 폭넓은 인간미를 엿볼 수 있다. 평무에 안개가 걷히는 것은 진리를 깨닫는 과정으로 볼 수 있다.

[제 3 곡]
二曲(이곡)은 어드미고 花巖(화암)에 春晩(춘만)커다.
碧波(벽파)에 곳츨 씌워 野外(야외)에 보내노라.
살룸이 勝地(승지)를 몰온이 알게 ᄒᆞᆫ들 엇더리.

해석
「고산구곡가」의 셋째 수로, 꽃바위인 화암의 늦봄 경치를 노래한 시조이다. 저물어가는 늦봄 속에 피어난 꽃밭과 그 아름다움이 따뜻하게 느껴진다. 꽃을 물에 실어 보내 사람으로 하여금 거슬러 찾아오게 하겠다는 데서 교육자로서의 화자의 태도를 엿볼 수 있다. 특히 중장의 '벽파에 곳츨 씌워'라는 표현은 도연명의 「도화원기(桃花源記)」에 나오는 '무릉도원(武陵桃源)'을 연상케 하는 구절로, 계곡의 절경을 세상 사람들에게 알리고자 하는 작자의 의도가 나타난다.

[제 4 곡]
三曲(삼곡)은 어디메오 취병(翠屏)에 닙 퍼졋다.
녹수(綠樹)에 춘조(春鳥)는 하상기음(下上 其音) ᄒᆞ는 적의
반송(盤松)이 受淸風(수청풍)ᄒᆞ이 녀름 景(경)이 업싀라.

해석
소나무 가지에 맑은 바람이 부는 취병(翠屏)의 여름 같지 않은 시원한 정경을 읊었다. 맑은 물에 산새의 지저귐은 그대로 한정(閑情)일 수밖에 없다. 여기에 녹음은 짙어가며 솔바람은 마음까지 씻어 내릴 듯하니, 그 무더운 여름철이건만 이곳만은 여름의 기분을 느끼지 못하는 선경이다.

[제5곡]
四曲(사곡)은 어드믹고 松巖(송암)에 히 넘거다.
潭心巖影(담심암영)은 온갓 빗치 좀곗셰라.
林景(임경)이 깁도록 죠흐니 興(흥)을 계워 ᄒ노라.

해석
맑은 물에 산 그림자가 잠기는 송암(松巖)의 저녁 경치를 읊었다. 해 저물 무렵 못에 비친 암영(巖影)은 그대로 한 폭의 그림이다. 깊은 숲 속에 흐르는 샘물은 바로 명경지수(明鏡止水)이리라. 이를 보며 지은이는 '인자요산 지자요수(仁者樂山 智者樂水)'의 심경을 나타내고 있다.

[제6곡]
五曲(오곡)은 어드믹고 隱屛(은병)이 보기 죠희
水邊精舍(수변정사) 蕭灑(소쇄)홈도 ᄀ이업다.
이 中(중)에 講學(강학)도 ᄒ려니와 詠月吟風(영월음풍) ᄒ오리라.

해석
물가에 정사(精舍)를 짓고 강학(講學)하는 풍류 어린 정경을 읊었다. 지은이가 거처하고 있는 물가의 정사(精舍)의 주변과 생활이 나타나고 있다. 물소리만이 들리는 정사(精舍)의 분위기는 유학자로서의 학구적 열의를 불러일으키는가 하면, 시심(詩心)에 겨워 시를 읊조리는 풍류의 멋도 함께 할 것이다.

[제7곡]
六曲(육곡)은 어드믹고 釣峽(조협)에 물이 넙다.
나와 고기와 뉘야 더욱 즑이는고
黃昏(황혼)에 낙대를 메고 帶月歸(대월귀)를 ᄒ노라.

해석
조협(釣峽)에서의 낚시질을 그리되, 고기와 더불어 유유자적(悠悠自適)하는 모습이 드러났다. 풍류객으로서의 낚시질은 처음부터 생활의 방편으로서의 고기잡이가 아니라, 강심(江心)을 바라보며 그 속의 고기들과 즐기는 가운데 청한(淸閑)을 낚고 사색(思索)을 낚는 것이다. 종장의 '대월귀(帶月歸)를 하노라'에서는 월산대군(月山大君)의 시조에서 보인 '무심(無心)한 달빛만 싣고 빈 배 저어 오노매라'와 같은 심경을 읊은 것이라 하겠다.

[제8곡]
七曲(칠곡)은 어디믹고 풍암(楓巖)에 추색(秋色)이 좃타.
淸霜(청상)이 엷게 치니 절벽(絶壁)이 금수(錦繡)ㅣ로다.
寒巖(한암)에 혼즈 안자셔 집을 닛고 잇노라.

해석
풍암에 서리가 내리니 그 절벽에 아름다운 단풍이 가을의 단풍이 든 경치를 바위에 앉아 바라보면서 자연에 취하여 무아지경(無我之境)에 빠져 있다.

[제9곡]
八曲(팔곡)은 어드믹고 琴灘(금탄)에 돌이 붉다.
玉軫金徽(옥진금휘)로 數三曲(수삼곡)을 노론 말이,
古調(고조)를 알 리 업쓴이 혼자 즑여 ᄒ노라.

해석
달 밝은 금탄(물이 휘돌아 가는 곳)에서 좋은 거문고로 곡조를 타면서 옛 곡조를 모르지만 자연과 동화되는 상황을 드러냈다. (화자가 거문고를 타는 것으로 볼 수도 있고, 금탄이 거문고를 타는 것으로 볼 수도 있다)

[제 10 곡]
九曲(구곡)은 어드미고 文山(문산)에 歲暮(세모)커다.
奇巖怪石(기암괴석)이 눈 속에 무쳣셰라.
遊人(유인)은 오지 안이호고 볼 껏 업다 호드라.

해석
「고산구곡가」의 마지막 수로, 여기의 문산은 산의 명칭을 말함과 동시에 학문의 세계를 말하는 중의적 표현으로 사용되었다. 중장의 표현도 자연에 대한 상찬과 아울러 학문 세계의 아름다움을 중의적으로 표현한 것이다. 종장은 학문의 세계를 접하지 않고 이리저리 놀러 다니는 이들을 비판하는 것으로 10수의 주제를 드러내고 있다. 주제는 학문의 세계에 들어오지 않는 사람들에 대한 경계라고 할 수 있다.

핵심정리

- **작자** 이이(李理)
- **연대** 선조 10년(1577)
- **성격** 자연 예찬적, 교훈적
- **주제** 학문의 즐거움과 자연의 아름다움 예찬
- **특징** ① 유학자로서의 삶의 지향성이 중의적 표현과 독창적인 내용 속에 잘 반영됨
  ② 한자어 사용이 두드러지고, 절제된 감정 속에 풍경을 구체적으로 묘사함
- **출전** 『청구영언』

이해와 감상

| 해설 |

작자가 해주에서 후진 양성에 힘쓰고 있을 때, 주자(朱子)의 「무이구곡가(武夷九曲歌)」를 모방해서 지은 작품이다. 그러나 주자의 미의식을 추종하지 않고 독자적인 시경을 개척했다.

서사와 함께 총 10 수인 연시조로 서시를 1 수로 하고, 그 이후의 9 수에서 자연 풍경인 관암(冠巖), 화암(花巖), 취병(翠屛), 송암(松巖), 은병(隱屛), 조협(釣狹), 풍암(楓巖), 금탄(琴灘), 문산(文山)의 아홉 계곡을 노래하였다.

이 작품은 작가가 고산 석담(石潭)에 은거하며 그곳의 풍광을 묘사하고, 아울러 이를 학문을 향한 정진과 연계한 10 수의 연시조로, 서곡(序曲) 1 수, 본문 9 수로 이루어져 있다. 서곡의 "무이(武夷)를 상상(想像)호고 학주자(學朱子)를 호리라"에 타난 것처럼 시 전반에 걸쳐 학문에의 의지와 자연 친화적 성격이 드러난다. 본문은 고산의 경치와 흥취를 노래하고 있는데, 매 수에 고산의 특정 장소로 인도하는 첫 구절을 두고 있어 작품 전체가 완결된 한 편의 시조로 느껴지게 한다. 여기에 나타난 지명은 경관의 아름다움을 묘사할 뿐 아니라 학문 수양과 풍류를 의미하는 중의적 표현이다. 또한 각 연의 이미지를 시간의 순서와 연관시켜 형상화하여 아침(1 곡)에서 달밤(8 곡)에 이르는 하루의 시간적 순환과 봄(2 곡)에서 겨울(9 곡)에 이르는 한 해의 질서에 따라 변화하는 태도가 유기적으로 잘 형상화되어 있다. 이는 모든 것에서 조화와 질서를 추구하고자 했던 이이의 철학적 태도가 작품에도 반영된 것이라 할 수 있다.

제 1 곡부터 제 9 곡까지의 시 형식은 모두 초장이 '○곡은 어드미고 ○○에 ○○다'로 시작하여 중장은 초장에서 제시한 곳의 풍경을 구체화한다. 종장에서는 이에 대한 지은이 자신의 감상이나 평가로 마무리하는 형식이다. 즉, 문답의 형식으로 변화를 주면서 명승지의 빼어남과 아름다움, 거기에서 느끼는 흥취를 강조하는 방식이다. 시간적 배경은 봄, 여름, 가을, 겨울의 사계절 순서로 되어 있다.

한편 이 작품이 주희(朱熹)의 「무이도가」를 본떠서 지었다고 하지만, 시상(詩想)과 미의식 면에서 독창성이 엿보인다. 주자를 배운 대부분의 학자들이 한시로 「무이도가」를 모방한 데 반해, 이이는 시조의 형식으로 받아들였고, 경관의 묘사를 넘어 학문의 자세를 언급한 점은 여타 작품과 뚜렷이 대비된다.

| 감상 |

작가는 '기암 괴석이 눈 속에 묻혔는데 세상 사람들은 와 보지도 않고 볼 것이 없다.'라고 하여, 겉으로 드러나지 않는 아름다움을 알지 못하는 세속인들의 경박함을 은연중에 나무라고 있다. 나아가 성인의 가르침도 이와 같아서 참된 진리는 열심히 탐구해야 얻어지는 것이라는 점을 말하고 있는 것이다.

❶ 「고산구곡가」의 시간적 유기성

이 작품은 고산 구곡담에서 바라본 하루와 사시의 시간 경과에 따른 경관 묘사가 유기적으로 이루어져 있으며, 자연과 일체가 된 가운데 학문 수양에 힘쓰는 모습이 잘 그려지고 있다.

사시(四時)	
봄 제2곡 늦은 봄의 화암	**여름** 제3곡 녹음 짙은 취병
가을 제7곡 서리가 내려 금수 같은 풍암	**겨울** 제9곡 기암괴석이 눈 속에 묻힌 문산

하루	
아침 제1곡 관암의 아침 햇살	**낮** 제5곡 소쇄한 은병
저녁 제4곡 해 저문 송애 제6곡 황혼의 조협	**달밤** 제8곡 달 밝은 금탄

❷ 「고산구곡가」의 창작 배경과 독창성

작자는 뛰어난 정치적 식견과 왕의 두터운 신임을 바탕으로 조선의 정국을 주도하는 인물로 부상하였다. 그러나 그가 제시한 국정 개혁안과 동인과 서인의 첨예한 대립에 대한 중재 노력이 모두 수포로 돌아가자 벼슬을 그만두고 파주에 은거한다. 그런 작자에게 주자의 삶과 그의 학문, 그리고 그의 문학은 하나의 이상으로 받아들여졌다. 따라서 주자의 「무이구곡」에서의 삶이 동경의 대상이 되었고, 주자가 지은 「무이도가」 등이 관심의 대상이 되었다.

「고산구곡가」는 자연과 하나되어 하루를 보내고 사시(四時)를 보내면서 학문에 정진하는 생활의 정취를 형상화하고 있는 작품으로, 궁극적 지향점은 무이에서의 주자의 삶의 계승이라 할 수 있다. 이는 단순히 자연의 흥취를 노래하고 있는 시가 아니라 학주자, 즉 학문을 생활 목표로 하고 있는 작품임을 나타낸다. 「고산구곡가」의 이러한 특성은 국문학사의 강호가도(江湖歌道) 시가 중 이 작품만이 확립하고 있는 독자적 영역이라고 할 수 있다.

❸ 「고산구곡가」에 나타난 이이의 미의식

이이는 「고산구곡가」에서 산수 경치를 담담하게 아무런 꾸밈없이 읊고 있다. 이처럼 이이는 시의 본질을 담박(淡泊)함에 두었다. 즉, 꾸미지 않는 조촐하고 산뜻한 멋을 중시하였다. 따라서 그의 시조 작품에서도 자신의 감정을 드러내거나 감각적으로 표현하기보다는 산수 경치를 꾸밈없이 담담하게 표현하여 담박함의 미를 구현하고자 하였다.

기출문제

1. 다음을 읽고, 화자의 삶의 지향을 이해하여 〈작성 방법〉에 따라 서술하시오. [4점] 2022년 B 10번

> (가)
> 고산 구곡담(高山九曲潭)을 사름이 모로더니
> 주모 복거(誅茅卜居)ᄒᆞ니 벗님ᄂᆡ다 오신다
> 어즈버 무이(武夷)를 상상ᄒᆞ고 학주자(學朱子)를 ᄒᆞ리라   (제1수)
>
> 오곡(五曲)은 어ᄃᆡ믹오 은병(隱屛)이 보기 됴타
> 수변 정사(水邊精舍)는 소쇄(瀟灑)홈도 ᄀᆞ이업다
> 이 중에 강학(講學)도 ᄒᆞ려니와 영월음풍(咏月吟風)ᄒᆞ리라   (제6수)
> 　　　　　　　　　　　　　　　　　　　　　　　　　　- 이이, 〈고산구곡가〉 -
>
> (나)
> 생평(生平)애 원ᄒᆞᄂᆞ니 다믄 충효쑨이로다
> 이 두 일 말면 금수(禽獸) ㅣ나 다라리야
> ᄆᆞ음애 ᄒᆞ고져 ᄒᆞ야 십재황황(十載遑遑)ᄒᆞ노라   (제1수)
>
> 출(出)ᄒᆞ면 치군택민(致君澤民) 처(處)ᄒᆞ면 조월경운(釣月耕雲)
> 명철 군자(明哲君子)는 이룰사 즐기ᄂᆞ니
> ᄒᆞ믈며 부귀위기(富貴危機)ㅣ라 빈천거(貧賤居)를 ᄒᆞ오리라   (제8수)
> 　　　　　　　　　　　　　　　　　　　　　　　　　　- 권호문, 〈한거십팔곡〉 -

---〈작성 방법〉---
- (가), (나)에서 화자의 미래에 대한 삶의 지향을 드러낸 말을 각각 찾아 쓰고, 그 의미를 설명할 것.
- (나)의 화자가 삶의 지향을 확립하기까지 고뇌의 과정을 알려주는 시어를 (나)에서 찾아 쓰고, 그 의미를 서술할 것.

문제 해설

이 문제는 두 작품에 대한 배경지식을 가진 경우 쉬운 문제이지만, 제시된 지문으로만 파악한다면 헷갈릴 수 있는 문제라고 생각한다. (가)의 경우 일관되게 현재나 미래에나 학문에 정진하겠다는 입장을 드러낸 작품이지만 6수의 끝부분 때문에 모호한 면이 있어 답을 쓰기 어려웠을 듯하다. (나)의 경우 충효(치군택민)를 추구하겠다며 십년을 방황하다가 강호한정, 안빈낙도 하겠다는 미래 지향을 드러내는 작품이다.

예상 답안

(가)에서 화자의 미래의 지향을 드러낸 말은 '강학(=학주자)'이다. 이는 자연 속에서도 학문에 정진하면서 후학을 지도하는 삶을 지향하는 것이다. (나)에서 미래의 지향을 드러낸 말은 '빈천거'이다. 이는 속세에 대한 미련을 버리고 자연 속에서 안빈낙도하는 삶을 지향하는 것이다.

(나)의 화자의 삶의 지향을 확립하기까지 고뇌의 과정을 알려주는 시어는 '십재황황(十載遑遑)'이다. 이것은 화자가 안빈낙도의 삶을 지향하기까지 십 년이나 방황하며 길을 찾아 헤매었다는 의미를 담고 있다.

작품 34 >>> 태산이 높다하되

태산(太山)이 높다하되 하늘 아래 뫼이로다
오르고 또 오르면 못 오를 리 없건마는
사람이 제 아니 오르고 뫼만 높다 하더라

태산이 아무리 높다고 하더라도 결국은 하늘 아래에 있는 산이로다
그러므로 누구나 오르고 또 올라가면 산꼭대기에 못 올라갈 리가 없겠는데
모두들 올라가 보지는 아니 하면서 공연히 산만 높다고들 하더라.

핵심정리

▷ **작자** 양사언
명종대의 초시의 대가로서, 귀화 몽고인의 후손으로서 본관은 청주임. 금강산 만폭동 반석에 새겨진 〈봉래풍악 문화동천〉의 8자는 그의 유필이며, 안평대군, 김자암, 한석봉과 더불어 조선 초기의 4대 명필이라 일컬음

▷ **주제** 노력의 실천을 강조함
▷ **특징** 사실적인 감각을 살리기 위해 현존하는 산의 이름을 빌려 내용을 구성함

이해와 감상

| 감상 |

태산은 중국에서 가장 높은 산이라고 일컬어진다. 이 산을 밑에서 치다보고 겁이 나서 미리 집어 치우고 만다면 영원히 산에 오를 기회를 얻지 못할 것이다. 반대로 한 발자국씩 정복해 가는 사람은 언젠가는 정상에 도달하여 천하를 굽어보게 될 것이라는 것이다. 이 시조는 이와 같은 등산의 원리에 기탁하여 우리의 인생도 이와 같이, 이상을 위하여 도전하고 전진할 때에 소망을 이룩할 수 있고, 처음부터 체념하고 용기를 내지 않는다면 아무런 성취도 없을 것을 가르치고 있는 것이다. 이 시조는 평범하지만 만인의 교훈이 될 수 있는 노래이기 때문에 널리 읊어지고 있는 작품이다.

1 태산(太山)

태산(太山)은 중국 산동성에 있는 명산이며 중국에서는 오악 중의 으뜸인 동악이다. 예로부터 왕자가 천명을 받아 성을 바꾸면 천하를 바로잡은 다음, 반드시 그 사실을 태산 산신에게 아뢰기 때문에 이 산을 높이어 대종(岱宗)이라고도 일컫는다. 높이는 불과 1,450미터이다.

작품 35 ▶ 한거십팔곡(閑居十八曲)

[1]
生平애 願ᄒᆞᄂᆞ니 다만 忠孝뿐이로다
이 두 일 말면 禽獸ㅣ나 다라리야
ᄆᆞᄋᆞᆷ애 ᄒᆞ고져 ᄒᆞ야 十載遑遑ᄒᆞ노라

해석
평생에 원하는 건 다만 충효뿐이네. / 이 두 일을 안 하면 짐승과 다르랴? . 마음에 하고자 하여 십 년 동안 허둥댔네.

[2]
計校 이러터니 功名이 느저셰라
負笈東南ᄒᆞ야 如恐不及ᄒᆞᄂᆞᆫ ᄠᅳᆮ을
歲月이 물 흘으듯 ᄒᆞ니 못 이룰가 ᄒᆞ야라

해석
계교가 이러하여 공명이 늦었네. / 동남에서 공부해도 못 미칠까 하는 뜻을 / 세월이 물 흐르듯 하니 못 이룰까 하노라.

[3]
비록 못 일워두 林泉이 됴ᄒᆞ니라
無心魚鳥ᄂᆞᆫ 自閑閑ᄒᆞ얏ᄂᆞ니
早晚애 世事 닛고 너ᄅᆞᆯ 조ᄎᆞ려 ᄒᆞ노라

해석
비록 못 이루어도 자연이 좋으니라. / 무심한 물고기와 새는 절로 한가하니 / 조만간 세상일 잊고 널 좇으려 하노라.

[4]
江湖애 노쟈 ᄒᆞ니 聖主를 ᄇᆞ리레고
聖主를 셤기쟈 ᄒᆞ니 所樂애 어긔예라
호온자 岐路애 셔셔 갈 ᄃᆡ 몰라 ᄒᆞ노라

해석
강호에 놀려 하니 임금을 버리겠고 / 임금을 섬기려니 즐김에 어긋나네. / 나 홀로 기로에 서서 갈 곳 몰라 하노라.

[5]
어지게 이러 그러 이 몸이 엇디 ᄒᆞᆯ고
行道도 어렵고 隱處도 定티 아낫다
언제야 이 ᄠᅳᆮ 決斷ᄒᆞ야 從我所樂ᄒᆞ려뇨

해석
아 이럭저럭 이 몸이 어찌 할까? / 도 행함도 어렵고 은거지도 못 정했네. / 언제나 이 뜻을 정해 즐기는 것 좇랴?

[7]
말리 말리 ᄒᆞ되 이 일 말기 어렵다
이 일 말면 一身이 閒暇ᄒᆞ다
어지게 엊그제 ᄒᆞ던 일이 다 왼 줄 알과라

해석
　그만두려 하였으되 이 일 그만두기 어렵다. / 이 일을 그만두면 일신이 한가하다. / 아, 엊그제 하던 일이 다 그른 줄 알겠네.

[8]
出ᄒᆞ면 致君澤民 處ᄒᆞ면 釣月耕雲
明哲君子는 이롤사 즐기ᄂᆞ니
ᄒᆞ믈며 富貴危機ㅣ라 貧賤居를 ᄒᆞ오리라

해석
　나아가면 치군택민(致君澤民 – 왕을 섬겨 백성을 다스림), 물러나면 조월경운(釣月耕雲-자연 속 한가한 삶) / 명철한 군자는 이것을 즐기나니 / 하물며 부귀가 위태하니 빈천하게 살리라.

[9]
靑山이 碧溪臨ᄒᆞ고 溪上애 煙村이라
草堂 心事를 白鷗ㅣ들 제 알랴
竹窓靜夜 月明ᄒᆞ되 一張琴이 잇ᄂᆞ니라

해석
　청산이 냇가에 있고 시냇가에 마을이라 / 초당의 마음을 갈매기인들 제가 알랴? / 죽창(竹窓)에 달이 밝은데 거문고가 있구나.

[11]
ᄇᆞ람은 절노 맑고 ᄃᆞᆯ은 절노 붉ᄯᅡ
竹庭松檻애 一點塵도 업ᄉᆞ니
一張琴 萬軸書 더옥 蕭灑ᄒᆞ다

해석
　바람은 절로 맑고 달은 절로 밝구나. / 대 뜰과 솔 난간에 먼지 한 점 없으니 / 거문고 만 권의 책이 더욱 맑고 깨끗하네.

[13]
날이 져물거늘 ᄂᆞ외야 홀 닐 업서
松關을 닫고 月下애 누어시니
世上애 ᄯᅳᆺ글 ᄆᆞ음이 一毫末도 업다

해석
　날 저물고 거듭하여 할 일이 없어서 / 솔 사립을 닫은 채 달빛 아래 누우니 / 세상에 티끌 마음은 한 터럭도 없다네.

[17]
聖賢의 가신 길히 萬古애 흔 가지라
隱커나 見커나 道ㅣ 얻디 다ᄅᆞ리
一道ㅣ오 다ᄅᆞ디 아니커니 아ᄆᆞ 딘들 엇더리

해석
성현의 가신 길이 만고에 한가지라. / 숨거나 나가거나 도가 어찌 다르리? / 한 도라 다르지 않으니 아무덴들 어떠하리?

[18]
漁磯예 비 개거늘 綠苔로 독글 사마
고기를 혜이고 낙글 ᄯᅳᆮ을 어이ᄒᆞ리
纖月이 銀鉤ㅣ 되여 碧溪心이 ᄌᆞᆷ겻다

해석
낚시터에 비 개거늘 푸른 이끼 돗을 삼아 / 물고기를 헤아리며 낚을 뜻을 어이 하리? / 초승달 낚싯바늘 되어 푸른 내에 잠겼네.

[19]
江干애 누어셔 江水 보ᄂᆞᆫ ᄯᅳ든
逝者如斯ᄒᆞ니 百歲ᄂᆞᆫ들 몃 근이료
十年前 塵世一念이 어름 녹듯 ᄒᆞᆫ다

해석
강가에 누워서 강물을 보는 뜻은 / 가는 것이 저 같으니(逝者如斯夫,不舍晝夜) 백 년인들 어찌 그치랴? / 십 년 전 속세 일념이 얼음 녹듯 하는구나.

핵심정리

- **작자** 권호문(權好文)
- **갈래** 연시조, 평시조
- **성격** 유교적, 교훈적, 은일적
- **표현** 대구법, 대조법
- **제재** 자연에 은거하는 삶
- **주제** 고산(高山)의 아름다운 경치와 강학(講學)의 즐거움
- **특징** 현실 세계로부터 일탈하여 강호 자연 속으로 침잠(沈潛)하기까지의 과정을 시간적 순서에 따라 전개함
- **의의** ① 후기 강호가도의 전형적 작품
  ② 강호 한정의 추구가 무위자연을 위한 것이 아닌 현실의 근심을 잊기 위한 것임을 보여줌

이해와 감상

| 해설 |

조선 선조 때 권호문이 지은 총 19 수의 연시조 작품으로 벼슬길과 은거 생활의 갈등에서부터, 속세에 미련을 갖지 않고 강호의 풍류를 즐기며 살아가는 모습, 그리고 현실 세계를 초월한 자신의 모습을 그려 내고 있다. 다른 연시조 작품과는 달리 각 연이 독자적인 주제에 따라 개별적으로 노래되고 있는 것이 아니라, 전체가 의미상의 맥락을 가지고 유기적으로 연결되어 있어 시상의 흐름을 체계적으로 파악할 수 있다.

작자는 평생 자연에 머물며 자신의 유학자적인 이상을 펼치고자 했던 전형적인 처사로, 정치적 실패나 좌절 같은 쓰라린

체험 없이 스스로 은거하여 치사 한적(致仕閑寂)의 감회를 노래하였는데, 이러한 「한거십팔곡」은 오히려 강호 문학의 진정성을 더해 준다. 이 작품에서의 자연은 현실에 대한 상대적인 개념이나 일시적인 도피처가 아니라 언제나 작가가 함께 하고픈 물아일체의 공간으로 그려지고 있다. 이러한 자연에서의 삶을 통해 작자의 실존적 모습을 드러낸다는 점에서 문학사적 의의를 지닌다.

| 감상 |

이 작품은 모두 19수의 연시조로서, 속세에서 떠나 자연을 벗 삼고 한가하게 지내는 고고한 생활을 읊었으며, 자연의 완상과 학문의 진리 탐구를 동일시했던 조선 전기 사대부의 기풍을 엿볼 수 있다. 지은이 권호문은 이황의 문하에서 학문을 닦았으며, 이현보의 「어부가」와 이황의 「도산십이곡」의 뒤를 이어 영남 가단이라고 불리는 국문 시가 창작의 전통을 확립하였다. 제시된 [제7수], [제8수]는 자연 속에 은거하는 즐거움을 노래하면서도 출처(出處)에 대한 시적 화자의 내적 갈등이 지속적으로 나타나고 있는 것이 특징이다.

1 작자의 삶과 창작 배경

권호문은 퇴계 이황에게 수학하고 그의 문인과 함께 강학했으며 퇴계의 사후, 그의 문집을 정리한 인물이다. 세간에서 그를 퇴계의 문인이라 칭하는 것도 이 때문이라 할 수 있는데, 그가 30세에 진사(進士) 회시(會試)에 2등으로 합격하고도 벼슬길에 나아가지 않은 것 역시 이와 무관하지 않다. 그가 생존했던 시기에는 조식, 이항처럼 평생 동안 처사적 삶을 지향한 선비가 매우 많았다. 그것은 당대 사대부들이 그 시대를 혼탁하다고 여겨 출사를 꺼렸기 때문이다. 이 작품은 출사를 꺼리는 상황에서 자연에 은거하고 있는 자신의 모습을 노래한 것인데, 현실 정치에 참여할 것인가 자연에 은거할 것인가 갈등을 하다가 자연에 은거할 것을 선택하고, 그 선택에 후회가 없음을 자연과의 물아일체적인 삶의 서술을 통해 드러내고 있다.

기출문제

※ 다음 자료를 바탕으로 하여, 아래 각 물음에 답하시오.

(가)
 江湖(강호)애 노쟈 ᄒ니 聖主(성주)를 ᄇ리례고
 聖主(성주)를 셤기쟈 ᄒ니 所樂(소락)야 어긔예라
 호온자 岐路(기로)애 셔셔 갈 ᄃㅣ 몰라 ᄒ노라

 어지게 이러그러 이 몸이 엇디ᄒㄹ고
 行道(행도)도 어렵고 隱處(은처)도 定(정)티 아냣다
 언제야 이 ᄯ 決斷(결단)ᄒ야 從我所樂(종아소락)*ᄒ려뇨.

 出(출)ᄒ면 致君澤民(치군택민)* 處(처)ᄒ면 釣月耕雲(조월경운)*
 明哲君子(명철군자)는 이룰사 즐기ᄂ니
 ᄒᄃ르며 富貴危機(부귀위기)ㅣ라 貧賤居(빈천거)를 ᄒ오리라

- 권호문, 「한거십팔곡(閑居十八曲)」

 * 從我所樂(종아소락) : 자신이 좋아하는 바를 따름
 * 致君澤民(치군택민) : 임금을 도와 백성에게 왕의 덕화를 베풂
 * 釣月耕雲(조월경운) : 달을 낚고 구름을 갊

(나)
 迂闊(우활)*ᄒᆯ샤 迂闊(우활)ᄒᆯ샤 그레도록 迂闊(우활)ᄒᆯ샤
 아츰의 누잇고 나죄도 그러ᄒ니
 하늘 삼긴 迂闊(우활)을 내 혈마 어이ᄒ리
 그레도 애ᄃᆲ도다 고쳐 안자 싱각ᄒ니
 이 몸이 ᄂ저 나 애ᄃᆯ온 일 하고 만타
 一百(일백) 번 다시 죽어 녯 사람 되고라쟈
 羲皇天地(희황천지)예 잠간이나 노라보면
 堯舜日月(요순일월)을 져그나 ᄯᅬ올쎠슬
 淳風(순풍) 已遠(이원)ᄒ니 偸薄(투박)이 다 되거다*
 汗漫(한만)ᄒᆫ* 情懷(정회)을 눌ᄃ려 니ᄅ려뇨
〈중략〉
 萬里(만리)예 눈 ᄯ고 太古(태고)애 ᄯᅳᆺ즐 두니
 迂闊(우활)ᄒᆫ 心魂(심혼)이 가고 아니 오노왜라
 人間(인간)의 호자 ᄭᅴ여 눌ᄃ려 말을 ᄒ고
 祝鮀(축타)*의 佞言(영언)을 이제 빈화 어이 ᄒ며
 宋朝(송조)*의 美色(미색)을 얼근 ᄂᆺ치 잘 흘런가
 右詹山草實(우담산초실)*를 어듸 어더 머그려뇨
 무이고 못 고이미* 다 迂闊(우활)의 타시로다

이리 혜오 져리 혜오 다시 혜니
一生事業(일생사업)이 迂闊(우활) 아닌 일 업뇌와라
이 迂闊(우활) 거ᄂ리고 百年(백년)을 어이 ᄒ리
아희아 盞(잔) 가득 부어라 醉(취)ᄒ여 내 迂闊(우활) 닛쟈

- 정훈, 「우활가(迂闊歌)」

* 迂闊(우활) : 세상살이에 어두움
* 淳風(순풍)이 已遠(이원)ᄒ니 偸薄(투박)이 다 되거다 : 순박한 풍속이 시간적으로 너무 멀어져서 거친 풍속이 다 되었다.
* 汗漫(한만)ᄒ : 착잡하고 어지러운
* 祝鮀(축타) : 아첨하는 말을 잘해서 권력을 잡은 사람
* 宋朝(송조) : 잘 생긴 얼굴로 권력을 잡은 사람
* 右詹山草實(우담산초실) : 우담산초의 열매
* 무이고 못 고이미 : 남으로부터 미움을 받고 사랑 받지 못함이

(다)
　허생은 묵적골[墨積洞]에 살았다. 곧장 남산(南山) 밑에 닿으면, 우물 위에 오래 된 은행나무가 서 있고, 은행나무를 향하여 사립문이 열렸는데, 두어 칸 초가는 비바람을 막지 못할 정도였다. 그러나 허생은 글읽기만 좋아하고, 그의 처가 남의 바느질품을 팔아서 입에 풀칠을 했다.
　하루는 그 처가 몹시 배가 고파서 울음 섞인 소리로 말했다.
　"당신은 평생 과거(科擧)를 보지 않으니, 글을 읽어 무엇합니까?"
　허생은 웃으며 대답했다.
　"나는 아직 독서를 익숙히 하지 못하였소."
　"그럼 장인바치 일이라도 못 하시나요?"
　"장인바치 일은 본래 배우지 않은 걸 어떻게 하겠소?"
　"그럼 장사는 못 하시나요?"
　"장사는 밑천이 없는 걸 어떻게 하겠소?" 처는 왈칵 성을 내며 소리쳤다.
　"밤낮으로 글을 읽더니 기껏 '어떻게 하겠소?' 소리만 배웠단 말씀이오? 장인바치 일도 못 한다, 장사도 못 한다면, 도둑질이라도 못 하시나요?"
　허생은 읽던 책을 덮어 놓고 일어나면서,
　"아깝다. 내가 당초 글읽기로 십 년을 기약했는데, 인제 칠 년인걸……."
　하고 획 문밖으로 나가 버렸다.
　허생은 거리에 서로 알 만한 사람이 없었다. 바로 운종가(雲從街)로 나가서 시중의 사람을 붙들고 물었다.
　"누가 서울 성중에서 제일 부자요?"
　변씨(卞氏)를 말해 주는 이가 있어서, 허생이 곧 변씨의 집을 찾아갔다. 허생은 변씨를 대하여 길게 읍(揖)하고 말했다.
　"내가 집이 가난해서 무얼 좀 해 보려고 하니, 만 냥(兩)을 꾸어 주시기 바랍니다."
　변씨는 "그러시오."하고 당장 만 냥을 내주었다.

- 박지원, 「허생전(許生傳)」

1. 문학 작품에 드러나는 작가의 현실 인식과 그 의미를 갈래별로 이해하는 수업을 하려고 한다. (가)~(다)를 읽고 〈조건〉에 따라 한 편의 글로 논술하시오. [20점]

2013년 기출 2번

─〈조건〉─
(1) (가)와 (나)에 형상화된 내적 갈등의 구체적인 양상과 이에 대한 화자의 태도를 서술할 것
(2) (다)에서 드러나는 인물 간 대립의 구체적인 양상을 기술하고, 그 의미를 당대 가치관의 변화와 관련하여 서술할 것
(3) (나)와 (다)에서 작가가 현실에 대한 인식을 제시하는 방식에 대하여 교사가 지도 할 내용을 갈래별 특성과 관련지어 서술할 것

예상 답안

　(가)는 사대부인 화자가 출사하여 임금을 섬기려는 마음과 벼슬을 버리고 물러나 자연에서 한가롭게 살아가고 싶은 마음 사이에서 갈등을 보인다. 화자는 마지막에서 '명철군자는 이를 즐긴다'고 하여 이런 갈등 상황을 즐기려는 태도를 보인다. (다만, 부귀는 경계하고 있다.) (나)는 사대부인 화자 자신이 어리석게(충효만 지키는 것을 본분으로 알고) 살아왔기에 옛 성현의 풍류를 제대로 누리지 못하고, 벼슬을 하지도 못하고 가난한 삶을 살게 되었으며, 여러 가지에 뜻을 두었지만 이루지 못했다고 하여 자신의 어리석음 때문에 내적 갈등을 보이는데, 화자는 마지막에서 자신의 우활함(어리석음)을 술로 달래며 잊으려는 태도를 보인다.

　(다)에서 허생과 아내의 갈등은 개인과 개인의 갈등에 해당된다. 허생은 중세 유교적 태도를 지닌 인물로 집안 살림이 궁핍해도 공부만 하고, 또 공부를 해도 과거는 보지 않고 무위도식하는 삶을 살아간다. 허생의 아내는 남편의 이러한 태도를 참다못해 남편에게 과거를 보거나 장인바치 일을 하거나 장사도 하라고 권유하면서 남편을 닦달하여 글공부를 그만두게 한다. 이러한 갈등에는 충효열의 가치관을 중시하는 태도를 벗어나 물질이나 경제적 능력을 중시하는 가치관이 드러난다. 또한 아내가 남편에게 항의하는 모습에서 남편을 받들던 가부장권이 약화되고 여성들의 의식이 성장하고 신분이 상승한 현실이 드러난다. 그러므로 허생과 아내의 갈등에서 중세적 가치관이 붕괴되면서 근대적 가치관으로 변화하는 시대상을 파악할 수 있다.

　(나) 갈래는 교술 갈래이고, (다) 갈래는 서사 갈래이다. 교술 갈래에서는 작자가 어리석어서 겪은 가난이나 벼슬길에 오르지 못한 일, 신세한탄 등의 현실 인식을 작자가 직접 전달하지만, 서사 갈래에서는 작자가 겪은 조선 후기 물질적 가치의 중시와 가부장제 붕괴 등의 현실 인식을 작자가 직접 전달하지 않고 화자(서술자)를 따로 설정하여 전달한다. 또한 교술 갈래에서는 우활한 화자의 모습이나 벼슬길에 오르지 못한 신세한탄 등은 작자가 직접 겪은 삶이며, 체험에서 비롯된 현실 인식을 그대로 제시하지만, 서사 갈래에서는 조선 후기 사회 및 가치관의 변화를 허생과 그의 아내라는 인물과 그들이 갈등을 겪는 사건으로 창조했으며, 양반들의 무위도식에 대한 비판이란 현실 인식을 허구적 사건을 통해 제시한다.

작품 36 ＞＞ 쑴에 단니는 길히

쑴에 단니는 길히 자최곳 날쟉시면
님의 집 창(窓) 밧기 셕로라도 달흐리라
쑴길히 자최 업스니 그를 슬허ᄒ노라

꿈속에서 다니던 길에 흔적이 난다고 한다면
그대의 집 창밖의 길이 돌길이라도 다 닳았으련만.
꿈길이(꿈속에서 임에게 가는 길이) 자취가 없으니 그를 슬퍼하노라.

핵심정리

▷ **작자** 이명한
▷ **성격** 연정가(戀情歌)
▷ **주제** 임에 대한 간절한 그리움과 사랑
▷ **특징** 상황을 가정하고 과장된 표현으로 그리움을 강조함

이해와 감상

| 감상 |

이 시는 꿈속에서 임을 찾아 얼마나 헤매고 있는지를 재치 있는 착상으로 표현한 수작으로, 애절한 화자의 마음이 눈에 보이는 듯 선명하게 나타나는 작품이다.

지은이는 30년 환로(宦路)가 화려했지만, 청간명미(淸澗明媚)한 성품 탓으로 광해군(光海君) 때는 폐모정청(廢母庭請)에 불참하여 파직(罷職)되었고, 병자호란(丙子胡亂) 때는 항전(抗戰)을 주장하여 척화파(斥和派)로 몰려 청나라 심양(瀋陽)에 잡혀가는 등 사경(死境)을 몇 차례 겪은 사람이다. 이런 전제에서 이 시조를 음미하면 좋으리라.

이 시조는 임을 그리워하는 정이 비단결같이 곱고 아름답게 읊어졌다. 그리워서 꿈속에 찾는 임의 집, 자취가 날 것이라면 돌길이라도 닳아 버렸을 것이라는 시상은 얼마나 섬세한 감정인가? 직접 만나지 못하고 문 앞까지, 그것도 꿈속에만 찾는 그 심정은 또 얼마나 애절한 것인가? 더구나 꿈길에는 자취가 없으니 나의 그러한 뜻을 임께서 아실 까닭이 없으므로 그것은 더욱 슬픈 일이라는 것이다. 혼자만의 안타까운 그리움, 이러한 은근함이 옛사람들의 사랑이었는지 모른다.

❶ 작품 구조

초장	꿈길 = 자취 남음 → 가정
중장	임의 집 밖 돌길이 다 닳았을 것임 → 과장
종장	꿈길 = 자취 없음

▶ 임에 대한 사랑 증명 불가 → 안타까움

작품 37 》》 사랑이 엇써터니

사랑(思郞)이 엇써터니 둥고더냐 모지더냐
길더냐 져르더냐 발일넌냐 ᄌ힐너냐
각별(各別)이 긴 줄은 모로딕 잇 간 듸를 몰닉라

사랑이 어떻더냐? 둥글더냐, 모나더냐?
길더냐, 짧더냐? 발로 재겠더냐, 자로 재겠더냐?
특별히 긴 줄은 모르겠으되 끝 간 곳을 모르겠구나.

핵심정리

- **갈래** 평시조
- **성격** 연정가(戀情歌)
- **제재** 사랑의 속성
- **주제** 사랑의 역설적인 속성
- **특징** 사랑의 속성을 문답을 통해 제시하고자 함

이해와 감상

| 감상 |

이 작품은 사랑을 주제로 하여 사랑이란 대체 어떠한 것인가를 표현하기 위해 지어진 시조이다. 전체적으로 문답식의 구성으로, 사람 사이의 문답이라기보다는 시적 화자가 혼잣말로 묻고 답하는 즉, 자문자답의 방식으로 보는 것이 옳다.

초·중장에서 네 가지 종류로 사랑의 속성을 묻고 또 그 중에서도 사랑이 길다면 대체 얼마나 길더냐고 재차 물은 후, 종장에서는 이에 대해서 대답하고 있는데 이 대답에 역설적 진리가 담겨 있다. 긴 줄은 모르겠으나 어디에 끝이 있는지 모르겠다는 것은 사랑의 속성은 짧지 않고 퍽 길다는 것을 의미한다.

1 사랑을 네 가지로 묻는 효과

'둥글더냐? 모났더냐? 길더냐? 짧더냐?'는 사랑의 속성은 실로 무수히 많겠지만 그 중에서 네 가지만을 대표하여 물은 것으로, 그 이면에는 여러 방면으로 사랑의 속성을 물었다는 의도가 숨어있다.

작품 38 　간밤에 부던 ᄇᆞ람에

간밤에 부던 ᄇᆞ람에 눈서리 치단말가
낙락장송(落落長松)이 다 기우러 가노믹라
ᄒᆞ믈며 못다 핀 곳이야 닐러 므슴ᄒᆞ리오.

간밤에 부던 바람에 눈서리가 심하게 쳤단 말인가
낙락장송이 다 기울어 가는구나
하물며 못다 핀 꽃이야 일러 무삼하리오.

지난번의 정변(政變)에, 수양 대군의 포악함을 드러냈단 말인가.
(국가를 염려하는) 중신들이 다 죽어가는구나.
하물며, 정의로운 젊은 학사들의 운명이야 말해 무엇하리오.

핵심정리

▷ **작자** 유응부(兪應孚, ? ~ 1456년)는 조선의 무신으로 사육신의 한 사람
▷ **갈래** 평시조
▷ **성격** 절의가, 풍자시
▷ **제재** 세조의 왕위 찬탈로 인한 중신들의 죽음
▷ **주제** ① 세조의 왕위찬탈 과정에서 국가 사직의 안위 및 인재의 희생에 대한 안타까움
　　② 세조 일파의 무차별한 인재 살육 개탄
▷ **특징** 화자의 심정을 자연물에 의탁하여 표현

이해와 감상

| 감상 |

　유응부가 단종을 생각하며 정의를 위해 싸우던 김종서, 황보인 등이 먼저 수양대군에게 참살을 당하매 그를 슬퍼하고 분하게 여기어 지은 것이라 한다. 이 시조는, 나라의 큰 기둥인 중신(重臣)이든, 앞으로 유망한 젊은 신하든 닥치는 대로 생명을 앗아버리는 세조 일파의 잔학한 처사를 한탄하며 정변(政變)으로 인한 인재들의 희생을 개탄하고 있는 작품이다. 각 장을 과거, 현재, 미래의 시간적 순서에 의하여 배열하면서 일어나는 사건들을 은유적 수법으로 처리하여 표현의 효과를 거두고 있다.

작품 39 오면 가랴 ᄒ고

오면 가랴 ᄒ고 가면 아니 오ᄂᆡ
오노라 가노라니 볼 날히 젼혀 업ᄂᆡ
오늘도 가노라 ᄒ니 그를 슬허ᄒ노라

오면 가려 하고 가면 아니 오네
오노라 가노라니 볼 날이 전혀 없네
오늘도 가노라 하니 그를 슬퍼하노라

핵심정리

- **작자** 선조
- **갈래** 평시조
- **표현** 연쇄법, 초, 중, 종장 모두 동음으로 시작
- **제재** 신하와의 이별
- **주제** ① 떠나는 신하를 붙잡지 못하는 왕의 안타까운 마음
  ② 임금과 신하 사이의 정
- **특징** 왕이 신하를 그리워하는 내용

이해와 감상

| 감상 |

선조 5년(1572) 함양 출신 신하인 옥계(玉溪) 노진(盧禛, 1518~1578)이 벼슬을 사양하고 물러나면서 한강을 건너자, 석별의 정이 아쉬운 임금이 이 노래를 지어 은쟁반에 담아 중사(中使)를 보내어 전했다고 한다. 오면 가려 하고 가면 또 아니 오는 신하! 임금을 두고 가버리는 신하가 오히려 야속한 듯 어쩔 수 없는 회자정리(會者定離)의 섭리 앞에 그것을 받아들일 수밖에 없는 임금의 안타까운 마음이 잘 나타나 있으니, 군신 간의 의리와 애틋한 사랑이 잘 드러나 있다.

작품 40 ▶▶ 북창이 묽다커늘

北窓(북창)이 묽다커늘 雨裝(우장) 업씨 길을 난이,
山(산)에는 눈이 오고 들에는 춘비로다.
오늘은 춘비 맛잣시니 얼어 잘까 ᄒ노라.

북쪽 하늘이 맑아서(맑다고 하기에) 비옷도 없이 길을 나섰더니,
산에는 눈이 오고 들에는 차가운 비가 내리는구나.
오늘은 차가운 비를 맞았으니 얼어 잘까 하노라.

핵심정리

▷ 작자 임제
▷ 갈래 평시조, 서정시
▷ 성격 연정가(戀情歌), 해학적, 중의적
▷ 제재 찬비('한우'라는 기생)
▷ 주제 사랑의 역설적인 속성
▷ 특징 중의적 표현을 통해 해학적으로 사랑을 호소함

이해와 감상

| 감상 |

　작자(임제)가 평양의 명기(名妓)인 한우(寒雨)를 찾아가서 부른 노래로 기녀(妓女)의 이름을 중의적으로 표현하여 사랑을 호소하고 있다. 찬비를 맞았다는 것은 한우에게 사랑의 포로가 되었다는 것이고, 얼어 잔다는 것은 오늘밤 그녀와 사랑을 나누고 싶다는 구애의 표현이다. 중의적 표현 속에 사랑의 호소가 섬세하게 잘 어우러져 있다.
　작자 임제는 예의보다 인간의 감정을 중시한 인물로, 그의 가치관은 당대인에게 용납되기 어려웠지만, 문학사의 지평을 확대하는 데 상당한 공헌을 하였다고 평가할 수 있다.

1 작품 구조

초장	임을 찾아 나섬
중장	임을 만나 연정을 품게 됨
종장	임에 대한 연정을 은근히 드러냄

작품 41 》 어이 얼어 잘이

어이 얼어 잘이 므스 일 얼어 잘이.
鴛鴦枕(원앙침) 翡翠衾(비취금)은 어듸 두고 얼어 잘이.
오늘은 츤비 맛자신이 녹아 잘까 ᄒ노라.

어찌 얼어 자겠습니까 무슨 일로 얼어 자겠습니까.
원앙새 수놓은 베개와 이불을 어디다 버려 두고, 얼어 자려 하십니까.
오늘은 (그대가) 찬비를 맞고 오셨으니 덥게 몸을 녹여 가며 자야 할 것입니다.

핵심정리

▷ **작자** 한우
▷ **갈래** 평시조, 서정시
▷ **성격** 연정가(戀情歌), 중의적
▷ **제재** 임제의 「한우가」
▷ **주제** 구애를 허락함
▷ **특징** 은유법과 중의법을 사용하여 임제의 시조에 화답함

이해와 감상

| 감상 |

　임제가 한우의 미모를 보고 함께하기를 바라는 내용의 시조를 짓자 곧 이 시조로 답하였다. 「한우가」가 임제의 한우에 대한 사랑을 노래한 구애가(求愛歌)라면, 이 노래는 그에 대한 허락의 노래라고 할 수 있다. 임제가 '한우'라는 기생 이름에 빗대어 '오늘은 찬비 맞았으니 얼어 잘까 하노라.'라고 하자 한우는 자신을 '원앙침', '비취금'에 빗대어 임제의 구애를 받아들이고 있다. 이 작품의 묘미는 무엇보다도 은유적이고 간접적인 표현에 있다. 다른 작품들과는 달리 유희적이면서도 순발력이 있는 기지를 느끼게 하며, 서로에 대한 은근한 애정이 오가고 있음을 엿볼 수 있다. 이 작품은 남녀 간의 수작(酬酌)임에도 속되지 않고 아취(雅趣)가 있다는 점이 특이하다.

1 작품 구조

초장	임의 마음을 떠봄
중장	구애를 허락함
종장	남녀 간의 사랑(운우지락)을 나누자고 함

작품 42 >>> 冬至(동지)ㅅ둘 기나긴 밤을

冬至(동지)ㅅ둘 기나긴 밤을 한 허리를 버혀 내여,
春風(춘풍) 니불 아릭 서리서리 너헛다가,
어룬 님 오신 날 밤이여든 구뷔구뷔 펴리라.

핵심정리

- **작자** 황진이(黃眞伊)
- **성격** 감상적, 낭만적, 연가(戀歌)
- **주제** 임을 기다리는 절실한 그리움
- **특징** ① 비유와 의태적 심상으로 형상화함
  ② 추상적 개념을 구체적 사물로 표현함
  ③ 우리말의 우수성을 잘 살려냄

이해와 감상

| 감상 |

겨울 동짓날의 긴 밤을 잘라서, 사랑하는 임과 함께 짧은 봄밤을 길게 보내고 싶다는 여인으로서의 애틋한 정념(情念)을 드러낸 연정가(戀情歌)이다.

임을 기다리는 여인의 간절한 마음을 참신한 비유와 의태적 심정을 통해 호소력 있게 형상화한 작품이다. 추상적인 개념인 시간을 구체적 사물로 형상화한 표현 기법이 매우 참신하고 생생한 인상을 주어 작품 전체에 신선한 느낌을 불어 넣고 있다. 초장에는 동짓달 기나긴 밤의 외로운 여심이 '한 허리를 버혀 내여' 속에 깊이 간직되어 있으며, 중장과 종장이 '서리서리 너헛다가'와 '구뷔구뷔 펴리라'와 같은 대조적 표현은 우리말의 아름다움을 살려 낸 표현으로 여성 특유의 섬세한 감각이 돋보인다.

1 황진이와 기녀 시조

황진이는 「동짓달 기나긴 밤을」, 「청산리 벽계수야」와 같은 남녀간의 사랑을 진솔하게 그린 여러 편의 시조를 남겼다. 성리학적인 내용을 담는 그릇으로 인식되던 사대부 시조는 그들의 곁에 있었던 기녀들에 의해 남녀 간의 애틋한 사랑 등을 담는 방향으로 변화를 보인다.

2 시어들의 이미지

춘풍(春風)니불 아릭		어룬님 오신 날 밤	
춘풍(春風)	봄바람, 설렘, 따뜻하다, 짧다	어룬님	사랑, 그립다, 서럽다, 반갑다
니불 아릭	잠, 다정하다, 따뜻하고 포근하다	오신 날 밤	만남, 기쁘다, 춥다, 길었으면 한다

3 구절의 대조양상

구절	공간 활용 양상	의미 함축 양상
서리서리 너헛다가	한정된 공간에 많이 저장함	외로움과 그리움으로 보낸 긴 시간을 모아둠 시름겨움
구뷔구뷔 펴리라	넓고 긴 공간에 길게 폄 신명나게 폄	그간의 그리움이나 원망의 사연을 임에게 풀어냄

작품 43 ≫ 어져 내 일이야

어져 내 일이야 그릴 줄을 모르ᄃᆞ냐.
이시랴 ᄒᆞ더면 가랴마ᄂᆞᆫ 제 구ᄐᆞ여
보내고 그리ᄂᆞᆫ 정(情)은 나도 몰라 ᄒᆞ노라.

핵심정리

- **작자** 황진이(黃眞伊)
- **성격** 연정가, 이별가, 감상적, 애상적
- **제재** 임과의 이별
- **주제** 이별의 회한과 님에 대한 그리움

이해와 감상

| 감상 |

　이 작품은 사랑하는 임을 마음속으로만 사모하다 말도 못하고 그냥 보내고만 자신을 한탄하고 있는 노래이다.
　초·중장은 임을 보낸 후의 후회를 나타내고 있으며, 종장에서는 떠나보낸 후에 더욱 간절해지는 임에 대한 그리움을 애써 체념조로 가라앉히고 있다. 감탄사 '어져'로 풀 길 없는 애타는 심정을 토로하였고, '이시라 ᄒᆞ더면 가랴마ᄂᆞᆫ'으로 회한의 정을 고조시켰다.
　이 시조는 떠나는 임을 붙들지 못하고서 떠난 다음 절절히 그리는 여인의 애틋한 심사가 짧은 시조의 형식에 잘 드러나고 있다. 특히 중장의 도치에 의한 절묘한 표현은 황진이 시조의 특색을 잘 드러내 보이고 있으며, 종장은 시조에서 자주 사용되는 표현이나 여기서는 그 대상이 사랑하는 이성으로 설정됨으로써 그 맛이 달라지고 있다.
　여성의 섬세한 표현이 부드럽고 고운 시어를 구성하고 있으며, 임을 위해 떠나보낸 뒤 말없이 임을 그리워하는 동양적인 여인의 모습을 그려내고 있다.

작품 44 靑山裏(청산리) 碧溪水(벽계수) ㅣ야

靑山裏(청산리) 碧溪水(벽계수) ㅣ야 수이 감을 자랑 마라.
一到(일도) 滄海(창해)ᄒ면 도라오기 어려오니,
明月(명월)이 滿空山(만공산)ᄒ니 수여 간들 엇더리.

핵심정리

▷ 작자 황진이(黃眞伊)
▷ 갈래 평시조, 단형시조, 서정시, 풍자시(諷刺詩), 연정적(戀情的), 풍유적(諷諭的).
▷ 성격 풍류적, 허무적, 향락적(享樂的), 감상적, 낭만적
▷ 정조 여인의 유혹인 연정(戀情).
▷ 배경 인간세사(人間世事)의 덧없는 상황, 즉 기녀생활(妓女生活)이 배경이 됨. '벽계수'는 당시 왕족인 벽계수(碧溪守). '명월'은 황진이.

▷ 성격 감상적, 낭만적
▷ 표현 은유법, 중의법, 의인법, 대조법, 설의법.
▷ 태도 설득적, 낭만적
▷ 제재 벽계수, 명월
▷ 주제 인생의 덧없음과 향락의 권유

이해와 감상

| 구성 |
- 초장 : 기(起자) – 만심, 고고함의 경계 – 중의법, 의인법, 명령법.
- 중장 : 인생무상 – 절망적인 인생
- 종장 : 주제행 – 풍류적 삶의 권유

| 감상 |

　이 시조는 당시 조선 종실(宗室)인 벽계수라는 사람이 자기는 다른 사람들처럼 황진이를 한번 봐도 침혹(沈惑)하는 일이 없을 것이라고 늘 큰소리친다는 말을 듣고, 황진이가 사람을 시켜 벽계수를 유인, 개성(開城) 구경을 오게 하여, 달 밝은 밤 만월대(滿月臺)에서 이 시조를 읊어 벽계수로 하여금 도취케 하여, 타고 온 나귀에서 떨어지게 하였다고 하는 고사와 관련된 시조이다. 이 시조는 그 배경으로 보아, 인생무상을 여유 있는 마음으로 살아가자는 유혹과 권유를 담은 노래이다. 빼어난 중의법(重義法)과 은유법(隱喩法)을 써서 퇴락(頹落)하거나 속되지 않게 문맥을 살렸으며, 낭만적 생활감정을 잘 표현하였다.
　세월은 빠르고 인생은 덧없는 것이니, 인생을 즐겁게 살아가자고 권유하는 시조로서, 기녀다운 호소력을 보여주고 있다. '벽계수'는 '흐르는 물'과 '왕실 종친인 벽계수(碧溪守)'를, '명월'은 '밝은 달'과 '황진이 자신'을 동시에 의미하는 중의적 표현이다. 또한 '청산'과 '명월'은 영원자로서 변함이 없는 자연을 비유한 말이고, '벽계수'는 순간자로서 쉬지 않고 변해가는 덧없는 인생을 비유한 말이다. 이와 같이 중의적이고 비유적인 표현을 통해 향락을 권유하며 상대방을 유혹하는 재치가 돋보이는 작품이다.
　이 시조를 이해하는 흥미의 초점은 그 어느 뜻으로 잡거나 내용과 가락이 깊어 감회와 정을 느끼게 하는 데 있다.
　가령, '벽계수'와 '명월'을 말 그대로의 뜻에 따라 '푸른 물', '밝은 달'로 보더라도 거기에는 벌써 범상(凡常)을 넘어 자연을 어떤 이치(理致)로 보고자 한 데가 있어 놀랍거니와 사람 '벽계수'와 기녀(妓女) '명월(明月)'로 풀더라도 그 뜻에 함축미가 있어서 좋다.
　인생이란, 한번 죽어지면 다시 되살아오기 어려움은 천리(天理)요, 인력(人力)으로는 어찌할 수 없는 것이매, 한가롭게 쉬었다가 떠나보내는 여유를 가져보라고 유혹한 것이다. '청산(靑山)'은 영원자로서 변함이 없는 자연을 나타내고, '벽계(碧

溪)'는 순간자로서 쉬지 않고 변해가는 인생을 비유한 것이다. 따라서 자연의 영원에 비하여 인생은 순간적인 존재인데, 이것이 한번 늙거나 죽어지면 다시는 어쩔 수 없으니 살아 있는 동안 될 수 있는 대로 즐겨야 한다는 것이다. 인생무상(人生無常)을 자연의 이치에 비추어 읊어 낸 시조이다.

작품 45 내 언제 무신(無信)ᄒ야

내 언제 무신(無信)ᄒ야 님을 언제 소겻관듸
월침삼경(月沈三更)에 온 뜻지 전(全)혀 업다.
추풍(秋風)에 지는 닙 소릐야 낸들 어이ᄒ리오.

내 언제 믿음 없어 임을 언제 속였기에
달 기우는 삼경에도 오시는 소리 전혀 없네.
추풍에 지는 잎 소리야 낸들 어찌하리오.

핵심정리

- 작자 황진이(黃眞伊)
- 성격 연정가, 애상적, 감상적, 설의적
- 제재 연모(戀慕)의 정, 가을 바람에 지는 잎
- 주제 임에 대한 그리움
- 특징 ① 가을이라는 계절적 배경과 설의법을 이용하여 화자의 심정을 표현함
  ② 서경덕(앞의 작품 22)의 시조에 대한 답가로 해석하기도 함

이해와 감상

| 감상 |

　이 시조는 가을밤에 초조하게 임을 기다리며 외롭게 밤을 지새우는 여인의 정한(情恨)을 그리고 있다. 화자는 임을 배신한 적이 없고, 그럴 마음도 먹은 적이 없어 떳떳하다. 그러나 임은 신의를 저버리고 찾아오지 않는다. 이에 화자는 '추풍에 지는 잎'을 소재로 하여 체념하는 듯하면서도 더욱 간절한 기다림을 표출하는 것이다. 초장에서 임에 대한 변함없는 사랑을 밝히고, 중장에서 임이 찾아 주지 않는 데 대한 안타까움을 드러내고 있다. 그리고 종장에서는 임이 찾아 주기를 바라는 간절한 마음을 추풍(秋風)에 지는 잎 소리에 의탁하여 표현하고 있다.
　이 시조는 황진이가 자신을 그리워하며 부른 서경덕의 시조에 화답한 시조로 보기도 한다. 다시 말해 황진이에 대한 서경덕의 그리움 못지않은 황진이의 임에 대한 진한 그리움이 잘 배어 있는 작품이다.

- 기녀 시조의 경향 이해와 관련해 읽을 작품 : 홍랑, 매창, 계랑 등의 시조
- 사대부 시조의 경향 이해와 관련해 읽을 작품 : 「도산십이곡」, 「고산구곡가」, 「훈민가」

작품 46 梨花雨(이화우) 훗뿌릴 제

梨花雨(이화우) 훗뿌릴 제 울며 잡고 離別(이별)ᄒᆞᆫ 님,
秋風落葉(추풍낙엽)에 저도 날 싱각ᄂᆞᆫ가.
千里(천 리)에 외로운 ᄭᅮᆷ만 오락가락 ᄒᆞ노매.

핵심정리

▷ 작자 계랑(桂娘)
▷ 갈래 평시조
▷ 성격 연정가(戀情歌), 감상적, 애상적
▷ 제재 이별
▷ 주제 이별의 슬픔과 임에 대한 그리움
▷ 표현 ① 하강의 이미지를 가진 시어(이화우, 추풍낙엽)를 통해 이별의 상황을 효과적으로 제시함
        ② 계절의 흐름을 느낄 수 있음
           (이화우(봄) → 추풍낙엽(가을))

이해와 감상

| 감상 |
　초장은 봄바람에 배꽃이 떨어지듯 이별을 하고만 임을 직설적으로 표현하였다. 그 뒤 무심하게 세월이 흘러 어느덧 가을이 되었고, '임을 그리워하는 나처럼 임도 나를 생각이나 하고 있을까'하는 안타까움이 나타나 있다. 초장의 '이화우'와 중장의 '추풍낙엽'은 시간적인 거리감을 나타내며, 종장의 '천 리'는 임과의 공간적인 거리감을 표현하고 있다.

작품 47 묏버들 갈ᄒᆡ 것거

묏버들 갈ᄒᆡ 것거 보내노라 님의손ᄃᆡ,
자시ᄂᆞᆫ 窓(창) 밧긔 심거 두고 보쇼셔.
밤비예 새닙곳 나거든 날인가도 너기쇼셔.

핵심정리

▷ 작자 홍랑(洪娘)　　　　　　　　▷ 제재 묏버들
▷ 성격 감상적, 애상적　　　　　　▷ 주제 임에게 보내는 사랑
▷ 표현 자연물을 통해 화자의 사랑을 전달함

이해와 감상

| 감상 |

초장의 '묏버들'은 임에게로 향한 작자의 순수하고 청아한 마음의 표시이다. 비록 멀리 떨어져 있어도 버들가지에 새잎이 돋아나듯, 자신을 기억하며 그리워해 달라는 작자의 아쉬움이 애틋하게 나타나 있다. 벗과의 이별을 아쉬워하는 마음이 비유를 통해 솔직하게 표현되어 있는 연정가(戀情歌)이다.

참고 기녀 시조에 대한 이해

1. 기녀 시조의 특징과 문학사적 의미

(1) 일반적 특징

기녀 시조는 자신들의 애정과 이별 문제를 노래한다는 점에서 동시대의 시조 담당층인 사대부의 시조와 비교된다. 사대부들의 시조가 흔히 관념의 표출에 그치는 데 반해, 기녀들의 시조는 인간의 정서를 숨김없이 표출하였다. 또한 그들의 시조는 우리말의 아름다움을 잘 살려 시적 언어로 발전시켰다는 점에서도 그 특징을 살펴볼 수 있다.

(2) 문학사적 의미

기녀 시조는 세련된 표현 기교를 갖추었을 뿐만 아니라 순수 국어를 잘 구사하였다는 데 그 의의가 있으며, 내용 면에서는 남녀 간의 애정 및 인간의 정서를 솔직 담대하게 표현하였다는 데 초점을 둔다. 또한 기녀들이 시조를 짓고 향유했던 문화는 시조 작자층의 확대와 더불어 시조가 새로운 모습으로 탈바꿈하는 계기를 마련하였다. 상류 계층의 전유물이었던 시조를 조선 중기에 이르러 기녀들도 짓고 읊었다는 점은 후기의 가객 및 평민층으로까지 시조 작자층이 확대될 수 있었던 계기를 마련한 것이며, 이런 점으로 미루어 보아 기녀 시조는 시조 문학 변모에 큰 역할을 하였다고 할 수 있다.

2. 기녀 시조와 고려 가요의 관계

기녀 시조는 상실의 상황에서 노래한다는 점에서 동시대의 시조 담당 층인 사대부 시조와 비교된다. 말하자면 황진이의 시적 정서와 사대부의 시적 정서는 판이하다는 것이다.

한편 기녀 시조는 '이별'이 제재라는 점에서 고려 가요와 상통하는데 고려 가요가 이별의 순간을 노래한다면 기녀 시조는 이미 벌어진 이별의 상황을 노래한다. 시적 화자의 의식 면에 있어서도 고려 가요가 임과의 관계를 수직적으로 보고 있다면 기녀 시조는 수평적 관계로 보고 있다. 또, 발화의 차이에서도 고려 가요는 이별의 순간에 발화하는 것으로 직접이고 절박한 발화가 이루어지는 반면, 기녀 시조는 이미 지나간 과거이므로 자아를 성찰하고 더불어 스스로 묻고 답하며 간접적으로 발화한다. 요약해 말하자면 기녀 시조는 이별 상황, 언술 방식, 태도, 갈등의 해결 등의 면에서 고려 가요의 전통을 잇고 있지만, 그것을 변용시킨 셈이라 할 수 있다.

3. 애정시와 연군시의 비교

애정시에는 서정적 주체인 '나'와 그 대상인 '임'이 대립되고 내가 서 있는 장소인 '여기'와 임이 서 있는 장소인 '거기'가 대립되어 있다. 이를 상실의 원인에 따라 '제자리 / 이탈'의 경우로 따져 보면, 임은 제자리에 있고 내가 거기서 이탈한 경우와 나는 자리에 있는데 임이 여기서 이탈한 경우로 나눌 수 있다. 그러므로 상실의 회복도 앞의 경우에는 내가 거기로 돌아가야 할 것이고, 뒤의 경우에는 임이 여기로 돌아와야 할 것이다. 이를 기준으로 애정시와 연군시를 구분할 수 있다. 황진이의 시조와 같은 애정시는 '버림받은 아내의 시'의 형식을 갖춘 연군시와 비교, 검토할 수 있는 것이다. 「사미인곡」을 보면 화자 자신이 임의 곁을 떠났는데, 그 이유는 전적으로 자신의 잘못에 있음을 이야기한다. 그러므로 결여 상태의 회복도 범나비가 되어서라도 임의 곁으로 가는 데 있다. 화자에게 임이란 절대적인 선을 의미하는 존재이고 임이 있는 공간 또한 절대화된 공간이다. 이와 반대로 「규원가」에서는 화자의 남편이 자신의 곁을 떠났는데, 그 이유는 장안에서 허송세월하는 경박한 상대방의 도덕적 결함 때문이다. 「규원가」의 화자나 그의 공간은 남편과 남편이 있는 공간보다 도덕적으로 우월하다. 이렇게 볼 때, 보통의 애정시와 애정의 형식을 취한 연군시는 주체와 객체 및 그 공간이 대립이라는 관습을 공유하고 있으나, 양자의 패러다임이 도치되어 있음을 알 수 있다.

작품 48 ▶ 내 ᄆᆞ음 버혀내여

내 ᄆᆞ음 버혀내여 별 ᄃᆞᆯ을 밍글고져
구만리 댱텬의 번ᄃᆞ시 걸녀 이셔
고온 님 겨신 고ᄃᆡ 가 비최여나 보리라

내 마음을 베어서 별 달을 만들고 싶구나.
아득히 넓고 먼 하늘에 번듯이 떠 있으면서
임금님 계신 곳에 가 훤히 비추어 보고 싶구나.

핵심정리

▷ **작자** 정철(1536~1593)
▷ **성격** 연군가(戀君歌)
▷ **주제** 선조 임금에 대한 변함 없는 충정(忠情)
▷ **특징** ① 달은 임에 대한 자신의 충성심을 직접 보여 드리고 싶은 작자의 안타까운 심정을 형상화한 표현
② 이와 유사한 표현들이 사미인곡이나 속미인곡에 자주 보인다.

이해와 감상

| 감상 |

　송강 정철의 대부분의 작품은 연군지정을 노래한 작품이다. 문학적으로는 우리말의 아름다움을 살렸다는데 큰 의미가 있다. 하지만 그가 그리는 님은 너무도 치우친 임금에 대한 사랑이다. 당시 사대부의 대부분의 작품에 등장하는 님은 작자가 생존할 때 왕권을 잡고 있는 임금이다. 그러나 다시금 생각하면 그들이 그토록 그리워하는 임은 권력자이기에 그들의 그리움에는 임금에 대한 충성이고, 비판적으로 말하면 맹목적인 권력지향적인 사고 방식이 들어 있다. 특히 송강의 작품 또한 그러한 범주에서 벗어날 수 없다. 그럼에도 송강의 작품이 의미가 있는 것은 한문과 고사성어와 명문을 인용하던 당대의 다른 문인들과는 달리 우리말의 아름다움을 살리고 있다는 데 있다. 송강의 '사미인곡'과 '속미인곡'이 다 여인이 님을 그리는 심정을 통하여 연군(戀君)의 정을 노래하고 있는 작품인데, 이 시조 또한 같은 수법이라고 할 수 있다.
　조선 시대에는 모든 형태의 애정, 즉 친자(親子)간의 은애(恩愛), 남녀간의 연애, 형제간의 우애, 친구간의 신애(信愛), 군신(君臣)간의 충애(忠愛) 등을 시조의 형식을 빌어 표현하였다.

작품 49 ▷▷ 청초(青草) 우거진 골에

청초(青草) 우거진 골에 자난다 누엇난다.
홍안(紅顏)을 어듸 두고 백골(白骨)만 무쳣난이.
잔(盞) 잡아 권(勸)하리 업스니 그를 슬허하노라.

푸른 풀이 우거진 산골짜기 무덤 속에 자고 있느냐, 누워 있느냐?
젊고 아름다운 얼굴을 어디에 두고 백골만 묻혀 있느냐?
술잔을 잡고 권해 줄 사람이 없으니 그것을 슬퍼하노라.

핵심정리

- **작자** 임제(林悌: 1549~1587)
- **성격** 서정시, 연모가(戀母歌), 애도시(哀悼詩), 낭만적(浪漫的), 애상적(哀傷的), 추모적.
- **정조** 죽음에 대한 애상적(哀傷的) 감상. 비탄과 탄식의 어조.
- **제재** 황진이의 무덤.
- **주제** 인생무상(人生無常). 황진이의 죽음을 애도함.

- **특징**
  ① 대조법, 의문형 반복. 시각적 색채 이미지의 대조.
  ② '청초'와 '홍안', '홍안'과 '백골'은 색채적인 대조를 이루어 시어 배열의 묘를 살렸음
  ③ 초장의 '자난다 누엇난다'와 중장의 '무쳣난이'는 황진이의 무덤을 향해 허탈하게 묻는 말로 작자의 애절한 심정을 드러냄

이해와 감상

|감상|

　지은이 임제(林悌)는 당대의 대문장가로서 명산(名山)을 두루 찾는 풍류(風流)인이었다. 이 시조는 작자 임제가 평안도 평사(評事: 정6품의 외직 무관)로 부임 도중 개성(開城)에 들러 황진이의 무덤에 술잔을 부으면서 인생의 덧없음을 한탄하여 부른 노래라 한다. 이로 말미암아 그는 임지에 부임도 하기 전에 파직당한 것으로 전해 온다.
　이 일이 양반의 체통을 떨어뜨렸다고 논란이 되어 임제는 벼슬에서 물러났지만, 그런 것에 개의됨이 없이 오히려 가벼운 마음으로 명산을 찾아 즐기다가 세상을 떠났다.

1 구성

- 초장 : 의문형의 설의법(設疑法)으로 죽음에 대한 정조를 드높이고 있다. '청초 우거진 골'은 황진이의 무덤이다. '자난다 누웠는다'는 반복형을 써서 강조하고 있다. 덧없음의 강조다.
- 중장 : '홍안'과 '백골'은 대조적인 표현이다. '홍안'은 삶(生), '백골'은 '죽음(死)'의 대조다. 숙명적인 인간의 죽음에 대한 숙연함을 나타냈다.
- 종장 : 주제행으로, 죽음의 슬픔을 나타낸 서정적인 구절이다. '잔 잡아 권할 이'는 일반적으로는 황진이를 가리키지만, '황진이에게 술을 권할 사람'이란 뜻으로 해석할 수 있다. 당대의 남녀 관계의 상식 밖의 일일지 모르지만, 황진이가 살았을 적에는 그대에게 잔을 권하는 이가 많더니, 죽은 뒤에 그렇지 아니하니, 그것을 슬퍼한다고 작자는 노래하고 있다.

작품 50 〉〉 지당(池塘)에 비 뿌리고

지당(池塘)에 비 뿌리고 양류(楊柳)에 닉 끼인 졔
사공(沙工)은 어듸 가고 뷘 비만 미엿는고.
석양(夕陽)에 무심한 굴며기는 오락가락 ᄒᆞ노매.

연못에 비가 뿌리고 버드나무에 안개가 자욱이 끼었는데,
뱃사공은 어디에 가고 빈 배만 못가에 매어 있는가?
해질 무렵에 아무 잡념이나 욕심이 없는 갈매기들만 오락가락 하는구나.

핵심정리

- **작자** 조헌(1544~1592)
- **성격** 한정가(閑情歌), 자연과 인생을 노래함.
- **제재** 지당(池塘)의 춘경(春景)
- **주제** 강촌(江村)의 서정, 적막(寂寞)과 고독, 봄의 정취와 외로움
- **특징**
  ① 시각적-서경(敍景)을 통해 서정을 표출
  ② 자신의 외로움과 고독을 감정이입으로 표현

이해와 감상

| 감상 |

　이 시조는 정서의 표출 없이 정경 묘사만 하였음에도 작자의 외로운 심정이 독자에게 충분히 전달되고 있다. 연못에 비가 내리고 가지에는 물안개가 끼었는데, 배를 부리는 사공은 어디에 가고 빈 배만 매였다. 해질 무렵 짝 잃은 갈매기만 날아가는 모습을 한 폭의 그림으로 노래한 봄비가 보슬보슬 내리는 연못가의 어쩐지 외롭도록 한가한 정경이 고요하게 눈에 비이는 듯 선하게 펼쳐져 있는 사실적인 서정을 읊은 시조이다. 사람이 등장하지 않지만 시적 화자는 '사공(沙工)이 없는 빈 배'로 외로움을 말하더니 해 질 무렵의 짝 잃은 기러기로 자신의 외로움과 고독을 감정이입해 고독하고 외로운 분위기를 잘 드러냈다.
　우리 선인들의 자연에 대한 시점은 첫째 자연에 의탁한 연군의 정, 다음으로 치사귀향(致仕歸鄕)하여 자연에 묻혀 사는 흥취를 읊은 것과 떨칠 수 없는 인사(人事)를 자연에 의탁하는 것 등이 있는데, 이 노래는 셋째 것으로 볼 수 있다. '비, 빈 배, 짝 일흔 갈매기' 등은 지은이의 외로움을 더해 주는 소재들이다.
　작가는 불의를 보고는 참을 수 없는 성격의 소유자였다. 직간을 하다가 벼슬에서 파직되었으며, 임진란을 예견하고는 일본에서 온 사신을 목 베든지, 그렇지 않으면 자기의 목을 잘라 달라고 복합상소를 하기도 하였다. 마침내 임진란이 터지자 의병장으로 왜적과 싸우다가 죽은 사람이다. 의인의 길은 외로움의 길이기에 이런 외로운 노래를 지었는지도 모른다.

제4절 시조 작품 감상 (3) 조선 후기

작품 1 》 어부사시사(漁父四時詞)

> **출제방향**
> - 각 연에 나타난 계절적 어휘
> - '후렴구'의 시적 기능
> - 자연에 대한 인식 측면에서 이현보의 「어부가」와 어떤 차이를 보이는지 파악
> - 연시조의 형태적인 특성 이해
> - 옛 선인들의 삶의 자세 이해

[춘사(春詞)]

1
압개예 안기 것고 뒫뫼희 히 비췬다
빈 떠라 빈 떠라
밤믈은 거의 디고 낟믈이 미러 온다
至지匊국恖총 至지匊국恖총 於어思사臥와
江강村촌 온갓 고지 먼 빗치 더옥 됴타

해석
　앞내에 안개 걷고 뒷뫼에 해 비친다. / 밤물은 거의 지고 낮물이 밀어온다 / 강촌(江村) 온갖 곳이 먼빛이 더욱 좋아라 (春詞 1)
 * 뫼 : 산 / 밤물 낮물 : 썰물과 밀물 / 먼빛이 더욱 좋아라 : 멀리서 보는 경치가 더욱 좋다

2
날이 덥도다 믈 우희 고깃 떧다
닫 드러라 닫 드러라
굴며기 둘식 세식 오락가락 ᄒᆞᄂᆞ고야
至지匊국恖총 至지匊국恖총 於어思사臥와
낫대는 쥐여 잇다 濁탁酒쥬ㅅ甁병 시럳ᄂᆞ냐

해석
　날이 덥구나 물 위의 고기 떴다 / 갈매기 둘씩 셋씩 오락가락 하는구나 / 아이야 낙대는 쥐여 있다. 탁주병 실었느냐 (春詞 2)
 * 낙대 : 낚싯대 / 탁주병 : 막걸리 병 　/ * 이렁구렁 : 이렇게 저렇게

3
東동風풍이 건듣 부니 믉결이 고이 닌다
돋 ᄃᆞ라라, 돋 ᄃᆞ라라

東동湖호를 도라보며 西서湖호로 가쟈스라.
至지匊국恩총 至지匊국恩총 於어思사臥와
압 뫼히 디나가고 뒫 뫼히 나아온다

해석
　동풍(東風)이 건듯 부니 물결이 고이 인다. / 동호(東湖)를 돌아보며 서호(西湖)로 가자스라 / 두어라, 앞 뫼가 지나가고 뒷 뫼가 나아온다. (春詞 3)
* 건듯 : 문득, 잠시

4.
우는 거시 벅구기가 프른 거시 버들숩가
이어라 이어라
漁어村촌 두어 집이 뉫 속의 나락들락
至지菊국恩총 至지菊국恩총 於어思ᄉ臥와
말가ᄒ 기픈 소희 온갓 고기 뛰노ᄂ다

해석
　우는 것이 뻐꾸긴가 푸른 것이 버들숲가 / 어촌(漁村) 두어 집이 냇속에 나락들락 / 두어라 말가한 깊은 소에 온갖 고기 뛰노나다 (春詞 4)
* 냇속 : 안개 속

5
고은 볕티 쬐얀ᄂ듸 물결이 기름ᄀ다.
이어라, 이어라
그믈을 주어 두랴 낙시를 노흘일가
至지菊국恩총 至지菊국恩총 於어思ᄉ臥와
濯탁纓영歌가의 興흥이 나니 고기도 니즐노라

해석
　고운 빛이 쬐였는데 물결이 기름 같다. / 그물을 주어두랴 낚시를 놓을 일까 / 탁영가(濯纓歌)의 흥이 나니 고기조차 잊을로다.(春詞 5)
* 濯纓歌(탁영가) 갓끈을 씻다. (굴원의 어부사에 나오는 노래. 세속을 초월한다는 내용)

6
夕석陽양의 빗겨시니 그만ᄒ여 도라가쟈
돈 디여라, 돈 디여라
岸안柳류汀뎡花화는 고비고비 싀롭고야.
至지菊국恩총 至지菊국恩총 於어思ᄉ臥와
三삼公공을 블리소냐 萬만事ᄉ를 싱각ᄒ랴

해석
　석양(夕陽)이 비꼈으니 그만하여 돌아가자 / 안류정화(岸柳汀花)는 굽이굽이 새롭고야 / 어떻다 3공(三公)을 부러워할소냐 만사를 생각하랴 (春詞 6)
* 岸柳汀花: 언덕 위의 버드나무와 물가의 꽃
* 3공 : 높은 벼슬아치 / 만사 : 세상만사의 시름

7
防방草초를 불와 보며 蘭난芷지도 뜨더보쟈
빅 셰여라 빅 셰여라
一일葉엽片편舟쥬에 시른 거시 므스것고
至지匊국悤총 至지匊국悤총 於어思사臥와
갈 제는 닉뿐이오 올 제는 둘이로다

> **해석**
> 방초(芳草)를 밟아보며 난지(蘭芝)도 뜯어보자 / 일엽편주(一葉片舟)에 실은 것이 무엇인고 / 갈 제는 내 뿐이요 올 제는 달이로다 (春詞 7)
> * 방초 : 아름다운 꽃 / 난지 : 난초와 지초로 향기로운 풀 / 일엽편주 : 한 잎 조각배, 작은 배

8
醉취ᄒ야 누얻다가 여흘 아릭 ᄂ리려다.
빅 믹여라, 빅 믹여라
落락紅홍이 흘러오니 桃도源원이 갓갑도다.
至지菊국悤총 至지菊국悤총 於어思ᄉ臥와
人인世세 紅홍塵딘이 언믹나 ᄀ렷ᄂ니

> **해석**
> 취하여 누었다가 여흘 아래 내리거다 / 낙홍(落紅)이 흘러오니 도원(桃原)이 가깝도다 / 인세홍진(人世紅塵)이 얼마나 가렸느니 (春詞 8)
> * 여흘 : 여울 / 낙홍 : 떨어진 붉은 꽃잎 / 도원 : 무릉도원의 약자로 이상향, 딴 세상, 아름다운 곳 / 인세홍진 : 인간 세상의 붉은 먼지

9
낙시줄 거더노코 篷봉窓창의 둘을 보쟈.
닫 디여라, 닫 디여라
ᄒᄆ 밤 들거냐 子자規규 소릭 몱게 ᄂ다.
至지菊국悤총 至지菊국悤총 於어思ᄉ臥와
나믄 興흥이 無무窮궁ᄒ니 갈 길흘 니젓땃다

> **해석**
> 낚시줄 걷어놓고 봉창의 달을 보자 / 하마 밤들거냐 자규 소리 맑게 난다 / 남은 흥이 무궁하니 갈 길을 잊었도다 (春詞 9)
> * 봉창 : 배의 방 창

10
來릭日일이 또 업스랴 봄밤이 몃 덜 식리
빅 브텨라, 빅 브텨라
낫딕로 막딕삼고 柴싀扉비를 ᄎ자보쟈
至지菊국悤총 至지菊국悤총 於어思ᄉ臥와
漁어父부 生생涯애ᄂ 이렁구러 디낼로다

해석
　내일(來日)이 또 없으랴 봄밤이 몇을 새리 / 낚대로 막대 삼고 시비(柴扉)를 찾아보자 / 어부생애(漁父生涯)는 이렁구러 지내노라 (春詞 10)
* 柴扉: 사립문

[夏詞(하사)]

1
구즌 비 머저가고 시냇물이 맑아 온다
배 떠라 배 떠라
낫대를 두러 메니 기픈 흥(興)을 금(禁) 못 할돠
지국총 지국총 어사와
연강뎝쟝(烟江疊嶂)은 뉘라셔 그려낸고

해석
　궂은 비 먼저 가고 시냇물이 맑아 온다. / 낚대를 둘러메니 깊은 흥을 금(禁)못할다 / 연강첩장(煙江疊嶂)은 뉘라서 그려 낸고 (夏詞 1)
* 煙江(연강) : 안개 서린 강 / 疊嶂(첩장) : 가파르고 높은 산

2
년 닙희 밥 싸두고 반찬으란 쟝만마라
닫 드러라 닫 드러라
청약립(青蒻笠)은 써잇노라 녹사의(綠蓑依) 가져오냐
지국총 지국총 어사와
무심(無心)한 백구(白鷗)는 내 좃는가 제 좃는가

해석
　연잎에 밥싸두고 반찬으란 장만 마라 / 청약립(青蒻笠)은 써 있노라 녹사의(綠蓑衣) 가져오냐 / 무심한 백구(白鷗)는 간 곳마다 좇닌다. (夏詞 2)
* 青蒻笠: 푸른 부들로 만든 삿갓. / 綠蓑衣; 푸른 도롱이
* 백구 : 갈매기 / 좇닌다 : 좇아 다닌다

3
마람 닙희 바람 나니 봉창(篷窓)이 서늘코야
돋다라라 돋다라라
녀름바람 졍할소냐 가는 대로 배시켜라
지국총 지국총 어사와
븍포 남강(北浦南江)이 어디 아니 됴흘리니

해석
　마름 잎에 바람 나니 봉창이 서늘ㅎ고야 / 여름 바람 정(定)할소냐 가는 대로 배 시켜라 / 북포남강(北浦南江)이 어디 아니 좋을러니 (夏詞 3)

4
븕결이 흐리거든 발을 싯다 엇더하리
이어라 이어라
오강(吳江)의 가쟈하니 천년노도(千年怒濤) 슬플로다
지국총 지국총 어사와
초강(楚江)의 가쟈 하니 어복튱혼(魚腹忠魂) 낟글셰라

해석
  물결이 흐리거든 발을 씻다 어떠하리 / 오강(吳江)에 가쟈하니 천년노도(千年怒濤) 슬프도다 / 초강(楚江)에 가자하니 어복충혼(魚腹忠魂) 낚을세라 (夏詞 4)
* 吳江 千年怒濤 : 초나라 사람 오자서의 고사. 오자서(吳子胥)가 참소로 죽게되자, 오나라의 패망을 예고했다. 오나 라 왕 부차(夫差)가 이를 듣고 오자서의 시체를 가죽 주머니에 넣어 강에 버리니 노도(怒濤)가 일고, 후에 오나라는 월나라에게 망했다. / 楚江 魚腹忠魂: 초(楚) 나라의 굴원(屈原)이 무고로 강남에 귀양가서 멱라수에 투신하여 죽어 고기밥이 되었다. 초강 어복충절은 멱라수에 빠져 죽은 굴원의 충성된 넋을 의미.

[秋詞(추사)]

1
물외(物外)예 조흔 일이 어부 생애(漁夫生涯) 아니러냐
배 떠라 배 떠라
어옹(漁翁)을 욷디 마라 그림마다 그렷더라
지국총 지국총 어사와
사시흥(四時興)이 한가지나 츄강(秋江)이 은듬이라

해석
  물외(物外)에 좋은 일이 어부생애(漁父生涯) 아니런가 / 어옹(漁翁)을 웃지마라 그림마다 그렸더라 / 사시흥(四時興)이 한가지나 추강(秋江)이 으뜸이라 (秋詞 1)
* 물외 : 인간 세상 밖 / 어옹 : 어부 노인 / 사시흥 : 사철의 흥취

2
슈국(水國)의 가을이 드니 고기마다 살져 읻다
닫 드러라 닫 드러라
만경딩파(萬頃澄波)의 슬카지 용여(容與)하쟈
지국총 지국총 어사와
인간(人間)을 도라 보니 머도록 더옥 됴타

해석
  수국(水國)에 가을이 드니 고기마다 살져 있다. / 만경징파(萬頃澄波)에 슬카지 용여(容與)하자 / 인세를 돌아보니 멀도록 더욱 좋다. (秋詞 2)
* 萬頃澄波 넓은 바다의 푸른 파도 / 容與하자:한가롭고 편안하여 흥에 겹다
* 어즐한 : 어지러운

9
욷 우희 서리 오대 치운 줄을 모랄로다
닫 디여라 닫 디여라

됴션(釣船)이 좁다 하나 부세(浮世)과 얻더하니
지국총 지국총 어사와
내일도 이리 하고 모뢰도 이리 하쟈

> 해석
>
> 옷 위에 서리 오되 추운 줄 모를로다 / 낚싯배 좁다하나 부세(浮世)와 어떠하니 / 내일도 이러하고 모레도 이러하리라 (秋詞 9)
> * 浮世: 덧없는 세상

10
송간셕실(松間石室)의 가 효월(曉月)을 보쟈 하니
배 브텨라 배 브텨라
공산낙엽(空山落葉)의 길흘 엇디 아라 볼고
지국총 지국총 어사와
백운(白雲)이 좃차 오니 녀라의(女蘿依) 므겁고야

> 해석
>
> 송간석실(松間 石室)의 가 효월(曉月)을 보자하니 / 공산낙엽(空山落葉)의 길을 어찌 알아볼꼬 / 백운(白雲)이 좇아오니 여라의(女蘿衣) 무겁고야 (秋詞 10)
> * 백운: 구름은 옛 시에서 임금의 총명을 가리는 간신에 비유됨 / 女蘿衣 : 隱者의 옷 / 如蘿衣: 이끼의 하나, 여기서는 가벼운 옷
> * 송간석실 : 소나무 사이의 돌집 / 효월 : 새벽달 / 공산낙엽 : 빈 산의 낙엽 / 백운 : 구름은 시에서 나쁜 의미로 쓰임. 간신, 혹은 좋지 않은 일

[冬詞(동사)]

1
구룸 거둔 후의 햇빋치 두텁거다
배 떠라 배 떠라
텬디폐색(天地閉塞)호대 바다흔 의구(依舊)하다
지국총 지국총 어사와
가업슨 믉결이 깁편 듯하여 잇다

> 해석
>
> 구름이 걷은 후에 햇빛이 두껍구나 / 천지 폐색하되 바다는 의구하다 / 가없는 물결이 깁 폈는 듯 하더라 (冬詞 1)
> * 폐색 : 막히다 / 의구하다 : 변함이 없다

2
주대 다사리고 뱃밥을 박안나냐
닫 드러라 닫 드러라
쇼샹동졍(瀟湘洞庭)은 그믈이 언다 한다
지국총 지국총 어사와
이 때예 어됴(漁釣)하기 이만 한대 업도다

해석
　주대 다스리고 뱃밥을 박았느냐 / 소상동정(瀟湘洞庭)은 그물이 언다 한다 / 이때에 어조(漁釣)야 이만한 데 있으랴 (冬詞 2)
* 주대: 낚싯대와 낚싯줄 / 뱃밥: 뱃바닥 틈새를 막아주는 얇은 대나무껍질 / 瀟湘洞庭: 중국 호남성 소재 소상강과 동정호 / 어조 : 낚시질

3
여튼 갣 고기들히 먼 소해 다 갇나니
돋 다라라 돋 다라라
져근덛 날 됴흔 제 바탕의 나가 보쟈
지국총 지국총 어사와
밋기 곧다오면 굴근 고기 믄다 한다

해석
　옅은 개 고기들이 먼 소에 다 갔느니 / 져근덛 날 좋은 제 바탕에 나가보자 / 미끼 곧 다우면 굵은 고기 문다한다.(冬詞 3)
* 져근덛 : 잠시 / 바탕: 바다, 일터, 漁場

4
간밤의 눈 갠 후(後)에 경믈(景物)이 달랃고야
이어라 이어라
압희는 만경유리(萬頃琉璃) 뒤희는 천텹옥산(千疊玉山)
지국총 지국총 어사와
션계(仙界)ㄴ가 불계(佛界)ㄴ가 인간(人間)이 아니로다

해석
　간밤에 눈 갠 후에 경물이 달랐고야 / 앞에는 만경유리 뒤에는 천첩옥산 / 선곈가 불곈가 인간이 아니로다 (冬詞 4)
* 경믈 : 경치 / 만경유리 : 유리처럼 맑은 물 / 천첩옥산 : 천 겹의 아름다운 산 / 선계불계 : 신선과 부처님의 세상

7
단애취벽(丹崖翠壁)이 화병(畵屛) 갇티 둘럿는듸
배 셰여라 배 셰여라
거구셰린(巨口細鱗)을 낟그냐 몯 낟그냐
지국총 지국총 어사와
고주사립(孤舟簔笠)에 흥(興)계워 안잣노라

해석
　단애(丹崖)와 취벽(翠壁)들이 화병(畵屛)같이 둘러 있고 / 거구세린(巨口細鱗)을 낚거나 못 낚거나 / 고주사립(孤舟簔笠)에 흥(興)하여 앉았노라 (冬詞 7)
* 丹崖:붉은 절벽　翠壁: 푸른 벽 / 畵屛:그림병풍 / 巨口細鱗: 입 크고 비늘 작은 물고기 / 萬頃波: 잔잔한 파도 / 孤舟: 한 척의 배 / 簔笠: 도롱이와 삿갓

8
믉ᄀᆞ의 외로운 솔 혼자 어이 싁싁ᄒᆞ고
배 매여라 배 매여라
머흔 구룸 한(恨)티 마라 셰샹(世上)을 ᄀᆞ리온다
지국총 지국총 어사와
파랑셩(波浪聲)을 염(厭)티 마라 딘훤(塵喧)을 막ᄂᆞᆫ또다

해석
　물가의 외로운 솔 혼자 어이 씩씩한고 / 머언 구름 한ㅎ지마라 세상을 가리온다 / 파랑성(波浪聲)을 염(厭)ㅎ지마라 진훤(塵喧)을 막는도다 (冬詞 8)
* 塵喧 : 속세의 시끄럽게 떠드는 소리
* 파랑성 : 파도 소리

9
챵쥬오도(滄州吾道)를 녜브터 닐럳더라
닫 디여라 닫 디여라
칠리(七里) 여흘 양피(羊皮) 옷슨 긔 엇더 하니런고
지구총 지국총 어사와
삼쳔뉵백(三千六白) 낙시질은 손고븐 제 엇더턴고

해석
　창주(滄州)에 우리 도를 예부터 일렀느니 / 칠리(七里) 여흘 양피(羊皮)옷은 그 어떠하니런고 / 삼천육백 낚시는 손 곱을 제 어잇던고 (冬詞 9)
* 滄州: 江湖와 동궤 / 칠리여흘 양피옷:엄자릉(嚴子陵)이 양피옷 입고 칠라탄(七里灘)에서 낚시질을 하던 고사. / 삼천육백 낚시 : 강태공 渭水 낚시질 10년 고사, (그는 자신을 알아줄 문왕을 기다렸다.)
* 어잇던고 : 어찌 있다는 말인가

10
어와 져므러 간다 연식(宴息)이 맏당토다
ᄇᆡ 븟텨라 ᄇᆡ 븟텨라
ᄀᆞᄂᆞ 눈 ᄲᅳ린 길 블근 곳 훗터딘ᄃᆡ 흥치며 거러가셔
지국총 지국총 어사와
셜월(雪月)이 셔봉(西峰)의 넘도록 송창(松窓)을 비겨 잇쟈

해석
　어와 저물어간다 안식(宴食)이 마땅하다 / 가는 눈 뿌린 길 붉은 꽃 흩어진데 흥치며 걸어가서 / 설월(雪月)이 서봉(西峯)에 넘도록 송창(松窓)을 빗겨있자 (冬詞 10)
* 안식 : 편히 쉼 / 흥치며 : 흥겨롭게 / 설월 : 달빛 아래 눈 / 서봉 : 서산 봉우리 / 송창 : 소나무 아래 창가

핵심정리

- **작자** 윤선도(尹善道, 1587 ~ 1671)
- **갈래** 연시조(춘하추동 각 10수씩 전 40수)
- **성격** 강호 한정가, 자연 친화적
- **제재** 어부의 삶과 자연 경치
- **주제** 철 따라 펼쳐지는 자연의 모습과 어부의 흥취
- **표현**
  ① 고려 가요처럼 후렴구가 있음 : 초장과 중장, 중장과 종장 사이
  ② 다양한 표현법 사용 : 대구법, 반복법, 의성법, 원근법
  ③ 우리말의 묘미를 잘 살림 – 특히 〈춘사 4〉
  ④ 선명한 색채 대비
- **형식** 계절의 흐름에 따른 전개
- **특징**
  ① 초장과 중장 사이의 후렴구 : 각 계절의 10수마다 출항에서 귀항까지의 과정을 보여 주면서 작품을 유기적으로 연결함
  ② 중장과 종장 사이의 후렴구 : 노 젓는 소리와 노를 저을 때 외치는 소리를 나타내는 의성어
  ③ 후렴구의 기능 : 시상 전개에 사실감을 부여함, 강호에서 느끼는 흥취를 북돋움, 평시조의 단조로운 흐름에 변화를 줌

> **참고** 작품의 영향 관계
> 고려 시대, 작자 미상의 「어부가(漁父歌)」
> → 조선 전기, 이현보의 「어부가(漁父歌)」
> → 조선 후기, 윤선도의 「어부사시사(漁父四時詞)」

이해와 감상

| 배경 |

작자가 수차례의 귀양살이를 한 후, 강촌(江村)인 고향으로 돌아와서 여생을 마칠 때까지 풍류 생활을 즐기며 지은 작품이다. 한정가(閑情歌)로서 춘·하·추·동 사계절로 나누어 구성했고, 각 계절마다 10 수를 만들어 총 40 수의 긴 연시조가 되었다. 그리고 평시조에 없는 후렴구가 반복된 것이 이 시조의 주된 특징이다. 이 작품에서는 특히 심미적 충족과 풍부한 흥취의 공간의 형상화가 참신한 느낌을 주고 있는데 자연적 대상 자체가 지닌 아름다움과 자연 경관 및 사물에 대한 묘사가 관습적이지 않았기 때문이라 할 수 있다.

| 감상 |

[春詞(춘사)]

첫째 연은 안개가 걷히는 강촌 마을의 풍경을 드러내었고, 둘째 연은 봄날 순풍에 돛을 단 배가 고운 물결을 가르며 앞으로 나아가는 모습을 그린 노래이다. 고기를 잡아 생계를 유지해야만 하는 급박한 상황이 아니라, 강촌의 풍류를 즐기며 유유자적 노를 저어 바다를 옮겨 다니며 좋은 산을 구경하려는 여유가 나타나 있다.

넷째 연은 출범(出帆) 후 멀리 보이는 강촌의 아름다운 풍경과 깊은 소(沼)에 고기가 뛰노는 모양을 생동감 있게 표현하고 있어, 마치 한 폭의 동양화를 보는 듯하다. 「어부사시사」 중 가장 절창으로 손꼽히고 있는 이 시조는, 순수 국어의 사용으로 언어의 조탁에 의한 표현의 참신함이 두드러지며, 다양한 기교에 있어서도 단연 수작으로 손꼽힐 만하다.

[夏詞(하사)]

배를 띄우고 바다로 나가 고기를 잡으면 반찬 걱정은 할 필요가 없으니, 연잎에 밥만 싸 놓으라는 초장은 꾸밈없고 소박한 생활을 나타낸다. 그리고 중장의 '청약립'과 '녹사의'는 여름에 사용하는 삿갓과 도롱이로 이 시조의 계절 배경을 알려 주는 소재이다. 마지막 종장에서 '무심훈 븨구'는 자연과 일체감을 이룬 작자에 대한 표현이기도 하다.

[秋詞(추사)]

첫째 연은 어부 생애에 대한 자부심과 가을에 대한 인상을 그렸다. 둘째 연은 강촌에 결실의 계절인 가을이 깊어 갈수록 살진 고기가 있고, 하늘이 높고 바다도 더욱 깊고 푸르다. 배를 타고 그 물결 위에 흥겹게 놀며, 인간 속세를 뒤로하고 자연과 하나가 되어 보자는 생동감이 넘치는 작품이다.

[冬詞(동사)]
셋째 연은 겨울 바다에서의 낚시질을 드러낸 광경이고, 넷째 연은 눈이 내린 후, 그 오묘한 경치와 신비스런 사물들의 모습에 감탄하며, 배를 저어 바다로 나가 그 경치를 두루 살펴보는 광경이다. 마치 신선이 사는 곳처럼 구름이 덮인 하늘이 가깝고, 극락세계에 온 것처럼 보는 풍경들마다 새롭다. 그러한 자연의 세계는 역시 인간들이 사는 인위적이고 여유 없는 속세와 다르다는 것을 새삼 깨닫는다.

1 표현상의 특징

윤선도의 「어부사시사」는 흔히 시조 문학의 백미로 일컬어지는 작품이다. 이 작품의 우수성은 그 내용이나 정서의 측면에서도 찾을 수 있지만, 형식과 구성 면에서도 주목할 만한 개성을 나타내고 있다. 먼저, 초장·중장·종장의 본문 외에 후렴구 내지는 여음을 적절히 활용하고 있다는 점이다. 작품마다 반복되는 '지국총 지국총 어사와'라는 의성어가 흥취를 돋우며, '비 떠라 – 닫 드러라 – 돋 두라라 – 이어라' 등으로 이어져 나가는 조흥구가 본문의 내용과 맞아 떨어져 작품의 정서와 의미를 강화하고 있다. 한편, 중장 다음에 나오는 여음('지至국菊총悤 지至국菊총悤 어於ᄉ思와臥')은 전편이 일정하나, 초장 다음의 여음은 계절의 차이에도 불구하고 다음과 같이 일정한 순서로 되어 있다.

① 비 떠라, 비 떠라 / ② 닫 드러라, 닫 드러라 / ③ 돋 두라라, 돋 두라라 / ④ 이어라, 이어라
⑤ 이어라, 이어라 / ⑥ 돋 디여라, 돋 디여라 / ⑦ 비 셰여라, 비 셰여라
⑧ 비 미여라, 비 미여라 / ⑨ 닫 디여라, 닫 디여라 / ⑩ 비 브텨라, 비 브텨라

다음으로 각 작품이 독립성을 지니면서도 형식과 내용 면에서 서로 긴밀히 연결된다는 점이 주목된다. 각 작품의 종장은 초장, 중장과 동일한 형식을 취하고 있어 자연스럽게 다음 작품으로 호흡이 이어진다. 그리고 그 내용 면에서는, 각 계절에 속한 10수의 시조가 앞 작품의 시상이 다음 작품의 시상과 맺어져 일관성 있게 발전되어 나가고 있다.

2 어부가(漁父歌)

어부가 배 저으며 부르는 노래의 총칭. 민요에서의 어부가는 '배따라기'라 하며, 특히 서도(西道)에서 부른다. 일반적으로는 민요보다 문인, 학자의 시를 지칭하는 용어이며, '가어옹(假漁翁)의 노래'이다. 그 명칭은 '어부가(漁父歌)·어부사(漁父詞)·어부사(漁父辭)' 등 여러 가지로 혼용하고 있다. 어부가 계통의 작품으로는 『악장가사』에 수록된 작자 미상의 「어부가」가 있다. 칠언(七言)의 한시로, 모두 12장으로 되어 있는데 후렴이 있다. 또한, 이현보의 작품인 장가와 단가의 「어부가」, 윤선도의 「어부사시사」가 있다. 일반적으로는 '어부가'라고 할 때는 조선조에 농암(聾巖) 이현보가 종래의 「어부가」 및 「어부 단가」를 개작하여 한 편으로 만든 「농암 어부가」를 가리킨다. 윤선도는 이 둘을 수용하여 「어부사시사」를 창작하여 조선 시대 강호가도의 시풍을 형성하였다. 이들 「어부가」는 고려 말, 조선 초 사대부들이 자연에 묻혀 지내면서 즐기던 노래로서 자연미의 발견에 큰 구실을 했다.

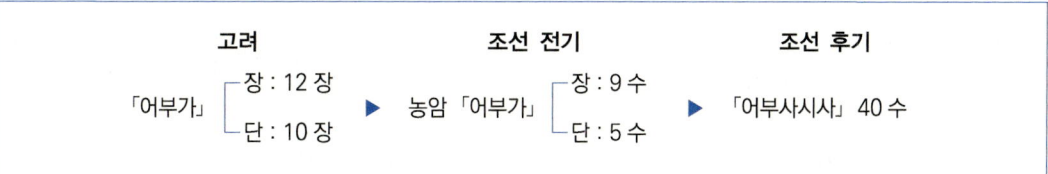

참고 농암 이현보의 「어부가」와 윤선도의 「어부사시사」

이현보가 살았던 16세기는 정치적 당쟁으로 혼탁한 시대였기 때문에 강호에 있으면서도 정치 현실을 완전히 망각하고 안주할 수 없었다. 따라서 강호의 삶과 즐거움을 노래하는 경우에도 지나친 자연미에 대한 감탄이나 감흥은 스스로 억제하였다. 반면, 윤선도가 살았던 17세기에는 사림이 정치적으로 승리하여 정치적 쟁투에 혐오감을 가진 사대부들에 의해 강호 시가가 창작되어 강호에서 누리는 여유로움과 풍류, 그리고 그 속에서의 기쁨과 흥(興)을 노래했던 것이다.

3 작품 속 서정적 화자의 위치

이전의 「어부가」들은 모두 자연을 관조하고 그것을 완상하며 즐기는 관찰자의 시점, 혹은 유람자의 시점으로 어부의 생활을 읊고 있다. 이들 시적 화자는 실제의 어부가 아니라 강호자연을 즐기는 사대부의 위치에 있기 때문이다. 따라서 생산자의 관점에서 자연과의 투쟁을 문제 삼거나 어부 생활을 생계 수단으로 여기지는 않는다. 「어부사시사」의 작자 역시 이러한 관점에 있어서 관찰자나 유람자의 위치에서 완전히 자유롭지는 않다. 그러나 여기서 더 나아가 자연에서 추상된 관념의 내포, 즉 의미를 찾는 탐구자의 자세도 상당히 추구하고 있다. 또한, 자연을 묘사하는 대목이나 행위를 표현하는 수법도 매우 구체적이며 생생하다. 계절마다 어부의 일상도 원경에서 피상적으로 묘사되는 것이 아니라 근경에서 대단히 생생하게 그리고 있어 실감을 준다. 이것은 시적 주인공의 내면에서 우러나는 태도와 직결되는 문제로 강호에서 누리는 나날의 넉넉함과 아름다움에 관심을 집중시키면서 여기서 고양된 기쁨과 충족감이 곧잘 '흥'으로 표현되고 있다.

4 종장 음수율의 성격

이 작품은 여음을 제외하면 대체로 초장은 3·4·3·4, 중장은 3·4·3·4로 되어 있고, 종장 첫 음보의 3음절도 40수 중 21수가 못 지키고 있다. 또 종장 둘째 음보의 경우도 마지막 수를 제외한 39수가 3~4음절이어서 평시조 일반의 종장에서 보이는 종결 구조를 갖추지 못하고 있다. 즉, 평시조 일반의 종장은 3·5·4·3의 음수(音數)를 보임으로써 닫힌 느낌을 주지만 「어부사시사」는 열려진 채 종결된다. 이러한 성격은 「어부사시사」가 연시조라는 사실에서 해결의 실마리를 찾을 수 있다. 또한 동사(冬詞) 십(十) 종장의 경우 '설월(雪月)이 서봉(西峰)에 넘도록 송창(松窓)을 비겨 잇쟈'라 하여 3·6·3·4의 자수율을 이룸으로써 앞에서 보인 평면적인 흐름에 변화를 주어 종결된 느낌을 주는 것으로 설명하기도 한다. (그러나 이견도 있다)

5 「어부사시사」를 시조로 볼 것인가의 문제

① 시조로 보는 경우

후렴을 제외하면 3장 6구의 시조와 유사하다.

② 시조로 보지 않는 경우(「어부가」 계열의 노래)
   ㉠ 후렴구 사용
   ㉡ 종장 형태가 어색(첫째 음보가 3음절이 아닌 경우가 전체 40수 중 21수이며, 둘째 음보가 4음절 이하임)

기출문제

1. 다음은 '고전 시가의 전승 및 창작 과정의 문학사적 맥락을 이해할 수 있다.'라는 학습목표를 달성하기 위한 수업자료이다. (가)~(다)를 읽고, 〈작성 방법〉에 따라 서술하시오. [4점] *2020년 A 9번*

(가)
구버는 천심녹수(千尋綠水…) 도라보니 만첩청산(萬疊靑山)
십장홍진(十丈紅塵)이 언매나 ㄱ렛는고
㉠강호(江湖)애 월백(月白)ᄒ거든 더옥 무심(無心)ᄒ얘라
　　　　　　　　　　　　　　　　　　　　　　〈제2수〉

장안(長安)을 도라보니 북궐(北闕)이 천리(千里)로다
어주(漁舟)에 누어신들 니즌 스치 이시랴
두어라 내 시름 아니라 제세현(濟世賢)이 업스랴
　　　　　　　　　　　　　　　　　　　　　　〈제5수〉
　　　　　　　　　　　　　　　　－ 이현보, 「어부단가」 －

(나)
취(醉)ᄒ야 누얻다가 여흘 아래 ᄂ리려다
빈 믜여라 빈 믜여라
낙홍(落紅)이 흘러오니 도원(桃源)이 갓갑도다
지국총 지국총 어사와
인세홍진(人世紅塵)이 언매나 ㄱ렷ᄂ니
　　　　　　　　　　　　　　　　　　　　　　〈춘사 제8수〉

창주오도(滄洲吾道)를 녜브터 닐럳더라
닫 디여라 닫 디여라
칠리(七里) 여흘 양피(羊皮) 옷슨 긔 얻더ᄒ니런고
지국총 지국총 어사와
삼천육백(三千六百) 낙시질은 손고본 제 엇디턴고
　　　　　　　　　　　　　　　　　　　　　　〈동사 제9수〉
　　　　　　　　　　　　　　　　－ 윤선도, 「어부사시사」 －

(다)
　우리나라에는 옛날에 ㉡「어부사(漁父詞)」가 있었는데 어느 사람이 지은 것인지는 모르나, 고시(古詩)를 채집하여 가락을 붙인 것이다. 이를 읊으면 강바람과 해우(海雨)가 치아와 뺨 사이에 생겨나서, 사람으로 하여금 표연히 세상을 버리고 홀로 서게 하는 뜻이 있게 한다. 이러므로 농암 이현보 선생이 좋아하기를 게을리하지 않았으며, 퇴계 이황 선생도 끊임없이 감탄하며 완상하였다.
　그러나 음향이 서로 상응치 못하고 언어가 심히 완비되지 않았다. 대개 옛것을 채집함에 장애를 받음으로 하여 움츠러지는 부족함을 면할 수가 없다. 내가 그 뜻을 부연하여 우리말을 사용하여 「어부사시사」 각 1편 10장을 지었다.
　　　　　　　　　　　　　　　　－ 윤선도, 「어부사시사 발문」 －

―――――――――――――――――― 〈작성 방법〉 ――――――――――――――――――
◦ (가)의 ㉠과 대립적 관계에 있는 세계를 나타내는 표현을 (가)에서 찾아 쓰고, 그것이 내포하고 있는 의미를 서술할 것.
◦ (다)의 ㉡을 (나)의 작가가 공감적, 비판적으로 수용하여 자신의 작품을 창작했다고 할 때, (다)를 참고하여 (나)에 나타난 공감적, 비판적 수용 양상을 (나)의 구절을 활용하여 각각 서술할 것.

문제 해설

이현보의 「어부가」와 윤선도의 「어부사시사」를 바탕으로 시가의 전승 관계를 묻는 문제이다.

• 〈앞의 문제〉 복수 답안 가능

'㉠강호'와 '대립적 관계를 나타내는 표현'은 관점에 따라 2가지가 있다. 첫째 '강호'인 자연과 대립되는 세계는 '십장홍진'으로 속세를 의미하며, 일반적인 답이라고 생각란다. 둘째 '북궐'도 답이 될 수 있다고 생각하는데, '강호'를 사대부가 물러난 공간으로 본다면 '북궐'은 임금이 사는 곳이며, 사대부가 정치적 지향을 펴는 곳이다. '북궐'도 명확한 대립적 관계를 나타내는 표현(상징)으로 볼 수 있다고 생각한다.

예상 답안

• 강호와 대립되는 세계 – 둘 다 가능할 듯
㉠강호와 대립적 관계를 나타내는 표현은 '십장홍진(十丈紅塵)'이다. 이것은 속세의 삶과 혼란스러운 정치 등을 의미한다.
㉠강호와 대립적 관계를 나타내는 표현은 '북궐'이다. (사대부는 물러나면 강호에서 강호한정하고), 벼슬길에 나아가 궁궐에서 연주충군(우국충절)하며 나라를 다스리는 것을 의미한다.

(다)의 ㉡을 (나)의 작가가 공감적으로 수용한 것은 '인세홍진(人世紅塵)이 언메나 ᄀ렷ᄂ니'에서 속세를 벗어나 가어옹이 되어 자연에서 강호한정하며 한가롭게 살아가는 삶이다.

• 비판적 수용 – 둘 다 가능할 듯
1. (다)의 ㉡을 (나)의 작가가 비판적으로 수용한 것은 '빈 미여라', '지국총 지국총 어사와' 등의 후렴을 통해 음향을 상응하게 했고, '빈 미여라', '닫 디여라' 등에서 우리말을 사용하여 표현했다.
2. (다)의 ㉡을 (나)의 작가가 비판적으로 수용한 것은 '도원(桃源)이 갓갑도다', '창주 오도' 등에서 정치에 대한 관심을 완전히 끊고 자연에 완전히 귀의한 삶을 드러냈다.

※ (2~3) 다음 자료를 바탕으로 하여, 아래 각 물음에 답하시오. [총 6점]

(가)
　압개예 안개 것고 뒫뫼희 히 비췬다
　빈 떠라 빈 떠라 밤믈은 거의 디고 낟믈이 미러온다
　至匊怱 至匊怱 於思臥 江村 온갓 고지 먼빗치 더욱 됴타

　우는거시 벅구기가 프른거시 버들숩가
　이어라 이어라 漁村 두어 집이 닛속의 나락들락
　至匊怱 至匊怱 於思臥 말가흔 기픈 소희 온갇 고기 뛰노ᄂ다

　芳草를 볼와보며 蘭芷도 뜨더보쟈
　빈 셰여라 빈 셰여라 一葉片舟에 시른거시 므스것고
　至匊怱 至匊怱 於思臥 갈제ᄂ 뉘뿐이오 올제ᄂ 돌이로다

(나)
　無狀흔 우리 물도 臣子되야 이셔더가, 君恩을 못 갑흘가 敢死心을 가져이셔,
　七載를 奔走터가 太平 오ᄂᆯ 보완디고. 投兵 息戈ᄒ고 細柳營 도라들 제,
　太平簫 슬픈 솔의예 鼓角이 섯거시니, 水宮 깁흔 공의 魚龍이 다 우는 듯,
　龍旗 偃蹇(언건)하야 西風에 빗겨시니, 五色祥雲 一片이 半空애 써러딘ᄃᆞᆺ,
　太平 模樣이 더옥 ᄒᆞ나 반가올사. 揚弓 擧矢ᄒ고 凱歌를 아뢰오니,
　爭唱 歡聲이 碧空에 얼희ᄂᆞ다. 三尺 霜刃을 興氣 계워 둘러메고,
　仰面 長嘯하야 춤을 추려 이러셔니, 天寶 龍光이 斗牛間의 소이ᄂᆞ다.

(다) 지문 생략

- 杜詩諺解의 「客夜」 전문

2. (가)와 (나)의 장르상의 차이를 설명하시오.　　　　1999년 기출 10-1번

🔍 **출제기관 채점기준**

　(가)는 시조가 가사 형식을 수용한 전이적 형태이고, (나)는 가사이다. (가)는 정형적인 시가인 시조가 변이를 보이는 예이다. 연이 중첩된 것이라든지 후렴 형식을 사용한 것 등이 정격 시조에서 벗어난 면모이다. (나)는 문학의 여러 장르의 속성을 공유하는 복합적 속성을 띠고 있다. 내용상으로는 교술적이고, 연행의 측면에서 보면 노래 양식이다. 그러나 이 작품은 작가의 체험을 규범적인 언어를 빌어 서술하고 있다는 점에서 교술성이 강하게 드러난다.

| 문제점 | ① (가) 작품이 '시조가 가사 형식을 수용했다'는 근거가 무엇인가?
② '전이적 형태' 용어의 의미가 무엇인가? |

※ 점수 부여
　2점 – 위의 내용을 80% 정도 서술한 경우
　1점 – 50% 정도 반영한 경우
　0점 – 기타

📝 **예상 답안**

　　(가)는 윤선도의 「어부사시사」로서 시조이며, (나)는 박인로의 「태평사」로서 가사이다. 시조는 ① 작품 외적 세계의 개입이 없는 세계의 자아화 곧, 서정 장르에 해당된다. 그래서 시조는 ② 충효·절개·회고 등의 개인적 정서를 다룬 내용이 많았다. 시조의 형태는 ① 4음보 3행(장) 6구 전체 12음보이며, 그 중 ② 종장은 3·5·4·3의 음수율이 지켜졌다.
　　(나)의 가사는 ① 작품 외적 세계의 개입에 의한 자아의 세계화, 곧 교술 장르에 해당된다. 그래서 가사는 ② 대체로 있었던 일을 서술하여 실제적이고, 교훈적인 내용을 담은 경우가 많았다. 가사의 형태는 ① 4음보 연속체 운문장으로, ② 마지막 행은 시조의 종장과 같은 형태였다.

3. (가)와 (다)에 나타나는 삶의 태도가 어떻게 다른지 설명하시오.　　　　1999년 기출 10-2번

🔍 **출제기관 채점기준**

　　시는 시인의 삶에 대한 태도의 표명이다. 태도는 주체와 세계의 관계로 드러난다. (가)는 주체와 세계 사이에 갈등이 거의 없다. 그에 비해 (다)는 정착하지 못하고 떠돌면서 주체가 세계와 불화를 겪는 가운데 삶이 이루어진다. (가)는 낭만적 세계인식의 태도를 보인다면 (다)는 일종의 비극적 세계관을 보여주고 있다. 가정이라든지 아내에 대한 의식은 시인이 유교적 질서에 기대고 있다는 점을 뜻한다.

　　※ 점수 부여
　　　2점 – 위의 내용을 80% 정도 서술한 경우
　　　1점 – 50% 정도 반영한 경우
　　　0점 – 기타

📝 **예상 답안**

　　(가)는 자연 친화를 드러내는 강호가도의 시조로서 자연에 은거하며 우유자적하게 살아가는 삶의 태도를 보여주며, 현실 생활과 유리된 채 평화롭게 살아가는 모습을 보여준다. 자연에 은거하여 한가롭게 살아가는 사대부들의 삶을 잘 보여준다. 현실에 얽매임이 없이 탈속한 풍모를 드러낸다. (다)는 떠도는 나그네의 심정을 드러낸 것으로 전란으로 인한 궁핍과 고난을 겪으면서 당대 현실에 대해 고뇌하는 삶의 태도를 보여주며, 현실과의 강한 연관성을 드러낸다. 늘 나라를 걱정하던 사대부들의 우국의식이 드러나 있다. 현실의 여러 일에 얽매여 고민하고 걱정하는 모습이 잘 드러난다.

작품 2 오우가(五友歌)

[제 1 수 : 서시]
내 버디 몃치나 ᄒᆞ니 수석(水石)과 송죽(松竹)이라.
동산(東山)의 ᄃᆞᆯ 오르니 긔 더옥 반갑고야.
두어라, 이 다숫 밧긔 ᄯᅩ 더ᄒᆞ야 머엇ᄒᆞ리.

[제 2 수 : 물의 영원성]
구룸 비치 조타 ᄒᆞ나 검기를 ᄌᆞ로 ᄒᆞᆫ다.
ᄇᆞ람 소리 ᄆᆞᆰ다 ᄒᆞ나 그칠 적이 하노매라.
조코도 그칠 뉘 업기는 믈ᄲᅮᆫ인가 ᄒᆞ노라.

[제 3 수 : 바위의 불변성]
고즌 므스 일로 퓌며셔 쉬이 디고,
플은 어이ᄒᆞ야 프르는 ᄃᆞᆺ 누르ᄂᆞ니,
아마도 변티 아닐손 바회ᄲᅮᆫ인가 ᄒᆞ노라.

[제 4 수 : 소나무의 절개]
더우면 곳 퓌고 치우면 닙 디거늘,
솔아, 너는 엇디 눈서리를 모ᄅᆞᄂᆞᆫ다.
구천(九泉)에 불휘 고ᄃᆞᆫ 줄을 글로 ᄒᆞ야 아노라.

[제 5 수 : 대나무의 절개]
나모도 아닌 거시 플도 아닌 거시,
곳기는 뉘 시기며 속이 어이 뷔연는다.
뎌러코 사시(四時)예 프르니 그를 됴하ᄒᆞ노라.

[제 6 수 : 달의 광명과 과묵]
쟈근 거시 노피 떠셔 만믈(萬物)을 다 비취니,
밤듕의 광명(光明)이 너만ᄒᆞ니 ᄯᅩ 잇ᄂᆞ냐.
보고도 말 아니 ᄒᆞ니 내 벋인가 ᄒᆞ노라.

핵심정리

▷ **작자** 윤선도(尹善道, 1587 ~ 1671)
조선 선조 ~ 현종 때의 문신
▷ **갈래** 평시조. 연시조(6수)
▷ **연대** 조선 인조 때
▷ **성격** 찬미적(讚美的)
▷ **제재** 수·석·송·죽·월(水·石·松·竹·月)
▷ **주제** ① 오우(五友)인 수·석·송·죽·월(水·石·松·竹·月)을 기림
② 다섯 자연물의 덕을 예찬

▷ **특징**
① 우리말의 아름다움이 잘 나타남
② 대상의 속성을 제시하여 동경과 예찬의 근거로 삼음
(물 : 불변성, 바위 : 영원성, 소나무 : 지조, 대나무 : 절개, 달 : 광명과 과묵함)
▷ **출전** 『고산유고(孤山遺稿)』

이해와 감상

| 감상 |

고산(孤山)이 56세 되던 해, 영덕의 유배지에서 돌아와 해남 금쇄동에 은거할 무렵에 지은 6수로 된 연시조로 「산중신곡(山中新曲)」 안에 들어 있다. 「오우가(五友歌)」는 모두 6수로 되어 있는데, 수·석·송·죽·월(물水·石·松·竹·月 : 바위, 소나무, 대나무, 달)의 다섯을 벗으로 하여, 물의 영원성, 바위의 변하지 않는 생명성, 소나무의 변함없는 푸름, 대나무의 곧음, 달의 광명과 침묵 등을 이미지화하여 지은이의 자연에 대한 사랑과 관조의 경지를 이들 작품 속에 담아내고 있다.

이 작품은 우리말의 어휘와 어미, 문장 등을 잘 다듬는 시인의 언어적 감각에 의해 완벽하게 구현이 되고 있으며, 자연에 대한 우리 선조들의 사상과 정신이 잘 응축되어 있는 작품으로 볼 수 있다. 특히, 자연과 인간이 하나로 어우러진 물아일체(物我一體)의 경지를 잘 그려내고 있다.

제 1 수는 이 작품의 서시(序詩)로서 초, 중장은 문답식으로 다섯 벗을 나열하였다. 자연과 벗이 된 청초하고 순결한 자연관을 순우리말의 조탁(彫琢)으로 잘 표현하였다. 'ᄯᅩ 더ᄒᆞ야 머엇ᄒᆞ리.'에서 작자의 동양적 체관(諦觀)을 발견할 수 있다.

제2수는 물의 영원성을 기린 노래이다. 구름과 바람은 가변적(可變的)이요, 순간적(瞬間的)이라 한다면, 물은 영구적(永久的)이다. 물은 구름이나 바람과 달리 깨끗하고 항시 그치지 않는다는 점에서 고산이 좋아하는 자연이 되고 있다.

제3수는 바위의 변하지 않는 생명성을 찬양한 노래이다. 꽃이나 풀이 가변적이고 세속적이라 한다면, 바위는 영구적이요, 철학적이다. 꽃이나 풀이 부귀영화의 상징이라면, 바위는 초연(超然)하고 달관(達觀)한 군자의 모습이다.

제4수는 소나무의 변함없는 푸름에서 꿋꿋한 절개를 느껴 찬양한 노래이다. 소나무는 역경에서도 불변하는 충신(忠臣)과 열사(烈士)의 상징으로 여긴다. 여기에서도 절의(節義)의 모습으로서의 소나무를 기리면서, 자신의 강직한 고절(高節)을 나타내었다.

제5수는 대나무의 푸름을 찬양하여, 아울러 그가 상징하는 절개를 나타낸 것이다. 대나무는 사군자(四君子)의 하나로 옛 선비들의 굳은 절개를 상징하는 상징물로서 사랑을 받아온 것이다.

제6수는 달(月)을 노래한 것인데, 달이란 작은 존재로 장공(長空)에 홀로 떠서 세상만 비출 뿐 인간의 미·추·선·악을 꼬집지도 헐뜯지도 않아 좋다고 했다. 이는 병자호란 때 왕을 호종(扈從)치 않았다고 해서 반대파들로부터 논척(論斥)을 받고 영덕에 유배되기까지 한 고산(孤山)으로서는 말없이 장공에 떠서 보고도 말 아니하고 오직 세상만 골고루 비춰 주는 달만이 벗이라고 할 만하다.

기출문제

1. 다음은 "자연관을 중심으로 한국 문학의 특질을 파악한다."라는 학습 목표를 달성하기 위하여 선정한 작품들이고, 〈보기〉는 이와 관련된 학습 활동이다. 학습 활동의 교수·학습 내용을 〈작성 방법〉에 따라 한 편의 글로 논술하시오. [10점]

2017년 기출 논술형 8번

(가)
구룸 빗치 조타 ᄒᆞ나 검기ᄅᆞᆯ ᄌᆞ로 ᄒᆞᆫ다
ᄇᆞ람 소릭 ᄆᆞᆰ다 ᄒᆞ나 그칠 적이 하노매라
조코도 그츨 뉘 업기ᄂᆞᆫ 믈뿐인가 ᄒᆞ노라   〈제2수〉

더우면 곳 퓌고 치우면 닙 디거ᄂᆞᆯ
솔아 너ᄂᆞᆫ 얻디 눈서리ᄅᆞᆯ 모ᄅᆞᄂᆞᆫ다
九泉의 블희 고ᄃᆞᆫ 줄을 글로 ᄒᆞ야 아노라   〈제4수〉

자근 거시 노피 떠서 萬物을 다 비취니
밤듕의 光明이 너만 ᄒᆞ니 또 잇ᄂᆞ냐
보고도 말 아니 ᄒᆞ니 내 벋인가 ᄒᆞ노라   〈제6수〉

- 윤선도, 「오우가」

(나)
꿈을 아느냐 네게 물으면,
푸라타나스,
너의 머리는 어느듯 파아란 하늘에 젖어 있다.

너는 사모할 줄을 모르나,
푸라타나스,
너는 네게 있는것으로 그늘을 느린다*.

먼 길에 올제,
호올로 되어 외로울제,
푸라타나스,
너는 그 길을 나와 같이 걸었다.

이제 너의 뿌리 깊이
영혼을 불어 넣고 가도 좋으련만,
푸라타나스,
나는 너와 함께 신(神)이 아니다!

수고론 우리의 길이 다하는 어느날,
푸라타나스,
너를 맞어 줄 검은 흙이 먼 — 곳에 따로이 있느냐?
나는 오직 너를 지켜 네 이웃이 되고 싶을뿐,
그곳은 아름다운 별과 나의 사랑하는 창(窓)이 열린 길이다.

— 김현승, 「푸라타나스」

*느린다 : 늘인다

〈보기〉

학습 활동

1. (가)와 (나)에서 자연(물)에 대한 시적 화자의 인식을 파악해 보자.
   (1) (가)의 주요 소재들이 인간의 특정한 덕목을 표상하고 있다면, 각각이 어떤 인간상을 찬양하고 있는지 파악해 보자.
   (2) (나)의 주요 소재가 시적 화자에게 어떠한 의미인지를 파악해 보자.
   (3) (가)와 (나)에서 자연(물)에 대한 시적 화자의 인식이 어떻게 같고 다른지를 비교해 보자.

〈작성 방법〉

- 서론에서는 제시된 학습 목표의 문학 교육적 의의를 밝힐 것
- 〈보기〉에 제시된 '학습 활동'의 모범적인 답을 포함할 것
- 서론, 본론, 결론의 형식을 갖추되, 결론은 생략 가능함

📝 **예상 답안**

(서론)
　㉠ 우리 문학은 고전문학이나 현대문학 모두 자연을 제재로 한 작품이 많으며, 이런 작품에는 나름의 자연관이 나타난다. ㉡ 고전시가와 현대시에 나타난 자연관을 비교하여 공통점과 차이점을 파악하면 한국문학의 특질이 무엇인지 알 수 있고, ㉢ 우리 조상과 현대인의 자연에 대한 인식이 어떻게 변화되거나 전승되는지 알 수 있다. ㉣ 그리고 고전문학과 현대문학의 연속성을 확인하여 이식문화론을 극복할 수 있다. ㉤ (가)와 (나)에 나타난 자연물을 중심으로 한국문학의 특질을 살펴보자.

(본론) (편의상 번호를 붙여서 설명)
　1 ⑴ (가)의 '제2수'는 구름이나 바람과 달리 늘 변함없이 흘러가는 물을 통해 근면, 성실, 부지런함의 덕목을 드러내며 부지런하고 성실한 인간상을 찬양한다. '제4수'는 눈서리를 모르고 늘 푸른 소나무를 통해 지조, 절개 등이 덕목을 드러내고 지조 있고 강직한 인간상을 찬양한다. '제6수'는 달이 세상을 널리 비추는 것과 세상을 보고도 말 안하는 것을 통해 광명과 밝음의 덕목 및 침묵과 신중함의 덕목을 함께 드러낸다. 밝고 건강하면서도, 신중하고 사려 깊으며 침묵할 줄 아는 인간상을 찬양한다.
　1 ⑵ (나)의 '푸라타너스'는 꿈을 지니고 있으면서 남을 도울 줄 아는 인물이며 늘 나와 같이 살아왔고 또 살아갈 친구, 동반자 또는 이웃의 의미를 지닌 존재이다.

✅ 아래 1 ⑶의 경우 공통점은 2가지 차이점은 3가지를 제시했는데, 차이점의 경우 앞의 2가지가 핵심적인 답이 될 듯

　1 ⑶ (가)와 (나)에서 첫째, 시적화자는 모두 자연물을 의인화하여 나의 친구로 인식하고 있다는 점, 둘째, 시적화자에게 바람직한 삶이나 가치(덕목)에 대해 일깨워주는 긍정적 존재라는 점이 공통점이다. (2가지 모두 답이 될 수 있음) 하지만 첫째, (가)에서 시적화자는 자연물을 멀리 또는 밖에 있으면서 우러러보는 존재로 인식하고, (나)의 시적화자는 자연물을 가까이 있으면서 함께 어울려 살아가는 존재로 인식한다는 점에서 차이가 있다. 둘째, (가)의 시적화자는 자연물을 일상이나 생활과 유리된 관념적 존재로 인식하고 있고, (나)의 시적화자는 자연물을 생활이나 일상과 관련된 구체적 대상으로 인식한다는 점에서 차이가 있다. (셋째, (가)의 시적화자는 자연물을 흠이 없는 완벽에 가까운 이상적(도덕적, 당위적) 존재로 인식하고, (나)의 시적화자는 자연물을 흠이 있고 실수가 있는 현실적 존재로 인식한다는 점이 차이점이다.)(앞의 두 가지는 명확한 답, 셋째는 조금 부족한 답이 될 수 있음)

✅ 아래 2의 경우, 2가지 모두 답이 된다고 생각하며 이 두 가지를 결합해도 답이 될 수 있음

　2 (가), (나)의 자연관을 중심으로 볼 때, 첫째, 우리문학은 자연물을 소재로 하되 그것을 의인화하여 자연에 대한 친근감을 드러냈다는 점, 둘째, 자연물 자체가 지닌 외형이나 속성을 바탕으로 그와 관련 있는 인간적 가치를 부여하여 인간화된 자연으로 표현하고 있다는 점이 한국문학이 특질이다. (2가지 모두 답이 될 수 있음)

(결론) - 생략 가능(채점에 포함 안됨)
　위에서 (가), (나)에 나타난 자연물이 지닌 의미 및 그에 담긴 인식의 공통점과 차이점을 살펴보았고, (가), (나)에 나타난 자연관을 중심으로 한국문학의 특질을 살펴보았다. 이를 통해 고전시가와 현대시에서 자연물에 대한 인식이 어떻게 같고 다른지 알 수 있었고 자연관과 관련된 한국문학의 특질을 파악할 수 있었다. 이 과제를 이 작품외의 다른 다양한 작품에도 이러한 과제를 적용하면 자연관에 관한 우리문학의 특질을 더욱 깊이 이해할 수 있을 것이다.

✅ 여기서 '특질'은 '전통'과 유사한 의미로 사용한 것 같음. 위 서론에서 ㉡, ㉢이 문학교육적 의의이며, 서론은 ㉡, ㉢, ㉣의 내용 중 하나와 ㉤을 제시해도 됨

작품 3   만흥(漫興)

[제1수 : 분수에 맞는 생활]
산슈간 바회아래 뛰집을 짓노라 ᄒᆞ니,
그 몰론 ᄂᆞᆷ들은 웃는다 ᄒᆞ다마ᄂᆞᆫ,
어리고 햐암의 ᄠᅳᆮ의ᄂᆞᆫ 내 分(분)인가 ᄒᆞ노라.

[제2수 : 안빈낙도하는 삶의 즐거움]
보리밥 풋ᄂᆞᄆᆞᆯ을 알마초 머근 後(후)에,
바횟긋 믉ᄀᆞ의 슬ᄏᆞ지 노니노라.
그나믄 녀나믄 일이야 부룰 줄이 이시랴.

[제3수 : 자연을 벗삼는 한정]
잔 들고 혼자 안자 먼 뫼흘 ᄇᆞ라보니,
그리던 님이 오다 반가옴이 이러ᄒᆞ랴.
말ᄉᆞᆷ도 우움도 아녀도 몯내 됴하ᄒᆞ노라.

[제4수 : 강호의 한정]
누고셔 三公도곤 낫다 ᄒᆞ더니 萬乘(만승)이 이만ᄒᆞ랴.
이제로 헤어든 巢父許由(소부허유)ㅣ 냑돗더라.
아마도 林泉閑興(임천한흥)을 비길 곳이 업세라.

[제5수 : 자연 귀의의 삶]
내 셩이 게으르더니 하늘히 아ᄅᆞ실샤,
人間萬事(인간만사)를 ᄒᆞᆫ 일도 아니 맛뎌,
다만당 ᄃᆞ토리 업슨 江山을 딕히라 ᄒᆞ시도다.

[제6수 : 임금의 은혜 찬양]
江山(강산)이 됴타 ᄒᆞᆫ들 내 分(분)으로 누얻ᄂᆞ냐.
님군 恩惠(은혜)를 이제 더옥 아노이다.
아ᄆᆞ리 갑고쟈 ᄒᆞ야도 ᄒᆡ올 일이 업세라.

산과 시내 사이 바위 아래에 움막을 지으려 하니, / 나의 뜻을 모르는 사람들은 비웃는다고 한다마는, / 어리석은 시골 늙은이인 내 마음에는 이것이 분수에 맞는 것이라 생각하노라〈제1수〉
보리밥에 풋나물을 알맞게 먹은 후에 / 바위 끝이나 물가에서 마음껏 놀고 있노라 / 그 밖에 다른 일이야 부러워할 까닭이 있겠느냐〈제2수〉
술잔을 들고 혼자 앉아서 먼 산을 바라보니 / 그리워하던 임이 온다고 한들 반가움이 이보다 더하겠는가 / (산이) 말씀하거나 웃음을 짓지도 않건만 나는 그를 한없이 좋아하노라〈제3수〉
누구인가 (자연이) 삼공보다 낫다고 하더니만 만승천자라고 한들 이만큼 좋겠는가 / 이제 생각해 보니 소부와 허유가 영리했도다 / 아마도 자연 속에서 노니는 즐거움은 비길 데가 없으리라〈제4수〉
내 성품이 게으른 것을 하늘이 아셔서 / 인간만사를 한 일도 맡기지 아니하여 / 다만 다툴 이 없는 강산을 지키라 하셨도다 〈제5수〉
강산이 좋다한들 내 분으로 얻었느냐 / 임금 은혜를 이제 더욱 알겠노라 / 아무리 갚고자 하여도 해드릴 일이 없구나.〈제6수〉

핵심정리

- **작자** 윤선도(尹善道, 1587 ~ 1671)
- **갈래** 평시조, 연시조, 정형시, 서정시
- **성격** 한정가, 자연친화적
- **제재** 자연은 벗삼아 사는 생활
- **주제** 자연에 묻혀 사는 즐거움
- **출전** 〈고산유고〉 중 '산중신곡'

- **특징**
  ① 우리말의 묘미를 잘 살림
  ② 설의적 표현을 통해 주제를 강조함.
  ③ 세속적인 것과 자연을 대비시켜 주제를 부각함.
  ④ 안분지족 하는 삶의 자세와 물아일체의 자연친화적 태도가 잘 드러남.
  ⑤ 중국의 고사를 인용하여 화자의 정서를 강조함
  ⑥ 인간사에 대한 비판과 현실 도피적 태도를 드러냄

이해와 감상

감상

만흥(漫興)은 작자가 병자호란 때(1642년, 56세), 왕을 호종(扈從:임금이 탄 수레를 호위하여 따르던 일. 또는 그런 사람)하지 않았다 하여 영덕에 유배되었다가 풀려나 해남 금쇄동에 은거하고 있을 때 지은 것인데, 산중 신곡(山中新曲) 속에 있는 전 6수로 된 연시조로서, 귀양살이에서 풀려나 산중생활을 흐뭇하게 즐기는 심정을 읊으면서도 임금님의 은혜를 잊지 않는 지극한 충심을 그대로 드러내고 있고, 그것을 모두 성은으로 돌리고 있음은 조선 시대 선비들의 공통된 의식 구조이다. '만흥'은 산중생활에서 문득 느껴지는 '부질없는 흥(만흥)'을 소박하게 표현한 작품이다. 자연 속에 묻혀 산수를 벗삼아 유유자적하는 심정을 노래한 것으로 한문투의 표현 없이 우리말의 묘미를 잘 살리고 있다.

어지러운 인간의 속세를 떠나 자연과 벗하며 혼자 술잔을 들고 호젓하게 먼 산과 경치를 두루 살펴보니, 반가운 임이 오신다고 해도 그만큼 기쁘지 않을 것이라는 작자의 한가로운 풍류 생활이 잘 나타나 있다.

각 연에서 자연은 세속의 일에 대비되어 그 의미를 부여받고 있다. 자연과 합일되는 물아일체의 경지는 물론 정치 현실이나 세속에 대한 작가의 현실 도피적인 의식을 엿볼 수 있다. 임천한흥(林泉閑興)과 안빈낙도(安貧樂道)의 생활을 하면서도 임금의 은혜를 찬양하고 있는데, 이는 조선 시대 선비들의 공통된 의식구조이다.

이 시조는 자연 속에 몰입되고 있는 작자의 정취와 시상이 잘 나타난 작품이다.

작품 4 　견회요(遣懷謠)

[제 1 수]
슬프나 즐거오나 옳다 하나 외다 하나
내 몸의 해올 일만 닦고 닦을 뿐이언정
그 밧긔 여남은 일이야 分別(분별)할 줄 이시랴.

[제 2 수]
내 일 망녕된 줄 내라 하여 모랄 손가.
이 마음 어리기도 님 위한 탓이로세.
아뫼 아무리 일러도 임이 혜여 보소서

[제 3 수]
秋城(추성) 鎭胡樓(진호루) 밧긔 울어 예는 저 시내야.
무음 호리라 晝夜(주야)에 흐르는다.
님 향한 내 뜻을 조차 그칠 뉘를 모르나.

[제 4 수]
뫼흔 길고 길고 물은 멀고 멀고.
어버이 그린 뜻은 많고 많고 하고 하고
어디서 외기러기는 울고 울고 가느니.

[제 5 수]
어버이 그릴 줄은 처엄부터 알아마는
님군 향한 뜻도 하날이 삼겨시니
진실로 님군을 잊으면 긔 不孝(불효)인가 여기노라.

슬프나 즐거우나 옳다고 하나 그르다고 하나 / 내 몸의 할 일만 닦고 닦을 뿐이거늘 / 그 밖의 남은 일은 걱정할 일이 아니다.〈제1수〉
내가 망녕된 줄을 내가 모를 것인가 / 이 마음 어리석기도 임(임금)을 위한 탓이로구나. / 아무개가 아무리 험담해도 임께서 헤아려(양찰해) 보십시오.〈제2수〉
추성 진호루 밖에 울고 가는 저 시냇물아 / 무엇 하느라 밤낮으로 흐르는가 / 임 향한 내 뜻을 쫓아 그칠 줄을 모르는구나〈제3수〉
산은 길고 길고 물은 멀고 멀어 / 어버이 그리워 하는 뜻은 많고 많고 / 어디서 외기러기는 울어울어 가는가?〈제4수〉
어버이 그리워할 줄을 처음부터 알았지만 / 임금 향한 뜻은 하늘이 만들어 놓았으니 / 진실로 임금을 잊으면 그것이 불효가 아닌가?〈제5수〉

핵심정리

▷ **작자** 윤선도(尹善道, 1587 ~ 1671)
　　　　조선 선조 ~ 현종 때의 문신
▷ **갈래** 연시조
▷ **배경** 작자가 30세 때 간신 이이첨(李爾瞻)의 횡포를 상소
　　　　하였다가 함경도 경원으로 유배되었을 때 지은 것
▷ **성격** 우국가 (견회 : 마음을 달램)

▷ **표현** 반복법
▷ **제재** 유배지에서의 정회(情懷)
▷ **주제** 연군(戀君), 임금에 대한 변함없는 충성심
▷ **특징** ① 감정 이입(제 3 수의 '시내', 제 4 수의 '외기러기')
　　　　② 대구법, 반복법

이해와 감상

| 구성 |

1수 - 자신의 신념에 따라 행동하려는 소신과 의지
2수 - 충성심을 알아주지 않는 데 대한 원망과 결백의 호소
3수 - 임금을 향한 변함없는 충성에 대한 의지
4수 - 부모임금에 대한 간절하고 애달픈 그리움
5수 - 충과 효의 일치에 대한 깨달음과 연군의 의지 확인

| 감상 |

　5수의 연시조로 『고산유고(孤山遺稿)』에 전한다. 당시의 권신이던 이이첨(李爾瞻) 등이 국정을 어지럽힌다고 판단하여 윤선도가 성균관 유생의 신분으로 상소하였다가 도리어 함경도 경원(慶源)으로 유배되어 30세 때에 지은 작품이다. 고산(孤山)은 치열한 당쟁으로 평생을 거의 유배지에서 보냈다.

　그의 시조 작품은 정철의 가사와 함께 조선 시가 문학의 쌍벽을 이루고 있다. 문집으로 『고산 유고(孤山遺稿)』가 있다.

　이 작품은 연시조로서 각 수가 통일된 주제를 향해 유기적으로 배치되어 있다. 첫째 연에서는 윤선도의 불의와 타협할 줄 모르는 강직한 성품을 읽을 수 있으며 넷째 연에서는 고향에 두고 온 어버이를 그리는 정이 나타나 있어 인간적인 면을 엿볼 수 있는데, 작품 전체적으로 연군의 정을 효심과 일치시키는 시상을 펼치고 있다.

　「견회요」 5수 중 제1수는 특히 고산의 가치관을 여실히 보여 주는 부분으로 평가되고 있다. 남이야 어떻게 말하든 자신의 신념대로 행동하는 강직한 성격, 불의와 타협할 줄 모르는 정의감, 이것은 올바르고 굳센 가치관이 없으면 불가능한 것이다. 내가 할 일만 하면 그뿐, 뒤에 귀양을 가건 죽임을 당하건 알 바 없다는 고산의 도도하고 강직한 태도는 혼탁(混濁)한 오늘을 사는 우리들에게 시사하는 바가 많다고 하겠다. 제2수는 병진소의 결과로 유배오게 되었으니 임금의 결정에 이의를 제기할 수는 없다. 그리하여 자신의 행위를 망녕되다고 한다. 자신에게 피해가 돌아오는 일을 하였으니 자기 마음을 어리석다고 일단 수긍한다. 그러나 그것은 임금을 위한 일이며, 누가 어떤 말을 하든 임금이 현명한 판단을 내려달라고 하는 내용이다. 제3수는 작자가 귀양 와 있는 추성(楸城) 진호루(鎭胡樓) 밖에 흐르는 시냇물을 제재로 한 것이다. 이 시냇물은 울면서 흐르며, 게다가 밤낮으로 그치지도 않는다. 이처럼 끝없이 체읍(涕泣: 눈물을 흘리며 슬피 욺.)하는 시냇물이야말로 임(임금)을 향하여 쉬지 않고 울며 지내는 작자의 마음과 같다고 비유하고 있다. 제4수에서는 길고 긴 산, 멀리멀리 흘러가는 물, 울고 가는 외기러기에 작자의 모습을 투영함으로써 어버이를 그리는 정을 살뜰히 드러내고 있다. 제5수는 고산의 인간적인 면을 엿볼 수 있는데, 유배지에서 고향에 두고 온 어버이를 그리는 정이 애절하게 나타나 있다. 효를 충과 동일시하면서, 어버이를 그리는 효는 임금을 섬기는 충이라는 대의 앞에서는 부정될 수 있음을 노래하고 있다. 군신관계는 부자관계보다 선행한다는 유학도로서의 전형적인 모습이 잘 드러나 있다.

기출문제

1. 다음은 "작가가 처한 상황과 관련지어 창작 동기를 악할 수 있다."를 학습 목표로 하는 수업의 자료이다. 〈보기〉의 ㉠, ㉡에 들어갈 말을 순서대로 쓰시오. [2점]

2015년 기출 A형 7번

(가)
　슬프나 즐거오나 옳다 하나 외다 하나
　내 몸의 해올 일만 닦고 닦을 뿐이언정
　그 밖에 여남은 일이야 분별할 있으랴

　내 일 망녕된 줄을 내라 하여 모를손가
　이 마음 어리기로 님 위한 탓이로세
　아매 아무리 일러도 님이 혜여 보소서

　추성(楸城) 진호루(鎭胡樓) 밖에 울어 예는 저 시내야
　무슴 호리라 주야(晝夜)에 흐르는다
　님 향한 내 뜻을 좇아 그칠 뉘를 모르나다

　　　　　　　　　　　　　　　　　　　　　　- 윤선도, 「견회요(遣懷謠)」

(나)
　이보소 져 각시님 설운 말삼 그만 하오
　말삼을 드러하니 설운 줄 다 모를쇠
　인년인들 한가지며 니별인들 갓탈손가
　광한젼 백옥경의 님을 뫼셔 즐기더니
　니래랄 하였거니 재앙인들 업살손가
　해 다 문 날의 가난 줄 설워마소
　엇더타 니 내 몸이 격홀 대 젼혀 업내
　광한젼 어디 머오 백옥경 내 아던가
　원앙침 비취금의 뫼셔본 젹 바히 업내
　내 얼골 이 거동이 무엇로 님 길고
　질삼을 모라거니 가무야 더 니랄가
　　　　　〈중략〉
　산호 지게 백옥함의 님 옷도 잇내 마난
　뉘려셔 가저가며 가저간들 보실손가
　내 하인 뉘라 하고 무산 말노 보내올고
　스사로 면괴하니 남이 엇디 니루려니
　누어도 생각이오 안자도 생각이라
　아마도 이 생각은 일각을 못 이즐쇠
　치운 밤 더운 낫과 죽도반 조셕 딘디
　님의 소식 듯자 하니 뉘라셔 할손가

　　　　　　　　　　　　　　　　　　　　　　- 김춘택, 「별사미인곡(別思美人曲)」

―〈보기〉―

교수·학습 내용	교수·학습 활동
작자가 처한 상황 이해하기	윤선도와 김춘택의 전기적 사실을 조사하여 이 작품이 유배지에 있을 때 창작되었다는 점을 발표 한다.
작품의 표현 의도 파악하기	표현 의도가 잘 드러나는 시어 및 시구를 중심으로 작품을 해석한다.
	(가)의 '님 향한 내 뜻'의 구체인 내용은 자신의 충심(忠心)과 연정(戀情), (㉠)을/를 알아주길 바라는 마음이다.
	(나)의 '나'는 '각시'처럼 임의 총애(寵愛)를 받아본 적은 없지만 자신도 (㉡)을/를 마련할 정도로 임에 해 정성스러운 마음을 가지고 있음을 강조한다.
작품의 창작동기 추론하기	작가가 처한 상황과 표 의도를 바탕으로 창작 동기를 추론하는 모둠별 토의를 한다.

예상 답안

㉠ 결백함(억울함), ㉡ 임의 옷

✅ 작품의 기본 내용을 이해하고 숨은 의미를 파악할 수 있는 좋은 문제로 볼 수 있음. ㉠에서 가장 가까운 답은 '결백(함)(억울함)'이라고 생각하고, 지조(절개) 등은 부차적인 답이 될 수 있음

작품 5 — 盤中(반중) 早紅(조홍)감이

盤中(반중) 早紅(조홍)감이 고아도 보이ᄂ다.
柚子(유자) | 안이라도 품엄즉도 ᄒ다마ᄂ
품어 가 반기리 업슬ᄉ| 글노 설워 ᄒᄂ이다.〈제1수〉

소반 위에 놓인 홍시가 매우 곱게도 보이는구나.
유자가 아니라 할지라도 몸에 품고 돌아갈 만도 하다마는,
품어 가도 반가워해 주실 분이 없으니 그를 서러워하노라

핵심정리

▷ 작자 박인로(朴仁老)
▷ 갈래 연시조(전 4 수 중 1수)
▷ 성격 교훈적, 유교적
▷ 제재 조홍감(홍시)
▷ 주제 지극한 효심
▷ 특징 육적의 '회귤' 고사 인용

이해와 감상

| 감상 |

'早紅柿歌(조홍시가)'라 이름하는 이 노래는, 지은이가 선조 34년 9월에 한음 이덕형을 찾아가 조홍시의 대접을 받았을 때, 쟁반의 붉은 홍시를 보고 원술이 오나라 사람 육적에게 준회귤(懷橘) 고사(故事)를 생각하고 돌아가신 어버이를 슬퍼하여 지은 효도의 노래이다. 작자는 퇴관하여 은일 생활을 존경하여 그를 자주 찾았다. 반가운 손님을 대접하기 위해 소반에 받쳐 내놓은 조홍감을 보자, 불현듯 회귤 고사가 생각나 돌아가신 어머니가 가슴에 떠올랐던 것이다. 이미 돌아가신 어머님을 그리고 생각하는 애절한 심정이 우리의 가슴을 찌르고, 작자의 어버이에 대한 효성심이 눈앞에 생생하게 떠오른다. 한마디로 풍수지탄(風樹之嘆)을 연상하게 하는 노래이다. 연시조 '조홍시가'는 〈노계집〉에 전한다.

4수의 연시조로 되어 있는데, 이덕형이 처음 1수를 듣고 나머지 세 수를 완성하라고 하자 나머지 세 수가 완성되었다고 한다. 이것이 다른 연시조와 달리 내용의 흐름이 일관되지 않은 이유인데, 각기 다른 시조가 편집된 형태로 보기도 한다. 첫 번째 시조에서는 '품어 가 반길 이 없을새'라고 하여 어머니가 돌아가신 것으로 되어 있지만 다른 두 시조에서는 어머니의 장수를 기원하며 효도를 다하겠다는 다짐을 담아내고 있어 시상의 전개가 반대로 되어 있음을 알 수 잇다. 이러한 문제점에도 불구하고 각각의 작품은 빼어난 발상과 표현법을 통해 어머니의 대한 진정한 자식의 마음을 잘 담아내고 있다.

■ '효'를 소재로 한 작품 : 정철 「훈민가」 중 제 4 수

작품 6 동기로 세 몸 되어

同氣(동기)로 세 몸 되어 한 몸같이 지내다가
두 아운 어디 가서 돌아올 줄 모르는고.
날마다 夕陽(석양) 門外(문외)에 한숨 겨워 하노라.

세 명이 형제(가족)로 되어 한 몸 같이 지내다가
두 아우는 어디 가서 돌아올 줄 모르는가.
날마다 석양이 즈음에 문밖에서 한숨을 쉬고 있네

핵심정리

- **작자** 박인로(朴仁老)
- **갈래** 정형시, 평시조, 고시조, 연시조
- **성격** 감상적, 애상적, 도덕적, 교훈적, 망제가(望弟歌)
- **제재** 형제 간의 이별
- **표현** 영탄법, 설의법
- **특징** 장면 묘사를 통해 간접적으로 작가의 심정을 표현함
- **주제** 헤어진 아우들을 그리워하는 심정

이해와 감상

|구성|
초장 : 세 형제간의 다정했던 삶
중장 : 형제간의 이별
종장 : 기다림의 애틋한 심정

|감상|
　박인로가 지은 〈오륜가(五倫歌)〉 중의 4수이다. 박인로에게는 인기, 인수의 두 동생이 있었는데 임진왜란과 병자호란의 전쟁 중에 모두 먼저 죽어 버렸다. 한몸같이 의지하고 지내던 두 동생을 잃고, 항상 잊지 못하여 한숨을 짓고 있는 애절한 심경이 잘 나타나 있다. 특히 저녁 무렵이면 나들이갔다 돌아오는 동생을 기다리듯 대문 밖에 나와서 기다리며 한숨짓고 있다는 것은 작가의 아우에 대한 애정이 얼마나 두터웠던가 하는 것을 절감하게 한다. 죽은 아우를 생각하며 지은 이 시조는 〈오륜가〉의 네 번째 노래로 '형제우애'에 해당한다.
　'오륜가' 중에 형제 우애에 관한 항목으로 한 부모의 피를 이어 받아 '한 몸같이' 지낸 동생들이니, 그들을 잃은 뒤에 작가는 마치 팔다리를 잃은 것처럼 허전하고 아픈 심정 속에 살아갔을 것이다. 그 같은 아픔과 애타는 기다림이, 종장에서는 하루 중의 저녁때인 석양(夕陽)을 배경으로 날마다 저녁 때가 되면 문 밖에 나가 서서 동생들이 돌아오기만을 손꼽아 기다리면서 터져 나오는 한숨을 막지 못하고 있는 작가의 모습이 선명하게 그려져 있다.

작품 7 ▶ 짚방석 내지 마라

짚방석(方席) 내지 마라, 낙엽(落葉)엔들 못 안즈랴.
솔불 혀지 마라, 어제 진 들 도다온다.
아히야, 박주산채(薄酒山菜)ㄹ망졍 업다 말고 내여라.

짚방석을 내지 말아라. 낙엽엔들 앉지 못하겠느냐
관솔불을 켜지 말아라. 어제 진 달이 다시 떠오른다.
아이야! 변변치 않은 술과 나물일지라도 좋으니 없다 말고 내오너라.

핵심정리

- **작자** 한호(韓濩: 한석봉. 1543~1605)
- **갈래** 평시조, 단시조, 서정시, 강호한정가(江湖閑情歌), 전원한정가(田園閑情歌)
- **성격** 한정가, 자연친화적, 전원적(田園的), 목가적(牧歌的), 낭만적(浪漫的), 풍류적(風流的), 소박성(素朴性).
- **소재** 낙엽, 달, 박주산채.
- **제재** 산촌 생활, 풍류 생활.
- **배경** 산촌에서의 가을 달밤, 탁주를 마시는 광경.
- **표현** 점층법, 대구법, 대조법, 생략법, 돈호법.
- **정조** 공명(功名)을 버린 산성한 농촌생활의 정감(情感).
- **특징** ① 안빈낙도(安貧樂道)의 삶의 가치가 잘 드러남.
  ② 인공(짚방석, 솔불)과 자연(낙엽, 달)의 대립을 통해 자연에 동화되어 소박하게 살아가고자 하는 삶의 모습을 드러내고 있음.
- **주제** 산촌 생활에서의 안빈낙도 / 주흥(酒興)을 돋우는 산촌 가을밤의 운치.

이해와 감상

| 구성 |

이 시조는 초장보다 중장이, 중장보다 종장이 흥의 고조를 한층 더해 가는 점층(漸層)의 묘를 살린 작품이다.
- 초장: 짚방석과 낙엽이 대조적으로 표현되어 있다. 낙엽이 부드럽고 폭신폭신하여 짚방석보다 낫다는 표현이다.
- 중장: 자연적인 달이 솔불보다 낫다고 대조적으로 나타내고 있다. 그리하여 초장, 중장이 대구법(對句法)이다. 또 자연과 인간의 친화를 노래하고 있다.
- 종장: 돈호법(頓呼法)을 써서 우리의 기분을 참신하게 하고, 신해진미(山海珍味)와 박주산채(薄酒山菜)가 대조될 법한데, 산해진미는 생략되어 있어 '생략법'이라 할 수 있다.

| 감상 |

이 시조의 작자 한호(韓濩: 일명 한석봉)는 추사(秋史) 김정희(金正喜)와 더불어 근세 한국 서예(書藝)를 빛낸 쌍벽이다. 진작부터 어머니의 격려로 서예에 정진하여 왕휘지·안진경의 필법을 익혀 해서(楷書)·초서(草書) 등 각 체에 두루 뛰어났으나, 중국 서체를 모방하던 풍조를 벗어나 석봉류의 호쾌·강건한 필법을 일으켰다. 이 시조에도 지은이의 글씨에서와 같이 진솔·호방함이 역연하다.

이 시조는 작자 한호(韓濩: 일명 한석봉)의 뛰어난 글을 극찬하던 선조(宣祖)가 '필법(筆法)을 후세에 전하고자 하니, 권태로울 때는 구태여 쓰지 말라. 게으르지도 말고 서둘지도 말라.'고 타이르며 한벽(閒僻)한 고을 군수로 임명하였으니, 이 시조는 산촌의 생활에서 느껴오는 자연의 정취와 그의 예술적 경지가 동화되어 하나의 멋으로 승화된 것이다.

이 작품은 인공적인 모든 것과 세속 잡사에 얽매이지 않고 자연 속에서 소박한 풍류를 즐기며 안빈낙도하는 모습을 그리고 있다. 생활 주변의 친숙한 소재를 택해서 쉬운 말로 시상을 전개한 점이 독특하며, 명필로 알려진 작자의 필체와 흡사한 호방한 기풍을 느낄 수 있다. 낙엽에 앉아서 달빛에 비추어 한 잔의 술을 마시는 화자의 풍류에서 자연과 인간의 합일, 물아일체의 심경을 느낄 수 있다. 또한, '달'을 풍류의 대상으로만 국한시키는 종래의 상투적 수법과는 달리 중장에서 어둠을 비추는 광명의 존재로 표현하여, 탈속(脫俗)의 경지를 심화시키고 있다.

■ 주제가 유사한 작품 : 성혼 「말 업슨 청산이요」, 신흠 「산촌에 눈이 오니」, 송순 「십년을 경영하여」, 윤선도 「만흥」

작품 8 >> 山村(산촌)에 눈이 오니

山村(산촌)에 눈이 오니 돌길이 무쳐셰라.
柴扉(시비)를 여지 마라, 날 츠즈리 뉘 이시리.
밤중만 一片明月(일편명월)이 긔 벗인가 ᄒ노라.〈제1수〉

공명(功名)이 긔 무엇고 헌 신쪽 버슨니로다
전원(田園)에 도라오니 미록(麋鹿)*이 벗이로다
백년(百年)을 이리 지냄도 역군은(亦君恩)이로다〈제2수〉

산촌(山村)에 눈이 오니 돌길이 묻혔구나 / 사립문을 열지 마라 날 찾을 이 뉘 있으리 / 밤중에 일편명월(一片明月)이 그 벗인가 하노라 〈제1수〉
공명이 긔 무엇인가 헌신짝 벗은 이로다. / 전원에 돌아오니 고라니와 사슴이 벗이로다. / 백년(百年)을 이리 지냄도 역군은(亦君恩)이로다. 〈제2수〉

핵심정리

▷ **작자** 신흠(申欽, 1566~1628)
　조선 인조 때의 학자. 문신. 호는 상촌(象村). 이정구, 장유, 이식 등과 함께 한문사대가(漢文四大家)로 일컬어졌으며, 정주학자(程朱學者)로도 유명함. 저서로는 『상촌집』 60권 20책이 전함
▷ **연대** 광해군 때
▷ **성격** 한정가, 낭만적, 탈속적, 은일적, 전원적
▷ **표현** 영탄법, 설의법
▷ **제재** 눈. 들길. 명월, 겨울 산촌의 풍경
▷ **특징** 유배 가서 지은 시조임
▷ **주제** ① 은사(隱士)의 한정(閑情)
　② 자연 속에 사는 고독과 은일(隱逸)
　③ 벼슬에서 쫓겨난 후 자신을 찾지 않는 세태

🔍 이해와 감상

| 감상 |

　이 작품은 상촌 신흠이 계축옥사(광해군)를 겪은 후, 고향인 춘천 근교로 유배되어 산골에 묻혀 생활하는 마음을 노래한 30수의 시조 중 제1수이다. 방옹이라는 것은 밀려난(방출) 늙은이란 의미로 화자를 가리키며, 시여는 시조를 의미한다. 전체적인 내용은 은자로서의 자족감이나 자긍심을 표현하거나, 임금에 대한 그리움과 연모의 정을 표현하고 있다. 특히 제1수는 눈이 내려 오갈 사람도 없는데 문을 닫아걸고 밤중에 명월이나 벗하며 살겠다는 생각을 잘 보여 주고 있다. 그런 점에서 제1수는 뒤에 이어지는 시조들을 대표하는 서장 성격의 작품으로 볼 수 있다.

　한겨울 산촌으로 향하는 길은 눈으로 뒤덮여 분간할 수조차 없다. 눈 때문인지 찾아오는 사람도 없어서 문을 열어놓을 필요도 없다. 나를 찾아주는 것은 밤중이면 뜨는 밝은 달뿐이다. 그렇기 때문에 눈 내린 산촌에서 달은 유일한 벗이라 할 수 있다. 이 내용으로는 세상과 단절된 삶을 보여준다. 눈이 내려 길을 찾을 수 없어서 세상과 단절되기도 했고, 지은이 스스로도 세상과 멀어지고 싶어 한다. '시비(사립문)를 열지 마라'는 표현은 사람들과의 왕래를 끊겠다는 것으로 세상으로부터 멀어지려는 의지의 표현으로 볼 수 있다. 그러면서 밤에 뜬 달을 벗이라 한 것은 이해관계를 따져 친구를 삼는 사람들과 달리 밤이 되면 달은 변함없이 자기를 찾아와주기 때문이다. 이를 보면 지은이는 자연 속에서 자연과 함께하는 삶을 추구하고 있음을 알 수 있다. 이 작품은 겨울의 산촌을 배경으로 자연을 벗하며 살아가는 삶을 보여주고 있다. 그래서 이 작품의 주제는 자연 속에서 한가롭게 사는 삶이라 할 수 있다.

　하지만 작품을 짓게 된 경위를 고려하면 다르게 이해할 수도 있다. 이 작품은 지은이가 벼슬에서 쫓겨난 후 지은 것으로 추정된다. 벼슬에서 쫓겨난 사람을 찾아갈 사람은 드물다. 그러므로 지은이가 사립문을 열지 말라고 한 것은 찾아오는 사람이 없기 때문이다. 비록 눈 때문에 찾아오기 어렵겠지만 친구라면 힘든 때를 보내는 지은이를 찾아와야 한다. 지은이가 밤에 뜨는 달을 벗으로 삼겠다는 것은 달만은 변하지 않고 찾아오는 나를 알아주는 대상이기 때문이다. 이렇게 본다면 이 작품은 벼슬에서 쫓겨난 후 자신을 찾지 않는 세태를 표현한 것으로 볼 수도 있다.

작품 9 노래 삼긴 사룸

노래 삼긴 사룸 시름도 하도할샤
닐러 다 못 닐러 불러나 푸둣둔가
眞實(진실)로 풀릴 거시면은 나도 불러 보리라.

노래를 맨처음으로 지어낸 사람은 근심과 걱정도 많았었구나!
말로는 뜻한 바를 다 말할 수가 없어서, 노래로 불러 그 근심과 걱정을 풀어 보았던가?
참말로 노래를 불러 근심 걱정이 풀린다면 나도 불러보겠다.

핵심정리

- **작자** 신흠(申欽, 1566~1628)
- **성격** 영물가(詠物歌), 처세가(處世歌).
- **표현** 연쇄법
- **제재** 노래
- **주제** 노래를 통해 시름을 풀어 보고자 하는 마음

이해와 감상

| 감상 |

　광해군의 난정 속에서 삼공(三公)의 벼슬을 지낸 작가는, 비록 벼슬에서 물러났지만 당쟁을 일삼는 어지러운 정치 현실을 보며 나라 걱정에 마음이 편할 수가 없었다. 자연을 벗삼아 지내며 세속을 떠난 생활을 하고 있지만, 그래도 풀리지 않는 근심을 노래로써 풀어 버리고 마음의 평정을 찾으려 하는 바람이 드러나고 있는 작품이다. 작가는 시조로써 사회를 풍자하는 한편, 자연미를 노래하고 술을 예찬하였지만, 마음 깊은 곳에는 늘 당쟁과 혼정에서 빚어지는 현실이 불만스러웠던 것이다. 그리하여 술에 취하여 현실을 도피하고, 또 노래를 불러 스스로를 달래기도 했던 것이다. 그러나 그가 미리 염려했듯이 그 많은 근심 걱정들이 진실로 풀리지는 않았을 것이다.

　이 작품은 조선 인조 때 영의정까지 지낸 작가가 어지러운 시대 상황 속에서 벼슬살이를 마치고 은퇴하여 자연을 벗삼아 세속을 떠난 생활을 하고 있지만, 그래도 마음 깊은 곳에 남아 있는 근심, 걱정을 노래로써 풀어 보고자 하는 소망을 형상화한 작품이다. 권력에 염증을 내고 자연으로 돌아와 생활하던 작자의 심중에 다 버리지 못한 속세에의 근심을 잊고자 연쇄법으로 표현한 시조이다. 작자는 벼슬을 내던지고 자연으로 돌아와 자연을 사랑하고 술을 마시면서 세속을 떠난 생활을 하고 있지만, 그래도 마음 깊은 곳에는 꺼지지 않는 불이 있었다. 그래서 노래로써 그것을 풀 수 있다면 나도 불러 보겠다고 한 것이다. 특히 이 작품에는 우리 삶에서 '노래'의 역할을 잘 드러냈다. 살면서 필연적으로 생기게 마련인 시름, 걱정을 그냥 말로는 풀 수 없어서 등장한 것이 노래(時調)라는 것이다.

　신흠의 시조는 우리 삶에서 '노래'의 역할을 잘 드러냈다. 살면서 필연적으로 생기게 마련인 시름을 그냥 말로는 풀 수 없어서 등장한 것이 노래[詩]라는 것이다. 이 작품에서 '시름'과 '노래'는 서로 대조되고 있다. 시름은 일상적인 말을 하는 것을 가리키고, 노래는 음악성을 겸비한 시를 가리키는 것이라 볼 수 있다. 이 작품은 시는 시름 과는 달리 마음 속 깊이 맺힌 것을 푸는 구실을 한다는 것을 말하고 있는 것이다. 그래서 이 작품은 시름과 노래를 통한 '한의 맺힘'과 '한의 풀림'을 내면적인 구조로 하고 있다고 볼 수 있다. 즉, 마음과 현실과의 거리감에서 오는 시름을 잊고 마음의 평정을 얻고자 이 노래를 지어 불렀던 것이다. '노래'와 '시름'은 대조적인 시어로 '노래'로 '시름'을 잊는다는 발상은 문학의 정서 순화적 기능을 잘 드러낸 것이라 할 수 있다.

작품 10 ▶ 춘산곡(春山曲)

春山의 불이 나니 못다 픤 곳 다 붓는다
져 뫼 져 불은 쓸 물이나 잇거니와
이 몸의 닉[] 업슨 불 니러나니 쓸 물 업서 ᄒ노라

봄에 산불이 나니 못 다 핀 꽃 다 불탄다
저 산의 저 불은 끌 물이나 있지만
이 몸에 연기 없이 불이 나니 끌 물이 없구나

핵심정리

▷ **작자** 김덕령(金德齡)
▷ **성격** 임진왜란 혹은 이몽학의 난과 관련된 시조
▷ **표현** 상징, 우의
▷ **제재** 춘산의 불, 임진왜란, 이몽학의 난
▷ **주제** 역적으로 몰린 장수의 억울하고 비통한 심정

이해와 감상

| 감상 |

　김덕령 장군의 나이 29세 되던 1596년 7월, 충청도에서 이몽학이 반란을 일으키자 조정의 명을 받고 토벌하러 나갔다. 그런데 평소에 장군을 시기 질투해 오던 간신배들이 모함하여 그를 반란 가담자로 누명을 씌우고 만다. 역적으로 몰린 것이다. 이로 인해 20여 일간에 걸쳐 온몸의 뼈가 다 으스러지고, 피부가 완전히 벗겨지는 혹독한 형벌을 수백 회 받는다. 장군은 그해 9월 15일 29세의 꽃다운 나이로 옥사하고 만다.
　「춘산곡(春山曲)」은 그가 옥사하기 직전 억울함을 이기지 못해 지은 것이다. 충장공 김덕령의 사적을 기록한 목판집 『김충장공유사(金忠壯公遺事)』에 전해지고 있다.

작품 11 〉〉 가노라 三角山(삼각산)아

가노라 三角山(삼각산)아 다시 보쟈 漢江水(한강수)야.
古國山川(고국산천)을 써나고쟈 ᄒ랴마는,
時節(시절)이 하 殊常(수상)ᄒ니 올동말동 ᄒ여라.

핵심정리

- **작자** 김상헌(金尙憲, 1570 ~ 1652)
  조선 인조 때의 문신. 호는 청음(淸陰). 병자호란 때 싸우기를 주장하다가 청나라에 끌려감
- **배경** 병자호란의 주전론자(主戰論者)로 청나라에 끌려가는 치욕적인 상황
- **성격** 우국가, 비장감이 나타남
- **표현** 영탄법
- **제재** 고국을 떠나가는 비장감(悲壯感)
- **주제** 우국충절(憂國忠節)

이해와 감상

| 감상 |

김상헌의 시조는 사대부 특유의 우국충절(憂國忠節)의 노래이다. 이 작품의 비장함과 절실함은 그가 병자호란 때 주전론(主戰論)을 주장하다 청나라에 끌려가야만 했던 치욕적 체험에서 우러나온 것이다.

병자호란 때, 예조 판서로서 척화항전(斥和抗戰)을 주장하던 작자가, 패전 후 청(淸)으로 끌려갈 때 지은 것이라 한다. 패전국의 전범자(戰犯者)로 몰려 끌려가는 사람으로서, 하직의 노래로 구정(舊正)을 달래려는 것은 인지상정이 아닐 수 없다. 고국산천에 대한 절절한 사랑, 오랑캐 땅에 잡혀가는 비장감, 귀국에 대한 불안 의식 등이 뒤섞인 작자의 심경이 직설적인 표현 방식으로 표출되고 있다.

작품 12 국치비가(國恥悲歌)

[제 1 수]
반밤중 혼자 일어 묻노라 이 내 꿈아
만리 遼陽(요양)을 어느덧 다녀온고.
반갑다 鶴駕(학가) 仙容(선용)을 친히 뵌 듯하여라.

[제 2 수]
풍셜 석거친 날에 뭇노라 北來使者(북래사자)야,
小海容顔(소해용안)이 언매나 치오신고.
故國(고국)의 못 죽는 孤臣(고신)이 눈물계워 ᄒ노라.

핵심정리

▸ 작자 이정환(李廷煥)
▸ 갈래 평시조, 연시조(전 10 수)
▸ 성격 애상적, 우국적
▸ 표현 의인법, 도치법, 은유법
▸ 제재 병자호란의 치욕, 두 왕자에 대한 꿈
▸ 주제 국치(國恥)에 대한 비분강개(悲憤慷慨)

▸ 특징 ① 병자호란 이후 소현 세자가 청나라에 볼모로 잡혀 가 있는 동안에 창작된 작품
② 대화체와 설의법을 통해 작가의 비분강개의 심정을 잘 드러냄
③ 꿈을 의인화시킨 상사몽(相思夢)의 모티프 사용
▸ 출전 『송암유고(松巖遺稿)』

이해와 감상

| 감상 |
　이 작품은 병자호란의 국치를 비분강개(悲憤慷慨)한 심정으로 읊으면서 충의(忠義)를 노래한 10 수의 연시조이다.
　제 1 수는 병자호란에서 패전한 후 청나라에 볼모로 잡혀 간 소현세자와 봉림대군을 꿈 속에서 알현하고 반가워하는 심정을 노래한 것이다
　제 2 수는 볼모로 붙잡혀 간 두 왕자의 안부를 청나라에서 온 사신들에게 물어 보면서, 비참한 국치(國恥)를 보고도 나라를 위해 죽지 못한 자신의 처지를 한탄하는 내용이다. 초·중장에서는 붙잡혀간 왕자의 신변을 염려하는 작자의 걱정스러운 마음이 잘 나타나 있고, 종장에서는 죽지 않고 살아 있는 작자의 슬픔이 '눈물'로 표출되고 있다. 중장의 '小海(소해)'는 원래 우리나라를 가리키지만, 여기서는 두 왕자를 가리키며, '孤臣(고신)'은 자신을 가리킨다.

작품 13 ▶ 청석령 지났느냐

청석령(靑石嶺) 지났느냐 초하구(草河溝) 어디인가
호풍(胡風)도 차기도 차구나 궂은비는 무슨 일인고
뉘라서 내 행색(行色)을 그려 내어 임 계신 데 드릴꼬

청석령을 지났느냐. 초하구는 또 어디쯤인가?
북녘에서 불어오는 호풍이 차기도 찬데, 궂은비는 또 웬일이란 말인가?
아무나 우리의 초라한 모습을 그려서 임금께 보내드리고 싶구나.

* 〈청석령(靑石嶺) 초하구(草河口)〉: 평안북도 의주(義州) 근방에 있는 두 지명(地名). 효종(孝宗)이 중국 심양(瀋陽)으로 잡혀갈 때 지난 곳.

핵심정리

▷ **작자** 효종(孝宗, 鳳林大君 1619~1659)
조선의 17대 왕. 병자호란 당시는 봉림대군(鳳林大君)으로 인질이 되어 소현세자와 함께 심양으로 끌려감.
(후기 37번 작품도 작자·내용 유사)

▷ **성격** 비분가
▷ **주제** 청나라에 볼모로 끌려가는 비통한 심정
볼모로 잡혀가는 심정과 부친 생각

이해와 감상

| 감상 |

　이 시조는 병자호란 뒤 소현세자와 함께 볼모로 잡혀갈 때의 처참한 심경을 노래한 것이다. 자꾸만 고국은 멀어져 가고 낯선 땅에는 바람이 불고 비가 내리는데, 내일을 알 수 없는 초라한 볼모의 처지이고 보니 한없는 슬픔과 함께 부왕(父王)의 생각이 어찌 가슴을 저미지 않겠는가? 춥고도 먼 타국 땅 심양으로 볼모가 되어 끌려가는 왕자의 처참한 모습을 느낄 수 있다. 이리하여 9년 동안 온갖 고초를 겪고 돌아온 그가 왕위에 오르자 북벌군을 일으켜 설욕하고자 노력하였음은 당연한 생각이었을 것이다.
　이 시조의 정감은 한마디로 처절한 정경이다. 이름도 낯선 오랑캐 땅, 음산한 호풍에 궂은비까지 옷을 적신다. 막말로 물에 빠진 생쥐꼴이 아닌가. 구중궁궐에서 고이고이 자란 일국의 왕자가 이런 꼴이 되다니 전쟁은 처참하다. 나라와 나라의 대결은 무자비하다. 그때의 원한이 뼛속에 사무쳤기에 뒤에 이를 악물고 '북벌'의 칼을 갈았던 것이다. 국력이란 결코 하루아침에 이루어지는 것이 아니라는 교훈이다.
　이 시조는 수사면에서 수사 의문법을 구사하고 있는 점이 특이하다. 상대방의 해답을 반드시 요구하는 것이 아닌, 불확정한 상대를 가상, 설의하고 있다.

작품 14 ▶▶ 전가팔곡(田家八曲)

[원풍(願豊)]
세상(世上)의 브린 몸이 견무(畎畝)의 늘거 가니
밧곗일 내 모르고 ᄒᆞ는 일 무ᄉᆞ일고.
이 중(中)의 우국성심(憂國誠心)은 년풍(年豊)을 원(願)ᄒᆞ노라.

[춘(春)]
농인(農人)이 와 이로되 봄 왓ᄂᆡ 바틔 가새.
압집의 쇼보잡고 뒷집의 따보내ᄂᆡ.
두어라 내집부ᄃᆡ 하랴 놈 ᄒᆞ니 더욱 됴타.

[하(夏)]
여름날 더운 적의 단 따히 부리로다.
밧고랑 ᄆᆡ쟈ᄒᆞ니 뚬 흘너 따희 듯네.
어ᄉᆞ와 립립신고(粒粒辛苦) 어늬 분이 알ᄋᆞ실고.

[추(秋)]
ᄀᆞ을희 곡셕 보니 됴홈도 됴흘셰고
내 힘의 닐운 거시 머거도 마시로다.
이 밧긔 천사만종(千駟萬鍾)을 부러 무슴 ᄒᆞ리오.

[동(冬)]
밤의란 ᄉᆞᆨ을 쇠고 나죄란 쒸를 부여.
초가(草家)집 자바민고 농기(農器)졈 ᄎᆞ려스라.
내년(來年)희 봄 온다 ᄒᆞ거든 결의 종사(從事)ᄒᆞ리라.

[신(晨)]
새배 빗나쟈 나셔 백설(百舌)이 소리ᄒᆞ다.
일거라 아히들아 밧 보러 가쟈스라.
밤ᄉᆞ이 이슬 긔운에 언마나 기런ᄂᆞᆫ고 ᄒᆞ노라.

[오(午)]
보리밥 지어 담고 도트랏 깅을 ᄒᆞ여.
빅골ᄂᆞᆫ 농부(農夫)들을 진시(趁時)예 머겨스라.
아히야 ᄒᆞᆫ 그릇 올녀라 친(親)히 맛바 보내리라.

[석(夕)]
서산(西山)애 ᄒᆡ 지고 풀 긋테 이슬 난다.
호믜를 둘너메고 둘 ᄃᆡ여 가쟈스라.
이 중(中)의 즐거운 ᄯᅳᆺ을 닐러 무슴 ᄒᆞ리오.

핵심정리

- **작자** 이휘일(李徽逸)
- **갈래** 평시조, 연시조(전 8 수)
- **성격** 사실적, 전원적
- **표현** ① 일상 생활의 어휘들을 구사하고 농부의 삶을 구체적으로 형상화
  ② 사계절에 따른 농사일과 그에 대한 화자의 만족감이 시간의 흐름에 따라 표현
- **주제** 전원 생활의 만족감
- **특징**
  ① 청유형 어미를 사용하여 양반인 화자가 농부의 일상을 선도하는 성격을 지님
  ② 사대부로서 농촌에서의 삶을 사실적으로 묘사했다는 점에서 의의가 큼

이해와 감상

감상

이 작품은 자연 친화적 삶을 노래한 이전 시기의 강호시가나 농민들의 생활상을 지켜보는 입장과는 달리 직접 농사일을 하고 그 속에서 농촌의 삶을 사실적으로 그려내면서 향촌에서의 노동의 즐거움과 농사일의 보람을 드러내고 있다. 1664년(현종 5) 이휘일이 45세때 지은 이 작품은 농촌의 풍경과 농민의 노고를 소재로 하여 평시조 8 수로 구성되어 있다. 그의 〈서전가팔곡후(書田家八曲後)〉에 "나는 농사짓는 사람은 아니나, 전원에 오래 있어 농사일을 익히 알므로 본 것을 노래에 나타낸다. 비록 그 성향(聲響)이 느리고 빠름이 절주(節奏)와 격조(格調)에 다 맞지는 않지만, 마을의 음탕하고 태만한 소리에 비하면 나을 것이다. 그래서 곁에 있는 아이들로 하여금 익혀 노래하게 하고 수시로 들으며 스스로 즐기려 한다(『존재집(存齋集)』 권4)."라고 하여 이 시조의 저작동기를 밝히고 있다.

1 시조의 내용

제 1 수 : 전원에 묻혀 살며 풍년을 기원함
제 2 수 : 봄을 맞아 서로 도우며 농사일을 함 (봄의 농사 시작)
제 3 수 : 더운 여름에 땀 흘리며 농사일을 함 (여름 동안의 노력)
제 4 수 : 가을에 곡식을 거둬들이고 만족함 (가을의 보람)
제 5 수 : 농기구를 손질하며 다음 해 농사를 준비함 (겨울의 준비)
제 6 수 : 새벽에 일어나 밤사이 자라난 곡식을 보러 밭으로 나감 (새벽의 기대감)
제 7 수 : 고생하는 농부들과 함께 소박한 음식을 먹음 (낮의 식사 준비)
제 8 수 : 농사일을 마치고 즐거운 마음으로 귀가함 (저녁의 만족감)

첫 수는 서문격으로 풍년을 기원하는 뜻을 나타내고, 2 ~ 5 수는 춘·하·추·동 사계절에 걸쳐 농민이 해야 할 농사일의 노고에 대한 내용을 담았다. 또 6 ~ 8 수는 하루를 새벽, 낮, 저녁으로 나누어 일하는 즐거움을 노래하였다.

2 의의

이 시는 모두 8 연으로 구성된 연시조로서 향촌에서의 삶을 사실적으로 묘사했다는 점에서 의의가 있는 작품이다. 1 연에서는 해마다 풍년 드는 것이 바로 우국성심과 연결되는 것을 말함으로써 지식인으로서의 면모를 보이고 있으나, 2 연부터는 농민들과 함께 하는 소박한 농촌의 삶을 제시하고 있다. 특히 농민들과 함께 밭 갈고 김 매는 모습을 보여 준다는 점에서 학문과 현실을 연계시키는 실천적인 지식인의 모습을 잘 형상화한 작품이라 할 만하다. 사계절과 하루 시간대의 흐름에 따라 시상을 전개하면서 농촌의 모습을 보여 준 것 역시 농촌의 삶을 사실적으로 제시하고자 하는 작가 의식의 한 면모라 할 만하다.

작품 15 ▶ 菊花(국화)야, 너난 어이

菊花(국화)야, 너난 어이 三月東風(삼월 동풍) 다 지내고,
落木寒天(낙목한천)에 네 홀로 피었나니
아마도 傲霜孤節(오상고절)은 너뿐인가 하노라.

핵심정리

▷ **작자** 이정보(李鼎輔, 1693 ~ 1766)
  호는 삼주(三洲), 글씨와 한시에 능하고 시조 78 수를 남김
▷ **갈래** 평시조
▷ **연대** 숙종 때
▷ **성격** 예찬적, 의지적
▷ **제재** 국화
▷ **주제** 굳은 절개를 찬양
▷ **표현** 추운 날씨에도 굴하지 않고 피는 국화를 통하여 작자 자신의 높은 절조를 표현

이해와 감상

| 감상 |

　이 작품은 국화가 지닌 절개를 찬양하는 노래이면서, 동시에 시적 화자 자신이 국화와 마찬가지로 절개를 지니고 있음을 은연중에 드러내고 있다. 조선전기 국화를 제재로 한 송순의 시조와 함께 국화를 통해 임금에 대한 신하의 충절을 노래한 대표작이다. 국화를 너로 의인화하여 표현했으며, 가을에 피는 국화의 생태를 통해 가을에도 변하지 않는 충절을 드러냈다.

작품 16 〉〉 님이 헤오시매

님이 헤오시매 나는 전혀 미덧더니
날 사랑하던 情(정)을 뉘손뒤 옴기신고
처음에 믜시던 거시면 이대도록 셜오랴.

핵심정리
▷ **작자** 송시열(宋時烈)
▷ **성격** 연군가(종장에서는 배신에 대한 서러움도 나타남)
▷ **주제** 연군(戀君)의 정
▷ **특징** 임금과 신하의 관계를 남녀간의 애정에 빗댐

이해와 감상

| 감상 |
　이 시조는 연군가의 일종으로서, 임금의 총애가 옛날과 같지 않고 믿었던 임금의 사랑이 변하니 마음이 아픈 것이다. 조선 시대 한 계파의 거두로서 활약한 문신으로, 평생을 극심한 정치적 변화 속에서 대처하며 살아야 했던 작자의 심정을 잘 표현하고 있다고 하겠다. 老論(노론)의 領袖(영수)였던 작자가 믿었던 임금의 사랑이 다른 이에게 옮겨 가니 서러움을 금할 수 없다는 표현 속에서 '연주충군(戀主忠君)'의 정을 느낄 수 있다. 임금의 배신에 대한 직설적 원망이 신충(信忠)의 향가 「원가(怨歌)」와 맥을 같이 한다.

작품 17 〉〉 하하 허허 흔들(笑意歌)

하하 허허 흔들 내 우음이 졍 우움가
하 어쳑 업서셔 늣기다가 그리 되게
벗님뇌 웃디를 말구려 아귀 쯰여디리라.

핵심정리
▷ **작자** 권섭(權燮, 1671 ~ 1759)
　　　　조선 후기의 학자. 호는 옥소(玉所). 어지러운 정치 현실에 환멸을 느끼고, 관직을 외면한 채 시조 창작에 전념함
▷ **성격** 풍자적
▷ **표현** 설의법, 과장법
▷ **제재** 나의 웃음
▷ **주제** 어이없는 세상사에 대한 풍자

🔍 이해와 감상

| 감상 |

　이 작품은 당시의 정치 현실에 대한 환멸감과 비판적 시각을 표현한 시조인데, 세상일이 하도 근심스러워 울다가도 또 한편으로 생각하면 하도 어처구니없어서 큰 소리로 터져 나오는 웃음을 참을 수 없다는 것이다.
　작가는 당시의 잘못된 정치 현실에 대한 자신의 분노와 허탈감을, 반어적인 웃음을 제재로 한 이 풍자적인 작품 속에서 잘 표현하고 있다.

1 화자의 상황

위 시조에는 화자와 벗님네의 대조적 상황을 바탕으로 시상이 전개되고 있다.

화자	벗님네
• 세상과 거리를 둔 상태 • 거짓 웃음 • 상황에 대한 배판적 냉소적 웃음	• '나'의 비판 대상 • 어처구니 없는 상황의 주체 • 모의와 작당을 일삼으며 현세적 이익을 추구하는 무리

작품 18 》》 주려 주그려 하고

　주려 주그려 하고 首陽山(수양산)에 드럿거니,
　현마 고사리를 머그려 키야시랴.
　物性(물성)이 구븐 줄 애다라 펴 보려고 키미라.

📝 핵심정리

▷ **작자** 주의식(朱義植)
　조선 숙종 때의 가인(歌人). 호는 남곡(南谷). 칠원 현감을 지냈으며 시조에 뛰어났고 묵매(墨梅)도 잘 그림. 도덕적이고 건실한 내용의 노래를 많이 지었으며 시조 14수가 전함

▷ **성격** 풍자적, 해학적
▷ **제재** 백이·숙제
▷ **주제** 백이와 숙제의 절개 예찬

🔍 이해와 감상

| 감상 |

　중국 주나라의 백이와 숙제의 일화를 듣고, 고사리를 먹기 위해 캔 것이라는 성삼문의 견해와 달리, 그 구부러진 모양이 싫어서 바로 펴보려고 캐었다는 내용으로 백이와 숙제의 지조와 절개를 높이 평가하고 있는 작품이다.
　구부러진 고사리의 모양을 빌어서 뜻이 깊고도 재치 있는 표현은 이 시조에 생명감을 불어넣고 있으며, 신선한 사색으로 절개를 노래하여 시조의 가치를 드높이고 있다.
　이 시조는 고사리를 캐 먹은 백이·숙제의 절개를 힐난한 성삼문의 시조 「수양산 바라보며 이제(夷齊)를 한ᄒ노라.」를 염두에 두고 쓴 작품으로 보인다.

작품 19 ▶ 농가 구장(農歌九章)

1
셔산에 도들 볏 셔고 굴움은 느제로 낸다.
비 뒷 무근 풀이 뉘 밧시 짓터든고.
두어라 챠례 지운 닐이니 매난 대로 매오리라.

해석
　서산에 아침 햇볕이 비치고 구름은 낮게 떠 있구나. / 비가 온 뒤의 묵은 풀이 누구의 밭에 더 짙어졌는가? / 아아! 차례가 정해진 일이니 묵은 풀을 매는 대로 매리라.

2
도롱이예 홈의 걸고 뿔 곱은 검은 쇼 몰고
고동풀 뜻 머기며 깃믈 갓 나려갈 제
어대셔 픔진 벗님 함끠 가쟈 하난고.

해석
　도롱이에 호미를 걸치고 뿔이 굽은 검은 소를 몰고 / 고동풀을 뜯어 먹게 하며 풀이 무성하게 난 시냇가로 내려갈 때 / 어디서 품을 진 벗님은 함께 가자 하는가?

3
둘너 내쟈 둘너 내쟈 길찬 골 둘너 내쟈
바라기 역괴를 골골마다 둘너 내쟈
쉬 짓튼 긴 사래난 마조 잡아 둘너 내쟈.

해석
　쳐 내자(뽑아내자) 쳐 내자 꽉 찬 고랑 쳐 내자 / 바랭이와 역귀풀을 고랑고랑마다 쳐 내자 / 쉽게 잡초가 우거진 긴 논과 밭을 마주잡아 뽑아내자.

4
땀은 듯난 대로 듯고 볏슨 쬘대로 쮠다.
청풍에 옷깃 열고 긴 파람 홀로 불 제
어듸셔 길 가는 손님 아난 드시 머무는고.

해석
　땀은 흐를 대로 흘리고 햇볕은 쬘 대로 쮠다. / 맑은 바람에 옷깃을 열고 긴 휘파람을 되는대로 불 때 / 어디서 길 가는 손님은 마치 나를 아는 듯이 주저없이 머무는가.

5
힁긔 보리뫼오 사발의 콩닙 채라
내 밥 만할셰요 네 반찬 적을셰라
먹은 뒷 한숨 잠경이야 네오내오 달을소냐.

해석
밥그릇에는 보리밥이요 사발에는 콩잎채라. / 내 밥이 많을까 걱정이요 네 반찬이 적을까 걱정이라. / 먹은 뒤에 한숨 잠을 자는 즐거움이 너와 내가 다르랴?

6
돌아가쟈 돌아가쟈 해지거다 돌아가쟈
계변의 발을 싯고 홈의 메고 돌아올 제
어듸셔 우배쵸젹(牛背草笛)이 함께 가쟈 뵈아난고.

해석
돌아가자 돌아가자 해가 지겠구나 돌아가자. / 시냇가에서 손발을 씻고 호미 매고 돌아올 때 / 어딘가에서 들리는 초동의 풀피리 소리가 함께 가자 재촉하는구나.

7
면홰난 세다래 네다래요 일윈벼난 피난 모가 곱난가
오뉴월이 언제가고 칠월이 반이로다.
아마도 하나님 너희 삼길 제 날 위하야 삼기샷다.

해석
면화는 세 다래 네 다래로 듬북 피고 이른 벼는 피는 이삭이 곱더라. / 오뉴월이 언제 갔는지 모르게 가고 벌써 칠월 중순이로다. / 아마도 하느님이 너희(면화, 벼)를 만드실 때 바로 나를 위해 만드셨구나.

8
아해난 낫기질 가고 집사람은 저리 처친다.
새밥 닉을 때에 새 술을 걸릴셰라.
아마도 밥 들이고 잔 자불 때에 호흥(豪興)계워 하노라.

해석
아이는 낚시질 가고 집사람은 절이 채(겉절이 나물) 친다. 새 밥 익을 때에 새 술을 거르리라. / 아마도 밥 들여오고 잔 잡을 때 호탕한 흥에 겨워 하노라.

9
취(醉)하난이 늘그니요 웃난이 아희로다.
흐튼 순배 흐린 술을 고개 숙여 권할 때예
뉘라셔 흙쟝고 긴노래로 차례춤을 미루는고.

해석
취하는 이 늙은이요, 웃는 사람은 아이로다. / 어지럽게 술잔을 돌려 탁주를 고개 숙여 권할 때에 / 흐르는 장고, 긴 노래에 누가 자기 차례의 춤을 사양하여 미루는가.

핵심정리

- **작자** 위백규(魏伯珪, 1727 ~ 1798)
  조선 후기의 학자, 호는 존재(存齋)
- **갈래** 농가, 평시조, 연시조(전 9수)
- **구성** 시간적 흐름에 따른 구성
- **성격** 전원적, 사실적
- **표현** 묘사적, 사실적인 표현 기교가 두드러짐
- **제재** 농가의 생활
- **주제** 농사일의 즐거움, 농부의 고된 노동과 여유로운 휴식, 소박한 생활의 풍취
- **출전** 『위문가첩(魏門歌帖)』
- **특징** ① 시간의 흐름에 따른 구성.
  ② 묘사적, 사실적인 표현 기교가 두드러짐.
  ③ 농촌 생활의 하루 일과를 생생하게 표현함.
  ④ 사투리의 사용과 aaba 형식의 부분적 사용
  ⑤ 여름부터 가을까지의 계절의 변화를 아침부터 저녁까지의 하루 농사일의 상황으로 병치

이해와 감상

| 감상 |

이 작품은 위백규(魏伯珪)의 모두 9수로 된 연시조인 『농가 구장(農歌九章)』이다. 농촌의 하루 일과를 작자 자신이 농부의 처지에서 진솔하고 곡진하게 노래함으로써 농부들의 생활상이나 생활감정을 절실하게 드러낸 생활문학이다.

농촌을 자연에 묻혀 풍류를 즐기는 공간으로 보거나 농민의 삶을 관념적으로 예찬한 사대부 계급의 일반적인 시조 작품들과 달리, 농촌을 농민들의 구체적인 삶의 현장으로 보고 농민의 삶을 사실적으로 그려 낸 작품이다. 즉, 이 작품의 화자는 농민인데, 이런 실정은 사대부의 관점에서 농민을 대상으로 바라보고 쓴 다른 작품과는 달리, 농민의 입장에서 그들의 삶을 그리려 한 작가의 의도를 반영한 것이다.

내용 가운데 제1수 「조출」은 돋아 오르는 햇빛이 서산에 비치는 이른 아침에 비온 뒤 풀이 우거진 밭들을 차례로 매겠다는 서사적(序詞的) 내용이다. 제2수 「적전」은 도롱이에 호미를 걸고 소를 몰아 물가에 자란 풀을 뜯어 먹이며 일터로 나가는 광경을 노래하였다. 제3수 「운초」는 이골저골 사래마다 우거진 잡초들을 쳐내는 광경을, 제4수 「오게」는 따가운 햇볕 아래에서 땀 흘려 일하는 농민의 고된 노동과, 시원한 바람에 땀을 식히며 잠시 여유를 즐기는 휴식이 잘 표현되어 있다. 아울러 종장에서는, 농민의 삶과 유리(遊離)되어 있으면서도 마치 그들을 이해하는 듯 행동하는 사대부들의 태도에 대한 은근한 비판도 엿보인다. 제5수 「점심」은 어느덧 점심때가 되어 보리밥과 콩잎채를 나누어 먹은 뒤 잠시 낮잠을 즐기는 광경이다. 제6수 「석귀」는 하루의 고된 노동을 마치고 집으로 돌아가는 농민의 모습이 나타나 있다. 시냇가에서 손발을 씻고 돌아가는 모습에서 자연을 완상(玩賞)과 예찬의 대상으로만 바라봤던 사대부들의 강호가도(江湖歌道)와 다른 점을 느낄 수 있으며, 소잔등을 타고 가는 사람의 풀피리 소리는 농민의 삶에 깃든 소박한 풍취를 느끼게 한다. 제7수 「초추」는 초가을 들녘에서 활짝 핀 목화와 고개 숙인 벼이삭을 바라보며 흐뭇해지는 심정을 읊은 것이다. 제8수 「상신」에서는 집으로 돌아와 밥상 앞에서 잔을 들고 흥겨워하는 모습을 노래하고 있으며, 제9수 「음사」에서는 저녁식사 뒤에 노소가 모여 흥겹게 즐기는 광경을 노래로 읊었다.

표현상 특징으로는 민요적 기법인 'aaba' 형식을 활용하여 리듬감을 형성하는 기법을 쓰기도 하고, '바라기'나 '역고' 등의 전라도 지방의 사투리를 사용한 점이 특징이다. 이것처럼 민요의 기법이나 사투리의 사용 등은 기존의 사대부 시가에서는 잘 보이지 않는 현상으로 농민들의 생생한 삶을 그려내고자 한 작가 위백규의 사회적 의식의 소산이라고 할 수 있다.

이 작품은 사대부가 지은 전원시조이면서도 사대부의 신분을 벗어나 농부의 처지에서 농민의 생활을 노래하였고, 한자어 대신 사투리를 그대로 구사하며 민요를 적극 수용하였다. 이러한 성격은 일반적인 사대부의 시조가 세사에 흔들리지 않는 마음의 조화를 구현하는 것으로 이상을 삼았던 것과 견주어볼 때 상당한 변모를 가져온 것으로 주목된다.

기출문제

1. 다음을 읽고 〈작성 방법〉에 따라 두 작품의 의미를 서술하시오. [4점]   2016년 기출 A형 12번

(가)
    말 업슨 청산(靑山)이오 태(態) 업슨 유수(流水) ㅣ 로다
    갑 업슨 청풍(淸風)과 임즈 업슨 명월(明月)이로다
    이 듕에 일 업슨 뇌 몸이 ㉠<u>분별(分別)업시 늙그리라</u>

- 성혼

(나)
    서산에 돗을볕* 서고 구름은 늣이로 낸다*
    비 뒤 묵은 풀이 뉘 밭이 짙었던고
    두어라 차례 지은 일이니 ㉡<u>매는 대로* 매오리라</u>

- 위백규

* 돗을볕 : 해가 뜰 때에 서녘 하늘에 되비치는 햇빛
* 늣이로 낸다 : 천천히 피어오른다
* 매는 대로 : 김매는 대로

〈작성 방법〉
- (가), (나)에 표현된 공간의 성격을 각각 서술할 것
- ㉠, ㉡에 주목하여 (가), (나)의 시적 화자가 지향하는 삶을 각각 서술할 것

📒 예상 답안

    (가)의 공간은 사대부들이 자연 속에서 자연과 친하게 지내며 강호한정의 공간이고, (나)의 공간은 농부들이 풀을 매고 농사를 지으며 살아가는 현실적인 노동의 공간이다.
    (가)의 화자는 사대부인데 ㉠에서 보듯이 자연 속에서 강호한정하는 삶을 살겠다는 의지를 드러냈고, (나)의 화자는 농부인데 ㉡에서 보듯이 부지런히 농사를 지으며 살겠다는 의지를 드러냈다.

작품 20 江山(강산) 죠흔 景(경)을

江山(강산) 죠흔 景(경)을 힘센이 닷톨 양이면,
닉 힘과 닉 分(분)으로 어이ᄒ여 엇들쏜이.
眞實(진실)로 禁(금)ᄒ리 업쓸씌 나도 두고 논이노라.

핵심정리

- **작자** 김천택(金天澤)
  호는 남파(南坡), 숙종 때 포교를 지냄. 창곡(唱曲)에 뛰어난 천재였으며 김수장 등과 더불어 '경정산 가단(敬亭山歌壇)'에서 후진을 양성하고, 영조 4년(1728)에 『청구영언』을 편찬하여 시가 사상 최초로 시조의 정리와 발달에 공헌한 인물임
- **성격** 한정가
- **표현** 설의법
- **제재** 자연의 아름다움
- **주제** ① 자연애
  ② 은둔하며 사는 자의 삶

이해와 감상

| 감상 |

자연의 아름다움을 만끽하고 싶은 깊은 열망을 나타내고 있다. 그런데 이러한 시적 태도 안에는 신분적 질서가 존재하는 당대의 사회적 분위기가 깔려 있다. 즉, 자신같이 약한 힘과 가난한 분수를 지닌 사람이 어떻게 자연의 아름다운 경치를 차지할 수 있을까라는 반문에는 중인이라는 자기 출신에 대한 불만이 깔려 있는 것이다. 그러나 시인은 자연이 양반 사대부만이 즐기는 것이 아니라 자신과 같은 중인 계층도 즐길 수 있는 것이라 하여, 세속적 현실과 대비되는 자연의 한없는 너그러움을 은연중에 암시하고 있다.

그리고 자연의 경관을 완상(玩賞)하며 그 속에 묻혀 유유자적하는 모습을 발견할 수 있다. '힘센이 닷톨 양이면'에서 세상 사람들이 세속적인 인간사에 매달려 자연 속에서 참다운 즐거움을 찾지 못하는 어리석음을 은근히 질타하고 있다.

작품 21 書劍(서검)을 못 일우고

書劍(서검)을 못 일우고 쓸씌 업쓴 몸이 되야
五十春光(오십춘광)을 희옴 업씨 지닉연져
두어라 언의 곳 靑山(청산)이야 날 씰 쏠이야 잇시랴.

핵심정리

- **작자** 김천택(金天澤)
- **제재** 서검(문무·입신양명), 청산(자연의 아름다움)
- **주제** 현실 절망으로 자연에 귀의하려는 마음
- **특징** 자연의 아름다움과 자신의 처지에 대한 한탄이 드러남

이해와 감상

| 감상 |

　자연을 벗 삼아 즐기는 삶의 즐거움을 표현하고 있는 작품이지만, 자신의 신분과 처지에 대한 한탄이 강하게 나타난다는 점이 이 시조의 특징이다. 서검(書劍)에 뜻을 두었으나 이루지 못하여 쓸모없이 되었다는 인식은 화자가 사회적 가치를 유교적 입신양명에 두고 있다는 것을 의미한다. 인생의 말년에 한 일이 없다는 자기 평가는 개인적 허무주의와 절망을 드러내며, 이것이 자연으로 돌아가게 하는 계기가 된다. 자연에 대한 작가의 친화적(親和的) 자세가 다소 쓸쓸한 느낌을 주는 것도 이 때문일 것이다. 작가의 자연 친화적 삶의 동기는 거기서 유교적 도(道)를 배우겠다는 사대부들의 강호가도(江湖歌道)와 달리, 속세에서 겪는 고뇌를 달래 주는 위안을 얻기 위함에 있는 것이다.
　이 시조에서 서검과 청산은 대조적 심상을 지니는 시어이다. 시적 화자는 자연과의 대조를 통해 세속의 이치와 제약을 시사하고 있다.

작품 22　田園(전원)에 나믄 興(흥)을

田園(전원)에 나믄 興(흥)을 젼나귀에 모도 싯고
溪山(계산) 니근 길로 흥치며 도라와셔
아히 琴書(금서)를 다스려라 나믄 히를 보내리라.

핵심정리

- 작자　김천택(金天澤)
- 성격　한정가(閑情歌), 풍류적
- 표현　중의법(重意法)
- 제재　전원의 흥취
- 주제　전원에서 느끼는 흥취. 자연 속에서 누리는 풍류

이해와 감상

| 감상 |

　김천택의 시조에서 자연(自然)은 흥취의 대상이다. 자연 자체를 심미적으로 관조하기보다는 풍류의 공간으로 보고 있다. 자연 속에서 실컷 풍류를 즐기며 놀다가 발을 저는 나귀에 몸을 싣고 돌아와, 거문고와 서책을 즐기며 남은 시간을 보내려는 작자의 모습은 한가함과 여유로움이 가득 찬 모습이다. 자연 속에서 실컷 풍류를 즐긴 후에 그로 인해 지쳐서 발을 저는 나귀에다가 아직도 미진하게 남아 있는 흥취를 싣는다는 표현은 다분히 해학적이며, 나귀가 다리를 전다는 표현에서 시적 화자의 흥을 한껏 느낄 수 있다. 특히 '전원'은 심미의 대상이 아니라 흥취와 풍류의 대상이라는 점에서 전대(前代)의 상황과는 차이점을 지니고 있다.

작품 23 白鷗(백구)야 말 물어 보자

白鷗(백구)야 말 무러 보쟈 놀라지 마라스라
名區勝地(명구승지)를 어듸어듸 ㅂ렷ᄃ니
날ᄃ려 仔細(자세)히 닐러든 네와 게가 놀리라.

핵심정리

▷ **작자** 김천택(金天澤)
▷ **성격** 한정가(閑情歌), 자연 친화적
▷ **주제** 자연에의 몰입(물아일체(物我一體)의 삶)
▷ **특징** 백구를 의인화하여 표현

이해와 감상

| 감상 |

갈매기에게 산수 경치 좋은 곳을 묻는 작자의 심경은, 자연 속에서 자연의 경관을 완상하며 유유자적하려는, 자연과의 화합과 몰입을 희구하는 상황으로 이해할 수 있다. 갈매기는 제가 가고 싶은 곳이면 어디든 갈 수 있다. '명구 승지를 어디 어디 보았는가'는 이 세상의 명승지를 다 관람하고 싶은 심정을 말한 것이다. '너와 게가 놀리라'에서 자연에 동화되고 싶은 시적 자아의 정서를 알 수 있다.

작품 24 草庵(초암)이 寂寥(적료)ᄒ듸

草庵(초암)이 寂寥(적료)ᄒ듸 벗 업시 혼ᄌ 안ᄌ
平調(평조) 한닙히 白雲(백운)이 절로 존다.
언의 뉘 이 죠혼 뜻을 알 리 잇다 ᄒ리오.

핵심정리

▷ **작자** 김수장(金壽長, 1690~?)
　　호는 노가재(老歌齋). 숙종 때 병조(兵曹) 서리(書吏)를 지냄. 시조와 노래로 당대에 이름을 떨쳤으며, 김천택과 더불어 당대 쌍벽을 이룬 가인으로 『해동가요(海東歌謠)』를 편찬함. 종래 평시조와는 달리 민중들의 생활 감정을 적나라하게 그려 내었고, 치밀한 상상력으로 폭넓은 역량을 작품에 담고 있음. 작품으로는 사실적인 서경시를 읊은 것이 많으며, 『해동가요』에 117수의 시조가 전함

▷ **성격** 한정가(閑情歌)
▷ **표현** 의인법, 설의법
▷ **제재** 평조 한 닙
▷ **주제** 풍류를 즐기는 그윽한 경지. 자연 속에서의 유유자적한 삶

이해와 감상

| 감상 |

　이 시조는 번잡한 세속에서 멀리 떨어진 초가에서 홀로 거문고를 타며 한가로이 지내는 풍류가 잘 표출된 작품이다. 세속을 떠나 조용한 초가에 홀로 묻혀 거문고를 타고 풍류를 즐기며 사는 그윽한 경지가 잘 나타나 있다. 무대는 적료한 초암이고, 연주자는 나 혼자뿐인 독주이며, 곡조는 평조 대엽 즉흥곡인데, 청중은 대자연, 구름은 그 중의 한 관객으로 나직하고 화평스런 곡조에 졸고 있다는 의인화된 표현이 미소를 짓게 한다. 자연과 더불어 즐기는 평화로움에 물아일체의 경지에서 화자의 만족스러움이 느껴진다.

작품 25 내 사리 담박한 중에

내 사리 淡泊(담박)한 중에 다만 깃쳐 잇는 것슨
數莖(수경) 葡萄(포도)와 一券(일권) 歌譜(가보) 뿐이로다
이중에 有信(유신)한 것슨 風月인가 하노라.

핵심정리

▷ **작자** 김수장(金壽長)
▷ **표현** 중의적 표현(풍월: ① 자연, ② 시조)
▷ **제재** 가객의 삶(가보, 풍원)
▷ **주제** 안빈낙도의 삶

이해와 감상

| 감상 |

　이 작품의 작자는 중인인 가객이고, 이 작품에는 가객의 삶이 잘 드러나 있다. 사대부가 관념적 자연을 드러낸다면 이 시에서는 포도를 기르고 가보(시조 악보)를 중시하는 삶의 태도가 드러난다. 마지막 행에서 믿을만한 것은 '풍월'이라고 했는데, 얼핏 생각하면 사대부 시조와 유사한 면이 있지만, 강호한정의 의미로는 보기 어렵다. 게다가 '풍월'은 시조창으로 볼 수 있어서 가객들이 가보와 시조창을 중시한 면모를 잘 알 수 있다.

작품 26 ▶ 뉘라서 가마귀를

뉘라셔 가마귀를 검고 凶(흉)타 호엿던고.
反哺報恩(반포보은)이 긔 아니 아름다온가.
스룸이 져 시만 못홈을 못내 슬허호노라.

핵심정리

▷ **작자** 박효관(朴孝寬, 1800 ~ 1880)
　　　　조선 철종 ~ 고종 때의 가객. 호는 운애(雲崖). 1876년 그의 제자 안민영과 함께 『가곡원류(歌曲源流)』를 편찬하였고, 풍류객들과 함께 노래하는 사람들의 모임인 '승평계(昇平契)'를 만듦. 대원군의 총애를 받아 그로부터 '운애(雲崖)'라는 호를 지어 받았으며 『가곡원류』에 자작 시조 15수가 전함
▷ **성격** 경세가(警世歌), 우의적, 교훈적
▷ **제재** 반포보은(反哺報恩)
▷ **주제** 인간의 불효에 대한 탄식
▷ **특징** 까마귀의 효심을 들어 인간의 불효를 비판하고 효를 실천할 것을 강조

이해와 감상

| 감상 |

　사람들이 부모에게 효도하지 않는 것을 반포보은하는 까마귀에 비겨 개탄한 노래이다. 일반적으로 까마귀는 털빛이 검을 뿐 아니라 울음소리도 흉측하여 '사망(死亡)의 전조(前兆)'로 온 세계에 알려질 만큼 흉조(凶鳥)로 인식되어 있다. 그러나 까마귀는 어미가 늙으면 먹이를 물어다가 봉양한다[反哺報恩]는 새로 '반포조(反哺鳥)' 또는 '효조(孝鳥)'라고도 불린다. 까마귀에 대한 상식적인 이해를 넘어서 '효자'의 의미로 사용하여 '인간은 까마귀의 효를 본받아야 한다'는 교훈을 전달하고 있다. 특히 종장에서 불효하는 사람들을 가리켜 까마귀만도 못하다고 통탄하고 있는 것이다.

작품 27 › 님 글인 相思夢(상사몽)이

님 글인 相思夢(상사몽)이 蟋蟀(실솔)이 넉시 되야
秋夜長(추야장) 깊픈 밤에 님의 房(방)에 드럿다가
날 닛고 깁히 든 즘을 씌와 볼가 ᄒ노라.

핵심정리

▷ **작자** 박효관(朴孝寬, 1800 ~ 1880)
  호는 운애(雲崖), 조선 철종·고종 때의 가객(歌客), 제자 안민영(安玟英)과 더불어 가집 『가곡원류(歌曲源流)』를 엮음. 시조 15수가 전함
▷ **갈래** 평시조
▷ **성격** 연정가(戀情歌)
▷ **표현** 추상적인 감정인 연정을 귀뚜라미라는 구체적 제재로 형상화함

▷ **제재** 귀뚜라미
▷ **주제** 임을 연모(戀慕)하는 애타는 심정, 임이 자신을 생각해 주길 바라는 마음
▷ **특징**
  ① 추상적 개념의 구체화(연정 → 귀뚜라미)
  ② 감정 이입(귀뚜라미)

이해와 감상

| 감상 |

이 시조의 화자는 아마도 임과 멀리 떨어져 있는 사람인 듯하며, 거리상으로만 먼 것이 아니라 화자에 대한 임의 마음 또한 이미 멀어진 듯 보인다. 그럼에도 불구하고 화자는 임을 애타게 그리워하면서, 그 그리움을 귀뚜라미가 됨으로써 표현하려 한다. 즉, 귀뚜라미는 화자의 마음을 전달해 주는 분신 같은 존재이다.

화자는 귀뚜라미가 되어 임의 곁에서 큰 소리로 울어서, 자신을 잊어버리고 편안히 잠든 야속한 임의 잠을 깨우고 싶다고 말한다. 이는 화자에 대한 임의 사랑이 다시 회복되기를 바라는 마음을 표현한 것이다. 귀뚜라미의 커다란 울음소리에 임이 깨기를 바라는 것이 아니라, 가을밤의 쓸쓸함을 더욱 사무치게 하는 귀뚜라미의 울음소리를 듣고 임이 화자를 다시 그리워하게 되기를 바라는 것이기 때문이다.

또 한편으로 생각해 보면 이 작품의 화자는 긴 가을밤 내내, 쓸쓸함을 느끼게 하는 귀뚜라미의 울음소리를 들으면서 임에 대한 그리움으로 잠 못 이루고 있음을 짐작할 수 있다. 화자가 하필이면 귀뚜라미가 되어 자신의 마음을 전달하고 임의 마음을 돌리고 싶다고 생각한 것은, 귀뚜라미 울음소리가 임에 대한 자신의 사무치는 그리움을 더 깊게 만들고 있기 때문인 것이다. 이렇게 볼 때, 이 작품에서 귀뚜라미는 쓸쓸함을 느끼게 하는 객관적 상관물이라 할 수 있다.

작품 28 매화사(梅花詞)

[제 2 수]
어리고 성귄 梅花(매화) 너를 밋지 아녓더니,
눈 期約(기약) 能(능)히 직혀 두세 송이 퓌엿고나.
燭(촉) 줍고 갓가이 스랑헐 제 暗香(암향)조ᄎᆞ 浮動(부동)터라.

[제 6 수]
ᄇᆞ람이 눈을 모라 山窓(산창)에 부딪치니,
찬 氣運(기운) 싀여 드러 좀든 梅花(매화)를 侵擄(침노)ᄒᆞᆫ다.
아무리 얼우려 ᄒᆞᆫ인들 봄 ᄯᅳᆺ이야 아슬소냐

핵심정리

▷ **작자** 안민영(安玟英)
▷ **갈래** 연시조(전 8수)
▷ **성격** 예찬적
▷ **표현** 의인법, 영탄법, 설의법
▷ **주제** 매화 예찬, 매화의 강인한 지조

이해와 감상

| 감상 |

　조선의 영·정조 시대를 지내면서 점차 대두되는 산문 문학으로 인해 시가 문학의 활동이 저조한 시기였다. 어느 날, 작자가 스승인 박효관 집에 찾아가 선비들과 함께 노닐다 스승이 가꾼 매화를 보고 감탄하여 지은 작품인「매화사(梅花詞)」(전 8수)는 시가 문학의 말기를 격조 있게 장식한 작품이다.

[제 2 수]
　이 작품은 전체적으로 '매화'를 의인화하여 그 개화에 대한 감탄을 애정 있게 표현하였다. 연약하여 꽃을 피우리라는 생각을 하지 못한 매화가 기어이 겨울에 피는 약속을 지켜서 꽃을 피운 지조를 풍유법으로 나타내었다. 이 작품은 전체 8수인「매화사(梅花詞)」의 둘째 수로 서정적인 내용의 '영매가(咏梅歌)'이다. 눈 속에서 피어나는 매화의 강인한 의지와 높은 절개를 예찬하고 있다.

〈구성〉
　▷ 초장 : 연약한 매화 → 개화에 대한 기대 없음 : 의구심
　▷ 중장 : 기약을 지킨 매화 → 눈 속에서 개화함 : 감탄
　▷ 종장 : 촛불을 잡고 매화에게 가까이 다가감 → 애정 : 도취, 황홀경

[제 6 수] (7차 중 1-2 국어)
　깊은 산 속에 채 가시지 않은 겨울바람이 차가운 눈을 몰고 와도, 이미 봄이 시작되고 있음을 알리는 매화를 어찌할 수 없다는 내용이다. 새봄이 돌아오는 자연의 순리를 인정하고 받아 들여야 함은 매화가 가진 곧은 속성이기도 하다. 아무리 차가운 시련의 겨울바람이라 해도 피어 있는 매화는 끄떡없다는 의미를 은연중에 시사하고 있다. 영매가인「매화사」는 매화에 대한 작품들 중에서 문학성이 뛰어난 작품이다.

작품 29 〉〉〉 고울사 저 꽃이여

고울사 저 꽃이여 半(반)만 여읜 저 꽃이여
더도 덜도 말고 매양 그만 허여 있어
春風(춘풍)에 향기 좇는 나뷔를 웃고 맞어 허노라.

고울시고 저 꽃이여, 반쯤 시든 저 꽃이여! / 더도 덜도 말고 언제나 그 정도만 하고 있어 / 봄바람에 향기 좇는 나비를 웃고 맞이하노라.

핵심정리

▷ **작가** 안민영(安玟英)
▷ **갈래** 평시조, 단시조
▷ **성격** 찬미가
▷ **제재** 꽃
▷ **주제** 시들어 가는 꽃의 아름다움과 그에 대한 연민
    꽃의 아름다움 예찬
▷ **특징** 의인법, 영탄법, 대구법, 반복법 등 다양한 표현 기교가 사용됨
▷ **출전** 『금옥총부(金玉叢部)』

이해와 감상

| 감상 |

　꽃의 아름다움을 시로 나타낼 경우 보통은 활짝 핀 모습을 노래하지만 이 시조에서는 특이하게도 아름다움의 정점을 막 넘어선 꽃을 대상으로 삼아 존재의 상실에 대한 강렬한 아쉬움과 안타까움을 이야기하고 있다. 특히 '더도 덜도 말고 그 정도만 하고 있으라'는 중장의 표현에는 사라져가는 대상에 대한 작가의 애절한 마음이 잘 드러나 있다. 의인법을 사용하여 나비가 시들어가는 꽃을 향해 간다는 설정이 매우 멋스럽다.

　시들어 가고 있는 꽃을 예찬하고 있는 작품으로, 인생에 있어서 시들어간다는 시기가 사실 원숙한 때라고 생각한다면 꽃 역시 외형상의 미(美)보다는 시들어가면서 풍기는 향기야말로 더 깊은 맛의 꽃일 것이라는 추론이 가능하다. 사라진다는 것은 없어진다는 의미이고, 그 존재의 상실은 상실이라는 측면에서 보다 강렬한 아쉬움과 안타까움을 느끼게 할 수 있다. 이 시는 나비가 시들어가는 꽃을 향해 간다는 설정이 더 멋들어진 표현이다. 어쩌면 시적 화자가 시들어 가는 나비이고, 나비는 젊음의 그 무엇을 상징하고 있는지 모른다. 사라지는 것에 대한 아름다움을 느끼는 시조라고 볼 수 있지만, 그 사라지는 아쉬움을 불가능한 상황 설정으로 "언제나 더도 덜도 말고 매양 그만 허야 있어"라고 가는 젊음을 아쉬워하고 있다.

■ 특정 사물에 대해 읊거나 개성이 드러난 작품 : 「어리고 성권 매화」, 「오우가」

작품 30 미암이 밉다 울고

미암이 밉다 울고 쓰르람이 쓰다 우니,
山菜(산채)를 밉다는가 薄酒(박주)를 쓰다는가.
우리는 草野(초야)에 뭇쳐시니 밉고 쓴 줄 몰닉라.

핵심정리

- **작자** 이정신(李廷藎)
  조선 영조 때의 가인(歌人). 호는 백회재(百悔齋).
  여러 가집에 시조 13수(그 중 1수는 불확실)가 전함
- **갈래** 평시조
- **성격** 한정가(閑情歌)
- **제재** 매미와 쓰르라미 소리
- **주제** 초야에 묻혀 사는 즐거움, 자연과 함께하는 물아일체(物我一體)의 삶

이해와 감상

| 감상 |

'매미'와 '쓰르라미'라는 말의 첫 음에서 연상되는 생각을 펴고 있다. '미암 – 맵다', '쓰르라미 – 쓰다'는 소리의 유사성(ㅁ – ㅁ, ㅆ – ㅆ)에 근거해서 의미를 유도해 내고 있는 언어 유희적 표현으로 기발한 착상임을 알 수 있다. '매미'와 '쓰르라미'의 첫 음에서 '맵'고 '쓰'다는 미각적(味覺的) 심상을 이끌어 내어, 초야에 파묻힌 조촐한 생활의 유유자적(悠悠自適)함을 노래하면서 동시에 서사 문학의 언어에서는 찾아볼 수 없는 시만의 언어적 묘미를 맛보게 하면서도 자신이 하고 싶은 말을 충분히 담고 있어서 시의 언어가 지닌 묘미를 보여 준다.

초야에 묻힌 '우리'와는 상반되게 '맵다, 쓰다' 우는 '미암'과 '쓰르라미'는 세속적인 일에 얽매인 사람들을 뜻한다고 볼 수 있다. 종장의 '초야에 뭇쳐시니 밉고 쓴 줄 몰닉라'는 표현은 속세에서 벗어나 초야에 묻혀 세상의 혼란스러움을 잊고 사는 것이 더 좋다는 것이다.

작품 31 靑山(청산)도 절로절로

靑山(청산)도 절로절로 綠水(녹수)도 절로절로
山(산) 절로 水(수) 절로 山水間(산수간)에 나도 절로
그 中(중)에 절로 ᄌᆞ란 몸이 늙기도 절로절로 ᄒᆞ리라

핵심정리

- **작자** 미상 / 송시열(?)
- **성격** 자연 순응적, 달관적, 관조적
- **표현** 대구법, 반복법('절로절로'의 반복을 통해 경쾌한 리듬감 형성)
- **제재** 자연의 순리
- **주제** 자연의 순리에 따라 살고자 하는 마음, 무위자연(無爲自然)의 조화로운 삶

이해와 감상

| 감상 |

　자연의 섭리에 순응하는 조화로운 삶을 지향하는 내용의 노래이다. 이러한 삶의 자세는 동양의 전통적 사상이라 할 수 있는 것으로, 마음이 너그럽고 사소한 일에 구애받는 일이 없는 정신적 경지를 의미하는 것이다. 이 시조는 'ㄹ'음이 주류를 이루고 있는데 이는 유음(流音)으로 물이 흐르는 것 같은 느낌을 주기 때문에, 경쾌한 리듬을 창출하고 있으며 시의 주제와 절묘한 조화를 이루는 표현의 묘를 획득하고 있다. 이는 1930년대의 순수시파였던 김영랑의 「돌담에 속삭이는 햇발」에서의 부드러움을 연상시키면서 동시에 그 자체를 물이 흘러가는 듯한 순조로움을 느끼게 한다.

　동양적 전통이라 할 수 있는 조화로운 삶을 지향하고 있다. 도가(道家)의 무위사상(無爲思想), 즉 자연의 법칙에 따라 행위하고 인위(人爲)를 가하지 않는다는 사상이 물씬 풍기는 작품이다. 그런 삶을 영위하자면 마음이 부드럽고 사소한 일에 구애됨이 없어야 할 것이다. 바로 그 느낌이 시행의 '절로절로'에서 배어 나온다.

　참고로, 이 작품의 지은이가 송시열(宋時烈) 또는 김인후(金麟厚)로 되어 있는 문헌도 있다.

작품 32 〉 한숨이 부람이 되고

　한숨은 부람이 되고 눈물은 세우(細雨) 되어
　님 자는 창(窓) 밧괴 불거니 쑤리거니
　날 닛고 기피 든 줌을 깨워 볼가 ᄒ노라.

핵심정리

▷ **작자** 미상
▷ **성격** 이별가, 애상적
▷ **표현** 임에 대한 원망의 마음이 직접적으로 드러남
▷ **주제** 임에 대한 그리움과 원망

이해와 감상

| 감상 |

　자신의 한숨을 바람 삼아, 눈물을 비 삼아서 그리워하는 임을 깨우겠다는 태도를 통해 자신의 마음을 몰라주는 임에 대한 원망의 심정이 드러나 있다.

한숨 → 바람 눈물 → 가랑비	임의 창 밖에 바람 불고 비 내리게 함	임의 잠을 깨우고자 함

작품 33 나븨야 쳥산 가쟈

나븨야 쳥산(靑山) 가쟈 범나븨 너도 가쟈.
가다가 져무러든 곳듸 드러 주고 가쟈.
곳에서 푸ᄃᆡ졉ᄒ거든 닙헤셔나 주고 가쟈.

핵심정리

▷ 작자 미상
▷ 성격 자연 친화적
▷ 표현 자연에 동화되고자 하는 마음을 청유형 어미와 반복적 표현으로 효과적으로 드러냄
▷ 주제 자연에 동화되고 싶은 마음

이해와 감상

| 감상 |

이 시조는 자연에 동화되어 살아가고 싶음 마음을 나비를 통해 표현하였다. 시적화자가 청산에 가고 싶은 마음을 '나비', '범나비'를 의인화하여 표현했다. 그 자연으로 향하는 길에 '꽃'이 있고, '잎'이 있다. 꽃은 화려한 잠자리, 잎은 누추한 잠자리인데, 자연으로 가는 길에 어떤 장애도 생각하지 말고 나아가자는 의지를 드러내고 있다.

작품 34 굼벙이 매암이 되야

굼벙이 매암이 되야 ᄂᆞ래 도쳐 ᄂᆞ라올라
노프나 노픈 남게 소릐ᄂᆞᆫ 죠커니와
그 우희 거믜쥴 이시니 그를 조심ᄒ여라.

굼벵이가 매미가 되어 날개가 돋아서 날아 올라 / 높고 높은 나무 위에서 우는 소리가 좋지마는 / 그 위에 거미줄이 있으니 그것을 조심하여라.

핵심정리

▷ 작자 미상
▷ 성격 우의적, 교훈적
▷ 주제 벼슬살이의 험난함을 경계함(환해풍파宦海風波)에 대한 경계
▷ 표현 ① '매미'와 '거미줄'을 통해 벼슬살이에서 경계할 점을 우의적으로 드러냄
② 풍유법, 명령법을 사용
③ 청각적 심상을 통해 대상의 모습을 효과적으로 형상화
④ 현실을 자연물에 빗대어 표현

🔍 이해와 감상

| 감상 |

　이 시조는 벼슬살이의 험난함을 경계하며 기고만장한 벼슬아치를 풍자하고 있으며, 자연 현상을 통해 인간의 삶을 경계하는 우의적 수법을 사용하고 있다. 초장의 '굼벵이'와 '매미'는 신분 계층을 나타내는 것으로, 날개가 돋은 매미는 곧 벼슬 자리에 오른 인물을 뜻한다. 그 매미가 높은 나무에서 소리를 내어 운다는 것은 벼슬 자리에 있는 삶이 권세를 부린다는 의미이다. 종장의 '거미줄'은 잘못하다가 그 권세를 잃어버릴 수 있는 경계의 상황을 비유한 말로, 작자의 깨달음이 응축되어 표현된 핵심어이다.

작품 35 ▶ 풍파에 놀란 사공

풍파(風波)에 놀란 사공(沙工) 배 팔아 말을 사니
구절양장(九折羊腸)이 물도곤 어려워라
이 후(後)란 배도 말도 말고 밭갈기만 하리라.

사납기만 한 풍파에 놀란 뱃사공이 배를 팔아 말을 사니, / 꼬불꼬불한 산길을 말을 몰아 오르고 내리는 것이 물길보다 더 어렵구나. / 이 후에는 뱃고 그만 두고 말도 그만 두고 밭갈기(농사)만 지으리라.

📝 핵심정리

- **작자** 장만(張晩, 1566 ~ 1629)
  자(字)는 호고(好古), 호(號)는 낙서(洛西),
- **성격** 처세가

- **주제** ① 참된 삶의 어려움(=세상살이의 어려움)
  ② 인간의 생업(生業)이란 무엇 하나 쉬운 것이 없음.
  ③ 벼슬살이의 어려움

🔍 이해와 감상

| 감상 |

　장만(張晩)은 선조 24년에 별시(別試)에 급제한 뒤 형조판서·병조판서가 되었으나 광해군 때 벼슬을 버리고 향리로 돌아갔다. 인조반정 후 작자는 이괄의 난을 평정한 공으로 옥성부원군에 책봉되었다가 정묘호란 때 패전한 책임으로 부여로 유배되는 등, 벼슬을 하며 겪은 어려운 시련을 겪었다. 이 작품은 문인으로 벼슬을 하다 무인으로 옮겨 공을 세웠지만, 당쟁으로 인하여 두 번이나 유배를 갔다가 벼슬에서 물러난 작자가 벼슬을 하며 겪은 어려운 시련을 벼슬에서 물러나며 읊은 것이다.
　문인과 무인으로서의 길을 두루 걸친 작자에게 모두 험난한 인생살이였다. 더구나 당파의 회오리 속에서 더 이상 벼슬길에 연연해 할 심정이 없어 전원으로 돌아가려는 것이다.
　초장 '풍파에 놀란 사공 배 팔아 말[馬]을 사니'에서 '풍파'는 당쟁(黨爭)을 의미하며, 배와 말은 각각 문관과 무관을 상징한다. 중장 '구절양장(九折羊腸)이 물도곤 어려워라'에서 '구절양장'은 초장의 풍파와 마찬가지로 관직의 어려움을 나타내는 말이다. 극심한 당파싸움 때문에 문관과 무관을 막론하고 벼슬살이가 쉽지 않음을 비유적으로 노래하고 있다. 그렇기 때문에 종장 '이후란 배도 말도 말고 밭갈기만 하리라'는 이 시조의 주제연으로서, 관직에서 물러나 한가롭게 농사를 지으며 초야에 묻혀 살고 싶다는 작가의 소망이 잘 드러나 있다. 결국 환해풍파(宦海風波)의 어려움을 풍자한 시조다.

■ 벼슬살이의 험난함을 우의적으로 풍자한 노래 : 작자 미상 「굼벵이 매암이 되야」

작품 36 한산섬 달 밝은 밤에

한산섬 달 밝은 밤에 수루(戍樓)에 혼자 앉아
큰 칼을 옆에 차고 깊은 시름 하는 차에
어디서 일성호가(一聲胡笳)는 남의 애를 끊나니.

　　　한산섬 달 밝은 밤에 수루에 혼자 앉아서 / 큰 칼을 옆에 차고 다가올 큰 싸움에 깊이 시름 하는 때에 /　어디선가 들려오는 한 가닥의 피리 소리는 남의 마음을 아프게 하는구나.

핵심정리

- **작자** 이순신
- **성격** 우국시(憂國詩), 진중시(陣中詩).
- **주제** 우국충정(憂國衷情)
- **출전** 〈진본 청구영언〉
- **배경** 임진왜란 때(선조 28년), 민족의 최후의 보루를 지키던 당시.

- **구성**
  ① 초장 : 시간적·공간적 배경
  ② 중장 : 나라를 근심하는 마음
  ③ 종장 : 비장(悲壯)한 마음을 일으킴.

이해와 감상

| 감상 |

　이 작품은 선조 28년(1595년), 임란으로 온 나라가 혼란하던 시절, 진중에서 나라에 대한 걱정을 표출한 시조이다.
　앞으로 닥칠 국난을 예보나 하는 듯, 한 곡조의 호가(胡笳) 소리는 더욱 마음을 졸이게 한다. '애를 끊나니'에서 우리는 나라의 위기를 한 몸으로 지탱하려던 한 장수의 우국 일념과 더불어 인간적인 정서를 아울러 맛볼 수 있다. 이 노래는 일찍이 장수의 기개를 노래한 김종서의 '삭풍은 나무 끝에 불고'와 같은 호기가의 결을 느낄 수 있다. 그러나 충무공의 노래에서는 '깊은 시름'을 엿볼 수 있는 것이 특징이다.
　비록 달이 밝고 바다는 고요하지만 그것은 무서운 폭풍을 간직한 고요함이다. 당파 싸움에 눈이 어두워 아무런 준비도 없는데 왜적은 대거 침략하여 왔으니 언제 무서운 싸움이 터질지 모르기 때문이다. 뛰어난 애국자요, 국방의 일념밖에 없는 장군이라, 잠 못 이루는 밤이 많았을 것이다. 게다가 한밤중 어디서인지 들려오는 구슬픈 피리 소리는 창자를 끊는 듯한 아픔을 주었을 것이다.
　이순신은 그의 일기와 전기에서 보는 대로, 대의(大義)와 왜적 앞에 그토록 용감했던 대전술가요 지도자였으나, 한편 병으로 누운 어머니와 가난한 아내와 자식들에 대하여는 효자요, 인자한 남편이며, 아버지였다.
　이 작품을 통해 이롭지 못한 전세에서 적을 무찔러 나라를 건진 한 장수의 위대한 힘의 원천에는 나라에 대한 깊은 우려와 그것을 노래할 수 있었던 정서와 지성이 있었음을 알 수 있다.

작품 37 ▶ 청강(淸江)에 비 듣는 소리

청강(淸江)에 비 듯는 소릐 그 무어시 우읍관듸
만산홍록(滿山紅綠)이 휘두르며 웃는고야.
두어라 춘풍(春風)이 몃 날이리 우울듸로 우어라.

맑은 강물에 비 떨어지는 소리가 무엇이 우습기에 / 온 산을 뒤덮은 울긋불긋한 꽃과 나무들이 몸을 흔들며(춤추며) 웃는구나. / 내버려 두어라, 이제 봄바람인들 며칠이나 더 불랴, (만산의 홍록아) 웃을 대로 웃어라.

핵심정리

▷ **작자** 효종(봉림대군)
　(후기 13번 작품도 작자·내용 유사)
▷ **성격** 우의적, 비판적
▷ **주제** 청나라에 대한 원한에 찬 심경

▷ **특징**
① 청나라에 볼모로 잡혀갈 때의 비참한 심경과 설욕 의지
② 의인법과 우의적 표현을 통해 화자의 상황을 드러냄
③ 우의적 표현으로 '청강 – 청나라, 비 듯는 소리 – 볼모가 된 신세, 만산홍록 – 청나라 군사, 춘풍 – 청나라의 전성기(세력)'를 의미

이해와 감상

| 감상 |

봉림대군이 청나라에 볼모로 잡혀갔을 때의 심경을 노래한 작품으로, 청나라에 대한 원한에 찬 심정을 나타내고 있다. 산에 가득한 꽃과 잎사귀에 빗방울이 후득이는 것을 보고, 꽃과 풀이 웃는다고 본 것은 참으로 기발한 착상이다. 온 산에 넘치는 봄기운을 눈앞에 전개시키는 장려웅대(壯麗雄大)한 작품이다. 한편, 이 시를 우의적으로 해석하여 '청강(淸江)을 청(淸) 나라, '비 듯는 소리'를 볼모가 된 신세, '만산홍록(滿山紅綠)'을 청나라 사람, '춘풍(春風)'을 청나라 세력'으로 보기도 한다.

우거진 숲에 비가 쏟아질 때에 후두둑 빗소리가 요란하고, 화초들이 모두 몸을 흔들어 대는 광경을 즐거워서 춤을 춘다는 뜻으로 포착한 착상이 기발하다. 의인법의 묘를 얻었다 하겠다. 무슨 그럴 듯한 우의가 담겨 있을 것 같은 시조이다. 온 산에 넘치는 봄기운을 눈앞에 전개시키는 장려, 웅대한 작품이다.

강물에 빗방울 떨어지는 소리가 무엇이 그리 우습기에 온 산의 화초들이 저렇게 몸을 흔들어 대면서 웃는 것이냐. 내버려 두려무나. 따뜻하고 상쾌한 봄바람이 며칠이나 더 불겠느냐. 그 즐거운 봄도 한때요, 곧 지나가 버리고 말 것이니, 삼춘가절이 그리 긴 것이 아니니, 지금 마음껏 한번 웃어 보라고 내버려 두어라.

우거진 숲에 비가 쏟아질 때에 후두둑 빗소리가 요란하고, 화초들이 모두 몸을 흔들어 대는 광경을 즐거워서 춤을 춘다는 뜻으로 포착한 착상이 기발하다. 의인법의 묘를 얻었다 하겠다. 무슨 그럴듯한 우의가 담겨 있을 것 같은 시조이다.

작품 38 철령(鐵嶺) 높은 봉(峯)에

철령(鐵嶺) 높은 봉(峯)에 쉬어 넘는 저 구름아
고신원루(孤臣寃淚)를 비 삼아 띄어다가
님 계신 구중심처(九重深處)에 뿌려본들 어떠리.

　　철령의 높은 봉우리에서 잠시 쉬어 가는 저 구름아, / (귀양가는) 이 외로운 신하의 억울한 눈물을 비로 삼아 띄워 가지고, / 임금님이 계신 깊은 대궐 안에 뿌려 나의 진심을 알려 주면 좋겠구나.

핵심정리

- **작자** 이항복(李恒福: 1556~1618)
- **성격** 서정시, 연군가(戀君歌), 원루가(寃淚歌), 풍유적(諷諭的), 비탄적(悲歎的), 우의적(寓意的), 호소적.
- **발상 동기** 자신의 정의(正義)를 끝까지 관철하겠다는 의지
- **주제** 억울한 심정 호소 / 귀양길에서의 정한(情恨).
- **특징** 감정 이입, 의인법(擬人法)을 사용했음

이해와 감상

| 감상 |

　이 시조는 작가가 광해군(光海君) 5년에 일어난 계축화옥(癸丑禍獄) 때 인목대비(仁穆大妃)의 폐모론(廢母論)에 반대하다가 삭탈관직(削奪官職)되어 광해군 10년에 북청으로 유배되었을 때, 철령 고개를 넘으면서 지은 것이라고 한다.

　임금을 위한 충간이 받아들여지지 않고, 오히려 유배의 길에 오르게 되자, 다만 자신의 불우만이 아니라 왕실과 나라의 전도를 근심하는 마음에서 차마 발걸음이 떨어지지 않았을 것이다. 그러므로 쉬어 넘는 구름은 이른바 감정이입법에 의한 자신의 무거운 걸음일 것이며, 구중심처에 뿌리는 눈물은 곧 충심의 발로였을 것이다.

　작가는 이리하여 북청으로 간 뒤, 광해군 10년에 그 곳에서 병사하고 말았다. 후일에 이 시조가 널리 불리어지게 되고, 어느 날 궁인에게서 이 시조의 유래를 들은 광해군은 눈물을 흘리며 슬퍼했다는 이야기가 전한다.

작품 39 》》 동창(東窓)이 밝았느냐

동창(東窓)이 밝았느냐 노고지리 우거진다.
소칠 아이는 여태 아니 일었느냐.
재너머 사래 긴 밭을 언제 갈려 하느니.

동쪽 창문이 벌써 밝았느냐? 날이 새었는지 종달새가 마구 울어 젖히는구나. / 소 먹이는 아이는 아직도 안 일어났느냐? / 저 고개 너머에 있는 이랑 긴 밭을 언제나 갈려고 하느냐?

핵심정리

▷ **작자** 남구만
▷ **성격** 교훈적
▷ **주제** 근면한 노동 생활을 권함

▷ **특징**
① 농촌의 아침 풍경을 여유 있고 친근하게 묘사함
② 경세치국(經世治國)에 대한 염려와 경계를 비유적으로 표현한 것으로 보기도 한다.

이해와 감상

| 감상 |

이 시조는 밝아오는 아침, 종달새의 명랑한 노래를 배경으로 바쁜 농촌의 일과는 시작된다. 목동은 늦잠에 떨어져 있는데, 주인 영감은 뜰을 오락가락하며 일어나라는 독촉을 한다. 명령이 아니고 부드럽고 인정이 어린 목소리가 그대로 농촌의 좋은 풍속을 방증하고 있다. 오늘은 꼭 재 너머에 있는 밭을 갈아야 한다고 하루의 계획을 세우고 있다.

이 시조는 널리 알려진 것으로서, '동창이……' 하면 시조의 대명사같이 쓰일 정도이다. 그만큼 이 작품은 우리나라 농가의 아침의 상황이 사실적으로 묘사되어 있다.

약천(藥泉) 남구만이 말년에 관직에서 물러나 전원생활의 풍류를 즐기며 쓴 작품이다. 주제는 농가의 부지런한 생활로 밝아오는 아침과 하늘 높이 날며 지저귀는 종달새를 통해 보이는 평화로운 시골 풍경이다. 농촌의 아침 정경을 여유 있게 표현해 운치와 멋을 살린 대표적인 권농가(勸農歌) 중의 하나로서, 일찍 일어나 부지런히 농사를 지어야 하지 않겠느냐는 가르침과 부지런히 일하는 건강한 모습이 작품 전반에 잘 나타나 있다.

이와 다른 해석으로는 '동창'을 동쪽에 뜨는 해, 즉 숙종 임금을 말하는 것으로 보고, '노고지리'는 당시 조정대신, '우지진다'는 마치 새들이 짹짹거리며 야단스럽게 우는 듯한 중신들의 모습, '소'는 백성, '아이'는 목민관, '아니 일었느냐'는 난세에 복지부동하고 있는 관료들의 자세, '언제 갈려 하나니'는 경세치국(經世治國)에 대한 염려와 경계를 비유적으로 표현한 것으로 보기도 한다.

지은이 남구만(南九萬)은 농사꾼이 아니다. 그러나 농사 속에 살았고, 농사짓는 나라의 재상(宰相)이었다. 오늘날까지도 '시조' 하면 '동창이……'를 외고 또 부를 만큼 이 시조는 보편화되어 있다.

작품 40 〉〉 아침은 비 오더니

아침은 비 오더니 느지니는 ᄇᆞ람이로다
천리만리(千里萬里) 길헤 풍우(風雨)는 무스 일고
두어라 황혼(黃昏)이 머럿거니 쉬여 간들 어떠리

아침엔 비 오더니 늦게는 바람이 분다. / 천리만리(千里萬里) 길에 비바람은 무슨 일인가. / 두어라 황혼(黃昏)이 멀었으니 쉬어간들 어떠리.

핵심정리

- **작자** 신흠
- **성격** 풍류적, 낙천적, 한정가
- **제재** 비와 바람
- **주제** 삶에 대한 달관의 자세
- **특징** 상징적 시어를 사용하여 시상을 전개함

이해와 감상

| 감상 |

　이 작품은 비와 바람 같은 인생길의 장막 앞에서 흔들리지 않는 여유를 노래한 시조이다. 하자가 가야 할 길은 천리만리인데 아침에는 비가 내리더니 저녁에는 바람이 분다. 이처럼 부정적인 상황에서 화자는 조바심을 내기는커녕 여유있게 쉬어가려고 한다. 비와 바람을 내세워서 세상사의 여러 가지 어려움을 함축하고 멀고 힘든 인생길에 쉬어가자고 하였다. 정치적 시련을 겪던 작가가 세상사의 어려움을 대하는 태도를 엿볼 수 잇으며, 풍류적 낙관적인 삶의 자세와 삶에 대한 달관을 느낄 수 있다.

작품 41 〉〉 사랑이 거즛말이

사랑이 거즛말이 님 날 사랑 거즛말이
꿈에 와 뵈단 말이 긔 더욱 거짓말이
날같이 좀 아니 오면 어늬 꿈에 뵈리오

사랑한다는 것이 거짓말이니 임이 나를 사랑한다는 것이 거짓말이니 / 꿈에 와 보인다는 말이 그 더욱 거짓말이다 / 나같이 잠이 아니 오면 어느 꿈에 보이겠는가

핵심정리

▷ **작자** 김상용(金尙容, 1561~1637) 조선 중·후기의 문인, 시인
▷ **성격** 연정가(戀情歌), 연군가로도 볼 수 있음
▷ **제재** 사랑
▷ **주제** 임에 대한 그리움
▷ **특징** ① 사대부가 여성적 정감으로 사랑을 노래한 시조
　　　　 ② 반복법, 점층법, 반어법을 사용하여 임이 자신을 애타게 그리워하지 않는다고 투정조로 말함.
　　　　 ③ 임의 사랑에 대한 불신과 임에 대한 그리움을 표현함.

이해와 감상

| 감상 |

　임이 그리워 잠 못 이루는 나에게는 임이 꿈에 보인다는 말은 거짓말이라는 푸념 어린 투정을 하고 있다. 사대부의 시조이면서도 마치 여인이 사랑을 투정하는 듯이 노래하고 있다.
　님은 화자에게 '꿈'에서 만나는 것을 이야기한다. 꿈이란 현실세계에 존재하지 않는 곳, 즉 허상(虛像)의 세계이다. 따라서 화자를 꿈에서 만난다는 님의 사랑은 믿을 수 없는 것이다. 꿈에서 만나는 그것은 현실이 아닌 상상에 의해, 꿈이라는 특수 상황의 착각에 의해 이루어진 만남이다. 꿈속에서 만난 '님'과 '나'는 현실에 존재하는 '님'과 '나'가 아니다. 그러나 님은 그곳에서 나를 보고 있다. 한편 화자는 님이 보고 싶은 마음에 잠조차 오지 않는다. 님은 허상(虛像)의 세계에서 화자를 보고 있는 반면, 화자는 님에 대한 그리움으로 인해 허상(虛像)의 세계, 실존하지 않는 꿈의 세계에 들어가지 않는 것이다. 즉, '사랑 거즛말이…'에서 김상용은 꿈의 허상(虛像)적 특징과 님의 나를 향한 사랑을 같은 위치에 둠으로써 님의 사랑이 화자의 사랑과는 달리, 순간적이며 일회적인 것임을 말한다고 요약할 수 있다.
　사랑과 꿈의 대응은 사랑에 대한 김상용의 심도 있는 고찰을 통해서 나온 것이라 추측할 수 있다. 이는 곧 읽는 사람의 마음을 움직이게(感動)하는 내적인 요소를 갖췄다고 볼 수 있는 것이다.

작품 42 — 빈천(貧賤)을 풀랴 하고

빈천(貧賤)을 풀랴 하고 권문(權門)에 들어가니
치름 없는 흥정을 뉘 몬져 하재 ᄒᆞ리
강산(江山)과 풍월(風月)을 달라 ᄒᆞ니 그는 그리 못하리.

　　가난과 천함을 팔고자 권세 있는 집에 찾아갔더니, / 치름 없는 흥정을 누가 먼저 하겠다고 하리오. / 자연을 달라고 하니, 그것은 그렇게는 할 수가 없노라.

핵심정리

- **작자** 조찬한(趙纘韓: 1572-1631)
- **성격** 서정시 풍자적
- **제재** 자연애(自然愛)
- **주제** 강산풍월을 벗삼아 살고자 함. 자연 속에 묻혀 사는 즐거움
- **특징**
  ① 풍자적 표현을 통해 주제의식을 효과적으로 드러냈음
  ② 비현실적 상황을 설정하여 대조적인 가치를 보여줌

이해와 감상

| 감상 |

　　비록 가난하지만 강산과 풍월을 벗하여 사는 풍요한 마음, 이것은 어떤 권세나 황금과도 바꿀 수 없는 것이라 하여 현실을 부정하고 자연에 귀의하여 사는 즐거움을 풍자적(諷刺的)으로 나타낸 시조다. 자연 속에서 청복(淸福)을 누리고 있는 자신의 생활이 어떤 권세가의 생활보다 더 행복하다는 자신에 넘쳐, 권세의 무의미함을 확인하려는 심정에서 권세가의 집을 찾았던 작자. 그런데 강산풍월(江山風月)을 달라고 하니 펄쩍 뛸 수밖에. 결국 그는 다시 자신의 안주처(安住處)인 자연으로 돌아가는 것이다.

　　작가는 짐짓 빈천을 팔려고 권세가의 집을 찾았다고 하나, 권세가 얼마나 무가치한 것인가 하는 것을 다시 확인하려는 심정에서였을 것이다. 그것은 달리 말하면 자연 속에서 청복을 누리고 있는 자기의 생활이 어떤 권세가의 생활보다도 더 행복하다는 것을 자신하는 마음이 있기 때문일 것이다. 그런데 강산풍월을 달라고 하니 펄쩍 뛸 수밖에 없었을 것이다.

　　비록 가난하고 구차한 생활이라고 하더라도 아름다운 자연 속에 사는 것이 좋으므로 단호한 자세로 '그것은 그렇게 못하겠다' 하고 손을 저으며 자신의 안주처인 자연의 품으로 돌아가는 것이다. 현실을 부정하고 자연에 귀의하여 사는 즐거움을 풍자적으로 나타낸 시조이다.

시어	의미	
빈천	가난하고 천한 상태, 부귀가 없는 삶	부정적 → 긍정적
⇕		
권문	세속적이고 물질적인 가치가 있는 삶	부정적

작품 43 》 말하기 좋다 하고

말하기 좋다 하고 남의 말을 말을 것이
남의 말 내 하면 남도 내 말 하는 것이
말로써 말이 많으니 말 말을까 하노라.

말 하기가 좋다고 하여 남에게 관한 말을 하지 마라 / 남에게 대한 말을 내가 하면 남도 또한 나에 대한 말을 할 것이다. / 말로 해서 말이 많아지는 것이니 말을 하지 않으려고 한다.

핵심정리

▷ 작자 미상
▷ 성격 교훈적
▷ 제재 말(말하기)
▷ 주제 말을 함부로 하는 것에 대한 경계

▷ 특징
① '말'과 '말다'의 활용형을 이용한 언어유희가 사용되었음
② 특정 단어를 반복하면서 신중한 언어 생활의 중요성을 강조함

이해와 감상

| 감상 |

　다른 사람에 대한 말을 함부로 할 때의 폐해를 언급하면서 말을 함부로 하지 말아야 함을 강조한 평시조이다. 꼭 필요한 말만 조심히 하면서 다른 사람에 대한 말을 삼가는 신중한 언어 생활을 강조한 우리의 담화 관습이 드러난 작품이며, '말'에 대한 인식을 올바른 방향으로 계도하려는 목적이 담겨 있다.

작품 44 — 마음이 지척(咫尺)이면

마음이 지척(咫尺)이면 천리(千里)라도 지척(咫尺)이오.
마음이 천리(千里)오면 지척(咫尺)도 천리(千里)로다.
우리는 각재천리(各在千里)오나 지척(咫尺)인가 하노라.

> 마음이 가까우면 천리 밖에 멀리 있어도 가깝고, / 마음이 천리 밖으로 멀면 가까이 있어도 천리처럼 멀도다 / 우리는 각자 천리 밖 먼 곳에 있으나 마음은 지척으로 가깝다

핵심정리

- **작자** 미상
- **성격** 비유적
- **제재** 마음
- **주제** 멀리 있어도 가까운 두 사람의 마음

- **특징**
  ① 마음의 거리를 실제 거리에 빗대어 표현했음
  ② 대구, 대조, 연쇄법 사용
  ③ 마음의 거리를 실제 거리에 빗대어 표현

이해와 감상

| 감상 |

마음이 늘 곁에 있다면 천리만리의 거리가 문제될 것이 없다. 하지만, 일단 마음이 떠나면 바로 곁에 있어도 천리 멀리 떨어진 것이나 한 가지다. 항상 곁에 있어도 남 같은 사람이 있고, 늘 떨어져 있어도 곁에 있는 사람이 있다. 이 시조에서 둘은 각자 천리 멀리 떨어져 있지만, 두 마음은 지척이어서 함께 있는 것과 같다. 마음의 거리를 실제 거리에 빗대어 표현한 시조이다.

작품 45 단가 육장(短歌六章)

1.
장부(丈夫)의 해올 사업(事業) 아난다 모라난다
효제충신(孝悌忠信) 밧긔 해올 니리 또 잇난가
어즈버 인도(人道)의 해올 니리 다만 인가 하노라

|해석| 1. 장부로서 도리로서 효제충신
장부(丈夫)가 할 사업(事業)을 아느냐 모르느냐 / 효제충신(孝悌忠信) 외에 할 일이 또 있는가 / 아, 인가의 도리에 할 일은 이것뿐인가 하노라.

2.
남산(南山)에 많던 솔이 어디로 가단 말고
난 후(亂後) 도끼가 그대도록 날랠시고
두어라 우로(雨露) 곧 깊으면 다시 볼까 하노라

|해석| 2. 인목대비 폐위 사건 이후의 정치적 상황과 임금이 다시 불러주기를 소망함
남산(南山)에 많던 솔(유배당한 충신들)이 어디로 갔다는 말인가/ 난(인목대비 폐비 사건) 뒤에 도끼날이 그렇게 날랠까(충신들이 해를 입음) / 두어라 자연의 혜택(우로 – 임금의 은혜)이 깊으면 다시 볼까 하노라

3.
창밖에 세우(細雨) 오고 뜰 가에 제비 나니
적객(謫客)의 회포는 무슨 일로 그지없어
저 제비 나는 걸 보고 한숨 겨워 하나니

|해석| 3. 귀양살이의 처량한 신세 한탄
창밖에 가랑비 오고 뜰 가에 제비 나니 / 귀양 온 나그네의 생각은 무슨 일로 끝이 없어 / 저 제비 나는 걸 보고 한숨 겨워 하나니

4.
적객(謫客)에 벗이 없어 빈 공량(空樑)의 제비로다
종일 하는 말이 무슨 사설 하는지고
어즈버 내 풀어낸 시름은 널로만 하노라 /

*적객 : 귀양살이하는 사람 / *공량 : 들보 / *하노라 : 많다

|해석| 4. 귀양살이의 외로움과 시름
유배 온 나그네 벗이 없어 빈 대들보에 제비로다 / 종일 하는 말이 무슨 이야기를 하는가 / 아, 내 풀어낸 시름이 너만큼이나 많구나

5.
인간(人間)에 유정(有情)한 벗은 명월(明月)밖에 또 있는가
천리(千里)를 머다 아녀 간 데마다 따라오니
어즈버 반가운 옛 벗이 다만 넨가 하노라

*유정 : 인정이나 동정심이 있음 / *설의적 표현을 사용

| 해석 | 5. 귀양살이 시름을 위로해 주는 달
인간에 인정이 있는 벗은 달밖에 또 있는가 / 천리(千里)를 멀다 않고 가는 곳마다 따라오니 / 아 반가운 옛 벗은 다만 너뿐인가 하노라

6.
설월(雪月)의 매화를 보려 잔을 잡고 창을 여니
섞인 꽃 여윈 속에 잦았나니 향기로다
어즈버 호접(胡蝶)이 이 향기 알면 애 끊일까 하노라 /

*호접 : 나비 / *부근 : 큰 도끼와 작은 도끼

| 해석 | 6. 자신의 충정을 알아주기를 소망함(임금에 대한 변함없는 충정)
눈 쌓인 달빛에 매화를 보려 잔을 잡고 창을 여니 / 눈 속에 섞인 꽃 여윈 꽃에서 향기가 나는구나 / 아 호접(胡蝶)이 이 향기 알면 매우 슬퍼할까 하노라.

핵심정리

- **작자** 이신의(李慎儀, 1551~1627)
- **성격** 절의적, 유교적, 관습적, 상징적
- **정서** 유배 문학의 대표 정서인 원망과 연군의 정서 (윤선도의 '견회요'와 유사함)
- **주제** 유배지에서 느끼는 심정
  귀양 살이의 고달픔과 임금에 대한 변함없는 충정

- **특징**
  ① 의문형 문장 및 설의법 사용
  ② 자연물에 관습적이고 상징적인 의미를 부여하여 화자의 처지와 심정을 드러냈음
  ③ 자연물에 감정을 이입하여 표현했음

이해와 감상

| 감상 |

이 시는 이신의가 유배지에서의 생활과 심정을 담아낸 〈단가(短歌)〉 6수의 연시조이다. 임진왜란 이후 조선의 조정은 왕위 계승 문제를 두고 대립한다. 광해군을 지지하는 대북파(大北派)가 영창 대군의 어머니인 인목 대비를 폐위하려고 하자 이신의는 폐모는 '효(孝)'에 어긋난다고 하여 인목 대비의 폐위를 반대하는 상소문을 올린다. 이 사건을 계기로 많은 인재들이 숙청을 당했으며, 이신의도 함경도의 회령으로 유배를 간다. 이신의는 유배지에서 근심을 드러내면서도 한편으로는 자신의 행위가 옳다고 생각하며 지조를 지키겠다고 다짐한다. 6년에 걸친 유배 생활의 심정이 '단가 육장'에 잘 드러나 있다.

이 작품도 비슷한 주제의 다른 고전시가와 마찬가지로 자연물에 관습적이고 상징적인 의미를 부여하여 화자의 처지와 심정을 드러내고 있다. 제2수의 '솔'은 남산에 있다 베어진 것으로 표현되는데, 이는 조정에서 쫓겨나 유배를 간 작가를 상징하고, '우로'는 솔을 남산에 있던 이전의 상태로 회복될 수 있게 만들어 주는 존재이다. 따라서 임금의 은혜를 상징한다고 볼 수 있다. 제5수의 '명월'은 화자를 '천리를 머다 아녀 따라오는' 대상이라는 점에서 진정한 벗으로서의 의미를 드러내고 있다. 제6수의 '매화'는 여윈 모습으로 꽃을 피운 것으로 표현되고 있는데, 이는 유배 생활 중 작가의 모습을 나타내고 있으며, '향기'가 깊이 배어 있는 것으로 보아, 작가가 간직하고 있는 지조를 나타낸다고 볼 수 있다.

작품 46 > 박인로 자경가(自警歌)

1.
명경(明鏡)에 티 끼거든 값 주고 닦을 줄
아이 어른 없이 다 알고 있건마는
값없이 닦을 명덕(明德)을 닦을 줄을 모르도다.   〈제1수〉

> **해석**
> 맑은 거울에 먼지가 끼면 돈 주고 닦을 줄 / 아이 어른 없이 다 알고 있건마는 / 값 없이 닦을 수 있는 맑은 덕은 닦을 모르더라.

2.
성의관(誠意關)* 돌아들어 팔덕문(八德門)* 바라보니
크나큰 한길이 넓고도 곧다마는
어찌해 진일행인(盡日行人)이 오도가도 아닌 게오.   〈제2수〉

* 성의관(誠意關) : 뜻을 정성스럽게 한다는 뜻의 관문.
* 팔덕문(八德門) : 인(仁), 의(義), 예(禮), 지(智), 충(忠), 신(信), 효(孝), 제(悌)의 8덕을 갖춘 문.

> **해석**
> 성의관(誠意關)을 돌아 들어가 팔덕문(八德門)을* 바라보니 / 크나큰 한길이 넓고도 곧게 뻗어 있건만 / 어찌해 종일 행인이 한 사람도 오지도 가지도 않는가

3.
구인산(九仞山)* 긴 솔 베어 제세주(濟世舟)*를 만들어 내
길 잃은 행인을 다 건네려 하였더니
사공이 무상(無狀)하여 모강두(暮江頭)에 버렸도다.   〈제3수〉

* 구인산(九仞山) : 대덕(大德)으로 비유되는 높은 산.
* 제세주(濟世舟) : 세상을 구제할 배, 세상을 바른 길로 인도하려고 하는 의지가 드러남.

> **해석**
> 구인산(九仞山)에 있는 큰 소나무를 베어 세상 구할 큰 배를 만들어 / 길 잃은 행인을 다 건네주려 하였더니 / 사공이 변변치 못하여 저물어 가는 강가에 배를 버렸구나

핵심정리

▷ **작자** 박인로
▷ **성격** 스스로를 경계하는 자경가.
▷ **제재** 덕행과 우국(憂國)
▷ **주제** 덕행 실천에 대하여 스스로의 마음이나 행동을 경계함

▷ **특징**
① 의문문 형식(설의법)으로 부정적 세태에 대한 비판적 인식을 드러냄
② 대비적인 상황을 제시하여 현실의 부정적인 면을 드러냈음
③ 비유적 표현으로 올바른 삶의 태도를 형상화했음

🔍 이해와 감상

| 감상 |

박인로가 관직에서 은퇴한 후 은사(隱士) 시기의 작품이다. 스스로 자신의 마음이나 행동을 노래한 것으로 수도(修道) 상문(尙文)하는 유자(儒者)의 풍모를 볼 수 있다.

자경(自警)은 말 그대로 스스로 자신을 일깨운다는 내용이다. 무부(武夫)로서 젊은 시절을 보낸 작자에게 좀처럼 영달의 기회가 없었다. 의연히 관직을 박차고 수도 상문(修道尙文: 항상 학문으로 수도함)의 길을 걸었던 것이다. '아침에 도를 닦으면 저녁에 죽어도 좋다'고 한 성현의 말이 아니라 해도 인륜 대도가 정도(正道)임은 너무나 확연하나, 사람들은 사도(邪道)에만 이끌려 가는 세속이므로 이에 자손을 경계하고자 한 것이다. 탄탄대로의 팔덕문이 훤하게 열려 있건만 사람들은 어디에다 정신을 팔아 하루종일 지나는 사람이 없다는 말인가? 세속을 탓하며 경계하고자 하는 타산지석의 교훈이 아닐 수 없다.

작자는 젊은 시절을 내우 외환의 와중에서 무부(武夫)로서 보냈다. 이러한 혼탁한 시대를 구하고자 청운의 포부를 심었지만, 결국은 그러한 기회가 주어지지도 않아 은사(隱士)로서의 세월을 보내게 되었다. 이러한 자기의 능력이 미치지 못함을 자탄하며 항상 마음으로 자신을 경계하고자 한 것이다. 초장의 '긴 솔'은 동량재(棟樑材)를 말한 것이며, 종장의 '사공'은 무능한 자신을 일컫는 말이다.

작품 47 〉〉 박인로의 입암(立巖) 29곡

〈제1수〉
무정(無情)히 서 있는 바위 유정(有情)하여 보이ᄂ다.
최령(最靈)흔 오인(吾人)도 직립불의(直立不倚) 어렵건만
만고에 곧게 선 얼굴이 고칠 적이 업ᄂ다.

* 최령한: 가장 영특한 / *직립불의: 의지하지 않고 꼿꼿하게 바로 섬

| 해석 | 항상 곧게 서 있는 바위를 예찬함
무정하게 서 있는 바위 유정하여(정이 있어) 보이는구나 / 가장 영특한 우리도 의지하지 않고 꼿꼿이 서 있기 어렵거늘 / 오랜 세월 곧게 선 모습 변할 적이 없구나.

〈제2수〉
강가에 우뚝 서니 쳐다볼수록 더욱 높다
바람 서리에 불변ᄒ니 뚫을수록 더욱 굳다
사람도 이 바위 같으면 대장부인가 ᄒ노라.

* 흘립: 산이나 바위, 나무 따위가 깎아지른 듯이 높이 솟아 있는 모습
* 앙지, 찬지: "안연이 크게 한숨 지으며 탄복하기를 공자님의 가르침은 쳐다볼수록 점점 높아지고, 뚫으면 뚫어 볼수록 점점 굳어진다" 〈논어〉에서 따온 말

| 해석 | 시련에도 변치 않는 바위를 예찬함
강가에 높이 솟으니 이를 우러러 볼수록(쳐다볼수록) 더욱 높다. / 바람 서리에 변하지 않으니 이를 뚫음에 더욱 곧다(뚫어 볼수록 더욱 곧다) / 사람도 이 바위 같으면 대장부인가 하노라.

⟨제5수⟩
탁연직립(卓然直立)ᄒ니 본받을 직하다마는
구름 깊은 골짜기에 알 이 있어 찾아오랴
이제나 광야에 옮겨 모두 보게 ᄒ여라

* 탁연직립: 여럿 가운데 빼어나게 뛰어나 꼿꼿하게 바로 섬

| 해석 | 입암의 기이한 경관이 많으나 오지 않는 사람을 안타까워 함.
빼어나게 뛰어나 꼿꼿히 바로 서니 본받을 만하다마는 / 구름 깊은 골짜기에 알 사람이 있어 찾아오겠는가 / 이제나 광야에 옮겨 모두 보게 하겠노라

⟨제8수⟩
소허(巢許)* 지낸 후에 엄 처사*를 만났다가
아쉽게 여의고 알 이 없이 버려 있더니
오늘사 또 너를 만나니 시운인가 하노라

* 소허 : 소부(巢父)와 허유(許由). 상고 시대의 대표적인 은자(隱者).
* 엄 처사 : 엄자릉(嚴子陵). 한나라 광무제 때의 은자(隱者).

| 해석 |
'소허'(소부와 허유)를 지나간 뒤 '엄자릉'(처사 : 세상에 나가지 않고 초야에 묻혀 사는 선비)을 만났다가 / 아쉽게 잊어버리고 알 이 없이 버려져 있더니 / 오늘예야 또 너(입암)를 만나니 시대의 운수인가 하노라

핵심정리

▷ 작자 박인로(朴仁老)
▷ 성격 예찬적, 교훈적
▷ 주제 입암의 곧고 우뚝한 모습의 예찬 및 그를 보기 위해 기울여야 하는 노력

▷ 특징
① 무정물인 바위에 감정 이입을 하여 대상을 예찬하고, 자연물에 인격을 부여함.
② 논어의 구절이나 중국의 고사를 인용하여 바위의 덕을 예찬함.
③ 세태에 대한 부정적 인식을 드러냄
④ 대상을 의인화해 대화체를 통해 시상을 전개하며 친근감을 드러냄

이해와 감상

| 감상 |
  전체 29수로 이루어진 시조인데, 앞의 10수가 '입암'에 관해 노래한 시조이고, 뒷부분은 다른 제목이 붙어 있다. 우뚝 솟아 있는 바위가 지닌 긍정적 속성에 주목하여 인간에게 주는 교훈을 찾고 있는 작품이다. 제1수는 남에게 의지하지 않고 항상 변함 없이 서 있는 바위의 곧음을, 제2수는 홀로 우뚝 솟아 있는 바위의 높은 기상과 풍상에도 불변하는 바위의 굳은 절개를 찬양하고 있으며, 제3수는 노력하면 입암의 기이한 경관을 볼 수 있음에도 불구하고 찾지 않는 사람들의 우매함을 지적하고 있다.
  바위의 절경을 보기 위해 노력을 해야 하듯 훌륭한 인격을 갖추기 위해 노력을 해야 함을 비유적으로 표현하고 있다.

작품 48 신계영의 탄로가(嘆老歌)

1.
아히제 늘그니 보고 백발(白髮)을 비웃더니,
　그더딕 아히들이 날 우슬 쥴 어이알리.
　아히야 하 웃지마라 나도 웃던 아히로다. 〈제1수〉

해석
　아이였을 때 늙은이를 보고 백발이 난 것을 비웃었는데, / 그 사이 아이들이 이제 나를 보고 비웃을 줄 어찌 알았겠는가. / 아이야, 너무 웃지를 말아라. 나도 그전엔 늙은이를 비웃던 아이였도다.

2.
사룸이 늘근 후의 거우리 원쉬로다.
모음이 져머시니 녜 얼굴만 너겻더니,
셴 머리 빗긴 양즈보니 다주거만 ᄒ야라. 〈제2수〉

해석
　사람이 늙은 후에는 거울이 원수로구나. / 마음이 젊으니 예전의 얼굴 그대로 있겠거니 여겼더니 / 하얗게 센 머리가 가득 난 모습을 보니 죽을 날도 머지 않았구나.

3.
늙고 병이 드니 백발(白髮)을 어이ᄒ리.
소년행락(少年行樂)이 어제론둣 하다마ᄂᆞᆫ
어딘가 이 얼굴 가지고 녯 내로다 ᄒ리오. 〈제3수〉

해석
　늙고 병이 나니 백발을 어찌하리. / 젊어서 즐겁게 놀던 일이 어제인 듯 하다마는 / 어디 가서 이 얼굴을 가지고 예전의 나라고 하리오. /

핵심정리

▷ **작자** 신계영(辛啓榮)
▷ **성격** 한탄적
▷ **주제** 늙음에 대한 탄식
▷ **특징** ① 일상의 소재 사용으로 현실성과 구체성을 드러냄
　　　　② 과거와 현재의 대비를 통한 시상 전개
　　　　③ 감탄형과 설의적 표현 많이 사용
　　　　④ 동일한 시어를 반복적으로 사용

이해와 감상

| 감상 |

　　조선 후기에 신계영(辛啓榮)이 지은 연시조. 모두 3수. 작자의 문집인 〈선석유고(仙石遺稿)〉에 수록되어 있다. 작품 제목 그대로 늙음을 한탄한 노래이다.

　　첫째 수는 철없는 아이와 서정적 자아로서의 늙은 '나'를 설정하여, 아이가 늙은이의 백발을 비웃지만 자신의 체험으로 볼 때 순식간에 자신도 늙어 비웃음의 대상이 된다는 경험론을 아이에게 깨우쳐주는 형식으로 되어 있다. 그러나 표면적으로 아이를 교시(敎示)하는 어법으로 서술되어 있지만, 쉽게 늙어버린 자아의 탄식이 서정의 중심이 됨은 물론이다. 둘째 수는 자신의 늙은 모습을 숨김없이 비쳐주는 '거울'을 중심소재로 하여 마음은 항상 젊어 옛 얼굴 그대로인가 여겼더니 거울에 비친 자신의 백발과 주름진 얼굴을 보고 다 죽게 되었음을 뼈아프게 노래하였다. 젊은 마음과 늙은 자신의 모습이 거울을 매개로 하여 애절한 대조를 이루도록 표현한 것이 돋보인다. 셋째 수는 늙음을 마음 아파하는 자의식이 가장 농도 짙게 드러나 있는 작품으로, 늙고 병든 백발의 자아와 소년행락(少年行樂)의 즐거움을 돌이킬 수 없는 현재의 처지를 처절한 아픔으로 노래하였다.

제5절 사설시조(조선 후기) 이해

01 사설시조의 형식과 내용

1. 사설시조의 등장
    사설시조는 대략 17세기 후반부터 등장하여 18, 19세기를 겪으면서 놀라운 형상력을 과시한 조선 후기 시가의 주목받는 존재이다. 그 형식적 파격성과 내용의 다채로움은 봉건 해체기를 살아가는 시정인들의 자유분방한 체험을 담아내기에 모자람이 없었다.

2. 사설시조와 평시조의 차이
    사설시조는 우선 그 형식에 있어 평시조와 변별성을 보인다. 기본적으로는 3장 형식을 이어받고 있지만, 각 장이 자유롭게 음보가 확장될 수 있고 특히 중장은 크게 장형화하는 현상이 일어난다. 그렇게 됨으로써 4음보 규칙성을 지닌 평시조나 가사의 안정된 호흡이 파괴되면서 작품에 따라 각기 독특한 율격과 형식미를 창출할 수 있게 되었다.

3. 사설시조 내용의 특징
(1) 민중적 양식과의 활발한 교섭
    사설시조의 형식은 그 외연과 내포에 있어 여타의 형식들과 질적으로 구분된다. 민요, 판소리 등 민중적 양식과의 활발한 교섭도 사설시조 형식을 탄력적으로 만드는 데 작용했다. 물론 이것은 온전히 자유시의 호흡을 실현했다고는 보기 어렵다. 음악을 통한 존재 방식 그리고 유통의 방식 등이 여전히 중세적 규정력을 행사하고 있던 까닭에 3장의 의미 단락이라는 평시조의 탯줄을 놓지 못하고 있는 점, 또는 음보 결합이 파격적일 경우 그에 걸맞은 적절한 내용을 담아내는 데 종종 실패하고 있는 점 등의 제한성은 부정할 수 없다. 그럼에도 불구하고 사설시조가 개척한 형식적 탐구는 시대의 호흡을 담아내고자 한 시적 대응력이라는 데 의의가 있다.

(2) 서민의 감정 표출
    사설시조에서 드러나는 진솔한 서민 감정의 표출도 중요하다. 그 중에서 성적 욕망의 참을 수 없는 분출은 사설시조가 이룩한 새로운 지평으로서 의의를 지닌다. 사설시조가 구현한 건강한 본능과 치열한 열정은 중세적 이데올로기를 뚫고 나오는 무기였고, 민중의 변혁적 에너지를 담아내는 수단이었다.

4. 사설시조의 의의와 한계
    내용과 형식을 총괄해서 말한다면 사설시조는 모든 면에서 중세적 구속을 박차고 나오는 데는 뛰어난 역할을 하였지만, 그 추동력을 새로운 것을 창출하는 방향으로 모아내는 데는 한계를 지녔다. 물론 그것은 사설시조의 주 담당층이라고 할 수 있는 도시의 중간 계층이 지닌 역사적 한계, 즉 봉건 해체를 기반으로 성장했으나 근대적 부르주아로 전환할 물적 토대를 일구지는 못했던 사회적 성격을 반영하는 것이기도 하다.

5. 사설시조의 자유시 지향과 미달
(1) **자유시 지향** : 음보율에서 벗어남(정형성의 탈피)
(2) **자유시 미달** : 3장 형식, 종장 첫째 음보가 3음절

6. 사설시조의 미의식(골계미)

사설시조는 우아한 기품과 균형을 존중하는 평시조와 달리 거칠면서도 활기찬 삶의 역동성을 담고 있다. 사설시조를 지배하는 원리는 웃음의 미학이라 할 수 있다. 현실의 모순에 대한 날카로운 관찰, 중세적 고정 관념을 거리낌 없이 추락시키는 풍자, 고달픈 생활에 대한 해학 등이 그 주요 내용을 이룬다. 아울러, 남녀 간의 애정과 기다림이 많은 비중을 차지하며, 대개는 직설적인 언어를 통해 강렬하게 표현된다는 점도 주목할 만한 특징이다.

종래의 관습화된 미의식을 넘어서서 인간의 세속적 모습과 갈등을 시의 세계 안에 끌어들임으로써 사설시조는 문학의 관심 영역을 넓히는 데에도 크게 기여한 것으로 평가된다.

7. 사설시조의 작자층

사설시조는 귀족 시조로서의 평시조 형식이 파괴되고 적나라한 인간성을 표현하게 되는 임란 후 조선 사회의 사회적 변동과 결부되어 나타났다는 설이 지금까지의 일반론이었다. 이 논의에서는 숙종 대 평민층의 유락적인 창의 그룹을 사설시조의 생성, 향유층으로 잡았고, 양반층에 대해서는 직접적인 참여를 인정하지 않았다.

물론 사설시조 작자층의 주류가 중서층, 그 중에서 평민 가객들이라고 하는 데는 어느 경우든 이론이 없다. 그러나 선조 대의 정철과 권호문을 사설시조 작가로 꼽고 고응척을 사설시조 작가로 추가하게 됨으로써 숙종 대 이후 중서층 발생설을 부정할 수 있는 뚜렷한 근거를 세울 수 있게 되었다. 사설시조의 창작에는 평민 계층뿐만 아니라 양반 지배 계층의 참여가 있었다는 사실을 발견할 수 있기 때문이다.

> 李座首는 암쇼를 트고 金約正은 질장군 메고
> 南勸農 趙堂掌은 취ᄒᆞ여 뷔거르며 杖鼓 舞鼓에 둥더럭궁 춤추는괴야
> 峽裏에 愚氓의 質朴天眞과 太古淳風을 다시 본 듯 ᄒᆞ여라 (珍靑 524)

이 작품에 나오는 약정(約正)은 조선 시대 향약(鄕約) 단체의 임원이고 좌수(座首)는 향소(鄕所)의 우두머리이며 권농(勸農)은 지방의 방리(坊里)에서 농사를 장려하는 유사(有史)이며 당장(堂掌)은 당장(黨長)을 가리키는 말로 조선 시대 지방의 우두머리이다. 이로 보건대 향촌(鄕村)에 있을 토착세력의 향리층(鄕吏層) 혹은 향반(鄕班)에 속하는 사대부층이 어떤 기회(향약 등의 모임)에 여럿이 모여 술을 마시고 춤추며 풍류를 즐기는 장에서 이런 사설시조가 향유되었음을 알 수 있다. 이들은 향촌(鄕村)의 향반(鄕班)들 곧 사대부 계층 혹은 그에 준하는 향리층이기 때문에 한문 어투에 익숙하며 또 술잔을 주고받는 장(場)이기에 그 흥을 돋우기 위해서 희학적이고 외설스러우며 골계적인 사설을 자유분방하게 노래한 것으로 보인다.

이와 같이 형성기의 사설시조는 사대부 혹은 그에 준하는 인물들이 모인 자리에서 향유되었으며, 그러한 자리의 분위기가 엄숙함을 유지할 때는 평시조를 가곡창에 얹어 부르거나 사설시조를 역시 근엄한 가곡창에 얹어 평시조와 동질적인 엄숙한 내용으로 노래한 듯하며, 취흥이 돋우어지고 술에 취해 흥청거리는 분위기가 절정에 달하게 되면 그러한 분위기에 걸맞는 희학적인 사설시조를 악희조(樂戲調)나 만횡의 가락에 담아 향유했던 것으로 추정된다. 물론 이때 기생이나 광대가 흥을 돋우기 위해 동원되는 것이 보통이므로 이들이 그러한 사설시조의 창을 주로 담당했을 것이지만, 그들은 창에 전념하는 것이 원칙이고 사설시조를 직접 창작했다고 보기는 어렵거나 드문 예라 하겠다.

사대부 계층의 일부는 잔치의 쾌락적인 분위기를 적극적으로 살려 자유분방한 감정을 무절제하게 노래하는 것도 괜찮다는 생각을 가지게 된 것으로 보인다. 따라서 사설시조는 노래가 있는 현장에서 압도적으로 우세하게 향유되었던 것으로 보인다.

사설시조는 상층 사대부 사회의 연유(宴遊)에서 향유되다가 사대부 풍류가 양반 사회에 일반화되면서 지방 향반층에게까지 확산된다. 17세기 말 이후로는 중서층(中胥層)에서 전문 가객들이 출현하여 이들이 사설시조를 창(唱)의 면에서 혁신시킨 이후로 사설시조 향유의 주도권이 양반에서 중서층(中胥層)에게로 옮겨졌고 그것은 창(唱)의 영역에서 뿐만 아니라 작(作)의 영역에서도 그러했을 것이다. 그러나, 중서 가객층은 창에 열의를 쏟았고 작(作)에는 그다지 관심을 보이지 않았기에 그 생명력을 상실하고 말았던 것이다.

02 사설시조와 자유시의 관계

1. **사설시조가 자유시에 근접한 점**
   (1) **내용면** : 개인의 자유로운 정서, 진솔한 서민 감정의 표출
   (2) **형식면** : 4음보의 정형성에서 벗어난 새로운 형식

2. **사설시조를 자유시로 보기에 부족한 점**
   (1) **형식면** : 종장 첫 음보의 3음절 / 초장, 중장, 종장으로 이루어진 3장의 의미 구조

3. 내용과 형식을 총괄해서 말한다면 사설시조는 모든 면에서 중세적 구속을 박차고 나오는 데는 뛰어난 역할을 하였지만, 그 추동력을 새로운 것을 창출하는 방향으로 모아내는 데는 한계를 지녔다.

03 현대 시조의 특징

(1) 제목을 붙인다.
(2) 시형 배열이 비교적 자유로워 구별배행(六行時調)이 많다.
(3) 연시조 형태를 갖는다.
(4) 허사(어즈버, 아마도, 아희야, 하노라… 등)를 배제한다.
(5) 외재율에만 의존하지 않고 낱말이 지니는 호흡에서도 율(律)을 잡는다.
(6) 감각적인 표현도 애용된다.
(7) 외면세계를 지양하고 내면세계로 파고들어 메타포(metaphor)를 즐겨 쓴다.
(8) 심상(image), 상징, 은유 등 수사를 이용한다.
(9) 현대시의 영역으로 서정시가 된다.

제6절 사설시조 작품 감상 (1) 조선 후기

작품 1 | 훈 盞(잔) 먹새그려

훈 盞(잔) 먹새그려 쏘 훈 盞(잔) 먹새그려 곳 것거 算(산) 노코 無盡無盡(무진무진) 먹새그려.
이 몸 주근 後(후)에 지게 우희 거적 더퍼 주리혀 미여가나 流蘇寶帳(유소보장)에 만인이 우러 녜나 어욱새 속새 덥가나무 白楊(백양) 수페 가기곳 가면 누른 히 흰 둘 ㄱ는 비 굴근 눈 쇼쇼리 부람 불 제 뉘 훈 盞(잔) 먹쟈 할고.
흐믈며 무덤 우희 전나비 푸람 불 제 뉘우춘들 엇지리

한 잔 먹새 그려 또 한 잔 먹새 그려. 꽃을 꺾어 술잔 수를 세면서 한없이 먹세그려.
이 몸 죽은 후에는 지게 위에 거적을 덮어 꽁꽁 묶여 (무덤으로) 실려 가거나, 화려하게 꾸민 상여를 타고 수많은 사람들이 울며 따라가거나, 억새풀, 속새풀, 떡갈나무, 버드나무가 우거진 숲에 한 번 가기만 하면, 누런 해와 흰 달이 뜨고, 가랑비와 함박눈이 내리며, 회오리바람이 불 때, 그 누가 한 잔 먹자고 하겠는가?
하물며 무덤 위에 원숭이가 돌아다니며 휘파람 불 때 뉘우친들 무슨 소용이 있겠는가?

핵심정리

- **작자** 정철(鄭澈)
- **성격** 유흥적, 낭만적, 풍류적
- **표현** 반복법, 열거법, 대조법
- **제재** 술
- **주제** 술로써 인생무상을 해소함
- **의의** 국문학 사상 최초의 사설시조

이해와 감상

| 감상 |

이 사설시조는 송강의 성품이 잘 드러난 권주가이다. 대부분의 시조가 작자, 연대 미상인데 이 노래는 지은이의 신원이 확실한 것이 특징이며, 시기적으로도 조선 전·중기에 지어져 최초의 사설시조로 보기도 한다.
초장에는 작자의 호탕한 성격이 잘 드러났으며, 중장과 종장에서는 인간의 한계인 죽음과 인생 무상감을 강조하여 상대를 설득하려는 의도가 확연하다. 이백, 두보의 송주시(頌酒詩)와 시상이 비슷하고 더러는 구절을 인용한 것도 있으나, 우리말 사용에 부자연스러운 점이 없고 서투른 점이 없어 나름의 독특한 경지를 개척한 걸작이라 할 수 있다.

기출문제

1. 「장진주사(將進酒辭)」에 나타나는 상호 텍스트 현상과 문학적 창조성을 이해하는 수업을 하고자 한다. 이를 위해 (가), (나)를 해석한 것으로 적절하지 않은 것은? [2.5점]　　2013년 기출 26번

(가)
　　훈 盞 먹새그려 또 훈 盞 먹새그려 곳 것거 算 노코¹ 無盡 無盡 먹새그려
　이 몸 주근 後에 지게 우희 거적 더퍼 주리혀² 미여 가나 流蘇 寶帳³에 萬人이 우러 녜나 어옥새 속새 덥가나 무⁴ 白楊 수페 가기곳 가면 누른 히 흰 둘 ᄀ는 비 굴근 눈 쇼쇼리⁵ 바람 불 제 ㉠뉘 훈 盞 먹쟈 홀고 ᄒ믈며 무덤 우희 진나비 푸람 불 제 뉘우친들 엇지리

1. 곳 것거 산 노코 : 마실 때마다 꽃가지를 꺾어 잔의 수를 헤아림. "곳나모 가지 것거 수 노코 먹으리라"(「상춘곡」)
2. 주리혀 : 거두어. 기본형은 '주리혀다(收)'
3. 유소 보장 : 여기서는 유소와 보장으로 꾸민 상여를 가리킴
4. 덥가나무 : 떡갈나무. 상수리나무. "櫟 덥갈나모 륵"(『훈몽자회』)
5. 쇼쇼리 : '쇼쇼(蕭蕭)히'의 오기. "蕭蕭훈 白楊나못 길헤 蕭蕭白楊路"(『두시언해』)

(나)
아래의 한시는 석주 권필이 송강의 옛집을 지나며 감회를 읊은 것이다.
　空山木落雨蕭蕭　 빈 산에 낙엽 위로 쓸쓸히 비 내리는데
　相國風流此寂廖　 상국의 풍류도 이제는 적막하구나
　㉡惆悵一杯難更進　 슬프다 한 잔 술 다시 권하기 어려워라
　昔年歌曲即今朝　 지난날의 노래는 이것을 말함일레

「장진주사」는 송강의 작품인데, 이백이나 이하의 「장진주(將進酒)」에서 술을 권하는 뜻을 본뜨고, 두보의 「견흥(遣興)」 5수 가운데 "삼베옷 입은 이들 많이도 좇는구나, 그대여 죽은 뒤에 얽어매어 가는 것을 보게나(總麻百夫行 君看束縛去)"와 같은 구절을 취해 표현하여, 작품의 주제가 두루 통하면서도 시어 하나하나는 구슬프고도 한스럽다.

---

① (가)의 제1단에서는 '먹새그려'를 A-A-B-A의 민요적인 구조로 반복하고 선행하는 가사 작품의 표현도 인용하였다. 그로써 제목과 같이 술 먹기를 권하는 뜻이 자연스럽고 익숙한 우리말 표현으로 나타나도록 하였다.

② (가)의 제2단에서는 두보의 시구 '蕭蕭白楊路(蕭蕭훈 白楊나못 길헤)'를 부연 확장하여 '백양 숲'과 '바람' 앞에 각각 같은 정서를 환기하는 사물들을 나열하였다. 이러한 상호 텍스트적 확장은 시적 의미를 강화하였다.

③ (가)에서 제1단과 제2단의 정서는 '술로써 얻는 삶의 환희'와 '실존적 한계인 죽음'으로 대비되었다. 그리고 두 상황 사이에서 점층적으로 고조된 화자의 내면은 빠르게 진행되는 제2단의 시적 호흡을 통하여 표현되었다.

④ (나)는 (가)에 나타난 떠들썩함과 적막함의 양가적 정서 대비가 일정한 선행 텍스트들을 수용한 결과임을 말하였다. 또한 (가)가 대비적인 정서를 대립적인 시적 구조로 형상화함으로써 비장감을 극복하려는 의지를 보여 주고 있음도 말하였다.

⑤ ㉡은 ㉠에 대한 후대인의 대화로 해석할 수 있다. (나)에 인용된 한시는 (가)에서 창조한 새로운 정서와 미적 효과에 대해 후대에도 지속적으로 공감했던 한 사례이다.

▍정답 ④

작품 2 書房(서방)님 병 들여 두고

　書房(서방)님 病(병) 들여 두고 쓸 것 업셔
　鐘樓(종루) 져진 달리 파라 빈 스고 감 스고 柚子(유자) 스고 石榴(석류) 숫다 아츠츠츠 이저고 五花糖(오화당)을 니저발여고느
　水朴(수박)에 술 쏘즈 노코 한숨계워 ᄒ노라.

서방님이 병이 들어 달리 쓸 것(돈 될 만한 것)이 없어서
종루 시장에 나가 머리카락을 잘라 팔아서 배 사고 감 사고 유자 사고 석류를 샀다. 그런데 아차차 오화당 사는 것을 잊어버렸구나.
(화채를 만들려고) 수박에 숟가락을 꽂아 놓고 한숨 겨워 하노라.

핵심정리

▷ **작자** 김수장(金壽長)
▷ **성격** 사랑가, 해학적
▷ **표현** 열거법
▷ **제재** 화채의 재료
▷ **주제** ① 병든 남편에 대한 애틋한 사랑
　　　　② 화채 재료를 빠뜨린 여인의 한탄

이해와 감상

| 감상 |

　평범한 아낙네가 남편을 위하는 모습을 관찰, 표현한 재미있는 작품이다. 병든 남편에게 화채를 만들어 주려고 자신의 머리카락을 팔아, 배, 감, 유자, 석류 등 여러 가지 재료를 샀는데, 집에 와서 보니 오화당을 빠뜨린 것을 깨닫고는 한탄하는 내용이다. '아차차차'하는 감탄사를 적절히 구사하여 여인의 당황하는 모습과 남편에 대한 여인의 애틋한 마음씨를 해학적인 솜씨로 표현해 내고 있다.
　이 노래는 그 소재가 매우 특이하다. 마치 한 폭의 민화를 보는 것처럼, 서민들의 평범한 삶의 모습을 그대로 그리고 있다. 이는 평민 사상과 실사구시적 경향을 그대로 반영하고 있는 것으로, 충효사상이나 음풍농월을 일삼던 조선전기의 시조와 크게 구별되는 점이라 하겠다.

작품 3 갓나희들이 여러 층이오레

갓나희들이 여러 층(層)이오레.
　송골(松鶻)미도 갓고, 줄에 안즌 져비도 갓고, 백화원리(百花園裡)에 두루미도 갓고, 녹수파란(綠水波瀾)에 비오리도 갓고, 싸히 퍽 안즌 쇼로기도 갓고, 석은 등걸에 부헝이도 갓데.
　그려도 다 각각 님의 사랑인이 개일색(皆一色)인가 ᄒᆞ노라

여인들이 여러층이더라.
　송골매 같은 여인, 빨래줄에 앉은 제비같은 여인, 온갖꽃이 가득한 정원의 두루미 같은 여인, 푸른 물결에 떠 있는 비오리 같은 여인, 땅에 털석 주저앉은 솔개 같은 여인, 썩은 나무등걸에 부엉이 같은 여인
　그래도 다 각각 님의 사랑을 받으니 모두 미인인가 한다

핵심정리

▷ **작자** 김수장(金壽長)
▷ **성격** 해학적, 풍자적, 영탄적
▷ **표현** 열거법
▷ **제재** 여인들
▷ **주제** 각각 사랑을 받고 사는 여인들

▷ **특징**
① 다양한 표현법 사용 : 직유법, 열거법, 반복법
② 여인들의 모습을 다양한 새에 비유하며 간접적으로 표현

이해와 감상

| 감상 |

　이 작품은 남녀 간의 애정을 주제로 하는 듯 보이지만, 작가의 애정을 표현한 것이 아니라 숱한 남녀들의 애정 관계를 관찰하고 있는 듯한 모양을 띠고 있다는 점이 특이하다. 즉, 이 작품의 주제는 애정이라기보다 오히려 세태를 풍자한 것으로 보는 게 타당하다.
　초장에서는 여인들이 다양하다고 전제하고, 중장에서는 여인들의 다양한 존재 양상을 여러 종류의 새에 비유하여 구체화한 다음, 종장에서는 그 다양한 여인들이 각각 제 임의 사랑을 받고 사니 모두 일색이라고 보아야 한다는 긍정적 인간관을 제시하였다. 여인의 아름다움에 절대적 기준이 있는 것이 아니라, 각자의 '임'이 보기에 아름다우면 아름다운 것이라는 상대적이고 주관적인 미의식이 드러난다고 할 수 있다.
　또한, 우리 문학 작품 속의 '임'은 대개 '부재(不在)하는 임'인데 비하여 이 작품의 임은 현실 속의 임[皆一色(개일색)]이며, 더불어 살아가는 뭇 여인들이다. 따라서 조선 전기의 현모양처(賢母良妻)의 틀에 박힌 여인의 모습이 아니라, 조선 후기의 임에 대한 새로운 애정관을 엿보게 한다.

작품 4 　나모도 바히돌도 업슨 뫼헤

　나모도 바히돌도 업슨 뫼헤 매게 쏘친 가토릐 안과,
　　大川(대천) 바다 한가온듸 一千石(일천 석) 시른 비에, 노도 일코 닷도 일코 농총도 근코 돗대도 것고 치도 싸지고 ᄇ람 부러 물결 치고 안개 뒤섯계 ᄌ자진 날에, 갈 길은 千里萬里(천리 만리) 나믄듸 四面(사면)이 거머어득 져뭇 天地寂寞(천지 적막) 가치노을 썻ᄂ듸 水賊(수적) 만난 도사공(都沙工)의 안과
　　엇그제 님 여흰 내 안히야 엇다가 ᄀ을ᄒ리오

　나무도 돌도 전혀 없는 산에 매한테 쫓기는 까투리의 마음과
　　대천 바다 한가운데 일 천 석 실은 배에 노도 잃고, 닻도 잃고, 용총(돛대의 줄)도 끊어지고, 돛대도 꺾이고, 키도 빠지고, 바람 불어 물결치고, 안개 뒤섞여 잦아진 날에 갈 길은 천 리 만 리 남았는데 사면은 검어 어둑하고, 천지 적막 사나운 파도 치는데 해적 만난 도사공의 마음과
　　엇그제 임 여읜 내 마음이야 어디에다 비교하리요?

핵심정리

▷ **작자** 미상
▷ **성격** 이별가
▷ **제재** 임과의 이별
▷ **주제** 임을 여읜 절망적 슬픔

▷ **특징**
① 다양한 표현법 사용 : 점층법, 열거법, 비교법, 과장법
② 자신의 마음을 까투리, 도사공과 비교하여 절박함을 드러냄

이해와 감상

| 감상 |

　'삼한(三恨)' 혹은 '삼안[三內]'이라고 널리 알려진 이 작품은, '안'이라는 말로 마음을 나타내면서, 세 가지 절박하기 그지없는 마음은 어디다 비할 데도 없다고 하였다. 맨 마지막으로 엇그제 임을 여읜 자기 마음을 말하기 위해서 다른 두 가지를 가져와 놓고서, 비할 데가 없다는 것으로 해서 그 둘이 각기 독자적인 의미를 갖도록 개방해 버렸으니 비유를 사용하는 방법 치고 이만큼 기발한 예를 다시 찾기 어렵다.
　매에 쫓긴 까투리는 「토끼전」에서 용궁을 탈출한 다음에 다시 시련에 부딪친 토끼를 연상하게 한다. 대천 바다에서 배가 부서지고, 날씨는 험악해지는 판국에 수적까지 만난 도사공의 경우는 시련의 극치로 느껴질 만큼 거듭 묘사되어 있다.

작품 5 ›› 님 그려 겨오 든 잠에

님 그려 겨오 든 잠에 쑴자리도 두리숭숭
그리던 님 잠간 만나 얼픗 보고 어드러로 간거이고 잡을거슬
잠 씨여 겻테 업스니 아조 간가 ᄒ노라

핵심정리

▷ **작자** 미상
▷ **성격** 연정가
▷ **주제** 임에 대한 간절한 그리움과 상실감
▷ **특징** '현실 – 꿈 – 현실'의 구조로 시상을 전개하여 정서를 드러냄

이해와 감상

| 감상 |

　임을 그리워하며 잠을 이루지 못하다가 겨우 잠이 들어 꿈속에서 임을 보지만, 잠이 깨고 난 뒤 임이 아주 가버렸다고 생각하면서 더 큰 상실감을 드러내고 있다. 특이한 점이 '현실 – 꿈 – 현실'의 구조로 드러낸 것인데, 이러한 부분은 가사 「규원가」나 「속미인곡」 등에서도 나타난다. 이 구조는 님에 대한 간절한 그리움을 드러내지만, 만남은 꿈일 뿐이고 깨고 나서 만나지 못한 아쉬움과 그리움은 더욱 커지게 되어 주제를 잘 드러낸다.

작품 6   귀쏘리 져 귀쏘리

귀쏘리 져 귀쏘리 어엿부다 져 귀쏘리
어인 귀쏘리 지는 돌 새는 밤의 긴 소릭 쟈른 소릭 **節節**(절절)이 슬픈 소릭 제 혼자 우러 녜어 **紗窓**(사창) 여왼 줌을 슬쓰리도 씨오는고야.
두어라, 제 비록 **微物**(미물)이나 **無人洞房**(무인동방)에 내 뜻 알리는 너뿐인가 ᄒ노라.

귀뚜라미 저 귀뚜라미 불쌍하다 저 귀뚜라미
어찌된 귀뚜라미가 지는 달 새는 밤에 긴 소리 짧은 소리 마디마디 슬픈 소리로 저 혼자 계속 울어 비단 창문 안에 옅은 잠을 잘도 깨우는구나.
두어라, 제가 비록 미물이지만 독수공방하는 나의 뜻을 아는 이는 저 귀뚜라미뿐인가 하노라

핵심정리

▷ **작자** 미상
▷ **성격** 연정가
▷ **제재** 귀뚜라미
▷ **주제** 독수공방(獨守空房)의 외로움
       가을밤 임 그리는 외로운 여심
▷ **특징** ① 감정 이입 : 귀뚜라미 – 원망의 대상이자 동병상련의 대상
     ② 반어법 : 슬쓰리도
       (표면적 – 알뜰히도, 이면적 – 얄밉게도)
     ③ 귓도리 소리는 화자의 내면적인 슬픔을 대변
     ④ 유사한 어구를 반복적으로 제시하여 감정을 효과적으로 드러냄
     ⑤ 자연물을 대상으로 하여 독백의 형식을 빌려 외로움의 정서를 강조

이해와 감상

| 감상 |

  사랑하는 임과 이별한 여인의 외로움이 가슴 저미게 스며있는 이 노래는 사설시조에서는 드물게 아름다운 느낌을 주는 노래이다. 임을 향한 애절한 그리움의 심경을 귀뚜라미에 의탁하여 읊은 이 작품은 감정이입의 수법을 사용하여 동병상련을 느끼게 한다.

작품 7 》》 개를 여라믄이나 기르되

개를 여라믄이나 기르되 요 개 ᄀᆞ치 얄믜오랴.
뮈온 님 오며ᄂᆞᆫ ᄭᅩ리를 홰홰 치며 ᄶᅱ락 ᄂᆞ리 ᄶᅱ락 반겨서 내ᄃᆞᆺ고, 고온 님 오며ᄂᆞᆫ 뒷발을 버동버동 므르락 나으락 캉캉 즈져서 도라가게 흔다.
쉰밥이 그릇그릇 난들 너 머길 줄이 이시랴.

개를 열 마리 넘게 기르지만 이 개처럼 얄미운 놈이 있을까.
미운 님이 오면 꼬리를 홰홰 치면서 뛰어 올랐다 내리 뛰었다 하면서 반겨 맞이하고, 사랑하는 님이 오면 뒷발을 버둥거리면서 물러섰다가 나아갔다가 캉캉 짖어 돌아가게 한다.
쉰밥이 그릇그릇 아무리 많이 남을지라도 너 먹일 줄 있으랴?

🔖 핵심정리

▸ **작자** 미상
▸ **성격** 연모가, 해학적, 우의적
▸ **제재** 개, 미운 님과 고운 님
▸ **주제** 임에 대한 연정과 원망
   임을 기다리는 안타까운 마음,
   주인의 진심을 모르는 개에 대한 얄미운 감정

▸ **특징**
① 의성어와 의태어의 효과적 사용
② 해학적 표현 : '얄미운 개'가 하는 행동에 대한 묘사
③ 개를 원망하며 임에 대한 화자의 그리움을 간접적으로 드러냄

🔍 이해와 감상

| 감상 |

　조선 후기 산문 정신의 영향으로 등장한 사설시조는 작품의 질적 수준보다는 당시 사회상의 반영, 세태에 대한 풍자, 평민들의 진솔한 감정 표현에 그 의의가 있다. 이 작품 역시 임을 기다리는 야릇한 심정을 해학적으로 표현한 사설시조로서 임을 기다리는 심정이 일상어로 소박하게 표현된 작품이다.
　임이 오기를 기다리는 마음이 간절하다 못해 개에게 그 미움이 전가되고 있다. 오시는 임을 개가 막는 일은 없지마는 짖는 개 때문에 임이 돌아가 오지 않는다고 표현한 것은 웃음을 자아낸다. 시적 화자는 자신이 기르는 개가 미운 임은 반겨 맞고 고운 임은 짖어서 쫓아 버린다고 원망하고 있는데, 실제로 개가 그럴 리는 없을 것이다. 이는 아무리 기다려도 오지 않는 임을 직접적으로 원망하지 않고, 그것을 죄 없는 개한테로 옮겨서 원망하고 있는 것이다. 다시 말해서 짖는 개 때문에 사랑하는 이가 돌아가 오지 않는다는 해학적인 표현이 드러나고 있다. 독자로 하여금 절로 미소를 짓게 하는 소박한 서민적 해학의 묘미가 바로 이러한 점에 있다고 하겠다. 또 임을 내쫓는 개의 동작을 묘사한 부분이 매우 사실적이어서 실감을 높인 것도 이 노래의 큰 장점이라 할 것이다.

기출문제

1. 고전 문학에 나타난 골계의 양상과 특성에 대하여 수업하고자 한다. (가) ~ (다)를 읽고 〈조건〉에 따라 논술하시오. (30±3줄) [20점]

2009년 기출 2차 2번

(가)

안악성* 안에 날 저무는데	安樂城中欲暮天
관서의 못난이들이 시 짓는다 우쭐대네.	關西孺子聳詩肩
마을 인심이 나그네를 싫어해 밥 짓기를 미루고	村風厭客遲炊飯
주막 풍속도 야박해 돈부터 달라 하네.	店俗慣人但索錢
텅 빈 뱃속에선 천둥소리가 자주 울리고	虛腹曳雷頻有響
뚫릴 대로 뚫린 창문으론 냉기만 스며드네.	破窓透冷更無穿
내일 아침엔 강산의 기운을 한 번 마시고	朝來一吸江山氣
나를 벽곡**하는 신선으로 아는가 물어보리라.	試問人間辟穀仙

- 김병연, 「안악성에서 치른 곤욕(過安樂見忤)」

* 원래의 지명 '安岳'을 작가가 '安樂'으로 바꾸어 썼음
** 벽곡(辟穀) : 곡식은 안 먹고 솔잎, 대추, 밤 따위만 날로 조금씩 먹음. 또는 그런 삶

(나)

개를 여라믄이나 기르되 요 개ᄀᆞ치 얄미오랴
뮈온 님 오며는 ᄭᅩ리를 홰홰 치며 치쒸락 나리쒸락 반겨서 내닫고 고온 님 오게 되면 뒷발을 바동바동 므르락 나오락 캉캉 즛는 요 도리암키
쉰밥이 그릇그릇 날진들 너 먹일 줄이 이시랴.

(다)

여러 자식 놈들이 고기를 받들고서 낫으로 자를 적에 고기 결을 알 수 있나. 가로 잘라 놓은 모양 서까래 머리 잘라 놓은 듯, 기둥 밑 잘라 놓은 듯, 건개와 양념들도 별로 수가 많지 않아 소금 흘고 맹물 쳐서 토정(土鼎)에 삶아 내고. 그릇 없어 밥 푸겠나, 씻도 않은 헌 쇠죽통에 밥 두 통을 퍼다 놓고, 숟가락은 근본에 없고, 있더라도 찾겠는가. 적연 물기 안 한 손으로 질통 가에 늘어앉아 서로 주워 먹을 적에, 이 여러 자식들이 노상에 밥이 부족하여 서로 뺏어 먹었구나. 그리 많은 밥이로되 큰놈 입에 넣는 것을 작은놈이 뺏어 훔쳐 큰놈도 빼앗기고, 서로 집어 먹으면 싸움 아니 하련마는 악을 쓰며 주먹 쥐어 작은놈 볼때기를 이 빠지게 찧으면서, 개 아들놈 쇠 아들놈 밥통이 엎어지고 살벌이 일어나되, 무지한 저 흥보는 밥 먹느라 윤기(倫紀) 잊어 자식 몇 놈 뒈져도 살릴 생각 아예 않고, 그 뜨거운 밥이로되 두 손으로 서로 쥐어 죽방울 놀리는 양, 크나큰 밥덩이가 손에서 떨어지면 목구멍을 바로 넘어 턱도 별로 안 놀리고 어깨춤 눈 번득여 거의 한 말어치를 처치한 연후에, 왼편 팔 땅에 짚고 두 다리 쭉 뻗치고 오른편 손목으로 뱃가죽을 문지르며 밥더러 농담하기로 들어,

"여봐라 밥아, 내가 하도 시장키에 너를 조금 먹었으나. 네 소위를 생각하면 대면할 것 아니지야. 세상인심 간사하여 추세(趨勢)를 한다 한들 너같이 심히 하랴. 세돗집과 부잣집만 기어이 찾아가서 먹다 먹다 못다 먹어 개를 주며 돝을 주며, 학 두루미 때거위를 모두 다 먹이고도, 그래도 많이 남아

쉬네 썩네 하는 것을 나와 무슨 원수있어 사흘 나흘 예상 굶어 뱃가죽이 등에 붙고 갈빗대가 따로 나서, 두 눈이 캄캄하고 두 귀가 먹먹하여 누웠다 일어나면 정신이 어질어질, 앉았다 일어나면 다리가 벌렁벌렁, 말라죽게 되었으되 찾는 일 전혀 없고 냄새도 안 맡으니, 그럴 도리가 있단 말인가. 에라, 이 괴이한 것. 그런 법이 없느니라."

아주 한참 엄하게 꾸짖더니, 도로 슬쩍 달래어,

"내가 그런다고 노여워 안 오려느냐. 어여뻐서 한 말이지 미워 한 말이 아니로다. 친고(親故)는 이르고 늦음이 없어 정지후박(情之厚薄) 매였으니, 어찌 서로 이리 늦게 만났는가. 원컨대 서로 떨어지지 말고 지내 보세. 애겨애겨 내 밥이야. 옥을 주고 바꿀쏘냐, 금을 주고 바꿀소냐. 애겨애겨 내 밥이야."

밥이 더럭더럭 오도록 새 정을 붙이려고 이런 야단이 없었구나.

— 신재효본, 「박흥보가(朴興甫歌)」

― 〈조건〉 ―

(1) 골계의 개념을 설명하고, 문학적 발상과 주체의 태도를 중심으로 (가) ~ (다)의 골계적 특성을 분석할 것
(2) (다)를 제재로 하여 '〈박흥보가〉에 나타난 골계의 양상과 특성을 이해한다.'라는 학습 목표로 수업할 때 '목표 학습' 단계에서 할 학습 활동 3가지를 제시하고, 이로부터 기대할 수 있는 학습 효과를 각각 서술할 것

출제기관 채점기준

(가)에는 풍자와 기지가 나타나며, (나)는 해학, (다)는 풍자와 해학이 풍자가 함께 나타나는데, (가)를 풍자, (나)를 해학, (다)를 풍자와 해학의 관점에서 접근할 수도 있고, (가)를 기지, (나)를 해학, (다)를 풍자의 측면으로 접근할 수도 있다고 생각하는데, 전자가 더 타당성이 있다고 보고, 거기에 따른 답변을 제시했다.

(1) 1점 - 골계의 개념
    3점 - (가)의 발상, 주체의 태도, 골계의 성격이 각각 맞은 경우 각각 1점
    3점 - (나)의 발상, 주체의 태도, 골계의 성격이 각각 맞은 경우 각각 1점
    3점 - (다)의 발상, 주체의 태도, 골계의 성격이 각각 맞은 경우 각각 1점
(2) 3점 - 학습활동 및 그 내용, 기대되는 효과가 맞은 경우 각각 1점
    3점 - 학습활동 및 그 내용, 기대되는 효과가 맞은 경우 각각 1점
    3점 - 학습활동 및 그 내용, 기대되는 효과가 맞은 경우 각각 1점
    1점 - 분량이 맞는 경우

✅ 세트 문제이므로 (1)에 담긴 출제자의 의도를 잘 파악해야 (2)의 문제도 쉽게 풀 수 있음

예상 답안

(1) '골계'는 '말이 매끄럽고 익살스러워 웃음을 자아내는 일' 또는 우스꽝스럽게 익살을 부리는 가운데 어떤 교훈을 주는 것이다.(있는 것에 의한 상반 / 가치를 추락시키고 희화화하는 것)

(가) 안락성에서 겪은 유학자들의 허위와 야박한 인심과 세태가 문학적 발상이고 주체는 그러한 문학적 발상인 대상보다 우위에 있으면서, 뚜렷한 거리를 유지하고 있으며, 주체가 그 대상을 비판적이고 공격하는 웃음이므로 풍자로 볼 수 있다. (나) 오지 않는 임에 대한 미움을 개의 행동에 전가시켜 드러낸 것이 문학적 발상이고 주체는 그러한 문학적 발상인 개의 행동보다 우위에 있으면서 그것을 호의로 대하며, 모순과 추악과 비속을 배격하려 하지 않고 주체가 대상을 동정적으로 바라보는 웃음이므로 해학이다. (다)는 흥부 일가가 매우 굶주리다가 게걸스럽게 밥을 먹는 장면이 문학적 발상이고 주체는 문학적 발상인 흥부 일가의 밥 먹는 장면보다 정신적 우위에 있으면서 그것

을 호의로 대하며, 그 추악과 비속을 배격하지 않고 주체가 대상을 동정적으로 바라보는 웃음이므로 해학이다. 한편 서민의 궁핍한 삶의 원인이 되는 불평등한 부의 분배를 대상으로 볼 때, 주체는 빈자와 부자가 불평등하며, 서민이 궁핍하게 살아가는 현실보다 정신적, 도덕적 우위에 있으면서 그것에 대해 뚜렷한 거리를 유지하고 있으며, 주체가 흥부의 입을 빌려 그 현실을 비판적으로 공격하는 웃음이므로 풍자로 볼 수 있다.

(2) 첫째, (다)를 통해 골계(풍자와 해학)의 기능 파악 : (다)에 나타난 골계를 통해 좌절과 실의의 상황에서도 웃음을 통해 힘을 얻게 되며, 슬픈 상황이지만 감정의 정화를 가져 오기도 한다. 이를 통해 기대되는 학습 효과는 골계에 담긴 조상들의 지혜를 알 수 있다는 점이다.

둘째, (다)를 통해 풍자와 해학의 차이점 파악 : (다)에서 풍자는 대상에 대한 비판적·공격적 웃음이고 해학은 대상에 대한 동정적 웃음이며, 풍자는 주체와 대상이 분리되지만 해학은 주체와 대상이 함께 웃을 수 있는 것이며, 풍자는 혼란한 시대 현실과 관련이 있지만 해학은 시대 현실과 관련이 없다. 이를 통해 기대되는 학습 효과는 풍자와 해학이 지닌 웃음의 성격을 알 수 있다는 점이다.

셋째, (다)를 통해 풍자와 해학이 함께 나타날 때의 효과 파악 : (다)에서 해학만 제시되면 단순한 재담이나 농담의 의미를 지니며, (다)에서 풍자만 나타나면 지나친 야유나 빈정거림이 될 수 있는데, 두 가지가 조화롭게 나타났다. 이를 통해 기대되는 학습 효과는 풍자와 해학이 호혜적으로 결합함으로서 조화 있는 골계를 형성한다는 것을 알 수 있다는 점이다.

보충답안

(다)를 통해 골계의 특징(풍자와 해학이 이루어지는 원리) 파악 : (다)에 나타난 골계는 '웃음의 성격을 지니고 있고, (다)에 나타난 골계는 모두 주체가 대상보다 정신적·도덕적 우위에 있다. 이를 통해 기대되는 학습효과는 골계가 이루어지는 원리에 대해 알 수 있다는 점이다.

작품 8 ▶ 님이 오마 ᄒᆞ거늘

님이 오마 ᄒᆞ거늘 져녁밥을 일 지어 먹고
中門(중문) 나서 大門(대문) 나가 地方(지방) 우희 치ᄃᆞ라 안자 以手(이수)로 加額(가액)ᄒᆞ고 오ᄂᆞ가 가ᄂᆞᆫ가 건넌 山(산) ᄇᆞ라보니 거머흿들 셔 잇거늘 져야 님이로다. 보션 버서 품에 품고 신 버서 손에 쥐고 곰븨님븨 님븨곰븨 천방지방 지방천방 즌 듸 ᄆᆞ른 듸 글희지 말고 워렁충창 건너 가셔 情(정)엣말 ᄒᆞ려 ᄒᆞ고 겻눈을 흘긋 보니 上年(상년) 七月(칠월) 사흔날 골가 벅긴 주추리 삼대 ᄉᆞᆯ드리도 날 소겨다.
모쳐라 밤일싀망졍 ᄒᆡᆼ혀 낫이런들 ᄂᆞᆷ 우일 번ᄒᆞ괘라.

님이 온다 하거늘 저녁밥을 일찍 지어 먹고
중문을 지나서, 대문 밖에 나가 문지방 위에 치달아 앉아서 손을 가지고 이마에 대고 임이 오는가 가는가 건너편 산을 바라보니 거뭇 희뜩하게 서 있거늘, 바로 저것이 임이로다. 버선을 벗어 품에 품고 신을 벗어 손에 쥐고 천방지축으로 황급하게 진 곳 마른 곳 가리지 않고 얼른 건너가서 (그동안 품고 있는) 감정을 말하려고 곁눈으로 슬쩍 보니 지난해 칠월 사흗날 갉아 벗긴 삼(麻)대가 살뜰히도 나를 속였구나.
아이구, 밤이기망정이지 행여 낮이었다면 남을 웃길 번 했구나.

핵심정리

▷ **작자** 미상
▷ **성격** 해학적, 과장적
▷ **주제** 임을 애타게 기다리는 마음

▷ **특징**
① 의성어와 의태어를 사용한 과장된 행동 묘사로 임에 대한 화자의 간절한 그리움을 드러냄
② 자연물을 임으로 착각하는 화자의 모습을 해학적으로 표현

이해와 감상

| 감상 |

이 작품은 솔직하고 소박한 표현을 통해 그리워하는 님을 빨리 만나고 싶어 하는 마음을 실감나게 그려 낸 시조이다. 님이 온다는 소식을 듣고 화자가 취한 행동들은 사실적이며 해학적이다.

삼대 줄기를 님으로 착각한 화자는 체면에 상관없이 오직 님을 빨리 보고 싶다는 설레는 마음 때문에 버선과 신발을 벗고 허둥지둥 뛰어나가는 등 거침없이 행동을 하고 있다. 이렇게 달려가 보니 화자의 눈에 뜨인 것은 님이 아니라 주추리 삼대(삼대 줄기)였다는 마지막 부분에서는 실망감보다 오히려 삼대 줄기를 님으로 착각한 자신의 어리석은 행동에 대해 멋쩍어 하면서 웃는 듯한 태도를 보인다. 이것은 사설시조 특유의 해학성과 낙천성을 드러낸 것이다.

초장에서는 밥을 일찍 지어 먹고 임을 기다리는 초조한 마음이 그려져 있으며, 중장에서는 이 초조한 마음이 행동으로 구상화되어 나타났으나, 이에 대한 자신의 경솔한 행동에 대해 겸연쩍어하는 마음을 종장에 그려, 전체적으로 임을 애타게 그리는 여성의 섬세하고 간절한 마음을 느낄 수 있게 하는 작품이다.

작품 9 붉가버슨 兒孩(아해)ㅣ들리

붉가버슨 兒孩(아해)ㅣ들리 거믜쥴 테를 들고 기천으로 往來(왕래)하며
붉가숭아 붉가숭아, 져리가면 죽느니라. 이리오면 스느니라. 부로나니 붉가숭이로다.
아마도 世上(세상)일이 다 이러흔가 하노라.

　　발가벗은 아이들이 거미줄 테를 들고
　개천을 왔다갔다하며(개천으로 왕래하며) "벌거숭아, 벌거숭아, 저리 가면 죽고 이리 오면 산다." 부르는 것이 벌거숭이 아이들이로구나.
　　아마도 세상 일이 다 이런한가 하노라.

핵심정리

▷ **작자** 이정신(李廷藎)
▷ **성격** 풍자적
▷ **제재** 발가벗은 아이와 발가숭이(잠자리)
▷ **주제** 서로 모함하고 속이는 세태 풍자
▷ **특징** 발가벗은 아이들과 잠자리를 통해 서로 모해하고 모해당하는 각박한 세태를 풍자

이해와 감상

| 감상 |

　　발가숭이 아이들이 '붉가숭이', 즉 고추잠자리를 잡는 놀이를 통해 우의적으로 속고 속는 세상살이의 단면을 풍자하고 있다. '붉가버슨 아해', '붉가숭이'는 속이는 자, 모함을 일삼는 자를 가리킨다. 중장의 '붉가숭아'는 고추잠자리를 가리키며 속아 넘어가는 자, 모해를 당하는 자에 해당된다. 아이들이 잠자리를 잡으려고 하면서 잠자리가 자기들에게 와야 한다고 말하는 것은 일종의 역설적 상황이며, 세상 일이 모두 이와 같다는 소박한 표현 속에 깊은 생활의 철학이 담겨 있다.

작품 10 ›› 싀어마님 며느리 낫바

　　싀어마님 며느라기 낫바 벽 바흘 구루지 마오
　빗에 바든 며느린가 갑세 쳐 온 며느린가. 밤나모 셕은 등걸에 휘초리 나니ㄱ치 앙살픠신 싀아버님,
볏뷘 쇳똥ㄱ치 되죵고신 싀어마님 三年(삼 년) 겨론 망태에 새 송곳부리ㄱ치 쐈죡ᄒ신 싀누의님, 唐(당)
피 가론 밧틔 돌피 나니ㄱ치 싀노란 욋곳 ᄀ튼 피똥 누는 아들 ᄒ나 두고,
　　건 밧틔 메곳 ᄀ튼 며느리를 어듸를 낫바 ᄒ시ᄂ고

　　시어머님, 며느리가 밉다고 부엌 바닥을 구르지 마오.
　빚 대신 받은 며느리인가, 값을 주고 사 온 며느리인가. 밤나무 썩은 등걸에 회초리가 난 것 같이 매서운 시아버님, 햇볕에
쬔 쇠똥같이 말라빠지신 시어머님, 삼 년이나 된 닳은 망태기에 새 송곳부리같이 뾰족하신 시누이님, 좋은 곡식을 심은 밭에
잡초(피) 난 것 같은, 샛노란 오이꽃 같은 피똥이나 싸는 아들 하나 두고,
　　기름진 밭에 메꽃 같은 며느리를 어디가 밉다고 하시는고.

📢 핵심정리

▶ **작자** 미상
▶ **성격** 비유적, 희화적
▶ **제재** 시집살이
▶ **주제** 시집살이의 고충을 한탄

▶ **특징**
① 시집 식구들의 성품과 모습을 해학적으로 묘사
② 일상생활과 밀접한 소재를 사용

🔍 이해와 감상

| 감상 |

　이 사설시조는 고된 시집살이를 하는 며느리의 삶을 일상적인 소재를 동원하여 소박하고 진솔하게 표현한 노래이다. 밤나무 썩은 등걸에 난 회초리 같이 앙상한 시아버지, 볕에 쬐어 바싹 마른 쇠똥같이 까다롭기 짝이 없는 시어머니, 촘촘하게 잘 짠 망태기도 뚫고 나올 만큼 성깔 사나운 시누이는 며느리를 구박하는 시집 식구들이요, 얼굴은 누렇고 몸은 비실비실하여 피똥 누는 아들은 며느리를 더욱 힘들게 하는 부담스럽고도 소중한 자식이다. 이런 가운데 기름진 밭에 탐스럽게 핀 메꽃같이 복스러운 며느리가 어디가 부족해서 구박을 하느냐고 항의하고 있다.
　이 시조는 대가족 제도에서 겪는 며느리의 맵고 고된 시집살이의 어려움을 일상적인 소재를 동원하여 소박하면서도 해학적으로 표현하였다. 특히 농촌의 실생활과 밀착된 소재를 동원한 비유적 표현으로 화자의 정서를 표출하고 있다. 중장에서 시집 식구들의 모습을 희화화하여 구체적으로 열거함으로써, 봉건 시대의 왜곡된 가정생활에 대한 비판 의식을 해학적으로 드러내고 있다.
　화자를 며느리로 보아 며느리의 관점에서 시어머니에게 고된 시집살이를 시키지 말아 달라고 당부하는 것으로 볼 수도 있고, 그 집 사정을 잘 아는 제3자가 며느리를 옹호하는 입장에서 말하는 것으로 볼 수도 있다.
　작자 미상의 사설시조에는 조선 후기 서민들의 삶의 애환과 현실의 시름을 해학으로 극복하려는 삶의 자세가 잘 나타나 있다. 이 시조에서는 며느리를 억압하는 시댁 식구들을 일상적이면서도 재미있는 소재를 통하여 비유함으로써 풍자의 대상을 희화하여 웃음을 유발하고 있다.

기출문제

※ 다음 글을 읽고 물음에 답하시오.

(가)
春風에 花滿山ᄒ고 秋夜에 月滿臺라
四時 佳興ㅣ 사롬과 ᄒ 가지라
ᄒ믈며 魚躍鳶飛 雲影天光¹이야 어늬 그지 이슬고

(나)
하하 허허 흔들 내 우음이 졍 우움가
하 어쳑 업셔셔 늣기다가 그리 되게
벗님ᄂᆡ 웃디를 말구려 아귀 ᄯᅥ여디리라

(다)
田園에 나믄 興을 젼 나귀에 모도 싯고
溪山 니근 길로 흥치며 도라와셔
아ᄒᆡ 琴書를 다스려라 나믄 ᄒᆡ를 보내리라

(라)
싀어마님 며ᄂᆞ라기 낫바 벽바흘² 구르지 마오 빗에 바든 며ᄂᆞ린가 갑세 쳐 온 며ᄂᆞ린가
밤나모 서근 등걸에 휘초리 나³ ᄀᆞ치 알살ᄭᅴ신⁴ 싀아바님 볏 뵌 ᄉᆠᆼ동ᄀᆞ치 되죵고신⁵ 싀어마님 三年 겨론 망태에 새 송곳 부리ᄀᆞ치 샢쪽ᄒ신 싀누으님 ⓒ당피 가론 밧틔 돌피 나니ᄀᆞ치 싀노란 욋곳⁶ ᄀᆞ튼 ᄑᆡᄶᅩᆼ 누ᄂᆞᆫ 아들 ᄒ나 두고
건 밧틔 멋⁷곳 ᄀᆞ튼 며ᄂᆞ리를 어듸를 낫바ᄒ시ᄂᆞ고

1. 독음은 '어약연비 운영천광'임
2. 벽바닥을
3. '난[出]'의 잘못
4. 앙살이 피신. '알살'은 다른 이본에 모두 '앙살'로 되어 있음
5. 말라 곤두서신
6. 오이[瓜]의 꽃
7. 능금의 일종

1. (라)를 제재로 다음과 같이 수업을 진행하려고 한다. 교수·학습 요소에 따른 지도 내용으로 적절하지 <u>않은</u> 것은? [2.5점]

2009년 기출 28번

학습 목표	난해 어구의 의미를 이해하여 작품을 해석할 수 있다.
교수·학습 주안점	어구의 의미 파악이 작품 해석 과정에서 핵심적으로 작용함을 실감할 수 있는 과정을 제공한다.

교수·학습 요소		지도 내용
구조적 읽기와 문맥적 의미 추론	반복과 병렬의 구조 파악	- <u>의미, 기능이 유사한 표현의 출현 횟수와 위치 관찰</u> …… ① - 구조적 반복과 병렬 확인
	명사 반복의 의미 파악	- 명사의 규칙적 출현 확인 - 반복된 명사의 공통점 확인 : 시집 식구
	수식구 반복의 의미 파악	- '…같이'의 수식을 받은 어구가 다시 명사를 부정적 의미로 수식함 확인 - <u>㉠이 시집 식구를 부정적으로 수식할 가능성 추론</u> …… ②

어구의 의미 해석	단어의 사전적 의미 파악	- '돌피'의 사전적 의미 파악
		  ◦ '피' : 볏과의 한해살이 작물
		  ◦ '돌–' : 품질이 떨어지는 동식물을 표시하는 접두사(돌배, 돌미역)
		- '당피'의 의미 확인
		- <u>'돌피'와 '당피'의 의미가 상반됨을 확인</u> …… ③

	관습적 표현과의 비교를 통한 어구 의미 파악	- '콩 심은 데 콩 난다'와의 비교 : <u>속담(필연적 인과 관계) ↔ ㉠ (긍정적 행위 – 부정적 결과)</u> …… ④
장르를 고려한 해석	작품 해석과 장르적 원리 적용	- (라)의 중장의 특징(어구의 병렬적 나열) 확인 - <u>사설시조의 특징(중장에서 대상의 병렬을 통한 객관적 형상화) 확인</u> …… ⑤ - 장르 관습을 통한 작품의 이해 가능성 확인 (이하 생략)

▎정답 ⑤

작품 11 > 논 밭 갈아 기음 매고

논 밭 갈아 기음 매고 뵈잠방이 다임 쳐 신들메고,
낫 갈아 허리에 차고 도끼 벼려 두러메고 茂林山中(무림산중) 들어가서 삭다리 마른 섶을 뷔거니 버히거니 지게에 질머 집팡이 바쳐 놓고 새암을 찾아가서 점심(點心) 도슭 부시고 곰방대를 톡톡 떨어 닙담배 퓌여 물고 코노래 조오다가,
夕陽(석양)이 재 넘어갈 제 어깨를 추이르며 긴 소래 저른 소래 하며 어이 갈고 하더라.

논밭 갈아 김 매고 베잠방이 대님 쳐 신을 벗어지지 않게 하고
낫을 갈아 허리에 차고 도끼를 갈아 둘러메고 울창한 산 속에 들어가서 삭정이 마른 섶을 베기도 하고 자르기도 하여 지게에 짊어 지팡이 받쳐 놓고, 샘을 찾아가서 점심 도시락 다 비우고 곰방대를 톡톡 털어 잎담배 피워 물고 콧노래 부르면서 졸다가
석양이 고개를 넘어갈 때 어깨를 추스르며, 긴 소리 짧은 소리 하며 어이 갈까 하는구나

핵심정리

▷ **작자** 미상
▷ **성격** 한정가(閑情歌), 전원적, 사실적
▷ **표현** 열거법
▷ **제재** 농사일
▷ **주제** 농부의 바쁜 일상 중 자연 속에서 느끼는 여유

▷ **특징**
① 화자가 농부의 하루 동안의 삶을 관찰하여 노래
② 우리 민족의 낙천적인 태도를 엿볼 수 있음
③ 아침부터 저녁까지 시간의 경과에 따라 제시

이해와 감상

| 감상 |

이 작품은 하루 일과를 마치고 휴식을 취한 후, 해질녘에 노래를 부르며 집에 돌아가는 농부의 모습을 그린 사설시조이다. 작중 인물은 분주한 일상 속에서도 여유로움과 흥겨움을 잃지 않고 있다. 작중 인물의 하루 일과가 아침부터 저녁까지 시간의 경과에 따라 제시되고 있다.

농부의 일상사(日常事)를 있는 그대로 그려 낸 작품으로 논밭에 김을 맨 다음 무림 산중에 들어가 나무를 하여 지게에 짊어지고, 지팡이 받쳐 놓고 샘을 찾아가 점심 도시락 먹고, 잎담배 피우고 졸다가 석양이 재 넘어갈 때 어깨를 추스르며 긴 소리 짧은 소리를 한다는 내용이다.

하층 농민의 생활에서 우러나온 사설이 이처럼 생동감 있게 반영된 시조는 그리 흔치 않다. 힘들고 고된 일 가운데서도 긴 소리 짧은 소리로 흥을 돋우는 농부의 모습은 우리 민족의 낙천적이고 풍류적인 성정을 잘 드러내는 것이라 하겠다. 구체적인 생활 현실을 소재로 삼는 사설시조의 특성이 잘 드러난 작품이라 할 수 있다.

직업적인 가객들이 격조 높은 가곡을 지키려고 하는 데 빗대어서 지어서인지, 논밭 갈아 기음 매고 뵈잠방이 다임 쳐 신들메고 만첩 청산에 들어가 나무를 하다가 석양이 재 넘어갈 때 어깨를 추이르며 긴 소리 저른 소리를 한다고 한 나무꾼의 노래는 경상도에서 「어사용」이라 하는 것과 같은 형식이다. 하층 농민의 생활에서 우러나온 사설이 이렇게까지 생동감 있게 수용된 예는 다시 찾기 어렵다. 사대부 시조의 격조 높은 품격과는 거리가 먼 농사꾼의 일상사를 있는 그대로 그려 낸 사설시조이다. 자연 및 농촌을 제재로 한 조선 전기 사대부의 관념적인 시조와는 달리, 힘들고 고된 일상 가운데서도 길고 짧은 노래로 흥을 돋우는 농부의 모습에서 우리 민족의 낙천적이고 풍류적인 성정을 엿볼 수 있다.

작품 12 〉〉 개야미 불개야미

> 개야미 불개야미 준등 부러진 불개야미,
> 압발에 疔腫(정종)나고 뒷발에 죵귀 난 불개야미, 廣陵(광릉) 쉽재 너머 드러 가람의 허리를 가로 물어 추혀 들고 北海(북해)를 건너닷 말이 이셔이다.
> 님아 님아. 온 놈이 온 말을 ᄒ여도 님이 짐작ᄒ쇼셔.

개미, 불개미, 허리가 부러진 불개미. 앞발에 피부병이 나고 뒷발에 종기가 난 불개미가,
광릉 샘 고개를 넘어 들어가서 호랑이의 허리를 가로 물어 추켜들고, 북해를 건너갔다는 말이 있습니다.
임이여, 어떤 사람이 어떤 말을 한다 해도 임께서 짐작해 주십시오.

핵심정리

- **작자** 미상
- **성격** 해학적, 교훈적, 과장적
- **표현** 과장법, 돈호법
- **제재** 사람들의 모함
- **주제** 참언(讒言 : 남을 헐뜯어 없는 것을 있다 하여 고해 바침)에 대한 경계 자신의 결백함을 주장
- **특징** 개미의 행동을 과장되게 표현

이해와 감상

| 감상 |

사람들의 모함이 얼마나 터무니없고 허황된 것인지, 그러한 일들이 도저히 불가능하고 말도 안 되는 구체적 일례를 들고, 그것이 근거 없음을 희화적(戱畵的)으로 비유한 노래이다.

이 노래의 핵심은 종장에 있다. '온 놈'의 '온 말'은 다른 사람의 참언(讒言)을 뜻하는 것으로, 중장에서 사물을 극단적으로 과장함으로써 '온 놈'의 '온 말'이 모두 거짓일 수밖에 없음을 빗대어 표현하고 있다. 초장(初章)과 중장(中章)에서는 종장(終章)에 백 사람이 백 가지 이야기를 하여도 님께서 짐작하여 헤아리시라고 자기의 결백을 주장한 것이며, 임께서는 모든 사물을 바로 판단해서 옳고 그름을 짐작하기 바란다는 임에 대한 신뢰와 소망이 담긴 뜻이고, 종장(終章)에 백 사람이 백 가지 이야기를 하여도 임께서 짐작하여 헤아리시라고 자기의 결백을 주장한 것이다.

당시 상황으로 볼 때 '임'은 임금으로 가정할 수 있는 여지가 많으며, 종장의 문구(文句)는 사설시조의 전형적인 수법이다.

- 억울함을 하소연하는 작품 : 정서 「정과정」, 작자 미상 「대천 바다 한가온데~」

작품 13 ▶ 대천 바다 한가온데

　　대천(大川) 바다 한가온데 중침(中針) 세침(細針) 싸지거다.
　　여나믄 사공(沙工)놈이 굿므된 사엇대를 굿치치 두레메여 일시(一時)에 소릐치고 귀쎄여 내단 말이 이
여시다.
　　님아 님아 온 놈이 온 말을 ᄒ여도 님이 짐작ᄒ쇼셔.

　넓디 넓은 바다 한가운데 중간 바늘, 작은 바늘이 빠졌다.
　십여 명의 사공들이 끝이 다 무딘 삿대를 저마다 둘러메고 한꺼번에 소릐치고 바늘의 귀를 꿰어 건져냈다는 (엉터리같은) 말이 있습니다.
　님이시여, 백 사람이 백가지 말을 하여도 님께서 짐작하여 들으소서.

핵심정리

▷ **작자** 미상
▷ **갈래** 사설시조
▷ **성격** 과장적
▷ **표현** ① 과장된 묘사를 통해 권모술수의 허무맹랑함을 강조
　　　　② 사설시조에 자주 등장하는 상투적 시구가 종장에 있음
▷ **주제** 참언에 대한 경계
▷ **특징** 자신의 결백을 주장하며, 자신을 모함하는 말에 현혹되지 말 것을 당부하고 있음

이해와 감상

| 감상 |

　이 시조는 남의 말이나 떠도는 소문이 황당하고 믿을 것이 없기 때문에 그러한 말에 현혹되지 말 것을 과장하여 표현한 노래이다.
　초, 중장에서 두껍고 끝이 무딘 막대기로 바다에 빠진 바늘을 꺼냈다는 불가능한 일이 사실처럼 세간에 들리고 있다고 서술하고 있다. 참으로 터무니 없는 엉터리 같은 말들(소문)이 공공연히 떠돌고 있다는 것이다. 터무니없는 말임을 나타내기 위하여 과장된 우의(寓意)로 표현되고 있다. 또한 거짓 허세와 거짓 위대성으로 나타내려고 하다 보니 과장이 개입되게 되고, 거기서 희극미가 구현되기도 한다.
　종장에서는, 아무리 그럴 듯한 말일지라도 뭇사람들의 감언이설에 속아 넘어가지 말라고 하는 당부를 익살스럽게 늘어놓고 있다. '온 놈이 온 말을 하여도 님이 짐작하소서'라는 표현은 이 시조 외에 다른 사설시조에서도 간혹 보여지는 표현이기도 하다. 〈개야미 불개야미~〉, 〈됴고만 배얌이라셔~〉라는 사설시조에서 확인해 볼 수 있다. 이러한 종장의 동일성은 관습의 수용이라는 측면에서 이 작품을 논의할 수 있게 하며, 사설시조의 전승과 연희 양상을 논의하거나 작품의 의미를 파악하는 데 중요한 실마리를 제공해 줄 수도 있다.
　이 작품은 과장된 묘사를 통해 자신의 결백함을 강조함과 동시에 시정에 나도는 허무맹랑한 말들에 현혹되지 말고 새겨들을 수 있는 현명함을 요구한다. 그리고 한편으로는 그러한 터무니없는 말들이 난무하는 세태에 대한 풍자도 동시에 읽을 수 있는 작품이다.

작품 14 〉〉 두터비 ᄑ리를 물고

두터비 ᄑ리를 물고 두험 우희 치ᄃᆞ라 안자,
것년 山(산) ᄇᆞ라보니 白松骨(백송골)이 ᄯᅥ잇거늘 가슴이 금즉ᄒᆞ여 풀덕 ᄯᅱ여 내ᄃᆞ다가 두험 아래 쟛바지거고.
모쳐라 ᄂᆞᆯ낸 낼식만졍 에헐질 번ᄒᆞ괘라.

두꺼비가 파리를 입에 물고 두엄 위에 치달아 앉아
건너편 산을 바라보니 하얀 송골매가 떠 있거늘, 가슴이 섬뜩하여 풀쩍 뛰어 내닫다가 두엄 아래에 넘어져 나뒹굴었구나.
다행히 날쌘 나이기에 망정이지 멍이 들 뻔했구나!

핵심정리

▷ **작자** 미상
▷ **제재** 두꺼비
▷ **성격** 풍자적, 우의적, 해학적
▷ **주제** 탐관오리(양반)의 횡포와 허장성세 풍자
▷ **특징** ① 우의적 표현 : 두꺼비를 통해 탐관오리(양반)의 횡포와 허장성세를 풍자
② 대상(두꺼비)의 희화화(戲畵化 : 대상을 우스꽝스럽게 나타냄)
③ 화자가 바뀌는 구조(초·중장의 화자 : 작자 → 종장의 화자 : 두꺼비)

이해와 감상

| 감상 |

이 시조는 두꺼비를 의인화하여 약육강식(弱肉强食)을 풍자한 사설시조로서, 백성을 못살게 굴던 양반들이 한족(漢族)이나 왜인(倭人), 북방 후진 민족 등 강대국의 침략에 직면하면 여지없이 굴복하고 마는 비굴한 태도를 그렸다.

'두꺼비, 파리, 백송골'의 대응 관계를 통해 권력 계층의 거짓된 모습을 우의적으로 풍자한 작품이다. '두터비'는 서민들에게는 강하고 권력자에게는 약한 아전이나 지방 관리 같은 중간 계층, '파리'는 서민, '백송골'은 상층부의 권력자를 암시한다. 약한 자 (가난한 백성들)앞에서는 의기양양하다가 강한 자를 만나면 몸을 사리면서도 자기 합리화 하는 세태에 대해 풍자하고 있는 사설시조 이다. 무슨 큰 사냥이라도 한 듯이 파리 한 마리를 잡아 물고, 높은 산에라도 오른 듯이 겨우 두엄더미에 올라가 앉아 있는 두꺼비의 모습은 우물 안 개구리와도 같다. 그리고 하늘의 송골매에 놀라 두엄더미 아래로 뒹굴어 자빠지면서도 마지막에 속이 빤히 보이는 위선적 태도를 보이고 있다.

결국 이 작품은 약한 자 앞에서는 의기양양하다가 강한 자를 만나면 몸을 사리면서도 자기 합리화를 꾀하는 세태에 대한 풍자의 내용을 담고 있다. 또한 착취와 억눌림 속에서 숨도 제대로 쉴 수 없었던 서민들의 사회고발이며, 권력자의 수탈과 탐관오리의 횡포등 그 시대의 부조리한 측면을, 동물을 의인화함으로써 우의적인 수법과 익살스러운 표현으로 폭로 하고 있는 것이다.

한편 어휘 면에서는 '두엄, 금즉ᄒᆞ여, 풀떡, 쟛바지거고, 에헐지' 등 서민적인 일상어를 구사하고 있으며, 표현 면에서는 둔한 자가 실수를 하고도 자기 합리화를 꾀하는 우스꽝스러운 모습을 풍자로 제시했다. 이 작품은 우의적(寓意的)이고 풍자적이며, 희화적이면서도 평면적이다. 구성면에서는 종장이 골자이고, 초장과 중장은 종장의 관념을 구상화한 것이며, 노둔한 두꺼비에 사나운 백송골을 맞세운 것은 대조법이다.

작품 15 〉〉 ᄒᆞᆫ 눈 멀고 ᄒᆞᆫ 다리 져는

ᄒᆞᆫ 눈 멀고 ᄒᆞᆫ 다리 져는 두터비 셔리 마즌 전ᄑᆞ리 물고 두엄 우희 치다라 안자,
건넌산 ᄇᆞ라보니 백송골(白松骨)리 써 잇거늘 가슴이 금죽ᄒᆞ여 풀떡 쒸여 내닷다가 그 아ᄅᆡ로 잣바지거고나
모쳐라 ᄂᆞᆯ낸 낼식만졍 힝혀 鈍者(둔쟈) ㅣ런들 어혈질 번ᄒᆞ괘라.

한 눈 멀고 한 다리 저는 두꺼비가 서리 맞은 파리를 입에 물고 두엄 위에 치달아 앉아
건너편 산을 바라보니 하얀 송골매가 떠 있거늘, 가슴이 섬뜩하여 풀쩍 뛰어 내닫다가 두엄 아래에 넘어져 나뒹굴었구나.
다행히 날쌘 나이기에 망정이지 행혀 둔한 자였다면 멍이 들 뻔했구나!

핵심정리

▷ 작자 미상
▷ 갈래 사설시조
▷ 성격 풍자적, 우의적, 희화적(골계적)
▷ 표현 의인법, 상징법

▷ 주제
① 탐관오리의 비굴함에 대한 풍자
② 양반들의 허장성세 풍자
③ 강자에게 약하고 약자에게 강한 험난한 세태 풍자

이해와 감상

| 감상 |

이 시조 역시 두꺼비를 의인화하여 약육강식(弱肉强食)을 풍자한 사설시조이며, 바로 위의 작품과 유사한 내용이다. 이 작품은 산문화 경향이 두드러져 바로 위의 작품보다 후기에 나온 것으로 볼수 있는데, 표현은 구체적이지만 바로 위의 작품보다 형상화는 부족한 것으로 볼 수 있다.

두꺼비가 파리를 괴롭히다가 백송골을 보고 놀란다고 한 이 시조는 탐관오리가 백성들을 수탈하는 상황을 우의적으로 풍자한 시조이다. 파리는 수탈당하는 백성으로, 두꺼비는 백성을 괴롭히는 탐관오리로, 백송골은 더 높은 상급 관리나 감찰을 담당한 중앙 관리로 볼 수 있다.

두엄은 부정한 재산이나 약탈물로 탐욕을 상징하며, 더 강한 자에게는 비굴하면서도 허세를 부리는 소인배의 모습을 두꺼비로 희화화하여 비판하고 있다.

작품 16 窓(창) 내고쟈 窓(창)을 내고쟈

窓(창) 내고쟈 窓(창)을 내고쟈 이 내 가슴에 窓(창)을 내고쟈.
고모장지 셰살장지 들장지 열장지 암돌져귀 수돌져귀 비목걸새 크나큰 쟝도리로 쑥닥 바가 이 내 가슴에 窓(창) 내고쟈.
잇다감 하 답답홀 제면 여다져 볼가 ᄒ노라.

창을 내고 싶구나, 창을 내고 싶구나. 이 내 가슴에 창을 내고 싶구나.
고모장지, 세살장지, 들장지, 열장지, 암돌쩌귀, 수돌쩌귀, 배목걸새를 큰 장도리로 뚝딱 박아서 나의 가슴에 창을 내고 싶구나.
(그리하여) 이따금 너무 답답할 때면 (그 창문을) 여닫아 볼까 하노라.

핵심정리

- **작자** 미상
- **갈래** 사설시조
- **성격** 해학적, 의지적
- **제재** 창
- **주제** 삶의 답답함으로부터 벗어나고 싶은 마음

- **특징**
  ① 다양한 표현법 사용 : 시적 역설, 반복법, 열거법
  ② 기발한 발상을 통해 문학성을 획득함('마음'에 '창'을 냄)
  ③ 당시 서민들의 애환을 엿볼 수 있음

이해와 감상

| 감상 |

이 시조는 이성적인 사고나 착상으로는 도저히 생각할 수 없는 기발한 착상을 통해 세상살이의 고달픔이나 근심에서 오는 답답한 심정을 가슴에 방이라도 내어서 해소하고 싶다는 내용이다. 이 작품은 논리적으로 전혀 말이 되지 않는 내용을 제시하고 있다. 그러나 많은 사람들은 이 작품을 보고 고개를 끄덕이며 작품의 내용에 공감한다. 가슴에 창문을 낸다는 것은 말도 되지 않지만 그만큼 답답한 일이 많고, 그 답답한 마음을 해소하고 싶어 하는 마음을 드러내는 데는 매우 적절한 장치로, 시적 역설로 표현한 것이라고 할 수 있다.

또 이 시조는 구체적 생활 언어를 장황하게 열거함으로써 답답한 심정을 절실하고도 다소 과장되이 표현하였다. 그리고 자신의 상황을 극복해 나가려는 적극적 의지도 함께 보여 주었다. 이와 같은 시적화자의 태도는 사설시조의 전형적인 특징이기도 하다.

작품 17 한슴아 셰한슴아

한슴아 셰한슴아 네 어닉 틈으로 드러온다.
　고모 장즈 셰솔 장즈 들 장즈에 열 장즈에 암돌젹귀 수돌젹귀 비목걸시 쑥닥 박고 크나큰 줌을쇠로 숙이숙이 츠엿는듸 屛風(병풍)이라 덜걱 접고 簇子(족자) ㅣ라 듸듸골 말고, 네 어닉 틈으로 드러온다.
　어인지 너 온 날이면 줌 못 드러 ᄒ노라.

한숨아 세(가느다란) 한숨아, 네 어느 틈으로 들어오느냐?
　고모장지, 세살장지, 가로다지 여다지(문의 종류들)에 암쩌귀, 수톨쩌귀(문 다는데 필요한 도구들) 배목걸새(문고리 거는 쇠) 뚝딱 박고, 큰 자물쇠로 깊숙이 채웠는데, 병풍처럼 덜컥 접고 족자처럼 데굴데굴 말고, 너는 어느 틈으로 들어오느냐?
　어찌된 일인지 네가 오는 날이면 잠을 들지 못하는구나.

핵심정리

▷ **작자** 미상
▷ **성격** 수심가(愁心歌), 해학적
▷ **표현** 열거법, 의문법
▷ **제재** 한숨

▷ **주제** 삶의 고뇌
▷ **특징**
　① 다양한 표현법 사용: 의인법, 반복법, 열거법
　② 당시의 서민들의 애환을 엿볼 수 있음

이해와 감상

| 감상 |

　이 작품에는 조선 후기 서민들의 삶의 애환과, 현실의 시름을 해학으로 견뎌 내려는 자세가 잘 나타나 있다. 삶의 고뇌와 시름을 청각적으로 형상화한 '한숨'을 의인화하여 작중 청자로 설정한 점이 독특하며, '한숨'을 막으려고 온갖 노력을 다 했는데도 어디로 그렇게 들어오는 것이냐고 묻는 화자의 모습에서, 당시 서민들이 겪어야 했던 힘겨운 삶의 발자취를 느낄 수 있다.
　그러나 이 작품은 그칠 줄 모르는 시름이라는 어두운 주제를 해학적으로 표현해 내고 있는데, 온갖 장지문의 종류와 그 부속품들을 일일이 열거하고는 문을 닫아 걸고 거기에 온갖 장애물까지 덧댔다는 중장의 표현에서 그런 해학미를 느낄 수 있다. 시름을 해학적으로 표현하는 이런 경향은 조선 후기 평민 문학의 공통적인 특징으로, 이는 시름을 막아 보려고 아무리 애써도 삶의 고통과 비애를 피할 수 없었던 서민들의 현실을 반영하는 것이라 할 수 있다. 현실적인 노력이 아무런 효과를 발휘할 수 없을 때, 결국 삶의 시름은 웃음을 통해서 극복할 수밖에 없다고 본 것이다.
　한편, 장지문의 온갖 종류와 돌쩌귀 등의 부속품들을 열거한 이 작품의 중장은 다른 사설시조 작품 '窓(창) 내고쟈 창을 내고쟈'의 중장과 상당 부분 똑같은데, 이는 사설시조가 유동 문학(流動文學)이자 적층 문학(積層文學)으로서 작품 간의 활발한 상호 교섭을 거쳐 왔음을 보여 주는 하나의 증거라 할 수 있다.

작품 18 ▶ 내게는 원슈가 업셔

　　내게는 원수(怨讐)ㅣ가 업셔 개와 둙이 큰 원수(怨讐)로다
　　벽사창(碧紗窓) 깁픈 밤의 픔에 들어 자는 임을 자른 목 느르혀 홰홰쳐 울어 닐어가게 ᄒ고 적막중문(寂寞重門)에 왓는 님을 무르락 나오락 캉캉 즈저 도로 가게 ᄒ니
　　암아도 유월(六月)유두(流頭) 백종전(百種前)에 서러저 업씨 ᄒ리라

　　내게는 원수가 원어서 개와 닭이 큰 원수로구나.
　　벽사창 깊은 밤에 나의 품에 들어와 자는 임을, 짧은 목 길게 늘여 홰홰쳐서 울어 임이 일어나 그만 가시게 하고, 적막한 밤 중문 밖에 오신 님을 물러는 듯, 뛰쳐나오려는 듯, 컹컹 짖어 도로 가시게 하니,
　　아마도 유월 유두날, 백종이 지나기 전에 저 개를 없애리라.

핵심정리

▶ **작자** 박문욱(朴文郁) 또는 김두성(金斗性)으로 불리움(조선 숙종대, 생몰연대 미상)
▶ **표현** 구체적인 생활 언어와 친근한 일상적 사물의 열거를 통해 괴로움을 강조함
▶ **주제** 사랑을 방해받은 답답한 심정의 하소연 / 눈치 없는 개에 대한 미움

이해와 감상

| 감상 |

　　오랜만에 찾아온 임과 밤이 깊도록 사랑을 나누고 새벽잠이 막 들었는데 닭이 우는 바람에 임께서 일어나서 가 버렸고, 남몰래 찾아온 임을 개가 짖는 바람에 그냥 돌아가게 했으니, 저 닭과 개는 나의 원수라는 것이다. 그래서 여름이 되기 전에 잡아 없애야겠다고 다짐을 둔다.
　　양반 시조는 일정한 형식 속에다 풍류, 도피, 도덕, 절조 등 유교적 사상을 담아 고답적인 세계를 그린 데 비하여, 평민들의 장형시조에서는 골계, 해학, 외설, 색정 등 상스럽고 우스꽝스러운 내용을 그대로 표출한다. 표현에 있어서도 양반 시조의 여운, 은유, 온후 대신에 직서, 당돌, 대화, 사실 등 속기(俗氣)를 띠는 것이 특징이다. 이 시조에서도 이런 면을 찾아볼 수 있다. 날이 밝은 것을 닭의 탓으로 돌리고, 사랑을 하지 못하는 것이 개의 잘못이라고 생각하여 그것을 원수라 하는 것이 골계적인 표현이다.

작품 19 ▶▶ 어이 못 오던가

　　어이 못 오던가, 무슨 일노 못 오던가.
　　너 오는 길에 무쇠 성(城)을 쓰고 성 안에 담 쓰고 담 안에 집을 짓고 집 안에 두지 노코 두지 안에 궤(櫃)를 쓰고 그 안에 너를 필자형(必子形)으로 결박ᄒ여 너코 쌍배목(雙排目) 외걸쇠 금(金)거북 자물쇠로 슈긔슈긔 잠가 잇더냐. 네 어이 그리 아니 오더니.
　　ᄒᆞᆫ 해도 열두 둘이오, ᄒᆞᆫ 달도 셜흔 날의 날 와 볼 흘니 업스랴.

　　어이 못 오던가. 무슨 일로 못 오던가.
　　너 오는 길에서 무쇠 성을 쌓고 성 안에 담을 쌓고, 담 안에 집을 짓고 집안에 뒤주 놓고 뒤주 안에 궤를 짜고, 그 안에 너를 필자평으로 단단히 묶어 넣고, 쌍배목의 외걸쇠 금거북 자물쇠로 꼭꼭 잠갔더냐. 네 어이 그리 아니 왔느냐.
　　한 해 열두 달, 한 달이 서른 날 중의 나에게 올 하루가 없으랴.

핵심정리

▷ **작자** 미상
▷ **성격** 연모가, 해학적, 과장적
▷ **표현** ① 열거법, 연쇄법 등을 사용하여 리듬감이 드러남
　　　　② 임을 보고 싶은 마음의 간절함이 중장에서 나타나는 해학과 과장을 통해 솔직하고 대담하게 표현
▷ **주제** 임을 기다리는 안타까운 마음과 원망 / 임에 대한 그리움과 야속한 마음.

이해와 감상

| 감상 |
　　이 시조는 오지 않는 사람에 대한 그리움을 원망조로 노래하고 있는 작품이다. 중장에서는 연쇄법을 통해서 오지 못하는 까닭을 묻고 있다. '네가 오는 길에 무쇠성을 쌓고, 담을 두르고, 집을 짓고, 두지를 놓고, 궤를 짜고, 그 안에 너를 결박하여 넣은 뒤 자물쇠를 채웠느냐? 왜 그리도 오지 못하느냐'고 묻고 있는데 이것들은 모두 그리운 사람의 내방을 막는 여러 가지 제약의 표현이라 할 수 있다. 종장에서는 일 년 열두 달 삼백육십 일 중에 단 하루도 시간을 낼 수 없느냐고 책망하고 있다. 이처럼 이 작품에는 임을 보고 싶어 하는 시적 화자의 간절한 마음이 해학과 과장을 통해서 잘 드러나 있다.
　　이 시조는 기다리는 괴로움을 형상화하기 위해 이 작품에서는 과장적이고 절실한 체험의 언어를 사용하고 있다. 생명력 넘치는 언어의 사용과 더불어 연쇄적 표현의 지속과 구체성에 의해 박진감을 지니게 된다. 이 작품에서 기다림의 괴로움은 그 자체로 절실하게 전달하는 반면에 그것을 형상화한 표현만은 웃음을 자아낸다. 태도로서의 진지함과 표현으로서의 해학이 함께 어우러져 조화를 이룸으로써 웃음 가운데 삶을 직시하려는 교훈을 들려주는 것이다. 이는 태도 자체가 해학적으로 바꾸어 표현되어 버린 다른 사설시조와 다르며. 이 점에서 이 작품은 독자적인 가치를 지니고 있다 할 것이다.

기출문제

1. 다음을 읽고 사설시조의 형식적 특성과 화자의 태도에 대해 〈작성 방법〉에 따라 서술하시오. [4점]

2018년 서술형 B 2번

> (가)
> 어이 못 오던다 므스 일로 못 오던다
> 너 오는 길 우희 ㉠무쇠로 城을 쏫고 城 안헤 담 쏫고 담 안헤란 집을 짓고 집 안헤란 두지 노코 두지 안헤 櫃를 노코 櫃 안헤 너를 結縛ㅎ여 너코 雙비목 외걸새에 龍 거북 주믈쇠로 수기수기 줌갓더냐 네 어이 그리 아니 오던다
> 흔 둘이 셜흔 날이여니 날 보라 올 흘리 업스랴
>
> (나)
> 天寒코 雪深흔 날에 님 추즈라 天上으로 갈제
> 신 버서 손에 쥐고 보션 버서 품에 품고 ㉡곰뷔님뷔 님뷔곰뷔 천방지방 지방천방 흔번도 쉬지 말고 허위허위 올라가니
> 보션 버슨 발은 아니 스리되 념의온 가슴이 산득산득 ㅎ여라

〈보기〉

사설시조의 형식적 특징 중 하나는 병렬을 통한 장형화라 할 수 있다. 병렬은 의미론적 지향이 동일한 두 가지 이상의 통사 형식이 나란히 놓이는 방식으로, 통합적 병렬과 계열적 병렬로 나눌 수 있다. 통합적 병렬은 의미상 또는 행위의 축에서 연쇄성을 지니거나 단계성을 가지는 것을 뜻하며, 계열적 병렬은 비슷한 의미를 가진 단어나 어구가 나열·반복되는 것을 뜻한다.

〈작성 방법〉

• 〈보기〉를 참고하여 ㉠, ㉡에 나타난 병렬의 차이점을 서술할 것
• (가), (나)의 상황에 대한 화자의 태도가 어떻게 다른지 서술할 것

문제 해설

고전시가 하위 갈래인 시조 중 사설시조의 형식적 특성과 시적 화자가 공통적으로 처한 상황에서 그 태도가 어떻게 다른지 묻는 문제이다. 첫 번째 문제 조건에 답할 때는 〈보기〉에 제시된 '통합적 병렬'과 '계열적 병렬'을 적용하여 답할 필요가 있다. 두 번째 문제 조건의 경우에는 시적 화자의 태도 차이를 묻는 것으로, 일반적으로 '원망 – 경쾌하고 밝음', '소극적 – 적극적'으로 제시할 수 있다고 생각하는데, 이견으로 올려보면 좋을 듯하다.

예상 답안

㉠은 '무쇠 – 담 – 집 – 두지' 등에서 큰 것에서 작은 것으로 의미상 단계성을 지니므로 '통합적 병렬'의 성격을 지니고, ㉡은 '곰뷔님뷔, 천방지방' 등의 비슷한 의미를 지닌 단어를 앞뒤로 바꾸어 나열·반복하고 있으므로 '계열적 병렬'에 해당한다.

(가)의 화자는 임의 부재라는 상황에서 날 보러 오지 않는다며 원망하는 태도 및 소극적인 태도로 체념하고 있으며, (나)의 화자는 임의 부재와 나쁜 날씨 속에서도 경쾌하고 밝은 태도와 적극적인 태도로 임을 찾아가고 있다.

작품 20 — 딕(宅)들에 동난지이 사오

딕(宅)들에 동난지이 사오. 져 쟝스야, 네 황후 긔 무서시라 웨는다, 사쟈.
外骨內肉(외골내육), 兩目(양목)이 上天(상천), 前行後行(전행후행) 小(소)아리 八足(팔족) 大(대)아리 二足(이족), 淸醬(청장) 오스슥ᄒᆞ는 동난지이 사오.
쟝스야, 하 거북이 웨지 말고 게젓이라 하렴은.

사람들이여, 동난젓 사오. 저 장수야, 네 물건 그 무엇이라 외치느냐? 사자.
밖은 단단하고 안은 물렁하며 두 눈은 위로 솟아 하늘을 향하고 앞뒤로 기는 작은 발 여덟 개 큰 발 두 개 푸른 장에 아스슥 하는 동난젓 사오.
장수야, 그렇게 장황하게(거북하게) 말하지 말고 게젓이라 하려무나.

핵심정리

- **작자** 미상
- **성격** 풍자적, 해학적
- **표현** 대화체, 돈호법
- **주제** 서민들의 상거래(商去來) 장면
  어려운 한자를 쓰는 현학적 태도 비판
- **제재** 동난지이(게젓)

- **특징**
  ① 우리말 대신 어려운 한자어를 사용하는 태도를 해학적으로 풍자
  ② 감각적인 의성어 사용('오스슥ᄒᆞ는')
  ③ 대화체 사용 : 게젓을 파는 장수와 여인네의 대화
     – 생동감 유발

이해와 감상

| 감상 |

시정(市井)의 장사꾼과 물건을 사려는 사람이 상거래(商去來)를 하면서 주고받는 이야기가 익살스럽게 표현되어 있다. 또한, 서민들의 생활 용어가 그대로 시어로 쓰이고 있어 사실감을 준다.

서민적 감정이 여과 없이 표출되어 있는 이 노래는 게 장수와의 대화를 통한 상거래의 내용을 보여 주었다는 점에서 특이하다. 중장에서 '게'의 외양을 자세하면서도 재미있게 묘사한 대목은 절로 웃음을 자아내게 하는 표현으로 사설시조의 미의식인 해학미(諧謔美) 내지는 희극미(喜劇美)를 느끼게 하며, '오스슥ᄒᆞ는'과 같은 감각적 표현은 한결 현실감을 더해 준다. 또한 종장에서 '쟝스야, 하 거북이 웨지 말고 게젓이라 하렴은.'이란 표현을 통해 '게젓'이란 쉬운 우리말이 있음에도 불구하고, 어려운 한자를 쓰는 데 대한 빈정거림을 살펴볼 수 있다.

이 사설시조의 내용은 게젓을 파는 장수와 여인네의 대화이다. 게장수는 장황하게 게젓을 설명하고, 여인네는 마지막에 '그리 거북하게 할 거 없이 게젓이라 하면 되잖냐'는 대화가 이 시조의 전부이며, 이를 통해 "현학적 어휘를 구사하는 게젓 장수의 허위 의식에 대한 빈정거림"을 주제로 본다.

하지만 다른 시각에서 적나라한 말장난을 다룬 것으로 보기도 한다. 장사와 문답하는 시조가 대개 이런 경향을 보인다. 이 시조에서 종장에서 여인이 말한 '게젓'이라는 부분을 들 수 있다. 장사가 "게젓" 사라고 외치려니 어색하여 장황하게 설명하고, 아낙네들은 오히려 이에 대해 당당하게 말하고 있다.

작품 21 》 가마귀 가마귀를 따라

가마귀 가마귀를 따라 들거고나 뒷동산에
늘어진 괴향남게 휘듯 나니 가마귀로다 잇틋날 못가마귀 한대 나려 뒤덤범 뒤덤범 두로 몁격여 싸오니
아모 어재 그 가마귄 줄 몰내라.

까마귀 까마귀를 따라 드는구나 뒷동산에
늘어진 고염나무에 휘듯 나니 까마귀구나 이튿날 뭇 까마귀 한대 나려 뒤덤벙 뒤덤벙 서로 섞여 싸우니
어느 놈이 어제 그 가마귀인 줄을 모르겠구나.

핵심정리
▷ **작자** 미상
▷ **성격** 풍자적, 해학적
▷ **표현** ① 부화뇌동하는 탐관오리의 모습을 까마귀를 통해 우의적으로 풍자
② 음성 상징어를 사용하여 벼슬자리 때문에 서로 뒤범벅이 되어 싸우는 탐관오리의 모습을 희화화함
▷ **주제** 벼슬자리를 놓고 싸우는 탐관오리를 개탄

작품 22 》 일신이 사쟈 ᄒᆞ이

일신(一身)이 사쟈 ᄒᆞ이 물썻 계워 못 견딀쐬
피(皮)ㅅ겨 ᄀᆞ튼 갈랑니 보리알 ᄀᆞ튼 슈통니 줄인니 ᄀᆞ신 니 즌 벼록 굴근 벼록 강벼록 왜(倭)벼록
긔는 놈 쒸는 놈에 비파(琵琶) ᄀᆞ튼 빈대 삭기 사령(使令) ᄀᆞ튼 등에아비 ᄀᆞ다귀 샴의약이 셴 박희 눌은
박희 바금이 거절이 불이 쇼쵹ᄒᆞ 목의 달리 기다ᄒᆞ 목의 야왼 목의 슬진 목의 글임애 쇼록이 주야(晝夜)
로 뷘 씌 업시 물건이 쏘건이 쌜건이 뜻건이 심(甚)ᄒᆞ 당(唐)빌리 예셔 얼여왜라.
그 중(中)에 참아 못 견될손 유월(六月) 복(伏)더위예 쉬ᄑᆞ린가 ᄒᆞ노라.

이내 몸이 살아가고자 하니 무는 것이 많아 견디지 못하겠구나.
피의 껍질 같은 작은 이, 보리알같이 크고 살찐 이, 굶주린 이, 막 알에서 깨어난 이, 작은 벼룩, 굵은 벼룩, 강벼룩, 왜벼룩,
기어다니는 놈, 뛰는 놈에 비파같이 넙적한 빈대 새끼, 사령 같은 등에 각다귀, 사마귀, 하얀 바퀴벌레, 누런 바퀴벌레, 바구
미, 거머리, 부리 뾰족한 모기, 다리 기다란 모기, 야윈 모기, 살찐 모기, 그리마, 뾰록이, 밤낮으로 쉴 새 없이 물기도 하고
쏘기도 하고 빨기도 하고 뜯기도 하고 심한 피부병 여기서 어렵도다.
그 중에서도 도저히 견딜 수 없는 것은 오뉴월 복더위에 쉬파리인가 하노라.

핵심정리

▷ **작자** 미상
▷ **갈래** 사설시조
▷ **성격** 풍자적, 해학적, 우의적
▷ **표현** ① '물것'을 장황하게 열거함으로써 삶의 괴로움과 고통을 우의적, 해학적으로 표현
② '물것'은 백성을 착취하는 온갖 부류들을 상징하는 것으로 결국 이들을 풍자함
▷ **주제** 세상살이의 어려움 / 가렴주구를 일삼는 탐관오리 비판

이해와 감상

| 감상 |

사람을 괴롭히는 '물것'이 많아서 살기 어려움을 호소하고 있는 노래이다. 사람을 귀찮게 하는 여름철의 곤충(물것)들을 낱낱이 들어, 그 등쌀에 못살겠다는 것을 읊었는데, 여기에서 '물것'은 단순히 '사람이나 동물의 살을 물어 피를 빨아 먹는 벌레의 총칭'이라는 사전적 의미보다는 백성을 착취하는 온갖 부류들을 상징하는 것으로 보아야 할 것이다. 즉 이 노래의 핵심은 백성들을 착취하는 무리들이 너무 많아서 고통을 견딜 수 없는 현실을 풍자하고 있다는 것이다.

이 노래의 표현상 두드러진 특징으로는 중장에서 보는 바와 같이, 열거를 통한 다양한 예시를 들 수 있다. 사람을 괴롭히는 '물것'의 종류를 그렇게 많이 열거할 수 있다는 것도 놀랍지만, 그것을 숨가쁘게 엮어 나가는 익살스런 말투가 절로 웃음을 자아낸다. 사설시조가 아니고는 보여 줄 수 없는 묘미를 흠뻑 담고 있는 작품이라 하겠다. 중장을 길게 확장하여 주의를 집중 시킨 후 종장에서 그러한 점층적 나열을 종합하는 일반적인 사설시조의 원리를 택하였다. 내용은 인간 주변의 온갖 해충을 열거하고 그 괴로움을 호소하는데, 그 가운데서도 더운 여름철의 쉬파리의 피해를 가장 큰 것으로 지적하고 있다. '사령 가튼 등에 아비'란 구절 때문에 이 노래는 민중을 수탈하는 중간층이나 지배층의 횡포를 풍자한 것이라고 주로 평가되어 왔다. 그러나 단 한 구절 외에 그 같은 해석을 시 전체에 대응시킬 만한 명확한 관련 이미지를 발견하기는 어렵다.

이 작품의 가장 두드러진 특징은 해충들의 이름을 거침없이 나열한다는 것이다. 그리고 나열의 방향은 점차 삶에 가해지는 해악의 정도를 더욱 강조하는 쪽으로 가고 있다. 사설시조의 특징이 나열, 병치, 대화체, 언어유희, 욕설 등이라고 한다면 이 시에는 이 중 '나열'의 특징을 사용하고 있다.

종장에서 쉬파리를 다른 해충보다 한층 그 피해가 심각한 것으로 분명하게 구별하고 있다. 이런 관점에서 본다면 쉬파리는 '자기의 지극히 작은 욕심을 채우기에 급급하여 남의 물건을 망쳐놓는' 염치없는 욕심쟁이에 '끊임없이 앵앵대며 남을 헐뜯는' 아첨꾼이며 모사꾼에 비견된 것이라고 볼 수도 있다.

작품 23 ▶ 天寒(천한)코 雪深(설심)흔 날에

천한(天寒)코 설심(雪深)흔 날에 님을 짜라 태산(泰山)으로 넘어갈 제
　갓 버셔 등에 지고 보션 버셔 픔에 픔고 신으란 버셔 손에 들고 천방지방(天方地方) 지방천방(地方天方) 흔 번도 쉬지 말고 허위허위 넘어가니
　보션 버슨 발은 아니 스리되는 여러 번 녑믠 가슴이 산득산득ᄒ여라

　춥고 눈이 많이 쌓인 날에 님을 따라 태산으로 넘어갈 때
　갓은 벗어 등에 지고, 버선은 벗어 품에 품고, 신은 벗어 손에 쥐고, 허둥지둥 우왕좌왕하며 한번도 쉬지 않고 허우적허우적 넘어가니
　버선 벗은 발은 시리지 아니한데 여미고 여민 가슴이 산득산득 시리더라

🖉 핵심정리

▶ **작자** 미상
▶ **성격** 연정가, 해학적, 역설적
▶ **표현** 우리말 사용, 대구, 반복
▶ **주제** (추위도 아랑곳 않는)임에 대한 사랑(그리움)

▶ **특징** ① 대구와 열거를 통해 표현
　　② 역설을 통해 님에 대한 사랑을 강조
　　③ '춥다 – 춥지 않다', '벗다 – 여미다' 등의 대조를 통해 주제를 잘 드러냄
　　④ '천상'이 아니라 '태산'으로 제시된 작품도 있음

🔍 이해와 감상

| 감상 |
　시적 화자가 아주 추운 날 태산을 넘어 임을 찾아가는 상황인데(이본에 따라 '천상'으로 표시된 곳도 있다.) 님을 만나러 가는 길은 춥고 힘든 길인데, 오히려 갓과 신발 버선까지 벗고 간다고 하는 것은 님을 만날 기대에 들떠 허둥대는 것으로 볼 수도 있다. 종장에서 눈길 위의 발은 춥지 않지만 님을 보려는 마음이 산득산득하다고 하여 님에 대한 사랑을 역설적으로 드러내었다.

기출문제

1. 다음은 시의 상징을 이해하기 위한 수업 자료이다. 교사의 지도 내용을 〈보기〉의 지시에 따라 서술하시오. [5점]

2015년 기출 서술형 4번

(가)
　간밤에 부든 브람에 ㉠눈서리 티단 말가
　낙락장송(落落長松)이 다 기우러 가노미라
　허물며 못다 핀 곳이야 닐너 무슴 하리요

　　　　　　　　　　　　　　　　　　- 유응부

　천한(天寒)코 ㉡설심(雪深)한 날에 님을 짜라 태산(泰山)으로 넘어갈 졔
　갓 버셔 등에 지고 보션 버셔 픔에 픔고 신으란 버셔 손에 들고 천방지방(天方地方) 지방천방(地方天方) 한 번도 쉬지 말고 허위허위 넘어가니
　보션 버슨 발은 아니 스리되는 여러 번 녑띤 가슴이 산득산득하여라

　　　　　　　　　　　　　　　　　　- 작자 미상

(나)
　눈 내려 어두워서 길을 잃었네
　갈 길은 멀고 길을 잃었네
　사람도 없는 겨울밤 이 거리를
　찾아오는 사람 없어 노래 부르니
　눈 맞으며 세상 밖을 돌아가는 사람들뿐
　등에 업은 아기의 울음소리를 달래며
　갈 길은 먼데 함박눈은 내리는데
　사랑할 수 없는 것을 사랑하기 위하여
　용서받을 수 없는 것을 용서하기 위하여
　눈사람을 기다리며 노랠 부르네
　세상 모든 기다림의 노랠 부르네
　눈 맞으며 어둠 속을 떨며 가는 사람들을
　노래가 길이 되어 앞질러가고
　돌아올 길 없는 길 앞질러가고
　아름다움이 이 세상을 건질 때까지
　절망에서 즐거움이 찾아올 때까지
　함박눈은 내리는데 갈 길은 먼데
　무관심을 사랑하는 노랠 부르며
　눈사람을 기다리는 노랠 부르며
　이 겨울 밤거리의 눈사람이 되었네
　눈이 와도 녹지 않을 ㉢눈사람이 되었네

　　　　　　　　　　　　　　　- 정호승, 「맹인 부부 가수」

―〈보기〉―
(1) (가)의 ㉠, ㉡이 공통으로 상징하는 의미와 (나)의 ㉢이 상징하는 의미를 밝힐 것
(2) ㉠, ㉡을 관습적 상징, ㉢을 개인적 상징이라고 할 때, 개인적 상징과 구별되는 관습적 상징의 성격을 서술할 것

예상 답안

㉠은 '시련, 고난, 어려움' 등의 의미가 있고, ㉡은 '타인에 대한 배려(사랑), 희망, 따뜻한 인정'의 의미가 있다.
㉠, ㉡의 관습적 상징은 ㉢과 같은 개인적 상징과 달리 첫째, 관례적이고 공공성을 띠어 공동체(대중)가 함께 향유한다는 점, 둘째, 널리 사용되어 그 의미를 쉽게 이해할 수 있다는 점, 셋째, 표현면에서 새로움이나 참신함이 적고 상투적 표현이 된다는 점 등이 그 특징이다.

✅ 고전시가와 현대시가 결합된 문제. 과거에는 시가나 현대시를 결합한 문제가 없었는데, 고전과 현대를 결합하여 제시한 것은 문학사의 연속성 이해를 위해 좋은 시도의 문제. 문학내용학 현대시 분야의 표현 중 '상징'을 바탕으로 한 문제. 의미 파악과 상징의 종류 및 특징 등을 묻는 문제이며 문제도 분명하고 좋은 문제

작품 24 곡구롱(谷口哢) 우는 소리에

곡구롱(谷口哢) 우는 소리에 낮줌 씨여 이러보니
젹은아들 글 니르고 며늘아기 뵈 짜는데 어린 손자는 곳놀이 혼다.
맛초아 지어미 술 걸으며 맛보라고 ᄒ더라.

꾀꼬리 우는소리에 낮잠을 깨어 일어나 보니
작은아들은 글을 읽고 며느리는 베를 짜는데 어린 손자는 꽃놀이하는구나.
마침 아내는 술을 거르며 나에게 맛을 보라 하더라.

핵심정리

▷ **작자** 오경화(吳景化)(가객)
▷ **성격** 사실적, 전원적, 한정가
▷ **제재** 일상적 생활
▷ **주제** 전원의 한가로움과 화목한 가정의 분위기

▷ **특징**
① 한가로운 일상 속 가족의 모습을 나열하여 제시
② 청각적 시각적 이미지를 통해 표현

이해와 감상

| 감상 |

　꾀꼬리 우는 소리에 낮잠을 깨어 일어나 보니, 작은 아들은 책을 읽고, 며늘아기는 베틀에 앉아서 베를 짜고 있는데, 손자 놈은 그 옆에서 꽃놀이에 여념이 없다. 때마침 마누라는 익은 술을 거르면서 잘 익었는가 맛을 보라고 한다. 과거 우리 보통 가정의 전형적인 형태라고 할 수 있는, 전원에 위치한 평화로운 가정생활을 그렸다. 핵가족 운운하는 오늘날에 있어서는 거의 맛보기 어려운 정겨운 정경이다.
　이 시조는 전원에서 생활하는 가정의 일상생활에서 느끼는 행복을 담담하고 진솔하게 읊은 작품이다.
　초장에서는 낮잠을 즐기는 한가로운 생활을, 중장에서는 단란한 가정의 풍경을, 종장에서는 가정의 단란함 속에서 부부가 해로하며 느끼는 행복을 노래하였다. 이렇듯 정겹고 소박한 정경들은 한가족의 화목한 분위기를 잘 표현해 주고 있고, 꾀꼬리, 글 읽는 소리, 베짜는 소리, 술 거르는 소리 등 다양한 청각적 심상이 조화를 이루어 한결 평화로움을 더해 주고 있다.
　이 시조를 읽으면 대가족 제도의 단란한 가정 분위기가 떠오른다. 오늘날 핵가족 제도에서는 찾아볼 수 없는 화목한 분위기가 이 작품 전체를 감싸고 있다.

작품 25 벽사창 밖이 어른어른ᄒ거늘

벽사창 밖이 어른어른커늘 님만 여겨 나가 보니,
님은 아니 오고 명월이 만정(滿庭)한듸 벽오동 져즌 닙헤 봉황이 나려와 짓다듬는 그림재로다
마초아 밤일식만졍 놈 우일 번ᄒ괘라.

창 밖이 어른어른하거늘 임인줄 알고 나가 보니,
임은 안 오고 밝은 달빛이 정원에 가득한데 벽오동 나무 젖은 잎에 봉황새가 내려와 깃 다듬는 모양의 그림자구나
마침 밤이기에 망정이지 낮이었으면 남 웃길 번했구나

핵심정리

- **작자** 미상
- **성격** 연정가, 낭만적, 풍자적, 독백적, 평민적, 환상적, 해학적
- **발상 동기** 밝은 달밤, 독방에 혼자 있으니, 님이 그리워 시상(詩想)이 절로 떠오름
- **주제** 임이 그리워 애타게 기다리는 마음. / 임에 대한 연모(戀慕)의 정(情).
- **특징** ① 형식면에서 평시조와 사설시조의 중간적인 성향을 나타내고 있다.
  ② 풍유법 사용

이해와 감상

| 구성 |

- 초장 : 기(起) - 동기 유발(원인) - 임을 마중나감 - 환각(幻覺)
- 중장 : 승(承) - 원인의 결과 (의인법) - 구름에게 속음.
- 종장 : 결(結) - 행동의 어리석음 (해학적) - 웃음거리가 될 뻔함

| 감상 |

　이 작품에는 여성 화자의 목소리로 임을 초조하게 기다리는 마음이 담겨 있다. 초장은 화자의 임이 오기를 간절히 바라던 마음이 착각을 일으킨 부분이고, 중장은 그 사실을 깨닫게 된 과정이다. 그리고 그런 자신의 행동이 다른 사람들에게 웃음거리가 될 뻔했다는 종장의 내용에서 화자의 해학(諧謔)과 솔직한 심정이 나타나고 있다.
　이 시조는 평민들의 해학적인 감정을 표출하기에 적당한 문학 형태로, 해학적이고도 희화적(戲畵的)이며 평민적인 연정가(戀情歌)라고 추측되고 있다. 그러나 해학적이고 희화적이라고 하여서 반드시 평민의 것이라고 볼 필요는 없다. 양반일지라도 유흥의 자리에서는 사설시조의 목소리를 빌려 흥겨운 감정을 표현하였을 개연성(蓋然性)도 무시할 수는 없기 때문이다.
　옛 시조에서는 '바람소리, 나뭇잎 떨어지는 소리, 개짖는 소리' 등을 임이 오는 소리로 착각하는 표현이 많았는데(청각적), 이 시조에서는 시각적인 표현으로 되어 있다.

작품 26 ▶▶ 재 우희 우쑥 션 소나모

재 우희 우쑥 션 소나모 ᄇ람 불 적마다 흔들흔들
개올에 셧는 버들 므스 일 조ᄎ셔 흔들흔들
님 그려 우는 눈물은 올커니와 입ᄒ고 코는 어이 므스 일 조차셔 후루룩 빗쥭 ᄒ니

고개 위에 우뚝 선 소나무 바람 불 적마다 흔들흔들
개울에 섰는 버들은 무슨 일 좇아서 흔들흔들 (하느냐)
임 그려 우는 눈물 흘리는 것은 맞는데 입하고 코는 어이 무슨 일 좇아서 후루룩 비쭉 하느냐

핵심정리

▷ **작자** 미상
▷ **성격** 해학적, 서민적
▷ **주제** 임에 대한 그리움과 이별의 슬픔
▷ **특징** ① 화자와 대상(자연물)간의 동질성을 바탕으로 임에 대한 화자의 그리움과 이별의 아픔을 표현
② 음성상징어의 활용하여 화자의 정서를 해학적으로 표현 → 화자가 슬픔과의 거리두기를 통한 이별의 아픔을 견뎌 내고 있음.

이해와 감상

| 감상 |

이 작품은 임과 이별한 상황에서 임에 대한 그리움을 자연물의 모습에 대응시켜 그려 낸 연정가로, 임이 그리워 눈물을 흘리는 자신의 얼굴을 해학적으로 표현하여 웃음과 연민을 동시에 자아낸다.

작품 27 갈가보다 말가보다

갈가보다 말가보다 임을 따라서 아니 갈 수 없네.
오늘 가고 내일 가고 모레 가고 글피 가고 하루 이틀 사흘 나흘 곱잡아 여드레 팔십 리를 다 못 갈지라도 임을 따라서 아니 갈 수 없네. 천창만검(千槍萬劍 - 천개의 창과 만 개의 검) 가운데 부월(斧鉞 - 도끼)이 앞에 닥칠지라도 임을 따라서 아니 갈 수 없네. 나무라도 은행나무는 음양을 나누어 마주나 섰고 돌이라도 망부석은 자웅(雌雄)을 따라서 마주나 섰는데,
요 내 팔자는 왜 그리 망골이 되어 간 곳마다 있을 임 없어서 나 못 살겠네.

* 망골 : 언행이 몹시 고약하거나 주책 없는 사람(여기서는 화자 자신)

핵심정리

- **작자** 미상
- **성격** 연정가, 애상적, 한탄적
- **주제** 임에 대한 강렬한 그리움
- **특징**
  ① 자연물과의 대비를 통해 화자의 처지를 부각시킴
  ② 열거와 반복 점층을 통해 화자의 정서를 드러냄

이해와 감상

| 감상 |
임과 함께 있고 싶은 마음을 표현한 사설시조다. 화자는 가는 길이 아무리 멀고, 가는 길에 많은 장애가 있다 하더라도 임을 따라가지 않을 수 없다면서 임과 함께 있고 싶은 간절한 마음을 드러내고 있다. 또한 '은행나무', '망부석'과 비교하여 자신의 처지를 한탄하면서 암수가 마주 보고 서 있는 은행나무처럼 항상 임 곁에 있고 싶다고 말한다.

작품 28 >> 님으란 회양(淮陽) 금성(金城) 오리남기 되고

님으란 회양(淮陽) 금성(金城) 오리남기 되고 나는 삼사월(三四月) 츩너출이 되야
  그남게 그츩이 낙검의 납의 감둧 일으로 츤츤 졀이로 츤츤 외오 풀러 올히 감아 얼거져 플어져 밋븟터 끗까지 죠곰도 뷘틈업시 찬찬 굽의나게 휘휘 감겨 주야장상(晝夜長常) 뒤트러져 감겨잇셔
  동(冬)섯달 바람비 눈설이를 암으만 맛즌들 떨어질 줄 이실야.

님은 회양 금성 오리나무가 되고 나는 삼사월 츩넝쿨이 되어
  그 나무에 그 츩이 거미가 나비 감둧 이리 찬찬 저리 찬찬 왼쪽으로 풀고 오른쪽으로 감아 밑부터 끝까지 죠금도 빈틈 없이 찬찬 구비나게 휘휘 감겨 밤낮으로 뒤트러져 감겼다가
  동짓달 바람비 눈서리 아무리 맞은들 풀릴줄이 있으랴

핵심정리

- **작자** 미상
- **성격** 연정가, 의지적
- **주제** 임과 떨어지지 않고 늘 함께 있기를 바라는 마음
- **특징** ① 구체적이고 자세한 표현을 통해 주제를 드러냄
    ② 화자의 소망과 의지를 츩넝쿨에 빗대어 표현
    ③ 은유법, 직유법, 설의법 사용

이해와 감상

| 감상 |

  이 작품은 임과 함께 영원히 하고 싶은 마음을 노래한 사설시조로 초장ㆍ중장ㆍ종장으로 구성되어 있다. 초장에서는 임과 화자 자신을 오리나무와 츩넝쿨에 비유하였다. 중장에서는 임과 나, 즉 임을 상징하는 오리나무에 감겨서 붙어 있고 싶은 화자의 마음을 츩넝쿨에 비유해서 표현하였다. 그리고 종장에서는 어떠한 일이 있어도 떨어지지 않을 임을 향한 간절한 마음을 노래하였다. 화자의 마음이 점층적으로 드러나고 있음을 알 수 있다. 이 시조의 중장에서 반복적으로 열거된 표현들은 화자의 간절한 소망을 나타내기 위한 것이다.

작품 29 ᄇᆞ룸도 쉬여 넘는 고기

> ᄇᆞ룸도 쉬여 넘는 고기, 구름이라도 쉬여 넘는 고기
> 산진이 수진이 해동청 보ᄅᆞ미라도 다 쉬여 넘는 고봉(高峰) 장성령(長城嶺) 고기
> 그 너머 님이 왓다 ᄒᆞ면 나는 아니 흔 번도 쉬여 넘어가리라.
>
> 바람도 쉬어 넘고 구름도 쉬어 넘는 고개.
> 산에서 자란 매나, 집에서 기른 매나, 송골매, 보라매라도 다 쉬어 넘는 높은 봉우리인 장성령 고개.
> 그 너머에 임이 왔다 하면 나는 쉬지 않고 단숨에 넘어 가겠다.

핵심정리

- **작자** 미상
- **성격** 연정가(戀情歌), 연정적, 사모적, 열정적.
- **주제** 임에 대한 강렬한 사랑의 의지
- **특징** ① 과장법, 열거법, 점층법.
  ② 가정을 통해 사랑의 의지를 강조함
  ③ 사랑을 성취하고자 하는 적극적이고 노골적인 의지가 드러나며, 조선시대 전형적 영인과 다른 적극적인 여인상이 드러남

이해와 감상

| 감상 |

임에 대한 그리움을 노래한 작자 미상의 사설시조로서 사랑하는 임을 그리는 마음이 가식 없이 진솔하게 나타나 있다. 〈청구영언(靑丘永言)〉과 〈악학습령(樂學拾零)〉 등에 전한다.

바람도, 구름도, 매도 모두 거칠 것이 없이 하늘을 나는 것들인데, 그것들도 쉬어야만 넘을 수 있는 높은 고개가 있다. 그러니 사람의 힘으로는 몹시 넘기 힘드는 고개일 것이다. 그러나 그 너머에 내가 사랑하는 임이 와 계시다면 한 번도 쉬지 않고 넘어 가겠다는 대담하고 솔직한 표현으로 임에 대한 강렬한 그리움을 노래했다. 임에 대한 그리움을 진실하고 솔직하게 표현했을 뿐만 아니라 사랑을 성취하고자 하는 적극적 의지를 담고 있다.

임을 그리는 마음이 가식 없이 진솔하게 나타난 강렬한 사랑을 노래한 시로서, 바람도 쉬어 넘고 구름이라도 쉬어 넘는 높은 고개에, 그리고 모든 매들까지도 다 쉬어 넘는 그 고개 너머 임이 와 있다면, 나는 단숨에 임을 보기 위해 넘겠다는 그 정열은 사랑의 열정을 진솔하게 강렬하게 내보이고 있다.

작품 30 >> 청천(靑天)에 떳ᄂᆞᆫ 기러기 한 쌍

청천(靑天)에 떳ᄂᆞᆫ 기러기 한 쌍 한양성대에 잠깐 들러 쉬여갈다.
이리로셔 져리로 갈 졔 내 소식 들어다가 님의게 젼하고 져리로셔 이리로 올 졔 님의 소식 들어 내 손ᄃᆡ 브듸 들러 젼하여 주렴.
우리도 님 보랴 밧비 가는 길이니 젼ᄒᆞᆯ 동 말 동 ᄒᆞ여라.

하늘에 떠 있는 기러기 한 쌍아, 한양성대에 잠깐 들러 쉬어 가거라
이곳에서 저곳으로 갈 때 내 소식 들어다가 님에게 전해주고, 저곳에서 이곳으로 올 때 님의 소식 들어 나에게 부디 전해 주렴
우리도 님 보러 바쁘게 가는 길이니 전할 동 말 동 하구나

핵심정리

▷ **작자** 미상
▷ **성격** 해학적, 연정적
▷ **주제** 임의 소식을 알고 싶고 그리워하는 마음

▷ **특징**
① 기러기를 의인화하여 표현
② 기러기와의 문답을 통해 화자의 정서 강조

이해와 감상

| 감상 |

이 시조는 화자와 기러기와의 대화 형식을 통해 임을 그리워하는 화자의 마음을 효과적으로 드러내고 있는 작품이다. '기러기'는 예로부터 서로 왕래가 어려운 사람끼리의 소식을 전해 주는 동물로 알려져 있는데, 이 작품에서도 화자는 임의 소식을 전해 주는 매개체로서의 역할을 기러기에게 기대하고 있다. 그러나 기러기는 임을 보러 날아가고 있는 것과 달리 화자는 임의 소식을 알 수도, 임을 보러 갈 수도 없다는 점에서, 이 작품은 화자와 기러기를 대비시켜 임을 만날 수 없는 안타까움을 강조하는 작품으로 해석할 수 있다.

제7절 사설시조 작품 감상 (2) 기타 작품

1. 술이라 하는 것이 어이 생긴 것이건데
   일배일배 우일배하면 근심에 기쁨 한에 즐거움 신음자도 노래하니
   아마도 시름 니즐 것은 술 뿐인가 하노라.

2. 色(색)又치 됴흔 거슬 그 뉘라셔 말리는고
   穆王(목왕)은 天子(천자) ㅣ로되 瑤臺(요대)에 宴樂(연락)ᄒᆞ고 項羽(항우)는 天下壯士(천하장사) ㅣ로되 滿營秋月(만영추월)에 悲歌慷慨(비가강개)ᄒᆞ고 明皇(명황)은 英主(영주) ㅣ로되 解語花(해어화) 離別(이별)에 馬嵬驛(마외역)에 우럿ᄂᆞ니
   ᄒᆞ믈며 날ᄀᆞ튼 小丈夫(소장부)로 몃百年 살리라 ᄒᆡ올 일 아니ᄒᆞ고 욕절업시 늘그랴. [성, 열거]

3. 半(반)여든에 첫 계집을 ᄒᆞ니 어렷두렷 우벅주벅
   주글 번 살 번 ᄒᆞ다가 와당탕 드리ᄃᆞ라 이리져리 ᄒᆞ니 老都令(노도령)의 ᄆᆞ음 홍글항글
   眞實(진실)로 이 滋味(자미) 아돗던들 걸젹보터 흘랏다 [성, 진솔한 감정, 표현]

4. 각씨네 더위들 사시오 일은 더위 느즌 더위 여러 ᄒᆡ포 묵은 더위
   오뉴월 복 더위에 정에 님 만나이셔 ᄃᆞᆯ 불근 평상 우희 츤츤 감계 누엇다가 ᄆᆞ음 일 ᄒᆞ엿던디 오장이 번열하여 구슬 땀 흘니면서 헐덕이는 그 더위와 동지ᄃᆞᆯ 긴긴 밤의 고온 님 품의 들어 ᄃᆞᆺᄒᆞᆫ 아ᄅᆞᆷ목과 둑거운 니불 속에 두 몸이 훈몸 되야 그리져리 ᄒᆞ니 수족이 답답ᄒᆞ고 목굼기 타올 적의 옷목에 ᄎᆞᆫ 슝늉을 벌덕벌덕 켜는 더위 각씨네 사려거든 소견대로 사시옵소
   쟝ᄉᆞ야 네 더위 여럿 듕에 님 만난 두 더위는 뉘 아니 됴화ᄒᆞ리 놈의게 ᄑᆞ디 말고 브ᄃᆡ 내게 ᄑᆞᄅᆞ시소 [성, 대구, 열거, 진솔한 감정]

5. 사랑 사랑 고고이 맺힌 사랑 온 바다를 두루 덮는 그물같이 맺힌 사랑
   往十里 踏十里라 참외넝쿨 수박넝쿨 얽어지고 틀어져서 골골이 뻗어가는 사랑
   아마도 이 님의 사랑은 가없는가 하노라

MEMO

최병해
고 / 전 / 시 / 가

chapter 9 가 사

제1절 가사 이해
제2절 가사 작품 감상 (1) 조선 전기
제3절 가사 작품 감상 (2) 조선 후기

제1절 가사 이해

> **출제방향**
> - 가사의 개념
> - 가사의 형식적 특징
> - 조선 후기 가사의 특징
> - 주요 가사 작품 감상
> - 가사의 기원 및 발생 시기
> - 전·후기 가사의 비교
> - 서민 가사의 특징

01 가사의 특징

1. 정의
(1) 가사란 고려 말에 경기체가가 쇠퇴하면서 나타난 시가 문학으로, 조선조에 들어와 본격적으로 창작되어 주로 사대부 사회에서 널리 유행하였던 문학이다.
(2) 노래로 부르기보다 주로 읊조리기 위해 쓰여진 4음보 운문(율문)의 가사이다.

2. 형식
(1) 4음보 연속체로 이루어진 운문장(율문장)이다.
(2) 한 음보를 이루는 음절수는 3·4조 또는 4·4조의 음절이 많다.
(3) 행의 길이에는 제한이 없다.
(4) 마지막 행이 시조의 종장처럼 '3·5(6·7)·4·3'으로 되어 있는 것은 정격 가사, 그렇지 않은 것은 변격 가사라 한다.

3. 내용
(1) 기본 갈래의 측면
  ① 서정적 가사, ② 서사적 가사, ③ 교술적 가사, ④ 극적 가사
(2) 내용의 측면
  ① 조선 전기 : 강호한정, 연주충군, 사대부 여인의 신세 한탄 등
  ② 조선 후기 : 강호한정, 연주충군 외에 조선 후기 시대상을 반영한 다양한 내용

4. 가사의 발생과 기원
고려 말 나옹 화상의 「서왕가」를 가사의 효시로, 조선 전기 정극인의 「상춘곡」을 가사 형식이 정착된 작품으로 본다.
(1) 경기체가 후 3구의 4음보 영향과 교술 갈래의 영향을 받았다.
(2) 시조의 내용과 시조의 4음보 및 시조 종장의 영향을 받았다.
(3) 시집살이 노래와 같은 4음보 교술 민요의 영향을 받았다.
(4) 한시에 토를 다는 과정에서 발전했다는 의견도 있다.

5. 가사의 작자
(1) 조선 전기 : 주로 양반 사대부
(2) 조선 후기 : 작가층은 점차 서민과 부녀자들까지 작자층이 확대
(3) 구한말과 개화기 : 지식인들이 자신의 주장을 개진

6. 그 밖의 특징
(1) 한국 고전문학에서만 볼 수 있는 독특한 문학 형태로, 시조와 함께 조선조의 대표적 국문 시가이다.
(2) 문체는 운문과 산문의 중간 문체로 가사체라 한다.
(3) 경기체가, 악장, 시조, 교술 민요, 한시 등에 기원을 두고 있는 것으로 본다.
(4) 기본 갈래에 대해서는 여러 가지 이견이 있으나, 교술 장르로 이해하는 경우가 많다.

02 가사의 변모 양상

가사는 조선 전기와 후기 사이에 ① 작자층, ② 형식과 율격, ③ 주제와 소재 등에 있어서 많은 변화를 겪으며 전개되었다.

1. 조선 전기의 가사
이 시기는 가사 문학이 발생된 이후부터 임진왜란 전·후까지로, 가사 문학이 발생하여 그 장르적 양식이 형성, 완성되어 가던 과정의 시기이다.

(1) 작자
① 이 시기의 작자는 주로 양반 사대부들로서, 한편으로는 한시와 시조를 통해 서정의 표현을 추구하면서 다른 한편으로는 가사의 유연한 포용력을 빌어 여러 가지 생활 체험과 흥취 및 신념을 보다 자유로이 노래하였다.
② 가사 문학에 있어서 쌍벽으로 알려진 송강(松江)을 비롯하여 송순(宋純) 같은 훌륭한 작가들이 배출되었다.
③ 특징
　㉠ 이 시기의 작가들은 호남 지역에 집중적으로 밀집되어 있었으며 정극인의 「상춘곡」이 송순의 「면앙정가」로 그것이 다시 정철의 「성산별곡」에 많은 영향을 주는 등, 상호 밀접한 관계를 형성하였다.
　㉡ 여류작가인 허난설헌도 이 시기에 나타났다.

(2) 형식과 율격
① 3·4조의 短長의 상승 리듬 : 전기 가사의 형식은 조선 후기의 4·4조의 長長의 수평 리듬에 비해 앞이 가볍고 뒤가 무거운 특징을 갖는다. 이것은 전·후 비중의 차이에서 오는 율격의 쾌감을 즐긴 것이다.
② 가사의 길이가 100행 내외로 후기 가사에 비해 몹시 짧은 특징이 있다.
③ 1행 4음보의 원칙에서 벗어나는 편구현상(片句現像)은 특히 시상을 전환할 때 많이 생긴다.
④ 정격 가사 : 결사(結詞)의 형태가 마지막 행을 시조의 종장과 같은 형태로 끝맺는 방식으로 전기 가사에 많이 나타나는 모습이다.

(3) 주제와 소재
고려 말, 가사의 발생 초기에는 종교적 색채가 강한 작품이나 교훈적인 작품 등으로 그 소재와 주제가 한정되었으나 조선조에 들어서면 다양화되는 현상을 보인다.
① 강호 가사
산수자연에서 노니면서 자연의 아름다움을 발견하고 자신을 수양하는 것으로 강호한정의 가사들은 다음과

같은 일정한 전개 방식이 있다.
- ㉠ 서사 : 강호에 머무르게 된 취지, 혹은 자연을 찾아가는 화자의 모습을 노래
- ㉡ 본사 : 대자연 속에 살아가는 화자의 생활양식을 표현
- ㉢ 결사 : 강호에 살면서 안빈낙도(安貧樂道)하겠다는 뜻과 성은(聖恩)에 감사한다는 자기 인식, 혹은 깨달음(결의)을 표현

② 기행 가사
- ㉠ 서사 : 기행의 목적과 동기 표현
- ㉡ 본사 : 자연경개를 살펴보는 과정을 표현
- ㉢ 결사 : 기행을 통해서 느낀 감정과 군주에 대한 충성을 노래
- ㉣ 예 「관서별곡」, 「관동별곡」

③ 유배 가사
- ㉠ 유배지에서의 고초와 고독감 속에서도 연군지정(戀君之情)을 잊지 않은 작자의 절실한 심정이 담겨 있다.
- ㉡ 내용 : 유배지로 가는 도중에 겪은 어려움이나 주변의 경관을 노래하고 좌절감과 패배의식을 임금에 대한 충성심으로 극복하면서 임금 곁으로 다시 돌아가서 충성을 다하겠다는 의지를 나타낸다.
- ㉢ 예 「만분가」, 「사미인곡」, 「속미인곡」

④ 교훈 가사
- ㉠ 유교적 윤리와 이념을 널리 전파하고, 사람이 지켜야 할 떳떳한 도리를 잘 가르쳐 타이르는 것을 주목적으로 한다.
- ㉡ 주로 조선조의 정치이념인 유학에서 강조하는 인의예지(仁義禮智)를 최고의 이념으로 보고, 이것을 실현하기 위한 여러 가지 방법들을 제시하였다.
- ㉢ 예 「권선지로가」, 「도덕가」, 「자경별곡」

2. 조선 후기의 가사

임·병 양란이 끝난 17세기부터 19세기 말기까지를 가리키는데 가사의 작자층이 확대되면서 서민가사, 내방가사, 기행가사, 개화가사 등 새로운 모습의 작품들이 많이 나타난다.

(1) 작자

조선조 후기는 사대부 작자를 비롯하여, 중인 이하 서민층으로 보이는 무명씨 작자, 그리고 승려나 귀화인, 또는 여성 작자가 대거 출현하였다.
- ① 다작 작가(多作 作家) : 박인로의 경우 「태평사」, 「선상탄」, 「사제곡」, 「누항사」, 「독락당」, 「노계가」, 「입암별곡」, 「소유정가」 등 많은 작품을 남겼다.
- ② 승려 작가(僧侶 作家) : 나옹 화상의 「서왕가」처럼 많은 문제점을 안고 있는 것이 아닌, 서지학적으로 확실한 침굉선사(枕宏禪師)의 「귀산곡」, 「청학도가」, 「태평곡」이 나타났다.
- ③ 귀화인 작가(歸化人 作家) : 왜병으로 이 땅에 들어와 귀화한 김충선이 「모하당술회」를 지었다.
- ④ 무명씨의 작품 : 작품의 내용이나 표현방식, 어휘 등을 보아서는 서민층이 지은 것으로 볼 수 있는데, 작자가 알려지지 않고 있기 때문에 일단 무명씨라고 한다.
- ⑤ 여성 작자 : 정부인 연안 이씨의 「쌍벽가」와 「부여노정기」, 김대비(金大妃)의 「훈민가」가 있다.

(2) 형식과 율격
- ① 4·4조의 수평 리듬의 율조가 중심을 이루면서 세련된 리듬감이 줄어든다.
- ② 가사의 길이가 길어지는 경우가 많고, 장편 기행 가사와 같이 긴 작품도 나타난다.
- ③ 율격의 파격 : 기존의 가사는 3·4조나 4·4조의 4보격이 중심이었으나 노계 가사에서는 1행이 6음보로 이루어지거나 2음보나 3음보가 1행을 이루는 파격이 나타나는데 이러한 현상은 낭송위주로 되면서 사의 전달(詞意傳達)을 우선으로 하는 가운데 생겨난 현상이라 보여진다.
- ④ 결사(結詞)의 형태가 마지막 행을 시조의 종장과 같은 형태로 끝맺지 않는 변격 가사가 많이 나타난다.

⑤ 「지수정가(止水亭歌)」 이후 서두에 산문적인 사설을 넣어 가사가 산문화 내지 장형화할 소지를 보여준다.
⑥ 가사가 민요, 판소리, 소설 등을 다양하게 수용하여 갈래 교섭이 일어나는 현상을 보인다.

(3) 주제와 소재

조선 후기의 가사는 전기의 주제와 소재를 그대로 물려받은 것이 많으며 전쟁을 노래한 것, 현실 비판적인 것, 애정을 주제로 한 것, 삶을 노래한 것, 종교적인 것 등 주제와 소재가 확대되는 현상을 보여준다.

① 조선 전기와 같은 주제
  ㉠ 강호 가사 : 「사제곡」, 「노계가」, 「낙은별곡」, 「개암가」 등
  ㉡ 기행 가사 : 「출색곡」, 「북정가」, 「서정별곡」, 「일동장유가」 등
  ㉢ 유배 가사 : 「자도사」, 「북관곡」, 「별사미인곡」, 「만언사」, 「북천가」
  ㉣ 교훈 가사 : 「심진곡」, 「낭유사」, 「도통가」 등

② 주제와 소재의 확대(후기 가사의 특징)
  ㉠ 전란 가사(戰亂歌辭) : 임진왜란, 정묘호란을 소재로 한 작품이 새롭게 등장하였다.
    • 전쟁의 비참함 묘사 : 「태평사」, 「용사음」
    • 침략자에 대한 적개심 표현 : 「태평사」, 「용사음」
    • 포로가 되어 고향을 그리워 함 : 「도대마도가」, 「재일본장가」
  ㉡ 실용적인 가사 : 미풍양속과 농사일을 권장하는 것으로 「농가월령가」, 「전원사시가」 등
  ㉢ 현실비판 가사 : 「용사음」, 「고공답주인가」, 「영남가」 등으로 사회에 대한 비판과 찬양을 아울러 나타내고 있다.
  ㉣ 서민 가사
    • 현실에 대한 비판, 풍자, 서민들의 고달픈 삶 : 「갑민가」, 「거창가」 등
    • 기존 관념이나 유교윤리를 지키는 세태 비판 : 「용부가」, 「우부가」
    • 남녀 사랑의 내용(애정가사) : 상사별곡, 사대부 작자인 민우룡의 「금루사」 등
  ㉤ 종교 가사 : 신도들 간에 은밀히 전파된 경우가 많다.
    • 동학가사 : 「용담가」
    • 천주가사 : 「십계명가」
  ㉥ 개화기 가사
    • 독립투쟁 가사 : 「대한복수가」
    • 신문명에 대한 비판과 찬양 가사 : 「성조감구가」, 「동유감흥록」

(4) 특징

① 형식 면에서의 변화 즉, 기본 음수율도 4·4조가 대부분이고 종구(終句)도 4·4·4·4조가 많다. 즉, 변격 가사가 주종을 이룬다.
② 현실적인 것을 내용으로 하고 산문화되었다.
③ 조선 후기 가사는 전기의 양반가사에 이어 평민가사, 내방가사, 장편 기행가사가 등장하고 장편화되었다.
④ 내방 가사는 여자들의 희로애락과 예의범절, 현모양처의 도리 등 부녀자들의 심정과 생활을 노래한 것으로 두루마리에 적혀 전한다.
⑤ 기행 가사, 유배 가사, 서사적 내방 가사, 평민 가사 등의 형식은 운문이나, 내용은 다분히 산문적이다. 평민 가사 중 노래로 불려진 것은 잡가이다.
⑥ 갑오개혁 이후 개화기 가사로 이어져갔다.
⑦ 조선 말기에는 신앙의 고백이나 포교의 성격을 띤 천주교 가사와 동학 가사들이 새롭게 지어져 종래의 유교 사상을 배경으로 한 것과는 전혀 다른 작품들이 나타났다. 이들은 다음에 오는 개화기 가사에 많은 영향을 주었다.

3. 조선 전기 가사와 후기 가사의 비교

구분	조선 전기 가사	조선 후기 가사
작자	사대부	다양한 작가(여인, 승려, 평민, 사대부)
내용 (주제)	① 연주충군 + 강호한정 :「사미인곡」,「관동별곡」,「면앙정가」 ② 연주충군 :「속미인곡」 ③ 강호한정 :「상춘곡」 (단,「규원가」는 사대부 여인의 신세한탄)	① 전기 가사의 내용 계승 : 연주충군, 강호한정(강호, 연군, 교훈, 기행 가사) ② 조선 후기 시대상의 변화를 담은 내용 :「누항사」,「고공가」, 서민가사 등 ③ 전쟁 가사, 기행 가사, 설화·역사 소재 가사, 내방 가사 등이 나타남 ④ 서민가사 : 기존 도덕이나 관념 비판, 남녀의 사랑, 사회상의 혼란 비판 및 풍자의 내용
형식	① 3·4조 상승리듬 ② 100행 이내의 짧은 가사 ③ 정격가사 ④ 4음보를 지키지 못한 행이 드물게 나타남(시상의 전환)	① 4·4조의 수평리듬 ② 장편가사 ③ 변격가사 ④ 4음보를 지키지 못한 행이 많이 나타남 → 가사의 뜻 전달 위주(산문화 영향)

03 가사의 유형 이해

1. 강호 가사(은일 가사)

양반 사대부들에 의해서 주로 지어진 작품으로 시골에서 자연을 벗하여 한가롭게 삶을 살아가는 모습과 정서를 노래한 작품이다. 다음과 같은 형식으로 전개되는 경우가 많다.

서사	강호에 머무르게 된 취지, 혹은 자연을 찾아가는 화자의 모습을 노래
본사	대자연 속에 살아가는 화자의 생활양식을 표현
결사	강호에 살면서 안빈낙도(安貧樂道)하겠다는 뜻과 성은(聖恩)에 감사한다는 자기 인식, 혹은 깨달음(결의)을 표현

(1) 전원에서 한가로운 생활을 느끼는 정서를 노래한 것
「상춘곡(賞春曲)」,「면앙정가(俛仰亭歌)」,「환산별곡(還山別曲)」,「강촌별곡(江村別曲)」,「강호별곡(江湖別曲)」,「성산별곡(星山別曲)」,「강호청가(江湖淸歌)」,「강촌만조가(江村晩釣歌)」,「사제곡(莎堤曲)」 등

(2) 곤궁하게 살면서도 천도(天道)를 지키겠다는 안빈낙도의 정신을 노래한 것
「누항사(陋巷詞)」,「노계사(蘆溪詞)」,「낙빈가(樂貧歌)」,「매호별곡(梅湖別曲)」,「목동가(牧童歌)」,「목동문답가(牧童問答歌)」 등
① 정극인「상춘곡」: 정극인이 만년에 고향인 전북 태인(泰仁)에 은거하면서 속세를 떠나 자연 속에 묻혀 사는 정서와 후진을 훈도(訓導)하려는 생각을 읊은 것이다.
② 박인로「누항사」: 안빈낙도의 사상이 잘 드러난 작품으로 곤궁한 생활을 하면서도 자연을 벗삼아 사는 선비의 꿋꿋한 기개가 잘 묘사되어 있는 것이 특징이다.
③ 조우인「매호별곡」: 속세를 떠나 자연 속에서 노니는 삶이 더없이 즐겁고 보람되다는 것을 노래하고 있다.

2. 연군 가사(유배 가사)

(1) 연군 가사는 군왕을 사모하는 마음과 충성을 맹세하는 것을 주제로 한 작품들이다. 임금에 대한 충성을 강조한 가사는 주로 유배가서 지은 경우가 많기 때문에 유배 가사라고도 한다.

(2) 이러한 작품군에 속하는 작품들로는 정철의 「전후사미인곡(前後思美人曲)」, 김춘택의 「별사미인곡(別思美人曲)」, 이진유의 「속사미인곡(俗思美人曲)」 등 일련의 사미인곡계 가사들과 「만분가(萬憤歌)」, 「북천가(北遷歌)」, 「청년회심곡(靑年回心曲)」, 「사군은가(思君恩歌)」 등을 들 수 있다.

(3) 주요 작품
① 정철 「사미인곡」, 「속미인곡」: 이 두 작품은 우리나라 가사 작품 중 충신연군이 가장 잘 표현된 대표작으로 손꼽히는 작품으로 비록 멀리 귀양가 있기는 하지만 임금에 대한 충성은 변함이 없다는 것을 강조한 충신연군의 가사이다.
② 조위 「만분가」: 어느 누구에게도 호소할 길 없는 울분을 옥황(玉皇)에게 하소연하면서 임금에 대한 그리움과 충성을 강조한 노래이다.

3. 기행 가사

사대부가 외국을 여행하거나 임지에 부임하는 과정에서 보고 듣고 느낀 것을 서술한 것이다.

서사	기행의 목적과 동기 표현
본사	자연경개를 살펴보는 과정을 표현
결사	기행을 통해서 느낀 감정과 군주에 대한 충성을 노래

(1) 조선 전기의 작품으로 관리가 임장에 부임하는 과정이나 관할 지역의 경치를 둘러 보고 쓴 작품
① 백광홍 「관서별곡」: 백광홍이 평안도 평사가 되어 관서 지방을 두루 돌아보면서 읊은 가사이다.
② 정철 「관동별곡」: 정철이 강원도 관찰사가 되어 관동 지방을 두루 돌아보면서 읊은 가사이다.
③ 연안 이씨 「쌍벽가」: 안동에서 부여까지의 노정기(路程記)와 부군(府君)의 부임 장면을 읊은 것이다.

(2) 조선 후기 외국에 사신으로 갔다가 그 곳의 풍물을 읊은 작품
① 김인겸 「일동장유가」: 장편화된 작품의 대표적인 노래로 일본통신사를 수행해서 갔던 김인겸이 일본을 거쳐 이듬해 7월에 다시 서울로 돌아와서 임금을 뵈올 때까지의 여정을 묘사한 가사이다.
② 홍순학 「연행가」: 중국에 가는 사신에 서상관(書狀官)으로 수행했던 홍순학이 지은 것으로 서울에서 북경까지의 노정기와 여행 과정에서 보고 들은 풍물을 수천 행에 달하는 장편으로 엮은 가사이다.
③ 그 밖에 「금강별곡(金剛別曲)」, 「금강속별곡」, 「출색곡(出塞曲)」, 「향산록(香山錄)」, 「금당별곡(金塘別曲)」, 「기성별곡(箕城別曲)」, 「서정별곡(西征別曲)」 등이 있다.

4. 교훈 가사

(1) 교훈 가사는 사람이 삶을 살아 나가면서 지켜야 할 윤리 도덕을 서술한 노래이다. 주로 삼강 오륜을 강조하는 것이 주된 내용이다.

(2) 「도덕가」, 「권의지로사(勸義指路辭)」, 「금보가(琴譜歌)」, 「상저가」, 「자경별곡(自警別曲)」, 「삼강오륜자경곡」, 「길몽가(吉夢歌)」, 「격몽가(擊蒙歌)」, 「격세설(擊世說)」, 「낭유사(郞乳詞)」, 「심진곡(尋眞曲)」, 「낭호신사(朗湖新詞)」, 「안택가」, 「오륜가」, 「경세가」 등이 있다.

(3) 주요 작품
① 「도덕가」: 작자와 제작 연대를 정확히 알 수 없는 작품, 3강 5륜을 모든 것의 근본으로 삼아야 한다는 유학의 이념을 강조한 대표적인 교훈 가사이다.
② 교훈 가사는 문학적인 수사나 표현이 뛰어난 작품은 없으나 윤리와 도덕을 지킬 것을 강조하는 도학자의 면모가 잘 나타난다.

5. 풍속 가사

우리 민족이 지켜온 고유한 습속에 대한 것과 농사를 권장하는 것을 내용으로 하는 가사로 「농가월령가(農家月令歌)」, 「농부가(農夫歌)」, 「전원사시가(田園四時歌)」, 「초부가(樵夫歌)」, 「귀농가(歸農歌)」 등이 있다.

(1) 「농부가」 : 농업이 천하지대본(農者天下之大本)임을 말하고 농사일을 힘써서 할 것을 강조한 일종의 '권농가'라고 할 수 있다.

(2) 율곡 「전원사시가」 : 농촌의 사계를 농민들의 생활과 연결시켜 노래하고 있다.

6. 애정 가사

(1) 애정 가사는 후기 가사에 와서 노골적인 표현과 함께 대거 등장한다.

(2) 주요 작품
① 민우룡 「금루사」 : 제주 기생과의 사랑을 그린 작품이다.
② 「사랑가」 : 상사지정(相思之情)으로 전전긍긍하는 여성의 심리가 잘 묘사되어 있다.
③ 허난설헌 「규원가」 : '상사가(相思歌)'로 결혼생활이 원만치 못한 상태에서 이성을 그리워하는 마음이 맺혀서 미움이 된 서러운 심정을 잘 묘사한 작품이다.

7. 종교 가사

가사의 효시 작품을 「서왕가(西往歌)」라고 한다면 가사는 종교적인 색채를 띤 것에서 유래했다고 할 수 있다. 가사 발생 초기에 보이던 이러한 종교 가사는 조선 시대에는 거의 나타나지 않다가 개화기를 맞아서 그 모습을 드러낸다.

(1) 불교 가사
「서왕가(西往歌)」, 「심우가(尋牛歌)」, 「낙도가(樂道歌)」, 「승원가(僧元歌)」, 「청학동가(靑鶴洞歌)」, 「태평곡(太平曲)」, 「회심곡(回心曲)」, 「승가사(僧歌詞)」, 「귀산곡(歸山曲)」, 「우답가(又答歌)」, 「승녀답가(僧女答歌)」 등

(2) 천도교 가사
「교훈가」, 「안심가」, 「용담가(龍潭歌)」, 「몽중노소문답가(夢中老少問答歌)」, 「도수사(道修詞)」, 「권학가(勸學歌)」, 「도덕가」, 「자신책가」, 「충효가」 등

(3) 천주 가사
천주교가 신앙을 뿌리박을 적에 포교나 신자들의 신앙 가요로서 몇 편의 찬가들로 비밀리에 작사·전송된 것이다.

(4) 주요 작품
① 나옹 화상 「서왕가」 : 해인사 「염불보권운」에 실린 96구의 불교가사로 백년 탑돌이 하루 아침 티끌이요, 삼일 동안의 염불이 오히려 백년 겁의 보배라는 내용이다.
② 휴정 「회심곡」 : 이승에서 착한 일을 하여야만 죽어서 극락왕생할 수 있다는 것이 주된 내용으로 상여노래의 일부로 불려지고 있다.
③ 최제우 「용담가」 : 천도교의 교리를 전파할 목적으로 지은 것으로 봉건사회의 질곡을 깨고 한울님 아래 평등한 인간의 세상을 만들자는 내용이다.

8. 서경 가사

(1) 서경 가사는 자연의 풍경을 묘사한 것으로서 그것을 보고 느낀 작자의 감정을 연결시켜 묘사한 가사이다.

(2) 「개암가(皆岩歌)」, 「천풍가(天風歌)」, 「월선헌십육경가(月先軒十六景歌)」, 「백상루별곡(白祥樓別曲)」, 「희설가(喜雪歌)」, 「완산가(完山歌)」, 「향산별곡(香山別曲)」, 「향산가」, 「합강정선유가(合江亭船遊歌)」, 「선루별곡(船樓別曲)」, 「사시풍경가」, 「울도선경가(鬱島仙境歌)」, 「악양루가(岳陽樓歌)」, 「소상팔경가(簫湘八景歌)」, 「자운가(紫雲歌)」 등을 들 수 있다.

(3) 주요 작품
　① 조성신 「개암가」 : 조성신이 향리에 있는 개암정을 중심으로 한 풍경을 읊은 것이다.
　② 「사시풍경가」 : 제작 연대와 작자를 알 수 없는 작품으로 계절의 변화와 작자의 정서가 잘 조화되어 서경 가사로서의 면모를 갖추었다.

9. 서민 가사

(1) 서민 가사와 양반 가사의 공통점
　① 4음보 무제한 연속체로서 비연시이다.
　② 행의 수가 일정하지 않다.
　③ 음보의 변화도 없어 단조롭다.

(2) 서민 가사와 양반 가사의 차이점
　① 양반 가사는 시조 종장과 같은 결사 형식이 나타나고 서민 가사는 이러한 형식이 사라졌다.
　② 양반 가사는 주로 연주충군, 안빈낙도, 유교도덕, 강호한정 등의 내용인데, 서민 가사는 이러한 유교적 이념에서 벗어나 현실모순의 폭로와 비판, 기존 관념에 대한 도전과 인간 본성 추구, 연정 및 신세 한탄 등으로 나타난다.

(3) 서민 가사의 내용
　① 현실 모순을 폭로하고 비판한 것 : 「갑민가」, 「기음노래」, 「거창가」, 「민원가」 등
　　이들 노래는 당대 모순을 비판하고는 있으나 문제의 근원을 파헤치거나 해결의 구체적 방법을 찾지 못한 한계가 있다.
　② 기존 관념에 대한 도전과 인간본성 추구 : 「우부가」, 「용부가」, 「화전가」, 「노처녀가」 등의 작품이 있고, 서사화의 경향을 보이면서 소설 장르에 수렴될 가능성을 보인다.
　③ 연정을 그린 것 : 「양산화답가」, 「거사가」, 「오섬가」 등

10. 내방 가사

(1) 내방 가사는 조선 후기에 영남을 중심으로 하여 주로 규방에서 부녀자들에 의해 지어지고 전승된 가사이다. (하지만, 그 전승 범위가 전국적으로 확대될 수 있고, 또 반드시 작자가 반드시 부녀자에게만 국한되지는 않는다.)

(2) 내방 가사의 흐름
　① 효시 : 허난설헌의 「규원가」 - 연정 및 신세 한탄
　② 초기 작품 : 「규중행실가」, 「열녀가」 - 유교적인 윤리도덕관을 강조
　③ 후기 작품 : 「춘유가」, 「감회가」, 「화조가」, 「사친가」 - 화전 놀이와 관련되고, 여성들의 삶에 대한 짙은 애수, 민요적 성격도 지님
　④ 내방 가사는 부녀자들의 신변잡기와 사모의 정과 신세자탄으로부터 자연미의 예찬 등 다양한 서정 가요로 나타나지만, 나중에 가서는 취재의 빈곤 탓인지 차츰 설화, 전기, 고사 등에서 소재를 취하게 됨에 따라 내방 가사로서의 순수성을 상실하고, 소설적인 구조로 발전되었다.

04 가사에 대한 논의

1. 가사의 형성, 역사 명칭 및 의미

　조윤제는 가사가 시가와 산문의 성격을 공유해 모호하고도 자유로운 형태의 문학, 즉 '서정(운율, 감정 표현 강함)+서사(서술적, 이야기식 전개)'라고 파악했다. 이병기와 정병욱, 서원섭은 이를 시가의 일종으로, 이능우는 수필로 파악했다. 장덕순은 가사를 시가에 속하는 것과 수필에 속하는 것으로 양분했다. 서정적 가사는 서정 장르로 송강 가사가 그 예이며, 서사적 가사는 서사 장르로 조선 후기 기행 가사가 그 예이다. 조동일은 4분 체계에 의해 교술 장르류의 한 장르종이라 파악했다. 대체로 가사에 대해서는 장덕순의 견해+시가적 견해가 강해 대체로 시가로 보는 경향이 있다. 즉, 형식 면에서 보면 현존 가사는 그 내용 면에서 시가적이건, 수필적이건 간에 모두 운문 형식을 취해 형식 면에서는 시가라 할 수 있다. 내용 면에서는 수필적인 것이 있어도 서정적인 것이 더 많이 있으며, 모든 가사가 운문으로 되어 있어 시가 장르에 속한다고 할 수 있다.

　가사의 발생에 대해서는 다양한 설이 있다. 먼저, 경기체가 발생설로는 조윤제, 고정옥의 속요·경기체가 발생설과 정병욱, 양염규의 경기체가 발생설이 있다. 다음으로 이능우, 김사엽, 이탁, 서원섭의 시조 발생설로 이는 가사가 초·중장을 제한 없이 거듭한 장시조에서 발생했다고 본다. 이병기는 「서왕가」를 예로 들어 한시 현토체 발생설을 주장했다. 김동욱, 유창균은 「용비어천가」, 「월인천강지곡」 발생설을 주장했으며, 조동일은 교술 민요 발생설을 주장했다.

　가사를 사적 전개 과정으로 살펴보면 다음과 같다.

(1) 1기 : 가사의 생성기

　여말에서 성종 조까지이다. 위에서 본 것처럼 그 기원에 대해서는 여러 설이 있으나 꼬집어 말하기는 어렵다. 「상춘곡」의 내용 및 형식이 완미함으로 보아 그 이전에 효시작이 있었으리라고 본다. 이것이 나옹 화상의 「서왕가」, 「승원가」이다. 이 시기의 주제는 강호한정이 특색이다.

(2) 2기 : 형성·난숙기

　성종 이후부터 임란 전까지이다. 강호 가사의 계속적인 창작, 관료 생활의 즐거움과 충성을 그린 것, 유배 가사와 교훈 가사 등이 나왔다.

(3) 3기 : 임·병 양란 이후 효종 말엽

　2기와 같이 강호 가사, 도덕 가사, 유배 가사 등이 있고, 전쟁 가사가 등장했다(「태평사」, 「선상탄」 등). 이들 임란을 전후한 가사의 특징은 자연미의 발견이란 점에서 찾을 수 있다. 자연에 대한 서경 감회가 유행으로 문인의 작사 대상으로 등장했다. 이는 관료 봉건 제도의 사환(벼슬살이) 생활에서 빚어진 것이다. 그 원류는 고려의 「어부사」, 경기체가에서도 연유하나 당·송 문인의 사(詞)부류에 좀 더 가깝다고 할 것이다. 또 이 시기의 가사는 문답가 형식을 취하고 있다. 이것은 유장한 서술 형식을 지니고 있는 사부(詞賦)와 대응된다.

(4) 4기 : 발전·보급기

　동학 가사가 나타난 철종 이전까지이다. 평민 가사, 내방 가사의 등장, 가사의 장편화 등이 특징적인 경향이다.

(5) 5기

　개화와 구국을 노래한 동학 가사부터 1905년 일제 강점기까지이다.

(6) 6기

　일제 강점기부터 현재까지이다. 국권 회복을 주장한 시가가 나왔고, 영남 내방 가사의 존속과 가사의 잔재가 있으나, 그 시효를 상실했다고 할 수 있다.

　'가(歌)'와 '사(詞)'는 서로 통하는 말로 '말(言)·사설(辭說)'을 뜻하고, '가사(歌詞)'·'가사(歌辭)'란 말은 본래는 다 같이 '시가의 말, 노래의 사설 곧 노랫말'을 뜻하는 것이었다. 이것이 점차 뜻이 옮겨져 '노래로 부르는 시가'를 이르는 말로도 쓰이게 되었다. 우리나라에서는 한시를 노래로 부를 수 없었고, 우리말 시가만이 제대로 노래로 불릴 수 있었기 때문에, '노래로 부르는 시가'는 으레 '우리말 시가'를 지칭하는 것으로 받아들여졌다. 이에 따라 우리말로 지어진 시가 작품이라면 실제로 노래로 불리지 않은 것도 '가사'로 불렀고, 아예 노래로 부를 수 없는 장편 작품들까지도 우리말로 지어진 것이라면 '가사'로 생각하였다.

해방 이전부터 가사의 개념 및 범주 등에 대해 논의를 편 학자들로는 조윤제·김태준·이병기 등이 있다. 이 세 사람의 견해는 가사의 개념 및 범주에 대한 논의들을 대표하는 것들로, 해방 후의 국문학계에도 적지 않은 영향을 끼쳤다.

가사에 관한 개념은 조윤제의 것이 통설로 받아들여지는데, '아무런 제약 없이 4·4조를 연속하여 나아가는 퍽 자유스러운 문학'인 가사는 '운문적 형식을 쓰면서 산문적 내용을 표현 묘사하는 문학'으로서 '시가와 산문의 양 성격을 동시에 구유한 특수한 문학 형태'이기에, 시가 부문이나 산문 부문에나 귀속되지 않는 별도의 독자적인 부문으로 분류하여야 할 것이라고 보았다.

조윤제가 정립시킨 가사의 개념 및 범주는 옛사람들이 오랫동안 관습적으로 써 오던 '가사'의 의미와는 큰 차이를 보이고 있다. 가사의 일반적인 의미인 '우리말로 된 시가' 중에서 '4·4조 연속체 율문'만을 가사로 보았다. 그러므로 그가 술어화한 '가사'라는 말은 내방 가사에서 따온 것이다. 이처럼 조윤제의 견해 이후 오늘날까지 가사의 개념 및 범주에 대한 제 논의와 '가사'라는 말의 술어화 과정에는 각기 적지 않은 문제점들이 내포되어 있다.

2. 가사의 장르적 성격

가사의 장르적 성격에 대한 많은 견해들이 제시되었으나 아직까지 만족할 만한 규정을 가지지 못하고 있다. 가사의 장르적 성격에 대한 논의는 국문학의 타 장르들에 비해 이질적인 성격의 학설을 가지고 있다. 그러한 논의들을 살펴보면, 가사를 '운문적 형식을 쓰면서 산문적 내용을 표현 묘사하는 문학', '중세기의 산문 문학', '서정적 시가', '율문으로 된 교술 장르류', '혼합 장르' 등으로 규정하기도 하고, 서정적인 것, 서사적인 것, 교시적인 것으로 삼분하기도 한다.

이 논의들은 가사를 단일한 문학 장르로 본다는 기본 전제를 바탕으로 하고 있다. 문학 작품들의 장르적 성격을 고찰함에 있어서 필수적인 요건이 단일한 단위를 기준으로 한다는 것이다. 문학 작품들이 단일한 장르로서의 정체성 또는 변별적 공통성을 가진 단위로서 구분되어진 이후에야 그 장르의 본질적인 측면을 살필 수 있기 때문이다. 그러나 가사에 대한 다양한 논의들을 통해서 우리는 '가사'라는 장르가 과연 단일한 하나의 기준이 될 수 있는가 하는 의문을 가지게 된다. 가사가 지녀온 복합적인 면모 중 어떤 면에 치중하느냐에 따라 가사의 장르 규정 역시 방향을 달리하게 되며 또 어떠한 한 가지 규정으로도 가사의 총체적 면모를 충족시킬 수 없게 된다.

가사의 장르적 성격에 대한 논의가 이처럼 분분하게 된 것은 대체로 이질적인 여러 작품들 및 그 유형들을 '가사'라는 말로써 함께 묶어서 단일한 장르로 처리해 온 데서 연유한 것이라 할 수 있다. 이와 함께 '가사'라는 명칭이 국문학의 한 장르 개념으로 술어화되는 과정에서 생긴 문제점 또한 가사의 장르적 성격을 규정하는 데 혼란을 초래하였다.

(1) 단일한 장르로 보는 관점

조윤제의 가사 장르에 대한 규정은 이후 학계에 커다란 영향력을 행사하게 되어, 학계에서 통설로서의 위치를 확보하게 되었다. 현재 학계에서 가사를 '3·4조 또는 4·4조의 음수율을 가진 구절이 하나의 대구를 이루어 1행을 이루고, 대체로 그런 시행이 100행 내외로써 한 편의 작품을 이루는 장형시'라고 하거나, 또는 '4음보 율격의 장편 연속체 시가'라는 등의 형태 규정들이 조윤제의 견해를 바탕으로 하여 이루어진 것들로, 가사라는 것을 하나의 단일한 문학 장르로 간주하고 있다.

조동일은 「가사의 장르 규정」에서 가사를 단일한 장르임을 전제하면서 교술이라는 새로운 장르로 규정한다. 그는 장르류로서 가사가 지니는 전반적인 특징을 '있었던 일을 확장적 문체로, 일회적으로, 평면적으로 서술해 알려주어서 주장한다.'라고 말하고, 이것을 교술 장르로 명명한다. 여기에서 '교(敎)'는 알려주며 주장한다는 뜻이고, '술(述)'은 어떤 사실이나 경험을 서술한다는 뜻이다.

> 가사는 4음보이며 줄 수에는 제한이 없는 연속체인데, 개화기 이전의 조선조 문학의 범위 내에서는 율문으로 된 교술 문학은 모두 가사이며, 가사와는 율격이 다른 율문 교술은 없다. 소재가 무엇이고 주제가 무엇이든, 충효를 역설하든, 경험을 전달하든, 풍수에 관한 지식을 제공하든 율문으로 된 교술은 모두 가사이다. 다시 말해서 가사라는 장르종은 율문으로 된 교술 장르류라고 규정할 수 있다.

조동일은 교술이라는 새로운 장르를 설정함으로써 지금까지 해명되지 못했던 가사의 장르적 성격 규정에 획기적인 기여를 하고 있다. 또한 지금까지 이루어진 가사에 대한 논의에서 제외되었던 개화기 가사에 대해서 처음으로 관심을 가진 것은 중요한 의의를 지닌다. 가사의 장르적 성격을 규정하는 데 있어서, 개화기의 가사를 소홀히 취급할 수는 없기 때문이다.

그러나 가사에 대한 조동일의 규정이 가사라는 명칭 속에 포함되어 있는 모든 작품들의 성격을 설명해 줄 수 있을지는 의문이다. 그의 견해는 교훈적인 가사나 종교 가사 등 특정한 가사에만 적용될 뿐이다. 있었던 일을 소재로 하여 시적 감흥을 섞어 표현한 「상춘곡」이나 「성산별곡」 등을 '있었던 일을 평면적으로 서술해 알려주며 주장한다.'고 규정하기에는 무리가 따른다. 이런 작품들이 그의 규정에 속하는 것이라면, 그 규정에 속하지 않을 작품이 없을 것이기 때문이다.

또한 그는 가사의 교술적 성격을 주장하기 위해 가사의 범위를 모호하게 설정하고 있다. 즉, 그는 '율문으로 된 교술은 모두 가사이다.'라고 규정한 후에 실기(實記), 수필, 전기, 제문, 서간은 산문으로 된 교술 문학으로 정의하고 있다. 그러나 '이상의 것들은 모두 산문으로 되어 있기에 가사가 아니지만, 어느 것이나 다 4 음보 연속체의 율문으로 바꾸어 놓을 수 있고, 그렇게 한다면 모두 가사가 된다. 다시 말하면, 이상의 것들 전부에 해당되는 폭을 율문으로서는 가사라는 장르종 하나가 포괄할 수 있는 것'으로 보고 있다. 즉, 그는 가사의 교술성을 강조하기 위해서 가사의 의미를 '우리말로 된 시가'의 의미에서 보다 광범위하게 확장시킨 것이다.

(2) 여러 가지 장르가 뒤섞인 것으로 보는 관점

앞에서도 잠깐 언급했지만, 조동일의 견해만으로 가사의 장르 규정에 나타나는 문제점을 완전히 해소하기 어렵다. '가사'라는 장르 속에 다양한 성격이 담겨 있기 때문에 획일적으로 잘라서 '가사' 전체를 '교술'로 보기는 어렵다. 그래서 수식어를 붙이는 의견이 나오게 되었다. 즉, 가사의 장르는 전체적으로 '교술'로 보되, 이 교술 장르 속에 다양한 장르의 요소를 부분적으로 인정하자는 것이다. 그래서 '서정적', '서사적', '극적'이라는 수식어를 가사 앞에 붙이기도 한다. 예를 들어 「상춘곡」, 「면앙정가」 등은 '서정적 가사'로 보고, 「속미인곡」 등은 '극적 가사'로 보며, 그 밖의 기행 가사 등은 '서사적 가사'로 보자는 것이 그것이다. 이것은 절충적 의미를 지니는 것이며, 조동일도 가사 장르를 획일적으로 규정하는 것의 문제점을 인정하면서 이런 의견을 내놓은 바 있다.

(3) 독자적인 장르의 복합체로 보는 관점

성호경은 가사를 하나의 장르(정체성을 지니는 특정한 역사적 장르)로 보지 않고, 그 속에 몇 종의 장르들을 포용하는 '장르 복합체'로 보고 있다.

05 정철과 박인로의 가사

1. 『송강가사』에 실린 정철의 가사

조선 중기의 문신인 정철의 가사와 시조를 수록한 시가집으로 필사본으로 전하는 것도 있으나 온전하지 못하고, 목판본으로는 '황주본'·'의성본'·'관북본'·'성주본'·'관서본'의 5 종류가 알려져 있다. 이 중 '의성본'과 '관북본'은 현재 전하지 않는다. '황주본'은 1690 년부터 1696 년 사이에 이계상이 황주에서 간행한 책이다. 모두 26장의 완책으로, 「관동별곡」·「사미인곡」·「속미인곡」·「성산별곡」·「장진주사」 순서의 가사 5 편과, 그 이하에 단가라는 제목을 두지 않은 단가 51수와 이선의 발문 등을 싣고 있다. 이선의 발문이 있어 '이선본'이라고도 하며, 소장자인 방종현의 호를 빌려 '일사본'이라고도 한다. 현전하지 않는 '의성본'과 '관북본'은 모두 그의 현손인 호가 간행한 책들이다. '의성본'은 '성주본'의 발문에 의하면 호가 의성현감으로 있었던 1697 년 5 월부터 1698 년 1 월 사이에 간행되었음을 알 수 있고, '관북본'은 호가 관북 관찰사로 있었던 1704 년 4 월부터 이듬해 1 월 사이에 간행한 것임을 '관서본'의 발문에서 알 수 있을 뿐이다. '성주본'은 정철의 5대 손인 관하가 성주 목사를 지내던 1747 년에 성주에서 간행한 책이다. 총 44 장이며 상·하로 나누어져 있다. 24 장 완책된 상권에는 「관동별곡」·「사미인곡」·「속미인곡」·「성산별곡」·「장진주사」 등이 '황주본'과 같은 순서로 수록되어 있으며, 20 장으로 된 하권에는 단가 79수와 정철의 현손인 천과 그의 아들인 관하의 발문이 실려 있다. '관서본'은 '의성본'과 '관북본'을 간행한 호의 손자인 실이 1768 년에 관서 지방에서 간행한 책이다. 총 23 장에 「관동별곡」·「사미인곡」·「속미인곡」·「성산별곡」·「장진주사」 및 단가 5 수와 이선의 발문, 정실의 후기 등이 수록되어 있다. '관서본'은 국립중앙도서관에 소장되어 있다. 정철이 강원도 관찰사로 1580년 원주에 부임하여 내외해금강과 관동 팔경을 두루 유람하고, 그 절경을 노래한 「관동별곡」과 임금을 사모하는 정성을 남편과 이별한 여인의 심정에 의탁해 쓴 「사미인곡」·「속미인곡」이 있다. 그리고 정철이 생존하였던 당시의 문인 김성원이 세운 서하당 식영정을 중심으로 계절마다 변하는 경치를 읊은 「성산별곡」 등은 조선 시대의 가사 문학을 대표할 만한 작품들로 이 책은 국문학 자료집으로서 그 가치를 인정받은 기본적인 고전의 하나가 되고 있다. '영인본'으로는 1954년 방종현이 해제를 붙여 통문관에서 간행한 것과 1958년 김사엽이 해제를 붙여 경북대학교 대학원 국어국문학연구실에서 발행한 것이 있고, 특히 '황주본'·'성주본'·'관서본'을 함께 이용할 수 있는 것으로는 1973년 대제각에서 발행한 『한국고전총서 II』 시가류편의 한 권인 『송강가사』가 있다. '교주본'으로는 방종현이 교주하여 1948년 정음사에서 발행한 것이 있다.

(1) 「관동별곡」

　　송강의 가사 중에서도 가장 장편에 속하는 작품이다. 송강이 당시 조정에 뜻이 맞지 않아 향리에 있을 때 강원도 관찰사를 제수받아 도임한 후, 한가한 틈을 타 관동 산수를 유람한 내용을 그린 노래다. 한문어구와 고사가 간혹 있기는 하나 당시 경향으로 보아 오히려 적은 편에 속하고, 작품 내용에 흐르는 시간적 추이가 원활하여 생생하고 참신한 기분을 나타내며, 조사의 중용과 대구법, 점층법을 적절히 개입시켜 구절구절이 음악적 음조가 풍부하고, 다음 구의 계속에 신선미를 자아내게 하는 경향이 있다. 그리고 이 작품은 관동산수의 유람가로서 그 도정, 산수, 풍경, 고사, 풍속, 작자의 느낌 등을 노래한 것은 물론이지만, 가장 특이한 것은 '연군'과 '선어'라 하겠다. 이 두 가지가 처음부터 끝까지 뒤섞여 그 맥락을 이었다. 이 둘 중에서도 연군은 더욱 강하여 연군에서 연군으로 마친 느낌이 있으나 그것도 아첨도 허위도 아닌 진지한 것이다. 선어도 일종의 황당한 감이 있긴 하지만, 그대로 뛰어난 경지를 보여준다. 아름다운 형용과 절묘한 조어 등으로 인해 종래의 많은 유람가가 있으나 이 작품에 미치지 못한다. 독창적·서정적인 장편 가사로서 대표적인 작품이라 하겠다.

(2) 「사미인곡」

　　송강이 50세 되던 해(선조 18년) 사헌부·사간원의 배척을 받아 창평에 돌아가 한적하게 세월을 보내는 동안 지은 장편의 노래이다. 절절한 연군의 정을 한 부녀자가 이별한 남편을 사모함에 기탁해서 자기의 충정을 고백한 노래로 전 구단으로 나눌 수 있다. 국왕과 자신을 임과 그를 그리는 여인의 심정에 비유하여 사계절의 변화에 맞추어 임을 사모하는 마음을 그리고 있다. 제목은 『시경』이나 『초사』에서 인용한 것이지만, 내용은 독창적인 것이며 순수한 우리말로 지었다.

(3) 「속미인곡」

　　이 작품은 문답식으로 시작한 노래로서 역시 여인이 임을 사모하는 데 비추어 국왕에 대한 자신의 심정을 그린 연군가이다. 「사미인곡」이 독백적 서술의 형식을 취한 것에 비하면 이 작품은 문답 형식을 취하여 극적으로 되어 있다. 또한 전자가 신화적인 데 비하여 이 작품은 더욱 현실적인 면을 그리고 있다. 또한 전자가 임에게 자신의 정경을 알리지 못해 한스러워하는 자기중심적인 노래라면, 이 곡은 임의 정경을 알지 못해 애쓰는 심경을 그려 노래의 초점이 임에게 맞추어져 있는 점이 구별된다. 또한 전자에 비해 전고나 한자어를 훨씬 적게 사용하고 있으며, 표현이 공교롭고 더욱 적절하여 「사미인곡」에 비해 훨씬 뛰어난 곡으로 당대의 평가를 받았다.

(4) 「성산별곡」

　　이 작품은 전라도 담양 지방에 당시 풍류인 김성원이 복축한 식영정 등을 중심으로 하여 사계절의 경물의 변화, 주인의 풍류를 사설한 것인데 시구에 나오는 주인은 식영정의 원주인인 김성원이나 기실 그 내용은 송강 자신의 풍류를 읊은 것으로 보인다. 내용은 성산의 풍경을 서술하고 있다. 이 작품은 식영정에 모인 김성원, 임억령, 고경명, 정철 등이 동일한 제목과 압운으로 지은 한시 『식영정 잡영』 20수를 부연 혹은 탈태하여 지은 것이니, 엄밀히 말하자면 그 자신의 창의적인 작품이라 할 수는 없다.

　　이 작품은 다른 곡에 비하여 한어구, 전고가 많아 한문 냄새가 농후하고 너무 일개인의 칭송, 한 지역의 송영(誦詠)이어서 보편성이 희박한 듯하여 다소 등한시되던 경향이 있었으나, 그 실(實)인즉 시인으로서의 송강 자신의 순수한 생활 면에서 빚어짐과 동시에 그의 얼과 개성이 비교적 풍부하게 반영되어 있다는 점 등을 보아 별개의 가치를 인정할 수 있다.

(5) 「장진주사」

　　이 작품은 형태상으로 보아 가사라는 견해와 시조라는 견해가 있다. 혹은 가사가 아니고 가곡의 장가, 곧 가곡의 편락이나 편수에 속할 것으로 보기도 한다. 또는 사설시조로 보고 음악상으로는 시조의 창조와 동일한 범주에 속하는 것으로 보기도 한다.

　　그 내용은 사람이 한번 죽으면 섬거적에다가 꽁꽁 묶어 졸라매어 지게 위에 짊어지고 가나, 유소보장과 같은 화려한 휘장과 수실을 단 상여를 메고, 그 앞뒤에 많은 사람들이 울면서 따라 가나, 처량한 무덤으로 가기만 하면 그만이라는 것이다. 그때 가서 모든 것을 후회한들 소용이 없으니, 지금 꽃 꺾어 놓고 풍류스럽게 술을 먹어 보자는 것이니, 그 주지는 인생의 무상함을 탄식하고, 즐겨하는 술을 마셔 보자는 것이다. 이것은 아마도 중국 당의 시인 이하·이백·두보 같은 이의 한시를 모방한 것 같기도 하다. 그러면서도 서투른 모작·개편·탈태 등은 아니며, 그 용어가 순연한 우리말로 교묘하게 되어 있으며 조금도 부자연함이 없어 인생의 무상·허무함을 잘 그리고 있다고 하겠다.

2. 박인로의 가사

(1) 「태평사」

　　이 작품은 선조 31년에 좌병사 성윤문의 막하에서 그를 보좌하고 있을 때, 부산 둔적이 허물어져 밤을 타고 달아났으므로 병사가 본영으로 돌아와 짓게 한 노래로 수군을 위로한 것이다.

　　그 내용은 한국 고래의 찬란한 문화로부터 시작해서 불시에 왜군의 침입으로 인해 혼란된 조선의 상태와 무사의 활약, 그리고 전승의 모양에서 개선가를 부르며 돌아오는 환희, 즉 거듭 오는 태평성세를 높이 노래 부름을 그리고 있다. 이 작품은 비록 노계 초년의 작이지만 필치가 웅렬, 화려하고 무인다운 기상이 넘쳐 흐르며 전체의 구상이 웅장한 가운데 섬세한 용의가 숨어 있고 치밀한 조어, 풍부한 어휘, 능숙한 기교 등을 사용해 상당한 효과를 거둔 작품이다.

(2) 「사제곡」

　　한음 이덕형의 정양처인 용진에 있는 지명에서 곡명을 빌어 공의 51세 때 한음을 위해 대작한 노래로, 용진강 사제의 승경을 서술하여 그간에 한음의 소요 자적하는 모양을 그린 노래다. 노계는 일찍 한음과 더불어 자주 사귀었는데, 한음이 임진왜란 후 선조가 죽고 광해군이 즉위하매 문제가 일어나 여러 가지로 붕당 싸움에서 나라 일을 위해 애쓰다가, 억울하게 벼슬이 떨어져 용진에 돌아와 머물 때, 노계가 그를 대신해 지은 곡이다. 전체를 통해 교묘히 어구를 구사하여 사제의 승경이 곡진하게 묘사되어 있고, 전고도 적당히 섞여 있으며, 끝으로 애끓는 연주봉친의 정성이 간절히 나타나 있다.

(3) 「누항사」

　　노계가 한음을 따라 노닐 때에, 그의 곤궁한 생활을 물음에 답하여, 가난하여도 원망하지 않고 안빈낙도하는 심회를 읊은 것으로 「사제곡」과 더불어 노계의 자연인적 생활을 엿볼 수 있다. 노계는 사대부 의식에 철저한 작가이며, 이 가사 역시 주자주의와의 고리를 강하게 유지하고 있지만 이 작품은 임란 후 사대부의 궁핍화를 객관적으로 반영하고 있다. 이 작품은 대화체를 도입하고 있기도 한데, 그 내용으로 보아도 궁핍한 양반이 이웃집 부농에게 농우를 빌러 갔다가 거절당한 경험을 생생한 구어체로 서술하고 있다. 여기서 사대부를 중추로 하는 조선의 봉건적 토대가 이미 17세기에 동요하고 있음을 인식할 수 있으며, 작품의 말미에 나오는 안빈낙도의 이념도 궁핍한 사대부를 압박하는 현실적 갈등을 호도하려는 허세임을 간파하게 된다. 17세기 초 이 작품에서 드러나는 일상적 경험의 가사로의 침입 현상은 사대부의 주자주의가 현실적 의의를 점점 더 상실하고 있음을 보여준다. 이러한 내용은 17세기 이후 전반적 하강에 접어든 사대부 계층의 동요와 연관된다.

(4) 「노계가」

　　노계 만년의 작품으로 자신의 은거지인 노계의 승경을 설진하여 그에 혼입하는 자신의 정회를 읊은 것인데 그의 물외생활은 여기서 볼 수 있다. 이 노래는 호를 노계라고 한 작자가 노계의 승경을 설진하여 남김이 없고, 전체를 통하여 그가 산수 자연을 좋아하고, 세간 명리를 뜬 구름 같이 보고, 다른 생각 없이 물외심만 품고 있는 그의 심정과 생활을 엿볼 수 있게 한다, 마지막에 자신이 산수 자연 속에 파묻혀 유유자적한 생활을 하는 것도 모두가 임금의 은혜라고 마지막 결론을 내려, 그가 평소 임금을 생각하고 나라를 근심하여 태평성대를 갈망했으며, 우국 충군의 정성을 지녔음을 알아볼 수 있게 한다.

06 가사 작품의 상호 관련성(텍스트 상호성)

구분	세부 내용	가사 작품(/ 는 조선 전기, 조선 후기 구분을 표시함)
유형	강호 가사	상춘곡(정극인), 면앙정가(송순), 성산별곡(정철), (사미인곡(정철), 관동별곡(정철)), 환산별곡(이황), 낙빈가(이이), 강촌별곡(차천로) / 누항사(박인로), 사제곡(박인로), 노계가(박인로), (영삼별곡(권섭))
	연군(유배) 가사	화자 – 선녀 : 만분가(조위), 사미인곡, 속미인곡 / 별사미인곡(김천택), 속사미인곡(이진유) 화자 – 자신(남성) : / 만언사(잘못 인정, 안조환), 북천가(김진형),
	기행 가사	관서별곡(백광홍), 관동별곡(정철) / 일동장유가(김인겸), 연행가(홍순학), 영삼별곡(권섭), 금강별곡(박순우), (북천가(김진형))
	내방 가사	규원가(허난설헌) / 봉선화가, 계녀가, 복선화음가(이씨 부인), 용부가, 상사별곡, 청춘과부가, 덴동 어미 화전가, 상사회답가, 거창가
	전란 가사	/ 태평사(박인로), 선상탄(박인로)
	애정 가사	(규원가) / 상사별곡, (청춘과부가), 상사화답가, 사랑가, 오섬가 남성 – 춘면곡(남성 작자), 금루사(민우룡)
	서민 가사	서민이 짓거나 서민적 사고방식 지닌 것 : / 용부가, 우부가, 상사별곡, 춘면곡, (덴동 어미 화전가), 갑민가, 거창가, 오섬가, 노처녀가, 노인가, 원한가
	기타	탄궁가(정훈), 고공가(허전), 고공답주인가(이원익), 농가월령가(정학유), 농부가
내용	연주충군 + 강호한정	면앙정가, 관동별곡, 사미인곡 / 누항사, 노계가
	강호한정	상춘곡, 강촌별곡, 환산별곡 / 사제곡
	연주충군	속미인곡 / 만언사, 북천가
	변화된 현실	/ (양반의 빈궁, 노비의 도망) 누항사, 탄궁가
	농사(실용)	/ 농가월령가, 농부가
	현실 비판	/ 고공가, 고공답주인가(양반이 양반 비판) / 갑민가, 거창가(서민이 부조리한 정치 비판) / 우부가, 용부가(인물의 우행 비판)
	안빈낙도	낙빈가(이이) / 누항사, 사제곡, 노계곡
	해학	우부가, 용부가, 노처녀가, 원한가 등 주로 서민 가사
내방 가사	신세 한탄	규원가 / 청춘과부가
	봉선화 예찬	/ 봉선화가
	계녀, 권계	/ 계녀가(도덕 권장), 복선화음가(도덕 권장) ; 용부가(용부 비판)
	화전+신세한탄	/ 덴동 어미화전가
	중세 탈피	/ 상사회답가(봉건 윤리 탈피), 거창가(한양 구경, 탐관오리 비판)
꿈	신선을 만남	관동별곡, 성산별곡(꿈은 아님)
	님을 만나려 함	속미인곡, 규원가 / 청춘과부가
변신	화자 변신	만분가, 사미인곡, 속미인곡 /
선어	신선	상춘곡, 면앙정가, 성산별곡, 관동별곡 /
	선녀	만분가, 사미인곡, 속미인곡 / 별사미인곡(김천택), 속사미인곡(이진유)
기타	소설과의 연관성	덴동 어미 화전가, 노처녀가(노처녀가(2)계열)
	4계절	면앙정가, 성산별곡, 사미인곡
	정격 가사	상춘곡, 성산별곡, 관동별곡, 사미인곡, 속미인곡, 규원가 / 누항사, 태평사, 탄궁가, 고공가, 상사별곡, 영삼별곡

제2절 가사 작품 감상 (1) 조선 전기

작품명	연대	작자	내용	비고
상춘곡	성종	정극인	태인에서 은거하면서 춘경을 노래한 가사 최초의 작품	최초의 가사
만분가	연산군	조위	무오사화(1498) 때 유배지 순천에서 지은 가사로 유배가사의 효시	유배가사의 효시
면앙정가	중종 19	송순	담양에 면앙정을 짓고 그 곳의 자연의 미와 정취를 노래로 「성산별곡」에 영향을 줌	「상춘곡」의 영향을 받음. 필사본
선반가	중종 21	권씨	농암이 부승지가 되어 자당을 뵈러 오는 때를 기해 자당 권씨가 이 노래를 지어 종의 자식에게 가르쳐 영접 잔치에서 불렀음	
남정가	명종 10	양사언	을묘왜란(1555) 때 남정군으로 왜적을 물리친 내용의 전쟁 가사	
미인별곡	명종	양사언	한 여인의 아름다움을 노래	
관서별곡	명종 11	백광홍	관서의 자연 풍경을 노래한 작품으로 「관동별곡」에 영향을 줌	기성별곡과 향산별곡 합침
환산별곡	명종 11	이황	세속을 근심하고 전원에서 한가히 즐기는 생활을 노래	
금보가	명종	이황	태평성대의 정성(正聲)인 순금(舜琴)을 찬양하고 남녀상열의 변성(變聲)만이 성행을 탄식	
낙빈가	선조 9	이이	안빈낙도 사상을 노래	
자경별곡	선조 9	이이	향풍을 바로잡기 위한 교훈가	교훈시
성산별곡	명종 15	정철	성산의 자연미와 김성원의 풍류를 노래하고, 「면앙정가」의 영향을 받았음	
관동별곡	선조 13	정철	강원도 관찰사로 부임하면서 자연의 풍치를 보고 노래한 기행 가사로 「관서별곡」의 영향을 받았음	기행가사
사미인곡	선조 18~22	정철	창평에 귀양가서 임금을 그리는 연모의 정을 담은 노래로 「정과정곡」의 영향을 받았음	충신연군지사
속미인곡	선조 18~22	정철	「사미인곡」의 속편으로 두 여인의 대화체 형식으로 된 연군지사로 '동방의 이소'라는 극찬을 받았음	충신연군지사
서호별곡	선조	허강	한강의 풍치를 노래	
백상루별곡	선조	이현	백상루 부근의 경치와 선치 안민의 모습을 노래	
강촌별곡	선조	차천로	전원의 한정을 노래	
규원가	선조	허난설헌	규방에 깊이 파묻혀 있는 여인의 애원을 우아한 필치로 쓴 내방가사	『고금가곡』에 전함
회심곡	선조	서산대사	착한 이는 극락으로, 악인은 지옥으로 간다는 불교적 내용	『염불보권문』에 전함

작품 1 상춘곡(賞春曲)

[서사(序詞)]

紅塵(홍진)에 뭇친 분네 이내 生涯(생애) 엇더ᄒᆞ고.

녯 사ᄅᆞᆷ 風流(풍류)를 미출가 못 미출가.

天地間(천지간) 男子(남자) 몸이 날만ᄒᆞ 이 하건마ᄂᆞᆫ,

山林(산림)에 뭇쳐 이셔 至樂(지락)을 모를 것가.

數間茅屋(수간모옥)을 碧溪水(벽계수) 앏픠 두고,
松竹(송죽) 鬱鬱裏(울울리)예 風月主人(풍월주인) 되어셔라.

속세에 묻혀 사는 사람들아. 이 나의 생활이 어떠한가?

옛 사람의 풍류(운치 있는 생활)을 따를까, 못 따를까.

천지간 남자로 태어난 몸이 나와 같은 사람이 많건마는,

(어찌하여 그들은) 산림에 묻혀 사는 자연의 지극한 즐거움을 모르는 것인가?

초가삼간을 푸른 시내 앞에 지어 놓고
소나무와 대나무가 울창한 속에서 자연을 즐기는 주인이 되어 있도다.

[본사(本詞)]

엇그제 겨을 지나 새봄이 도라오니,

桃花杏花(도화 행화)는 夕陽裏(석양리)예 픠여 잇고,

綠楊芳草(녹양방초)는 細雨中(세우 중)에 프르도다.

칼로 몰아 낸가, 붓으로 그려 낸가,

造化神功(조화신공)이 物物(물물)마다 헌ᄉᆞ롭다.

수풀에 우는 새는 春氣(춘기)를 ᄆᆞᆺ내 계워 소리마다 嬌態(교태)로다.

物我一體(물아일체)어니, 興(흥)이이 다ᄅᆞᆯ소냐.

柴扉(시비)예 거러 보고, 亭子(정자)애 안자 보니,

逍遙吟詠(소요음영)ᄒᆞ야, 山日(산일)이 寂寂(적적)ᄒᆞᄃᆡ,

閑中眞味(한중진미)를 알 니 업시 호재로다.

이바 니웃드라, 山水(산수) 구경 가쟈스라.

踏靑(답청)으란 오늘 하고, 浴沂(욕기)란 來日(내일)ᄒᆞ새.

아ᄎᆞᆷ에 採山(채산)ᄒᆞ고, 나조히 釣水(조수)ᄒᆞ새.

ᄀᆞᆺ 괴어 닉은 술을 葛巾(갈건)으로 밧타 노코,
곳나모 가지 것거, 수 노코 먹으리라.

和風(화풍)이 건ᄃᆞᆺ 부러 綠水(녹수)를 건너오니,

淸香(청향)은 잔에 지고, 落紅(낙홍)은 옷새 진다.

樽中(준중)이 뷔엿거든 날ᄃᆞ려 알외여라.

엊그제 겨울 지나 새 봄이 돌아오니,

복숭아꽃 살구꽃이 석양 속에 피어 있고,

푸른 버들과 아름다운 풀은 가랑비 속에 푸르도다.

(조물주가) 칼로 재단해 내었는가? 붓으로 그려 내었는가?

조물주의 신기한 재주가 사물마다 야단스럽다.

숲 속에 우는 새는 봄기운을 끝내 이기지 못하여 소리마다 아양을 떠는 모습이로다.

자연과 내가 한가지이니, 흥이야 다르겠는가?

사립문 주변을 걸어 보기도 하고, 정자에도 앉아 보며,

이리저리 거닐며 나직이 시를 읊조려, 산 속의 하루가 적적한데,

한가로움 속의 참된 멋을 아는 이 없이 나 혼자로구나.

여보게, 이웃 사람들아, 산수 구경 가자구나.

산책은 오늘 하고, 냇가에서 목욕하는 일은 내일 하세.

아침에는 산에서 나물을 캐고, 저녁에는 고기를 낚아 보세.

이제 막 익은 술을 두건으로 걸러 놓고,
꽃나무 가지 꺾어, 잔 수를 세면서 술을 먹으리라.

화창한 봄바람이 문득 불어 푸른 물을 건너오니,

맑은 향기는 술잔에 떨어지고, 붉은 꽃잎은 옷에 떨어진다.

술독이 비었으면 나에게 알려라.

小童(소동) 아희ᄃ려 酒家(주가)에 술을 믈어,	(심부름하는) 아이에게 술집에 술이 있는지 물어 (술을 사다가),
얼운은 막대 집고, 아희는 술을 메고,	어른은 지팡이를 짚고, 아이는 술동이를 메고,
微吟緩步(미음완보)ᄒ야 시냇ᄀ의 호자 안자,	나직이 흥얼거리면서 천천히 걸어 시냇가에 혼자 앉아,
明沙(명사) 조흔 믈에 잔 시어 부어 들고,	고운 모래 바닥을 흐르는 맑은 물에 잔을 씻어 들고,
淸流(청류)를 굽어보니, ᄯ오ᄂᆞ니 桃花(도화)ㅣ로다.	맑은 시냇물을 굽어보니, 떠오는 것이 복숭아꽃이로구나.
武陵(무릉)이 갓갑도다, 져 ᄆᆡ이 권 거인고.	무릉도원이 가까운 듯하다. 아마 저 들이 무릉도원인가?
松間(송간) 細路(세로)에 杜鵑花(두견화)를 부치 들고,	소나무 숲 사이의 좁은 길에, 진달래꽃을 붙들고,
峰頭(봉두)에 급피 올나 구름 소긔 안자 보니,	산봉우리에 급히 올라 구름 속에 앉으니,
千村萬落(천촌만락)이 곳곳이 버러 잇ᄂᆡ.	수많은 촌락은 여기저기 벌여 있네.
煙霞日輝(연하일휘)는 錦繡(금수)를 재폇는 듯.	안개와 노을과 빛나는 햇빛은 비단을 펼친 듯 아름답구나.
엇그제 검은 들이 봄빗도 有餘(유여)ᄒᆞ샤.	엊그제 거뭇거뭇한 들에 봄빛이 넘쳐 흐르는구나.
[결사(結詞)]	
功名(공명)도 날 ᄭᅴ우고 富貴(부귀)도 날 ᄭᅴ우니,	공리(功利)와 명예(名譽)도 나를 꺼리고 부귀도 날 꺼리니,
淸風明月(청풍명월) 外(외)예 엇던 벗이 잇ᄉᆞ올고.	맑은 바람과 밝은 달(아름다운 자연) 외에 어떤 벗이 있겠는가?
簞瓢陋巷(단표누항)에 훗튼 혜음 아니ᄒᆞᄂᆡ.	누추한 곳에서 가난한 생활을 하면서도 허튼 생각을 아니 하네.
아모타, 百年行樂(백년 행락)이 이만ᄒᆞᆫᄃᆞᆯ 엇지ᄒᆞ리.	아무튼 한평생 즐겁게 지내는 일이 이만하면 족하지 않겠는가?

핵심정리

▷ **작자** 정극인(丁克仁, 1401~1481)
▷ **갈래** 서정 가사, 정격 가사, 양반 가사
▷ **연대** 성종 때
▷ **율격** 3·4조, 4음보
▷ **구성** '서사 – 본사[춘경(春景)·상춘(賞春)] – 결사'의 3단 구성
▷ **형식** 39행, 79구, 매 행 4음보(단 제 12행은 6음보)의 정형 가사로, 4음보 연속체의 율문
▷ **문체** 운문체, 가사체
▷ **성격** 주정적, 서정적
▷ **표현** ① 설의법, 의인법, 대구법, 직유법 등의 여러 표현 기교를 사용
② 고사를 많이 인용하면서 작품 전체를 유려하게 이끌고 있음
▷ **내용** 봄을 완상(玩賞)하고 인생을 즐기는 지극히 낙천적인 내용
▷ **전개** 화자는 좁은 공간(수간모옥)에서 점점 넓은 공간(들판, 산 위)으로 나아가는 공간 확장에 의한 전개 방식을 사용
▷ **주제** 봄의 완상(玩賞)과 안빈낙도(安貧樂道)
▷ **의의** ① 조선 시대 사대부 가사의 첫 작품
② 산림처사로서의 생활을 은일 가사의 첫 작품으로 사림파 문학의 계기를 마련한 작품

이해와 감상

| 해설 |

「상춘곡」은 조선 태종 ~ 성종 때의 정극인(丁克仁)의 작품이다. 우리나라 최초의 가사(歌辭) 작품으로 문자화된 가사가 「상춘곡」이라는 설이 많은데, 이것은 한글로 문학 작품을 표현한 중요한 계기를 마련했다는 점에서 그 의의가 매우 큰 것이다.

「상춘곡」은 서정 가사로서 3·4조를 기조로 한 4음보의 운문이며, 전체 79구로 된 내용은 '서사 – 본사 – 결사'의 3단계로 구성되어 있다.

이 가사의 내용은 양반 가사의 전형적인 모습을 잘 보여 주고 있다. 벼슬에서 물러나면 자연을 찾고, 자연의 아름다움을 어떠한 세속적 가치보다도 우위에 놓으려는 전통적인 풍월정신(風月精神)이 집약적으로 잘 나타나 있다. 이러한 태도는 송강 정철에 의해서 더욱 발전되어, 양반 가사의 광범위한 주제로 발돋움하게 되었다.

「상춘곡」은 봄을 예찬한 노래이다. 봄을 노래하는 작품은 무수히 많고 가사의 형식으로 표현된 것도 여러 가지이다. 그러나 이 가사의 특징은 벼슬에서 물러나 한가하게 세월을 보내는 양반 문인(文人)이 새롭게 시작하는 봄을 통해서 아름다운 자연의 모습을 조용히 관찰하며, 그것에 대한 자신의 기쁜 감정을 풍류로 자연과 일치시키고자 한다는 데 있다. 전체적으로 우리말을 매끄럽게 구사함으로써 시상이 무난하게 전개되고, 춘경(春景)을 눈앞에 펼쳐줌으로써 흥취를 돋운다.

| 감상 |

이 노래는 주로 자연과 벗하며 살아가는 한가로운 자신의 삶에 대한 기쁨을 이야기하고 있다. 화창한 봄날의 풍경에 몰입된 작자는 더 없는 즐거움에 빠져들고 있는 것이다.

맨 처음 작자는 현실과 초현실의 경계가 되는 삶의 공간인 '수간모옥(數間茅屋)'을 노래하고 있다. '나'는 '홍진(紅塵)에 뭇친 분네'와 '천지간(天地間) 남자(男子) 몸'에 대조되는 존재인 동시에, '녯사룸'과 비교되며 '풍월주인(風月主人)'과 같은 존재이다. 이러한 작자가 세속을 떠나 정한 주거 공간이 바로 '수간모옥'인 것이다.

이러한 주거 공간에서 바라보는 봄의 경치는 아름답기 짝이 없다. 눈부신 아침 햇살 속에 밝게 전개되는 흔한 춘경이 아니라, 밝음과 어두움의 경계인 석양(夕陽)과 '세우 중(細雨中)'에 더욱 아름답고 푸른 봄이다.

이처럼 명암을 공유하고 있는 조물주의 위대한 창조물인 춘경은 '수풀에 우는 새'를 통하여 그 양면성이 더욱 두드러진다. 겨울과 여름의 시간적 경계인 '새봄'과 연관되는 이 '새'는 땅과 하늘의 매개가 되어 현실과 초현실의 경계를 드나드는 작자 자신이 되고 있다.

작자는 계속 봄의 경치로 동화되어 변신한다. '산수(山水) 구경'을 권유받는 대상인 '니웃들'은 바로 나 자신인 것이다. 여기서 말하는 산수(山水) 구경은 단순한 자연 경물(景物)을 바라보는 것이 아니라, 사람과 자연이 친화되어 가는 과정을 뜻한다. 자연과의 친화를 시도하는 작자는 자연과의 완전한 일체를 형성하기 위해 속세의 홍진을 미련 없이 털어버릴 수 있는 흥겨운 '술'을 갈건으로 취하도록 마신다. 특히 이 작품의 '곳 나모 가지 것거 수 노코 먹으리라'의 시상은 후세의 시인들도 많이 즐겨 인용한 것으로, 자연을 노래한 가사들 중에서 극치에 이르는 부분 중의 하나이다.

이제 자연과 일치가 되어 가는 과정에서 작자는 공명과 부귀 모두에 대한 욕심을 버린다. 비록 누추한 곳에서의 가난한 생활이지만 작자는 체념과 달관의 태도로 풍류를 즐긴다. 속세에 대한 세속적 욕망의 체념이 이루어질 때, 자연과의 일체감은 최고에 이르게 되고 안빈낙도의 유일무이한 삶을 누리게 되는 것이다.

1 작자 : 정극인(丁克仁, 1401 ~ 1481)

조선 전기의 문신·학자이고, 호는 불우헌이다. 세종 때 등과하지 못하고 세종의 흥천사 토목 공사에 항의하다가 북도로 귀양, 그 뒤에 풀려나 전라도 태인에 불우헌이라는 정자를 짓고 은거, 문종 때 6품 벼슬을 제수 받았다가 단종 때 급제, 이어 단종이 세조에게 양위하자 벼슬을 사임하고 태인에 다시 은거, 그 후 다시 출사하여 10년 간 여러 관직을 거쳐 1470년(성종 1년) 치사, 귀향 후 후진 양성에 힘썼다. 영리에 힘쓰지 않고 교육에 힘썼다고 성종이 3품 산관의 은영을 내리자, 이에 감격하여 「불우헌곡」과 「불우헌가」를 지어 송축하였다.

2 표현상의 특징

① 대유법

  산림(山林), 풍월주인(風月主人), 청풍명월(淸風明月)

② 대구법

  '도화행화(桃花杏花)는 석양리(夕陽裏)예 퓌여 잇고, 녹양방초(綠楊芳草)는 세우 중(細雨中)에 프르도다.' 외 다수

③ 의인법

  '칼로 몰아 낸가, 붓으로 그려 낸가.', '청풍명월(淸風明月) 외(外)예 엇던 벗이 잇스올고.'

④ 감정 이입

  '수풀에 우는 새는 춘기(春氣)롤 뭇내 계워 소리마다 교태(嬌態)로다.'

⑤ 상징법

  '써오ᄂᆞ니 도화(桃花) ㅣ 로다. 무릉(武陵)이 갓갑도다.'

⑥ 직유법

  '연화일휘(煙霞日輝)는 금수(錦繡)룰 재폇는 듯.'

⑦ 설의법

  '청풍명월(淸風明月) 외(外)예 엇던 벗이 잇스올고.'

3 내용상의 특징

① 자연을 대상으로 하는 여타의 가사 작품들이 임금의 은혜를 언급하고 임금에 대한 그리움을 토로하는 데 비해 이 작품은 군은(君恩)에 감사한다는 내용이 생략되어 있다. 이는 작자 정극인이 벼슬살이를 다한 연후에 창작했기 때문에 다시 중앙 관리로 등용되기 어렵다는 것도 알고 있고 관직에 대한 욕심도 없기 때문이라 할 수 있다. 이에 비해 송순의 「면앙정가」나 정철의 「관동별곡」을 살펴보면 연군의 정과 군은에 감사한다는 내용이 들어 있다.

② 이 작품의 작자는 청운의 뜻을 품은 청운객이 아니라 은일지사가 상춘을 음영하고 취락한 내용이다. 표현이 매우 사실적이고 대구법, 의인법 등을 구사하여 곡진하게 묘사된 서정 가사이다. 은일성(隱逸性)의 강호한정 가사의 영향 관계는 「상춘곡」 → 「면앙정가」 → 「성산별곡」으로 이어졌다.

4 미적 범주

이 작품의 서사에는 화자의 대자연의 주인된 기쁨과 여유 있는 생활 태도가 잘 나타나 있으며, 또한 세속에 허덕이는 속류(俗流)를 비웃듯 청아한 뜻이 낙천적으로 잘 표현되어 있다. 그리고 본사에서 우리는 마치 한 폭의 동양화를 감상하는 듯한 느낌을 갖게 하는 '우아미(優雅美)'가 창조되어 있음을 볼 수 있다.

5 「상춘곡」에 나타난 자연관

조선 시대 사대부에게 자연은 '정치 현실로 인해 뜻을 펴지 못할 경우 속세에서 물러나 심신을 수양하는 공간, 즉 안빈낙도의 공간', 또는 '언제나 돌아가기를 원하는 무릉도원(이상향)과 같은 공간'으로 그려지고 있다.

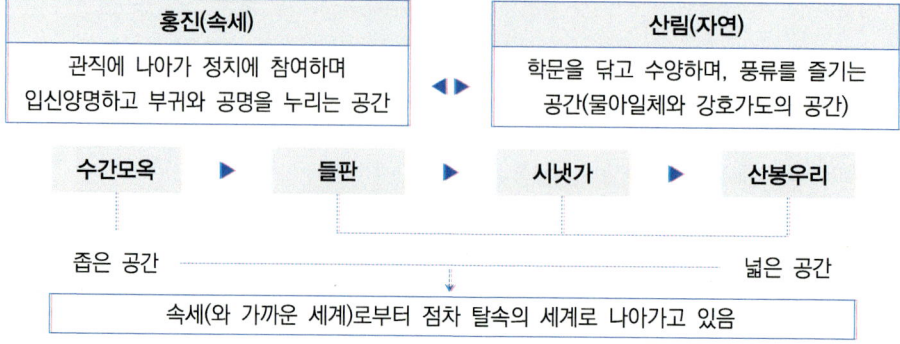

6 「상춘곡」에 얽힌 문제

① 사적(史的) 위치
　　최초의 가사치고는 너무 세련된 형식이어서 가사 문학의 효시라 하기 어렵다.(가사 문학의 효시는 고려 말 나옹 화상의 「서왕가」라고 본다.)
② 작자 : 문헌적 신빙성이 없어 정극인의 작품이 아니라는 견해도 있다.

7 가사의 형식

　　가사는 3·4 음절을 기준으로 하는 말마디가 둘씩 서로 짝을 이루면서 이어지는 것을 형식 요건으로 하는 율문 양식이다. 이처럼 둘씩 이어진 말마디는 '홍진에 뭇친 분네'처럼 하나의 의미 덩어리를 이루는 것이 보통이므로 이를 '구(句)'라고도 한다. 따라서 가사는 구(句)를 단위로 하는 말마디의 연속을 형식적 특성으로 한다. 이렇듯 형식 요건이 비교적 단순하기 때문에 그 길이는 자유로이 변화할 수 있었다.

　　「상춘곡」은 비교적 짧은 형태에 속하고, 조선 후기에 이르면 「일동장유가」, 「연행가」 등 2000 구가 넘는 것도 창작되었다. 또 「상춘곡」의 마지막이 '아모타 백년 행락이 이만한들 어찌하리'로 끝남으로써 시조 종장의 형식과 흡사한 모습을 보여 주는데, 이러한 끝내기 형식이 「관동별곡」 등 초기 가사에서는 꽤 보편적이었다. 따라서 이러한 종결 형식은 초기의 가사가 시조와 마찬가지로 가창(歌唱)되던 데서 비롯된 것이 아닌가 추정하기도 한다.

기출문제

※ 다음 글을 읽고 물음에 답하시오. [총 7점]

(가)
삭삭기 셰몰애 별헤 나는
삭삭기 셰몰애 별헤 나는
구은 밤 닷 되를 심고이다
그 바미 우미 도다 삭 나거시아
그 바미 우미 도다 삭 나거시아
유덕(有德)ᄒ신 님믈 여히ᄋᆞ와지이다

옥(玉)으로 련(蓮)ㅅ고즐 사교이다
옥(玉)으로 련(蓮)ㅅ고즐 사교이다
바회 우희 접듀(接柱)ᄒ요이다
그 고지 삼동(三同)이 퓌거시아
그 고지 삼동(三同)이 퓌거시아
유덕(有德)ᄒ신 님 여히ᄋᆞ와지이다
　　　　　　　　　　　　- 「정석가」

(나)
小童 아희ᄃᆞ려 酒家에 술을 믈어
얼운은 막대 집고 아희ᄂᆞᆫ 술을 메고
微吟緩步ᄒᆞ야 시냇ᄀᆞ의 호자 안자
明沙 조흔 믈에 잔 시어 부어 들고
淸流를 굽어보니 ᄯᅥ오ᄂᆞ니 桃花ㅣ로다
武陵이 갓갑도다 져 미이 권 거인고
松間細路에 杜鵑花를 부치 들고
峰頭에 급피 올나 구름 소긔 안자 보니
千村萬落이 곳곳이 버러 잇ᄂᆡ
煙霞日輝는 錦繡를 재폇ᄂᆞᆫ 듯
엇그제 검은 들이 봄빗도 有餘ᄒᆞ샤
功名도 날 씌우고 富貴도 날 씌우니
淸風明月 外예 엇던 벗이 잇ᄉᆞ올고
簞瓢陋巷에 흣튼 혜음 아니 ᄒᆞᄂᆡ
아모타 百年行樂이 이만ᄒᆞᆫᄃᆞᆯ 엇지ᄒᆞ리
　　　　　　　　　　　　- 「상춘곡」

(다)
　　님이 오마 ᄒᆞ거늘 저녁밥을 일 지어 먹고
　　中門 나셔 大門 나가 地方 우희 치ᄃᆞ라 안자 以手로 加額ᄒᆞ고 오ᄂᆞᆫ가 가ᄂᆞᆫ가 건넌 山 ᄇᆞ라보니 거머횟들 셔 잇거늘 져야 님이로다 보션 버셔 품에 품고 신 버셔 손에 쥐고 곰븨님븨 님븨곰븨 쳔방 지방 지방쳔방 즌 듸 ᄆᆞ른 듸 ᄀᆞᆯ희지 말고 워렁충창 건너 가셔 情엣 말 ᄒᆞ려 ᄒᆞ고 겻눈을 흘긧 보니
　　上年 七月 사흔날 ᄀᆞᆯ가 벅긴 주추리 삼대 슬드리도 날 소겨라
　　모쳐라 밤일식만졍 ᄒᆡᆼ혀 낫이런들 ᄂᆞᆷ 우일 번ᄒᆞ괘라

1. (나)의 자연(또는 전원)에 대한 작중 화자의 시각을 〈보기〉의 그것과 비교하고, (나)의 작가가 그러한 시각을 갖게 된 배경을 그가 속한 계층과 관련하여 설명하시오. [2점]　　2004년 기출 7-2번

〈보기〉
봄에 만일 失時ᄒᆞ면 終年 일이 낭패되네
農地를 다ᄉᆞ리고 農牛를 살펴 먹여
지거름 지와 노코 一邊으로 시러 ᄂᆡ여
麥田의 오좀 듀기 歲前보다 힘쎠 ᄒᆞ소

- 「농가월령가」

📋 **예상 답안**

　　(나)의 작자는 자연을 ㉠ 사람과 벗(친화)하는 대상으로 생각하며, ㉡ 아름다워 완상하는 것이며, ㉢ 한가하고 흥취가 있는 이상적 공간으로 인식하지만, 〈보기〉의 작자는 자연을 ㉠ 사람이 이용하는 것으로 생각하며, ㉡ 생산물이 만들어지는 곳이며, ㉢ 농사(노동)와 관련 있는 실제 생활의 현장으로 인식한다.
　　(나)의 작자는 사대부 계층으로 나아가면 벼슬살이를 하고, 물러나면 자연을 벗삼아 살아가는데, (나)의 작자는 벼슬살이를 다 끝내고 고향에 내려와 여유 있고 한가한 상황에서 자연을 벗하며 이 작품을 지었기 때문에 (나)의 자연관이 나타난다.

작품 2 ▶ 만분가(萬憤歌)

[서사(序詞)]

천상(天上) 백옥경(白玉京) 십이루(十二樓) 어듸매오
오색운(五色雲) 깁픈 곳의 자쳥젼(紫淸殿)이 ᄀᆞ려시니
쳔문(天門) 구만 리(九萬里)를 꿈이라도 갈동말동
ᄎᆞ라리 싀여지여 억만(億萬) 번 변화(變化)ᄒᆞ여
남산(南山) 늦즌 봄의 두견(杜鵑)의 넉시 되여
이화(梨花) 가디 우희 밤낫즐 못 울거든
삼쳥동리(三淸洞裏)의 졈은 하ᄂᆞᆯ 구름 되여
ᄇᆞ람의 흘리 ᄂᆞ라 자미궁(紫微宮)의 ᄂᆞ라 올라
옥황(玉皇) 향안젼(香案前)의 지쳑(咫尺)의 나아 안자
흉중(胸中)의 싸힌 말숨 슬ᄏᆞ시 ᄉᆞ로리라

천상 백옥경 십이루 어디멘고
오색 구름 깊은 곳에 자청전이 가렸으니
구만 리 먼 하늘을 꿈이라도 갈동말동
차라리 죽어져서 억만 번 변화하여
남산 늦은 봄에 두견새의 넋이 되어
배꽃 가지 위에 밤낮으로 못 울거든
삼청동리에 저문 하늘 구름 되어
바람에 흘려 날아 자미궁에 날아올라
옥황 향안 앞의 지척에 나가 앉아
마음 속에 쌓인 말씀 실컷 사뢰리라.

[본사(本詞)]

어와 이 내 몸이 천지간(天地間)의 느저 나니
황하수(黃河水) ᄆᆞᆯ다만ᄂᆞᆫ 초객(楚客)의 후신(後身)인가
상심(傷心)도 ᄀᆞ이 업고 가태부(賈太傅)의 넉시런가
한숨은 므스 일고 형강(荊江)은 고향(故鄕)이라
십년(十年)을 유락(流落)ᄒᆞ니 백구(白鷗)와 버디 되여
홈ᄭᅴ 놀쟈 ᄒᆞ엿더니 어루ᄂᆞᆫ 듯 괴ᄂᆞᆫ 듯
늘의 업슨 님을 만나 금화셩(金華省) 백옥당(白玉堂)의
ᄭᅮ이죠차 향긔롭다
오색(五色)실 니음 졀너 님의 옷슬 못 ᄒᆞ야도
바다 ᄀᆞᄐᆞᆫ 님의 은(恩)을 추호(秋毫)나 갑프리라
백옥(白玉)ᄀᆞᄐᆞᆫ 이 내 ᄆᆞ음 님 위ᄒᆞ여 직희더니
쟝안(長安) 어제 밤의 무서리 섯거치니
일모수죽(日暮修竹)의 취수(翠袖)도 냉박(冷薄)ᄒᆞᆯ샤
유란(幽蘭)을 것거 쥐고 님 겨신 ᄃᆡ ᄇᆞ라보니
약슈(弱水) ᄀᆞ리진듸 구름 길이 머흐러라
다 서근 ᄃᆞᆰ긔 얼굴 첫맛도 채 몰나셔

아아, 이 내 몸이 천지간에 늦게 나니
황하수 맑다마는 굴원의 후신인가
상한 마음도 끝이 없고 가태부의 넋이런가
한숨은 무슨 일인고 형강은 고향이라
십 년을 타향살이하니 백구와 벗이 되어
함께 놀자 하였더니 아양 부리는 듯 사랑하는 듯
남의 없는 임을 만나 금화성 백옥당의
꿈조차 향기롭다.
오색실 이음이 짧아 임의 옷을 못 하여도
바다 같은 임의 은혜 아주 조금이나마 갚으리라.
백옥 같은 이내 마음 임 위해 지키고 있었더니
장안 어젯밤에 무서리 섞어치니
해질 무렵 긴 대나무에 의지하여 서 있으니 푸른 옷소매도 냉박하구나.
난꽃을 꺾어 쥐고 임 계신 데 바라보니
약수 가로놓인 데 구름길이 험하구나.
다 썩은 닭의 얼굴 첫맛도 채 몰라서

초췌(憔悴)흔 이 얼굴이 님 그려 이러컨쟈	초췌한 이 얼굴이 임 그려 이리 되었구나.
천층랑(千層浪) 한 가온대 백척간(百尺竿)에 올라더니	천층랑 한가운데 백 척간에 올랐더니
무단(無端)한 양각풍(羊角風)이 환해(宦海) 중에 나리나니	무단한 양각풍이 환해 중에 내리나니
억만장(億萬丈) 소(沼)희 빠져 하늘 따흘 모놀노다.	억만장 못에 빠져 하늘 땅을 모르겠도다.
노(魯)나라 흐린 술희 한단(邯鄲)이 무슴 죄(罪)며	노나라 흐린 술에 한단이 무슨 죄며
진인(秦人)이 취(醉)한 잔(盞)의 월인(越人)이 우움 탓고	진인이 취한 잔에 월인이 웃은 탓인가.
성문(城門) 모딘 블의 옥석(玉石)이 함긔 타니	성문 모진 불에 옥석이 함께 타니
뜰 압히 심은 난(蘭)이 반이나 이우레라	뜰 앞에 심은 난이 반이나 시들었구나.
오동(梧桐) 졈은 비의 외기럭기 우러 녤 제	오동 저문 비에 외기러기 울며 갈 때
관산만리(關山萬里) 길이 눈의 암암 발피난 듯	관산 만릿길이 눈에 암암 밟히는 듯
청련시(青蓮詩) 고쳐 읇고 팔도 한을 숫쳐 보니	청련시 고쳐 읊고 팔도한을 스쳐 보니
화산(華山)의 우난 새야 이별(離別)도 괴로왜라	화산에 우는 새야 이별도 괴로워라.
망부산전(望夫山前)의 석양(夕陽)이 거의로다	망부 산전에 석양이 거의로다.
기도로고 바라다가 안력(眼力)이 진(盡)톳던가	기다리고 바라다가 눈의 힘이 다했던가.
낙화(落花) 말이 업고 벽창(碧窓)이 어두오니	지는 꽃 말이 없고 푸른 창이 어두우니
입 노른 삿기 새들 어이도 그리 건쟈	입 노란 새끼새들 어미를 그리는구나.
팔월추풍(八月秋風)이 뛰집을 거두오니	팔월 가을 바람이 띠집을 거두니
빈 깃의 싸인 알히 수화(水火)를 못 면토다	빈 깃에 싸인 알이 물과 불을 못 면하도다.
생리사별(生離死別)을 한 몸의 혼자 맛쟈	생리사별을 한 몸에 혼자 맡아
삼천장(三千丈) 백발(白髮)이 일야(一夜)의 기도 길샤	삼천장 흰 머리칼이 하룻밤에 길기도 길구나.
풍파(風波)의 헌 비 투고 훔끠 노던 져뉴덜아	풍파에 헌 배 타고 함께 놀던 저 무리들아
강천(江天) 지눈 히의 주즙(舟楫)이나 무양(無恙)훈가	하늘이 보이는 강에 지는 해에 배와 삿대는 별 탈이 없는가.
밀거니 혀거니 염여퇴(灩澦堆)를 겨요 디나	밀거니 당기거니 염여퇴를 겨우 지나
만리붕정(萬里鵬程)을 멀리곰 견주더니	만 리나 되는 멀고 험한 길을 멀리멀리 견주더니
ᄇ람의 다브치여 흑룡강(黑龍江)의 써러진 듯	바람에 다불여 흑룡강에 떨어진 듯
천지(天地) ᄀ이 업고 어안(魚雁)이 무정(無情)ᄒ니	천지는 끝이 없고 물고기와 기러기가 무정하니
옥(玉) ᄀ튼 면목(面目)을 그리다가 말년지고	옥 같은 얼굴을 그리다가 말려는지고
매화(梅花)나 보내고져 역로(驛路)를 ᄇ라보니	매화나 보내고자 역로를 바라보니
옥량명월(玉樑明月)을 녀보던 ᄂᆺ비친 듯	옥 대들보에 걸린 밝은 달을 옛 보던 낯빛인 듯.
양춘(陽春)을 언제 볼고 눈비를 혼자 마자	햇빛을 언제 볼까 눈비를 혼자 맞아
벽해(碧海) 너븐 ᄀ의 넉시조차 훗터지니	푸른 바다 넓은 가에 넋조차 흩어지니

내의 긴 소매를 눌 위호여 적시는고	나의 긴 소매를 누굴 위하여 적시는고.
태상(太上) 칠위분이 옥진군자(玉眞君子) 명(命)이시니	태상 일곱 분이 신선의 명이시니
천상(天上) 남루(南樓)의 생적(笙笛)을 울니시며	천상 남루에 생황과 피리를 울리시며
지하(地下) 북풍(北風)의 사명(死命)을 벗기실가	지하 북풍의 죽을 목숨을 벗기실까.
죽기도 명(命)이요 살기도 하느리니	죽기도 운명이요 살기도 하늘이니
진채지액(陳蔡之厄)을 성인(聖人)도 못 면호며	진과 채에서 당한 횡액을 성인도 못 면하며
유예비죄(縲絏非罪)를 군자(君子)인들 어이 호리	죄없이 잡혔음을 군자인들 어찌하리.
오월비상(五月飛霜)이 눈물로 어릐는 듯	오월 서리가 눈물로 어리는 듯
삼년대한(三年大旱)도 원기(冤氣)로 니뢰도다	삼 년 큰 가뭄도 원한으로 되었도다.
초수남관(楚囚南冠)이 고금(古今)의 호둘이며	죄 지은 사람이 고금에 한둘이며
백발황상(白髮黃裳)의 셔른 일도 하고 만타	늙은 신하의 서러운 일도 많기도 많다.
건곤(乾坤)이 병(病)이 드러 혼돈(混沌)이 죽은 후(後)의	하늘과 땅이 병이 들어 혼돈이 죽은 후에
하늘이 침음(沈吟)홀 듯 관색성(貫索星)이 비취는 듯	하늘이 침울할 듯 천한 이의 감옥이 비취는 듯
고정의국(孤情依國)의 원분(冤憤)만 싸혓시니	고정의국에 원망과 울분만 쌓였으니
추라리 할마(瞎馬) 고치 눈 곰고 지내고져	차라리 한 눈이 먼 말 같이 눈 감고 지내고 싶구나.
창창막막(蒼蒼漠漠)호야 못 미들손 조화(造化)일다	울적하고 막막하여 못 믿을 조화로다.
이러나 저러나 하늘을 원망홀가	이러나저러나 하늘을 원망할까.
도척(盜跖)도 셩히 놀고 백이(伯夷)도 아사(餓死)호니	큰 도적도 성히 놀고 백이도 굶어 죽으니
동릉(東陵)이 놉픈 작가 수양(首陽)이 느즌 작가	동릉이 높은 걸까 수양산이 낮은 걸까
남화(南華) 삼십 편(三十篇)의 의논(議論)도 하도 할샤	〈장자〉 삼십 편에 의론도 많기도 많구나.
남가(南柯)의 디난 꿈을 싱각거든 슬므어라	남가의 지난 꿈을 생각거든 싫고 미워라.
고국송추(故國松楸)를 꿈의 가 문져 보고	고국의 송추를 꿈에 가 만져 보고
선인(先人) 구묘(丘墓)를 씬 후(後)의 싱각호니	선인의 무덤을 깬 후에 생각하니
구회간장(九回肝腸)이 굽의굽의 구쳐셰라	겹쳐진 속마음이 굽이굽이 끊어졌구나.
장해음운(瘴海陰雲)의 백주(白晝)의 훗터디니	장해음운이 대낮에 흩어지니
호남(湖南) 어느 고디 귀역(鬼蜮)의 연수(淵藪)런디	호남의 어느 곳이 귀역의 연수런지
이매망량(魑魅魍魎)이 쓸커디 저즌 고의	도깨비가 실컷 젖은 가에
백옥(白玉)은 무스 일로 청승(靑蠅)의 깃시 되고	백옥은 무슨 일로 쉬파리의 깃이 되었는가.
북풍(北風)의 혼자 셔셔 고 업시 우는 뜻을	북풍에 혼자 서서 끝없이 우는 뜻을
하룰 고튼 우리 님이 젼혀 아니 슬피시니	하늘 같은 우리 임이 전혀 아니 살피시니
목란추국(木蘭秋菊)에 향기(香氣)로온 타시런가	목란과 가을국화에 향기로운 탓이런가.

첩여(婕妤) 소군(昭君)이 박명(薄命)훈 몸이런가	첩여와 소군이 박명한 몸이런가.
군은(君恩)이 믈이 되여 흘러가도 자최 업고	임금의 은혜가 물이 되어 흘러가도 자취 없고
옥안(玉顔)이 곳이로되 눈믈 フ려 못 볼로다	임금의 얼굴이 꽃이로되 눈물 가려 못 보겠구나.
이 몸이 녹아져도 옥황상제(玉皇上帝) 처분(處分)이요	이 몸이 녹아져도 옥황상제 처분이요
이 몸이 싀여져도 옥황상제(玉皇上帝) 처분(處分)이라	이 몸이 죽어져도 옥황상제 처분이라.
노가디고 싀여지여 혼백(魂魄)조차 훗터지고	녹아지고 죽어서 혼백조차 흩어지고
공산(空山) 촉루(髑髏) フ치 님자 업시 구니다가	빈산 해골같이 임자 없이 굴러다니다가
곤륜산(崑崙山) 제일봉(第一峯)의 만장송(萬丈松)이 되여 이셔	곤륜산 제일봉에 매우 큰 소나무가 되어 있어
브람비 쓰린 소리 님의 귀예 들니기나	바람 비 뿌린 소리 임의 귀에 들리게 하거나
윤회(輪回) 만겁(萬劫)ᄒ여 금강산(金剛山) 학(鶴)이 되여	윤회 만겁하여 금강산 학이 되어
일만(一萬) 이천봉(二千峯)의 모음굿 소사 올나	일만 이천 봉에 마음껏 솟아올라
フ을 둘 볼근 밤의 두어 소리] 슬피 우러	가을 달 밝은 밤에 두어 소리 슬피 울어
님의 귀의 들리기도 옥황상제(玉皇上帝) 처분(處分)일다	임의 귀에 들리게 하는 것도 옥황상제 처분이겠구나.

[결사(結詞)]

한(恨)이 뿔희 되고 눈물로 가디 삼아	한이 뿌리 되고 눈물로 가지 삼아
님의 집 창 밧긔 외나모 매화(梅花) 되여	임의 집 창 밖에 외나무 매화 되어
설중(雪中)의 혼자 피여 침변(枕邊)의 이위ᄂ 듯	눈 속에 혼자 피어 베갯머리에 시드는 듯
월중소영(月中疏影)이 님의옷의 빗취어든	드문드문 비치는 달그림자가 임의 옷에 비취거든
어엿븐 이 얼굴을 네로다 반기실가	불쌍한 이 얼굴을 너로구나 반기실까.
동풍(東風)이 유정(有情)ᄒ여 암향(暗香)을 블러 올려	동풍이 유정하여 매화 향기를 불어 올려
고결(高潔)훈 이 내 싱계 죽림(竹林)의나 부치고져	고결한 이내 생애 죽림에나 부치고 싶구나.
빈 낙대 빗기 들고 븬 비룰 혼자 쯰워	빈 낚싯대 비껴 들고 빈 배를 혼자 띄워
백구(白溝) 건네 저어 건덕궁(乾德宮)의 가고지고	한강 건너 저어 건덕궁(옥황상제가 거처하는 곳)에 가고 싶구나.
그려도 훈 무음은 위궐(魏闕)의 달녀 이셔	그래도 한 마음은 조정에 달려 있어
닉 무든 누역 속의 님 향훈 꿈을 쎄여	연기 묻은 도롱이 속에 임 향한 꿈을 깨어
일편(一片) 장안(長安)을 일하(日下)의 브라보고	일편장안을 일하에 바라보고
외오 굿겨 올히 굿겨 이 몸의 타실넌가	외로 머뭇거리며 옳이 머뭇거리며 이 몸의 탓이런가.
이 몸이 젼혀 몰라 천도(天道) 막막(漠漠)ᄒ니	이 몸이 전혀 몰라 하늘의 이치가 아득하여 알 수 없으니
물을 길이 젼혀 업다 복희씨(伏羲氏) 육십사괘(六十四卦)	물을 길이 전혀 없다. 복희씨 육십사괘
천지만물(天地萬物) 삼긴 뜻을 주공(周公)을 꿈의 뵈와	천지 만물 생긴 뜻을 주공을 꿈에 뵈어

조시이 뭇줍고져 하늘이 놉고 놉하	자세히 여쭙고 싶구나. 하늘이 높고 높아
말 업시 놉흔 쯧을 구룸 우희 ᄂᆞ는 새야	말없이 높은 뜻을, 구름 위에 나는 새야
네 아니 아돗더냐 어와 이 내 가슴	네 아니 알겠더냐. 아아 이내 가슴
산(山)이 되고 돌이 되여 어듸 어듸 사혀시며	산이 되고 돌이 되어 어디어디 쌓였으며,
비 되고 믈이 되여 어듸 어듸 우러 녤고	비가 되고 물이 되어 어디어디 울며 갈까.
아모나 이 내 쯧 알 니 곳 이시면	아무나 이내 뜻 알 이 곳 있으면
백세교유(百歲交遊) 만세상감(萬世相感) ᄒᆞ리라	영원토록 사귀어서 영원토록 공감하리라.

핵심정리

▷ 작자 매계(梅溪) 조위(曺偉)
▷ 성격 원망적, 한탄적
▷ 표현 ① 3·4조나 4·4조의 운율이 주조를 이루고 있음
② 화자 자신을 굴원에 비유하여 억울함을 호소함
▷ 주제 자신의 억울함을 하소연함, 연군의 정
▷ 의의 현존하는 작품 중에서 가장 오래된 유배가사임(유배가사의 효시)

이해와 감상

| 감상 |

작자가 1498년(연산군 4년)의 무오사화에서 간신히 죽음을 면하고, 전남 순천으로 유배되었을 때 지은 것으로, 자신의 억울함을 선왕인 성종에게 하소연하는 내용이다. 억울하게 유배 생활을 하게 된 슬픔과 원통함을 선왕(先王)인 성종에게 하소연하는 형식으로 노래하였다. 작자(화자)가 자신을 '굴원'에 비유하거나 작품 내용이 굴원의 '천문(天問)'과 비슷한 점으로 보아 그 영향을 받은 것으로 짐작된다.

이 작품은 뜻하지 않게 임과 이별한 여성 화자가 천상 백옥경에 있는 임을 그리며 임이 자신의 마음을 알아주기를 호소하는 내용의 충신연군지사(忠臣戀君之辭)로, 조선 전기 유배 가사에서 전형적으로 나타나는 형태를 띠고 있으며 이후에 나온 조선 후기 유배 가사의 형성에도 지대한 영향을 끼쳤다.

1 시상의 전개
① 서사 : 유배지에서 선왕에게 흉중의 말을 실컷 호소하고자 함
② 본사 : 죄 없이 유배 생활을 하는 것이 억울하고 비참하나 이 역시 천명이니 황제의 천명을 기다림
③ 결사 : 안타까운 마음을 알아주는 이가 있으면 평생을 두고 사귀고 싶음

2 표현상의 특징

이 작품은 전체적으로 임금이 계신 곳을 천상 세계로 설정하여 임금에 대한 그리움을 노래하고 있다. 또한 억울하게 처한 자신의 처지를 중국의 굴원과 가태부에 빗댄 한편, 죽어서 다른 사물(자연물)이 되어 임금 곁으로 가 자신의 심정을 전하고 싶다는 표현으로 간절함을 드러내고 있다.

백옥경, 자청전, 삼청 동리, 자미궁	옥황상제 또는 신선이 사는 곳 → 임금이 계신 곳
초객, 가태부	억울한 누명을 썼던 인물들 → 화자 자신을 비유
두견, 구룸, 만장송, 금강산 학	화자가 죽어서 된 분신 → 임금에게 화자의 심정을 전하는 존재

❸ 「만분가」가 후대 유배 가사에 끼친 영향

「만분가」는 조선 전기 당쟁의 회오리 속에서 희생된 문신이 자신의 억울함을 토로한 유배 가사의 효시라는 점에서 문학사적 의의가 크다.

특히 후대에 지어진 정철의 「사미인곡」, 「속미인곡」에 「만분가」가 끼친 영향이 잘 드러난다. 「만분가」에 나타난 임과 이별한 여성을 화자로 설정하여 임에 대한 간절한 그리움과 충성을 노래한 점과 임금이 계신 곳을 옥황상제가 사는 천상 세계로 설정한 점 등이 정철의 작품에서도 유사하게 나타나는 것이다.

구분	「만분가」	「사미인곡」, 「속미인곡」
작가의 상황	무고하게 유배에 처함	탄핵을 받아 관직에서 물러나 은거함
주제	귀양살이의 억울함과 연군의 정	연군의 정
화자	뜻하지 않게 임과 이별한 여성 → 천상에서 쫓겨난 존재로 비유됨	
임이 계신 곳	천상 백옥경(白玉京)	

❹ 해배(解配)의 희망과 기대, 그리고 좌절

화자는 자신의 유배 생활에 대한 억울함을 토로한 후에 이를 호소할 길이 없자 죽어서 소나무나 학이 되어서라도 임에게 뜻을 전하고 싶다고 말한다. 그러면서도 이것 또한 옥황상제의 처분에 따르겠다고 하며 유배 생활에 대한 체념의 태도를 드러내고 있다. 자신의 충정은 변함이 없지만 이것이 받아들여져 유배 생활에서 벗어날 수 있을지에 대해서는 불안한 심리를 내보이고 있는 것이다.

그리하여 화자는 임이 계신 곳을 안타깝게 바라보며 그리움을 노래하다가, 결사에 이르러 다시 한번 자신의 답답한 심정을 토로한 후 이러한 자신의 뜻을 알아줄 이를 만나고 싶다는 간절한 바람을 드러내고 있다.

❺ 「만분가」의 창작 배경

「만분가」에는 무오사화로 인해 유배를 당한 작가 조위의 경험이 반영되어 있다. 무오사화는 연산군 4년(1498년)에 김일손 등의 신진 사림(士林)이 유지광 중심의 훈구파(勳舊派)에 의해 정치적으로 물러난 사건이다. 당시 사림파로부터 비판을 받고 있던 유지광은 『성종실록』 편찬을 위해 작성한 김일손의 사초(史草 : 공식적 역사 편찬의 자료가 되는 기록)에 김종직의 「조의제문」이 수록되자 이것이 세조의 왕위 찬탈을 비판하고 공신들을 비난한 것이라고 연산군에게 고해 사림 세력들을 참형시키거나 귀양 보내게 만들었다.

조위는 『성종실록』 편찬 사업에 힘을 쏟았기에 이에 연루되어 청나라 하정사(賀正使)로 갔다 온 뒤 참형을 당하게 되는 결정이 내려지나, 이극균의 도움으로 의주로 유배를 가는 것으로 일단락된다. 그 후 조위는 다시 순천으로 유배지를 옮기게 되면서 그 절박한 심정을 담아 자신의 억울함과 결백함을 토로하는 「만분가」를 지었다. 과거에는 선왕의 충성스러운 신하였으나 남의 글을 편찬한 일로 갑자기 간신이자 역적이 된 상황에서, 가슴에 쌓인 울분을 글로써 표출하여 달래고자 한 것이다.

❻ 유배지에서 지은 한시 : 「장문춘효(長門春曉)」

美人驚罷孤枕夢	미인이 외로운 밤 꿈 속에서 잠을 깨니
作開紗窓天欲曉	언뜻 열린 사창으로 날이 밝으려 하는구나.
含情無語暗消魂	품은 정은 들어줄 이 없어 암담하게 넋을 잃고
不耐喧啾間百鳥	온갖 새 소리도 성가시네.
雙蛾畵罷紗晟粧	아름다운 얼굴 새벽같이 다시 화장을 하지만
玉輦不來音信杳	옥련은 다시 오지 않고 소식마저 아득하네.

이 작품은 작자가 의주에서 유배 생활을 할 때 지은 한시로, 「만분가」와 마찬가지로 여성 화자를 등장시켜 임금에 대한 간절한 그리움과 기다림을 노래하고 있다.

예상문제

※ (1 ~ 2) 아래 작품을 읽고 조건에 맞게 답하시오.

(가)
　(A) 天上 白玉京 十二樓 어듸매오
　五色雲 깁픈 곳의 紫淸殿이 ᄀ려시니
　天門 九萬里를 숨이라도 갈동말동
　ᄎ라리 싀여지여 億萬 번 變化ᄒ여
　南山 느즌 봄의 杜鵑의 넉시 되여
　梨花 가디 우희 밤낫즐 못 울거든
　三淸洞裡의 졈은 한 녈구름 되여
　ᄇ람의 흘리 ᄂ라 紫微宮의 ᄂ라 올라
　玉皇 香案前의 咫尺(지척)의 나아 안자
　胸中의 싸힌 말ᄉᆞᆷ 쓸커시 ᄉᆞ로리라

　(B) 一片 長安을 日下의 ᄇ라보고
　외오 굿겨 올히 굿겨 이 몸의 타실넌가
　이 몸이 젼혀 몰라 天道 漠漠ᄒ니 믈을 길이 젼혀 업다
　伏羲氏 六十四卦 天地萬物 삼긴 뜻을
　周公을 꿈의 뵈와 ᄌᆞ시이 뭇ᄌᆞᆸ고져
　하늘이 놉고 놉하 말업시 놉흔 뜻을
　구룸 우희 ᄂᆞ는 새야 네 아니 아돗더냐
　어와 이 내 가슴 山이 되고 돌이 되어 어듸 어듸 사혀시며
　비 되고 믈이 되어 어듸 어듸 우러 녤고
　아모나 이 내 ᄯᅳᆺ 알 니 곳 이시면
　百歲交遊 萬世相感ᄒ리라
　　　　　　　　　　　　　　 - 조위, 「만분가(萬憤歌)」

(나)
　개를 여남은이나 기르되 요같이 얄미우랴.
　미운 님 오면은 꼬리를 홰홰 치며 치뛰락 나리뛰락 반겨서 내닫고 고운 님 오면은 뒷발을 바둥바둥 무르락 나오락 캉캉 짖는 요 도리암캐,
　쉰밥이 그릇그릇 날진들 너 먹일 줄이 있으랴.
　　　　　　　　　　　　　　 - 「개를 여남은이나」

1. (가)가 (가)와 같은 갈래의 가사에 미친 영향을 3가지 밝히시오. [2점]

> 📝 **예상 답안**
>
> ① 유배 간 신하가 억울함을 호소하는 내용 – 유배시가의 효시
> ② 임금이 있는 곳을 천상세계로, 화자는 천상에서 님을 모시던 신분
> ③ 여성 화자는 천상계에서 쫓겨난 신분이며, 다시 님의 사랑을 받기를 원함
> ④ 연군의 내용을 여성 화자를 등장시켜 님에 대한 사랑으로 그려냄

2. (가), (나)의 시적 화자가 처한 상황의 공통점과 차이점을 2가지씩 제시하시오.

> 📝 **예상 답안**

공통점	① 님의 사랑을 받지 못하고 있음 ② 일이 의도대로 되지 않았음 ③ 다른 대상(간신, 개)에 의해 사랑을 잃었음	
	(가)	(나)
차이점	① 님으로 인한 것 ② 모함을 당했음 ③ 님에게 직접 버림받았음 ④ 님에게 호소하려 함 ⑤ 남이 나의 상황을 알아주기를 바람	① 다른 사물로 인한 것 ② 개가 상황 파악을 못했음 ③ 님과의 관계는 없음 ④ 님에게 호소하려는 마음이 없음 ⑤ 남이 알아주기를 바라는 마음 없음

작품 3 면앙정가(俛仰亭歌)

❖ 출제방향
- 조선 전기 사대부의 삶의 모습
- 이 작품이 정철의 가사에 미친 영향

[서사(序詞)]

无等山(무등산) 흔 활기 뫼히 동다히로 버더 이셔
멀리 쎼쳐와 霽月峯(제월봉)이 되여거늘
無邊大野(무변대야)의 므슴 짐쟉 ᄒ노라
일곱 구빗 홀머움쳐 므득므득 버렷ᄂ 둣
가온대 구빗ᄂ 굼긔 든 늘근 뇽이
선줌을 ᄀᆺ ᄭᅢ야 머리롤 안쳐시니
너르바회 우히 松竹(송죽)을 헤혀고 亭子(정자)롤 안쳐시니
구름 툰 靑鶴(청학)이 千里(천리)룰 가리라 두 ᄂᆞ릭 버렷ᄂ 둣.

무등산 한 줄기 산이 동쪽으로 뻗어서
(무등산을) 멀리 떼어버리고 나와 제월봉이 되었거늘
끝없는 넓은 벌판에서 무슨 생각을 하느라고
일곱 굽이가 한데 움츠려 우뚝우뚝 벌여 놓은 듯하고
가운데 굽이는 구멍에 든 늙은 용이
선잠을 막 깨어 머리를 얹혀 놓았으니.
넓은 바위 위에 소나무와 대나무 숲을 헤치고 정자를 앉혀 놓았으니,
마치 구름 탄 푸른 학이 천 리를 가려고 두 날개를 벌린 듯하다.

[본사(本詞)]

玉泉山(옥천산) 龍泉山(용천산) ᄂᆞ린 믈히
亭子(정자) 압 너븐 들히 兀兀(올올)히 펴진 드시
넙거든 기노라 프ᄅ거든 희지마니
雙龍(쌍룡)이 뒤트는 둣 긴 깁을 치 폇는 둣
어드러로 가노라, 므슴 일 ᄇᆡ얏바
닷는 둣 ᄯᆞ로는 둣 밤놧즈로 흐르는 둣
므소친 沙汀(사정)은 눈ᄀᆞ치 펴졋거든
이즈러온 기럭기는 므스거슬 어로노라
안즈락 ᄂᆞ리락 모드락 흐트락
蘆花(노화)를 ᄉᆞ이 두고 우러곰 좃니ᄂ고.
너븐 길 밧기요 긴 하ᄂᆞᆯ 아릭
두르고 소존 거슨 뫼힌가 屛風(병풍)인가 그림가 아닌가.

옥천산, 용천산에서 흘러내리는 물이
정자 앞 넓은 들에 끊임없이 펼쳐진 듯이
넓거든 길지나 말고, 푸르거든 희지나 말지 (넓으면서도 길며 푸르면서도 희다는 뜻)
쌍룡이 몸을 뒤트는 듯 긴 비단을 가득하게 펼쳐 놓은 듯
어디로 가려고 무슨 일이 바빠서
달리는 듯, 따르는 듯, 밤낮으로 흐르는 듯
물을 따라 펼쳐진 모래밭은 눈처럼 하얗게 퍼졌는데
어지럽게 나는 기러기는 무엇을 어르느라고
앉았다, 내렸다, 모였다, 흩어졌다 하며
갈대꽃을 사이에 두고 울면서 따라 다니는가?
넓은 길 밖의 긴 하늘 아래로 두르고 꽂은 것은
산인가 병풍인가 그림인가 아닌가.

노픈 둣 노즌 둣 긋ᄂᆞᆫ 둣 닛ᄂᆞᆫ 둣	높은 듯 낮은 듯 끊어지는 듯 있는 듯
숨거니 뵈거니 가거니 머물거니	숨기도 하고 보이기도 하며, 가기도 하고 머물기도 하거니
이츠러온 가온듸 일흠 눈 양ᄒᆞ야 하ᄂᆞᆯ도 젓치 아녀	어지러운 가운데 유명한 체 뽐내며 하늘도 두려워하지 않고
웃득이 셧ᄂᆞᆫ 거시 추월산(秋月山) 머리 짓고	우뚝 선 것이 여러 개인데, 그 중 추월산이 머리를 이루고
龍歸山(용귀산) 鳳旋山(봉선산) 佛臺山(불대산) 漁燈山(어등산)	용귀산, 봉선산, 불대산, 어등산,
湧珍山(용진산) 錦城山(금성산)이 허공(虛空)에 버러거든	용진산, 금성산이 허공에 벌어져 있는데
遠近(원근) 蒼崖(창애)의 머믄 것도 하도 할샤.	멀고 가까운 푸른 언덕 위에 머물러 있는 모양이 많기도 많구나.
흰 구름 브흰 연하(煙霞) 프ᄅᆞ니ᄂᆞᆫ 산람(山嵐)이라.	흰 구름과 뿌연 안개와 놀, 푸른 것은 산 아지랑이로구나.
천암(千巖) 만학(萬壑)을 제 집으로 사마 두고	수많은 바위와 골짜기를 제 집처럼 삼아 두고
나명셩 들명셩 일히도 구ᄂᆞᆫ지고.	나며 들며 아양도 떠는구나.
오르거니 ᄂᆞ리거니	오르기도 하며 내리기도 하며
장공(長空)의 쩌나거니 광야(廣野)로 거너거니	공중으로 떠갔다가 넓은 들판으로 건너갔다가
프르락 블그락 여트락 지트락	푸르락 붉으락, 옅으락 짙으락
사양(斜陽)과 섯거듸어 세우(細雨)조ᄎᆞ ᄲᅡ리ᄂᆞᆫ다.	양과 섞여 가랑비마저 뿌리는구나.
남녀(藍輿)ᄅᆞᆯ 비야 ᄐᆞ고 솔 아ᄅᆡ 구븐 길로	뚜껑 없는 가마를 재촉해 타고 소나무 아래 굽은 길로
오며 가며 ᄒᆞᄂᆞᆫ 적의	오며 가며 하는 때에,
녹양(綠楊)의 우ᄂᆞᆫ 황앵(黃鶯) 교태(嬌態)겨워 ᄒᆞᄂᆞᆫ괴야.	푸른 버드나무에서 지저귀는 꾀꼬리는 흥에 겨워 하는구나.
나모 새 ᄌᆞᄌᆞ지여 수음(樹陰)이 얼린 적의	나무 사이가 우거져서 녹음이 울창한 때에
백 척(百尺) 난간(欄干)의 긴 조으름 내여 펴디	긴 난간에서 긴 졸음을 내어 펴니,
수면(水面) 양풍(凉風)이야 긋칠 줄 모ᄅᆞᄂᆞᆫ가	물 위의 서늘한 바람이 그칠 줄 모르는구나.
즌 서리 ᄲᅡ진 후의 산 빗치 금슈(錦繡)로다.	된서리 걷힌 후에 산 빛이 수놓은 비단같구나.
황운(黃雲)은 쏘 엇지 만경(萬頃)에 편거긔요.	누렇게 익은 곡식은 또 어찌 넓은 들에 퍼져 있는고?
어적(漁笛)도 흥을 계워 ᄃᆞᆯ를 ᄯᅡ라 브ᄂᆞᆫ다.	어부의 피리도 흥에 겨워 달을 따라 부는 것인가?
초목(草木) 다 진 후의 강산(江山)이 미몰커늘	초목이 다 떨어진 후에 강산이 묻혔거늘
조물(造物)이 헌ᄉᆞᄒᆞ야 빙설(氷雪)로 ᄭᅮ며 내니	조물주가 야단스러워 얼음과 눈으로 꾸며내니
경궁요대(瓊宮瑤臺)와 옥해은산(玉海銀山)이 안저(眼底)에 버러셰라.	경궁요대와 옥해은산 같은 설경이 눈 아래 펼쳐져 있구나.
건곤(乾坤)도 가ᄋᆞᆷ열샤 간 대마다 경이로다	천지가 풍성하구나. 가는 곳마다 아름다운 경치로다.

[결사(結詞)]

人間(인간)을 써나와도 내 몸이 겨를 업다.
니것도 보려 ᄒ고 져것도 드르려코
ᄇᆞ룸도 혀려 ᄒ고 둘도 마즈려코
범으란 언제 줍고 고기란 언제 낙고
柴扉(시비)란 뉘 다드며 딘 곳츠란 뉘 쓸려뇨.
아츰이 낫브거니 나조ᄒᆡ라 슬흘소냐.

오ᄂᆞ리 不足(부족)커니 來日(내일)리라 有餘(유여)ᄒᆞ랴.
이 뫼ᄒᆡ 안자 보고 져 뫼ᄒᆡ 거러 보니
煩勞(번로)ᄒᆞᆫ ᄆᆞ음의 ᄇᆞ릴 일이 아조 업다.
쉴 사이 업거든 길히나 젼ᄒᆞ리야.
다만 호 靑藜杖(청려장)이 다 므듸어 가노ᄆᆡ라.
술리 닉어거니 벗지라 업슬소냐.
블ᄂᆡ며 트이며 혀이며 이아며
온가지 소리로 醉興(취흥)을 비야거니
근심이라 이시며 시름이라 브트시랴.
누으락 안즈락 구브락 져츠락
울프락 ᄑᆞ람ᄒᆞ락 노혜로 소긔니
天地(천지)도 넙고넙고 日月(일월)도 ᄒᆞᆫ가ᄒᆞ다.
羲皇(희황)을 모ᄅᆞ러니 이 적이야 긔로고야
神仙(신선)이 엇더턴지 이 몸이야 긔로고야.
江山風月(강산 풍월) 거ᄂᆞ리고 내 百年(백 년)을 다 누리면
岳陽樓上(악양루샹)의 李太白(이태백)이 사라오다
浩蕩(호탕) 情懷(정회)야 이에서 더ᄒᆞᆯ소냐.
이 몸이 이렁 굼도 亦君恩(역군은)이샷다.

인간 세상을 떠나와도 내 몸이 한가로울 겨를이 없다.
이것도 보려 하고 저것도 들으려고 하고,
바람도 쐬려 하고 달도 맞으려 하니
밤은 언제 줍고 고기는 언제 낚을 것인가?
사립문은 누가 닫고 떨어진 꽃은 누가 쓸 것인가?
(아름다운 자연을 구경하느라고) 아침이 모자란데 저녁이라고 자연을 구경하는 것이 싫겠는가?
오늘도 부족한데 내일이라고 넉넉하겠는가?
이 산에 앉아 보고 저 산을 걸어 보니,
번거로운 마음이면서도 아름다운 자연은 버릴 것이 전혀 없다.
쉴 사이가 없는데 이 아름다운 자연을 구경하러 올 길을 전할 틈이 있으랴.
다만 하나의 푸른 명아주 지팡이가 다 못 쓰게 되어가는구나.
술이 익었으니 벗이 없겠느냐?
(노래를) 부르게 하며 (가야금을) 타게 하며, (해금을) 켜게 하며, (방울을) 흔들면서
온갖 아름다운 소리로 취흥을 재촉하니
근심이 있겠으며 시름이 붙었으랴.
누웠다 앉았다가, 구부렸다 젖혔다가
시를 읊었다 휘파람을 불었기도 하면서 마음 놓고 노니
천지도 넓고 넓으며 세월도 한가하다.
태평성대를 모르고 지내더니 이때야말로 태평성대로구나.
신선이 어떻든지 이 몸이 곧 신선이로다.
강산풍월을 거느리고 내 평생을 다 누리면
악양루 위에 이태백이 살아온다 한들
넓고 끝없는 정다운 회포야말로 이보다 더할 것인가.
이 몸이 이렇게 지내는 것도 역시 임금의 은혜이시도다.

핵심정리

- **작자** 송순(宋純, 1493~1583)
  호는 면앙정(俛仰亭), 기촌(企村). 조선 중종~선조 때의 문신. 치사(致仕)하고 담양(潭陽) 제월봉 아래에 석림정사(石林精舍)와 면앙정(俛仰亭)을 짓고 가곡을 지음. 황진이와 함께 시가 문학의 정수를 계승하여 명작들을 남겼음. 저서로 『기촌집(企村集)』과 『면앙집(俛仰集)』이 있으며, 작품으로는 「면앙정가」가 있음
- **갈래** 서정 가사, 양반 가사, 은일 가사
- **연대** 원작의 창작은 16세기. 필사본은 18세기 이후의 표기
- **율격** 3(4)·4 조 4 음보
- **문체** 운문체, 가사체
- **어조** 풍류를 즐기는 호방한 어조
- **성격** 강호가도(江湖歌道)의 노래
- **주제** 대자연 속의 풍류 생활
- **의의** ① 강호가도를 확립한 노래
  ② 정극인의 「상춘곡」을 이어받아, 정철의 「성산별곡」에 영향을 줌
- **출전** 『잡가(雜歌)』 – 편찬자와 편찬 연대 미상의 필사본 가사집. 「면앙정가」를 비롯하여 17편의 가사가 수록되어 있음. 표기는 매우 문란하여 대체로 18세기 이후의 것으로 보임
- **구성** ① 146 구로 구성
  ② 기·승·전·결의 4단 구성(서사, 본사, 결사의 3단 구성. 본사를 계절에 따라 네 문단으로 나누어 6단 구성으로 볼 수도 있음)

이해와 감상

해설

이 작품은 중종 19년(1524) 작자(송순)가 41세 때, 고향인 전남 담양의 제월봉 아래에 '면앙정'이란 정자를 짓고, 그 주변의 자연 경관과 함께 풍류 생활을 읊은 서정 가사이다.

이 작품은 오랫동안 『면앙집(俛仰集)』에 한역되어 있는 것만 보고 그 내용과 문학사적인 가치를 추정해 왔을 뿐 원가(原歌)를 알지 못하다가, 1964년 김동욱 씨가 이성의(李聖儀) 씨의 장본(裝本)인 『잡가(雜歌)』를 찾아 학계에 소개함으로써 그 온전한 모습을 알게 되었다.

「면앙정가」는 조선 전기의 정극인의 가사 「상춘곡」을 잇는 중요한 위치를 차지하며, 내용상의 흐름도 비슷한 데가 있다. 「상춘곡」이 벼슬을 그만두고 자연 친화를 노래하는 양반이 평범한 표현으로 서술한 것이라면, 「면앙정가」는 보다 의욕적인 구사로 표현하고 있는 점이 다르다.

이 작품에 이르러서 자연의 흥취를 즐기는 정서가 본격적인 표현미를 얻어 그 뒤에 두고두고 모범이 되어 많은 영향을 주었다. 그리고 자연의 아름다움과 유교적인 충의 사상, 임금에 대한 은혜는 이미 맹사성의 「강호사시가」에서도 나타난 것으로, 이 시기의 시가 작품의 경향을 대표한다고 할 수 있다. 특히, 마지막 구는 「강호사시가」의 종장과 거의 유사함을 보여준다.

홍만종은 이 작품을 두고 『순오지』에서 "산수의 좋은 경치를 배경으로 풍류의 즐거움을 늘어놓은 것으로 그의 가슴 속에는 호연지기가 있다."고 평하고 있다.

감상

서사에서는 면앙정 주변의 산수와 그 조망의 경치를 그리고 있다. 본사에서는 면앙정 앞을 흐르는 시냇물이 계절에 따라 변하는 모습을 묘사했고, 갈대꽃 사이로 날아다니는 기러기의 모습에서 인간적인 애정을 표현해 작자 자신의 유유자적한 풍류 생활을 나타내고 있다.

결사에서의 자연에 대한 작자의 태도는 자연 속에서 하나가 되는 자신을 표현해, 자연화된 자아의 기쁨을 누리고 있는 것에 가깝다. 이 태도는 마지막 부분의 '강산풍월(江山風月) ~ 다 누리면'이라는 표현에서 알 수 있듯이, 그 시대의 사대부들이 추구한 전형적인 자연관이다. 이것은 정극인의 「상춘곡」에서도 나타나고 있다.

이러한 작품을 통해 우리는 치국제민의 이상에 불탔던 젊음을 나라 다스리는 데 쏟은 후, 관직을 그만 두고 고향으로 향하고픈 당시 사대부들의 마음과 쉽게 떨쳐 버릴 수 없었던 현실적인 상황까지 엿볼 수 있다.

1 시상(詩想)의 흐름

이 작품은 면앙정이 위치한 제월봉의 근원과 형세를 노래하는 것에서 시작하여 면앙정의 아름다운 모습(기)과 면앙정에서 바라본 주위의 아름다운 경치를 근경에서부터 원경으로 묘사(승 1)한 후 면앙정의 아름다운 사계(四季)의 변화(승 2)로 이어지고 있다. 그리고 강호에서의 풍류생활(전)과 아름다운 자연 속에 노니는 호연지기를 노래(결)하고 있다.

2 표현상의 특징

이 작품은 수사법의 보고라고 할 만큼 다양한 표현 방법, 즉 의인, 직유, 반복, 은유, 대조, 설의, 반어, 대구법이 사용되었다. 이 중에서 대구법은 자연의 아름다움이나 그 본질을 표현할 수 있어 많이 사용되었다.

서사	자연물에 인격을 부여하는 방식으로 제월봉의 산세를 생동감 있게 묘사하기도 하고 '늙은 용'이 움직이는 모습에도 비유하였으며, 면앙정을 날개를 활짝 편 '청학'에 비유하여 역동적으로 묘사였다.
본사 1	면앙정 앞을 흐르는 시냇물의 아름다운 모습을 '쌍룡'과 '비단'에 비유하였으며, 정답게 노니는 기러기의 자태와 그림같이 펼쳐진 산봉우리들의 모습을 대구, 열거, 직유법 등의 수사법을 동원하여 생동감 있게 그려냈다.
본사 2	면앙정 주변의 아름다운 모습을 사계절의 변화에 따라 생생하게 묘사하면서 그와 더불어 풍류의 정서를 탄력적으로 표현하였다.
결사	자연을 즐기면서도 군은(君恩)을 잊지 않는 유교적 이념을 드러냄으로써 강호가도의 모범을 보여 주고 있다.

3 「면앙정가」와 「성산별곡」의 관계

정철의 「성산별곡」은 내용, 형식, 풍류, 어구, 시풍 등 여러 방면에서 「면앙정가」의 영향을 받았다.

① 내용
  ㉠ 자연을 인간의 궁극적인 귀의처로 보았다.
  ㉡ 사계절의 승경(勝景)을 통한 자연미를 발견하였다.
  ㉢ 신선의 경지에 드는 풍류의 극치를 맛보려 한 것(자연 친화의 도가 사상) 등은 그대로 「면앙정가」에서 「성산별곡」으로 이어졌다.

② 구성
  「면앙정가」가 '서사 – 주위의 아름다운 경치 – 사계절의 경물 – 풍류 생활 – 결사'의 순으로 짜여 있는데, 「성산별곡」도 이와 유사하게 '서사 – 춘경 – 하경 – 추경 – 동경 – 결사(풍류)'로 짜여 있다.

③ 표현
  '-논 둣, -거니, -거든 -마나' 등의 특수한 문체가 두 작품의 공통점으로 나타나고 있다. 이처럼 정철의 「성산별곡」은 내용에 있어 서경적인 것, 구성에 있어 사계절을 넣은 것, 표현에 있어 유사한 수법을 쓴 것, 사설의 동일한 유형성, 어구 배치의 근사성, 풍류 표현의 공통성 등 각 방면에 걸쳐 그 영향을 지대하게 받았다.

4 「면앙정가」의 문학사적 위치

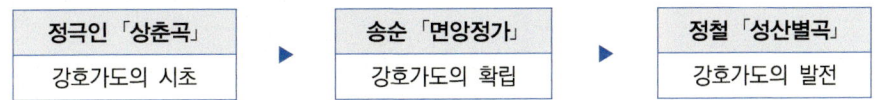

| 정극인 「상춘곡」 | 송순 「면앙정가」 | 정철 「성산별곡」 |
| 강호가도의 시초 | 강호가도의 확립 | 강호가도의 발전 |

이 작품은 정극인의 「상춘곡」에서 자연친화의 사상을 이어받아, 정철의 「성산별곡」과 「관동별곡」을 잇는 교량적 역할을 한다. 특히 이 작품에 이르러서는 자연미를 발견하고 자연의 흥취를 즐기는 본격적인 표현이 나타나 후세에 작품에 영향을 끼쳤다는 평가를 받고 있다.

5 「면앙정가」에 나타난 작가의 인생관

인간 세상을 떠나 자연에 묻혀 사는 자신을 '신선'이라고 표현한 것으로 볼 때, 자연 속에서 자연을 즐기는 자연친화적인 삶을 인생의 중요한 가치로 여기는 작가의 인생관을 알 수 있다. 또한 마지막 결구인 '이 몸이 이렁 굼도 亦君恩(역군은)이샷다.'를 통해 자연 친화적인 태도에 유교의 충의 사상을 결합시켜 자연과 임금을 별개의 것이 아닌 동일한 대상으로 여기는 가치관도 보여 주고 있다. 이러한 경향은 조선 전기 사대부의 가사의 일반적인 경향이라고도 할 수 있다.

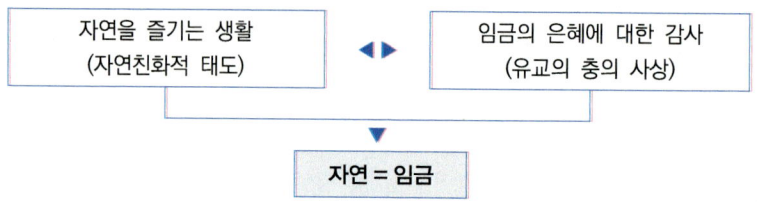

6 「면앙정가」에 나타나는 사대부들의 삶

이 가사는 조선조 사대부들의 전형적인 삶의 한 단면을 보여 준 작품이다. 작품에 관련된 인물들의 생애와 견주어서 좀 더 정확히 표현한다면, 16세기 조선조 사대부들의 삶의 한 방식을 드러내 준 작품이라 하겠다. 조선조의 사대부들은 사유의 토지를 생활 근거로 하여 나아가 조정의 관료로서 치국평천하(治國平天下)의 이념을 실현하고자 하였고, 물러나면 수신제가(修身齊家)에 더욱 힘쓰면서 강호의 처사로서 자연을 벗삼아 여유로운 삶을 누렸다. 바로 이러한 사대부들의 생활의 양면성이 그들로 하여금 관료적 문학과 처사적 문학의 세계를 넘나들게 하였다. 이렇게 토지에 기반을 둔 생활 근거가 확고하게 마련되어 있었으므로 이현보(李賢輔)나 송순(宋純), 윤선도(尹善道) 등과 같은 여유로운 강호 생활이 가능했으며, 관료나 처사의 위치에 관계없이 이른바 귀거래(歸去來)의 강호 생활을 높이 평가하는 관념적 풍조 또한 보편화될 수 있었던 것이다.

그러나 현실적 이상의 실현을 목표로 하는 성리학의 학문적 성격으로 보아 사대부들의 귀거래의 추구를 결코 그들의 본뜻으로 이해하기는 어렵다. 그들은 현실에서 물러나 자연에 몰입한 듯, 현실에 대한 모든 미련을 떨치고 숨어 지내다가도, 때를 만나 기회만 오면 그 자연을 서슴지 않고 버리고 현실에 뛰어들곤 했다.

결국 이 작품에서의 자연도 사대부들의 임시 터전으로서 잠시 쉬었다 훌쩍 떠날 휴식처에 머물러 있다. 자연은 도의와 심성을 기르는 군자의 벗일 뿐이지 완전히 융합된 삶을 이루어야 할 대상은 아니었다. 이렇게 보면 이 작품은 귀거래(歸去來)를 명분으로 삼고 때를 기다리며 쉬어 가는 안식처로 자연을 인식하였던 16세기 조선조 사대부들의 전형적인 자연관이 여실히 드러난 작품이라 할 수 있을 것이다.

> **참고**
>
> ### 1. 낙구의 '~은 亦君恩(역군은)이샷다'가 쓰인 다른 작품
> ① 일간명월(一竿明月)이 역군은이샷다 : 「감군은」
> ② 이 몸이 소일(消日)회옴도 역군은이샷다 : 「강호사시가」
> ③ 백 년을 이리 지냄도 역군은이샷다 : 신흠의 시조
>
> ### 2. '사시사(四時詞)'가 나타난 다른 작품들
> 정철 「사미인곡」, 허난설헌 「규원가」, 맹사성 「강호사시가」, 윤선도 「어부사시사」 등
>
> ### 3. 전기 가사에서 결어(結語)의 기능
>   전기 가사의 결사 마지막 부분에는 시조 종장과 흡사하게 3·5·4·3의 형식을 갖춘 결어가 존재한다. 이 결어는 시적 종결을 알리는 표지가 되는 동시에, 제시된 주제를 거듭 확인하는 기능을 한다. 이것은 향가나 시조의 종결 부분이 짧은 형태 속에서 주제를 핵심적으로 제시하는 데 비하여, 가사의 결어는 여러 차례 제시한 시적 화자의 주장을 재확인하는 장치라는 점에서 다르다.
>
> ### 4. 조선 전기의 강호가도(江湖歌道 : 강호한정을 노래)
>   조선 전기 시조와 가사 가운데는 자연을 노래한 것이 많은데, 이들은 일정한 철학적 기반을 바탕으로 하나의 문학적 경향을 이루고 있어 주목되고 있다. 이를 일컬어 흔히 '강호가도'라 칭하며, 그 대표적인 작자로 맹사성, 이현보, 이황, 이이, 정철 등을 들 수 있다.
>   강호가도의 문학은 사대부 특유의 자연관이 바탕을 이루고 있다. 사대부들은 인간과 세상을 포함한 우주의 기본 이치를 자연에서 발견할 수 있다고 보고, 자연과의 합일을 통해 스스로 그 이치를 체득코자 하였다. 이와 같은 관념은 이황의 「도산십이곡」 같은 작품에 잘 드러나 있다.
>   한편, 강호가도의 문학은 사대부의 진퇴(進退)관과도 관계가 있다. 사대부들은 달하면 천하를 다스리고, 궁하면 자신의 몸을 닦는다는 유교적 진퇴관을 지니고 있었다. 더욱이, 세종 ~ 성종 조를 지나 문물이 발달하여 생활의 여유가 생기게 되고, 연산 조 이후 발생한 사화로 인해 관계(官界)에 오래 머물러 있음은 안심입명(安心立命)의 수단이 아님을 깨달으면서, 자연을 통해 안전지대를 찾고자 하는 의식이 싹트게 되었던 것이다.
>   이리하여 관계를 벗어난 가객들은 복잡한 마음을 강호 자연의 맑은 기운으로 씻으면서 음풍농월(吟風弄月), 강호영가(江湖詠歌)하는 경향을 가지게 되었다. 결국, 관직에서 물러나 자연을 노래하는 것은 사대부들에게 있어서 하나의 수양 과정으로서의 의의를 지니는 것이었다.
>   이러한 이유로 강호가도의 문학은 국문학의 한 사조로 형성되었고, 그것은 조선 후기까지 이어져 윤선도와 같은 강호 시인을 낳게 되었다.

기출문제

1. 다음 작품에서 화자의 태도를 탐색하는 과정을 〈보기〉와 같이 나타낼 때, 〈보기〉의 괄호 안 ㉠에는 해당하는 말을 쓰고, ㉡에는 해당하는 구절을 작품에서 찾아 쓰시오. [2점]

2017년 기출 기입형 7번

〈전략〉

ⓐ
人間을 써나 와도 내 몸이 겨를 업다
니것도 보려 ᄒ고 져것도 드르려코
ᄇᆞ람도 혀려 ᄒ고 들도 마즈려코
봄으란 언제 줍고 고기란 언제 낙고
柴扉란 뉘 다드며 딘 곳츠란 뉘 쓸려뇨
아츰이 낫브거니 나조ᄒ라 슬흘소냐
오ᄂᆞ리 不足거니 來日이라 有餘ᄒ랴
이 뫼ᄒ히 안ᄌᆞ 보고 져 뫼ᄒ히 거러 보니
煩勞ᄒᆞᆫ ᄆᆞᄋᆞ믜 ᄇᆞ릴 일리 아조 업다
쉴 ᄉᆞ이 업거든 길히나 젼ᄒᆞ리야
다만 흔 靑藜杖이 다 뫼ᄃᆞ여 가노ᄆᆡ라

ⓑ
술리 닉어거니 벗지라 업슬소냐
블니며 ᄐᆞ이며 혀이며 이아며
온가짓 소리로 醉興을 ᄇᆡ야거니
근심이라 이시며 시름이라 브터시랴
누으락 안즈락 구브락 져츠락
을프락 ᄑᆞ람ᄒᆞ락 노혜로 노거니
天地도 넙고 넙고 日月도 한가ᄒᆞ다
羲皇을 모을너니 니 적이야 긔로괴야
神仙이 엇더턴지 이 몸이야 긔로고야
江山風月 거ᄂᆞ리고 내 百年을 다 누리면
岳陽樓上의 李太白이 사라오다
浩蕩 情懷야 이에서 더ᄒᆞᆯ소냐
이 몸이 이렁 굼도 亦君恩이샷다

- 송순, 「면앙정가(俛仰亭歌)」

〈보기〉

과정	내용
작품의 내적 문맥에 기반한 태도 탐색	'굽어보고[俛] 우러러보는[仰] 정자[亭]'라는 '면앙정'의 뜻과 ⓐ에서 확인되는 화자의 상황으로 보아, 이 작품에서는 정자와 그 근처에서 자연의 풍광을 완상하며 살아가는 (㉠)적 삶을 지향하는 화자의 태도를 확인할 수 있음
	그런데 ⓑ 장면 및 현실 세계의 이념적 윤리에 대한 의식을 보여 주는 '(㉡)'(이)라는 구절을 보면, 앞서 파악한 화자의 태도가 일관되게 유지되지 않음을 알 수 있음
작품의 외적 맥락에 기반한 태도 탐색	면앙정에 대한 송순의 다른 글에 있는 '俛有地 仰有天 亭其中[굽어보니 땅이요 우러러보니 하늘이라, 그중에 정자 있어]'라는 구절과, 송순이 출사(出仕)를 했던 사대부라는 사실에서 화자가 자연 친화를 넘어서는 (㉠)적 삶과 현실의 이념적 윤리를 동시에 지향하는 이유의 단서를 발견할 수 있음
탐색 결과	이 작품에서 사대부인 화자는 스스로 자연에 조화되기를 바라는 한편, 천지의 섭리와 인간의 윤리가 조화되는 세상이 실현되기를 바라는 태도를 보여 주고 있음

📋 예상 답안

㉠ 풍류 / ('물아일체'도 답이 될 수 있음)
㉡ 이 몸이 ~ 역군은 이샷다

※ (2 ~ 3) 다음 글을 읽고 물음에 답하시오.

(가)
ⓐ 人間(인간)을 써나와도 내 몸이 겨를 업다.
이것도 보려 ᄒ고 져것도 드르려코
ᄇᆞ룸도 혀려 ᄒ고 돌도 마즈려코
ⓑ 밤으란 언제 줍고 고기란 언제 낙고
柴扉(시비)란 뉘 다드며 딘 곳츠란 뉘 쓸려뇨.
아츰이 낫브거니 나조히라 슬흘소냐.
오ᄂᆞ리 不足(부족)커니 來日(내일)이라 有餘(유여)ᄒᆞ랴.
이 ㉠뫼희 안자 보고 뎌 뫼희 거러 보니
煩勞(번로)ᄒᆞᆫ ᄆᆞ음의 ᄇᆞ릴 일이 아조 업다.

— 송순, 「면앙정가(俛仰亭歌)」

(나)
世情(세정) 모ᄅᆞᆫ 한숨은 그칠 줄을 모ᄅᆞᄂᆞ다.
아ᄉᆞ온 져 소뷔는 볏보님도 됴홀세고
가시 엉귄 묵은 밧도 容易(용이)케 갈련마ᄂᆞᆫ
虛堂半壁(허당반벽)에 슬듸업시 걸려고야.
春耕(춘경)도 거의거다 후리쳐 더뎌 두쟈.
江湖(강호) ᄒᆞᆫ ᄭᅮ을 ᄭᅮ언지도 오ᄅᆡ러니
口腹(구복)이 爲累(위루)ᄒᆞ야 어지버 이져써다.
瞻彼淇澳(첨피기욱)혼ᄃᆡ 綠竹(녹죽)도 하도 할샤
有斐君子(유비군자)들아 낙ᄃᆡ ᄒᆞ나 빌려ᄉᆞ라.
蘆花(노화) 깁픈 곳애 明月淸風(명월청풍) 벗이 되야
님ᄌᆞ 업슨 ㉡風月江山(풍월강산)애 절로절로 늘그리라.

— 박인로, 「누항사(陋巷詞)」

(다)
논밭 갈아 기음 매고 뵈잠방이 다임 쳐 신들메고,
낫 갈아 허리에 차고 도끼 벼려 두러메고 ㉢茂林山中(무림산중) 들어가서 삭다리 마른 섶을 뷔거니 버히거니 지게에 질머 집팡이 바쳐 놓고 새암을 찾아가서 點心(점심) 도슭 부시고 곰방대를 톡톡 떨어 닙담배 퓌여 물고 콧노래 조오다가,
夕陽(석양)이 재 넘어 갈 제 어깨를 추이르며 긴 소래 저른 소래하며 어이 갈고 하더라.

— 작자 미상

2. ㉠ ~ ㉢은 작가의 삶의 태도나 지향을 반영하고 있는 공간이다. 이들 공간이 서정적 자아에게 어떤 의미를 갖는지 비교하여 설명하시오. [4점]

2008년 기출 15번

	차이점	공통점
㉠		
㉡		
㉢		

🔍 **출제기관 채점기준**

3점 - ㉠ ~ ㉢의 의미가 각각 맞은 경우 각각 1점
1점 - 공통점이 맞은 경우 1점

📝 **예상 답안**

	차이점	공통점
㉠	실제로 강호한정하며 한가롭게 살아가는 공간	자연을 의미 (= 자연 친화의 의미를 지님)
㉡	현실과 유리된 곳으로 지향하고 싶은 이상향의 공간	
㉢	삶이나 노동이 이루어지는 생활의 현장인 공간	

3. ⓐ와 ⓑ의 시상 전개상 관계를 파악하여 ⓐ와 같은 시구 1행을 (다)의 시작 부분에 추가하고자 한다. ⓐ와 ⓑ의 관계를 설명하고, 다음 〈조건〉에 따라 적절한 시구를 창작하시오. [3점]   2008년 기출 16번

―〈조건〉―
시구의 율격과 길이는 평시조의 초장에 준할 것

ⓐ와 ⓑ의 관계	시구

🔍 **출제기관 채점기준**

1점 - ⓐ와 ⓑ의 관계가 맞는 경우
1점 - '일'과 '휴식(흥겨움, 즐거움)'의 의미가 모두 있는 경우
1점 - 위의 내용이 맞으면서 4음보 문장 구성(시조 초장)이 맞는 경우

📝 **예상 답안**

ⓐ와 ⓑ의 관계	시구
일반적 진술과 구체적 근거(예) (중심 내용과 뒷받침하는 예)	하루 일 다한 후에 휴식도 흥겨워라. (= 농촌 일 많더라도 흥겹게 살아가네 / 일한 뒤 휴식하니 이 내 삶이 즐겁구나)

작품 4 › 성산별곡(星山別曲)

[서사(序詞)]

엇던 디날 손이 셩산(星山)의 머믈며셔	어떤 지나는 손이 성산에 머물면서
셔하당(棲霞堂) 식영뎡(息影亭) 쥬인(主人)아 내 말 듯소.	서하당 식영정의 주인(김성원)아 내 말 듣소.
인싱(人生) 셰간(世間)의 됴흔 일 하건마는	인생 세간에 좋은 일 많건마는
엇디흔 강산(江山)을 가디록 나이 녀겨	어떠한 강산을 갈수록 낫게 여겨
젹막(寂寞) 산듕(山中)의 들고 아니 나시는고.	적막 산중에 들고 아니 나오시는고.
숑근(松根)을 다시 쓸고 듁상(竹床)의 자리 보와	송근을 다시 쓸고 죽상에 자리 보아
져근덧 올라 안자 엇던고 다시 보니	잠깐 올라 앉아 (주위를) 어떤가 다시 보니
텬변(天邊)의 썻는 구름 셔셕(瑞石)을 집을 사마	하늘가에 떠 있는 구름이 서석을 집으로 삼아
나는 듯 드는 양이 쥬인(主人)과 엇더흔고.	들락날락 하는 모양이 주인과 같지 않은가.
창계(滄溪) 흰 믈결이 뎡즈(亭子) 알픠 둘러시니	창계 물결이 정자 앞에 둘러 있으니
텬손운금(天孫雲錦)을 뉘라셔 버혀 내여	천손 운금을 뉘라서 베어 내어
닛는 듯 퍼티는 듯 헌스토 헌스홀샤.	잇는 듯 펼치는 듯 야단스럽기도 야단스럽구나.
산듕(山中)의 칙녁(冊曆) 업서 스시(四時)를 모르더니	산중에 책력 없어 사시를 모르더니
눈 아래 헤틴 경(景)이 쳘쳘이 절노 나니	눈 아래 헤쳐 있는 경치 철철이 절로 나니
듯거니 보거니 일마다 션간(仙間)이라.	듣거니 보거니 일마다 선계(仙界)이로다.

[본사(本詞)]

믹창(梅窓) 아젹 벼틱 향긔(香氣)예 잠을 끽니	매화 핀 아침 볕의 향기에 잠을 깨니
산옹(山翁)의 힐 일이 곳 업도 아니호다.	산옹의 할 일이 아주 없지도 아니하다.
울밋 양디(陽地) 편의 외씨를 쎄허 두고	울 밑 양지쪽에 오이씨를 뿌려 두고
믹거니 도도거니 빗김의 달화 내니	김을 매거니 북돋우거니 비 온 김에 가꿔내니
쳥문고사(靑門故事)를 이제도 잇다 홀다.	청문 고사를 이제도 있다 할까.
망혜(芒鞋)를 비야 신고 듁댱(竹杖)을 훗더디니	짚신을 죄어 신고 대지팡이를 흩어 짚으니
도화(桃花) 핀 시내 길히 방초쥬(芳草洲)예 니어셰라.	도화 핀 시냇길이 방초주에 이어 있구나.
닷봇근 명경(明鏡) 듕(中) 절로 그린 셕병풍(石屛風)	맑은 거울처럼 아름다운 가운데 그림 같은 석병풍

그림재를 버들 사마 셔하(西河)로 홈끠 가니

도원(桃源)은 어드매오 무릉(武陵)이 여긔로다.

남풍(南風)이 건듯 부러 녹음(綠陰)을 헤텨 내니

졀(節) 아는 괴꼬리는 어드러셔 오돗던고.

희황(羲皇) 벼개 우희 풋즘을 얼픗 끼니

공듕(空中) 저즌 난간(欄干) 믈 우희 셔 잇고야

마의(麻衣)를 니믜 추고 갈건(葛巾)을 기우 쓰고

구브락 비기락 보는 거시 고기로다.

ᄒᆞᄅᆞᆺ밤 비 긔운의 홍뵉년(紅白蓮)이 섯거 피니

ᄇᆞ람긔 업시셔 만산(萬山)이 향긔로다.

념계(濂溪)를 마조 보아 틱극(太極)을 뭇ᄌᆞᆸ는 듯

틱을진인(太乙眞人)이 옥ᄌᆞ(玉字)를 헤혓는 듯

노자암(鸕鷀巖) 건너보며 ᄌᆞ미탄(紫微灘) 겨틔 두고

댱숑(長松)을 챠일(遮日)사마 석경(石逕)의 안자ᄒᆞ니

인간(人間) 뉵월(六月)이 여긔는 삼츄(三秋)로다.

쳥강(淸江)의 썻는 올히 뵉ᄉᆞ(白沙)의 올마 안자

뵉구(白鷗)를 벗을 삼고 줌 낄 줄 모ᄅᆞ나니

무심(無心)코 한가(閑暇)ᄒᆞ미 쥬인(主人)과 엇디ᄒᆞ니.

오동(梧桐) 서리ᄃᆞᆯ이 사경(四更)의 도다 오니

천암만학(千巖萬壑)이 나진들 그러ᄒᆞᆯ가.

호주(湖洲) 수정궁(水晶宮)을 뉘라셔 옴겨 온고.

은하(銀河)를 쯰여 건너 광한전(廣寒殿)의 올랏는 듯

싹 마존 늘근 솔란 조대(釣臺)예 셰여 두고

그 아래 ᄇᆡ를 씌워 갈 대로 더뎌 두니

홍료화(紅蓼花) 백빈주(白蘋洲) 어ᄂᆞ ᄉᆞ이 디나관ᄃᆡ

환벽당(環碧堂) 용(龍)의 소히 븻머리예 다하세라.

청강(淸江) 녹초변(綠草邊)의 쇼 머기는 아희들이

석양(夕陽)이 어위 계워 단적(短笛)을 빗기 부니

그림자를 벗삼아 서하로 함께 가니

무릉도원이 어디냐 여기가 거기로다.

남풍이 문득 불어 녹음을 헤쳐 내니

철을 아는 꾀꼬리는 어디서 왔던가.

희황 베개 위에 풋잠을 어렴풋이 깨니

공중에 젖은 난간 물 위에 떠 있구나.

삼베옷을 여며 입고 갈건을 비스듬히 쓰고

구부렸다 기대면서 보는 것이 고기로다.

하룻밤 비 기운에 홍·백련이 섞어 피니

바람 기운 없이도 만산에 향기로다

염계를 마주보며 태극의 이치를 묻는 듯

태을 진인이 옥자를 헤쳤는 듯

노자암 건너다보며 자미탄 곁에 두고

큰 소나무를 차일 삼아 돌길에 앉으니

인간 세상의 유월이 여기서는 가을이라.

청강에 떠있는 오리는 백사에 옮아 앉아

백구를 벗을 삼고 잠 깰 줄 모르나니

무심하고 한가함이 주인과 어떠한가.

오동나무 사이로 가을달이 사경에 돋아오니

수많은 바위와 골짜기가 낮인들 이렇게 아름다울까.

호주의 수정궁을 누가 옮겨 왔는가.

은하수를 뛰어 건너 광한전에 올라 있는 듯

한 쌍의 늙은 소나무를 낚시터에 세워 놓고

그 아래에 배를 띄워 가는 대로 내버려 두니

홍료화 백빈주를 어느 사이에 지났기에

환벽당 용의 연못에 뱃머리가 닿았구나.

맑은 강 풀이 우거진 물가에서 소 먹이는 아이들이

석양의 흥을 못 이겨 피리를 비껴 부니

믈 아래 좀긴 용(龍)이 좀 씨야 니러날 둣

닉 쇠예 나온 학(鶴)이 제 기슬 ᄇ리고 반공(半空)의 소소뜰 둣.

소선(蘇仙) 적벽(赤壁)은 추칠월(秋七月)이 됴타 호ᄃᆡ

팔월(八月) 십오야(十五夜)를 모다 엇디 과ᄒᆞᄂᆞᆫ고.

섬운(纖雲)이 사권(四捲)ᄒ고 믈결이 채 잔 적의

하ᄂᆞᆯ이 도ᄃᆞᆫ ᄃᆞᆯ이 솔 우희 걸려거둔

잡다가 ᄲᅡ딘 줄이 적선(謫仙)이 헌ᄉᆞᄒᆞᆯ샤.

공산(空山)의 ᄡᅡ힌 닙흘 삭풍(朔風)이 거두 부러

쎄구름 거ᄂᆞ리고 눈조차 모라오니

텬공(天公)이 호ᄉᆞ로와 옥(玉)으로 고즐 지어

만수쳔림(萬樹千林)을 ᄭᅮ며곰 낼셰이고.

압 여흘 ᄀᆞ리 어러 독목교(獨木橋) 빗겻ᄂᆞᄃᆡ

막대 멘 늘근 즁이 어ᄂᆡ 뎔로 간닷말고.

산옹(山翁)의 이 부귀(富貴)를 ᄂᆞᆷᄃᆞ려 헌ᄉᆞ 마오.

경요굴(瓊瑤窟) 은셰계(隱世界)를 ᄎᆞᄌᆞ리 이실셰라.

물 아래 잠긴 용이 잠을 깨어 일어날 듯

안개 기운에 나온 학이 제 집을 버리고 허공에 솟아 뜰 듯하다.

소동파의 적벽부에는 음력 칠월이 좋다 하였으되

팔월 보름밤을 모두 어찌 칭찬하는가.

고운 구름이 흩어지고 물결도 잔잔할 때에

하늘에 돋은 달이 소나무 위에 걸렸으니

달을 잡으려다 물에 빠졌다는 이태백의 일이 야단스럽구나.

공산에 쌓인 잎을 삭풍이 거둬 불어

떼구름 거느리고 눈을조차 몰아오니

조물주가 일을 즐겨 옥으로 꽃을 만들어

온갖 나무들을 꾸며 내었구나.

앞 여울 가리어 얼고 외나무다리 비꼈는데

막대 멘 늙은 중이 어느 절로 간단 말인가.

산옹의 이 부귀를 남에게 자랑 마오.

옥같은 굴(屈) 은밀한 세계를 찾을 사람이 있을까 두렵도다.

[결사(結詞)]

산듕(山中)의 벗이 업서 한긔(漢紀)를 ᄡᅡ하 두고

만고(萬古) 인물(人物)을 거ᄉᆞ리 혜여ᄒᆞ니

성현(聖賢)로 만커니와 호걸(豪傑)도 하도 할샤.

하ᄂᆞᆯ 삼기실 제 곳 무심(無心)ᄒᆞᆯ가마ᄂᆞᆫ

엇디ᄒᆞᆫ 시운(時運)이 일락배락 ᄒ얏ᄂᆞᆫ고.

모ᄅᆞᆯ 일도 하거니와 애ᄃᆞᆯ옴도 그지업다.

긔산(箕山)의 늘근 고불 귀ᄂᆞᆫ 엇디 싯돗던고.

박소리 핀계하고 조장이 ᄀᆞ장 놉다.

인심(人心)이 ᄂᆞᆺ ᄀᆞᆮᄐ야 보도록 새롭거놀

셰사(世事)ᄂᆞᆫ 구름이라 머흐도 머흘시고.

엇그제 비즌 술이 어도록 니건ᄂᆞ니.

산중에 벗이 없어 책을 쌓아 두고

만고 인물을 거슬러 헤아리니

성현도 많거니와 호걸도 많고 많다.

하늘이 (사람을) 내실 때 그리 무심할까마는

어떠한 시운이 흥했다 망했다 하였는가.

모를 일도 많거니와 애달픔도 그지없다.

기산의 늙은 고불 귀는 어찌 씻었는가.

소리가 난다고 핑계하고 표주박을 버린 허유의 조장이 가장 높다.

인심이 낯 같아서 볼수록 새롭거늘

세상 일은 구름이라 험하기도 험하구나.

엊그제 빚은 술이 얼마나 익었는가.

잡거니 밀거니 슬ㅋ장 거후로니	잡거니 권하거니 실컷 기울이니
ᄆᆞ음의 ᄆᆡ친 시름 져그나 ᄒᆞ리ᄂᆞ다.	마음에 맺힌 시름 조금이나마 낫는구나.
거믄고 시울 언저 풍입송(風入松)이야고야	거문고 줄을 얹어 풍입송을 타자구나.
손인동 쥬인(主人)인동 다 니저 ᄇᆞ려셰라.	손[客(객)]인지 주인인지 다 잊어버렸구나.
댱공(長空)의 ᄯᅥᆺ는 鶴(학)이 이 골의 진선(眞仙)이라.	장공에 떠 있는 학이 이 골의 진선이라.
요ᄃᆡ(瑤臺) 월하(月下)의 힝혀 아니 만나신가.	요대 월하에 행여 아니 만나지 아니하였는가?
손이셔 主人(주인)ᄃᆞ려 닐오ᄃᆡ 그ᄃᆡ 귄가 ᄒᆞ노라.	손(송강)이 주인(김성원)에게 이르되 "그대 곧 진선인가 하노라."

핵심정리

▶ **작자** 정철(鄭澈, 1536 ~ 1593)
▶ **배경** 창평 지곡리 성산(昌平芝谷里星山 : 전남 담양군 남면 지곡리)에서 처외재당숙(妻外再堂叔)인 김성원(金成遠)을 경모하여 그곳의 풍물(風物)을 4계절에 따라 읊은 작품
▶ **연대** 명종 15년(1560)
▶ **문체** 운문체, 가사체
▶ **성격** 전원적. 풍류적
▶ **제재** 성산(星山)의 사계절의 변화에 따른 풍경과 식영정 주인 김성원의 풍류
▶ **주제** 성산(星山)의 풍물과 풍류. 절경(絶景) 속에서의 풍류 예찬
▶ **의의** 송순의 「면앙정가(俛仰亭歌)」의 직접적인 영향을 받음
▶ **구성** ① 84절 169구
② '서사 – 본사[춘·하·추·동경(春·夏·秋·冬景)] – 결사'의 3단 구성

서사		엇던 디날 손이 星山(성산)의 머믈면서 ~
본사	춘사	梅窓(매창) 아젹 벼틱 香氣(향기)예 잠을 씨니 ~
	하사	南風(남풍)이 건듯 부러 綠陰(녹음)을 헤텨 내니 ~
	추사	梧桐(오동) 서리돌이 四更(사경)의 도다 오니 ~
	동사	空山(공산)의 싸힌 닙흘 朔風(삭풍)이 거두 부러 ~
결사		山中(산중)의 벗이 업서 漢紀(한기)를 싸하 두고 ~

이해와 감상

| 해설 |

명종 15년(1560) 작자가 25세 때 창평 지곡리 성산에서 처외재당숙(妻外再堂叔)인 김성원(金成遠)을 경모(敬慕)하여 그 곳의 풍물을 4계절에 따라 읊고, 서하당(棲霞堂)의 주인 김성원의 풍류도 함께 노래한 것이다.

모두 84절 169구로 되어 있으며, 내용은 ① 서사(序詞), ② 춘경(春景), ③ 하경(夏景), ④ 추경(秋景), ⑤ 동경(冬景), ⑥ 결사(結詞)로 나뉜다. 보편성이 모자란다는 점도 있으나, 작자의 개성과 얼이 풍부하게 나타나 있는 작품이다. 작품집 『송강가사(松江歌辭)』에 실려 전하고 있다.

이 작품의 내용은 서사에서 김성원과 성산(星山)에 대하여 읊고, 본사에서는 사계절에 따른 아름다운 경치를 노래하였으며, 결사에서는 독서, 음주(飮酒)와 탄금(彈琴) 등 주인 김성원의 풍류 생활을 부러워하는 것으로 짜여 있다.

1 시상의 전개

① 서사(序詞) : '디날 손'이 '성산(星山)'에서 생활하는 이유를 '식영정 주인'에게 묻는 것부터 시작하여, '텬변(天邊)의 썻 눈 구름'을 '주인'의 모습에 견주면서 '정자(亭子)' 주변의 운치 있는 자연환경과, 무한히 반복되며 '철철이 절노 나'는 사철의 자연 경관을 선경(仙境)에 비유하고 있다.

② 춘사(春詞) : '청문고사(靑門故事)'를 인용하면서 봄날 '산옹(山翁)의 히올 일' 즉, 산중(山中) 생활을 노래하고, '방초 주(芳草洲)'를 무릉도원에 비기면서 봄날 한가로운 마음으로 자연을 즐기는 삶의 여유를 노래하고 있다.

③ 하사(夏詞) : 성산의 한가로운 여름 경치 속에서 '괴쏘리' 노랫소리에 '풋좀'을 깨어 '공듕(空中) 저즌 난간(欄干)'에 서 '고기'를 보며 즐기는 내용이다. '홍빅년(紅白蓮)'의 향기 속에 인간 만사를 모두 잊고 '틱극(太極)을 뭇좁는 닷', '옥즈(玉字)룰 헤혓는 닷'하며 진리를 탐구하고 신선이나 된 듯 느끼면서 대자연의 품속에서 안온한 삶을 누리는 내용이 전개되고 있다.

④ 추사(秋詞) : '은하(銀河)룰 씌여 건너 광한전(廣寒殿)의 올랏는 닷'한 기분으로 오동나무에 환한 달이 걸린 풍경을 읊고, '조대(釣臺)' 아래 배를 띄워 배 가는 대로 맡겨 '용(龍)의 소'에 이르는 뱃놀이의 풍류가 목동들의 '단적(短笛)' 소리에 한층 운치가 더해짐을 노래하고 있다.

⑤ 동사(冬詞) : 온 산 가득 눈으로 뒤덮인 새로운 겨울 성산(星山)의 풍경을 그렸다. 성산의 겨울 경치에 매료되어 '늘근 즁'에게조차 '놈 두려 헌수 마오'라고 당부하며, 자연 속의 삶을 지키고자 하였다. 그러나 자연을 즐기는 마음의 부귀 를 혼자서만 누리려 함은 아니었을 것이다. 속세의 유혹으로부터 행여나 마음을 잃고 흔들릴까 저어하는 몸짓이 아닐까 한다.

⑥ 결사(結詞) : 험하디 험한 세상의 모든 시름 접어 두고 '술'과 '거문고'로 '손'과 '주인'도 잊을 정도로 도도한 흥취에 젖은 산 속 풍류를 노래하고 있다. 어찌 보면 아무래도 잊기 어려운 현실에 대한 강한 미련을 드러낸 것으로도 보인 다. '무 옴의 미친 시룸'이 다름 아닌 현실에의 갈등으로 생각되며, 때를 기다리며 자연 속에 웅크리고 있는 모습이 연상되기 때문이다. 성산의 자연 속에 묻혀 지내는 '쥬인(主人)'을 '손'이 '댱공(長空)의 썻눈 학(鶴)'에 빗대어 '진선 (眞仙)'이라고 칭송하면서 작품을 매듭짓고 있다.

기출문제

1. 다음은 성산별곡 본사의 일부이다. 〈작성 방법〉에 따라 서술하시오. [4점]

[A]
　　산듕의 칙녁(冊曆) 업서 사시를 모르더니
　　눈 아래 헤틴 경(景)이 철철이 절노 나니
　　듯거니 보거니 일마다 선간(仙間)이라
　　미창(梅窓) 아젹 벼티 향긔예 줌을 끼니
　　션옹(仙翁)의 히욜 일이 곳 업도 아니ᄒᆞ다
　　울 밋 양디 편의 외씨를 쎄허두고
　　미거니 도도거니 빗김의 달화내니
　　쳥문고ᄉᆞ(青門故事)*를 이제도 잇다 홀다
　　망혜(芒鞋)를 뵈야 신고 듁댱을 훗더디니
　　도화 핀 시내길히 방초쥬(芳草洲)의 니어셰라
　　닷봇근 명경(明鏡) 둥 절로 그린 석병풍(石屏風)
　　그림애를 버들 사마 셔하(西河)로 홈끠가니
　　도원은 어드매오 무릉이 여긔로다
　　남풍이 건듯 부러 녹음을 헤혀 내니
　　절 아는 괴꼬리는 어드러셔 오돗던고
　　희황(羲皇) 벼개 우희 풋줌을 얼픗 끼니
　　공듕 저즌 난간 믈 우희 써잇고야
　　마의(麻衣)를 니믜 ᄎᆞ고 갈건(葛巾)을 기우 쓰고
　　구브락 비기락 보는 거시 고기로다
　　ᄒᆞ로밤 비ᄭᅴ운의 홍빅년(紅白蓮)이 섯거 피니
　　ᄇᆞ람긔 업서셔 만산이 향긔로다
　　　　… (중략) …

[B]
　　공산의 싸힌 닙흘 삭풍이 거두 부러
　　쎄구름 거노리고 눈조차 모라오니
　　텬공(天公)이 호사로와 옥으로 고즐지어
　　만슈쳔림(萬樹千林)을 ᄭᅮ며곰 낼셰이고
　　압여흘 ᄀᆞ리 어러 독목교(獨木橋) 빗겻ᄂᆞ디
　　막대 멘 늘근 즁이 어ᄂᆡ뎔로 간닷 말고
　　㉠ 산옹의 이 부귀를 눔ᄃᆞ려 헌ᄉᆞ마오
　　㉡ 경요굴(瓊瑤窟) 은세계(隱世界)를 ᄎᆞᄌᆞ리 이실셰라

　　　　　　　　　　　　　　　　　　　- 정철, 성산별곡 -

＊ 쳥문고ᄉᆞ: 진나라 소평이 청문 밖에 참외를 심고 살며 벼슬하지 않았다는 고사

〈작성 방법〉

- [A]에서 화자가 적막 산중에 살아가는 주인의 삶을 어떠한 모습으로 그려내고 있는지 공간과 인물의 측면에서 서술할 것.
- [B]에서 계절적 배경을 고려하여 밑줄 친 ㉠의 함축적 의미를 쓰고, 밑줄 친 ㉡에 담긴 화자의 심리를 서술할 것.

채점기준

- 2점 - 주인의 삶을 공간과 인물의 측면에서 맞게 서술했으면 : 각각 1점
- 2점 - ㉠의 함축적 의미 및 ㉡에 담긴 화자의 심리가 맞으면 : 각각 1점

예상 답안

[A]에서 화자가 주인의 삶을 공간의 측면에서는 '선간', '도원'과 '무릉' 등에 비유하여 신선이 사는 곳으로 드러냈고, 인물의 측면에서는 '션옹'에 비유하여 신선으로 드러냈다.

[B]의 계절이 겨울임을 고려할 때, ㉠의 의미는 나뭇가지마다 쌓인 눈꽃의 아름다운 경치이다. ㉡은 자신이 누리는 눈 내린 겨울 경치를 남들이 찾아와 어지럽힐까 경계하고 두려워하는 마음이다.

예상문제

※ (1 ~ 3) 다음 글을 읽고 물음에 답하시오.

(가)
나라히 破亡(파망)ᄒ니 뫼콰 ᄀᆞᄅᆞᆷ쑨 잇고
잣 앉 보매 플와 나무쑨 ㉠기펫도다.
㉡時節(시절)을 感歎(감탄)ᄒ노니 고지 눉므를 ᄲᅳ리게코
㉢여희여슈믈 슬후니 새 ᄆᆞᅀᆞᄆᆞᆯ 놀래ᄂᆞ라.
烽火(봉화)ㅣ 석ᄃᆞᆯ를 니서시니
지븻 音書(음서)ᄂᆞᆫ 萬金(만금)이 ᄉᆞ도다.
셴 머리ᄅᆞᆯ 글구니 또 뎌르니
다 빈혀ᄅᆞᆯ 이긔디 몯ᄒᆞᆯ 닷ᄒᆞ도다.

— 「춘망(春望)」

(나)
열치매
나토얀 ᄃᆞ리
힌구룸 조초 ᄠᅥ가ᄂᆞᆫ 안디하
새파ᄅᆞᆫ 나리여희

기랑(耆郞)이 즈싀 이슈라.
일로 나리ㅅ 지벽히
郞(낭)이 디니다샤온
ᄆᅀᆞ미 ᄀᆞᆺ훌 좇누아져.
아으, 잣ㅅ가지 노파
서리 몯누올 花判(화반)이여

- 「찬기파랑가(讚耆婆郞歌)」

(다)
엇던 디날 손이 성산(星山)의 머믈며셔
셔하당(棲霞堂) 식영뎡(息影亭) 쥬인(主人)아 내 말 듯소.
인ᄉᆡᆼ(人生) 셰간(世間)의 됴흔 일 하건마ᄂᆞᆫ
엇디 ᄒᆞᆫ 강산(江山)을 가디록 나이 녀겨
젹막(寂寞) 산듕(山中)의 들고 아니 나시ᄂᆞᆫ고.
숑근(松根)을 다시 쓸고 듁상(竹床)의 자리 보와
져근덧 올라 안자 엇던고 다시 보니,
텬변(天邊)의 썻ᄂᆞᆫ 구름 셔석(瑞石)을 집을 사마
나ᄂᆞᆫ 듯 드ᄂᆞᆫ 양이 쥬인(主人)과 엇더ᄒᆞᆫ고.
창계(滄溪) 흰 믈결이 뎡ᄌᆞ(亭子) 알픠 둘러시니
텬손운금(天孫雲錦)을 뉘라셔 버혀 내여
닛ᄂᆞᆫ 듯 퍼티ᄂᆞᆫ 듯 헌ᄉᆞ토 헌ᄉᆞᄒᆞᆯ샤.
산듕(山中)의 칙녁(冊曆) 업서 ᄉᆞ시(四時)를 모ᄅᆞ더니
눈 아래 헤틴 경(景)이 철철이 절노 나니
듯거니 보거니 일마다 션간(仙間)이라
ᄆᆡ창(梅窓) 아젹 벼틱 향긔(香氣)예 잠을 ᄭᅢ니
산옹(山翁)의 히율 일이 곳 업도 아니ᄒᆞ다
울밋 양디(陽地) 편의 외씨를 ᄲᅴ허 두고
ᄆᆡ거니 도도거니 빗김의 달화 내니
쳥문고사(靑門故事)를 이제도 잇다 ᄒᆞ다
망혜(芒鞋)를 븨야 신고 듁댱(竹杖)을 훗더디니
도화(桃花) 퓐 시내 길히 방초쥬(芳草洲)의 니어셰라.
닷봇근 명경(明鏡) 듕(中) 절노 그린 셕병풍(石屛風)
그림재를 버들 사마 셔하(西河)로 홈ᄭᅴ 가니
도원(桃源)은 어드매오 무릉(武陵)이 여긔로다.
남풍(南風)이 건듯 부러 녹음(綠陰)을 헤혀내니
졀(節) 아는 괴ᄭᅩ리ᄂᆞᆫ 어드러셔 오돗던고.
희황(羲皇) 벼개 우히 풋ᄌᆞᆷ을 얼픗 ᄭᅢ니
공듕(空中) 저즌 난간(欄干) 믈 우히 ᄯᅥ 잇고야
마의(麻衣)를 니믜 ᄎᆞ고 갈건(葛巾)을 기우 쓰고
구브락 비기락 보ᄂᆞᆫ 거시 고기로다

ᄒᆞᆫ밤 비 긔운의 홍뵉년(紅白蓮)이 섯거 픠니
ᄇᆞ람긔 업시셔 만산(萬山)이 향긔로다
념계(廉溪)를 마조 보아 틱극(太極)을 뭇ᄌᆞᆸᄂᆞᆫ 듯
틱을진인(太乙眞人)이 옥ᄌᆞ((玉字)를 헤혓ᄂᆞᆫ 듯
노자암(鸕鷀巖) 건너보며 ᄌᆞ미탄(紫微灘) 겨ᄐᆡ 두고
댱송(長松)을 챠일(遮日) 사마 셕경(石逕)의 안자ᄒᆞ니
인간(人間) 뉵월(六月)이 여긔ᄂᆞᆫ 삼츄(三秋)로다
쳥강(淸江)의 ᄭᅥᆺᄂᆞᆫ 믈ᄒᆞᆯ 빅ᄉᆞ(白沙)의 올마 안자
빅구(白鷗)를 벗을 삼고 ᄌᆞᆷ 낄 줄 모ᄅᆞ나니
무심(無心)코 한가(閑暇)ᄒᆞ미 쥬인(主人)과 엇디ᄒᆞ니
　　　　〈중략〉
공산(空山)의 싸힌 닙흘 삭풍(朔風)이 거두 부러
졔구름 거ᄂᆞ리고 눈조차 모라오니
㉮ 텬공(天公)이 호ᄉᆞ로와 옥(玉)으로 고즐 지어
만수쳔림(萬樹千林)을 ᄭᅮ며곰 낼셰이고
압 여흘 ᄀᆞ리 어러 독목교(獨木橋) 빗겻ᄂᆞᆫᄃᆡ
막대 멘 늘근 즁이 어ᄂᆡ 뎔로 간닷말고
산옹(山翁)의 이 부귀(富貴)를 ᄂᆞᆷᄃᆞ려 헌ᄉᆞ 마오
경요굴(瓊瑤窟) 은셰계(隱世界)를 ᄎᆞᄌᆞ리 이실셰라
산듕(山中)의 벗이 업서 한긔(漢紀)를 ᄡᅡ하 두고
만고(萬古) 인물(人物)을 거ᄉᆞ리 혜여ᄒᆞ니
셩현(聖賢)로 만커니와 豪傑(호걸)도 하도 할샤.
하ᄂᆞᆯ 삼기실 졔 곳 무심(無心) ᄒᆞᆯ가마ᄂᆞᆫ
엇디ᄒᆞᆫ 시운(時運)이 일락배락 ᄒᆞ얏ᄂᆞᆫ고
모ᄅᆞᆯ 일도 하거니와 애ᄃᆞᆯ옴도 그지업다
긔산(箕山)의 늘근 고불 귀ᄂᆞᆫ 엇디 싯돗던고
일표(一瓢)를 썰틴 후(後)의 조장이 ᄀᆞ장 놉다.
㉯ 인심(人心)이 ᄂᆞᆺ ᄀᆞᆺᄐᆞ야 보도록 새롭거늘
셰사(世事)ᄂᆞᆫ 구롬이라 머흐도 머흘시고.
엇그제 비즌 술이 어도록 니건ᄂᆞ니.
잡거니 밀거니 슬ᄏᆞ장 거후로니
ᄆᆞ음의 ᄆᆡ친 시름 져그나 ᄒᆞ리ᄂᆞ다
거믄고 시옭 언저 풍입송(風入松)이야고야
손인동 쥬인(主人)인동 다 니저 ᄇᆞ려셰라
㉰ 댱공(長空)의 ᄯᅥᆺᄂᆞᆫ 鶴(학)이 이 골의 진션(眞仙)이라
요ᄃᆡ(瑤臺) 월하(月下)의 힝혀 아니 만나신가
손이셔 主人(주인)ᄃᆞ려 닐오ᄃᆡ 그ᄃᆡ 권가 ᄒᆞ노라.

- 「성산별곡(星山別曲)」

1. 위의 세 작품의 내용상의 공통점을 밝히고, 그것과 관련된 세부 내용의 차이점과 그것을 표현한 방법을 설명하시오. [4점]

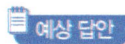

공통점	모두 자연적 소재를 바탕으로 했음		
	(가)	(나)	(다)
차이점	• 자연적 소재를 통해 전란으로 인한 고통이나 시련을 강조함 (대구와 감정이입, 역설을 통한 슬픔의 강조)	• 자연적 소재를 인물의 훌륭한 인품을 드러냄 (상징과 문답체를 통한 인물의 제시)	• 자연적 소재를 통해 강호한정을 노래함 (비유, 상징, 반복, 대구 등의 다양한 표현을 통해 자연 속의 한가로운 삶을 노래)

2. 위의 세 작품 중 반영론의 측면에서 접근할 때, 가장 효과적인 작품을 밝히고, (가) 작품이 우리말로 번역된 이유와 관련지어 설명하시오. [2점]

(1) (가), 중국 당나라 시대에 일어난 전란과 관련 있음
(2) (가)는 시인이 전란을 당한 상황에서 나라에 대한 근심과 걱정을 드러내어 당시 조선의 사대부들이 지녔던 세계관과 유사한 면이 있기 때문에 이것이 번역되었음

3. (나)와 (다)에서 공통적인 제재를 밝히고, 그것이 각 작품에서 의미하는 바를 각각 제시하시오. [3점]

구분	(나)의 제재	(다)의 제재	공통적 제재의 의미
①	새파란 나리	창계 흰 물결, 청강	불변성
②	지벽	서석(瑞石)	원만함, 불변
③	잣가지	송근(松根), 당송(長松)	지조, 절개, 불변

작품 5 ▶ 관동별곡(關東別曲)

[서사(序詞)]

江강湖호애 病병이 깁퍼 竹듁林님의 누엇더니,
關관東동 八팔百빅里니에 方방面면을 맛디시니
어와 聖셩恩은이야 가디록 罔망極극ᄒ다.
延연秋츄門문 드리ᄃᆞ라 慶경會회南남門문 ᄇᆞ라보며
下하直직고 믈너나니 玉옥節졀이 알ᄑᆡ 셧다.

平평丘구驛역 ᄆᆞᆯ을 ᄀᆞ라 黑흑水슈로 도라드니,
蟾셤江강은 어듸메오, 雉티岳악이 여긔로다.
昭쇼陽양江강 ᄂᆞ린 믈이 어드러로 든단 말고.
孤고臣신 去거國국에 白빅髮발도 하도 할샤.
東동洲쥐 밤 계오 새와 北븍寬관亭뎡의 올나ᄒᆞ니
三삼角각山산 第뎨一일峰봉이 ᄒᆞ마면 뵈리로다.
弓궁王왕 大대闕궐 터희 烏오鵲쟉이 지지괴니
千쳔古고 興흥亡망을 아ᄂᆞ냐 몰ᄋᆞᄂᆞ냐.
淮회陽양 녜 일홈이 마초아 ᄀᆞᄐᆞᆯ시고.

汲급長댱孺유 風풍采치를 고텨 아니 볼 게이고.

자연을 사랑하는 병이 깊어, 은거지(창평)에서 지내고 있었는데,
(임금이) 800리나 되는 강원도 지방의 관찰사의 소임을 맡겨 주시니
임금님의 은혜야말로 갈수록 그지없다.
경복궁의 서쪽 문으로 달려 들어가 경회루 남문을 바라보며
(임금님께) 하직하고 물러나니, 임금님이 내려주신 관찰사의 신표(옥절)가 행차의 앞에 섰다.

평구역(양주)에서 말을 갈아 타고 흑수(여주)로 돌아드니,
섬강(원주)은 어디인가? 치악산(원주)이 여기로다.
소양강에서 흘러내리는 물이 어디로 흘러든다는 말인가?
임금 곁을 떠나는 외로운 신하가 걱정이 많기도 많구나.
동주(철원)에서 밤을 겨우 새워 북관정에 오르니
(임금 계신 한양의) 삼각산 제일 높은 봉우리가 웬만하면 보일 것도 같구나.
궁예 왕의 대궐 터였던 곳에 까마귀와 까치가 지저귀니
한 나라의 흥하고 망함을 알고 우는가 모르고 우는가?
회양이라는 네 이름이 (중국 한 나라에 있던) 회양이라는 옛날 이름과 공교롭게도 같구나.
(한나라 회양 태수로 선정을 베풀었다는) 급장유의 풍채를 다시 펼쳐야 할 것이 아닌가?

[본사(本詞)]

營영中듕이 無무事ᄉᆞᄒᆞ고 時시節졀이 三삼月월인 제
花화川쳔 시내길히 楓풍岳악으로 버더 잇다.
行ᄒᆡᆼ裝장을 다 썰티고 石셕逕경의 막대 디퍼,
百빅川쳔洞동 겨틔 두고 萬만瀑폭洞동 드러가니,
銀은 ᄀᆞᄐᆞᆫ 무지게 玉옥 ᄀᆞᄐᆞᆫ 龍룡의 초리
섯돌며 쑴ᄂᆞᆫ 소리 十십 里리의 ᄌᆞ자시니,
들을 제ᄂᆞᆫ 우레러니 보ᄂᆞᆫ 눈이로다.

감영 안이 별 일 없고 시절이 3월인 때에
화천의 시냇길이 금강산으로 뻗어 있다.
행장을 간편히 하고 돌길에 지팡이를 짚고,
백천동을 지나서 만폭동 계곡으로 들어가니,
은같은 무지개, 옥 같은 용의 꼬리처럼
폭포가 섞여 돌며 내뿜는 소리가 십리 밖까지 퍼졌으니,
멀리서 들을 때는 우렛소리 같더니 가까이서 보니 눈과 같구나.

金금剛강臺디 민 우層층의 仙션鶴학이 삿기 치니	금강대 맨 꼭대기에 학이 새끼를 치니
春츈風풍 玉옥笛뎍聲셩의 첫줌을 끽돗던디	봄바람에 들려오는 옥피리 소리에 첫 잠을 깨었던지
縞호衣의玄현裳샹이 半반空공의 소소 쓰니	흰 저고리와 검은 치마로 단장한 학이 공중에 솟아 뜨니
西셔湖호 녯 主쥬人인을 반겨셔 넘노는 둣.	서호의 옛 주인을 반겨 넘노는 듯하구나.
小쇼香향爐노 大대香향爐노 눈 아래 구버보고	소향로봉과 대향로봉을 눈 아래 굽어보고
正정陽양寺ᄉ 眞진歇헐臺디 고뎌 올나 안준마리	정양사 진헐대에 다시 올라 앉으니
廬녀山산 眞진面면目목이 여긔야 다 뵈ᄂ다.	여산과도 같은 금강산의 참모습이 여기서야 다 보이는구나.
어와 造조化화翁옹이 헌ᄉ토 헌ᄉ홀샤.	아아, 조물주의 솜씨가 야단스럽기도 야단스럽구나.
놀거든 ᄯᅱ디 마나 셧거든 솟디 마나.	수많은 봉우리들은 나는 듯하면서도 뛰는 듯하고, 우뚝 서 있는 듯하면서도 솟은 듯하여 변화무쌍하구나.
芙부蓉용을 고잣난 둣 白빅玉옥을 믓것ᄂ 둣	연꽃을 꽂아 놓은 듯, 백옥을 묶어 놓은 듯
東동溟명을 박ᄎᄂ 듯 北북極극을 괴왓ᄂ 듯.	동해를 박차는 듯, 북극을 괴어 놓은 듯하구나.
놉흘시고 望망高고臺디 외로올샤 穴혈望망峰봉이	높기도 높은 망고대, 외롭기도 외로운 혈망봉이
하늘의 추미러 므ᄉ 일을 ᄉ로리라	하늘에 치밀어 무슨 일을 아뢰려고
千쳔萬만劫겁 디나ᄃ록 구필 줄 모ᄅᄂ다.	오랜 세월이 지나도록 굽힐 줄 모르는가?
어와 너여이고 너 ᄀᄐ니 ᄯᅩ 잇ᄂ가.	아아, 너로구나. 너같이 높은 지조를 지닌 것이 또 있겠는가?
開기心심臺디 고뎌 올나 衆듕香향城셩 ᄇ라보며	개심대에 다시 올라 중향성을 바라보며
萬만二이千쳔峰봉을 歷녁歷녁히 혀여ᄒ니	일만 이천 봉을 똑똑히 헤아려 보니
峰봉마다 밋쳐 잇고 긋마다 서린 긔운	봉마다 맺혀 있고 끝마다 서려 있는 기운
묽거든 조티 마나 조커든 묽디 마나	맑거든 깨끗하지나 말지, 깨끗하거든 맑지나 말지
뎌 긔운 흐터 내야 人인傑걸을 ᄆᆫ들고쟈.	저 맑고 깨끗한 기운을 흩어 내어 뛰어난 인재를 만들고 싶구나.
形형容용도 그지없고 體톄勢셰도 하도 할샤.	생김새도 끝이 없고 형세도 다양하기도 하구나
天텬地디 삼기실 제 自즈然연이 되연마ᄂ,	천지가 생겨날 때에 저절로 이루어진 것이지만,
이제 와 보게 되니 有유情졍도 有유情졍홀샤.	이제 와 보게 되니 조물주의 뜻이 담겨 있기도 하구나!
毗비盧로峰봉 上샹上샹頭두의 올나 보니 긔 뉘신고.	비로봉에 올라 본 사람이 그 누구인가?
東동山산 泰태山산이 어ᄂ야 놉돗던고.	동산과 태산 중 어느 것이 비로봉보다 높던가?
魯노國국 조븐 줄도 우리ᄂ 모ᄅ거든	노나라가 좁을 줄도 우리는 모르거든
넙거나 넙은 天텬下하 엇찌ᄒ야 젹닷 말고.	하물며 넓고도 넓은 천하를 (공자는) 어찌하여 작다고 했는가?

어와 뎌 디위를 어이ᄒᆞ면 알 거이고.	아아, (공자의) 높고 넓은 저 경지를 어찌하면 알 수 있겠는가?
오ᄅᆞ디 못ᄒᆞ거니 ᄂᆞ려가미 고이ᄒᆞᆯ가.	오르지 못하는데 내려감이 이상하랴?
圓원通통골 ᄀᆞᄂᆞ 길로 獅ᄉᆞ子ᄌᆞ峰봉을 ᄎᆞ자가니,	원통골의 좁은 길로 사자봉을 찾아가니,
그 알ᄑᆡ 너러바회 化화龍룡쇠 되어셰라.	그 앞의 넓은 바위가 화룡소가 되었구나.
千쳔年년 老노龍룡이 구비구비 셔려 이셔	천 년 묵은 늙은 용이 굽이굽이 서려 있는 것 같이
晝듀夜야의 흘녀 내여 滄창海ᄒᆡ예 니어시니	밤낮으로 물이 흘러내려 넓은 바다까지 이어 있으니
風풍雲운을 언제 어더 三삼日일雨우를 디련ᄂᆞᆫ다.	(저 용은) 언제나 때를 얻어 흡족한 바를 내리려 하느냐?
陰음崖애예예 이온 플을 다 살와 내여ᄉᆞ라.	그늘진 벼랑에 시든 풀들을 다 살려 내려무나.
磨마訶하衍연 妙묘吉길祥샹 雁안門문재 너머 디여	마하연, 묘길상, 안문재를 넘어 내려가
외나모 써근 ᄃᆞ리 佛블頂뎡臺ᄃᆡ 올라ᄒᆞ니,	외나무 썩은 다리를 건너 불정대에 오르니,
千쳔尋심絶졀壁벽을 半반空공애 셰여 두고	천 길이나 되는 절벽을 공중에 세워 두고
銀은河하水슈 한 구비를 촌촌이 버혀 내여	은하수 큰 굽이를 마디마디 잘라 내어
실ᄀᆞ티 플텨이셔 뵈ᄀᆞ티 거러시니	실같이 풀어서 베처럼 걸어 놓았으니
圖도經경 열두 구비 내 보매ᄂᆞᆫ 여러히라.	도경에는 열두 굽이라 하였으나, 내가 보기에는 더 많아 보이는구나.
李니謫뎍仙션 이제 이셔 고텨 의논ᄒᆞ게 되면	이백이 지금 있어서 다시 의논하게 되면
廬녀山산이 여긔도곤 낫단 말 못ᄒᆞ려니.	여산 폭포가 여기보다 낫다는 말은 못 할 것이다.
山산中듕을 ᄆᆡ양 보랴 東동海ᄒᆡ로 가쟈ᄉᆞ라.	내금강 산중의 경치만 항상 보겠는가? 이제는 동해로 가자꾸나.
藍남輿여緩완步보ᄒᆞ야 山산映영樓누의 올나ᄒᆞ니,	뚜껑 없는 가마를 타고 천천히 걸어서 산영루에 오르니,
玲녕瓏농 碧벽溪계와 數수聲셩 啼뎨鳥됴ᄂᆞᆫ 離니別별을 怨원ᄒᆞᄂᆞᆫ 둧.	눈부시게 반짝이는 푸른 시냇물과 갖가지 소리로 우짖는 새는 나와의 이별을 원망하는 듯하다.
旌졍旗긔를 썰틴 五오色ᄉᆡᆨ이 넘노ᄂᆞᆫ 둧	깃발을 휘날리니 갖가지 색이 넘나드는 듯 하며
鼓고角각을 섯부니 海ᄒᆡ雲운이 다 것ᄂᆞᆫ 둧.	북과 피리를 섞어 부니 바다의 구름이 다 걷히는 듯 하다.
鳴명沙길 니근 ᄆᆞᆯ이 醉ᄎᆔ仙션을 빗기 시러	모랫길에 익숙한 말이 취한 신선을 비스듬히 태우고
바다흘 겻ᄐᆡ 두고 海ᄒᆡ棠당花화로 드러가니,	해변의 해당화 핀 꽃밭으로 들어가니.
白ᄇᆡᆨ鷗구야 ᄂᆞ디 마라 네 버딘 줄 엇디 아ᄂᆞᆫ.	백구야 날지 마라, 내가 네 벗인 줄 어찌 아느냐?
金금蘭난窟굴 도라드러 叢총石셕亭뎡 올라ᄒᆞ니,	금난굴 돌아들어 총석정에 올라가니.
白ᄇᆡᆨ玉옥樓누 남은 기동 다만 네히 셔 잇고야.	(옥황상제가 거처하던) 백옥루의 기둥이 네 개만 서 있는 듯 하구나.
工공倕슈의 셩녕인가 鬼귀斧부로 다ᄃᆞᆷᄂᆞᆫ가.	(옛날 중국의 명장인) 공수가 만든 작품인가, 귀신의 도끼로 다듬었는가?

구투야 六뉵面면은 므어슬 象샹톳던고.	구태여 육면으로 된 돌기둥은 무엇을 본떴는가?
高고城셩을란 뎌만 두고 三삼日일浦포를 추자가니,	고성을 저만큼 두고 삼일포를 찾아가니,
丹단書셔는 宛완然연ᄒ되 四ᄉ仙션은 어듸 가니.	(신라의 국선이었던 영랑의 무리가 남석으로 갔다는) 붉은 글씨는 뚜렷한데, (이 글을 쓴) 사선은 어디 갔는가?
예 사흘 머믄 後후의 어듸 가 쏘 머믈고.	여기서 사흘 동안 머무른 뒤에 어디 가서 또 머물렀던고?
仙션遊유潭담 永영郎낭湖호 거긔나 가 잇ᄂ가.	선유담, 영랑호 거기에 가 있는가?
淸쳥澗간亭뎡 萬만景경臺딕 몃 고듸 안돗던고.	청간정, 만경대 몇 곳에 앉았던가?
梨니花화는 볼셔 디고 졉동새 슬피 울 제,	배꽃은 벌써 지고 접동새 슬피 울 때에,
落낙山산 東동畔반으로 義의相샹臺딕예 올라 안자,	낙산사 동쪽 언덕 의상대에 올라 앉아
日일出츌을 보리라 밤듕만 니러ᄒ니	해돋이를 보려고 한밤중에 일어나니
祥샹雲운이 집픠는 동 六뉵龍뇽이 바퇴는 동	상서로운 구름이 뭉게뭉게 피어나는 듯 여섯 마리 용이 해를 떠받치는 듯
바다히 써날 제는 萬만國국이 일위더니	바다에서 솟아오를 때에는 온 세상이 일렁이는 듯하더니
天텬中듕의 티쓰니 毫호髮발을 혜리로다.	하늘에 치솟아 뜨니 가는 터럭도 헤아릴 만큼 밝도다.
아마도 녈구름 근쳐의 머믈셰라.	혹시나 지나가는 구름이 해 근처에 머무를까 두렵구나.
詩시仙션은 어듸 가고 咳히唾타만 나맛ᄂ니.	이백은 어디가고 시구만 남았느냐?
天텬地디間간 壯장흔 긔별 ᄌ셔히도 흘셔이고.	천지간 굉장한 소식이 자세히도 표현되었구나.
斜샤陽양 峴현山산의 躑텩躅툭을 므니볼와	석양 무렵 현산의 철쭉꽃을 잇달아 밟으며
羽우蓋개芝지輪륜이 鏡경浦포로 ᄂ려가니,	신선이 탄다는 수레를 타고 경포로 내려가니,
十십 里리 氷빙紈환을 다리고 고텨 다려	십 리나 뻗쳐 있는 얼음을 다리고 다시 고쳐서 다린 듯한 잔잔한 호숫물이
長댱松숑 울흔 소개 슬ᄏ장 펴뎌시니,	큰 소나무에 둘러 싸인 속에서 마음껏 펼쳐져 있으니,
믈결도 자도 잘샤 모래를 혜리로다.	물결도 잔잔하구나. 그 물 밑이 모래를 셀 수 있을 만큼 매우 맑구나.
孤고舟쥬 解히纜람ᄒ야 亭뎡子ᄌ 우히 올나가니	한 척의 배를 띄워 정자 위에 올라 가니
江강門문橋교 너믄 겨틱 大대洋양이 거긔로다.	강문교를 넘은 곁에 동해 바다가 그곳에 있구나.
從동容용호다 이 氣긔像샹 闊활遠원ᄒ다 뎌 境경界계.	조용하도다 이 경포의 기상이여. 넓고 아득하구나 저 동해의 경계여.
이도곤 ᄀ즌 듸 또 어듸 잇닷 말고.	이곳 경포보다 아름다운 경치를 갖춘 곳이 또 어디에 있단 말인가?
紅홍粧장 古고事ᄉ를 헌ᄉ타 ᄒ리로다.	고려 우왕 때의 박신과 홍장의 사랑 이야기가 야단스럽다고 하겠구나.
江강陵능 大대都도護호 風풍俗속이 됴홀시고.	강릉 대도호는 풍속이 좋구나.
節졀孝효旌졍門문이 골골이 버러시니	효자, 열녀, 충신을 표창하는 정문이 고을마다 널렸으니

比비屋옥可가封봉이 이제도 잇다 ᄒᆞ다.	집집마다 벼슬을 줄 만하다는 요순 시절의 태평성가가 지금도 있다고 하겠구나.
眞진珠쥬館관 竹듁西셔樓루 五오十십川쳔 ᄂᆞ린 믈이	진주관 죽서루 밑의 오십천 흘러내리는 물이
太태白ᄇᆡᆨ山산 그림재를 東동海ᄒᆡ로 다마 가니	태백산 그림자를 동해로 담아 가니
ᄎᆞᆯ하리 漢한江강의 木목覓멱의 다히고져.	차라리 그 그림자를 한강의 남산에 대고 싶어라.(아, 임금님께서는 평안하신지.)
王왕程뎡이 有유限ᄒᆞᆫᄒᆞ고 風풍景경이 못 슬믜니,	관리의 여행길은 끝이 있고, 자연 풍경은 싫지 않으니,
幽유懷회도 하도 할샤 客긱愁수도 둘 듸 업다.	그윽한 회포가 많기도 많구나. 나그네 근심을 둘 곳이 없다.
仙션槎사를 ᄯᅴ워 내여 斗두牛우로 向향ᄒᆞ살가.	신선이 탄다는 뗏목을 띄워 북두칠성 견우성으로 향해 볼까?
仙션人인을 ᄎᆞᄌᆞ려 단혈(丹穴)의 머므살가.	사선을 찾으려 단혈이란 동굴에 머물러 볼까?
天텬根근을 못내 보와 望망洋양亭뎡의 올은말이	하늘 끝을 끝내 보지 못하여 망양정에 오르니
바다 밧근 하ᄂᆞᆯ이니 하ᄂᆞᆯ 밧근 므서신고.	바다 밖은 하늘인데 하늘 밖은 무엇인가?
ᄀᆞᆺ득 노흔 고래 뉘라셔 놀내관ᄃᆡ,	가뜩이나 성난 고래(파도)를 누가 놀라게 하기에,
블거니 쑴거니 어즈러이 구ᄂᆞᆫ디고.	불거니 뿜거니 하면서 어지럽게 구는 것인가?
銀은山산을 것거 내여 六뉵合합의 ᄂᆞ리ᄂᆞᆫ ᄃᆞᆺ	은산(파도)을 꺾어 내어 온 세상에 흩뿌려 내리는 듯
五오月월 長댱天텬의 白ᄇᆡᆨ雪셜은 므ᄉᆞ 일고.	오월의 하늘에서 백설(파도의 포말)은 무슨 일인가?

[결사(結詞)]

져근덧 밤이 드러 風풍浪낭이 定뎡ᄒᆞ거ᄂᆞᆯ	어느덧 밤이 깊어 물결이 가라앉아서
扶부桑상 咫지尺쳑의 明명月월을 기ᄃᆞ리니	해 뜨는 곳 가까운 거리에서 떠오를 명월을 기다리니
瑞셔光광 千쳔丈댱이 뵈ᄂᆞᆫ ᄃᆞᆺ 숨ᄂᆞᆫ고야.	상서로운 달빛이 구름 틈으로 보이다가 이내 숨는구나.
珠쥬簾렴을 고텨 것고 玉옥階계를 다시 쓸며	구슬로 만든 발을 다시 걷어 올리고 층계를 다시 쓸며
啓계明명星셩 돗도록 곳초 안자 ᄇᆞ라보니,	샛별이 돋아나도록 꼿꼿이 앉아서 명월을 바라보니,
白ᄇᆡᆨ蓮년花화 ᄒᆞᆫ 가지를 뉘라셔 보내신고.	연꽃 한 가지를 누가 보내 주셨는가?
일이 됴흔 世셰界계 ᄂᆞᆷ대되 다 뵈고져,	이렇게 좋은 세상을 다른 사람에게 보이고 싶어라. (온 백성에게 좋은 정치를 베풀고 싶어라.)
流뉴霞하酒쥬 ᄀᆞ득 부어 ᄃᆞᆯᄃᆞ려 무론 말이	좋은 술을 가득 부어 마시며, 달에게 묻는 말이
英영雄웅은 어ᄃᆡ 가며 四ᄉᆞ仙션은 긔 뉘러니,	영웅은 어디 갔으며, 사선은 그들이 누구더냐?
아미나 맛나 보아 녯 긔별 뭇쟈 ᄒᆞ니,	아무나 만나 보아 옛 소식을 묻고자 하니,
仙션山산 東동海ᄒᆡ예 갈 길히 머도 멀샤.	선산 동해에 갈 길이 멀기도 멀구나.

松숑根근을 볘여 누어 풋줌을 얼픗 드니,	소나무 뿌리를 베고 누워서 선잠을 얼핏 드니
쑴애 혼 사롬이 날ᄃ려 닐온 말이	꿈에 신선이 나타나 나에게 이르는 말이
그딕를 내 모ᄅ랴, 上상界계예 眞진仙션이라.	그대를 내가 모르겠는가? 그대는 하늘 나라에서 살았던 신선이라.
黃황庭뎡經경 一일字ᄌ를 엇디 그릇 닐거 두고	황정경 한 글자를 어찌 잘못 읽어서
人인間간의 내려와셔 우리를 쭐오ᄂ다.	인간 세상에 귀양 내려와서 우리를 따르는가?
져근덧 가디 마오. 이 술 혼 잔 머거 보오.	잠깐만 가지 마오. 이 술 한잔 먹어 보오.
北븍斗두星셩 기우려 滄챵海ᄒ희水슈 부어 내여	북두칠성을 (술잔으로 삼아) 기울여서 창해주를 (술로 삼아) 부어 내어
저 먹고 날 머겨ᄂ 서너 잔 거후로	저가 먹고 나에게 먹이거늘, 서너 잔 기울이니
和화風풍이 習습習습ᄒ야 兩냥腋익을 추혀 드니	봄바람이 산들산들 불어 양쪽 겨드랑이를 추켜드니
九구萬만里리 長댱空공애 져기면 놀리로다.	높고 높은 하늘도 웬만하면 날 것 같은 기분이로다.
이 술 가져다가 四ᄉ海희예 고로 ᄂ화	이 술을 가져다가 온 세상에 고루 나누어
億억萬만 蒼창生ᄉᆡᆼ을 다 醉췌케 밍근 後후의	모든 백성을 다 취하게 만든 후에
그제야 고텨 맛나 쏘 혼 잔 ᄒ쟛고야.	그때 다시 만나 또 한 잔을 하자꾸나.
말 디쟈 鶴학을 투고 九구空공의 올나가니,	이 말이 끝나자 신선이 학을 타고 높은 창공으로 올라가니,
空공中듕 玉옥簫쇼 소ᄅᆡ 어제런가 그제런가.	그 공중에서 옥피리 소리가 어제인지 그제인지 (모르게 아련히 들려 오네.)
나도 줌을 쎄여 바다홀 구버보니,	나도 잠을 깨어 바다를 굽어 보니,
기픠룰 모ᄅ거니 ᄀ인들 엇디 알리.	깊이를 모르니 그 바다 끝을 어찌 알겠는가?
明명月월이 千쳔山산 萬만落낙의 아니 비쵠 ᄃᆡ 업다.	밝은 달빛이 온 산과 촌락, 이 세상에 비치지 않는 곳이 없다.

핵심정리

- **작자** 정철(鄭澈, 1536~1593)
- **연대** 선조 13년(1580년), 작자 45세 때
- **구성** ① 서사 - 본사 - 결사의 3단 구성
  ② 기·승·전·결의 4단 구성으로 볼 수도 있음
- **내용** 부임 여정, 금강산 유람, 관동 팔경 유람, 연군지정, 애민 사상
- **표현** ① 적절한 감탄사, 대구법, 생략법 등을 사용한 탄력이 넘치는 문장
  ② 명쾌, 화려하고, 섬세, 우아하며 활달하고 낭만적, 작가의 호방한 기상 표현
- **문체** 가사체, 운문체, 화려체
- **주제** 금강산, 관동 팔경의 절승에 대한 감탄과 연군지정 및 애민 사상
- **의의** ① 우리말 표현이 뛰어난 가사 문학의 대표작
  ② 기행문의 성격을 띠고 있으면서도 서정적 감동을 자아냄
  ③ 안축의 경기체가 「관동별곡」→ 백광홍의 가사 「관서별곡」→ 정철의 가사 「관동별곡」의 흐름 형성
- **배경 사상** 충의(유교) 및 애민 사상, 신선 사상(도교)
- **출전** 『송강가사(松江歌辭) 이선본』(숙종 16년, 1690년)

🔍 이해와 감상

| 해설 |

　이 작품은 선조 13년(1580), 송강 정철이 45세 되는 정월에 강원도 관찰사로 부임하여 3월에 관동 팔경을 유람하고 그 도정과 산수, 풍경과 고사, 풍속 등을 읊은 가사이다.
　「관동별곡」은 조선 시대 가사 문학의 대표작이라고 할 수 있고, 숙종 때 김만중은 우리나라 참된 문장은 송강의 「관동별곡」, 「사미인곡」, 「속미인곡」 세 편이라고 칭송하기도 하였다.
　이 작품의 분량은 2율각(律刻 : 음보) 1구로 헤아려 총 293구인데, 내용은 3단계로 구성되어 있다. 서사(序詞)에서는 관찰사로 임명되어 여행에 오르는 동기를 밝히고, 본사(本詞)에서는 부임지인 원주에 도착한 후 다시 관내를 순행하기 위해 길을 떠나 금강산 내외를 구경하면서 감상을 옮겼다. 결사(結詞)는 동해의 달맞이와 꿈속에서 만난 신선과의 풍류를 노래하고 있다.
　「관동별곡」은 명종 때 백광홍의 「관서별곡」의 영향을 받아 지어진 것으로, 이후 조우인의 「관동속별곡」, 박순우의 「금강별곡」, 구강의 「금강곡」 등 많은 기행 가사의 표본이 되었다.
　한편, 고려 충숙왕 때 안축이 강원도 존무사로 있다가 돌아오는 길에 관동 지방의 절경을 보고 지은 같은 이름의 작품이 『근재집(謹齋集)』에 실려 있다.

| 감상 |

　「관동별곡」은 기괴한 금강의 산수와 미려한 동해의 풍경, 그리고 장엄한 대자연을 붓끝으로 약동하여 신비에 대한 묘사와 감탄이 극치에 다다르고, 한문의 사용이 비교적 적다.
　가장 특이한 점은 '연군'과 '선어(仙語)'라고 할 수 있다. 이 두 가지가 처음부터 뒤섞여 그 맥락을 이었는데, 이 중에서 '연군'은 아첨과 허위가 아닌 진지한 작자의 태도임을 느낄 수 있다. 연군의 정은 '태븍산 ~ 다히고져'의 부분에 잘 나타나 있고, 폭포수의 장관을 묘사한 '븩쳔동 ~ 눈이로다'는 이 작품 전체를 통틀어 시각과 청각의 대조, 직유법과 은유법의 구사가 가장 돋보여 거리감을 시간적으로 나타낸 묘사법과 함께 가장 뛰어난 부분으로 알려져 있다.
　또한 절묘한 언어의 조탁과 유연한 음률의 조화가 일품이며, 감탄사의 적절한 사용과 대구의 조화, 생략법 등을 사용하여 상당히 긴 가사지만, 독자로 하여금 조금도 지루한 감을 주지 않는다.
　이와 같이, 「관동별곡」은 종래의 많은 유람 가사가 미치지 못할 만큼 독창적이며 서정적인 작품으로서 가장 대표적인 거작이라고 할 수 있다.

1 표현상의 특징

① 의미상의 율격적 대응
　이 노래는 흥겹고 경쾌하게 읽히는데, 그 까닭은 의미의 율격적 대응을 채용하고 있기 때문이다.
　예 'ᄀ톤 무지게 옥 ᄀ톤 룡의 초리', '들을 제는 우레러니 보니는 눈이로다', '놀거든 쀠디 마나 셧거든 솟디 마나' 등

② 유창한 가락과 함축적 의미
　우리말의 묘미를 십분 살리면서 호흡이 지속적으로 이어지는 유창성을 지니고 있다. 그리고 '풍운을 언제 어더 삼일우롤 디련ᄂ다'와 같은 중의적인 수법, 한시나 고사를 이용하여 풍류적 기질과 멋스러움을 드러내는 기법 등이 돋보인다.

③ 경치 묘사의 특징
　「관동별곡」은 생략과 대유에 의한 비약적인 전개, 역동적인 움직임의 포착에 의한 박진감 있는 경치 묘사가 특징이다. 대표성을 가진 하나의 사물만으로 전체의 상황을 독자가 상상하게 하고 과감한 생략과 압축된 표현으로 박진감을 자아낸다. 예를 들어 만폭동을 찾아가는 과정이 마치 백천동은 보지 않고 만폭동만 본 것처럼 묘사되고 있다. 폭포의 모습을 묘사할 때도 그 외면이 사실적인 모습을 구현하기보다는 오히려 무지개와 용의 꼬리의 움직임과 같은 역동적인 찰나를 포착하여 독자에게 폭포의 모습을 생생하게 전달하고 있다.

2 「관동별곡」에 나타난 주인공의 여정

① 부임과 관내 순력
   전라도 창평 → 한양 → 평구역 → 흑슈 → 셤강·티악 → 쇼양강 → 동주 븍관뎡 → 회양
② 금강산 유람
   만폭동 → 금강딕 → 진헐딕 → 기심딕 → 화룡소 → 블뎡딕 → 산영누
③ 관동팔경 유람
   총셕뎡 → 삼일포 → 의샹딕 → 경포 → 듁셔루 → 망양뎡 → 달맞이 → 꿈

3 작자의 산에서의 모습과 바다에서의 모습

작자의 산에서의 모습은 여행의 계기를 밝힌 서두 부분 다음에 시작되는 금강산의 경치 묘사부터 바다로 나가기 전까지를 가리킨다. 산의 경치를 묘사한 부분은 '백색'의 이미지에 집약되고 있다. 백색은 대체로 '성스러움, 고결, 승화' 등을 그 색채 이미지로 갖는다. 백색 이미지를 통해 암시되는 시적 자아의 성스럽고 고결한 정신은 그가 속한 사회 상층부 특유의 책임감에서 비롯된 것이다. 즉, 작자 자신이 관찰사라는 지위에 있기 때문에 나라를 걱정하는 마음과 선정에의 포부 등 성스럽고 고결한 정신을 드러낸 것이다.

바다를 바라보면서 작품 속 화자는 산에서 일찍이 드러나지 않았던 인간 본연의 모습을 드러낸다. 자신을 '취선'으로 표현하는 데서부터 나타나는 바다에서의 화자는 바다의 일렁임에 주목하고, '텩툭을 므니볼와'가며 설레는 모습을 보인다. 이러한 모습은 다듬어진 목민자의 얼굴에서 전환되어 인간 본연의 심리를 드러낸다. 특히 '블거니 씀거니 어지러이 구는 디고'로 비유된 파도의 이미지에서 화자의 심리적 혼돈 상태와 갈등이 잘 드러난다. 산에서 보여주었던 작자의 고결성은 바다를 향해 가면서 인간 본연의 정신으로 나타난 것이다. 즉, 산에서의 모습은 사회적인 위치에서 자유로울 수 없는 모습이고, 바다에서의 모습은 자신의 욕구를 충족하고자 하는 본능의 모습이다.

4 「관동별곡」에서 갈등의 양상과 극복

지은이는 관찰사로서의 공식적인 임무와 자연을 마냥 즐기고 싶은 신선적인 풍류 사이에서 갈등을 하고 있다. 이러한 갈등이 신선과 만나는 꿈 속에서 해결되고 있는데, 우선 술을 모든 백성에게 고루 나누어 마시게 한 후에 다시 만나 또 한 잔을 하겠다는 말 속에서 백성을 생각하는 마음과 자신의 회포를 풀고 싶은 마음이 동시에 드러나 있는 것이다. 즉, 자연에의 몰입, 도취를 추구하는 '도교적 신선 지향'과 충의, 우국, 애민 등을 지향하는 '유교적 충의 사상'의 대립과 갈등을 드러내지만 '도교적 신선 지향성'은 연군의 정, 애민 사상, 우국적 감정에서 연유된 관찰사의 소임에 대한 강한 자각에 의하여 극복된다.

5 「관동별곡」에서 작자의 현실 인식이 드러난 부분

관직에서 물러나 있던 작가가 관찰사로 제수되자, 이를 긍정적으로 받아들이면서 우국, 연군의 노래를 읊었다.

① 선정(善政)에 대한 포부
   ㉠ '風풍雲운을 언제 어더 三삼日일雨우롤 디련느다. 陰음崖애예 이온 플을 다 살와 내여스라'
      : 헐벗고 굶주린 백성들에게 선정을 베풀어야겠다는 목민관으로서의 자세가 나타나 있다.
   ㉡ '일이 됴흔 世셰界계 놈대되 다 뵈고져.'
      : 작자의 백성을 사랑하는 마음의 표현이다.

② 연군지정(戀君之情)
   ㉠ '東동州쥐 밤 계오 새와 北븍寬관亭뎡의 올나ᄒ니. 三삼角각山산 第뎨一일峰봉이 ᄒ마면 뵈리로다.'
      : '소양강 → 한양 → 임금'의 연상을 통해 연군의 정을 읊었다.
   ㉡ '츌하리 漢한江강의 木목覓멱의 다히고져'
      : 한강 → 목멱 → 한양 → 임금이 계신 곳'의 연상을 통해 아름다운 풍경을 임금께 보여 드리고 싶다는 연군의 정을 표현하였다.

③ 우국지정(憂國之情)
  ㉠ '孤고臣신 去거國국에 白빅髮발도 하도 할샤'
    : 임금 곁을 떠난 신하의 착잡한 심정을 노래하였다.
  ㉡ '아마도 녈구름 근쳐의 머믈셰라.'
    : 간신배들이 임금의 총명과 예지를 흐리게 할까 염려하는 마음이 잘 드러나 있다.

6 미적 범주
① 우아미 : 전체적으로 자연의 조화를 본받는 태도를 취하고 있다.
② 숭고미 : 화자는 자연의 조화를 현실에서 추구하고 실현하고자 하는 태도를 보인다.
   예 천년 노룡이 구비구비 서려 이셔 ~ 음애예 이온 플을 다 살와 내여ᄉ라
③ 비장미 : 현실 세계에서 벗어나 초월적 세계로 나아가고자 하나, 현실적 여건 때문에 좌절되기도 한다.
   예 왕뎡이 유ᄒ고 풍경이 못 슬믜니 ~ 션인을 ᄎᄌ려 단혈의 머므살가.

7 「관동별곡」 결사 부분의 꿈의 기능
  '꿈'은 화자가 지향하는 정신적 세계로 이어지는 통로가 되기도 하고, 관찰사로서의 본연의 자세를 깨닫게 되는 계기가 되기도 한다. 관찰사로서의 책임과 자연을 즐기고 싶은 풍류 사이에서 갈등하던 화자는 '꿈'에서 깨어난 후 갈등이 완전히 해소된다.

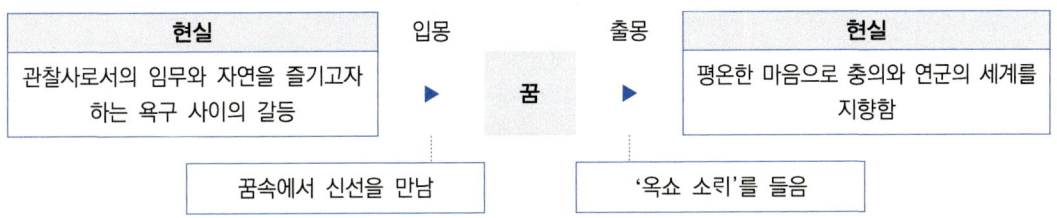

기출문제

1. 다음 작품에 대한 지도 내용을 아래 조건을 중심으로 설명하시오. [6.5점]   1997년 기출 7-1번

> 꿈에 흔 사름이 날드려 닐온 말이, 그 대를 내 모르랴 상계진션(上界眞仙)이라. 황명경(黃庭經) 일자(一字)를 엇디 그릇 닐거 두고, 인간의 내려 와셔 우리를 쫄오는다. 져근덧 가디 마오. 이 술 흔 잔 머거 보오. 북두성(北斗星) 기우려 창히슈(滄海水) 부어 내여, 저 먹고 날 머겨늘 서너 잔 거후로니, 화풍(和風)이 습습(習習)하야 냥익(兩腋)을 추혀드니, 구만리댱공(九萬里長空)애 져기면 놀리로다. 이 술 가져다가 스히(四海)예 고로 는화, 억만창싱을 다 취케 밍근 후의 그제야 고텨 맛나 또 흔 잔 한쟛고야. 말 디쟈 학을 투고 구공(九空)의 올라가니, 공듕옥쇼(空中玉簫) 소리 어제런가 그제런가. 나도 줌을 씨여 바다흘 구버 보니, 기픠를 모르거니 フ인들 엇디 알리. 명월(明月)이 천산만낙(千山萬落)의 아니 비쵠 디 업다.

〈조건〉
(1) 작품이 지어진 시기와 관련된 작가의 전기적 사실을 밝힐 것
(2) 이 작품에 영향을 끼친 작품과 이 작품의 영향을 받아 이루어진 작품을 들 것
(3) 이 작품을 포함하는 기행 가사의 일반적 전개 방식을 설명할 것
(4) 작품에 나타난 갈등과 그 해결 과정을 윗글에서 찾아 설명할 것
(5) 이 작가의 문학사적 위치를 박인로와 대비하여 설명할 것

출제기관 채점기준

1. (1) 1점 – 관찰사의 제수 : 0.5점
     – 관동의 승경 기행 : 0.5점
   (2) 1점 – 백광홍의 「관서별곡」(또는 안축의 「관동별곡」) : 0.5점
     – 조우인의 「관동속별곡」(또는 박순우의 「금강별곡」)
   (3) 1.5점 – 기행의 동기와 목적, 승경의 편력 과정, 여정을 통해 느낀 깨달음 또는 자기 성찰을 모두 쓴 경우
     – 두 가지만 쓴 경우 1점
     – 한 가지만 쓴 경우 0.5점
   (4) 1점 – 공인과 사인으로서의 갈등 : 0.5점
     – 술을 마시면서 창생에게 나누어 줄 생각을 함 : 0.5점
   (5) 2점
     정철 – 우리말의 아름다움을 시조와 가사를 통해 드러냄 : 0.5점
        – 풍류의 전통(또는 호남가단의 확립) : 0.5점
     박인로 – 현실과 관련된 제재를 작품화 : 0.5점
        – 전기 가사에서 후기 가사로 이행하는 교량역 : 0.5점

문제점	제시된 지문에는 4번의 내용이 명확하게 드러나지 않는다.

출제기관 제시답안

(1) 이 작품은 정철의 「관동별곡」이다. 정철은 담양 향리에 있다가 강원도 관찰사를 제수받았다. 그는 임무를 수행하던 중 관동의 승경을 기행하였는데, 이때의 감흥과 흥취를 「관동별곡」으로 형상화하였다.
(2) 이 작품은 경기체가인 안축의 「관동별곡」이나 백광홍의 「관서별곡」의 영향을 받아 이루어졌다. 또 이 작품의 영향을 받아 조우인은 「관동속별곡」을 지었고, 박순우는 「금강별곡」을 지어 그 전통을 이었다.
(3) 이 기행 가사에는 일반적으로 기행의 동기와 목적, 승경의 편력 과정, 그리고 여정을 통해 느낀 깨달음이나 자기 성찰의 모습이 표현되어 있다.
(4) 정철은 「관동별곡」에서 개인으로서의 본능적 쾌락 추구와 공인으로서의 책무의식이 갈등하는 모습을 잘 형상화하였다. 이러한 갈등은 술을 마시면서도 백성을 생각하는 결말 부분에서 해소되고 있다.
(5) 정철은 우리말의 아름다움을 시조와 가사를 통하여 표현함으로써 우리 문학의 수준을 높였다. 풍류를 그 본령으로 하는 정철의 문학과는 달리 박인로는 현실과 관련되는 제재를 사용함으로써 전기 가사에서 후기 가사로 이행하는 교량 역할을 수행하였다.

보충답안

(5) 정철의 가사가 우리말을 잘 사용했다면 노계의 가사는 한자어와 고사 성어를 많이 쓰고 있다. 송강 정철이 전기 가사 문학에서 최고봉을 이룬 작자라면, 노계 박인로는 후기(중·후기) 가사 문학에서 가장 뛰어난 작자로 평가받는다.

2. 밑줄 친 단어 '억만창생'을 漢字로 쓰시오. [0.5점] 1999년 기출 7-2번

출제기관 채점기준

5점 – 단어의 한자를 정확하게 쓴 경우

출제기관 제시답안

億萬蒼生

※ (3～4) 다음 글을 읽고 물음에 답하시오. [총 7점]

(가) 지문 생략

- 최치원, 「제가야산독서당」

(나) 지문 생략

- 이현보, 「농암가」

(다)
　松숑根근을 볘여 누어 픗줌을 얼픗 드니, 꿈애 흔 사름이 날ᄃ려 닐온 말이, 그ᄃᆡ를 매 모ᄅ랴, 上샹界계예 眞진仙션이라. 黃황庭뎡經경 一일字ᄌᆞ를 엇디 그릇 닐거 두고, 人인間간의 내려와셔 우리를 ᄯᅩ오ᄂᆞ다. 져근덧 가디 마오. 이 술 흔 잔 머거 보오. 北븍斗두星셩 기우려 滄창海ᄒᆡ水슈 부어 내여, 저 먹고 날 머겨늘 서너 잔 거후로니, 和화風풍이 習습習습ᄒᆞ야 兩냥腋익을 추혀 드니, 九구萬만里리 長댱空공애 져기면 ᄂᆞ리로다.

　이 술 가져다가 四ᄉᆞ海ᄒᆡ예 고로 ᄂᆞ화, ㉠億억萬만蒼창生ᄉᆡᆼ을 다 醉취케 밍근 後후의, 그제야 고텨 맛나 ᄯᅩ 흔 잔 ᄒᆞ쟛고야. 말 디쟈 鶴학을 ᄐᆞ고 九구空공의 올나가니, 空공中듕 玉옥簫쇼 소리 어제런가 그제런가. 나도 줌을 ᄭᅢ여 바다흘 구버보니, 기픠를 모ᄅ거니 ᄀᆞ인들 엇디알리. ㉡明명月월이(　　　　　　　　　　　　　.)

- 정철, 「관동별곡」

3. (다)의 밑줄 친 ㉠의 의미를 풀이하시오. [1점]　　2002년 기출 9-3번

▶ 출제기관 채점기준

1점- 모범 답안의 각 사례에 해당하는 경우 모두 1점
- 답안에 '온 세상 사람들을(이) 모두'가 들어 있고, '醉취케'를 '행복하게'와 같이 향상적(向上的)이거나 긍정적인 의미를 내포한 것으로 풀이하면 모두 1점

▶ 출제기관 제시답안

- 선우후락(先憂後樂 : 세상의 근심을 먼저 해결하고 자신의 즐거움은 뒤로 한다.)
- 겸선천하(兼善天下 : 세상 사람과 다함께 善을 이루고)
- 온 세상의 사람들을 모두 즐겁게(온 세상의 사람들을 모두 행복하게)
- 온 세상 사람들이 모두 신선처럼 되게

4. (다)의 ㉡은 '관동별곡'의 마지막 행이다. (　) 안에 들어가야 할 구절을 쓰시오.(한자와 고어 표기를 하지 않아도 좋음) [2점]　　2002년 기출 9-4번

▶ 출제기관 제시답안

명월이 (천千산山만萬낙樂의 아니 비쵠 ᄃᆡ 없다)

5. (가)~(다)를 활용하여 고전문학 작품에 나타나는 비현실적 요소의 의미를 이해하기 위한 수업을 하고자 한다. 〈조건〉에 따라 한 편의 글로 논술하시오. [20점]

2012년 기출 2차 2번

(가)

계명성(啓明星) 돗도록 곳초 안자 ᄇ라보니 ᄇᆡ년화(白蓮花) ᄒᆞᆫ 가지를 뉘라셔 보내신고 일이 됴흔 셰계(世界) 놈대되 다 뵈고져 뉴하쥬(流霞酒) ᄀᆞ득 부어 ᄃᆞᆯ더러 무론 말이 영웅(英雄)은 어ᄃᆡ 가며 ᄉᆞ션(四仙)은 긔 뉘러니 아미나 맛나 보아 녯 긔별 뭇쟈 ᄒᆞ니 션산동ᄒᆡ(仙山東海)예 갈 길히 머도 멀샤 숑근(松根)을 볘여 누어 풋ᄌᆞᆷ을 얼픗 드니 ᄭᅮ얌애 ᄒᆞᆫ 사ᄅᆞᆷ이 날ᄃᆞ려 닐온 말이 그ᄃᆡ를 내 모ᄅᆞ랴 샹계(上界)예 진션(眞仙)이라 황뎡경(黃庭經) 일ᄌᆞ를 엇디 그릇 닐거 두고 인간(人間)의 내려와셔 우리를 ᄯᆞᆯ오ᄂᆞᆫ다 져근덧 가디 마오 이 술 ᄒᆞᆫ 잔 머거 보오 북두셩(北斗星) 기우려 챵ᄒᆡ슈 부어 내여 저 먹고 날 머겨ᄂᆞᆯ 서너 잔 거후로니 화풍(和風)이 습습(習習)ᄒᆞ야 냥익(兩腋)을 추혀드니 구만(九萬) 리(里) 댱공(長空)애 져기면 ᄂᆞ리로다 이 술 가져다가 ᄉᆞ히(四海)예 고로 ᄂᆞ화 억만(億萬) 챵ᄉᆡᆼ(蒼生)을 다 취(醉)케 밍근 후(後)의 그제야 고텨 맛나 쏘 ᄒᆞᆫ 잔 ᄒᆞᄌᆞᆺ고야 말 디쟈 학(鶴)을 ᄐᆞ고 구공(九空)의 올나가니 공듕(空中) 옥쇼(玉簫) 소리 어제런가 그제런가 나도 ᄌᆞᆷ을 ᄭᆡ여 바다흘 구버보니 기픠를 모ᄅᆞ거니 ᄀᆞ인들 엇디 알리 명월(明月)이 쳔산만낙(千山萬落)의 아니 비쵠 ᄃᆡ 업다

- 정철, 「관동별곡」

(나)

원광법사의 성은 설씨이고 왕경 사람이다. 처음에 스님이 되어 불법을 공부하다가 나이 삼십에 조용한 곳에 수도하고자 홀로 삼기산(三岐山)에 기거했다. 4년이 지난 후 한 비구가 와서 멀지 않은 곳에 따로 암자를 지어 거처한 지 2년이 되었다. 그 비구는 사람됨이 강하고 사나웠으며 주술 닦기를 좋아했다. 원광이 밤에 홀로 앉아 경(經)을 외는데 홀연 자신을 부르는 신(神)의 말소리가 들리기를, "훌륭하다, 너의 수행함이여. 무릇 수도하는 자가 많긴 하지만 법대로 하는 자는 드물다. 이웃의 비구를 보니 수행을 않고 주술을 닦으니 소득이 없구나. 떠드는 소리는 나의 고요한 생각을 방해하고, 거처는 내가 다니는 길에 방해가 되어, 오고 갈 때마다 악심(惡心)을 불러일으키게 한다. 그대는 나를 위해 비구의 처소를 옮기게 하라. 오래 머문다면 내가 죄업을 지게 될까 두렵다."라고 했다. 이에 다음날 원광은 비구를 찾아가서 "내가 어젯밤에 신의 전언(傳言)을 들었는데, 그대는 다른 곳으로 옮기는 것이 좋겠소. 그렇지 않으면 응당 재앙이 있을 것이오."라고 하자, "수행이 지극한 이도 마귀에게 현혹되십니까? 그대는 어찌 여우 귀신의 말을 걱정하십니까?"라고 했다. 그날 밤 신이 다시 와서 말하기를 "지난 번 내가 말한 것에 대해 비구는 어찌 대답하던고?"라고 하자 원광은 신이 진노할까 두려워 "아직 말하지 않았습니다. 힘써 말하면 어찌 감히 듣지 않겠습니까?"라고 하자, 신이 말하기를 "내 이미 자세히 들었는데, 그대는 어찌하여 말을 보태는가. 다만 조용히 내 하는 바를 보라." 하고는 사라졌다. 밤중에 천둥치는 소리가 있었는데, 다음날 보니 산이 무너져 비구가 거하던 암자를 덮쳐 버렸다. 신이 또 와서 말하기를 "그대가 보니 어떠한가?" 원광이 답하기를 "보니 매우 놀랍고 두렵습니다."라고 하자, 신이 말하기를 "내 나이 거의 3,000살이 되어 신술이 매우 뛰어나니 이번 일은 하찮은 일에 불과하다. 무릇 장래의 일을 모르는 바가 없고, 천하의 일에 달통하지 않은 바가 없다. 이제 생각하니 법사가 오직 이곳에만 거처해서는 비록 스스로를 이롭게 할 수는 있지만 남을 이롭게 하는 공은 없도다. 지금 고명(高名)을 날리지 못하면 앞으로 좋은 과업을 이루지 못할지니, 중국에 가서 불법을 얻어 동행(東海)에서 미혹한 백성을 인도하지 않겠는가?"라고 하자, 법사가 대답하기를 "중국에서 불도를 공부하는 것은 원하던 바입니다. 그러나 바다와 육지가 멀고 막혀 제 힘으로 갈 수 없었을 뿐입니다."라고 하자, 신이 상세히 갈 방법을 알려 주었다. 원광은 그 말대로 하여 중국에 가서

11년 동안 머물면서 삼장[三藏 : 경(經), 율(律), 논(論)]에 두루 정통하고 유학도 공부하였다.
- 「원광서학(삼국유사)」

(다)
　　다른 가객(歌客) 몽중가(夢中歌)는 황릉묘(皇陵廟)에 갔다는데 이 사설 짓는 이는 다른 데를 갔다 하니 좌상(座上) 처분 어떠할지. 춘향이가 꿈 이야기를 자세히 하는구나. (중략) 이 몸이 호접(胡蝶)되어 바람결에 쌓이어서 편편(翩翩)히 높이 떠서 위로만 오르는데 가만히 요량하니 팔구만 리 오르더니 찬 기운이 뼈저리고 맑은 빛이 눈부시다. (중략) 직녀성군(織女星君) 분부하되 "네가 이 집 알겠느냐. 세상 사람 하는 말들, 저 물이 은하수요, 내 별호가 직녀성(織女星). 네가 전에 이곳 있어 나와 함께 지내던 일 망연히 잊었느냐." 다정히 묻삽기에 다시 꿇어 여짜오되, "인간의 천한 몸이 창녀의 자식으로 여염(閻閻) 생장(生長) 하였으니 이곳 어찌 아오리까." 성군이 웃으시며, "<u>전생에 하던 일을 자세히 들어보라. 네가 나의 시녀로서 서왕모(西王母) 반도회(蟠桃會)에 내가 잔치 참여할 제 네가 나를 따라 왔다. 태을성군(太乙星君) 너를 보고 반도 던져 희롱하니 네가 보고 웃은 죄로 옥황이 진노(震怒)하셔 둘 다 적하(謫下) 인간(人間), 너의 낭군 이도령은 태을(太乙)의 전신(轉身)이라, 전생의 연분으로 이생 부부 되었으나 고생을 많이 시켜 웃은 죄를 다스리자 이 액회(厄會)를 만났으니 감심(感心)하고 지내면 후일에 부귀영화 측량이 없을지라.</u>"
- 「춘향가(신재효 남창본)」

― 〈조건〉 ―

⑴ (가)~(다) 각각에서 화자나 주인공은 어떤 성격의 인물을 만나는지 설명하고, 그 만남을 통해 화자나 주인공이 깨닫는 바를 설명할 것
⑵ (가)~(다) 각각에서 조건 ⑴에서와 같은 만남을 설정함으로써 독자 또는 청중에게 주는 문학적 효과를 설명할 것
⑶ (다)의 밑줄 친 부분의 직녀성군 이야기가 작품 전체의 구성과 어떤 관련성을 지니는지 지도할 내용을 설명할 것. 단, 신재효 남창본 '춘향가'의 구성을 직녀성군의 이야기와 대응시켜 단계별로 나누어 보고, 주인공을 천상에서 하강한 인물로 설정한 이유를 이러한 구성적 특징과 연관시켜 설명할 것

📝 **예상 답안**

(1) (가) ~ (다)에서 화자나 주인공은 비현실적 존재를 만나게 된다. (가)에서 화자는 꿈에 신선을 만나는데 그 신선은 도가 사상과 관련된 존재이고, 옛날 화자가 귀양 오기 전에 천상계에 살았으며, 인간과는 구분되는 존재이다. 화자는 비현실적 존재와의 만남을 통해 자신의 과거 신분(과거에 신선이었다는 점)과 현재의 상황에 처하게 된 연유를 알게 되어 화자의 현재 처지에 대한 갈등이 해소된다, 그리고 관찰사로서의 공인의 삶과 자연 속에서 풍류를 즐기며 살고 싶은 삶의 등이 해소된다. (나)에서 원광법사는 밤에 신을 만나는데, 그 신은 불교 등 외래 종교가 들어오기 이전의 신이며, 오랜 수행을 통해 인간의 한계를 벗어난 신술을 터득한 존재이다. 도를 닦는 바른 자세를 강조하며, 주인공에게 수행의 안내자 역할을 한다. 주인공은 비현실적 존재와의 만남을 통해 자신의 수행 방법의 타당성을 인정받게 되고, 또한 주인공이 불도를 더 깊이 공부하기 위해 중국으로 가는 방법을 알게 된다. (다)에서 춘향은 꿈에 직녀 성군(신선)을 만나는데 그 신선은 도가 사상과 관련 있고, 과거에 주인공을 거느린 존재이며 인간과 구분되는 천상계의 존재이다. 주인공은 직녀성군과의 만남을 통해 자신이 과거의 신분 및 과거의 잘못으로 인해 고난을 겪는다는 점을 알게 되고, 또 이것을 참고 견디면 부귀영화를 누린다는 희망을 지니게 된다.

(2) (가) ~ (다)에서 비현실적 존재는 모두 신이나 신선으로 신비로운 존재이며, 이들과 주인공(화자)의 만남을 통해 독자는 주인공이 신이나 천상계로부터 도움을 받는 긍정적 가치를 지닌 존재라는 것을 알게 되고, 주인공의 상황이나 처지에 더욱 공감하게 된다. 구체적으로 (가)에서 비현실적 존재인 신선과의 만남을 통해 독자는 신선과 가까운 화자에 대해 신비하고 긍정적인 인식을 갖게 되며 선정을 베풀려는 화자의 가치관와 호연지기를 느낄 수 있고, 갈등의 상황에서 스스로 위안을 얻고자 하는 화자의 대응 방식에 공감하게 된다. (나)에서 비현실적 존재인 신과의 만남을 통해 수행을 할 때는 바른 자세가 필요하고 타인을 이롭게 해야 한다는 점을 알 수 있고, 또한 전통신앙이 불교에 수용되는 과정을 알 수 있으며, 주인공의 내력에 대해 신비함을 느끼게 된다. (다)에서 비현실적 존재인 직녀성군과의 만남을 통해 현재 춘향의 고난이 천상계에서 기인한 것이라는 인과론적 이해를 가능하게 한다. 그리고 춘향과 이도령의 만남의 필연성을 강조하고 또 이것이 복선의 역할을 하여 앞으로의 사건 전개를 암시하며, 천상계가 돕는 춘향에 대해 긍정적인 생각과 함께 신비함을 느끼게 한다.

(3) (다)의 밑줄 친 직녀성군의 말은 작품의 전체 구성과 관련지을 때, 주인공 춘향과 이도령이 전생에서 인연을 맺어져 있음을 알려주어, 고난을 겪는 이유를 알려주고 주인공이 현재 고난을 겪더라도 그것을 극복할 것이라는 점을 암시하게 한다.

　직녀성군의 이야기와 춘향가를 대응시키면 아래와 같이 4단계로 제시할 수 있고, 밑줄 친 부분은 셋째 단계에 해당되는 내용이면서 전체 사건과도 밀접하게 대응된다. 첫째, 춘향전에서 춘향이 광한루에서 그네를 뛰는 장면은 (다)의 밑줄 친 부분에서 서왕모의 반도회에 태을성군의 시녀로 따라 간 부분과 관련지을 수 있다. 둘째, 춘향전에서 춘향과 이도령의 만남, 사랑 등은 (다)의 밑줄에서 태을성군이 시녀에게 반도를 던져 희롱을 하고 시녀가 웃은 부분과 관련지을 수 있는데, 이도령과 춘향의 신분 차이가 태을성군과 시녀로 차이로 나타난다는 점도 관련이 있다. 셋째, 춘향전에서 춘향과 이도령의 이별 및 춘향의 수난 등은 (다)의 밑줄에서 옥황상제가 그것을 알고 진노하여 벌을 내린 것과 관련지을 수 있다. (다)의 밑줄 부분은 이 단계의 내용이다. 그리고 마지막으로 춘향전에서 춘향과 이도령의 재회 및 행복한 결말 등은 (다)의 밑줄에서 후일에 부귀영화를 암시한 것과 관련지을 수 있다. 주인공을 천상에서 하강한 인물로 설정한 이유를 이러한 구성과 대응시켜 보면 주인공 춘향은 미천한 신분이지만, 원래는 천상에서 하강한 고귀한 인물로 천상계의 비호를 받는 존재라는 점을 잘 드러내기 위한 것으로 볼 수 있다. 이를 통해 결말 부분에서 기생의 딸임에도 불구하고, 양반인 이도령과의 행복한 결말이 가능하게 하는 것이다.

작품 6 　사미인곡(思美人曲)

> ◆ 출제방향
> • 창작 배경
> • 이 작품에 설정된 여성 주인공과 임의 관계
> • 작자인 정철이 우리 문학사에 기여한 바
> • 조선 시대 양반 관료의 자연관과 충의 이념
> • 가사의 형식과 장르적 성격

[서사(序詞)]

이 몸 삼기실 제 님을 조차 삼기시니,
ᄒᆞᆫ싱 연분(緣分)이며 하ᄂᆞᆯ 모ᄅᆞᆯ 일이런가.
나 ᄒᆞ나 졈어 있고 님 ᄒᆞ나 날 괴시니,
이 ᄆᆞ음 이 ᄉᆞ랑 견졸 ᄃᆡ 노여 업다.
평ᄉᆡᆼ(平生)애 원(願)ᄒᆞ요ᄃᆡ ᄒᆞᆫᄃᆡ 녜쟈 ᄒᆞ얏더니,
늙거야 므ᄉᆞ 일로 외오 두고 글이ᄂᆞᆫ고.
엇그제 님을 뫼셔 광한뎐(廣寒殿)의 올낫더니
그 더디 엇디ᄒᆞ야 하계(下界)예 ᄂᆞ려오니,
올 적의 비슨 머리 얼킈연 디 삼년(三年)이라.
연지분(臙脂粉) 잇ᄂᆡ마ᄂᆞᆫ 눌 위ᄒᆞ야 고이 ᄒᆞᆯ고.
ᄆᆞ음의 미친 실음 텹텹(疊疊)이 ᄡᅡ혀 이셔,
짓ᄂᆞ니 한숨이오 디ᄂᆞ니 눈믈이라.
인ᄉᆡᆼ(人生)은 유ᄒᆞᆫ(有限)ᄒᆞᆫ디 시름도 그지업다.
무심(無心)ᄒᆞᆫ 셰월(歲月)은 믈 흐ᄅᆞᆺ ᄒᆞᄂᆞᆫ고야.
염냥(炎涼)이 ᄯᅢᄅᆞᆯ 아라 가ᄂᆞᆫ 듯 고텨 오니,
듯거니 보거니 늣길 일도 하도 할샤.

이 몸이 태어날 때 임을 좇아서 태어나니,
평생 함께 살아갈 인연임을 어찌 하늘이 모를 일이던가?
나는 젊어 있고 임은 오직 나를 사랑하시니,
이 마음과 이 사랑을 견줄 데가 전혀 없다.
평생에 원하기를 임과 함께 살아가고자 하였는데,
다 늙어서 무슨 일로 외따로 두고 그리워하는가?
엇그제까지는 임을 모시고 광한전(궁궐)에 오르곤 했었는데,
그 동안에 어찌하여 속세(창평)로 내려 왔는가?
(임 곁을) 떠나올 적에 빗은 머리가 헝클어진 지도 삼 년이 지났구나.
연지와 분은 있지마는 누구를 위해서 곱게 단장할까?
마음에 맺힌 근심이 겹겹이 쌓여 있어서,
짓는 것이 한숨이요, 떨어지는 것은 눈물이라.
인생은 한정이 있는데, 근심은 한이 없다.
무심한 세월은 물 흐르듯 빨리 지나는구나.
더워졌다 서늘해졌다 하는 계절의 순환이 때를 알아서 지나갔다가는 이내 다시 돌아오니,
듣고 보고 하는 가운데 느낄 일이 많기도 많다.

[본사(本詞)]

동풍(東風)이 건듯 부러 젹셜(積雪)을 헤텨 내니,
창(窓) 밧긔 심근 ᄆᆡ화(梅花) 두세 가지 픠여셰라.
ᄀᆞᆺ득 닝담(冷淡)ᄒᆞᆫ디 암향(暗香)은 므ᄉᆞ 일고.
황혼(黃昏)의 ᄃᆞ리 조차 벼마ᄐᆡ 빗최니,

[춘한(春恨)] 봄바람이 문득 불어 쌓인 눈을 녹여 헤쳐 내니,
창 밖에 심은 매화가 두세 송이 피었구나.
가뜩이나 쌀쌀하고 담담한데, 그윽히 풍겨오는 향기는 또 무슨 일인가?
황혼에 달빛이 따라와 베갯머리에 비치니,

늣기는 듯 반기는 듯 님이신가 아니신가.
뎌 믹화 것거 내여 님 겨신 되 보내오져.
님이 너를 보고 엇더타 너기실고.
곳 디고 새 닙 나니 녹음(綠陰)이 질렷는듸,
나위(羅幃) 젹막(寂寞)ᄒᆞ고 슈막(繡幕)이 뷔여 잇다.
부용(芙蓉)을 거더 노코 공쟉(孔雀)을 둘러 두니,
ᄀᆞ득 시름 한듸 날은 엇디 기돗던고.
원앙금(鴛鴦錦) 버혀 노코 오ᄉᆡᆨ션(五色線) 플텨 내여
금자히 견화이셔 님의 옷 지어내니,
슈품(手品)은ᄏᆞ니와 졔도(制度)도 ᄀᆞ즐시고.
산호슈(珊瑚樹) 지게 우히 빅옥함(白玉函)의 다마 두고,
님의게 보내오려 님 겨신 듸 ᄇᆞ라보니,
산(山)인가 구롬인가 머흐도 머흘시고.
쳔 리(千里) 만 리(萬里) 길흘 뉘라셔 ᄎᆞ자갈고.
니거든 여러 두고 날인가 반기실가.
ᄒᆞᄅᆞ밤 서리김의 기러기 우러 녤 제
위루(危樓)에 혼자 올나 슈졍념(水晶簾) 거든 말이
동산(東山)의 ᄃᆞᆯ이 나고 븍극(北極)의 별이 뵈니
님이신가 반기니 눈믈이 절로 난다.
쳥광(淸光)을 쥐여 내여 봉황누(鳳凰樓)의 븟티고져.
누(樓) 우히 거러 두고 팔황(八荒)의 다 비최여
심산(深山) 궁곡(窮谷) 졈낫ᄀᆞ티 밍그쇼셔.
건곤(乾坤)이 폐ᄉᆡᆨ(閉塞)ᄒᆞ야 빅셜(白雪)이 ᄒᆞᆫ 빗친 제
사ᄅᆞᆷ은ᄏᆞ니와 늘새도 긋쳐 잇다.
쇼샹(瀟湘) 남반(南畔)도 치오미 이러커든
옥누(玉樓) 고쳐(高處)야 더옥 닐러 므슴ᄒᆞ리.
양츈(陽春)을 부쳐 내여 님 겨신 듸 쏘이고져.
모쳠(茅簷) 비쵠 히를 옥누(玉樓)의 올리고져.
홍샹(紅裳)을 니믜츠고 취슈(翠袖)를 반(半)만 거더
일모슈듁(日暮脩竹)의 혬가림도 하도 할샤.

흐느껴 우는 듯도 하고 반가워하는 듯도 하니 임이신가, 아니신가?
저 매화를 꺾어 내어 임 계신 곳에 보내고 싶구나.
그러면, 임이 너를 보고 어떻게 생각하실까?
[하한(夏恨)] 꽃이 지고 새 잎 나니 녹음이 우거졌는데,
엷은 비단 휘장은 쓸쓸히 걸렸고, 수놓은 장막 안은 텅 비어 있다.
연꽃 무늬 휘장을 걷어 놓고, 공작을 수놓은 병풍을 둘러 두니,
가뜩이나 근심이 많은데 날들은 어찌 이렇게 지루하고 길기만 한가?
원앙새 그림의 비단을 베어 놓고 오색실을 풀어 내어
금으로 만든 자로 재어 임의 옷을 만들어 내니,
솜씨는 말할 것도 없거니와 격식도 갖추어져 있구나.
산호수로 만든 지게 위에 백옥으로 만든 함 안에 옷을 담아 놓고,
임에게 보내려 임 계신 곳을 바라보니,
산인지 구름인지 험하고도 험하구나.
천만 리나 되는 머나먼 길을 누가 감히 찾아갈까?
가거든 이 함을 열어 놓으시고 나를 보신 듯 반가워하실까?
[추한(秋恨)] 하룻밤 서리 내릴 무렵 기러기가 울며 날아갈 때에
높은 누각에 혼자 올라 수정으로 만든 발을 걷으니,
동산에 달이 떠오르고 북극성이 보이므로
임이신가 하여 반가워하니 눈물이 절로 난다.
맑은 달빛을 쥐어 내어 임 계신 궁궐에 부쳐 보내고 싶구나.
누각 위에 걸어 두고 온 세상에 다 비추어
깊은 산골까지도 대낮같이 환하게 만드소서.
[동한(冬恨)] 천지가 추위에 얼어 생기가 막히고 흰 눈으로 온통 덮여 있을 때에
사람은 물론이거니와 날아다니는 새도 자취를 감추었도다.
소상강 남쪽 언덕같이 따뜻하다는 이곳(전남 창평)도 추움이 이와 같거늘
하물며 임 계신 북쪽이야 더욱 말해 무엇하랴.
따뜻한 봄볕을 부쳐 내어 임 계신 곳에 쏘이게 하고 싶어라.
초가집 처마에 비친 따뜻한 햇볕을 임 계신 궁궐에 올리고 싶어라.
붉은 치마를 여며 입고 푸른 소매를 반쯤 걷어
해질녘 대나무에 기대어 서니 잡념이 많기도 많구나.

댜룬 히 수이 디여 긴 밤을 고초 안자
청등(靑燈) 거른 겻틱 뎐공후(鈿箜篌) 노하 두고
꿈의나 님을 보려 퇵 밧고 비겨시니
앙금(鴦衾)도 추도 출샤 이 밤은 언제 샐고.

짧은 (겨울) 해가 이내 넘어가고 긴 밤을 꼿꼿이 앉아
청사초롱을 걸어둔 옆에 자개로 수놓은 공후를 놓아 두고,
꿈에서라도 임을 보려고 턱을 괴고 기대어 있으니
원앙새를 수놓은 이불이 차기도 차구나 (홀로 지내는 외로운) 이 밤은 언제나 샐꼬.

[결사(結詞)]
흐르도 열 두 째 흔 들도 셜흔 날,
져근덧 싱각 마라 이 시름 닛쟈 흐니,
무음의 믹쳐 이셔 골슈(骨髓)의 쎄텨시니,
편쟉(偏鵲)이 열히 오나 이 병을 엇디 흐리.
어와, 내 병이야 이 님의 타시로다.
출하리 싀어디여 범나븨 되오리라.
곳나모 가지마다 간 딕 죡죡 안니다가,
향 므든 놀애로 님의 오식 올므리라.
님이야 날인 줄 모르셔도 내 님 조추려 흐노라.

하루도 열 두 때(時) 한 달도 서른 날,
잠시라도 임 생각하지 말아 이 시름을 잊으려고 하니,
마음 속에 맺혀있어 뼛속까지 사무쳤으니
편작같은 명의가 열 명이 와도 이 병을 어찌하겠는가?
아, 내 병이야 이 임의 탓이로다.
차라리 죽어 호랑나비 되리라.
그리하여 꽃나무 가지마다 간 데 족족 앉고 다니다가,
향기를 묻힌 날개로 임의 옷에 옮으리라.
임께서 나인 줄 모르셔도 나는 끝까지 임을 따르려 하노라.

핵심정리

- **작자** 정철(鄭澈, 1536~1593)
- **갈래** 서정 가사, 양반 가사, 연군 가사
- **연대** 선조 18년~22년(1585~1589)
- **구성** ① 서사, 본사, 결사의 3단 구성
  ② 본사는 '춘원(春怨) – 하원(夏怨) – 추원(秋怨) – 동원(冬怨)'으로 구성
- **문체** 운문체, 가사체
- **주제** 연군지정(戀君之情)
- **의의** ① 「속미인곡」과 더불어 가사 문학의 극치를 이룬 작품
  ② 고려 속요 「정과정」의 맥을 잇는 연군지사

이해와 감상

| 해설 |

선조 18년(1585), 송강이 사간원(司諫院)과 사헌부(司憲府)의 논척(論斥)을 받고 관직에서 물러나 전남 창평(昌平)에서 은거 생활을 하던 중, 선조 21년(1588)에 지은 작품이다.

이 가사의 뛰어난 문학적 가치는 이미 김만중과 홍만종을 비롯한 많은 선인들에 의해 지적되어 왔는데, 특히 뛰어난 우리말 구사와 세련된 표현 때문에 속편인 「속미인곡(續美人曲)」과 함께 가사 문학의 최고 걸작으로 꼽힌다.

이 작품은 임(임금)과 이별하여 지내면서 임에 대한 지극한 연정의 내용을 '서사 – 본사(춘한·하한·추한·동한) – 결사'의 형식으로 나누어 구조화하고 있다. 뿐만 아니라, 임금을 미인에 비유하여 연군지정을 표현하면서 자연의 시간적 질서와 화합시킴으로써 그 표현의 절실함을 얻으려 하고 있다.

이러한 작자의 태도는 「관동별곡」, 「성산별곡」 등 자연을 노래하는 강호가도적인 풍취를 직접적으로 반영한 것이라고 볼 수 있다. 연군적인 내용, 그 자체가 자연과 관련될 커다란 필요성이 없음에도 불구하고, 굳이 사계절의 시·공간적 변화에 비유한 것은 자신의 외로운 처지와 진술한 연군지정의 깊이를 표현하고자 한 것이다.

이런 측면에서 이 작품의 자연에 대한 태도 역시 송순의 「면앙정가」와 일맥상통하고 있음을 알 수 있다. 자연 현상과 자연에 대한 가치관 등이 자신의 연군지정과 그로 인한 비애와 고독감에 비유되고 있는 것이 「면앙정가」에서 나타난 작자의 태도와 같기 때문이다.

또한, 이 작품은 임금을 연모하는 주체의 목소리를 서정적 여성의 목소리로 택하는 기법을 사용하여 임에 대한 그리움을 더욱 간절하게 만들고 있는데, 이처럼 임금을 '임'으로 설정한 것은 고려 속요인 「정과정」의 맥을 잇고 있는 것이다. 그리고 우리 시가의 전통인 '부재(不在)하는 임에 대한 자기의 희생적 사랑'을 보이고 있다는 점에서 「가시리」, 「동동」 등에 이어진 것으로 볼 수 있다.

「사미인곡」의 작품에 영향을 준 문학사적인 기원은, 일반적으로 초나라 굴원의 「이소(離騷)」에서 그 의례적 영향을 입은 것으로 본다. 즉 '사미인(思美人)'이라는 제목도 「이소」의 제 9 장에 있는 '사미인(思美人)'이라는 편명과 같으며, 「이소」의 충군적 내용도 이와 유사하다. 그러나 이 작품의 언어와 형식, 표현 기법과 구조 등 모든 면에서 송강다운 문학적 개성과 창작성이 뛰어난 걸작이라고 할 수 있다.

| 감상 |

임금을 사모하는 연주지사(戀主之詞)인 이 노래는 작자 자신을 여자로 비유하여 임금을 '임'이라 설정하고, 남편과 생이별하는 상황에서 그리움을 노래하는 형식으로 엮었다. 특히 서사에서 여인의 심정이 잘 표현된 부분인 '연지분(臙指粉) 잇닉마 눈 눌 위ᄒᆞ야 고이홀고'와 '인싱(人生)은 유훈(有限)ᄒᆞ딕 시름도 그지업다'의 상호 관계, 그리고 '염냥(炎凉)이 쌔 롤 아라 가는 ᄃᆞᆺ 고텨 오니'는 흘러가는 세월의 덧없음과 임에 대한 여인의 그리운 심정이 잘 나타나 있다.

본사의 '춘한(春恨)'은 봄이 되어 제일 먼저 피는 매화를 임에게 보내고 싶은 간절한 심정이 중심을 이루고 있다. 그리고 '암향(暗香)'과 '달' 등의 소재로 시각적·후각적 표현을 하고 있으며, 기쁨과 슬픔의 감정을 조화롭게 배치하여 마치 한 폭의 동양화를 보는 듯한 느낌을 갖게 한다.

'하한(夏恨)'에서는 '나위', '슈막', '부용', '공작' 등의 소재를 통하여 외로움으로 몸부림치는 화자의 모습을 잘 보여주고 있다. 예를 들어 공작 병풍으로 새롭게 바꾸어 둘러 두는 것은 고독으로부터 조금이나마 벗어나고자 하는 노력의 표현이다. 또한 '백옥함(白玉函)', '원앙금' 등의 미화법으로 임에 대한 알뜰한 정성까지 나타내고 있다.

'추한(秋恨)'을 보면 가을이라는 계절 속에서 '기러기'에 감정을 이입해 자신의 그리움과 외로움을 나타냈고, '북극성'을 임금에 비유하여 당쟁으로 분분한 세태를 비판하면서 희망적인 정치가 이루어지길 기원하는 뜻도 나타내고 있다. 그런데 '달'이나 '북극성'을 임금에 비유하는 기법은 왕을 중심으로 하는 유교 사회에서 흔히 있는 표현법이었다.

'동한(冬恨)'은 임의 추위를 따뜻한 봄볕으로 녹여 덜어주고자 하는 임에 대한 갸륵한 정성과 외로움이 묘사되어 있다. 임에 대한 아무 소식도 듣지 못하고, 하루 밤낮을 덧없이 보내는 작자의 외로움과 애환의 눈물은 차디찬 원앙 이불을 적신다. 특히 '젼공후 > 꿈 > 앙금 > 긴밤'에서 뼛속 깊이 파고드는 고독의 점층이 잘 표현되고 있다.

'동한'에서 '사롬은ᄏᆞ니와 놀새도 긋쳐 잇다'는 당나라 시인인 유종원의 「강설(江雪)」이란 시의 구절, '천산조비절 만경인종멸(千山鳥飛絶 萬徑人縱滅)'에서 따온 말이다.

결사의 '출하리 싀어디여 범나븨 되오리라'라는 점층적 표현을 사용해 지극한 연모의 심정을 절정으로 끌어올리고 있다. 임이 나를 모르더라도 나는 임을 따르겠다는 이 작품의 결론은, 그대로 한 여인의 절절한 애정의 표현이자 신하로서의 간절한 일편단심의 충정을 함축하고 있다.

1 시상 전개 방법과 특징

이 작품은 시적 자아의 시름과 임에 대한 연모의 정을 계절의 변화(시간의 흐름)에 따라 전개하였다. 이와 같이 계절의 변화에 따라 작자 자신이 심경을 조응하여 표현하는 기법은 고려 가요 「동동」이나 허난설헌의 가사 「규원가」 등에도 나타나는 것으로서, 우리 고전시가에 일반적으로 나타나는 전통적 전개 방법이다. 특히 봄, 가을에 비해 여름, 겨울의 사연이 상대적으로 긴 것은 화자가 홀로 지내는 외로운 시간이 봄과 가을에 비해 여름의 낮과 겨울의 밤이 길기 때문에 나타난 특징으로 볼 수 있다. 즉, 외로운 시간과 비례하여 임에 대한 그리움의 깊이가 커져서 화자가 풀어내고 싶은 말도 많아졌음을 짐작할 수 있다. 또 끝의 낙구는 서사의 첫머리와 호응 관계를 이루면서 임을 따르려는 사랑의 일념이 숙명적이라는 것을 수미상관의 구성법으로 귀결시키고 있다.

2 문학적 우수성

이 작품은 임을 연모하는 여인의 심정을 다양한 기법과 절묘한 언어로 묘사하여 가사 작품상 그 문학성이 두드러진다. 표현상의 기법으로 비유법, 변화법과 같은 수사 기교를 비롯하여 연모의 정을 심화시키는 점층적 표현은 참으로 뛰어나다. 게다가 시상의 급격한 반전, 중국의 한시를 작품 속에 적절하게 용해시키는 능력, 그리고 자연의 변화에 즉응(卽應)하는 정서의 흐름을 장점으로 꼽을 수 있다.

3 「사미인곡」에서 작자가 화자를 여성으로 설정한 이유

이 노래의 서정적 자아는 임금을 향하는 절실한 마음을 여성적 목소리로 표현하고 있다. 이러한 여성 화자의 목소리는 우리 시가 문학의 오랜 전통을 이은 것으로 고려 속요나 기녀들의 시조에서 많이 나타난다. 버림받은 신하가 임금의 은총을 기원하는 뜻을 담은 시가에서 여성을 화자로 설정하는 이유는 시인이 전달하고자 하는 뜻을 더욱 절실하게 표현할 수 있기 때문이다. 이를 통해, 독자나 청자는 생활에서 우러난 체험적인 정서로 쉽게 받아들이고 공감하게 되고, 그만큼 작품에 그려진 정서가 구체성을 얻게 되는 효과가 있는 것이다.

4 작품의 영향 관계

① 「사미인곡」이라는 제목이 같고 내용이 유사한 것으로 보아, 초나라 굴원의 「이소(離騷)」의 영향을 받은 작품이라고 할 수 있다. 임금께 제 뜻을 얻지 못하더라도 충성심만은 변함이 없어 죽어서도 스스로를 지킨다는 「이소」의 충군적 내용에 송강 자신의 처지를 맞추어 노래한 것이라고 보기도 한다.
② 여성 화자의 목소리로 부재(不在)하는 임에 대한 희생적 사랑을 표현했다는 점에서 고려 속요인 「가시리」에 접맥되어 있다.
③ 충신연주지사라는 점에서 정서의 「정과정」에 접맥 되어있다.
④ 화자의 처지를 '천상에서 버림받아 하계로 내려온 여인'에 비유한 표현을 통해 조위의 「만분가」를 모형으로 삼았음을 알 수 있다.

✔ 그러나 「사미인곡」은 이러한 작품의 아류작이 아니라 송강다운 문학적 개성과 독창성을 발휘한 작품이다.

5 '송강 시가'에 나오는 '미인(美人)'

송강 정철은 '미인'을 한글로 '임'이라 부르고 있는데, 본래 '미인'은 용모가 아름다운 여인, 항상 사모하고 있는 군주, 재덕(才德)이 뛰어난 사람, 한나라 여관(女官)의 명칭, 무지개의 별명, 미남자 등의 뜻을 가지고 있다. 그런데 「사미인곡」, 「속미인곡」에서 화자는 분명 임과 이별한 여인이므로, 여기서 '미인' 곧 임은 남성일 수밖에 없다. 따라서 송강의 시가에서의 '미인'은 '사랑하는 임이자 미덕을 갖춘 군주'이다. 한편 송강가사를 좀 더 넓게 해석하면, 임을 꼭 군주만이 아니라 사랑하는 남자(여자)로도 볼 수 있다. 이 작품의 내용이 절실한 사랑의 고백이라는 점에서 그렇다. 그러니까 송강가사에서 임금을 '미인'으로 설정한 것은 남녀의 인간적인 감정의 교류를 군신 관계에 끌어들인 셈이고, 그래서 송강의 작품들이 보편적 공감을 얻어 낼 수 있는 것이다.

6 송강 시가에 대한 평가

① 김만중 『서포만필』

송강의 「관동별곡」과 「전후 미인곡」은 우리나라의 「이소」이다. …… 옛날부터 우리나라의 참된 문장은 오직 이 세 편뿐인데, 다시 이 세 편에 대하여 논할 것 같으면, 그 중에서 「속미인곡」이 더욱 뛰어났다. 「관동별곡」과 「사미인곡」은 오히려 한자음을 빌려서 그 가사 내용을 꾸민 데 지나지 않는다.

② 홍만종 『순오지』

「사미인곡」도 역시 송강이 지은 것이다. 이것은 시경에 있는 미인이라는 두 글자를 따가지고 세상을 걱정하고 임금을 사모하는 뜻을 붙였으니, 이것은 옛날 초나라에 있었던 「백설곡」만이나 하다고 할 것이다.

기출문제

1. (가) ~ (마)에 대한 해석으로 적절하지 <u>않은</u> 것은? 2009년 모의 26번

(가)
이 몸 삼기실 제 님을 조차 삼기시니 흔싱 緣分이며 하늘 모들 일이런가 나 ᄒ나 졈어 잇고 님 ᄒ나 날 괴시니 이 ᄆᆞᆷ 이 ᄉᆞ랑 견졸 ᄃᆡ 노여 업다 平生애 願ᄒᆞ요ᄃᆡ 흔ᄃᆡ 녜쟈 ᄒᆞ얏더니

(나)
늙거야 므ᄉᆞ 일로 외오 두고 그리는고 엇그제 님을 뫼셔 廣寒殿의 올낫더니 그 더ᄃᆡ 엇디ᄒᆞ야 下界에 ᄂᆞ려오니 올 저긔 비슨 머리 헛틀언 디 삼년일쇠 臙脂粉 잇ᄂᆡ마는 눌 위ᄒᆞ야 고이 홀고 ᄆᆞᄋᆞᆷ의 미친 실음 疊疊이 ᄡᅡ혀 이셔 짓ᄂᆞ니 한숨이오 디ᄂᆞ니 눈물이라 人生은 有限흔ᄃᆡ 시름도 그지업다 無心흔 歲月은 물 흐ᄅᆞ듯 ᄒᆞᄂᆞ고야 炎凉이 쌔를 아라 가는 듯 고려 오니 듯거니 보거니 늣길 일도 하도 할샤

(다)
東風이 건듯 부러 積雪을 헤텨내니 窓 밧긔 심근 梅花 두세 가지 픠여셰라 ᄀᆞᆺ득 冷淡ᄒᆞᆫᄃᆡ 暗香은 므ᄉᆞ 일고 黃昏의 ᄃᆞᆯ이 조차 벼마ᄐᆡ 빗최니 늣기는 듯 반기는 듯 님이신가 아니신가 뎌 梅花 것거내여 님 겨신 ᄃᆡ 보내오져 님이 너를 보고 엇더타 너기실고 곳 디고 새 닙 나니 綠陰이 실렷ᄂᆞᆫᄃᆡ 羅幃 寂寞ᄒᆞ고, 繡幕이 뷔여 잇다 芙蓉을 거더 노코 孔雀을 둘러 두니 ᄀᆞᆺ득 시름 한ᄃᆡ 날은 엇디 기돗던고 鴛鴦錦 버혀 노코 五色線 플텨 내여 금자히 견화 이셔 님의 옷 지어 내니 手品은ᄏᆞ니와 制度도 ᄀᆞ졸 시고 珊瑚樹 지게 우희 白玉函의 다마 두고 님의게 보내오려 님 겨신 ᄃᆡ ᄇᆞ라보니 山인가 구름인가 머흐도 머흘시고 千里 萬里 길흘 뉘라셔 ᄎᆞ자갈고 니거든 여러 두고 날인가 반기실가

(라)
ᄒᆞᄅᆞ밤 서리김의 기러기 우러녤 제 危樓에 혼자 올나 水晶簾 거든말이 東山의 ᄃᆞᆯ이 나고 北極의 별이 뵈니 님이신가 반기니 눈물이 절로 난다 淸光을 믜워 내여 鳳凰樓의 븟티고져 樓 우희 거러 두고 八荒의 다 비최여 深山窮谷 졈낫ᄀᆞ티 ᄆᆡᆼ그쇼셔 乾坤이 閉塞ᄒᆞ야 白雪이 흔 빗친 제 사ᄅᆞᆷ은ᄏᆞ니와 ᄂᆞᆯ새도 긋처 잇다 瀟湘南畔도 치오미 이러커든 玉樓高處야 더옥 닐러 므슴ᄒᆞ리 陽春을 부쳐 내여 님 겨신 ᄃᆡ 쏘이고져 茅詹 비친 히를 玉樓의 올리고져 紅裳을 니믜 ᄎᆞ고, 翠袖를 半만 거더 日暮脩竹의 혬가림도 하도 할샤 댜른 히 수이 디여 긴 밤을 고초 안자 靑燈 거른 겻ᄐᆡ 鈿空篌 노하 두고 ᄭᅮᆷ의나 님을 보려 ᄐᆞᆨ 밧고 비겨시니 鴦衾도 ᄎᆞ도 출샤 이 밤은 언제 샐고

(마)
ᄒᆞᄅᆞ도 열 두 째 흔 ᄃᆞᆯ도 셜흔 날 져근덧 ᄉᆡᆼ각마라 이 시름 닛쟈 ᄒᆞ니 ᄆᆞᄋᆞᆷ의 미쳐 이셔 骨髓의 ᄭᅦ텨시니 扁鵲이 열히 오나 이 병을 엇디 ᄒᆞ리 어와 내 병이야 이 님의 타시로다 출하리 싀어디여 범나븨 되오리라 곳나모 가지마다 간ᄃᆡ 죡죡 안니다가 향므틴 늘애로 님의 오ᄉᆡ 올므리라 님이야 날인 줄 모ᄅᆞ셔도 내 님 조츠려 ᄒᆞ노라

- 정철, 「사미인곡」

① (가) : '하늘'을 통해 연분의 필연성을 강조하고 자아를 '선녀'로 표상한다. '젊은' 선녀의 형상은 현재적 충족감과 미래에 대한 기대감을 드러내는 표지이다. (나)의 상황에 비추어 보면, 이는 얼굴을 단장한 정결한 여인상의 표상이다.
② (나) : '늙음'은 자연적인 노쇠 현상이 아니라 심리적 충격과 좌절과 고통의 깊이를 표상한 것이다. 그 충격은 '그 더Ⓐ 엇디ᄒ야'에서 보듯, 이별의 원인을 스스로 인정하지 못하는 데서 비롯된다.
③ (다) : 봄과 여름 두 계절 동안에 '나'는 임과의 물리적 단절을 넘어서고자 소통을 시도한다. '매화'와 손수 지은 '옷'은 연분을 확인하는 일종의 정표이다. '임'이 달의 형상으로 나의 베갯머리를 비추고 있기에 그 소통은 쌍방적이다.
④ (라) : 가을, 겨울에 시도되는 소통은 봄, 여름에 비해 더욱 적극적이다. 달, 별, 해와 같은 천체를 인위적으로 가공하는 과감한 상상력을 통해 여성적 소극성을 극복해 간다. 그 천재들은 단순한 정표가 아니라 임의 직분을 위한 배려이기도 하다.
⑤ (마) : 그리움, 외로움 등의 정서가 임에 대한 충정의 맹세로 집약된다. '범나비' 날개의 향기는 연지분을 대신하고, 자신이 직접 보낸 옷은 그 향기에 감염된다. 따라서 충정의 맹세는 자아상이 변모되는 연장선 상에서 나온 자연스러운 귀결이다.

┃ 정답 ③

2. 다음은 고전 문학에 나타난 남녀 관계의 특징을 파악하기 위해 수업에서 활용한 작품이다. 〈보기〉의 지시에 따라 한 편의 글로 논술하시오. [10점]   2014년 기출 2번

(가)
이 몸 삼기실 제 님을 조차 삼기시니
ᄒ싱 연분(緣分)이며 하ᄂᆯ 모를 일이런가
나 ᄒ나 졈어 잇고 님 ᄒ나 날 괴시니
이 ᄆᆞᆷ 이 ᄉᆞ랑 견졸 ᄃᆡ 노여 업다
평ᄉᆡᆼ(平生)애 원(願)ᄒ요ᄃᆡ 한ᄃᆡ 녜쟈 ᄒ얏더니
늙거야 므스 일로 외오 두고 글이는고
엇그제 님을 뫼셔 광한뎐(廣寒殿)의 올낫더니
그 더ᄃᆡ 엇디ᄒ야 하계(下界)예 ᄂᆞ려오니
올 저긔 비슨 머리 얼킈연 디 삼년(三年)이라
연지분(臙脂粉) 잇ᄂᆡ마ᄂᆞᆫ 눌 위ᄒ야 고이 홀고
ᄆᆞᆷ의 미친 실음 텹텹(疊疊)이 빠혀 이셔
짓ᄂᆞ니 한숨이오 디ᄂᆞ니 눈물이라
     〈중략〉
댜ᄅᆞ 히 수이 디여 긴 밤을 고초 안자
쳥등(靑燈) 거른 겻틱 뎐공후(鈿箜篌) 노하 두고
꿈의나 님을 보려 턱 밧고 비겨시니
앙금(鴦衾)도 ᄎᆞ도 출샤 이 밤은 언제 샐고
ᄒᆞᄅᆞ도 열두 때 ᄒᆞᆫ 둘도 셜흔 날
져근덧 ᄉᆡᆼ각 마라 이 시름 닛쟈 ᄒᆞ니

ᄆᆞ음의 미쳐 이셔 골슈(骨髓)의 쎄텨시니
　　편쟉(扁鵲)이 열히 오나 이 병을 엇디ᄒᆞ리
　　어와 내 병이야 이 님의 타시로다
　　출하리 싀어디여 범나븨 되오리라
　　곳나모 가지마다 간 ᄃᆡ 죡죡 안니다가
　　향 므든 ᄂᆞᆯ애로 님의 오싀 올므리라
　　님이야 날인 줄 모ᄅᆞ셔도 내 님 조ᄎᆞ려 ᄒᆞ노라

　　　　　　　　　　　　　　　　　　　　　- 정철, 「사미인곡(思美人曲)」

(나)
[앞의 줄거리] 춘풍은 주색잡기로 재산을 탕진하나 춘풍 처의 노력으로 집을 다시 일으킨다. 그러나 장사를 하겠다며 평양에 간 춘풍은 기생 추월에게 돈을 다 빼앗기고 사환 신세가 되고 만다. 이에 남장(男裝) 비장(裨將)이 된 춘풍 처가 평양에 가 춘풍이 추월한테서 다시 돈을 돌려받게 해 주고 몰래 집으로 돌아온다.

　이때 춘풍의 아내 문밖에 썩 나와서 춘풍의 손을 붙잡고,
　"어이 이리 더디 오셨소? 장사에 사망 많아 평안히 오시니까?"
　춘풍이 반기면서,
　"그 사이에 잘 있었는가?"
하고, 열두 바리 실은 돈을 장사해 남긴 듯이 여기저기 들여놓고 의기양양하는구나. 춘풍의 차담상을 별로히 차려 드리거늘, 춘풍이 온 교태 다할 적에 기구하고 볼 만하다. 콧살도 찡그리며 입맛도 다셔 보고 젓가락도 그릇 박으며 하는 말이, "생치(生雉) 다리도 덜 구웠으며, 자반에도 기름이 적고 황육(黃肉)조차 맛이 적다. 평양으로 갈까 보다. 호조 돈 곧 아니었다면 올라오지 아니 했지. 내일은 호조 돈을 다 바치고 평양으로 내려갈 제, 너도 함께 따라가서 평양 감영 작은집의 그 음식 먹어 보소."
　온갖 교만 다 할 적에 춘풍 아내 춘풍을 속이려 하고 황혼을 기다려서 여자 의복 벗어 놓고, 비장 의복 다시 입고 흐늘거려 들어오니, 춘풍이 의아하여 방안에서 주저주저 하는지라. 비장이 호령하되,
　"평양에 왔던 일을 생각하라. 네 집에 왔다 한들 그 다시 그만이랴?"
　춘풍이 그제야 자세히 본즉, 과연 평양에서 돈 받아 주던 호계 비장이라. 깜짝 놀라면서 문밖에 뛰어 나려 문안 여짜오되, 호계 비장 하는 말이,
　"평양에서 맞던 매가 얼마나 아프더냐?"
　춘풍이 여짜오되,
　"어찌 감히 아프다 하오리잇가? 소인에게는 상(賞)이로소이다."
　호계 비장 하는 말이,
　"평양에서 떠날 적에 너더러 이르기를, 돈을 싣고 서울로 올라오거든 댁에 문안하라 하였더니, 풍문 소식 하기로 매일 기다리다가 아까 마침 남산 밑에 박 승지 댁에 가 술을 먹고 대취하여 종일 놀다가 홀연히 네가 왔단 말을 듣고 네 집에 돌아왔으니, 흰 죽이나 쑤어 달라."
　한대, 춘풍이 제 아내를 아무리 찾은들 있을쏘냐? 제가 손수 죽을 쑤랴 하고 죽쌀을 내어 들고 부엌으로 나가거늘, 비장이 호령하되,
　"네 아내는 어디 가고, 나에게 내외(內外)를 하느냐?"
　춘풍이 묵묵부답하고 혼잣말로 심중에 생각하되, '그립던 차에 아내를 만났으니 우리 둘이 잠이나

잘 자 볼까 하였더니 아내는 간 데 없고, 비장은 이처럼 호령하니 진실로 민망(憫惘)하나 어찌할 수 없구나.'

호계 비장 내다보니, 춘풍의 죽 쑤는 모양이야 우습고도 볼 만하다. 그제야 죽상(鬻床)을 드리거늘, 비장이 먹기 싫은 죽을 조금만 먹는 체하다가 춘풍에게 상째로 주며 하는 말이,

"네가 평양 감영 추월의 집에 사환으로 있을 때에 다 깨진 헌 사발에 누룽밥에 국을 부어서 숟가락 없이 뜰 아래 서서 되는 대로 먹던 일을 생각하여 다 먹어라."

하니, 춘풍이 그제야 아내가 어디서 죽 먹는 모습을 볼까 하여 여기저기 살펴보며 얼른얼른 먹는지라. 그제야 춘풍 아내 혼잣말로,

'이런 거동 볼작시면 누가 아니 웃고 볼까? 하는 행실 저러하니 어디 가서 사람으로 보일런가? 아무커나 속이기를 더하자니 차마 그리 우스워라. 이런 꼴을 볼작시면 나 혼자 보기 아깝도다.'

이런 거동 저런 거동 다 본 연후에, 호계 비장 의복 벗어놓고 여자 의복 다시 입고 웃으면서,

"이 멍청아!"

춘풍의 등을 밀치면서 하는 말이,

"안목이 그다지도 없소?"

춘풍이 어이없어 하는 말이,

"이왕에 자넨 줄 알았으나 의사(意思)를 보자 하고 그리 하였노라."

하고 그날 밤에 부부 둘이 원앙금침 펼쳐 덮고 누웠으니 아주 그만 제법일세. 그럭저럭 자고 나서 그 이튿날 호조 돈을 모두 다 바치고 상덕(上德)하니, 수만 냥 재산으로 노비 전답 다시 장만하여 의식이 풍족하고 유자생녀(有子生女)하여 화연평생(和然平生) 좋을시고. 그릇된 것 없이 지냈으니, 대저 일개 여자로서 손수 남복하고 호계 비장 내려가서 추월도 다스리고 춘풍 같은 낭군도 데려오고 호조 돈도 수쇄(收刷)하고 부부 둘이 종신토록 살았으니 만고의 해로(偕老)한 일이로다.

- 작자 미상, 「이춘풍전(李春風傳)」

―〈보기〉―

(1) (가)의 시적 화자와 (나)의 '춘풍 처'가 처한 상황이 어떠한지 제시하고, 둘의 문제 해결 방식을 대비해 서술할 것 (단, (가)의 시적 화자는 여성임을 전제로 함)
(2) (가)의 시적 화자와 대비해 (나)의 '춘풍 처'와 같은 인간형이 갖는 시대적 의미를 제시할 것

예상 답안

(가)의 여성 화자는 임과 이별한 후 신세를 한탄하며 슬퍼하는 상황이고, (나)의 춘풍의 처는 위기에 처한 남편을 구해 줬음에도 불구하고 남편이 집에 와서 아내에게 거짓말을 하면서 교만한 태도로 대하는 상황이다. 이 상황에서 (가)의 여성 화자는 님보다 낮은 위치에서 임이 나인 줄 몰라도 범나비가 되어 임을 따르려는 일편단심의 태도를 보여주고, (나)의 춘풍의 처는 남편보다 지위가 높은 비장으로 변해 남편의 잘못된 태도를 꾸짖어 바로잡는다. 이를 대비할 때 (가)의 여성 화자는 이별의 상황을 참고 견디며 말없이 따르려는 소극적, 수동적, 간접적 해결 방식을 보여주고, (나)의 춘풍의 처는 남편의 교만한 태도를 변화시키는 적극적, 능동적, 직접적인 해결 방식을 보여준다.

(가)의 여성 화자는 임과 이별했지만 임에 대한 절대적 사랑이나 일편단심의 마음을 인고하는 여인상이고, (나)의 춘풍의 처는 남편의 잘못된 처사에 적극적으로 맞서 바로잡는 진취적이고 적극적인 여인상이다. 시대적 의미와 관련지으면 (가)의 여인상은 가부장권이 강하던 중세 봉건 시대의 윤리와 가치를 지녔다. 이에 비해 (나)의 여인상은 조선 후기 가부장제, 남존여비 등의 봉건 윤리가 붕괴되는 시대상을 반영했다. 또한 여성의 사회에 적극적으로 참여하면서 여성의 지위 상승 및 합리적인 능력이 존중받는 근대적 윤리와 가치를 보여준다.

작품 7 〉〉 속미인곡(續美人曲)

❖ 출제방향
- 이 작품의 구성 방식과 그에 따른 표현 효과
- '충신 연주지사(忠臣戀主之辭)' 문학 파악

[서사(序詞)]
뎨 가는 뎌 각시 본 듯도 흔뎌이고.
텬샹(天上) 빅옥경(白玉京)을 엇디ᄒᆞ야 니별(離別)ᄒᆞ고
ᄒᆡ 다 뎌 져믄 날의 눌을 보라 가시는고.
어와 네여이고 내 ᄉᆞ셜 드러보오.
내 얼굴 이 거동이 님 괴얌즉 ᄒᆞ가마는
엇딘디 날 보시고 네로다 녀기실ᄉᆡ
나도 님을 미더 군ᄠᅳ디 전혀 업서
이릭야 교틱야 어ᄌᆞ러이 구돗ᄯᅥᆫ디
반기시는 낯비치 녜와 엇디 다ᄅᆞ신고.
누어 싱각ᄒᆞ고 니러 안자 혜여ᄒᆞ니
내 몸의 지은 죄 뫼ᄀᆞ티 빠혀시니
하ᄂᆞᆯ히라 원망ᄒᆞ며 사ᄅᆞᆷ이라 허믈ᄒᆞ랴.
셜워 플텨 혜니 조믈(造物)의 타시로다.

[갑녀] 저기 가는 저 각시, 본 듯도 하구나.
천상의 옥황상제가 사는 궁궐을 어찌하여 떠나와서
해가 다 저문 날에 누구를 만나러 가시는가?
[을녀] 아, 너로구나. 내 사정 이야기를 들어 보오.
내 모습과 이 태도가 임께서 사랑함 직하였겠냐마는
어쩐지 나를 보시고 너로구나 하고 특별히 여기시기에
나도 임을 믿고 딴 생각이 전혀 없어서
응석과 아양을 부리며 귀찮게 굴었던지
반가워하시는 낯빛이 옛날과 어찌 다르신가?
누워 생각하고 일어나 앉아 헤아려 보니,
내 몸이 지은 죄 산같이 쌓였으니
하늘을 원망하며 사람을 탓하랴.
서러워서 여러 가지 일을 생각해 낱낱이 헤아려 보니, 조물주의 탓이로다.

[본사(本詞)]
글란 ᄉᆡᆼ각 마오.
ᄆᆡ친 일이 이셔이다.
님을 뫼셔 이셔 님의 일을 내 알거니,
믈 ᄀᆞᆮ튼 얼굴이 편ᄒᆞ실 적 몇 날일고.
츈한(春寒) 고열(高熱)은 엇디ᄒᆞ야 디내시며
츄일(秋日) 동텬(冬天)은 뉘라셔 뫼셧는고.
쥭조반(粥早飯) 죠셕(朝夕)뫼 녜와 ᄀᆞᆮ티 셰시는가.
기나긴 밤의 ᄌᆞᆷ은 엇디 자시는고.

[갑녀] 그렇게는 생각하지 마오.
[을녀] 마음 속에 맺힌 일이 있습니다.
(예전에) 임을 모시어서 임의 일을 내가 잘 아는데,
물과 같이 연약한 몸이 편하실 적이 몇 날이 될까?
이른 봄날의 추위와 여름철의 무더위는 어떻게 지내시며
가을날 겨울날은 누가 모셨는가?
자릿조반과 아침, 저녁 진지는 예전과 같이 잘 잡수시는가?
기나긴 밤에 잠은 어떻게 주무시는가?

님다히 쇼식(消息)을 아므려나 아쟈 ᄒᆞ니,
오늘도 거의로다. 닉일이나 사름 올가.
내 ᄆᆞ음 둘 ᄃᆡ 업다. 어드러로 가쟛 말고.
잡거니 밀거니 놉픈 뫼히 올라가니
구롬은ᄏᆞ니와 안개ᄂᆞᆫ 므스 일고.
산쳔(山川)이 어둡거니 일월(日月)을 엇디 보며
지쳑(咫尺)을 모ᄅᆞ거든 쳔 리(千里)ᄅᆞᆯ ᄇᆞ라보랴.
출하리 믈ᄀᆞ의 가 ᄇᆡ 길히나 보쟈 ᄒᆞ니
ᄇᆞ람이야 믈결이야 어둥졍 된뎌이고.
샤공은 어듸 가고 뷘 ᄇᆡ만 걸렷ᄂᆞ니.
강텬(江天)의 혼쟈 셔셔 디ᄂᆞᆫ 히ᄅᆞᆯ 구버보니
님다히 쇼식(消息)이 더옥 아득ᄒᆞ뎌이고.
모쳠(茅簷) 춘 자리의 밤듕만 도라오니
반벽(返璧) 청등(靑燈)은 눌 위ᄒᆞ야 불갓ᄂᆞᆫ고.
오ᄅᆞ며 ᄂᆞ리며 헤쓰며 바니니,
져근덧 녁진(力盡)ᄒᆞ야 픗줌을 잠간 드니
졍셩(精誠)이 지극ᄒᆞ야 ᄭᅮᆷ의 님을 보니
옥(玉) ᄀᆞᄐᆞᆫ 얼굴이 반(半)이나마 늘거셰라.
ᄆᆞ음의 머근 말솜 슬ᄏᆞ장 ᄉᆞᆲ쟈 ᄒᆞ니
눈믈이 바라 나니 말인들 어이ᄒᆞ며
졍(情)을 못다 ᄒᆞ야 목이조차 몌여ᄒᆞ니
오뎐된 계셩(鷄聲)의 ᄌᆞᆷ은 엇디 ᄭᆡ돗던고.

[결사(結詞)]
어와 허ᄉᆞ(虛事)로다. 이 님이 어듸 간고.
결의 니러 안자 창(窓)을 열고 ᄇᆞ라보니
어엿븐 그림재 날 조촐 ᄲᅮᆫ이로다.
출하리 싀여디여 낙월(落月)이나 되야이셔
님 겨신 창(窓) 안히 번드시 비최리라.
각시님 ᄃᆞᆯ이야ᄏᆞ니와 구준 비나 되쇼셔.

임 계신 곳의 소식을 어떻게 해서라도 알려고 하다 보니,
오늘도 거의 날이 저물었구나. 내일이나 (임의 소식을 전해줄) 사람이 올까?
내 마음 둘 곳이 없구나. 어디로 가자는 말인가?
(나무 바위 등을) 잡기도 하고 밀기도 하면서 높은 산에 올라가니
구름은 물론이거니와 안개는 또 무슨 일로 저렇게 끼였는가?
산천이 어두운데 일월을 어떻게 바라보며
눈앞의 가까운 곳도 모르는데 천 리나 되는 먼 곳을 바라볼 수 있겠는가?
차라리 물가에 서서 뱃길이나 보려고 하니
바람과 물결로 어수선하게 되었구나.
뱃사공은 어디가고 빈 배만 걸렸는가?
강가에 혼자 서서 지는 해를 굽어 보니
임 계신 곳의 소식이 더욱 아득하구나.
초가집의 찬 잠자리로 한밤중에 돌아오니
벽 가운데 걸려 있는 등불은 누구를 위하여 밝아 있는가?
(산을) 오르내리며 (강가를) 헤매며 방황을 하니.
그 사이에 힘이 지쳐서 풋잠을 잠깐 드니
그 정성이 지극하여 꿈에서 임을 보니
옥과 같이 곱던 얼굴이 반이나 넘게 늙으셨구나.
마음속에 품은 생각을 실컷 말씀 드리려고 하였는데
눈물이 쏟아지니 말을 어찌하겠으며
정회(情懷)도 못다 풀어 목마저 메니
방정맞은 닭소리에 잠은 어찌하여 다 깨었던가?

[을녀] 아, 헛된 일이로다. 이 임은 어디 갔는가?
즉시 일어나 앉아 창문을 열고 바라보니
가엾은 그림자만이 나를 따르고 있을 뿐이로구나.
차라리 죽어서 달이나 되어
임 계신 창 안을 환하게 비쳐 드리리라.
[갑녀] 각시님, 달은 그만 두고 궂은 비나 되십시오.

핵심정리

▷ **작자** 정철(鄭澈, 1536 ~ 1593)
▷ **구성** '서사 – 본사 – 결사'의 3단 구성
▷ **주제** 연군지정(戀君之情)
▷ **의의** ① 「사미인곡」과 더불어 가사 문학의 극치를 이룸
　　② 우리말의 구사가 절묘하여 문학성이 높음
　　③ 대화 형식으로 된 작품
　　④ 「정과정」의 맥을 이은 충신연주지사

이해와 감상

| 해설 |

이 작품은 「사미인곡」의 속편이다. 두 미인곡은 이른바 '충신연주지사(충신이 임금을 그리워하는 마음을 담은 노래)'라고 할 수 있다.

「사미인곡」과 「속미인곡」을 비교해 보면, 다음과 같은 차이점이 있다. 「사미인곡」이 서술형으로 혼자 스스로 말한 독백 형식의 구조라면, 「속미인곡」은 두 사람의 대화 형식으로 극적인 구성을 이루고 있는 것이 주요 특징이다.

이 작품은 표면상으로는 '갑'과 '을'이라는 허구적인 두 선녀가 등장하여 하강한 속세에서 천상의 상제(上帝)를 그리워하는 구성 방식을 취하고 있다. 여기에 작가의 처지는 '을녀'의 입장으로 놓여있는 것으로 보인다. 또한 '갑녀'의 경우 작자의 한 분신으로 설정되어, 이 작품의 극적 완성도를 높여 주고 있는 역할을 한다. 이것은 굴원의 「어부사(漁父辭)」와 유사한데, 그 작품은 굴원과 어부의 대담으로 구성되어 있다. 마찬가지로 어부를 굴원의 한 분신으로 등장시켜, 말하고자 하는 작자의 의도와 심정을 한층 절실하게 드러내는 표현 방식을 설정하였다.

또한, 이 작품은 갑녀와 을녀의 대담을 통해 작자 자신의 '연군지정'을 구상화시킨 노래로 이원적인 표현이 돋보인다. 즉, 을녀의 사설을 통하여 선조를 그리워하는 송강 자신의 순수한 충신 연군의 정을 표출하고 있으며, 갑녀의 사설을 통해서는 스스로 자책하는 마음과 임을 향한 소망을 적극적으로 나타내고 있다.

이러한 표현상의 묘미는 송강만이 지닌 독특한 문학적 재능이라고 할 수 있으며, 이 작품이 지닌 문학적 우수성의 중요한 요인이 될 것이다. 그리고 「사미인곡」에는 어려운 한자어와 전고(典故)가 간혹 섞여 있는데, 이 작품에서는 그런 말들이 전혀 보이지 않는다. 민요와 비슷한 매개를 통해 여인네들의 흔한 푸념을 살려서 폭넓은 보편적 공감대를 형성하고 있는 것이다.

이처럼 이 작품은 일반 백성의 순박한 마음과 보편성을 생각한 노래이며, 우리말의 표현미를 가장 잘 구현한 것으로 가사 문학의 최고봉으로 꼽힌다.

| 감상 |

이 작품은 대화체 구성으로 사실적이고, 「사미인곡」보다 정감의 농도와 언어미가 더 짙게 나타나고 있어 송강가사 중에서도 가장 문학성이 뛰어난 작품으로 보고 있다. 특히, 작품의 구성을 문답 형식으로 이끌어 연군의 정념에 대한 객관적인 공감을 효과적으로 형성하고 있다.

서사는 갑녀의 사설(辭說)이 을녀의 연군지정을 불러일으키는 유도적 구실을 하는 도입부에 속하고, 본사는 을녀의 사설로서 임의 안부를 모르는 안타까운 심정을 표출하고 있다. 그리고 서사가 자기중심의 연정을 노래한 데 비해, 본사 부분은 사계절을 통하여 기거(起居)와 식사 등 일상 생활을 염려하는 충정으로, 임 중심의 그리움으로 잊혀지지 않는 일들을 노래하고 있다.

본사 첫 부분에 나오는 '구름, 안개, 바람, 물결' 등은 당시 조정을 어지럽게 하는 간신들을 상징하는 말로써, 이런 간신들 속에 둘러싸인 임금의 안부가 궁금해서 산에 오르기도 하고 강가에 나가기도 하는 것이다.

본사의 둘째 부분은 임의 소식을 알 길 없어 다시 찬 방에 돌아와 쓰러져 누웠더니 잠깐 동안 꾸는 꿈에서 임을 만나 정회를 풀려고 했지만 닭 울음소리에 그만 꿈을 깨고 말았다는 아쉬움을 나타나고 있다. 임을 그리는 독수공방에서 애처롭게 눈물을 흘리는 모습은 끝없이 안타까운 연군지정의 표현이다.

결사는 마음 깊이 간직한 임에 대한 정을 간곡하게 표현하고 있는 내용이다. 「사미인곡」의 결사는 '임이야 나를 몰라주신다 해도 나의 충성심은 변하지 않을 것이다.'라고 하여 일방적이며 소극적인 연군지정을 표현하고 있는 데 반하여, 이 작품의 결사는 보다 적극적으로 혼자만 슬퍼할 것이 아니라 임과 함께 오래오래 애처로움을 나누고 싶다는 심정을 노래하고 있다.

특히 '각시님 둘이야ㅋ니와 구즌 비나 되쇼셔'로 끝맺은 작자의 의도는 다음과 같다. 보통 달이라면 '청랑(淸朗)'한 이미지를 떠올릴 수 있고, 궂은 비는 '음산'한 이미지를 만들어 낸다. 다시 말해서, 달이 되어 잠시 동안 임의 창 안을 비추기보다는 궂은 비가 되어 임의 마음을 오래도록 촉촉하고 구슬프게 적셔보겠다는 심정의 표현인 것이다.

1 「속미인곡」의 화자의 성격

갑녀(甲女)	을녀(乙女)
① 을녀의 하소연을 유도하고 더욱 극적으로 작품의 결말을 짓게 함 ② 작품의 전개와 종결을 위한 기능적 역할 ③ 보조적 위치에 있는 화자	① 갑녀의 질문에 응하여 하소연을 하면서 작품의 정서적 분위기를 주도 ② 작품의 주제 구현을 위한 중심 역할 ③ 작가의 처지를 대변하는 중심 화자

이 작품은 두 인물의 대화 형식의 진술을 취함으로써 주제를 효과적으로 구현하고 작품에 생동감을 느끼게 하고 있다. 여기서 '갑녀'와 '을녀'는 편의상 붙인 이름으로, 둘 모두 작가의 분신(分身)으로 간주할 수 있다. '을녀'가 서러운 사연을 길게 토로하는 것에 대해 '갑녀'는 아주 짧게 개입함으로써 화제를 전환하고, 매듭을 짓고 있다. 그래서 사연은 사연대로 길게 풀어내고 대화 상대자가 개입하여 위로하거나 공감함으로써 그 사연이 일방적인 것이 아니라, 다른 사람 또한 동의할 수 있는 절실한 사연이 될 수 있는 것이다.

2 전개 방식

「속미인곡」은 두 여인의 대화 형식으로 내용을 전개시키는 참신한 방식을 보이고 있다. 화자가 서러운 사연을 길게 토로하는 것에 대해 상대 여인은 아주 짧게 개입함으로써 단락을 전환시키고 매듭짓는 방식으로 전개되고 있다. 그래서 사연은 사연대로 길게 풀고, 대화 상대자가 개입하여 위로하거나 공감을 표시함으로써 그 사연이 일방적인 것이 아니라 다른 사람이 동의할 수 있는 절실한 사연으로 나타난다.

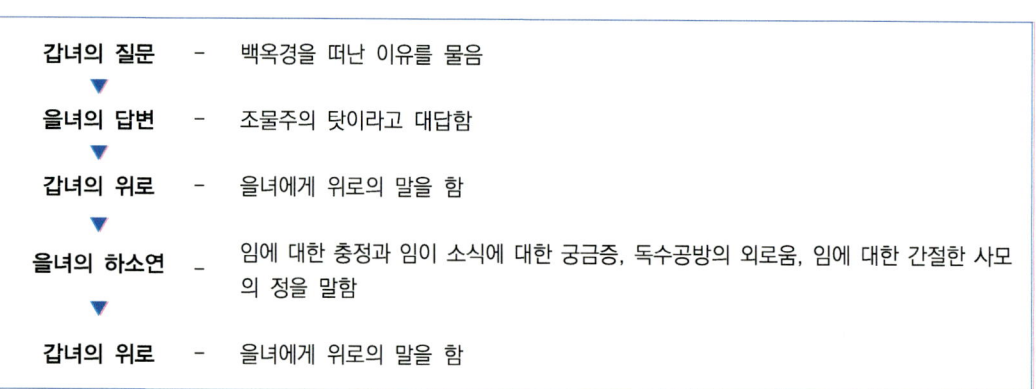

3 「사미인곡」과 「속미인곡」의 공통점과 차이점

① 공통점
  ㉠ 화자가 모두 천상(天上)의 백옥경(白玉京)에서 하계(下界)에 내려온 여성이다.
  ㉡ '임'을 간절하게 그리워하고 있다.
  ㉢ 죽어서도 다른 자연물이 되어 임을 따르겠다는 심정을 표현했다.
  ㉣ 서정적 주체인 '나'와 객체인 '임' 사이의 관계를 그리고 있다.
  ㉤ 남녀 사이의 애정으로 치환된 충신연주지사이다.

② 차이점

「사미인곡」	「속미인곡」
• 시적 화자의 독백으로 이루어졌다. • 사계절의 변화에 따른 자신의 심경을 표현하고 있다. • 한자 숙어와 전고(典故)를 쓰고 있다. • 사치스럽고 과장된 표현을 하였다. • 연군지정의 소극성이 드러난다.(죽어서 '범나븨'가 되어 임이 자신을 몰라도 임을 따르겠다.)	• 두 여인의 대화로 이루어졌다. • 임의 일상생활을 염려하는 말 속에 사계절이 잠깐 언급만 된다. • 우리 고유어의 미를 살리고 있다. • 소박하고 진실된 표현을 하였다. • 좀 더 간절한 연군지정이 드러난다.('낙월, 구즌 비'가 되어 임에게 자신의 심정을 드러내겠다.)

4 「사미인곡」과 「속미인곡」에 대한 평가

홍만종은 『순오지(旬五志)』에서 「사미인곡」을 초나라의 가곡인 「백설(白雪)」에, 「속미인곡」을 그 간절한 뜻과 관련하여 제갈량의 「출사표」에 비견하였다.

김만중은 『서포만필(西浦漫筆)』에서 정철의 「관동별곡·사미인곡·속미인곡」을 "동방의 「이소(離騷)」요, …… 자고로 우리나라의 참된 문장은 이 세 편뿐이다." 라고 절찬한 뒤 "그러나 또한 이 세 편에 관해서 논한다면 「후사미인곡」의 가치가 더욱 높다. 「관동별곡」과 「사미인곡」은 오히려 중국의 한자어를 사용하여 그 외면을 꾸몄을 따름이다."라고 하여 순수 우리말의 구사라는 측면에서 「속미인곡」을 높이 평가하고 있으나, 이에는 내용의 탁월성도 함께 작용하고 있음에 틀림없다.

두 작품 다 임의 버림을 받고 천상에서 하계로 내려온 여인을 화자로 하고 있다는 점에서 공통점을 지니고 있지만, 「사미인곡」은 독백에 의한 평서체임에 비해 「속미인곡」은 대화체로 화자의 심정을 표백(表白)하고 있다. 전자가 임에게 정성을 바치는 것이 주라면, 후자는 자기의 생활이나 감정을 표현하는 것이 주이고, 전자가 사치스럽고 과장된 표현이 심한데 비하여 후자는 소박하고 진실하게 자기의 심정을 표현하고 있다.

이렇게 볼 때, 「속미인곡」은 「사미인곡」을 지을 때보다도 작자의 생각과 감정이 한결 원숙해진 후에 쓰인 작품임을 알 수 있다.

5 결말에서 알 수 있는 화자와 대상과의 거리

이 작품은 시적 화자와 임과의 거리가 결정적으로 떨어진 상황에서 출발하여 이 거리를 좁혀보려는 화자의 허망한 노력으로 이어지다가 마침내 이것이 불가능함을 깨닫고 이를 죽음이라는 비극적 초월로 극복해 보려는 화자의 모습으로 전개된다. 화자의 임을 향한 노력과 그리움은 작품이 진행되면서 점차 강화되는 특성을 보이며, 화자의 실의와 고뇌 역시 작품이 진행되면서 점점 깊어지는 구조적 특성을 보인다. 이 작품의 결말부는 이러한 노력과 그리움, 실의와 좌절, 비극적 원망이 서로 뒤엉켜 극적 상황을 제시하면서 독자로 하여금 감동에 젖어들게 한다.

- 임을 그리워하는 정서와 관련해 읽을 작품 : 「정과정」, 「관동별곡」, 「사미인곡」
- 자연 몰입과 관련해 읽을 작품 : 「면앙정가」, 「성산별곡」

참고

1. 우리 시가 문학에서의 '임의 부재(不在)'라는 정서적 특징

우리 시가 문학에서의 임은 이 작품처럼 부재하는 경우가 많은데, 전통적으로 여성 화자가 남성 화자보다 많이 등장한다. 고려 가요의 대부분과 「사미인곡」, 「속미인곡」 등이 모두 여성 화자이고, 현대시에서도 김소월, 김영랑, 한용운 등의 작품이 여성 화자로 설정되어 있다. 이들 중 「가시리」, 「동동」, 「정과정」 등의 고려 가요나 「사미인곡」, 「속미인곡」, 황진이의 시조, 김소월, 한용운의 시 등에 등장하는 임은 대표적인 부재의 임이다. 이는 한(恨)의 정서로 표현되는 민족의 전통적 정서와 관련이 있을 것이다. 또한, 상대적으로 사회적 약자인 여성의 입을 빌려 표현하는 것이 문학적 감동을 제고시키기에 효과적이었던 점도 고려된 듯하다.

2. 서정적 가사

서정 장르는 일반적으로 인간의 내면에 잠재한 어떤 것을 언어로 환기하려는 태도를 보인다. 그런데 길이가 길어질 경우에는 환기되는 정서의 배경이 서술되거나 그 정서를 부연 서술하는 일이 나타나기도 한다. 서정적 가사도 마찬가지다. 「사미인곡」을 보면 독백의 어법으로 내면 정서를 환기하고 이에 대해 부연해 나가는 언술 방식을 보인다. 서정적 가사는 가사가 원래 가지고 있던 자기표현의 전통을 주정적인 면에서 부각시키되, 배경에 대한 서술과 함께 내면이 정조를 환기하는 것이다.

기출문제

[3~4] 다음을 읽고 물음에 답하시오.

(가)
前腔 내 님믈 그리ᄉᆞ와 우니다니
中腔 산졉동새 난 이슷ᄒᆞ요이다
後腔 아니시며 거츠르신 ᄃᆞᆯ 아으
附葉 잔월효성(殘月曉星)이 아ᄅᆞ시리이다
大葉 넉시라도 님은 ᄒᆞᆫᄃᆡ 녀져라 아으
附葉 벼기더시니 뉘러시니잇가
二葉 과(過)도 허믈도 쳔만 업소이다
三葉 ᄆᆞᆯ힛마리신뎌
四葉 ᄉᆞᆯ읏븐뎌 아으
附葉 니미 나ᄅᆞᆯ ᄒᆞ마 니ᄌᆞ시니잇가
五葉 아소 님하 도람 드르샤 괴오쇼셔

- 정서, 「정과정」 -

(나)
강천(江天)의 혼자 셔셔 디ᄂᆞᆫ ᄒᆡᄅᆞᆯ 구버보니
님다히 쇼식이 더옥 아득ᄒᆞ뎌이고
모쳠(茅簷) ᄎᆞᆫ 자리의 밤듕만 도라오니
반벽쳥등(半壁靑燈)은 눌 위ᄒᆞ야 볼갓ᄂᆞᆫ고
오ᄅᆞ며 ᄂᆞ리며 헤ᄶᆞ며 바니니
져근덧 녁진(力盡)ᄒᆞ야 풋ᄌᆞᆷ을 잠간 드니
졍셩이 지극ᄒᆞ야 ᄭᅮ믜 님을 보니
옥 ᄀᆞᆮ튼 얼굴이 반이나마 늘거셰라
ᄆᆞ음의 머근 말ᄉᆞᆷ 슬ᄏᆞ장 ᄉᆞᆲ쟈 ᄒᆞ니
눈믈이 바라 나니 말인들 어이 ᄒᆞ며

정(情)을 못 다ᄒᆞ야 목이조차 몌여ᄒᆞ니
오면된 계성(鷄聲)의 ᄌᆞᆷ은 엇디 ᄭᆡ돗던고
어와 허사로다 이 님이 어듸 간고
결의 니러 안자 창을 열고 ᄇᆞ라보니
어엿븐 그림재 날 조출 ᄲᅮᆫ이로다
출하리 싀여디여 낙월(落月)이나 되야 이셔
님 겨신 창 안히 번드시 비최리라
각시님 ᄃᆞᆯ이야ᄏᆞ니와 구즌비나 되쇼셔

— 정철, 「속미인곡」 —

(다)
님으란 회양(淮陽) 금성(金城) 오리남기 되고 나ᄂᆞᆫ 삼사월 츩너출이 되야
그 남긔 그 츩이 낙거믜 나븨 감듯 이리로 츤츤 저리로 츤츤 외오 프러 올이 감아 밋붓터 ᄭᅳᆺᄭᆞ지 ᄒᆞᆫ 곳도 뷘 틈 업시 주야장상(晝夜長常) 뒤트러져 감겨 이셔
동(冬)섯ᄃᆞᆯ 바람비 눈셔리를 아모리 마즌들 플닐 줄이 이시랴

— 이정보 —

4. 〈보기〉는 상호텍스트성을 중심으로 (나)와 (다)를 비교한 내용이다. 문맥을 고려하여 괄호 안의 ㉠, ㉡에 들어갈 말을 쓰시오. [2점]   2021년 A 4번

> (나)와 (다)는 모두 변신 모티프를 시적 발상의 단초로 활용하여 남녀 간 애정과 관련된 정서를 표현하고 있다. 그런데 (나)에서 화자는 '님'과의 이별에서 오는 (㉠)이/가 현생에서는 해소될 수 없음을 직감하면서 전생(轉生)을 통한 변신을 바탕으로 그 해소를 추구하게 된다면, (다)에서는 '님'과의 사랑에서 느끼는 (㉡)을/를 극대화하고자 전신(轉身)을 통한 변신을 소망하게 된다. 이처럼 상반된 성격의 정서가 동일하게 변신의 소망으로 귀결된다는 점은 매우 흥미롭다.

📝 **예상 답안**

㉠ 한(정한, 슬픔)
㉡ 즐거움(쾌락, 기쁨)

예상문제

※ (1 ~ 5) 다음 글을 읽고 물음에 답하시오.

(가)
뎨 가는 뎌 각시 본 듯도 ᄒ뎌이고.
텬샹(天上) 빅옥경(白玉京)을 엇디ᄒ야 니별(離別)ᄒ고,
ᄒ 다 뎌 져믄 날의 눌을 보라 가시는고.
어와 네여이고 내 ᄉ셜 드러보오.
내 얼굴 이 거동이 님 괴얌즉 ᄒ가마는
엇딘디 날 보시고 네로다 녀기실ᄉᆡ
나도 님을 미더 군ᄠᅳ디 전혀 업서
이릭야 교틱야 어ᄌ러이 구돗ᄯᅵ디
반기시는 ᄂᆞᆺ비치 녜와 엇디 다ᄅᆞ신고.
누어 ᄉᆡᆼ각ᄒ고 니러 안자 혜여ᄒ니
내 몸의 지은 죄 뫼ᄀᆞ티 싸혀시니
하ᄂᆞᆯ히라 원망ᄒ며 사ᄅᆞᆷ이라 허믈ᄒ랴
셜워 플뎌 혜니 조믈(造物)의 타시로다.
글란 ᄉᆡᆼ각 마오. 미친 일이 이셔이다.
님을 뫼셔 이셔 님의 일을 내 알거니,
믈 ᄀᆞ튼 얼굴이 편ᄒ실 적 몃날이고.
츈한(春寒) 고열(高熱)은 엇디ᄒ야 디내시며,
츄일(秋日) 동텬(冬天)은 뉘라셔 뫼셧는고.
쥭조반(粥早飯) 죠셕(朝夕) 뫼 녜와 ᄀᆞ티 셰시는가.
기나 긴 밤의 ᄌᆞᆷ은 엇디 자시는고.
님 다히 쇼식(消息)을 아므려나 아쟈ᄒ니,
오늘도 거의로다. ᄂᆡ일이나 사ᄅᆞᆷ 올가.
내 ᄆᆞᄋᆞᆷ 둘 ᄃᆡ 업다 어드러로 가잣말고.
잡거니 밀거니 놉픈 뫼희 올라가니
구름은 ᄏᆞ니와 안개는 므ᄉ일고.
산쳔(山川)이 어듭거니 일월(日月)을 엇디 보며
지쳑(咫尺)을 모ᄅᆞ거든 쳔 리(千里)를 ᄇᆞ라보랴.
출하리 믈ᄀᆞ의 가 ᄇᆡ길히나 보쟈ᄒ니
ᄇᆞ람이야 믈결이야 어둥졍 된뎌이고.
샤공은 어ᄃᆡ 가고 븬 ᄇᆡ만 걸렷ᄂᆞ니.
강텬(江天)의 혼쟈 셔셔 디는 ᄒᆡ를 구버보니
님다히 쇼식(消息)이 더옥 아득ᄒ뎌이고.
모쳠(茅簷) 츤 자리의 밤듕만 도라오니
반벽(返壁) 청등(靑燈)은 눌 위ᄒ야 볼갓는고.
오ᄅᆞ며 ᄂᆞ리며 헤ᄯᅳ며 바니니,
져근덧 녁진(力盡)ᄒ야 픗ᄌᆞᆷ을 잠간 드니

졍셩(精誠)이 지극ᄒᆞ야 ᄭᅮᆷ의 님을 보니
　　옥(玉) ᄀᆞᄐᆞᆫ 얼굴이 반(半)이나마 늘거셰라.
　　ᄆᆞᄋᆞᆷ의 머근 말ᄉᆞᆷ 슬ᄏᆞ장 ᄉᆞᆲ쟈 ᄒᆞ니
　　눈믈이 바라 나니 말인들 어이ᄒᆞ며
　　졍(情)을 못다ᄒᆞ야 목이조차 메여ᄒᆞ니,
　　오뎐된 계셩(鷄聲)의 ᄌᆞᆷ은 엇디 ᄭᅢ돗던고.
　　어와 허ᄉᆞ(虛事)로다. 이 님이 어ᄃᆡ간고.
　　결의 니러 안자 창(窓)을 열고 ᄇᆞ라보니
　　어엿븐 그림재 날 조츨 ᄲᅮᆫ이로다.
　　ᄎᆞ하리 싀여디여 낙월(落月)이나 되야이셔
　　님 겨신 창(窓) 안ᄒᆡ 번드시 비최리라.
　　각시님 ᄃᆞ리야ᄏᆞ니와 구ᄌᆞᆫ 비나 되쇼셔.

　　　　　　　　　　　　　　　　　　　　　　　－「속미인곡(續美人曲)」

(나)
　개야미 불개야미 ᄌᆞᆫ등 부러진 불개야미,
　압발에 졍종나고 뒷발에 죵긔 난 불개야미, 광릉(廣陵) 심재 너머 드러 가람의 허리를 가로 물어 추혀 들고 북해(北海)를 건너닷 말이 이셔이다.
　님아 님아. 온 놈이 온 말을 ᄒᆞ여도 님이 짐쟉ᄒᆞ쇼셔.

　　　　　　　　　　　　　　　　　　　　　　　－「개야미 불개야미」

(다)
　비오다가 개야 아 눈하 디신나래
　서린 석석사리 조븐 곱도신 길헤
　다롱디우셔 마득사리 마득너즈세 너우지
　잠 ᄯᅡ간 내 니믈 너겨
　깃ᄃᆞᆫ 열명 길헤 자라오리잇가
　죵죵 벽력(霹靂) 아 싱함타무간(生陷墮無間)
　고대셔 싀여딜 내 모미
　죵죵 벽력(霹靂) 아 싱함타무간(生陷墮無間)
　고대셔 싀여딜 내 모미
　내 님 두ᅀᆞᆸ고 년뫼를 거로리
　이러쳐 뎌러쳐
　이러쳐 뎌러쳐 긔약이잇가
　아소 님하, ᄒᆞᆫᄃᆡ 녀졋 긔약이이다.

　　　　　　　　　　　　　　　　　　　　　　　－「이상곡(履霜曲)」

1. (가)와 (다)의 화자가 드러내는 내용상의 공통점과 차이점을 각각 2가지씩 밝히시오. [4점]

	(가)	(다)
공통점		
차이점		

> 📝 **예상 답안**

	(가)	(다)
공통점	① 여성 화자의 님에 대한 사랑 ② 어려운 상황 속 님을 향한 일편단심 ③ 모두 임금에 대한 충성의 내용으로 이해할 수 있음	
차이점	① 기본적 내용은 충신의 연군 ② 님과 이별한 상황 ③ 사랑의 회복에 대한 염원을 드러냄	① 기본적 내용은 님에 대한 여인의 사랑 ② 님과 사별한 상황 ③ 절개를 지키려는 맹세

2. (가)와 (나)의 내용상의 공통점과 차이점을 밝히고, 그것을 바탕으로 (나)는 (가)의 화자가 어느 부분에서 어떻게 활용하면 가장 좋을지 밝히시오. [4점]

	(가)	(다)
공통점		
차이점		
활용법		

> 📝 **예상 답안**

	(가)	(다)
공통점	화자가 님에 대해 결백을 호소하는 내용, 애원하는 간절한 어조	
차이점	① 자신의 결백과 함께 다시 님의 사랑을 받기를 간절히 원함 ② 화자의 상황과 처지를 직접 설명 ③ 사랑의 회복에 대한 염원을 드러냄	① 님이 헛소문을 믿지 말 것을 강조함(결백함을 주장) ② 비유적, 해학적 내용으로 상황을 제시 ③ 절개를 지키려는 맹세임
활용법	(가)의 화자가 님에게 결백을 주장할 때, (나)의 내용을 활용하면 효과가 있음 (가)의 내용 중 꿈에 님을 만난 부분 "ᄆᆞ옴의 머근 말솜 슬ᄏᆞ장 솗쟈 ᄒᆞ니"에서	

3. (나)의 작품은 다양한 상황에서 활용할 수 있다. 그 예를 두 가지 들고, 이렇게 활용이 가능한 이유를 설명하시오. [3점]

📝 **예상 답안**

(1) '① 모함을 당한 충신이 임금에게 ② 오해를 받은 여인이 님에게' 등 억울한 일을 당한 사람이 드러낼 수 있음
(2) 있을 수 없는 불가능한 상황 자체를 비유적(함축적)으로 표현했기 때문에 다양한 상황에 적용될 수 있음(시의 함축성으로 설명할 수 있음)

4. (다)에 사용된 '반어적 의문형'을 모두 찾고 그것이 주제 형성에 기여하는 효과를 밝히시오. [4점]

📝 **예상 답안**

반어적 의문형	① 깃돈 열명 길헤 자라오리잇가 ② 내 님 두숩고 년뫼롤 거로리 ③ 이러쳐 뎌러쳐 긔약이잇가
효과	①은 님이 올 수 없는 상황을, ②는 다른 사람을 사랑하지 않을 것을, ③은 아무렇게나 한 약속이 아님을 각각 강조하여 님의 상황을 이해하고, 님에 대한 일편단심을 더욱 새롭게 드러내고 강조하여 주제를 드러냄

5. 〈보기〉의 내용은 (가)에 나타난 시간과 공간의 이동 양상에 대해 학습자가 토의한 내용이다. 적절하지 않은 학습자를 찾고 그에 대한 지도내용을 제시하시오. [2점]

――――〈보기〉――――
영희 : 천상에서 지상으로의 이동은 시적 화자와 님 사이에 거리가 생겨난 이유라고 볼 수 있어.
순희 : 산에서 물가로 이동하는 것은 시적 화자가 심리적 변화를 겪게 되는 계기가 되지.
철수 : 낮에서 밤으로 바뀌는 부분을 통해 시적 화자가 처한 상황이 더 절실하게 인식하게 해.
영수 : 현실에서 꿈으로의 이동은 시적 화자의 소망이 실현되기 힘든 것을 드러내고 있는 거라 할 수 있어.

📝 **예상 답안**

(1) 적절하지 않은 학습자 : 순희
(2) 지도내용 : 산으로 갔다가 물가로 이동하는 것은 님의 소식을 알기 위한 것이며, 다른 방편을 찾고 있는 것이므로 화자의 심리 변화는 일어나지 않음

> **참고**
> 산에서나 물가에서나 님에게 가려해도 갈 수 없는 화자의 안타깝고 막막한 심정만 드러남

작품 8 규원가(閨怨歌)

> **출제방향**
> - 작품의 문학사적 의의
> - 작품의 작가가 지닌 창작 의식
> - 연군 가사와의 공통점과 차이점

[서사(序詞)]

엇그제 저멋더니 ᄒᆞ마 어이 다 늘거니.

少年行樂(소년행락) 생각ᄒᆞ니 일러도 속절업다.

늘거야 서른 말솜 ᄒᆞ자니 목이 멘다.

父生母育(부생모육) 辛苦(신고)ᄒᆞ야 이내 몸 길너 낼 제

公侯配匹(공후배필)은 못 바라도 君子好逑(군자호구) 願(원)ᄒᆞ더니

三生(삼생)의 怨業(원업)이오 月下(월하)의 緣分(연분)ᄋᆞ로

長安遊俠(장안유협) 輕薄子(경박자)를 숨ᄭᆞ치 만나 잇서,

當時(당시)의 用心(용심)ᄒᆞ기 살어름 디듸는 듯.

三五二八(삼오이팔) 겨오 지나 天然麗質(천연여질) 절로 이니,

이 얼골 이 態度(태도)로 百年期約(백년 기약) ᄒᆞ얏더니,

年光(연광)이 훌훌ᄒᆞ고 造物(조물)이 多猜(다시)ᄒᆞ야

봄바람 가을 믈이 뵈오리 북 지나듯

雪鬢花顔(설빈화안) 어듸 두고 面目可憎(면목가증) 되거고나.

내 얼골 내 보거니 어느 님이 날 괼소냐.

스스로 慙愧(참괴)ᄒᆞ니 누구를 怨望(원망)ᄒᆞ리.

[본사(本詞)]

三三五五(삼삼오오) 冶遊園(야유원)의 새 사룸이 나단 말가.

곳 피고 날 저물 제 定處(정처) 업시 나가 잇서

白馬金鞭(백마 금편)으로 어듸어듸 머무는고.

遠近(원근)을 모르거니 消息(소식)이야 더욱 알랴.

엇그제 젊었는데 어찌 벌써 이렇게 다 늙어 버렸는가?

어릴 적 즐겁게 지내던 일을 생각하니 말을 해도 소용이 없구나.

(이렇게) 늙은 뒤에 서러운 사연을 말하자니 목이 멘다.

부모님이 낳으시고 기르시며 몹시 고생하여 이 내 몸을 길러내실 때

높은 벼슬아치의 배필은 바라지 못할 지라도 군자의 좋은 짝이 되기를 바라시더니

전생에 지은 원망스러운 업보요, 부부의 인연으로

장안의 호탕하면서도 경박한 사람을 꿈같이 만나서,

시집 간 뒤에 남편을 시중하면서 조심하기를 마치 살얼음 디디는 듯하였다.

열다섯 열여섯 살을 겨우 지나서 타고난 아름다운 모습이 저절로 나타나,

이 얼굴과 이 태도로 평생을 약속하였더니.

세월이 빨리 지나고 조물주마저 시샘하여

봄바람과 가을 물이 (세월이) 베의 올이 감기는 북이 지나듯 빨리 지나가

꽃같이 아름다운 얼굴을 어디에 두고 모습이 밉게도 되었구나.

내 얼굴을 내가 보고 알거니와 어느 임이 날 사랑할 것인가?

스스로 부끄러워하니 누구를 원망할 것인가?

삼삼오오 (다니는) 기생집에 새 기생이 나타났다는 말인가?

꽃 피고 날 저물 때 정처 없이 나가서

호사로운 행장을 하고 어디 어디 머물러 노는고?

(집안에만 있어서) 원근 지리를 모르는데 임의 소식이야 더욱 알 수 있으랴.

因緣(인연)을 긋쳐신들 싱각이야 업슬소냐.

얼골을 못 보거든 그립기나 마르려믄,

열두 새 김도 길샤 설흔 날 支離(지리)ㅎ다.

玉窓(옥창)에 심근 매화(梅花) 몇 번이나 픠여 진고.

겨울 밤 차고 찬 제 자최눈 섯거 치고

여름날 길고 길 제 구즌 비는 므스 일고.

三春花柳(삼춘화류) 好時節(호시절)의 景物(경물)이 시름업다.

가을 둘 방에 들고 蟋蟀(실솔)이 床(상)에 울 제

긴 한숨 디는 눈물 속절업시 혬만 만타.

아마도 모진 목숨 죽기도 어려울샤.

도로혀 풀쳐 혜니 이리 ㅎ여 어이 ㅎ리.

靑燈(청등)을 돌라 노코 綠綺琴(녹기금) 빗기 안아

碧蓮花(벽련화) 한 곡조를 시름 조ᄎ 섯거 타니,

瀟湘夜雨(소상 야우)의 댓소리 섯도는 듯

華表(화표) 千年(천 년)의 別鶴(별학)이 우니는 듯

玉手(옥수)의 타는 手段(수단) 녯 소래 잇다마는,

芙蓉帳(부용장) 寂寞(적막)ㅎ니 뉘 귀에 들리소니.

肝腸(간장)이 九曲(구곡)되야 구븨구븨 쓴쳐서라.

[결사(結詞)]

출하리 잠을 드러 쑴의나 보려 ㅎ니,

바람의 디는 닙과 풀 속에 우는 즘생

므스 일 원수로서 잠조차 쌔오는다.

天上(천상)의 牽牛織女(견우직녀) 銀河水(은하수) 막혀서도

七月七夕(칠월칠석) 一年一度(일년일도) 失期(실기)치 아니거든

우리 님 가신 後(후)는 무슨 弱水(약수) 가렷관듸

오거나 가거나 消息(소식)조차 ᄭᅳ쳣는고.

欄干(난간)의 비겨 셔서 님 가신 듸 바라보니,

(겉으로는) 인연을 끊었지만 임에 대한 생각이야 없을 것인가?

임의 얼굴을 못 보거니 그립기나 말았으면 좋으련만.

하루가 길기도 길구나. 한 달 곧 서른 날이 지루하다.

규방 앞에 심은 매화 몇 번이나 피었다 지었는고?

겨울밤 차고 찬 때 자국눈 섞어 내리고

여름날 길고 긴 때 궂은 비는 무슨 일인고?

봄날 온갖 꽃 피고 버들잎이 돋아나는 좋은 시절에 아름다운 경치를 보아도 아무 생각이 없다.

가을 달 방에 들이비추고 귀뚜라미 침상에서 울 때

긴 한숨 흘리는 눈물 헛되이 생각만 많다.

아마도 모진 목숨 죽기도 어렵구나.

돌이켜 곰곰이 생각하니 이렇게 살아서 어찌하리.

등불을 돌려놓고 거문고를 비스듬히 안아

벽련화 한 곡을 시름에 섞어 타니.

소상강 밤비에 댓잎 소리 섞여 들리는 듯

망주석에 천 년 만에 찾아온 별난 학이 울고 있는 듯

고운 손에 타는 솜씨는 옛 소리 간직하고 있지만,

부용 휘장 안이 텅 비었으니 누구의 귀에 들릴 것인가.

구곡간장이 굽이굽이 끊어졌도다.

차라리 잠이나 들어서 꿈에서 (임을) 보려 하는데,

바람에 지는 잎과 풀 속에서 우는 벌레는

무슨 일로 원수가 되어 잠마저 깨우는가?

하늘의 견우성과 직녀성은 은하수가 막혔을지라도

칠월칠석 일 년에 한 번씩 때를 어기지 않고 만나는데

우리 임 가신 후에 무슨 장애물이 가려졌길래

온다간다 소식마저 그쳤을까?

난간에 기대어 서서 임 가신 데를 바라보니,

草露(초로)는 맷쳐 잇고 暮雲(모운)이 디나갈 제.

竹林(죽림) 푸른 고딕 새소리 더욱 설다.

世上(세상)의 서룬 사람 數(수)업다 ᄒ려니와

薄明(박명)ᄒᆞᆫ 紅顔(홍안)이야 날 가ᄐᆞ니 쏘 이실가.

아마도 이 님의 지위로 살동말동 ᄒᆞ여라.

풀이슬은 맺혀 있고 저녁 구름이 지나가는 때이구나.

대숲 우거진 푸른 곳에 새 소리가 더욱 서럽다.

세상에 서러운 사람이 많다고 하겠지만

운명이 기구한 여자야 나 같은 이가 또 있을까?

아마도 임의 탓으로 살 듯 말 듯 하구나.

핵심정리

- **작자** 허난설헌(許蘭雪軒, 1563 ~ 1589). 명종 ~ 선조 때의 여류 시인. 본명은 초희(楚姬). 난설헌(蘭雪軒)은 호. 허균의 누이로 여성적인 섬세한 감각의 애정시를 많이 지음
- **갈래** 내방 가사(규방 가사)
- **연대** 선조 때로 추정
- **구성** 기 - 승 - 전 - 결의 4단 구성
- **성격** '원부사(怨夫詞)', '원부사(怨婦詞)'라고도 함
- **문체** 운문체, 가사체
- **내용** 조선조의 봉건적 남존여비 사상 속에서 눈물과 한숨으로 얼룩진 인고(忍苦)의 삶을 살았던 부녀자들의 애달픈 심정을 노래함
- **주제** 봉건 제도하에서의 부녀자의 한(恨)
- **의의** ① 규방 가사의 선구자적인 작품
  ② 현전하는 최초의 여류 가사

이해와 감상

| 해설 |

이 작품은 허난설헌이 지었다고 여겨지는 현전하는 최초의 '내방 가사(內房歌辭)'이다. 내방 가사를 '규방 가사'라고도 하는데 '내방 가사'란 넓은 의미에서는 양반 여성이 쓴 가사를 말하며 좁은 의미로는 주로 영남 지방에서 유행했던 가사를 말한다. 이 좁은 의미의 내방 가사는 주로 임진왜란 이후의 것으로 보여 「규원가」는 시기상으로나 지역적으로나 내방 가사의 선구적 작품으로 볼 수 있으며, 그 문학사적 위치는 매우 중요하다고 할 수 있다.

「규원가」는 3·4조를 기본 음수율로 하고 있으며, '원부사(怨夫(婦)詞)'라고도 한다. 이 작품은 조선 시대의 남존 여비의 모순된 가족 제도 아래에서 한숨으로 세월을 보내며 살아야 했던 당시 여성들의 애달픈 심정을 노래하고 있다. 조선 시대의 여성들은 규방에 갇혀 삼종지의(三從之義)와 칠거지악(七去之惡)이라는 질곡에 매여 그들 마음속에 나타내고 싶은 감정과 의사를 감추어두고 살아야만 했다. '내방 가사'는 이들 여성들의 애환을 해소시키는 창구로서의 기능을 가졌다고 볼 수 있다. 이 작품에도 향락에 빠져 집을 비우는 남편에 대한 원망과 그리움이 절절히 나타나 있다. 더구나 남편을 '장안유협 경박자(長安遊俠 輕薄姿)'로 지칭하는 구절에서는 대담하고 폭이 큰 작자의 표현을 느낄 수 있다.

또한 많은 한자어와 고사를 인용하였지만, 표현에 있어서 열거법과 대구법을 구사해 문장의 유려함과 우아함을 보이고 있는 작품이다.

| 감상 |

서사는 덧없는 과거를 회상하며 자신의 늙고 초라한 모습을 한탄하고 있는 내용이다. '장안유협 경박자'인 남편을 만난 것은 전생에 지은 죄의 대가라고 체념해 버리는 사고방식이 나타난다. 이것은 조선 시대 여성들의 인생관을 짐작할 수 있으며, 당시 조선 시대 여성들이 애잘하고 고달픈 생활 속에서 온갖 괴로움을 참으며 지내야 하는 심정을 절절히 느끼게 한다.

본사는 임을 원망하면서 춘하추동을 눈물과 한숨으로 세월을 보내는 애달픈 심정을 묘사하고 있는데, 춘하추동이라는 단순한 시간적 순서에 따르지 않고 겨울과 여름, 봄과 가을로 대구법을 사용해 외로이 눈물짓는 심경을 더욱 두드러지고 섬세하게 표현하고 있다.

결사의 첫 단락에서는 임을 기다리며 서러워하는 심정을 나타냈고, 둘째 단락에서는 작자 자신의 기구한 운명을 한탄했으

나 끝내 임을 기다리며 살 수밖에 없는 운명으로, 당시 봉건 제도에 순종하고 있는 조선 시대의 여인의 모습이 잘 나타나 있다.

잠이라도 들어서 꿈속에서나마 임을 보려 한다는 안타까움이 잘 드러나 있는데, '초로(草露)'는 작자 자신의 눈물을, '새'는 고독한 자신을 비유한 대상으로 감정이입을 구사하였다.

전체적으로는 당시 남편과 불화가 심했던 허난설헌의 심정이 애절하게 그려지고 있다.

1 「규원가」의 구조 및 작품에 드러난 삶

이 작품은 제목에서 의미하는 것과 같이 조선조 봉건 사회에서 여성이 겪는 외로움과 고달픔을 절절하게 읊었다. 자신의 감정과 처지를 있는 그대로 표현한 작품의 내용을 통해 당시 여성의 정서와 생각을 엿볼 수 있다.

작품의 구조	작품에 드러난 삶
• 기 : 과거 회상과 현재 자신의 모습 　- 장안유협 경박자를 만나 혼인함 　- 살얼음 디디는 듯 불안했던 결혼 생활 　- 세월이 지나 늙은 신세가 됨 • 승 : 임에 대한 원망과 자신의 애달픈 심정 　- 남편의 외도와 무소식 　- 한숨과 눈물로 보내는 외로운 처지 • 전 : 외로움을 거문고로 달래는 심정 　- 새 힘을 내어 외로움을 잊으려하나 슬픔만 깊어짐 • 결 : 임을 기다리며 기구한 운명을 한탄함 　- 기다림, 설움, 한탄의 심회	• 훌륭한 남자의 좋은 짝이 되기를 소망했으나 경박하고 호탕한 남편을 만나 가슴을 졸이며 삶 • 무상한 세월의 흐름에 따라 늙어버린 자신의 모습 　- 술집과 기생을 찾아 나돌아 다니는 남편 • 거문고로 시름을 달래보려 하지만 구곡간장이 끊어짐 • 임 때문에 속 태우는 고통

2 「규원가」에 나타난 화자의 태도

화자의 태도	근거
흐르는 세월에 대한 한탄	• 연광(年光)이 훌훌ᄒ고
임과의 만남을 운명으로 여김	• 삼생(三生)의 원업(怨業)이오 월하(月下)의 연분(緣分)으로
자신의 신세에 대한 자조	• 스스로 참괴(慙愧)ᄒ니 누구를 원망(怨望)ᄒ리 • 박명(薄明)ᄒ 홍안(紅顔)이야 날 ᄀᄐ니 쏘 이실가
남편에 대한 원망	• 장안유협(長安遊俠) 경박자(輕薄子)를 쑴ᄀᆺ치 만나 잇서 • 우리 님 가신 후의 무슨 약수(弱水) 가렷관듸, 오거나 가거나 소식(消息)조차 ᄯ쳣는고 • 아마도 이 님의 지위로 살동말동 ᄒ여라
세월 보내기 어려움에 대한 한탄	• 열두 째 김도 길샤 설흔 날 支離(지리)ᄒ다

3 표현상의 특징

① 두 가지의 상반된 한탄

이 노래는 두 가지의 상반된 한탄으로 짜여 있다. 하나는 흐르는 세월에 대한 한탄이고, 또 하나는 세월 보내기의 어려움에 대한 한탄이다. 이러한 상반된 태도나 의식은 임이 있고 없음과 연관되는 것으로, 이를 통해 시간에 대한 시적 화자의 주관적 정서를 알 수 있다. 임과 함께 있을 때는 시간이 '뵈오리 북 지나둣' 지나갔지만, 절망적인 하룻밤을 보내는 모습은 '초로는 맷쳐 잇고 ~ 새소리 더욱 설다'로 하루가 삼추(三秋)같이 여겨지는 기다림이 대비되어 나타나는 것이다.

흐르는 세월에 대한 한탄		세월 보내기 어려움에 대한 한탄
• 임과 함께 했던 시간 • 화자의 젊은 시절 • 천연여질(天然麗質) • 설빈화안(雪鬢花顔)		• 돌아오지 않는 임을 기다리는 시간 • 화자가 외로이 늙어 감 • 면목가증(面目可憎)

　② 화자의 정서를 효과적으로 드러낸 표현 방법
　　㉠ 감정이입 : 서러운 새 소리
　　㉡ 객관적 상관물 : 자최눈, 구즌 비, 녹기금
　　㉢ 다양한 비유법 사용 : 설의법, 의인법, 대구법, 직유 등
　　㉣ 고사를 인용 : 작품이 분위기를 유려하고 세련되게 이끌고 있음

4 「규원가」에 나타난 사회상과 여성의 존재 의식
　① 남성위주의 가부장적인 사회상 반영
　　문학 작품은 사회를 반영한다. 이 작품에서도 '삼생(三生)의 원업(怨業)이오 월하(月下)의 연분(緣分)으로, 장안유협(長安遊俠) 경박자(輕薄子)룰 쑴곧치 만나 잇서'에는 혼인할 당사자의 의사와는 관계없이 가문의 어른들에 의해 혼인이 결정되었던 사회의 모습이 암시되어 있다. 또 '三三五五(삼삼오오) 冶遊園(야유원)의 새 사롬이 낫단 말가. / 곳 피고 날 저물 제 定處(정처) 업시 나가 잇어, / 白馬(백마) 金鞭(금편)으로 어듸어듸 머무는고.'에는 남성은 방탕한 생활을 해도 용인되었던 모습, '遠近(원근)을 모르거니'나 '우리 님 가신 後(후)는 무슨 弱水(약수) 가렷관듸, / 오거나 가거나 消息(소식)조차 쓰쳣는고'에는 여성은 집 안에만 갇혀서 인종(忍從)을 강요당했던 모습이 드러나 있으며, 이는 당시의 남성 위주의 가부장적인 사회상을 반영하고 있다.
　② 「규원가」의 여성 : 임을 원망 / 공격
　　대부분 고전 작품에서의 여성 화자는 임과의 관계가 원만하지 못할 때 임을 원망하기보다는 자신의 탓으로 받아들이며 끊임없이 참고 사랑을 호소한다. 그러나 이와 달리 「규원가」의 화자는 임을 원망하고 공격하는 양상을 보이며, 더욱이 그 원망이 사랑의 결핍에 기인한 것으로만 단정할 수 없다. 「규원가」의 시적 화자는 유학적 관념이 지배하는 시대의 여성으로서 남성과의 관계에 있어 사랑의 호소와 이별의 통한도 있었지만, 근원적으로는 인간 주체로서 보다 자연스러운 삶으로 나아가고자 하는 의식이 있었다고 볼 수 있다. 그리고 사랑과 이별에서조차 무조건적으로 자기를 비하하고 임의 존재를 절대화시키지 않음으로써 보다 자유스러운 존재적 지향을 드러냈다고 할 수 있다.

5 「속미인곡」과 「규원가」 비교
　송강 정철의 「속미인곡」은 비록 신하가 임금을 그리워하는 마음을 표현하기 위한 방법이라고는 하지만, 임과 헤어진 여성 화자가 임을 그리워하는 내용을 담고 있다. 즉, 「속미인곡」의 표면적 상황은 「규원가」와 일치하고 있는 것이다. 물론 이와 같은 주제는 그리 특이한 것이 아니며 오히려 우리 고전시가에서 전통적인 주제의 하나라고 할 수 있지만, 이 두 작품 사이의 유사성은 주제 면에 그치지 않고 화자의 정서와 태도, 표현 방식에 있어 두루 나타난다.
　① 「속미인곡」과 「규원가」에는 이별의 상황을 화자 자신의 탓으로 돌리는 부분이 나온다. 유배 가사의 일종이라고도 할 수 있을 「속미인곡」에서는 이와 같은 태도가 일관되게 나타나며, 「규원가」에서는 임에 대한 원망과 엇갈려 나타난다. 즉, 「속미인곡」의 을녀는 자신이 임의 사랑을 믿고 아양과 교태를 부린 것이 지나쳤기 때문에 버림받았다고 생각하며, 「규원가」의 화자는 자신이 나이가 들면서 젊을 때의 아름다움을 잃었기 때문에 버림받았다고 생각하는 것이다.
　　㉠ 「속미인곡」 : 이리야 교틱야 어즈러이 구돗썬디 ~ 하놀히라 원망ᄒ며 사롬이라 허믈ᄒ랴.
　　㉡ 「규원가」 : 내 얼골 내 보거니 어느 님이 날 괼소냐. / 스스로 참괴ᄒ니 누구를 원망ᄒ리.

② 「속미인곡」과 「규원가」에는 임에게 버림받았음에도 불구하고 여전히 임을 그리워하는 마음이 나타나 있다.
  ㉠ 「속미인곡」: 님다히 쇼식을 아므려나 아쟈 ᄒᆞ니 / 오놀도 거의로다. 뉘일이나 사롬 올가.
  ㉡ 「규원가」: 인연을 긋쳐신들 싱각이야 업슬소냐. / 얼골을 못 보거든 그립기나 마르려믄

③ 「속미인곡」과 「규원가」에는 꿈에서나마 임을 만나려는 소망과 그것을 좌절시키는 방해물이 공통적으로 나타난다. 「속미인곡」의 을녀는 꿈에서 임을 만나 자신의 애정을 말로 표현하려는데 닭 울음 소리에 잠을 깨었다고 원망하고, 「규원가」의 화자는 꿈에나마 임을 만나려 잠을 청하는데 바람에 나뭇잎이 떨어지는 소리와 풀벌레의 울음소리에 잠을 깼다고 원망한다.
  ㉠ 「속미인곡」: 졍셩이 지극ᄒᆞ야 쑴의 님을 보니 ~ 오뎐된 鷄聲(계성)의 좀은 엇디 씨돗던고
  ㉡ 「규원가」: 출하리 잠을 드러 쑴의나 보려 ᄒᆞ니 / 바람의 디ᄂᆞᆫ 닙과 풀 속에 우는 즘성 / 므스 일 원수로서 잠조차 쌔오ᄂᆞᆫ다.

> **참고**
>
> **1. 규방 가사(閨房歌詞)**
>
> 조선조 양반 부녀자들이 주로 향유했던 갈래로서 속박된 여성 생활의 고민과 정서를 호소하는 내용으로 이루어져 있어, 신분상 양반 문학이지만 내용적으로는 평민 가사와 근접한 것이 많다. 이러한 규방 가사는 개화기를 거쳐 일제하에서도 활발하게 창작되었다. 규방 가사를 내방 가사(內房歌辭)라고도 하는데, 일반적으로 내방 가사의 효시로는 이현보(李賢輔)의 자당(慈堂)인 권씨(權氏)의 「선반가(宣飯歌)」를 들고 있으며, 「규원가(閨怨歌)」는 이보다 60년 후에 나타났으리라 추정하고 있다. 그런데 이후 2~3세기에 걸친 공백기가 지난 후 영남 지역 일원에서 주로 내방 가사가 양산됨으로써 좁은 의미의 내방 가사란 영남 지방에서 유행하던 것만을 지칭하기도 한다.
>
> | 내용상 특징 | 규중 여성의 슬픔과 원한, 남녀 간의 애정, 고된 시집살이의 고통, 부모와 고향에 대한 그리움, 시절과 풍경에 대한 표현 등이 나타남 |
> |---|---|
> | 형식상 특징 | • 일상적인 생활 용어가 나타남
• 과감한 표현과 참신한 표현이 나타남 |
>
> **2. '감정 이입'과 '객관적 상관물'**
>
> '감정 이입'은 시적 화자의 감정을 대상 속에 이입시켜 마치 대상이 자신과 같이 느끼고 생각하는 것처럼 표현하는 방법으로, 대상을 자신과 동일시하는 것이며 '감정 이입'이 된 대상의 정서는 객관화된 자기감정이라고 할 수 있다.
> '객관적 상관물'이란 시에서 시적 화자의 심정을 표현하기 위해 동원하는 사물을 말한다. 즉, 시적 화자의 주관적 감정을 직접 드러낼 수 없으므로 객관적인 대상물을 동원한 것으로, '객관적 상관물'은 화자의 심정을 강조해 주거나 전이하여 드러내 주는 역할을 한다.

기출문제

※ (1 ~ 3) (가)의 시적 화자와 (나)의 주인공의 현실 대응 방식에 대하여 지도하려고 한다. 아래의 문제에 답하시오. [총 7점]

(가)
三生(삼생)의 怨業(원업)이오 月下(월하)의 緣分(연분)으로,
長安遊俠(장안 유협) 輕薄子(경박자)를 꿈갓치 만나 잇서,
當時(당시)의 用心(용심)ᄒ기 살어름 디듸는 듯,
三五二八(삼오 이팔) 겨오 지나 天然麗質(천연 여질) 절로 이니,
이 얼골 이 態度(태도)로 百年期約(백년 기약)ᄒ얏더니,
年光(연광)이 훌훌ᄒ고 造物(조물)이 多猜(다시)ᄒ야,
봄바람 가을 믈이 뵈오리 북 지나듯
雪鬢花顔(설빈 화안) 어듸 두고 面目可憎(면목 가증) 되거고나.
내 얼골 내 보거니 어느 님이 날 괼쏘냐.
스스로 慙愧(참괴)ᄒ니 누구를 원망ᄒ리.
三三五五(삼삼 오오) 冶遊園(야유원)의 새 사람이 나단 말가.
곳 피고 날저물 제 定處(정처) 업시 나가 잇어,
白馬(백마) 金鞭(금편)으로 어듸어듸 머므는고.
㉠ 원근을 모르거니 消息(소식)이야 더욱 알랴.
㉡ 인연을 긋쳐신들 ᄉᆡ각이야 업슬쏘냐,
얼골을 못 보거든 그립기나 마르련믄,
열 두 ᄯᆡ 김도 길샤 설흔 날 支離(지리)ᄒ다.
〈중략〉
우리 님 가신 후는 무슨 弱水(약수) 가렷관듸,
오거니 가거니 消息(소식)조차 ᄭᅳ쳣는고.
欄干(난간)의 비겨 셔서 님 가신 ᄃᆡ 바라보니,
草露(초로)ᄂᆞ 맷쳐 잇고 暮雲(모운)이 디나갈 제,
竹林(죽림) 푸른 고ᄃᆡ 새 소리 더욱 설다.
세상의 서룬 사람 수업다 ᄒ려니와,
薄命(박명)ᄒ 紅顔(홍안)이야 날 가ᄐᆞ니 ᄯᅩ 이실가.
아마도 이 님의 지위로 살동말동 ᄒ여라.

- 「규원가」

(나)
울도 담도 없느나 집에 시집 삼 년을 살고 나니,
시어머님 하시는 말씀, 아가 아가 메느리 아가,
진주 낭군을 볼라거든 진주 남강에 빨래를 가게.
진주 남강에 빨래를 가니 물도나 좋고 돌도나 좋고,
이리야 철석 저리야 철석 어절철석 씻고나 나니,
하날 겉은 갖을 씨고 구름 같은 말을 타고 못 본 체로 지내가네.

> 껌둥빨래 껌께나 씻고 흰 빨래는 희게나 씨여,
> 집에라고 돌아오니 시어머님 하시는 말씀,
> 아가 아가 메느리 아가, 진주 낭군을 볼라그덩
> 건너방에 건너나 가서 사랑문을 열고나 바라.
> 건너방에 건너나 가서 사랑문을 열고나 보니,
> 오색 가지 안주를 놓고 기생 첩을 옆에나 끼고 희희낙낙하는구나.
> 건너방에 건너나 와서 석 자 시 치 멩지 수건 목을 매여서 내 죽었네.
> 진주 낭군 버선발로 뛰어나와,
> 첩으야 정은 삼 년이고 본처야 정은 백 년이라.
> 아이고 답답 웬일이고.
>
> — 「시집살이 노래」

1. (가)와 (나)의 국문학상의 장르 명칭과 향유 계층을 밝히고, 두 작품에 나타나 있는 시대 배경과 주제 면에서의 공통점을 서술하시오. [2점]

2000년 기출 8-1번

출제기관 채점기준

※ 답안을 채점할 때에는 제시된 조건에 얼마나 충실하게 답했는가를 판단하면서 조건별로 점수화한다.
〈조건 1〉 장르 명칭과 향유 계층 (총 1점)
  (가) (내방, 규방) 가사 : 사대부 (양반) 계층의 부녀자
  (나) 민요 : 서민(평민) 계층 (서민 계층의 부녀자)

※ 점수 부여
  1점 – 장르 명칭과 향유 계층이 모두 맞는 경우
  0점 – 하나라도 틀리는 경우

〈조건 2〉 시대 배경과 주제 면의 공통점 (총 1점)
  엄격한 유교 사회(불합리한 사회, 남성 위주의 사회)라는 시대 배경에서 여성의 한스러운 생활과 괴로움(시집살이의 괴로움)을 노래하고 있다.

※ 점수 부여
  1점 – '~한' 시대 배경에서 '~한' 주제로 노래한 것이라는 언급이 들어 있는 경우
  0점 – 시대 배경의 공통점이나 주제 면에서의 공통점이 하나만 제시되어 있는 경우

출제기관 제시답안

(가)는 국문학 장르상 (내방, 규방) 가사이고, (나)는 국문학 장르상 민요이다. 규방 가사의 향유 계층은 사대부 집안의 부녀자이고, 민요의 향유 계층은 서민 계층(서민 계층의 부녀자들)이다. 이 두 작품은 남성 위주의 유교 사회에서 모든 고통과 괴로움을 감수하는 것이 미덕이라는 윤리 규범의 제약을 받았던 시대적 배경 속에서 남편의 외도와 무시(시집살이의 어려움)를 감내해야 했던 여성의 한스러운 생활과 사무치는 괴로움을 노래하고 있다는 점에서 공통점이 있다.

2. (가)의 시적 화자와 (나)의 주인공의 현실 대응 방식상의 차이를 작품 속의 구체적인 내용을 근거로 하여 서술하시오. [3점]

2000년 기출 8-2번

출제기관 채점기준

✅ 답안을 채점할 때에는 제시된 조건에 얼마나 충실하게 답했는가를 판단하면서 조건별로 점수화함

〈조건 1〉 (가)와 (나)의 현실 대응 방식과의 차이 (총 2점)
 (가) 체념적이고 현실 순응적임, (나) 불합리한 현실에 대한 항거와 고발

> ※ 점수 부여
> 2점 – 분량과 상관없이 (가), (나)의 현실 대응 방식에 대한 진술이 모두 맞는 경우
> 1점 – 하나만 맞는 경우

〈조건 2〉 구체적 근거 제시 (총 1점)
 (가) '스스로 – 원망ᄒ리', '아마도 이 님의 ~ 살동말동 ᄒ여라.', '원근을 모르거니 ~ 업슬쏘냐', '우리 님 가신 후는 ~ 소식(消息)조차 쯔쳣는고'
 (나) 자결

> ※ 점수 부여
> 1점 – (가)는 위의 근거 중 하나만 제시되어도 되고, 작품 내용을 풀이해서 근거로 제시해도 가능하되, 체념적이고 순응적인 현실 대응 방식과 논리적으로 연결되어야 하며 (나)는 반드시 자결을 근거로 제시해야만 1점

출제기관 제시답안

 (가)의 시적 화자는 유교적 사회를 벗어날 수 없는 사대부 집안의 부녀자이기 때문에 '스스로 ~ 원망ᄒ리오'와 같은 구절에서 볼 수 있듯이 자신의 불행한 처지를 스스로의 탓으로 돌려 체념하며 불합리한 현실을 받아들인다. 그리고 '아마도 이 님의 ~ 살동말동 ᄒ여라.'라는 마지막 구절에서 님을 원망하기는 하지만, 이 원망은 '원근을 모르거니 – 업슬쏘냐', '우리 님 가신 후는 ~ 소식(消息)조차 쯔쳣는고'에서 볼 수 있듯이 님을 그리워하면서 님이 돌아오기를 바라는 마음에서 나온 하소연에 불과하다. 따라서, (가)의 시적 화자는 불합리한 현실에 체념하고 순응하는 자세를 보인다고 할 수 있다.
 (나)의 주인공은 (가)의 시적 화자와 똑같은 상황에서 '명지 수건에 목을 매어' 자결을 한다. 이 자결의 일차적인 원인이 남편의 외도와 무시라고 할 수 있지만 그 밑바탕에는 여성의 일방적 희생과 감내를 강요했던 봉건적 사회 제도나 관념이 더 근본적인 요인으로 자리잡고 있다. 이 자결은 무력한 좌절감의 표출로 볼 수 있으나, 그 극단적인 몸짓에는 억압과 수탈에 대한 저항 의식이 담겨 있다고 볼 수 있다. 이는 민요라는 것이 서민들의 한과 저항 의식을 표출하는 통로였다는 점을 고려하면 좀더 이해하기 쉽다. 따라서 (나)의 주인공은 사회적 불평등에서 생기는 고난에서 벗어나서 평등하고 자유로운 삶을 쟁취하고자 항거와 고발 정신을 발휘한 것이라고 할 수 있다.

보충

 한편 다른 관점에서 두 인물의 '남편에 대한 인식'에서 보면 (가)의 경우 남편을 경박한 사람이라고 표현하여 자신이 우월한 입장에 있음을 드러내는 측면이 있으나, (나)의 경우 남편에게 항의를 하지 못하는 점에서 약자의 입장을 드러내는 측면도 있다.

3. ㉠의 '원근'과 ㉡의 '인연'을 漢字로 쓰시오. [2점]

2000년 기출 8-3번

출제기관 제시답안

㉠ 遠近, ㉡ 因緣

4. 작품 전체를 고려하여 (가)와 (나)를 읽고 이해한 내용으로 가장 적절한 것은? 2012년 기출 30번

(가)
　겨울밤 ᄎ고 춘 제 자최눈 섯거 티니
　녀름날 길고 길 제 구준 비는 므슴 일고
　삼츈화류 호시절의 경물이 시름일다
　ᄀ을 ᄃᆞᆯ 방의 들고 실솔이 상의 울 제
　긴 한숨 디는 눈물 속졀업시 혬만 만타
　아마도 모딘 목숨 죽기도 어려울샤
　도로혀 풀텨 혜니 이리ᄒᆞ야 어이ᄒᆞ리
　쳥등을 돌나 노코 녹기금 빗기 안아
　졉련화 ᄒᆞᆫ 곡조를 시름조차 섯거 ᄐᆞ니
　소상 야우의 대소ᄅᆡ 섯도는 듯
　화표 쳔년의 별학이 우니는 듯
　옥수의 ᄐᆞ는 수단 네 소ᄅᆡ 잇다마는
　부용장 젹막ᄒᆞ니 뉘 귀예 들닐소니
　간쟝이 구회ᄒᆞ야 구비구비 근쳐셰라

　　　　　　　　　　　　　　　　　－「규원가(閨怨歌)」

(나)
　흉보기도 실타마는 져 부인 모양 보소
　親庭의 편지ᄒᆞ여 媤집 凶도 ᄒᆞ고 만네
　시집간 지 셕 달 만의 媤집스리 甚ᄒᆞ다고
　게검시런 媤아바니와 암특ᄒᆞᆯᄉ 媤어머님
　야의덕이 媤뉘들과 엄슉덕이 맛동셔며
　요악ᄒᆞᆫ 아오동셰와 녀호 갓튼 시앗년에
　긔셰롭다 男奴女婢 들며 나며 흥부덕이
　여긔져긔 ᄉᆞ셜이요 구셕구셕 모함니라
　남편이나 미더든니 十伐之木 되냐셰라
　시집스리 못ᄒᆞ깃네 간슈병이 어듸 간노

　　　　　　　　　　　　　　　　　－「용부가(慵婦歌)」

① (가)와 (나)를 보면 조선 후기로 갈수록 서민 여성들이 규방 가사의 창작에 참여했음을 알 수 있다.
② (가)와 (나)는 결혼 생활의 문제가 남편이나 시댁 식구의 부당한 행위에서 비롯되었음을 드러내고 있다.
③ (가)는 과거 회상을 통해 반성적 태도를 드러낸 반면, (나)는 세태 풍자를 통해 교훈적 의도를 드러낸다.
④ (가)에 비해 (나)는 인물의 형상화가 두드러지는데, 이는 소설을 가사로 전환하는 과정에서 나타난 현상이다.
⑤ (가)는 (나)에 비해 전아한 표현과 관념적 어휘가 두드러지는데, 이는 작자가 양반 독자층의 기호를 고려한 결과이다.

▎정답 없음

제3절 가사 작품 감상 (2) 조선 후기

작품명	연대	작자	내용
고공가	선조 (임란 후)	허전	농사일에 비유하여 관리와 정치의 부패를 비판
고공답주인가	선조	이원익	허전의 「고공가」에 대한 답가로 나라를 다스리는 도리를 농사일에 빗대어 노래
조천가	선조	이수광	전후 2곡이 있다하나 전하지 않는다. 일명 「조천곡」이라 함
태평사	선조 31 (1598)	박인로	임진왜란이 끝나고 태평성대가 돌아왔음을 노래하여 사병을 위로
선상탄	선조 38 (1605)	박인로	통주사로 부산에 있을 때 배의 유래와 우국충심을 노래
누항사	광해군 3 (1611)	박인로	안빈낙도하는 생활과 성현의 도를 닦음을 노래
일동장유가	영조 40 (1764)	김인겸	일본 통신사 서기로 수행하고 견문, 생활, 문물 등을 적은 기행가사
만언사 (萬言詞)	정조	안조환	대전 별감이던 지은이가 추자도로 귀양가서 겪은 경험을 노래한 유배가사
농가월령가	헌종	정학유	농가의 연중행사, 생활상을 노래, 월령체 가사로 세시풍속을 노래
봉선화가	헌종	정일당남씨	섬세한 여성의 생활 감정을 봉선화를 매개체로 표현
한양가	헌종 10 (1844)	한산거사	한양의 문물 제도를 읊은 노래
북천가	철종 4 (1835)	김진형	명천에서 귀양 때 쓴 유배가사, 기행가사
연행가	고종 3 (1866)	홍순학	주청사 유후조의 서장관으로 북경에 다녀와서 견문한 것을 쓴 기행가사

| 작품 1 | 선상탄(船上歎) |

출제방향
- 임진왜란의 체험이 반영된 조선 후기 문학의 양상
- 조선 후기 가사의 변모 양상

[서사(序詞)]

늘고 病(병)든 몸을 舟師(주사)로 보ᄂᆡ실ᄉᆡ,

乙巳(을사) 三夏(삼하)애 鎭東營(진동영) ᄂᆞ려오니

關方重地(관방중지)예 病(병)이 깁다 안자실냐.

一長劍(일장검) 비기 ᄎᆞ고 兵船(병선)에 구테 올나

勵氣瞋目(여기 진목)ᄒᆞ야 對馬島(대마도)을 구어보니,

ᄇᆞ람 조친 黃雲(황운)은 遠近(원근)에 사혀 잇고,

아득ᄒᆞ 滄波(창파)ᄂᆞᆫ 긴 하늘과 ᄒᆞᆫ 빗칠쇠.

늙고 병든 몸을 수군 통주사로 보내시므로,

선조 38년(1605) 을사년 여름에 부산진에 내려오니

국경의 요새지(要塞地)에서 병이 깊다고 앉아만 있겠는가?

한 자루 긴 칼을 비스듬히 차고 병선(兵船)에 올라서

기운을 떨치며 눈을 부릅뜨고 대마도를 굽어보니,

바람을 따라 흐르는 누런 구름은 멀고 가까운 곳에 쌓였고,

아득한 푸른 물결은 긴 하늘과 같은 빛이로구나.

[본사(本詞)]

船上(선상)에 徘徊(배회)ᄒᆞ며 古今(고금)을 思憶(사억)ᄒᆞ고

어리미친 懷抱(회포)애 軒轅氏(헌원씨)를 애ᄃᆞ노라.

大洋(대양)이 茫茫(망망)ᄒᆞ야 天地(천지)예 둘려시니,

진실로 ᄇᆡ 아니면 風波萬里(풍파만리) 밧긔

어ᄂᆡ 四夷(사이) 엿볼너고.

무슴 일 ᄒᆞ려 ᄒᆞ야 ᄇᆡ 못기를 비롯ᄒᆞ고.

萬世千秋(만세천추)에 ᄀᆞ업슨 큰 弊(폐) 되야,

普天之下(보천지하)애 萬民怨(만민원) 길우ᄂᆞ다.

어즈버 ᄭᆡᄃᆞ라니 秦始皇(진시황)의 타시로다.

ᄇᆡ 비록 잇다 ᄒᆞ나 倭(왜)를 아니 삼기던들

日本(일본) 對馬島(대마도)로 뷘 ᄇᆡ 결로 나올넌가.

뉘 말을 미더 듯고

童男童女(동남동녀)를 그ᄃᆡ도록 드려다가

海中(해중) 모든 셤에 難當賊(난당적)을 기쳐 두고

배 위를 이리저리 거닐며 옛날과 오늘을 생각하며

어리석은 생각에 배를 처음 만든 헌원씨를 원망한다.

큰 바다가 넓고 아득하여 천지에 둘러 있으니,

실로 배가 없었더라면 풍파가 많은 만 리 밖의 사방에서

어느 오랑캐가 우리나라를 엿볼 수 있었겠는가?

무슨 일을 하려고 배 만들기를 시작하였던가?

길고 긴 세월에 끝없는 폐단이 되어,

온천하의 만백성의 원한을 만들고 있구나.

아, 깨달으니 진시황의 탓이로다.

비록 배가 있었더라도 왜적이 생기지 않았더라면

일본 대마도로부터 빈 배가 저절로 나올 것인가?

누구의 말을 곧이 듣고

젊은 남녀를 그토록 데려다가

바다의 모든 섬에 감당하기 어려운 도적을 만들어

痛憤(통분)흔 羞辱(수욕)이 華夏(화하)애 다 밋나다.	통분한 수치와 모욕이 중국에까지 미치게 하였느냐?
長生(장생) 不死藥(불사약)을 얼믜나 어더 닉여	장생불사한다는 약을 얼마나 얻어 내어
萬里長城(만리장성) 놉히 사고 몃萬年(만년)을 사도션고.	만리장성 높이 쌓고 몇만 년을 살았던가?
늠듸로 죽어 가니 有益(유익)흔 줄 모르로다.	(진시황도) 남과 같이 죽어 가니(사람들을 보낸 일이) 유익한 줄을 모르겠다.
어즈버 싱각후니 徐市(서불) 等(등)이 已甚(이심)후다.	아 돌이켜 생각하니 서불의 무리들이 매우 지나친 일을 하였다.
人臣(인신)이 되야서 亡命(망명)도 후는 것가.	신하의 몸으로 망명 도주한 것인가?
神仙(신선)을 못 보거든 수이나 도라오면	신선을 만나 불로초를 얻는 일을 못 하였거든 얼른 돌아왔더라면
舟師(주사) 이 시름은 젼혀 업게 삼길럿다.	통주사(나)의 이 근심은 생기지 않았을 것이다.
두어라 旣往不咎(기왕불구)라 일너 무엇호로소니.	그만 두어라. 이미 지난 일을 탓해서 무엇 하겠는가?
속졀업순 是非(시비)를 후리쳐 더뎌 두쟈.	공연한 시비는 내던져 두자.
潛思覺悟(잠사각오)후니 내 뜻도 固執(고집)고야.	곰곰이 생각하여 깨달으니 내 뜻도 고집스럽구나.
皇帝 作舟車(황제 작주거)는 왼 줄도 모르로다.	황제가 배와 수레를 만든 것은 그릇된 줄도 모르겠도다.
張翰(장한) 江東(강동)애 秋風(추풍)을 만나신들	장한이 강동으로 돌아가 가을 바람을 만났다고 해도
扁舟(편주) 곳 아니 타면 天淸海闊(천청해활)후다	만일 작은 배를 타지 않았다면, 하늘이 맑고 바다가 넓다고 한들
어닉 興(흥)이 결로 나며 三公(삼공)도 아니 밧골	무슨 흥이 저절로 나겠으며, 삼공과도 바꾸지 않을 만큼
第一江山(제일강산)애	경치가 좋은 곳에서
浮萍(부평) 굿흔 漁夫 生涯(어부생애)을	부평초 같은 어부의 생활이
一葉舟(일엽주) 아니면 어듸 부쳐 둔힐는고.	한 조각의 작은 배가 아니면 무엇에 의탁하여 다닐 것인가?
일언 닐 보건된 빅 삼긴 制度(제도)야	이런 일을 보면 배를 만든 제도야
至妙(지묘)흔 덧후다마는 엇디흔 우리 물은	매우 묘한 듯하지만, 어찌하여 우리 무리들은
느는 듯흔 板屋船(판옥선)을 晝夜(주야)의 빗기 투고	나는 듯한 판옥선을 밤낮으로 비스듬히 타고
臨風咏月(임풍영월)호딕 興(흥)이 젼혀 업는게오.	풍월을 읊되 흥이 전혀 없는 것인가?
昔日(석일) 舟中(주중)에는 杯盤(배반)이 狼藉(낭자)터니	옛날 배에는 술상이 어지럽게 흩어졌더니
今日(금일) 舟中(주중)에는 大劍長槍(대검장창)쑨이로다.	오늘날 배에는 큰 칼과 긴 창뿐이로다.
흔 가지 빅언마는 가진 빅 다라니	같은 배이건마는 가진 바가 다르니
其間(기간) 憂樂(우락)이 서로 굿지 못후도다.	그 사이 근심과 즐거움이 서로 같지 못하도다.
時時(시시)로 멀이 드러 北辰(북신)을 브라보며	때때로 머리를 들어 임금님이 계신 곳을 바라보며
傷時 老淚(상시노루)롤 天一方(천일방)의 디이누다.	시국을 근심하는 늙은이의 눈물을 하늘 한 모퉁이에 떨어뜨린다.

吾東方(오동방) 文物(문물)이 漢唐宋(한당송)애 디랴마ᄂᆞᆫ

國運(국운)이 不幸(불행)ᄒᆞ야

海醜兇謀(해추흉모)애 萬古羞(만고수)을 안고 이셔,

百分(백분)에 ᄒᆞᆫ 가지도 못 시셔 ᄇᆞ려거든

이 몸이 無狀(무상)ᄒᆞᆫ들 臣子(신자)ㅣ 되야 이셔다가

窮達(궁달)이 길이 달라 몯 뫼ᄋᆞᆸ고 늘거신들

憂國丹心(우국단심)이야 어닉 刻(각)애 이즐넌고.

慷慨(강개) 계운 壯氣(장기)ᄂᆞᆫ 老當益壯(노당익장) ᄒᆞ다마ᄂᆞᆫ

됴고마ᄂᆞᆫ 이 몸이 病中(병중)에 드러시니

雪憤伸寃(설분신원)이 어려울 ᄃᆞᆺᄒᆞ건마ᄂᆞᆫ,

그러나 死諸葛(사제갈)도 生仲達(생중달)을 멀리 좃고

발 업슨 孫矉(손빈)도 龐涓(방연)을 잡아거든

ᄒᆞ믈며 이 몸은 手足(수족)이 ᄀᆞ자 잇고 命脈(명맥)이 이어시니

鼠竊拘偸(서절구투)을 저그나 저흘소냐.

飛船(비선)애 ᄃᆞᆯ려드러 先鋒(선봉)을 거치면

九十月(구시월) 霜風(상풍)에 落葉(낙엽)가치 헤치리라.

七縱七擒(칠종 칠금) 우린들 못 ᄒᆞᆯ 것가.

[결사(結詞)]

蠢彼島夷(준피도이)들아, 수이 乞降(걸항) ᄒᆞ야ᄉᆞ라.

降者不殺(항자불살)이니 너를 구틱 殲滅(섬멸)ᄒᆞ랴.

吾王(오왕) 聖德(성덕)이 欲竝生(욕병생) ᄒᆞ시니라.

太平天下(태평천하)애 堯舜君民(요순 군민) 되야 이셔

日月光華(일월광화)ᄂᆞᆫ 朝復朝(조부조) ᄒᆞ얏거든,

戰船(전선) ᄐᆞ던 우리 몸도 漁舟(어주)에 唱晩(창만)ᄒᆞ고

秋月春風(추월춘풍)에 놉히 베고 누어 이셔

聖代(성대) 海不揚波(해불양파)를 다시 보려 ᄒᆞ노라.

우리나라의 문물이 중국의 한·당·송나라에 뒤떨어지랴마는

나라의 운수가 불행하여

적의 흉악한 꾀에 빠져 영원히 씻을 수 없는 수치를 안고서

그 백분의 일도 아직 씻어 버리지 못했거든

이 몸이 변변치 못하지만 신하가 되어 있다가

신하와 임금의 신분이 달라 못 모시고 늙었다 한들

나라를 걱정하는 충성스런 마음이야 어느 시각인들 잊었을 것인가?

강개를 이기지 못하는 씩씩한 기운은 늙을수록 더욱 장하다마는

보잘것없는 이 몸이 병중에 들었으니

분함을 씻고 원한을 풀어 버리기가 어려울 듯하건마는,

그러나 죽은 제갈공명이 살아 있는 중달(사마의)을 멀리 쫓았고

발이 없는 손빈이 방연(손빈의 친구로 손빈의 재주를 시기하여 그의 다리를 잘랐다가 그에게 죽음을 당함)을 잡았는데

하물며 이 몸은 손과 발이 온전하고 목숨이 살아 있으니

쥐나 개와 같은 왜적을 조금이나마 두려워하겠는가?

나는 듯이 빠른 배에 달려들어 선봉에 휘몰아치면

구시월 서릿바람에 떨어지는 낙엽처럼 왜적을 해치우리라.

칠종칠금을 우리라고 못 할 것인가?

꾸물거리는 오랑캐들아, 빨리 항복하려무나.

항복한 자는 죽이지 않는 법이니 너희들을 구태여 모두 죽이겠느냐?

우리 임금님의 성스러운 덕이 너희와 더불어 살아가고자 하시느니라.

태평스러운 천하에 요순시대와 같은 화평한 백성이 되어

해와 달 같은 임금님의 성덕이 매일 아침마다 밝게 비치니,

전쟁하는 배를 타던 우리들도 고기잡이배에서 저녁 무렵을 노래하고

가을 달 봄바람에 베개를 높이 베고 누워서

성군 치하의 태평성대를 다시 보려 하노라.

핵심정리

- **작자** 박인로(朴仁老)
- **갈래** 전쟁 가사
- **연대** 선조 38년(1605년), 노계 45세 때
- **문체** 가사체, 운문체
- **표현** 인용법, 대구법, 은유법
- **주제** ① 전쟁의 비애를 딛고 태평성대를 누리고 싶은 마음
  ② 우국단심(憂國丹心)
- **의의** ① 「태평사(太平詞)」와 함께 전쟁 가사의 대표작
  ② 감상에 흐르지 않고 민족의 정기와 무인의 기개를 읊음
- **특성** ① 표현상 예스러운 한자 성어와 고사가 지나치게 많음
  ② 왜적에 대한 적개심은 그럴 만하나 모화사상(慕華思想)이 나타나는 점이 흠임
- **출전** 『노계집(蘆溪集)』

이해와 감상

| 배경 |

임진란이 발발한 해에서 14년이 지났지만, 아직도 일본에 대한 적개심과 경계심은 가시지 않았다. 일본에서는 풍신수길이 죽고 덕천가강이 뒤를 이어 화친을 맺고자 교섭이 잦았던 때이다. 노계가 이때에 진동영에 주사로 보내졌는데, 이러한 시대적 배경을 이 작품에 투영해 보면 쉽게 공감이 간다.

임진란이 종료된 지 7년 밖에 지나지 않은 이때는 악화된 대일 감정이 지속되고 있던 때이다. 따라서 반일과 극일은 우리 민족의 일반적 정서였고, 또한 의병장 정세아 휘하의 의병으로 또 성윤문 막하의 수군으로 일본과의 항전에 직접 참여했던 노계의 기본적인 정서이기도 하였다. 그렇기에 시적 재능을 지닌 노계가 전란의 기억이 생생한 시절에 다시 통주사로 나라의 수비를 맡게 되자 반일과 극일의 정서, 나아가 우리의 자신감과 우월감을 바탕으로 하는 평화 애호의 정서를 뚜렷이 드러낸 「선상탄」을 지은 것은 적절한 시가 창작이었다. 이런 작품의 배경은 조선 후기의 군담 소설에서도 마찬가지였다. 임란과 병란의 참상과 굴욕적 침략을 현실적으로 견딘 후에, 이를 이상적으로 초극하려는 의지와 민족의 염원을 표현하려는 의도로 이런 문학 작품들이 많이 지어졌다.

표현상 한문투의 수식이 많고 직설적인 표현이 많다는 점이 결점으로 생각될 수도 있지만, 전쟁 문학이 일반적으로 범하기 쉬운 속된 감정에 흐르지 않고, 적을 위압할 만한 무사의 투지를 담은 작품이라는 점에서 높은 평가를 받을 만하다. 또한 작가가 타고 있는 배를 중심 소재로 내세워 시상을 전개해 나가는 방식도 눈여겨볼 만하다.

| 해설 |

「선상탄」은 선조 38년(1605), 박인로(朴仁老)가 통주사로 부산에 가서 왜적의 침입을 막고 있을 때 지은 전쟁 가사이다. 기본 음수율은 3·4조로 된 4음보 가사로 고사 인용과 예스러운 한자 어구를 많이 사용한 것이 특징이다.

이 작품의 내용은 전쟁의 비애와 우국의 정을 읊은 것으로, 배의 유래와 무인다운 기개, 그리고 왜적의 항복으로 태평성대가 하루 빨리 오기를 기원하는 것으로 되어 있다.

가사의 처음 부분은 을사삼하(乙巳三夏)에 명을 받아 선상에 올라 기운을 떨쳐 살아있는 눈빛으로 대마도를 굽어보는 모습과 배를 만든 헌원씨와 배를 잘못 이용한 진시황과 서불을 탓한 내용이다. 배를 처음 만든 헌원씨를 원망하는 대목에 이르러서는 작자의 우국충정과 비교해 볼 때, 지나치게 소극적이고 수동적인 태도가 나타나기도 한다.

중간 부분은 배로 인해서 일어나는 흥취와 고금의 우락이 서로 다름을 노래했다. 여기에서 왜적에 대한 적개심이 직접적으로 드러나 있는 반면, 중화(中華)에 대한 모화감(慕華感)을 표현한 것은 이해하기 어려우나, 당시 중국에 대한 사대사상의 반영이라고 여겨진다.

마지막 부분에서는 나이가 들수록 더해가는 기개와 우국단심으로 왜적을 상풍 앞의 낙엽처럼 무찌르고자 하는 의지와 함께, 왜적이 항복하고 태평천하의 시대가 빨리 오기를 바라는 마음을 노래했다.

노계는 「선상탄」 외에 「태평사」라는 전쟁 가사를 또 하나 남겼는데, 당시의 유명한 문장가인 송강 정철과 많이 비교되는 작품이다. 노계는 주로 서사적인 내용의 가사를 지었으며, 무인다운 씩씩함과 무게감 있는 표현들을 많은 한자 성어를 통해서 나타내었다.

반면에 정철은 서정적인 내용의 가사를 문인다운 부드러움으로 표현하여 시어 구사에 있어서 우리말의 정교한 묘미를 살려 뛰어난 작가라는 평을 받는다. 문학적 형상화라는 측면에서 본다면 노계가 송강에 비해 떨어진다고 볼 수 있으나, 작자의 세계관이나 가치관이 문학 작품 속에 진실되게 반영된 점에서 노계의 가사도 높이 평가받고 있다.

| 감상 |

「선상탄」은 「태평사」와 함께 임진왜란을 배경으로 하는 전쟁 가사 중의 하나이다. 전선(戰船) 위에서 느끼는 전쟁의 비애와 우국충정의 의지가 담긴 노래로, 전선을 소재로 삼아 현장감 있는 시상을 전개한 구성이 주목할 만하다.

왜적에 대한 적개심과 투지만만한 기개는 초반부에 '실로 배가 아니면 풍파와 많은 만 리 밖에서 어느 사방의 오랑캐가 우리나라를 엿볼 것인가?'처럼 배를 처음 만든 헌원씨를 원망하는 것으로 드러나지만, 작자 스스로 말하듯 잠시 어리석고 치기 어린 생각 때문이다.

당시 우리나라가 얼마나 왜적에 시달렸으면, 전쟁에 대한 책임을 배(전선)를 처음 만든 사람에게로 그 책임을 돌렸을까? 「선상탄」은 전선을 소재로 무리하게 시상을 전개시킨 결과, 초반부에서 무인다운 기개보다는 전쟁에 대한 패배감과 자조 어린 한탄이 주된 정서가 되어 버렸다. 그러나 배의 이로운 점과 배의 흥취를 노래하여, 전선 위에서 왜적에 대한 적개심과 충성의 마음을 다짐하는 용맹스러운 신하의 본분으로 돌아온다. 왜적에 대한 적개심은 '쥐나 개와 같은', '벌레처럼 꾸물거리는' 표현으로도 충분히 알 수 있다.

'얼른 항복하여 용서를 빌어라. 만약 항복하는 자는 죽이지 않나니, 구태여 너희를 다 죽이겠느냐?'라는 구절은 전쟁을 일으키지 않고 항복을 한다면 왜적에게 너그러울 수 있다는 여유를 보여주는데, 이것은 우리나라가 왜국에 비해서 대국(大國)이라는 생각이 작자의 내면에 흐르고 있음을 나타내고 있다.

작자는 전쟁 없는 평화로운 시절을 요·순 시대에 비교하고, 임금의 성덕으로 태평성대가 계속될 것임을 희망한다. 자신이 지금 타고 있는 전선(戰船)을 어선(漁船)으로 바꾸자는 표현을 통하여, 시대의 평화를 소망하면서 노래를 마무리 짓고 있다.

❶ 전체 구성

서사	통주사가 되어 진동영에 내려와 병선을 타고 적진을 바라봄	왜적에 대한 적개심이 드러남	작가가 병선 위에서 적진을 바라보는 정경
본사	① 배를 만든 헌원씨를 원망함	침략의 주체인 왜적과 도구의 근원인 배에 대한 원망	선상에서의 회포와 우국지정
	② 왜적이 생기게 한 진시황과 서불을 원망함		
	③ 배가 있음으로 해서 누릴 수 있는 풍류와 흥취	배의 유용성에 대한 과거와 현재의 상황 대비	
	④ 옛날과 배는 같지만 근심과 즐거움이 서로 다름		
	⑤ 왜적에 당한 수치심과 작가의 우국단심	우국충정으로 왜적을 무찌를 수 있다는 노계 자신의 기개와 기백 토로	
	⑥ 설분 신원을 다짐하는 무인의 기개		
결사	태평 성대가 도래하기를 염원함	태평 시대가 오면 고깃배를 타고 즐기는 생활을 하겠다는 염원	작가의 소망

2 중국 고사 인용의 효과

헌원씨에 대한 원망	고대 중국에서 문명을 일으켜 발전시킨 헌원 황제가 배를 만든 것을 원망함
진시황에 대한 원망	불로초를 구하기 위해 왜에 동남동녀(童男童女) 삼천 명을 보냄으로써 왜적이 생겨나게 만든 진시황을 원망함
서불에 대한 원망	불로초를 구하지 못하자 군신(君臣) 간의 의리를 저버리고 일본 땅에 머물러 왜적이 생겨나게 한 서불을 원망함

▼

왜적에 대한 강한 분노와 전쟁에 대한 안타까운 심정을 효과적으로 형상화

3 고사 인용에 나타난 화자의 의도

사제갈(死諸葛)도 생중달(生中達)을 멀리 좇고,	제갈공명을 두려워하던 사마중달이 제갈공명이 죽었다는 말을 듣고 쳐들어갔으나, 제갈공명이 죽기 전에 세운 묘책에 따라 의젓하게 가마에 앉아 있는 모습을 보고 도망쳤다는 고사
발 업슨 손빈(孫臏)도 방연(龐涓)을 잡아거든,	손빈이 비록 방연의 배신으로 발이 잘렸으나, 후에 뛰어난 지략으로 방연을 잡아 죽였다는 고사
칠종칠금(七縱七擒)을 우린들 못 홀 것가.	제갈공명이 남만왕 맹획을 일곱 번 잡았다가 일곱 번 놓아주었다는 고사

4 '배'에 대한 이중적인 인식

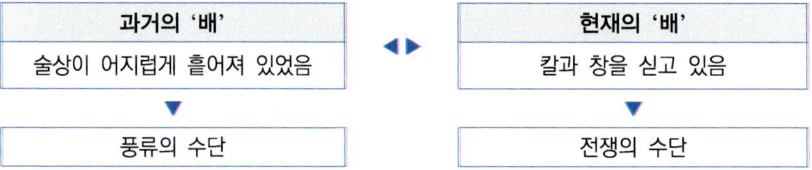

화자는 전쟁 전후에 달라진 배의 쓰임에 주목하여 자신의 생각을 전달하고 있다. 즉, 전쟁 전에 배는 풍류의 수단이었으나 현재는 술상 대신 칼과 창을 싣고 있는 전쟁의 수단인 것이다. 화자는 이러한 상황을 대구와 대조, 대유 등의 표현 방법을 통해 제시하며, '배는 한 가지인데 지닌 바가 다르니, 그 사이 근심과 즐거움이 서로 다르다.'라며 흥취가 있을 수 없는 전쟁의 현실을 한탄하고 있다.

5 화자의 평화 공존의 의지

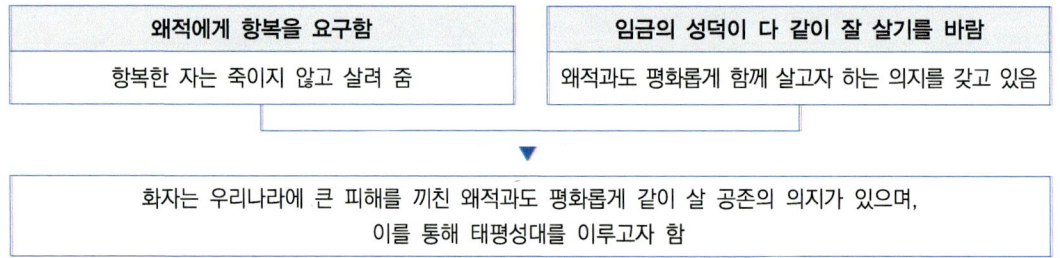

■ 박인로 「누항사」, 「태평사」, 「오륜가」

기출문제

1. (가) ~ (다)를 제재로 하여 '사회·역사적 맥락을 고려하여 작품을 수용할 수 있다.'는 학습목표로 수업을 하고자 한다. 〈조건〉에 따라 논술하시오. (30±3행) [20점]

2010년 기출 논술형 2번(=D33)

(가)

東京明期月良　　　　東京 볼기 드라라
夜入伊遊行如可　　　밤 드리 노니다가
入良沙寢矣見昆　　　드러사 자릭 보곤
脚烏伊四是良羅　　　가로리 네히러라.
二肹隱吾下於叱古　　두브른 내해엇고
二肹隱誰支下焉古　　두브른 누기핸고.
本矣吾下是如馬於隱　본디 내해다마르 는
奪叱良乙何如爲理古　아사늘 엇디 ᄒ릿고.

- 김완진 해독, 「처용가」

(나)

時時로 멀이 드러 北辰을 브라보며
傷時 老淚를 天一方의 디이ᄂ다
吾東方 文物이 漢唐宋애 디랴마ᄂ,
國運이 不幸ᄒ야 海醜 兇謀애 萬古羞을 안고 이셔
百分에 ᄒ 가지도 못 시셔 ᄇ려거든
이 몸이 無狀ᄒᄂ들 臣子ㅣ 되야 이셔다가
窮達이 길이 달라 몬 뫼옵고 늘거신들
憂國 丹心이야 어ᄂ 刻애 이즐넌고

- 박인로, 「선상탄」

(다)

　그때 동청은 더욱 부지런하게 엄 승상을 섬기고 있었다. 금과 구슬 십만 냥을 냉진에게 주어 서울로 올라가 승상의 생일 헌수(獻壽)로 바치게 하였다.
　냉진은 서울에 도착하여 뜻밖의 말을 들었다. '천자가 엄 승상의 간사함을 점차 깨닫고 그의 관작을 삭탈한 후 시골로 추방하였다. 가재(家財)는 적몰(籍沒)하여 관수(官需)로 편입하게 하였다.'는 소문이었다. 냉진은 깜짝 놀라 속으로 생각하였다.
　'동청은 많은 죄악을 저질렀지. 하지만 사람들은 엄 승상이 두려워 감히 고발하지 못했던 것이야. 이제 빙산이 녹았어. 동청이 어찌 오래 갈 리가 있겠는가? 계책을 쓰는 것이 무엇보다 좋을 것이야.'
　냉진은 즉시 대궐로 나아가 등문고(登聞鼓)를 두드렸다. 그러자 법관(法官)은 그를 잡아 놓고 까닭을 물었다. 냉진이 대답했다.
　"나는 본래 북방 사람입니다. 마침 계림 지방을 지나가다가 태수 동청이 자행하는 불법을 목격하고 속으로 몹시 분통이 터졌습니다. 이에 감히 먼 지방의 백성들을 위해 천자께 아뢰려는 것입니다."
　냉진은 인하여 동청이 백성을 학대하고, 사람들을 죽이거나 겁박하여 재물을 빼앗고, 도적질을 일삼고, 편당을 모아 변란을 일으켰다는 등의 열두 가지 죄상을 조목조목 진술하였다. 법관은 그것을 천자에게 올렸다.

　천자는 진노하여 금의위(錦衣衛)에 명하여 동청의 가속(家屬)을 옥에 가두게 하였다. 아울러 냉진이 열거한 열두 가지 죄상을 본도(本道)로 하여금 조사하게 하였다. 그 결과 냉진의 말과 하나도 다른 것이 없었다.

　마침내 천자는 동청을 저자에서 참수하고 그 가산을 적몰하게 하였다. 그의 가산은 황금이 삼만 냥이요, 백금이 오십 만 냥이었다. 주옥과 비단은 이루 헤아릴 수조차 없었다. 처첩은 관비로 삼게 하였다.

　냉진은 관가에 재물을 바치고 교씨를 샀다. 그리고 그녀와 함께 산동으로 가려 하였다.

　교씨는 재앙을 겪기는 하였으나 그래도 냉진을 따라갈 수 있었다. 또한 수중에 재물도 남아 있었다. 처음에 냉진이 가지고 가서 엄 승상에게 바치려 했던 금과 구슬은 도합 십만 냥이었다. 냉진은 그것을 모두 자신이 취했다.

　두 사람은 몹시 즐거워하며 수레를 빌어 재물을 싣고 내려갔다. 동창(東昌)에 이르러 객점으로 들어가 술과 고기를 마음껏 샀다. 두 사람은 마주앉아 술을 마시다가 크게 취하여 정신을 잃고 곯아떨어졌다.

　차부(車夫) 정대(鄭大)라는 자가 있었다. 그는 본래 도적이었다. 정대는 그날 밤 자신의 도당과 함께 냉진의 재물 몇 수레를 모두 약탈한 후 도망을 갔다.

　냉진과 교씨가 아침에 일어났다. 그러나 몸만 남아 길을 떠날 수가 없었다. 이에 동창에 머물며 관가에 호소하여 정대의 종적을 찾으려 하였다. 하지만 그를 잡을 수 없었다.

　어느 날 천자가 조회(朝會)에 나갔다. 그날 대화가 '수령이 백성을 학대하는 문제'에 미쳤다.

　천자가 좌우에 물었다.

　"전에 동청이 저지른 죄상을 살펴보니 참으로 강도와 다름이 없었소. 동청이 어떻게 벼슬을 얻었던 것이오?"

　승상 서계(徐階)가 아뢰었다.

　"엄숭이 동청을 천거하여 진류 현령으로 삼았습니다. 그리고 다시 발탁하여 계림 태수를 맡겼습니다."

　"짐이 이제야 생각하니 엄숭은 문학(文學)과 이재(吏才)를 갖추었다는 구실로 동청을 천거했소. 그로써 보건대 엄숭이 천거한 사람은 모두 소인이었고, 그에게 공척(攻斥)을 당한 사람은 모두 군자였을 것이오."

　천자는 이부(吏部)에 명하여 엄숭이 천거하였던 관리 백여 명을 도태시키게 하였다.

　그리고 과거 엄숭의 일로 죄를 입었던 사람들을 다시 탁용하게 하였다. 그에 따라 간의대부(諫議大夫) 해서(海瑞)로 도어사(都御使)를 삼고 한림학사 유연수(劉延壽)로 이부시랑(吏部侍郎)을 삼았다.

- 김만중, 「사씨남정기」

〈조건〉

(1) (가)~(다)에서 알 수 있는 사회적 문제를 작품의 내·외적 근거를 들어 각각 해석할 것
(2) (가)~(다)의 문학사적 위상을 각각 설명할 것
(3) (다)를 읽고 학습자가 고전문학 작품의 현대적 의미를 발견하도록 하는 데 적합한 학습 과제 2가지를 들되, 그 과제의 의의를 논할 것

예상 답안

(가) 「처용가」에서 사회적 문제는 역병의 발생을 들 수 있다. 내적 근거는 '가로리 네히러라, 둘은 내것인데 둘은 누구의 것인가'를 통해서 작품 내에서 다리 둘은 역신(역병)을 의미하며, 외적 근거로 시대적으로 역병이 돌던 시기였음을 드러낸다.(사회적 문제를 중앙 관리의 지방 관리에 대한 횡포로도 설명이 가능하다.) (나) 선상탄의 사회적 문제는 왜적의 침입이다. 내적 근거로 '해추 흉모(바다 외적의 흉계, 모략)라는 부분을 통해 알 수 있고, 외적 근거로 작자인 박인로가 전쟁에 참전했고 그 경험을 드러낸 것에서 찾을 수 있다. (다)의 사회적 문제는 숙종의 무능으로 인한 인현왕후 폐비 문제와 장희빈의 국정 농단 등을 들 수 있다. 내적 근거는 중국 왕(천자)의 무능, 교씨의 사통 등을 제시할 수 있다. 외적 부분은 작자가 이 작품을 지은 의도가 인현왕후 폐비 문제와 장희빈의 국정 농단에 대해 숙종에게 풍간하기 위해 지었다는 점에서 찾을 수 있다.

(가)는 신라 향가의 마지막 작품으로 「구지가」, 「해가」로부터 이어지는 주술 시가의 맥을 이으며, 고려 가요 「처용가」, '처용무'가 이어지고 있음을 통해 향가 작품 중 우리 문학사에 가장 영향을 미친 작품으로 볼 수 있다. 또한 역병을 물리치는 것 등을 통해 우리 생활 문화, 무속과도 깊은 관련을 맺고 있다. 그리고 고려 가요 「처용가」와 향가 「처용가」에 똑같은 구절이 한글로 표기되어 전함으로 향찰 해독의 열쇠가 되었다. (나)는 조선 전기 가사와 후기 가사를 이어주는 과도기의 역할을 하고 있다. 또한 내용 면에서 전기와는 다른 내용 변화를 잘 드러내고 있다. 전기 가사의 경우 주로 강호한정, 연주충군이었다면 '선상탄'의 경우 당대 현실에 대한 인식, 전쟁의 문제를 드러내고 있다. (다)는 가정소설 중 처첩간의 갈등을 다룬 쟁총형 가정소설의 효시이다. 또한 소설을 배척하던 조선시대에 사씨남정기를 통해 왕의 잘못된 점을 꼬집어 잘못을 고치게 했다는 점에서 소설 논의에서 소설을 긍정적으로 보는데 기여한 작품이다.

'사건 전개에 따른 결말을 파악한다'는 학습 과제를 제시하여 (다)에 제시된 내용 전개(줄거리)를 통해 선인이 풀려나고 악인이 징벌을 받게 되는 권선징악의 내용을 드러내고 있음을 알 수 있다. 이것은 현대적 의미에서도 여전히 교훈적 의미를 지니는 것으로 파악된다. 또, '작품에 나타난 인간형을 파악한다'는 학습 과제를 제시한다. 작품에 나타나는 두 인물 유형 중 긍정적 인물의 행위는 충·효·열, 신의를 지키고, 부정적 인물은 신의를 지키지 않고 배반하고 있다. 이러한 인물의 특징을 통해 가치관의 측면에서 신의가 있는 행동이나 의 필요성에 대해 생각해 보게 한다. 그리고 '작품에 나타난 인물(위정자)의 행위와 태도를 파악한다'는 과제를 통해 갈등의 원인이 된 왕(남편)의 무능을 깨닫고 해석하여 오늘날의 삶에서 위치(사회적 신분)에 맞는 처신과 행동의 중요성을 생각하게 한다.

작품 2 〉〉 누항사(陋巷詞)

[서사(序詞)]

어리고 迂闊(우활)훌산 이닉 우희 더니 업다.　　어리석고 세상 물정에 어둡기로는 나보다 더한 이 없다.

吉凶禍福(길흉화복)을 하날긔 부쳐 두고　　길흉화복을 하늘에다 맡겨 두고

陋巷(누항) 깁픈 곳의 草幕(초막)을 지어 두고　　누추한 깊은 곳에 초가를 지어 놓고

風朝雨夕(풍조우석)에 석은 딥히 셥히 되야　　고르지 못한 날씨에 썩은 짚이 땔감이 되어

셔홉 밥 닷홉 粥(죽)에 煙氣(연기)도 하도 할샤.　　초라한 음식을 만드는데 연기가 많기도 많구나.

설 데인 熟冷(숙냉)애 뷘 빅 쇽일 뿐이로다.　　덜 데운 숭늉으로 고픈 배를 속일 뿐이로다.

生涯(생애) 이러ᄒᆞ다 丈夫(장부) 뜻을 옴길년가.　　생계가 이리 어렵다고 대장부의 뜻을 바꾸겠는가.

安貧一念(안빈일념)을 젹을망졍 품고 이셔,　　안빈낙도하겠다는 한 가지 생각을 적을망정 품고 있어

隨宜(수의)로 살려 ᄒᆞ니 날로조차 齟齬(저어)ᄒᆞ다.　　옳은 일을 좇아 살려 하니 날이 갈수록 뜻대로 되지 않는다.

[본사(本詞)]

ᄀᆞ을히 不足(부족)거든 봄이라 有餘(유여)ᄒᆞ며,　　가을이 부족하거든 봄이라고 넉넉하며,

주머니 뷔엿거든 瓶(병)의라 담겨시랴.　　주머니가 비었는데 술병이라고 술이 담겨 있겠느냐.

貧困(빈곤)흔 人生(인생)이 天地間(천지간)의 나뿐이라.　　가난한 인생이 이 세상에 나뿐이랴.

飢寒(기한)이 切身(절신)ᄒᆞ다 一丹心(일단심)을 이질는가.　　굶주리고 헐벗음이 절실하다고 한 가닥 굳은 마음을 잊을 것인가.

奮義忘身(분의망신)ᄒᆞ야 죽어야 말녀 너겨,　　의에 분발하여 제 몸을 잊고 죽어야 그만두리라 생각하여,

于橐于囊(우탁우낭)의 줌줌이 모와 녀코,　　전대와 망태에 줌줌이(한줌한줌) 모아 넣고,

兵戈(병과) 五載(오재)예 敢死心(감사심)을 가져 이셔,　　임진왜란 5년 동안에 죽고야 말리라는 마음을 가지고 있어,

履尸涉血(이시섭혈)ᄒᆞ야 몃 百戰(백전)을 지닉연고.　　주검을 밟고 피를 건너는 혈전을 몇 백번 싸움을 치렀던가.

一身(일신)이 餘暇(여가)잇사 一家(일가)를 도라보랴.　　한 몸이 겨를이 있어서 집안을 돌보랴?

一奴長鬚(일노장수)ᄂᆞᆫ 奴主分(노주분)을 이졋거든　　늙은 종은 하인과 주인의 분수를 잊어버렸는데

告余春及(고여춘급)을 어닉 사이 싱각ᄒᆞ리.　　나에게 봄이 왔다고 일러 줄 것을 어찌 기대하겠는가.

耕當問奴(경당문노)인들 눌ᄃᆞ려 물ᄅᆞᆫ고.　　밭가는 일은 마땅히 종에게 물어야 한다지만 누구에게 물을 것인가.

躬耕稼穡(궁경가색)이 닉 分(분)인 줄 알리로다.　　몸소 농사를 짓는 것이 내 분수에 맞을 줄을 알겠도다.

莘野耕叟(신야경수)와 壟上耕翁(농상경옹)을 賤(천)타 ᄒᆞ리 업것마는　　들판에서 밭갈던 이윤(伊尹)이나 진승(陳勝)을 천하다 할 이 없지마는

아므려 갈고젼들 어닉 쇼로 갈로손고.	아무리 갈려고 한들 어느 소로 갈겠는가.
旱旣太甚(한기태심)ᄒ야 時節(시절)이 다 느즌 제,	가뭄이 이미 크게 심하여 농사철이 다 늦은 때에,
西疇(서주) 놉흔 논애 잠깐 긘 녈비예	서쪽 둑이 높은 논에 잠깐 지나가는 비에
道上(도상) 無源水(무원수)를 반만깐 딕혀 두고	길 위에 흘러내리는(근원 없는)물을 반쯤만 대어두고
쇼 ᄒ 젹 듀마 ᄒ고 엄섬이 ᄒᄂ는 말삼	소를 한번 빌려주겠다고 건성으로 하는 말씀을
親切(친절)호라 너긴 집의 달 업슨 黃昏(황혼)의 허위허위 다라 가셔	친절하다고 생각하며 그 집에 달도 없는 황혼에 허둥지둥 달려가서
구디 다든 門(문) 밧긔 어득히 혼자 셔셔	굳게 닫은 문 밖에 멀리 혼자 서서
큰 기춤 아함이를 良久(양구)토록 ᄒ온 後(후)에	큰기침 소리 꽤 오래 한 뒤에
어화 긔 뉘신고, 廉恥(염치) 업산 닉옵노라.	"어, 그가 누구인가?"하고 묻는 말에, "염치없는 저 올시다"하고 대답하니
初更(초경)도 거읜듸 긔 엇지 와 겨신고.	"초경(저녁 7~9시)도 거의 지났는데 그가 어찌 와 계신가?" (하기에)
年年(연년)에 이러ᄒ기 苟且(구차)ᄒ 줄 알건만는	"해마다 염치없는 줄 알지마는
쇼 업슨 窮家(궁가)애 혜염 만하 왓삽노라.	소 없는 가난한 집에 헤아림이 많다고 하셔서 왔소이다"고 (하니).
공ᄒ니나 갑시나 주엄즉도 ᄒ다마는,	"공것이거나 값을 치거나 빌려 줄 만도 하지만,
다만 어제 밤의 거넨 집 져 사롬이	다만 어젯밤에 건넛집 저 사람이
목 불근 수기 雉(치)를 玉脂泣(옥지읍)게 꾸어 닉고	목이 붉은 수꿩을 구슬 같은 기름이 끓어오르게 구워 내고
간 이근 三亥酒(삼해주)를 醉(취)토록 勸(권)ᄒ거든	금방 익은 삼해주를 취하도록 권해왔으니
이러한 恩惠(은혜)을 어이 아니 갑흘넌고	이러한 고마움을 어찌 아니 갚겠는가?
來日(내일)로 주마 ᄒ고 큰 言約(언약) ᄒ야거든	'내일 (소를) 빌려주마'하고 큰 언약을 하였는데
失約(실약)이 未便(미편)ᄒ니 사셜이 어려왜라.	약속을 어겨서 미안하니 말씀드리기 어렵구료."라고 한다.
實爲(실위) 그러ᄒ면 혈마 어이ᄒ고.	사실 그렇다면 설마 어찌하겠는가?
헌 먼덕 수기 스고 측 업슨 집신에 설피설피 물너 오니	헌 갓을 눌러 쓰고 축 없는 짚신에 맥없이 물러나니
風彩(풍채) 저근 形容(형용)애 기 즈칠 쑨이로다.	풍신조차 보잘 것 없는 모습을 향해 개만이 짖을 뿐이로다.
蝸室(와실)에 드러간들 잠이 와사 누어시랴.	작고 누추한 집에 들어간들 잠이 와서 누워 있겠는가.
北窓(북창)을 비겨 안자 식비를 기다리니	북쪽 창문에 기대 앉아 새벽을 기다리니
無情(무정)ᄒ 戴勝(대승)은 닉 恨(한)을 도우ᄂ다.	무정한 오디새는 나의 한을 돕는구나.
終朝惆悵(종조추창)ᄒ며 먼 들홀 바라보니	아침 마칠 때까지 슬퍼하며 먼 들을 바라보니
즐기ᄂ 農歌(농가)도 興(흥) 업서 들리ᄂ다.	즐기는 농부들의 노래도 흥 없게 들리는구나.
世情(세정) 모른 한숨은 그칠 줄을 모르ᄂ다.	세상 물정을 모르는 한숨은 그칠 줄 모른다.

아ᄉᆞ온 져 소뷔는 볏보님도 됴홀셰고.   아까운 저 쟁기는 볏보임(쟁기의 날)도 좋구나.
가시 엉귄 묵은 밧도 容易(용이)케 갈련마는,   가시 엉킨 묵은 밭도 쉽게 갈련마는,
虛堂半壁(허당반벽)에 슬듸업시 걸려고야.   텅 빈 집 벽 가운데 쓸데없이 걸려 있구나.
春耕(춘경)도 거의러다. 후리쳐 더뎌 두쟈.   봄갈이도 거의 다 지났도다. 팽개쳐 던져 버리자.

[결사(結詞)]

江湖(강호) ᄒᆞᆫ 숨을 ᄭᅮ언 지도 오릭러니,   자연을 벗삼아 살겠다는 한 꿈을 꾼 지도 오래더니,
口腹(구복)이 爲累(위루)ᄒᆞ야 어지버 이져써다.   먹고 마시는 것이 걱정이 되어 이때까지 잊었도다.
瞻彼淇澳(첨피기욱)혼ᄃᆡ 綠竹(녹죽)도 하도 할샤.   저 물가를 바라보니 푸른 대나무도 많기도 하구나.
有斐君子(유비 군자)들아 낙ᄃᆡ ᄒᆞ나 빌려ᄉᆞ라.   교양있는 선비들아. 낚싯대 하나 빌려 다오.
蘆花(노화) 깁픈 곳애 明月清風(명월청풍) 벗이 되야,   갈대꽃 깊은 곳에 밝은 달과 맑은 바람이 벗이 되어,
님ᄌᆡ 업ᄉᆞᆫ 風月江山(풍월강산)애 절로절로 늘그리라.   임자 없는 자연 속 풍월강산에 절로절로 늙으리라.
無心(무심)ᄒᆞᆫ 白鷗(백구)야 오라 ᄒᆞ며 말라 ᄒᆞ랴.   무심한 갈매기야 나더러 오라고 하며 말라고 하겠느냐?
다토리 업슬ᄉᆞᆫ 다문 인가 너기로다.   다툴 이가 없는 것은 다만 이것뿐인가 여기노라.
無狀(무상)ᄒᆞᆫ 이 몸애 무ᄉᆞᆫ 志趣(지취) 이스리마는   보잘것없는 이 몸이 무슨 소원이 있으리요마는
두세 이렁 밧논을 다 무겨 더뎌 두고,   두세 이랑 되는 밭과 논을 다 묵혀 던져 두고,
이시면 粥(죽)이오, 업시면 굴물망졍   있으면 죽이요, 없으면 굶을망정
남의 집 남의 거슨 전혀 부러 말렷노라.   남의 집 남의 것은 전혀 부러워하지 않겠노라.
닉 貧賤(빈천) 슬히 너겨 손을 헤다 물너가며,   나의 빈천함을 싫게 여겨 손을 헤친다고 물러가며,
남의 富貴(부귀) 불리 너겨 손을 치다 나아오랴.   남의 부귀를 부럽게 여겨 손을 친다고 나아오랴?
人間(인간) 어닉 일이 命(명) 밧긔 삼겨시리.   인간 세상의 어느 일이 운명 밖에 생겼겠느냐?
貧而無怨(빈이무원)을 어렵다 ᄒᆞ건마는   가난하여도 원망하지 않음을 어렵다고 하건마는
닉 生涯(생애) 이러호ᄃᆡ 설온 ᄯᅳᆺ은 업노왜라.   내 생활이 이러하되 서러운 뜻은 없다.
簞食瓢飮(단사표음)을 이도 足(족)히 너기노라.   한 도시락의 밥을 먹고, 한 표주박의 물을 마시는 어려운 생활도 만족하게 여기노라.
平生(평생) ᄒᆞᆫ ᄯᅳᆺ이 溫飽(온포)애는 업노왜라.   평생의 한 뜻이 따뜻이 입고, 배불리 먹는 데에는 없다.
太平天下(태평천하)애 忠孝(충효)를 일을 삼아   태평스런 세상에 충성과 효도를 일로 삼아
和兄弟(화형제) 信朋友(신붕우) 외다 ᄒᆞ리 뉘 이시리.   형제간에 화목하고 벗끼리 신의 있게 사귀는 일을 그르다고 할 사람이 누가 있겠느냐?

그 밧긔 남은 일이야 삼긴 ᄃᆡ로 살렷노라.   그 밖에 나머지 일이야 태어난 대로 살아가겠노라.

핵심정리

▷ 작자 박인로(朴仁老)
▷ 갈래 가사. 은일(隱逸) 가사
▷ 연대 광해군 3년(1611)
▷ 성격 한정가(閑情歌)
▷ 표현 대구법, 설의법, 과장법, 열거법
▷ 구성

▷ 제재 빈이무원(貧而無怨)의 삶
▷ 주제 ① 누항(陋巷)에 묻혀 빈이무원(貧而無怨)을 추구
② 산림에 묻혀 사는 선비들의 고절한 삶과 현실의 부조화
▷ 출전 『노계집(蘆溪集)』

7단락으로 나눌 경우	4단락으로 나눌 경우
① 안빈(安貧)의 신념과 생활의 곤궁함	(7단락의 ① ~ ⑦을 참고)
② 임진왜란에 참전	(가) 총론적 서사(序詞) : ①
③ 전란 후에 돌아와 농사를 짓게 됨	(나) 위국 일념(爲國一念) : ②
④ 밭갈이 할 소가 없어 실망과 좌절을 겪음	(다) 빈곤으로 인한 고통과 번민 : ③, ④, ⑤
⑤ 잠을 못 이루고 괴로워 함	(라) 안빈낙도의 불가피한 선택 : ⑥, ⑦
⑥ 강호(江湖)에의 꿈을 되새김	
⑦ 빈한한 처지를 받아들여 안빈낙도하고자 함	

이해와 감상

| 해설 |

광해군 3년(1611) 봄, 박인로가 경기도 용진에서 한가히 지내고 있을 때 한음 이덕형(李德馨)이 찾아와, 누항(누추한 거리) 생활의 어려움을 묻자 이에 대한 답으로 지은 가사이다. '누항'이란 『논어』에 나오는 말로, 가난한 삶 가운데도 학문을 닦으며 도를 추구하는 즐거움을 즐기는 공간을 말할 때 자주 사용된다. 누항 깊은 곳에 초막을 지어 가난하게 생활하는 어려움이 크지만, 그래도 자연을 벗 삼아서 안빈낙도하는 충효와 형제 간의 우애, 친구 간의 신의를 저버리지 않겠다는 내용이다.

이 노래의 형식은 열서식(列敍式) 구성을 하고 있으며, 3·4조의 기본 음수율로 되어 있다. 전기의 양반 가사는 자연에 묻혀 은일 생활을 하더라도 여유 있는 생활 태도와 자연 경관에 대한 찬미를 주내용으로 하고 있으나, 이 작품은 자연에 은일하면서도 현실 생활의 어려움을 직시하고 그것을 사실적으로 그려냈다는 데 다소 차이점이 있다. 즉 산림에 묻혀 사는 선비의 고결한 삶과 현실의 부조리함이 함께 드러나 있다.

다시 말해서, 이 작품은 전기 양반 가사의 맥을 잇고 있으나 그와는 다른 면을 보여 주고 있는데, 임진왜란 후의 어려운 현실을 여유와 달관의 태도로만 보는 것이 아니라 사실적인 시각으로 표현하고 있는 것이다. 또 형식면에서도 비정격(변격)이 많은 것으로 보아, 전·후기 가사의 과도기적 위치의 작품이라고 볼 수 있다.

| 감상 |

이 작품은 전원에 묻혀 빈이무원(貧而無怨)하고 안빈낙도하는 생활을 사실적으로 묘사하고 있는 가사이다.

둘째 단락은 생애가 빈궁하여 추위와 배고픔으로 어려운 생활을 하던 중, 지난날의 분의망신(奮義亡身)하여 7년에 걸친 임진왜란 때 시체를 밟고 피의 강을 건너면서 백전 고투했던 일을 회상하고 있다. '전쟁하기 오 년 동안 감히 죽으려는 마음을 가지고 있어, 주검을 밟고 피를 건너 몇 백 번 싸움을 지냈던가?'하는 구절은 임진왜란 때 수많은 공을 세우고 39세에 수군 만호로 제대한 용장의 결의와 기상이 보인다. 그러나 셋째 단락에서 늙은 종마저 도망가 버린 처량한 신세가 되어 몸소 농사를 짓고자 하나, 농기구조차 변변치 못해 낙심하는 모습이 처량하게 나타난다. 넷째 단락에서 소를 빌리러 갔다가 가난함의 수모만 당하고 오는 모양을 사실적으로 묘사하여 그 애처로움을 더욱 생생하게 그리고 있으며, 가난한 생활에 대한 안타까움과 동정심을 유발시켜 '공감'이라는 표현상의 효과를 불러일으키고 있다.

야박한 세태에 밭을 갈 생각은 그만두고 청풍명월을 벗삼아 대자연 속에서 절로 늙으며 시름을 달래고자 하는 작자의 모습과 도시락의 밥, 표주박의 물(簞食瓢飮)도 족하게 여기며 살겠다는 안분자족(安分自足)의 심정이 마지막 세 단락에서 잘 표현되고 있다.

몸소 농사를 짓고 자연을 향유하며 체면 따위에 구애받지 않는 모습에서 전통적인 유교사상과는 또 다른 도교적인 사상을

엿볼 수 있는데, 이것이 임진왜란 때 무수한 공을 세웠으면서도 당시 당파 싸움에서 쫓겨나 은거하게 된 이유가 아닐까 생각해본다.

1 「누항사」의 구성

① 서사
  길흉화복을 하늘에 맡기고 청빈하게 살려는 심정
② 본사
  ⊙ 본사 1 : 충성심으로 백전 고투했던 왜란의 회상
  ⊙ 본사 2 : 전란 후 돌아와 몸소 농사를 지음
  ⊙ 본사 3 : 농사를 지으려 하나 농우가 없어, 농우를 빌리러 감
  ⊙ 본사 4 : 농우를 빌리러 갔다가 수모를 당하고 돌아옴
  ⊙ 본사 5 : 집에 돌아와 야박한 세태를 한탄하며 춘경을 포기함
③ 결사
  ⊙ 결사 1 : 자연을 벗 삼으면서 절로 늙기를 소망함
  ⊙ 결사 2 : 빈이무원하고 단사표음을 만족하게 여기면서 충효와 형제 간의 화목, 친구 간의 믿음에 힘씀

2 구성상의 특징

서사에서는 누항에서 안빈낙도하려는 심정을 적고 있다. 그러나 이러한 생각대로 살아간다는 것마저도 쉬운 일이 아닐 것이라는 점을 예측하고 있다. 본사에서 작자는 곤궁한 생활상을 전개하는 빌미로써 대의를 위해 임진왜란에 참전했던 사실을 들고 있다. 그렇게 함으로써 다음에 서술되는 가난한 생활상에 대한 공감과 동의를 쉽게 얻을 수 있는 표현상의 효과를 얻고 있다. 이 작품을 노계의 가사 중 가장 뛰어난 작품으로 보는 이유는 그 표현 기교에 있다. 소를 빌리러 가서 주인과 객이 대화하는 장면을 본문에 삽입하여 자연스럽게 처리한 점이나, '봄의 유여와 가을의 부족' 그리고 '빈 주머니와 담겨진 병'의 인과성을 대조적으로 노래한 점은 음미할수록 묘미가 있다. 이와 같이 가사 속에 대화를 삽입하여 성공한 작품은 송강의 「관동별곡」과 「속미인곡」 등이 있다. 결사에 이르면 작가는 세속적인 삶에서 패한다. 그래서 세속적인 삶을 포기하고 지향한 곳이 바로 오륜(五倫)의 세계로서, 여기는 화자가 도달할 수 있는 최종 귀착지이다. 따라서 「누항사」가 지향하는 세계는 삼강오륜이 질서 잡힌 세계, 삼강오륜의 원리가 엄존해 있는 세계, 세속적인 물계(物界)에 얽매이지 않고 성현의 말을 실천하면서 살 수 있는 세계라고 할 수 있다.

3 「누항사」의 과도기적 성격

박인로는 사대부의 후손이었지만 선비로서 관직이 보장된 것도 아니었으며, 그렇다고 농민으로 살아가기에도 역부족인 처지에 있었다. 이런 점에서 그는 양쪽 모두에게 소외당하고 있었으며, 이 가사의 화자는 바로 그러한 자기 자신이다. 이 작품은 전기 가사와 후기 가사의 과도기적 작품이라 할 수 있다. 조선 전기 사대부들의 서정 가사와는 달리, 자연을 배경으로 하지만 여기에서 자연은 심미(審美)의 대상이 아니라 현실 생활 그 자체를 의미하는 것으로, 작가는 그것을 사실적으로 그려 내고 있다. 이러한 성격은 언어 구사에도 드러난다. 사대부의 의식을 지향할 때는 어려운 한문 어구를 쓰고, 농민에게 끼이지 못하면서 농사를 지을 수밖에 없는 현실을 드러낼 때는 일상 언어를 사용하는 것이 그것이다. 이 같은 구체적이고도 절실한 묘사는 후기 가사의 교량적 역할을 가능하게 하였다.

4 가사의 서사화 경향

이 작품에서 가장 흥미로운 대목은 화자가 농사를 지으려고 이웃집에 소를 빌리러 갔다가 거절당하고 돌아오는 장면이다. 이 장면은 화자 외의 인물이 등장해 인물 간의 대화를 통해 사건을 제시하는 형태로 나타나 있다. 이러한 서사적 요소의 수용과 현실 생활에 관심을 둔 태도는 조선 후기 새로운 문학 정신의 출현을 예고한다.

5 개성적인 표현과 운율

이 작품은 한자 어구를 사용하면서도 화자의 현실적 처지는 일상 언어를 사용하여 표현하고 있다. 또한 감탄형 어미의 활용이나 대구적 표현, '백구(白鷗)'등의 자연물을 통해 화자의 상황이나 심리를 부각하는 기교가 나타나며, '인간 어뇌~ 삼겨시리.' 등 설의적 표현을 통해 인간의 삶에 대한 운명론적 인식을 피력하고 있기도 하다.

한편 이 작품은 4음보를 한 행으로 할 때 총 77행으로 이루어져 있으면서도 조선 전기 가사의 엄격한 정형률에서 벗어나서 음보율 면에서 5음보나 6음보, 음수율 면에서 2·3조, 2·4조 등의 파격을 이루는 부분이 많다.

결론적으로 이 작품은 내용 면에서만이 아니라, 표현과 형식 측면에서도 조선 후기 가사의 자유롭고 다양한 형식 추구와 연결되는 특징을 지니고 있는 것이다.

6 「누항사」와 조선 후기의 사회

박인로의 '누항'은 세속적 생활을 영위해야 하는 곳이고, 밥을 끓이고 매운 연기를 맡아야 하는 곳이다. 그런 곳에서 안빈낙도하면서 살아야 하므로 여러모로 어려움을 겪는다. 그러나 안빈낙도하려는 장부의 뜻과 '누항'의 삶에서 겪는 상황은 서로 상충되고 점점 멀어진다. 이 괴리감이 박인로 자신에게 매우 절실한 문제가 된다. 이 괴리감이 가장 잘 드러나는 구절이 농우(農牛)를 두고 벌어진 일을 형상화하는 부분이다. 「누항사」에서 박인로는, 도학의 세계는 강호(江湖 : 세속과 분리된 자연)에서나 실현할 수 있다고 은연중 토로하고 말았다. 임진왜란 당시 백성을 구제하느라 잡았던 궁마(弓馬) 대신에 도학을 붙든 자신의 모습은 소를 빌리러 가서는 여지없이 희화화된다. '허위허위' 나아갔다가 '설피설피' 물러나 왔다는 구절은 속세와 「누항사」의 자아 사이에 얼마나 깊은 단절이 있는지 보여 준다. 그가 도학에 대해 집착할수록 속세도 세속적 가치에 집착한다. 다가설수록 완강해지는 상대 앞에서 그는 강호를 결심한 것이다. 그 강호는 속세와 분리된 것이고, 도학은 세속적 가치와 분리된 것이다. 도학은 강호에, 세속적 가치는 속세에만 통하게 되니 각각 멀어진 것이다. 전란을 겪으면서 박인로는 스스로 농사를 지어야 했고 농우를 빌리러 나서야 했다. 그런 현실적 경험과 함께 도학을 실현해야 한다는 관념적 이상이 동시에 한 자리에 설 수 없다는 것, 곧 현실과 관념의 파탄을 경험하게 된 것이다. 모든 현실로부터 이상은 떠나 버리고 현실은 더 이상 현실로 생동하는 것이 아니라 가능성을 상실한 채 뻣뻣하게 경직된 '속세'로 변모하고 말았다.

화자의 상황	시대 현실
전쟁이 끝나고 고향에 돌아온 뒤 소도 없는 가난한 생활을 함	경제적으로 몰락한 양반 사대부의 가난한 삶의 현실
소를 빌려 농사를 짓고자 하나 소 주인에게 거절당하고 농사짓기를 포기함	직접 농사일을 해서 생활을 영위해야 하는 사대부의 달라진 위상

> **참고**
>
> 1. 박인로(1561~1642)
>
> 조선 시대의 무신이고, 호는 노계(蘆溪)이다. 임진왜란 때에는 수군(水軍)에 종군하였고, 39세 때 무과에 급제하였으며, 벼슬은 수군만호에 이르렀다. 철저한 유교적 인륜주의를 바탕으로 한 가사 작품을 주로 썼으며, 송강과 함께 가사 문학의 양대 산맥으로 일컬어진다. 「누항사」, 「선상탄」 등 가사 7편과 「오륜가」 등 시조 72수가 『노계집』에 전한다.
>
> 2. 박인로의 작품 세계
>
> 박인로는 조선 중기의 대표적 작가로서, 임진왜란 때 수군(水軍)으로 종군해서는 「태평사(太平詞)」와 「선상탄(船上嘆)」을 지었다. 이 작품들에 사용된 표현은 소박해도 그 속에는 나라를 근심하고 군사들의 용기를 북돋우고자 하는 작가의 마음을 담고 있다. 또한, 「독락당(獨樂堂)」, 「소유정가(小有亭歌)」에는 명승지를 찾아 그 유래와 경치를 찬양했고, 「영남가(嶺南歌)」에서는 민심을 돌보러 온 관원의 덕치(德治)를 찬양하면서 임진왜란 후 백성이 조석(朝夕)을 잇지 못하면서 부역에 시달리는 사정을 나타내고 있다. 그는 유자(儒者)로서의 당위(當爲)와 궁핍한 현실 사이에 깊이 고심했는데, 이런 문제의식이 가장 잘 드러난 것이 「노계가(蘆溪歌)」와 「누항사」이다. 이들 작품에서 박인로는 안빈낙도하는 이상적 삶을 노래하면서도 궁핍하고 누추한 현실에서 오는 갈등과 괴로움을 사실적으로 그리고 있다.

3. 노계(蘆溪) 가사에 대한 평가

노계 박인로의 가사 작품은 주제의 깊이나 구성이 정제된 아름다움에 있어서 송강 정철이 작품에 한 수 뒤진다고 할 수도 있지만, 수사나 조어(造語)의 묘는 송강가사와 비견할 만하다. 더욱이 초기의 작품은 풍부한 어휘에 웅렬(雄烈)한 필치가 나타나 있어 무인다운 기상이 가득 차 있으며 신선미와 기백이 잘 드러나 있다. 한자나 고사 성어, 전고(典故)가 너무 많이 사용된 단점이 있으나, 박인로는 정철, 윤선도와 더불어 조선 시대 3대 시가 작가로 꼽을 수 있으며 또한 정철과 함께 가사 문학의 양대 산맥으로 꼽을 수 있다.

4. 조선 후기 가사의 양상

전란 이후 서민의 자아 각성에 의한 서민 의식과 산문 정신의 영향으로 종래의 관념적, 서정적 가사가 서사적인 것으로 바뀌었다. 그 내용도 음풍농월(吟風弄月)식의 강호한정이나 연군에서 벗어나, 널리 인간 생활을 그리거나 위국충절(爲國忠節)의 기상을 읊는 등 매우 다양해졌다. 정철의 서정적 가사 문학은 박인로에 이르러 다분히 서사적이고, 뚜렷한 작가 의식으로 일관한 독특한 문학 세계를 형성하였다. 양반 사대부의 가사에 상대적 개념으로 평민가사(平民歌辭)가 출현하였으며, 부녀자들의 심정과 생활을 노래한 내방 가사는 여류 문학의 세계를 열어 놓았다. 방대한 규모로 장형화(長型化)한 산문적 내용의 작품들이 지어졌으며 영조 이후 실학사상의 영향으로 기행 가사, 유배 가사 등이 지어졌다.

- 박인로의 작품 세계와 관련해 읽을 작품 : 「노계가」, 「선상탄」, 「태평사」, 「조홍시가」
- 가사 형태 변화와 관련해 읽을 작품 : 정철 「사미인곡」, 「관동별곡」, 김인겸 「일동장유가」

기출문제

1. 다음은 「누항사」의 일부이다. 〈보기〉를 참고하여 〈작성 방법〉에 따라 서술하시오. [4점] 2021년 B 5번

> 어리고 우활(迂闊)홀 산 이 늬 우히 더니 업다
> 길흉화복(吉凶禍福)을 하날긔 부쳐 두고
> 누항(陋巷) 깁푼 곳의 초막(草幕)을 지어 두고
> 풍조우석(風朝雨夕)에 석은 딥히 셥히 되야
> 셔홉 밥 닷홉 죽(粥)에 연기(煙氣)도 하도 할샤
> 설 데인 숙냉(熟冷)애 뷘 빗 쇡일 쑨이로다
> 생애(生涯) 이러ᄒ다 장부(丈夫) 뜻을 옴길너가
> 안빈일념(安貧一念)을 젹을망정 품고 이셔
> 수의(隨宜)로 살려 ᄒ니 날로조차 저어(齟齬)ᄒ다
> 가ᄋᆞ히 부족(不足)거든 봄이라 유여(有餘)ᄒ며
> 주머니 뷔엿거든 병(甁)의라 담겨시랴
> 빈곤(貧困)ᄒᆞᆫ 인생(人生)이 천지간(天地間)의 나쑨이라
> 기한(飢寒)이 절신(切身)ᄒ다 일단심(一丹心)을 이질ᄂᆞᆫ가
> 분의망신(奮義忘身)ᄒ야 죽어야 말녀 너겨
> 우탁우낭(于橐于囊)의 줌줌이 모와 녀코

> 병과오재(兵戈五載)예 감사심(敢死心)을 가져 이셔
> 이시섭혈(履尸涉血)ᄒᆞ야 몇 백전(百戰)을 지닌 연고
> 일신(一身)이 여가 잇사 일가(一家)를 도라보랴
> 일노장수(一奴長鬚)는 노주분(奴主分)을 이졋거든
> 고여춘급(告余春及)을 어ᄂᆡ 사이 싱각ᄒᆞ리
> 경당문노(耕當問奴)ᆫ들 눌ᄃᆞ려 물롤ᄂᆞ고
> 궁경가색(躬耕稼穡)이 ᄂᆡ 분(分)인 줄 알리로다
>
> - 박인로, 「누항사」-

〈보기〉

16세기 말에서 17세기에 걸친 전란을 거치면서 조선 후기에는 경제적으로 몰락하거나 정치적으로 몰락한 양반층이 생겨났다. 박인로, 정훈 등과 같은 작가들도 이러한 계층에 속하는데 이들의 가사에도 변화하는 시대의 징후들이 나타나기 시작했다. 이들은 중앙 정계에 진출하지 못하고 소외된 지방의 한미한 사(士) 계층으로, 그 가운데 일부는 물적 기반이 미약하여 스스로 농사일에 종사해야 하는 처지로 내몰리기도 했다.

〈작성 방법〉

- 〈보기〉를 참고하여, 작가에게 삶의 전환을 가져온 계기가 된 사건과 이후 변화된 사회적 처지를 알려 주는 시어를 작품에서 각각 찾아 쓰고, 그 의미를 각각 서술할 것.
- 작품의 화자가 지향하는 삶과 그가 처한 현실 사이의 괴리에서 나타나는 양립적인 의식을 〈보기〉를 참고하여 서술할 것.

문제 해설

조선 후기 변화된 현실을 담고 있는 박인로의 강호가사 「누항사」를 통해 조선전기 가사와의 차이 및 변화된 현실로 인한 심리적 갈등 등을 묻는 문제이다. 앞의 문제에서 가장 정확한 시어는 각각 임진왜란 5년을 의미하는 '병과오재('몇 백전'보다 임진왜란 5년을 더 구체적으로 드러냈음)'와 몸소 밭 갈고 농사를 짓는 '궁경가색'이다.

예상 답안

작가에게 삶의 전환을 가져온 계기가 된 사건을 드러낸 시어는 '병과오재'이고 이것은 임진왜란 5년 동안의 전란 기간을 의미한다. 그 이후 변화된 사회적 처지를 알려 주는 시어는 '궁경가색'이며 몰락한 양반이 생겨나 직접 밭 갈고 농사를 짓게 된 상황을 의미한다.

화자는 안빈낙도 강호한정 등의 유교적인 이상적 삶을 추구하려고 하지만, 임진왜란을 거치면서 경제적으로 몰락하여 현실은 너무 궁핍한 상황이어서 그 삶을 추구하지 못하고 이상과 현실의 괴리를 느끼고 있다.

2. "인간의 문제 상황에 대한 문학적 해결 방안을 이해한다."라는 학습 목표로 수업할 때, ㉠ ~ ㉤에 대한 설명으로 적절하지 않은 것은? [2.5점]

2011년 기출 25번

(가)
　　일노장수(一奴長鬚)는 奴主分을 이졋거든/ 고여춘급(告余春及)을 어닉 사이 싱각ᄒ리/ 경당문노(耕當問奴)인들 눌ᄃ려 물룰ᄂ고/ ㉠궁경가색(躬耕稼穡)이 닉 分인 줄 알리로다/ 신야경수(莘野耕叟)와 농상경옹(壟上耕翁)을 賤타 ᄒ리 업것마ᄂ/ 아므려 갈고젼들 어닉 ㉡쇼로 갈로손고/ 한기태심(旱旣太甚)ᄒ야 時節이 다 느즌 졔/ 서주(西疇) 놉흔 논애 잠깐 긴 널비예/ 道上 無源水을 반만깐 듸혀 두고/ 쇼 ᄒᆞᆫ 젹 듀마 ᄒ고 엄섬이 ᄒᄂ 말삼 親切호라 너긴 집의/ 달 업슨 黃昏의 허위허위 다라 가셔/ 구디 다돈 門 밧긔 어득히 혼자 셔셔/ 큰 기츰 아함이를 良久토록 ᄒ온 後에/ 어화 긔 뉘신고, 廉恥 업산 닉옵노라/ 初更도 거읜ᄃ 긔 엇지 와 겨신고/ 年年에 이러ᄒ기 苟且ᄒᆞᆫ 줄 알건만는/ 쇼 업슨 窮家애 ㉢혜염 만하 왓삽노라/ 공ᄒ나 갑시나 주엄즉도 ᄒ다마는/ 다만 어제 밤의 거넨 집 져 사름이/ 목 불근 수기 치(雉)를 옥지읍(玉脂泣)게 ᄭ우어 닉고/ 간 이근 三亥酒를 醉토록 勸ᄒ거든/ 이러한 恩惠를 어이 아니 갑흘넌고/ 來日로 주마 ᄒ고 큰 言約 ᄒ야거든/ ㉣실약(失約)이 미편(未便)ᄒ니 사셜이 어려왜라/ 實爲 그러ᄒ면 혈마 어이홀고/ ㉤헌 먼덕 수기 스고 측 업슨 집신에 설피설피 물너 오니/ 風彩(풍채) 저근 形容(형용)애 긔 즈칠 뿐이로다
- 박인로,「陋巷詞」

(나)
　　㉠집의 옷 밥을 언고 들먹는 져 고공(雇工)아/ 우리 집 긔별을 아는다 모로ᄂ다/ 비오는 놀 일 업슬 지 숫 ᄭ오면셔 니ᄅ리라/ 처음의 한어버이 사롬수리 하려 홀 지/ 仁心을 만히 쓰니 사롬이 졀로 모다/ 플 샛고 터을 닷가 큰 집을 지어내고/ 셔리 보십 장기 쇼로 田畓을 起耕ᄒ니/ 오려논 터밧치 여드레 ᄀ리로다/ 子孫에 傳繼ᄒ야 代代로 나려오니/ 논밧도 죠커니와 雇工도 ㉡근검(勤儉)터라/ 저희마다 여름지어 가음여리 사던 거슬/ 요ᄉ이 雇工들은 ㉢혬이 어이 아조 업서/ 밥사발 큰나 쟈그나 동옷시 죠코 즈나/ ᄆᆞ음을 듯ᄒ는 듯 호슈를 싀오는 듯/ 무슴 일 샴드러 흘긧할긧 ᄒᄂ순다/ 너희닉 일 아니코 時節좃ᄎ ᄉᆞ오나와/ ᄀᆞ득의 닉 셰간이 플러지게 되야는듸/ 엇그지 ㉣화강도(火强盜)에 가산(家産)이 탕진(蕩盡)ᄒ니/ 집 ᄒ나 불타 붓고 먹을 껏시 젼혀 업다/ 큰나큰 셰ᄉᆞ을 엇지ᄒ여 니로려료/ ㉤김가(金哥) 이가(李哥) 雇工들아 싱 ᄆᆞ음 먹어슬라
-「雇工歌」

① (가)의 ㉠이 시적 화자가 현실의 문제를 자기 것으로 받아들이고 있음을 나타낸다면, (나)의 ㉠은 시적 화자가 문제 해결을 위해 상대방을 훈계하려 함을 보여 준다.
② (가)의 ㉡이 시적 화자의 문제 해결에 필요한 도구라면, (나)의 ㉡은 시적 화자의 문제 해결에 필요한 덕목이다.
③ (가)의 ㉢이 시적 화자가 문제 해결을 위해 노력하는 과정에서 발생한 심리적 갈등이라면, (나)의 ㉢은 시적 화자의 문제 해결을 가로막는 심리적 요인이다.
④ (가)의 ㉣이 시적 화자를 낙담하게 하는 상황이라면, (나)의 ㉣은 시적 화자의 문제를 더욱 악화시키는 상황이다.
⑤ (가)의 ㉤이 문제 해결에 실패한 시적 화자의 좌절감을 보여 주고 있다면, (나)의 ㉤은 시적 화자가 상대방을 권면하여 현실을 극복하려는 의지를 담고 있다.

정답 ③

예상문제

※ (1 ~ 3) 아래 작품을 읽고 조건에 맞게 답하시오.

(가)
한기태심(旱旣太甚)ᄒ야 시절(時節)이 다 느즌 제
서주(西疇) 놉흔 논애 잠깐 긴 녈비예
도상(도상) 무원수(無原水)을 반만깐 되혀 두고
쇼 ᄒ 젹 듀마ᄒ고 엄섬이 ᄒᄂᆞ는 말삼 친절(親切)호라 너긴 집의
달 업슨 황혼(黃昏)의 허위허위 다라 가셔
구디 다든 문(門) 밧긔 어득히 혼자 서셔
큰 기ᄎᆷ 아함이를 양구(良久)토록 ᄒ온 후(後)에
어화 긔 뉘신고,
① 염치(廉恥) 업산 ᄂᆡ옵노라
초경(初更)도 거읜듸 긔 엇지 와 겨신고
② 연년(年年)에 이러ᄒ기 구차(苟且)ᄒᆞᆫ 줄 알건만ᄂᆞᆫ
쇼 없산 궁가(窮家)애 혜염 만하 왓삽노라
공ᄒ니나 갑시나 주엄즉도 ᄒ다마ᄂᆞᆫ
다만 어제밤의 거넨집 져 사람이
목 불근 수기 치(雉)을 옥지읍(玉脂泣)게 ᄭᅮ여ᄂᆡ고
간 이근 삼해주(三亥酒)을 취(醉)토록 권(權)ᄒ거든
이러한 은혜(恩惠)을 어이 아니 갑흘넌고
내일(來日)로 주마ᄒ고 큰 언약(言約) ᄒ야거든
실약(失約)이 미편(未便)ᄒ니 사셜이 어려왜라
③ 실위(實爲) 그러ᄒ면 혈마 어이ᄒᆞᆯ고
헌 먼덕 수기 스고 측 업슨 집신에 설픠설픠 물너오니
풍채(風采) 저근 형용(形容)애 긔 즈칠 ᄲᅮᆫ이로다.
〈중략〉
강호(江湖) 한 꿈을 꾸언 지도 오래러니,
구복(口腹)이 위루(爲累)하야 어지버 이져또다
　　　　　　　　　　　　　　　　　　　　　- 「누항사(陋巷詞)」

(나)
씀은 든ᄂᆞᆫ 대로 듯고 볏슨 쐴 대로 쐰다.
청풍의 옷깃 열고 긴 파람 흘리 불 제,
어듸셔 길 가는 손님ᄂᆡ 아ᄂᆞᆫ ᄃᆞ시 머무ᄂᆞᆫ고. 〈4장〉

돌아가자 돌아가자 해 지거든 돌아가자
溪邊(계변)에 손발 씻고 호미 메고 돌아올 제
어듸셔 牛背草笛(우배 초적)이 함께 가자 재촉하는고. 〈6장〉
　　　　　　　　　　　　　　　　　　　- 「농가 구장(農歌九章)」

(다)
　논 밭 갈아 기음 매고 뵈잠방이 다임 쳐 신들메고
　낫 갈아 허리에 차고 도끼 버려 두러매고 무림 산중(茂林山中) 들어가서 삭다리 마른 섶을 뷔거니 버히거니 지게에 질머 지팡이 바쳐 놓고 새암을 찾아가서 점심(點心) 도슭 부시고 곰방대를 톡톡 떨어 닢담배 퓌여 물고 코노래 조오다가
　석양이 재 넘어갈 제 어깨를 추이르며 긴 소래 저른 소래 하며 어이 갈고 하더라.
　　　　　　　　　　　　　　　　　　　　　　- 「논 밭 갈아 기음 매고」

1. (가)와 (나)는 작자층이 같지만 작자가 지닌 마음의 태도가 다른데, 그 이유를 위의 내용에서 2가지 밝히시오.

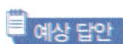

　① (가)어쩔 수 없이 농사를 지어야함(이상과 현실의 괴리) / (나) 농사일에 만족하며 살아감
　② (가)자신의 모습 초라하게 느낌 / (나)자신의 삶을 자랑스러워 함

2. (가)의 밑줄 친 '작자'와 '소 주인'의 대화에서 공손성의 원리(정중어법)를 적용할 때, '작자'의 말 ①, ②, ③에 나타나는 대화의 격률을 각각 제시하시오. [2점]

　① 관용의 격률, ② 관용의 격률, ③ 동의의 격률(요령의 격률)

> 참고　(가)에서 대화의 기능
> ① 더욱 사실적으로 느껴지게 함 : 상황(현장감)을 잘 드러냄
> ② 감정 절실하게 전달
> ③ 작자의 구체적 경험의 진정성

3. A 교사가 위의 세 작품으로 차시 학습을 예고한 후, 다른 교사가 수업을 진행하게 되었다. A 교사의 의도를 파악하기 위해 아래 〈작성 방법〉에 맞게 적절한 내용을 제시하시오.

> ───── 〈작성 방법〉 ─────
> (1) A교사는 어떤 근거에서 이 세 작품을 함께 묶어 제시했는가?
> (2) (가), (나)를 텍스트 상호성의 원리에서 접근할 때, 공통점 차이점은 무엇인가?
> (3) (나), (다)를 텍스트 상호성의 원리에서 접근할 때, 공통점 차이점은 무엇인가?

📝 예상 답안

(1) 조선 후기 농사와 관련된 내용이면서 각 작품마다 작자나 내용의 차이가 있으므로 상호 비교를 통해 공통점 차이점을 파악하기 위해 (=텍스트 상호성에 의한 학습을 위해)

(2) (가), (나) 비교

공통점	작자층이 사대부임(양반층)	
	(가)	(나)
차이점	① 힘겨운 삶 ② 현실과 이상의 괴리 ③ 강호한정(유교윤리) 지향	① 여유로운 삶 ② 현실 만족 ③ 농촌의 흥취 지향

(3) (나), (다) 비교

공통점	농촌의 일과 흥취	
	(가)	(나)
차이점	① 작자층이 사대부임 ② 평시조 ③ 한자어	① 작자층이 평민임 ② 사설시조 ③ 민중어

작품 3 태평사(太平詞)

나라히 偏小(편소)하야 海東(해동)애 브려셔도	나라가 협소하여 해동에 버려져 있어도
箕子(기자) 遺風(유풍)이 古今(고금) 업시 淳厚(순후)ᄒᆞ야	기자의 유풍 고금에 없이 순박하고 인정이 두터워
二百年來(이백년래)예 禮義(예의)를 숭상ᄒᆞ니	이백 년 간 예의를 숭상하니
衣冠文物(의관문물)이 漢唐宋(한당송)이 되야쩌니	의관문물이 한·당·송과 같이 되었더니
島夷百萬(도이백만)이 一朝(일조)애 충돌ᄒᆞ야	섬나라 오랑캐의 많은 군사가 하루아침에 갑자기 쳐들어 와서
億兆驚魂(억조경혼)이 칼빗츨 조차 나니	만민들이 놀라서 죽은 넋이 칼 빛을 따라 나오니
평원에 사힌 쎠난 뫼두곤 노파 잇고	평원에 쌓인 뼈는 산보다 높이 있고
雄都巨邑(웅도거읍)은 豺狐窟(시호굴)이 되야거늘	큰 도읍과 큰 고을은 승냥이와 여우의 굴이 되었거늘
凄凉玉輦(처량옥연)이 蜀中(촉중)으로 뵈아드니	처량한 임금의 행차가 의주로 재촉하여 들어가니
烟塵(연진)이 아득하야 일색이 열워쩌니	싸움터의 먼지가 아득하여 하늘빛이 엷게 뜨니
聖天子(성천자) 神武(신무)하샤 一怒(일노)를 크게 내야	중국의 황제가 뛰어난 무덕을 가지고 화를 크게 내시어
平壤群兇(평양군흉)을 一劒下(일검하)의 다 버히고	평양에 모여 있는 흉적의 무리(왜군)를 단칼 아래 다 베고
風驅南下(풍구남하)하야 海口(해구)에 더져 두고	바람과 갈매기를 따라 남쪽으로 내려가 바다에 던져두고
窮寇(궁구)를 勿迫(물박) 하야 몃몃 해를 디내연고.	궁지에 빠진 왜군를 치지 않고 몇 해를 지내었는가.
江左(강좌) 一帶(일대)예 고운 갓흔 우리 물이	낙동강 동쪽 일대에 외로운 우리 무리가
偶然時來(우연시래)예 武候龍(무후룡)을 행혀 만나	우연한 기회에 제갈량을 다시 만나
五德(오덕)이 발근 아래 獵狗(엽구) 몸이 되야쩌가	다섯 가지의 덕이 밝은 장수 밑에서 앞장서서 싸우는 군사가 되었다가
英雄仁勇(영웅인용)을 喉舌(후설)에 섯겨시니	영웅의 인의와 용감을 전하여 섞이었으니
災方(재방)이 稍安(초안)ᄒᆞ고 士馬精強(사마정강) ᄒᆞ야쩌니	재앙이 줄어들어 편안해지고 장사 군마가 강해졌더니
皇朝一夕(황조일석)에 대풍(大風)이 다시 이니	태평스런 저녁에 대풍(정유재란)이 다시 일어나니
龍(용) ᄀᆞᆺᄒᆞᆫ 장수와 구름 ᄀᆞᆺᄒᆞᆫ 용사들이	용같은 장수와 구름같은 용사들이
旌旗蔽空(정기폐공)ᄒᆞ야 萬里(만리)예 이어시니	깃발을 하늘 가득히 덮어 만 리에 이었으니
兵聲(병성)이 大振(대진)ᄒᆞ야 산악을 쯰엿ᄂᆞᆫ 듯	병사들의 함성이 크게 진동하여 산악을 울리는 듯
병방 御營大將(어영대장)은 先鋒(선봉)을 引導(인도)ᄒᆞ야	병방 어영대장은 선봉을 인도하여
적진에 돌격하니 疫風大雨(역풍대우)에 霹靂(벽력)이 즈치ᄂᆞᆫ 듯	적진에 돌격하니 질풍같은 바람과 큰 비에 벽력이 쏟아지는 듯
清正(청정)이 小豎頭(소수두)도 掌中(장중)에 잇것마ᄂᆞᆫ	왜장 가등청정의 더벅머리도 손아귀에 있건마는

天雨爲崇(천우위숭)ᄒᆞ야 士卒(사졸)이 피곤커늘	하늘의 비가 말썽을 부려 장병들이 피곤하거늘
져근 덧 解圍(해위)ᄒᆞ야 사기를 쉬우더가	잠깐 진영을 풀어 사기를 북돋우다가
賊徒(적도)ㅣ 犇潰(분궤)하니 못다 잡아 말녓계고.	적의 무리가 달아나니 못 다 잡고 말았구나.
굴혈을 구어보니 구든 듯도 ᄒᆞ다마ᄂᆞᆫ	적굴을 굽어 보니 튼튼한 듯도 하다마는
有敗灰燼(유패회진)하니 不在險(부재험)을 알니로다.	패전하여 잿더미가 되니 요새지도 소용없네.
上帝 聖德(상제성덕)과 吾王 沛澤(오왕패택)이 遠近(원근) 업시 미쳐시니	명나라 신종의 거룩한 덕과 우리 선조 대왕의 흡족하고 큰 은혜가 어디에나 골고루 미쳐 있으니
天誅猾賊(천주활적)ᄒᆞ야 仁義(인의)를 돕ᄂᆞᆫ쏘다.	하늘이 교활한 도적을 죽이고 어질고 옳은 뜻을 돕는도다.
海不揚波(해불양파) 이젠가 너기로라.	아 성군의 정치로 인한 태평세월이 지금인가 하노라.
無狀(무상)ᄒᆞᆫ 우리 물도 臣子(신자) 되야 이셔더가	못생긴 우리 무리도 신하로 있다가
君恩(군은)을 못 갑흘가 敢死心(감사심)을 가져 이셔	임금의 은혜를 못 갚을까 두려워 죽기를 각오하고
七載(칠재)를 奔走(분주)터가 太平(태평) 오늘 보완디고.	7년을 분주히 쫓아다니다 마침내 태평스러운 오늘을 보았도다.
投兵息戈(투병식과)ᄒᆞ고 細柳營(세류영) 도라들 제	전쟁을 멈추고 군령이 엄숙한 영문(營門)으로 드나들 때면
太平簫(태평소) 노픈 솔의예 鼓角(고각)이 섯겨시니	날라리 높은 소리와 북과 나발도 함께 하니
水宮(수궁) 깁흔 곳의 魚龍(어룡)이 다 우ᄂᆞᆫ 듯	물속의 용궁(龍宮) 깊은 곳의 고기와 용이 환호성을 지르는 듯하고
龍旗偃蹇(용기언건)ᄒᆞ야 西風(서풍)에 빗겨시니	용을 그린 대장의 깃발이 꿈틀거리듯 휘날리며 서풍에 비스듬하게 누워 있으니
五色祥雲(오색상운) 一片(일편)이 半空(반공)애 쩌러딘 듯	다섯 빛깔의 상서로운 구름 한 조각이 하늘에 떨어지는 듯.
太平(태평) 模樣(모양)이 더옥 ᄒᆞ나 반가올사.	태평스러운 모양이 더욱 반갑다.
楊弓擧矢(양궁거시)ᄒᆞ고 개가(凱歌)를 아뢰오니	활을 들고 화살을 올리며 승전가를 아뢰오니
쟁창환성(爭唱歡聲)이 碧空(벽공)애 얼히ᄂᆞ다.	다투어 부르는 기쁜 노래 소리가 푸른 하늘에 엉긴다.
三尺霜刃(삼척상인)을 興氣(흥기) 계워 둘러메고	서릿발처럼 날카롭고 긴 칼을 흥에 겨워 둘러메고
仰面長嘯(앙면장소)ᄒᆞ야 춤을 추려 이러셔니	얼굴을 들어 긴 휘파람을 불며 춤을 추려고 일어서니
天寶(천보) 龍光(용광)이 斗牛間(두우간)의 소이ᄂᆞ다.	천지자연의 진귀한 보물인 보검(寶劍)의 빛이 북두성과 견우성 사이에서 빛난다.
手之舞之(수지무지) 足之蹈之(족지도지) 절노절노 즐거오니	손을 들어 춤을 추며 발을 구르고 노는 것이 저절로 즐거우니
歌七德(가칠덕) 舞七德(무칠덕)을 그칠 줄 모ᄅᆞ로다.	칠덕가(七德歌)와 칠덕무(七德舞)를 그칠 줄 모르는구나.
人間(인간) 樂事(낙사)ㅣ 이 ᄀᆞᆺᄒᆞ니 ᄯᅩ 인ᄂᆞᆫ가.	인간 세상의 즐거운 일이 이 같은 것이 또 있겠는가?
華山(화산)이 어듸오 이 말을 보내고져	화산이 어디메냐 이 말을 보내고져
天山(천산)이 어듸오 이 활을 노피거쟈	천산이 어디메냐 이 활을 쏘아보자
이제야 ᄒᆞ올 일이 忠孝一事(충효일사)ᄯᅮᆫ이로다.	이제는 해야 할 일이 충효한 일뿐이로다.

營中(영중)이 일이 업셔 긴 줌 드러 누어시니	영중에 일이 없어 긴 잠 들어 누웠으니
뭇노라 이 날이 어닉 적고	묻노라 이 날이 어느 땐가
羲皇盛時(희황성시)를 다시 본가 너기로라.	복희씨 대 태평시절을 다시 본 듯 여겨진다.
天舞淫雨(천무음우)하니 白日(백일)이 더욱 볼다.	궂은 비도 멎어지고 밝은 해가 더욱 밝다.
白日(백일)이 볼그니 萬方(만방)애 비최노다.	햇빛이 밝으니 만방이 훤하도다.
處處溝壑(처처구학)애 흐터 잇던 老羸(노리)드리	곳곳의 골짜기에 흩어져 있던 늙은이가
東風新燕(동풍신연)가치 舊巢(구소)를 츠자오니	봄날의 제비같이 옛집을 찾아오니
首丘初心(수구초심)에 뉘 아니 반겨ᄒ리.	그립던 고향이매 누가 아니 반겨하겠는가?
爰居爰處(원거원처)에 즐거움이 엇더ᄒ뇨.	여기저기로 옮겨 거쳐하니 즐거움이 어떠한고.
孑遺生靈(혈유생령)들아 聖恩(성은)인 줄 아ᄂ순다.	겨우 살아남은 백성들아, 임금의 은혜인 줄 알아라.
聖恩(성은)이 기픈 아릭 五倫(오륜)을 발켜ᄉ라.	거룩한 임금의 은혜 아래 오륜(五倫)을 밝혀 보세.
敎訓生聚(교훈생취)ㅣ라 절로 아니 닐어가랴.	백성을 가르치면 절로 일어나서 나가지 않겠는가.
天運循環(천운순환)을 아옵게다 하ᄂ님아	천운이 순환함을 알겠도나 하느님이시여
佑我邦國(우아방국)ᄒ사 만세무강 눌리소셔.	이 나라를 도우시어 만세무강 누리게 하소서.
唐虞天地(당우천지)예 三代日月(삼대일월) 비최소서.	요순같은 태평시에 삼대일월 비취소서.
於萬斯年(어만사년)에 兵革(병혁)을 그치소서.	천만년 동안에 전쟁을 없애소서.
耕田鑿井(경전착정)에 擊壤歌(격양가)를 불리소셔.	밭 갈고 우물 파서 격양가를 블게 하소서.
우리도 聖主(성주)를 뫼옵고 同樂太平(동락태평)ᄒ오리라	우리도 임금님 모시고 함께 태평을 즐기리라.

핵심정리

- **작자** 박인로(朴仁老)
- **갈래** 가사(歌辭). 정격 가사
- **연대** 1598년(선조 31년)
- **구성** ① 72절 146구
  ② '서사 – 본사 – 결사'의 3단 구성
- **주제** 다시 태평성대를 구가하고자 함
- **의의** ① 정철과 함께 우리나라 대표적인 가사 문학 작가인 박인로의 대표작 중 하나
  ② 전쟁 체험을 바탕으로 한 전쟁 문학의 대표작
- **출전** 『노계집(蘆溪集)』

이해와 감상

| 해설 |

이 작품은 박인로가 38세 때인 1598년에 지은 것으로 『노계집』에 수록되어 있다. 작자가 경상도 좌병사 성윤문의 막하에서 왜적을 막고 있을 때 부산에 있던 적이 밤을 타서 달아났으므로 성윤문이 10여 일 그곳에서 머무른 뒤 본영으로 돌아와 수군을 위로하기 위해 짓게 한 것이다.

형식은 4음보·4보격의 가사의 전형적 율격을 지키고 있는데, 6음보로 늘어나거나 3음보로 축약된 곳도 몇 군데 있다. 3인칭 서술시점에 의해 객관적 서사로 일관하다가 끝부분에는 백성을 청자로 설정하여 교시적인 설득을 하고 있어서 하느님을 상대로 작자가 소망하는 이상세계가 실현되기를 강렬히 호소, 염원하고 있다.

내용을 '기·승·전·결'의 4단 구성으로도 나눌 수도 있으나, 3단으로 나누어 보면 다음과 같다.

서사는 고대 우리의 순박한 풍속과 조선의 예의 숭상과 번화했던 문물제도가 한(漢), 당(唐), 송(宋)과 같이 되었다면서 사대 모화사상(事大慕華思想)이 드러나 있다.

본사는 우리나라가 불시에 왜적의 침략을 당하여 혼란에 빠지고, 많은 백성이 죽고, 임금이 피란 가기에 이르자 명나라의 도움으로 왜적을 물리치고 남방이 편안하게 되었음을 노래하고 있다. 그러나 다시 정유재란(선조 30년. 1597년)이 일어나고, 하늘의 도우심으로 전쟁이 끝나고 개선가(凱旋歌)를 부르면서 외환이 없는 태평성대(太平聖代)가 도래(到來)하였음을 노래하고 있다. 결사는 고향으로 돌아가 선비로 성현(聖賢)의 도리를 따르고 백성들에게 충효를 가르치고 임금의 은혜를 깨닫게 하고, 하늘의 섭리를 알게 하여 천만 년 전쟁이 없는 태평성대(太平聖代)를 누리고자 염원했다. 작품의 마지막 부분에서 드러나듯이 이념적 기반은 우국충정에 있다. 이처럼 백성을 상대로 한 충의사상의 교시적 설득은 은일 가사의 성격을 지니는 작가의 「누항사」나 「노계가」와는 다른 성격을 보여준다.

「태평사」는 지나친 한문어투와 고사성어의 사용으로 자연스런 의미의 연결이 어려우며, 표현 기교도 다소 능숙하지 못한 곳이 더러 발견된다는 한계를 가지고 있다. 그러나 강건하고 화려한 문체로 무인다운 기상을 잘 나타낸 점이나 전체의 구성이 웅장하면서도 섬세한 의미가 숨어있도록 배려한 점, 풍부한 어휘의 사용 등은 그가 지닌 가사 문학 작가로서의 역량을 가늠하게 해주는 요소들이다.

기출문제

※ 다음 자료를 바탕으로 하여, 아래 각 물음에 답하시오. [6점]

(가)
  압개예 안개 것고 뒫뫼희 히 비췬다
  빈 떠라 빈 떠라 밤믈은 거의 디고 낟믈이 미러온다
  至匊悤 至匊悤 於思臥 江村 온갓 고지 먼빗치 더욱 됴타

  우는거시 벅구기가 프른거시 버들숩가
  이어라 이어라 漁村 두어 집이 닛속의 나락들락
  至匊悤 至匊悤 於思臥 말가흔 기픈 소희 온갇 고기 뛰노느다

  芳草를 볼와보며 蘭芷도 뜨더보쟈
  빈 셰여라 빈 셰여라 一葉片舟에 시른거시 므스것고
  至匊悤 至匊悤 於思臥 갈제는 닉뿐이오 올제는 둘이로다

(나)
  無狀흔 우리 물도 臣子되야 이셔더가, 君恩을 못 갑흘가 敢死心을 가져이셔,
  七載를 奔走터가 太平 오늘 보완디고. 投兵 息戈ᄒᆞ고 細柳營 도라들 제,
  太平簫 슬픈 솔의예 鼓角이 섯겨시니, 水宮 깁흔 곳의 魚龍이 다 우는 듯,
  龍旗 偃蹇(언건)하야 西風에 빗겨시니, 五色祥雲 一片이 半空애 써러딘듯,
  太平 模樣이 더옥 ᄒᆞ나 반가올사. 揚弓 擧矢ᄒᆞ고 凱歌를 아뢰오니,
  爭唱 歡聲이 碧空에 얼희느다. 三尺 霜刃을 興氣 계워 둘러메고,
  仰面 長嘯하야 춤을 추려 이러셔니, 天寶 龍光이 斗牛間의 소이느다.

(다)
나그내 조오로미 엇디 일즉브터 오리오	客睡何曾着
ᄀᆞᅀᆞᆯ ᄒᆞᄂᆞᆯ히 볼고ᄆᆞᆯ 즐기디 아니 ᄒᆞ놋다	秋天不肯明
바래 드리비취는 殘月ㅅ 그르매로소니	入簾殘月影
벼개를 노피 버여시니 먼딧 믌소리로다	高枕遠江聲
헤아료미 疏拙ᄒᆞ야 옷바비 업고	計拙無衣食
길히 窮迫ᄒᆞ야 버들 븓노라	塗窮杖友生
늘근 겨지븨 유무 두어 張은	老妻書數紙
당당이 가디 몯ᄒᆞ논 ᄠᅳ들 ᄌᆞ세히 ᄒᆞ얏도다.	應悉未歸情
杜詩諺解의 〈客夜〉 전문	

1. (가)와 (나)의 장르상의 차이를 설명하시오.

1999년 기출 10-1번

🔍 채점기준

(가)는 시조가 가사 형식을 수용한 전이적 형태이고, (나)는 가사이다. (가)는 정형적인 시가인 시조가 변이를 보이는 예이다. 연이 중첩된 것이라든지 후렴 형식을 사용한 것 등이 정격 시조에서 벗어난 면모이다. (나)는 문학의 여러 장르의 속성을 공유하는 복합적 속성을 띠고 있다. 내용상으로는 교술적이고, 연행의 측면에서 보면 노래 양식이다. 그러나 이 작품은 작가의 체험을 규범적인 언어를 빌어 서술하고 있다는 점에서 교술성이 강하게 드러난다.

2점 – 위의 내용을 80% 정도 서술한 경우
1점 – 50% 정도 반영한 경우
0점 – 기타

비판적 접근

1. (가) 작품이 '시조가 가사 형식을 수용했다'는 근거가 부족하며 객관적인 의견이 아님
2. '전이적 형태' 용어의 의미가 명확하지 않음

📝 예상 답안

(가)는 윤선도의 「어부사시사」로서 시조이며, (나)는 박인로의 「태평사」로서 가사이다. 시조는 ① 작품 외적 세계의 개입이 없는 세계의 자아화 곧, 서정 장르에 해당된다. 그래서 시조는 ② 충효·절개·회고 등의 개인적 정서를 다룬 내용이 많았다. 시조의 형태는 ① 4음보 3행(장6구 전체 12음보이며, 그 중 ② 종장은 3·5·4·3의 음수율이 지켜졌다.
(나)의 가사는 ① 작품 외적 세계의 개입에 의한 자아의 세계화, 곧 교술 장르에 해당된다. 그래서 가사는 ② 대체로 있었던 일을 서술하여 실제적이고, 교훈적인 내용을 담은 경우가 많았다. 가사의 형태는 ① 4음보 연속체 운문장으로, ② 마지막 행은 시조의 종장과 같은 형태였다.

2. (가)와 (다)에 나타나는 삶의 태도가 어떻게 다른지 설명하시오.

1999년 기출 10-2번

🔍 채점기준

시는 시인의 삶에 대한 태도의 표명이다. 태도는 주체와 세계의 관계로 드러난다. (가)는 주체와 세계 사이에 갈등이 거의 없다. 거기 비해 (다)는 정착하지 못하고 떠돌면서 주체가 세계와 불화를 겪는 가운데 삶이 이루어진다. (가)는 낭만적 세계인식의 태도를 보인다면 (다)는 일종의 비극적 세계관을 보여주고 있다. 가정이라든지 아내에 대한 의식은 시인이 유교적 질서에 기대고 있다는 점을 뜻한다.

2점 – 위의 내용을 80% 정도 서술한 경우
1점 – 50% 정도 반영한 경우
0점 – 기타

📝 예상 답안

(가)는 삶의 갈등 없이 자연에 은거하며 우유자적하게 살아가는 삶의 태도를 보여주며, 현실 생활과 유리된 채 낭만적이고 평화롭게 살아가는 모습을 보여준다. (다)는 전란으로 인한 궁핍과 고난을 겪으면서 떠도는 나그네의 심정을 드러낸 것으로 당대 현실과의 강한 연관성을 드러낸다. 늘 나라를 걱정하던 사대부들의 사실주의적 태도와 현실의 비극에 대한 고뇌가 드러난다.

제3절 가사 작품 감상 (2) 조선 후기

작품 4 만언사(萬言詞)

어와 벗님닉야 이닉 말숨 들어보소.	어와 벗님네야 이내 말씀 들어 보소.
인싱(人生) 쳔지간(天地間)의 그 아니 느꺼온가	인생 천지간에 그 아니 느껴온가
평싱(平生)을 다 스아도 다만지 빅년(百年)이라.	평생을 다 살아도 기껏해야 백 년이라.
호믈며 백년(百年)이 반듯기 어려우니	하물며 그것도 바르게 살기가 어려우니
빅구지과극(白駒之過隙)이요 창히지일속(滄海之一粟)이라.	인생이란 흰말이 달려가는 것을 문틈으로 흘깃 보는 것 같이 빠르며 푸른 바다에 좁쌀 한 톨처럼 보잘것없는 것이다. 또 하늘과 땅 사이를 지나가는 나그네일 뿐이로다.
역려(逆旅) 건곤(乾坤)에 지나는 손이로다.	
비러 온 인싱(人生)이 꿈의 몸 가지고셔	(이처럼 잠시) 빌려 온 인생이 꿈처럼 허망하고
남오(男兒)의 호올 일을 평싱(平生) 다호여도	남자의 할 일을 낱낱이 다 한다 해도
풄긋히 이슬이니 오히려 덧업거든	풀 끝에 맺힌 이슬이라 오히려 덧없거든
어와 닉 일이야 광음(光陰)을 혜여보니	어와 내일이야 나이를 세어보니
반싱(半生)이 치 못되어 육륙(六六)에 둘이 업닉.	반생이 채 못 되어 서른넷이네.
이왕(已往) 일 싱각호고 즉금(卽今)일 헤아리니	이전의 일 생각하고 지금 일 헤아리니
번복(翻覆)도 측량(測量)업고 승침(昇沈)도 그지업다.	번복도 측량할 수없고 인생의 기복이 많기도 많구나.
남딕되 이러호가 나 혼ㅈ 이러호가.	남들도 그러한가 나 혼자 이러한가.
닉 비록 닉 일이나 닉 역시(亦是) 닉 몰닉라	비록 내일이라 한들 나 역시 나를 몰라라
장우단탄(長吁短歎) 결노 나니 도중상감(島中傷感)뿐이로다.	긴 한숨 짧은 탄식 절로 나니 섬속에서 마음아플 뿐이로다.
부모싱아(父母生我) 호오실 제 죽은 날을 나흐시니	부모 나를 낳으실 때 죽은 나를 나으시니
부귀공명(富貴功名) 호랴던지 절도고싱(絶島苦生) 호랴던지	부귀공명 하려던지 섬에서 고생하려던지
젼명(天命)이 기울던지 션방(仙方)으로 시험(試驗)혼지	하늘 뜻 가입던지 선방으로 시험한지
일주야(一晝夜) 죽은 아히 홀연(忽然)히 스라 나니·	하루 동안에 죽은 아니 홀연히 살아나네.
스쥬 팔즈(四柱八字) 무어 닉여 평싱길흉(平生吉凶) 졈복(占卜)홀 제	사주팔자 만들어 내어 평생의 길흉 점을 치니
수부강녕(壽富康寧) 가즈시니 귀양 살 셩 잇셔시랴.	수부강녕 가졌으니 귀양 갈 팔자 있었으랴.
비단 치의(緋緞彩衣) 몸의 입고 노릭즈(老萊子)를 효칙(效則)호여	비단 옷의 몸이니 노래자를 본받아
슬하(膝下)의 어린 체로 시름 업시 즈라더니	부모 아래 어린 채로 시름 없이 자라더니
어와 긔박(奇薄)호다 나의 명(命)도 긔박(奇薄)하다.	어와 기구하고 박복하다. 내 팔자도 사납고 복이 없다.
십일세(十一歲)에 즈모상(慈母喪)의 호곡익통(呼哭哀痛) 혼절(昏絶)호니	십일세에 어머니를 여의어 호곡애통 혼절하니

그젹의 나 죽엇더면 이 셕 고생 아니 보리.

흔번 셰샹(世上) 두 번 스랴 인간힝락(人間行樂) ᄒ랴던지

죵쳔지통(終天之痛) 슬픈 눈물 미봉가절(每逢佳節) 몃번인고

십년 양육(十年養育) 외가은공(外家恩功) 호의호식(好衣好食) 그려스랴

이즌 일도 만타마는 봉공무가(奉公無暇) ᄒ미로다.

어진 ᄌ당(慈堂) 드러오스 임스지덕(姙姒之德) 가지시니

ᄆᆡᆼ모의 삼쳔지교(三遷之敎) 일마다 법(法)ᄒ시고.

〈중략〉

등잔(燈盞)불 치는 나뷔 져 죽을 줄 아라시며

어듸셔 식록지신(食祿之臣) 죄(罪) 짓ᄌ 하랴마는

ᄃᆡ익(大厄)이 당젼(當前)ᄒ고 눈조ᄎ 어두오니

마른 셥 등의 지고 열화(熱火)에 들미로다.

ᄌᆡ된들 뉘 타시며 살 가망(可望) 업다마는

일명(一命)을 ᄭᅮ이오셔 ᄒᆡ도(海島)에 보니시니

어와 셩은(聖恩)이야 가지록 망극(罔極)ᄒ다.

강두(江頭)에 ᄇᆡ올 ᄆᆡ고 부모 친쳑(父母親戚) 이별(離別)ᄒᆯ 졔

슬픈 우름 흔 쇼릐의 막막슈운(漠漠愁雲) 머무는 듯

손잡고 이른 말솜 죠히 가라 당부(當付)ᄒ니

가슴이 막히거든 ᄃᆡ답(對答)이 ᄂᆞ올손가.

여ᄎᆔ(如醉) 여광(如狂)ᄒ니 눈물니 하직(下直)일다.

강상(江上)에 ᄇᆡ 쩌나니 이별시(離別時)가 이 쩍로다.

샹쳔(上天)이 근심ᄒ니 부ᄌᄉ이별(父子離別) ᄒ미로다.

요도(搖棹) 일셩(一聲)의 흐르는 ᄇᆡ 슬갓트니

일ᄃᆡ(一帶) 장강(長江)이 어ᄂᆡ 사이 가로졌다.

풍편(風便)에 우는 소리 공강(空江)을 건너오니

ᄒᆡᆼ인(行人)도 낙누(落淚)ᄒ니 ᄂᆡ 가슴 무여진다.

〈중략〉

여름날 긴긴 날의 ᄇᆡ 곱파 어려워라.

의복(衣服)을 도라보니 한숨이 졀노 난다.

그때나 죽었더면 이때 고생 아니 보리.

한 번 세상 두 번 살아 인간행락 하려던지

더할 수 없는 슬픈 눈물로 명절을 맞은 것이 몇 번인고

십 년 동안 키워 주신 외가의 은공에 호의호식이 그리웠으랴?

잊은 일도 많다마는 그 공은 흠없다 할 것이로다.

어진 새어머니 들어오셔 아내의 현숙한 덕행을 갖추었으니

맹모의 삼천지교 일마다 모범되게 하시도다.

등잔불 치는 나비 저 죽을 줄 알았으면

어디서 녹을 받는 신하가 죄 지으려 하랴마는

대액이 눈 앞에 닥치니 눈조차 어두워서

마른 섶을 등에 지고 열화에 듦이로다.

재가 된들 누구 탓이며 살 가망 없다마는

한 목숨을 꾸어 주시어 추자도에 보내시니

아아 성은이야 갈수록 망극하다.

강 머리에 배를 대어 부모 친척 이별할 때

슬픈 눈물로 크게 내지르는 소리 막막수운 머무는 듯

손 잡고 이른 말씀 잘 가라 당부하니

가슴이 막히는데 대답이 나올소냐.

취한 듯 미친 듯 눈물로 하직이라.

강위에 배 떠나니 이별 시간이 이때로다.

하늘이 근심하니 부자가 이별함이로다.

노 젓는 소리에 흐르는 배 살 같으니

한 줄기 긴 강이 어느덧 가로 서도다.

바람 편에 우는 소리 긴 강을 건너오니

행인도 눈물 흘리니 내 가슴 미어진다.

여름 날 긴긴 날에 배고파 어려워라.

의복을 돌아보니 한숨이 절로 난다.

남방염천(南方炎天) 씨는 날에 쌘지 못흔 누비바지	남쪽 지방의 찌는 날에 빨지 못한 누비바지
쌈이 비고 쩌 오르니 굴둑 막은 덕셕인가	땀이 배고 때가 올라 굴뚝 막은 덕석인가
덥고 검기 다 바라고 늬음싀를 엇지ᄒᆞ리.	덥고 검은 것은 다 버리더라도 냄새는 어찌하리.
어와 늬일이야 가련(可憐)이도 되거고나.	아아 내일이야 가련히도 되었구나.
손잡고 반기는 집 늬 아니 가옵더니	(전에) 손잡고 반기는 집도 내 가지 않았더니
등 미러 늬치는 집 구츠(苟且)이 비러 잇셔	(오늘날에는) 등 밀어 내치는 집에 구차히 빌려 있어
옥식진찬(玉食珍饌) 어듸 가고 믹반염장(麥飯鹽藏) 되여시며	좋은 밥과 반찬은 어디가고 보리밥에 소금장을 대하며
금의화식(錦衣華飾) 어듸 가고 현순백결(懸鶉百結) 되엿는고	좋고 화려한 비단옷은 어디가고 여기저기 떨어진 누더기가 된 헌옷을 입고 있는가
이 몸이 스랏는가 죽어서 귀신(鬼神)인가	이 몸이 살았는가 죽어서 귀신인가
말ᄒᆞ니 스랏는가 모양(模樣)은 귀신(鬼神)일다.	말하니 살았으나 모양은 귀신이로다.
한슘긋틱 눈물 나고 눈물 긋틱 어이업셔	한숨 끝에 눈물 나고 눈물 끝에 어이없어
도로혀 우슘느니 미친 스름 되거고나.	도리어 웃음 나니 미친 사람 되었구나.

〈중략〉

고향(故鄕) 원늬(園裏)의 이 곳치 퓌엿는가.	고향 동산에 이 꽃이 피었는가.
거년(去年) 금일(今日)의 우슘 우셔 보던 곳츨	긴 해 오늘날에 웃음 웃어 보던 꽃은
청쥰(淸樽)의 슐을 부어 곳 썩거 수를 노코	항아리에 술을 부어 꽃 꺾어 수를 놓고
장진쥬(將進酒) 노릭하여 무진무진(無盡無盡) 먹주 홀 제	장진주 노래하여 많이 많이 먹자 할 때
늬 번화(繁華) 질기무로 져 곳츨 보어더니	내 번화 즐김으로 저 꽃을 보았더니
금년(今年) 츠일(此日)의 눈물 쌕려 노는 곳츤	올해 이 날에 눈물 뿌려 보는 꽃은
아츰의 낫분 밥이 낫 오(午)의 시장ᄒᆞ니	아침에 나쁜 밥이 낮에 시장하니
박잔(盞)에 흐린 슐이 갑 업시 쉬울손가.	박잔에 흐린 술이 값없이 쉬울손가.
늬 고싱(苦生) 슬푸므로 져 곳츨 다시 보니	내 고생 슬픔으로 저 꽃을 다시 보니
거년화(去年花) 금년화(今年花)가 곳빗츤 흔가지나	전년 꽃과 올해 꽃은 꽃빛이 한가지나
거셰인(去歲人) 금셰인(今歲人)은 인ᄉ(人事)는 다르도다.	전년 사람 올해 사람 인사는 다르도다.
인싱(人生) 고락(苦樂)이 슈우잠의 쑴이로다.	인생 고락이 잠시 잠의 꿈이로다.
이렁져렁 허튼 근심 다 후리쳐 더져 두고	이런저런 허튼 근심 다 후리쳐 던져 두고
의식(衣食) 그려 ᄒᆞ는 셔름 목젼(目前) 셔름 난감(難堪)ᄒ다.	옷과 음식 그리워하는 설움 눈앞 설움 난감하다.
흔번 의복(衣服) 입은 후(後)의 츈하츄동(春夏秋冬) 다 지닉니	한 벌 의복 입은 후에 춘하추동 다 지내니
안팟 업슨 소음 옷슨 닉 옷밧긔 쏘 잇는가.	안팎 없는 솜옷은 내 옷밖에 또 없으리.

검기도 검을시고 온닝(溫冷)도 부젹(不適)ᄒ다.	검기도 검을시고 온냉도 조절하지 못한다.
옷칠(漆)의 감칠(漆)인가 숫장의 먹장인가.	옷칠의 검은 칠인가 숯장인의 먹장인인가.
여름의 ᄒ 더울 졔 겨울을 ᄇ랏더니	여름에 너무 더울 때 겨울을 바랐더니
겨울이 ᄒ 치우니 여름이 싱각ᄂ다.	겨울이 너무 추우니 도로 여름 생각난다.
씨오신 망건(網巾)인가 입으신 철갑(鐵甲)인가	쓰신 망건인가 입으신 철갑인가
ᄉ시(四時)의 하동(夏冬) 업시 춘추(春秋)만 되엿고져.	사시에 여름, 겨울 없이 봄, 가을만 되었구나.
팔굼치 드러나니 그는 족(足)히 견듸려니	팔꿈치 드러나니 그는 족히 견디어도
바지밋 터져시니 이 안니 민망(憫惘)ᄒ가	바지 밑이 터졌으니 이 아니 민망한가
ᄂ 손조 깁ᄌ ᄒ니 기울 것 바히 업다.	내 손수 깁자하니 기울 것이 전혀 없네.
익(厄) 구즌 실이로다 이리 얼고 져리 얼거	애꿎은 실이로다 이리 얽고 저리 얽고
고기그물 거러민 듯 꿩의 눈 쒜여민 듯	고기 그물 걸어맨 듯 꿩의 눈 얽어맨 듯
침지(針才)도 긔절(奇絕)ᄒ고 슈품(手品)도 ᄉ치(奢侈)롭다.	바느질 솜씨도 뛰어나고 손재주도 사치롭다.

〈중략〉

날이 지나 달이 가고 히가 지나 돌시로다.	날이 지나 달이 가고 해가 지나 1년이로다.
상년(上年)에 뷔던 보리 올히 고쳐 뷔어 먹고	작년에 베던 보리 올해 다시 베어 먹고
지는 여름 낙던 고기 이 여름의 쏘 낙그니	지난 여름 낚던 고기 올 여름에 또 낚으니
싀보리밥 바다 노코 가슴 막혀 못먹으니	새보리밥 담아 놓고 가슴 막혀 못 먹으니
쉬는 싱션(生鮮) 회(膾)를 친들 목이 넘어 드러가랴.	싱싱한 물고기 회를 친들 목이 메어 먹겠는가.
셜워ᄒ도 남의 업고 못견딤도 별(別)노 ᄒ니	설움도 남에게는 없고 못 견딤도 유별나니
ᄂ 고싱(苦生) ᄒ ᄒ 홈은 남의 고싱(苦生) 십년(十年)이라.	내 고생 한해 함은 남의 고생 십년이라.
족징기죄(足徵基罪) 되올년지 고진감ᄂ(苦盡甘來) 언졔 홀고.	족징기죄 되올는가 고생 끝에 언제 낙이 올 것인가.
ᄒᄂ님긔 비ᄂ이다 셜운 졍원(情願) 비ᄂ이다.	하나님께 비나이다 서러운 사정 비나이다.
칙녁(冊曆)도 히 묵으면 고쳐 보지 아니ᄒ고	달력도 해가 지나면 다시 쓰지 아니하고
노ᄒ옴도 밤이 ᄌ면 푸러져서 바리ᄂ니	노여움도 밤이 지나면 풀어져 버리나니
셰ᄉ(世事)도 묵어지고 인ᄉ(人事)도 묵어시니	세상사도 오래 되고 인간사도 오래 되었으니
천ᄉ만ᄉ(天事萬事) 탕쳑(蕩滌)ᄒ고 그만져만 셔용(敍用)ᄒᄉ	모든 죄를 씻어 주어 이제 그만 용서하사
ᅀᅳᆫ쳐진 녯 인연(因緣)을 곳쳐 잇게 ᄒ옵소셔.	끊어진 옛 인연을 다시 잇게 하옵소서.

핵심정리

- **작자** 안조환(安肇煥)
- **갈래** 가사, 유배가사
- **성격** 사실적, 애상적, 한탄적
- **표현** 양반들의 점잖음이 아닌, 눈앞의 현실과 고총을 숨김없이 드러내는 어조를 사용함
- **주제** 간난신고(艱難辛苦)의 유배 생활과 잘못을 뉘우치는 애절한 심정
- **의의** 김진형이 지은 장편 유배가사인 「북천가」와 쌍벽을 이루는 장편 유배 가사

이해와 감상

| 해설 |

유배 가사의 하나로 「사고향(思故鄕)」이라고도 한다. 조선 정조 때 대전별감이었던 안조환이 주색에 빠져서 국고금을 축낸 죄로 추자도로 귀양 가서 추위와 굶주림에 시달리며 자신이 지은 죄를 눈물로 회개하는 내용을 읊었다. 조위의 「만분가」, 김진형의 「북천가」 등과 아울러 유배 문학에 속하는 가사지만, 자신의 체험과 감정을 고스란히 표현한 사실적인 작품이며, 총 3종의 필사본이 전해지고 있는데 모두 한글로 쓰였다.

이 작품은 어머니 상을 당한 후부터 유배지로 가는 노정과 그 느낀 바, 유배지에서의 고통을 묘사하고 있는데, 이 작품이 서울에 전해지자 궁녀들이 읽고 눈물을 흘리지 않은 이가 없고, 이로 인하여 유배지에서 곧 소환되었다고 한다. 김진형이 지은 「북천가」와 더불어 유배 가사의 쌍벽을 이루며 연군적 서정성이 약화된 반면 유배 생활에서 느끼는 슬픔과 분노가 보다 구체적으로 형상화되었다. 여러 필사본이 전하며, 그에 따라 작자가 안조환, 안도환 등으로 기록되어 있다.

「만언사」라는 주가사와 「만언사답(만언답사)」, 「사부모」, 「사처」, 「사자」, 「사백부」로 구성되어 있고, 어둡고 힘든 유배 생활에서 겪었던 고생담을 사실적으로 묘사하고 있으며, 죄를 뉘우치는 애절한 심정을 노래하고 있다.

1 시상의 전개

① 도입
  귀양 가는 신세 한탄
② 과거 회상
  ㉠ 10대 : 11세 어머니를 여의고, 10년간 외갓집 생활, 새어머니 들어오심
  ㉡ 20대 초·중반 : 20세 결혼 이후 한때 향락적 풍류를 즐김
  ㉢ 20대 중·후반 : 마음을 잡고 공부하여 관리가 됨
  ㉣ 34세 : 관리로 있으면서 잘못된 공무 처리로 추자도로 유배가게 됨
③ 유배의 노정
  추자도로 향하는 노정 : 서울 → 경기도 → 충청도 → 전라도 → 제주(추자도)
④ 유배생활
  추자도 사람들의 박해 → 구걸하는 삶 → 궁벽한 삶 속에서도 변함없는 충성
⑤ 결사
  유배에서 풀려나기를 기원함

2 「만언사」와 조선 전기 유배 가사와의 차별점

유배 가사는 귀양지를 소재로 하거나 귀양지에서 지은 가사로, 당쟁(黨爭)에 휘말려 죄 없이 유배된 억울한 심정을 토로하는 내용이 주를 이루며, 유배지로 오가는 동안의 견문이나 유배지에서의 생활 양상 등 이른바 기행 가사적 성격을 지는 경우가 많다. 특히 조선 전기에 지어진 「만분가」, 「사미인곡」, 「속미인곡」 등의 유배 가사는 자신의 억울함에 대한 호소와 연군지정을 주제로 하는 전형적 특성을 지니는데, 일종의 자기 변호적 성격을 지닌 이런 전기 가사와 달리 「만언사」는 유배 생활의 고통을 사실적으로 묘사하며 자신의 잘못을 뉘우치는 내용을 담고 있는 점이 특징이다.

구분	조선 전기 유배 가사	「만언사」
경향	서정적, 연모적	서사적, 사실적
주제	연군(戀君)의 정	유배 생활의 고통
길이	단편	장편

❸ 평민적 사실성의 추구

 이 작품은 작자의 체험과 감상을 사실적인 표현으로 기술했다는 점에서 높은 평가를 받고 있다. 작자는 당파 싸움과 같은 정치적 상황으로 인해 유배당한 것이 아니라 개인적인 잘못으로 유배되었기 때문에 유배 생활의 억울함이나 연군지정보다는 유배 생활의 고통을 사실적으로 드러내는 데에 치중했다. 이 과정에서 사대부로서의 체면을 차리기보다는 자신이 처한 고난과 궁핍을 생생하게 묘사했으며, 서민이나 부녀자들이 썼음직한 표현으로 절절하게 신세 한탄을 하는 등 평민적 사실성을 드러내고 있다.

❹ 화자의 내면적 정서 변화의 추이

유배 생활 초기	▶	유배 생활 후기
유배 생활의 어려움과 고초를 직접적으로 토로함		방면(放免)에 대한 희망과 기대를 노래함

 화자는 처음 유배 생활을 시작할 때, 추자도의 열악한 환경이나 사나운 인심 등으로 고통스러운 처지에 놓인 것에 대해 직설적으로 한탄한다. 그러다가 유배 생활에 조금씩 익숙해지자 점차 주변의 자연이나 사물 등에 주목하며 삶의 의지를 갖게 된다. 이를 통해 유배지 생활의 고통이나 허탈감 등은 점차 사라지고 방면(放免)에 대한 간절한 바람과 기대를 품게 되면서 앞날에 대한 희망의 마음을 표현하게 된 것이다.

❺ '백구(白鷗)'의 기능

 조선 시대 문인들의 작품에는 '백구(白鷗: 갈매기)'가 자주 등장한다. 대개 임금에게 버림받거나 자연에 귀의하고자 하는 작자가 백구가 나는 것을 보고 백구에게 놀라지 말라고 안심시키고, 벗이 되고자 한다고 말하는 내용으로 나타난다.
 이 작품에서도 화자가 바다에서 낚시를 하려 할 때 백구가 놀라 날아오르자 화자는 벗이 되고자 왔노라며 안심시키려 한다. 그리고 자기의 마음을 못 믿겠거든 부리로 가슴을 쪼아 보라고 하며 자신의 가슴속에 임금에 대한 충성심, 성은(聖恩)에 대한 감사가 있음을 드러내고 있다. 즉, 이 작품에서 '백구'는 화자의 자연 친화 의식을 드러내는 동시에 화자가 성은(聖恩)에 대한 감사한 마음을 지니고 있음을 효과적으로 드러내는 장치로 기능하고 있는 것이다.

❻ 「만언사」의 연작 구성적인 특징

 「만언사」는 「만언사」 본사를 중심으로 모두 7편의 연작 구성으로 전개되고 있다. 이 연작에서는 유배 생활을 중심으로 유배지 백성들의 생각, 가족에 대한 그리움, 방면에 대한 희망 등을 일관된 흐름으로 나타내고 있다.

전체 구성	주요 내용
만언사	유배 생활의 고통스러움과 이에 대한 한탄, 자신의 죄에 대한 반성
만언사답	유배지의 주민이 「만언사」의 화자에게 건네는 위로의 말
사부모, 사백부, 사처, 사자	부모, 백부, 아내, 자식 등에 대한 심정
후기	유배지의 한 백성이 화자가 방면되어 돌아가는 모습을 상상하는 내용

기출문제

1. (가), (나)의 시적 소통 구조의 특징을 〈작성 방법〉에 따라 서술하시오. [4점]   2019년 A 10번

(가)
大同江 아즐가 大同江 너븐디 몰라셔
위 두어렁셩 두어렁셩 다링디리
빈 내여 아즐가 빈 내여 노흔다 샤공아
위 두어렁셩 두어렁셩 다링디리
네 가시 아즐가 네 가시 럼난디 몰라셔
위 두어렁셩 두어렁셩 다링디리
녈 빈예 아즐가 녈 빈예 연즌다 샤공아
위 두어렁셩 두어렁셩 다링디리
大同江 아즐가 大同江 건넌편 고즐여
위 두어렁셩 두어렁셩 다링디리
빈 타 들면 아즐가 빈 타 들면 것고리이다 나는
위 두어렁셩 두어렁셩 다링디리

- 서경별곡 -

(나)
어와 벗님네야 이 내 말삼 들어보소
인생 천지간에 그 아니 느꺼온가
평생을 다 살아도 다만지 백년이라
하물며 백년이 반듯기 어려우니
백구지과극(白駒之過隙)이요 창해지일속(滄海之一粟)이라
역려건곤(逆旅乾坤)에 지나가는 손이로다
빌어온 인생이 꿈의 몸 가지고서
남아(男兒)의 하올 일을 역력히 다 하여도
풀끝에 이슬이라 오히려 덧업거든
어와 내 일이야 광음을 혜여보니
반생이 채 못 되어 육육(六六)에 둘이 업네
이왕 일 생각하고 즉금(卽今) 일 혜아리니 번복도 측량업다
… (중략) …
마른 섭흘 등에 지고 열화(烈火)에 들미로다
재가 된들 뉘 탓이리 살 가망 업다마는
일명(一命)을 꾸이오셔 해도(海島)에 보내시니
어와 성은이야 가지록 망극하다
강두(江頭)에 배를 대어 부모 친척 이별할 제
슬픈 눈물 한숨 소리 막막수운(漠漠愁雲) 머무는 듯
손잡고 이른 말삼 조히 가라 당부하니

```
가삼이 막히거든 대답이 나올소냐
… (하략)…
```
                                                       - 안도환,　만언사 -

──── 〈작성 방법〉 ────
- (가), (나)의 시적 화자의 주된 정서를 쓰고, 그 정서를 표현하는 데 현상적 청자가 어떤 역할을 하는지를 각각 서술할 것. (단, 각각의 현상적 청자를 명시할 것.)

문제 해설

이 문제는 문학 감상능력에서 작품의 정서를 찾고, 작품 내의 소통구조 중 현상적 청자가 어떤 역할을 하는지 묻는 문제이다. 작품의 정서를 찾으려면 먼저 시적화자 및 시적화자의 상황에 대한 이해가 필요하고, 그것을 바탕으로 현상적 청자와의 관계를 고려할 수 있다.

(가)의 정서는 쉽게 드러나는데, (나)의 정서는 작품의 내용을 잘 모르면 '억울함' 등으로 잘못 파악할 수 있는데, (나)의 중략 아래 부분에서 자신의 과오를 인정하고 있으므로 '억울함' 등의 정서가 아니다.

이 문제와 같이 시(시가)에서 시적화자를 현상적 화자, 숨은 화자로 나누고, 시적 청자를 현상적 청자, 숨은 청자로 나누어 이해하는 문제는 시의 소통구조를 이해하는데 필요하며, 앞으로도 다양한 문제로 출제될 수 있다.

예상 답안

(가)의 화자의 주된 정서는 '원망, 불신'이고, (나)의 화자의 주된 정서는 '후회, 반성'이다.

(가)의 현상적 청자 '사공'은 시적화자가 님에 대한 '원망, 불신'의 정서를 사공을 통해 우회적으로 드러내는 역할을 하고, (나)의 현상적 청자 '벗님네'는 시적화자가 자신이 저지른 잘못에 대한 '후회, 반성'의 정서를 같이 벼슬했던 사람들에게 더욱 호소력 있게(=간절하게) 전달하는 역할을 한다.

작품 5 — 탄궁가(嘆窮歌)

하늘이 삼기시믈 일정 고로 ᄒᆞ련마는	하늘이 만드시길 일정하게 고루 하련만
엇지훈 인생(人生)이 이대도록 고초(苦楚)ᄒᆞ고.	어찌 된 인생이 이토록 괴로운가.
삼순구식(三旬九食)을 엇거나 못 엇거나	삼십 일에 아홉 끼니 얻거나 못 얻거나
십년일관(十年一冠)을 쓰거나 못 쓰거나	십 년 동안 한 개의 갓을 쓰거나 못 쓰거나
안표누공(顔瓢屢空)인들 날ᄀᆞ치 뷔여시며	안회의 표주박이 비어 있다고 해도 나같이 비었으며
원헌간난(原憲艱難)인들 날ᄀᆞ치 이심(已甚)ᄒᆞᆯ가.	원헌의 가난인들 나같이 심할까.
춘일(春日)이 지지(遲遲)ᄒᆞ야 포곡(布穀)이 빗야거늘	봄날이 깊어져 뻐꾸기가 재촉하거늘
동린(東鄰)에 따보 엇고 서사(西舍)에 호미 엇고	동쪽 이웃집에 따비(농기구)를 얻고 서쪽 집에서 호미를 얻고
집 안희 드러가 씨갓슬 마련ᄒᆞ니	집안에 들어가 씨앗을 마련하니
올벼씨 ᄒᆞᆫ 말은 반(半)나마 쥐 먹엇고	올벼 씨 한 말은 반 넘게 쥐가 먹었고
기장피 조픗튼 서너 되 부텃거늘	기장과 피와 조와 팥은 서너 되 부쳤거늘
한아한 식구(食口) 일이허야 어이 살리	춥고 배고픈 식구 이리하여 어찌 살리.
이바 아희들아 아모려나 힘뼈 쓰라.	이봐 아이들아 어쨌거나 힘써서 살아가라
죽운 물 상청 먹고 거니 건져 죵을 주니	죽을 쑤어 국물은 상전이 먹고 건더기는 건져 종을 주니
눈 우희 바늘 졋고 코ᄒᆞ로 ᄑᆞ람 분다.	(종이) 눈을 흘겨 뜨고 콧방귀만 낀다.
올벼는 ᄒᆞᆫ 볼 뜻고 조 ᄑᆞ튼 다 무기니	올벼는 한 발만 수확하고 조와 팥은 다 묵히니
살히피 바랑이는 나기도 슬찬턴가.	싸리 피 바랑이 등 잡초는 나기도 싫지 않던가.
환자 장리는 무어스로 댱만ᄒᆞ며	관청의 이자와 민간의 사채는 무엇으로 장만하며
요역(徭役) 공부(貢賦)는 엇지ᄒᆞ야 츌와 낼고.	나라의 노동과 세금은 어떻게 채워 낼까.
백이사지(百爾思之)라도 겨늴 셩이 젼혜 업다.	백방으로 생각해도 견딜 수가 전혀 없다.
장초(萇楚)의 무지(無知)를 불어ᄒᆞ나 엇지ᄒᆞ리.	장초가 아무 걱정 모르는 것이 부러우나 어찌하리.
시절(時節)이 풍(豊)ᄒᆞᆫ들 지어미 빈 브르며	시절이 풍년인들 지어미 배 부르며
겨스를 덥자 ᄒᆞᆫ들 몸을 어이 ᄀᆞ리올고.	겨울이 덥다 한들 몸을 어찌 가릴까.
기저(機杼)도 쓸 듸 업서 공벽(空壁)의 씨쳐 잇고	베틀의 북은 쓸데없이 빈 벽에 걸려 있고
부증(釜甑)도 ᄇᆞ려 두니 븕은 비티 다 되엿다.	시루 솥도 버려두니 붉은 녹이 다 끼었다.
세시(歲時) 삭망(朔望) 명일(名日) 기제(忌祭)는 무어스로 향사(饗祀)하며	세시 절기 명절 제사 무엇으로 해 올리며

원근친척(遠近親戚) 내빈왕객(內賓往客)은 어이ᄒᆞ야 접대(接待)ᄒᆞ고.	멀고 가까운 친척과 왔다 가는 손님들은 어떻게 대접할꼬.
이 얼굴 진여 이셔 어려운 일 하고 만타.	이 몰골을 지니고 있어 어려운 일 많고 많다.
이 원수(怨讐) 궁귀(窮鬼)를 어이ᄒᆞ야 녀희려뇨.	이 원수 이 가난 귀신을 어찌해야 이별할까
수리 후량(餱糧)을 ᄀᆞ초오고 일홈 불러 전송(餞送)ᄒᆞ야	술에 음식을 갖추어서 이름 불러 전송하여
일길 신량(日吉辰良)에 사방(四方)으로 가라 ᄒᆞ니	좋은 날 좋은 때에 사방으로 가라 하니
추추분분(啾啾憤憤)ᄒᆞ야 원노(怨怒)ᄒᆞ야 니론 말이	시끄럽게 떠들며 화를 내며 하는 말이
자소지로(自少至老)히 희로우락(喜怒憂樂)을 너와로 흠ᄭᅴ ᄒᆞ야	"어려서부터 지금까지 기쁨과 슬픔을 너와 함께하여
죽거나 살거나 녀힐 줄이 업섯거늘	죽거나 살거나 이별할 줄이 없었거늘
어듸 가 뉘 말 듯고 가라 ᄒᆞ여 니ᄅᆞᄂᆞ뇨.	어디 가서 뉘 말 듣고 가라고 말하는가?"
우ᄂᆞᆫ 덧 ᄭᅮ짓ᄂᆞᆫ 덧 온 가지로 공혁(恐嚇)커늘	우는 듯 꾸짖는 듯 온 가지로 으르고 위협하거늘
도롯셔 싱각ᄒᆞ니 네 말도 다 올토다.	도리어 생각하니 네 말도 다 옳도다.
무정(無情)ᄒᆞᆫ 세상(世上)은 다 나를 ᄇᆞ리거늘	무정한 세상은 다 나를 버리거늘
네 호자 유신(有信)ᄒᆞ야 나를 아니 ᄇᆞ리거든	너 혼자 신의 있어 나를 아니 버리나니
인위(人威)로 피절(避絶)ᄒᆞ여 좀ᄭᅬ로 녀흴너냐.	일부러 피하여 잔꾀로 이별하겠는가.
하ᄂᆞᆯ 삼긴 이 내 궁(窮)을 혈마흔ᄃᆞᆯ 어이ᄒᆞ리.	하늘이 준 이내 가난 설마한들 어찌하리.
빈천(貧賤)도 내 분(分)이어니 셜워 므슴ᄒᆞ리.	가난도 내 분수니 서러워하여 무엇하리.

📝 핵심정리

▷ **작자** 정훈(鄭勳)
▷ **갈래** 가사
▷ **성격** 사실적, 체념적
▷ **표현** ① 가난한 생활을 사실적으로 묘사함
　　　　② 가난을 궁귀로 의인화하여 표현

▷ **특징** 작가의 다른 작품인 「우활가(迂闊歌)」와 함께 17세기 양반층의 현실을 직접 반영하고 있는 작품
▷ **주제** 궁핍한 생활로 인한 한탄과 체념적 수용

🔍 이해와 감상

1 시상의 전개
　① 서사
　　궁핍한 생활에 대한 한탄
　② 본사
　　㉠ 본사 1 : 농사를 짓기도 힘든 집안의 상황
　　㉡ 본사 2 : 종들조차 무시할 정도로 가난함
　　㉢ 본사 3 : 명절조차 쉴 수 없는 가난
　③ 결사
　　가난한 삶에 대한 체념

② 작자의 현실 인식

정훈의 작품을 보면 그의 현실 인식이란 그다지 비판적이라거나 사회 전체를 향하여 열려 있지는 못하다. 그가 한숨 쉬면서 읊조리는 안빈낙도라는 것이 당시의 참혹했던 상황을 고려해 본다면, 당대의 현실인식이라기보다는 자기 의식이라 할 수 있으며, 그의 작품을 통해 당대의 어려움이나 궁핍함을 생생하게 엿볼 수는 없는 것이다. 정훈은 당시의 격렬했던 역사적 소용돌이 속에서 나름대로 적극적으로 살면서 현실 문제를 타개해 나가려고 노력하였지만, 결국 가난한 현실 속의 자기 한계를 노출하는 데서 그치고 말았다.

③ 궁귀와의 대화가 지닌 의미

이 작품은 가난을 궁귀(窮鬼)로 설정하여 대화하는 방식을 취하고 있다. 가난을 궁귀로 설정한 것은 그만큼 가난이 자신의 일생을 따라다니며 괴롭혀 왔기 때문일 것이다. 화자는 자신의 일생을 괴롭혀 온 이 궁귀를 마침내 내치려 하는데, '궁귀'는 화를 내며 오히려 화자를 나무란다. 일생 동안 희로애락을 함께 했는데, 이는 생각지 않고 어디서 어떤 요사한 말을 들었기에 자신을 내치려 하느냐고 꾸짖는다. 이에 화자는 궁귀의 말을 옳게 여기고 얕은 꾀로 궁귀를 내치려 한 자신을 후회하게 된다. 이러한 대화 속에서 궁귀는 화자는 깨닫게 하는 역할을 수행하고 있다. 궁귀는 화자의 어리석은 생각을 준엄하게 꾸짖음으로써 화자로 하여금 얕은 꾀로 자신을 물리치려 한 것을 후회하게 하고, 결국 가난을 받아들이게 만든다. 여기서 화자가 가난을 받아들이는 것은 이 내 궁(窮)도 하늘이 부여한 것이라는 깨달음이 있었기 때문이다. 이런 궁귀의 역할로 보건대, 궁귀는 작가의 내면에 있는 또 다른 목소리임을 알 수 있다. 결국 이 작품은 가난을 둘러싼 작가의 내면적 갈등을 형상화한 것이라 할 수 있다.

예상문제

※ (1~3) 아래 작품을 바탕으로 조건에 맞게 답하시오.

(가)
죽은 물 샹쳥 먹고 거니 건져 죵을 주니
눈 우희 바늘 졋고 코흐로 프람 분다
올벼는 훈 볼 뜻고 조 프튼 다 무기니
살히파 바랑이는 나기도 슬찬턴가
환자 장리는 무어스로 댱만ᄒ며
요역(徭役) 공부(貢賦)는 엇지ᄒ야 츨아 낼고
백이사지(百爾思之)라도 겨닐 셩이 젼혜 업다
장초(萇楚)의 무지(無知)를 불어ᄒ나 엇지ᄒ리
시절(時節)이 풍(豊)흔들 지어미 빅 브르며
겨스를 덥자 훈들 몸을 어이 ᄀ리올고
기저(機杼)도 쓸 듸 업서 공벽(空壁)의 끼쳐 잇고
부증(釜甑)도 ᄇ려 두니 블근 비티 다 되엿다
세시(歲時) 삭망(朔望) 명일(名日) 기제(忌祭)는 무어스로 향사(饗祀)하며
원근 친척(遠近親戚) 내빈왕객(內賓往客)은 어이ᄒ야 접대(接待)호고
이 얼굴 진여 이셔 어려운 일 하고 만타

이 원수(怨讎) 궁귀(窮鬼)를 어이ᄒᆞ야 녀희려뇨
수릭 후량(餱糧)을 ᄀᆞ초오고 일홈 불러 전송(餞送)ᄒᆞ야
일길 신량(日吉辰良)에 사방(四方)으로 가라 ᄒᆞ니
추추 분분(啾啾憤憤)ᄒᆞ야 원노(怨怒)ᄒᆞ야 니론 말이
자소지로(自少至老)히 희로우락(喜怒憂樂)을 너와로 홈ᄭᅴ ᄒᆞ야
죽거나 살거나 녀휠 줄이 업섯거늘
어듸 가 뉘 말 듯고 가라 ᄒᆞ여 니ᄅᆞᄂᆞ뇨
우는 덧 ᄭᅮ짓ᄂᆞᆫ 덧 온 가지로 공혁(恐嚇)커늘
도롯쳐 싱각ᄒᆞ니 네 말도 다 올토다
무정(無情)ᄒᆞᆫ 세상(世上)은 다 나를 ᄇᆞ리거늘
네 호자 유신(有信)ᄒᆞ야 나를 아니 ᄇᆞ리거든
인위(人威)로 피절(避絶)ᄒᆞ여 좀쇠로 녀휠너냐
하늘 삼긴 이 내 궁(窮)을 혈마ᄒᆞᆫ들 어이ᄒᆞ리
빈쳔(貧賤)도 내 분(分)이어니 셜워 므슴ᄒᆞ리

- 정훈, 「탄궁가」

(나)
이 몸이 녀자 되여 도로 ᄇᆡᆨ년 어려워라.
문 밧게를 아니나고 규합(閨閤)에서 싱장ᄒᆞ여
ᄇᆡᆨ년가약(百年佳約) 명홀 적에 연분(緣分)으 ᄯᆞ라가셔
불경이부(不更二夫) 굿은 언약(言約) 텰셕(鐵石) ᄀᆞᆺ치 먹엇더니
무심(無心)ᄒᆞᆫ 일봉 셔찰(一封書札) 어듸로 온단 말가
〈중략〉
그런 ᄆᆞᄋᆞᆷ 가졋스면 엇지 하여 줌줌ᄒᆞ고.
다른 곳 가기 젼에 무심(無心)이 잇지 말고
우리 서로 어려슬 제 ᄒᆞᆫ 가지로 놀앗스니
날과 언약(言約)ᄒᆞᆫ 일 업시 혼자 ᄆᆞᄋᆞᆷ 무슴 일고.
삽삽ᄒᆞᆫ 이 내 ᄆᆞᄋᆞᆷ 싱각ᄒᆞ니 후회(後悔)로다.
일이 임의 이러ᄒᆞ니 무슴 묘칙(妙策) 잇슬손가.
광대(廣大)ᄒᆞᆫ 텬디간(天地間)에 졀식가인(絶色佳人) 무수(無數)ᄒᆞᆫᄃᆡ
날 갓흔 ᄋᆞ녀자(兒女子)야 어닉 곳에 없을손가.
ᄉᆞ세(事勢)가 이러ᄒᆞ니 이도 ᄯᅩᄒᆞᆫ 텬명(天定)이라.
병(病)이 실(實)노 드럿스면 ᄆᆞᄋᆞᆷ을 강잉(强仍)ᄒᆞ오.
흐르ᄂᆞᆫ 이 셰월(歲月)에 죠로(朝露) ᄀᆞᆺᄒᆞᆫ 우리 인싱(人生)
ᄒᆞᆫ 번 죽어 도라가면 다시 오기 어려워라.
ᄲᅢᄂᆞᆫ 썩어 황토(黃土)되고 살은 썩어 물이 된다.
죽은 나를 차자와셔 이런 ᄉᆞ졍 ᄒᆞ오릿가.
물노 일운 ᄆᆞᄋᆞᆷ이라 목셕(木石)이 아니어든
이러ᄒᆞᆫ 이 인싱(人生)은 혈마소 죽게 ᄒᆞ리.
그딕는 대쟝부(大丈夫)로 쳔금(千金) ᄀᆞᆺ흔 귀ᄒᆞᆫ 몸을

```
    이 내 일신(一身) 위하여셔 병이 드러 누엇으니
    심졍(心情)을 허비(虛費)타가 가련(可憐)이 죽게 되면
    원억ᄒᆞᆫ 뎌 혼ᄇᆡᆨ(魂魄)이 내 탓을 솜으리라.
    ᄇᆡᆨ년(百年)을 못살여든 님의 명(命)을 슌케 ᄒᆞ랴.
    이러나 져러나 그ᄃᆡ 수졍 ᄇᆞ리리오.
    연분(緣分)이 잇고 보면 ᄌᆞ연이 맛나리라.
    샹ᄉᆞ(想思)로 깁히 든 병(病) 다 풀치고 기ᄃᆞ리소.
    금일 모일(今日某日) 명월야(明月夜)에 아못조록 뵈올이다.
```
— 작자 미상, 「상사회답곡」

1. (가)의 밑줄 친 부분에 나타난 표현 2가지를 구체적으로 밝히고, 그것의 효과를 각각 밝히시오. [2점]

📋 **예상 답안**

밑줄 부분에는 '궁귀를 전송'하고 '사방으로 가라'는 부분에서 의인화가 나타나는데, 이것은 지금까지 늘 가난하여 일상처럼 친근하다는 의미를 잘 드러낸다. 또 가난이 화자에게 항의하는 부분에서 해학이 나타나는데, 이것은 가난에서 벗어나기 어렵다는 점을 효과적으로 드러낸다.

2. (나)에서 조선 후기 가사의 특징을 내용과 형식면에서 각각 밝히시오. [2점]

📋 **예상 답안**

내용면에서는 조선시대 일반적인 부녀자들과 달리 일부종사를 포기하고 다른 사람을 만나겠다는 내용에서 유교 윤리를 벗어난 내용을 드러냈고, 형식면에서는 마지막 행이 시조의 종장 형식을 지키지 못한 변격 가사여서 조선 후기 가사의 특징을 보인다.

3. (가), (나)에 제시된 현실 문제를 밝히고, 그것에 대한 화자의 대응 방법을 시대적 의미와 관련지어 서술하시오. [6점]

📋 **예상 답안**

(가)는 임진왜란 이후 일부 양반들이 몰락하면서 극심한 가난에 시달리는 문제를 제시했고, (나)에서는 불경이부의 윤리를 지켜야 할 부인이 서찰을 받고 갈등하는 상황이 문제로 제시되었다.

(가)에서 화자의 대응 방법은 가난을 벗어나려다가 실패하여 가난을 운명으로 여기고 수용하는 태도를 보인다. 이것은 운명에 의한 인간의 패배를 보여주며 중세적(전근대적), 비주체적 인식으로 볼 수 있다. (나)에서 화자의 대응은 자신으로 인해 상사를 앓는 사람을 죽게 할 수 없다고 만날 것을 약속하는 태도를 보인다. 이것은 당대의 유교 윤리를 벗어나는 것으로 근대적, 주체적(개성적) 인식으로 볼 수 있다.

작품 6 ▶ 농가월령가(農家月令歌)

❖ 출제방향
- 월령체의 형식과 창작 의도
- 정월의 세시 풍속과 행사 이해

[정월령(正月令)]

정월(正月)은 맹춘(孟春) 입춘(立春) 우수(雨水) 절후(節侯)로다.	정월은 초봄이라 입춘, 우수의 절기로다.
산중간학(山中澗壑)의 빙설(氷雪)은 남아시니	산 속 골짜기에는 얼음과 눈이 남아 있으나
평교(平郊) 광야(廣野)의 운물(雲物)이 변ᄒᆞ도다.	넓은 들판에는 경치가 변하기 시작하도다.
어와 우리 성상(聖上) 애민 중농(愛民重農) ᄒᆞ오시니	어와, 우리 임금님께서 백성을 사랑하고 농사를 중히 여기시어
간측(懇側)ᄒᆞ신 권농윤음(勸農綸音) 방곡(坊曲)의 반포(頒布)ᄒᆞ니	농사를 권장하시는 말씀을 방방곡곡에 알리시니
슬푸다 농부(農夫)들아 아므리 무지(無知)ᄒᆞᆫ들	슬프다 농부들이여, 아무리 무지하다고 한들
네 몸 이해(利害) 고사(姑舍)ᄒᆞ고 성의(聖意)를 어길소냐?	네 자신의 이해 관계를 제쳐 놓는다 해도 임금님의 뜻을 어기겠느냐
산전 수답(山田水畓) 상반(相半)으게 힘듸로 ᄒᆞ오리라.	밭과 논을 반반씩 균형 있게 힘써 경작하오리라.
일년풍흉(一年豊凶)은 측량(測量)치 못ᄒᆞ야도	일 년의 풍년과 흉년을 예측하지는 못해도
인력(人力)이 극진(極盡)ᄒᆞ면 천재(天災)를 면(免)ᄒᆞᄂᆞ니	사람의 힘을 다 쏟으면 자연의 재앙을 면하나니
져각각(各各) 권면ᄒᆞ야 게얼니 구지 마라.	제각각 서로 권하여 게을리 굴지 마라.
일년지계재춘(一年之計在春)ᄒᆞ니 범사(凡事)를 미리ᄒᆞ라.	일년의 계획은 봄에 하는 것이니 모든 일을 미리 하라.
봄에 만일 실시(失時)ᄒᆞ면 종년(終年) 일이 낭패되네.	만약 봄에 때를 놓치면 해를 마칠 때까지 일이 낭패되네.
농지(農地)를 다스리고 농우(農牛)를 살펴 먹여	농지를 다스리고 농우를 잘 보살펴서
직거름 직와 노코 일변(一邊)으로 시러 ᄂᆡ여	재거름을 재워 놓고 한편으로 실어 내어
맥전(麥田)의 오좀듀기 세전(歲前)보다 힘써 ᄒᆞ소.	보리밭에 오줌 주기를 새해가 되기 전보다 힘써 하소.
늙으니 근력(筋力) 업고 힘든 일은 못 ᄒᆞ야도	늙으니 기운이 없어 힘든 일은 못 해도
낫이면 이영 녁고 밤의ᄂᆞᆫ 식기 쏘아	낮이면 이엉 엮고 밤이면 새끼 꼬아
쎡 맛쳐 집 니우니 큰 근심 더럿도다.	때맞추어 지붕을 이니 큰 근심을 덜었도다.
실과(實果)나모 벗꼿 싸고 가지 ᄉᆞ이 돌 ᄭᅵ오기	과일나무 보굿을 벗겨 내고 가지 사이에 돌 끼우기
정조(正朝)날 미명시(未明時)의 시험(試驗)죠로 ᄒᆞ야 보소.	정월 초하룻날 날이 밝기 전에 시험 삼아 하여 보소.
며나리 닛디 말고 송국주(松菊酒) 밋ᄒᆞ여라.	며느리는 잊지 말고 송국주를 걸러라.
삼춘(三春) 백화시(百花時)의 화전 일취(花煎一醉)ᄒᆞ야 보ᄌᆞ.	온갖 꽃이 만발한 봄에 화전을 안주 삼아 한번 취해보자.

상원(上元)날 달을 보아 수한(水旱)을 안다 ᄒᆞ니
노농(老農)의 징험(徵驗)이라 대강은 짐작(斟酌)ᄂᆞ니.
정초(正初) 세배(歲拜)ᄒᆞᆷ든 돈후(敦厚)ᄒᆞᆫ 풍속(風俗)이라.
식 의복(衣服) 떨쳐 닙고 친척 인인(親戚 隣人)셔로 ᄎᆞᄌᆞ
남녀노소(老小男女) 아동(兒童)까지 삼삼오오(三三五五) 단일 젹의
와각벼셕 울긋불긋 물색(物色)이 번화(繁華)ᄒᆞ다.
산나희 연(鳶) 씌오고 계집아희 널 쒸고
늣노라 나기ᄒᆞ기 소년(少年)들의 노리로다.
사당(祠堂)의 세알(歲謁)ᄒᆞ니 병탕(餠湯)의 주과(酒果)로다.
엄파와 미나리를 무오엄의 겻드리면
보기의 신신(新新)ᄒᆞ야 오신채(五辛菜) 불워ᄒᆞ랴.
보름날 약식(藥食) 다례(茶禮) 신라(新羅)젹 풍속(風俗)이라.
묵은 산채(山菜) 살마 뉘여 육미(肉味)를 밧골소냐.
귀밝히ᄂᆞᆫ 약(藥)술이며 부름 삭ᄂᆞᆫ 생률(生栗)이라.
먼져 불너 더위팔기 달마지 해불 혀기
흘너오ᄂᆞᆫ 풍속(風俗)이오 아희들 노리로다.

정월 대보름날 달을 보아 그 해의 홍수와 가뭄을 안다 하니
농사 짓는 노인의 경험이라 대강은 짐작하네.
정월 초하룻날 세배하는 것은 인정이 두터운 풍속이라.
새 옷을 떨쳐 입고 친척과 이웃을 서로 찾아
남녀노소에 아이들까지 몇 사람씩 떼를 지어 다닐 적에
설빔 새옷이 와석버석거리고 울긋불긋하여 빛깔이 화려하다.
남자 아이들은 연을 띄우고 여자 아이들은 널을 뛰고
윷을 놀아 내기하기 소년들의 놀이로다.
설날 사당에 인사를 드리니 떡국과 술과 과일이 제물이로다.
움파와 미나리를 무 싹에다 곁들이면
보기에 새롭고 싱싱하니 오신채를 부러워하겠는가?
보름날 약밥을 지어 먹고 차례를 지내는 것은 신라 때의 풍속이라.
지난 해에 캐어 말린 산나물을 삶아서 무쳐 내니 고기 맛과 바꾸겠는가?
귀 밝으라고 마시는 약술이며, 부스럼 삭으라고 먹는 생밤이라.
먼저 불러서 더위 팔기와 달맞이 횃불 켜기는
옛날부터 전해오는 풍속이요, 아이들 놀이로다.

[팔월령(八月令)]

팔월이라 즁추(仲秋)되니 빅노(白露) 츄분(秋分) 졀긔로다.
북두성(北斗星) ᄌᆞ로 도라 셔편(西便)을 가르치니,
션션ᄒᆞᆫ 죠셕(朝夕) 긔운 츄의(秋意)가 완연ᄒᆞ다.
귀ᄯᅩ람이 말근 쇼리 벽간(壁間)의 들거고나.
아츰의 안긔 ᄭᅵ고 밤이면 이실 ᄂᆞ려,
빅곡(百穀)을 셩실(成實)ᄒᆞ고 만믈을 지촉ᄒᆞ니,
들 구경 돌나보니 힘드린 닐 공싱(功生)ᄒᆞ다.
빅곡(百穀)의 이삭 ᄑᆡ고 여믈 드러 고기 숙어,
셔풍(西風)의 익ᄂᆞᆫ 빗츤 황운(黃雲)이 이러난다.
빅셜(白雪) 갓ᄒᆞᆫ 면화송이 산호(珊瑚) 갓ᄒᆞᆫ 고쵸 다리
쳠아의 너러시니 가을 볏 명낭ᄒᆞ다.

팔월 중추가 되니 백로와 추분이 있는 절기로다.
북두칠성 자리도 서쪽을 가리키니.
서늘한 아침 저녁 기운은 가을다운 기분이 완연하다.
귀뚜라미의 맑은 소리는 벽 사이에서 들려오는구나.
아침에 안개 끼고 밤이면 이슬이 내려서.
모든 곡식을 여물게 하고 만물의 결실을 재촉하니,
들을 구경하며 돌아보니 힘을 들인 일의 공이 나타나는구나.
모든 곡식의 이삭이 패고 열매가 익어 고개 숙이니,
서풍이 불어와 들판에 누렇게 익은 벼의 물결이 일어난다.
백설 같은 목화와 산호처럼 빨간 고추다래를
집 처마에 널었으니, 가을볕이 맑고 밝다.

안팟 마당 닥가 노코 발치 망구 쟝만ᄒ쇼.

면화(棉花) ᄯᆞᄂᆞᆫ 다락기의 수수 이삭, 콩가지오.

나무군 도라오니 머루 다릭 산과(山果)로다.

뒤동산 밤 대추ᄂᆞᆫ 아희들 셰상이라.

아름 모아 말리여라 철 대야 ᄡᅳ게 ᄒᆞ쇼.

명지(明紬)를 ᄭᅳᆫ허 내여 추양(秋陽)에 마젼ᄒᆞ고,

쪽 듸리고 잇 듸리니 쳥홍(靑紅)이 색색이라.

부모님 연만(年晩)ᄒᆞ니 슈의(壽衣)를 유의ᄒᆞ고

그 남아 마루재아 ᄌᆞ녀의 혼슈(婚需)ᄒᆞ셰.

집 우희 굿은 박은 요긴ᄒᆞᆫ 기명(器皿)이라.

댑ᄉᆞ리 뷔ᄅᆞᆯ 매아 마당질의 ᄡᅳ오리라.

참깨 들깨 거둔 후의 즁오려 타작ᄒᆞ고

담배 줄 녹두 말을 아쇠야 쟉젼(作錢)ᄒᆞ랴.

쟝 구경도 ᄒᆞ려니와 흥정할 것 잊지 마쇼.

북어 쾌 젓죠긔를 츄셕 명일 쇠야 보셰.

신도쥬(新稻酒) 오려송편 박나믈 토란국을

션산(先山)의 졔물ᄒᆞ고 이웃집 ᄂᆞ화 먹셰.

며ᄂᆞ리 말믜 바다 본집에 근친(覲親)갈 졔,

개 잡아 살마 건져 떡고리와 슐병이라.

쵸록 쟝옷 반믈 치마 쟝쇽(裝束)ᄒᆞ고 다시 보니

여름지에 지친 얼골 쇼복(蘇復)이 되얏ᄂᆞ냐.

즁츄야 ᄇᆞᆰ은 달에 지긔(志氣) 펴고 놀고 오쇼.

금년 홀 일 못 다ᄒᆞ나 망년 계교(計較) ᄒᆞ오리라.

밀재 뷔여 더운가리 모맥(牟麥)을 츄경(秋耕)ᄒᆞ셰.

ᄭᅳᆺᄭᅳ치 못 닉어도 급한 대로 것고 갈쇼.

인공(人功)만 그러할가 텬시(天時)도 이러ᄒᆞ니

반각(半刻)도 쉴 때 업시 맛츠며 시작ᄂᆞ니.

안팎 마당을 닦아 놓고 발채와 옹구를 마련하시오.

목화송이를 따는 다래끼에 수수 이삭 콩 깍지가 풍성하오.

나무꾼이 돌아오니 머루와 다래 등 산과 실이 많이 생겼다.

뒷동산 밤과 대추는 아이들 차지다.

알밤을 모아서 말려라. 명절 때에 맞추어 쓰게 하소.

명주를 끊어 내어 가을볕에 표백하고,

남빛과 빨강으로 물을 들이니 청홍이 색색이구나.

부모님의 연세가 많으시니 수의를 마련하고

나머지는 재단하여 자녀들의 혼숫감으로 마련하세.

지붕 위 익은 박은 긴요한 그릇이라.

댑싸리로 비를 만들어 타작하는 데 사용하리라.

참깨와 들깨를 수확한 후에 올벼를 타작하고

담뱃줄, 녹두 말을 아쉬운 대로 팔아 돈을 장만해야 할 것이 아닌가?

장 구경도 하려니와 흥정할 것도 잊지 마소.

북어쾌, 젓조기를 준비해서 추석 명일을 지내보세.

햅쌀로 빚은 술과 올벼로 만든 송편, 박나물과 토란국을 만들어

선산에서 제사지낼 때 제물로 쓰고, 나머지는 이웃집과 나누어 먹세.

며느리가 휴가를 얻어 친정에 부모님을 뵈러 갈 때,

개를 잡아 삶아 건져 놓고 떡고리와 술병을 갖추어 (뵈러간다.)

초록빛 장옷과 남빛 치마로 단장하고 다시 보니

농사짓기에 지친 얼굴에 원기가 회복되었느냐?

추석날 밝은 달 아래 기를 펴고 놀다오소.

금년에 일을 다 하지 못했으나, 명년 계획을 세우리라.

삼백초를 베어 내고 소나기가 내리면 더운갈이 하고, 밀과 보리농사를 위해서는 가을갈이 하세.

끝마다 완전히 익지 못하여도 급한 대로 걷고 갈아 보소.

사람이 살아가는 일에만 그러할까? 하늘의 때도 이러하니

잠시도 쉴 때 없이 마치면 또 일을 시작하나니.

핵심정리

- **작자** 정학유(丁學游, 1786~1855)
  조선 후기 문인. 호는 운포(耘逋), 정약용의 둘째 아들로 일생을 문인으로 마침. 경기도 양주에서 직접 농사를 지으면서 실학 정신을 실천하려고 노력함
- **연대** 순조 16년(1816)
- **형식** 3·4(4·4)조, 4음보의 연속체
- **구성** 전체 13장 1036구로 된 장편 가사의 월령체(달거리라고도 함)
- **성격** 교훈적, 계몽적
- **주제** 월령과 절후에 따라 농가에서 해야 할 일과 세시 풍속의 소개
- **의의** ① 월령가로서는 가장 규모가 큰 작품
  ② 조선 후기 농사의 중요성을 강조하는 실학의 태도를 짐작하게 함. 실학자 중 이익이나 정약용은 사대부들도 농사를 지어야 한다고까지 주장
  ③ 우리말 노래로 농업 기술의 보급을 처음 시도한 작품
- **출전** 『가사 육종(歌辭六種)』

이해와 감상

| 해설 |

이 작품은 한 해의 농촌 생활을 각 월별로 읊은 것인데, 서장(序章)을 포함하여 모두 13장으로 구성되어 있다. 내용은 '서사 – 본사 – 결사'로 구분된다. 서사에는 천체 운행과 계절의 반복 변화를, 본사는 농법, 농가 행사, 농가 풍속 등을 적어 농민들을 교화하는 내용을 다루었다. 그리고 결사에서는 본사의 내용대로 행해야 한다며, 실천과 경계의 뜻을 적고 있다. 형식은 월령체(月令體 : 달거리)인데, '월령체'란 일 년을 열두 달로 나누어 내용을 구성하는 시가를 말한다. 이것에는 두 가지 종류가 있는데, 하나는 고려 속요인 「동동(動動)」이나 「관등가(觀燈歌)」처럼, 임을 여읜 여자가 열두 달 명절마다 임을 그리워하는 내용의 「청상요(靑孀謠)」라고 하는 것이 있으며, 다른 하나는 「농가월령가」처럼 열두 달에 하는 농사일을 서술하는 '달거리'가 있다.

달거리의 특징을 보면, 오랜 역사를 가진 민요인 「청상요」와 마찬가지로 농민 생활을 반영한 노래라고 볼 수 있고, 또 세시기(歲時記)의 성격을 지니고 있기도 하다. 「청상요」는 모두 함께 즐기는 명절을 맞이하니 임을 여읜 슬픔과 고독이 더욱 절실하게 느껴진다는 애절한 연가이며, 민요의 연가 중에서도 특히 중요한 형식의 하나이다.

「농가월령가」는 양반의 문학이면서도 농민에 대한 이해와 친근감을 나타내고, 권농(勸農)의 의도를 역설하는 데 특히 효과적인 형식을 갖고 있다. 창작 연대는 조선 헌종 때(1800년대)로 추정되며, 작자에 대해서는 고상안(高尙顏)이 지었다는 설이 있으나 정학유(丁學遊)라는 설이 유력하다. 농사일을 월마다 읊고 철마다 다가오는 풍속과 지켜야 할 범절을 노래하여, 다소 교훈적인 내용의 흐름이지만 생활의 정황을 사실적으로 잘 묘사하고 있다.

「농가월령가」는 조선 시대의 생활사 및 풍속사의 자료로서 높은 가치를 가지고 있는 작품이다.

| 감상 |

모두 13장으로 구성된 내용 중에서 가장 특징적인 부분은 '팔월령'인데, 이 부분은 농촌에서 가장 풍성한 절후인 8월을 맞아 농가에서 해야 할 일이 잘 나타나 있다.

처음엔 8월의 서경(敍景)을 노래하였고, 농사일과 가정을 비롯하여 여러 가지의 곡물과 과일 산과를 차례로 소개하여 풍요로운 계절 감각을 불러일으키고 있다. 또한 가을걷이와 추석 지내기, 며느리의 근친(近親)과 가을 풍경 등 풍족한 수확으로 마련해야 할 여러 일들을 흐뭇하게 그려 정감 있는 농촌의 풍경을 나타내고 있다. 그러면서도 잠시도 쉬지 말고 열심히 일하자는 다짐까지 하고 있다.

> **참고** 근친(近親)
>
> 가을 농사가 끝나고 추석 명절과 선산 제물 드리는 일이 끝나면 며느리에게 휴가를 주는 것을 '말미 준다.'고 한다. 며느리가 말미를 받아 친정 부모를 찾아뵙는 일을 '근친'이라 하는데, 이때에는 고기와 떡과 술 등의 이바지를 해가는 것이 풍습이다. 이때 며느리는 성장(盛裝)을 하고 친정에 가서는 기지개를 펴듯 마음 놓고 놀다 온다.

1 창작 배경

「농가월령가」에서 농업에 힘쓰기를 강조한 것은 조선 후기 농업 및 상업 화폐 경제의 발달을 배경으로 하고 있다. 면화를 많이 갈고 누에를 열심히 먹이도록 권유하는 것은 자급자족의 차원을 넘어서 그것을 수공업 상품으로 생각했기 때문이다. 또 실제로 농사를 열심히 지어 경제적으로 성공한 사례가 많았기 때문에 이러한 내용의 가사가 거듭 창작되었다. 정학유는 경기도 양주에서 직접 농사를 지으면서 실학 정신을 실천하고자 노력하였는데, 이러한 노력이 농가에서 매달 할 일과 풍속 등을 한글로 읊은 「농가월령가」에서 드러나고 있다.

2 「농가월령가」의 전체 내용

장	내용
서사	일월 성신의 운행과 역대의 월령 및 그 당시에 쓰이는 역법의 기원을 설명함
정월령	맹춘(孟春)인 정월의 절기와 일 년 농사 준비, 정초의 세배와 풍속, 보름날의 풍속 등을 소개함
2월령	중춘(仲春)인 2월의 절기와 춘경(春耕)과 가축 기르기, 약재 캐기 등을 묘사함
3월령	모춘(暮春)인 3월의 절기와 논농사 및 밭농사의 파종, 과일 나무 접붙이기, 장 담기 등을 노래함
4월령	맹하(孟夏)인 4월의 절기와 이른 모내기, 간작(間作), 분봉(分蜂), 팔일 현등, 천렵 등을 노래함
5월령	중하(仲夏)인 5월의 절기와 보리타작, 고치따기, 그네뛰기, 민요, 화답 등을 소개함
6월령	계하(季夏)인 6월의 절기와 간작, 북돋우기, 유두의 풍속, 장 관리, 삼 수확, 길쌈 등을 노래함
7월령	맹추(孟秋)인 7월의 절기와 칠월 칠석의 견우직녀의 이별과 비, 김매기, 피 고르기, 선산의 벌초하기, 겨울을 위한 야채 준비 및 김장할 무·배추의 파종을 노래함
8월령	중추(仲秋)인 8월의 절기와 백곡의 무르익음과 수확, 중추절을 위한 장흥정, 며느리의 친정 근친 등을 노래함
9월령	계추(季秋)인 9월의 절기와 늦어지는 가을 추수의 이모저모, 그리고 풍요함 속에서 피어나는 이웃 간의 온정을 노래함
10월령	맹동(孟冬)인 10월의 절기와 무·배추 수확, 겨울 준비, 가내 화목, 한 동네의 화목 등을 권함
11월령	중동(仲冬)인 11월의 절기와 메주 쑤기, 동지의 풍속, 가축 기르기, 거름 준비 등을 노래함
12월령	계동(季冬)인 12월의 절기, 새해 준비, 묵은 세배 등을 묘사함. 결사에서는 농업에 힘쓰기를 권장함

3 문학적 기능

「농가월령가」는 마치 월중 행사표처럼 농가에서 매달 해야 할 일을 알려 준다는 점에서 인식적 기능을 지니고 있음을 확인할 수 있다. 또한, 농민들에게 근면하게 농사에 힘쓸 것을 강조하고 있다는 점에서는 윤리적 기능을 지니고 있으며, 풍부한 음악적 요소로 인하여 흥겨움을 느낄 수 있다는 점에서 미적 기능도 지니고 있다. 이러한 세 가지 기능으로 개인의 삶의 질을 고양시켜줄 뿐만 아니라 농촌 사회의 풍속과 문화를 바탕으로 농민들의 공감을 불러일으키고, 농촌 공동체의 의사를 결집해 주고 있다는 점에는 공동체 통합의 기능도 지니고 있음을 알 수 있다.

4 「농가월령가」의 특징

한 해 동안 힘써야 할 농사일과 철마다 알아 두어야 할 풍속 및 예의범절 등을 운문체로 기록한 작품이다. 농시(農時)를 강조하고 농구 관리와 거름의 중요성, 그리고 작물, 과목, 양잠, 양축, 양봉, 산채구 관초, 김장, 누룩, 방적 등에 이르기까지 다양한 농사 내용과 세배, 널뛰기, 윷놀이, 달맞이, 더위팔기, 성묘, 천렵, 천신(薦新) 등의 민속적인 행사 등이 광범위하게 포함되어 있다. 그리고 농업 기술을 음률에 맞추어 흥겹게 노래로 부를 수 있도록 하였다는 점에서 농업 기술의 보급상 중요한 의미를 지니고 민속학 연구에도 많은 도움을 주고 있다.

5 「농가월령가」에 나타난 작자의 의식

작자인 정학유는 농민의 비탄을 노래하는 대신에 부지런히 일해서 농사를 잘 짓고 생활을 안정시키는 방도를 제시하고자 했다. 농민이 겪는 어려움의 상당 부분이 잘못된 사회 구조에서 연유한다는 사실을 인정하면서도 기존의 질서를 옹호하는 모순된 태도를 보여 주는 것은 작자 의식의 한계로 보인다.

그렇지만 농촌 생활과 관련된 구체적 어휘가 풍부하게 나타난다는 점과, 농촌 생활의 부지런한 활동을 실감 있게 제시했다는 점, 그리고 세시 풍속을 기록해 놓은 월령체 가운데 가장 규모가 크고 짜임새가 있다는 점에서 그 가치를 높이 평가할 만하다.

6 「농가월령가」의 어미 사용과 화자의 의도

화자는 자신의 의도에 따라 어미 사용을 적절히 선택하고 있다. 우선, 달마다 절기를 소개할 때에는 감탄형 종결 어미 '-로다'를 사용하고 있다. 절기 소개에 이어서 화자의 정서가 표출되는데, 이것은 화자만이 아니라 향촌 사회에서 누구나 공감할 만한 정서이다. 다른 교훈 가사들과는 달리, 청자인 향민의 입장을 충분히 고려하는 태도라 할 수 있다. 다음, 농사일에 대해서는 주로 명령형 종결 어미 '-하라, -하소'를 사용하고 있다. 이는 화자가 농부와는 다른 위치에서 노래하고 있음을 의미한다. 화자는 상좌(上座)하는 입장, 다시 말해 상층의 입장에 서 있다. 이에 따라 화자는 농사일은 크게 힘들거나 어려운 일이 아니라 소망 있고 가치 있는 일이라 여기게 된다. 이를 통해 볼 때, 「농가월령가」는 한편으로 농민의 처지를 배려하는 듯하면서도 한편으로는 상층의 입장에 있음을 알 수 있다. 조선 후기의 사회 경제적 변동에 따른 향촌 사회의 동요는 향촌 사대부들에게 위기였기에, 향촌 사회에서의 발언권을 확보하고 여러 문제를 바로 잡기 위하여 지은 것이 교훈 가사이며, 그 때 쓰인 표현이 명령형의 어법이다. 그러나 당위(當爲)만으로 사태가 해결되지 않을 것이므로 동요하는 향민들을 다독이고 위무(慰撫)하는 일이 필요했으며, 그들과 심정적으로 공감하고자 한 어법이 감탄형이었다.

7 성격

「농가월령가」에서 화자는 절기에 따라 풍속과 농사일에 대해 권면(勸勉)하고 있다. 이는 「농가월령가」의 교훈적 성격과 관련되는데, 이 때 화자는 농민들에 대해 지시적인 어투를 사용하고 있다. 이는 실제 땀을 흘리는 농민이 아닌 양반에 의해 서술됨에 따라 나타난 것으로 이 글의 한계이기도 하다.

8 「농가월령가」에서의 자연

「농가월령가」에서 자연은 노동의 현장이자 생활의 현장이다. 여기서 자연은 생산물이 만들어지는 곳이지 완상(玩賞)의 대상이 아니다. 4월령에서 천렵(川獵)이 나오나 이것도 양반 사대부의 것이 아니라 농민들의 즐거움이다. 그런 면에서 「농가월령가」의 자연은 새로운 의미를 갖는다. 사대부의 입장에서 관조적으로 바라본 자연이 아닌, 생활공간으로서 의미를 지닌 삶의 현장인 것이다.

■ 「농가월령가」 전편(全篇), 김인겸 「일동장유가」, 「농부가」, 한산거사 「한양가」

> **참고**
>
> ### 1. 월령체 시가
> 월령체는 정월부터 섣달까지 열두 달에 걸쳐 시간이 흐름에 맞추어 각 연을 나누어 부르는 시가 양식으로 '달거리 형식'이라고도 한다. 계절의 변화에 따라 시상을 전개하는 것은 고전시가에서 일반적인 형태이나, 특히 달의 변화에 따라 시상을 세밀하게 진행시키는 것을 '월령체 시가'라고 부른다. 내용상 각 절기의 세시 풍속과 관련되며, 농경 생활이 반영되어 있는 경우가 대부분이다. 고려 가요 「동동」이 효시이며, 정학유의 「농가월령가」, 민요 「청상요」, 「관등가(觀燈歌)」, 조선 성종 때 성현의 한시 「전가사 십이수(田家詞十二首)」 등이 있다.
>
> ### 2. 조선 후기 가사의 변모 양상
> 조선 전기에는 강호 가사가 주류를 이루었으나, 임진왜란 이후 조선 후기에 접어들면서 가사는 다양한 양상을 보이기 시작한다. 우선 사대부의 전유물이던 가사에 사대부층 부녀자들과 평민들도 참여함으로써 작자층이 확대되었다. 또한 그 내용도 여러 방향으로 분화되어 현실적인 문제에 대한 관심이 확대되고, 표현 방식도 다양해졌다. 이에 따라 사대부들의 가사 역시 구체적인 사실과 체험을 중시하는 방향으로 변모하였다. 「일동장유가(日東壯遊歌)」, 「연행가(燕行歌)」 등의 기행 가사와 「북천가(北遷歌)」와 같은 유배 가사, 「한양가(漢陽歌)」와 같은 풍물 가사 등이 활기를 띠었다는 점도 중요한 변모 가운데 하나이다.
>
> ### 3. 교훈 가사의 특성과 「농가월령가」
> 조선 전기는 개인적 정서와 보편적 이념이 결합되어 있던 시기라고 할 수 있다. 조선 후기에 접어들어 이러한 조화가 더 이상 유지되지 않게 되었는데, 그럴 때 첫째로 생각할 수 있는 태도는 세계를 바람직한 쪽으로 고치는 방법이다. 이때 스스로 진리를 알고 있다고 믿는 화자는 직접 언술을 통하여 그것을 단정적으로 제시하고자 한다. 작가가 알려지지 않은 「상저가」에서는, 먼저 청자인 '저장네'를 향하여 직접 언술을 시도하여 사실의 전달을 우선하는 욕구적 기능을 강하게 나타내고, 이어 위로 임금에서 아래로 일반 백성에 이르기까지 마땅히 해야 할 일을 열거한다. 그러나 이 부분은 반드시 특정한 화자가 특정한 청자에게 전언할 필요가 없을 정도로 일반적인 진리를 주제적으로 제시할 뿐이다. 정학유의 「농가월령가」의 언술 방식은 약간 차이를 보인다. 농사일 자체가 우주 만물을 형성하는 원리라는 당위적 인식을 단정적으로 제시하려 하였으나, 이미 농사일의 당위성이 흔들리고 있었기 때문이다. '각자에게 운명적으로 이미 정해서 나눈 복은 인력으로 어찌할 수 없다.'는 원리를 단정적으로 제시함으로써 농사일이 힘들고 어려운 일에 불과하다는 현실을 무마한다.

기출문제

1. 모둠별 활동을 통해 (가), (나)에 대해 탐구한 내용으로 적절하지 <u>않은</u> 것은?

2010년 기출 25번

(가)
 어와 내 말 듣소 농업이 어떠한고
 종년 근고(終年勤苦) 한다 하나 그 중에 낙(樂)이 있네
 위로 국가 봉용(奉用) 사계(私系)로 제선 봉친(祭先奉親)
 형제 처자 혼상(婚喪) 대사 먹고 입고 쓰는 것이
 토지 소출 아니러면 돈 지당을 어이할꼬
 예로부터 이른 말이 농업이 근본이라
 배 부려 선업하고 말 부려 장사하기
 전당 잡고 빚 주기와 장판에 체계* 놓기
 술장사 떡장사며 술막질** 가게 보기
 아직은 흔전하나 한 번을 뒤뚝하면
 파락호 빚구러기 사던 곳 터도 없다
       - 정학유, 「농가월령가」

* 체계 : 장판에서 돈놀이를 하는 것
** 술막질 : 주막 영업

(나)
 비단치마 입던 허리 행주치마 둘러 입고
 운혜 당혜 신든 발에 석새 짚신 졸여 신고
 단장 안에 묵은 처마 갈고 매고 개간하여
 외 가지를 굵게 길러 성시(城市)에 팔아 오고
 뽕을 따 누에 쳐서 오색 당사 고운 실을
 유황 같은 큰 베틀에 필필이 짜낼 적에
    〈중략〉
 딸아 딸아 고명딸아 괴똥어미 경계하고
 너의 어미 살을 받아 세금결시 이른 말은
 부디 각골(刻骨) 명심하라
     - 이 부인(夫人), 「복선화음가」

	탐구 주제	탐구 내용
①	작품의 사회적 배경	(가), (나)는 농촌의 사회·경제적 변화를 반영하고 있다.
②	화자의 태도	(가), (나)는 유교적 세계관을 바탕으로 상행위를 비판하고 경계하는 태도가 나타나 있다.
③	창작 의도	(가), (나)는 훈계와 교훈을 목적으로 창작되었다.
④	표현상 특징	(가), (나)는 사례를 열거하여 주제를 전달하고 있다.
⑤	작품 속 청자	(가)는 향촌 공동체의 백성이고, (나)는 가족의 일원이다.

▎정답 ②

작품 7 　일동장유가(日東壯遊歌)

〈전략〉

이 쌔는 어느 쌘고. 계미(癸未) 팔월 초삼이라.	이 때는 어느 때인가? 계미년(1763) 8월 3일이다.
북궐(北闕)의 하딕(下直)ᄒᆞ고	경복궁에서 임금님께 하직하고
남대문 내ᄃᆞ라셔 관왕묘(關王廟) 얼풋 지나	남대문에서 말을 달려 관왕묘를 얼른 지나
젼ᄉᆡᆼ셔(典牲署) 다ᄃᆞ르니, ᄉᆞᄒᆡᆼ을 젼별(餞別)ᄒᆞ랴	전생서에 다다르니, 사신의 행차를 전송하려고
먄됴(滿朝) 공경(公卿) 다 모닷ᄂᆡ.	만조 백관들이 모두 모여 있네.
곳곳이 댱막(帳幕)이오 집집이 안마(鞍馬)로다.	곳곳마다 장막이 둘러져 있고 집집마다 안장 얹은 말이 대기하고 있도다.
좌우 젼후 뫼와 들어 인산인ᄒᆡ(人山人海) 되여시니	좌우 전후에서 사람들이 모여들어 산과 바다와 같은 무리를 이루었으니
졍 잇ᄂᆞᆫ 친구들은 손 잡고 우탄(吁嘆)ᄒᆞ고	정다운 친구들은 손을 마주잡고 서운해 하고
쳘 모르ᄂᆞᆫ 소년들은 불워ᄒᆞ기 측량(測量)업ᄂᆡ.	철 모르는 소년들은 부러워하기 이를 데 없네.
셕양(夕陽)이 거의 되니 ᄎᆞᄎᆞ치 고별(告別)ᄒᆞ고	저물 무렵이 거의 되어서 서로서로 이별하고
샹마포(上馬砲) 세 번 노코 ᄎᆞ례로 ᄯᅥ나갈ᄉᆡ	출발 신호에 차례로 떠나갈 때에
졀월(節鉞), 젼ᄇᆡ(前陪) 군관(軍官) 국셔(國書)를 인도ᄒᆞ고	절(節)과 부월(斧鉞), 앞을 인도하는 군관이 임금님의 친서를 인도하고
비단 일산(日傘) 슌시(巡視) 녕긔(令旗) ᄉᆞ신(使臣)을 뫼와셧다.	비단으로 만든 양산과 순시 영기 깃발이 사신을 중심으로 모여 섰다.
내 역시 뒤흘 ᄯᆞ라 역마(驛馬)를 칩더 ᄐᆞ니	나도 역시 뒤를 따라 역마를 올라타니
가치옷 지로나쟝(指路羅將) 깃 ᄭᅩᆺ고 압희 셔고	까치옷으로 단장한 길을 인도하는 나장이 깃을 꽂고 앞에 서 있고
마두셔쟈(馬頭書子) 부쵹ᄒᆞ고 쌍겻마 잡앗고나.	역졸과 군총(軍摠)이 부축하고 쌍두마를 잡았구나.
셰피놈의 된소ᄅᆡ로 권마셩(勸馬聲)은 무슴 일고.	청파 역졸이 큰 소리로 지르는 권마성은 무슨 일인가?
아모리 말나여도 젼례(前例)라고 부ᄃᆡ ᄒᆞᄂᆡ.	아무리 말리어도 전례라고 하면서 계속 하네.
ᄇᆡᆨ슈(白鬚)의 늙은 션ᄇᆡ 졸연(猝然)이 별셩(別星) 노릇	허옇게 센 수염의 늙은 선비가 갑자기 가신 노릇을 하니
우숩고 긔괴(奇怪)ᄒᆞ니 ᄂᆞᆷ 보기 슈괴(羞愧)ᄒᆞ다.	우습고 어색해서 남 보기에 부끄럽다.

〈중략〉

굿 보ᄂᆞᆫ 왜인들이 뫼희 안자 구버본다.	구경하는 왜인들이 산에 앉아 굽어본다.
그 듕의 ᄉᆞ나히ᄂᆞᆫ 머리를 싹가시ᄃᆡ	그 가운데 사나이들은 머리를 깎았으되
ᄭᅩᆨ뒤만 죠곰 남겨 고쵸샹토 ᄒᆞ여시며	뒤통수 한복판은 조금 남겨 고추같이 작은 상투를 하였으며
발 벗고 바디 벗고 칼 ᄒᆞ나식 ᄎᆞ이시며	발 벗고 바지 벗고 칼을 하나씩 차고 있으며
왜녀(倭女)의 치쟝들은 머리를 아니 싹고	여자들은 머리를 깎지 않고
밀기름 ᄃᆞᆷ북 발라 뒤흐로 잡아 ᄆᆡ야	밀기름을 듬뿍 발라 뒤로 잡아매어
죡두리 모양쳐로 둥글게 ᄶᅮ여 잇고	족두리 모양처럼 둥글게 꾸려 있고

그 씃츤 두로 트러 빈혀를 질러시며	그 끝은 둘로 틀어 비녀를 찔렀으며
무론 노쇼귀쳔(老少貴賤)ᄒᆞ고 어레빗슬 쏘잣구나.	노인과 어린이, 부자와 가난한 사람을 막론하고 얼레빗을 꽂았구나.
의복을 보와 ᄒᆞ니 무 업슨 두루막이	의복을 보아하니 무 없는 두루마기
ᄒᆞᆫ 동 단 막은 ᄉᆞ매 남녀 업시 ᄒᆞᆫ 가지요	옷단 없는 소매는 남녀 없이 한가지요
넙고 큰 졉은 ᄯᅴ를 느즉히 둘러 ᄯᅴ고	넓고 큰 접은 띠를 둘러 띠고
일용범ᄇᆡᆨ(日用凡百) 온갓 거슨 가슴 속의 다 품엇다.	날마다 사용하는 온갖 것을 가슴 속에 다 품었다.
남진 잇ᄂᆞᆫ 겨집들은 감아ᄒᆞ게 니(齒)를 칠ᄒᆞ고	남편 있는 계집들은 이를 검게 칠하고
뒤흐로 ᄯᅴ를 ᄆᆡ고 과부 쳐녀 간난히ᄂᆞᆫ	뒤로 띠를 매었으며, 과부, 처녀들은
압흐로 ᄯᅴ를 ᄆᆡ고 니를 칠티 아냣구나.	앞으로 띠를 매고 이는 칠하지 않았구나.
〈중략〉	
졈심 먹고 길 ᄯᅥ나셔 이십 니ᄂᆞᆫ 겨요 가셔	점심 먹고 길 떠나서 이십 리를 겨우 가서
날 져물고 대우(大雨)ᄒᆞ니 길이 즐기 참혹ᄒᆞ야	날이 저물고 큰비가 내리니 길이 끔찍하게 질어서
밋그럽고 쉬ᄂᆞᆫ디라.	미끄러워 자주 쉬어야 하는지라.
가마 멘 다ᄉᆞᆺ 놈이 서로 가며 쳬번(遞番)ᄒᆞᄃᆡ	가마 맨 다섯 놈이 서로 돌아가며 교대하되
갈 길이 바히 업서 두던에 가마 노코	갈 길이 전혀 없어서 둔덕에 가마를 놓고
이윽이 쥬뎌(躊躇) ᄒᆞ고 갈 ᄯᅳᆺ이 업ᄂᆞᆫ지라.	한참 동안 머뭇거리면서 갈 뜻이 없는지라.
ᄉᆞ면을 도라보니 텬디(天地)가 어득ᄒᆞ고	사방을 돌아보니 천지가 어둑어둑하고
일ᄒᆡᆼ들은 간 ᄃᆡ 업고 등불은 ᄭᅥ며시니	일행들은 간 데 없고 등불은 꺼졌으니
지쳑(咫尺)은 불분(不分)ᄒᆞ고 망망(茫茫)ᄒᆞᆫ 대야듕(大野中)의	지척을 분간할 수 없고 넓고 넓은 들 가운데서
말 못ᄒᆞᄂᆞᆫ 예놈들만 의지ᄒᆞ고 안자시니	말이 통하지 않는 왜놈들만 의지하고 앉았으니
오늘밤 이 경샹(景狀)은 고단코 위틱ᄒᆞ다.	오늘 밤의 이 상황은 몹시 외롭고 위태하다.
교군(較軍)이 ᄃᆞ라나면 낭픽(狼狽)가 오즉 ᄒᆞᆯ가.	가마꾼이 달아나면서 낭패가 오죽할까.
그놈들의 오슬 잡아 흔드러 ᄯᅳ즐 뵈고	그 놈들의 옷을 잡아 흔들어 뜻을 보이고
가마 속의 잇던 음식 갓갓지로 내여 주니	가마 속에 있던 음식을 갖가지로 내어 주니
지져괴며 먹은 후의 그졔야 가마 메고	저희들끼리 지껄이며 먹은 후에 그제서야 가마를 메고
촌촌 젼진ᄒᆞ야 곳곳이 가 이러ᄒᆞ니	조금씩 나아가는데 곳곳에 가서 이러하니
만일 음식 업듯더면 필연코 도주ᄒᆞᆯ씨.	만일 음식이 없었더라면 필연코 도주했을 것이다.
삼경냥은 겨요ᄒᆞ야 대원셩(大垣城)을 드러가니	삼경쯤이나 되어서야 겨우 대원성에 들어가니
두통ᄒᆞ고 구토ᄒᆞ야 밤새도록 대통(大痛)ᄒᆞ다.	머리가 아프고 구토하여 밤새도록 몹시 앓았다.
〈후략〉	

핵심정리

- **작자** 김인겸(金仁謙, 1707 ~ 1772)
  57세 때인 영조 39년(1763)에 조엄(趙曮)을 정사(正使)로 한 일본 통신사의 삼방서기(三房書記)로 수행
- **연대** 영조 40년(1764)
- **형식** 3·4(4·4)조, 4음보의 연속체
- **구성** 추보식 구성
- **성격** 기행 가사, 장편 가사(가사 중 최장편이다)
- **표현** 대구법, 직유법, 과장법, 설의법
- **주제** 일본 여행에서 얻은 일본의 풍속, 제도, 인정, 인습 등의 견문
- **출전** 『가람 문고본(文庫本)』

이해와 감상

| 해설 |

「일동장유가」는 김인겸이 영조 39년(1763)에 일본 통신사의 수행원으로 일본에 갔다가 11개월 동안 보고 들은 일본의 문물제도와 인정, 풍속 등을 순 국문으로 기록한 8,000여 구에 이르는 장편의 '기행 가사'이다. 그리고 고전 작품 중 기행 문학의 대표작으로 알려져 있다.

작자는 오랜 기간 동안의 장거리 여행을 통하여, 일본 기행의 정확한 노정과 거기에서 얻은 여러 가지 견문과 작자의 날카로운 비판 정신 등을 상세히 묘사하고 있다. 연경 기행의 경험을 쓴 홍순학의 「연행가」와 함께 대표적인 기행 가사로 꼽히는 「일동장유가」는 기행문의 요소를 충실히 갖추고 있다. 정확히 적고 있는 노정과 일시, 날씨와 자연 환경, 일어난 사건 등이 과장 없이 서술·묘사되어 있을 뿐만 아니라, 작자의 비판과 유머가 함께 적절한 조화를 이루고 있다.

「일동장유가」는 내용상 크게 네 단락으로 나누어진다. 첫째 단락은 여행 동기와 행장을 꾸리는 것에 대해서, 둘째 단락은 목적지인 동경까지의 노정과 견문에 대한 소감을, 셋째 단락은 목적지인 동경에서의 관경(觀景) 소감을, 마지막 단락은 돌아오는 길의 노정과 창작 동기에 대해 서술하고 있다.

이 작품은 당시 우리나라 친선 사절단의 규모와 조선과 일본의 외교상태, 그리고 일본의 산천 경치와 인물·풍속 등을 객관적인 관찰과 더불어 주관적인 비판까지 곁들여 쓰고 있다. 특히 임진왜란 이후의 일본에 대한 좋지 않은 감정까지도 글의 객관성을 잃지 않으면서 담아내고 있다. 「일동장유가」는 외교적 측면에서의 귀중한 자료로 기행문적 요소를 갖춘 기행문이다.

| 감상 |

기행문을 읽을 때, 독자는 직접 그곳에 가보지 않았지만 마치 자기가 그곳에 가 본 것처럼 느낄 수 있어야 한다. 이러한 점을 「일동장유가」는 적절하게 만족시켜 주고 있는 작품이다.

일본에서 우리나라에 '통신사(通信使)'를 청하여 통신사의 일원으로 부산을 출발하는 장면이 '환송연주 소리 굉장히 울려 퍼지니, 물속의 고기와 용들이 당연히 놀랄 만도 하구나'라고 표현되었는데, 사절단의 규모와 출발 과정의 장엄함이 아주 재치 있게 묘사되어 있다. 풍랑으로 인한 고생과 바다의 장관을 노래한 장면은 200년 전의 기행문이라는 점을 잊게 할 정도로 생생한 묘사를 담아내고 있다. '만 석을 실은 만한 큰 배가 마치 나뭇잎이 떠 있듯이, 물결 따라 하늘 높이 떠올랐다가 땅 밑으로 떨어지니, 열 두발이나 되는 쌍돛대는 척척 굽어진 나뭇가지처럼 굽어 있고, 짚으로 엮어 만든 쉰 두 폭 돛은 반달처럼 배가 불러있네.'를 통해 알 수 있다.

특히, 대마도에 이르기까지의 어려움과 대성원에 이르는 과정까지 겪은 고초는 마치 눈에 보이는 듯 사실적인 표현으로 실감을 더해 준다. 그 고초를 겪는 와중에 일본에 대한 비평을 곁들이고 있는데, '천지가 어두컴컴하고…… 아득한 큰 들판 가운데서 말 못하는 왜놈들만 의지하고 앉았으니…… 만약에 음식이 없었더라면 틀림없이 도망갔을 것이다.'라고 말해 곤경에 처한 사절단을 잘 보살피지 못하고 자기들의 이익만 챙기는 야비한 일본인들의 모습을 그려내어, 작자의 일본인에 대한 느낌과 감정을 간접적으로 묘사하고 있다.

「일동장유가」는 그 묘사가 아주 구체적이며 사실적이라는 점이 표현상의 특징이자, 가치 있는 문학적 요소가 된다.

1 「일동장유가」의 구성

① 제1권
　　일본에서 친선 사절을 청하여, 여러 수속 끝에 1763년 8월 3일 서울을 떠나 용인, 충주, 문경, 예천, 안동, 경주, 울산, 동래를 거쳐 부산에 이름

② 제2권
　　10월 6일 부산에서 승선하여 발선(發船)하는 장면에서부터 대마도, 일기도(壹岐島), 축전주(築前州), 남도(藍島)를 거쳐 적간관(赤間關[下關])에 도착하여 머묾

③ 제3권
　　이듬해 정월 초하루 적간관의 명절 이야기로부터 오사카(大阪), 교토(京都), 와다와라(小田原), 시나카와(品川)를 거쳐 에도(江戶)에 들어가 사행(使行)의 임무를 마침

④ 제4권
　　3월 11일 귀로에 올라, 6월 22일 부산에 귀환. 7월 8일 서울에 와서 영조께 복명(復命)함

2 기행문적인 성격

이 작품은 우리나라에서는 보기 드물게 순 국문으로 기록된 것으로, '가(歌)'로서 형식은 가사에 속하지만, 내용은 광의의 수필 문학인 기행문에 속한다. 기행문은 여행 중의 견문, 감상 등을 여정에 따라 쓴 글로, 이 작품에도 여행지의 풍경, 그곳에 사는 이들의 생활 습관과 언어, 풍습, 복식에 대한 견문과 감상이 드러나 있어 기행문으로서의 요건을 갖추고 있다.

이런 성격을 지닌 작품으로는 연경 기행 가사인 「연행가」와 유배생활을 그린 「북천가」, 「만언사」 등이 있다.

3 일본의 문물에 대한 우월주의적 시선

작자는 일본에 대한 조선의 우월 의식을 바탕으로 그들의 문물을 미개하고 열등한 오랑캐의 것이라고 바라보는 시각을 보여 주고 있다. 작자가 일본을 섬나라 오랑캐라고 인식하는 것은 중화 주의적 화이관(華夷觀)에 기인한 것으로, 이러한 태도는 일본 대마도에 도착하여 그들의 집이나 의복, 외양 등을 사실적으로 묘사하면서도 대상을 낮추어 보는 데서 알 수 있다.

- 집 형상이 노적더미 같음
- 남자들이 앞머리를 깎아 상투를 틀어 올리고, 발 벗고 바지 벗음
- 무 없는 두루마기, 소매 없이 터진 의복을 입음
- 아낙네들이 이에 검은 칠을 하고 다님

▶ 일본 문물을 미개하다고 바라보는 작자의 문화 우월주의적 시각

4 사행 가사(使行歌辭)로서의 특징

이 작품은 형식상 사행 가사의 범주에 드는 대표적인 작품이다. 사행 가사는 기행 가사의 한 갈래로서, 국가나 임금으로부터 부여받은 공식적인 외교 임무를 띠고 파견된 사신이나 그 일행으로 동반했던 작가가 외국의 풍물이나 문물을 경험하고 이를 기록한 가사를 말한다. 이러한 사행 가사는 작가가 사신의 일행으로 공적인 임무를 띠고 기록한 것이지만 실제 작품은 개인적 보고의 성격이 강하다는 점에서 공적·사적 성격을 공유하는 경우가 많다. 사행 가사의 대표작으로는 「일동장유가」를 비롯하여, 심방의 「연행별곡」, 홍순학의 「연행가」, 박권의 「서정별곡」, 이태직의 「유일록」 등이 있다.

5 의의와 한계

이 작품은 국문으로 된 해외 장편 기행 가사의 효시가 되는 작품으로서 일본의 독특한 풍물이나 풍속, 자연 등을 소개하고 있을 뿐 아니라 통신사 일행 등의 모습이나 일본 사람들의 접대하는 모습 등 구체적인 인물의 상황까지 전달하고 있다. 당시의 일본 사정을 국문으로 기록하여 국내에 알렸다는 점, 조선 후기 가사에 일본 체험 내용을 부여하면서 그 외연을 확대시켰다는 점은 이 작품이 가지는 문학사적 의의이다. 더구나 이 작품을 통해 당시 우리 외교 사절단의 규모와

한일 양국의 외교 방법, 그리고 당시 일본의 풍속 등을 엿볼 수 있을 뿐만 아니라, 작가의 일본에 대한 시선을 통해 임진왜란 이후 아직도 가시지 않은 대왜(對倭) 감정을 알 수 있어 외교사적인 면에서도 귀중한 자료이다.

한편, 작가가 문인으로서의 자부심이 대단하고 평생 유교적 가치관을 신봉하였으며 임진왜란으로 인해 일본에 대한 적개심을 지니고 있던 탓에 일본에 대해 낮잡아 보고 일본 사회에 대한 깊이 있는 이해를 보이지 못한 점은 한계로 지적될 만하다. 작품 속에서 한·중·일 3국의 도시 경제를 비교하면서 일본의 도시가 우리나라보다 훨씬 발달해 있고 중국에 비해서도 뒤지지 않음을 인정하고 있기는 하나, 그밖에 일본의 민중이나 학술, 기술에 대해서는 관심을 보이지 않고 있다. 또한 당시 동아시아의 정세 속에서 상공업의 발전으로 국제적 위상을 높여 가던 일본과 그에 대한 우리의 대응 자세에 대한 성찰을 하지 못한 점이 아쉬운 부분으로 지적된다.

작품 8 ▶ 연행가(燕行歌)

녹창 쥬호 여염들은 오식이 영농ᄒ고	녹색 창과 붉은 문의 여염집은 오색이 영롱하고
화ᄉ 치란 시졍들은 만물이 번화ᄒ다.	화려한 집과 난간의 시가지는 만물이 번화하다.
집집이 호인들은 길의 나와 구경ᄒ니	집집마다 만주 사람들은 길에 나와 구경하니
의복기 괴려ᄒ여 쳐음 보기 놀납도다.	옷차림이 괴이하여 처음 보기에 놀랍도다.
머리ᄂᆞᆫ 압흘 싹가 뒤만 쓰ᄒ 느리쳐셔	머리는 앞을 깎아 뒤만 땋아 늘어뜨려
당ᄉ실노 당긔ᄒ고 말익이을 눌너 쓰며	당사실로 댕기를 드리고 마래기라는 모자를 눌러 쓰며
일 년 삼백육십 일에 양치 한 번 아니ᄒ여	일년 삼백육십 일에 양치질 한 번 아니하여
이샐은 황금이오 손톱은 다셧 치라.	이빨은 황금빛이요 손톱은 다섯 치라.
거문빗 져구리ᄂᆞᆫ 깃 업시 지어쓰되,	검은 빛 저고리는 깃이 없이 지었으되,
옷고름은 아니 달고 단초 다라 입어쓰며	옷고름은 아니 달고 단추 달아 입었으며
아쳥 바지 반물 속것 허리쯰로 눌너 믹고	검푸른 바지와 검은 남빛 속옷 허리띠로 눌러 매고
두 다리의 힝젼 모양 타오구라 일홈 ᄒ여	두 다리에 행전 모양 타오구라 이름하여
회목의셔 오금까지 회믹히게 드리 씨고	발목에서 오금까지 가든하게 들이끼우고
깃 업슨 쳥두루막기 단초가 여러히요,	깃 없는 푸른 두루마기 단추가 여럿이며,
좁은 ᄉᆞ민 손등 덥허 손이 겨오 드나들고	좁은 소매가 손등을 덮어 손이 겨우 드나들고
두루막 위에 배자이며 무릅 우에 슬갑이라.	두루마기 위에 덧저고리 입고 무릎 위에 슬갑이라.
공방딕 옥 물샥리 담빅 너는 쥬머니의	곰방대와 옥 물부리 담배 넣은 주머니에
부시까지 쎠셔 들고 뒤짐지기 버릇치라.	부시까지 껴서 들고 뒷짐을 지는 것이 버릇이라.

| 스람마다 그 모양니 쳔만 인이 한빗치라. | 사람마다 그 모양이 천만 사람이 한 모습이라. |

ㅅ람마다 그 모양니 쳔만 인이 한빗치라.
쏫듸인 온다 ᄒ고 져의기리 지져귀며
무어시라 인사ᄒ나 ᄒ 마듸도 모르겟다.
계집년들 볼 만ᄒ다 그 모양은 웃더튼냐
머리만 치러실러 가림즈난 아니 타고
뒤통슈의 모화다가 밉시 잇게 슈식ᄒ고
오ᄉ식으로 만든 쏫츤 ᄉ면으로 쏫즈스며
도화분 단장ᄒ며 반취ᄒ 모양ᄀᄎ치
불그러 고흔 틱도 아미을 다스르고
살즉을 고이 끼고 붓ᄉ로 그려스니
입슐 아릭 연지빗흔 단슌이 분명ᄒ고
귓방을 ᄯ른 군영 귀여ᄉ리 달아스며
의복을 볼작시면 사나히 졔도로되
다홍빗 바지의다 푸른빗 져구리오
연도식 두루막이 발등까지 길게 지어
목도리며 수구 쏫동 화문으로 수을 노코
품 너르고 ᄉ미 널너 풍신 죠케 썰쳐 입고
옥수의 금지환은 외싹만 넙젹ᄒ고
손목의 옥고리는 굴게 ᄉ려 둥글고나.

〈중략〉

써업시 먹는 밥은 기장 좁살 슈슈쏠을
녹난ᄒ게 술마 닉여 닝슈의 치워 두고
진긔는 다 쌧져셔 아모 맛쏘 업는 거슬
남녀 노소 식구딕로 부모 형뎨 쳐즈 권속
한 상의 둘너안져 ᄒ 그릇식 밥을 써셔
져까치로 그러 먹고 낫부면 더 써온다.
반찬이라 ᄒ는 거슨 돗희기름 날파 나물,
큰 독의 담은 장은 소금물의 며쥬 너코
날마다 갓금갓금 막딕로 휘져ᄒ니,

사람마다 그 모양이 천만 사람이 한 모습이라.
소국 사람 온다 하고 저희끼리 지껄이며
무엇이라 인사하나 한 마디도 모르겠다.
여자들 볼 만하다. 그 모양이 어떻더냐?
머리를 위로 치켜 올려 가르마는 안 타고
뒤통수에 모아다가 맵시 있게 꾸미고
오색으로 만든 꽃을 사면에 꽂았으며
복숭아빛의 분으로 단장하여 반쯤 취한 모양같이
불그스레 고운 모습 눈썹 치장을 하였고
귀밑머리 고이 끼고 붓으로 그렸으니
입술 아래 연지빛은 붉은 입술이 분명하고
귓방울 뚫은 구멍에 귀고리를 달았으며
옷차림을 보자면 남자들 옷차림과 비슷하되
다홍빛 바지에다 푸른 빛 저고리요
연두색 두루마기를 발등까지 길게 지어
목도리며 소매 끝동에 꽃무늬로 수를 놓고
품 너르고 소매 넓어 여유 있게 떨쳐 입고
고운 손의 금가락지는 한 짝만 넓적하고
손목에 낀 옥고리는 굵게 사려서 둥글구나

때도 없이 먹는 밥은 기장, 좁쌀, 수수쌀을
묽직하게 삶아 내어 냉수에 채워 두고
끈끈한 기운 다 빠져서, 아무 맛도 없는 것을
남녀 노소 식구대로 부모 형제 처자 권속
한 상에 둘러앉아 한 그릇씩 밥을 떠서
젓가락으로 긁어 먹고, 부족하면 더 떠 온다.
반찬이라 하는 것은 돼지기름 날파 나물,
큰 독의 담근 장은 소금물에 메주 넣고
날마다 가끔가끔 막대로 휘저으니,

죽 ᄀᆞ튼 된장물을 쟝이라고 쩌다 먹디.
호인의 풍속들이 즘싱치기 슝샹ᄒᆞ여
쥰총 ᄀᆞᆺ튼 말들이며 범 갓튼 큰 노싀을
굴네도 아니 삐고 지갈도 아니 먹여
빅여 필식 압셰우고 흔 ᄉᆞ람이 모라 가디,
구율의 드러셔셔 달ᄂᆞᆫ 것 못 보게고
양이며 도야지를 슈빅 마리 쎼를 지어
조고마흔 아희놈이 한둘이 모라 가디,
디가리을 흔디 모화 허여지지 아니하고
집치 ᄀᆞᆺ튼 황소라도 코 안 쑬코 잘 부리며
조그마흔 당나귀도 밋돌질을 능히 ᄒᆞ고
디ᄃᆞᆰ 당ᄃᆞᆰ 오리 거욱 개 괴ᄭᆞᆺ지 길으며

발발이라 ᄒᆞᄂᆞᆫ 기ᄂᆞᆫ 계집년들 품고 자닉.
심지어 초롱 속의 온갓 식을 너허시니,
잉무식며 빅셜조ᄂᆞᆫ 사ᄅᆞᆷ의 말을 능히 흔다.
　　　　　　　　　〈후략〉

죽 같은 된장물을 장이라고 떠다 먹네.
오랑캐의 풍속들이 가축치기 숭상하여
잘 닫는 좋은 말들이며 범 같은 큰 노새를
굴레도 씌우지 않고 재갈도 물리지 않아
백여 필씩 앞세우고 한 사람이 몰아가되,
구유에 들어서서 달래는 것 못 보겠고
양이며 돼지를 수백 마리 떼를 지어
조그마한 아이놈이 한둘이 몰아가되,
대가리를 한데 모아 헤어지지 아니하고
집채 같은 황소라도 코 안 뚫고 잘 부리며
조그마한 당나귀도 맷돌질을 능히 하고
댓닭, 장닭, 오리, 거위, 개, 고양이까지 기르며

발바리라 하는 개는 계집년들 품고 자네.
심지어 초롱 속에 온갖 새를 넣었으니,
앵무새며 지빠귀는 사람의 말을 능히 한다.

핵심정리

- **작자** 홍순학(洪淳學, 1842 ~ 1892)
  본관 남양(南陽). 자 덕오(德五). 철종 8년(1857) 문과에 급제하여 정언·수찬관을 거쳐 1866년(고종 3) 주청사(奏請使)의 서장관으로 청나라에 다녀와서 장편의 기행 가사(紀行歌辭) 「연행가(燕行歌)」를 지었다. 대사헌·대사간·예조참의를 지내고 1884년 감리 인천항(監理仁川港) 통상사무가 되고 이듬해 인천부사(仁川府使)를 겸임하였으며, 그 뒤 협판교섭(協辦交涉) 통상사무를 지냄
- **갈래** 가사, 기행 가사, 사행(使行) 가사
- **연대** 고종 3년(1866)
- **율격** 4·4조 위주의 4음보격
- **성격** 사실적, 객관적, 비판적, 서사적
- **문체** 가사체, 운문체
- **주제** 청나라 연경(燕京)을 다녀온 견문과 여정
- **특징** ① 서술 대상에 대한 다양한 관심과 예리한 관찰력이 돋보임
  ② 존명 배청(尊明排淸 : 명나라를 높이고 청나라를 배척함) 의식을 드러내고 있음
  ③ 이국(異國)의 문물과 풍속, 인물 등에 대한 묘사가 사실적
- **의의** 김인겸(金仁謙)의 「일동장유가(日東壯遊歌)」와 함께 조선 후기 기행 가사의 대표작
- **출전** 『심재완 교합본(沈載完 校合本)』

이해와 감상

| 해설 |

이 작품은 총 3,924구에 이르는 장편 가사이다. 홍순학이 고종 3년, 4월 9일에 서울을 출발하여 5월 7일에 압록강을 건너 북경으로 건너가 사행(使行) 임무를 마치고, 그 해 8월 23일 돌아올 때까지의 총 133일 동안 보고 듣고 느낀 이국(異國)의 문물과 풍속, 인물 등에 관한 흥미로운 사실을 객관성 있게 비판적으로 소개하고 있다.

서울을 떠나서 고양·임진강·장단·송도·평곡산·황주·평양·가산·정주를 거쳐 의주와 압록강을 건너기까지 국내에서 한 달이나 걸리는 긴 여정이 있었다. 무인지경 만주 벌판에서 군막 생활을 하며 겪었던 괴로움과 또 봉황성에서 만난 북방 민족의 기괴한 옷차림과 그들의 의식주 등 낯선 이국의 풍물들을 예리하게 관찰하여 특유의 익살로 표현하고 있다.

「연행가」는 「일동장유가」와 함께 기행 가사의 백미로 꼽히고 있는데, 이것은 곡(曲)을 전제로 한 노래나 주정적이고 주관적인 서정시가 아니다. 산문 정신과 영합하여 다분히 서사적인 수필 내용과 가까워, 과거의 음풍영월(吟風咏月)적인 서정의 세계에서 이탈하고 있는 작품이다. 그래서 운문체로 된 기행문이라고 할 수 있는데, 이를 '연행록'이라고 한다.

'연행록'은 조선 시대의 중국 기행문으로서, 대부분 중국에 다녀온 사실들이나 그 수행원들이 남긴 기록들이다. 그 가운데 홍대용의 「담헌연기」, 박지원의 「열하일기」 등이 대표적인 작품들이며, 한글로 된 것은 정원용의 「무오연행록」, 김창업의 「노가재연행록」 등이 유명하다.

| 감상 |

이 작품은 3·4조를 기본 음수율로 한 4음보 율격을 가지고 있다.

첫째 단락에서는 자신의 임무와 삼사(三使)에 뽑힌 자신의 자랑스러움과 배로 출발하는 광경, 그리고 떠날 때의 심경을 나타내고 있다. 특히 25세에 서장관의 직책을 얻게 된 공명심으로 득의양양함과 먼 길을 떠남에 있어서 가족들과 아쉬워하는 심정이 대조적으로 표현되고 있다. 둘째 단락에서는 구경나온 중국의 여인들과 아이들의 모습과 문화·풍속 등의 제도를 자세히 표현하고 있다. 전체적으로 청나라의 풍속을 비판적으로 관찰하면서, 명나라의 유풍을 찬양하고 긍정적으로 서술하고 있는 것은 당시까지 사대부들에게 남아 있던 '배청숭명'의 대의명분론을 엿보게 한다.

그 밖의 내용을 간추리면 다음과 같다.

'청석령을 넘으면서 효종의 북벌을 생각하며 당시의 처지에 대해 분한 마음을 삼켜야 했고, 동시에 요동 칠백 리에서 장부의 호연지기를 뽐내기도 하였다. 3개월 만인 6월에 북경에 도착하여 자문(咨文)을 상서에게 전하고 삼사가 아홉 번 절하는 것으로 사신의 할 일을 다 수행했다고 했으니, 그 길고 긴 행역(行役)과 고통에 비하면 그들이 한 일이란 너무나도 단조로운 일이었다.'

한편, 뒷부분에 나오는 내용 중에서 북경에서 처음 만난 서양인에 대한 묘사가 눈길을 끄는데, 내용을 보면 이렇다. '눈깔은 움쑥하고 콧마루는 우뚝하며 머리털은 빨간 것이 곱슬곱슬 양모 같고 키꼴은 팔척 장신, 의복도 괴이하다. 샛노란 둥근 눈깔 원숭이 새끼들과 천연히 흡사하다.'고 했으니 아마도 체면을 중시하는 선비의 오기에서 우러나온 익살이 아닐까 싶다.

1 「연행가」에 드러난 작가의 의식과 서술태도

「연행가」를 읽어보면 작가 홍순학의 관심이 다방면에 걸쳐 있음을 알 수 있다. 작가는 우리 역사는 물론이고, 중국의 역사 지식을 토대로 하여 기행 과정에서 만나게 되는 역사의 시선마다 시선을 고정하여 그의 주관을 바탕으로 드러내고 있다. 중국 역사를 바라보는 시각은 대부분 친명 반청으로 일관하며, 서양인들에 대한 시각 역시 부정적이다.

서술 태도 면에서 주목할 점은 감정을 감추지 않고 솔직하게 드러내었다는 점을 잘 알 수 있고, 또 세심한 관찰력이 돋보이며, 마지막으로 여행을 하면서 접하는 경물에 대해 묘사하고 소감을 드러내는 데 그치지 않고, 부조리에 대한 비판 정신을 드러냈다는 점을 지적할 수 있다.

2 이 작품이 율문으로 쓰인 이유

이 글은 요즘 쓴다면 산문으로 쓰일 법한 글이다. 그러나 이 글은 율문으로 되어 있는데, 그 이유는 첫째, 당시 우리글이 산문은 충분히 발전되어 있지 않았고, 둘째 당시의 문학적 언어가 주로 '쓰기'와 '읽기'보다는 '낭송'과 '듣기'를 통해 전달되었음과도 관련된다.

이 작품의 율문 표현은 낭독에 유리하다. 박자와 리듬에 맞추어 낭독할 수 있으므로 읽고 듣기에 용이하며, 또 일정한 음악성을 지니므로 읽는 이의 흥을 돋우어 주는 장점이 있다.

3 「연행가」의 여정

서울(1866.4.9) → 평양 → 의주 → 압록강을 건넘 → 온정평 → 봉황성 → 북경(1866.6.6) → 봉황성 → 온정평 → 압록강을 건넘 → 의주 → 평양 → 서울(1866.8.23)

4 의의와 한계

「연행가」는 가사 작품으로는 드물게 장편이며 노정이 자세하고 서술 내용이 풍부하다는 점과 보수적인 의식의 소유자가 새로운 경험을 가사라는 장르 속에 충실하게 담아내려고 했다는 점에서 그 의의가 인정된다. 그러나 새로운 경험을 받아들이는 것에 대한 거부감 때문에 새로운 대상의 특성을 담아내기보다는 작가의 보수적 의식을 앞세워 민족의식 고취와 서구에 대한 경계만을 드러냄으로써 문제의식을 발전적으로 형상화하는 데까지는 이르지 못했다. 또한 지나치게 사실성에 얽매여 그 문학성이 저해를 받고 있다는 점 역시 이 작품의 한계라 할 수 있다.

5 「연행가」와 「일동장유가」 비교

구분	연행가	일동장유가
작가	홍순학	김인겸
연대	고종 3년 (1866)	영조 40년 (1764)
내용	중국에 가는 사신 행렬의 일원으로 청나라를 다녀온 것(공식적인 임무 수행에 따르는 견문을 보고 한 내용임)	통신사로 일본에 가서 보고 느낀 것
사행(使行)의 목적	청나라에 고종의 왕비(명성황후)의 책봉을 주청함	통신사로 일본에 가 문화 교류와 상호 이해를 꾀함
작가의 신분에 따른 차이점	사대부 출신으로 엄격한 성리학적 세계관에 입각해 서술함	서자 출신으로 근대 문물에 대한 약간의 개방적 시각을 드러냄
특징	• 길이가 매우 긴 장편 기행 가사 • 뛰어난 관찰력이 돋보임	• 순 국문으로 기록된 장편 기행 가사 • 사실적 묘사, 날카로운 비판과 유머가 돋보임
대상을 바라보는 태도	우리 문물에 대한 자부심으로 일본이나 청나라 문물을 미개하고 열등한 것으로 보려는 시각이 나타남	

6 가족에 대한 그리움과 유가(儒家)적 가치관으로서의 '효(孝)'

화자는 청나라 국경을 넘으면서 부모를 떠나는 정(情)을 상기한다. 부모를 모시고 여태 살아오면서 먼 길 떠나 본 일이 없는데 왕명으로 반년 동안이나 부모를 떠나 있어야 한다는 사실에 두려움과 걱정을 토로하는 것이다. 유가적 가치관인 '효'에 입각한 이러한 정서는 연행을 할수록 가족에 대한 그리움과 부모에 대한 효심으로 더욱 진하고 애틋하게 나타나는 양상을 보인다.

7 '친명 배청(親明背淸)' 가치관의 미묘한 변화

「연행가」가 창작될 당시는 16세기에 있었던 병자호란의 여파로 전통 주의적 화이관(華夷觀)에 기초하여 청나라에 대한 적개심과 분노가 강하게 남아 있었다. 한편으로 17세기 들어서 현실적인 국제 정세를 고려하여 '북학론'이 주창되어 '대명의리론'과 맞물려 당시 지식인들에게 묘한 긴장 의식을 형성하게 하였다. 관념적, 감정적으로는 친명 배청의 가치관을 견지하면서도 청나라의 문물과 문화를 목도하면서 새로운 지식과 문명에 대한 수용 욕구가 내면화되기에 이른 것이다.

이 작품에서도 작가는 청나라에 대한 부정적인 태도를 견지하면서도 실제 연경의 변화된 근대 문물을 목도하고 놀라움과 경탄을 마지않는 모습을 보여 준다. 특히 연경의 문물을 직접 본 뒤에는 명나라에 대한 맹목적인 추종과 청나라에 대한 무조건적인 적대심이 확연히 줄어든 모습을 보이기에 이르는 등 대청(對淸) 의식에 대한 미묘한 변화의 흐름을 드러낸다.

⑤ 수용 계층을 고려한 열거의 구성 방식

작가는 청나라에서 본 견문을 서술하는 과정에서 가급적 자신의 생각이나 의도를 깊게 반영하지 않고 글감을 나열하는 방식으로 내용을 제시하고 있다. 이 점은 작가가 청나라 등 해외 문물에 대해 깊은 호기심을 지닌 사람들이 읽을 것이라는 점을 고려하여 문물을 소개하는 데 주력한 결과이다.

봉황성 여염집	녹색과 붉은색들로 오색이 영롱함
호인들의 의복	괴이하여 놀라움
머리 모양	앞을 깎고 뒤는 땋았음
이빨, 손톱	이가 누렇고, 손톱도 길게 길렀음
호인들의 의복	깃 없이 짓고, 옷고름을 달지 않고 단추를 달음. 타오구를 입고 배자와 슬갑을 함
호인들의 습관	담배 주머니에 부시까지 끼고, 뒷짐 지는 버릇이 있음

- 박지원 「열하일기」, 박제가 「북학의」

예상문제

※ (1 ~ 3) 아래 작품을 읽고 조건에 맞게 답하시오.

(가)
겸심 먹고 길 떠나셔 이십 니는 겨요 가셔
날 져물고 대우(大雨)ᄒ니 길이 즐기 참혹ᄒ야 밋그럽고 쉬는디라.
가마 멘 다숫 놈이 서로 가며 체번(遞番)ᄒ딘
갈 길이 바히 업서 두던에 가마 노코
이윽이 쥬뎌(躊躇)ᄒ고 갈 뜻이 업는지라
ᄉ면을 도라보니 뎐디(天地)가 어득ᄒ고
일ᄒᆡᆼ들은 간 딘 업고 등불은 쩌뎌시니
지쳑(咫尺)은 불분(不分)ᄒ고 망망(茫茫)ᄒ 대야듕(大野中)의
말 못ᄒ는 예놈들만 의지ᄒ고 안자시니
오늘밤 이 경샹(景狀)은 고단코 위틱ᄒ다.
교군(轎軍)이 드라나면 낭픽(狼狽)가 오족ᄒᆞᆯ가.
그놈들의 오ᄉᆞᆯ 잡아 흔드러 쓰즐 뵈고
가마 속의 잇던 음식 갓갓지로 내여 주니
지져괴며 먹은 후의 그제야 가마 메고
촌촌 젼진ᄒ야 곳곳이 가 이러ᄒ니
만일 음식 업듯더면 필연코 도주ᄒᆞᆯ씨
　　　　　〈중략〉

－「일동장유가」

(나)
녹창 쥬호 여염들은 오ᄉᆡᆨ이 영농ᄒ고,
화ᄉ 치란 시졍들은 만물이 번화ᄒ다.
집집이 호인들은 길의 나와 구경ᄒ니,
의복기 괴려ᄒ여 처음 보기 놀납도다.
머리ᄂᆞᆫ 압흘 싹가 뒤만 쓰ᄒ 느리쳐셔
당ᄉᆞ실노 당긔ᄒ고 말익이을 눌너 쓰며,
일 년 삼백육십 일에 양치 한 번 아니ᄒ여
이ᄉᆡᆯ은 황금이오 손톱은 다섯 치라.
거문빗 져구리ᄂᆞᆫ 깃 업시 지어쓰되,
옷고름은 아니 달고 단초 다라 입어쓰며,
아쳥 바지 반물 속것 허리쯰로 눌너 믹고
두 다리이 힝젼 모양 타오구라 일홈 ᄒ여,
회목의셔 오금까지 회미ᄒ게 드리 ᄊᆡ고
깃 업슨 쳥두루막기 단초가 여러히요,
좁은 ᄉᆞᄆᆡ 손등 덥허 손이 겨오 드나들고,
두루막 위에 배자이며 무릅 우에 슬갑이라.

> 공방듸 옥 물샥리 담빈 너는 쥬머니의
> 부시까지 쎠셔 들고 뒤짐지기 버릇치라.
> 스람마다 그 모양니 쳔만 인이 한빗치라.
> 뿟듸인 온다 ᄒ고 져의기리 지져귀며
> 무어시라 인사ᄒ나 흔 마듸도 모르겟다.
>
> — 「연행가」

1. (가)와 (나)의 예문에 나타난 내용을 통해 이민족을 대하는 화자의 서술 태도의 공통점과 차이점을 밝히시오. [3점]

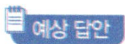

공통점	(가) 일인들이 음식이 없었으면 도주했을 것이라고 말하는 부분 (나) 양치를 하지 않고 손톱이 길다는 내용 → 모두 왜나 청나라를 얕보며, 우리 민족의 자존심을 드러내려고 함(민족의 우월성)
차이점	(가) 일인에 대한 긍정적인 인식이 거의 없음 (나) 여염들은 오색이 영롱하고, 만물이 번창하다고 하여 문물이 발전된 모습은 나름대로 긍정적으로 그리고 있음

2. 위의 두 작품에서 공통적으로 당시의 실학사상과 관련지어 설명할 수 있다면, 내용과 서술자의 태도에서 각각 1가지씩 밝히시오. [2점]

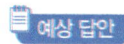

① 내용 : 일본이나 청나라 등 외부 세계(문물)에 대한 관심
② 서술 태도 : 이용후생을 바탕에 둔 사실적 관찰과 묘사의 태도

3. (가)와 (나)를 시로 그려낸다면 각각 어떤 내용의 시가 될 수 있을지 설명하고, (가)와 같은 장면은 소설 갈래라면 어떤 내용의 모티프와 관련지어 설명할 수 있는지 밝히시오. [1점]

7. (가) 자신의 삶이나 생활의 어려움(고단함)을 담아내는 시
   (나) 타인의 삶을 풍경을 가볍고 해학적으로 그려내는 시
        고전 소설에서 '위기와 그것의 극복', 또는 '낯선 곳을 여행하는 중에 겪는 곤궁'이라는 모티프로 제시할 수 있음.

작품 9 고공가(雇工歌)

[서사(序詞)]

집의 옷 밥을 언고 들 먹는 져 고공(雇工)아,	집의 옷과 밥을 두고 빌어먹는 저 머슴아,
우리 집 긔별을 아는다 모로는다.	우리 집 소식[내력]을 아느냐 모르느냐?
비오는 늘 일 업슬 지 숫 꼬면서 니르리라.	비 오는 날 일 없을 때 새끼 꼬면서 이르리라.
처음의 한어버이 사롬스리ᄒᆞ려 홀 지	처음에 조부모(祖父母)께서 살림살이 하려 할 때
인심(仁心)을 만히 쓰니 사름이 절로 모다	어진 마음을 많이 쓰니 사람들이 저절로 모여
플 뷧고 터을 닷가 큰 집을 지어 내고	풀을 베고 터를 닦아 큰 집을 지어 내고
셔리 보십 장기 쇼로 전답(田畓)을 긔경(起耕)ᄒᆞ니,	써레, 보습, 쟁기, 소로 논밭을 갈아 일으키니,
오려논 터밧치 여드레ᄀᆞ리로다.	올벼논 텃밭이 여드레 동안 갈이로다.
자손(子孫)에 전계(傳繼)ᄒᆞ야 대대(代代)로 나려오니	자손에게 이어 전하여 대대로 내려오니
논밧도 죠커니와 고공(雇工)도 근검(勤儉)ᄒᆞ더라.	논밭도 좋거니와 머슴들도 부지런하고 검소하더라.

[본사(本詞)]

저희마다 여름 지어 가음여리 사던 것슬	저희마다 농사 지어 부유하게 살던 것을
요ᄉᆞ이 고공(雇工)들은 헴이 어이 아조 업서	요사이 머슴들은 사려분별도 어찌 전혀 없어
밥 사발 큰나 쟈그나 동옷시 죠코 즈나	밥그릇이 크거나 작거나 입은 옷이 좋거나 나쁘거나
ᄆᆞ음을 닷호는 듯 호슈을 식오는 듯	마음을 다투는 듯 우두머리를 시기하는 듯
무슴 일 얌드러 흘긧할긧 ᄒᆞᄂᆞᆫ다.	무슨 일에 감겨들어 반목만을 일삼느냐?
너희ᄂᆡ 일 아니코 시절(時節)좃ᄎ ᄉᆞ오나와	너희들 일 아니 하고 시절조차 사나워
ᄀᆞ득의 ᄂᆡ 셰간이 플어지게 되야ᄂᆞᄃᆡ	가뜩이나 내 살림이 줄어지게 되었는데
엇그지 화강도(火强盜)에 가산(家産)이 탕진(蕩盡)ᄒᆞ니	엊그제 왜적들에게 약탈되어 가산이 탕진되니
집 ᄒᆞ나 불타 붓고 먹을 껏시 젼혀 업다.	집은 오직 불타 버리고 먹을 것이 전혀 없네.
큰나큰 셰ᄉᆞ(歲事)을 엇지ᄒᆞ여 니로려료.	크나큰 세간을 어찌하여 일으키려뇨?
김가(金哥)이가(李哥) 고공(雇工)들아 식 ᄆᆞ음 먹어슬라.	김가 이가 머슴들아, 새 마음을 먹으려무나.
너희ᄂᆡ 졀머ᄂᆞᆫ다 헴 혈나 아니ᄉᆞᆫ다.	너희는 젊다 하여 생각하려고 아니하느냐?
ᄒᆞᆫ 소틱 밥 먹으며 매양의 회회(恢恢)ᄒᆞ랴.	한 솥에 밥 먹으면서 항상 다투기만 하면 되겠느냐?
ᄒᆞᆫ ᄆᆞ음 ᄒᆞᆫ 뜻으로 녀름을 지어스라.	한마음 한뜻으로 농사를 짓자꾸나.

혼 집이 가음열면 옷 밥을 분별(分別)ᄒᆞ랴.	한 집이 부유하게 되면 옷과 밥을 인색하게 하랴?
누고는 쟝기 잡고 누고는 쇼을 몰니,	누구는 쟁기를 잡고 누구는 소를 모니,
밧 갈고 논 살마 벼 셰워 더뎌 두고,	밭 갈고 논 갈아서 벼를 심어 던져두고,
늘 됴흔 호미로 기음을 ᄆᆡ야스라.	날카로운 호미로 김매기를 하자꾸나.
산전(山田)도 것츠럿고 무논도 기워간다.	산에 있는 밭도 잡초가 우거지고 무논에도 풀이 무성하다.
사립피 물목 나셔 볏 겨틱 셰울셰라.	도롱이와 삿갓을 말뚝에 씌워서 (허수아비를 만들어) 벼 곁에 세워라.
칠석(七夕)의 호미 씻고 기음을 다 민 후의	칠월 칠석에 호미 씻고 기음을 다 맨 후에
숫 ᄯᅬ기 뉘 잘 ᄒᆞ며 셤으란 뉘 엿그랴.	새끼는 누가 잘 꼬며, 섬은 누가 엮겠는가?
너희 직조 셰아려 자라자라 맛스라.	너희들의 재주를 헤아려 서로 서로 맡아라.
ᄀᆞ을 거둔 후면 셩조(成造)를 아니ᄒᆞ랴.	추수를 한 후에는 집 짓는 일을 아니하랴?
집으란 내 지으게 움으란 네 무더라.	집은 내가 지을 것이니 움은 네가 묻어라.
너희 직조를 내 짐작(斟酌)ᄒᆞ엿노라.	너희 재주를 내가 짐작하였노라.
너희도 머글 일을 분별(分別)을 ᄒᆞ려므나.	너희도 먹고 살 일을 깊이 생각하려무나.
멍셕의 벼룰 넌들 됴흔 ᄒᆡ 구름 ᄭᅴ여 볏ᄂᆡ를 언지 보랴.	멍석에 벼를 널어 말린들 좋은 해를 구름이 가려 햇빛을 보겠느냐?
방하을 못 찌거든 거츠나 거츤 오려	방아를 못 찧는데 거칠고도 거친 올벼가
옥 ᄀᆞᄐᆞᆫ 백미(白米)될 줄 뉘 아라 오리스니.	옥같이 흰 쌀이 될 줄을 누가 알아 보겠는가?

[결사(結詞)]

너희ᄂᆡ 드리고 새 ᄉᆞ리 사쟈 ᄒᆞ니,	너희네 데리고 새 살림 살고자 하니,
엇그지 왓던 도적 아니 멀리 갓다 ᄒᆞᄃᆡ	엊그제 왔던 도적이 멀리 달아나지 않았다는데,
너희ᄂᆡ 귀눈 업서 져런 줄 모르관ᄃᆡ	너희들은 귀와 눈이 없어 저런 줄을 모르는 것인지
화살을 젼혀 언고 옷밥만 닷토는다.	화살을 전혀 제쳐 놓고 옷과 밥만 다투느냐.
너희ᄂᆡ 다리고 팁는가 주리는가.	너희를 데리고 행여 추운가 굶는가.
죽조반(粥早飯) 아츰 져녁 더하다 먹엿거든	죽조반(粥早飯) 아침 저녁 다 해다가 먹였거든
은혜란 싱각 아녀 제 일만 ᄒᆞ려ᄒᆞ니	은혜는 생각하지 아니하고 제 일만 하려하니
횀 혜는 새 들이리 어ᄂᆡ 제 어더이셔	사려 깊은 새 머슴이 어느 때 어디 있어
집 일을 맛치고 시름을 니즈려뇨.	집안일을 마치고 근심을 잊으려뇨?
너희 일 익ᄃᆞ라 ᄒᆞ며셔 숫 ᄒᆞᆫ ᄉᆞ리 다 ᄭᅬ괘라.	너희 일 애달파 하면서 새끼 한 사리 다 꼬도다.

시어 비유어의 원관념
- 고공 : 벼슬아치
- 한어버이 : 이 태조
- 큰집 : 나라
- 여드레가리 : 조선 팔도
- 밥 사발 : 벼슬 자리
- 한 솥에 : 한 조정
- 주인 : 임금(왕)
- 우리집 : 나라
- 큰집을 지어내고 : 나라를 세우고
- 전답 : 나라
- 화강도 : 왜적

핵심정리

▷ **작자** 허전(許典)
진사(進士)를 했고, 무과(武科) 출신이었다는 기록이 『지봉유설(芝峯類說)』에 전함 혹은 함종현감(咸從縣監)을 지냈다고 함 서울 천호동에 그의 묘가 있음
▷ **연대** 선조 때(임진왜란 직후)
▷ **율격** 3(4)·4 조, 4 음보
▷ **구성** '기 – 승 – 전 – 결'의 4 단 구성. 전 52 구(句)
▷ **성격** 교훈적(敎訓的), 경세가(警世歌)
▷ **내용** 농사로 나랏일을 비기어 백관들의 탐욕과 무능함을 개탄하면서, 파당을 버리고 협심하여 근검할 것을 은유적으로 표현

▷ **요지** 조부모 어진 마음으로 머슴들도 근검하더니, 요사이 머슴들이 반목만 일삼다 도적의 침해를 받음 머슴들에게 근검할 것을 바라며, 새 살림할 머슴의 출현을 고대
▷ **주제** 임진왜란 직후 백관들의 탐욕과 정치적 무능 비판
▷ **특징**
① 지은이를 이원익(李元翼), 또는 선조(宣祖)로 보는 견해도 있음
② 이 노래에 대한 답으로 이원익(李元翼)의 「고공답주인가(雇工答主人歌)」가 있음

이해와 감상

| 감상 |

「고공가(雇工歌)」는 한 어른이 비오는 날 새끼를 꼬면서 고공(雇工, 머슴)들을 깨우치고 경계하는 일종의 '교훈가'이다. 농부의 어려움을 국사(國事)에 비유하여 농가(農家)의 한 어른이 바르지 못한 머슴들의 행동을 나무라는 표현 형식을 취해, 정사(政事)에 게을리하는 조정 백관의 무능함을 꼬집은 글이다.

우리집의 지나온 내력 소개와 머슴들의 반목 끝에 도적의 침해를 입게 되었음을 나타내면서, 머슴들의 근검 정신을 일깨우고, 새 살림을 할 수 있는 청빈(淸貧)한 머슴(벼슬아치)이 나오기를 간절히 바라고 있다. 조부모께서 살림을 시작하였을 때, 여드레 갈이나 되는 텃밭을 가지고도 모든 머슴들이 부지런하고 검소하더니, 요새 머슴들은 사려분별(思慮分別) 없이 밥그릇의 크고 작음이나, 동옷의 좋고 나쁨만을 다투어 화강도(火强盜)에게 가산을 탕진하였다는 것으로, 이태조 건국 이후 당파 싸움에만 열을 올리다 왜적의 침입을 받게 되었음을 은유한 것이다.

왜적의 침입을 받고도 뉘우칠 줄 모르고, 사리사욕(私利私慾)과 당파 싸움에만 정신을 팔고 있는 벼슬아치들에게 협동과 근검 정신을 일깨우며, 참신하고 청빈한 벼슬아치의 출현을 희구하고 있다.

여기서 고공은 백관(百官)을, 한 어버이는 이태조를 은유한 것이다. 그가 살림살이를 열 때에 인심을 많이 써서 사람들이 절로 모여 큰 집을 짓고 전답을 경작하니 이것이 팔일경(八日耕 : 팔도(八道))라 했다. 이것을 자손에 전할 때 머슴들도 근검하던 것이 요즘 머슴들은 밥사발과 옷의 좋고 낮음을 서로 다투는 듯 하고 있다. 이들만 아니라 '시절도 사나워 화강도 왜군(倭軍)가 쳐들어와 가산마저도 탕진했으니, 한 마음 한 뜻으로 나누어 일을 하자. 너희들도 먹을 일을 분별해라. 더구나 엊그제 왔던 도적이 멀리 가지 않았는데 화살은 얹어 두고 옷밥만 다투느냐.'하는 내용이다.

1 작품에 나타난 '시대상황(현실인식)'

① 조선 후기 사대부(작자층)가 농사를 짓거나 일을 하였다.
② 조선 후기 농사의 중요성에 대한 인식이 바탕이 되어 있다.

③ 조선 후기 실학에 영향을 주거나 실학과 관련이 있다.
④ 임진왜란 이후라는 시대 배경을 구체적으로 드러냈다. : 전란 후 현실 상황의 황폐함과 경제적 궁핍
⑤ 농사일에 빗대어 조선 후기 관리들의 당쟁과 무능함에 대해 비판하고 있다.

2 「고공가」와 「고공답주인가」의 공통점과 차이점

구분		고공가	고공답주인가
공통점		• 농사짓는 주인과 종의 관계를 통해 한 국가의 살림살이를 드러냄 • 전란 후 조선의 어려운 상황에 대한 인식 • 인물, 제재 등이 지닌 의미가 유사 • 태만한 신하에 대한 비판과 건설적 대안 제시라는 주제의 유사	
차이점	인물관계	'종'과 '주인'의 관계	'종'과 '마누라(임금 : 선조)'와 '어른 종(늙은 신하)'의 관계
	나라가 기운 원인 (문제삼는 현실)	신하들의 태만	더 자세히 분석하여 종(백관)의 태만과 지방관리 횡포, 변방 무사, 마누라(선조)의 책임 등을 거론
	작자의 대책	백관들의 노력 당부	백관들의 노력 당부 외에, 엄격한 상벌, 임금이 신하들의 충간을 들어야 한다는 내용 추가
	화자	제3자의 입장	영의정(작품 속 '어른 종')의 입장

3 이원익 「고공답주인가(雇工答主人歌)」

허전의 「고공가」에 대하여 화답의 형식으로 이원익이 선조 때 지은 「고공답주인가(雇工答主人歌)」가 있다. 전체가 86구밖에 안 되는 짧은 형태의 가사이다. 「고공가」의 화자는 머슴을 꾸짖는 주인이지만, 「고공답주인가」의 화자는 종들이 텃밭을 묵혀 두고 밥만 먹고 낮잠만 자기 때문에 곡식 창고는 비고 살림은 어려워졌다고 탄식한다. 또 살림이 이렇게 된 것은 종들의 탓도 있지만, 마누라의 잘못도 크다고 하면서 종들을 휘어잡을 것을 요구하고 있다. 주인이 집안을 바로 잡으려면 종들을 휘어잡아야 하고, 종들을 휘어잡으려면 상벌을 분명히 해야 하며, 상벌을 공정하게 하려면 어른 종을 믿어야 한다는 것이다. 어른 종은 벼슬아치 가운데 어른 격인 영의정을, 종은 여러 벼슬아치들을 주인인 마누라는 임금을 풍유한 것이다. 정사(政事)를 게을리 하는 신하들을 꾸짖고, 임금에게 관리들의 기강을 바로 세울 것을 풍간(諷諫)한 가사라고 할 수 있다.

「고공가」와 「고공답주인가」는 임진왜란 이후의 상황을 다루면서도 도피적·원분적(寃憤的)인 가사와는 또 다른 건설적인 발상이라는 점에서 의의를 갖는다 하겠다.

기출문제

1. (가), (나)를 읽고 ㉠, ㉡에 해당하는 말을 (가)에서 찾아 순서대로 쓰시오. [2점]   2022년 A 4번

(가)
집의 옷밥을 언고 들먹는 져 고공(雇工)아
우리 집 긔별을 아는다 모로는다
비 오는 눌 일 업슬 지 숫 꼬면셔 니르리라
처음의 한어버이 사롬스리 ᄒᆞ려 훌 지
인심(仁心)을 만히 쓰니 사롬이 졀로 모다
풀 베고 터을 닷가 큰 집을 지어내고
셔리 보십 장기 쇼로 전답(田畓)을 긔경ᄒᆞ니
오려논 터밧치 여드레 ᄀᆞ리로다
자손에 전계(傳繼)ᄒᆞ야 대대로 나려오니
논밧도 죠커니와 고공도 근검터라
저희마다 여름지어 가ᅀᆞ여리 사던 것을
요ᄉᆞ이 고공들은 혬이 어이 아조 업서
밥사발 큰나 쟈그나 동옷시 죠코 즈나
ᄆᆞ음을 둧ᄒᆞ는 둧 호슈*
을 시오는 둧
무ᄉᆞᆷ 일 ᅟᅠᇂ얌 드러 홀것할것 ᄒᆞᄂᆞᆫ순다
너희ᄂᆡ 일 아니코 시절좃ᄎᆞ ᄉᆞ오나와
ᄀᆞ득의 닉 셰간이 플러지게 되야는듸
엇그지 화강도(火强盜)에 가산(家産)이 탕진(蕩盡)ᄒᆞ니
집 ᄒᆞ나 불타붓고 먹을 껏시 전혀 업다

– 허전, 고공가 –

* 호슈 : 공물과 세금을 거두어 바치는 일을 맡아 하던 사람.

(나)
〈고공가〉는 전란 직후 어려워진 현실의 문제를 비판하고 교훈하기 위해 창작된 작품이다. 작품 속에서 주인은 근검한 고공 덕분에 대대로 덕을 쌓은 과거 집안 내력을 얘기하면서, 요즘은 고공들의 올바르지 못한 처신에다 외부의 약탈까지 더해져 집안의 형편이 어려워졌음을 개탄하고 있다. 이를 작품 밖 정치 현실의 비유적 표현으로 본다면, 집, 고공, (㉠)은/는 각각 나라, 신하, 국조(國祖)를 빗댄 것으로 볼 수 있다. 또한 (㉡) 역시 나라를 어렵게 한 외부 세력으로 볼 수 있다.

📋 **예상 답안**

㉠ 한어버이 ㉡ 화강도

예상문제

※ (1 ~ 3) 아래 작품을 읽고 조건에 맞게 답하시오.

(가)
씀은 듯눈 대로 듯고 볏슨 쬘 대로 쬔다.
쳥풍의 옷깃 열고 긴 파람 흘리 불 제,
어듸셔 길 가는 소님닉 아는 드시 머무눈고. ⟨4장⟩

돌아가쟈 도아가쟈 히 지거든 도라가쟈
계변(溪邊)에 손발 싯고 홈의메고 돌아올 제
어듸서 우배초적(牛背草笛)이 홈씌가쟈 비아눈고. ⟨6장⟩

- 위백규(魏伯珪), 「농가 구장(農歌九章)」

(나)
　집의 옷 밥을 언고 들 먹는 져 고공(雇工)아, 우리 집 긔별을 아눈다 모로눈다. 비오는 눌 일 업술 지 숫 꼬면서 니르리라. 처음의 한어버이 사롬스리호려 홀 지, 인심(仁心)을 만히 쓰니 사롬이 절로 모 다, 플 쎗고 터을 닷가 큰 집을 지어 내고, 셔리 보습 장기 쇼로 전답(田畓)을 긔경(起耕)호니, 오려논 터밧치 여드레 マ리로다. 자손(子孫)에 전계(傳繼)호야 대대(代代)로 나려오니, 논밧도 죠커니 와 고공(雇工)도 勤儉(근검)터라.
　저희마다 여름 지어 가 여리 사던 것슬, 요스이 고공(雇工)들은 헴이 어이 아조 업서, 밥 사발 큰나 쟈그나 동옷시 죠코 즈나, 모옴을 듯호눈 듯 호슈을 식오눈 듯, 무숨 일 갸드러 흘긧할긧 호눈순다. 너희눈 일 아니코 時節(시절)좃차 스오나와, マ득의 닉 셰간이 플러지게 되야는듸, 엇그제 화강도(火 強盜)에 가산(家産)이 탕진(蕩盡)호니, 집 호나 불타 붓고 먹을 껏시 전혀 업다. 큰나큰 셰스(歲事)을 엇 지호여 니로려료. 김가(金哥) 이가(李哥) 고공(雇工)들아 시 무옴 먹어슬라. 너희닉 절머눈다 헴 혈나 아니손다. 호 소틱 밥 먹으며 매양의 회회(恢恢)호랴. 호 무옴 호 뜻으로 녀름을 지어스라. 호 집이 가 옴열면 옷 밥을 분별(分別)호랴. 누고는 장기 잡고 누고는 쇼을 몰니, 밧 갈고 논 살마 벼 셰워 더져 두고, 놀 됴혼 호믹로 기음을 믹야스라. 산전(山田)도 것츠럿고 무논도 기워간다. 사립피 물목 나셔 볏 겨틱 셰올셰라. 칠석(七夕)의 호믹 씻고 기음을 다 민 후의, 숫 꼬기 뉘 잘 호며 섬으란 뉘 엿그랴. 너희 지조 셰아려 자라자라 맛스라. マ을 거둔 후면 성조(成造)를 아니호랴. 집이란 내 지으게 움이란 네 무더 라. 너희 지조를 내 짐작(斟酌)호엿노라. 너희도 머글 일을 분별(分別)을 호려므나. 멍셕의 벼를 넌들 됴혼 히 구름 씌여 볏뉘를 언지 보랴. 방하을 못 쩌거든 거츠나 거츤 오려, 옥 ヌ튼 백미(白米)될 줄 뉘 아라 오리스니,
　너희닉 드리고 새 스리 사쟈 호니, 엇그지 왓던 도적 아니 멀리 갓다 호듸, 너희닉 귀눈 업서 져런 줄 모르관듸, 화살을 전혀 언고 옷밥만 닷토눈다. 너희닉 다리고 팁눈가 주리눈가. 죽조반(粥早飯) 아츰 져녁 더하다 먹엿거든, 은혜란 싱각 아녀 제 일만 흐려호니, 헴 헤는 새 들이리 어닉 제 어더이셔, 집 일을 맛치고 시름을 니즈려뇨. 너희 일 익드라 호며셔 숫 호 소리 다 쇠쾌라.

- 허전(許墺), 「고공가(雇工歌)」

1. 작품에 나타난 '시대 상황(현실 인식)'을 중심으로 (가)와 (나)를 교수 – 학습하려고 한다. 그 공통점과 차이점을 각각 두 가지씩 밝히시오. [4점]

📝 **예상 답안**

공통점	① 조선 후기 사대부(작자층)이 농사를 짓거나 일을 함 ② 조선 후기 농사의 중요성에 대한 인식이 바탕이 되어 있음 ③ 조선 후기 실학에 영향을 주거나 실학과 관련이 있음
차이점	① (가)는 구체적 배경 불명확 　(나)에는 임진왜란 이후라는 시대 배경 구체적으로 드러냈음 ② (가)는 구체적 생활 현장에서의 노동 　(나)는 전란 후 현실 상황의 황폐함과 경제적 궁핍 ③ (가) 고된 농사 후의 여유로운 휴식 　(나)농사일에 빗대 조선 후기 관리들의 당쟁과 무능 비판

2. (가)와 (나)의 화자가 지닌 창작 의도의 차이로 인해, (가)와 다르게 (나)를 지도할 때 교사가 고려해야 할 점을 제시하시오. [2점]

📝 **예상 답안**

① (나) 작품이 교훈적 목적을 지니고 있다는 점을 고려한다.
② (나) 작품의 교훈성을 드러내기 위한 표현적 요소(청유형, 명령형 어미)를 주목한다.
③ (나) 에 사용된 비유도 작자의 의도를 고려하여 파악한다.
④ (나)의 당대 현실과 관련지어 작자가 비판하는 내용과 추구하는 내용을 파악한다.
⑤ 우의적으로 표현되었다.

3. (나)에 대한 답가(문답가)의 의미로 쓴 다른 가사를 제시하고, 이 작품과의 내용상의 공통점과 차이점을 각각 2가지씩 밝히시오. [3점]

📝 **예상 답안**

(1) 다른 가사	이원익, 「고공답주인가」		
(2) 공통점	① 농사짓는 주인과 종의 관계를 통해 한 국가의 살림살이를 드러냄 ② 전후후 조선의 어려운 상황에 대한 인식 ③ 인물 제재 등이 지닌 의미의 유사함 ④ 태만한 신하에 대한 비판과 건설적 대안 제시라는 주제의 유사함		
(3) 차이점	작품명	「고공가」	「고공답주인가」
	① 인물 관계	종과 주인	종과 '마누라'(임금; 선조)와 어른 종(늙은 신하)의 관계로 나타남
	② 나라가 기운 원인 (문제 삼는 현실)	신하들의 태만	더 자세히 분석: 종(백관)의 태만과 지방관리 횡포, 변방 무사, 마누라(선조)의 책임 등을 거론
	③ 작자의 대책	백관들의 노력 당부	백관들의 노력 당부 외에, 엄격한 상벌, 임금이 신하들의 중간을 들어야한다는 내용 추가
	④ 화자	제 3 자의 입장	영의정(작품 속 '어른 종')의 입장

작품 10 ▶ 용부가(庸婦歌)

▶ 출제방향
- 조선 후기 가사의 성격
- 계녀 가사(誡女歌詞)의 이해

흉(凶)보기가 싫다마는 져 부인(婦人) 거동(擧動) 보소.	흉보기도 싫지만 저 부인이 하는 태도 보소.
시집 간 지 석 달 만에 시집살이 심하다고	시집간 지 석 달 만에 시집살이 심하다고
친정에 편지하여 시집 흉을 잡아내네.	친정에 편지하여 시집 흉을 잡아내네.
계엄할사 시아버니 암상할사 시어머니	욕심 많은 시아버지, 시샘 많은 시어머니
고자질에 시누이와 엄숙하기 맏동서라.	고자질 잘하는 시누이와 무뚝뚝한 맏동서라.
요악(妖惡)한 아우 동서 여우 같은 시앗년에	요사한 아우 동서, 여우 같은 남편의 첩에
드세도다 남녀 노복(男女奴僕) 들며나며 흠구덕에	드세도다 남녀 종들, 들며 나며 흠잡기에
남편(男便)이나 믿었더니 십벌지목(十伐之木)되었에라.	남편이나 믿었더니 (그도 역시 남의 말을) 곧이듣게 되었구나.
여기저기 사설이요 구석구석 모함이라.	여기저기 잔소리요, 구석구석 모함이라.
시집살이 못 하겠네 간숫병을 기울이며	시집살이 못 하겠네 간숫병을 기울이며(자살하려고도 하고)
치마 쓰고 내닫기와 보찜 싸고 도망질에	치마를 쓰고 뛰어내리기도 하고 봇짐싸서 도망질에
오락가락 못 견디어 승(僧)들이나 따라갈까.	오락가락 못 견디어 중들이나 따라갈까?
긴 장죽(長竹)이 벗이 되고 들구경 하여 볼까.	긴 담뱃대가 벗이 되고 들 구경을 하여 볼까?
문복(問卜)하기 소일(消日)이라.	점치는 일로 세월을 보내는구나.
겉으로는 시름이요 속으로는 딴 생각에	겉으로는 시름인 척 하지만 속으로는 딴생각에
반분대(半粉黛)로 일을 삼고 털 뽑기가 세월이라.	몸치장으로 일을 삼고, 털 뽑기로 세월을 보내네.
시부모가 경계(警戒)하면 말 한마디 지지 않고	시부모가 나무라면 말 한 마디 지지 않고
남편이 걱정하면 뒤받아 맞넉수여,	남편이 걱정하면 대항하여 마주 대꾸하기요,
들고 나니 초롱군에 팔자나 고쳐볼까.	드나드는 초롱꾼을 따라가 팔자나 고쳐 볼까?
양반 자랑 모두 하며 색주가(色酒家)나 하여 볼가.	양반이라 자랑하며 기생 술집이나 하여 볼까?
남문 밖 뺑덕어미 천성(天性)이 저러한가 배워서 그러한가.	남문 밖의 뺑덕어미는 천성이 저러한가.
본 데 없이 자라나서 여기저기 무릎맞침 싸홈질로 세월이며	본 것 없이 자라나서 여기저기 무릎맞춤, 싸움질로 세월을 보내며
남의 말 말전주와 들면은 음식(飮食) 공논(公論)	남의 말 듣고는 이간질하고 들어오면 음식 타령

조상(祖上)은 부지(不知)하고 불공(佛供)하기 위업(爲業)할 제	조상에게 제사는 안 지내고 불공 드리기로 일삼을 때
무당 소경 푸닥거리 의복(衣服)가지 다 내주고	무당 소경 푸닥거리를 하느라 옷가지 다 내주고
남편 모양 볼작시면 삽살개 뒷다리요	남편 모양을 보니 삽살개 뒷다리 같고
자식 거동 볼작시면 털 벗은 놀개미라.	자식들 거동을 보자니 털 빠진 골개와 같구나.
엿장사야 떡장사야 아이 핑계 다 부르고	엿장수, 떡장수를 아이 핑계로 다 부르고
물레 앞에 선하품과 씨아 앞에 기지개라.	물레 앞에선 지겹다고 하품하고 씨아 앞에선 기지개라.
이집 저집 이간질과 음담패설(淫談悖說) 일삼는다.	이집저집 다니며 이간질과 음담패설 일삼는다.
모함(謀陷)잡고 똥 먹이기	모함하며 남을 곤경에 빠뜨리기
세간은 줄어 가고 걱정은 늘어 간다	살림살이는 줄어 가고 걱정은 늘어간다.
치마는 절로 가고 허리통이 길어 간다.	치마는 점점 짧아지고 허리통은 점점 길어 간다.
총 없는 헌 짚신에 어린 자식 들쳐업고	총 없는 헌 짚신에 어린 자식 들쳐 업고
혼인 장사(葬事) 집집마다 음식 추심(推尋)일을 삼고	혼인집과 초상집 집집마다 음식 얻어먹기 일을 삼고
아이 싸움 어른 쌈에 남의 죄에 매 맞히기	아이 싸움, 어른 싸움에 남의 죄에 매 맞히기
까닭없이 성을 내고 의뿐 자식 두다리며	까닭없이 성을 내고 예쁜 자식들을 매질하며
며느리를 쫓았으니 아들은 홀아비라.	며느리를 쫓아냈으니, 아들은 홀아비라.
딸자식을 다려오니 남의 집은 결판이라.	딸자식을 데려오니 사돈댁은 결단난다.
두 손뼉을 두다리며 방성대곡(放聲大哭) 괴이하다.	두 손뼉을 두드리며 통곡하니 괴이하다.
무슨 꼴에 생트집에 머리 싸고 드러눕기	무슨 꼴인지 생트집에 머리 싸고 드러눕기
간부(姦夫)달고 달아나기 관비정속(官婢定屬) 몇 번인가.	간통한 남자 데리고 달아나서 관가의 종이 되기를 몇 번이던가.
무식한 창생(倉生)들아 저 거동 자세 보고	무식한 세상 사람들아, 저 거동을 자세히 보고
그릇 일을 알았거든 고칠 개(改)자 힘을 쓰소.	그릇된 줄 알았거든 고치기를 힘쓰시오.
옳은 말 들었거든 행하기를 위업(爲業)하소.	옳은 말을 들었거든 행하기를 일삼으시오.

핵심정리

▷ **작자** 미상
▷ **갈래** 계녀 가사
▷ **성격** 풍자적, 해학적, 교훈적, 경세가(警世歌)
▷ **표현** 열거법, 과장법

▷ **주제**
① 여성들의 비행(非行) 비판
② 여자가 지녀야 할 바람직한 태도에 대한 깨우침
▷ **출전** 『경세설(警世說)』

이해와 감상

| 감상 |

　　내용이 다소 과장되고 표현이 속된 것도 있지만 사실적인 묘사로 토속미가 풍긴다. 풍자와 유머가 조화를 이룬 작품이다. 시집간 지 석 달 만에 시집의 흉을 잡아낸다는 서두와 점치기와 치장으로 소일하고 불공과 무당 소경 푸닥거리로 위업을 한다는 것은 실감나는 표현들이다. 끝에 가서 그러한 거동이 그른 것을 알면 고치려고 힘쓰라는 것은 이 작품이 경세와 훈민의 의도가 있음을 보여주는 것이다.

　　조선 후기 가사는 서민들이 작자층으로 등장하면서 풍자성을 띠게 되는데 이 작품은 주인공의 이야기를 통해 당시 여성들의 비행을 열거하고 있어 서민층의 비판 의식을 엿볼 수 있다. 그러나 이 작품에 표현된 여인의 모습이 당대 여인들의 일반적 생활은 아니라고 볼 수 있어 이 시대 여인들의 생활과 감정을 과장하여 현실적 비난을 피하려는 의미도 이 속에 숨어 있다. 또한 감정의 직설적 표현을 통하여 현실의 모순과 갈등을 잘 드러내고 있다.

❶ 「용부가」의 특징

　　전체적으로 과장되어 있다는 느낌을 주지만, 그러면서도 생생한 실감을 만들어내는 사실적 묘사가 두드러진다. 이와 같은 사실적 산문 정신이 가사의 산문화를 이끈 기본 동력이 되었던 것이다. 한편 이 작품을 지배하는 미의식은 희극미(골계미)라 할 수 있는데, 그 이전 가사(주로 양반 가사)가 지닌 숭고미, 우아미 등의 미의식과는 전혀 다른 서민적 미의식의 창출이라는 점에서 그 의미는 대단히 크다.

❷ 「용부가」의 화자

　　「용부가」의 화자는 '남녀 노복'을 거느리고 '양반 자랑'을 하는 것으로 보아 여성 양반인 듯하다. 그러나 봉건적인 속박을 운명으로 받아들이는 양반 여성과 달리 「용부가」의 부인은 봉건 사회의 모순으로부터 벗어나고자 한다. 특히 '시집살이 못하겠네 간숫병을 기울이며', '색주가나 하여 볼까. 남문 밖 뺑덕어미' 등에서 사회의 윤리 관념을 과감히 혁파하고 있다. 이런 점에서 「용부가」는 조선 후기의 새로운 사회상을 보여 준다.

❸ 등장인물의 신분과 행위를 상반되게 표현한 이유

　　이 노래에 표현되는 시집살이는 그 당시 양반 여성의 시집살이와 크게 다르다. 이 점에 있어서 부인은 풍자의 대상이라고 할 수 있다. '용부'는 양반집 부인이지만 그녀가 하는 행동은 서민들의 행동보다도 더 천박한 행동을 하고 있다는 점에서 신분과 행위가 상반되게 표현되어 있다. 조선 후기의 가사 문학은 풍자성을 띠는데, 이 작품은 주인공의 이야기를 통해 그 당시 여성들의 비행을 열거하고 있어 서민층의 비판 의식을 보여 준다.

❹ '부인(婦人)'과 '뺑덕어미'에 대한 비교 이해

　　이 작품에서는 양반 계층으로 제시되는 '부인'과 서민 계층으로 나타나는 '뺑덕어미'의 잘못된 행실을 제시하고 있다. 이 두 인물은 계층이나 출신은 다르지만 둘 다 유교적 윤리에 반하는 행동을 하고 있다는 데서 화자의 신랄한 비판 대상이 되고 있다.

'부인' : 양반 사대부 계층		'뺑덕어미' : 서민 계층
• 남녀 노복을 거느린 양반 신분임을 나타냄 • 양반 자랑을 하며 색주가를 할 생각을 함	◀ 비판 대상이 되는 두 여인 ▶	• 본 데 없이 자라난 여성으로 그려짐 • 식탐만 내고 해야 할 일은 열심히 하지 않음

5 인물의 부정적 행동을 열거한 화자의 의도

표현	'부인', '뺑덕어미'의 잘못된 행실 열거

▼

의도	'저 거동'을 보고 고칠 것에 힘을 쓰고 옳은 행동을 하기를 바람

6 조선 후기 가사의 성격

조선 후기에는 자아 각성에 의한 서민 의식과 산문 정신의 영향으로 종래의 관념적·서정적 내용은 서사적·구체적인 것으로 바뀌었다. 음풍농월식의 강호한정이나 연군에서 벗어나, 널리 인간 생활을 그렸고, 위국충절의 기상을 읊기도 하였다. 특히, 인간의 성정을 있는 그대로 표출함으로써 가사의 산문화가 이루어졌는데, 「용부가」는 이러한 경향을 잘 보여주는 작품이다.

7 「용부가」 유형의 조선 후기 가사

① 「우부가」
  어리석은 한량이 부모덕에 호의호식하고 방탕하여 절제가 없는 생활을 하다가 패가망신한다는 내용으로 세 명의 어리석은 인간유형을 등장시켜 서술하고 있다.

② 「덴동 어미 화전가」
  덴동 어미가 4번이나 결혼을 하게 되지만 궁핍하고 고달픈 생활을 벗어나지 못하고 결국 불행한 결말을 맞게 되는 기막힌 사연을 서사적으로 읊고 있다.

- 여성 생활의 직설적 표출과 관련해 읽을 작품 : 「규원가」, 「봉선화가」
- 여성 생활의 이념적 표출과 관련해 읽을 작품 : 「상사별곡」, 「화전가」

기출문제

1. 작품 전체를 고려하여 (가)와 (나)를 읽고 이해한 내용으로 가장 적절한 것은?
2012년 기출 30번

(가)
겨울밤 ᄎ고 춘 제 자최눈 섯거 티니
녀름날 길고 길 제 구즌 비는 므슴 일고
삼춘화류 호시절의 경물이 시름일다
ᄀ을 둘 방의 들고 실솔이 상의 울 제
긴 한숨 디는 눈물 속졀업시 혬만 만타
아마도 모딘 목슘 죽기도 어려울샤
도르혀 풀텨 혜니 이리ᄒ야 어이ᄒ리
청등을 돌나 노코 녹기금 빗기 안아
접련화 흔 곡조를 시름조차 섯거 ᄐ니
소상 야우의 대소ᄅ 섯도는 듯
화표 천년의 별학이 우니는 듯
옥수의 ᄐ는 수단 녜 소ᄅ 잇다마는
부용장 적막ᄒ니 뉘 귀예 들닐소니
간장이 구회ᄒ야 구비구비 근처셰라

— 「규원가(閨怨歌)」

(나)
흉보기도 실타마는 져 부인 모양 보소
親庭의 편지ᄒ여 媤집 凶도 ᄒ고 만네
시집간 지 셕 달 만의 媤집ᄉ리 甚ᄒ다고
게겸시런 媤아바니와 암특ᄒᆞᆯᄉ 媤어머님
야의덕이 媤뉘들과 엄슉덕이 맛동셔며
요악ᄒ 아오동셰와 녀호 갓튼 시앗년에
괴셰롭다 男奴女婢 들며 나며 흥부덕이
여긔져긔 ᄉ셜이요 구셕구셕 모함나라
남편이나 미더든니 十伐之木 되냐셰라
시집ᄉ리 못ᄒ깃네 간슈병이 어듸 간노

— 「용부가(慵婦歌)」

① (가)와 (나)를 보면 조선 후기로 갈수록 서민 여성들이 규방 가사의 창작에 참여했음을 알 수 있다.
② (가)와 (나)는 결혼 생활의 문제가 남편이나 시댁 식구의 부당한 행위에서 비롯되었음을 드러내고 있다.
③ (가)는 과거 회상을 통해 반성적 태도를 드러낸 반면, (나)는 세태 풍자를 통해 교훈적 의도를 드러낸다.
④ (가)에 비해 (나)는 인물의 형상화가 두드러지는데, 이는 소설을 가사로 전환하는 과정에서 나타난 현상이다.
⑤ (가)는 (나)에 비해 전아한 표현과 관념적 어휘가 두드러지는데, 이는 작자가 양반 독자층의 기호를 고려한 결과이다.

▎정답 없음

예상문제

※ (1 ~ 4) 아래 작품을 바탕으로 조건에 맞게 답하시오.

(가)
아해야 들어 봐라 내 본래 소루(疏漏)하야
범사에 등한(等閑)하고 자녀지정 바리 없어
5남매 너 하나를 십칠년 생장(生長)토록
일언반사(一言反辭) 교훈 없이 자행자재(恣行自在) 길렀으니
견문이 바이없어 일무가관(一無可觀)되었으니
연기장성(年紀長成)하였으매 매작(媒妁)이 구혼하니
울산산성 엄씨댁에 길연(吉緣)이 거기런가
문벌도 좋거니와 가법(家法)이 장할시고
층층분 인심인물(人心人物) 뉘 아니 칭찬하리
사심이 과협(過頰)하야 일언에 결낙(結諾)이라
무오지월 염유일(念酉日)에 도요지절(桃夭之節)되었구나
전안청(奠雁廳) 빈주석(賓主席)에 현서(賢壻)를 맞아보니
표연(飄然)한 저 거동이 계군에 서봉(瑞鳳)일세
심중개제(沈中愷悌) 군자태(君子態)요 공명현달 부귀상이
택서(擇壻)고망 맞혔으니 의기가인 어찌할가
내념에 생각하니 좋은 중에 걱정이라
너 비록 미거하나 자질이 방사하니 교훈이나 하여볼가
오날날 하난 말이 너희듣기 꿈 같으나
인성이 본선(本善)하니 깨쳐나면 되나니라
고사(故事)에 실린 말삼 역력히 있건마는 장황하야 다 못하고
대강으로 기록하니 자세히 들어두고 명심하야 잊지 마라
태임태사(太妊太似) 착한 사적 만고에 유훈(遺訓)이요
그 남은 유자군자(幽子君子) 여자 중에 몇몇인고.
지금도 짐작하면 옛사람 뿐이로다
인문(人文)이 생긴 후에 오륜(五倫) 좇아나니
규중(閨中)에 여자로서 다 알수야 있나마는
칠거지악(七去之惡) 옛법이라 삼종지도 모를소냐
그 중에 사친지도(事親之道) 백행 중에 으뜸이라
효자의 애일지심(愛日之心) 백년이 순식(瞬息)이니
순식간 사친사(事親事)를 일시인들 잊을소냐
온공(溫恭)히 뜻을 두고 지성으로 봉양하되
혼정신성(昏定晨省) 석달 사관(事觀) 대체로 하련마는
사실(事實)이 있으나마 냉철없이 있지 말고
자주자주 나아가서 기운을 살핀 후에
안색을 화(和)케 하며 소리를 낮초와서
문안(問安)을 드린 후에 식음을 묻자오며

잠죽히 기달려서 묻난 말삼 대답하고
　　　　　　　〈중략〉
　　봉양군자(奉養君子) 하난 도(道)와 교양자녀 하난 법은
　　너의 듣기 수괴(羞愧)하야 아즉이야 다 못할다
　　너 사람 무던하니 허다한 경계지언(警戒之言)
　　이만이만 뿐이로다.
　　　　　　　　　　　　　　　　　　　　　　　　　　－「계녀가」

(나)
　　흉(凶)보기가 싫다마는 져 ㉠부인(婦人) 거동(擧動) 보소.
　　시집 간 지 석 달 만에 시집살이 심하다고
　　친정에 편지하여 시집 흉을 잡아내네.
　　계엄할사 시아버니 암상할사 시어머니
　　고자질에 시누이와 엄숙하기 맏동서라.
　　요악(妖惡)한 아우 동서 여우 같은 시앗년에,
　　드세도다 남녀 노복(男女奴僕) 들며나며 흠구덕에,
　　남편(男便)이나 믿었더니 십벌지목(十伐之木)되었에라
　　여기저기 사설이요 구석구석 모함이라.
　　시집살이 못 하겠네 간숫병을 기울이며
　　치마 쓰고 내닫기와 보찜 싸고 도망질에
　　오락가락 못 견디어 승(僧)들이나 따라갈까
　　긴 장죽(長竹)이 벗이 되고 들구경 하여 볼까
　　문복(問卜)하기 소일(消日)이라
　　겉으로는 시름이요 속으로는 딴 생각에
　　반분대(半粉黛)로 일을 삼고 털 뽑기가 세월이라.
　　시부모가 경계(警戒)하면 말 한마디 지지 않고
　　남편이 걱정하면 뒤받아 맞넉수여,
　　들고 나니 초롱군에 팔자나 고쳐볼까.
　　양반 자랑 모두 하며 색주가(色酒家)나 하여 볼가
　　남문 밖 ㉡뺑덕어미 천성(天性)이 저러한가 배워서 그러한가.
　　본 데 없이 자라나서 여기저기 무릎맞침 싸움질로 세월이며
　　남의 말 말전주와 들면은 음식(飮食) 공논(公論)
　　조상(祖上)은 부지(不知)하고 불공(佛供)하기 위업(爲業)할 제
　　무당 소경 푸닥거리 의복(衣服)가지 다 내주고
　　남편 모양 볼작시면 삽살개 뒷다리요
　　자식 거동 볼작시면 털 벗은 놀개미라.
　　엿장사야 떡장사야 아이 핑계 다 부르고
　　물레 앞에 선하품과 씨아 앞에 기지개라.
　　이집 저집 이간질과 음담패설(淫談悖說) 일삼는다.
　　　　　　　〈중략〉
　　무식한 창생(倉生)들아 저 거동 자세 보고

> 그릇 일을 알았거든 고칠 개(改)자 힘을 쓰소.
> 옳은 말 들었거든 행하기를 위업(爲業)하소.
>
> - 「용부가」

1. (가)의 내용을 고려하여 〈보기〉의 ㉠, ㉡에 각각 적절한 내용을 제시하고, 아래 〈보기〉의 구조에 제시된 내용 중 (가)에 나타난 내용 3가지를 찾아 제시하시오. [2점]

― 〈보기〉 ―

계녀가사의 작자층은 일반적으로 (㉠)이라고 할 수 있다. 그 중에서도 시집가는 딸을 훈계하기 위한 목적으로 창출되는 것이므로, 대부분 그러한 딸을 둔 어머니가 작자가 된다.

계녀가사를 받아들여 생활화하고 전수하는 층은 자연히 작품의 내용을 수용하는 독자층이 된다. 그 대상은 원칙적으로 신행길을 떠나 시집으로 향하려는 상황에 처한 (㉡)이 된다. 그러나 때로는 아직 혼인 전에 있는 딸에게 집안의 법도와 예절에 대한 예비지식을 가르치기 위해 지어지기도 한다.

작품의 구조는 일정한 유형의 내용을 가지고 있다. 그 전형적인 것을 기술되는 차례에 따라 열거해 보면, ① 서사(序詞), ② 사구고(事舅姑 : 시부모를 섬김), ③ 사군자(事君子 : 남편을 섬김), ④ 목친척(睦親戚 : 친척과 화목함), ⑤ 봉제사(奉祭祀 : 제사를 받듦), ⑥ 접빈객(接賓客 : 손님을 대접함), ⑦ 태교(胎敎), ⑧ 육아(育兒), ⑨ 어노비(御奴婢 : 종들을 다스림), ⑩ 치산(治産), ⑪ 출입(出入), ⑫ 항심(恒心 : 평소의 마음가짐), ⑬ 결사(結詞)와 같은 13개의 항목으로 짜여 있다.

예상 답안

㉠ 사대부가(士大夫家) 부녀층, ㉡ 작자층의 딸
(가)에 나타난 내용 3가지 : ① 서사(序詞), ② 사구고(事舅姑 : 시부모를 섬김), ⑬ 결사(結詞)

2. (나)의 ㉠, ㉡에 그려진 인물을 나누어서 파악할 때, 그 특징을 아래 표의 과제에 맞게 제시하시오. [3점]

학습 과제	㉠ 부인	㉡ 뺑덕 어미
① 신분		
② 인물의 행위		
③ 작자의 공통적인 의도		

예상 답안

학습 과제	㉠ 부인	㉡ 뺑덕 어미
① 신분	양반 사대부 계층	서민 계층
② 인물의 행위	양반 부녀자가 지켜야할 도덕을 지키지 않으며, 색주가를 할 생각을 함	본 데 없이 자라나 식탐만 많고 여성이 해야 할 일을 하지 않음
③ 작자의 공통적인 의도	두 여인의 거동을 보고 고칠 것에 힘을 쓰고 옳은 행동을 하기를 바람	

3. (가), (나)에서 화자가 내용을 전달하는 상황을 비교하여 설명하고, 그와 관련지어 대상에 대한 정서적 거리의 차이를 설명하시오. [4점]

> **예상 답안**
>
> (가)는 시적 화자가 작품 속에 현상적 청자를 설정하여 시집을 가서 지켜야할 내용을 제시하고 있고, (나)는 시적 화자가 용부들의 행동을 비판하며 그러한 행동을 하지 말 것을 독자에게 직접 말하고 있다.
> (가)의 경우 시적화자인 어머니가 딸에게 말하는 내용이므로 가까운 거리로 나타났고, (나)의 경우 제3자가 용렬한 여인들을 비판하고 있으므로 먼 거리로 나타났다.

4. (가)와 (나)에 나타난 여성들의 행위를 시대상과 관련지어 설명하고, 그것을 주제 제시 방식의 차이와 관련지어 설명하시오. [4점]

> **예상 답안**
>
> (가)는 여성들이 지켜야 할 중세 윤리가 위력을 발휘하고 그것이 잘 지켜지던 시기에 지어진 것으로 볼 수 있고, (나)는 여성들이 지켜야 할 중세 윤리가 위력을 잃고 그러한 윤리가 붕괴된 시기에 지어진 것으로 보인다. 그래서 (가)는 여성들이 지켜야할 윤리를 나열하고 그것을 지키자는 방식으로 주제를 제시했고, (나)는 여성들이 윤리를 지키지 못하는 모습을 나열하고 그것을 비판하면서 그렇게 하지 말자는 방식으로 주제를 제시했다.

작품 11 〉〉 계녀가(誡女歌)

◆ 출제방향
- 조선 후기 가사의 성격
- 계녀 가사(誡女歌詞)의 이해

아해야 들어 봐라 내 본래 소루(疏漏)하야
범사에 등한(等閒)하고 자녀지정 바리 없어
5남매 너 하나를 십칠년 생장(生長)토록
일언반사(一言反辭) 교훈 없이 자녀자정(子女慈情) 길렀으니
견문이 바이없어 일무가친(一無可親)되었으니
연기장성(年紀長成)하였으매 매작(媒妁)이 구혼하니
울산산성 엄씨댁에 길연(吉緣)이 거기런가
문벌도 좋거니와 가법(家法)이 장할시고
층층분 인심인물(人心人物) 뉘 아니 칭찬하리.
사심이 과흡(過洽)하야 일언에 결낙(結諾)이라.
무오지월 염유일(念酉日)에 도요지절(桃夭之節)되었구나.
전안청(奠雁廳) 빈주석(賓主席)에 현서(賢壻)를 맞아보니
표연(飄然)한 저 거동이 군계에 서봉(瑞鳳)일세.
심중개제(沈中愷悌) 군자태(君子態)요 공명현달 부귀상이
택서(擇壻)고망 맞혔으니 의기가인 어찌할가
내념에 생각하니 좋은 중에 걱정이라.
너 비록 미거하나 자질이 방사하니
교훈이나 하여볼가
오날날 하난 말이 너희듯기 꿈 같으나
인성이 본선(本善)하니 깨쳐나면 되나니라
고사(故事)에 실린 말삼 역력이 있건마는
장황하야 다 못하고 대강으로 기록하니
자세히 들어두고 명심하야 잊지 마라.
태임태사(太妊太似) 착한 사적 만고에 유훈(遺訓)이요
그 남은 유자군자(幽子君子) 여자 중에 몇몇인고.
지금도 짐작하면 옛사람뿐이로다 인문(人文)이 생긴 후에
오륜(五倫)이 좇아나니 규중(閨中)에 여자로서
다 알수야 있나마는 칠거지악(七去之惡) 옛법이라
삼종지도 모를소냐. 그 중에 사친지도(事親之道)
백행 중에 으뜸이라 효자의 애일지심(愛日之心)
백년이 순식(瞬息)이니 순식간 사친사(事親事)를
일시인들 잊을소냐 온공(溫恭)히 뜻을 두고
지성으로 봉양하되 혼정신성(昏定晨省) 석달 사친(事親)

* 소루(疏漏): 생각이나 하는 일 따위가 꼼꼼하지 못하고 조심과 주의가 모자라는 것
* 등한(等閒): 주의를 돌리지 않고 무심한 것.
* 일언반사(一言牛事): 한마디의 말
* 자녀자정(子女慈情): 자녀에 대한 알뜰한 애정.
* 일무가친(一無可觀): 하나도 보잘 것이 없음.
* 년기장생(年紀長生): 나이가 벌써 들어 다 자란 것.
* 매작(媒·): 혼사를 중매하는 사람.

* 층층분(層層分): 이미 돌아 갔거나 살아있는 부모, 조부모, 증조부모로 치오르는 역대의 어른들.
* 과흡(過洽): 아주 만족하고 흡족하다.
* 결낙(決諾): 승낙, 하락하는 것. 흡족
* 무오년념육일(戊午年念六日): 무오년 동지달 스므 엿새날.
* 도요지절(挑夭之節): 혼일 할 때.
* 전안청(奠雁廳) 빈주석(賓主席): 혼례식장의 주인과 손님의 자리.
* 현서(賢壻): 어진 사위. 사위의 존대말.
* 군계에 서봉(鷄群에 瑞鳳): 닭들의 상서로운 봉황새.
* 심중개제 군자태(沈中愷悌 君子態) 공명현달 부귀상(功名顯達 富貴相): 침착하고 화락한 군자의 태도 / 공을 세워 명망이 높아 귀하게 될 상.
* 택서고망(擇壻高望): 사위를 가리는 높은 희망.
* 의기가인(宜其家人): 시집살이
* 방사: 타고난 성품이 무던하다.

* 태임(太妊): 중국 주(朱)나라 왕계의 비이며, 문왕의 母이다.

* 칠거지악(七去之惡): 처를 쫓는 일곱 가지 조목. 즉 시부모에 불순할 때, 자식을 못 낳거나 행실이 음란한 것, 질투가 심한 것, 중한 병을 가진 것, 구설이 사나운 것과 물건을 훔치는 버릇이 있는 것
* 삼종지도(三從之道): 어릴 때는 부모를 쫓고, 시집가서는 남편을 쫓고 남편이 죽은 후에는 자식을 쫓는 것.
* 사친지도(事親之道): 부모를 섬기는 도리.

제3절 가사 작품 감상 (2) 조선 후기

대체로 하련마는 사실(事實)이 있으나마
냉철없이 있지 말고 자주자주 나아가서
기운을 살핀 후에 안색을 화(和)케 하며
소리를 낮초와서 문안(問安)을 드린 후에
식음을 묻자오며 잠죽히 기달려서
묻난 말삼 대답하고 음식을 공궤(供饋)하되
구미(口味)를 맞초 와서 찾기를 기대 말고
때맞초와 드리오며 없다고 칭탁(稱託)마라
성효(誠孝)가 지극하면 얼음 속에 잉어나고
설중에도 죽순(竹筍)이라 의복을 받어 오되
한서(寒暑)를 살펴 봐서 철철히 때를 찾아
생각 전에 살펴 봐서 품 맞고 길이 맞고
일념에 조심하고 기운이 첨상(添傷)되야
환후(患候)가 계시오면 황황(煌煌)한 이 모양이
주야에 전읍이라 잠시도 잊지 말고
탕로(湯爐)를 친집(親執)하며 급한중 정신 차려
약물을 조심하라 효성이 극진하면
복상이 쉽사오니 복상이 되신 후에
평시(平時)와 같삽거던 안색도 화케하며
몸수렴도 하나니라 시키신 일 있삽거던
물러가 진작하되 동동촉촉(同同燭燭) 조심하야
하다가 의심커든 다시금 사려(思慮)하되
불안키 알지 말고 자망으로 하지 마라.
내난 것이 자망이요 내난 것이 병통이라
먹던 술도 떨어지니 아난 길을 물어 가라.
꾸중이 나리거던 황급히 들어 보면
무비 다 교훈이라 교훈 없이 사람 되리.
옳다고 발명 말고 그르거던 자죄(自罪)하되
속속히 개과하여 두 번 허물 짓지 마라.
한두 번 글러지면 옳던 일도 글러지고
한두 번 옳은 뒤난 용서가 쉬우니라.
하해같은 자정(慈情)으로 사랑을 하시거든
더구나 감격하야 다시금 조심하라.
쓰시난 기물(器物) 등도 애중(愛重)히 녀기거던
하물며 친동기야 부모일신 갈랐으니
그 아니 관중하며 그 아니 친애(親愛)할까
소소한 일 허물 말고 내 도리라 극진하면
남이라고 화합커던 동기(同氣)야 이를손가
형제가 개우(皆友)하면 화락자심(和樂慈心) 하나니라.
인간에 우애 보전 내간(內間)에도 매였으니
우애가 끊어지면 화기(和氣)가 다시 없어

* 애일지심(愛日之心): 세월을 아끼는 마음, 즉 부모가 늙는 것을 안타깝게 여기는 마음.
* 온공(溫恭): 온순하고 공경하는 것에.
* 혼정지성(昏定之省): 아침 저녁으로 부모께 문안드리는 것.
* 석 달 事覲: 석 달 동안 시부모를 섬기는 일
* 냉철없이: 아주 깜박.
* 잠죽히: 말없이.
* 공궤(供饋): 음식을 바치는 것.
* 칭탁(稱託): 구실. 핑계.
* 성효(誠孝): 참된 효성.
* 얼음 속에 잉어 나고: 효성에 감동하여 얼음이 절로 갈라져 잉어 두마리가 뛰어 나왔다 한다.
* 설중에 죽순이라: 맹종이 대밭에 들어가 죽순을 구하지 못하고 우니, 그 효성에 감동하여 죽순이 돋았다 한다.
* 첨상(添傷): 더 쇠약해지는 것.

* 전읍: 걱정하여 우는 것.
* 친집(親執): 몸소 손수하는 것.

* 복상(復常): 회복되는 것.

* 몸수렴: 몸차림.

* 자망(自妄): 잘난체 하며 버릇없는 것.

* 먹던 술: 숟가락.

* 화락자심(和樂慈心): 희락하고 즐거운 것.

가도가 부색(腐塞)하면 그 아니 한심하리.
일척포(一尺布) 일승곡(一升穀)을 있난 대로 갈라 하고
우애(友愛)만 생각하니 재물을 의론 마라.
재물 끝에 의 상하면 형제가 남과 같다.
천륜으로 생긴 우애 나날이 솟아나니
형우제공(兄友弟恭) 각각하면 목족(睦族)도 되려니와
차차로 추원(追遠)하면 봉선지심(奉先之心) 절로 난다.
예교(禮敎)를 다 알소내 칭가유무(稱家有無) 형세대로
제일(祭日)이 당거던 전기(奠器)에 조심하야
의복을 씻어 입고 재계(齋戒)를 정히하되
부정지색 보지 말며 부성비성 들지 말고
각가지 제수(祭需) 등물 정결토록 조심하야
한가지나 잊힐세라 차차로 생각하야.
정성이 지극하고 군고초창 그 가운데
신도(神道)가 흠향(歆饗)하고 여음이 있나니라
조선(祖先)의 기친 문호 그 아니 극중한가.
문호(門戶)를 수호하여 접빈객 긴 할세라
외당(外堂)에 통지 있어 손님이 오시거든
없다고 눈속 말고 있난 것 사념(邪念)마라.
반가음 볼지라도 조심을 다시 하여
반찬이 유무간(有無間)에 먹도록 대접하면
돌아가 공론인사(公論人事) 아모 집 아모 댁이
안흠세도 없거니와 밖에서 생식이라.
접빈객 하자 하면 사령(使令)없이 되겠나냐.
비복(婢僕)은 사령이라 수족과 같으니라.
귀천이 다르나마 그도 또한 혈육이니
살뜰이 거두우되 은위(恩威)를 병시(並施)하라.
위엄이 지중하면 충성이 전로 없고
은애(恩愛)를 과히 하면 버릇없기 쉬우니라.
의식(衣食)을 살펴보아 기한(飢寒)이 없게 하며
의심커던 쓰지 마라 시킨 후에 의심 마라.
양반이 의심하면 속일 눈을 뜨나니라
죄가 있어 꾸짖어도 사장을 촌탁(忖度)하요
위령(威令)을 세우나마 의리를 타이르면
감복(感服)도 하려니와 외우가 없나니라.
인간에 대부귀(大富貴)난 운수에 관계하나
안 치산(治産) 잘못하면 손해가 없을소냐.
근검(勤儉)이 으뜸이나 알봐가며 할 것이며
절용(節用)이 좋다 해도 쓸 때야 안쓸쏘냐.
범백(凡百)을 요량(料量)하야 중도(中道)에 맞게 하라.
못할 일을 한다 하면 남에게 천히 뵈고

* 일척포 일승곡(一尺布, 一升穀): 한 자의 베와 한 되의 곡식이나, 적은 양식.

* 목족(睦族): 일가가 화목하는 것.
* 추원(追遠): 조상을 따르는 것.
* 봉선지심(奉先之心): 조상을 존경하는 마음.
* 칭가유무(稱家有無): 집안 살림의 형편.

* 제수등물(祭需等物): 제사에 쓰는 음식들.

* 군고초창: 슬프게 향불이 타오르는 것.

* 안흠세: 집안 부인이 가진 허물.

* 촌탁(忖度): 헤아려 참작하는 것.

* 안(內)治産: 부인의 살림살이.

쓸데를 아니 쓰면 남에게 득담(得談)한다.
조선(祖先)의 세전지업(世傳之業) 한푼인들 허비하며
근로(勤勞)이 지은 농사 한알인들 허용할까
직임조순 주식제의(酒食祭儀) 여자의 본사(本事)로다
치산(治産)에 쓰난 기물 제자리에 정해두고
문호를 단속하며 실당(室堂)을 정히하라.
여인주조 할지라도 언어를 조심하라.
남의 흉이 한가지면 내 흉이 몇 가지냐
착한 사람 본을 받고 흉한 사람 경계하면
그 중에 사장(師長) 있어 내 사람 느나니라
부녀의 본성품(本性品)이 편협하기 쉽사오니
일시에 못참은 말 후회한들 미칠소냐
참기를 위주(爲主) 속너르기 힘을 써라.
차차로 행해 가면 그것도 공부되야
천성(天性)도 고치거던 허물이야 짓겠나냐.
매사(每事)를 당하거던 식사를 하지 말고
진정으로 하여라 식사는 헛일이라.
남부터 먼저 아니 무색하기 측량 있나
기름이 좋다 하나 기름 끝에 흉이 있고
훼언(毀言)일 설다 해도 그것이 사장이라
훼언 듣고 자책(自責)라면 내 혀물 내 알아서
다시사 명심(銘心)하면 훼언이 예언 되네.
부녀 소리 높이 하면 가도(家道)가 불길하니
빈계신명(牝鷄晨鳴) 옛경계(警戒)는 규범에 관계되니 * 빈계신명(牝鷄晨鳴): 암 닭이 새벽에 울다. 곧 안 주장.
진선진미(盡善盡美) 못 할망정 유순하기 으뜸이라.
주궁휼빈(周窮恤貧) 하난 도와 시혜보은(施惠報恩)하난 일이 * 주궁휼빈(周窮恤貧): 궁하고 가난한 것을 도와 주는 것.
옛부터 적선지가(積善之家) 차례로 기범(紀範)있어   * 시혜보은(施惠報恩): 은혜를 베풀고 은혜를 갚는 것.
어룬의 할 탓이라 네게야 관계있나.   * 적선지가(積善之家): 좋은 일을 많이 한 집.
봉양군자(奉養君子) 하난 도(道)와 교양자녀 하난 법은 * 봉양군자(奉養君子): 남편을 잘 받드는 것.
너의 듣기 수괴(羞愧)하야 아즉이야 다 못할다.
너 사람 무던하니 허다한 경계지언(警戒之言)   * 경계지언(警戒之言): 경계하여 가르치는 말.
이만이만 뿐이로다.

핵심정리

▷ **작자** 미상
▷ **연대** 미상(18세기로 추정)
▷ **형식** 3·4조의 음수율과 4음보의 율격
▷ **구조** 일정한 유형의 내용을 가지고 있음
▷ **주제** 시집 가는 딸에게 가법을 훈계함
▷ **특징** 여자의 규범이 될 만한 이야기를 자신의 시집살이 경험에 결부시켜 노래함

이해와 감상

| 감상 |

영남 지방의 내방가사이나 내용이 비슷한 가사는 여러 곳에서 발견되고 있다. 과년한 딸의 혼기를 앞두고 백사(百事)에 걱정이 되어 여자의 규범이 될만한 고사를 자기의 시집살이 경험에 결부시켜 노래하고 있다. 조금도 추상적인 훈계가 아니고 구체적이고 주도면밀한 생생한 훈계로서 가법이 엄격한 양가의 부녀다운 예절을 갖추도록 일깨워 주고 있다. 이조 봉건제도 하에서 시집살이의 어려움을 미루어 알고 과거 우리나라 양가 부녀자들의 생활 모습을 엿보게 해주는 가사이다. 경북 영천군 사일의 정씨 댁에서 채록한 것이 본문에 실려 있다.

참고

1. 계녀 가사가사의 개념 및 종류

시집가는 딸에게 시집살이의 규범을 가르치기 위하여 지은 가사이고, 규방가사(閨房歌辭) 혹은 내방가사(內房歌辭)의 한 갈래로 규방가사의 주류를 이루고 있다. 계녀 가사는 작품 전개에 있어서 독특한 유형적 구조를 갖추고 있다. 제목도 계녀가(戒女歌)·계녀사(戒女辭)·계아가(戒兒歌)·경계가(警戒歌)·여아경계가(女兒警戒歌)·교녀가(教女歌)·교훈가(敎訓歌)·여자유행가(女子留行歌)·규중가(閨中歌)·규중행실가(閨中行實歌)·훈계가(訓戒歌)·귀녀가(貴女歌)·경계초(警戒抄)·여자행신법(女子行身法)·복선화음가(福善禍淫歌)·훈시가(訓示歌)·규문전회록(閨門傳懷錄)·행실교훈가(行實敎訓歌) 등 다양하다. 그러나 계녀 가사로서의 유형적 구조를 온전하게 갖춘 작품은 거의 다 '계녀가'로 되어 있으므로, 이 유형을 총괄하여 계녀 가사라 하게 된 것이다.

2. 작자층 및 독자층

계녀 가사의 작자는 일반적으로 시집가는 딸을 훈계하기 위한 목적으로 사대부가(士大夫家) 부녀층이 지었는데, 할머니가 짓거나 아버지 또는 할아버지가 대신 짓기도 한다.

계녀가사를 받아들여 생활화하고 전수하는 층은 곧 작자층의 딸이 된다. 원칙적으로 신행길을 떠나 시집으로 향하려는 상황에 처한 딸에게 집안의 법도와 예절에 대한 예비지식을 가르치기 위해 지어지기도 한다. 혹은 시집살이 도중 친정에 근친 와 있는 딸을 위한 것도 있다.

3. 계녀가사의 내용 및 구조

시집가서 잘 살고 있더라도 더욱 시집살이를 잘하라는 격려의 뜻으로 시집에 있는 딸에게 보내는 경우와 시집가서 불행히도 일찍 과부가 된 딸을 교훈하기 위한 것도 있다. 이들 대상층이 곧 수용자층이며, 그에 그치지 않고 다시 그 다음 세대의 딸이나 며느리에게 전사(轉寫)되어 전승되는 경우가 흔하다.

작품의 구조는 일정한 유형의 내용을 가지고 있다. 그 전형적인 것을 기술되는 차례에 따라 열거해 보면, ① 서사(序詞), ② 사구고(事舅姑 : 시부모를 섬김), ③ 사군자(事君子 : 남편을 섬김), ④ 목친척(睦親戚 : 친적과 화목함), ⑤ 봉제사(奉祭祀 : 제사를 받듦), ⑥ 접빈객(接賓客 : 손님을 대접함), ⑦ 태교(胎敎), ⑧ 육아(育兒), ⑨ 어노비(御奴婢 : 종들을 다스림), ⑩ 치산(治産), ⑪ 출입(出入), ⑫ 항심(恒心 : 평소의 마음가짐), ⑬ 결사(結詞)와 같은 13개의 항목으로 짜여져 있다. 물론 모든 작품이 다 이렇게 짜여진 것은 아니다. 작품에 따라 한두 개의 항목이 빠지거나 더 첨가되기도 하며 순차가 바뀌는 경우도 있다.

4. 정격형과 변격형

정격형은 13개의 항목을 순차적으로 온전하게 갖춘 작품으로 3·4조를 철저히 지키는 경향을 보이며, 총 200행(400구) 내외의 길이를 가지고 있다. 또 주제는 『소학(小學)』의 사상에 뿌리를 두고 있으며, 시종일관 유교적 규범에 충실한 교훈문학 혹은 목적문학으로서의 성격을 뚜렷이 지닌다.

변격형은 13개의 항목의 구조를 약간씩 벗어난 작품으로 음수율에 있어 3·4조 혹은 4·4조를 혼용하는 경향을 보이며 대체로 정격형보다 장형화된 작품이 많다. 이들은 때로 정격형의 기본골격은 그대로 유지하되 단순히 항목의 확대·축약·혼합에 머무르지 않고, 그 규범적 요소나 주제를 벗어나 작자층의 체험적 요소를 삽입함으로써 상당 부분 내용상의 변화를 보이기도 한다.

5. 계녀가사의 유래 및 변천과정

계녀가사가 언제 형성되었는지는 작품들의 창작연대에 대한 기록이 없어 명확하게 알 수는 없지만 대체로 18세기 중엽, 곧 조선 영·정조시대일 가능성이 크다.

또 작자층의 환경적 조건에서 형성의 계기를 찾을 수도 있다. 즉, 그 주류 담당층인 영남지방의 사대부 부녀층은 영·정조시대에 정치적으로 몰락한 남인계(南人系) 가문에서 성장한 인물들이다. 그리고 역시 같은 남인계통으로 출가해서 몰락한 가문을 일으키고자 혼신의 힘을 기울이던 장본인들이었다. 때문에 이들에게는 양반계층으로서의 체통을 지키기 위한 마지막 보루로써 양반다운 언행이 무엇보다 요구되었다.

계녀가사 자체만을 놓고 볼 때 초기에는 유교적 규범을 담은 전거문헌(典據文獻)의 영향에 따라 그 내용을 관념적으로 서술하는 전형적인 정격형의 작품들이 출현한다. 이러한 정격형의 작품에서 점차 작자층의 체험적 사실과 흥미를 가미한 변격형의 작품으로 전환해 가는 추세를 보인다고 하기도 한다. 그러나 이 또한 일률적으로 그렇다는 단정을 내리기는 어렵다.

한편 계녀가사는 유교적 규범을 관념적으로 서술하는 데서 출발한다. 그리하여 차차 생활의 체험을 반영하면서 인접 장르인 민요나 소설 쪽으로 개방성을 보이면서 상당한 변모를 거치게 된다. 그러한 예로서「복선화음가」에 '괴똥어미'의 행실에 관한 소설적 모티프가 개입되어 있다든지, 또 문경과 영주지방에서 채록된「계녀가」가 민요와 가사의 중간적 성격을 보인다든지 하는 사실을 들 수 있다.

기출문제

1. "「계녀가(誡女歌)」에 나타난 표현 특성을 이해하여 글쓰기에 활용할 수 있다."라는 학습 목표에 부합하는 글쓰기 계획을 〈보기〉에서 고른 것은?

2009년 기출 26번

> 시키신 일 있삽거든 물러가 진작 하되
> 洞洞燭燭 操心하여 민첩하게 생각하며
> 하다가 疑心커든 다시금 思慮하되
> 불안키 알지 말고 자망[1]으로 하지 말아
> 내 난 것이 자망이요 내 난 것이 병통이라
> 먹던 술[2]도 떨어지니 아난 길을 물어 가라
> 꾸중이 나리거든 황급히 들어 보면
> 무비[3] 다 敎訓이라 교훈 없이 사람 되리
>   〈중략〉
> 기름[4]이 좋다 하나 기름 끝에 흠이 있고
> 毁言[5]이 설다 해도 그것이 師長이라
> 毁言 듣고 自責하면 내 허물 내 알아서
> 다시사 銘心하면 훼언이 預言[6] 되네
>
> — 「계녀가(誡女歌)」
>
> 1. 自妄, 잘난 체하며 버릇없이 구는 일
> 2. 숟가락
> 3. 모두
> 4. 기림. 받들고 칭찬함
> 5. 훼언. 헐뜯는 말
> 6. 예언. 앞을 내다보는 말

〈보기〉

ㄱ. 4음보의 율격과 대구법으로 주제 전달을 효율화하는 점을 활용하여, 학급 전체를 설득하는 표어를 지어 보겠다.
ㄴ. 1인칭 화자가 제3의 인물을 작품 속의 현상적 청자로 설정하고 발화하는 특성을 활용하여, 사람들에게 직접 말을 건네 호소하는 광고문을 쓰겠다.
ㄷ. 청자의 시각과 처지를 고려하여 말하는 방식을 활용하여, 친구 입장에서 말을 함으로써 공감을 얻는 편지를 쓰겠다.
ㄹ. 일상생활과 관련된 관용적 표현이나 언어적 재미를 유발하는 표현을 활용하여, 훈계의 의도와 표현의 묘미를 함께 지니는 수필을 쓰겠다.
ㅁ. 명제적 진술을 하고 논리적 근거를 제시함으로써 설득력을 높이는 서술 방식을 활용하여, 교훈의 뜻을 전하는 학급신문 사설을 쓰겠다.

① ㄱ, ㄴ, ㄷ
② ㄱ, ㄴ, ㄹ
③ ㄱ, ㄷ, ㄹ
④ ㄴ, ㄷ, ㅁ
⑤ ㄷ, ㄹ, ㅁ

| 정답 ③

작품 12 우부가(愚夫歌)

네 말슴 광언인가 져 화상을 구경허게.
남촌 한량 기똥이는 부모 덕에 편이 놀고
호의호식 무식허고 미련허고 용통ᄒ야
눈은 높고 손은 커셔 가량 업시 쥬져 넘어
시쳬짜라 의관허고 남의 눈만 위허것다.
장장 츈일 낫줌자기 조셕으로 반찬 투정
미팔ᄌ로 무상 츌입 미일 장취 계 트림과
이리 모야 노름 놀기 져리 모야 투젼질에
기싱쳡 치가ᄒ고 외입장이 친구로다.
ᄉ랑의는 조방군이 안방의는 노구 할미
명조상을 써셰허고 셰도 구멍 기웃기웃
염냥 보아 진봉허기 지업을 까불니고
허욕으로 장ᄉ허기 남의 빗시 틱산이라.
ᄂㅣ 무식은 싱각 안코 어진 사람 미워허기
후헐 데는 박ᄒ야셔 한 푼 돈의 쌈이 나고,
박헐 데는 후ᄒ야셔 슈빅 량이 헛것시라.
승긔ᄌ를 염지허니 반복 소인 허긔진다.
ᄂㅣ 몸에 리헐 듸로 남의 말를 탄치 안코
친구 벗슨 조화허며 졔 일가는 불목허며
병 날 노릇 모다 허고 인슴 녹용 몸보키와
쥬식 잡기 모도 ᄒ야 돈 쥬정을 무진 허네.
부모 조상 돈망허며 계집 ᄌ식 지물 슈탐
일가친척 구박하며 ᄂㅣ인사는 나종이요 남의 흉만 줍아닌다.
ᄂㅣ 힝셰는 기치반에 경계판을 질머지고
업는 말도 지여 ᄂㅣ고 시비의 션봉이라.
난데없는 용전여수(用錢如水) 상하탱석(上下撑石)하여 가니

내 말이 미친 소리인가 저 인간을 구경하게.
남촌의 한량 개똥이는 부모 덕에 편히 놀고
호의호식하지마는 무식하고 미련하여 소견머리가 없는 데다가
눈은 높고 손은 커서 대중없이 주제 넘어
유행 따라 옷을 입어 남의 눈만 즐겁게 한다.
긴긴 봄날에 낮잠이나 자고 아침저녁으로 반찬투정을 하며
항상 놀고먹는 팔자로 술집에 무상출입하여 매일 취해서 게트름을 하고
이리 모여서 노름하기, 저리 모여서 투전질에
기생첩을 얻어 살림을 넉넉히 마련해 주고 오입쟁이 친구로다.
사랑방에는 조방군이, 안방에는 뚜쟁이 할머니가 드나들고,
조상을 팔아 위세를 떨고 세도를 찾아 기웃기웃하며
세상 돌아가는 것을 보아 가며 뇌물을 바치느라 재산을 날리고
헛된 욕심으로 장사를 하여 남의 빚이 태산처럼 많다.
자기가 무식한 것은 생각하지 않고 어진 사람을 미워하며
후하게 할 곳에는 야박하여 한 푼을 주는 데도 아까워하고,
박하게 할 곳에는 후덕하여 수백 냥을 낭비한다.
자기보다 나은 사람을 싫어하니 소인들이 비위 맞추느라 배고플 지경이다.
자기에게 유리하면 남의 잘못된 말도 따지지 않고
친구들하고는 잘 지내지만 제 친척들과는 화목하지 못하여
건강 해칠 일은 모두 하고 인삼 녹용으로 몸보신하기와
주색잡기를 모두 하여 한없이 돈을 함부로 쓰네.
부모와 조상은 아주 잊어버리고 계집 자식과 재물만 좋아하며
일가친척을 구박하고 자기가 할 도리는 나중 일이요, 남의 흉만 잡아낸다.
자기 행동은 개차반이면서 경계판을 짊어지고 다니며
없는 말도 지어 내고 시비 거는 일에 앞장선다.
돈이 나올 데가 없는데도 물처럼 쓰고 나서 임시변통하기에 바쁘고

손님은 채객(債客)이요 윤의(倫義)는 내 몰래라.	손님이라고 오는 것은 빚쟁이요, 윤리와 의리는 돌보지 않는다.
입구멍이 제일이라 돈 날 노릇하여 보세.	먹을 것이 제일 중요하니 돈 나올 일을 하여 보세.
전답 팔아 변돈 주기 종을 팔아 월수(月收) 주기	논밭과 종을 팔아서 이자돈 놓기
구목(丘木) 버혀 장사하기 서책 팔아 빚 주기와	무덤가의 나무를 팔아먹고 서책을 팔아 빚을 주고
동네 상놈 부역이요 먼 데 사람 행악이며	동네 상놈을 불러다가 일을 시키고 먼 데서 온 사람에게 행패를 부리며
잡아 오라 꺼물리라 자장격지(自將擊之) 몽둥이질	잡아 오라, 물러가라, 싸움을 걸어 몽둥이질을 하고
전당(典當) 잡고 세간 뺏기 계집 문서 종 삼기와	전당 잡아 세간을 뺏으며, 계집 문서로 종을 삼고
살 결박(結縛)에 소 뺏기와 불호령에 솥 뺏기와	알몸을 결박하여 소를 뺏고, 불호령으로 솥을 뺏으니
여기저기 간 곳마다 적실 인심 하겠고나.	여기저기 가는 곳마다 인심을 자꾸 잃는구나.
사람마다 도적이요 원망허는 소릐로다. 이스나 ᄒᆞ야 볼가.	사람마다 그를 도적이라 하여 원망하는 소리가 높다 이를 피해서 이사나 하여 볼까.
가장(家藏)을 다 파라도 상팔십이 닉 팔즈라.	집안의 물건을 다 팔아도 오래 살 팔자라.
종손 핑계 위젼(位田) 파라 투젼질이 싱익로다.	종손이라고 핑계하고 위전을 팔아 노름하는 것이 일이로다.
계슈 핑계 계긔(祭器) 파라 관ᄌᆞ 구셜(官災口舌) 이러ᄂᆞ다.	제사를 핑계 삼아 제기를 팔아먹고서 관가로부터 봉변을 당한다.
뉘랴셔 도라 볼가. 독부(獨夫)가 된단 말가.	아무도 그를 돌아보지 않으니 완전히 외톨이가 된단 말인가?
가련타 져 인성아 일죠 걸긱이라.	가련하다 저 인생아, 하루아침에 거지가 되었구나.
듸모 관자(玳瑁貫子) 어듸 가고 물네쥴은 무삼 일고.	고급스런 관자는 어디 가고 물렛줄은 무슨 일인가?
통냥갓슨 어듸 가고 헌 파립(破笠)에 통모ᄌᆞ라.	통영갓은 어디 가고 찢어진 갓에 통모자를 썼구나.
쥬쳬로 못 먹든 밥 칙녁 보아 밥 먹ᄂᆞ다.	주체할 수 없을 정도로 많던 밥, 이제는 달력을 보아 가며 먹는다.
양복기ᄂᆞ 어듸 가고 쓴바귀를 단쑬 ᄲᅡ듯	양볶음은 어디 가고 씀바귀를 단꿀 빨 듯
죽녁고(竹瀝膏) 어듸 가고 모쥬 한 잔 어려워라.	좋은 소주는 어디 가고 좋지 않은 모주 한 잔 먹기도 어렵구나.
울타리가 썰나무요 동닉 소곰 반찬일셰.	울타리로 땔감을 삼고 동네 소금으로 반찬을 하네.
각장 장판 소라 반ᄌᆞ 장지문이 어듸 가고	고급스런 장판과 반자 장자문은 다 어디가고
벽 써러진 단간방의 거젹ᄌᆞ리 열두 닙에	벽이 허물어진 단칸방에 열두 닢의 거적을 깔았으며
호젹 조희 문 바르고 신쥬보(神主褓)가 갓쓴이라.	호적을 쓴 종이로 문을 바르고 신주 싸는 보자기로 갓끈을 하였구나.
은안 쥰마 어듸 가며 션후 구종(驅從) 어듸 간고.	호사스럽게 차린 좋은 말과 앞뒤에 모시던 하인은 어디갔는가?
셕시 집신 집힝이에 경강말이 계격이라.	거칠게 만든 짚신과 지팡이에 두 발로 걷는 것이 제격이라.
슴슴 보션 틱셔히가 어듸 가고 쓸레발이 불상허고	삼승 버선과 태사혜는 어디 가고 헙수룩한 모양의 발이 불쌍하며
비단 쥬머니 십륙ᄉᆞ끈 화류 면경(樺榴面鏡) 어듸 가고	비단 주머니, 십륙사끈, 고급 거울은 어디 가고

제3절 가사 작품 감상 (2) 조선 후기

보션목 쥬머니에 슘노끈 쒸여 ᄎ고	버선목 주머니에 심노끈을 꿰어 차며
돈피 빗ᄌ 담븨 휘양 어듸 가며 릉라 쥬의 어듸 간고.	담비 모피로 만든 덧저고리와 모자, 비단 두루마기는 어디 갔는가?
동지 셧달 베창옷셰 슘복 다름 바지거죽	동지 섣달 추위에 베창옷을 걸쳤으며, 삼복 더위에 두꺼운 바지를 입고
궁둥이ᄂ 울근불근 엽거름질 병신갓치	엉덩이를 울근불근하며 병신같이 옆걸음질을 치는구나.
담비 업는 빈 연쥭을 소일조로 손의 들고	담배도 없는 빈 담뱃대를 심심풀이로 손에 들고
어슥비슥 다니면서 남에 문젼걸식ᄒ며	비실비실 다니면서 남의 집 문전에 가 걸식하며
역질 핑계 졔ᄉ 핑계 야속허다 너의 인심 원망헐ᄉ 팔ᄌ타령.	역질이나 제사를 핑계하는 집에 인심이 야박함을 탓하면서 팔자를 원망하는구나.

〈후략〉

핵심정리

▷ **작자** 미상
▷ **연대** 조선 후기(19세기)
▷ **구성**
　① 세 명의 우부(愚夫 : 어리석은 남자)를 등장시켜 각각 서사 – 본사 – 결사의 3단으로 구성
　② 서사 : 인물에 대한 화자의 평이 제시
　③ 본사 : 도덕적 타락과 비행(非行)이 열거
　④ 결사 : 패가망신(敗家亡身)한 이후의 행색이 묘사
▷ **성격** 교훈적, 풍자적, 경세적
▷ **주제** 도덕적 타락에 대한 비난과 경계
▷ **의의** 조선 후기 양반층의 도덕적 타락을 사실적으로 반영

▷ **인물**
　① 개똥이 : 부모 덕에 호의호식하나 타락한 삶을 살다가 비참한 말로를 맞는 인물
　② 꼼생원 : 개똥이만은 못 하지만 넉넉하게 사는 편이었으나 개똥이와 마찬가지로 무절제한 삶을 살다가 비참해지게 되는 인물
　③ 꾕생원 : 경제적으로 철저히 몰락하여 평생 빚에 의지하여 술과 노름에 빠져 살아가는 난봉꾼
▷ **출전** 『초당문답가(草堂問答歌)』: 조선조 숙종 ~ 영조 사이에 만들어진 것으로 생각됨, 백성을 경계하고 가르치기 위하여 만든 노래로 열두 편의 사본(寫本)이 있음, 『경세설(警世說)』이라고도 함

이해와 감상

| 감상 |

　19세기 말과 20세기 초에 불렸던 가사로 19세기 이후 양반 사회가 당면했던 현실적·경제적 몰락과 도덕적 타락, 봉건적 가치관의 붕괴를 사실적으로 그려내고 있다.
　이 작품이 실려 있는 『초당문답가』는 19세기 후반 양반 사회가 무너지는 현실 속에서의 양반층의 의식을 반영하고 있는데, 특히 「우부가」의 경우 양반 사회가 당면했던 경제적 몰락과 도덕적 타락을 가차 없이 그려내었다는 점에서 그 의의가 있다.
　이 작품에 등장하는 세 인물은 모두 양반들이다. 개똥이의 경우 부모 덕에 호의호식하는 유복한 집안 출신이며, 꼼생원 역시 상당히 넉넉한 축에 속한다. 꾕생원은 경제적으로 철저하게 몰락하여 기생적인 삶을 살아가는 양반이다. 이로 볼 때, 이 작품에 등장하는 주인공들은 그 사회적 위상과 경제력에 있어서 양반 계층의 상층과 중층 그리고 하층을 대표하는 인물로 형상화한 것임을 짐작할 수 있다.
　이 세 사람은 모두 도덕적으로 타락한 삶을 살아가다가 비참한 말로를 맞는다. 따라서 이 작품은 양반의 경제적 몰락과 타락 그리고 봉건적 윤리 의식이 파탄되어가는 양반 사회의 붕괴를 그리고 있다고 할 수 있다.

1 등장인물의 공통점

세 사람은 모두 술과 기방 출입, 도박으로 자신의 재산을 탕진하고 타락과 부도덕으로 일관된 삶을 살아가다가 끝내는 처참한 말로를 본다는 점에서 공통점을 가지고 있다. 개똥이는 재물을 사치와 낭비에 탕진하고 가난한 서민을 대상으로 악질적인 고리대금을 하고, 꼼생원은 사기행각을 벌이는 타락을 보이는가 하면, 꾕생원은 빚에 의지하여 살면서 돈 때문에 가족 윤리마저 파괴하는 타락상을 보인다.

2 이 작품의 풍자성

풍자는 도덕적으로나 지적으로 모자라는 사람들이나 제도 등을 우습게 보이도록 제시함으로써 교훈을 주는 표현 기법을 말한다. 풍자하는 사람은 그 대상보다 우월한 입장에 있으므로 못난 자들을 비판할 자격이 있다고 생각하는 것도 풍자의 한 특징이다.

「우부가」도 풍자의 이런 특성에 잘 들어맞는 작품인데, 중요한 것은 이 작품이 풍자 대상으로 삼은 것이 무엇인가 하는 점이다. 관점에 따라서는 경직된 윤리 규범을 풍자한 것이라고도 할 수 있으나, 작품에 등장하는 어리석은 세 인물은 그 윤리 규범이 잘못되었음을 입증하는 것이 아니고, 그것을 어기는 데서 어리석음이 드러난다는 것으로 비판되고 있다. 따라서 윤리 규범을 지키지 못한 사람이 속출할 정도의 사회상이 「우부가」의 비판 대상이라고 할 수 있다. 그리고 그것이 화제가 될 만큼 그러한 현상이 많이 목격되었음을 반영하는 것이기도 하다.

- 유사한 인물형 : 고전 소설 「이춘풍전」의 '이춘풍'

> **참고**
>
> 1. 꼼생원 부분
>
>   꼼생원은 아버지에게 제법 많은 유산을 물려받았으나 점치는 일 등에 빠져 남의 도움 없이는 끼니를 해결하지 못하는 신세가 된다. 그리하여 재산가에 청질을 하거나, 양반의 최소한의 체면조차 내버린 채 위조문서를 호송하는 비리를 저지르고, 금광이나 은광 개발, 언막이, 보막이 등에서 사기 행각을 벌이며, 혼인을 핑계로 하여 어린 딸을 팔아먹는 비참한 신세로 전락한다.
>
> 2. 꾕생원 부분
>
>   꾕생원은 최소한의 윤리와 도덕조차 없는 패륜아이며 고리대를 빌려 살아가는 인물이다. 투전과 기생을 즐기고 늙은 부모와 병든 처자에게 기생하면서도 가부장적 권위에 빠져 천하 난봉꾼임을 자칭한다. 그는 돈이 궁색하여 누이와 조카딸을 색주가에게 팔아넘기는 등의 만행을 저지른다.

기출문제

※ 다음 글을 읽고 물음에 답하시오.

(가) 지문 생략
  - 「구지가(龜旨歌)」

(나) 지문 생략
  - 정철, 「훈민가(訓民歌)」

(다)
내 말씀 광언(狂言)인가 저 화상을 구경하게
남촌 한량 개똥이는 부모 덕에 편히 놀고
호의호식 무식하고 미련하고 용통하여
눈은 높고 손은 커서 가량없이 주제넘어
시체(時體) 따라 의관하고 남의 눈만 위하것다
장장춘일 낮잠 자기 조석으로 반찬 투정
매팔자로 무상출입 매일 장취(長醉) 게트림과
이리 모여 노름 놀기 저리 모여 투전질에
기생첩 치가(置家)하고 오입쟁이 친구로다
사랑에는 조방군이 안방에는 노구 할미
명조상(名祖上)을 떠세하고 세도 구멍 기웃기웃
염량(炎凉) 보아 진봉(進奉)하기 재업을 까불리고
허욕으로 장사하기 남의 빚이 태산이라
내 무식은 생각 않고 어진 사람 미워하기
후할 데는 박하여서 한푼 돈에 땀이 나고
박할 데는 후하여서 수백 냥이 헛것이라

  - 「우부가(愚夫歌)」

1. (다)의 작중 화자가 비판하고자 한 '개똥이'의 행위와 당시의 세태를 분석하고, 비판의 잣대로 삼은 것이 무엇인지 밝히시오. [4점]

2006년 기출 17번

출제기관 채점기준

3점 – 행위와 세태 분석이 3가지 맞으면 각각 1점
1점 – 비판의 잣대가 맞으면 1점

예상 답안

① 부모 재산으로 무위도식하며, 세도가에 재물을 바치며 허세 부리는 행위를 통해 조선 후기 양반의 무능력과 형식주의가 드러나고, ② 남의 돈으로 장사를 하거나 경제력을 소모하는 데서 양반들이 처한 경제적 몰락을 보여주거나, 물질적 가치를 중시하는 세태를 드러내며, ③ 주색잡기에 빠져 방탕하게 살아가는 행위에서 양반들의 도덕적 타락, 및 봉건적 가치관이 붕괴를 읽을 수 있다.
작중 화자는 봉건적 유교윤리 규범(기존 관념이나 도덕)을 비판의 잣대로 삼아 개똥이의 무능과 타락을 비판한 것이다.

◆ '실학사상'을 기준으로 했다는 점도 답이 될 수 있음

작품 13 ▶ 봉선화가

향규(香閨)의 일이 업셔 빅화보(百花譜)를 혀쳐 보니	규방에 할 일이 없어 백화보를 펼쳐 보니
봉션화 이 일홈을 뉘라셔 지어낸고.	봉선화 이 이름을 누가 지어 냈는가.
진유(眞游)의 옥쇼(玉簫)소리 ᄌᆞ연(紫煙)으로 힝(行)ᄒᆞᆫ 후의	신선의 옥피리 소리가 자줏빛 연기로 사라진 후에
규듕(閨中)의 나믄 닌연(因緣) 일지화(一枝花)의 머므ᄅᆞ니	규방에 남은 인연이 한 가지 꽃에 머물렀으니
유약(柔弱)ᄒᆞᆫ 푸른 입흔 봉의 ᄭᅩ리 넘노ᄂᆞᆫ 듯	연약한 푸른 잎은 봉의 꼬리가 넘노는 듯하며
ᄌᆞ약(自若)히 붉은 곳촌 ᄌᆞ하군(紫霞裙)을 헤쳐ᄂᆞᆫ 듯.	침착히 붉은 꽃은 신선의 옷을 펼쳐 놓은 듯하구나.
빅옥(白玉)셤 조흔 흙의 종종이 심어 닉니	고운 섬돌 깨끗한 흙에 촘촘히 심어 내니
츈삼월(春三月)이 진ᄂᆞᆫ 후의 향긔(香氣) 업다 웃지 마소.	춘삼월이 지난 후에 향기가 없다고 비웃지 마시오.
취(醉)헌 나븨 밋친 벌이 ᄯᆞ라올가 져허ᄒᆞ뇌.	취한 나비와 미친 벌이 따라올까 두려워서라네.
정정(貞靜)ᄒᆞᆫ 져 긔상(氣像)을 녀ᄌᆞ 밧긔 뉘 벗홀고.	정숙하고 조용한 저 기상을 여자 외에 누가 벗을 하겠는가?
옥난간(玉欄干) 긴긴 날의 보아도 다 못 보아	(봉선화를) 옥난간에 서서 긴긴 날 동안 보아도 다 못 보아
사창(紗窓)을 반기(半開)ᄒᆞ고 차환(叉鬟)을 블너 닉여	사창을 반쯤 열고 몸종을 불러내어
다 핀 곳츨 ᄏᆡ여다가 수샹ᄌᆞ(繡箱子)의 담아 노코	다 핀 꽃을 캐내어 수상자에 담아 놓고
녀공(女工)을 긋친 후의 듕당(中堂)에 밤이 깁고 납쵹(蠟燭)이 발가슬 제	바느질을 그만둔 후에 안채에 밤이 깊고 밀촛불이 밝았을 때
나음나음 고초 안ᄌᆞ 흰 구슬을 가ᄅᆞ 마아	차츰차츰 꼿꼿이 앉아 흰 백반을 갈아 바수어
빙옥(氷玉) 갓흔 손 가온듸 난만(爛漫)이 ᄭᅵ여 닉여	옥같이 고운 손 가운데 흐무러지게 개어 내니
파ᄉ국(波斯國) 져 졔후(諸侯)의 홍손호(紅珊瑚)를 혀쳐ᄂᆞᆫ 듯.	페르시아 저 제후의 붉은 산호 궁궐을 헤쳐 놓은 듯하구나.
심궁 풍유(深宮風流) 절고의 홍슈궁(紅守宮)를 마아ᄂᆞᆫ 듯.	깊은 궁궐에서 절구에 붉은 도마뱀을 빻아 놓은 듯하구나.
셤셤(纖纖)ᄒᆞᆫ 십지상(十指上)의 슈(繡)실로 감아 닉니	가늘고 고운 열 손가락에 수실로 감아 내니
조희 우희 불근 물이 미미(微微)히 숨의ᄂᆞᆫ 양	종이 위에 붉은 물이 희미하게 스미는 모양은
가인(佳人)의 얏흔 쌤의 홍노(紅露)을 ᄭᅵ쳐ᄂᆞᆫ 듯	미인의 얕은 뺨 위에 홍조가 어리는 듯하며
단단히 봉흔 모양 츈나옥ᄌᆞ(春羅玉子) 일봉셔(一封書)를 왕모(王母)의게 부쳐ᄂᆞᆫ 듯.	단단히 묶은 모양은 비단에 옥으로 쓴 편지를 서왕모에게 부치는 듯하다.
츈면(春眠)을 늣초 ᄭᅢ여 ᄎᆞ례로 푸러 노코	봄잠을 늦게 깨어 차례로 풀어 놓고
옥경듸(玉鏡臺)를 듸ᄒᆞ여서 팔ᄌᆞ미(八字眉)를 그리랴니	옥경대 앞에서 눈썹을 그리려고 하니
ᄂᆞᄃᆡ업ᄂᆞᆫ 붉근 곳이 가지의 붓텃ᄂᆞᆫ 듯	난데없이 붉은 꽃이 가지에 붙어 있는 듯하여
손으로 우희랴니 분분(紛紛)이 훗터지고	손으로 움켜잡으려 하니 어지럽게 흩어지고

입으로 불야 ᄒᆞ니 셧긘 안기 가리와다.
녀반(女伴)을 셔로 불너 낭낭(朗朗)이 자랑ᄒᆞ고
ᄭᅩᆺ 앞히 나아가셔 두 빗츨 비교(比較)ᄒᆞ니
쏙 입히 푸른 물이 쏙의여셔 푸르단 말 이 아니 오ᄅᆞᆯ손가.
은근이 풀를 ᄆᆡ고 도라와 누어더니
녹의홍샹(綠衣紅裳) 일여ᄌᆞ(一女子)ᄀᆞ 표연(飄然)이 압희 와셔
웃는 듯 씽긔는 듯, ᄉᆞ례(謝禮)ᄂᆞᆫ 듯 하직(下直)ᄂᆞᆫ 듯.
몽농(朦朧)이 잠을 ᄭᅦ여 졍녕(丁寧)이 싱각ᄒᆞ니
아마도 ᄭᅩᆺ귀신니 ᄂᆡ게 와 하직(下直)ᄒᆞ다.
슈호(繡戶)를 급(急)희 열고 ᄭᅩᆺ슈풀을 졍검ᄒᆞ니
싸 우희 붉은 ᄭᅩᆺ치 가득히 슈(繡)노핫다.
암암(黯黯)이 스러ᄒᆞ고 낫낫치 쥬어 ᄃᆞᄀᆞ
ᄭᅩᆺ다려 말 붓치ᄃᆡ 그ᄃᆡᄂᆞᆫ 흔(恨)치 마쇼.
시셰(歲歲) 년년(年年) ᄭᅩᆺ빗츤 의구(依舊)ᄒᆞ니
허물며 그ᄃᆡ ᄌᆞ최 ᄂᆡ 손의 머무러지.
동원(東園)의 도리화(桃李花)ᄂᆞᆫ 편시츈(片時春)을 ᄌᆞ랑 마소.
니십번(二十番) ᄭᅩᆺ바ᄅᆞᆷ의 젹막(寂寞)히 ᄯᅥ러진들 뉘라서 슬허ᄒᆞᆯ고.
규듕(閨中)에 남은 닌연(因緣) 그ᄃᆡ 한 몸쑨이로세.
봉션화(鳳仙花) 이 닐홈을 뉘라셔 지어 ᄂᆡ고 일노 ᄒᆞ여 지어셔라.

입으로 불려고 하니 입김에 거울이 가리었다.
여자 친구를 불러서 즐겁게 자랑하고
꽃 앞에 나아가서 두 빛깔을 비교하니
쪽에서 나온 푸른 물감이 쪽보다 더 푸르다는 말, 이것이 아니 옳겠는가?
은근히 풀을 매고 다시 돌아와서 누웠더니
푸른 저고리와 붉은 치마를 입은 한 여자가 표연히 앞에 와서
웃는 듯, 찡그리는 듯, 사례하는 듯, 하직하는 듯하다.
어렴풋이 잠을 깨어 곰곰이 생각하니
아마도 꽃 귀신이 내게 와서 하직을 고한 것이다.
수호를 급히 열고 꽃 수풀을 살펴 보니
땅 위에 붉은 꽃이 가득히 수를 놓았다.
암암히 슬퍼하고 낱낱이 주워 담아
꽃에게 말하기를 그대는 한스러워 마소.
해마다 꽃 빛은 옛날과 그대로 변함이 없으니
더구나 그대 자취가 내 손톱에 머물러 있지 않은가.
동산의 도리화는 잠깐 지나가는 봄을 자랑하지 마소.
이십 번 꽃바람에 그대들이 적막하게 떨어진들, 누가 슬퍼하겠는가.
규중에 남은 인연이 그대 한 몸 뿐이로세.
봉선화 이 이름을 누가 지었는가? 이렇게 해서 지어진 것이로구나.

핵심정리

- **작자** 미상
- **갈래** 규방 가사, 내방 가사
- **성격** 예찬적
- **주제** 봉선화에 대한 여인의 정화(情懷)
- **표현** 비유적인 표현(의인법, 직유법)을 사용하여 봉선화를 대하는 여인의 정감이 섬세하게 표현
- **특징** 대부분의 내방 가사와 달리 섬세한 감각으로 밝은 생활 정서를 나타냄

이해와 감상

| 감상 |

봉선화 꽃의 이름과 유래, 손톱에 물들이는 풍습, 봉선화꽃이 지는 감회 등을 규방에 있는 여인이 1인칭 시점의 독백체로 서술한 가사이다. 이 작품과 다른 작자 미상의 많은 꽃노래가 있는데 「봉선화가」는 이 계통의 가사들 중 원형적인 작품으로 볼 수 있다. 형식면에서 4음보 위주이지만 가끔 6음보가 나타나기도 한다.

전체 줄거리는 봉선화라는 이름의 유래, 춘삼월에 봉선화를 심는 일 등을 그렸고, 길쌈을 끝낸 여름밤에 일하는 아이와 함께 손톱에 봉선화 꽃물을 들인 일, 다음날 봉선화 꽃물 든 손톱의 아름다움, 봉선화 꽃과 손톱의 빛깔을 비교해보는 모습을 노래했다. 지은이가 잠깐 잠이 들었는데 꿈에 한 여인이 작별인사하는 것을 보고 꽃귀신인 것 같아 급히 나가보니 땅 위에 봉선화 꽃이 가득 떨어졌음을 본다. 이를 애석하게 여기면서 봉선화는 다른 꽃과 다르게 여인의 손 위에 오래 남아 절조를 나타낸다고 노래했다.

이 작품은 허난설헌의 작품이라고 추측하기도 하지만, 허난설헌의 작품은 봉선화 꽃을 물들인 아름다운 손톱의 묘사로 일관되고 있으나 이 작품은 봉선화를 통해 여인의 한과 그리움을 보여준다는 점에서 각각 다른 작자의 작품으로 보는 것이 일반적 견해이다. 여인이 지었지만, 교술적인 계녀가와는 다르고, 여인의 섬세한 마음을 드러낸 규방 가사의 일종으로 볼 수 있다.

1 시상의 전개

① 서사 : 백화보에서 본 아름다운 봉선화(이름 궁금)
② 본사 1 : 향기 없는 봉선화의 정숙함(여인과 만나 벗을 함)
　　　　　 (봄 - 봉선화 심기 / 여름 - 봉선화 향유)
③ 본사 2 : 봉선화물을 들이려고 손톱에 종이를 감고 수실을 묶음
④ 본사 3 : 손톱에 물든 봉선화물의 아름다움
⑤ 결사 : 봉선화의 꽃잎은 시들어 떨어졌으나, 규중 여인과의 인연은 계속됨
　　　　　(여인과 헤어짐) (늦여름 - 봉선화 떨어짐)
　　　　　　(이름 연유 알게 됨)

㉠ 수미상관 : 이름 궁금 - 이름 연유 알게 됨
㉡ 시간적 순서(추보식) - 봄 - 여름- 늦여름(봉선화 심고, 향유하고, 떨어지는 과정)
㉢ 만남과 이별 : 봉선화와 만남 - 봉선화와 이별

예상문제

※ (1 ~ 2) 아래 작품을 바탕으로 조건에 맞게 답하시오.

(가)
  시불 불기 드래
  밤 드리 노니다가
  드러사 자리 보곤
  가르리 네히어라
  둘흔 내해엇고
  둘흔 뉘해언고.
  본딘 내해다마룬
  아사눌 엇디ᄒᆞ릿고

— 「양주동 해독」

(나)
  향규(香閨)의 일이 업셔 빅화보(百花譜)를 혀쳐 보니
  봉선화 이 일홈을 뉘라셔 지어낸고
  진유(眞游)의 옥쇼(玉簫)소릭 ᄌᆞ연(紫煙)으로 힝(行)혼 후의
  규듕(閨中)의 나믄 닌연(因緣) 일지화(一枝花)의 머므르니
  유약(柔弱)혼 푸른 입흔 봉의 소릭 넘노는 듯
  ᄌᆞ약(自若)히 붉은 꽃촌 ᄌᆞ하군(紫霞裙)을 헤쳐는 듯.
  빅옥(白玉)셤 조흔 흙의 종종이 심어 닉니
  츈ᄉᆞ월(春三月)이 진는 후의 향긔(香氣) 업다 웃지 마소
  취(醉)헌 나븨 밋친 벌이 싸라올가 져허ᄒᆞ니.
  졍졍(貞靜)혼 져 긔상(氣像)을 녀ᄌᆞ 밧긔 뉘 벗홀고
      〈중략〉
  은근이 풀롤 믹고 도라와 누어더니
  녹의홍샹(綠衣紅裳) 일여ᄌᆞ(一女子)가 표연(飄然)이 압희 와셔
  웃는 듯 씽긔는 듯, ᄉᆞ례(謝禮)는 듯 하직(下直)는 듯
  몽농(朦朧)이 잠을 씌여 졍녕(丁寧)이 싱각ᄒᆞ니
  아마도 꽃귀신니 닉게 와 하직(下直)혼다
  슈호(繡戶)를 급(急)희 열고 꽃슈풀을 졈검ᄒᆞ니
  싸 우희 붉은 꽃치 가득히 슈(繡)노핫다
      〈중략〉
  봉션화(鳳仙花) 이 닐홈을 뉘라셔 지어 닌고 일노 ᄒᆞ여 지어셔라

— 「봉선화가」

1. (가)의 문학사적 의미를 2가지 밝히시오. [2점]

> 📝 **예상 답안**
>
> (가)와 관련된 벽사진경의 내용으로 인해 민간에 널리 전승되었으며, 고려의 「처용가」 등으로 이어져 폭넓게 연행되었다. (가)의 1~6구가 고려의 처용가에 국역되어 실림으로서 향가를 해독하는데 중요한 기여를 했다.

2. (가)와 (나)에서 화자가 대상을 찬양하는 방법에 대해 설명하고, 거기에 나타난 표현의 특징 및 그 효과를 설명하시오. [4점]

> 📝 **예상 답안**
>
> (가)는 화자가 잘못을 저지른 대상에게 관용을 베푸는 장면을 제시하여 독자들이 그것을 통해 장점을 알 수 있게 했다. (다)는 화자가 대상의 이름이 봉이나 신선과 관련된 것을 알고 그것을 바탕으로 대상의 아름다운 모습을 제시했다.
> (가)에는 두 사람을 다리가 넷, 한 사람을 다리가 둘이란 제유로 표현하여 심각한 상황을 피해 관용을 베풀 수 있게 했다. 또한 배우자의 부정이란 심각한 상황을 해학적으로 표현하여 관용으로 자연스럽게 이어질 수 있게 했다.
> (다)에는 봉선화의 모습을 푸른 잎은 봉의 꼬리로, 붉은 꽃은 신선으로 비유하여 이름과 관련지어 아름다운 모습을 잘 표현했다. 아랫부분에는 봉선화를 여인으로 의인화하여 드러냈는데, 이를 통해 여인의 친구라는 점과 봉선화에 대한 친근함을 효과적으로 드러냈다.

작품 14 》》 덴동 어미 화전가

가셰가셰 화젼을가셰 옷지기젼의 화젼가셰.	가세 가세 화전을 가세 꽃 지기 전에 화전 가세.
잇쩍가 어늣쩐가 쩍마참 삼월(三月)이라.	이때가 어느 땐가 때마침 삼월이라.
동군니 포덕틱ᄒ니 츈화일안 쩍가맛고	동군(태양, 봄을 주관하는 신)이 포덕택(은혜를 베푸니)하니 춘화일난(봄 되어 날시가 따뜻해지고) 때가 맞고
화신풍이 화공되여 만화방창 단쳥되닉.	화신풍(꽃이 피는 것을 알리는 바람)이 화공되어 만화방창 단청되네.
이른쩍을 일치말고 화젼노름 ᄒ여보셰.	이런 때를 잃지 말고 화전놀음 하여보세.
불츌문외 ᄒ다가셔 소풍도 ᄒ려니와	문밖으로 나가지 아니하다 소풍도 하려니와
우리비록 여자라도 흥쳬잇계 노라보셰.	우리 비록 여자라도 흥취 있게 놀아보세.
〈중략〉	
쳣지낭군은 츄쳔의죽고 둘지낭군은 괴질의죽고	첫째 낭군은 그네에서 떨어져 죽고, 둘째 낭군은 괴질에 걸려 죽고
셋지낭군은 물의죽고 넷지낭군은 불의죽어	셋째 낭군은 물에 빠져 죽고, 넷째 낭군은 불에 타 죽어,
이닉ᄒ번 못잘살고 닉신명이 그만일셰.	이내 한번을 못 잘 살고 내 운명이 그만일세.
쳣지낭군 죽을쩍예 나도ᄒ가지 죽어거나	첫째 낭군 죽을 때에 나도 함께 죽었거나
사더릭도 슈졀ᄒ고 다시가지나 마라더면	살더라도 수절하고 다시 개가 하지나 말았더라면
산을보아도 북그렵잔코 져싀보아도 무렴찬치.	산을 보아도 부끄럽지 않고 저 새를 보아도 염치없지는 않지.
사라싱젼의 못된사람 죽어셔 귀신도 악귀로다.	살아생전에 못된 사람은 죽어서 귀신도 악귀로다.
나도 슈졀만 ᄒ여더면 열여각은 못셰워도	나도 수절만 하였으면 열녀각은 못 세워도
남이라도 층찬ᄒ고 불상ᄒ계ᄂ 싱각홀걸.	남이라도 칭찬하고 불쌍하게는 생각할 걸.
남이라도 욕홀게요 친졍일가들 반가홀가	(그러지 못했으니) 남이라도 욕할 것이요 친정 일가인들 반가워할까?
잔쩍밧테 물계안자 ᄒ바탕실컨 우다가니	잔디밭에 문가에 앉아 한바탕 실컷 울고 있으니
모로ᄂ 은노인 나오면서 웃진사름이 슬이우나.	모르는 한 노인이 (집에서) 나오면서 "어떤 사람이 슬피 우나?
우름근치고 마를ᄒ계 사졍이나 드러보셰.	울음 그치고 말을 하게, 사정이나 들어 보세"
닉슬름을 못이겨서 이곳듸와셔 우나니다.	"내 슬픔을 못 이겨서 이곳에 와서 우나이다."
무슨스럼인지 모로거니와 웃지그리 스뤄ᄒ나.	"무슨 설움인지 모르거니와 어찌 그리 서러워하나?"
노인얼랑 드러가오 닉스럼아라 쓸듸읍소.	"노인 얼른 들어가오. 내 설움 알아 쓸데없소."
이룬인사을 못차리고 쌍을허비며 작고우니	사소한 인사를 차리지 못하고 땅을 허비며 자꾸 우니
그노인이 민망ᄒ여 겻틱안자 ᄒᄂ말이	그 노인이 민망하여 곁에 앉아 하는 말이

간곳마다 그러흔가 이곳와셔 더스런거.
간곳마다 그럿릿가 이곳듸오니 더스럽소.
져터의사던 임상찰리 지금의웃지 사나잇가.
그집이벌셔 결단나고 지금아무도 읍나리라.
더구다나 통곡ᄒᆞ니 그집을웃지 아라던가.
져터의사던 임상찰이 우리집과 오촌이라.
자사이본델 알슈인나 아무형임이 아니신가.
달여드러 두손잡고 통곡ᄒᆞ며 스러ᄒᆞ니
그노인도 아지못히 형임이란말이 원말인고.
그러나 져러나 드러가셰 손목잡고 드러가니
쳥삽사리 웡웡지져 난모른다고 소리치고
큰듸문안의 게우흠쌍 게욱게욱 다라드니.
안장으로 들어가니 늘그나 졀무나 알슈인나.
북그워 안자다가 그노인과 ᄒᆞᆫ듸자며
이젼이익기 듸강ᄒᆞ고 신명타령 다못ᄒᆞᆯ니.
엉송이 밤송이 다쎠보고 셰상의 별고싱 다히봔니.
살기도 억지로 못ᄒᆞ깃고 직물도 억지로 못ᄒᆞ깃듸.
고약흔 신명도 못곤치곤 고싱ᄒᆞᆯ 팔자는 못곤칠니.
고약흔 신명은 고약ᄒᆞ고 고싱ᄒᆞᆯ 팔자는 고싱ᄒᆞ지.
고싱듸로 ᄒᆞᆯ지경인 그른사ᄅᆞᆷ이나 되지마지
그른사람될 지경의는 오른사람이나 되지그려.
오른사람 되어잇셔 남의게나 칭찬듯지
쳥츈과부 갈나하면 양식싸고 말일나니.
고싱팔자 타고나면 열변가도 고싱일니
이팔쳥츈 쳥샹더라 니말듯고 가지말게.

〈중략〉

제고싱을 제가ᄒᆞ지 니고싱을 뉘을줄고
역역가지 싱각ᄒᆞ되 기가히셔 잘되나니는
빗의ᄒᆞ나 아니되니 부듸부듸 가지말게

"가는 곳마다 그러한가? 이곳에 와서 더 서러운가?"
"가는 곳마다 그러리까? 이곳에 오니 더 서럽소.
저 터에 살던 임상찰이 지금은 어찌 삽니까?"
"그 집은 벌써 결단나고 지금은 아무도 없느니라."
더군다나 (이 말을 듣고) 통곡하니 "그 집을 어찌 알았던가?
저 터에 살던 임상찰이 우리 집과 오촌이라네."
자세히 본 들 알 수 있나? "아무 형님이 아닌신가?"
달려들어 두 손 잡고 통곡하며 슬퍼하니
그 노인도 알지 못해 "형님이란 말이 웬말인고?
그러나 저러나 들어가세." 손목 잡고 들어가니
청삽살개가 웡웡 짖으며 날 모른다고 소리치고
큰 대문 안에 거위 한 쌍이 게욱게욱 달려드네.
안방으로 들어가니 늙었으나 젊었으나 (서로를) 알 수가 있나?
부끄러워 앉았다가 그 노인과 한데 자며
이전 이야기 대강하고 신명타령 다 못하였네.
엉송이 밤송이 다 까 보고 세상의 별 고생 다 해 봤네.
살기도 억지로 못하겠고 재물도 억지로 못하겠대.
고약한 운명도 못 고치고 고생할 팔자는 못 고치네.
고약한 운명은 고약하고 고생할 팔자는 고생하지.
고생대로 할 지경에는 그른(개가한) 사람이나 되지 말 것이지
그른 사람 될 지경에는 옳은(수절한) 사람이나 되지그려.
옳은 사람 되어 있으면 남에게 칭찬이나 듣지
청춘과부 개가 한다고 하면 양식 싸고 말리려네.
고생 팔자를 타고나면 열 번을 (개가) 가도 고생이네
이팔청춘 청상들아 내 말 듣고 (개가) 가지 말게.

제 고생을 제가 하지 내 고생을 뉘를 줄고
역역가지 생각하되 개가해서 잘 되는 이는
몇에 하나 아니 되네 부디부디 가지 말게

킈가가셔 고싱보다 슈절고싱 호강이니	개가 가서 고생보다 수절 고생 호강이니
슈졀고싱 ᄒᆞ난사람 남이라도 귀이보고	수절 고생 하는 사람 남이라도 귀히 보고
킈가고싱 ᄒᆞᄂᆞᆫ사람 남이라도 그르다늬.	개가 고생 하는 사람 남이라도 그르다네.
고싱팔자 고싱이리 슈지장단 상관읍지.	고생 팔자 고생 이리 수지 장단 상관없지.
죽을고싱 ᄒᆞᄂᆞᆫ사ᄅᆞᆷ 칠팔십도 사라잇고	죽을 고생 하는 사람 칠팔십도 살아 있고
부귀호강 ᄒᆞ난사람 이팔쳥츈 요사ᄒᆞ니	부귀 호강 하는 사람 이팔청춘 요사하니
고싱사람 들사잔코 호강사랑 더사잔늬.	고생한 사람 덜 살지 않고 호강한 사람 더 살지 않네.
고싱이라다 ᄒᆞᆫ이잇고 호강이라도 ᄒᆞᆫ이잇셔	고생이라도 한이 있고 호강이라도 한이 있어
호강사리 졔팔자요 고싱사리 졔팔자라	호갈살이 제 팔자요, 고생살이 제 팔자라
남의고싱 쒸다ᄒᆞ나 ᄒᆞᆫ탄ᄒᆞᆫ덜 무엿ᄒᆞ고.	남의 고생 꿔하 하나 한탄한들 무엇할고.
늬팔자가 사ᄂᆞᆫ듸로 늬고싱이 닷난듸로	내 팔자가 사는 대로 내 고생이 닫는대로
죠흔일도 그ᄲᅮᆫ이요 그른일도 그ᄲᅮᆫ이라.	좋을 일도 그뿐이요, 그른 일도 그뿐이라.
츈삼월 호시졀의 화젼노름 와서덜낭	춘삼월 호시절에 화전놀음 와서들랑
ᄭᅩᆺ빗쳘늉 곱게보고 ᄉᆡ소릭ᄂᆞᆫ 죳케듯고	꽃빛을랑 곱게 보고 새소리 줄게 듣고
발근달은 여사보며 말그발람 시원ᄒᆞ다.	밝은 달은 예사보며 맑은 바람 시원하다.
조흔동무 죤노름의 셔로웃고 노다보소.	좋은 동무 좋은 놀음에 서로 웃고 놀아 보소.
사람의눈이 이상ᄒᆞ여 제듸로보면 관계한고	사람 눈이 이상하여 제대로 보면 관계찮고
고은ᄭᅩᆺ도 석여보면 누이캄캄 안보이고	고운 꽃도 새겨 보면 눈이 캄캄 안 보이고
귀도ᄯᅩᄒᆞᆫ 별일이지 그듸로 드르면 관찬은걸	귀도 또한 별일이지 그대로 들으면 괜찮을 걸
ᄉᆡ소릭도 곳쳐듯고 실푸마암 결노나늬.	새소리도 고쳐 듣고 슬픈 마음 절로 나네.
맘심자가 졔일이라 단단하게 맘자부면	마음 심자가 제일이라 단단하게 맘 잡으면
ᄭᅩᆺ쳔결노 피ᄂᆞᆫ거요 ᄉᆡ난여사 우ᄂᆞᆫ거요	꽃은 절로 피는 거요, 새는 예사 우는 거요
달은매양 발근거요 바람은일상 부ᄂᆞᆫ거라	달은 매양 밝은 거요, 바람은 일상 부른 거라
마음만여사 틱평ᄒᆞ면 여사로보고 여사로듯지	마음만 예사 태명하면 예사로 보고 예사로 듣지
보고듯도 여사하면 고싱될일 별노읍소.	보고 듣고 예사로 하면 고생될 일 별로 없소.
안자우던 쳥츈과부 황연듸각 ᄭᆡ달나셔	앉아 울던 청춘과부 환하게 모두 깨달아서
뎬동 어미 말드르니 말슴마다 긔기오릭.	덴동 어미 말 들으니 말씀마다 모두 옳다.
이늬슈심 풀어늬여 이리져리 부쳐보셔.	이내 수심 풀어내어 이리저리 부쳐보세.
이팔쳥츈 이늬마음 봄츈짜로 부쳐보고	이팔청춘 이내 마음 봄 춘자로 부쳐두고

와용월틱 이닉얼골 쏫화짜로 부쳐두고	화용월태 이내 얼굴 꽃 화자로 부쳐두고
슐슐나는 진호슘은 셰유츈풍 부쳐두고	술술 나는 긴 한숨은 세우춘풍 부쳐두고
밤이나 낮지나 숫호슈심 우는식나 가져가기.	밤이나 낮이나 숱한 수심 우는 새나 가져가게.
일촌간장 싸인근심 도화유슈로 씨여볼가.	애달프고 애가 타는 마음 쌓인 근심 복숭아꽃이 흐르는 물로 씻어볼까.
쳔만첩이나 씨인스름 우슘쯧틱 ᄒ나읍닉.	천만첩이나 쌓인 설움 웃음 끝에 하나 없네.
구곡간장 깁푼스럼 그말쯧틱 실실풀여	깊은 마음속 시름 깊은 설움 그말(마음먹기에 따라 고생도 견딜 수 있다) 끝에 실실 풀려
삼동셜호 싸인눈니 봄춘자만나 실실녹닉.	삼동 설한 쌓인 눈이 봄 춘자 만나 실실 녹네.
〈후략〉	

핵심정리

▷ **작자** 미상
▷ **갈래** 규방 가사, 화류가(花柳歌)
▷ **성격** 훈계적, 사실적, 한탄적
▷ **주제** 덴동 어미의 고난에 찬 인생 역정

▷ **표현**
① 액자 형식을 통해 사연의 설득력과 사실감을 획득
② 오촌 형님과의 대화를 통해 실감나게 사건을 전개
③ 운명론적 세계관

이해와 감상

| 감상 |

「덴동 어미 화전가」는 '가사의 소설화 경향'을 보여 주는 작자 미상의 조선 후기 가사 작품으로 경북 순흥(順興) 지방의 여인들이 비봉산에서 화전(花煎) 놀이 한 것을 노래한 것이다. 본래의 제목은 「화전가(花煎歌)」인데, 작품 내용이 대부분이 주로 작중 인물인 덴동 어미의 일생담으로 되어 있어 「덴동 어미 화전가」로 알려져 있다.

이 작품은 『소백산대관록(小白山大觀錄)』이라는 필사본에 수록되어 있으며, 창작 시기는 작품내용으로 볼 때, 병술년(丙戌年) 괴질이 있던 1886년에 덴동 어미의 나이가 30대이므로 화전놀이가 행해져 이 작품을 창작한 시기는 대략 1910년경으로 잡을 수 있다.

「화전가」는 화전놀이를 소재로 한 규방 가사(閨房歌辭)의 한 형태로, 구성은 대개 '준비·놀이·귀가'의 형태로 되어 있는데, 이 작품은 특이하게도 이러한 과정 외에 덴동 어미의 인생역정(人生歷程)이 많은 비중을 차지하고 있다. 다시 말해, 이 작품은 「화전가」속에 덴동 어미의 사연이 액자형식으로 들어 있는 구조적 특징을 갖고 있다.

「덴동 어미 화전가」는 여타의 「화전가」들처럼 실제 화전놀이의 현장을 기록한 작품으로 보기에는 무리가 있다. 기존의 있던 「화전가」양식을 빌려와 덴동 어미의 사연을 담아낸 가사 작품으로 볼 수 있을 것이다. 이 작품은 덴동 어미의 사연 자체만으로도 조선 후기 사회상을 여실히 형상화한 중요적 자료적 가치를 지닌다고 할 수 있다.

1 「덴동 어미 화전가」의 내용

삼월에 한 마을의 여러 여인들을 불러 화전놀이를 가자고 청하면서 서두가 시작된다. 여러 집에서 쌀가루, 기름 등을 가져오고 부녀들은 단장하여 비봉산에 오른다. 꽃을 따라 전을 부쳐 먹은 뒤 글을 외우거나 노래하거나 춤을 추며 즐기다가 17세의 청춘 과부가 개가(改嫁)하려는 자신의 설움을 얘기한다. 그러자 덴동 어미는 개가하지 말며 자신의 인생 역정을 토로한다.(덴동 어미의 사연 부분) 덴동 어미의 사연을 들은 청춘과부는 생각을 고쳐 먹게 되고, 덴동 어미가 봄춘자 노래를 부르자 뒤이어 소낭자가 꽃화자 타령을 부른다.

```
                    ┌─────────────────────┐
                    │   808행의 장편 가사   │
                    └──────────┬──────────┘
         ┌─────────────────────┼─────────────────────┐
┌────────┴────────┐  ┌─────────┴──────────┐  ┌───────┴────────┐
│     어느 문인    │  │  덴동 어미의 기구한 인생, │  │   과부 수긍과   │
│                 │  │   청춘과부에게 수절 권유  │  │   놀이 마무리   │
└─────────────────┘  └────────────────────┘  └────────────────┘
```

어느 문인	덴동 어미의 기구한 인생, 청춘과부에게 수절 권유	과부 수긍과 놀이 마무리
춘삼월 부인네들이 함께 비봉산에 올라 꽃을 따서 전을 부쳐 먹고 노래하거나 춤을 추며 즐긴다. 이때 어떤 청춘과부가 남편을 잃고 답답해 개가할 수밖에 없다고 하자, 덴동 어미가 자신의 인생 역정을 풀어 낸다.	임 이방의 딸로 태어나 같은 신분인 장 이방 집에 시집을 갔으나 신랑이 그네를 뛰다 떨어져 죽고 만다. 개가하여 역시 아전신분인 이승발의 후처로 들어가지만 시집이 빚을 갚느라 재산을 다 날리고 역병이 돌아 남편이 죽고 빈털터리가 된다. 다시 옹기장사 황도령을 만나 재혼하지만 산사태로 역시 남편이 죽고 만다. 다시 엿 장수를 만나 아이를 낳지만 불이 나서 남편을 잃고, 데어서 병신이 된 덴동이라는 아들을 안고 고향에 돌아온다. 고향에 돌아와 오촌 형님을 만나 얘기를 한다.	덴동 어미의 기구한 인생담을 들은 청춘과부가 개가할 마음을 고쳐 먹고 다시 덴동 어미와 함께 무리와 어울려 논다. 첫 서술자가 등장해 그날의 화전놀이의 의미를 되새기며 내년에 다시 만날 것을 기약하며 끝맺는다.

2 「덴동 어미 화전가」에 대한 평가

① 덴동 어미의 삶을 통해 당대 여성들과 하층민들의 삶을 여실히 보여준다는 측면이다. 특히 주인공이 중인층의 신분에서 하층민으로 몰락해 가는 과정이 잘 나타나 있다. 처음 개가한 이승발의 집은 이포(吏逋)의 문제로 인해 몰락하는데, 당대의 사회구조적 모순과 그로 인해 몰락해 가는 과정을 대단히 사실적으로 그렸다. 또한 하층민의 생활상, 담살이, 엿장사, 옹기장사 등 고난에 찬 하층민의 삶을 잘 보여줬다는 평가를 받는다.

② 「덴동 어미 화전가」의 서사적 특성에 주목한 측면인데, 조선 후기에는 여항(閭巷)·시정(市井)의 다양한 서사적 이야기 거리들이 가사 문학에 수용되어 향유·전승되는 양상을 보여주는데, 이 작품 역시 이러한 양상을 잘 보여주는 작품으로 평가된다. 이는 가사 문학의 영역이 단순히 개인의 범주에서 향유되었던 차원에서, 기존의 있던 규방(閨房) 내지 여성 가사의 전통을 바탕으로, 개인의 생활세계를 둘러싸고 있는 사회현실에까지 그 영역이 확대되었음을 보여준다 하겠다.

3 덴동 어미의 '한(恨)'의 승화

「덴동 어미 화전가」를 살펴보면 덴동 어미는 고난과 역경으로 점철된 삶 속에서도 화전놀이라는 흥겨운 놀이판을 통해 신명나게 풀어내고 있음을 볼 수 있다. 이는 「덴동 어미 화전가」를 이해하는 데 있어서 단순히 덴동 어미의 삶의 발자취뿐만 아니라 작품 앞뒤에 드러난 화전가 형식을 통해 드러내고자 하는 바를 이해하는 것이 필요함을 보여준다. 즉 액자식으로 구성된 「덴동 어미 화전가」에서 화전놀이는 작품 상 중요한 의미를 지니고 있다. 덴동 어미는 시름에 찬 청춘과부를 붙잡고 자신의 삶의 여정에 대한 이야기를 들려주게 되는데, 그로 인해 청춘과부가 울울한 심정을 회복하게 되는 것은 물론이고, 그 자리에 함께 모인 부녀들까지도 온갖 걱정과 근심을 잊어버리고 흥에 겨워 놀게 된다. 자신의 한(恨)을 화전놀이를 통해 신명나게 풀어내고 그 안에서 진정한 삶의 의미를 회복하는 덴동 어미의 모습은 그녀의 삶과 유사한 고난을 겪은 사람들에게 공감대를 형성하여, 그들 내면에 깊이 묵혀있는 시름을 멀리 날려버릴 수 있는 막강한 힘을 제공한 것이다. 이는 화전놀이를 통해 함께 떠들고 웃는 가운데 서로의 마음이 열려 자유롭게 소통되면서 드러내지 않았고, 드러내지 못했던 상처가 치유되는 모습으로 볼 수 있다. 이는 덴동 어미가 자신의 지난(至難)한 삶의 과정을 극복해 낸 것을 본인 혼자만의 것으로 끝내지 않고, 모든 사람들을 아울러 함께 극복해 내고 있다는 점에서 특이할만하다.

덴동 어미의 욕망은 특별한 것이 아니었다. 사랑하는 사람을 만나 자식을 낳아 기르며 단란한 가정을 꾸리고 싶은, 보통 여성들이 가지는 일반적인 욕망이었다. 이러한 욕망의 성취는 예나 지금이나 경제적 기반이 취약한 여성에게는 지난(至難)한 일임에 분명하다. 하지만 기구하게도 운명은 그녀가 보통 여인네들처럼 살지 못하도록 굴러갔다. 네 번의 결혼을 통해 얻은 것은 늙고 병든 자신의 육신과 장애를 가진 아들뿐이었다. 그럼에도 불구하고 그녀는 삶의 끈을 놓지 않고, 오히려 주체적으로 삶에 임하는 모습들을 보여준다.

작품 15 상사별곡(想思別曲)

인간(人間) 니별(離別) 만사 즁(萬事中)에 독수공방(獨守空房)이 더욱 셟다.	인간 이별 모든 일 가운데 독수공방이 더욱 서럽다.
상사불견(想思不見) 이 닉 진졍(眞情)을 졔 뉘라셔 알니.	임을 못 보아 그리운 이 내 심정을 그 누가 알리.
미친 시름 이렁져렁이라 흣트러진 근심 다 후루쳐 더져 두고	맺힌 시름, 허튼 근심 다 휘몰아서 던져 두고
자나쌔나 쌔나자나 님을 못 보니 가삼이 답답	자나깨나 깨나자나 임 못 보니 가슴이 답답
어린 양자(樣子) 고은 소릭 눈에 암암 귀에 징징(錚錚)	(눈에) 어린 얼굴, 고운 소리 눈에 암암 귀에 쟁쟁
보고지고 임의 얼골 듯고지고 님의 쇼릭	보고 싶다 임의 얼굴 듣고 싶다 임의 소리
비나이다 하날님게 님 싱기라ᄒᆞ고 비나이다.	비나이다 하나님께 임 생기라 비나이다.
젼싱차싱(前生此生) 무슴 죄(罪)로 우리 두리 싱겨나셔	전생과 금생에 무슨 죄로 우리 둘이 생겨 나서
죽지마자ᄒᆞ고 빅년긔약(百年期約)	죽지 말자 한 백년 가약
만쳡쳥산(萬疊靑山)을 드러간들 어늬 우리 낭군(郞君)이 날 차즈리	깊은 산에 들어간들 어느 낭군이 날 찾으리
산은 쳡쳡ᄒᆞ여 고기 되고 물은 츙츙 흘너 쇼이 된다.	산은 첩첩하여 고개 되고 물은 충충 흘러 소가 된다.
오동츄야(梧桐秋夜) 밝근 달에 님 싱각이 시로 눈다.	오동추야 밝은 달에 임 생각이 새로 난다.
ᄒᆞᆫ번 니별ᄒᆞ고 도라가면 다시 오기 어려왜라.	한번 이별하고 돌아가면 다시 오기 어려워라.
쳔금쥬옥(千金珠玉) 귀밧기오 셰사(世事) 일부 관계ᄒᆞ랴.	천금 주옥 그 밖이요, 세사의 일부라도 관계하랴.
근원 흘러 물이 되야 깁고 깁고 다시 깁고	근원 흘러 물이 되어 깊고 깊고 다시 깊고
사랑 미혀 뫼히 되어 놉고 놉고 다시 놉고	사랑 모여 산이 되어 높고 높고 다시 높고
문허질 줄 모르더니 쓴허질 줄 어이 알니.	무너질 줄 모르더니 끊어질 줄 어찌 알겠는가.
됴물(造物)이 싀우는지 귀신(鬼神)이 희지는지	조물이 샘이 내는지 귀신이 장난질하는지
일됴(一朝) 낭군(郞君) 니별 후에 소식(消息)죠차 돈졀(頓絶)ᄒᆞ니	하루 아침에 낭군과 이별 후에 소식조차 뚝 끊기니
오날이나 드러올가 닉일이나 긔별 올가	오늘이나 들어올까 내일이나 기별 올까
일월무졍(一月無情) 졀노 가니 옥안운발(玉顔雲髮) 공로(空老)로다.	무정한 세월이 저절로 가니 아름다운 얼굴과 탐스러운 머리가 하는 일 없이 늙는구나.
오동야우(梧桐夜雨) 셩긘 비에 밤은 어히 더듸 가고	오동야우 성긴 비에 밤은 어찌 더디 가고
녹양방쵸(綠楊芳草) 져문 날애 히는 어히 슈이 가노	녹양방초 저문 날에 해는 어찌 쉬이 가나
이 닉 상사 아르시면 님도 날을 그리리라.	이 내 상사 아시게 되면 임도 나를 그리워하리라.
〈중략〉	
천지인간(天地人間) 니별 즁에 날 갓트니 쏘 인는가.	천지인간 이별 중에 나 같은 이 또 있는가.

히는 도다 져믄 날에 곳츤 퓌여 졀노 지니	해는 돋아 저문 날에 꽃은 피어 저절로 지니
이슬 갓튼 인싱이 무슴 일노 삼겨는고.	이슬 같은 인생이 무슨 일로 생겨나는고.
바람 부러 구즌 비와 구름 씨여 져믄 날에	바람 불어 궂은 비와 구름 끼어 저문 날에
나며들며 빈 방으로 오락가락 혼자 셔셔	나며 들며 빈 방으로 오락가락 혼자 서서
기다리고 바라보니 이 닉 상사 허사(虛事ㅣ)로다.	기다리며 바라보니 이 내 상사 허사로다.
공방미인(空房美人) 독상사(獨相思)는 녜로붓터 이러혼가	공방미인 독상사(독수공방하며 임생각에 몸부림치는 일)가 예로부터 이러한가
나 혼자 이러혼가 남도 아니 이러혼가	나 혼자 이러한가 남도 아니 이러한가
날 사랑 ᄒ든 씃히 남 사랑 허이는가	날 사랑하던 끝에 남 사랑 하시는가
무졍(無情)ᄒ여 그러혼가 유졍(有情)ᄒ여 이러혼가	무정하여 그러한 것인가, 유정하여 이러한 것인가
산계야목(山鷄夜鶩) 길흘 드러 노흘 줄을 모르는가	산꿩과 들오리 길을 들여 놓을 줄 모르는가
노류장화(路柳墻花) 썩어 쥐고 츈식(春色)으로 닷니는가	버들과 꽃 꺾어 쥐고 기쁜 빛으로 다니는가
가는 쑴이 자최 되면 오는 길이 무되리다.	가는 길 자취 없어 오는 길이 무디리라.
한번 죽어 도라가면 다시 보기 어려오니	한번 죽어 돌아가면 다시 보기 어려우니
아마도 네 졍(情)이 잇거든 다시 보게 삼기쇼셔.	아마도 옛 정이 있거든 다시 보게 하소서.

핵심정리

- **작자** 미상
- **갈래** 애정 가사
- **성격** 애상적
- **표현** ① 여성적인 어조로 독수공방의 외로움을 표현
  ② 4음보 연속체, 반복법, 대구법을 활용하여 임에 대한 간절한 그리움을 솔직히 드러냄
- **주제** 독수공방의 외로움, 임에 대한 간절한 그리움
- **의의** 조선 후기 12가사 중 하나로 남녀 사이의 순수한 연정을 주제로 한 상사류 가운데 정형성이 보이는 작품으로 평가됨

이해와 감상

| 감상 |

독수공방의 서러움으로 시작하여 임을 기다리는 마음과 상사하는 마음을 노래한 후 임을 다시 보게 해달라고 기원하고 있다. 반복, 대구, 은유법 등을 사용하여 화자의 처지 및 심정을 솔직하게 표현하고 화자의 정서를 형상화하는 과정에서 자연물을 적절하게 사용하고 있다.

작품 16 ▶ 청춘과부가(靑春寡婦歌)

천지인간 만물중에 무상할 손 이내사정	하늘과 땅, 인간 세상의 만물 중에 덧없는 이 내 사정
못할러라 못할러라 공방살림 못할러라.	못하겠다 못하겠다 독수공방 살림 못하겠다.
열것스나 거멋스나 부부밖에 또있는가.	(얼굴이) 없었으나 검었으나 부부밖에 또 있는가.
견우직녀성도 두리서로 마조섯고	견우 직녀성도 둘이 서로 마주 섰고
용천검 태아검도 두리서로 짝이되고	용천검 태아검도 둘이 서로 짝이 되고
날짐승 길버러지 다각각 짝이잇건만	날짐승 길벌레 다 각각 짝이 있건만
전생차생 무슨죄로 우리두리 부부되여	전생 금생 무슨 죄로 우리 둘이 부부되어
거믄머리 백발되고 희든몸이 황금되고	검은 머리 백발 되고 희던 몸이 황금되고
자손만당 영화보고 백년해로 사잣너니	집안 가득 자손을 낳고 영화를 누리며 백년해로하자고 했더니
하느님도 무정하고 가운이 불행하여	하늘도 무정하고 집안의 운수도 불행하여
조물이 시기하고 귀신조차 사정없다.	조물이 시기하고 귀신조차 사정없다.
말잘하고 인물조코 활잘쏘고 키 훨신 큰	말 잘하고 인물 좋고 활 잘 쏘고 키 훨씬 큰
다정한 정리낭군 사랑하든 우리낭군	다정한 우리 낭군 사랑하던 우리 낭군
무슨나이 그리만하 청산고혼 되단말가.	무슨 나이 그리 많아 청산의 외로운 넋이 되었던 말인가.
삼생연분 아닐런가 사주팔짜 그러한가.	삼생 연분 아니었던가? 사주팔자가 그리했던가?
기위(旣爲)부부 되었거든 죽지말고 사럿거나	이왕 부부 되었으면 죽지 말고 살았거나
그리죽자 할작시면 만나지나 마랏거나	그리 죽자 할 것 같으면 만나지나 말았거나
부질없는 이내심사 어느누가 위로하리.	부질없는 이 내 심사 어느 누가 위로할까.
심회로다 심회로다 하해가치 기픈수심	심회로다 심회로다 넓은 바다같이 깊은 근심
태산가치 노픈심회 상사로다 상사로다.	태산같이 높은 심회 상사로다 상사로다.
상사하든 우리낭군 어이그리 못오든가.	서로 그리워하던 우리 낭군 어이 그리 못 오는가.
와병에 인사절하니 병이드러 못오든가.	병들어 누워 사람의 일을 하지 못할 정도로 병들어 못 오는가.
약수삼천리가 둘러 못오든가.	약수 삼천 리가 둘러져 있어 못 오는가.
만리장성이 가리와 못오든가.	만리장성이 가려서 못 오는가.
춘수 만사택하니 물이기퍼 못오든가.	봄물이 연못에 가득하니 물이 깊어 못 오는가.
하운이 다기봉하니 산이노파 못오든가.	여름 구름이 산봉우리들처럼 떠 있으니 산이 높아 못 오는가.
물이깁거든 배를타고 뫼이높거든 기어넘지	물이 깊거든 배를 타고 산이 높거든 기어 넘지

제3절 가사 작품 감상 (2) 조선 후기   767

추월이 양명휘할제 달을띄어 오시려나.	가을 달이 드높이 밝게 빛날 때 달을 띄워 오시려나.
동령에 수고송한테 백설날려 못오시나	겨울 산에 외로운 소나무가 빼어난데 백설 날려 못 오시나
동창에 도든달이 서창에지거든 오려는가.	동쪽 창에 돋은 달이 서쪽 창으로 지거든 오시려나.
병풍에 그린 황계 사경일점에 날새라고 꼬꼬울거든 오시려나.	병풍에 그린 누런 닭이 사경의 한 때에 날 새라고 꼬꼬 울거든 오시려나.
금강산 상상봉이 평지되여 물미러 배둥둥뜨거든 오려는가.	금강산 상상봉이 평지되어 물 밀어 배 둥둥 뜨거든 오시려나.
어이그리 못오든가 무삼일로 못오든가.	어리 그리 못 오는가 무슨 일로 못 오는가.
가슴속에 불이나서 생초목이 다타간다.	가슴 속에 불이 나서 살아 있는 풀과 나무 다 타 간다.
눈물이 비가되여 붙은불을 끄렷마는	눈물이 비가 되어 붙은 불은 끄련마는
한숨이 바람되여 점점부러	한숨이 바람되어 점점 불어
구곡간장 써근물이 눈으로 소사날제	구곡간장 썩은 물이 눈으로 솟아날 때
구년지수 되엿구나 한강지수 되엿구나.	구년간의 홍수와 같이 되었구나 한강 물과 같이 되었구나.
척척사랑 영리별은 두말없는 내일이야	깊은 사랑의 영원한 이별은 두말 없는 내 일이야
구중청산 기픈골에 잠자느라 못오든가.	깊은 청산 깊은 골에 잠자느라 못 오는가.
자내일정 못오거든 이내몸 다려가소.	자네 영영 못 오거든 이 내 몸 데려가소.
선천후천 생긴후에 날가튼이 또잇는가	이 세상 태어난 사람 중에 나 같은 사람 또 있는가
부모동생 업섯스니 미들곳이 바이없다.	부모 동생 없었으니 믿을 곳이 전혀 없네.
애고애고 이내일이야 눌로하야 이러할고	애고애고 이 내 일이야 누구로 인하여 이러한고
근원버힐 칼이없고 근심없앨 약이없다.	(마음의) 근원을 벨 칼이 없고 근심 없앨 약이 없다.
사랏슬제 하든거동 눈에심삼 어려잇고	살았을 때 (남편이) 하던 행동 눈에 삼삼 어려 있고
주거갈제 하든말슴 귀에쟁쟁 박혀잇네.	죽어갈 때 하던 말씀 귀에 쟁쟁 박혀 있네.
보고지고 보고지고 임의얼굴 보고지고.	보고 싶다 보고 싶다 임의 얼굴 보고 싶다.
듯고지고 듯고지고 임의소래 듯고지고.	듣고 싶다 듣고 싶다 임의 소리 듣고 싶다.
원수로다 원수로다 천하사람 많건마는	원수로다 원수로다 하늘 아래 사람 많건만
연소하신 우리임을 무슨죄로 다려가서	나이 어린 우리 임을 무슨 죄로 데려가서
철석간장(鐵石肝腸) 다 노기고 차마서러 못살레라.	(나의) 철석간장 다 녹이고 차마 서러워 못 살겠다.
안젓스나 누엇스나 왼갓회포 절로난다.	앉았으나 누웠으나 온갖 생각이 저절로 생겨난다.
애고답답 내팔짜야 한심코도 가이없다.	애고 답답 내 팔자야 한심하고도 끝이 없다.
월명서희하고 오작이 남비로다.	달은 밝고 별은 노닐고 까막까치 남쪽으로 날아간다.
부모동생 중한연분 천지에도 없것마는	부모 동생 중한 연분 천지에도 없건마는

낭군그려 서른마음 차마잊지 못할레라.	낭군 그려 서러운 마음 차마 잊지 못할래라
견우성 직녀성도 일년일도 그리다가	견우성과 직녀성도 일년에 한번 만나기를 그리다가
칠월칠석 만나보니 그아니 조흘손가.	칠월 칠석에 만나 보니 그 아니 좋을손가.
우리낭군 어이하야 조혼연분 그리는고.	우리 낭군 어찌하여 좋은 연분 그리는고.
앞남산 조흔밭을 어느낭군 가라주며	앞 남산 좋은 밭을 어느 낭군이 갈아주며
동창하 비즌술을 눌로하야 맛을뵈리.	동쪽 창 아래 빚은 술을 누구로 하여 맛을 보이리.
옥면을 잠간드러 장원의 투향접은	얼굴을 잠깐 들어 보니 장원의 나비는
나를조차 이러난다 어화 이일이야	나를 좇아 일어난다 아아 이 일이야
청려장 손에드러 반공에 노피떠서	청려장 손에 들고 반공에 높이 떠서
천하를 구버보니 눈앞에 구주로다.	천하를 굽어보니 눈 앞에 여러 나라로다.
백운을 둘러타고 오로봉 차자가서	백운을 둘러 타고 오로봉 찾아가서
불사약을 어더먹고 이리저리 다니다가	불사약 얻어 먹고 이리저리 다니다가
홀연히 깨여보니 남가일몽 뿐이로다.	홀연히 깨어 보니 한 때의 꿈일뿐이로다.
명명하신 하느님은 이내서름 아르시고	명명하신 하느님은 이 내 설움 아시어서
천궁에 다려다가 상제전에 사죄하고	하늘궁에 데려다가 상제 앞에 사죄하고
세상인연 다시매저 백년해로 시겨주오.	세상인연 다시 맺어 백년해로 시켜주오.
청천명월 호호하야 이내서름 아르시고	맑은 하늘의 밝은 달은 이 내 설움 아시어서
월궁에 다려다가 섬대에나 의지하야	월궁에 데려다가 섬대에나 의지하여
상제전 헌공하고 후생길을 다까보세.	상제 앞에 헌공하고 후생의 길을 닦아 보세.
신명하신 후토부인 이내인생 다려다가	신명하신 후토부인 이 내 인생 데려다가
십왕전 사죄하고 우리 낭군 만나보세.	십왕전에 사죄하고 우리 낭군 만나 보세.
광대한 천지간에 날가튼이 또있는가.	광대한 천지 간에 나 같은 또 있는가.
임께서 보낸편지 본듯만듯 손에들고	임께서 보낸 편지 본 듯 만 듯 손에 들고
가슴우에 언젓더니 편지가 중치아니하나	가슴 위에 얹었더니 편지가 무겁지 아니하나
가슴이 답답하다 슬프고 가소롭다.	가슴이 답답하다 슬프고 가소롭다.
춘몽일시 분명하다 이꿈이 또오너라.	(임의 편지는) 춘몽일시 분명하다 이 꿈이 또 오너라.
지금편지 다시보자.	지금 편지 다시 보자.
아서라 훨훨다바리고 유실구경 하고보자.	아서라 훨훨 다 버리고 유실구경 하고 보자.
죽장망혜 드러가니 산은첩첩 천봉되여 만학에 버려잇고	간소한 옷차림으로 들어가니 산은 첩첩 천봉되어 만학에 벌려 있고

물은출렁 구비되여 폭포창파 흘럿는데
행심을경 빗긴길로 가만가만 드러가니
꽃밭에 잠든나비 아조펄펄 나라난다.
좌우로 도라보니 온갖짐승 다모엿다.
이골저골 닷는 것은 열없는 노루로다.
방정마즌 망월토끼 수풀속에 내닷는다.
또한편을 바라보니 온갖새 다울더라.
백로백구 홍안들은 도화유수 너머가고
앵무공작 봉황들은 백운청산 너머가고
화중두견 유상앵은 곳곳마다 봄소래라.
비금주수 각색짐승 춘흥겨워 교태하고
슬프다 촉국새는 이산가도 귀촉도요 저산가도 귀촉도라.
귀촉도 슬피우네.

〈중략〉

그 노승 하는 말이 전생에 부인께서
이 절 법승되었을 때
부처님께 득죄하여 인간에 내치시매
청룡사 부처님이 불쌍히 여기시사 이리로 인도하였으니
청춘에 죄받음을 조금도 슬퍼마오
어화 내 일이야 이제야 알리로다
이것 저것 다 버리고 불문에 귀의하여
후생길이나 닦아볼까 하노라

물은 출렁 구비되어 폭포의 푸른 물결 흘렀는데
행심을경 빗긴 길로 가만가만 들어가니
꽃밭에 잠든 나비 아주 펄펄 날아간다.
좌우로 돌아보니 온갖 짐승 다 모였다.
이 골 저 골 내닫는 것은 겁 많은 노루로다.
방정맞은 망월토끼 수풀 속에 내닫는다.
또 한편을 바라보니 온갖 새 다 울더라.
백로, 갈매기, 홍안들은 도화유수 넘어가고
앵무, 공작, 봉황들은 백운청산 넘어가고
화중, 두견, 유상앵은 곳곳마다 봄 소리라.
비금주수 각색 짐승 봄기운에 겨워 교태하고
슬프다 촉국새는 이 산 가도 귀촉도요, 저 산 가도 귀촉도라.
귀촉도 슬피우네.

그 노승 하는 말이 전생에 부인께서
이 절 스님으로 있었는데
부처님께 죄를 지어 인간 세상에 보내져서
청룡사 부처님이 불쌍히 여겨 이리로 오게 했으니
청춘에 과부가되어 이별한 것을 슬퍼 마시오
어화 내가 이렇게 된 사연을 이제야 알겠구나
이것저것 다 버리고 부처님께 귀의하여
후생의 길을 닦을까 한다.

핵심정리

▷ **작자** 미상
▷ **갈래** 내방 가사
▷ **성격** 회한적, 애상적
▷ **표현** 반복법(못할러라, 심회로다, 원수로다 등)과 대구법으로 운율감을 형성하고 화자의 안타까운 마음을 효과적으로 전달
▷ **주제** ① 남편과 사별한 아픔
② 청상과부가 된 신세 한탄

이해와 감상

감상

젊은 나이에 남편을 잃은 여인의 애절한 회한을 읊은 노래이며, 순 한글 필사본으로 총 326구로 되어 있다.

작중 화자는 청춘에 용모가 준수한 남편과 결혼하였으나 곧 사별하고 과부가 되어 외롭게 지냄을 한탄하며, 일 년에 한번이나마 만날 수 있는 견우 직녀의 신세를 부러워하다가 노승을 만나 깨닫고 부처에게 귀의하여 후생길이이나마 닦으려는 심정을 노래한 가사이다.

이본에 따라 장단이 얼마쯤 다르지만 그 처음과 끝은 다음과 같다.

"천지인간 만물에 / 무상할손 이정 / 못할라 / 공방살임 못할라 / 얼거스나 거므스나 / 임갓흐니 잇는가 / 늘거스나 저머스나 / 부부밧게 잇는가 / …… / 청춘에 죄받음은 / 조금도 설버마소 / 어화 내일이야 / 이제사 알리로다 / 이것저것 다바리고 / 불문에 귀의하야 / 후생길이나 다까볼가 하노라."

예상문제

※ (1 ~ 5) 아래 작품을 바탕으로 조건에 맞게 답하시오.

(가)
  천지인간 만물중에 무상할 손 이내사정
  못할러라 못할러라 공방살림 못할러라
  열것스나 거멋스나 부부밖에 또있는가
  견우직녀성도 두리서로 마조섯고
  용천검 태아검도 두리서로 짝이되고
  날짐승 길버러지 다각각 짝이잇건만
  전생차생 무슨죄로 우리두리 부부되여
  거믄머리 백발되고 희든몸이 황금되고
  자손만당 영화보고 백년해로 사잣너니
  하느님도 무정하고 가운이 불행하여
  조물이 시기하고 귀신조차 사정없다
  말 잘하고 인물 조코 활 잘 쏘고 키 훨신 큰
  다정한 정리낭군 사랑하든 우리낭군
  무슨나이 그리만하 청산고혼 되단말가
  삼생연분 아닐런가 사주팔짜 그러한가
  기위(旣爲)부부 되었거든 죽지말고 사럿거나
  그리죽자 할작시면 만나지나 마랏거나
  부질없는 이내심사 어느누가 위로하리
  심회로다 심회로다 하해가치 기픈수심 태산가치 노픈심회
  상사로다 상사로다 상사하든 우리낭군 어이그리 못오든가

와병에 인사절하니 병이드러 못오든가
약수삼천리가 둘러 못오든가
만리장성이 가리와 못오든가
㉠ 춘수 만사택하니 물이기퍼 못오든가
하운이 다기봉하니 산이노파 못오든가
물이깁거든 배를타고 뫼이높거든 기어넘지
추월이 양명휘할제 달을띄어 오시려나
동령에 수고송한테 백설날려 못오시나
동창에 도든달이 서창에지거든 오려는가
병풍에 그린 황계 사경일점에 날새라고 꼬꼬울거든 오시려나
금강산 상상봉이 평지되여 물미러 배둥둥뜨거든 오려는가
어이그리 못오든가 무삼일로 못오든가
가슴속에 불이나서 생초목이 다타간다
　　　　　　〈중략〉
명명하신 하느님은 이내서름 아르시고
천궁에 다려다가 상제전에 사죄하고
세상인연 다시매저 백년해로 시겨주오

- 「청춘과부가(靑春寡婦歌)」

(나)
梨花雨(이화우) 훗쑤릴 제 울며 잡고 離別(이별)흔 님,
秋風落葉(추풍낙엽)에 ㉡ 저도 날 싱각는가.
千里(천 리)에 외로운 쑴만 오락가락 ᄒ노매.
청천명월 호호하야 이내서름 아르시고
월궁에 다려다가 섬대에나 의지하야
상제전 헌공하고 후생길을 다까보세
신명하신 후토부인 이내인생 다려다가
십왕전 사죄하고 우리 낭군 만나보세
광대한 천지간에 날가튼이 또있는가
임께서 보낸 편지 본듯만 듯 손에 들고
가슴우에 언젓더니 편지가 중치아니하나
가슴이 답답하다 슬프고 가소롭다
춘몽일시 분명하다 이 꿈이 또 오너라
지금편지 다시보자
아라서 훨훨 다바리고 유실구경 하고보자
죽장망혜 드러가니 산은첩첩 천봉되여 만학에 버려잇고
물은출렁 구비되여 폭포창파 흘럿는데
행심을경 빗긴길로 가만가만 드러가니
꽃밭에 잠든나비 아조펄펄 나라난다
㉢ 좌우로 도라보니 온갖짐승 다모엿다

```
이골저골 닷는 것은 열없는 노루로다
방정마즌 망월토끼 수풀속에 내닷는다
또한편을 바라보니 온갖새 다울더라
백로백구 홍안들은 도화유수 너머가고
앵무공작 봉황들은 백운청산 너머가고
화중두견 유상앵은 곳곳마다 봄소래라
비금주수 각색짐승 춘흥겨워 교태하고
슬프다 촉국새는 이산가도 귀촉도요 저산가도 귀촉도라
귀촉도 슬피우네
                〈중략〉
그 노승 하는 말이 전생에 부인께서
이 절 법승되었을 때
부처님께 득죄하여 인간에 내치시매
청룡사 부처님이 불쌍히 여기시사 이리로 인도하였으니
청춘에 죄받음을 조금도 슬퍼마오
어화 내 일이야 이제야 알리로다
이것 저것 다 버리고 불문에 귀의하여
후생길이나 닦아볼까 하노라
```
- 계랑(桂娘), 「梨花雨(이화우) 훗쑤릴 제」

1. (가)의 밑줄 친 ⊙과 (나)에 제시된 계절의 특징을 각각 2가지씩 서술하시오. [2점]

예상 답안

(가)의 ⊙의 계절은 한시를 수용했는데, 4계절은 첫째님이 어느 계절에도 오지 않음을 강조하고, 둘째, 아름다운 경치가 님과 나의 만남에 장애가 됨을 드러냈다.

(나)의 계절은 첫째, 이별한 후 시간이 흘렀음을 강조하고, 둘째, 경치가 님에 대한 그리움을 강조하는 역할을 하고 있다.

2. (나)의 밑줄 친 ⓒ의 결과물을 (가)에서 찾아 제시하고, 그 의미를 밝히시오. [2점]

예상 답안

ⓒ의 결과물	편지
의미	님에 대한 그리움이 간절하여 꿈(상상 속)에 님의 소식을 알게 되었음

참고 (나) 「梨花雨(이화우) 훗쑤릴 제」의 표현
① 초장의 '이화우'와 중장의 '추풍낙엽'은 시간적인 거리감을 나타내며, 종장의 '천 리'는 임과의 공간적인 거리감을 표현하고 있다.
② 하강의 이미지를 가진 시어(이화우, 추풍낙엽)를 통해 이별의 상황을 효과적으로 제시했다.

3. (가)의 밑줄 친 ⓒ 부분에 동물을 제시한 이유를 밝히고, 시적 화자와 관련 있는 대상을 찾아 그 의미를 밝히고, 그것에 나타난 표현 2가지를 찾아 제시하시오. [5점]

예상 답안

(가)의 ⓒ부분에 동물을 제시한 이유는 첫째, 아름답고 만족스런 세계를 그려내기 위함이고, 둘째 그런 아름답고 만족스런 세계 속에서 자신만 님을 잃어 슬픈 상황에 처해 있음을 강조하기 위한 것이다.

시적 화자와 관련 있는 대상은 귀촉도인데, 귀촉도는 님을 잃은 시적화자의 한을 의미한다. '귀촉도' 자체는 객관적 상관물이다. 그리고 '귀촉도 슬피 우네' 부분은 감정이입이 된다.

4. (가)의 내용과 형식면에서 조선 후기 가사의 특징을 각각 2가지씩 제시하시오. [4점]

예상 답안

(가)의 내용 면에서 첫째, 산이나, 물 등의 자연물이 사대부의 강호한정을 드러내는 의미와 다르게 사용하여 후기 가사의 특징을 보이고, 둘째, 전기 가사와 달리 사별한 님에 대한 그리움이라는 진솔한 감정을 드러내어 후기가사의 특징을 보인다.

(가)의 형식면에서 종장의 구성이 시조의 종장과 달라서 변격 가사라는 점이 후기 가사의 특징이고, 둘째 4음보를 벗어난 부분이 많다는 점도 후기 가사의 특징이다.

5. (가), (나)에서 시적 화자 상황의 공통점과 차이점을 각각 2가지씩 밝히시오. [4점]

예상 답안

(가)와 (나)의 시적화자의 상황은 현재 님이 곁에 없는 상황이고, 둘째, 여인들이 님을 간절히 그리워하고 있는 상황에서, 님도 나를 사랑해주기를 바라는 마음을 드러냈으며, 둘 다 양반 부녀자가 아닌 여인이 그리움의 감정을 진솔하게 드러냈다.

(가)의 시적 화자는 님과 사별한 그리움을 드러냈고, (나)의 시적 화자는 님과 이별한 그리움을 드러냈다. (가)의 시적화자는 님을 다시 만나고자 여러 가지 노력을 보이지만, (나의 시적 화자는 단순히 그리워하며 다시 만나려는 노력을 보이지 않는다. (가)의 시적화자는 전생의 죄로 인해 사별했고, (나)는 그러한 내용이 없다.

작품 17 상사회답곡(相思回答曲)

이 몸이 녀자 되여 도로 빅년 어려워라.	이 몸이 여자 되어 다른 남자와 백년가약을 어려워라
문 밧게를 아니나고 규합(閨閤)에셔 싱장ᄒ여	집 밖으로 나가지 아니하고 규방에서 나서 자라
빅년가약(百年佳約) 뎡홀 젹에 연분(緣分)으 싸라가셔	백년가약 정할 적에 연분을 따라가서
불경이부(不更二夫) 굿은 언약(言約) 뎔셕(鐵石)ᄀᆞ치 먹엇더니	한 남편만 모시겠다고 굳은 언약 맺었더니
무심(無心)ᄒ 일봉 셔찰(一封書札) 어듸로 온단 말가	무심한 편지 한통 어디서 온단 말인가.
셔중(書中)에 만단 ᄉᆞ졍(萬端事情) 나려 보니 아득ᄒ다.	편지 중에 여러 가지 사정을 읽어 보니 (정신이) 아득하다.
회답(回答)을 쓰려 ᄒ고 붓을 들고 싱각ᄒ니	회답을 쓰려고 붓을 들고 생각하니
심신(心身)이 황홀(恍惚)ᄒ여 말조차 끈쳣도다.	안타까운 마음에 정신이 아찔하여 말조차 나오지 않는구나.
어화 셔ᄉᆞ중(書辭中)에 군ᄌᆞ셜화(君子說話) 긋이 업다.	아 편지 내용 중에 남자의 사연이 끝이 없다.
용렬(庸劣)ᄒ 이 내 거동(擧動) 무슴 틱도(態度) 가졋관듸	보잘것없는 이 내 거동 무슨 태도 가졌기에
이듸도록 눈에 드러 병(病)조차 들단 말가.	이때까지 눈에 들어 상사병까지 들었단 말인가.
그런 ᄆᆞ음 가졋스면 엇지 하여 줌줌ᄒ고.	그런 마음 가졌다면 어찌하여 잠잠히 있었는가.
다른 곳 가기 전에 무심(無心)이 잇지 말고	다른 곳에 시집 가기 전에 무심하게 있지 말고
우리 서로 어려슬 제 ᄒᆞ 가지로 놀앗스니	우리 서로 어렸을 때 함께 놀았으니
날과 언약(言約)ᄒ 일 업시 혼자 ᄆᆞ음 무슴 일고.	나와 언약한 일도 없이 혼자 마음 어떠할까?
삽삽ᄒ 이 내 ᄆᆞ음 싱각ᄒ니 후회(後悔)로다.	꺼칠꺼칠한 이 내 마음 생각하니 (그대 생각을 미리 알지 못해) 후회로다.
일이 임의 이러ᄒ니 무슴 묘칙(妙策) 잇슬손가.	이미 다른 사람과 인연을 맺었으니 무슨 묘책이 있을 것인가.
광대(廣大)ᄒ 텬디간(天地間)에 절ᄉᆡᆨ가인(絶色佳人) 무수(無數)ᄒ듸	넓은 천지 간에 견줄 데 없이 뛰어나게 아름다운 미인이 수없이 많은데
날 갓흔 ᄋᆞ녀자(兒女子)야 어느 곳에 없슬손가.	나같은 아녀자야 어느 곳에 없을 것인가.
ᄉᆞ세(事勢)가 이러ᄒ니 이도 ᄯᅩ한 텬명(天定)이라.	상사병으로 죽게 되었으니 이도 또한 하늘의 뜻이라.
병(病)이 실(實)노 드럿스면 ᄆᆞ음을 강잉(强仍)ᄒ오.	병이 실로 들었으면 마음 마지못해 하오.
흐르는 이 셰월(歲月)에 됴로(朝露) ᄀᆞᆺ흔 우리 인싱(人生)	흐르듯 빨리 가는 이 세월에 아침 이슬 같은 우리 인생
ᄒᆞ 번 죽어 도라가면 다시 오기 어려워라.	한 번 죽으면 다시 돌아오기 어려워라.
ᄲᅢ는 썩어 황토(黃土)되고 살은 썩어 물이 된다.	뼈는 썩어 황토 되고, 살은 썩어 물이 된다.
죽은 나를 차자와셔 이런 ᄉᆞ졍ᄒ오릿가.	죽은 나를 찾아와서 이런 사정 할 것인가.
물노 일운 ᄆᆞ음이라 목셕(木石)이 아니어든	물로 이룬 마음이라 목석이 아니거든

이러흔 이 인싱(人生)은 혈마ㅅ 죽게 ᄒ리.	이러한 이 인생을 설마 죽게 하겠는가.
그ᄃᆡᄂᆞᆫ 대쟝부(大丈夫)로 천금(千金) ᄀᆞᆺ흔 귀흔 몸을	그대는 대장부로 천금 같은 귀한 몸을
이 내 일신(一身) 위하여셔 병이 드러 누엇으니	이 내 한 몸 위하여 병 들어 누웠으니
심졍(心情)을 허비(虛費)타가 가련(可憐)이 죽게 되면	애를 태우다가 가련하게 죽게 되면
원억흔 뎌 혼빅(魂魄)이 내 탓을 ᄒᆞ으리라.	억울한 저 혼백이 내 탓을 하리라.
빅년(百年)을 못살여든 ᄂᆞᆷ의 명(命)을 ᄭᆞᆫ케 ᄒᆞ랴.	백년도 못 사는 인생인데 남의 목숨을 끊게 하겠는가.
이러나 져러나 그ᄃᆡ ᄉᆞ졍 ᄇᆞ리리요.	이러나 저러나 그대 사정을 버릴 수 없으리요.
연분(緣分)이 잇고 보면 ᄌᆞ연이 맛나리라.	연분이 있으면 자연히 만나리라.
샹ᄉᆞ(想思)로 깁히 든 병(病) 다 풀치고 기ᄃᆞ리소.	상사로 깊이 든 병 마음 돌려 용서하고 기다리소.
금일 모일(今日某日) 명월야(明月夜)에 아못조록 뵈올이다.	이 달 아무 날 밝은 달밤에 아무쪼록 뵈오리라.

핵심정리

- **작자** 미상
- **갈래** 내방 가사, 규방 가사
- **성격** 사실적
- **내용** 자신 때문에 상사병이 난 남자의 편지를 받고 안타까워하며 만남을 약속함
- **특징**
  ① 남성의 편지에 대한 답장의 형식
  ② 유교적 이념을 벗어나 남녀 간의 순수한 연정을 표출
- **주제** 사랑을 말하지 못하고 병이 든 남자에 대한 안타까움

이해와 감상

| 감상 |

이미 다른 곳으로 출가한 여인을 잊지 못하다가 상사병에 걸린 한 남성이 보낸 연서(戀書)인 「규수상사곡(閨秀相思曲)」에 대한 화답가이다. 유교적 이념에서 벗어나 남녀 간의 순수한 연정을 표출하고 있고, 한 여인이 다른 남자와 결혼을 한 상태이지만 자신을 사랑하여 상사병에 걸린 다른 남자에게 마음을 열고 그를 만나기로 결심하는 파격적인 내용을 담았다.

1 시상의 전개
① 기 : 결혼 후 예전부터 알고 지내던 남자의 서찰을 받고 난감해 함
② 승 : 남자가 진작 사랑의 마음을 얘기하지 않은 것을 안타까워함
③ 전 : 남자가 병들어 죽게 되면 자신을 탓할 것이라 함
④ 결 : 남자의 사정을 모른 척 할 수 없어 만날 약속을 정함

예상문제

※ (1 ~ 3) 아래 작품을 바탕으로 조건에 맞게 답하시오.

(가)
　죽운 물 샹쳥 먹고 거니 건져 죵을 주니
　눈 우희 바늘 졋고 코흐로 프람 분다
　올벼는 흔 볼 뜻고 조 프튼 다 무기니
　살히파 바랑이는 나기도 슬찬턴가
　환자 장리는 무어스로 댱만ᄒᆞ며
　요역(徭役) 공부(貢賦)는 엇지ᄒᆞ야 출와 낼고
　백이사지(百爾思之)라도 겨닐 셩이 견혜 업다
　장초(萇楚)의 무지(無知)를 불어ᄒᆞ나 엇지ᄒᆞ리
　시절(時節)이 풍(豊)흔들 지어미 비 브르며
　겨스를 덥자 흔들 몸을 어이 ᄀᆞ리올고
　기저(機杼)도 쓸 듸 업서 공벽(空壁)의 씨쳐 잇고
　부증(釜甑)도 브려 두니 블근 비티 다 되엿다
　세시(歲時) 삭망(朔望) 명일(名日) 기제(忌祭)는 무어스로 향사(饗祀)ᄒᆞ며
　원근 친척(遠近親戚) 내빈왕객(內賓往客)은 어이ᄒᆞ야 접대(接待)ᄒᆞ고
　이 얼굴 진여 이셔 어려운 일 하고 만타
　이 원수(怨讐) 궁귀(窮鬼)를 어이ᄒᆞ야 녀희려뇨
　수리 후량(餱糧)을 ᄀᆞ초오고 일홈 불러 전송(餞送)ᄒᆞ야
　일길 신량(日吉辰良)에 사방(四方)으로 가라 ᄒᆞ니
　추추 분분(啾啾憤憤)ᄒᆞ야 원노(怨怒)ᄒᆞ야 니론 말이
　자소지로(自少至老)히 희로우락(喜怒憂樂)을 너와로 홈ᄭᅴ ᄒᆞ야
　죽거나 살거나 녀흴 줄이 업섯거늘
　어듸 가 뉘 말 듯고 가라 ᄒᆞ여 니ᄅᆞᄂᆞ뇨
　우는 덧 ᄭᅮ짓는 덧 온 가지로 공혁(恐嚇)커늘
　도롯셔 싱각ᄒᆞ니 네 말도 다 올토다
　무정(無情)흔 세상(世上)은 다 나를 브리거늘
　네 호자 유신(有信)ᄒᆞ야 나를 아니 브리거든
　인위(人威)로 피절(避絶)ᄒᆞ여 좀쇠로 녀흴너냐
　하늘 삼긴 이 내 궁(窮)을 혈마흔들 어이ᄒᆞ리
　빈천(貧賤)도 내 분(分)이어니 셜워 므슴ᄒᆞ리

　　　　　　　　　　　　　　　　　　　　　　- 정훈,「탄궁가」

(나)
　이 몸이 녀자 되여 도로 빅년 어려워라.
　문 밧게를 아니나고 규합(閨閤)에셔 싱장ᄒᆞ여
　빅년가약(百年佳約) 명흘 젹에 연분(緣分)으 짜라가셔
　불경이부(不更二夫) 굿은 언약(言約) 텰셕(鐵石)ᄀᆞ치 먹엇더니

무심(無心)흔 일봉 셔찰(一封書札) 어듸로 온단 말가
〈중략〉
그런 무음 가졌스면 엇지 하여 좀좀호고.
다른 곳 가기 젼에 무심(無心)이 잇지 말고
우리 서로 어려슬 제 흔 가지로 놀앗스니
날과 언약(言約)흔 일 업시 혼자 무음 무슴 일고.
삽삽흔 이 내 무음 싱각ᄒ니 후회(後悔)로다.
일이 임의 이러ᄒ니 무슴 묘칙(妙策) 잇슬손가.
광대(廣大)흔 텬디간(天地間)에 졀식가인(絶色佳人) 무수(無數)흔듸
날 갓흔 ᄋ녀자(兒女子)야 어늬 곳에 없슬손가.
ᄉ세(事勢)가 이러ᄒ니 이도 쏘흔 텬명(天定)이라.
병(病)이 실(實)노 드럿스면 무음을 강잉(强仍)ᄒ오.
흐르는 이 셰월(歲月)에 죠로(朝露) ᄀᆞᆺ흔 우리 인싱(人生)
흔 번 죽어 도라가면 다시 오기 어려워라.
ᄲᅢ는 썩어 황토(黃土)되고 살은 썩어 물이 된다.
죽은 나를 차자와서 이런 ᄉ경 ᄒ오릿가.
물노 일운 무음이라 목셕(木石)이 아니어든
이러흔 이 인싱(人生)은 혈마ᄉ 죽게 ᄒ리.
그듸는 대쟝부(大丈夫)로 쳔금(千金) ᄀᆞᆺ흔 귀흔 몸을
이 내 일신(一身) 위하여셔 병이 드러 누엇으니
심졍(心情)을 허비(虛費)타가 가련(可憐)이 죽게 되면
원억흔 며 혼빅(魂魄)이 내 탓을 숨으리라.
빅년(百年)을 못살여든 놈의 명(命)을 쯘케 ᄒ랴.
이러나 져러나 그듸 ᄉ경 ᄇᆞ리리요.
연분(緣分)이 잇고 보면 ᄌ연이 맛나리라.
샹ᄉ(想思)로 깁히 든 병(病) 다 풀치고 기ᄃᆞ리소.
금일 모일(今日某日) 명월야(明月夜)에 아못조록 뵈올이다.

— 작자 미상, 「상사회답곡」

1. (가)의 밑줄 친 부분에 나타난 표현 2가지를 구체적으로 밝히고, 그것의 효과를 각각 밝히시오.

📄 **예상 답안**

밑줄 부분에는 '궁귀를 전송'하고 '사방으로 가라'는 부분에서 의인화가 나타나는데, 이것은 지금까지 늘 가난하여 일상처럼 친근하다는 의미를 잘 드러낸다. 또 가난이 화자에게 항의하는 부분에서 해학이 나타나는데, 이것은 가난에서 벗어나기 어렵다는 점을 효과적으로 드러낸다.

2. (나)를 바탕으로 조선 후기 가사에 나타나는 특징을 내용과 형식면에서 각각 밝히시오.

> 📝 **예상 답안**
>
> 내용면 : 일반적인 부녀자와 달리 일부종사를 포기하고 다른 사람을 만나겠다고 함
> 형식면 : 마지막 행이 시조의 종장 형식을 지키지 못한 변격 가사임

3. (가), (나)에 제시된 현실 문제를 밝히고, 그것에 대한 화자의 대응 방법의 차이를 시대적 의미와 관련지어 서술하시오.

> 📝 **예상 답안**
>
> (가)는 임진왜란 이후 일부 양반들이 몰락하면서 극심한 가난에 시달리는 문제를 제시했고, (나)에서는 불경이부의 윤리를 지켜야 할 부인이 서찰을 받고 갈등하는 상황이 문제로 제시되었다.
> (가)에서 화자의 대응 방법은 가난을 벗어나려다가 실패하여 가난을 운명으로 여기고 수용하는 태도를 보인다. 이것은 운명에 의한 인간의 패배를 보여주며 중세적(전근대적), 비주체적 인식으로 볼 수 있다. (나)에서 화자의 대응은 자신으로 인해 상사를 앓는 사람을 죽게 할 수 없다고 만날 것을 약속하는 태도를 보인다. 이것은 당대의 유교 윤리를 벗어나는 것으로 근대적, 주체적(개성적) 인식으로 볼 수 있다.

제3절 가사 작품 감상 (2) 조선 후기

작품 18 · 갑민가

어져어져 져긔가는 져사름으
네힝식(行色) 보아하니 군스(軍士) 도망(逃亡) 네로고나.

〈중략〉

어와 싱원(生員)인지 쑈官(초관)인지 그딕말솜 그만두고
이닉 말솜 드러보소 이닉쏘흔 甲民(갑민)이라.
이짜의셔 싱장(生長)ᄒ니 이써일을 모를소냐.

〈중략〉

여러신역(身役) 밧친후의 시체(屍體)ᄎᄌ 장ᄉᄒ고
ᄉ묘(祠廟)뫼셔 짠희뭇고 이쓴토록 통곡(痛哭)ᄒ니
무지미물(無知微物) 뭇됴쟉(鳥雀)이 저도쏘흔 설니운다.
막즁 변디(邊地) 우리 인싱(人生) 나ᄅ빅셩(百姓) 되어나셔
군ᄉ(軍士)슬틱 도망(逃亡)ᄒ면 화외민(化外民)이 되려니와
흔몸의 여러신역(身役) 무ᄃ가 훌셰업셔
쏘금년니 도ᄅ오니 유리무뎡(流離無定) ᄒ노미라.
나라님긔 알외ᄌ니 구둥쳔문(九重天門) 머러잇고
요순(堯舜)갓틋 우리 셩쥬(聖主) 일월(日月)갓티 발그신들
불쳠(沾) 셩화(聖化) 이극변(邊)에 복분ᄒ(覆盆下)라 빗쵤소냐.

그딕쏘흔 닉말듯소 투관쇼식(他官消息) 드러보게.
북쳥부ᄉ(北靑府使) 뉘실런고 셩명(姓名)은 줌간 이져잇닉.
허다군명(許多軍丁) 안보(安保)ᄒ고 빅골도망(白骨逃亡) 해원(解怨)일틱.
각딕초관(各隊哨官) 졔신역(諸身役)을 딕쇼민호(大小民戶) 분징(分徵)ᄒ니
만흐면 닷돈푼수 저그며는 서돈이라.
인읍빅셩(隣邑百姓) 이말듯고 남부녀딕(男負女戴) 모다드니
군명허오(軍丁虛伍) 업셔지고 민호졈졈(民戶漸漸) 느러간다.
나도쏘흔 이말듯고 우리고을 군명신역(軍丁身役)
북쳥일례(北靑一例) ᄒ여디라 영문의송(營門議送) 뎡(呈)튼말가
본읍(本邑)맛겨 뎨ᄉ(題辭) 본관으(本官衙)의 붓치온즉

불문시비(不問是非) 올녀믹고 형문일츠(刑問一次) 맞든말ᄀ.	옳고 그름은 묻지 않고 올려서 매어 놓고 곤장 한 번 맞는단 말인가.
〈중략〉	
비닉이다 비닉이다 하나님게 비닉이다.	비나이다 비나이다 하나님께 비나이다.
충군이민(忠君愛民) 북청(北靑)원님 우리고을 빌이시면	충군애민 북청원님 우리 고을 들리시면
군졍도탄(軍丁塗炭) 그려다가 헌폐샹(軒陛上)의 올이리라.	군정의 도탄함을 그려다가 헌폐위에 올리리라.
그딕쏘흔 명년(明年)잇써 쳐즈동싱(妻子同生) 거ᄂ리고	그대 또한 내년 이때 처자동생 거느리고
이 영노(嶺路)로 잡아들지 굿쎠닉말 쎠치리라.	이 고갯길로 접어들 때 그 때 내 말 깨치리라.
닉 심듕(心中)에 잇날말솜 횡셜수셜(橫說竪說) ᄒ려ᄒ면	내 심중에 있는 말 횡설수설 하려하면
來日 이써 다지나도 半나마 모자라리	내일 이 때 다 지나도 반나마 모자라니
일모춍춍(日暮悤悤) 갈길머니 하직ᄒ고 가노믹라.	해 저물어 바삐 갈 길 머니 하고 가노라.

핵심정리

▷ **인물** ① 갑 : 늙은 어미를 앞세우고 초라한 행색으로 도망가는 을의 행색을 보고 말을 붙이며 을의 대답을 이끌어내는 역할(갑의 대사 : "어져어져 저긔 가난 저 사람아~부모처자 보전(保全)하고 새 즐거믈 누리려문")
  ② 을 : 갑민으로, 군포징수로 인해 생활이 망가져버린 평민(군사). 그간의 기막히고 억울한 사정을 대답을 통해 하소연하고 고발하는 역할(을의 대사 : "어와 생원이지 초관인지~ 끝)

▷ **갈래** 서민가사.
▷ **주제** 갑산 백성들의 학정에 시달리는 참상
▷ **특징** ① 갑과 을의 대화체 형식
  ② 영조·정조 때 함경도 갑산사람이 지은 가사
  ③ 표면적으로 북방변경의 갑산 백성들이 가혹한 학정에 시달리는 참상을 사실적으로 묘사하고 있으나, 실상은 부사 성대중의 선정을 찬양
▷ **출전** 『해동가요(海東歌謠)』

이해와 감상

| 해설 |

「갑민가」는 '우청성공북청시갑산민소작가(右靑城公北靑時甲山民所作歌)'라는 작품 말미 관계기록으로 미루어보아 청성(靑城) 성대중(成大中, 1732 ~ 1812)이 북청 부사로 재직하고 있던 시기에 지어진 것으로 보인다. 성대중이 북청 부사로 있던 시기는 1792년(정조 16년) 한 해 정도인 것으로 보이므로 「갑민가」의 창작 연대는 1792년으로 추정된다. 「갑민가」는 19세기경에 지어진 현실 비판 가사 중에서 시기적으로 가장 이르게 지어진 것으로 보인다. 「갑민가」는 필사본 『해동가요(海東歌謠)』에 실려 있으며, 모두 112행 225구로 이루어졌다.

작품의 내용은 도망하는 갑산 군사들에게 어디로 가나 어려움은 마찬가지이니 그대로 참고 살라는 권면으로 시작하여, 집안의 내력을 노래하고 부역을 감당할 수 없는 처지로 세간살이를 모두 팔아 관아에 바치고 학정에 아내마저 잃고 집은 폐가가 되었으나, 왕의 은택이 미치지 못함을 한탄하며 북청부사의 선정을 기대하여 그곳으로 도망친다는 것으로 끝을 맺고 있다.

「갑민가」는 영·정조 때의 성대중이 함경도 북청 부사로 있을 적에 인읍(隣邑) 갑산 사람이 지은 가사로 주제는 겉으로는 갑산민이 군정신역 때문에 신음하는 참상을 노래하는 것이지만, 내면은 성 부사(府使)의 선치민안(善治民安)함을 찬양한 것이라 할 수 있다. 대화 형식을 취한 수법은 정철의 「속미인곡」, 박인로의 「누항사」 등에서도 볼 수 있는 특출한 기교라 할 수 있다.

작품 속 갑민이 비록 자신이 처한 현실에 적극적으로 대응하지 못하고 이향(離鄉)이라는 소극적인 선택을 했을지라도, 그의 형상을 통해 당대 민중들에게 닥쳤던 불합리한 현실을 비판적으로 그리고 있다. 아울러 단지 현실에 대한 단순한 보고의 성격이 아닌, 문학적 형상화를 통해 당대 현실의 모습을 그려내고 있다는 점에서 이 작품이 가진 문학적 의미는 결코 적지 않다.

1 〈갑민가〉와 변방의 실태

함경남도 갑산은 산악지대에 근접하여 있다. 농토가 적었기 때문에 산악지대를 배경으로 하는 농가부업, 즉 〈갑민가〉에서도 서술되어 있는 채삼이나 돈피수렵이 성행하였다. 기본적으로 농가 생산력이 미약하였기 때문에 관북민들의 생활상은 언제나 궁박한 상태였다.

그런데 관서를 비롯한 북부 변방지역은 본래 사족층의 지배질서가 삼남지방에 비해 약한 편이었다. 북방지역은 사족의 지배질서가 튼튼하지 못했고 향임을 요직으로 여기는 상황이었기 때문에 사회신분제의 동요현상에 민감하게 반응하고 그 부작용도 다른 지방에 비해 현저하게 나타나는 곳이었다.

갑산민은 스스로 자기 가분이 원래 갑산읍에서 좌수, 별감, 풍헌, 감관 등 향임직과 유사, 장의 등의 향교직을 맡았던 사족층이었음을 말하고 있다. 그래서 갑산민 일가는 군역에서 제외될 수 있었다. 그런데 "애슬푸다 내시절의 원수인의 모해로서 군사강정되단말가"의 구절에서 말하였듯이 갑산민 당대에 이르러 일가가 군역을 부담하게 되었던 것이다. '원수인의 모해'로 표현된 것의 내막에는 앞서 살펴본 바와 같은 이곳 변방 지역의 극심한 매향 풍조가 배경으로 깔려 있었을 것이다.

한편 조선 후기 수취제도는 각 향촌사회를 중심으로 공동납을 강화하는 방향으로 진행되었다는 점도 주목할 필요가 있다. 갑산민은 자기가 살고 있는 갑산지방을 떠나 인읍인 북청으로 간다고 하였다. 그곳에서는 大小家가 고루 군액을 분담하여 많아야 삼량오전을 내기 때문이라고 하였다.

이 작품의 주인공인 갑산민은 자신이 사족층이었음에도 불구하고 당대에 와서 군역에 들게 되었다고 하였다. 이로 미루어 본다면 그가 조선 후기 사회신분제의 동요 과정에서 향촌 내 지배력의 행사에서 밀려날 수밖에 없었던 소외계층이었음을 알 수 있다. 이러한 사족출신인 갑산민의 사정에 비추어 볼 때 일반 농민의 처지는 말할 것도 없었을 것이다. 이와 같이 〈갑민가〉는 조선 후기 변방지역의 사회 신분제의 극심한 혼란과 변화를 배경으로 하고 있다.

2 이 작품에 나타난 조선 후기 가사의 특징

① 형식
  ㉠ 4음보를 벗어난 곳이 있다.
  ㉡ 변격 가사이다.
  ㉢ 4·4음의 형태가 많다.

② 내용
'연주충군, 강호한정'을 벗어나 조선 후기 서민들이 당하는 군역의 횡포를 고발한다.

3 서사화의 가능성

〈갑민가〉는 대화체를 수용하여 몰락하기까지의 과정을 청자에게 이야기하는 형식으로 나타내 주고 있다는 점에서 서사적 성격을 지닌다. 사건의 계기적 발생과 그에 관한 상황묘사도 어느 정도 이루어져 서사성을 짙게 표출하고 있다. 먼저 갑산민의 생애는 다음과 같다.

① 사족의 출신성분을 가지고 있다.
② 모함으로 軍士降定이 되고 족징의 폐에 걸리게 되었다.
③ 채삼을 하러가나 실패하였다.
④ 돈피산행을 가나 겨우 목숨만 건졌다.

작품 19 ▶▶ 춘면곡

〈전략〉

두 손목 마조 잡고 평생(平生)을 언약(言約)함이	두 손목을 마주 잡고 평생을 약속함이
너난 죽어 곳치 되고 나는 죽어 나뷔 되야	너는 죽어 꽃이 되고 나는 죽어 나비가 되어
청춘(靑春)이 진(盡)하도록 떠나사자 마자터니	청춘이 다 지나가도록 떠나 살지 말자 하더니
인간(人間)의 일이 하고 조물됴차 새암하야	인간이 말이 많고 조물주도 시기하여
신정 미흡(新情 未洽)하야 애달을손 이별(離別)이라.	새로운 정을 다 펴지 못하고 애달프지만 이별이라.
청강(淸江)의 떳난 원앙(鴛鴦) 우러 녜고 떠나는디	맑은 강에 놀던 원앙 울면서 떠나는 듯
광풍(狂風)의 놀란 봉접(蜂蝶) 가다가 돌티난 듯	거센 바람에 놀란 벌과 나비 가다가 돌아오는 듯
석양은 재를 넘고 정마(征馬)는 자조 울 제	석양은 다 져 가고 멀리 갈 때 타는 말은 자주 울 때
나삼(羅衫)을 뷔여잡고 암연(黯然)히 여흴 후의	비단으로 만든 적삼을 부여잡고 침울한 마음으로 이별한 후에
슯흔 노래 긴 한숨을 벗을 삼아 도라오니	슬픈 노래 긴 한숨을 벗을 삼아 돌아오니
이제 임(任)이어 생각하니 원수(怨讐)로다.	이제 임하여 생각하니 원수로다.
간장(肝臟)이 다 셔그니 목숨인들 보전(保全)하랴.	간장이 모두 썩으니 목숨인들 보전하겠는가.
일신의 병이 되고 만사(萬事)의 무심(無心)하여	몸에 병이 드니 모든 일에 무심해져
서창(書窓)을 구지 닫고 섬거이 누어시니,	서재의 창을 굳게 닫고 허약하게 누워 있으니,
화용월태(花容月態)난 안중(眼中)의 암암(黯黯)하고 분벽창(粉壁窓)은 침변(枕邊)에 의의(依依)하야 .	꽃 같은 얼굴에 달 같은 모습은 눈앞에 아른거리고 아름다운 여인이 거처하는 방이 베갯머리에 떠오르는구나.
화총(花叢)의 노적(露適)하니 별루(別淚)를 뿌리는 듯	꽃떨기에 이슬이 맺히니 이별의 눈물을 뿌리는 듯
류막(柳幕)의 연롱(煙籠)하니 이한(離恨)을 먹음은 듯	버들막에 안개가 끼니 이별의 맺힌 한을 머금은 듯
공산 야월(空山夜月)의 두견(杜鵑)이 제혈(啼血)한 제	사람 없는 빈 산에 달이 비쳐 두견새가 피를 토하며 울 때
슯흐다 며 새소리 내 말갓치 불여귀(不如歸)로다.	슬프구나 저 새소리 내 마음 같은 두견새라.
삼경(三更)에 못든 잠을 사경말(四更末)에 비러 드러	삼경에 못 든 잠을 사경 말에 간신히 드니
상사(相思)하던 우리 님을 꿈 가운데 해후(邂逅)하니,	마음속으로 품고 있던 우리 님을 꿈속에서 잠깐 보고,
천수만한(千愁萬恨) 못다 닐너 일장호접(一場胡蝶) 흐터지니	천 가지 시름, 만 가지 한 못다 말하고 부질없는 꿈이 되니
아릿다온 옥발 홍안(玉髮 紅顔) 곁에 얼풋 안잣는 듯	아리따운 미인이 곁에 얼핏 앉아 있는 듯
어화 황홀(恍惚)하다 꿈에 생시(生時) 합(合)고지고.	아, 황홀하다 꿈을 생시로 삼고 싶구나.

무침(無寢) 허희(噓唏)하야 바삐 니러 바라보니	자지 않고 탄식하며 바삐 일어나 바라보니
운산(雲山)은 첩첩(疊疊)하야 천리몽(千里夢)을 가려잇고	구름 낀 산 첩첩히 천 리의 꿈을 가렸고
호월(晧月)은 창창(蒼蒼)하야 양향심(兩鄕心)을 비취였다.	흰 달은 창창하여 임을 향한 마음을 비쳐 주는구나.
어와 내일이야 나도 모를 일이로다.	아아, 내 일이야 나도 모를 일이로다.
이리저리 그리면서 어이 그리 못 가는고.	이리저리 그리워하면서 어찌 그리 못 보는고.
약수(弱手) 삼천 리(三千里) 머닷말이 이런대를 일러라.	약수 삼천 리 멀다는 말이 이런 데를 이르는 것이구나.
가기(佳期)는 격절(隔絶)하고 세월이 하도 할사	여인과의 좋은 시절은 가고 세월이 많이 흘러서
엊그제 곳이 안류변(岸柳邊)의 붉엇더니	엊그제 꽃이 강 언덕의 버드나무 가에 붉더니
그 덧의 훌훌하야 낙엽 추성(落葉秋聲)이라.	그 사이 시간이 빨리 지나 낙엽 떨어지는 소리가 나는구나.
새벽서리 디난달의 외기력이 싫히울 제	새벽 서리 지는 달에 외기러기 슬피 울 때
반가온 님의 소식 행혀 올가 바라더니	반가운 임의 소식 행여 올까 바랐더니
창망(滄茫)한 구름 밖에 뷘소리 뿐이로다.	아득한 구름 밖에 빗소리뿐이구나.
지리타 이 이별이 언제면 다시볼고.	지루하다 이 이별. 언제면 다시 볼까.
산두(山頭)의 편월(片月)되야 님의 낯이 비취고져.	산머리에 조각달 되어 임의 낯에 비치고 싶구나.
석상(石上)의 오동(梧桐)되야 님의 무릅 베이고져.	돌 위의 오동 되어 임의 무릎 베고 싶구나.
공산(空山)의 잘새되야 북창(北窓)의 가 울니고져.	빈 산의 잘새되어 북창에 가 울고 싶구나.
옥상(屋上) 조양(朝陽)의 제비되야 날고지고.	지붕 위의 아침 해에 제비 되어 날고 싶구나.
옥창(玉窓) 앵도화(櫻桃花)에 나뷔되여 날고지고.	옥창 앵도화에 나비되어 날고 싶구나.
태산(泰山)이 평지(平地) 되도록 금강(錦江)이 다 마르나 평생 슯흔 회포(懷抱) 어대를 가을하리.	태산이 평지되고 금강이 다 마르나 평생 슬픈 회포 어디에 비교하겠는가.

핵심정리

▷ **작자** 미상
▷ **갈래** 가사, 가창 가사
▷ **연대** 조선 후기
▷ **성격** 서정적, 비애적, 애상적
▷ **제재** 임과의 이별
▷ **주제** 임과의 이별의 슬픔과 한(恨)

▷ **특징**
① 자연물을 통해 화자의 정서를 드러냄
② 임과의 이별의 슬픔을 솔직하게 드러냄
③ 영탄, 대구 등의 다양한 표현법을 구사함
▷ **의의** 남성적 목소리로 이별의 슬픔을 노래한 작품
▷ **출전** 『청구영언』

🔍 이해와 감상

| 해설 |

이 작품은 조선 후기에 전하는 12가사의 한 작품으로 호남 지방에서 창작되고, 유포되다가 전국적으로 유행한 가창 가사로 6~7종의 이본(異本)이 전한다.

이 노래는 한 남성 화자가 아름다운 여인과 사랑을 하고 평생 같이 지내자는 언약까지 했으나 결국 이별하게 된 후 이별의 슬픔과 여인에 대한 그리움을 토로하며 재회를 다짐하는 내용이다.

여성 화자 중심의 다른 고전시가와는 달리, 이 작품은 남성 화자가 느끼는 이별의 비애를 진술하게 토로하고 있다. 다소 퇴폐적인 가사 부분이 있기는 하나 여인에 대한 정감이 넘치는 정서를 다양한 표현 방법을 통해 드러내고 있다는 점에서 12가사 중에서도 걸작으로 꼽히고 있다.

1 시상 전개 과정

이 작품의 전체적인 시상 전개는 화자가 한 여인을 만나 평생 언약을 한 뒤 어쩔 수 없이 이별하고, 재회에 대한 다짐을 하는 과정으로 나타나 있다. 화자는 여인과 만나고 헤어지기까지의 과정을 회상하는 한편, 현재의 슬픔과 고뇌를 토로한 뒤 앞으로의 만남에 대한 기대를 드러내고 있다. 만남과 이별 전후의 상황을 구체적으로 제시함으로써 현재 실연의 슬픔을 더욱 극대화시키는 효과를 얻는다.

2 고뇌와 갈등의 해소 장치로서의 '꿈'

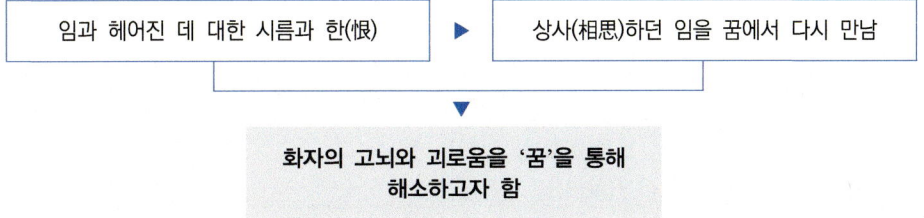

화자는 임과 헤어진 상태에서 걷잡을 수 없는 슬픔과 고뇌로 괴로워하고 있다. 그러면서 아리따운 모습의 임과 함께하는 꿈을 꾸게 되는데 이를 '생시(生時)', 즉 현실로 삼고자 한다. 화자는 꿈을 통해 현재 느끼고 있는 모든 갈등의 고뇌를 해결하고자 하는 태도를 보이는 것이다.

3 조물주가 시샘해서 임과 이별했다고 한 이유

임과 화자는 죽어서도 꽃과 나비로 함께하자며 절대 헤어지지 말 것을 다짐했으나 이별하였다. 그 이유가 '조물주의 시샘'이라는 것은 두 사람도 어찌할 수 없는 외적 요인에 의해 이별을 맞이하게 된 것임을 나타낸다.

4 '사랑'의 가치를 우선시한 화자

이 작품은 사랑하는 여인과 헤어져 슬픔에 젖어 있는 화자의 모습을 잘 나타내고 있는데, 이는 어떤 대의명분보다도 임에 대한 사랑의 가치를 우선시하는 화자의 태도를 드러낸다. 즉, 양반 사대부로서의 체면과 체통보다는 여인에 대한 간절한 사랑을 먼저 내세움으로써 솔직하고 진솔한 인간적 면모를 보여 주는 것이다.

예상문제

※ (1 ~ 3) 아래 작품을 바탕으로 조건에 맞게 답하시오.

(가)
비오다가 개야 아 눈 하 디신 나래
서린 석석사리 조븐 곱도신 길헤
다롱디우셔 마득사리 마득너즈세 너우지
잠 싸간 내 니믈 너겨
㉠ 깃둔 열명 길헤 자라오리잇가
죵죵 벽력(霹靂) 아 싱함타무간(生陷墮無間)
고대셔 싀여딜 내 모미
죵죵 벽력(霹靂) 아 싱함타무간(生陷墮無間)
고대셔 싀여딜 내 모미
내 님 두숩고 년뫼를 거로리
이러쳐 뎌러쳐
이러쳐 뎌러쳐 긔약이잇가
아소 님하, 흔뒤 녀졋 긔약이이다.

- 「이상곡」, 『악장가사』

(나)
〈중략〉
일신의 병이 되고 만사(萬事)의 무심(無心)하여
서창(書窓)을 구지 닫고 섬거이 누어시니,
화용월태(花容月態)난 안중(眼中)의 암암(黯黯)하고 분벽창(粉壁窓)은 침변(枕邊)에 의의(依依)하야
화총(花叢)의 노적(露滴)하니 별루(別淚)를 뿌리는 듯
류막(柳幕)의 연롱(煙籠)하니 이한(離恨)을 먹음은 듯.
공산 야월(空山夜月)의 두견(杜鵑)이 제혈(啼血)한 제
슲흐다 뎌 새소리 내 말갓치 불여귀(不如歸)로다.
삼경(三更)에 못든 잠을 사경말(四更末)에 비러 드러
상사(相思)하던 우리 님을 꿈 가운데 해후(邂逅)하니,
천수만한(千愁萬恨) 못다 닐너 일장호접(一場胡蝶) 흐터지니
아릿다온 옥발 홍안(玉髮紅顔) 곁에 얼픗 안잣는 듯.
어화 황홀(恍惚)하다 꿈에 생시(生時) 합(合)고지고.
무침(無寢) 허희(噓唏)하야 바삐 니러 바라보니,
운산(雲山)은 첩첩(疊疊)하야 천리몽(千里夢)을 가려잇고
호월(皓月)은 창창(蒼蒼)하야 양향심(兩鄕心)을 비취엿다.
어와 내일이야 나도 모를 일이로다.
이리저리 그리면서 어이 그리 못 가는고.
약수(弱水) 삼천 리(三千里) 머닷말이 이런대를 일러라.
가기(佳期)는 격절(隔絶)하고 세월이 하도 할사,

엊그제 곳이 안류변(岸柳邊)의 붉엇더니
그 덧의 훌훌하야 낙엽 추성(落葉秋聲)이라.
새벽서리 디난달의 외기럭이 싫히울 제
반가온 님의 소식 행혀 올가 바라더니
창망(滄茫)한 구름 밖에 븬소리 뿐이로다.
지리타 이 이별이 언제면 다시볼고.
산두(山頭)의 편월(片月)되야 님의 낯이 비취고져
석상(石上)의 오동(梧桐)되야 님의 무릎 베이고져
공산(空山)의 잘새되야 북창(北窓)의 가 울니고져
옥상(屋上) 조양(朝陽)의 제비되야 날고지고
옥창(玉窓) 앵도화(櫻桃花)에 나뷔되여 날고지고
태산(泰山)이 평지(平地) 되도록 금강(錦江)이 다 마르나 평생 슯흔 회포(懷抱) 어대를 가을하리

〈후략〉

- 「춘면곡(가사)」

1. (가)에서 ㉠과 같은 표현이 나타나는 곳을 2가지 더 제시하고, 그 효과를 밝히시오. [2점]

> **예상 답안**
>
> ㉠에 나타나는 표현은 반어적 의문이며, 이것은 '내 님 두숩고 년믜를 거로리', '이러쳐 뎌러쳐 긔약이잇가'에서 나타난다.
> 이것은 화자가 지향하려는 삶과 반대되는 요소를 제시하고 그렇게 하지 않겠다는 의미를 드러내어 화자의 의도를 강조한다.

2. (나)에서 화자의 시름과 한을 해소하는 장치를 찾고, 그것이 내용 전개에서 어떤 기능을 지니는지 밝히시오. [2점]

> **예상 답안**
>
> 화자는 꿈을 통해 상사하던 님을 만남으로서 현재 느끼고 있는 모든 갈등이나 고뇌를 해결하고자 한다. 그러나 그것은 현실이 아니기 때문에 이루어질 수 없고 오히려 님에 대한 그리움과 나의 외로움을 더욱 강조하게 된다.

3. (가), (나)의 구체적 부분을 근거로 화자 및 상황을 밝히고, 화자의 차이로 인한 내용의 차이점을 서술하시오. [4점]

> **예상 답안**
>
> (가)는 4행, 10행, 마지막 행 등을 바탕으로 여성 화자가 사별 또는 이별한 남성을 그리워하는 내용을 제시했고, (나)는 3행, 11행 등을 통해 남성 화자가 이별한 여성 화자를 그리워하는 내용을 제시했다.
> (가)는 여성 화자여서 사별한 후 여인이 지니는 일편단심의 지조와 절개를 강조했고, (나)는 남성 화자여서 일편단심의 마음보다 상실로 인한 슬픔과 그리움을 강조했다.

작품 20 농부가

하날이 빅셩닉실졔 사롱공샹 난와스니
삼강오샹 팔죠목은 션빅의 구실이라
공밍안증 법을바다 효졔츙신 가르치니
아마도 이션빅은 스민즁 웃듬이라
우리는 글못빅와 범민쥰슈 못되리니
차라리 밧츨갈아 부모봉양 ᄒ오리라
송경이 칙역지여 이십사졀 버려스니
졀세을 즈셰보와 농시을 일치마소
보름달 놉히씌고 좀샹이 밧토간다
밤즁만 슷젹다 우ᄂᆞᆫ식는 풍년들 증죠로다
입츈날 시을마쳐 보리쑤리 셰여보니
셰가지 분명ᄒ다 이안니 경식련가
가ᄅᆡ쥴 식로들여 피군두 츠려다가
쌍지기 기다려셔 드렁가ᄅᆡ 멈졈허셰
콩까디 식로썰어 큰암소 잘먹여라
장기질 지계헌다 황쇼쥬니 밧굴쇼냐
못즈리 깁푼곳마다 씨묵거름 고로치고
곡우에 부은모니 어닉듯 싹시난네
바를갓튼 어린입희 알들이 사랑곱다
되룡이 식로겻고 졉스리 ᄯᅳᆫ을고쳐
못셰비가 덤빙커든 지체말고 닉닷읍쇼
보아지 물을단녀 얼른모 닉여보셰
실헌쇼 장기메여 깁도록 가라쥬쇼
김도령 잘도허네 셰일군에 일이로다
썸에질 가는ᄃᆡ로 플거품 이러난다
아ᄅᆡ자리 모를써셔 바지ᄀᆡ에 가득다마
신첨지을 늙다말쇼 바리짐을 다지네
팔심죠흔 거북니네 져못짠 고로치쇼
들속에 푸른숑이 드믄드믄 서는모양
긔특ᄒ고 쇼담허다 무슨화의 이러허리
밧기슭 너른곳에 집즈리 널게폐소
김싱원임 좌경ᄒ오 동무임네 다오시소
셔편작 짠즈리에 녀쥬임네 안즈시오
되계거른 혼슐을 셔산사발에 가득부어
슬컷쓸 먹은후에 오날일 심써허셰

시장이 지츌헐졔 술잔보니 우음난다
두세잔 거우룬후 곰방ᄃᆡ 푸여물고
그만ᄒ여 이러나쇼 일즉맞고 쉬여보셰
남녀역군 셰을난아 두쥴로 들어간다
기럭기 항녈인지 ᄎᆞ례로 졍졔롭다
왼손에 모을쥐고 오른숀 즈죠놀녀
구벅구벅 굽니면셔 뒤거름 믈너갈계
방아다리 아즈머니 선소ᄅᆡ나 닉여보소
쵸셩조흔 목소리에 산유화로 화답ᄒ니
듯기조홀 쌘일년가 이소ᄅᆡ에 일봇는다
신명져운 돌진이에 입방귀로 장단치구
즛구진 금네자친 궁둥츔이 볼만ᄒ다
슛돌고기 언덕길로 졈심고리 너머오네
동간임네 일심바다 흔참일을 셰우허셰
오금밋히 쌈흘이고 두숀씃헤 바람난다
단말지기 큰비미을 얼풋슈여 다시미네
찬식암에 발을씻고 좌ᄎᆞ 업시 안즌후에
식로거른 지바지을 ᄒᆞᆫ슌빅 돌여보셰
가을보리 푸진밥에 격두팟시 조홀시고
원츙국 쵸맛쵸나 먹을식록 슬치안하
아욱국에 토막좌박 향촌엄식 좃타헌들
이에셔 더헐숀냐
도령네들 즈시게 ᄒᆞᆫ창먹을 나이로셰
삿갓버셔 낫츨덥고 되약볏헤 잣바져셔
먹든담베 틱오고 젼역들ᄆᆡ ᄒ오리라
최첨지집 울밋논에 닉일일군 열둘일셰
스긔막골 경싱원은 스흘품갑슬 먼졈쥬네
방축논을 계우닉니 씨마쵸아 못비온다
봉천직기 놉도리들 못닉즈리 이슬쇼야
일은모 쌍닉맞고 감실감실 ᄒ여간다
ᄒᆞᆫ썌들 노라볼가 밀보리 밧그루허셰
부록박고 씨모닉니 면화기름 느겨간다
원슝담베 즁거름은 마노라 숀쥬헙쇼
원두밧 붓도두기 아히라고 못홀숀가
토졔토 잡아들면 눈꼬쓸틈 젼혀업네

두번인들 슈월헌가 품군드리기 일반일셰
두셰번 홈쳐닉니 어진녁시 도라온다
홈에쓰레 찼덕허소 흔번호궤 ᄒ여보세
원여름 홀인짬예 소복허기 볼연헌가
씀북이 삭기까고 역귀되 꼿치핀다
하늘이 놉하가니 빅노졀이 되는구나
아희야 노지말아 오려논에 식보와라
산젼에 오조뵈고 자차타젹 허여다가
조상임게 쳔신ᄒ고 부모양친 공양ᄒ셰
풋슈슈 썩거다가 히팟너어 범벅기니
쵸가을 식맛시라 아희들 조하허네
쳣물담베 역거달고 목화밧 붓슬도아
어린ᄌ식 거두다가 일신들 노홀손가
홈의을 막노으니 나무가를 되단말가
치긴낫츨 들게갈아 츰슨어 미을미고
산빗탈 쏫장다리 방쥭가 바늘식를
뷔여서 마른후에 짐짐 묵거니여
지거니 싯거니 틱산갓치 쓰아스니
과동헐만 안이ᄒ랴 부족허면 곡쵸잇네
오려집으로 삭기쏘아 섬붓텀 지오리라
빅곡이 다익으니 들빗도 츤란허다
도화셕 삭모빗과 황금갓튼 베오례라
피이삭 묵거세니 슈목병풍 둘너는듯
모밀쏫 소담ᄒ다 빅셜을 쏠인다시
일연을 익을셕여 팡월졀이 되거구나
산국화 만발ᄒ고 신나무 단풍들계
식벽달 외기력기 서리발 지쵹ᄒ다
져건너 니풍헌집 타작관 왓다허네
술붓텀 비겨넛쇼 조혼격기 ᄒ여보세
아희야 말에가서 일군들 맞초아라
항교압 깁푼ᄌ리 낙일먼져 시작허셰
식벽밥 먹고나니 상풍도 잘도친다
손도령 풀을뷔여 화토ㅅ불 ᄌ로놋소
발벗고 드러서니 살어름 소릭난다
흔두번 벨격에는 손시려 어렵더니
심들여 일를허니 등골에 짬이난다
너른마당 티을닥고 몰바슴 ᄒ여보셰

우리머슴 잘도친다 두번둘너 다바쉬네
뒤목을 맑게ᄒ쇼 남의소견 불ㅅ허니
맛붓터 심을들여 졍토록 불녀쥬소
곡식이 제여무니 쭉졍이 바이업쇼
오륙셕 나든ᄌ리 여덜셤이 되여구나
ᄌ리마다 이러허면 잇튀농사 아니런가
아기어멈 거동보쇼 입이졀노 버러지네
병작ᄌ리 난아스니 나마지란 들여오쇼
베가리 홈쥭ᄒ다 집기슭을 지나가네
이슬밧 콩을쎡고 흔나졀 면화싸구
빅곡을 다거두니 뷘그릇시 바이업네
녹두팟 죠기장를 옥마다 치여노코
반간들이 토두지에 밥밋콩이 가득ᄒ다
모밀쥬고 소곰바다 김장도 ᄒ여보고
씨송이 다말낫네 침지안여 기름쪼소
밤이면 삿기쏘고 틈보와 이영역게
가을일 맛쳐스니 집슈장 허여보세
읍닉쥬인 왓다ᄒ니 술잔이나 딕졉허소
환ᄌ빗 걱정마쇼 나몬져 밧치리라
롬구실과 이증계에 쓰일돈 만타허면
오는장에 목화닉면 쓰고도 나무리라
삭풍이 들리치고 쥐구멍에 눈싸일계
이음방 덥게ᄒ고 멍셕이나 미져보세
노인네 밤줌업셔 시장헌셕 만으시미
찰슈슈 졍이닥계 강엿도 다려두고
식로쓔 쏠이좃테 인졀미도 ᄒ야보쇼
졍셩이 지극ᄒ면 자손이 법밧는니
엇그계 읍네가니 지샹양반 귀양가네
입신양명 허올젹에 그영화 오작헐가
일조에 죄를어더 졀도에 닉치시니
늙은부모 계시다네 그마음 오작헐가
오날도 볼작시면 우리를 부러허리
계부모 섬기기야 귀쳔이 다를손가
우리는 농민이라 져련근심 모로거니
농가에 소산으로 감지나 다슬려셔
북당의 나문히을 편토록 밧들고져

핵심정리

- **작자** 윤우병(尹禹炳)
- **갈래** 민요 종류의 들노래
- **연대** 조선 후기
- **운율** 민요 종류의 노래이지만 3·4조, 4·4조의 4음보 가사체로 되어 있음
- **주제** 농업이 천하지대본임을 노래한 노동요

이해와 감상

| 해설 |

　1881년(고종 18) 윤우병(尹禹炳)이 지은 가사(1책 16장, 필사본)로, 중농사상(重農思想)을 고취하고자 지은 작품이다. 2음보를 1구로 계산하여 전체 549구로 음수율은 4·4조와 3·4조가 주조를 이루며, 처음에만 2·4조로 되어 있다.

　내용은 4단으로 나누어지는데, 제 1 단에서는 백성의 생활처인 밭을 구경가자고 전하고서 옛 성현들이 농사를 지은 사실을 열거하고, 지금의 농부들이 그 사실을 아는가를 반문하였다. 제 2 단에서는 농부들의 곤궁한 형상을 서술하였다. 제 3 단에서는 농부의 곤궁한 형상을 보고 느낀 바로, 부지런히 농사를 지을 것을 백성들에게 거듭 강조하였다. 제4단에서는 농부 없는 나라는 그 종묘가 위태로움을 강조하면서, 시속(時俗)의 천농사상을 경고하였다. 가사 작품으로 중농사상을 고취한 점에 특성이 있다.

작품 21 영삼별곡

이 몸이 텬디간의 씌올 데 젼혀 업서
삼십년 광음(光陰)을 흐롱하롱 보내여다.
풍졍(風情)이 호탕하여 물외(物外)예 연엽(緣葉)으로
녹슈 쳥산의 분대로 단니더니
져근덧 병이 드러 님장(林庄)을 닫아시니
엇던 뒷절 즁이 헌사도 할셰이고
쥬령을 느지 잡고 날다려 닐온 말이
네 병을 내 모르랴 슈석(水石)의 고황(膏肓)이라
츈풍이 완만하여 백화(百花)는 거의 딘 졔
산듕의 비 갓개니 텬디도 맑을시고
어와 이 사람아 철업시 누어시랴.
쳥녀댱(靑藜杖) 배야 잡고 갈대로 가쟈스라.
결의 니러 안자 창 열고 바라보니
쳥풍이 건듯 불고 새소리 지지필 졔
시냇가 방초(芳草)길히 동협(東峽)의 니어셰라.
아해죵 불너내여 뼈걸린 여읜 말게
채직을 거더 쥐고 임의로 노하 가니
삼삼(三三) 가졀(佳節)이 때마침 됴흘시고
산동야로(山東野老)들이 츈흥을 못내 계워
탁쥬병 두러메고 촌가(村歌)를 느초불며
오락가락 단니는 양 한가토 한가할샤.
말등의 느즌 잠을 석양의 빗기드러
쳔봉 만학(千峰萬壑)을 꿈 속의 디내치니
듀쳔(酒泉) 나린 들이 쳥녕포로 다하셰라.
〈중략〉
사앗대 손조 잡아 거스러 올라가니
금강정 불근 난간 표묘히 내돗거나는
져근덧 올라안자 머리를 드러하니
봉내산 제일봉의 치운(彩雲)이 어릿는듸
션옹(仙翁)을 마조보아 므스 일 뭇ᄌᆞ올듯
머흔 내 스므 구비 건너고 곳여 건너
쳥산은 은은하고 벽계수 둘럿는듸
운리촌(雲裏村) 뫼밋ᄆᆞ을 일홈도 됴홀시고

산가의 손이 업서 개와 돍 뿐이로라.
귀오리 데친 밥의 풋ᄂᆞ믈 슬마 내여
포단 펴 안쳐 노코 슬토록 권하슨다.
어와 이 빅셩이들 긔특(奇特)도 ᄒᆞ져이고
십리 장곡의 절벽은 됴커니와
서닭길 머흔 곳의 양협(兩頰)이 다하시니
머리 우 조각 하늘 뵈락말락 하는고야.
밀거니 드릿거니 곳드르며 나간 말이
별이(別異)실 외뜬 ᄆᆞ을 히는 어이 쉬 넘거니
봉당의 자리 보아 더 새고 가쟈스라.
밤듕만 사립 밧긔 기 ᄇᆞ람 니러나며
삿기곰 큰 호랑이 목ᄌᆞ라 우는 소리
산쓸의 울히이셔 긔염(氣焰)도 흘난흘샤
칼 쌔여 겻희 노코 이 밤을 계유 새와
압내희 쌔딘 오슬 쥡짜셔 손의 쥐고
긴 별로 도로ᄃᆞ라 볌블의 쬐야 닙고
진젹의 숨은 빅셩 이제 와 보게 되면
도원이 여긔도곤 낫단 말 못하려니.
당검을 쌔쳐 내여 손속의 거더쥐고
긴 노래 흔 곡죠를 목노하 블은 말이
산호벽슈헌(珊瑚碧樹軒)의 ᄇᆞ람의 비겨 안자
니격션 풍치를 다시 만나 볼거이고
댱경셩(長庚星) 붉은 빗치 긔 아니 긔룻던가.
태빅산 깁흔 속의 게나 아니 만나 볼거이고
오ᄅᆞ며 ᄂᆞ리며 슬ᄏᆞ장 혜다하니
어화 헌ᄉᆞ홀샤 내 아니 허랑하냐
뉴하쥬 ᄀᆞ득 부어 돌빗츨 섯거 마셔
흉금이 황낭(晃朗)하니 져기면 놀리로다.
빅년 텬디의 우락(憂樂)을 모ᄅᆞ거니
일몽진환(一夢塵寰)의 영욕(榮辱)을 내 아더냐.
퍼랑이 초(草)메토리 다 써러 블이도록
산님(山林) 호히(湖海)예 ᄆᆞ음굿 노니며셔
이렁셩 져렁셩 구다가 아므리나 하리라.

핵심정리

▷ **작자** 권섭(權燮, 1671～1759, 현종 12～영조 35)
　숙종·영조 때의 문인. 시조와 가사 작품을 남긴 국문 시인. 자는 조원(調元), 호는 옥소(玉所)·백취옹(百趣翁). 문집으로 『옥소집』 52책이 전함 안동권씨의 명문에서 태어난 그는 일생 동안을 관직에 나가지 않은 채 여행과 문필로 보냄. 우리나라 전역을 두루 유람하면서 느낀 감회를 그때그때 작품화했는데, 그의 문집에는 한문으로 표기된 작품과 국문 작품이 많이 실려 있음. 현재 시조 75수와 가사 2편이 전함
▷ **갈래** 조선 후기 기행가사
▷ **연대** 조선 후기
▷ **주제** 영월, 삼척 지방의 여러 풍광과 감회
▷ **특징** ① 실제 유람을 바탕으로 하여 자연의 아름다움을 노래함
　　　　② 순 우리말 사용이 비교적 많은 작품
▷ **의의** 조선 후기 기행가사의 대표작

이해와 감상

| 해설 |

「영삼별곡(寧三別曲)」은 1704년(숙종 30) 권섭(權燮)이 지은 기행가사로, 모두 134구로 이루어져있으며, 작자의 친필유고집 『옥소고(玉所稿)』에 수록되어 있다. 작자가 영월을 출발하여 삼척까지 이르는 동안 보고 겪은 내용을 엮은 것이다. 자연의 승경을 찬미하고 산천의 아름다움 속에서 마음껏 노닐며 즐기는 한정(閑情)을 읊은 가사로서, 3·4조 및 4·4조로 되었다.

❶ 옥소(玉所) 권섭(權燮)

　옥소 선생은 조선시대 주된 학문이었던 성리학의 논리에 얽매이지 않고, 자유분방한 사고로 국문학과 예술을 사랑했던 문인으로 평가된다. 서울에서 출생했으나 대표적 성리학자였던 백부 수암 권상하가 모든 관직을 사양하고 제천 청풍 황강으로 내려오면서 제천과 인연을 맺었으며, 단양 장회리 옥소산에 묻혔다. 89세로 장수한 옥소 선생은 친필문집 50여권에 시 2천여수, 국문시조 75수, 국문가사 2편, 그림 72점을 남겼다.
　옥소 선생이 남긴 많은 작품들 중 국문으로 쓴 「영삼별곡(寧三別曲 : 제천에서 영월, 삼척까지의 여정을 아름답게 읊은 기행가사)」과 「도통가(道通歌 : 78세 때 지은 것으로 도학을 내용으로 한 가사)」는 조선 가사문학의 전통을 이은 것으로, 학계에서는 옥소가 송강 정철, 노계 박인로, 고산 윤선도 등 조선시대 3대 가인에 못지않은 훌륭한 작품을 남긴 것으로 평가하고 있다.

기출문제

※ (1 ~ 2) 다음 글을 읽고 물음에 답하시오.

(가)
聾巖애 올아 보니 老眼이 猶明ㅣ로다
人事이 變ᄒᆞᆫ들 山川이ᄯᆞᆫ 가실가
巖前에 某水某丘이 어제 본 듯ᄒᆞ예라

(나)
山村에 눈이 오니 돌길이 뭇쳐셰라
柴扉를 여지 마라 날 ᄎᆞ즈리 뉘 이스리
밤즁만 一片明月이 긔 벗인가 ᄒᆞ노라.

(다)
청산은 은은ᄒᆞ고 벽계수(碧溪水) 둘럿ᄂᆞᆫ듸
운니촌(雲離村) 뫼 밋 ᄆᆞ을 일홈도 됴흘시고
산가(山家)의 손이 업셔 개와 ᄃᆞᆰ쑨이로라
귀오리 데친 밥의 픗ᄂᆞ믈 솔마 내여
포단(蒲團) 펴 안쳐 노코 슬토록 권ᄒᆞᆫ다
어와 이 빅셩들 긔특(奇特)도 ᄒᆞ져이고
            〈중략〉
밀거니 ᄃᆞ릭거니 곳 ᄃᆞ르며 나간 말이
별이(別異)실 외ᄯᆞᆫ ᄆᆞ을 히ᄂᆞᆫ 어이 ᄉᆡ 넘거니
봉당(封堂)의 자리 보아 뎌 새고 가쟈스라
밤듕만 사립 밧긔 긴 ᄇᆞ람 니러나며
삿기 곰 큰 호랑이 목 ᄀᆞ라 우는 소ᄅᆡ
산꼴의 울혀이셔 긔염(氣焰)도 흘난ᄒᆞ샤

1. 고전시가의 역사적 전개를 고려할 때, (가)~(다)에 대한 설명으로 가장 적절한 것은? [2점] 2013년 기출 27번

① (가), (나), (다)는 국토에 대한 관심과 여행의 열망이 확산되고 이를 대리 충족시켜 주려 한 문학 작품들이 많이 지어진 시기의 작품들이다.
② (가)의 '산천'은 재도론(載道論)의 문학관이 구현되는 공간인 반면, (나)의 '산촌'은 천기론(天機論)의 문학관이 구현되는 공간이다.
③ (가)의 화자는 '산천' 속에서 바라보는 경치에 대해 관념화하여 그려 내고 있는 반면, (다)의 화자는 '산골' 속에서 직접 겪는 낯선 일들을 구체적으로 드러내고 있다.
④ (나)의 작자는 진퇴(進退)의 문제를 두고 고민하던 사대부 집단에 속한 반면, (다)의 작자는 환로(宦路) 자체가 막혀 있던 사대부 집단에 속하였다.
⑤ (가)와 (나)는 산수 자연에 대한 거리감을 독백의 어조로 노래하고 있는 반면, (다)는 산수 자연에 대한 일체감을 전언(傳言)의 어조로 노래하고 있다.

▎정답 ③

2. "작품에 나타난 표현 특성을 이해하고 글쓰기에 활용할 수 있다."라는 학습 목표에 따라 (가)~(다)를 읽고 글쓰기 계획을 세웠다. '표현 특성'과 '글쓰기 계획'으로 적절하지 않은 것은? (단, 표현 특성은 한 작품에서만 나타날 수도 있고 여러 작품에서 나타날 수도 있음) [1.5점]   2013년 기출 28번

	표현 특성	글쓰기 계획
①	청유형의 대화 형식을 통하여 청자와의 정서적 거리를 축소하였다.	설득력 있는 선언문
②	1인칭 화자의 말과 행동을 서술함으로써 경험을 실감 나게 형상화하였다.	여행 모티프의 소설
③	서로 다른 성질의 사물을 나열하여 목격한 일을 요약 제시하였다.	율문 형식의 기행시
④	익숙한 율격과 3단 구성의 형식을 통하여 주제를 효율적으로 전달하였다.	3행시 형식의 광고 카피
⑤	연결 어미 '-니'를 사용하여 인과성을 갖추면서 정서적 반응을 표현하였다.	인과 구조의 표어

▎정답 ③

작품 22 별사미인곡

이보소 져 각시님 설운 말삼 그만 하오
말삼을 드르하니 설운 줄 다 모를쇠
인년인들 한가지며 니별인들 갓탈손가
광한젼 백옥경의 님을 뫼셔 즐기더니
니래랄 하였거니 재앙인들 업살손가
해 다 문 날의 가난 줄 설워마소
엇더타 니 내 몸이 격홀 대 젼혀 업내
광한젼 어디 머오 백옥경 내 아던가
원앙침 비취금의 뫼셔본 적 바히 업내
내 얼골 이 거동이 무엇으로 님 길고
질삼을 모라거니 가무야 더 니랄가
어쩐지 님 향한 한 조각 이 마음을
하늘이 자리잡게 하고 성현이 가르쳐서
죄인을 벌 주는 형구를 앞뒤에 놓고
수백 번 죽어 뼈가 가루가 되어도
임 향한 이 마음이 변할손가.
나도 일을 가져 남의 없는 것만 얻어
부용화 옷을 짓고 목련으로 주머니 삼아
하늘에게 맹세하여 임 섬기랴 원이려니
조물이 시기하는 것인가 귀신이 훼방하는 것인가.
내 팔자 그만하니 사람을 원망할가.
내가 지은 죄를 모르겠는데
어찌 다른 사람들이 나의 죄를 알겠는가.
하늘이 이 죄를 만드셨는가 가고 가도 또 죄가 있네.
임 계신 곳을 생각해 보니 꿈에도 갈 수 없을 것 같네.

〈중략〉

산호 지게 백옥함의 님 옷도 잇내 마난
뉘려셔 가저가며 가저간들 보실손가
내 하인 뉘라 하고 무산 말노 보내올고
스사로 면괴하니 남이 엇디 니루려니
누어도 생각이오 안자도 생각이라
아마도 이 생각은 일각을 못 이즐쇠
치운 밤 더운 낫과 죽묘반 조셕 딘디
님의 소식 듯자 하니 뉘라셔 할손가

핵심정리

- **작자** 김춘택
- **화자** 님을 그리는 여성화자(천상의 선녀)
- **갈래** 유배가사 특징
- **주제** 임(임금)을 그리워하는 마음
- **특징** 속미인곡과 유사한 대화체 구성

이해와 감상

감상

별사미인곡은 필사본 『가사』에 실려 있는데 북헌이 제주도에 귀양가서 1708년(숙종 34)에 지은 것으로 작품은 4음보 1행으로 계산하여 모두 79행이며, 율조는 3·4조가 가장 많이 활용되고 있다. 김춘택은 숙종 계비인 인현황후 김씨의 친정 조카인데 장희빈으로 인해 인현왕후가 폐비되었을 때, 글로 연좌 되어서 다섯 번이나 유배되고 세 번이나 옥에 갇혀 30여년을 고생했는데 이 시기 그가 제주로 유배되었을 때 지은 것이다.

가사의 분량은 양미인곡을 모방하여 창작하였으나 구성은 「속미인곡」과 같이 대화체로 되어 있다. 또한 순 한글로 표현되어 있고 율조의 흐름과 언어구사가 평이하여 친근감을 갖게 하는 작품이라고 할 수 있다.

가사의 서두는 가사 중의 갑녀(甲女)라 할 수 있는 여인이 "이보소 저 각시님 설운말슴 그만ᄒ오."라고 시작하여 마치 앞에 어떤 하소연을 들은 듯한 분위기를 조성하고 있다. 이는 「속미인곡」을 연상하고 그렇게 한 것으로 볼 수 있다. 여기에 대하여 가사 가운데 을녀(乙女)라 할 수 있는 여인이 자기의 소회를 풀기 시작한다. 곧, 그는 자기가 광한전 백옥경에서 임을 뫼시다가 아양을 부려 그것이 재앙이 되어 이렇게 이별하게 되었음을 토로한다. 그리고 스스로 아무런 재주도 없어 임에게 사랑받을 수 없음을 말하고 임에 대한 자기의 사랑이 변할 수 없음을 강조한다. 그러면서 자기가 지은 죄를 스스로 모르니 그것이 더욱 큰 죄라 하며 자기가 지은 죄를 자기도 모르니 다른 사람이 어찌 알겠느냐고 하여 스스로의 허물에 대한 회의를 나타내고 있다. 또 임을 위하여 산호(珊瑚) 재기와 백옥함에 임의 옷을 간수하고 있지만 임에게 가져다 줄 사람이 없으며 혹시 가져간다 하여도 임이 보시기나 할 것인가라고 하여 자포자기하는 심정도 나타내고 있다. 그리하여 이생에서 임을 가까이 못하는 안타까움은 차라리 후생에서 구름이 되어 임에게 덮이고 싶다고 하였다. 그것을 임이 싫다고 하면 다시 바람이 되어 여름날 임을 부쳐주고 싶다고도 하고, 그것도 싫으면 명월(明月) 혹은 명산대천·노목·지초·오현금·말·새·짐승 등이 되어서라도 임에게 가까이 있고 싶다고 하소연한다.

이에 대하여 갑녀는 을녀가 이렇게 된 것은 팔자며 천명이니 구름이나 바람이 되면 무엇하겠느냐며 차라리 술이나 잔 가득 부어 마시고 한시름 잊으라고 권하는 것으로 끝을 맺고 있다.

대화체 구성이라는 점에서 「속미인곡」에 가까우나 내용에 있어서는 「사미인곡」의 영향도 보인다. 군주에 대한 원망은 거의 보이지 아니하고 간절한 충성을 읊었다는 점에서 연군가사의 면모가 두드러지며, 유배가사로서도 가사문학사상 중요한 위치를 차지하고 있다.

저자는 스스로 이 가사를 지어놓고, 정철의 가사에 비하여 그 말은 더욱 아름답고 그 곡조는 더욱 처량하다고 자부하고 있다. 그러나 언어의 구성은 능란하다 하여도 양미인곡에 비하여 정제되지 못한 점이 있다. 국문학사상 미인곡계 가사 가운데 한 부분을 차지하는 가사로서 의의를 지니며, 당쟁으로 얼룩진 조선조 역사의 반영으로서도 의미를 지니는 작품이다.

작품 23 ▶ 북찬가(北竄歌)

삭풍(朔風)은 들이치고 ᄉ산(四山)은 욱인 골이
히믁은 얼음이오 조츄(早秋)의 눈이 오닉
빅초(百草)가 션녕(先零)커든 만곡(萬穀)이 될 셰 업닉
귀보리밥 못 ᄂ이으며 ᄂ이ᄡᆞ리아 구경ᄒᆞᆯ가
소치(蔬菜)도 주리거니 어육(魚肉)을 싱각ᄒᆞᆯ가
〈중략〉
가련(可憐)타 묘여일신(猫如一身)
텬지간(天地間)의 뉘 비(比)ᄒᆞ고
십셰(十歲)에 조고(早孤)ᄒᆞ니 엄안(嚴顔)을 안다 ᄒᆞᆯ가
일ᄉᆡᆼ(一生)을 영폐(永廢)ᄒᆞ니 군문(君門)을 ᄇᆞ라볼가
친척(親戚)이 다 ᄇᆞ리니 붕우(朋友)야 니ᄅᆞᆯ소냐
셰군(細君)조차 포병(抱病)ᄒᆞ니 싱산(生産)도 머흘시고
형뎨(兄弟)는 본ᄃᆡ 업고 계ᄌᆞ(繼子)를 ᄆᆞ자 일헤
오륜(五倫)의 버서나니 팔ᄌᆞ(八字)도 궁독(窮獨)ᄒᆞᆯ샤
편친(偏親)만 의지(依支)ᄒᆞ여 지낙(至樂)이 이ᄲᅮᆫ이라
고ᄋᆞ(孤兒)의 두린 ᄆᆞ음 넘ᄯᅵᆯ 듯 다칠 듯
과환(科宦)도 ᄠᅳᆺ이 업서 셰망(世網)을 피(避)ᄒᆞ리라
경낙(京洛) ᄀᆞ치 번화지(繁華地)를
젼셩시(全盛時)의 하딕(下直)ᄒᆞ고
ᄒᆡ곡(海曲)으로 깁히 들어 암혈(巖穴)에 ᄀᆞ최이니
경화긱(京華客) 못 맛나니 인간시비 내 아던가
지원(至願)을 일우거냐 복지(福地)가 여긔로다
숙슈(菽水)를 못 니워도
슬하(膝下)의 댱시(長侍)ᄒᆞ여
ᄌᆞ훈(慈訓)을 엄사(嚴師) 삼아
삼쳔교(三遷敎)를 ᄇᆞ라보고
아들 노롯 ᄯᆞᆯ 노롯 유ᄋᆞ희(乳兒戲)를 일삼으며
〈중략〉
안즌 곳의 ᄒᆡ 디우고 누운 자리 밤을 새와
ᄌᆞ든 밧긔 한숨이오 한숨 ᄭᅳᆺ히 눈물일식
밤밤마다 ᄭᅮᆷ의 뵈니 ᄭᅮᆷ을 둘너 샹시(常時)과져
학발ᄌᆞ안(鶴髮慈顔) 못 보거든
안족셔신(雁足書信)1) ᄌᆞ즐염은

겨울바람 들이치고 사방 산이 막힌 골에
해묵은 얼음 있고 초가을에 눈이 오네
여러 풀이 추위에 타니 곡식이 되지 않네
귀리 보리밥 못 먹고 쌀이야 구경할까
채소도 적은데 고기를 생각할까

가련하다, 볼품없는 이내 몸이
천지간에 뉘 비할까.
십 세에 부친 잃어 부친 얼굴 안다 할까.
일생이 닫혔으니 벼슬길을 바라볼까.
친척이 다 버렸으니 친구야 이를 소냐.
아내조차 병이 드니 아이 낳기 힘들었다.
형제가 본디 없고 계자도 마저 잃어
오륜을 벗어나니 팔자도 궁핍하네.
홀어머니 의지하니 즐거움은 이뿐이라.
고아의 두려운 마음 넘어질 듯 다칠 듯
벼슬에도 뜻이 없어 세상 근심 피하리라.
한양같이 번화한 곳
한창 때에 발길을 끊어두고
바닷가로 깊이 들어 굴속에 숨었으니
한양 손님 못 만나니 세상 시비 내 알던가.
내 소원을 이루겠나, 복된 땅이 여기로다.
변변치 못한 음식 이어가지 못했어도
슬하에서 오랫동안 모친을 모셨으니
모친의 가르침을 스승 삼아
맹자 모친 가르침을 바라보고
아들 노릇 딸 노릇에 아이 재롱 일삼았네.

앉은 곳에 해가 지고 누운 자리 밤을 새워
잠 아니면 한숨이요, 한숨 끝에 눈물일세.
밤밤마다 꿈에 뵈니 꿈을 돌려 생시 할까.
흰 머리 늙은 모친 못 보거니
서신이나 틈틈이 보내어도

기두린들 통(通)이 올가 오노라면 둘이 넘닉	기다린들 연락 올까. 오노라면 한 달 넘네.
못 본 제는 기두리나 보니는 식훤홀가	못 볼 때는 기다리나 보게 되면 시원할까.
노친쇼식(老親消息) 나 모룰 제, 내 쇼식 노친알가	노모 소식 내 모르니 내 소식 노모 알까.
쳔산만슈(千山萬水) 막힌 길히	높은 산과 깊은 물로 막힌 길에
일반고수(一般苦思) 뉘 헤울고	온갖 괴롭고 힘든 생각 뉘 헤아릴까.
문노라 븕은 둘아 냥지(兩地)의 비최거뇨	묻노라, 밝은 달아. 두 곳 모두 비추는가.
ᄯᆞ로고져 ᄯᅳ는 구룸 남텬(南天)으로 듯는고야	따라갈까, 뜬구름아. 남쪽 하늘 닫는구나.
흐르는 내히 되어 집 압히 둘넛고져	흐르는 냇물 되어 집앞 둘러 흐르고자.
ᄂᆞ는 듯 새나 되어 창젼(窓前)의 가 노닐고져	나는 듯 새가 되어 창 앞에 가 노닐고자.
내 ᄆᆞ음 혜여ᄒᆞ니	내 마음 헤아려 보니
노친(老親) 졍ᄉᆞ(情思) 닐너 무슴	노모의 생각이야 일러야 무엇하리.
여의(如意) 일흔 농(龍)이오 치(鴟) 업슨 ᄇᆡ 아닌가	여의주 잃은 용이요, 키 없는 배 아닌가.
츄풍(秋風)의 낙엽(落葉) ᄀᆞ치 어드메 가 지박(止泊)홀고	가을바람 낙엽같이 어디로 가 정박할까.
졔퇵(第宅)도 파산(破散)ᄒᆞ고 친쇽(親屬)은 분찬(分竄)ᄒᆞ니	집안도 파산하고 친척들도 흩어지니
도노(道路)의 방황(彷徨)ᄒᆞᆫ들 할 곳이 젼혀 업ᄂᆡ	길에서 방황한들 갈 곳이 전혀 없네.
어느 ᄯᅢ예 즘으시며 무스 거슬 잡습는고	어느 때에 주무시며 무엇을 잡수시나.
일졈으리(一點衣履) 숣히더니	한 벌 옷과 한 켤레 신 예전에 살폈는데
어ᄂᆞ ᄌᆞ손 딕신(代身)홀고	어느 자손 대신할까.
나 아니면 뉘 뫼시며	나 아니면 뉘 모시고
ᄌᆞ모(慈母)밧긔 날 뉘 괼고	노모가 아니면은 뉘 나를 사랑할까.
놈의 업슨 모ᄌᆞ(母子) 졍니(情理)	남들 없던 모자간의 인정과 도리
슈유상니(須臾相離) 못ᄒᆞ더니	잠시도 떨어지지 않았더니
조물(造物)을 뮈이건가 이대도록 졔쳐 온고	조물주가 움직였나. 이토록 떨어뜨렸나.
말노장신(末路藏身) 덜ᄒᆞ던가	늘그막에 몸조심을 덜 했던가.
셕일건앙(昔日愆殃) 못 ᄭᆡ칠다	옛 재앙을 못 깨쳤구나
텬명(天命)인가 가운(家運)인가 뉘 탓시라 원망홀고	천명인가, 가운인가. 뉘 탓이라 원망할까.
가묘신알(家廟晨謁) 구폐(久廢)ᄒᆞ고	사당에 문안하기 오랫동안 못하였고
구목슈호(丘木守護)홀 길 업ᄂᆡ	선산을 지키는 일 할 길 없네.
ᄉᆞ시(四時) 가졀(佳節) 다 보내고	네 계절 좋은 시절 다 보내고
상여긔신(喪餘忌辰) 도라올 제	부친의 삼 년 상 기일이 돌아와도
분향(焚香) 젼쟉(奠酌) 못ᄒᆞ올 일	향 피우고 잔 올리지 못한 것이
ᄉᆡᆼᄂᆡ(生內)예 처음이라	내 생애 처음이라.
텬애(天涯) 고ᄒᆞᆫ(孤恨) 더져두고	하늘 끝에 하나뿐인 자식을 던져두고
친변경샹(親邊景像) 오즉 홀가	노모 곁의 모습이야 오죽할까.
마지 말아 륜낙(淪樂)거든 형뎨(兄弟)나 두도던가	인륜을 못 지키니 형제나 있었던가.
형뎨(兄弟)가 죵션(終鮮)커든 ᄌᆞ셩(子姓)이나 니웟던가	형제가 적었다면 후손이나 있었던가.

독신(獨身)이 무후(無後)ᄒᆞ여	홀몸으로 자손 없어
시측(侍側)에 의탁(依托) 업서	곁에서 모시면서 의지할 이 없게 되니
무ᄒᆞᆫ(無限)ᄒᆞᆫ 애만 ᄡᅥ워 불효(不孝)도 막대(莫大)ᄒᆞ다	무한한 애만 태워 불효도 막대하다.
ᄌᆞ탄신셰(自歎身世) ᄒᆞᆯ 일 업서	내 신세를 한탄해도 어쩔 수 없어
ᄎᆞᆯ알오 잇ᄌᆞ ᄒᆞ되	차라리 잊자 하되,
한(恨)을 삼긴 소ᄉᆞᆫ 졍(情)이 ᄆᆞᆺᄆᆞᆺ마다 졀노 나니	한을 삼켜 솟는 정이 끝끝마다 절로 나니
긴긴 낫 깁흔 밤의	긴긴 낮 깊은 밤에
쳔니샹ᄉᆞ(千里相思) ᄒᆞᆫᄀᆞᆯ ᄀᆞᆺ히	천 리 밖에 그리워 하는 마음 한결같아
ᄒᆞᄅᆞ도 열두 ᄧᅢ오 ᄒᆞᆫ ᄃᆞᆯ도 셜흔 날에	하루도 열두 때요, 한 달은 서른 날에
날 보내고 ᄃᆞᆯ 디내여 ᄒᆞ마 거의 반년(半年)일ᄉᆡ	날 보내고 달 지내며 벌써 거의 반년일세
일어구러 ᄒᆡ포 되면 사나 마다 무엇 ᄒᆞᆯ고	이럭저럭 한 해 지나 사나 마나 무엇할까.
고낙(苦樂)이 슌환(循環)ᄒᆞ니	슬픔과 즐거움이 돌고 돌면
어ᄂᆡ 날에 도라갈고	어느 날에 돌아갈까.
텬샹금계(天上金鷄) 울어 녜면 우ᄉᆞᆷ 웃고 이 말ᄒᆞ리	하늘에서 금계 울면 웃으면서 이 말 하리.
아마도 우리 셩군(聖君)	아마도 우리 성군
명츈(明春) 은경(恩慶) 미츠쇼셔	내년 봄에 은혜로운 경사를 내리리라.

핵심정리

▷ **작자** 이광명(李匡明, 1701~1778)
▷ **성격** 회고적, 한탄적, 애상적
▷ **갈래** 유배가사, 양반가사
▷ **주제** 유배지에서 느끼는 어머니에 대한 그리움과 걱정
▷ **정서** 노모를 모시고 소박하게 살아가고자 하는 소시민적 소망이 있음

▷ **특징**
① 다른 유배가사와 달리 임금에 대한 그리움이 나타나지 않음
② 자연물을 통해 그리움의 정서를 표현함
③ 4음보 반복과 대구법을 통해 운율을 형성함
④ 어려운 한자어의 사용(작가가 지식인임을 보여 줌)
⑤ 설의법, 의문형, 영탄법, 도치법, 대구법, 비유 등의 사용
⑥ 상투적인 표현과 중국 고사를 활용함

이해와 감상

| 감상 |

이 작품은 유배지에서 어머니에 대한 걱정과 그리움을 비유적 표현을 사용하여 절절하게 표현하고 있다. 이 작품은 갑산에서 유배 생활을 할 때 쓴 작품으로 어머니에 대한 걱정과 그리움을 노래하고 있다. 이 작품을 상세히 살펴보면, 현실에서 볼 수 없는 어머니를 꿈에서라도 뵙고 그 꿈을 현실로 만들고 싶을 만큼 어머니를 간절히 그리워하고 있는 것을 알 수 있다. 또한 어머니의 소식을 간절히 기다리는 것을 볼 수 있다. 현실에서 인간의 모습으로 어머니를 뵐 수 없기에, '구름, 내, 새'가 되어서라도 어머니 곁에 가고 싶다고 말하고 있다. 또한 이렇듯 어머니를 그리워하는 자신인데, 어머니는 얼마나 자신을 그리워하고 슬퍼하고 있을지를 말하고 있다. 자식을 멀리 보낸 어머니의 상황을 '여의주 잃은 용, 키 없는 배'와 같이 정말 소중하고 중요한 것을 잃은 상황에 빗대어 표현하고 있으며 의지할 곳 없는 어머니의 생활을 걱정하고 있다. 마지막까지 각별했던 화자와 어머니의 정을 생각하며 어머니에 대한 그리움을 표현하고 있다.

작품 24 · 황계사(黃鷄詞)

일조(一朝) 낭군(郎君) 이별 후에 소식조차 돈절(頓絶)하다*
어허야아자 좋을씨고
어찌어찌 못 오던고 일정 자네가 아니 오던가
어허야아자 좋을씨고
춘수만사택(春水滿四澤)하니 물이 깊어 못 오던가
하운(夏雲)이 다기봉(多奇峰)하니 산이 높아 못 오던가
어디를 가고 나를 아니 와 보는고
어허야아자 좋을씨고
병풍에 그린 황계(黃鷄) 두 날개를 둥둥 치며
사경일점(四更一點)에 날 새라고 꼬끼오 울거든 오려는가
어허야아자 좋을씨고
저 달아 보느냐 임 계신 데 명기(明氣)를 비치렴 나도 보게
너는 죽어 황하수 되고 나는 죽어 큰 배가 되어
밤이나 낮이나 낮이나 밤이나 어화 둥실 떠서 노세
어허야아자 좋을씨고
한 곳을 들어가니 육관 대사 제자 성진이는 팔선녀를 희롱한다
어허야아자 좋을씨고
죽관사립(竹冠簑笠) 젖혀 쓰고 십리사장(十里沙場) 내려가니
어허야아자 좋을씨고
옥용(玉容)*이 적막루난간(寂寞淚欄干) 하니
이화일지춘대우(梨花一枝春帶雨)라
어허야아자 좋을씨고
좋을 좋을 좋은 경(景)을 얼싸 좋다 경(景)이로다

*돈절하다: 편지나 소식 따위가 딱 끊어지다.
*옥용: 옥같이 고운 용모라는 뜻으로, 미인의 얼굴.

하루 아침에 낭군과 이별한 후에 소식조차 끊어졌구나
자네 꼭 못 오던가 무슨 일로 아니 오던가
봄에 물은 못마다 가득차 넘치니 물이 깊어 못 오던가
여름 구름이 수많은 기이한 봉우리와 같으니 산이 높아 못 오던가
어디를 가고 나를 아니 와 보는고
병풍에 그린 누런 수탉이 두 날개 둥덩치고
새벽녘에 날 새라고 꼬끼오 울거든 오려는가
저 달아 보느냐 임 계신 데 밝은 기운을 빌리거든 나도 보자
너는 죽어서 황하수 되고 나는 죽어서 나룻배 되어
밤이나 낮이나 낮이나 밤이나 어화둥실 떠서 노세
한 곳을 들어가니 육관대사의 제자 성진이는 팔선녀를 데리고 희롱하고 있구나
삿갓과 도롱이를 제껴쓰고 십리사정 내려가니
예쁜얼굴 쓸쓸히 난간에 눈물어리니
배꽃 한 송이 봄비를 머금은듯
좋을 좋을 좋은 경을 얼싸 좋다 경이로다

핵심정리

▷ **작자** 미상
▷ **성격** 서정적, 애상적, 낭만적, 풍류적, 연정적
▷ **갈래** 가사, 잡가
▷ **정서** 오지 않는 임에 대한 원망과 임에 대한 그리움
▷ **주제** 임에 대한 그리움과 기다림
▷ **특징** ① 대체로 4음보 대구 반복, 후렴구를 통한 운율 형성
　　　② 특정한 어구와 유사한 문장구조를 반복하고 있다.
　　　③ 고전소설을 인용하여 화자의 정서를 구체화하고 있다.(구운몽)
　　　④ 임이 오지 못하는 상황과 장애물을 나열하고 있다.(물, 산)
　　　⑤ 청자에게 말을 건네는 방식을 사용하고 있다.
　　　⑥ 의문형 진술의 반복을 통해 화자의 정서를 드러내고 있다.(-아니 오던가, 못 오던가)

이해와 감상

| 감상 |

　이 작품은 조선 시대에 불린 십이 가사(十二歌詞) 중 하나로 '황계 타령'이라고도 한다. 갑작스럽게 이별한 임과 소식조차 끊긴 상황에서 임에 대한 자신의 그리움을 병풍에 그려진 황계에 투영하여 표현한 점이 눈길을 끈다. 특정한 어구의 반복, 일정한 문장 구조를 통한 대구, 과장과 해학 등 다양한 표현 방법을 통해 화자의 정서를 효과적으로 전달하고 있다. 가창을 고려한 반복과 병렬 그리고 후렴구 등은 이 노래가 가진 구비적 성격을 잘 보여주는 것이라고 할 수 있다.

- **'황계'의 역할**
- 화자는 오지 않는 임에게 병풍에 그려 놓은 닭이 실제로 살아서 새벽에 날 새라고 울면 오겠느냐고 말한다. 즉 불가능한 상황이 일어나면 임이 오려느냐고 말하며 임에 대한 원망과 간절한 그리움을 드러내고 있다.

작품 25 　고공답주인가

어와 져 양반아 도라안자 내말 듯소.
엇지훈 져믄 소니 헴 업시 둔니순다.
마누라 말솜을 아니 드러 보느순다.
나는 일얼 만명 외방(外方)의 늙은 툐이
공밧치고 도라갈 지 ᄒᆞ는 일 다 보앗늬
우리 ᄃᆡ 셰간이야 녜붓터 이러튼가.
젼민(田民)이 만탄 말리 일국(一國)에 소릐나데
먹고 입는 ᄃᆞ난죵이 백여구(百餘口) 나마시니
므솜 일 ᄒᆞ노라 타밧츨 무겨ᄂᆞᆫ고.
농장(農場)이 업다 ᄒᆞ는가 호미연장 못 갓던가.
날마다 무슴하려 밥먹고 ᄃᆞ니기면서
열나모 졍자 아릐 낫줌만 자느순다.
아ᄒᆡ들 타시런가 우리 ᄃᆡ 죵의 버릇 보거든 고이ᄒᆞ데
쇼 먹이는 오ᄒᆡ드리 샹모름을 능욕ᄒᆞ고
진지(進止)ᄒᆞ난 어린 손늬 한 계대를 긔롱훈다.
ᄭᅦᄭᅦ름 제급(除給) 못고 에에로 제 일 ᄒᆞ니
훈 집의 수한 일이 뉘라서 심뼈 홀고.
곡식고(穀食庫) 븨엇거든 고직(庫直)인들 어이 ᄒᆞ며
셰간이 흐터지니 될자힌들 어이 ᄒᆞ고
내 왼 줄 내 몰나도 남 왼 줄 모를넌가.
플치거니 믜치거니 ᄒᆞᆯ거니 돕거니
ᄒᆞ로 열두 씩 어수선 핀거이고
밧별감 만하 이ᄉ 외방사음(外方舍音) 도달화도
제 소임 다 바리고 몸 ᄉᆞ릴 ᄲᅡᆫ익로다.
비 ᄉᆡ여 셔근 집을 뉘라셔 곳쳐 이며
옷 버서 문허진 담 뉘라셔 곳쳐 쓸고.
블한당 구모 도적 아니 멀리 ᄃᆞ니거든
화살 춘 수하상직(誰何上直) 뉘라셔 심뼈 훌고.
큰나큰 기운 집의 마누라 혼ᄌᆞ 안자
긔걸을 뉘 드ᄅᆞ며 논의(論議)을 눌하 훌고.
낫시름 밤근심 혼자 맛다 계시거니
옥 ᄀᆞᆺ튼 얼굴리 편ᄒᆞ실 젹 면 날이리
이 집 이리 되기 뉘 타시라 훌셔이고.
헴 업는 죵의 일은 뭇도 아니 ᄒᆞ려니와
도로혀 혜여ᄒᆞ니 마누라 타시로다.
닉 항것 외다 ᄒᆞ기 죵의 죄 만컨마ᄂᆞᆫ
그러타 뉘을 보려 민망ᄒᆞ야 솗ᄂᆞ이다.
숫쇠기 마ᄅᆞ시고 내 말솜 드로쇼셔.

아아 여러 양반들아 돌아앉아 내 말 좀 들어보시오
어찌하여 젊은 손님이 아림 없이 다니는 것인가
마누라의 말씀을 들어보는가
나는 이럴지언정 방의 늙은 종이
공물을 바치고 돌아갈 때는 일을 다 보았다.
우리 집 살림이로부터 이랬던가
농민이 많단 말이 한 나라에 소문이 났는데
먹고 입으며 하는 종이 백 여 사람이 넘는데
무슨 일을 하느라 텃밭을 묵혀 놓는가
농장이 없다 하는가 호미 연장을 못 갖추었는가
날마다 무엇 하려 밥만 먹고 단기면서
열 나무 정자 아래 낮잠만 자는가
아이들 탓인 우리 집 종 버릇 보자하니 괴이하구나
소먹이는 아이들이 상마름을 업신여겨 욕보이고
오가는 어리석은 손이 양반을 실없이 희롱하는가.
옳지 않게 물건을 빼돌리고 다른 꾀로 제 일만 하니,
큰집의 수많은 일을 누가 힘써 할 것인가.
곡식고가 비었거든 창고를 지키는 사람인들 어찌 하며
세간 살림이 흐트러지니 질그릇인들 어찌 할 것인가
자신의 잘못은 몰라도 남의 잘못을 모르겠는가
풀어헤치거니 메우거니 헐뜯거니 돕거니
하루 열두 시간 어수선을 핀 격이고
외별감만 많이 있어 마름 대신에 세금을 받던 주인도
제 소임을 다 버리고 몸만 사릴 뿐이로다
비가 세어 썩은 집을 누가 고치며
옷 벗어 무너진 담을 누가 고쳐 쓸것인가
불한당 구멍에 든 도적 멀리 다니지 아니 하거든
화살을 찬 상직군은 누가 힘써 할 것인가
크나크게 기운 집의 마누라 혼자 앉아(하는)
명령을 누가 들으며 논의를 누구와 할 것인가
많은 근심들 혼자 맡고 계시니
옥 같은 얼굴이 편하실 적이 몇 날일까
이 집이 이리 된 것을 누구의 탓이라 할 것인가
헤아림 없는 종의 일은 묻지도 아니 하려니와
돌이켜 헤아려 보니 모든 일이 마누라 탓이로다
내 주인 잘못되었다 하기에는 종의 죄가 많지만
그렇다, 세상을 보려니까 민망하여 여쭈나이다
새끼 꼬는 일을 멈추고 내 말을 들어보소

집 일을 곳치거든 죵들을 휘오시고	집일을 고치려거든 종들을 잘 휘어잡으시고
죵들을 휘오거든 샹벌(賞罰)을 볼키시고	종들을 휘어잡으시려거든 상벌을 밝히시고
샹벌(賞罰)을 발키거든 어른 죵을 미드쇼셔	상벌을 밝히시려거든 어른 종을 믿으소서
진실로 이리 ᄒ시면 가도(家道) 절노 닐니이다.	진실로 이렇게 하시면 집안의 도가 저절로 일어서리라

핵심정리

▷ **작자** 이원익(李元翼, 1547~1634)
▷ **성격** 풍유적, 비판적, 교훈적, 경세적
▷ **갈래** 경계 가사
▷ **주제** 게으른 신하에 대한 비판과 임금의 도리
▷ **특징** ① 어른 종이 고공들의 행태를 비판하면서도, 가도를 세우기 위한 마누라의 역할을 밝히고 있다.
　　　　② 풍유를 통해 신하와 임금을 비판하고 해결 방안을 제시하고 있다.
　　　　③ 허전의 〈고공가〉에 화답한 가사

이해와 감상

| 감상 |

　문답가(問答歌) 계열의 가사로서 허전의 〈고공가(雇工歌)〉에 화답하는 형식의 작품이며 '고공답가(雇工答歌)'라고도 한다. 명신(名臣)이었던 이원익이 임진왜란을 겪은 후 지었다 하며, 순조 때 필사된 것으로 보이는 〈잡가(雜歌)〉라는 노래책에 실려 전한다. 작자가 영의정을 어른 종에 빗대어, 상전인 임금의 말을 듣지 않는 종과 머슴들을 꾸짖고 어른 종의 말을 듣지 않는 상전을 간(諫)하였다. 총 86구로 되어 있다. 집안를 다스리는 도리는 주인을 위하여 머슴들이 먼저 열심히 일해야 하고, 주인은 집안을 바로 잡기 위해 종들을 휘어잡아야 한다고 했다. 종들을 휘어잡는 방법으로는 상벌을 분명히 해야 하고, 상벌을 공평하게 하려면 어른 종을 믿어야 한다고 했다. 임란 이후 국사(國事)를 돌보지 않고, 당파 싸움에만 열중하고 있는 실정을 개탄하고 그 해결책을 제시하고 있는 작품이다. 〈고공가〉보다는 현실을 자세히 분석하고, 왕이 신하들의 충간을 들어준다면 국운을 회복할 수 있다는 희망을 우의적인 표현 방법으로 나타내고 있다.

　전체적으로 우의적(寓意的)인 작품인 〈고공가(雇工歌)〉에 화답하는 노래인 만큼 그에 상응하는 주제와 문체, 표현기교를 구사하고 있다. 〈고공가〉가 주인이 머슴을 꾸짖는 내용이라면, 〈고공답주인가〉는 어른 종의 입장에서 안주인의 말을 듣지 않는 머슴들을 꾸짖고, 안주인에게는 집안의 법도를 일으키기 위한 충언을 하는 형식이다. 여기에서 '게으르고 헤아림 없는 종'은 자신의 직분에 충실하지 못한 신하, '드난 종' 곧 벼슬을 하기도 하고 물러나기도 하는 신하, '마누라'는 선조, '어른 종'은 작자 자신을 포함한 높은 벼슬아치들을 각각 비유하고 있다.

　그리하여 신하들을 '드난 종'에 비유하여 텃밭을 묵혀놓고 밥만 먹고 낮잠만 잔다고 꾸짖고, 지방관청의 이속(吏屬)들을 '소먹이는 아이들'에 비유하여, '마름'으로 비유된 지방관청의 수령들을 능욕하니 곡식창고는 비게 되고 살림은 말이 아니게 되었다며 한탄한다. 게다가 '외별감', '외방사음(外方舍音)', '도달화(都達花)' 등 곧 변방을 지키는 무관들마저 맡은 임무에는 소홀하고 제 몸만 사리고 있으니, "누가 힘써 나라를 방어할 것인가"하며 개탄하고 있다. 나라의 기강이 무너지고 국고가 텅텅 비는 궁핍화된 현실을 안타까워 한 것이다. 즉 이 작품은 한 나라의 기강을 농사짓는 주인과 종의 관계를 통하여 비유하고 '마누라'의 말씀을 듣지 않는 '게으르고 헤아림 없는 종'들인 대소 신료(臣僚)들을 꾸짖고, '마누라'인 임금에게는 '어른 종'인 정승, 판서들을 믿고 신상필벌의 엄한 법도를 세우라는 비판과 충언을 하고 있는 것이다. 〈고공가〉에서 보여주는 단순한 현상파악에서 한 걸음 더 나아가 그러한 현상을 타파할 수 있는 대책을 제언함으로써 국가 기강의 확립과 국가 경제의 충실을 도모할 수 있음을 제시하고 있다.

작품 26 관등가(觀燈歌)

정월(正月) 상원일(上元日)에 달과 노는 소년들은 답교(踏橋)하고 노니는데
우리 임은 어디 가고 답교할 줄 모르는고
이월 청명일(淸明日)에 나무마다 춘기(春氣)돌고
잔디 잔디 속잎 나니 만물이 화락한데
우리 임은 어디 가고 춘기 든 줄 모르는고
삼월 삼일날에 강남서 온 제비 왔노라 현신(現身)하고
소상강 기러기는 가노라 하직한다
이화 도화(梨花桃花) 만발하고 행화 방초(杏花芳草) 흩날린다
우리 임은 어디 가고 화류(花遊)할 줄 모르는고
사월 초파일에 관등(觀燈)하러 임고대(臨高臺)하니
원근 고저(遠近高低)의 석양은 비꼈는데
어룡등(魚龍燈) 봉학등(鳳鶴燈)과 두루미 남성이며
종경등(鐘磬燈) 선등(仙燈) 북등(燈)이며 수박등(燈) 마늘등(燈)과
연꽃 속에 선동(仙童)이며 난봉(鸞鳳) 위에 천녀(天女)로다
배등(燈) 집등(燈) 산대등(山臺燈)과 영등(影燈) 알등(燈) 병등(甁燈) 벽장등(燈)
가마등(燈) 난간등(欄干燈)과 사자 탄 체괄(體适)이며
호랑이 탄 오랑캐라 바로 차 구을등(燈)에
일월등(日月燈) 밝아 있고 칠성등(七星燈) 벌였는데
동령(東嶺)에 월상(月上)하고 곳곳에 불을 켠다
오월이라 단오일(端午日)에 남의 집 소년들은 높고 높게 그네 매고
한 번 굴러 앞이 높고 두 번 굴러 뒤가 높아 추천(鞦韆)하며 노니는데
우리 임은 어디 가고 추천할 줄 모르는고
유월이라 유두일에 산악에 불이 나고
암석이 끄러날 제 괴수하(槐樹下)에 피서하랴 누엇스니
우리 임은 노정송풍[1]만 아시는고.
칠월이라 백중날에 대웅씨 공양 예불할 제
우리 임은 어듸 가셨노.
팔월이라 추석날에
신곡주(新穀酒) 가지고 성묘하러 아니 가시는고.
구월 구일 망행대하냐
우리 임 계신 데가 어디쯤 되는고.
시월이라 상달에
고사(告祀) 성조(成造) 지낼 적에 누구를 축원할고.
동짓달은 일양이 생이라 소춘(小春)이 된 줄 모르시노.
섣달이라 제석날 밤은 무장공자(無腸公子)라도 참기 어려우니
몽중(夢中)에나 볼까 오매사복(寤寐思服) 어찌 할고.

핵심정리

▷ **작자** 미상(연대는 1728년 이전으로 추정)
▷ **성격** 애상적
▷ **갈래** 가사, 규방 가사, 월령체가
▷ **주제** 행락을 부러워하며, 돌아간 임을 그리는 청상과부의 외로움
▷ **특징** ① 월령체 형식으로 세시 풍속과 연계하여 임을 그리워하는 심정을 노래했으며, 1~5월 노래는 청구영언에 실려 있고, 6월 노래부터는 다른 사람이 지어 보탠 것으로 봄.
  ② 각 월령 끝부분마다 반복적인 문장을 구사하여 자신의 상황과 정서를 강조함.
  ③ 전체적으로 월령에 따른 세시풍속을 즐기는 사람들이나 자연의 변화를, 자신의 외로운 처지와 대비하여 정서를 부각시킴. (비교 대상에 대한 부러움 내포)
  ④ 대구, 대조, 반복을 통해 운율감을 형성
  ⑤ 다른 달에 비해 사월령에서 열거와 묘사의 효과가 두드러지게 나타남

이해와 감상

| 감상 |

감상 1(1~5월 노래)

월령상사가라고도 하며 '청구영언' 대학본 끝에 수록되어 전하고, '청구영언'의 관등가는 정월령부터 오월령까지 뿐인데, 사본 '월령상사가'는 '관등가'에 유월령 이하를 보충하여 십이월령체의 가사의 모습을 보여준다. 이는 '청구영언'의 '관등가'에 후인이 지어 보탠 것으로 여겨지며 작품의 내용은 정월부터 오월까지의 세시 풍속과 그것을 즐기는 소년들의 행락을 부러워하며, 돌아간 임을 그리면서 눈물지으며 외롭게 술회하는 청상과부의 순정이 넘치는 노래이다. 고려의 '동동'과 '농가월령가'와 더불어 일년 열 두달에 따라 노래하는 월령체 노래의 하나이다.

감상 2(전체 - 6월 이후 노래 추가로 지었음)

작자. 연대 미상의 규방가사이다. 제작 연대는 수록문집인 〈청구영언〉의 편찬 연대로 보아, 1728년(영조4) 이전의 것으로 추정된다. 〈월령상사가(月令相思歌)〉라고도 하며 〈청구영언〉 대학본 끝에 수록되어 전한다.

정월부터 섣달까지의 달마다의 풍속을 그려 놓았으며, 특히 다른 소년들은 달에 따라 풍습을 행하면서 즐기는데, 자기의 임은 그러지 못하는 것에 대해서 안타까워하는 청상과부의 마음을 노래하고 있다. 달에 따라 노래했기 때문에 '월령상사가'라고도 부른다. 하지만 4월 초파일에 하는 관등 놀이가 중심이 되기 때문에 '관등가'라고 하는 것이다.

형식은 자수율과 구수율(句數律)은 모두 정형이 없이 월령체형식이며, 각 월령 끝에 "우리 임은 어듸가고……모르난고"를 공통으로 한다. 〈청구영언〉의 〈관등가〉는 정월령부터 오월령까지 뿐인데, 사본 〈월령상사가〉는 〈관등가〉에 유월령 이하를 보충하여 십이월령체 가사의 모습을 보여준다. 이는 〈청구영언〉의 〈관등가〉에 후인이 지어 보탠 것으로 여겨진다.

작품의 내용은 정월부터 오월까지의 세시 풍속과 그것을 즐기는 소년들의 행락을 부러워하며, 돌아간 임을 그리면서 눈물지으며 외롭게 술회하는 청상과부의 순정이 넘치는 노래이다. 고려의 〈동동〉과 〈농가월령가〉와 더불어 일 년 열두 달에 따라 노래하는 월령체 노래의 하나이다.

작품 28 기음 노래

어유와 계장님네 이 기음 매자스라
기음 노래 내 부름세
천지 삼기실제 사람이 같이 나니
너르나 너른 천하 많으나 많은 사람
현우가 다르거니 귀천인들 같을 손가
성인이 법을 지어 사민을 나누시니
생실 닦고 글 읽기는 선비님네 할 일이오
맨들기는 장인이오 바 꼬기는 장사로다
치치한 우리들은 할일이 무엇인고
속미와 포는 고금에 한 법이니
복전 역색 이 아니 근본인가
종년 작고가 수곤 줄도 알것마는
앙사 부육이 아니면 어이하리
→ 농사짓는 일에 대한 자부심

창경이 처음 울고 뽕잎이 푸를 적에
동풍은 습습하고 세우는 몽롱한데
밭으로 가자스라 행여 이때 잃을세라
송아지 다 먹였나 남은 벌써 가는구나
자네 거름 다 내갔나 우리 씨앗 나눠가소
앞집 보습 뒷집 장기 선후를 다툴손가
높은 언덕 낮은 이랑 차례로 일군 후에
고루고루 뿌리어라 행여 빈 데 있을세라
이삭이 비록 선들 가꾸어야 아니 되랴
엊그제 갓맨 기음 어느 사이 벌써 기네
가을을 바라거니 세 별 수고 꺼릴손가
끓는 흙 찌는 풀속 상하로 오락가락
호미쇠도 녹으려든 혈육이 견딜소냐
오뉴월 삼복 더위 땀으로 낯을 씻고
헌 삿갓 쇠코중의 열양을 막을소냐
보리술 건듯 깨니 콧노래도 경이 없네
붉은 다락 푸른 난간 높은 베개 둥근 부채
누으락 앉으락 가색간난 그 뉘 알리
비오면 장마질까 볏 나면 가물세라
독한 안개 모진 바람 시름도 하도 할사
→ 봄 여름철 농사 일의 수고로움

추풍이 건듯 불어 백로위상하니
들 가운데 누름 네 녘으로 한 빛이라
왼여름 주린 뱃속 머지 아녀 절로 불러
이른 논에 참새 무리 늦은 논에 기러기떼
남의 자배 모르기는 얄미울 손 짐승이라
내일은 들 거두세 새벽밥 일찍 하소
낫 갈아 손에 들고 지게 꾸며 등에 걸고
베거니 묶거니 이거니 지거니
늙으신네 그니질 젊으신네 도리깨질
섬 욱이네 새끼 꼬네 어지러이 구는지고
자네 밭에 몇 뭇인고 내 소출 이뿐일세
공사채 다 잘이면 남는 것이 얼마칠고
→ 수확에 대한 걱정과 기대

어유와 계장님네 이내 말씀 들어보소
종년토록 수고타가 하루 겨를 못 얻을까
건너 동네 떡을 하고 넘어 동네 술을 빚소
울 뒤에 밤이 벌고 마당가에 대추 듣네
개 찌니 닭 삶으니 가지가지 향미로다
영북이 봉탕인들 이에서 나을손가
김풍헌 이약정을 좌상으로 모신 후에
헌패랭이 베무줍이 차례로 앉은 후에
질동이 내어놓고 쪽박잔 가득 부어
잡거니 밀거니 사양하여 추선할 제
물장구 초금 피리 곡조도 좋을시고
술김에 흥이 나니 되춤이 절로 난다
→ 추수 후 벌이는 잔치의 즐거운 모습

어디서 면주인은 불청객이 온단 말고
잔기침 굵은 호령 반절은 무슨 일고
어서 나소 자로 나소 반객인들 내몰손가
환자 배자 부세 전령 응당 구실 말라할가
향청 분부 작청 구청 원님인들 어이 알리
한집에 세네 군포 제 구실도 못하거든
사돈 일지 권당 일지 일족몰이 더욱 설워
재 넘어 십여호가 어제 밤에 닫단말가
뉘라서 우리 정상 그려다가
구중궁궐에 님 계신 데 드리리
→ 관리들의 횡포와 군역의 불합리함 고발

핵심정리

- **작자** 미상
- **성격** 사실적, 묘사적, 한탄적, 직설적
- **갈래** 가사, 서민 가사
- **주제** 농사일의 어려움과 관리들의 수탈
- **특징** ① 농사를 짓는 농부들의 체험을 통해 농촌의 삶을 사실적이고 직설적으로 드러냄
  ② 시간의 흐름에 따라 화자의 정서를 구체화 함(시간 순서에 의한 전개)
  ③ 화자가 청자에게 말을 거는 형식을 취함(농민이 농민에게)

이해와 감상

| 감상 |

작자·연대 미상. 농촌에서 김맬 때 부르던 노래이다. 4음보 67행. 농민의 이야기인 점에서는 농부가류의 가사에 속하지만, 내용상 현실비판류 가사로 보는 것이 더 타당하다. 크게 3부분으로 나눌 수 있다. 첫째 부분은 1~13행까지로 세상 사람들을 사민(사·농·공·상)으로 나누어 그중에서 농민은 농사를 짓는 것이 고금의 법이라고 했다. 둘째 부분은 14~32행까지로 봄·여름에 걸쳐 씨 뿌리고 농사 짓는 과정의 어려움을 자세히 드러냈다. 셋째 부분은 33~67행까지인데 다시 세 부분으로 나눌 수 있다. 앞부분은 가을이 와서 추수하는 과정과 수확에 대한 걱정 기대 등이 담겨 있고, 둘째 부분은 추수를 끝내고 마을 사람들이 모여 잔치를 하는 모습, 셋째 부분은 불청객인 면주인이 오고, 면주인으로 대표되는 말단 관리의 농민수탈에 대한 농민의 불만을 이야기하며 임금에게 농민의 사정을 전해줄 사람이 없다는 말로 끝맺고 있다. 농민들의 농사짓는 모습과 바쁜 생활, 수탈과정이 자세하게 그려져 있는 점으로 보아 조선 후기에 평민이 지었으리라 짐작된다.

최병해
고/전/시/가

chapter 10

잡 가

제1절 잡가 이해
제2절 잡가 작품 감상

제1절 잡가 이해

> ❖ 출제방향
> - 잡가의 개념 · 기원 · 성격
> - 잡가의 특징
> - 잡가의 쇠퇴 이유
> - 잡가의 의의

01 잡가의 개념과 특징

1. 잡가의 개념과 성격

(1) 개념
  ① 18·19세기 이후에 최하층의 전문적인 가수들이 놀이 공간에서 서민을 향유층으로 하여 부른 노래이다.
  ② 현세적, 유흥적인 내용으로 유행성·흥행성(상업성)을 지닌 노래이다.

(2) 성격
  ① 구비 문학, ② 서정 갈래, ③ 현세적·유흥적 내용, ④ 최하층의 담당층, ⑤ 유행적·흥행적 성격, ⑥ 서민이 향유층

2. 잡가의 형식
(1) 다양한 시가 장르의 결합으로 이루어졌으며, 하나의 독립된 형식을 지니지 못했다.
(2) 하나의 제목 아래 통일성 있는 내용을 노래한 것, 하나의 제목 아래 불린 노래에 분절이 이루어진 것, 분절되면서 후렴 또는 전렴이 붙는 것 등으로 분류하기도 한다.

3. 잡가 쇠퇴의 이유
(1) 유행적 성격
(2) 다른 시가 장르의 수용
(3) 작가층·향유층 기반의 불안정
(4) 당대에 맞는 내용으로 새롭게 드러내지 못함

4. 잡가의 의의
(1) 상·하층 시가 양식의 접목으로 이루어진 노래이다.
(2) 자유시나 대중 가요 등 근대적 양식으로 전환하는 과도기적 기능을 지녔다.
(3) 격변하는 사회 속에서 나름대로의 지향점을 가진다. (서민 문화 지향, 개인적 정서, 형식면의 새로움)

02 잡가의 분류

1. 서술체 잡가(가사체 잡가)
(1) 비교적 일관된 내용 아래 노래되는 것으로서 가사의 서정적인 부분을 수용한 내용이 중심을 이루는 잡가이다.
(2) 형태의 잡가는 후렴이나 전렴 등이 없고 분절로 나누어지지도 않으면서 연속해서 부르기에 좋은 모습으로 만들어져 있는 것이 특징이다.
(3) 「만고강산」, 「죽장망혜」, 「태평성대」, 「영산가」, 「초한가」, 「화류사」, 「자진중처리」 등의 작품이 이 계열에 속한다.
(4) 산수자연의 아름다운 경개를 노래하나 양반사대부들의 강호가사와는 달리 도덕 윤리를 강조하는 것이 아니라 풍류정신을 유흥적으로 노래하고 있다.
(5) 이 계열의 잡가는 가사 작품을 많이 수용하였기 때문에 4음보 율격을 바탕으로 하고는 있으나 한 행의 음보가 6음보로 늘어나는 등 파격을 보이고 있어서 1행 4음보라는 정격이 더 이상 지켜지지 않는 것으로 볼 수 있다. 이 점에서도 잡가는 자유로움과 동류정신을 강조하는 서민적 성향에 맞는 장르라고 할 수 있는 것이다.

2. 분절체 잡가(민요체 잡가)
(1) 잡가 중에서 여러 개의 분절로 이루어져 있는 작품이며 민요를 수용하여 이루어진 것이 중심을 이룬다.
(2) 여기에 속하는 작품들은 「몽금포타령」, 「산유가」, 「긴난봉가」, 「아리랑타령」, 「성주풀이」, 「길군악」, 「매화가」 등으로 주로 애정, 유락, 삶의 무상, 풍자 등이 주요한 내용을 이룬다.
(3) 유흥적인 성격이 민요보다 훨씬 더 농후한 모습을 보여 주고 있다.
(4) 형식적으로는 기존의 민요가 가지는 후렴(後斂)이나 전렴(前斂)의 모습을 수용하고 있으나 거기에서 또한 파격이 일어나므로 민요보다는 더 세련되었다고 할 수 있다.

3. 묘사체 잡가(사설시조체 잡가)
(1) 어떠한 사물이나 사실, 현상들을 계속해서 열거하는 방식으로 불려지는 잡가를 가리키는 것인데, 주로 타령이란 명칭이 붙은 작품들이 여기에 속한다.
(2) 민요와도 연관을 가지나 중심을 이루는 기존의 시가는 조선 후기의 사설시조라고 할 수 있다.
(3) 여기에 속하는 작품들로는 「곰보타령」, 「맹꽁이타령」, 「바위타령」, 「만학천봉」 등이다.
(4) 작가의 정서가 개입할 여지는 전혀 없고 현상을 나열, 묘사하는 과정에서 골계적이고 풍자적인 효과를 얻는 노래들이다.

4. 대화체 잡가(판소리체 잡가)
(1) 잡가 중에는 분절로 이루어지지도 않고 노래 부르는 이의 정서를 노래하는 서술체로도 이루어지지 않는 작품에, 대화체의 형태를 띤 것들이 상당수 존재한다.
(2) 주로 판소리의 일부를 수용해 부른 잡가 중에 이런 노래가 많다.
　예 「사랑가」, 「소춘향가」, 「십장가」, 「적벽가」, 「평장가」, 「제비가」, 「토끼화상」, 「공명가」 등
(3) 판소리의 부분을 그대로 수용하기 보다는 일정한 축약이 이루어지면서 새로운 모습을 보여 주고 있다.

03 잡가 전반에 대한 이해

1. 잡가의 개념

하위 장르에 속하는 시가 유형의 하나. 조선 말기에서 20세기 초까지 번창하였던 것으로 원래 잡가라는 말은 『동가선』·『남훈태평가』 등의 가집에 나타나는 곡명에서 유래된 것이나 문학적으로 볼 때 시조·가사 등과 구별되는 일군의 시가류를 지칭한다.

이러한 잡가의 개념에 대한 견해는 국문학자 간에도 의견 일치가 이루어지지 않고 있고, 또 문학계와 음악계에서는 서로 다른 의미로 해석하고 이해하고 있다. 따라서 잡가의 개념도 국악계의 규정과 국문학의 규정이 다를 수밖에 없다. 현전하는 '잡가집'을 보면 국문학의 장르 체계 안에서는 서로 변별되는 여러 갈래가 다양하게 수록되어 있다. 곧, 시조를 비롯하여 가사·한시·창가 등과 이들 장르의 어디에도 소속되지 않는 시가들이 수록되어 있다. 원래 이들 '잡가집'을 만든 사람은 잡가라 할 때 이들 여러 장르를 포괄한 것으로 잡가라는 말을 사용한 것 같으나, 내용 목차를 보면 가사·시조·입창·좌창 등을 구분한 경우도 있어 반드시 그렇지만은 않은 것 같다. 그래서 이들 '잡가집'에서 기존의 국문학 장르에 속할 수 있는 시조·가사들을 빼고 남은 시가를 '잡가'라 할 수 있다. 이 경우, 그 곡이 가사이든 잡가이든 관계없이 그 형식적 특성에 따라 문학적 입장에서 잡가를 추출할 수밖에 없다.

문학에서 잡가는 가사, 사설시조, 민요, 판소리 등의 영향을 받았기 때문에 원 갈래로 귀속시키자는 의견도 있다. 그런데 비슷한 장르를 원 장르에 귀속시키기로 하면 잡가의 일부는 사설시조로, 또 일부는 민요나 판소리의 허두가로 돌려져 그 존재가 분해되고 만다. 분해되는 것이 문제가 아니라 시가의 특성을 살펴 논의를 바르게 하는 것이 문학사의 이해에 도움을 준다면 서로 간에 변별되는 장르는 한데 묶어 이해하고 연구할 필요가 있다.

2. 잡가의 갈래적 특성

(1) 직업적 가수에 의하여 창작, 전승된 시가이다. 그것은 가집의 표지나 작품에 구체적으로 누구의 노래하는 기록이 있기 때문이다.
(2) 그 형식이 다양하다. 가사와 비슷한 것이 있는가 하면 분절되는 것 등 여러 가지 형식으로 되어 있다.
(3) 노래된 내용 역시 다양하다. 사랑과 인생의 무상 등 놀이터에서 흔히 불릴 수 있는 여러 가지 내용이 노래되어 있다.
(4) 소박한 민요적 표현이 있는가 하면 한시문이 삽입된 것도 있다. 다양한 내용이 노래되었기 때문에 활용된 어휘나 표현도 다양할 수밖에 없다.
(5) 일반인이 따라 부른 노래들이다. 잡가집의 출판이 여러 차례 이루어졌다는 것이 그 객관적 증거라 할 수 있다.
(6) 구전으로 전승되었기 때문에 같은 노래라도 전승자에 따라 그 차이가 많다. 이렇게 볼 때 잡가는 노래판에서 가객에 의하여 창작, 전수되고 일반인들의 애호를 받아 번창한 노래의 문학이라고 할 수 있다.

3. 잡가의 역사

이런 잡가가 문헌에 등장한 것은 대학본 『청구영언』에서 비롯된다. 여기에는 「상시곡」, 「권주가」, 「군악」, 「어부가」, 「양양가」, 「매화가」 등 16편이 수록되어 있다. 이 가운데 몇 편이 빠지고 새로운 시가가 추가되어 이른바 12 가사가 이루어졌다. 12 가사에는 「어부가」와 같이 고려 시대부터 전승된 것으로 추정되는 것들도 있어 오랜 시대에 걸쳐 불리던 노래들이 19세기 초 내지 중엽에 판소리의 열두 마당과 같이 짝을 맞추어 12 가사가 형성되었으리라 보인다. 여기서 영향을 받아 「유산가」, 「적벽가」 등을 묶어 12 잡가라 한 것은 그것보다 더 뒤에 이루어진 것 같다. 잡가를 형성한 계층은 삼패나 사계축의 소리꾼이다. 이 방면의 명창으로는 추교신·조기준·박춘경이 유명하다. 12잡가의 첫머리에 오르는 「유산가」가 박춘경이 지은 노래였다고 하나 잡가 중 일부의 시가는 그전부터 있었으니 12 잡가로 묶여진 것은 19세기 후반으로 볼 수 있다. 그 뒤 일제 침략으로 반상의 차별이 무너지고 창가라는 유행가가 대두되기 전인 1930년대까지를 잡가가 번창한 시기로 볼 수 있다.

4. 잡가의 유형

잡가의 형식적 특색은 여러 형태의 문학적 갈래가 복합되어 있다는 점이다. 갈래와 관련하여 아래와 같이 4가지로 나눠볼 수 있다.

(1) 한 제목 아래 내용상 통일이 이루어진 「유산가」와 같이 준가사체와 유사한 것, 가사인 경우는 4음보격의 율조를 깨뜨리고 있는 경우가 많다.
(2) 분절되는 것으로 같은 내용을 반복하는 「바위타령」과 같이 민요를 바탕으로 한 것 : 내용상 유기적 관련을 가지는 「권주가」와 같은 것이 있는가 하면 「매화가」 같이 전혀 내용상 관련이 없는 연들이 모여 한편의 시가를 형성하는 것이 있고, 또, 분절되면서 후렴을 가지는 것이 있다. 민요인 경우는 세련미가 가미되고 소박미가 줄어들었다.
(3) 사설시조를 바탕으로 한 것 : 사설시조의 경우 종장 형태의 구성이 미흡한 경우가 많다.
(4) 판소리 사설의 대화체를 바탕으로 한 것 : 「소춘향가」, 「집장가」, 「형장가」, 「사랑가」 등은 「춘향가」의 내용을 따서 노래한 것이며, 「적벽가」, 「공명가」, 「화용도」 등은 판소리 「적벽가」에서 영향을 받았고, 그밖에 「박타령」, 「토끼화상」 등은 「흥부가」나 「수궁가」에 기원을 두고 있다. 판소리에서는 부분만이 노래되었다.

5. 잡가의 향유층

잡가의 향유층은 신흥 도시 상공인에서 비롯하여 일반 서민 및 사대부 계층까지 확대되어 갔다. 그것은 삼패나 사계축을 불러 노래를 시킬 수 있는 계층이 처음에는 신흥 도시 상공인들일 가능성이 크기 때문이다. 점잖은 양반층에서는 가곡이나 가사와 달리 잡가는 즐기지 않았을 것이다. 그러다가 차츰 서민들의 애호를 받게 되고 여기에 자극되어 일부 양반 계층에게까지 잡가가 감상, 수용된 것이 아닌가 한다.

6. 잡가의 쇠퇴 및 의의

이와 같은 잡가는 조선 말기에 형성되고 번창하다가 1930년 전후 유행가 등 서양풍의 노래에 밀려났다. 잡가는 조선조의 마지막을 장식하는 문학 장르라는 데 문학사적 의미가 있다. 또, 현재와 과거를 이어주는 과도기적 시문학이기도 하다. 조선조의 최종 장르이기 때문에 종래부터 있었던 시조·가사·판소리 등의 원용이 가능하였으나, 새로운 사조에 밀려 발전이 이루어지지 못하였다. 광복 이후 우리 문화에 대한 관심이 높아져 잡가도 『가요집성』 등의 단행본으로 자료 정리 작업과 연구가 이루어졌다.

제2절 잡가 작품 감상

작품 1 유산가(遊山歌)

화란춘성(花爛春城)하고 만화방창(萬花方暢)이라. 때 좋다 벗님네야 산천 경개(山川景槪)를 구경을 가세.

꽃이 활짝 피어 봄 성에 가득하고 만물이 바야흐로 화창하게 피어나는구나. 시절이 좋구나. 벗님들이여 산천의 경치를 구경가자꾸나.

죽장망혜(竹杖芒鞋) 단표자(單瓢子)로 천리 강산을 들어를 가니, 만산홍록(滿山紅綠)들은 일년일도(一年一度) 다시 피어 춘색(春色)을 자랑노라 색색이 붉었는데, 창송취죽(蒼松翠竹)은 창창울울(蒼蒼鬱鬱) 한데, 기화요초(琪花瑤草) 난만중(爛漫中)에 꽃 속에 잠든 나비 자취 없이 날아난다.

대나무지팡이와 짚신, 하나의 표주박에 물을 들고 천리 강산 들어가니 온 산의 꽃과 풀들인 일 년에 한 번 다시 피어나서 봄색깔을 자랑하느라고 색깔마다 붉었는데, 푸른 소나무와 대나무는 울창하고, 아름다운 꽃과 풀은 난만한 가운데 꽃 속에 나비는 노닐고 있도다.

유상앵비(柳上鶯飛)는 편편금(片片金)이요, 화간접무(花間蝶舞)는 분분설(紛紛雪)이라. 삼춘가절(三春佳節)이 좋을씨고. 도화만발 점점홍(桃花滿發點點紅)이로구나. 어주축수 애삼춘(漁舟逐水愛三春)이라던 무릉도원(武陵桃源)이 예 아니냐. 양류세지 사사록(楊柳細枝絲絲綠)하니 황산곡리 당춘절(黃山谷裏當春節)에 연명오류(淵明五柳)가 예 아니냐.

버드나무 위의 꾀꼬리는 날아가는데 조각조각 금조각이요, 꽃 사이에 춤추는 나비는 가루가루 흩어지는 눈과 같구나. 봄 석 달의 아름다운 계절이 좋구나. 도화는 만발하여 점점이 붉어 있고, 물고기 배를 띄워 놓고 봄을 즐기니 무릉도원이 바로 여기 아니냐? 버드나무 가는 가지는 가닥가닥 녹색을 띠고, 황산곡 가운데 봄을 맞았으니 도연명이 다섯 그루의 버드나무를 심어 놓고 지냈다는 오류촌이 여기가 아니냐!

제비는 물을 차고, 기러기 무리져서 거지 중천(居之中天)에 높이 떠 두 나래 훨씬 펴고, 펄펄펄 백운간(白雲間)에 높이 떠서 천리 강산 머나먼 길을 어이 갈꼬 슬피 운다.

제비는 물을 차고, 기러기는 무리를 지어 허공에 높이 떠서 두 날개를 활짝 펴고, 펄펄펄 흰 구름 속에 높이 떠서 천리강산 머나먼 길을 어이 갈 것이냐고 슬피 운다.

원산(遠山)은 첩첩(疊疊), 태산(泰山)은 주춤하여, 기암(奇巖)은 층층(層層), 장송(長松)은 낙락(落落), 에이구부러져 광풍(狂風)에 흥을 겨워 우줄우줄 춤을 춘다.

멀리 보이는 산은 첩첩이 보이고, 태산은 우뚝 솟아 있고, 기이한 바위는 층층이 쌓이고, 큰 소나무들은 가지를 늘어뜨리고 구부러진 모습으로 심하게 부는 바람에 흥이 겨운 듯 우쭐우쭐 춤을 춘다.

층암 절벽상(層巖絕壁上)의 폭포수(瀑布水)는 콸콸, 수정렴(水晶簾) 드리운 듯, 이 골 물이 주루루룩, 저 골 물이 쌀쌀, 열에 열 골 물이 한데 합수(合水)하여 천방져 지방져 소쿠라지고 펑퍼져, 넌출지고 방울져, 저 건너 병풍석(屛風石)으로 으르렁 콸콸 흐르는 물결이 은옥(銀玉)같이 흩어지니, 소부허유(巢父許由) 문답하던 기산영수(箕山穎水)가 예 아니냐.

　　층층 바위 절벽 위의 폭포수는 콸콸 쏟아지는데, 마치 수정발을 드리운 듯하고, 이 골짜기 물이 수루루루룩, 저 골짜기 물이 쌀쌀 흘러내리고, 여러 곳의 물이 한 곳에 합해져서 천방지방으로 흩어지고 용솟음 치고 편편하게 흐르고 길게 이어지고 방울져 내리며 건너편 병풍석으로 으르렁 콸콸 흐르는 물결이 은옥같이 흩어지니, 마치 소부와 허유가 세상과 단절하고 지내던 기산과 영수라는 곳과 같구나.

　　주곡제금(奏穀啼禽)은 천고절(千古節)이요, 적다정조(積多鼎鳥)는 일년풍(一年豊)이라.

　　주걱주걱 우는 새는 예나 지금이나 변함없이 절개를 상징하고, 솥이 적다고 우는 새는 일 년의 풍년을 예고하는구나.

　　일출낙조(日出落照)가 눈앞에 벌여나 경개무궁(景槪無窮) 좋을씨고.

　　일출과 낙조가 눈앞에 펼쳐지니 경치가 끝이 없이 좋구나.

핵심정리

- **갈래** 잡가, 평민 가사 계통의 잡가
- **연대** 조선 후기(18, 19세기경)로 추정함
- **율격** 4·4조, 4음보격을 기조로 함
- **구성** '서사 – 본사 – 결사'의 3단 구성
- **성격** 감각적, 서경적, 자연 예찬적, 묘사적, 유흥적, 향락적
- **시적 자아** 산수를 유람하며 봄 경치를 즐기는 사람
- **향유층** 서민층이 주된 대상이나, 노래 가사로 보아 사대부들도 포함되었으리라고 봄
- **표현**
  ① 의성어와 의태어를 적절하게 구사하여 순수 국어의 묘미를 잘 살림
  ② 상투적 한자어와 중국 고사, 한시 구절을 남용함 시각적, 청각적 심상을 통해 생동감 넘치게 표현함
  ③ 대구법, 은유법, 의태법을 효과적으로 사용함
- **주제** 봄날 자연의 경치 완상과 흥취
- **출전** 『증보신구시행잡가』

이해와 감상

│감상│

　　이 노래는 조선 후기에 형성되어 서울을 중심으로 널리 불렸던 12 잡가(雜歌) 중 하나이며 대표적인 작품이다. 음악적으로 조금 지체가 떨어지는 사계(四契)축[현재 서울 청파동 일대의 소리패들]이나 삼패(三牌) 기생들에 의해 불렸다. 따라서 이 노래는 하층 계급의 노래라고 할 수 있다.

　　따라서 누가 언제 지었다고 하기보다 오랫동안 널리 불리어지면서 보태지고 빼고 와전되고 바뀌고 하는 동안 지금의 것으로 정착되었다. 잡가도 넓은 의미로는 민요의 하나이다. 구태여 구별하자면 이 노래는 우선 양반 가사의 영향을 깊이 받았다는 것이 중요한 차이점이라고 할 수 있다. 민요와는 달리 고사성어나 한시 표현을 많이 인용하고 있다는 점에서 하층 문화이면서도 상층 문화를 모방하려 했다는 특색을 지니고 있다는 것이다. 또한 창자(唱者)가 비록 지체는 낮더라도 전문인이라는 점에서 판소리 광대와 성격이 비슷하다는 점도 특징으로 꼽을 수 있다.

　　이 작품은 화창한 봄날의 아름다운 경치를 노래한 것이다. 그런데 자연에 대한 예찬적 묘사로 일관하고 있는 점으로 보아, 이 노래가 삶의 한 면인 유흥적 태도에 중점을 두고 있다는 사실을 알 수 있다.

1 문학적 전통

이 노래의 중심 생각과 태도를 이루고 있는, 자연에 친근하고 몰입하는 태도는 우리 문학의 어느 시기에나 공통적으로 나타나는 것이어서 가히 전통적이라 할 만하다. 또 '화란춘성, 만화방창'으로 시작하여 '주곡제금은 천고절, 적다정조는 일년풍'으로 이어지는, 의미상의 대구를 이루는 장치는 음수율과는 무관하지만, 의미의 율격을 이루고 있어서 우리 시가 문학의 전통적인 표현인 율격적 장치에 이어진다. 그러나 이 노래는 한결같은 전통의 반복적 구조로만 되어 있는 것은 아니다. 자연 친근의 우아미를 드러내고는 있으나, 사대부와는 다른 동적인 몰입이다.

표현에서도 순 우리말 표현의 다채로운 구사와 함께 상층 문화의 표징인 한시문이나 고사성어를 다양하게 구사하고 있다. 이 점은 이질적인 두 요소를 혼유하고 있기 때문으로 볼 수 있다.

2 표현상의 특징

이 노래를 이루고 있는 표현은 두 가지 색다른 경향을 보이고 있음을 주목할 필요가 있다. '죽장망혜 단표자'로부터 시작되는 한시문의 구절과 고사성어가 한자 문화의 영향 아래에서 이루어졌던 상층 문화의 표현이라고 한다면, 폭포수의 묘사에서 등장하는, 의성어를 중심으로 한 순 우리말 표현은 쏟아져 내리는 물의 흔쾌함과 생동감을 두드러지게 하고 있다.

3 「유산가」에 나타난 삶의 태도

이 노래는 그 어느 구석에도 삶에 대한 고뇌라든지 우울 같은 것이 나타나 있지 않다. 혹, '천 리 강산 머나먼 길을 어이 갈꼬 슬피 운다.'와 같은 표현에서 비애의 흔적을 엿볼 수 있다고 할지 모르지만, 그것도 시적 화자의 정서가 아니라 새의 울음을 형상화하는 객관적 태도에 그치고 있으며, 또한 아름다운 점에서 이 '새의 울음'은 통상적인 울음의 의미인 비애로 받아들이기 어렵다.

이 노래의 전편에 이렇듯 비애의 그림자가 없는 화창함과 현란함, 그리고 약동감으로 가득한 것은 즐거움을 추구하는 방식으로써의 문학을 생각하게 한다. 문학은 갈등을 드러내면서 그것을 해소하는 정서로 나아가기도 하지만, 이 노래가 보여 주듯이 쾌락의 지향으로 나아갈 수도 있다. 이러한 정서의 모습은 찬가(讚歌) 부류의 노래에서 흔히 보이는 것으로, 이를 가리켜 긍정적 정서로 분류하는 견해도 있다.

물론, 인간의 삶은 다양하며, 그에 대한 태도도 다양하다. 삶의 갈등을 괴로움 그 자체로 받아들이면서 비애로 나아가는 경우도 있지만, 한 곳에 가치를 부여하고, 그 곳에 자신을 몰입시킴으로써 정서적 안정을 꾀할 수도 있다. 이런 태도는 종교적 몰입에서 흔히 목격하는 바로서, 이런 즐거움 예찬의 태도에서 이 노래가 보여 주는 삶에 대한 태도를 이해할 수 있다.

그러나 이 노래는 조선조에서 흔히 보게 되는 강호시가류(江湖詩歌類)의 자연 예찬과는 성격이 다소 다르다는 점도 간과해서는 안 된다. 강호시가류의 자연 예찬은 현실의 반대항(反對項)으로써의 자연이라는 성격을 내포하고 있고, 그것은 현실에서 퇴각할 수밖에 없었던 사람의 차선책(次善策)이라는 성향을 보인다. 그러나 이 노래에서는 자연이 그 자체로 향유되고 있다는 점을 주목할 필요가 있다.

이러한 태도는 이 노래의 담당층인 전문 소리패의 신분적 특징과 결부시켜 이해되기도 한다. 전문 소리패는 상층에 봉사하면서도 하층이라는 신분을 떠날 수 없는 이중적인 양상을 띠기에, 상층의 문화를 모방하면서도 자신들의 특성을 내보이기도 한다. 사대부 문학이나 음악이 정적(靜的)이고 단아한 격조를 유지하고자 하였음에 비하여, 그러한 아름다움을 추구는 하되, 움직임과 발랄함을 동시에 추구함으로써 '광풍에 흥을 겨워 우줄우줄 춤을 춘다.'든지 '소쿠라지고 펑퍼져' 흐르는 물의 동적인 이미지를 추구하고 있음을 보게 된다. 이는 잡가의 음악이 상층 음악인 가곡이나 시조창에 비해 변화가 많고 빠르며, 다채로운 선율로 이루어지고 있다는 사실과 결부되기도 한다. 그런데 이는 담당층의 삶에서 그 사회적 조건인 신분의 문제와 연관지어 이해되기도 한다.

기출문제

1. 다음 작품에 대해서, 제시된 〈조건〉에 맞도록 설명하시오. [5점]   1998년 기출 8-1번

> 화란 춘성(花爛春城)하고 만화 방창(萬花方暢)이라. 때 좋다 벗님네야 산천 경개(山川景槪)를 구경을 가세.
> 죽장망혜(竹杖芒鞋) 단표자(單瓢子)로 천리 강산을 들어를 가니, 만산 홍록(滿山紅綠)들은 일년 일도(一年一度) 다시 피어 춘색(春色)을 자랑노라 색색이 붉었는데, 창송 취죽(蒼松翠竹)은 창창 울울(蒼蒼鬱鬱)한데, 기화 요초(琪花瑤草) 난만 중(爛漫中)에 꽃 속에 잠든 나비 자취 없이 날아난다.
> 유상 앵비(柳上鶯飛)는 편편금(片片金)이요, 화간접무(花間蝶舞)는 분분설(紛紛雪)이라. 삼촌 가절(三春佳節)이 좋을씨고. 도화만발 점점홍(桃花滿發點點紅)이로구나. 어주축수 애삼춘(漁舟逐水愛三春)이라던 무릉 도원(武陵桃源)이 예 아니냐. 양류 세지 사사록(楊柳細枝絲絲綠)하니 황산곡리 당춘절(黃山谷裏當春節)에 연명 오류(淵明五柳)가 예 아니냐.
> 제비는 물을 차고, 기러기 무리져서 거지 중천(居之中天)에 높이 떠 두 나래 훨씬 펴고, 펄펄펄 백운 간(白雲間)에 높이 떠서 천리 강산 머나먼 길을 어이 갈꼬 슬피 운다.
> 원산(遠山)은 첩첩(疊疊), 태산(泰山)은 주춤하여, 기암(奇巖)은 층층(層層), 장송(長松)은 낙락(落落), 에이구부러져 광풍(狂風)에 흥을 겨워 우줄우줄 춤을 춘다.
> 층암 절벽상(層巖絶壁上)의 폭포수(瀑布水)는 콸콸, 수정렴(水晶簾) 드리운 듯, 이 골 물이 주루루룩, 저 골 물이 쐴쐴, 열에 열 골 물이 한데 합수(合水)하여 천방져 지방져 소쿠라지고 펑퍼져, 넌출지고 방울져, 저 건너 병풍석(屛風石)으로 으르렁 콸콸 흐르는 물결이 은옥(銀玉)같이 흩어지니, 소부 허유(巢父許由) 문답하던 기산 영수(箕山潁水)가 예 아니냐.
> 주곡제금(奏穀啼禽)은 천고절(千古節)이요, 적다정조(積多鼎鳥)는 일년풍(一年豊)이라.
> 일출 낙조(日出落照)가 눈앞에 벌여나 경개 무궁(景槪無窮) 좋을씨고.
> — 작자 미상, 「유산가(遊山歌)」

〈조건〉

다음 사항을 밝힐 것
(1) 위 작품의 고전시가상의 장르명과 주된 향유 계층
(2) 이 장르의 기능적(機能的) 특징
(3) 민요, 시조, 가사, 판소리 등 다른 시가 양식들과의 관련성
(4) 이 작품에 나타난 선인들의 생활 문화적 요소
(5) 이 작품에 나타난 선인들의 예술 문화 (또는 미적 태도)

출제기관 채점기준

0.5점 – ① 장르명 : 잡가(雜歌)
　　　　② 향유 계층 : 주로 조선 후기 서민 계층 (0.5점)
1점 – 오락, 연행 등의 기능을 수행하는 서정 양식의 노래 (서정적 기능을 수행하는 오락, 연행 등에 사용된 노래)
1점 – 민요, 시조, 가사, 판소리 등 다른 시가 양식들을 다양하게 받아들여 일정하게 변용하여 나감 (다양한 양식을 수용한 집합적 성격의 노래 양식)
1점 – 자연에서 생활하고, 배우며, 자연과 조화를 이루고자 하는 생활 문화
1점 – 감각적 언어미를 추구하는 예술 문화 (또는 자연 친화에서 즐거움을 찾는 미적 태도)

📋 예상 답안

① 위 시가의 장르명은 '잡가'인데, 잡가는 조선 후기에 유흥의 자리에서 불린 조선 시대 시가의 마지막 장르이다. 잡가의 담당층은 직업적 소리꾼(가객)들로 삼패나 사계축 등 최하층 연예집단에 의해 창작·전수되고, 일반인들의 애호를 받아 번창한 노래 문학이다. 향유층은 신흥도시 상공인에서 일반 서민, 나중에는 사대부 계층까지 확대되기도 했다.

② 잡가는 서민 문화가 활성화 되어가던 19세기 이후 놀이 공간에서 유흥적이고 취락적인 내용을 지닌 채, 여러 양식을 혼합하여 흥행에 맞게 부른 노래였다. 잡가는 민요보다도 더 복잡하고 세련된 가락에 맞추어 노랫말을 자유롭게 변형해 나가고 있었기 때문에 민요보다는 창법이 세련된 유행가라고 할 수 있다. 우리 시가는 잡가를 통하여 상층의 시가 양식과 하층의 시가양식이 서로 만나는 자리를 마련함으로써 우리 시가사에 중요한 계기를 마련했다. 그리고 잡가는 갑자기 나타난 한계에도 불구하고 전통적 시가 양식을 근대 지향적인 시가 양식으로 바꾸는 데 일정한 기여를 했다.

③ 민요의 영향을 받은 잡가는 「몽금포 타령」, 「수심가」, 「난봉가」, 「양산도」 등이 있으며, 전반적으로는 유흥적인 성격을 중요한 특징으로 하고 있고, 분절체로 된 것이 많다. 그런데 잡가의 내용은 민요와 달리 생활 현장의 구체성이 드러나지 않는다. 시조(사설시조)의 영향을 받은 잡가는 「곰보타령」, 「맹꽁이 타령」 등 묘사체 잡가가 많다. 시조가 잡가가 된 것은 종장 형태의 구성이 미흡하고 묘사로 된 것이 많다. 잡가는 가사도 많이 받아들이는데, 한 행의 음보가 일정하지는 않지만, 잡가 중 「적벽가」, 「공명가」, 「유산가」 류의 격조는 가사의 격조와 같이 4·4 조, 3·4 조를 쓰고 있다. 판소리와의 관련도 드러난다. 12 잡가 중에서 「적벽가」, 「화용도」, 「공명가」는 판소리 「적벽가」와 관계가 깊고, 「소춘향가」, 「집장가」, 「형장가」, 「십장가」 등은 판소리 「춘향가」를 본떴다. 그리고 유산가의 뒷부분도 판소리 「수궁가」에서 빌려온 것이다. 노래판에서 관중의 흥미를 끌 수 있는 내용이면 무엇이든 잡가의 소재가 되었다.

④ 잡가에 나타난 선인들의 생활 문화적 요소는 자연 친화의 삶과 봄이 되면 산천 경개를 구경하면서 어울려 놀면서 가무를 즐기던 화전 놀이의 풍습이 드러나 있다. 또한 자연의 아름다움을 음주 가무로 즐기는 우리 민족의 풍류적 삶의 모습이 잘 드러나 있다.

⑤ 잡가에 나타난 선인들의 예술 문화적 요소는 먼저 언어미에서 잘 드러난다. 유산가에는 우리말의 사용이 두드러지는데, 의성어·의태어의 사용, 감각어 등이 많이 나타나, 우리말의 아름다움을 잘 보여주고 있다. 「유산가」의 율격도 4음보 가사체를 기본으로 하면서도 2음보나 6음보 등으로 변형을 보여 주고 있어 전통의 계승 및 변형을 보여준다. 미적 범주로 「유산가」에서는 우아미가 두드러진다. 우아미는 '있는 것에 의한 융합'을 뜻하는데, 여기서 있는 것은 봄을 맞이한 산천의 아름다운 경치를 즐기는 마음이고 있어야 할 것도 그렇게 지내야겠다는 생각이다. 또한 자연의 아름다움을 음주 가무로 즐기는 우리 민족의 풍류 정신이 잘 드러나 있다.

2. 밑줄 친 부분과 유사한 대목이 들어 있는 판소리 작품명을 쓰시오. [1점]   1998년 기출 8-2번

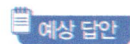 예상 답안

판소리 작품명 : 수궁가

작품 2 영변가(민요 계열 잡가)

영변에 약산은 동대, 동대야 네 부디 편안히(히이에헤이)
네 잘 있거라 내 명년 양춘은 가절이라 또다시 보자.

오동에 복판이로다(이에에에)
거문고로다. 살가당지루당실 소리가 절로 난다.

달아 에이 달아달아 허공중천에(에히 에헤루)
두둥실 거린 달아 님의도 창전이로구나 걸리신 달아

지척이 남북이로다(이에 에에에히)
바라다보기도 망연이로구나 삼산은 반락이요(이에에에히)

자규야 울지마라(이에에에히)
울려거든 너 혼자 울지 낭군의 잠든 날 깨우니 원수로구나.

남산을 바라보니 진달 화초는 다 만발하였는데 웃동 짧고 아래아랫동 팡파짐한 아희야 날 살려라.

핵심정리

▷ **갈래** 민요에서 온 잡가
▷ **성격** 유흥적
▷ **주제** 약산 동대의 아름다운 경치와 인생의 무상함
▷ **특징** 음악적으로 다채로운 변화를 내재하고 있고, 서도 잡가 중에서 서도 지역의 아름다움을 묘사한 작품으로서도 의의가 있음

이해와 감상

| 이해 |

관서팔경의 하나인 영변의 약산(藥山)을 노래한 서도잡가의 하나이다. "영변(寧邊)의 약산(藥山)의 동대(東臺)로다."라는 1절의 사설에서 '영변가'라는 곡명이 붙었지만, 2절부터는 영변과 관계없는 내용으로 되었다. 「영변가」에는 본래 구조와 신조가 있었는데, 구조는 사설만 전해지고 있을 뿐이다. 신조는 전부 6절인데 현재는 흔히 3절까지만 불린다.

전해오는 말에 따르면 조선 말기에 평안도의 행정부를 의주(義州)로 옮길 때 그 지역 사람들이 섭섭한 마음에서 「영변가(寧邊歌)」를 지어 불렀다고 한다. 1900년대 초기부터 서도 잡가로 불렸는데 당시에는 10절이나 되는 긴 노래였으며, 긴 노래가 줄어들어 짧아지면서 이전 노래를 구조(舊調)라고 했고 짧아진 노래를 신조(新調)라고 불렀다고 한다. 일제강점기 서도 지역 전문 소리꾼에 의해서 불리면서 널리 보급되었다. 현재는 1절의 가락을 2절과 3절에서 거의 되풀이하다시피 하고 가사만 바꾸는 형식으로 노래를 부르고 있다.

최병해
고 / 전 / 시 / 가

chapter 11 민요

제1절　민요 이해
제2절　민요 작품 감상

제1절 민요 이해

> **출제방향**
> - 민요의 기원
> - 민요의 형식 및 성격
> - 민요의 기능
> - 주요 작품의 특징

01 민요의 특징

1. 민요의 개념
(1) 민요는 민중들이 구비전승하며 부르는 비전문적인 노래이다.
(2) 민중이 아닌 지배층에 속하는 사람들이 만들고 불렀던 노래는 민요의 범주에 넣지 않는다.
(3) 민요를 다시 개편한 전문적인 노래는 민요로 보지 않는다.(소악부, 고려 속요, 잡가 등)

2. 민요의 기원
민요의 기원에는 제의(祭儀) 기원설, 유희(遊戱) 기원설, 노동(勞動) 기원설이 있으며, 이 세 견해 중 노동(勞動) 기원설이 가장 합당하다.

(1) **제의(祭儀) 기원설**
인간의 제의(의례)가 아주 오래된 옛날부터 있어 왔으며, 제사를 지내는 과정에서 노래를 부르게 되는데, 이것이 민요의 시발점이라고 하는 설이다.

(2) **유희(遊戱) 기원설**
인간이 놀이를 하는 과정에서 흥을 돋우기 위하여 노래를 불렀을 것이며, 이 때 불려진 노래가 민요의 시작이었을 것이라는 설이다.

(3) **노동(勞動) 기원설**
인간이 노동을 통하여 생산물을 만들어서 삶을 유지하는 존재라고 볼 때, 노동과정에서 노래가 발생했을 것이라는 설이다.

3. 민요의 성격

성격	내용
민중성	민요는 민중의 노래이다.
비전문성	민요는 판소리 무가와 같이 전문성을 필요로 하지 않기 때문에 전문성이 없는 비전문적인 노래이다.
구전성	민요는 입에서 입으로 구비전승 된다.
적층성	민요는 공동작의 문학이다.
유동성	민요는 전승 과정에서 변화가 있을 수 있다.

성격	내용
현장성	민요는 생활의 현장과 밀접한 관련이 있다.
단순성	민요는 단순하며 보편적인 노래이다. 예외 개인작의 경우 복잡성이 나타나기도 한다.
기능성	민요는 민중 생활에 필요한 바를 충족시켜 주는 기능을 갖는다.
자족성	민요는 민중들이 스스로 즐기거나 함께 즐기며 만족하기 위해 부른다.

02 민요의 운율

1. 음보의 특성
(1) 행을 이루는 음보수는 고정적이면서 행을 이루는 음절수는 가변적인 것이 우리 시의 규칙이다.
(2) 한 행을 이루는 음보는 1·2·3·4·5·6 음보 등이다.
(3) 민요에서 흔히 나타나는 것은 3음보와 4 음보이다.
(4) 3 음보격과 4 음보격은 전통적 율격의 기본 형태이다.

구분	민요에서의 차이	장르	미감	시대
3 음보격	비기능요, 가창민요	서정적	변화감	고려적
4 음보격	기능요, 음영민요	교술적·서사적	안정감	조선적

2. 음절의 특성
(1) 우리 시에서 한 음보를 이루는 음절수는 일정하지 않다.
(2) 우리시에는 2·3·4·5·6 음절로 된 음보가 많다.
(3) 이 가운데서 4 음절이 중위수이고, 최빈수이며, 평균음절수가 3 음절보다 많고 5 음절보다 적어서, 4 음절을 기준음절수라고 할 수 있다.

3. 통사구의 반복
민요에서 나타나는 어휘·통사적 특성으로는 반복과 대구 등을 들 수 있다. 이러한 점에 대해서는 지금까지 몇 차례 연구가 있어 왔다.

(1) **임동권의 연구**: 임동권은 이러한 특성을 5가지 유형으로 나누고 있다.
   ① 형님 형님 사촌 형님
   ② 형님 오네 형님 오네 분고개로 형님 오네
   ③ 강실 강실 강실 도령
   ④ 앞니빠진 허방다리 뒷니빠진 허방다리
   ⑤ 통인 통인 김통인요

(2) 그 외에 연구들
    정동화는 다른 유형을 찾아 보충하여 15가지 유형을 제시했으며, 김대행도 논의를 보충하여 'a-a-b-a형'과 'a-b형'의 조건을 자세히 제시했다. 그러나 이런 논의들은 대체로 어휘·통사적인 연구에 그치고 그 상위 단위를 주목하지 않았다.

03 민요의 분류

1. 연행 형태에 따른 분류

(1) 교환창
  ① 여음이 없는 짧은 노래
  ② 선창자와 후창자가 한마디씩 주고 받으며 끝남
  ③ 예 시조, 향가

(2) 선후창
  ① 여음이 있는 긴 노래
  ② 선창자는 사설을 후창자는 후렴(여음)을 하며 길게 이어짐
  ③ 예 고려 속요, 경기체가

(3) 독창
  ① 혼자 부르는 긴 노래
  ② 예 가사

(4) 제창
  ① 여러 사람이 함께 입을 모아 부르는 노래(여러 사람이 함께 부르지만 가창 방식은 독창과 같음)

2. 내용에 따른 분류

(1) 기능요(노동요, 의식요, 정치요, 유희요)와 비기능요(유흥의 복적을 지닌 노래)
(2) 일상요(노동요, 여가요)와 비일상요(의식요, 정치요)

민요					
일상의 민요	노동요	가사노동요	단장체민요	시집살이노래, 바느질노래, 물레노래, 베틀노래
			연장체민요	방아노래, 맷돌노래, 풀무노래, 애기보는 노래
		사회노동요	단장체민요	등짐노래, 새쫓기노래, 밭가는노래
			연장체민요	모심기노래, 보리타작노래, 논매기노래, 목도노래
	여가요	개인여가요	단장체민요	숫장타령, 꼬리따기노래, 강실도령노래
			연장체민요	달걸이노래, 등당애타령, 어랑타령
		집단여가요	단장체민요	놋다리노래, 집짓기노래, 어깨동무노래, 군사노래
			연장체민요	강강술래노래, 아리랑, 널뛰기노래
비일상의 민요	의식요	신앙의식요	단장체민요	회심곡, 성주풀이, 고사노래
			연장체민요	염불노래, 지신밟기노래, 액막이노래
		통과의식요	단장체민요	회갑연노래, 혼인노래
			연장체민요	상여노래, 희닫이노래
	정치요	예언정치요		보현찰노래, 아야노래, 우대후노래, 완산노래
		비판정치요		묵책노래, 호목노래, 도근천노래

3. 창자에 따른 분류

(1) 남요(男謠) : 성인 남성이 주로 부른 노래
(2) 부요(婦謠) : 시집온 며느리들이 주로 부른 노래
(3) 동요(童謠) : 아이들이 부른 노래

04 민요의 내용

1. 노동요의 내용

(1) 노동의 즐거움

노동요는 노동의 고통을 잊고 즐겁게 일할 수 있도록 하는 기능이 강조되기 때문에 노래의 내용은 노동의 즐거움이나 보람에 대한 내용이 가장 많다.

(2) 남녀의 사랑

다음으로 노동요에 많이 보이는 내용은 남녀의 사랑에 대한 것이다. 그 이유로는 다음과 같다.
① 성적(性的)인 표현을 동반한 내용의 노래는 일하는 사람의 마음을 즐겁게 하기 위한 것으로 남녀의 애틋한 사랑은 언제나 사람들에게 선망의 대상이 되며 아름답게 비추어지기 때문이다.
② 남녀의 사랑에 대한 내용의 노래가 노동과정에서 많이 불려지는 또 다른 이유는 생산과 관계가 있는 것으로 보인다. 즉, 남녀 간의 사랑은 인간의 생산을 의미하는데 모를 심는다든가 논매기를 할 때 성적인 내용이 담긴 노래를 부르면 식물도 그와 같이 많은 열매를 열 수 있다고 믿었기 때문이다.

(3) 미풍 양속
① 다음으로 많이 불려지는 노동요는 우리 민족의 미풍양속에 대한 것이다. 민중이 가지고 있는 삶의 의식을 잘 보여주는 것으로 향락주의적이며 어떤 이념과 사상이 들어있다기보다는 현실적이다.
② 「시집살이노래」를 가사노동요로 본다면, 여기에는 남편이나 시집식구, 그리고 첩에 대한 원망이 나타나는 노래가 있다. 그러나 노래의 내용을 잘 살펴보면 거기에 담긴 참뜻은 자기극복을 위한 피상적인 원망임을 알 수 있다.

2. 여가요의 내용

(1) 여가(餘暇)라는 것이 기본적으로 노동으로 지친 몸을 쉬게 하면서 놀이와 휴식을 통한 노동력의 재생산을 꾀하는 과정이기 때문에 자연히 생산물을 소비하고 노는 것이 중심이 된다. 따라서 여가과정에서는 자연히 술 마시는 것, 남녀의 사랑에 대한 것, 놀자는 것 등을 내용으로 하는 노래가 불리게 되는 것이다.

(2) 여가요에서 보이는 유흥적 성향의 민요는 전체에서 큰 비중을 차지하지 못한다.

3. 의식요의 내용

(1) 신앙 의식

나쁜 잡신들을 몰아내고 일년 동안 아무 탈 없이 온 가족이 잘 지낼 수 있도록 해 달라는 기원이 중심을 이룬다.
예 「액풀이노래」, 「지신밟기노래」, 「동토잡이노래」 등

(2) 통과의례요

통과의식(通過儀式)은 인간이 태어나서부터 죽을 때까지 반드시 겪어야 하는 절차로서, 돌·성인식·혼인·죽음(상여노래) 등의 의식을 가리키는 말이다.

4. 정치요의 내용

(1) 예언적인 정치요

정치가 타락했기 때문에 앞으로 이러한 사건이 일어날 것이라는 것을 미리 말하는 것이다.

> 鷄林黃葉 鵠嶺靑松(계림황엽 곡령청송)

신라가 망하고 고려가 흥할 것을 예언적으로 노래한 것이다. 여기에서 말하는 '계림'은 경주를 지칭하는 것으로써 신라는 누른 잎과 같이 되었으니 잎이 지는 것과 같이 신라가 망할 것을 말하고 있다.

(2) 비판적인 정치요

잘못된 정치현실을 바로잡기 위하여 현재의 잘못된 상황을 비판하는 민중의 정치의식을 반영한 노래다.

> 牛大吼 龍離海 淺水弄淸波(우대후 용리해 천수롱청파)

홍건적의 난 때 공민왕이 안동까지 피난 가서 흥청거리면서 노는 모습을 비판적으로 노래한 것이다. 여기에서 용은 임금을 나타내고 바다는 임금이 통치행위를 하는 대궐을 의미한다. 그런데 임금이 궁궐을 떠나서 안동 같은 곳에 가서 놋다리밟기나 하면서 놀고 있으니 민중의 눈에는 한심한 임금으로 비추어질 수밖에 없었을 것이다. 이 노래는 바로 이러한 현실을 비판적인 시각으로 풍자하고 있는 것이다.

5. 민요의 제재

(1) 민요의 제재에 대해서도 여러 연구자들이 논의를 해왔다. 이 부분은 분류의 방법이 다를 뿐 그 제재는 대개 일치하고 있다.

(2) 민요 제재의 유형화 : 최철은 다음과 같이 민요의 제재를 유형화하고 있다.
   ① 인물　　예 아이, 어머니, 시집식구, 첩[시앗], 처자[처녀, 큰아가], 님
   ② 동물　　예 닭, 참새, 두꺼비, 개
   ③ 식물　　예 꽃, 곡식
   ④ 자연　　예 달, 비, 산[고개]
   ⑤ 생활 도구　예 베틀, 물레
   ⑥ 소지품　예 댕기, 주머니, 정표
   ⑦ 풍속 놀이　예 그네, 널

6. 민요 내용의 세부적 성격

(1) **고정옥의 연구** : 민요의 내용에 대해서도 다양한 연구가 이루어졌다. 먼저 고정옥은 민요의 내용적 특성을 다음과 같이 분류하고 있다.
   ① 풍부한 해학성
   ② 풍류적
   ③ 유교 교리의 침윤
   ④ 순종성과 복종성
   ⑤ 무상 취락적 경향
   ⑥ 생활고

(2) **최철의 연구** : 최철은 민요의 내용에 관한 지금까지의 논의를 정리한 후, 다음과 같이 구분할 것을 제안하고 있다. 항목의 설정에서 문제가 없는 것은 아니지만, 대체로 민요의 내용을 모두 포괄하고 있다.
   ① 노동생활을 드러낸 민요 : 노동 수단과 노동 대상, 노동과정, 노동의 고통, 노동과 수확의 기쁨
   ② 고통스러운 생활을 드러낸 민요 : 이별·유랑, 시집살이, 착취
   ③ 인식적 특성을 드러낸 민요 : 건강성, 취락성, 숙명성
   ④ 비판의식을 드러낸 민요 : 예언, 해학, 풍자, 선동
   ⑤ 애국 감정을 드러낸 민요 : 자연의 아름다움, 반침략의 애국 감정

05 민요의 기능

종교적	민요는 인간의 집단 생활의 풍속에서 우러나는 경우가 있다. 집단 생활 속에서의 규범이나 관습, 신앙이 노래를 통해 토로되고 표현된다.
유희적	노래를 부르면서 행위를 함에는 이것이 유희라는 인간의 본능과 직결됨을 알 수 있다. 아이들의 단순한 놀이 행위에서 불려지는 노래를 비롯하여 곤충 잡기나 윷놀이, 널뛰기에 따르는 노래가 있다. 이것은 민요가 가지고 있는 놀이의 한 기능이라 할 수 있다.
노동적	농민이 일터에서 일하면서 부르는 노래는 민요 가운데 그 수가 많다. 생산에 대한 기대와 기쁨, 노동 자체에 대한 육체적인 괴로움을 잊기 위하여 민요가 불려지는 경우가 있다.
정치적	민요는 민중의 생활을 표현하는 노래이기 때문에 이 속에 민중의 사상, 의견, 가치관 등이 나타난다. 그러므로 고대의 제왕들은 민요를 수집하여 현실 정치의 득실을 살피었다. 또 민요는 참요의 기능을 가지고 있어 현실 정치에 대한 비판과 예언의 기능을 하고 있다.

> **참고**
> 민요의 기능은 행동통일기능, 정화기능, 진행기능, 예언기능, 비판기능, 주술기능, 선전·선동기능, 여론형성기능, 흥돋우기 기능 등으로 나누기도 한다.

제2절 민요 작품 감상

작품 1 › 시집살이요

▶ 출제방향
- 이 작품을 어떤 종류의 민요인지 파악
- 작품의 주제
- 비유와 표현상의 특징
- 민요의 형식과 내용상의 특징 이해
- 시집살이의 어려움과 괴로움 민중들의 진솔함을 담아 표현한 시적 비유

형님 온다 형님 온다 분고개로 형님 온다
형님 마중 누가 갈까 형님 동생 내가 가지
형님 형님 사촌 형님 시집살이 어떱데까
이애 이애 그 말마라 시집살이 개집 살이
앞밭에는 당추 심고 뒷밭에는 고추 심어
고추당추 맵다 해도 시집살이 더 맵더라
둥글둥글 수박식기 밥담기도 어렵더라
도리도리 도리소반 수저놓기 더 어렵더라
오 리 물을 길어다가 십 리 방아 찧어다가
아홉 솥에 불을 때고 열두 방에 자리 걷고
외나무다리 어렵대야 시아버니같이 어려우랴
나뭇잎이 푸르대야 시어머니보다 더 푸르랴
시아버니 호랑새요 시어머니 꾸중새요
동세하나 할림새요 시누하나 뾰족새요
시아지비 뾰중새요 남편하나 미련새요
자식 하난 우는새요 나 하나만 썩는 샘세
귀먹어서 삼년이요 눈 어두워 삼년이요
말못해서 삼년이요 석삼 년을 살고 나니
배꽃같던 요내 얼굴 호박꽃이 다 되었네
삼단같던 요내 머리 비사리춤이 다 되었네
백옥같던 요내 손길 오리발이 다 되었네
열새 무명 반물치마 눈물 씻기 다 젖었네
두 폭 붙이 행주치마 콧물 받기 다 젖었네
울었던가 말았던가 베개머리 소 이겼네
그것도 소이라고 거위 한 쌍 오리 한 쌍
쌍쌍이 때 들어오네

핵심정리

▷ **작자** 미상
▷ **갈래** 민요(경북 경산 지방)
▷ **연대** 미상
▷ **율격** 4·4조 4음보
▷ **구성** ① '기 – 서 – 결'의 3단 구성
　　　　② 기 : 처음 ~ '형님 동생 내가 가지'
　　　　③ 서 : '형님 형님 사촌 형님' ~ '콧물 받기 다 젖었네'
　　　　④ 결 : '울었던가 말았던가' ~ 끝
▷ **성격** 부요(婦謠), 제창요 또는 독창요
▷ **표현** ① 대화 형식, 반복, 대구, 열거, 대조 등 다양한 기법
　　　　② 해학적이며 풍자적
▷ **제재** 시집살이
▷ **주제** 시집살이의 한(恨)과 체념
▷ **의의** ① 전형적인 부요의 하나로 시집살이의 어려움과 한이 절실하게 표현된 민요
　　　　② 다양한 언어 표현이 주제와 잘 어울림

이해와 감상

| 감상 |

「시집살이 노래」는 여성들이 부르던 민요(부요(婦謠))로서, 봉건적 가족 관계 속에서 겪는 여성의 한스러운 삶의 모습이 잘 나타나 있다. 시집살이의 고뇌가 구구절절이 배어 있는 이 노래는 묘미 있는 언어와 해학적인 표현으로 그 고통을 감내하고 체념, 초월하려는 모습을 보여 주고 있어 문학성을 더해 주고 있다. 4·4조 중심의 4음보격인 이 노래는 사촌 자매간의 대화 형태로 되어 있는데, 시집살이의 어려움이 소박하고도 간결한 언어로 압축되어 폭넓은 공감을 일으킨다.

이 작품의 구성은 대화의 전개에 따라 사촌 동생의 말과 시집갔던 언니의 말이 구분되고, 언니의 말은 다시 세 부분으로 나눌 수 있다. 각 행마다 대구와 대조, 반복과 열거 등의 기법이 다양하게 사용되어 리듬감을 살렸다. 또한, 시집 식구들을 새에다, 자식들을 오리·거위에 비유하여 표현의 묘미를 더했다.

1 이 작품의 민요적 특징

① 반복
② 대구
③ 열거(나열)
④ 'a – a – b – a', 'a – b – c – b' 등 다양한 표현
⑤ 민중 언어 – 일상적 언어
⑥ 비유
⑦ 진솔한 감정

2 부요 「시집살이 노래」와 내방 가사(「규원가」) 비교

구분		시집살이 노래	내방 가사
공통점		• 봉건 사회에서 여성이 겪는 불행을 여성 자신이 표현 • 부녀자들이 불렀음	
차이점	향유 계층	평민층의 부녀자	양반 사대부 계층의 부녀자
	시적화자	자신의 감정을 시원스럽게 말하는 진술하고 소박한 여인상	도덕적으로 자신의 감정을 억제하고 통제하는 인고의 여인상
	내용	부당한 속박에 대한 고발과 항거의 내용을 표현	눈물과 한숨으로 부당한 속박을 참고 견디는 규방 생활을 표현

3 표현상의 특징

이 노래는 일상적 소재와 소박한 시어를 통한 적절한 비유, '둥글둥글 수박식기', '도리도리 도리소반' 등 친숙한 어휘의 반복, '고추당추', '석삼 년'과 같은 음의 조화와 운의 활용 그리고 시댁 식구들의 특징을 '새'에 자식을 '거위, 오리'에 비유한 해학적 표현 등이 매우 뛰어나다. 뿐만 아니라, '배꽃같은 요 내 얼굴 호박꽃이 다 되었네. / 삼단같던 요 내 머리 비사리춤이 다 되었네.'에서와 같이 대구, 대조, 열거의 표현 기법이 자유자재로 구사되고 있다.

> **참고** 딸에게 주는 부요
>
> 딸아딸아 연지 딸아 남의 집에 가거들랑
> 일가친척 오시거든 말에 말씀 조심하고
> 지사영부 들거들랑 맷돌을 조심하고
> 꿩과 닭을 잡거들랑 잔머리를 조심하고
> 시아버지 상딜노면 치마꼬리 조심하고
> 도리도리 수박탕게 밥 담기를 조심하고
> 중의 벗은 시동생에 발에 말씀 조심하라

기출문제

1. 다음은 역할극 활동에 활용한 작품과 학생의 역할극 대본이다. 〈보기〉의 ㉠, ㉡에 들어갈 말을 순서대로 쓰시오. [2점]
_{2015년 기출 기입형 8번}

> (가)
> 시아버지 호랑새요 시어머니 꾸중새요
> 동세 하나 할림새요 시누 하나 뾰족새요
> 시아지비 뾰중새요 남편 하나 미련새요
> 나 하나만 썩는 샐세
> 귀 먹어서 삼년이요 어두워 삼년이요
> 말 못해서 삼년이요 석삼년을 살고 나니
> 배꽃 같은 요내 얼굴 호박꽃이 다 되었네
> 삼단 같은 요내 머리 비사리춤이 다 되었네
> 백옥 같은 요내 손길 오리발이 다 되었네
> 열새무명 반물치마 물 씻기 다 젖었네
> 두폭붙이 행주치마 콧물 받기 다 젖었네
> 울었던가 말았던가 벼개머리 소(沼)이곘네
> 그것도 소이라고 거위 한 오리 한 쌍
> 쌍쌍이 떠들어오네
>
> — 「시집살이 노래」

(나)
　급히급히 돌아와서 사립 안에 들어서며, 아비 불러 하는 말이, "날은 춥고 방은 찬데 고픈 배 틀어쥐고 오죽 고대(苦待) 하셨겠소." 심봉사 반겨하고, "애개, 내 딸 너 오느냐. 오죽이 춥겠느냐. 어서 급히 들오라." 심청이 손을 불며 부엌으로 들어가서 물을 솥에 얼른 데워 빌어온 밥 데운 물을 아비 앞에 드리고서 반찬을 가리키며 "많이많이 잡수시오." 심봉사 탄식하며 "목구멍이 원수로다. 선녀 같은 이내 딸을 내어놓아 밥을 빌어 이 목숨을 살자느냐. 너의 모친 죽은 혼이 만일 이 일 알았으면 오죽이 섧겠느냐." 심청이 여짜오되, "빌어 온 밥이나마 자식의 정성이니 설워 말고 잡수시오." 좋은 말로 위로하여 기어이 먹게 하니, 날마다 얻어온 밥 한 쪽박에 오색이라 흰밥 콩밥 팥밥이며, 보리 기장 수수밥이 갖가지로 다 있으니, 심봉사집은 끼니때마다 정월 보름 쇠는구나.
　　　　　　　　　　　　　　　　　　　　　　　　　　　　　　　　　　　　－「심청가」

―― 〈학생의 역할극 대본〉 ――
며느리: 시집온 지 벌써 십 년이 다 되어 갑니다. 여전히 시부모님은 어렵고 시집살이는 힘들어요. 그래도 미련스레 절 챙겨주는 남편만 믿고 삽니다. …… 서러워 흘린 눈물이 베갯머리에 작은 소(沼)를 이루었네요. 그것도 소라고 베갯잇에 수놓은 새들이 떠다닙디다.
심청　: 이제 저도 어느 정도 컸답니다. 제가 앞 못 보시는 아버지보다는 수월히 밥을 빌러 다닐 수 있지 않겠어요? 아버지는 제가 얻어 온 밥을 차마 못 드시네요. 그래서 제가, 우리는 매끼마다 오곡밥을 먹으니 얼마나 좋으냐며 위로해 드렸습니다.

―― 〈보기〉 ――
교사의 설명
　역할극을 할 때에는 작품에 대한 올바른 이해가 중요합니다. '며느리'의 대본에서 '그래도'로 시작하는 문장은 며느리의 처지에 대한 잘못된 이해에서 비롯되었습니다. '심청'의 대본에서 (㉠)(으)로 시작하는 문장은 심청의 목소리와 서술자의 목소리를 구별하지 못한 것이지요.
　그런데 작품에 그려진 인물의 삶은 눈물겹고 안타깝지만 우리가 작품을 감상할 때 꼭 그런 감정만 갖게 되는 것은 아닙니다. 비애감을 차단하고 새로운 국면으로 전환시키는 (㉡) 때문이지요. (㉡)은/는 서럽고 슬픈 삶을 견딜 만한 것으로 만들어 주는 전통적인 삶의 지혜와도 관련됩니다.

예상 답안

㉠ 그래서　㉡ 해학(골계, 눈물 섞인 웃음)

● 고전시가와 고전산문이 결합된 문제. 「해커스 임용 최병해 문학내용학」의 갈래, 골계와 해학 등을 바탕으로 하여 작품의 기본 내용을 이해하고 그것을 바탕으로 하여 역할극이라는 다른 매체(상황)에 적용하는 문제로 볼 수 있음. ㉡부분에 해학 외에 '골계', '눈물 섞인 웃음' 등도 답이 될 수 있음

※ (2~3) 다음 글을 읽고 물음에 답하시오. [20점]

(가)
　평강왕의 어린 딸이 울기를 잘하니 왕이 놀려 말했다. "네가 항상 울어서 내 귀를 시끄럽게 하니 커서 대장부의 아내가 될 수 없고 바보 온달에게나 시집보내야 하겠다." 왕은 매양 그렇게 말하곤 했다. 딸의 나이가 16세가 되어 상부(上部) 고씨(高氏)에게로 시집보내려 하니 공주가 대답하였다. "대왕께서 항상 말씀하시기를, '너를 반드시 온달의 아내가 될 것이다.'라고 하셨는데, 지금 무슨 까닭으로 예전의 말씀을 바꾸십니까? 필부도 식언(食言)을 하지 않으려 하거늘 하물며 지극히 존귀하신 분께서야 더 말할 필요가 없습니다. 그러므로 '임금은 농담을 하지 않는다.'는 말이 있는 것입니다. 지금 대왕의 명령은 잘못된 것이오니 소녀는 감히 받들지 못하겠습니다." 왕이 화를 내며 말하였다. "네가 나의 명령을 따르지 않는다면 진정 내 딸이 될 수 없다. 어찌 함께 살 수 있겠느냐? 마땅히 너는 네가 가고 싶은 곳으로 가야 할 것이다."

〈중략〉

　공주가 그 집에서 나와 걸어서 산 밑에 이르니, 온달이 느릅나무 껍질을 지고 오는 것이 보였다. 공주가 그에게 마음속에 품은 바를 말하니, 온달이 불끈 화를 내며 말했다. "이는 어린 여자가 행동할 바가 아니다. 분명 사람이 아니라 여우나 귀신일 것이다. 나에게 가까이 오지 말라." 말을 마친 온달은 돌아보지도 않고 가버렸다. 공주는 혼자 온달의 집으로 돌아와 사립문 아래서 잤다. 이튿날 아침 다시 들어가서 어머니와 아들에게 상세히 말을 하니, 온달이 우물쭈물하며 결정을 내리지 못하였다. 그 어머니가 말하였다. "내 자식은 지극히 누추하여 귀인의 배필이 될 수 없고, 내 집은 지극히 가난하여 결코 귀인이 거처할 곳이 못됩니다." 공주가 대답하였다. "옛 사람이 말하길, '한 말 곡식도 방아 찧을 수 있고, 한 자 베도 바느질할 수 있다.'고 하였다. 그런즉 진실로 마음만 맞는다면 어찌 반드시 부귀한 후에야 함께 지낼 수 있겠습니까?" 이내 공주가 금팔찌를 팔아 농토와 집, 노비, 우마와 기물 등을 사니 살림살이가 다 갖추어졌다.

〈후략〉

- 「온달전」

(나)
　이 서생은 일찍부터 책을 끼고 학교에 갈 때는 언제나 최 처녀의 집 앞을 지나다녔는데 그 집 북쪽 담 밖에는 수십 그루의 수양버들이 운치 있게 둘러쳐져 있었다. 이 서생은 어떤 날 그 나무 밑에서 쉬다가 문득 담 안을 엿보았더니 이름 있는 온갖 꽃들은 활짝 피어 있고 벌과 새들이 그 사이를 요란하게 날고 있었다. 그 옆에는 자그마한 누각이 꽃 숲 사이에 은은히 보이는데, 구슬로 만든 발은 반쯤 가려 있고 비단 휘장은 나지막하게 드리워져 있었다. 그 속에 한 아름다운 여인이 수를 놓고 있다가 손을 잠시 멈추고 아래턱을 괴더니 시를 읊는다. (시 1수 생략)

　저기 가는 저 총각은 누구 집 도련님고,
　푸른 깃 넓은 띠가 버들 새로 비쳐 오네.
　이 몸이 화신하여 대청 안의 제비 되면,
　죽림을 사뿐 걸어 담장 위를 넘어가리.

　이 서생은 그녀가 읊은 시를 듣고는 자기의 재주를 급히 시험하고자 안달이 났다. 그러나 그 집의 담장은 높고 가파르며, 안채가 깊숙한 곳에 있었으므로 다만 서운한 마음으로 학교로 갔다. 그는 돌아올 때에 흰 종이 한 폭에다 시 3수를 써서 기와 쪽에 매달아 담 안으로 던져 보냈다. 최 처녀는 시비 향아를 시켜 주워 보니 이 서생이 보낸 시였다. (시 2수 생략)

예쁜 인연 되려는지 궂은 인연 되려는지,
부질없는 이내 시름 하루가 삼추 같네.
넘겨 보낸 시 한 수에 가약 이미 맺었나니,
남교(藍橋) 어느 날에 고운 님 만나질까.

최 처녀는 그 시를 읽고 또 읽은 후 마음속으로 기뻐하면서 자기도 종이쪽지에다 짤막한 글귀를 적어서 담장 밖으로 던져 주었다. "도련님은 의심치 마십시오. 황혼에 뵙기로 합시다." 황혼이 되자 이 서생은 최 처녀의 집을 찾아갔다. 문득 복숭아 꽃나무 한 가지가 담 밖으로 휘어져 넘어오면서 간들거리기 시작했다. 이 서생은 가까이 가서 살펴보니 그넷줄에 매달린 대광주리가 아래로 드리워져 있었다. 이 서생은 그 줄을 타고 담을 넘어갔다. 때마침 달이 동산에 돋아오고 그림자가 땅에 깔려 맑은 향기가 사랑스러웠다. 이 서생은 자기가 신선 세계에 들어오지나 않았나 하는 생각이 들어서 마음은 은근히 기뻤으나 몰래 숨어들고 보니 모발이 곤두섰다. 그가 좌우를 살펴보니 최 처녀는 벌써 꽃떨기 속에서 시녀 향아와 함께 꽃을 꺾어 머리에 꽂고 구석진 곳에 자리를 펴고 앉아 있었다. 그녀는 이 서생을 보자 방긋 웃으며, 시 두 구절을 먼저 읊었다.

도리(桃李) 나무 얽힌 가지 꽃송이 탐스럽고, / 원앙새 베개 위엔 달빛도 곱고나.

서생도 곧 뒤를 이어서 시를 읊었다.

이 다음 어쩌다가 봄소식이 샌다면, / 무정한 비바람에 또한 가련하리라.

최 처녀는 곧 낯빛이 변하면서 말했다. "도련님 저는 애당초 도련님을 끝내 남편으로 모셔 오래도록 즐겁게 지내려 마음먹고 있었습니다. 그런데 도련님께서는 어찌 그런 말씀을 하십니까? 저는 비록 여자의 몸이오나 조금도 걱정함이 없는데 대장부의 의기를 가지고서 어찌 그런 말씀을 하십니까? 뒷날에 규중의 비밀이 누설되어 부모님께 꾸지람을 듣게 되더라도 저 혼자 책임을 지겠습니다." 말을 마친 후 그녀는 향아를 시켜 방에 들어가서 술과 과일을 가져오게 했다.

〈후략〉

― 「이생규장전」

(다)
시집가든 사흘 만에 호망자리 둘러메고 밭매로야 가라 칸다
머슴들아 머슴들아 밭매로야 가자시라
마당귈이 굳은 밭을 미겉이도 지슴 밭을 남산겉이 넓은 밭을
한 골 매고 두 골 매고 삼시 골로 거듭 매고 점심때가 되었구나
머슴들아 머슴들아 점심 먹을 집에 가자
집이라고 돌아오니 시아버지 하는 말이
번개같이 뛰어오매 그게라상 일이라고 점심 찾아 벌써 오나
쪼바리 같은 시어마님 쪼불시가 기나오매
그게라상 일이랑고 점심 찾아 벌써 오나
기가 차고 매가 차여 점심 쪼매 주이시소
삼년 묵은 보리밥을 식기 굽에 문체주고
장을 쪼끔 달라 하니 삼년 묵은 등게장을
종지 굽에 문체주고 몽당숟가락을 던져주니
밥그릇을 가주고야 장방 우에 얹어놓고

농문으로 열어치고 우리 아배 떠온 처매 우리 어매 눈공 처매
한 폭 따여 고깔 짓고 두 폭 따여 행전 짓고 시 폭 따여 바랑 짓고
오랑망태 둘러메고 시금시금 시어마님 나는 가네
시금시금 시어마님 시집살이 몬해가주
나는 가네 나는 가네 가그덩 가고 말그덩 말고
〈중략〉
동해사 절로 가서 한 대문을 열어치고 두 대문을 열어치니
늙은 중캉 젊은 중캉 동미중캉 앉었구나
동미중아 벗이중아 이내 말쌈 들어보라 내 머리를 깎어도고
정들어 나여두고 머리 깎다 외말이고 잔말 말고 깎어도고
동미중아 머리 깎어 친정골에 사주 가자 이내 머리 깎어도고
한 귀때기 깎고 나니 눈물이 진동하고
두 귀때기 깎고 나니 팔월이라 원두밭에 돌수박이 되었구나
〈후략〉

- 「시집살이 노래」

2. 아래의 〈조건〉에 따라 (가)~(다)에 나타난 갈등의 양상과 그 성격을 각각 서술하시오. [10점]

2009년 모의 2차 2-1번

〈조건〉
(1) 제시된 지문을 중심으로 분석할 것
(2) 서사적 갈등은 '자아와 세계의 관계'를 중심으로 분석할 것
(3) 글자 수는 띄어쓰기를 포함하여 700자(±100자)임

출제기관 채점기준

3점 - (가)의 갈등의 양상과 성격이 2가지 모두 맞은 경우
　　　((가)의 갈등의 양상과 성격이 1가지 맞은 경우 1점)
3점 - (나)의 갈등의 양상과 성격이 2가지 맞은 경우
　　　((나)의 갈등의 양상과 성격이 1가지 맞은 경우 1점)
3점 - (다)의 개인과 사회의 갈등의 양상과 성격이 맞은 경우
1점 - 분량이 맞은 경우(700자 ±100자 : 15-20줄)

예상 답안

　(가)는 갈등의 양상에서 개인과 개인의 갈등 및 개인과 사회의 갈등이 드러난다. 어린 날의 약속을 지켜 천민 온달에게 시집가기를 원하는 평강 공주와 귀족에게 시집을 보내려는 평강왕의 갈등이 '약속의 중요성'에 관한 개인들 간의 갈등이라면, 평강 공주가 당대 부권 중심의 도덕률을 비판하며 스스로 독자적 삶을 개척하려는 것은 '부권을 벗어나 주체적 삶을 개척하는 여성상'을 드러낸 개인과 사회의 갈등으로 볼 수 있다.
　(나)는 갈등의 양상에서 개인과 개인의 갈등 및 개인과 사회의 갈등이 드러난다. 최 처녀를 좋아하면서도 소문이 두려워 사랑을 주저하는 이생과 스스로 책임을 지며 사랑을 추구하려는 최 처녀는 '사랑에 대한 태도'에서 개인과 개인의 갈등을 드러내며, 한편으로 최 처녀가 당대의 봉건적인 윤리관에 개의치 않고 적극적으로 사랑을 추구한다는 점에서 '봉

건적 윤리관을 벗어난 사랑의 추구'라는 개인과 사회의 갈등으로 볼 수 있다. (한편, 이생이 소문을 염려하며 사랑을 망설이는 부분은 개인 내면의 갈등으로 볼 수도 있다.)

(다)는 갈등의 양상에서 개인과 개인의 갈등 및 개인과 사회의 갈등이 나타난다. 갓 시집 온 며느리와 시집 식구들 사이의 갈등은 표면적인 것으로 '며느리와 시집 식구의 갈등'으로 개인과 개인의 갈등이며, 며느리의 삶의 애환과 고난이 조선시대 봉건적인 가부장제로 인한 것이어서 그러한 시집을 벗어나려는 노력은 이면적인 것으로 개인과 사회의 갈등이 잘 드러난다. (다)에서는 이면적 갈등이 중요하므로 개인과 사회의 갈등으로만 파악할 수도 있다.

3. 김 교사는 위의 세 작품을 제재로 삼아 아래와 같이 교수·학습 목표와 내용을 설계하였다. 이 내용 가운데 잘못 설계된 부분을 찾고, 그것이 잘못된 이유를 〈조건〉에 따라 논술하시오. [10점] 2009년 모의 2차 2-2번

교수·학습 목표	1) 고전문학 작품의 갈래적 특징과 주요 향유층을 이해한다. 2) 고전문학에 나타난 여성상의 특징과 작가 또는 향유층의 의식을 이해한다.				
교수·학습 내용	작품명	갈래 및 주요 향유층	여성상의 특징	작가 또는 향유층의 의식	출전
	「온달전」	㉠ 역사적 사실을 토대로 한 설화로서, 주요 향유층은 상층 지배 계층이다.	㉡ 공주와 바보의 결혼은 거의 불가능한 일이기 때문에 평강공주는 낭만적으로 형상화된 인물이다.	㉢ 「온달전」에는 온달에 대한 평강공주의 사랑과 후원을 통해 백성에 대한 지배 계층의 자애로움을 알리려는 의식이 담겨 있다.	『삼국사기』(열전)
	「이생규장전」	㉣ 전기소설로서, 주요 작가층은 소외된 지식인이다.	㉤ 최 처녀는 조선 전기 양반가 처녀의 일반적인 모습이 사실적으로 형상화된 인물이다.	㉥ 생육신이었던 김시습의 「이생규장전」에는 최 처녀를 사육신에 비유하여 사육신에 대한 그리움과 자신의 절의 정신을 은근히 드러내려는 작가 의식이 담겨 있다.	『금오신화』
	「시집살이 노래」	ⓐ 서사 민요로, 주요 향유층은 조선 후기 하층 부녀자들이다.	ⓑ 이 노래는 시집살이와 종교적 신념 사이에서 갈등을 겪던 부녀자가 여승이 된 모습을 사실적으로 형상화하고 있다.	ⓒ 남성 중심적 가족 제도하에서 고된 시집살이를 하면서 시집을 벗어날 수 없었던 조선 후기 부녀자들의 한과 원망이 담겨 있다.	『한국민요집』

─────〈조건〉─────
(1) (가)~(다)의 작품 전체를 고려할 것
(2) 작품의 성격과 특징 및 내용 등을 근거로 제시할 것
(3) 글자 수는 띄어쓰기를 포함하여 700자(±100자)임

출제기관 채점기준

3점 - (가)의 잘못 설계된 항목과 그 이유가 맞은 경우
 - 항목이 맞은 경우 1점
 - 이유가 맞은 경우 1점
 - 작품의 성격·내용을 근거로 한 경우 1점

3점 - (나)의 잘못 설계된 항목과 그 이유가 맞은 경우
　　- 항목이 맞은 경우 1점
　　- 이유가 맞은 경우 1점
　　- 작품의 성격·내용을 근거로 한 경우 1점
3점 - (다)의 잘못 설계된 항목과 그 이유가 맞은 경우
　　- 항목이 맞은 경우 1점
　　- 이유가 맞은 경우 1점
　　- 작품의 성격·내용을 근거로 한 경우 1점
1점 - 분량이 맞게 제시된 경우(700자 ±100자 : 15-20줄)

예상 답안

　(가)의 「온달전」은 ㉠이 잘못 설계 되었다. 「온달전」이 역사적 사실을 토대로 했다는 점은 '온달'이 실존 인물이라는 점에서 확인할 수 있으나, 이 이야기를 상층 지배 계층이 향유했다는 것이 잘못된 내용이다. 「온달전」은 '온달'이란 실존 인물에 당시 전해지던 '숯 굽는 총각', '말 기르기' 등 다양한 설화 모티프가 결합한 민담이며, 민담은 전통적으로 우리 문학에서 민중들이 구전으로 전하면서 향유한 이야기이므로 향유층은 상층 지배계층이 아니다.

　(나)의 「이생규장전」은 ㉡이 잘못 설계 되었다. 조선 전기 일반적인 규방처녀는 엄격한 가부장제 하에서 정절 및 일부종사라는 윤리를 강요받아, 규방으로 외간 남자를 끌어들이는 일은 있을 수 없었다. (나)에서 '최 처녀'는 이생의 관심을 끌기를 바라고, 밤에 이생을 자기 방에 찾아오게 하며, 또 소문이 날까 주저하는 이생에게 자신이 책임지겠다고 하여 적극적으로 사랑을 추구하는 모습을 보이므로 조선 전기 양반가 처녀의 일반적인 모습이 아니다.

　(다)의 「시집살이 노래」는 ㉢이 잘못 설계 되었다. 이 노래는 봉건적 가부장제 하에서 며느리가 어려운 시집살이를 견디다 못해 여승이 되는 이야기이다. (다)에서 며느리는 시집 온 지 사흘째부터 온갖 고된 일을 시키면서도 먹을 것조차 제대로 주지 않는 시집의 학대를 견디다 못해 시집을 떠난다. 며느리가 시집살이와 종교적 신념 사이에서 갈등하다가 여승이 된 것이 아니라 시집살이의 어려움과 시댁 식구의 박해 때문에 그렇게 된 것이다.

작품 2 › 아리랑 타령

◈ 출제방향
- 민족과 국가가 안팎으로 위기에 처한 상황을 반영한 「아리랑」의 하나임을 확인하여, 이를 바탕으로 다양하게 반영된 당시의 시대상과 그것을 노래한 형식적 특징 이해
- 개화기의 민족적 현실과 정서
- 구비 문학의 적층적 성격

[1연]
이씨의 사촌이 되지 말고
민씨의 팔촌이 되려무나.
　　아리랑 아리랑 아라리요
　　아리랑 배 띄여라 노다 가세.

[2연]
남산 밑에다 장춘단을 짓고
군악대 장단에 받들어총만 한다.
　　[후렴]

[3연]
아리랑 고개다 정거장 짓고
전기차 오기만 기다린다.
　　[후렴]

[4연]
문전의 옥토는 어찌되고
쪽박의 신세가 웬 말인가.
　　[후렴]

[5연]
밭은 헐려서 신작로 되고
집은 헐려서 정거장 되네
　　[후렴]

[6연]
말 깨나 하는 놈 재판소 가고
일 깨나 하는 놈 공동산 가네
　　[후렴]

[7연]
아깨나 낳을 년 갈보질 가고
목도깨나 메는 놈 부역을 간다
　　[후렴]

[8연]
신작로 가장자리 아까시 낡은
자동차 바람에 춤을 춘다.
　　[후렴]

〈후략〉

🔖 핵심정리

▷ **작자** 미상
▷ **갈래** 신민요, 서정 민요
▷ **형식** 분절체, 후렴구
▷ **운율** 3음보
▷ **성격** 현실 비판적, 풍자적, 적층적, 구비적
▷ **표현** 후렴구의 반복법, 대구법, 대유법

▷ **구성** ① 추보식(시간적 순서에 따른 전개)
　　　　② 1연 : 외척의 세도 비판
　　　　③ 2연 : 실속 없는 신식 군대 비판
　　　　④ 3연 : 현실과 유리된 개화 비판
　　　　⑤ 4연 : 일제의 수탈에 대한 비판
　　　　⑥ 5연 : 잘못된 개화에 대한 비판
▷ **제재** 민족의 현실
▷ **주제** 개화기 민족 현실에 대한 비판

🔍 이해와 감상

| 감상 |

여기에 수록된 것은 전 9연 중 일부에 속한다. 민중에 의한 공동작이므로 9편이 동시에 지어졌다기보다는 시대를 내려오면서 하나씩 지어진 것으로 보는 것이 타당하다. '민씨 세도 정치 – 신식 군대의 조직 – 전차 건설 – 경제 수탈' 등 대체로 시대 순으로 전개되고 있는데 이처럼 각 연의 내용이 시대에 따라 달라지고 있는 것은 이 노래의 적층적 성격을 말해 주는 것이다.

또한 이 노래에 반영된 우리 민족의 현실과 정서를 이해하는 것도 매우 중요하다. 이 노래는 민씨의 세도 정권에 대한 비판으로부터 시작하여 민중의 삶의 터전을 파괴하는 개화의 허상(虛像)에 이르기까지 우리 민족이 처한 현실을 여실히 보여 주고 있으며 이를 비판적인 시각으로 바라보고 있다. 노랫말에 담긴 사건들은 민족 개개인의 삶과 직결될 뿐만 아니라 민족 사적으로도 매우 중요한 것들이란 점에서, 이 노래는 우리 민족의 삶과 정서를 진솔하게 담고 있는 우리 근대사의 민족적 삶의 전형적 표현이라고 할 수 있다. 이 노래가 우리에게 주는 감동은 각 연마다 후렴을 제외하고는 단 두 줄밖에 되지 않는 노랫말 속에 우리 민족의 삶과 한이 담겨 있는 절실한 내용 때문이라고 할 것이다.

위 부분의 내용을 정리하면 다음과 같다. 제1연은 민씨 세도 정권 때의 시대 상황을, 제2연은 신식 군대가 설치된 때를, 제3연은 서울에 전차가 개설된 때를, 제4·5연은 식민지가 된 뒤 삶의 터전을 상실하게 된 사연을 반영하고 있다. 그러니까 민족사적으로 중요할 뿐만 아니라 민족 개개인의 삶과 직결되는 중요한 사건들을 시대 순으로 반영하고 있는 셈이다. 결국 「아리랑 타령」은 근대 우리 민족사의 전형적 표현인 것이다.

> **참고** 아리랑의 역사적 의미
>
> 아리랑은 민족의 대표적인 민요(民謠)이다. '아리랑 아리랑 아라리요'의 여음이 들어가기 때문에 '아리랑'으로 불리며 (강원도 정선에서는 「정선 아리랑」이라 한다). 가락과 사설(辭說)은 지방에 따라 다르다.
>
> 주로 아리랑은 이별의 노래로 불렸는데, 민족의 수난기에는 그 시련을 하소연하는 노래로, 고국을 떠나는 노래로 그 의미가 확대되기도 했다.
>
> 아리랑은 우리 민족의 대표적 민요로 그 표현미는 세련된 시어의 선택이 아니라 실생활에 사용되는 일상용어를 그대로 옮겨 놓았을 뿐만 아니라, 내용 자체도 변용하거나 굴절시키지 않고 직설적으로 전달한 데 있다.
>
> 그럼에도 불구하고 이 노래가 무한한 여운과 의미를 함축하고 있는 것은 단 두 행에 표현된 구체적 사실 하나 하나가 모두 당시 우리 민족 모두에게 너무나 절박하고 절실했던 체험이기 때문이다. 이 체험의 절실성이 당대 현실의 전형적 표현이 될 수 있었던 것이다.

■ 구전 민요 : 「신 아리랑」, 「신고산 타령」 등

예상문제

※ (1 ~ 3) 다음 글을 읽고 물음에 답하시오.

(가)
　　엇그제 저멋더니 ᄒ마 어이 다 늘거니.
　　소년행락(少年行樂) 생각ᄒ니 일너도 속절업다.
　　늘거야 서른 말ᄉᆞᆷ ᄒ자니 목이 멘다.
　　부생모육(父生母育) 신고(辛苦)ᄒ야 내 몸 길너 낼 제
　　공후배필(公侯配匹)은 못 바라도 군자호구(君子好逑) 원(願)ᄒ더니,
　　삼생(三生)의 원업(怨業)이오 월하(月下)의 연분(緣分)으로,
　　장안유협(長安遊俠) 경박자(輕薄子)를 ᄭᅮᆷᄀᆞᆺ치 만나 잇서,
　　당시(當時)의 용심(用心)ᄒ기 살어름 디듸는 듯,
　　삼오이팔(三五二八) 겨오 지나 천연여질(天然麗質) 절로 이니,
　　이 얼골 이 태도(態度)로 백년기약(百年期約) ᄒ얏더니,
　　연광(年光)이 훌훌ᄒ고 조물(造物)이 다시(多猜)ᄒ야,
　　봄바람 가을 믈이 뵈오리 북 지나듯
　　설빈화안(雪鬢花顔) 어듸 두고 면목가증(面目可憎) 되거고나.
　　내 얼골 내 보거니 어느 님이 날 괼소냐.
　　스스로 참괴(慙愧)ᄒ니 누구를 원망(怨望)ᄒ리.
　　　　　　〈중략〉
　　출하리 잠을 드러 ᄭᅮᆷ의나 보려 ᄒ니,
　　바람의 디ᄂᆞᆫ 닙과 풀 속에 우는 즘생,
　　므스 일 원수로서 잠조차 ᄭᅢ오ᄂᆞᆫ다.
　　천상(天上)의 견우직녀(牽牛織女) 은하수(銀河水) 막혀서도,
　　칠월칠석(七月七夕) 일년일도(一年一度) 실기(失期)치 아니거든,
　　우리 님 가신 후(後)는 무슨 약수(弱水) 가렷관듸,
　　오거나 가거나 소식(消息)조차 ᄭᅳ쳣는고.
　　난간(欄干)의 비겨 셔서 님 가신 듸 바라보니
　　초로(草露)ᄂᆞᆫ 맷쳐 잇고 모운(暮雲)이 디나갈 제.
　　죽림(竹林) 푸른 고듸 새소리 더욱 설다.
　　세상(世上)의 서른 사람 수(數)업다 ᄒ려니와,
　　박명(薄明)ᄒᆞᆫ 홍안(紅顔)이야 날 ᄀᆞᄐᆞ니 ᄯᅩ 이실가.
　　아마도 이 님의 지위로 살동말동 ᄒ여라.

　　　　　　　　　　　　　　　　　　　　　　　- 「규원가(閨怨歌)」

(나)
[1연]
　　이씨의 사촌이 되지 말고
　　민씨의 팔촌이 되려무나.
　　[후렴] 아리랑 아리랑 아라리요
　　　　　아리랑 배 띄여라 노다 가세.

[2연]
남산 밑에다 장춘단을 짓고
군악대 장단에 받들어총만 한다. [후렴]

[4연]
문전의 옥토는 어찌되고
쪽박의 신세가 웬 말인가. [후렴]

- 「아리랑 타령」

(다)
　　살어리 살어리랏다. 쳥산(靑山)애 살어리랏다.
　　멀위랑 ᄃ래랑 먹고, 쳥산(靑山)애 살어리랏다.
　　　　얄리얄리 얄랑셩 얄라리 얄라.

　　우러라 우러라 새여, 자고 니러 우러라 새여.
　　널라와 시름 한 나도 자고 니러 우니노라.
　　　　얄리얄리 얄라셩 얄라리 얄라.

　　가던 새 가던 새 본다. 믈 아래 가던 새 본다.
　　잉무든 장글란 가지고, 믈 아래 가던 새 본다.
　　　　얄리얄리 얄라셩 얄라리 얄라.

　　이링공 뎌링공 ᄒ야 나즈란 디내와숀뎌.
　　오리도 가리도 업슨 바므란 ᄯᅩ 엇디 호리라.
　　　　얄리얄리 얄라셩 얄라리 얄라.

　　어듸라 더디던 돌코, 누리라 마치던 돌코.
　　믜리도 괴리도 업시 마자셔 우니노라.
　　　　얄리얄리 얄라셩 얄라리 얄라.

- 「쳥산별곡(靑山別曲)」

1. 위의 세 작품에서 밑줄 친 부분만을 바탕으로 할 때, 소설이라면 어떠한 갈등의 양상으로 드러내는 것이 효과적일지 밝히고, 내용을 통해 그 이유를 밝히시오.(단, (다)의 화자는 여인으로 볼 것) [3점]

📝 예상 답안

구분	갈등의 양상	그렇게 파악한 이유
(가)	개인(인간)과 개인(인간)의 갈등	(가)의 밑줄 부분은 화자와 '님'의 관계가 원만치 않아 나타나는 갈등으로 볼 수 있음
(나)	인간(개인)과 사회의 갈등	(나)의 밑줄 부분은 화자가 민씨의 세도정치나 구한말 일제의 침탈로 인한 갈등을 느낌
(다)	인간 내면의 갈등(심리적 갈등)	(다)의 밑줄 부분은 실연당한 여인이 겪는 내면적 고뇌를 드러낸 것으로 볼 수 있음

2. (나)와 (다)를 문학적 형상화의 측면에서 각 작품이 지닌 장점과 한계(문제점)에 대해 파악할 때, 교사가 장점과 한계에 대해 각각 지도할 내용을 아래 표에 맞게 1가지씩 밝히시오. [4점]

📝 예상 답안

작품	구분	지도의 내용
(가)	장점	개화기의 현실을 짧은 내용 속에 전형적으로 그려내어 현장감과 사실성이 있음을 느끼게 함
(가)	한계	① 표현이 투박하며, 단순한 사실의 나열로 제시했음을 알게 함(내용을 표현과 형식의 요소로 형상화하는 노력이 부족함) ② 현실에 대한 대응의식이 결여되었음을 알게 함
(나)	장점	① 내용을 뛰어난 비유, 상징 등으로 표현하여 깊은 감동을 줌을 알게 함 ② 3음보 운율과 비음의 사용 등으로 리듬감(음악성)이 잘 드러났음을 알게 함
(나)	한계	① 화자의 감정을 직접적으로 제시되었음을 알게 함(지나치게 슬픔에 빠져 있음) ② 현실의 문제에 대한 적극적인 해결 의지가 부족함을 알게 함

3. (나)와 (다) 화자의 상황을 비교하여 그 공통점과 차이점을 아래 표에 제시하시오.

📝 예상 답안

작품	(나)	(다)
공통점	정착하지 못하고 유랑하는 상황, 삶의 비애와 고통	
차이점	① 개화기의 시대 현실로 인한 슬픔을 담았음 ② 현실을 비판하지만 이상향에 대한 내용은 없음	① 몽고의 침입이나 무신란으로 인한 유랑의 슬픔을 담았음 ② 현실 비판과 이상향에 대한 지향을 드러냄

작품 3 〉〉 모내기 노래

어기여루 상사듸여
이 농군들 잘도 허네, 우리 농군들 잘도 헌다.
어기야 어기여루 상사듸여
앞산은 점점 멀어지고, 뒷산은 점점 가까워지네.
어기야 어기여루 상사듸여
월출 동녘 달 떠오르고, 일락 서산 해 떨어지네.
어기야 어기여루 상사듸여
풍년일세, 풍년일세, 금년에도 풍년일세.
어기야 어기여루 상사듸여
소리를 맞세 소리를 맞어, 농군들아 소리를 맞세.
어기야 어기여루 상사듸여
올해도 풍년이고, 내년에도 풍년일세.
어기야 어기여루 상사듸여
딸아 딸아 막내딸아, 너만 곱게 잘만 커라.
어기야 어기여루 상사듸여
여기도 심기고 저기도 심기고.
어기야 어기여루 상사듸여
앞산은 점점 멀어지고, 뒷산은 점점 가까워졌네.
어기야 어기여루 상사듸여

핵심정리

▷ **작자** 미상
▷ **갈래** 민요(노동요)
▷ **운율** 4 음보(메기는 소리), 3 음보(받는 소리)
▷ **구성** '메기는 소리'와 '받는 소리'의 반복에 의한 연속적 구성
▷ **제재** 모내기
▷ **주제** 농군들에 대한 격려와 풍년을 기원하는 마음

이해와 감상

| 해설 |

　모내기는 함께 일하는 사람들의 단결과 협동이 매우 중요한 노동이다. 따라서 「모내기 노래」와 같은 노동요를 부르면서 박자에 맞추어 모를 심음으로써 모내기의 힘겨움을 잊고 일의 능률을 올릴 수 있었다.

작품 4 ▶ 논매기 노래

❖ 출제방향
- 전국 어느 지방에서나 들을 수 있는 노동요인 논매기 노래 이해
- 각 지방에 따라 다른 가사나 율조
 (수록된 것은 충북 영동 지방의 것으로 농사의 기쁨과 보람을 잘 드러냄)

잘하고 자로 하네 에히요 산이가 자로 하네. (후렴)

이봐라 농부야 내 말 듣소 이 봐라 일꾼들 내 말 듣소.
잘하고 자로 하네 에히요 산이가 자로 하네.

하늘님이 주신 보배 편편옥토(片片沃土)가 이 아닌가.
잘하고 자로 하네 에히요 산이가 자로 하네.

물꼬 찰랑 돌아 놓고 쥔네 영감 어디 갔나.
잘하고 자로 하네 에헤요 산이가 자로 하네.

잘한다 소리를 퍽 잘하면 질 가던 행인이 질 못 간다.
잘하고 자로 하네 에헤요 산이가 자로 하네.

잘하고 자로 하네 우리야 일꾼들 자로 한다.
잘하고 자로 하네 에헤요 산이가 자로 하네.

이 논배미를 얼른 매고 저 논배미로 건너가세.
잘하고 자로 하네 에히요 산이가 자로 하네.

담송담송 닷 마지기 반달만치만 남았구나.
잘하고 자로 하네 에헤요 산이가 자로 하네.

일락서산(日落西山)에 해는 지고 월출동령(月出東嶺)에 달 돋는다.
잘하고 자로 하네 에히요 산이가 자로 하네.

잘하고 자로 하네 에헤요 산이가 자로 한다.
잘하고 자로 하네 에헤요 산이가 자로 하네.

잘하고 못하는 건 우리야 일꾼들 솜씨로다.

핵심정리

- **작자** 미상
- **갈래** 민요(충북 영동 지방)
- **율격** 3·4 조, 4 음보
- **성격** 농업 노동요, 선후창요(先後唱謠), 돌림 노래
- **표현** 반복법, 열거법
- **제재** 논매기
- **주제** ① 농사일의 기쁨과 보람
  ② 농민들의 애환과 희망
  ③ 노동의 피로를 덜기 위한 노래

이해와 감상

1 민요와 민중의 생활

민요는 민중의 생활 감정을 소박하게 반영하고 있는 노래로, 힘들고 고된 일을 낙관적인 웃음 속에서 치르게 해 주며, 억압하는 외부 세력에 대한 저항 정신이 강하게 나타나기도 한다.

이 작품 「논매기 노래」에는 민요를 통해 힘든 노동을 즐거움으로 승화시켰던 선인들의 슬기가 나타나며 농사일을 천직(天職)으로 생각하는 민중들의 낙관적인 정서가 드러난다.

- 기능요적 성격과 관련해 읽을 작품 : 「자장가」, 「김매기 노래」
- 가창적 성격과 관련해 읽을 작품 : 「베틀 노래」, 「정선 아리랑」

작품 5 자장 노래

[자장 노래 1 – 예산 지방]
멍멍개야 짖지 마라.
꼬꼬닭아 울지 마라.
우리 아기 잘도 잔다.
자장자장 우리 아기
엄마 품에 폭 안겨서
칭얼칭얼 잠노래를
그쳤다가 또 하면서
쌔근쌔근 잘도 잔다.

핵심정리

▷ 작자 미상
▷ 갈래 민요
▷ 운율 2 음보(4·4조)
▷ 표현 반복법, 대구법
▷ 제재 멍멍개, 꼬꼬닭, 아기
▷ 주제 아기가 쌔근쌔근 잘 자기를 기원함

[자장 노래 2 – 고성 지방]
자장자장 우리 애기
선녀같이 예쁜 애기
곱게곱게 자는 방에
괴도 개도 아니 온다.
자장자장 우리 애기
샛별같이 맑은 눈에
조랑조랑 맺히어라.

핵심정리

▷ 작자 미상
▷ 갈래 민요
▷ 운율 2 음보(4·4 조)
▷ 표현 반복법, 대구법
▷ 제재 괴, 개, 아기
▷ 주제 아기가 곱게 잘 자기를 기원함

작품 6 　잠 노래

　　잠아 잠아 짙은 잠아 이 내 눈에 쌓인 잠아.
　　염치불구 이 내 잠아 검치두덕 이 내 잠아.
　　어제 간밤 오던 잠이 오늘 아침 다시 오네.
　　잠아 잠아 무삼 잠고 가라 가라 멀리 가라.
　　시상 사람 무수한데 구테 너난 간 데 없어
　　원치 않는 이 내 눈에 이렇다시 자심(滋甚)하뇨.
　　주야에 한가하여 월명동창 혼자 앉아
　　삼사경 깊은 밤을 허도(虛度)이 보내면서
　　잠 못 들어 한하는데 그런 사람 있건마는
　　무상 불청(無常不請)원망 소래 온 때마다 들난고니
　　석반(夕飯)을 거두치고 황혼이 대듯마듯
　　낮에 못한 남은 일을 밤에 할랴 마음먹고
　　언하당(言下當) 황혼이라 섬섬옥수 바삐 들어
　　등잔 앞에 고개 숙여 실 한 바람 불어 내어
　　더문더문 질긋 바늘 두엇 뜸 뜨듯 마듯
　　난데없는 이 내 잠이 소리없이 달려드네.
　　눈썹 속에 숨었는가 눈 알로 솟아온가.
　　이 눈 저 눈 왕래하며 무삼 요수 피우든고.
　　맑고 맑은 이 내 눈이 절로절로 희미하다.

핵심정리

- **작자** 미상
- **갈래** 민요(경북 대구), 부요(婦謠), 노동요
- **성격** 해학적, 서민적
- **주제** 밤새워 바느질하는 삶의 고달픔, 고단한 가사 노동에 대한 해학적 한탄
- **표현** ① 의인법이 두드러짐('잠'을 작중 청자로 설정하여 '잠'을 원망하고 있음)
　　　② 일하지 않아도 되는 다른 사람과 노동에 시달리는 자신의 처지를 대조
　　　③ 노동의 고달픔을 익살스럽고 해학적인 태도로 나타냄

이해와 감상

| 해설 |

　위의 잠노래도 며느리들이 부른 부요의 일종이고, 시집살이 노래로 볼 수 있다. 며느리들이 처음 시집와서 가장 적응하기 어려운 문제 중 하나가 잠이었다. 그래서 잠에 관한 부요가 다양하게 나타난다.
　이 노래에서는 잠을 청자로 설정한 의인화를 통해 잠을 원망하고 있다. 화자는 낮에 일이 많아 밤에 하려고 했는데 잠 때문에 못한다고 하여 노동에 시달리는 자신의 처지를 드러내었다. 표현 면에서 노동의 고달픔을 익살스럽고 해학적인 태도로 나타냈으며, 밤새워 바느질하는 삶의 고달픔과 시집살이의 어려움을 드러내었다.

작품 7 ▶ 강강술래

달 떠 온다 달 떠 온다 우리 마을에 달 떠 온다. 강강술래
저 달이 장차 우연히 밝아 장부 간장 다 녹인다. 강강술래
우리 세상이 얼마나 좋아 이렇게 모아 잔치하고 강강술래
강강술래 잘도 한다 인생일장은 춘몽이더라. 강강술래
아니야 놀고 무엇을 할꼬 노세 노세 젊어서 노세. 강강술래
늙고 병들면 못 노니라 놀고 놀자 놀아 보세. 강강술래
이러다가 죽어지면 살은 녹아 녹수가 되고 강강술래
뼈는 삭아 진토가 되니 우리 모두 놀고 놀자. 강강술래
어느 때의 하세월에 우리 시방에 다시 올래. 강강술래
우리 육신이 있을 적에 춤도 추고 노래도 하고 강강술래
놀고 놀고 놀아 보자 질게 하면 듣기도 싫다. 강강술래
노세 노세 젊어서 노세 칭칭이도 고만하자. 강강술래

핵심정리

- **작자** 미상
- **갈래** 민요
- **형식** ① 'a-a-b-a' 형식을 사용
  ② 선후창(先後唱)의 연창(連唱) 형식
  ③ 후렴구
- **성격** 유희요(遊戲謠)
- **표현** 반복과 변조, 직설적인 표현
- **특징** 우리 민족의 현세적이고 낙천적인 세계관이 드러나 있음
- **제재** 달맞이
- **주제** 인생무상과 즐거운 삶의 추구

이해와 감상

| 해설 |

강강술래는 추석의 풍속 중의 하나로서, 부녀자들이 한복을 곱게 입고 넓은 공터에 원형으로 모여 서서, 수십 명씩 손을 맞잡고 빙글빙글 돌면서 뛰는 놀이를 말한다. 「강강술래」는 이 놀이에서 부르는 일종의 '유희요(遊戲謠)'인데, 선창자(先唱者)가 사설 부분을 선창하면, 나머지 사람들이 후렴구를 함께 부르는 방식으로 전개된다. 전해지는 바에 의하면 이 노래는 원래 임진왜란 때 이순신 장군이 부녀자들에게 시켜 부르게 한 것이라고 한다. 당시 수군통제사(水軍統制使)였던 이순신은 왜군의 상륙을 막기 위해, 인근 지역의 부녀자들에게 높은 곳에 올라 횃불을 피우고 강강술래 춤과 노래를 하게 했다는 것이다. 이는 왜군에게 우리 군사의 수를 실제보다 많은 것으로 착각하게 하려는 목적과 왜군의 상륙을 감시하려는 이중의 목적을 가진 것이다. 임진왜란이 끝난 뒤에 그 부녀자들이 당시의 일을 기념하기 위해 연례행사로 이 놀이를 하던 것이 민속놀이로 널리 퍼졌다고 한다. 일종의 '군가(軍歌)'가 '유희요(遊戲謠)'로 변화된 경우라고 할 수 있다. 중요 무형 문화재 제8호로 지정된 노래이다.

작품 8 ▶ 밀양 아리랑

　　날 좀 보소 날 좀 보소 날 좀 보소.
　　동지섣달 꽃 본 듯이 날 좀 보소.
　　　아리아리랑 쓰리쓰리랑 아라리가 났네.
　　　아리랑 고개로 넘어간다.

　　정든 님이 오시는데 인사를 못 해
　　행주 치마 입에 물고 입만 방긋
　　　아리아리랑 쓰리쓰리랑 아라리가 났네.
　　　아리랑 고개로 넘어간다.

　　울 너머 총각의 각피리 소리
　　물 긷는 처녀의 한숨 소리
　　　아리아리랑 쓰리쓰리랑 아라리가 났네.
　　　아리랑 고개로 넘어간다.

　　늬가 잘나 내가 잘나 그 누가 잘나
　　구리 백통 지전이라야 일색이지.
　　　아리아리랑 쓰리쓰리랑 아라리가 났네.
　　　아리랑 고개로 넘어간다.

시어

- **동지섣달** : 음력 11월(동짓달)과 12월(섣달). 즉 한겨울
- **행주 치마** : 부엌일을 할 때 옷을 더럽히지 아니하려고 덧입는 작은 치마
- **각(角) 피리** : 짐승의 뿔로 만든 피리
- **구리 백통** : 구리돈과 백통돈. '백통'은 구리, 아연, 니켈의 합금으로 화폐 주조에 주로 쓰였음
- **지전(紙錢)** : 지폐
- **일색(一色)** : ① 한 가지 빛깔 ② 뛰어난 미인 ③ 그 한 가지로만 이루어진 특색이나 정경
　　　　　　　　여기서는 ②의 뜻으로 쓰임

시구

- **동지섣달 꽃 본 듯이 날 좀 보소**
　　한겨울에 있을 리 없는 꽃을 본 것과 같이 반갑고 소중해 대하는 태도로 자신을 보아 달라는 사랑의 호소이다. 1연의 내용이 독백이 아니라 대화에 해당한다면, 화자는 임의 애정을 호소하는 적극적인 구애(求愛)의 태도를 보인다고 할 수 있다.

- **정든 임이 오시는데 ~ 입에 물고 입만 방긋**
　　사랑하는 임을 보고도 한 마디 인사를 못하고 수줍게 미소만 짓는 여인의 모습이 묘사된 부분이다. 2연의 화자 또는 인물은 1연에서와 달리 수줍고 소극적인 태도를 보인다. 1연이 대화에 해당한다면 1연과 2연은 서로 다른 상황을 나타내고 있는 것이며, 따라서 작품 전체가 일관된 하나의 상황을 다루고 있는 것이 아니라, 여러 개의 서로 다른 상황을 에피소드 방식으로 나열하고 있다고 할 수 있다. 한편, 1연은 여성 화자와 독백으로, 2연은 그녀의 실제적인 행동으로 해석하여, 1연과 2연의 화자를 동일 인물로 볼 수도 있다.

- 울 너머 총각의 ~ 처녀의 한숨 소리

  청춘 남녀의 순수하고 소박한 관심과 애정을 표현한 부분이다. '총각'은 '처녀'에게 사랑을 고백하는 대신 울타리 너머에서 피리만 불고 있으며, '처녀'는 그에게 다가가지 못하고 한숨만 쉬고 있다. 3연의 화자(인물)도 수줍고 소극적인 태도를 보이고 있지만 1, 2연과는 달리 전혀 다른 상황을 다루고 있음을 알 수 있다.

- 늬가 잘나 내가 잘나 ~ 지전이라야 일색이지

  1~3연과는 정서 및 내용이 이질적(異質的)인 부분이라 할 수 있다. 이와 같이 이질적인 부분이 삽입된 것은, 이 노래가 구전(口傳)되면서 집단의 첨삭(添削)에 의해 그 내용이 변해 왔기 때문이다. 4연에 나타난 내용은 배금주의(拜金主義) 풍조에 대한 풍자라 할 수 있다.

핵심정리

▷ 작자 미상
▷ 갈래 민요(경남 밀양)
▷ 구성 ① 1연 : 임의 애정을 소망함
  ② 2연 : 수줍은 사랑의 감정
  ③ 3연 : 속으로 애태우는 사랑
  ④ 4연 : 배금주의(拜金主義)에 대한 풍자

▷ 형식 선후창(先後唱)의 연창(連唱) 형식, 후렴구
▷ 성격 서정 민요
▷ 표현 소박하고 직설적인 표현
▷ 제재 소박한 사랑
▷ 주제 소박한 사랑의 감정

이해와 감상

| 해설 |

이 노래는 우리나라의 대표적인 서정 민요로서 전국에서 다양하게 퍼져 있는 「아리랑」노래 중 경남 밀양 지방에서 전해지는 것이다. 「아리랑」 노래는 '아리아리랑 쓰리쓰리랑 아라리가 났네. 아리랑 고개로 넘어간다.'(또는 '아리랑 고개로 넘어간다.')라는 부분 대신 '아리랑 응응응 아라리가 났네.')라는 후렴구를 공통으로 가지고 있으며, 대체로 소박하면서도 한스러운 애정을 표현하고 있다. 이 노래는 「진도 아리랑」 등에 비해, 노랫말과 곡조가 애조(哀調)를 띠지 않는다는 특징을 가진다. 대체로 소박하고 순수한 애정이 표현되어 있는데, 4연의 내용은 이와 이질적(異質的)인 면을 보인다.

작품 9 ⟫ 베틀 노래

기심 매러 갈 적에는 갈뽕을 따 가지고
기심 매고 올 적에는 올뽕을 따 가지고
삼간방에 누어 놓고 청실 홍실 뽑아 내서
강릉 가서 날아다가 서울 가서 매어다가
하늘에다 베틀 놓고 구름 속에 이매 걸어
함경나무 바디집에 오리나무 북게다가
짜궁짜궁 짜아 내어 가지잎과 뭇거워라.
배꽃같이 바래워서 참외같이 올 짓고
외씨 같은 보선 지어 오빠님께 드리고
겹옷 짓고 솜옷 지어 우리 부모 드리겠네.

시어

- **기심 매러** : 김 매러
- **누어** : 누에
- **날아다가** : (명주, 베, 무명 따위를) 길게 늘여서 실을 만들어
- **매어다가** : 옷감을 짜기 위해 날아 놓은 날실에 풀을 먹이고 고루 다듬어 말리어 감아다가
- **이매** : 잉아. 베틀의 날실을 한 칸씩 걸러서 끌어 올리도록 맨 굵은 실
- **바디집** : 바디(베틀에 달린 기구)를 끼우는 데
- **짜궁짜궁** : 의성어
- **잎** : 명주실의 한 바람을 세는 단위
- **바래워서** : 빛이 바래게 하여. 표백해서
- **올** : 실이나 줄의 가닥
- **보선** : 버선

시구

- **기심 매러 갈 적에는 ~ 올뽕을 따 가지고**

  '갈 적'과 '갈뽕', '올 적'과 '올뽕'은 웃음을 자아내기 위해 의도적으로 '갈'과 '올'을 반복시킨 언어 유희에 해당할 뿐, 아무런 의미도 가지지 않는다. '올뽕'이라는 표현 자체에는 비교적 이른 시기에 난 뽕잎을 뜻하는 말이므로 의미가 있다고 할 수도 있지만, '갈뽕'은 언어 유희로 사용된, 아무런 의미가 없는 말이다. 나아가 1행과 2행은 대구와 반복을 이용하여 운율의 효과를 살리고 있다.

- **강릉 가서 날아다가 ~ 구름 속에 이매 걸어**

  베짜기의 과정을 환상적으로 표현한 부분이다. 일상적인 노동의 지루함과 고달픔을 덜기 위해 강릉과 서울이라는 먼 거리, 하늘과 구름이라는 환상적인 이미지를 끌어들인 것이다. 특히 하늘과 구름을 끌어들인 표현은 화자 자신이 베를 짜는 선녀, 즉 '견우와 직녀' 설화 속의 직녀(織女)라고 생각하는 즐거운 상상을 나타내 준다. 1, 2행과 마찬가지로 대구법을 사용하여 리듬감을 조성하고 있다.

- **외씨 같은 보선 지어 ~ 우리 부모 드리겠네.**

  부모에 대한 효도와 형제간의 우애가 나타나 있는 부분이다. 노동요에는 이와 같이 그 노동의 결과물로 무엇을 하겠다는 내용이 들어가 있는 경우가 많은데, 이는 노동의 고달픔을 그 보람으로써 덜어 보려는 데 이유가 있다.

핵심정리

- **작자** 미상
- **갈래** 민요(강원도 통천)
- **구성** ① 추보식
  ② 1~2행 : 김 매러 오가며 뽕을 땀
  ③ 3~8행 : 실을 뽑아 비단을 짬
  ④ 9~10행 : 비단으로 가족의 옷을 지어 줌
- **성격** 노동요(勞動謠)
- **표현** 언어 유희, 대구법, 반복법
- **제재** 베짜기
- **주제** 베짜기의 고달픔을 덜기 위한 노래
- **특징** 뽕잎을 따는 데서 옷을 짓기까지의 과정을 시간 순서대로 노래함

이해와 감상

| 해설 |

이 노래는 강원도 통천 지방에서 전해지는 민요로서, 옛날에 여인들이 베짜기의 고달픔과 지루함을 덜기 위해 부르던 '노동요'의 하나이다. 4·4 조, 4 음보의 연속체로 되어 있으며, 전체적인 구성은 베짜기와 관련된 노동을 시간 순서에 따라 나열하고 있는데, 뽕잎을 따서 누에를 키우고, 누에고치에서 물레로 실을 뽑고, 그 실로 베틀에서 명주를 짜서, 이를 햇볕에 바래게 하고 올을 고르고, 완성된 명주로 버선과 옷을 짓는 과정이 그것이다. 이를 표현하는 과정에서 1, 2 행에서는 '갈'과 '올'을 의도적으로 반복시킨 언어유희로써 웃음을 자아내고, 5 행에는 자신이 베를 짜는 선녀라고 상상하여 지루함을 덜어 보려는 낭만적인 환상이 나타나며, 9 행과 10 행에서는 베짜기의 결과로 얻을 보람을 상기하며 고달픔을 잊어 보고자 했다.

작품 10 〉〉 진도 아리랑

아리아리랑 서리 서리랑 아라리가 났네.
아리랑 응응응 아라리가 났네.

문경새재는 웬 고갠가.
넘어올 적 넘어갈 적 눈물이로구나.
아리아리랑 서리 서리랑 아라리가 났네.
아리랑 응응응 아라리가 났네.

세월아 네월아 오고 가지를 마라.
아까운 이내 청춘 다 늙어 간다.
아리아리랑 서리 서리랑 아라리가 났네.
아리랑 응응응 아라리가 났네.

한국 최남단 보배섬 진도.
인심이 좋아서 살기가 좋네.
아리아리랑 서리 서리랑 아라리가 났네.
아리랑 응응응 아라리가 났네.

핵심정리

▷ **갈래** 민요
▷ **주제** 삶의 고단함과 늙어 가는 인생에 대한 아쉬움

이해와 감상

| 해설 |

보부상들이 문경새재를 넘나들면서 부르던 노래이다. 고된 인생살이와 덧없이 늙어 가는 삶에 대한 아쉬움을 구슬픈 가락의 노래를 통해 승화하고 있다. 아리랑 노래를 바탕으로 문경새재 및 진도의 지명이 함께 포함되어 민요가 여러 지역에서 폭넓게 불린 양상을 보여준다. 1연은 후렴만으로 되어 있고, 2, 3연의 내용에 비해 4연의 내용은 통일성이 부족하다.

작품 11 정선 아리랑

눈이 올라나 비가 올라나 억수장마 질라나.
만수산 검은 구름이 막 모여든다.
정선의 구명은 무릉도원 아니더냐.
무릉도원 간데없고 산만 총총하구나.
아리랑 아리랑 아라리요.
아리랑 고개 고개로 나를 넘겨 주게.

아우라지 뱃사공아 배 좀 건너주게.
싸리골 올 동박이 다 떨어진다.
떨어진 동박은 낙엽에나 쌓이지.
사시장철 임 그리워 나는 못살겠네.
아리랑 아리랑 아라리요.
아리랑 고개 고개로 나를 넘겨주게.

핵심정리

▷ **작자** 미상
▷ **갈래** 민요
▷ **주제** 삶의 고단함과 임에 대한 그리움

이해와 감상

| 해설 |

정선이 도원으로 불린 역사적 사실과, 아우라지에 얽힌 사랑 이야기를 소재로 하고 있다. 고된 인생살이의 시름과 임에 대한 그리움을 담은 구슬프고도 서정적인 노래이다. 1연에서는 정선이 무릉도원인줄 알았는데, 삶의 힘겨움만 있는 곳이라고 하여 낭만적 아이러니가 드러나고, 2연에서는 동박이 낙엽에 쌓이는 것은 남녀관계의 비유이며, 자연은 품어주는 것이 있는데, 자신은 그렇지 못한 현실을 대조적으로 표현하고 있다.

작품 12 수심가(愁心歌)

약사몽혼(若使夢魂)으로 행유적(行有跡)이면 문전 석로(門前石路)가 반성사(半成砂)라.
창망(滄茫)한 구름밖에 님의 소식이 망연(茫然)이로다.
우리네 두 사람이 연분은 아니오 원수로구나 만나기 어렵고 이별이 종종 잦아서 못 살겠네.
금수가산이 매우 좋다고 할지라도 님이 없으면 적막이로구나 차마 가산정주가 가로 막혀 나 못살겠네.
인생이 죽어지면 만수장림(萬樹長林)에 운무(雲霧)로구나 아니 놀고 아니 쓰지는 못하리로다.
따라라 따라라 날 따라 오려무나 수화사지(水火死地)라도 날 따라 오려무나 차마 진정 네 화용(花容) 그리워서 나 못살겠네.
오르며 내리며 조르는 경상(景狀)에 말쑥한 냉수가 이내 목을 메는구나 차마 진정 가지로 기막혀 나 못살겠네
님이 날 생각하고 오르며 내리며 대성통곡에 얼마나 울었는지 큰길로 변해 한강수로구나 차마 님의 생각이 간절하여 나 못살겠구나.
모란봉 꼭대기에 칠성단을 무어놓고 노랑대가리 쥐 물어 가라고 기도만 하누나 차마 갓지로 서러워서 못살겠네
님이라 하는 것은 어느 장모님 따님이기에 잠들고 병들기까지는 못잊겠구나.
잘 살아라 잘 살아라 옛정을 잊고 새 정을 고아서 부디 평안하게 잘 살아라 차마 진정 가지로 서러워서 못살겠네.
남산이 고와서 바라다 볼까요 님 계시기에 바라다 보지요 차마 진정 님의 화용(花容) 그리워 나 못살겠네.
수로구나 수로구나 대천지(戴天之) 중(中)에도 원수로구나 남의나 님 정 두라는 것이 원수로구나.
사로구나 난사(難事)로구나 난사 중에서도 겹난사로구나 남의 님에 정 들여 놓고 살자고 하기도 겹난사구나. 차마 진정 가지로 서러워서 나 못살겠네.
나를 조르다 병이 나신 몸이 제 병에 죽어도 내 탓이라는구나 차마 진정 나 못살겠네.
님의 집을 격장(隔墻)에 두고 보지 못하니 마음이 불안하고 사정치 못하니 나 죽겠구나.
님이 가실 제 오마고 하더니 가구나 영절(永絶)에 무소식이로구나 차마 진정 나 주겠구나.
밤중마다 님의 생각 날 적에 어느 다정한 친구님 전에다 설분설한(雪憤雪恨)을 하잔 말인가.
남산을 바라보니 진달화초는 다 만발하였는데 웃동 짧고 아랫동 땅파짐한 아해야 날 살려라.
태산이 가로막힌 것은 천지간 조작이오 님의 소식 가로 막힌 것은 인각 조작이로구나 차마 진정 못살겠네.
남산 송죽에 홀로 앉아 우는 저 뻐국새야 님 죽은 혼령이거든 네 아닌 불쌍하단 말인가 차마 가지록 님의 생각 그리워 나 못살겠구나
풍진 소식 막래전(莫來傳)하고 가는 춘풍을 더워 잡으란 말인가 차마 진정 나 못살겠구나.
천리 원정에 님 이별하고 곡귀강남(哭歸江南)으로 나 돌아간다 차마 진정코 나 못살겠구나.
우수 경칩에 대동강 풀리더니 정든 님 말씀에 요내 속 풀리는구나 차마 진정 님의 생각 그리워 나 못살겠구나.
강촌의 일일에 환수생(還樹生)하니 강풀만 푸르러도 님 생각이라 차마 진정 님 생각 간절하여 나 못살겠구나.
비나이다 비나이다 하느님 전에 비는 수로구나 간 곳마다 님 생겨 달라고 비는 수로구나 심사가 울울(鬱鬱)하여 나 못살겠네.

〈후략〉

핵심정리

▷ **갈래** 민요(서도 민요)
▷ **성격** 애상적
▷ **정서** 임에 대한 그리움과 임을 만나지 못하는 안타까움
▷ **주제** 임에 대한 간절한 그리움
▷ **표현** ① '-(이)로다', '-겠네', '-겠구나'를 반복적 사용
② 대구법, 과장법, 통사 구조의 반복 사용으로 화자의 정서를 효과적으로 드러냄
③ 감각적인 표현과 진솔하고 소박한 표현, 한자어의 사용이 혼재되어 나타남

이해와 감상

| 해설 |

임을 만나지 못하는 안타까운 상황에 처한 화자가 자신의 마음속에 맺힌 한을 직접적으로 토로하고 있는 구슬픈 가락의 서도 민요이다. 이 노래는 혼자 읊조리는 긴 노래의 형태로 문장 끝부분에 '-(이)로다', '-겠네', '-겠구나'를 반복적으로 사용하여 운율을 형성하고 있다. 수심의 이유는 님에 대한 간절한 그리움 때문인데, 만나기 어려워 근심이 심하므로 님을 원수라고 반어로 표현하고 있다. 감각적인 표현이 많이 사용되었고, 시적화자의 정서가 진솔하고 소박하게 표현되었다.

작품 13 초부가(樵夫歌)

이후후후 ─── 에헤
남 날 적에 나도 나고 나 날 적에 남도 나고
세상 인간 같지 않아 이 놈 팔자 무슨 일로
지게 목발 못 면하고 어떤 사람 팔자 좋아
고대광실 높은 집에 사모에 병반 달고
만석록을 누리건만 이런 팔자 어이 하리.
항상 지게는 못 면하고 남의 집도 못 면하고
죽자하니 청춘이오 사자하니 고생이라.
세상사 사라진들 치마 짜른 계집 있나.
다박머리 자식 있나 광 넓은 논이 있나.
사래 긴 밭이 있나 보선짝도 짝이 있고
토시짝도 짝이 있고 털먹신도 짝이 있는데
쳉이 같은 내 팔자야 자탄한들 무어하나.
한탄한들 무어하나 청천에 저 기럭아.
너도 또한 임을 잃고 임 찾아서 가는 길가
더런 놈의 팔자로다 이 놈의 팔자로다.

언제나 면하고 오늘도 이 짐을 안 지고 가면
어떤 놈이 밥 한 술 줄 놈이 있나 가자 이후후후 ──
　　　　　　　〈중략〉
여윈 몸 부여잡고 호미질 하느라니
한낮이 돌아오매 땀만 몹시 들는구나.
아무리 고생한들 가을할 보람 없네.
온손배미 다 가두어도 한 솥이 못 차누나.
관청의 세금 재촉 갈수록 심하여서
동네의 구실아치 문 앞에 와 고함친다.
이리저리 흩어질 제 처자를 돌볼소냐.
어제 한 집 없어지고 오늘 한 집 또 나간다.
남쪽으로 운력가고 북쪽으로 징병가네.
이내 몸 생겨난 뒤 이어인 고생인가.
잘 먹고 잘 입는 돈 잘 쓰는 양반님네.
우리네 고생살이 그들은 못 보는가.

핵심정리

- **작자** 미상
- **갈래** 민요(강원도, 영남 지방), 노동요
- **성격** 탄식적
- **주제** 나무꾼의 신세 한탄
- **특징** 표현 효과를 강조하기 위해 열거나 대구의 방법으로 내용을 확장

이해와 감상

| 해설 |

　'초부가'는 나무꾼들이 나무를 하면서 부르는 구전민요로 주로 강원, 영남 지방에서 많이 불리었다. 태어날 때부터 지금까지 열심히 일을 하고 고생을 해도 좀처럼 나아지지 않는 자신의 운명과 처지를 한탄한 나무꾼의 노래가 중심을 이루는 이 작품은 고달프게 살아가는 나무꾼의 삶이 매우 실감나게 묘사되어 있다. 비유가 많이 사용되었고, 상황의 대조를 통하여 자신의 구차한 신세를 한탄한 표현도 많다. 이 노래는 대체로 힘차게 시작했다가 차차 신세타령을 늘어놓으며 구슬픈 사설로 이어지고 있는데 이것은 산을 타면서 나무하는 일의 과정을 잘 보여 주는 것이라고 할 수 있다. 마지막 부분에서 과도한 세금과 수탈을 지적하면서 양반들을 비판하는 내용에서 민중의식을 드러내기도 한다.

작품 14 〉〉 만가(輓歌)

삼천갑자 동방삭은
삼천갑자 살았는데
요네 나는 백 년도 못 살아.
    애 애 애 애 애애애 애애야 / 애 애 애 애 애애애 애애야

구름도 쉬어 넘고
날짐승도 쉬어 가는
심산유곡을 어이를 갈꼬.
    애 애 애 애 애애애 애애야 / 애 애 애 애 애애애 애애야

옛 늙은이 말 들으면
북망산이 멀다드니
오늘 보니 앞동산이 북망
    애 애 애 애 애애애 애애야 / 애 애 애 애 애애애 애애야

못 가겠네 쉬어나 가자.
한번 가면 못 오는 길을
어이를 갈꺼나 갈거나.
    애 애 애 애 애애애 애애야 / 애 애 애 애 애애애 애애야

심산험노를 어이를 갈꼬.
육진장포 일곱매로 상하로 질끈 매고
생이 타고 아주 가네.
    애 애 애 애 애애애 애애야 / 애 애 애 애 애애애 애애야

시어
- **육진장포** : 육진, 곧 함경북도의 경원, 경흥, 부령, 온성, 종성, 회령 등에서 나던 베인데, 한 필의 길이가 다른 곳에서 나는 베보다 훨씬 길었다고 함
- **생이** : 상여

핵심정리

▷ **작자** 미상
▷ **갈래** 민요, 의식요, 만가(輓歌)
▷ **성격** 애상적, 체념적, 허무적
▷ **주제** 죽은 사람에 대한 애도, 고인의 가는 길에 안녕을 빎

이해와 감상

|감상|

「만가(輓歌)」는 상여를 끌 때 상여꾼들이 내는 소리를 말한다. 「만가」의 내용은 고인의 행적을 기리고, 고인이 가는 죽음의 길에 안녕을 비는 것이 대부분이다. 그리고 그 속에는 우리 민족이 가지고 있는 죽음에 대한 생각이 담겨져 있다.

'북망산이 멀다더니 / 오늘 보니 앞동산이 북망'이라는 대목에서 삶과 죽음이 그리 멀지 않다는 인식이 드러난다. 「만가」는 형식상 앞소리꾼이 부르는 선창 부분과 상여를 멘 상여꾼들이 함께 부르는 후창 부분으로 나누어지는데, 상여를 운구하는 형태와 그 때 불리는 노래는 지방마다 다르다. 이 노래는 진도 지방의 「만가」이다.

작품 15 〉〉 창세가(創世歌)

1.
　　하늘과 땅이 생길 적에 / 미륵(彌勒)님이 탄생(誕生)한즉, / 하늘과 땅이 서로 붙어, / 떨어지지 아니하소아, / 하늘은 북개 꼭지처럼 도드라지고 / 땅은 사(四)귀에 구리기둥을 세우고. / 그때는 해도 둘이요, 달도 둘이요. / 달 하나 떼어서 북두칠성(北斗七星) 남두칠성(南斗七星) 마련하고, / 해 하나 떼어서 큰 별을 마련하고, / 잔 별은 백성(百姓)의 직성(直星) 별을 마련하고, / 큰 별은 임금과 대신(大臣) 별로 마련하고.
　　미륵님이 옷이 없어 짓겠는데, 감(옷감)이 없어, / 이 산 저 산 넘어가는, 버들어(뻗어) 가는 / 칡을 파내어, 베어내어, 삼아내어, 익혀내어, / 하늘 아래 베틀 놓고 / 구름 속에 잉아 걸고, / 들고 꽝꽝, 놓고 꽝꽝 짜내어서, / 칡 장삼(長衫)을 마련하니, / 전필(全匹)이 지개요, 반필(半匹)이 소맬러라. / 다섯 자(尺)가 섶일러라, 세 자가 깃일너라. / 머리 고깔 지을 때는 / 자 세 치를 떼쳐내어 지은즉은, / 눈 무지(아래)도 아니 내려라, / 두자 세치를 떼쳐내어, 머리 고깔 지어내니, / 귀 무지도 아니 내려와 / 석자 세치 떼쳐내어, 머리 고깔 지어내니, / 턱 무지에를 내려왔다.
　　미륵님이 탄생하여, / 미륵님 세월에는, 생화식(生火食)을 잡수시와, / 불 아니 넣고, 생 낱알을 잡수시와, / 미륵님은 섬 두리로 잡수시와, / 말(斗) 두리로 잡숫고, 이래서는 못할러라. / 내 이리 탄생하야, 물의 근본 불의 근본, / 내 밖에는 없다, 내야 쓰겠다. / 풀메뚜기 잡아내어, / 스승(刑)틀에 올려놓고, / 석문(무릎) 삼치 때려내어, / 여봐라, 풀메뚝아, 물의 근본 불의 근본 아느냐. / 풀메뚜기 말하기를, / 밤이면 이슬 받아먹고, / 낮이면 햇발 받아먹고, / 사는 짐승이 어찌 알랴, / 나보다 한 번 더 먼저 본 / 풀개구리를 불러 물으시오. / 풀개구리를 잡아다가, / 석문 삼치 때리시며, / 물의 근본 불의 근본 아느냐. / 풀개구리 말하기를 / 밤이면 이슬 받아먹고 낮이면 햇발 받아먹고 / 사는 짐승이 엇지 알랴, / 내보다 두 번 세 번 더 먼지 본 / 새앙쥐를 잡아다 물어보시오. / 새앙쥐를 잡아다가, / 석문 삼치 때려내어, 물의 근본 불의 근본을 네 아느냐. / 쥐 말이, 나를 무슨 공(功)을 세워 주겠습니까. / 미륵님 말이, 너를 천하의 뒤주를 차지하라, / 한즉, 쥐 말이, 금덩산 들어가서, / 한쪽은 차돌이오, 한쪽은 시우쇠(鋼鐵)요, / 톡톡 치니 불이 났소. / 소하산 들어가니, / 삼취(泉) 솔솔 나와 물의 근본. / 미륵님, 수화(水火) 근본을 알았으니, 인간(人間)말 하여 보자.

2.
　옛날 옛 시절(時節)에, / 미륵님이 한쪽 손에 은(銀)쟁반 들고, / 한쪽 손에 금(金)쟁반 들고, / 하늘에 축사(祝詞)하니, / 하늘에서 벌기(벌레) 떨어져, / 금(金)쟁반에도 다섯이오 은(銀)쟁반에도 다섯이라. / 그 벌기 자라 와서 / 금(金)벌기는 사나이 되고, / 은(銀)벌기는 계집으로 마련하고, / 은(銀)벌기 금(金)벌기 자라 와서, / 부부(夫婦)로 마련하야, / 세상(世上)사람이 낳았어라.
　미륵님 세월에는, / 섬두리 말두리 잡숫고, / 인간세월이 태평하고. / 그랬는데, 석가님이 나와서서, / 이 세월을 앗아 뺏자고 마련하와, / 미륵님의 말씀이, / 아직은 내 세월이지, 네 세월은 못 된다. / 석가님의 말씀이, / 미륵님 세월은 다 갔다, / 인제는 내 세월을 만들겠다. / 미륵님의 말씀이, / 너 내 세월 앗겠거든, / 너와 나와 내기 시행하자.
　더럽고 축축한 이 석가야, / 그러거든, 동해(東海)중에 금병(金瓶)에 금줄 달고, / 석가님은 은병(銀瓶)에 은줄 달고, / 미륵님의 말씀이, / 내 병의 줄이 끊어지면 네 세월이 되고, / 네 병의 줄이 끊어지면 네 세월 아직 아니라. / 동해중에서 석가 줄이 끊어졌다. / 석가님이 내밀어서, / 또 내기 시행 한 번 더 하자. / 성천강(成川江) 여름에 강을 붙이겠느냐. / 미륵님은 동지(冬至)채를 올리고, / 석가님은 입춘(立春)채를 올리소아, / 미륵님은 강이 맞붙고, / 석가님이 졌소아.
　석가님이 또 한 번 더하자, / 너와 나와 한 방에서 누워서, / 모란 꽃이 모락모락 피어서, / 내 무릎에 올라오면 내 세월이오, / 네 무릎에 올라오면 네 세월이라. / 석가는 도적(盜賊) 심사를 먹고 반잠 자고, / 미륵님은 참잠(眞眠)을 잤다. / 미륵님 무릎 위에, / 모란 꽃이 피어올랐소아, / 석가가 중동 사리로 꺾어다가, / 제 무릎에 꽂았다. / 일어나서, 축축하고 더러운 이 석가야, / 내 무릎에 꽃이 피었음을, / 네 무릎에 꺾어 꽂았으니, / 꽃이 피어 열흘이 못 가고, / 심어 십년이 못 가리라.
　미륵님이 석가의 너무 성화를 받기 싫어, / 석가에게 세월을 주기로 마련하고, / 축축하고 더러운 석가야, / 네 세월이 될라치면, / 쩌귀(門)마다 솟대 서고, / 네 세월이 될라치면, / 가문마다 기생 나고, / 가문마다 과부 나고, / 가문마다 무당 나고, / 가문마다 역적 나고, / 가문마다 백정 나고, / 네 세월이 될라치면, / 합들이 치들이 나고, / 네 세월이 될라치면, / 삼천(三千) 중에 일천 거사(居士) 나느니라. / 세월이 그런즉 말세(末世)가 된다.
　그러던 삼일(三日) 만에, / 삼천 중에 일천 거사 나와서, / 미륵님이 그 적에 도망하여, / 석가님이 중이랑 데리고 찾아 떠나서, / 산중에 들어가니 노루 사슴이 있소아, / 그 노루를 잡아내어, / 그 고기를 삼십(三十) 꼬치를 끼워서, / 차산중(此山中) 노목(老木)을 꺾어내어, / 그 고기를 구워 먹어라. / 삼천 중(僧) 중에 둘이 일어나며, / 고기를 땅에 떨쳐뜨리고, / 나는 성인(聖人) 되겠다고, / 그 고기를 먹지 아니하니, / 그 중들이 죽어 산마다 바위 되고, / 산마다 솔나무 되고, / 지금 인간들이 삼사월이 당진(當進)하면, / 상향미(上饗米) 녹음(綠陰)에, / 꽃전놀이 화전(花煎)놀이.

이해와 감상

| 해설 |

　함흥지역에서 전래돼 온 서사무가로, 세상의 창조와 인간의 탄생, 인간세상 주인 다툼 등의 내용을 두루 담고 있다. 우리 창세 신화의 한 원형을 보여주는 중요한 자료다. 신의 이름이 '미륵'과 '석가'로 되어 있어 후대의 것으로 보이기도 하나, 그 이름은 후대에 채택된 것으로 보는 것이 상례다.

> **참고** 이 자료의 출처
> 　조이 자료는 1923년 8월 12일에 함남 함흥군 운산면 본궁리에서 김쌍돌이(68세)가 구연한 것이다. 원문은 손진태, 《조선신가유편》, 동경 : 향토연구사, 1930에 실려 있다.

작품 16 ▶ 여러 가지 민요

1.
들어나가세 들어나가세 (해학·성)
삼밭으로 들어나가세
적은삼대는 씨러지고
굵은삼대 춤을 춘다

우리두리 이러다가
아기배면 어찌할가
걱정마소 염려마소
요내나줌치 약들었네

2. 「잠노래」

잠아잠아 오지마라 (해학)
요내눈에 오는 잠은
말도많고 흉도많다
잠오는눈을 쏙잡아빼어
탱주나무에다 걸어놓고
들며보고 나며보니
탱주나무도 꼽박꼽박

3. 「시집살이요」 - 해학

성님성님 사촌성님 (열거 : 힘든 의성어)
시집살이 엇떱디가
얘야얘야 말도마라
고추장단지가 맵다한들
시집살이만큼 매울소냐
장덕같은 시아방은
극극극극 극극극극
암닭같은 시어멍은
객객객객 객객객객
무끄럭같은 서방놈은
뽀짝뽀짝뽀짝뽀짝
졸락같은 시누이년은
졸락졸락졸락졸락

4. 해학

조반물길적에 만났던총각 (사랑)
저녁물길적에 손목잡네

한두가리조밭을 묵히이도
우리둘이만 품아시하자

네호밀랑 네가베려줄게
널랑품에다 날재워주렴

가기는매일밤 가건만두
뒷담이높아서 못넘을레라

5. 해학

조ㅎ -다고
붕알이 물길러 간다(성·기지)

6. 「영남지방 민요」 86쪽

꽃같은 처녀가 꽃밭을 매는데
달같은 총각이 내 손목 잡네 (대구)

야 이 총각아 내 손목 놓아라
범같은 우리 오빠 망보고 있다

야 이 처녀야 그런 말 마라
범 같은 너의 오빠 내 처남이다

MEMO

최병해

고 / 전 / 시 / 가

chapter 12 두시언해

제1절 두시언해 이해
제2절 두시언해 작품 감상

제1절 두시언해 이해

1. **두보(杜甫)와 두시언해(杜詩諺解)**

    (1) 두보(杜甫)
    ① 당(唐)의 시인으로, 자는 자미(子美)이며 호는 소릉(少陵)이다.
    ② 중국 최고의 시인으로서 시성(詩聖)이라 불린다.
    ③ 생애의 대부분을 방랑 생활로 지낸 불우한 체험을 바탕으로 인간애가 넘치는 많은 작품을 남겼다.

    (2) 두시언해(杜詩諺解)
    ① 중국 당(唐)나라 두보(杜甫)의 시 전편을 52부(部)로 분류하여 한글로 번역한 시집(詩集)이다.
    ② 원명은 『분류두공부시언해(分類杜工部詩諺解)』이다.
    ③ 초간본(初刊本, 1481)과 중간본(重刊本, 1632)이 있다.

    (3) 두시언해의 의의
    ① 국문학사상 최초의 번역시집이다.
    ② 초간본과 중간본 사이에 150년이라는 차이가 있어 그 동안의 음운 변천을 연구하는 데 귀중한 문헌적 자료가 된다.

2. **두보의 시를 번역한 이유**

    (1) 형식적 기교에 뛰어나고 유교적 현실주의를 표방했다.
    (2) 두보의 시는 유학에 바탕을 둔 애국과 애군(愛君)과 애인과 애물(愛物)이 어느 시보다도 월등하다.
    (3) 두시(杜詩)가 유교적이고 우국적이며, 한시의 모범이 되기 때문에 한문학의 대중화를 위해 번역했다.

3. **두보의 문학관과 두보 문학의 의의**

    그의 시는 전란 시대의 어두운 사회상을 반영하여 사회악에 대한 풍자가 뛰어나며 만년의 작품은 애수에 찬 것이 특징이다. 형식적 기교에 뛰어나고 유교적 현실주의를 표방하는 시성(詩聖)이었다. 한유(韓愈), 백거이(白居易) 등 한시(漢詩)의 대가(大家)들에게 선구적 입지를 인정받고 1,400여 편 이상의 수작을 남겼다.

제2절 두시언해 작품 감상

작품 1 〉〉 춘망(春望)

國破山河在	나라히 破亡(파망)ᄒᆞ니 뫼과 ᄀᆞᄅᆞᆷᄲᅮᆫ 잇고
城春草木深	잣 앉 보ᄆᆡ 플와 나모ᄲᅮᆫ 기펫도다.
感時花濺淚	時節(시절)을 感歎(감탄)ᄒᆞ니 고지 눉므를 ᄲᅳ리게코
恨別鳥驚心	여희여슈믈 슬후니 새 ᄆᆞᅀᆞ물 놀래노다.
烽火連三月	烽火(봉화)ㅣ 석ᄃᆞᆯ룰 니세시니
家書抵萬金	지븻 音書(음서)는 萬金(만금)이 ᄉᆞ도다.
白頭搔更短	셴 머리를 글구니 ᄯᅩ 뎌르니
渾欲不勝簪	다 빈혀를 이긔디 몯홀 ᄃᆞᆺᄒᆞ도다.

나라가 망하니 산과 강물만 남아 있고
성 안의 봄에는 풀과 나무만 무성하구나.
시절을 한탄하니, 꽃까지 눈물을 흘리게 하고
(처자와) 이별하였음을 슬퍼하니 새조차 마음을 놀라게 한다.
전쟁이 석 달을 이었으니
집의 소식은 만금보다 값지도다.
셴 머리를 긁으니 또 짧아져서
다 모아도 비녀를 이기지 못할 것 같구나.

핵심정리

▷ **작자** 두보(杜甫, 712 ~ 770)
▷ **갈래** 5언 율시(五言律詩)
▷ **연대** 두보가 46세(757년)인 지덕(知德) 2년에 지음
▷ **구성** ① 1, 2구 : 전란으로 인한 폐허
　　　　② 3, 4구 : 전란으로 인한 상심
　　　　③ 5, 6구 : 가족에 대한 그리움
　　　　④ 7, 8구 : 쇠약한 육신에 대한 탄식
▷ **표현** 선경후정(先景後情), 대구법, 과장법
▷ **제재** 전란의 상심(傷心)
▷ **주제** 전란의 비애
▷ **출전** 『분류두공부시언해(分類杜工部詩諺解)』 초간본

이해와 감상

| **해설**

　두보의 나이 46세 때 안녹산의 난으로 함락된 장안(長安)에서 지은 작품이다. 5언 율시로 각 2행씩이 모여서 하나의 연을 이룬다. 두련(頭聯)은 인구(人口)에 회자(膾炙)되는 구절로, 나라가 망해도 아랑곳하지 않고 피어나는 풀과 나무를 보면서 느끼는 세사(世事)의 무상함을 노래하고 있다. 꽃을 보아도 눈물이 나고 새가 울어도 헤어진 가족들 생각에 마음이 놀란다고 한 함련(頷聯)은 상식을 뛰어넘는 표현으로, 난리 통의 어지러운 시대 상황과 가족을 그리워하는 두보의 간절한 심회를 잘 표현하고 있다. 경련(頸聯)에서는 전쟁이 계속되는 상황을 노래하고, 미련(尾聯)에서는 타향에서 덧없이 늙어 가는 자신의 신세를 한탄하고 있다.

작품 2 강촌(江村)

淸江一曲抱村流	물군 ᄀᆞᄅᆞᆷ ᄒᆞᆫ 고비 ᄆᆞᄉᆞᆯᄒᆞᆯ 아나 흐르ᄂᆞ니
長夏江村事事幽	긴 녀르ᇙ 江村(강촌)애 일마다 幽深(유심)ᄒᆞ도다.
自去自來堂上燕	절로 가며 절로 오ᄂᆞᆫ 집 우흿 져비오
相親相近水中鷗	서르 親(친)ᄒᆞ며 서르 갓갑ᄂᆞᆫ 믌 가온딧 ᄀᆞᆯ며기로다.
老妻畵紙爲碁局	늘근 겨지븐 죠히를 그려 쟝긔파ᄂᆞᆯ 밍글어늘
稚子敲針作釣鉤	져믄 아ᄃᆞᄅᆞᆫ 바ᄂᆞᄅᆞᆯ 두드려 고기 낛글 낙ᄉᆞᆯ 밍ᄀᆞᄂᆞ다.
多病所須唯藥物	한 病(병)에 얻고져 ᄒᆞ논 바ᄂᆞᆫ 오직 藥物(약물)이니,
微軀此外更何求	져구맛 모미 이 밧긔 다시 므스글 求(구)ᄒᆞ리오.

맑은 강의 한 굽이가 마을을 안아 흐르나니
긴 여름 강촌에 일마다 한가롭도다.
절로 가며 절로 오는 것은 집 위의 제비요
서로 친하며 서로 가까운 것은 물 가운데의 갈매기로다.
늙은 아내는 종이에 그려 장기판을 만들거늘
어린 아들은 바늘을 두드려 고기 낚을 낚시를 만드는구나.
많은 병에 얻고자 하는 것은 오직 약물이니
조그마한(미천한) 몸이 이것 밖에 다시 무엇을 구하리오?

핵심정리

- **작자** 두보(杜甫, 712~770)
- **갈래** 7언 율시(七言律詩)
- **연대** 두보가 49세(760년)에 지음
- **구성** ① 1, 2구 : 긴 여름의 강촌 모습
  ② 3, 4구 : 사물 속의 정감
  ③ 5, 6구 : 사람 사이의 정감
  ④ 7, 8구 : 자족(自足)하는 생활 모습
- **표현** 대구법, 대조법, 풍자법, 상징법, 선경후정(先景後情), 원근법(遠近法) 구성
- **태도** 안분지족(安分知足)
- **제재** 강촌(江村)
- **주제** ① 긴 여름 강촌의 삶
  ② 지족(知足)의 삶
- **출전** 『분류두공부시언해(分類杜工部詩諺解)』 초간본

이해와 감상

| 해설 |

7언 율시로, 작자가 49세 되던 해에 성도(成都)에서 지은 작품이다.

긴 여름날 한가로운 생활을 진솔하게 묘사한 것이 마치 한 폭의 수채화 같다. 전란 중에 가족과 이별하고 고향을 떠나 외롭게 객지를 떠돌던 두보의 더없이 소중한 여유와 심정을 표현하였다고 할 수 있다.

수련(首聯:1, 2행), 함련(頷聯:3, 4행), 경련(頸聯:5, 6행)에서는 여름날 강촌의 한가하고 정겨운 풍경이 그려져 있다. 맑은 강이 마을을 안아 흐르고, 제비와 갈매기가 날고, 아내는 종이에다 장기판을 그리며 아들은, 고기 잡을 낚시를 만들고 있다. 미련(尾聯)에서는 병을 다스릴 약만 있다면 더 이상 바랄 것이 없다는 여유를 보이고 있다. 적절한 대구(對句)가 작품의 묘미를 더해 주고 있으며 특히, 겉으로는 평화로워 보여도 속으로는 어지럽기만 한 인간사(人間事)를 갈파한 경련(頸聯)은 두보의 시재(詩才)가 돋보이는 부분이라 할 수 있다. 하얀 종이 위에 일부러 줄을 쳐서 장기판을 만드는 아내와 바늘을 굳이 구부려 낚시를 만드는 아들, 이것은 한가하고 평화롭기만 한 자연과는 대조적으로 누구를 이겨 보고, 무엇을 잡아 보려는 인간들의 욕심을 풍자하고 있다고 볼 수 있다. 이 시는 한가롭고 평화스럽게 보이나, 아무렇지도 않은 듯 갈매기와 제비로 바꾸어 놓아, 만족할 줄 모르고 음험한 술책을 일삼는 세태에 대해 시인은 날카롭게 비판하고 있다.

작품 3 절구(絕句)

江碧鳥逾白	ᄀᆞᄅᆞ미 프르니 새 더욱 히오,
山靑花欲然	뫼히 퍼러ᄒᆞ니 곳 비치 블 븓ᄂᆞᆫ 듯도다.
今春看又過	옰보미 본ᄃᆡᆫ ᄯᅩ 디나가ᄂᆞ니,
何日是歸年	어느 나리 이 도라갈 힌오.

강물이 푸르니 새가 더욱 희게 보이고,
산이 푸르니 꽃빛이 불붙는 듯하구나.
금년 봄이 보건대는 또 (헛되이) 지나가나니,
어느 날이 바로 (고향에) 돌아갈 해인가?

핵심정리

▷ 작자 두보(杜甫, 712 ~ 770)
▷ 갈래 5언 절구(五言絕句)
▷ 표현 선경후정(先景後情)
▷ 제재 봄 경치
▷ 주제 향수(鄕愁)
▷ 출전 『분류두공부시언해(分類杜工部詩諺解)』초간본

이해와 감상

| 해설 |

　지은이가 53살 때(764년) 안녹산의 난을 피해 성도에 머물 때 지은 시로, 봄날의 아름다운 풍경을 바라보며 느끼는 고향에 대한 절실한 그리움을 노래하고 있다. 화려한 봄의 정경에서 애틋한 그리움으로 시상을 발전시킨 선경후정의 구성을 보이며, 기구와 승구에서는 푸른색과 흰색 그리고 붉은색의 선명한 대조로써 봄의 현란한 풍경을 잘 그려 내고 있다. 이 노래는 향수를 노래한 실제작(失題作) 두 수 중의 하나로서, 「절구(絕句)」라는 제목은 이 시의 형태인 '5언 절구'에서 취한 것이다.

작품 4 〉〉 등악양루(登岳陽樓)

昔聞洞庭水	녜 洞庭(동정)ㅅ 므를 듣다니
今上岳陽樓	오늘 岳陽樓(악양루)의 올오라.
吳楚東南拆	吳(오)와 楚(초)왓 東南(동남)녀기 뼈뎻고,
乾伸日夜浮	하놀콰 싸콰는 日夜(일야)애 뗏도다.
親朋無一字	親(친)혼 버디 혼 字(자)ㅅ 글월도 업스니
老去有孤舟	늘거 가매 외ᄅ왼 ᄇᆡ옷 잇도다.
戎馬關山北	사호맷 ᄆᆞ리 關山(관산)ㅅ 北(북)녀긔 잇ᄂᆞ니,
憑軒涕泗流	軒檻(헌함)을 비겨서 눈므를 흘리노라.

옛날에 동정호에 대해 (절경이라는 말만) 들었는데
오늘에야 악양루에 오르는구나.
오나라와 초나라가 동남쪽에 갈라졌고
하늘과 땅이 밤낮으로 (동정 호수 위에) 떠 있다.
가까운 친구의 편지도 없으니
늙어감에 외로운 배뿐이로다.
싸움터의 말이(아직도) 관산 북쪽에 있으니
(악양루의) 난간에 의지해 눈물을 흘리노라.

시구

- 녜 洞庭(동정)ㅅ ~ 岳陽樓(악양루)의 올오라.
  동정 호수의 장관에 대해 예전에 듣고 이제야 악양루 올라 그것을 보게 되니, 몹시 기쁘다는 것이다.
- 親(친)혼 버디 ~ 외ᄅ왼 ᄇᆡ옷 잇도다.
  친한 벗에게 편지 한 장 없는 자신의 고독함을 배에 빗대어 표현하고 있다. 외로운 배는 세월의 흐름 속에 방랑하는 시적 자아의 애수를 의탁한 객관적 상관물이다.
- 사호맷 ᄆᆞ리 ~ 눈므를 흘리노라.
  전쟁 중에 있는 나라와 고향에 대한 근심으로 눈물이 흐른다는 표현으로, 우국과 향수를 나타내는 이 시의 주제연이다.

핵심정리

- **작자** 두보(杜甫, 712 ~ 770)
- **갈래** 5언 율시(五言律詩)
- **구성** ① 1, 2구: 늙어서야 악양루에 오름
  ② 3, 4구: 동정호의 장관
  ③ 5, 6구: 방랑의 고뇌. 유랑 생활의 어려움
  ④ 7, 8구: 우국(憂國)과 향수
- **연대** 두보가 57세(768년) 때 지음
- **표현** 대구법, 감정이입(고독한 서정적 자아를 배에 빗대어 표현)
- **제재** 악양루에 오름
- **주제** 우국(憂國)과 향수
- **출전** 『분류두공부시언해(分類杜工部詩諺解)』 초간본

이해와 감상

| 해설 |

「등악양루(登岳陽樓)」는 두보가 57세(768년) 때 지은 5언 율시(五言律詩)이다. 동정호를 소문으로만 들어왔는데 오늘에야 비로소 악양루에 올라 보니 그 광대, 장려한 모습이 압도적이다. 그러나 이를 마주한 자신은 외로이 떠도는 방랑객이고

더욱이 전쟁까지 벌어지고 있어 근심으로 하염없이 눈물이 흐른다는 내용이다. 자연과 인간, 기쁨과 슬픔의 대비가 선명히 이루어져 있다.

특히 3~4행(함련:頷聯)은 천고(千古)의 절창(絕唱)으로 꼽히는데, 오나라와 초나라의 상황, 하늘과 땅의 모습이 절묘하게 대구를 이루고 있다.

작품 5 등고(登高)

風急天高猿嘯哀	ᄇᆞᄅᆞ미 ᄲᆞᄅᆞ며 하ᄂᆞ리 놉고 나ᄇᆡ 되ᄑᆞ람이 슬프니,
渚淸沙白鳥飛廻	믉ᄀᆞ시 ᄆᆞᆯᄀᆞ며 몰애 힌 ᄃᆡ 새 ᄂᆞ라 도라오놋다.
無邊落木蕭蕭下	ᄀᆞᆺ 업슨 디ᄂᆞᆫ 나못니픈 蕭蕭(소소)히 ᄂᆞ리고,
不盡長江滾滾來	다ᄋᆞᆷ 업슨 긴 ᄀᆞᄅᆞᆷᄋᆞᆫ 니ᅀᅥ니ᅀᅥ 오놋다.
萬里悲秋常作客	萬里(만리)예 ᄀᆞᅀᆞᆯᄒᆞᆯ 슬허셔 샹녜 나그내 ᄃᆞ외요니,
百年多病獨登臺	百年(백년)ㅅ 한 病(병)에 ᄒᆞ올로 臺(대)예 올오라.
艱難苦恨繁霜鬢	艱難(간난)애 서리 ᄀᆞᆮᄒᆞᆫ 귀믿터리 어즈러우믈 심히 슬허ᄒᆞ노니,
燎倒新停濁酒杯	늙고 사ᄋᆞ나오매 흐린 숤 盞(잔)ᄋᆞᆯ 새려 머믈웻노라.

바람이 빠르며 하늘이 높고 원숭이의 휘파람이 슬프니
물가가 맑으며 모래 흰 곳에 새가 돌아오는구나.
끝없이 지는 나뭇잎은 쓸쓸히 떨어지고,
다함이 없는 긴 강물은 흐르고 흘러오는구나.
만 리에 가을을 슬퍼하여 늘 나그네가 되니,
평생의 많은 병에 홀로 높은 대에 오르는도다.
온갖 고통에 서리 같은 귀밑머리가 많음을 슬퍼하나니,
늙고 몰골이 초라함에 흐린 술잔을 새로 멈추었노라.

시구

- 萬里(만 리)예 ᄀᆞᅀᆞᆯᄒᆞᆯ 슬허셔 샹녜 나그내 ᄃᆞ외요니
  늘 변함 없이 흘러가는 자연의 영원성과 병마에 시달리며 살아가는 인생의 순간성을 상징적으로 대비시켜 표현하고 있다.
- 艱難(간난)애 서리 ᄀᆞᆮᄒᆞᆫ ~ 새려 머믈웻노라
  온갖 고통으로 귀밑머리가 하얗게 새어 버릴 만큼 늙어 버린 노경을 탄식하며 단주(斷酒)하는 모습을 표현하고 있다.

핵심정리

▷ **작자** 두보(杜甫, 712~770)
▷ **갈래** 7언 율시(七言律詩)
▷ **구성** ① 1, 2구: 가을의 적막한 정경
  ② 3, 4구: 강가의 쓸쓸한 모습
  ③ 5, 6구: 외로운 나그네의 슬픔
  ④ 7, 8구: 노경의 처량한 탄식

▷ **연대** 두보가 56세(767년) 때 지음
▷ **표현** 대구법, 선경후정(先景後情)
▷ **제재** 등고(登高)
▷ **주제** 인생 무상(人生無常)
▷ **출전** 『분류두공부시언해(分類杜工部詩諺解)』 초간본

이해와 감상

| 해설 |

「등고」는 7언 율시(七言律詩)의 형식으로, 싸늘한 가을바람에 낙엽이 우수수 떨어지는 높은 언덕에 앉아, 늙고 병든 몸으로 슬픔을 한 잔 술로 풀어 보는 작자의 독백을 담은 작품이다.

자연의 흐름 속에 비춰진 인생의 무상함이 대구법과 선명한 이미지를 통해 이루어진 선경후정(先景後情)의 묘사를 통해 사실적이고 구체적으로 표현되고 있다. 수련(首聯)과 함련(頷聯)에는 자연적인 배경을, 경련(頸聯)과 미련(尾聯)에 서정적 자아의 정서를 표현하는 선경후정의 시 작법을 통하여, 가을이라는 계절에 느끼는 상념을 표현했다. 또한 조락(凋落)의 가을 풍경에 조응(照應)된 인간의 모습이 선명하게 부각되어 있으며, 유구함과 대비된 인생의 무상함, 현실적이고 구체적인 삶의 정서를 사실적으로 느끼게 한다.

작품 6 〉〉 귀안(歸雁)

春來萬里客	보미 왯ᄂᆞᆫ 萬里(만리)옛 나그내ᄂᆞᆫ
亂定幾年歸	亂(난)이 긋거든 어느 ᄒᆡ예 도라가려뇨.
腸斷江城鴈	江城(강성)에 그려기
高高正北飛	노피 正(정)히 北(북)으로 ᄂᆞ라가매 애를 긋노라.

핵심정리

- **작자** 두보(杜甫, 712~770)
- **갈래** 5언 절구
- **성격** 애상적
- **어조** 고향을 그리워하는 애절한 목소리
- **표현** 대조법, 선경후정의 시상 전개
- **주제** 향수, 망향(望鄕)의 정(情)
- **특징** ① 그리움의 정서 표출
  ② 사실을 그대로 반영한 사실주의적 작품
- **출전** 『분류두공부시언해(分類杜工部詩諺解)』 중간본

이해와 감상

| 감상 |

5언 절구로 두보가 53세 때 피난지인 성도(成都)에서 지은 작품이다. 기·승·전·결의 4단 구성으로 이루어져 있는데, 기구(起句)에서는 나그네가 되어 봄에 이곳으로 온 자신의 신세를 말하고, 승구(承句)에서는 언제나 고향으로 돌아가겠느냐고 스스로에게 묻고 있다. 전구(轉句)와 결구(結句)에서는 북으로 날아가는 기러기를 보면서 고향 생각에 창자가 끊어진다고 끝을 맺었다.

봄이 되어 기러기는 북쪽으로 날아가는데 난리로 인해 시인은 고향을 두고도 돌아갈 기약이 없다. 그러기에 시인은 봄이라는 계절에서 남모를 향수를 느끼고 이러한 서글픈 정한을 철새인 기러기에 첩첩이 실어 읊고 있는 것이다.

이 시의 묘미는 기구(起句)와 승구(承句)에서 보여 준 직설적인 자기 심상의 표출에 있는 것이 아니라, 망향의 아픔을 언외(言外)로 투영시킨 전구(轉句)와 결구(結句)에 있다고 할 수 있다. 정북으로 날아가는 기러기는 바로 작자의 망향의 시심이 응축된 매개물인 것이다.

작품 7 ▶ 추흥(秋興)

聞道長安似奕碁	니르거늘 드로니 長安(장안)이 바독 쟝귀 ᄀᆞᆮᄒᆞ니,
百年世事不勝悲	百年(백 년)에 世間(세간)ㅅ 이ᄅᆞᆯ 슬후믈 이긔디 몯ᄒᆞ노라.
王侯第宅皆新主	王侯(왕후)의 지븨ᄂᆞᆫ 다 새 님자히오,
文武衣冠異昔時	선븨와 호반과이 衣冠(의관)이 녯 時節(시절)와 다ᄅᆞ도다.
直北關山金鼓振	바ᄅᆞ 北(북)녁 關山(관산)엔 鉦(쟁)과 붑 소리 振動(진동)ᄒᆞ얫고,
征西車馬羽書遲	西(서)ㅅ녀그로 征伐(정벌)ᄒᆞᄂᆞᆫ 車馬(차마)ᄂᆞᆫ 羽書(우서)ㅣ 더듸도다.
魚龍寂寞秋江冷	魚龍(어룡)이 괴외ᄒᆞ고 ᄀᆞᅀᆞᆳ ᄀᆞᄅᆞ미 서늘ᄒᆞ니,
故國平居有所思	故國(고국)에 平時(평시)에 사던 싸ᄒᆞᆯ ᄉᆞ랑ᄒᆞᄂᆞᆫ 배 이쇼리.

핵심정리

- **작자** 두보(杜甫, 712~770)
- **갈래** 한시, 7언 율시
- **성격** 애상적, 비유적, 우국적
- **주제** 전란의 비애, 고향에 대한 그리움
- **특징**
  ① 청각적 심상을 통한 전란의 형상화
  ② 비유적 표현
- **출전** 『분류두공부시언해(分類杜工部詩諺解)』 초간본

이해와 감상

| 감상 |

작가가 안녹산의 난을 피해 떠돌면서, 시국에 대한 근심과 고향을 그리워하는 마음을 표현한 작품이다. 바둑이나 장기와 같이 어지럽게 공격을 주고받는 전란의 상황에 대한 개탄과, 한평생 어지러운 세상일을 겪으며 사는 자신의 괴로움에 대한 한탄이 주된 정서이다. 5, 6구에서는 전쟁의 상황을 꽹과리 소리와 북 소리라는 청각적 심상을 통해 형상화한 뒤, 끝날 기미를 보이지 않는 전쟁의 상황에 대한 안타까움을 나타냈다. 또한, 7, 8구에서는 차가운 늦가을 날씨로 인해 고향에 대한 그리움이 더욱 사무친다고 하소연했다.

최병해
고 / 전 / 시 / 가

chapter 13 한 시

제1절 한시 이해
제2절 한시 작품 감상

제1절 한시 이해

> **출제방향**
> - 한시의 종류
> - 한시 작품 감상

1. 한시에서 다루는 범위
(1) 중국(당나라)에서 한문으로 표현한 시이다.
(2) 중국 시의 형식을 우리나라에서 수용하여 삼국 시대 이후 우리나라 사람이 지은 한시를 대상으로 한다.

2. 한시의 종류

(1) 고체시(古體詩)
   주로 당나라 이전의 자유로운 시이다.
   ① 시경시 ② 초사시 ③ 악부시 ④ 그 외의 고시(4언, 5언, 7언)

(2) 근체시(近體詩)
   ① 당나라 이후 정형성을 가미한 형식이다.
   ② 근체시는 음수율, 압운법, 평측법, 대우법과 함께 기, 승, 전, 결의 시상 전개 및 서경과 서정의 전개를 잘 지켜야 한다.
      ⊙ 절구 : 5언, 7언의 4행
      ⓒ 율시 : 5언, 7언의 8행
      ⓒ 배율 : 5언, 7언의 16행 등

3. 한시의 흐름

(1) '삼국 ~ 남북국 ~ 고려 전기'의 한문학
   ① 한문화(漢文化)는 기원전 2세기경부터 수입된 것으로 보이며, 4세기 경에는 한문이 지배계층에 보편화되었던 것으로 본다.
   ② 7세기 경에는 한시문이 본격적으로 창작되어 한문학의 기원을 이룩하였다.
   ③ 삼국시대 한문학 작품 : 을지문덕 「여수장우중문시」, 진덕여왕 「치당태평송」 등
   ④ 통일 신라(문화적 전성기) : 설총 「화왕계」, 김대문 『화랑세기』
   ⑤ 통일신라 말기 : 당나라 빈공과에 급제하고 돌아온 육두품 출신의 문인 등장(최치원)
   ⑥ 발해의 양태사 : 한문학이 난숙의 경지에 이르렀음
   ⑦ 고려의 한문학 : 한문학의 발달
   ⑧ 과거제도의 발달, 국자감 등의 교육 기관 설치, 불교의 유성 등으로 한문학이 발달했다.
   ⑨ 고려 전기
      ⊙ 정지상 : 「대동강」, 「송인」, 주정적인 만당풍의 시, 유미주의 문학
      ⓒ 김부식 : 주지적인 송시풍을 받아들임, 실용적인 문학

(2) '고려 후기 ~ 조선'의 한문학
① 무신난을 계기로 신흥 사대부 세력이 새로운 문학 담당층으로 등장
㉠ 무신란 이후 소동파를 중심으로 한 송시를 수용하였다.
㉡ 신흥사대부는 신유학을 받아들였으며, 고문(古文)을 추구하였다.
② 시화집(고려의 패관 문학) - 시화를 중심으로 하며 설화 수록 : 이규보 「백운소설」, 이인로 「파한집」, 최자 「보한집」 등
③ 고려 말 : 고려 말 삼은(목은 이색 「부벽루」, 포은 정몽주 「이 몸이 죽고 죽어」, 야은 길재)
④ 성리학으로 인한 한문학의 번성
㉠ 조선에 들어와서 학행일치를 강조하는 순유교적인 한문학이 발달하게 되었다.
㉡ 훈구파(문학 표현의 장식적인 기능 중시)와 사림파(문학이 헛된 수식에 떨어지지 않는다)의 대립이 나타났다.
⑤ 방외인 문학 : 김시습
⑥ 조선 중종 - 해동 강서시파 : 박은 「복령사」, 이행, 정사룡
⑦ 선조·인조 - 박순 : 삼당시인에게 영향을 주었다, 목릉성세
⑧ 조선 전기 성정론에 반발하여 임란을 전후하여 천기론이 나타났고, 그것이 성령론으로 이어졌다.
⑨ 삼당 시인 : 조선 전기에 송시풍에 바탕을 둔 경향과 고문이 중시되다가 그 폐해를 인식한 백광훈, 최경창, 이달 등은 당시 풍의 시를 썼으며 이 세 시인을 3당 시인이라 한다.
⑩ 영·정조 - 후사가 : 박제가 「전사」, 「시골집」, 이서구, 이덕무, 유득공
⑪ 조선 후기 : 박지원, 정약용

4. 우리나라 한시사
(1) 우리나라 한시의 역사적 변천 과정

한문은 삼국의 건국 이전에 이미 전래되었으며, 삼국 시대에는 한문으로 시문(詩文)과 기사문(記事文)을 짓기에 이르렀다. 고구려 을지문덕 「여수장우중문시」, 신라 진덕 여왕 「치당태평송(致唐太平頌)」 같은 것은 중국과의 투쟁 또는 교류에서 이루어진 한시이다. 또한 당에 유학해서 이름을 떨쳤던 최치원은 능숙하고 화려한 사륙변려체(四六變儷體)의 시문으로 이루어진 문집인 『계원필경』을 남겼다. 고려 초기에 과거 제도가 실시되면서 한시문의 창작은 귀족의 일반적 교양으로 되었다. 이러한 추세는 불교뿐 아니라 유학도 중요한 사상적 구실을 하도록 했으며, 한문학의 문체에 있어서 고문(古文)의 성행을 초래했다. 이 시기의 대표적인 작가로서 정지상은 불교적·노장적 기풍을 가진 시인이었고, 김부식은 유학에 철저한 입장을 취해 강건한 시풍을 보여 주었다.

고려 후기에는 도학파와 사장파가 대립하는 가운데, 이인로의 문체와 이규보 등 같은 사대부의 독창적인 표현을 통해서 심화·발전되었다.

(2) 조선 전기까지의 한시사

한시사를 기술한다는 것은 어려운 일이다. 작품들도 방대하고, 특히 한문학에 대한 지식과 한시 작품에 대한 심미안이 있어야 하기 때문이다. 여기서는 조선 전기에 지어진 김종직의 『청구풍아(青丘風雅)』의 서문 내용을 중심으로 한시사에 대한 간단한 이해를 돕도록 한다.

> 우리나라 사람들의 시를 읽어보면, 그 격률(格律)이 대체로 세 번 변했다. 신라 말에서 고려 초까지는 오로지 만당(晚唐)을 답습했으며, 고려 중엽에는 오로지 동파(東坡)를 배웠다. 말기에 이르러 이제현 등 여러 문신들이 구습(舊習)을 조금 바꾸어 아정(雅正)하게 함으로써 조선조에서도 그것을 따르고 있다.

김종직의 말에 따르면, 신라 말에서 고려 초까지는 당나라 말기의 풍조를 따라서 미소(微少)한 부분 묘사 등을 통한 화려함을 보여 주는 데 노력하였고, 고려 중기에는 소동파로 대표되는 호방한 송나라 시풍이 유행했으며, 고려 말과 조선 초에는 성리학의 도입과 관련하여 시의 교훈성이 조금씩 자리 잡았음을 알 수 있다.

5. 조선 시대 문학론

(1) 성정론(性情論)
① 성정론은 주로 인간의 도덕적 행위 근거의 문제를 논의한 것으로서 기본적으로 이기론적 사유의 틀이 적용된다.
② 성리학을 바탕에 둔 문학관의 이론적 근거이며, 문학은 성정이 발현되어야 한다고 보는 입장이다.
③ 성은 정을 통하여 나타나므로 정을 바로 촉발시키기 위해서는 성을 바로 잡아야 하고, 여기에 심신 수양과 인격 도야가 바탕이 되며, 문학은 도에 바탕을 두어야 한다고 본다.
④ 사(私)가 없어야 참다운 시가 쓰여지고, 그러한 시가 인간의 성정을 순화한다.

(2) 천기론(天機論)
① 성정론에 뒤이어 나타나 성정론의 한계를 극복하기 위한 의도를 지녔다. 천기는 명분이나 사욕에 얽매이기 이전의 자연 그대로의 감정이나 기질 같은 천성을 의미하는데, 인간의 자연스러운 감정의 발현을 중시하는 문학관으로 볼 수 있다.
② 천리를 천기로 대체했으며, 시는 정에서 우러난다는 의미와 같으면서도 창조적 변형을 더욱 강조했다.
③ 하늘이 부여한 정이 유교 윤리보다 중요하며, 자기 시대의 상스러운 말도 받아드리려고 했으며, 험난한 체험을 통한 문학을 강조했다.
④ 허균, 장유, 김득신, 홍세태, 정래교 등이 천기론의 단초를 마련했고, 중인 문학(여항 문학)의 이론적 근거가 되었다.

(3) 성령론(性靈論)
① 천기론을 계승하여 시인이 자신의 성령(개성적 마음)에 따라 자유로이 문학 활동을 해야 한다고 주장하는 것이 성령론이다.
② 성령론은 시가 심성의 도리를 구현한다든지 정해진 격조에 따라야 한다든지 하는 데 대한 반론으로 시의 바탕이 되는 마음은 어느 한 가지로 정해질 수 없는 것을 강조하는 이론이다.
③ 시란 영롱하고 정채한 나의 실체이며, 도덕률이 아니라 희로애락에 따라 움직이는, 그래서 만인이 공감하는 나의 발견이고 나의 표출이라고 했다.
④ 그래서 답습이나 전고에 의해서는 참다운 성령을 표출할 수 없다고 주장하여 의고(擬古) 경향을 비판하면서 창신(創新)을 강조하는 문학론이다.
⑤ 추사 김정희, 정지윤 등이 주장했고 조선 후기 위항시인들에게 영향을 미쳤지만, 추사의 성령론은 이론적 후퇴로 본다.

제 2 절 한시 작품 감상

작품 1 ▶▶ 여수장우중문시(與隋將于仲文詩)

神策究天文	그대의 신기한 계책은 하늘의 이치(理致)를 다하였고
妙算窮地理	기묘한 헤아림은 땅의 이치를 통하였도다.
戰勝功旣高	싸움에 이겨서 그 공(功) 이미 높으니
知足願云止	만족(滿足)함을 알고 그만두기를 바라노라.

핵심정리

▷ **작자** 을지문덕(乙支文德)
▷ **갈래** 5언 고시(五言古詩)
▷ **성격** 풍자적
▷ **표현** 대구법, 억양법, 반어법
▷ **주제** 적장 우중문에 대한 조롱
▷ **특징** ① 우리 민족의 기개와 기상이 나타남
② 현존하는 가장 오래된 한시

이해와 감상

| 감상 |

고구려의 을지문덕이 수(隋)나라 장수 우중문에게 조롱조로 지어 보낸 5언 4구의 고시(古詩)로 고구려인의 당당한 기개와 웅혼한 기상이 잘 나타나 있는 작품이다. 3구까지는 적장 우중문의 계책이 뛰어나며 전공(戰功)이 높음을 칭송하고 있으나, 결구(結句)인 4구에서 이것이 결국 칭찬이 아니었다는 사실이 드러난다. 이와 같은 반어적인 표현 방법은 직접적인 힐난이나 핀잔보다 더 신랄한 조롱의 효과를 이루고 있다. 특히 결구는 '돌아가는 것이 피차에 희생을 내지 않게 하는 상책일 것이니, 싸워 패배를 맛보기 전에 어서 돌아가시지.'하는 위협의 뜻을 담고 있다.

이 시는 우리나라 최고(最古)의 한시로서, 구법(句法)이 기고(奇古 : 시를 짓는 수법이 기이하고 예스러워 고아함)하고 굳센 기상이 있어 뛰어난 작품이라 할 수 있다.

작품 2 〉〉 제가야산독서당(題伽倻山讀書堂)

❯ 출제방향
- 작자의 정서
- 대조적 표현 기법의 의도

狂奔疊石吼重巒	첩첩 바위 사이를 미친 듯 달려 겹겹 봉우리 울리니,
人語難分咫尺間	지척에서 하는 말소리도 분간키 어려워라.
常恐是非聲到耳	늘 시비(是非)하는 소리 귀에 들릴세라,
故敎流水盡籠山	짐짓 흐르는 물로 온 산을 둘러 버렸다네.

핵심정리

- **작자** 최치원(崔致遠)
- **갈래** 7언 절구(七言絶句)
- **성격** 서정적, 상징적
- **표현** ① 대조법, 의인법
  ② '물'의 이미지 : 속세와의 단절
- **제재** 물소리
- **주제** 산중에 은둔하고 싶은 심경

이해와 감상

| 해설 |

최치원은 육두품 출신으로 12세에 당나라에 유학하여 빈공과에 합격한 다음 중국에서 활약·귀국하였는데, 그 때는 이미 신라가 무너져 가던 상황이었다. 최치원은 시무십여조(時務十餘條)를 상소하여 정치 개혁을 주장했으나 뜻이 제대로 펼쳐지지 않았고, 자신의 재능을 발휘할 기회를 얻고자 했으나 세상은 그를 알아주지 않았다. 이러한 난세를 절망하며 각지를 유랑하던 최치원은 가야산에 은거하여 여생을 마치게 된다. 이 작품은 「추야우중」과 함께 최치원의 만년의 작품 세계를 잘 보여 준다. 기구와 결구에서는 자연의 물소리를, 승구와 전구에서는 세상 사람들의 소리를 제시하여 서로 대조시키고 있다.

산골을 울리는 물소리는 작자의 내면적 갈등을 함축하고 있는데, 결국에는 물소리를 통해 스스로를 세상과 격리시키고자 하고 있다. 이를 통해 우리는 역설적으로 작자가 지닌 고독과 방황의 목소리를 들을 수 있다.

- 대립되는 세계 인식과 관련해 읽을 작품 : 최치원 「격황소서」, 김부식 「진삼국사표(進三國史表)」
- 유사한 정서의 표출과 관련해 읽을 작품 : 최치원 「추야우중」, 정지상 「송인」, 『삼국사기』〈열전〉「최치원조(崔致遠條)」

기출문제

※ 다음 글을 읽고 물음에 답하시오. [총 7점]

(가)
狂奔疊石吼重巒 첩첩 바위 치고 달려 겹겹 봉우리 울리니,
人語難分咫尺間 지척에서 하는 말도 분간키 어려워라.
常恐是非聲到耳 늘 시비(是非)하는 소리 귀에 들릴세라
故敎流水盡籠山 짐짓 흐르는 물로 온산을 둘러버렸다네.

— 최치원, 「제가야산독서당」

(나) 지문 생략

— 이현보, 「농암가」

(다) 지문 생략

— 정철, 「관동별곡」

1. (가)의 화자의 심경과 시상 전개 방식을 구체적으로 설명하시오. [2점] *2002년 기출 9-1번*

출제기관 채점기준

2점 – 아래 출제기관 제시답안의 1과 2를 모두 제대로 설명한 경우(단, 2는 (1)과 (2) 중 하나만 서술하면 됨)
1점 – 1만 제대로 설명한 경우
　　 – 2만 제대로 설명한 경우(단, 2는 (1)과 (2) 중 하나만 서술하면 됨)
　　 – 1은 설명하지 않고, 2를 '기승전결' 또는 '선경후정'이라는 용어를 쓰지 않으면서도 내용을 유사하게 서술한 경우
0점 – 화자의 심경 설명이 적절치 못하거나 없고, 시상 전개 방식에 대한 설명을 '기승전결' 또는 '선경후정'이라는 단어로만 한 경우

출제기관 제시답안

1. 화자의 심경
　　시의 화자는 세상의 시비 소리를 듣기 싫어 그것을 웅장한 소리로 흐르는 계곡의 물소리로 차단했다고 한다. 세속의 시비에 휘달리지 않고 세상과 격리된 산 속에 은거하고자 하는 심경을 나타냈다.
2. 시상의 전개 방식
　(1) 한시(漢詩)의 절구(絶句)가 잘 보여주는 기·승·전·결(起承轉結)의 전개 방식으로 되어 있다. 첫 행에서 냇물이 계곡의 바위 사이를 세차게 흘러 겹겹 산봉우리를 울리는 것을 말하고(起) 이를 이어 받아 그 물소리에 지척에서 하는 사람의 말도 못 알아들을 지경이라고 했다(承). 다음에는 화제를 바꾸어 세상의 시비 소리가 들릴까 걱정이었는데(轉), 사람의 소리를 들리지 않게 하는 물소리로 산을 에워쌌다고 함으로써 세상으로부터 벗어나고자 하는 뜻을 표하고 마무리했다(結).
　(2) 선경후정(先景後情)의 방식으로 되어 있다. 1, 2 행에서는 가야산의 계곡에 물이 세차게 흘러 사람의 말소리가 들리지 않는 양상을 그리고, 3, 4 행에서는 그러한 양상에 기대어 시의 심정을 토로하고 있는 것이다.

제2절 한시 작품 감상

예상 답안

　시의 화자는 세상의 시비 소리를 듣기 싫어 그것을 웅장한 소리로 흐르는 계곡의 물소리로 차단했다고 한다. 세속의 시비에 휘달리지 않고 세상과 격리된 산 속에 은거하고자 하는 심경을 나타냈다.
　이 작품은 이러한 심경을 기 – 승 – 전 – 결의 짜임 속에 대조의 방식으로 표현하고 있다. 즉, 기에서는 깊은 산골을 치달리는 물소리의 웅장함을 드러냈고, 승에서는 그 소리에 묻혀버린 인간의 소리를 드러냈으며, 전에서는 의인화된 산이 인간의 시비를 듣고 싶지 않아 하며, 결에서 그래서 물소리로 산을 둘렀다는 내용이 드러난다. 기와 결(1 행과 4 행)에서는 자연의 물소리를 제시하고, 승과 전(2 행과 3 행)에서는 세상 사람의 소리를 제시하여 대조의 방법으로 화자의 심경을 표현했다.
　또 이것은 일반적인 한시의 전개 방식인 선경 – 후정으로 파악할 수도 있다. 먼저 앞의 2 구에서는 산골을 흐르는 물소리의 웅장함 때문에 인간의 자잘한 소리가 들리지 않는다는 경관과 사실을, 뒤의 2 구에서는 시적 화자가 세상의 시비에 휘말리고 싶지 않은 정서를 자연(산)을 의인화하여 표현한 것으로 볼 수도 있다.

작품 3 ≫ 추야우중(秋夜雨中)

秋風唯苦吟	가을 바람에 이렇게 힘들여 읊고 있건만
世路少知音	세상 어디에도 날 알아주는 이 없네.
窓外三更雨	창 밖엔 깊은 밤 비 내리는데,
燈前萬里心	등불 아래 천만 리 떠나간 마음

핵심정리

▷ 작자 최치원(崔致遠)
▷ 갈래 5언 절구(五言絕句)
▷ 성격 서정적, 애상적
▷ 제재 가을비 내리는 밤
▷ 주제 지식인의 고뇌, 고향(고국)에 대한 그리움
▷ 특징 ① 대구법
② 자연물(객관적 상관물)을 통해 화자의 정서를 부각시킴

이해와 감상

| 감상 |

최치원의 5언 절구의 한시이다. 깊어가는 가을밤의 비바람 속에 괴롭게 시를 읊조리는 서정적 자아가 드러난다. 세상으로부터 멀리 떨어진 시를 짓는 일도 쉬운 일이 아니지만 더 고통스러운 것은 세상이 자기를 알아주지 않는다는 점이다. 그래서 밤늦도록 잠을 이루지 못하고 등불 앞에 앉아 있는 것이다. 이런 괴로움은 한편으로 역사의 현장을 외면한 결과에서 비롯된 것이라고 할 수 있다. 한밤중에 비가 온다는 것은 밖이 험난하기만 하니 나갈 수 없다는 생각을 암시한 것이라고 볼 수 있다. 그래서 등불이 켜져 있는 방 안만 밝다하고 거기에 자신의 세계를 설정해 놓고서 만 리의 행적을 마음으로 더듬을 뿐이다.

❶ 후대 문학 속의 최치원

최치원은 가야산에 은둔한 뒤 신선이 되었다는 전설을 남겼는데, 부산 해운대 등 전국에 그의 발차취가 있다. 분만 아니라 작품의 주인공이 되기도 하여 『수이전』의 「최치원」에서는 전기(傳奇)의 주인공으로, 「최고운전」에는 영웅적 인물로 등장하고 있다. 이를 통해 역사적 인물이 상상적 인물로 변해 가는 과정을 잘 보여 준다.

작품 4 》 송인(送人)

> **출제방향**
> - 시상 전개
> - 시가 그리고 있는 정경을 상상하며 감상
> - 이별 정서의 문학적 표현
> - 우리나라 한시의 서정적인 흐름 이해

雨歇長堤草色多	비 갠 긴 둑에는 풀빛이 짙어지고
送君南浦動悲歌	그대를 보내는 남포엔 슬픈 노래 흐르네.
大洞江水何時盡	대동강 물은 어느 때에 다 마를 것인가?
別淚年年添綠波	해마다 이별의 눈물 푸른 물결에 보태노니.

핵심정리

> **작자** 정지상(? ~ 1135)
> 　　고려 시대의 문인. 호는 남호(南湖). 좌사간(左司諫) 등의 벼슬을 지냈고, 서경 천도와 금나라의 정벌을 주장하였으며, 묘청의 난이 일어나자 김부식에게 참살되었음. 시를 쓰는 능력이 뛰어나 고려 시대를 대표하는 시인의 한 사람으로 꼽힘. 저서에 『정사간집(鄭司諫集)』이 있음
> **갈래** 7언 절구(七言絶句)
> **성격** 송별시(送別詩), 서정적
> **제재** 이별
> **주제** 이별의 슬픔
> **특징** ① 대조법, 도치법, 과장법, 설의법
> 　　　② 주로 시각적 이미지 사용

이해와 감상

| 해설 |

　고려 시대 대표적인 한시 작가인 정지상의 7언 절구 형식의 작품이다. 정지상은 같은 시기의 김부식과 문학적인 측면에서 여러모로 대조된다. 김부식이 중세적 보편성에 입각해 귀족적인 규범을 수립코자 했다면, 정지상은 그에 반발하여 향토의 정서를 살리면서 절실하고도 아름다운 표현을 구사하는 데 뛰어난 기량을 보여 주었다.

　「송인」은 정지상이 더벅머리 시절에 지은 것으로 전해지는데, 당나라의 시인 왕유의 「송원이사안서(送元二使安西)」와 함께 이별시의 백미로 일컬어진다.

　이 작품의 뛰어난 점은, 임을 떠나보내는 이별의 슬픔이란 인간사를 자연물에 대응시킨 표현 기교에 있다. 특히, 풀빛 짙은 강둑에서 슬픈 노래와 함께 흘린 눈물을 강물의 이미지로 전환시켜 이별의 슬픔을 극대화한, 승구에서 결구로 이어지는 반전의 표현과 기발한 과장이 돋보인다. 눈물 때문에 대동강물이 마르지 않으리라는 것은 이별의 슬픔이 그만큼 깊고 오래일 것임을 의미한다. 강변의 푸른 언덕과 파란 강물의 아름다운 색조를 대비적으로 그려내고 있으며, 이별의 슬픔과 별리의 눈물을 강물에 비교하는 것도 인상적이다. 시적 이미지의 선명성과 언어의 압축은 한시의 고유한 특성이기도 하지만, 그 속에 풍부한 서정을 곁들인 수법이 뛰어나다고 할 것이다.

1 첨록파(添綠波)

이 시구는 본래 '첨작파(添作波)'이었던 것을 이제현이 고친 것이라고 한다. 곧, 『역옹패설』에 "정사간(鄭司諫) 지상(知常)의 시에 '별누년년첨작파(別淚年年添作波)'라 했는데, 연남의 양재(梁載)가 일찍이 시를 써서 '별누년년록파(別淚年年綠波)'라 했다. 내 생각에는 '작(作)'자와 '록(綠)'자 두 자가 다 원만하지 못하니 마땅히 '첨록파(添綠波)'일 것이다."라는 기록이 있다. 이 결구는 우리나라 한시 사상 명구로 정평이 높은 구절이다.

> **참고** 정(情)과 경(景)
>
> '정'은 '정서'를 가리키는 말이고, '경'은 경물(景物), 즉 눈에 보이는 풍경이나 사물을 말한다. 중국의 한시는 '정'과 '경'이 자연스럽게 하나가 되어 조화를 이루는 것을 매우 중요시하였다.
>
> 사물이 있어 그것을 보고 사람이 정을 느낀다는 점에서 본다면 사물과 그에 대한 정과의 사이에는 거리가 있을 수 있다. 그러나 사물이 있으되 사람이 그 사물의 있음을 알아차리고 그에 대한 생각을 갖지 않는다면, 그 사물은 있으나마나 한 것이 된다. 이런 점에서 '경'과 '정'은 하나라고 할 수 있다. 또 시는 사람의 생각을 이미지로 제시하는 것이므로 그 이미지 가운데는 이미 그 시인의 생각이 담겨 있다고 할 수 있다. 이 점에서 보더라도 '정'과 '경'은 둘이 아니라 하나이다.
>
> 우리가 「불국사」라는 시에서 보았듯이 설명하지 않고 이미지만 제시하게 되면 더 많은 생각을 하게 된다는 점도 정경론과 관계가 된다고 할 수 있다. 설명은 대상의 어떤 한 측면을 구체화하는 데는 도움을 주지만 그렇기 때문에 생각은 그 한 곳으로 집중되게 마련이다. 그러나 아무 설명 없이 제시된 이미지는 그것이 새로운 상징이 되어 독자들로 하여금 많은 뜻을 생각하게 한다. 여기서 시의 다의성이 효과를 발휘하게 되므로 더 깊은 뜻을 지니게 되기도 한다.
>
> 이 시에서도 서경과 서정의 절묘한 조화가 기승전결의 구성에 잘 드러나 있다. 희망의 빛을 머금은 강변의 서경을 노래한 '기'부분에서는 이별의 슬픔을 찾을 수 없다. 그러나 그 푸른 공간이 결국 이별의 정한을 담게 되는 서러움의 장소로 인식된다. 전체 구성상 '기'와 '전' 부분에서는 자연의 상태를 노래하고 있으나 '승'과 '결' 부분에서는 인간, 즉 시인 자신의 정서를 표현하는 기법을 사용하고 있는 것이다.

작품 5 — 동명왕편(東明王篇)

〈전략〉

王知慕漱妃	왕이 해모수의 왕비인 것을 알고
仍以別室寘	이에 별궁에 두었다.
懷日生朱蒙	해를 품고 주몽을 낳았으니
是歲歲在癸	이 해가 계해년이었다.
骨表諒最奇	골상이 참으로 기이하고
啼聲亦甚偉	우는 소리가 또한 심히 컸다.
初生卵如升	처음에 되만한 알을 낳으니
觀者皆驚悸	보는 사람들이 깜짝 놀랐다.
王以爲不祥	왕이 상서롭지 못하게 여겨,
比豈人之類	"이 어찌 사람의 종류인가"하고
置之馬牧中	마구간 속에 두었더니
群馬皆不履	여러 말들이 모두 밟지 않고
棄之深山中	깊은 산 속에 버렸더니
百獸皆擁衛	온갖 짐승이 모두 옹위하였다.
母姑擧而養	어미가 우선 받아서 기르니
經月言語始	한 달이 되면서 말하기 시작하였다.
自言蠅噆目	스스로 말하되 "파리가 눈을 빨아서
臥不能安睡	누워도 편안히 잘 수 없다." 하므로,
母爲作弓矢	어머니가 활과 화살을 만들어 주니
其弓不虛掎	그 활이 빗나가는 법이 없었다.
年至漸長大	나이가 점점 많아지매,
才能日漸備	재능도 날로 갖추어졌다.
扶餘王太子	부여왕의 태자가
其心生妬忌	그 마음에 투기가 생겼다.
乃言朱蒙者	말하기를 주몽이란 자는
此必非常士	반드시 범상한 사람이 아니니
若不早自圖	만일 일찍 도모하지 않으면
其患誠未已	후환이 끝없으리라 하였다.
王令往牧馬	왕이 가서 말을 기르게 하니
欲以試厥志	그 뜻을 시험하고자 함이었다.
自思天之孫	스스로 생각하니 천제의 손자가
厮牧良可恥	천하게 말 기르는 것 참으로 부끄러워
捫心常竊導	가슴을 어루만지며 항상 혼자 탄식하기를
吾生不如死	"사는 것이 죽는 것만 못하다.
意將往南土	마음 같아서는 장차 남쪽 땅에 가서
立國立城市	나라도 세우고 성시도 세우고자 하나
爲緣慈母在	사랑하는 어머니가 계시기 때문에
離別誠未易	이별이 참으로 쉽지 않구나."
其母聞此言	그 어머니 이 말 듣고
潸然拭淸淚	흐르는 눈물 씻으며

汝幸勿爲念	"너는 내 생각하지 말라.
我亦常痛痞	나도 항상 마음 아프다.
士之涉長途	장사가 먼 길을 가려면
須必憑駿駬	반드시 준마가 있어야 한다."며
相將往馬閑	아들을 데리고 마구간에 가서
卽以長鞭捶	곧 긴 채찍으로 말을 때리니
群馬皆突走	여러 말은 모두 달아나는데,
一馬騂色斐	붉은 빛이 얼룩진 한 말이 있어
跳過二丈欄	두 길 되는 난간을 뛰어 넘으니
始覺是駿驥	이것이 준마인 줄 비로소 깨달았다.
潛以針刺舌	남모르게 바늘을 혀에 꽂으니
酸痛不受飼	시고 아파 먹지 못하네.
不日形甚癯	며칠 못 되어 형상이 심히 야위어
却與駑駘似	나쁜 말과 다름없었다.
爾後王巡觀	그 뒤에 왕이 돌아보고
予馬此卽是	바로 이 말을 주었다.
得之始抽針	얻고 나서 비로소 바늘을 뽑고
日夜屢加餧	밤낮으로 도로 먹었다.
暗結三賢友	가만히 세 어진 벗을 맺으니
其人共多智	그 사람들 모두 지혜가 많았다.
南行至淹滯	남쪽으로 행하여 엄체수에 이르러
欲渡無舟艤	건너려 하여도 배가 없었다.
秉策指彼蒼	채찍을 잡고 저 하늘을 가리키며
慨然發長喟	개연히 긴 탄식을 발한다.
天孫河伯甥	"천제의 손자 하백의 외손이
避難至於此	난을 피하여 이곳에 이르렀소.
哀哀孤子心	불쌍한 고자의 마음을
天地其忍棄	하늘과 땅이 차마 버리시랴."
操弓打河水	활을 잡아 하수를 치니
魚鼈騈首尾	고기와 자라가 머리와 꼬리를 나란히 하여
屹然成橋梯	높직이 다리를 이루어
始乃得渡矣	비로소 건널 수 있었다.
俄爾追兵至	조금 뒤에 쫓는 군사 이르러
上橋橋旋圮	다리에 오르니 다리가 곧 무너졌다.
雙鳩含麥飛	한 쌍의 비둘기 보리 물고 날아
來作神母使	신모의 사자가 되어 왔다.
形勝開王都	형세 좋은 땅에 왕도를 개설하니
山川鬱嵂巋	산천이 울창하고 높고 컸다.
自坐茀蕝上	스스로 띠자리 위에 앉아서
略定君臣位	대강 군신의 위치를 정하였다.

〈후략〉

핵심정리

▷ 작자 이규보(李奎報)
▷ 갈래 장편 영웅 서사시
▷ 성격 서사적, 진취적
▷ 주제 고구려 개국 및 개국 이념의 신성성
▷ 특징 ① 영웅 서사구조를 갖춤
　　　　② 신화(산문)를 서사시(운문) 형식에 담아 표현
▷ 의의 현존하는 최고(最古)의 서사시
▷ 출전 『동국이상국집(東國李相國集)』

이해와 감상

| 감상 |

「동명왕편」은 「동명왕 신화」를 바탕으로 이규보가 엮은 장편 영웅 서사시로 5언 292구로 이루어져 있다. 이 작품은 한 편의 일관된 줄거리를 갖추고 있는 서사시로, 『구삼국사(舊三國史)』에서 인용한 주(註)를 포함하고 있어 현존 기록 가운데 동명왕에 대한 가장 풍부한 내용을 담고 있다. 또한 이후 고전 소설에 등장하는 영웅 서사 구조의 전형적인 모습을 보여 준다는 점에서 문학사적 의의가 있다.

전체 구성은 '서장(序章) – 본장(本章) – 종장(終章)'의 총 3부로, 서장에서는 동명왕의 탄생 이전의 계보를 밝히고, 본장에서는 동명왕의 출생에서부터 건국의 성업을 묘사하였으며, 종장에서는 그의 후계자인 유리왕의 경력과 작가의 소감을 밝히고 있다.

이 작품은 「동명왕 신화」의 내용을 고스란히 받아들여서 그 갈등의 폭을 넓히고 동명왕의 영웅적 포부·의지·지혜 등을 더욱 부각시켰다. 또한 중화 중심주의와 허상적 관념론에 빠져 있던 당시의 시대적 분위기에서 벗어나, 우리 민족의 우월성을 드높이고, 오랜 역사와 전통을 지닌 문화 민족임을 재인식하려는 주체적 입장에서 지어졌다는 데 그 의의가 있다.

❶ 「동명왕편」에 나타나 있는 소재의 상징성

이 작품에서 해와 알[卵]과 활은 상징적 의미를 띤다. 햇빛이 유화의 몸을 비추어 잉태한 것은 하늘과의 연관을, 그로 인해 낳게 된 알은 세계를 상징한다. 세계가 깨뜨려져서 하나의 새로운 질서를 세우게 되는 것이다. 그 알을 새나 짐승이 보호한다는 것은 신성한 존재임을 인정하는 것의 제유적 표현이며, 활과 화살은 바로 제왕의 상징이다. 화살은 햇살과 같은 의미로, 활을 잘 쏜다는 것은 해를 거느려 제압하는 존재, 곧 왕인 것이다. 서양이나 동양이나 화살은 천상과 지상을 연결하는 매개체로서 신의 권능을 의미 했었다. 또 활은 달의 형태로 풍요, 강함, 생명력 등을 화살은 형태와 내쏘는 기능에 따라서 남성을 상징하기도 했었다. 따라서 빛과 알, 그리고 활은 새로운 질서를 세우는 영웅의 탄생을 예고하는 상징성을 가지는 것이다. 한편 말[馬]은 당시 사회가 유목 사회와 관련이 있음을 의미한다.

예상문제

※ (1 ~ 4) 아래 작품을 읽고 조건에 맞게 답하시오.

(가)
거북아, 거북아, 龜何龜何
머리를 내어라. 首其現也
내놓지 않으면, 若不現也
구워서 먹으리. 燔灼而喫也

- 「구지가」

(나)
들하 노피곰 도ᄃᆞ샤,
어긔야 머리곰 비취오시라.
어긔야 어강됴리
아으 다롱디리
져재 녀러신고요
어긔야 즌 ᄃᆡ를 드ᄃᆡ욜셰라.
어긔야 어강됴리
어느이다 노코시라.
어긔야 내 가논 ᄃᆡ 졈그롤셰라.
어긔야 어강됴리
아으 다롱디리

- 「정읍사」

(다)
⟨전략⟩
王知慕漱妃   왕이 해모수의 왕비인 것을 알고
仍以別室寘   이에 별궁에 두었다.
懷日生朱蒙   해를 품고 주몽을 낳았으니
是歲歲在癸   이 해가 계해년이었다.
骨表諒最奇   골상이 참으로 기이하고
啼聲亦甚偉   우는 소리가 또한 심히 컸다.
初生卵如升   처음에 되만한 알을 낳으니
觀者皆驚悸   보는 사람들이 깜짝 놀랐다.
王以爲不祥   왕이 "상서롭지 못하다
比豈人之類   이것이 어찌 사람의 종류인가"하고
置之馬牧中   마구간 속에 두었더니
群馬皆不履   여러 말들이 모두 밟지 않고
棄之深山中   깊은 산 속에 버렸더니
百獸皆擁衛   온갖 짐승이 모두 옹위하였다.

```
母姑擧而養      어미가 우선 받아서 기르니,
經月言語始      한 달이 되면서 말하기 시작하였다.
自言蠅噆目      스스로 말하되 "파리가 눈을 빨아서
臥不能安睡      누워도 편안히 잘 수 없다" 하였다.
母爲作弓矢      어머니가 활과 화살을 만들어 주니
其弓不虛掎      그 활이 빗나가는 법이 없었다.
               〈후략〉
                                    - 「동명왕편」
```

1. (가), (나)는 같은 하위 갈래에 속하지만, 내용과 형식 및 기능이 다르다. 그 차이를 각각 2가지씩 설명하라. [3점]

📝 **예상 답안**

구분	(가)	(나)
내용	① 새 임금(생명) 탄생 기원 ② 서사적 성격	① 남편의 안위에 대한 걱정 ② 서정 가요
형식	① 4구(2행) ② 우리말인데 한역(漢譯)되어 전함 ③ '환기-명령-가정-위협'의 구조 ④ 조흥구, 후렴구가 없음	① 3장 6구(시조와 유사) ② 국문으로 기록 ③ '환기-명령-가정-위협'의 구조 없음 ④ 조흥구, 후렴구가 있음
기능	① 집단의 요구 ② 의식과 관련(땅을 치며 제의에서 부름)	① 개인의 바람 ② 의식과 관련 없음

2. (가)와 (다)를 비교하여 공통점과 차이점을 각각 2가지씩 밝히시오. [2점]

📝 **예상 답안**

구분	(가)	(다)
공통점	① 나라의 건국과 관련된 내용 ② 새로운 임금과 관련됨 ③ 신이한 내용 ④ 상징적 표현	
차이점	① 땅과 관련 있음 ② 탄생 중심 ③ 4구체 ④ 주술적 기능	① 하늘과 관련 있음 ② 인물의 일대기적 행적 중심 (다양한 세부 내용 포함) ③ 5언 장형시 ④ 주술성 적음

3. 아래는 (나)와 (다) 작품을 비교하여 학습할 때 주의할 점을 토의한 내용이다. 적절하지 못한 학생을 하나 골라 문제점과 적절한 지도 내용을 제시하라. [2점]

> 철수 : (나)는 화자의 정서에 초점을 맞추고, (다)는 인물의 행적에 초점을 맞추어 이해를 해야 해.
> 만수 : (다)도 (나)처럼 운율이 중요한 요소니까, 감상을 할 때는 모두 운율을 잘 고려해야지
> 인수 : (나)는 화자 자신의 이야기이지만, (다)는 화자가 다른 사람의 이야기를 전달하고 있으니까 그 점도 잘 고려해야 해.
> 종수 : (나)는 서정시이니까 비유·상징 등의 함축적 표현이 중요하지만, (다)는 서사시로서 이야기이니까 비유·상징 등의 함축적 표현은 사용하지 않겠지.

🔷 예상 답안

① 틀린 학생 : 종수
② 문제점 : 서사시의 경우에도 함축적 표현은 중요함
③ 지도 내용 : 문학은 모든 갈래가 함축적 표현을 중시하며 서사시도 예외가 아님, 즉 서사시는 이야기를 다루지만, 그 이야기에도 함축적 표현을 자유롭게 사용할 수 있음

4. 아래는 이규보가 남긴 글의 일부이다. 주몽신화에 대한 이규보의 이러한 의식 전환이 가능했던 역사적 배경과 그와 관련지어 창작 동기를 밝히시오. [2점]

> "민간에 전승되는 동명왕의 신화는 황당·기괴하여 말할 만한 것이 못 된다고 믿었는데, 『구삼국사』의 「동명왕 본기」를 자세히 읽어보고는, 신성한 이야기임을 깨닫게 되었다. 그래서 이 신이한 사적을 시로 기록해 우리나라가 본래 성인의 나라임을 천하에 알리고자 했다."

🔷 예상 답안

① 배경 : 당시 고려가 몽고의 침략에 맞서 전민족적으로 항쟁을 하고 있었던 상황이었음
② 창작 동기 : ㉠ 동명왕의 영웅적 행적을 재인식하여 노래함으로써 국난의 상황에서 민족적 일체감, 긍지, 투쟁 정신을 고취, ㉡ 우리 민족이 천제의 후손이라는 자부심, ㉢ 중국 중심에서 벗어난 자주적 역사의식

✔ 이규보가 신화의 기능을 이해하고 있었던 것으로 보임

작품 6 ▶ 시벽(詩癖)

年已涉縱心	나이 이미 칠십이 넘었고
位亦登台司	지위 또한 정승에 올랐네.
始可放雕篆	이제는 시 짓는 일 벗을 만하건만
胡爲不能辭	어찌해서 그만두지 못하는가.
朝吟類蜻蜊	아침에 귀뚜라미처럼 읊조리고
暮嘯如鳶鴟	저녁엔 올빼미인 양 노래하네.
無奈有魔者	어찌할 수 없는 시마(詩魔)란 놈
夙夜潛相隨	아침저녁으로 몰래 따라다니며
一著不暫捨	한번 붙으면 잠시도 놓아 주지 않아
使我至於斯	나를 이 지경에 이르게 했네.
日日剝心肝	날이면 날마다 심간(心肝)을 깎아 내
汁出幾篇詩	몇 편의 시를 쥐어 짜내니
滋膏與脂液	기름기와 진액은 다 빠지고
不復留膚肌	살도 또한 남아 있지 않다오.
骨立苦吟哦	뼈만 남아 괴롭게 읊조리니
此狀良可嗤	이 모양 참으로 우습건만
亦無驚人語	깜짝 놀랄 만한 시를 지어서
足爲千載貽	천 년 뒤에 남길 것도 없다네.
撫掌自大笑	손바닥 부비며 혼자 크게 웃다가
笑罷復吟之	웃음 그치고는 다시 읊조려 본다.
生死必由是	살고 죽는 것이 여기에 달렸으니
此病醫難醫	이 병은 의원도 고치기 어려워라.

🔔 핵심정리

▷ **작자** 이규보(李奎報)
▷ **갈래** 5언 배율(五言排律)
▷ **성격** 반성적, 고백적, 사색적
▷ **표현** 반어적 표현을 통해 시 짓기를 좋아하는 마음을 강조
▷ **주제** 창작의 고통 속에서도 시 짓기를 그만둘 수 없는 마음

🔍 이해와 감상

| 감상 |

　이 한시는 시벽(詩癖) 즉, 시를 짓지 않고는 못 배기는 병을 주요 내용으로 하고 있다. 작가는 나이가 이미 칠십이 넘었으며 지위도 정승까지 올랐다. 그러니 심간(心肝)을 깎아 내 쥐어짜는, 괴로운 시 짓는 일은 그만둘 만도 하지 않은가 생각한다. 그렇지만 작가의 생각과는 달리 시마(詩魔)가 아침저녁으로 따라다니면서 시를 짓지 않고는 못 배기게 한다는 것이다. 그렇게 괴롭게 시를 썼지만 정말 대단한 작품이 만들어진 것도 아니라고 한다. 그저 혼자 손바닥 부비고 웃으며 자족(自足)하는 정도일 뿐이다. 시를 짓지 않고는 못 배기는 성향을 작가는 병이라고 하였다. 또 시를 짓게 하는 것도 자기의 의지가 아니라 '시마(詩魔)'가 괴롭히기 때문이라고 하였다. 그렇지만 결국은 시 짓기를 병이라 할 정도로 자신이 좋아하고 있음을 드러내는 것으로 이해할 수 있다. 따라서 이 시에서 시작(詩作) 과정을 괴롭게 드러냄은 자신이 얼마나 시작(詩作)을 좋아하는지 보여 주는 반어적인 표현인 것이다.

예상문제

※ (1 ~ 3) 다음 글을 읽고 물음에 답하시오.

(가)
　옛날 옛날 먼 옛날, 임금과 벼슬아치들이 백성(百姓)들을 종처럼 부리던 때의 이야기야. 욕심 많은 임금과 사나운 벼슬아치들에게 시달릴 대로 시달리던 백성들은 누군가 힘세고 재주 많은 영웅이 나타나 자기들을 살려 주기를 목이 빠지게 바라고 살았지.
　이 때, 지리산자락 외진 마을에 한 농사꾼 내외가 살았어. 산비탈에 밭을 일구어 구메농사나 지어 먹으며, 그저 산 입에 거미줄이나 안 치는 걸 고맙게 여기고 살았지. 그렇게 살다가 늘그막에 아기를 하나 낳았는데, 낳고 보니 아기 탯줄이 안 잘라져. 가위로 잘라도 안 되고 낫으로 잘라도 안 되고 작두로 잘라도 안 돼. 별짓을 다 해도 안 되더니 산에 가서 억새풀을 베어다 그걸로 탯줄을 치니까 그제야 잘라지더래.
　아기 이름을 '우투리'라고 했는데. 이 우투리가 갓난아기 때부터 하는 짓이 달라. 방에다 뉘어 놓고 나가서 일을 하고 들어와 보면 시렁에 덜렁 올라가 있지를 않나, 곁에 뉘어 놓고 잠깐 잠들었다 깨어나 보면 납죽 장롱 위에 올라가 있지를 않나. 이래서 참 이상하게 여긴 어머니, 아버지가 하루는 아기를 방에 두고 나와서 문구멍으로 들여다봤지. 그랬더니 아 이런 변이 있나? 글쎄 아기가 방 안에서 포르르 포르르 날아다니지 뭐야? 가만히 보니 아기 겨드랑이에 조그마한 날개가, 꼭 얼레빗만한 게 뽀조록하니 붙어 있더란 말이지. 그걸 보고 어머니가 그만 기접을 해. "아이고, 여보, 이것 큰일났소. 내가 아기를 낳아도 예사 아기를 낳은 게 아니라 영웅을 낳았소."
〈중략〉
　바위가 열리고 우투리가 병사들과 함께 사라지던 바로 그 순간, 지리산자락 어느 냇가에 날개 달린 말이 나타나 사흘 밤 사흘 낮을 울었어. 그렇게 슬피 울던 말이 냇물 속으로 스르르 들어가 버렸는데, 그 뒤에도 물 속에서는 자주 말 우는 소리가 들렸대. 백성들은 그 소리를 듣고 우투리가 아직도 죽지 않고 살아 있다고 믿고 있어. 날개 달린 말이 우투리를 태우고 물 속으로 들어갔다고 믿는 게지. 우투리는 지금도 그 물 속에 살아 있을까?

- 「아기장수 설화」

(나)
　흔 눈 멀고 흔 다리 져는 두터비 셔리 마즌 전푸리 물고 두엄 우희 치다라 안자,
　건넌산 ᄇᆞ라보니 백송골(白松骨)리 써 잇거늘 가슴이 금즉ᄒᆞ여 풀덕 쒸여 내닷다가 그 아리로 잣바지거고나
　모쳐라 늘낸 낼식만졍 횡혀 鈍者(둔자) ㅣ 런둘 어혈질 번ᄒᆞ괘라.

- 「흔 눈 멀고 흔 다리 져는」

(다)
黃雀何方來去飛	참새야 어디서 오가며 나느냐
一年農事不曾知	일 년 농사는 아랑곳하지 않고
鰥翁獨自耕耘了	늙은 홀아비 홀로 갈고 맸는데,
耗盡田中禾黍爲	밭의 벼며 기장을 다 없애다니

- 「사리화(沙里花)」

1. 위의 세 작품을 공통적으로 이해하기 위한 학습목표를 제시하고, 그것에 대해 교사가 지도해야 할 핵심 내용을 제시하고, 이것을 참고하여 (가)와 (나)에 나타난 세부 내용의 차이점을 3가지 밝히시오. [5점]

예상 답안

학습목표	지도해야 할 핵심 내용
① 작품에 나타난 현실에 대해 말할 수 있다.	지배층의 민중 수탈, 억압
② 화자가 지배층에 대해 지닌 의식에 대해 말할 수 있다.	지배층에 대한 비판 의식

구분	(가)	(나)
차이점	① (가) 왕권(체제)에 대한 비판과 도전 ② (가) 민중들의 염원과 좌절의 이야기 ③ (가) 일반적 이야기의 전달	① (나) 일부 양반층에 대한 비판 ② (나) 양반의 비굴함에 대한 이야기 ③ (나) 우의적, 풍자적 표현에 의한 전달

2. (나)와 (다)에 나타난 공통적 표현 방법을 두 가지 밝히고, 그 효과를 설명하시오. [2점]

예상 답안

① 풍자 : 부조리나 모순을 제시하고 그것의 개선을 드러냄
② 우의 : 동물을 의인화하여 현실 비판에 대한 주제를 장애를 받지 않고, 효과적으로 제시하고 있음 ('우의' 대신 '상징'으로 설명해도 맞게 할 것)

3. (가)에서 영웅적 인물이 좌절하고 실패한 이유를 ① 신분, ② 갈래의 측면에서 제시하시오. [2점]

예상 답안

① 신분 : 미천한 출생임 → 신분의 벽을 넘지 못하고 비극으로 끝남
② 갈래 : 전설이라는 하위 갈래 → 뛰어난 주인공의 좌절, 비극이 나타남

작품 7 》 사리화(沙里花)

黃雀何方來去飛	참새야 어디서 오가며 나느냐.
一年農事不曾知	일 년 농사는 아랑곳하지 않고
鰥翁獨自耕耘了	늙은 홀아비 홀로 갈고 맸는데,
耗盡田中禾黍爲	밭의 벼며 기장을 다 없애다니.

핵심정리

- **작자** 이제현(李齊賢, 1286 ~ 1367)
  고려 말엽의 문신. 호는 익재(益齋). 문집으로『익재난고(益齋亂藁)』(당시 민요를 한역한 〈소악부〉 여기에 실려 있음)가 있고, 비평집으로『역옹패설(櫟翁稗說)』이 있음
- **갈래** 7언 절구(七言絶句)
- **압운** 비(飛), 지(知), 위(爲)
- **구성** '기·승·전·결'의 4단 구성
- **성격** 현실 고발의 시
- **어조** 부당한 현실을 비유적으로 고발하여 원망하는 어조
- **주제** 권력자의 수탈과 횡포의 고발
- **출전** 『익재난고(益齋亂藁)』

이해와 감상

| 해설 |

　이제현은 소악부(小樂府) 11편을 남겼는데,「사리화(沙里花)」는 그 중 네 번째 시이다. '소악부'란 당시 유행한 우리말 노래(민요 등)를 한시로 옮겨 놓은 것인데, 이 가운데는 「처용가」,「정석가」,「쌍화점」,「정과정」등의 고려 속요도 실려 있다. 7언 절구(七言絶句)로 된「사리화(沙里花)」는 세금이 무겁고 권력 있는 자들의 수탈이 심한 것을 곡식을 쪼아 먹는 참새에 비유하여 원망한 노래이다.
　1연과 2연에서는 몰인정한 참새가 날아옴을, 3연에서는 농민들의 고달픈 삶을, 4연에서는 참새의 횡포를 노래하고 있다. 이를 통하여 권력 있는 자들의 횡포와 수탈을 참새가 일 년 동안 애써 지은 농사를 다 빼앗아 가는 것에 비유하여 비판하고 있다.

작품 8 · 부벽루(浮碧樓)

◆ 출제방향
- 이 작품이 지어진 시대와 주제와의 연관성 이해
- 작자는 무엇을 회고했는지 파악
- 5언 율시의 형식적 특징
- 작자의 기상과 시풍 이해

昨過永明寺	어제 영명사를 지나가다
暫登浮碧樓	잠시 부벽루에 올랐네.
城空月一片	텅 빈 성엔 달 한 조각 떠 있고
石老雲千秋	천 년 구름 아래 바위는 늙었네.
麟馬去不返	기린마는 떠나간 뒤 돌아오지 않는데
天孫何處遊	천손은 지금 어느 곳에 노니는가.
長嘯倚風磴	돌다리에 기대어 휘파람을 부노라니
山靑江自流	산은 오늘도 푸르고 강은 절로 흐른다.

핵심정리

- ▷ **작자** 이색(李穡)
- ▷ **갈래** 5언 율시(五言律詩)
- ▷ **성격** 회고적, 애상적
- ▷ **표현** ① 자연과 인간의 대조
  ② 시간의 흐름을 시각적으로 표현(4행)
  ③ '동명왕 신화'를 배경으로 한 시어 사용('기린마', '천손')
  ④ 선경 후정(先景後情)의 시상 전개 방식
- ▷ **제재** 부벽루 주변의 풍경과 감회
- ▷ **주제** 지난 역사의 회고와 고려 국운(國運) 회복의 소망

참고 「부벽루」과 정지상의 「송인」에 나타난 '자연'의 비교

구분	부벽루	송인
자연	인간사의 덧없음에 대조되는 영원성을 형상화	이별의 분위기 고조

이해와 감상

| 해설 |

이 작품은 고려 말의 문신이었던 작자 이색이 고구려의 유적지인 평양성을 지나다가 지은 5언 율시다. 그 옛날 찬연했던 고구려의 모습은 이제 찾을 수 없고, 다만 지난날을 되돌아보게 하는 퇴색한 자취만이 남아 있는 데서 그의 시상은 출발한다. 이러한 인간 역사의 유한함이 자연의 영원함과 대비되면서 쓸쓸한 느낌을 자아내고 있다. 3행과 4행에서 하늘에 걸린 한 조각의 달과 천년 두고 흐르는 구름이 그러한 분위기를 잘 보여 준다. 시간을 시각화한 표현이 돋보이고, 8행에서는 천의무봉(天衣無縫)의 시적 세계로 빠져 들어가는 느낌을 갖게 된다. 도도한 시적 흐름과 「주몽 신화」에 대한 회고는 이 작품의 호방성과 관계된다.

그런데 그가 이 시를 지은 동기는 단순한 회고적 정서에 그치는 것은 아닌 듯하다. 여기서 우리는 시인이 막연하게 옛 왕조의 자취를 읊기보다 위대한 건국 영웅이었던 동명왕의 일을 노래한 점에 주목하게 된다. 이 당시 고려는 원나라의 오랜 침략을 겪고 난 뒤여서 국가적으로 극히 쇠약한 형편이었는데, 작자는 이러한 시대 상황 속에서 고구려의 웅혼한 역사를 일으킨 동명왕의 위엄을 다시금 생각하는 것이다. 그런 점에서 이 작품은 현재의 시간에서 과거로 소급해 올라가는 한편, 과거의 역사를 통해 다시금 현재를 비추어 보는 양면적 시각을 내포한다고 하겠다.

또한 흐르는 물과 푸른 산으로 대표되는 대자연은 무한한 생명력을 가지고 예나 지금이나 변함이 없는데 비하여, 인간은 아무리 부귀영화 속에 살더라도 대자연과 비교해 보면 하잘 것 없는 생애밖에 누릴 수 없다는, 회고시 특유의 인생무상(人生無常)의 감정도 여실하게 드러나 있는 시이다.

예상문제

※ (1 ~ 2) 아래 작품을 바탕으로 물음에 맞게 답하시오.

(가)

昨過永明寺	어제 영명사를 지나가다
暫登浮碧樓	잠시 부벽루에 올랐네.
城空月一片	텅 빈 성엔 달 한 조각 떠 있고
石老雲千秋	천 년 구름 아래 바위는 늙었네.
麟馬去不返	기린마는 떠나간 뒤 돌아오지 않는데
天孫何處遊	천손은 지금 어느 곳에 노니는가
長嘯倚風磴	돌다리에 기대어 휘파람을 부노라니
山靑江自流	산은 오늘도 푸르고 강은 절로 흐른다.

- 이색(李穡)

(나)
白雪(백설)이 주자진 골에 구루미 머흐레라.
반가온 梅花(매화)는 어닉 곳에 픠엿는고.
夕陽(석양)에 홀로 셔 이셔 갈 곳 몰라 ᄒ노라.

(다)
이런들 엇더ᄒ며 져런들 엇더ᄒ료.
萬壽山(만수산) 드렁츩이 얼거진들 엇더ᄒ리.
우리도 이ᄀ치 얼거져 百年(백년)신지 누리리라.

- 「하여가」

1. (가)와 (다)를 바탕으로 '시인이 자연(자연물)을 수용한 양상을 파악할 수 있다'는 학습목표로 교수·학습을 계획할 때, 아래 표의 발문에 적절한 답변을 제시하여라. [4점]

	교사의 발문	예상되는 답변
①	직접 본 자연인가, 관념속의 자연인가?	
②	자연(물)은 복합적 가치(의미)인가, 단일한 가치(의미)인가?	
③	자연(배경)에서 화자가 드러내는 태도는 어떠한가?	
④	자연(물)과의 화자의 관계가 어떠한가?	

📋 **예상 답안**

	교사의 발문	예상되는 답변
①	직접 본 자연인가, 관념속의 자연인가?	(가)는 창작 당시 직접 본 자연이고, (다)는 창작 당시의 상황에서는 관념속의 자연이다.
②	자연(물)은 복합적 가치(의미)인가, 단일한 가치(의미)인가?	(가)의 자연(물)은 긍정적 의미와 안타까움이 함께 섞인 의미를 드러냈고, (다)의 자연(물)은 긍정적 의미만을 드러내었다.
③	자연(배경)에서 화자가 드러내는 태도는 어떠한가?	(가)는 인생의 유한함에 대한 안타까움을 느끼고, (다)는 자신의 의지로 분명한 지향을 드러내었다.
④	자연(물)과의 화자의 관계가 어떠한가?	(가)는 자연(물)이 본래 지닌 가치와 분리된 상황을 드러내었고, (다)는 자연물의 가치와 함께 하려는 의지를 드러내었다.

2. (나) 작품과 (다) 작품의 맥락에 대한 아래 표에 따라 교수·학습을 할 때, 맥락의 개념을 밝히고, 적절하지 않은 예를 모두 찾아 그것을 2가지 유형으로 나누어 그 이유를 설명하라.

	구분	교사의 지도 내용
맥락	(가) 작가적 맥락	㉠ (나)의 작가 정몽주는 신흥사대부이며 신흥사대부의 세계관을 드러내었다. ㉡ 경기체가의 뒤를 이어 시조가 완성된 형식으로 나타났다.
	(나) 사회·문화적 맥락	㉢ (나)의 경우 척신의 전횡으로 인해 고려 왕조가 위기에 처한 현실을 드러내었다. ㉣ (다)의 경우 고려가 망해가는 상황에서 고려 왕조에 미련을 두지 말고 새로운 세상을 세우자는 이성계 측의 회유를 담고 있다.
	(다) 문학사적 맥락	㉤ 문학에서 교훈적 내용을 중시하는 풍조가 힘을 얻기 시작했다. ㉥ 작가 이방원은 새로운 세상을 세우려는 인물이며 그 일에 합류하기를 바라고 있다.

📋 **예상 답안**

① 맥락의 개념		'맥락'은 텍스트의 표현과 해석에 관여해서 의미를 명확하게 함과 동시에 새롭게 의미를 형성하는 데 관여하는 지식
② 적절하지 않은 예	맥락의 내용이 틀린 경우	• (나) 작품에 대해 제시한 ㉠은 작자가 목은 이색이지 정몽주가 아님 • (나) 작품에 대한 ㉢의 내용은 고려 왕조의 위기가 신흥 사대부 및 이성계의 등장에 의한 것이지 외척 때문이 아님
	맥락의 종류를 적절하게 구분하지 못한 경우	• ㉡은 '(다) 문학사적 맥락'에 포함될 내용이므로 적절하지 않음 • ㉥은 '(가) 생산과 수용의 주체'에 포함될 내용이므로 적절하지 않음

작품 9 상률가(橡栗歌)

橡栗橡栗栗非栗	도톨밤 도톨밤 밤이 밤 아니거늘
誰以橡栗爲之名	누가 도톨밤이라 이름지었는고.
味苦於茶色如炭	맛은 씀바귀보다 쓰며, 색은 숯보다 검으나
療飢未必輸黃精	요기하는 덴 반드시 황정보다 지지 않나니
村家父老裹糇糧	촌집 늙은이 마른 밥 싸 가지고
曉起趁取雄鷄聲	새벽에 수탉 소리 듣고 도톨밤 주우러 가네.
陟彼崔嵬一萬仞	저 만 길 벼랑에 올라
捫蘿日與猿狖爭	칡덩굴 헤치며 매일 원숭이와 경쟁한다.
崇朝掇拾不盈筐	온종일 주워도 광주리에 차지 않는데
兩股束縛飢腸鳴	두 다리는 동여놓은 듯 주린 창자 쪼르륵
天寒日暮宿空谷	날 차고 해 저물어 빈 골짜기에 자네.
燒桂燃松煮溪薇	솔가지 지펴서 시내 나물 삶는다.
夜深霜露滿皎肌	밤이 깊자 온몸이 서리에 덮이고 이슬에 젖어
男呻女吟苦悽咽	남자 여자 앓는 소리 너무나 구슬퍼라.
試向村家問老農	내 촌집에 들려 늙은 농부에게 물으니
老農丁寧爲予說	늙은 농부 자세히 나보고 얘기한다.
近來權勢奪民田	요사이 세력 있는 사람들 백성의 토지를 빼앗아
標以山川作公案	산이며 내로써 한계 지어 공문서 만들었소.
或於一田田主多	혹은 토지에 주인이 많아서
徵後還徵無間斷	도조를 받은 뒤 또 받아가기 쉴 새 없소.
或惟水旱年不登	혹은 수한을 당하여 흉작일 때에는
場圃年深草蕭索	해묵은 타작 마당엔 풀만 엉성하다.
剝膚槌髓掃地空	살을 긁고 뼈를 쳐도 아무 것도 없으니
官家租稅奚由出	국가의 조세는 어떻게 낼꼬.
壯者散之知幾千	몇 천 명 장정은 흩어져 나가고
老孱獨守懸磬室	노약만 남아서 거꾸로 달린 종처럼 빈집을 지키누나.
未忍將身轉溝壑	차마 몸을 시궁창에 박고 죽을 수 없어
空巷登山拾橡栗	마을을 비우고 산에 올라 도토리며 밤이며 줍는다고
其言悽惋略而盡	그 말이 처량하여 간략해도 자세해
聽終辭絶心如噎	듣고 나니 가슴이 미어질 것 같아라.
君不見侯家一日	식만전(食萬錢) 그대 보잖나, 고관집 하루 먹는 것이 만 전어치
珍羞星羅五鼎列	맛있는 음식이 별처럼 벌려져 있고 다섯 솥이 벌려 있지
馭吏沈酒吐錦茵	하인도 술 취하여 수레 위 비단 요에 토하고
肥馬厭穀鳴金埒	말은 배불러 금마판에서 소리치네.
焉知彼美盤上餐	그들이 어찌 알기나 하랴 그 좋은 음식들이
盡是村翁眼底血	모두 다 촌 늙은이 눈 밑의 피인 줄을

핵심정리

- **작자** 윤여형(尹汝衡)
- **갈래** 7언 고시(七言古詩)
- **성격** 비판적
- **주제** 농민의 참담한 생활상과 관리들의 횡포 비판

이해와 감상

| 감상 |

　고려 후기에 윤여형(尹汝衡)이 지은 한시. 도톨밤[橡栗]을 통하여 당시 농민들의 참상을 노래한 시이다.『동문선』권 7에 수록되어 있다. 36구의 7언 고시이다. 내용은 크게 네 단락으로 이루어졌다. 1 ~ 4행은 도톨밤의 명칭·맛·용도 등에 대하여 매우 간략히 서민적이고 친근감이 넘치게 묘사하였다. 5 ~ 16행은 시골 늙은이들이 새벽부터 도토리를 주으러 가는 광경을 그렸다. 벼랑을 오르고 칡넝쿨을 헤치며 원숭이와 경쟁하듯 온종일 주워도 광주리에 차지 않아, 주린 배를 채우려 나물을 삶아 먹으며 골짜기에서 잠을 자는 처절한 모습을 그렸다. 17 ~ 28행은 작자가 도토리를 줍는 원인을 묻자 농부가 이에 대답한 내용이다. 권세 있는 자들이 농민의 땅을 빼앗아 긁어가므로 세금을 낼 길이 없어 젊은이들은 사방으로 흩어져 갔으며, 이 때문에 노약자만 남아 연명하기 위하여 하는 수 없이 도톨밤을 줍는다는 것이다. 29 ~ 36행은 "듣고 나니 가슴이 미어지는 듯하다."라고 하여 이제까지 절제해온 감정을 실었다. 또, 공후의 집 식탁은 바로 촌 늙은이의 피눈물로 풍요롭게 된 것이라고 하여, 날카롭게 비판하였다. 이 시는 고려 후기 농민들의 참담한 생활상을 절실하고 핍진하게 그렸다.

　고려 후기의 농민을 제재로 한 농민시의 발전적 면모를 확인할 수 있으며, 이 방면의 대표작으로 손색이 없는 글이다. 작자가 관직에 있지 않아 신분적으로 농민과 가까이 지낼 수 있었기 때문에, 농촌의 현실생활을 구체적으로 인식할 수 있었던 것으로 보인다.

　위정자의 비리와 조세, 군역의 부패상을 신랄하게 풍자하면서, 차마 죽을 수도 없어 도톨밤을 주워먹으며 살아야 하는 백성들의 비참한 삶을 사실적으로 표현했다.

작품 10 ▶ 사청사우(乍晴乍雨)

乍晴乍雨雨還晴	언뜻 개었다가 다시 비가 오고 비 오다가 다시 개이니
天道猶然況世情	하늘의 도 또한 그러하거늘, 하물며 세상 인정이랴.
譽我便應還毀我	나를 기리다가 문득 돌이켜 나를 헐뜯고,
逃名却自爲求名	공명을 피하더니 도리어 스스로 공명을 구함이라.
花開花謝春何管	꽃이 피고 지는 것을, 봄이 어찌 다스릴고.
雲去雲來山不爭	구름 가고 구름 오되, 산은 다투지 않음이라.
寄語世人須記憶	세상 사람들에게 말하노니, 반드시 기억해 알아 두라.
取歡無處得平生	기쁨을 취하려 한들, 어디에서 평생 즐거움을 얻을 것인가를.

핵심정리

▷ **작자** 김시습(金時習)
▷ **갈래** 한시(7언 율시)
▷ **성격** 비유적, 풍자적, 경세적
▷ **주제** 변덕스러운 인간 세상에 대한 비판
▷ **표현** ① 변덕스러운 사람들의 인정을 자연 현상에 빗대어 표현
　　　　② 대조를 이루는 소재를 통해 주제를 효과적으로 전달

이해와 감상

1 시상의 전개
① 수련(1~2구): 날씨처럼 변덕스러운 인정
② 함련(3~4구): 변덕스러운 사람들의 모습
③ 경련(5~6구): 봄과 산의 불변성
④ 미련(7~8구): 집착할 곳이 못 되는 인간 세상에 대한 인식

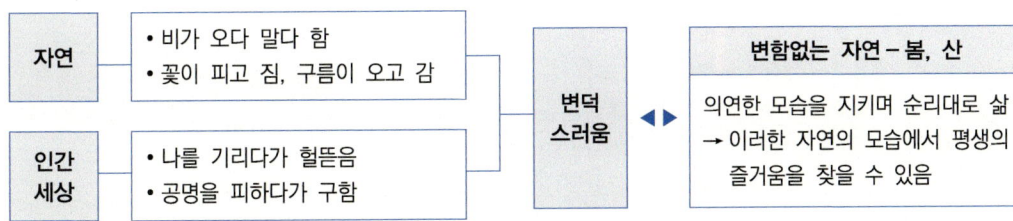

작품 11 〉〉 영산가고(咏山家苦)

[제4수]
農夫揮汗勤終歲	농부는 한 해가 다 가도록 땀 흘려 애쓰고
蠶婦蓬頭苦一春	누에 치는 아낙네 봄내 쑥대머리로 고생하는데
醉飽輕裘滿城市	취하고 배부르고 좋은 옷 입은 무리 성 안에 가득해
相逢盡是自安人	만나는 사람마다 편안한 분들뿐이로구나.

[제5수]
長官仁愛猶能喘	사또가 어질어도 헐떡일 생활인데
幸遇豺狼是可憐	승냥이 이리를 만났으니 가련하도다.
婦戴翁提盈道路	이고 진 유랑민 길마다 가득하니
豈遭飢凍不豊年	굶주림과 추위가 어찌 흉년 탓이리오.

핵심정리

- 작자 김시습(金時習)
- 갈래 총 8수, 7언 율시(七言律詩)
- 성격 비판적, 풍자적
- 표현 대조적 표현을 통해 주제를 부각시킴
- 주제 관리들의 횡포로 인한 백성들의 고된 삶

이해와 감상

| 해설 |
이 시의 화자는 백성들을 수탈하는 탐관오리에 대한 비판과 풍자의 태도를 취하고 있다.

❶ 시상의 전개
① 제4수
  ㉠ 기 : 땀흘려 고생하는 농부들
  ㉡ 승 : 누에를 치느라 고생하는 아낙들
  ㉢ 전 : 성 안에 가득한 배부른 사람들
  ㉣ 결 : 지배층의 편안한 모습
② 제5수
  ㉠ 기 : 백성들의 궁핍한 생활
  ㉡ 승 : 탐관오리에게 수탈당하는 백성들에 대한 연민
  ㉢ 전 : 수탈로 삶의 터전을 잃고 떠도는 백성들
  ㉣ 결 : 탐관오리의 수탈 비판

작품 12 〉〉 만보(晚步)*

苦忘亂抽書	잊음 많아 이 책 저 책 뽑아 놓고서
散漫還復整	흩어진 걸 도로 다 정리하자니,
曜靈忽西頹	해가 문득 서로 기울어지고,
江光搖林影	가람엔 숲 그림자 흔들리누나.
扶筇下中庭	막대 짚고 뜨락으로 내려를 가서
矯首望雲嶺	고개 들고 구름재를 바라다보니,
漠漠炊烟生	아득아득 밥 짓는 연기가 일고,
蕭蕭原野冷	으스스 산과 벌은 싸늘하구나.
田家近秋穫	농삿집 가을걷이 가까워지니,
喜色動臼井	방앗간 우물터에 기쁜 빛 돌아.
鴉還天機熟	갈가마귀 날아드니 절기 익었고,
鷺立風標逈	해오라비 우뚝 서니 모습 훤칠해.
我生獨何爲	내 인생은 홀로 무얼 하는 건지 원.
宿願久相梗	숙원이 오래도록 풀리질 않네.
無人語此懷	이 회포를 뉘에게 얘기할거나.
瑤琴彈夜靜	거문고만 둥둥 탄다, 고요한 밤에.

*만보 : 늦을 녘에 거닐면서

핵심정리

▷ **작자** 이황(李滉)
▷ **갈래** 5언 배율(五言排律)
▷ **성격** 사색적, 자아 성찰적, 대조적
▷ **주제** 소망한 바를 이루지 못한 자신에 대한 성찰과 회한
▷ **표현** 수확의 기쁨이 있는 가을 풍경과 자신의 모습과 대조하여 이루고 싶은 바를 이루지 못한 화자의 답답한 처지를 드러냄

이해와 감상

| 감상 |

　이 시는 가을걷이가 가까워진 들녘, 집집마다 밥 짓는 연기가 피어오르는 모습, 방앗간, 우물터에 수확의 기쁨이 있는 모습, 갈가마귀, 해오라기의 모습 등을 화자의 처지와 대비하여 자신이 아무것도 이룬 것이 없다는 회한과 안타까움을 드러낸 작품이다. 이 시에서는 배경이 중요하다. 해는 지고 멀리 저녁이 오고 있으며, 하루의 끝을 알리는 시간이고, 그리고 눈을 멀리 들어 들로 던지니 가을걷이가 가까워져 무르익은 들녘이 보이는 한 해의 끝을 알리는 시간이다. 그래서 집집마다 밥 짓는 연기가 피어오르고, 또, 방앗간이며 우물터에서는 사람들이 수확의 기쁨에 들떠 있고 모든 것이 성취의 기쁨을 맛보는 시간이다. 밥 짓는 연기며 방앗간 우물터의 기쁜 빛이 그런 뜻을 함축한다. 그래서 날아드는 갈가마귀며 우뚝 선 해오라기까지도 다 기쁨과 자랑에 차 있는데, 이런 가운데 나만 오로지 이룬 것이 없다. 책을 뽑아 놓고 흩어진 걸 정리하면서 그 공허함이 새삼 뼈에 사무친다. 숙원을 가진 지 오래지만, 하루 일이나 농사일 같은 소득이 없다. 그 말을 누구에게 할 수 있으랴, 거문고만 탈 뿐이다. 이처럼 바라보는 사물과 대비되는 나를 발견하면서 학문적 성취에 대한 미진함을 생각하면서 삶에 대한 깊은 내면의 성찰을 하고 있는 작품이다.

작품 13 ▶ 봄비

春雨暗西池	보슬보슬 봄비는 못에 내리고
輕寒襲羅幕	찬 바람이 장막 속에 스며들 제
愁依小屛風	뜬시름 못내 이겨 병풍 기대니
墻頭杏花落	송이송이 살구꽃 담 위에 지네.

핵심정리

▷ **작자** 허난설헌(許蘭雪軒)
▷ **갈래** 5언 절구(五言絶句)
▷ **어조** 쓸쓸한 독백의 어조. 자신의 감정과 처지를 정경에 기대어 표현해 낸 절제된 어조
▷ **주제** 규중 여인의 적막함과 외로움

이해와 감상

| 감상 |

　이 시는 전반부에서 공간적, 시간적 배경을 묘사하고 후반부에서 화자의 감정을 표현하는 한시의 일반적 시상 전개의 방식인 선경후정(先景後情)의 구성을 보인다. 그러나 이 작품의 후반부 서정(敍情) 부분에서도 오히려 사물의 정경 묘사인 4구가 핵심을 이루는데, 이는 이 작품이 정경 묘사를 통해 화자의 감정을 간접적으로 드러내고 있기 때문이다. 작은 병풍에 기대어 선 채로 봄비에 떨어지는 살구꽃을 바라보는 화자의 모습에서, 외로움 속 하루하루 시들어 가는 자신의 젊음을 한탄하는 애잔하고 고독한 정서가 나타난다. 자신의 감정과 처지를 직설적으로 드러내지 않으면서도 정경의 묘사에 기대어 적절한 감정을 표현해 낸 절제된 어조가 돋보이는 작품이다.

❶ 「봄비」의 표현상 특징
화자의 감정을 객관적 상관물에 의탁하여 암시적으로 드러내고 있다.

객관적 상관물	화자의 정서
봄비	쓸쓸함
찬 바람	화자의 외로운 처지, 외로움
(지는) 살구꽃	자신의 젊음이 속절없이 허망하게 지나가고 있음을 한탄, 아쉬움 (살구꽃 : 봄날 한 때 피었다가 금방 지는 꽃)

■ 여인의 정서와 관련해 읽을 작품 : 정지상 「송인」, 임제 「무어별(無語別)」

작품 14 ≫ 빈녀음(貧女吟)

手把金剪刀	가위로 싹둑싹둑 옷을 마르노라면
夜寒十指直	추운 밤에 손 끝이 호호 불리네.
爲人作嫁衣	시집살이 길옷은 밤낮이건만,
年年還獨宿	이내 몸은 해마다 혼자라네

핵심정리

▷ 작자 허난설헌(許蘭雪軒)
▷ 갈래 5언 절구(五言絶句)
▷ 성격 현실 비판적, 애상적
▷ 제재 가난한 여인의 고통스러운 노동
▷ 주제 ① 불평등한 현실 비판
② 시집 못 가는 가난한 여인의 삶

이해와 감상

| 감상 |

「빈녀음」은 4수로 이루어진 연작시이다. 이 시는 그 중 두 번째의 작품으로, 남을 위해 옷을 짓는 가난한 여인의 모습을 통해 사회적 소외감을 표시하고 있다. 1행과 2행에서는 겨울밤 바느질의 괴로움을 노래하고 있으며, 3행과 4행에서는 남을 위해 밤을 새워하는 바느질과 자신의 불우한 삶을 대비해 노래하고 있다. 허난설헌 특유의 섬세한 필치로 불우한 여인의 삶을 애상적으로 그리고 있다.

작품 15 ▶ 곡자(哭子)

去年喪愛女	지난 해는 사랑하는 딸을 여의고
今年喪愛子	올해는 하나 남은 아들까지 잃었네.
哀哀廣陵土	슬프디 슬픈 광릉의 땅이여.
雙墳相對起	두 무덤 나란히 마주 보고 서 있구나.
蕭蕭白楊風	백양나무 가지에는 쓸쓸히 바람 불고
鬼火明松楸	솔 숲에선 도깨비불 반짝이는데
紙錢招汝魂	지전을 날리며 너의 혼을 부르고
玄酒存汝丘	너의 무덤 위에다 술잔을 붓노라.
應知第兄魂	너희들 남매의 가여운 혼이야
夜夜相追遊	생전처럼 밤마다 정답게 놀고 있으리라.
縱有服中孩	비록 뱃속에는 아이가 있다 하지만
安可糞長成	어찌 제대로 자라날 수 있으랴.
浪吟黃坮詞	하염없이 슬픈 노래를 부르면서
血泣悲吞聲	피눈물 울음을 속으로 삼키리라.

핵심정리

▸ **작자** 허난설헌(許蘭雪軒)
▸ **갈래** 5언 고시(五言古詩)
▸ **성격** 애상적
▸ **주제** 자식을 잃은 슬픔

이해와 감상

| 감상 |

 어린 아들을 잃어버린 말할 수 없는 슬픔을 드러낸 한시로 자식을 생각하는 모정의 피눈물은 듣고 보는 이의 슬픈 감정을 불러 일으킨다. 이 작품은 특별한 비유나 수식 없이 작자의 감정을 직설적으로 드러내었다.

■ 사별의 슬픔이 드러난 작품 : 월명사「제망매가」, 김소월「초혼」, 박목월「하관」, 「이별가」, 서정주「귀촉도」, 정지용「유리창 1」, 김현승「눈물」, 김광균「은수저」

작품 16 불일암 인운 스님에게(佛日庵贈因雲釋)

寺在白雲中	절집이라 흰 구름에 묻혀 있기에,
白雲僧不掃	흰 구름을 스님은 쓸지를 않아.
客來門始開	바깥 손 와서야 문 열어 보니,
萬壑松花老	온 산의 송화꽃 하마 쇠었네.

핵심정리

▷ 작자 이달(李達)
▷ 갈래 5언 절구(五言絕句)
▷ 성격 회화적, 낭만적
▷ 주제 자연 속에서 느끼는 한적한 정취
▷ 출전 『손곡집(蓀谷集)』

이해와 감상

| 감상 |

이른바 삼당시인의 한 사람인 이달의 작품으로, 자연에 묻혀서 속세를 멀리하고 세월의 흐름도 잊은 채 살아가는 경지를 노래하고 있다. 승구(承句)에서 찾아오는 사람이 없어 길도 쓸지 않는다고 했는데, 이 때 낙엽이 아니라 구름이 쓴다고 표현한 것은 매우 독특하다. 손님이 와서 문을 열어 보고야 비로소 계절의 변화를 알게 된다는 결구(結句)의 표현은 시간의 흐름을 잊은 채 살아가는 탈속의 경지를 잘 보여 준다. 전구(轉句)와 결구(結句)가 암시하는 것은 시간의 흐름이고, 시간의 흐름도 잊은 채 살아가는 스님과 절집의 분위기를 통해 물아일체(物我一體)의 경지를 드러내고 있다. 또한 속세를 벗어난 삶의 모습에서 고적하고 정밀한 분위기를 만들어 내고 있다.

이 시는 시각적 이미지를 중심으로 시상(詩想)을 전개하고 있으며, 모든 제재가 한 폭의 풍경화처럼 서로 조화를 이루면서 시의 정서와 분위기를 형성하고 있다. 낭만적이고 풍류적인 당시풍(唐詩風)의 시로 시인 이달의 작품 세계를 엿볼 수 있다.

> **참고** 삼당 시인(三唐詩人)
> 조선 중기 선조 대의 세 시인, 즉 백광훈·최경창·이달을 삼당(三唐)으로 칭하며, 이들의 시를 삼당시라고 한다. 고려로부터 조선에 이르기까지 2백여 년간 한시에 있어서 중국 송(宋)나라의 소동파·황산곡 등의 송시풍을 따랐으나, 이 세 사람은 이러한 풍조를 배격하고 당시(唐詩)를 배우는 데 힘을 기울였다. 이들은 정서적 측면을 중시하고 좀 더 낭만적이고 풍류스런 시를 쓰려고 했으며, 성조(聲調) 감각을 강조했다. 그리고 이들 3인은 전라도라는 지역적인 관련을 지니고 있고, 또한 중세적 양반 사회가 낳은 서자로서, 방랑하면서 불우한 일생을 마친 시인들이라는 점에서도 공통점을 갖는다. 이들 중에서 특히 이달이 오래도록 뛰어난 시인으로 이름을 떨쳤다.

작품 17 〉〉 잠령민정(蠶嶺閔亭)

東溟有長鯨	동쪽 바다엔 큰 고래가 날뛰고
西塞有封豕	서편 국경에는 사나운 짐승 있건만
江章哭殘兵	강가 초소에 잔약한 병졸 울부짖고
海徼無堅壘	바닷가 진지엔 굳센 보루 없구나.
廟算非良籌	조정에서 하는 일 옳지 않거니
全軀豈男子	몸을 사리는 것이 대장부이랴
寒風不再生	훌륭한 제 주인을 얻지 못하니
絶景空垂耳	명마는 속절없이 귀 수그리네.
誰識衣草人	뉘라서 알리오 초야에 묻힌 사람
雄心一千里	웅심이 하루에도 천 리를 달리는 줄.

핵심정리

▷ **작자** 임제
▷ **갈래** 5언 고시(五言古詩)
▷ **성격** 우국가, 비판적
▷ **주제** 나라를 걱정하는 대장부의 기상
▷ **특징** 남성적 기백이 느껴지는 의지적 목소리를 통해 나라를 걱정하고 사회 모순을 비판

이해와 감상

| 감상|

　작자 임제는 사대부 중에서 호방한 성격으로 유명한 인물이다. 이 작품에서도 나라를 걱정하는 대장부의 호방한 기상을 드러내었다. 앞부분에서 오랑캐가 우리나라를 노리고 있는 현실을 제시했는데, 그러한 현실 속에서 진지는 초라하고 병졸은 나약하다고 문제를 제시한다. 그리고 그 원인이 바로 조정에 있음을 지적하면서 나라를 걱정하고 당시 조정을 비판하는 내용을 드러내었다. 그러한 상황에서 자신은 비록 초야에 묻혀 있지만 우국의 마음과 기상이 넘치고 있음을 드러내었다.

작품 18 산민(山民)

下馬問人居	말에 내려 인가를 찾아가 보니,
婦女出門看	아낙네 문간에 나와 맞이하네.
坐客茅屋下	띠집 처마 아래 손을 앉게 하고,
爲我具飯餐	나를 위해 밥과 반찬 내어 오네.
丈夫亦何在	남편은 어디에 나가 있는지,
扶梨朝上山	아침에 소 끌고 산에 올랐는데,
山田苦難耕	산밭을 일구느라 고생을 하며,
日晚猶未還	저물도록 돌아오지 못한다네.
四顧絶無隣	사방에 이웃이라고는 없고,
鷄犬依層巒	닭과 개만 산기슭을 오르내린다.
中林多猛好	숲 속에는 사나운 호랑이가 많고,
采藿不盈盤	나물을 뜯어도 얼마 되지 않네.
哀此獨何好	슬프다, 외진 살림 무엇이 좋아서
岐嶇山谷間	가파른 이 산중에 있는고?
樂哉彼平土	저쪽의 평지가 좋기야 하지만,
欲往畏縣官	원님이 무서워 갈 수가 없구나.

핵심정리

▷ **작자** 김창협(金昌協)
▷ **갈래** 5언 배율(五言排律)
▷ **성격** 현실 고발적, 사실적, 비판적
▷ **제재** 산민(山民)
▷ **주제** 평민들의 고된 삶과 관리들의 횡포
▷ **특징** 소외된 자들에 대한 연민과 애정을 드러내면서 벼슬아치에 대한 비판을 함

이해와 감상

| 감상 |

산속의 힘든 삶이 평지의 벼슬아치의 학정보다는 낫다는 산속 아낙네와의 대화를 통해 가렴주구(苛斂誅求)를 일삼는 벼슬아치들을 비판했다.

■ 주제가 유사한 작품 : 정약용 「탐진촌요」와 「고시 8」, 이제현 「사리화」, 이달 「습수요」

작품 19 ▶ 농가탄(農家歎)

白骨之徵何慘毒	백골에까지 세금을 거두니 얼마나 참혹한가,
同鄰一族橫罹厄	한 마을 일가족이 횡액을 당하누나.
鞭撻朝暮嚴科督	아침 저녁으로 채찍질하며 닦달하니
前村走匿後村哭	앞마을에선 달아나 숨고 뒷마을에선 통곡하네.
鷄狗賣盡償不足	닭과 개 모두 팔아도 빌린 돈 갚기에 모자라거늘
悍吏索錢錢何得	포악한 관리들이 닦달한들 돈을 어디서 구하랴.
父子兄弟不相保	부자와 형제가 서로 보살피지 못하고
皮骨半死就凍獄	살과 뼈가 맞붙어 반쯤 죽은 채 얼어붙은 감옥에 갇혀 있구나.

핵심정리

- **작자** 정래교(鄭來僑)
- **갈래** 7언 율시(七言律詩)
- **성격** 현실 비판적, 고발적, 사실적
- **어조** 현실의 모순을 고발하는 관찰자의 어조
- **표현** ① 당시 비참한 농민의 현실을 사실적으로 그려 냄
  ② 설의적 표현
- **주제** 가혹한 세금으로 인한 농민의 고통
- **특징** 당시 사회 현실에 비판적 태도를 취함

이해와 감상

| 감상 |

칠언율시(七言律詩)이며, 제목은 '농가를 탄식한다'라는 뜻이다. 백골에까지 세금을 매긴다는 것은 이른바 '백골징포(白骨徵布)'를 말한다. 이미 죽은 사람을 살아 있는 것처럼 군적(軍籍)과 세금 명부에 올리고 세금을 강제로 징수하는 것으로, 조선시대에 관리들이 사복을 채우기 위하여 저지른 비리행위이다.

이 시는 가혹한 세금 징수로 인한 백성들의 참혹한 현실을 사실적으로 묘사하였다. 조석으로 닦달하는 관리들의 등쌀에 못 견뎌 살던 곳을 버리고 도망가는 백성들, 가정이 파탄되어 부모와 형제가 서로 보살피지 못하는 상황, 부당한 세금을 못 낸 죄로 피골이 상접한 채로 추운 감옥에 갇힌 백성들의 모습 등 그야말로 '호랑이보다 무서운 가혹한 정치[가정맹어호(苛政猛於虎)]'의 폐해를 드러내고 있다.

이 시는 피폐한 농촌의 현실은 아랑곳하지 않고, 세금을 걷으러 온 아전들의 가혹함으로 온 마을이 모두 황폐화되는 농촌의 모습을 사실적으로 그려냈다. 심지어 세금을 내지 못한다는 이유로 감옥에 가두고 배고픔과 추위 속에서 죽을 지경에 방치하는 가혹한 현실을 드러냄으로써 잘못된 폐해와 비참한 조선 후기의 농촌 현실을 날카롭게 비판하고 있다.

작품 20 　 탄빈(歎貧)

請事安貧語	안빈낙도하리라 마음먹지만
貧來却未安	정작 가난코 보니 맘 편치 않네.
妻咨文采屈	아내 한숨 소리에 문장도 꺾어지고
兒餒敎規寬	아이놈도 굶주리니 교육 엄케 못 하겠어라.
花木渾蕭颯	꽃과 나무 모두들 썰렁해 보이고
詩書摠汗漫	시도 책도 요즘은 시들키만 해라.
陶莊籬下麥	부잣집 담 밑에 보리가 쌓였다지만
好付野人看	들사람들 보기에만 좋을 뿐이라네.

핵심정리

▷ **작자** 정약용(丁若鏞)
▷ **갈래** 5언 율시(五言律詩)
▷ **성격** 사실적, 직설적
▷ **주제** 가난으로 인한 어려움
▷ **특징** 사실적이고 직설적인 어조로 개인적인 감회를 노래하며 가난을 탄식하고 있음

이해와 감상

1. 시상의 전개
　① 수련 : 쉽지 않은 안빈낙도의 삶
　② 함련 : 아내와 아이들을 보며 느끼는 가장으로서의 어려움
　③ 경련 : 꽃, 나무, 시, 책도 모두 시들함
　④ 미련 : 그림의 떡일 뿐인 부잣집 담 밑의 보리

- 가난으로 인한 어려움이 나타난 작품 : 박인로 「누항사」

작품 21 　이노행(狸奴行)

南山村翁養狸奴	남산골이 한 늙은이 고양이를 길렀는데
歲久妖兇學老狐	해묵고 꾀들어 여우처럼 요망해졌네.
夜夜草堂盜宿肉	밤마다 초당에서 고기 훔쳐다 먹고
翻瓨覆甊連觸壺	작은 단지 큰 단지 술 항아리까지 뒤엎네.
乘時陰黑逞狡獪	어둠 타고 교활한 짓 제멋대로 다 하다가
推戶大喝形影無	문 열고 소리치면 형체 없이 사라지네.
呼燈照見穢跡徧	등불 켜고 비춰 보면 더러운 흔적 널려 있고
汁滓狼藉齒入膚	이빨 자국 나 있는 찌꺼기만 낭자해라.
老夫失睡筋力短	늙은이는 잠도 달아나 근력은 줄어들고
百慮皎皎徒長吁	온갖 궁리 해 보지만 긴 한숨만 나온다네.
念此狸奴罪惡極	고양이 죄 생각할수록 악독하기 짝이 없어
直欲奮劍行天誅	칼자루 빼어 들고 천벌이라도 내리고파라.
皇天生汝本何用	하늘이 네놈 내실 제 무엇하러 생겼더냐.
令汝捕鼠除民瘼	너더러 쥐 잡아서 백성 피해 없애라 했지.
田鼠穴田蓄穉穧	들쥐는 구멍 파서 어린 낟알 숨겨 두고
家鼠百物靡不偸	집쥐는 온갖 물건 안 훔치는 것이 없어
民被鼠割日憔悴	백성들은 쥐 등쌀에 나날이 초췌해 가고
膏焦血涸皮骨枯	기름 말라 피 말라 피골까지 말랐다네.
是以遣汝爲鼠帥	이 때문에 너를 보내 쥐잡이 대장 삼고는
賜汝權力恣磔刳	마음대로 찢어 줄일 권력까지 주었지.
賜汝一雙熒煌黃金眼	황금처럼 반짝이는 두 눈을 주어
漆夜撮蚤如梟雛	밤중에는 벼룩 잡는 올빼미처럼 밝았지.
賜汝鐵爪如秋隼	너에게 보라매처럼 쇠발톱 주고
賜汝鋸齒如於菟	범처럼 톱날 같은 이빨까지 주었었지.
賜汝飛騰搏擊驍勇氣	날면서 치고받는 용기까지 네게 주어
鼠一見之凌兢俯伏恭獻軀	쥐들은 너를 보면 벌벌 떨고 몸 바쳤지.
日殺百鼠誰禁止	날면서 백 마리씩 잡는다고 누가 말리랴.
但得觀者噴噴稱汝毛骨殊	보는 사람마다 네 모습 뛰어나다고 칭찬해 주고,
所以八蜡之祭祟報汝	너의 공로 보답하는 팔사제(八蜡祭)에도
黃冠酌酒用大觚	누른 갓 쓰고 큰 술잔 따라 바치느니라.
汝今一鼠不曾捕	너 요즘은 한 마리 쥐도 안 잡고
顧乃自犯爲穿窬	도리어 네놈이 도둑질하는구나.
鼠本小盜其害小	쥐는 본래 좀도둑이라 피해 적지만
汝今力雄勢高心計麤	너는 힘이 센 데다가 맘씨까지 거칠어라.
鼠所不能汝唯意	쥐가 못하는 짓 네놈은 마음대로라.
攀檐撤蓋頹堅塗	처마에 매달리고 닫은 뚜껑 걷어내고 흙담 무너뜨리고
自今群鼠無忌憚	뭇 쥐들 이제와서 거리낄 것이 없어
出穴大笑掀其鬚	구멍 밖에서 껄껄대고 수염을 흔들면서

聚其盜物重賂汝	훔친 물건 모아다가 너에게 뇌물질하고
泰然與汝行相俱	마음놓고 행동을 너와 함께 할 것 아닌가.
好事往往亦貌汝	네 꼭 닮은 호사자도 더러는 있다더라.
群鼠擁護如騶徒	뭇 쥐들 말구종처럼 너를 옹호하니
吹螺擊鼓爲法部	나팔 불고 북치고 온갖 풍악 다 잡히고
樹纛立旗爲先驅	깃발 세워 휘날리며 앞장을 선다.
汝乘大轎色夭矯	너는 큰 가마 타고 얼굴색을 근엄하게 하여
但喜群鼠爭奔趨	단지 즐기는 것이 뭇쥐들 떠받듦이라.
我今彤弓大箭手射汝	내 이제 붉은 활에 큰 화살 메겨 네 녀석 쏘아 잡으니
若鼠橫行寧嗾盧	차라리 쥐들 날뛴다면 사냥개 부리리라.

핵심정리

▷ **작자** 정약용(丁若鏞, 1762~1836)
▷ **성격** 풍자적, 우화적, 비판적
▷ **주제** ① 고양이(관리)의 횡포에 대한 비판
　　　　② 봉건적 국가 구조의 총체적인 부패에 대한 비판
▷ **특징** ① 적절한 비유를 사용하여 주제를 간접적으로 드러냄
　　　　② 날카로운 풍자의 기법을 사용함

이해와 감상

| 감상 |

　남산의 한 늙은이가 쥐를 잡기 위해 고양이를 기르다 탄식하는 내용을 시로 형상화했다. 도적을 지켜야 할 고양이가 도리어 도적과 통하고, 그들과 한 패가 되어 더 큰 도적이 된 모습을 그린 것이다. 이 시에 등장하는 '고양이'와 '쥐'는 현실의 부패한 관리들을 비유한 것으로, 동물을 이용한 우화적 기법을 통해 부정부패한 현실을 비판하려는 의도를 담고 있다.

1 시상의 전개
　① 1~10구 : 고양이의 요망함으로 남산골 노인네가 겪는 고통
　② 11~30구 : 고양이의 본래 역할과 과거의 공적에 대한 칭송
　③ 31~46구 : 쥐와 결탁한 고양이의 횡포
　④ 47~48구 : 고양이에 대한 증오심

■ 풍자적 기법을 사용한 작품 : 이제현 「사리화」, 김병연 「안락성을 지나며」, 작자 미상 「두터비 푸리를 물고~」, 박지원 「허생전」, 「토끼전」, 정약용 「고시 8」, 안국선 「금수회의록」, 채만식 「태평천하」, 황지우 「새들도 세상을 뜨는구나」 등

작품 22 　탐진촌요(耽津村謠)

[제 5 연]
水田風起麥波長　　무논에 바람 일어 보리이삭 물결친다.
麥上場時稻揷秧　　보리타작 하고 나면 모내기 제 철이라.
菘菜雪無新葉綠　　눈 내리는 하늘 아래 배추 새잎 파아랗고
鷄雛擁月嫩毛黃　　섣달에 깐 병아리는 노란 털이 어여쁘네.

[제 7 연]
棉布新治雪樣鮮　　새로 짜낸 무명이 눈결같이 고왔는데
黃頭來博吏房錢　　이방 줄 돈이라고 황두가 뺏어가네.
漏田督稅如星火　　누전 세금 독촉이 성화같이 급하구나.
三月中旬道發船　　삼월 중순 세곡선(稅穀船)이 서울로 떠난다고.

핵심정리

- **작자** 정약용(丁若鏞, 1762 ~ 1836)
  경기도 광주 출생. 조선 정조 때의 실학자. 호는 다산(茶山). 또는 여유당(與猶堂). 정조 13 년에 남인(南人)의 불리한 처지를 극복하고 대과에 급제하여 정조의 총애를 받기도 함 저서에 『목민심서(牧民心書)』, 『경세유표(經世遺表)』, 『흠흠신서(欽欽新書)』등 아주 많음
- **갈래** 7 언 절구(七言絶句)
- **성격** 고발적, 비판적
- **표현** 직유법, 도치법
- **주제** 관리들의 횡포 고발
- **출전** 『여유당전서(與猶堂全書)』

이해와 감상

| 감상 |

[제 5 연]
　이 작품은 계절의 변화에 따른 농촌의 정경을 그림을 그리듯이 사실적으로 묘사했다. 보리 이삭 물결치는 이른 봄, 모내기 바쁜 여름철, 눈 맞아 새로 자란 파란 배추 잎, 섣달에 깐 노란 병아리 등 농촌 생활과 직결된 소재들을 동원해 계절의 변화에 따른 정겨운 농촌의 풍경을 눈에 잡힐 듯이 묘사했다. 대상을 바라보는 작자의 시선에는 농촌에 대한 따스한 사랑이 흠뻑 배어 있다.

[제 7 연]
　이 작품은 관리들의 횡포에 시달리는 농민들의 눈물겨운 삶의 모습을 사실적으로 그렸다. 피땀 흘려 짜낸 무명을 황두들이 뺏어가고, 성화같은 세금 독촉에 시달리는 농민들의 삶의 모습이 눈에 잡힐 듯이 다가온다. 다산(茶山)의 한시(漢詩) 가운데는 관리들의 횡포에 시달리는 농민들의 고달픈 삶을 노래한 것들이 많이 있는데, 다산은 이런 작품을 통해 당시의 피폐한 농촌의 현실을 고발하고, 백성을 위한 정치가 이루어져야 할 것을 촉구했다. '가정맹어호(苛政猛於虎 : 가혹한 정치를 이르는 말)'라는 구절을 다시금 생각하게 하는 작품이다.

| 해설 |
　탐진(耽津)은 지금의 전남 강진으로서 다산(茶山) 정약용의 유배지이다. 그 곳에서 유배 생활을 하던 시절에 농촌의 모습과 농민 생활의 고초를 그린 「탐진 촌요」는 「탐진 농가(耽津農家)」, 「탐진 어가(耽津漁歌)」와 더불어 3 부작(三部作)을 이루고 있다. 「탐진 촌요」는 모두 15 수로 구성되어 있는데, 여기에 실린 것은 그 중 5 연과 7 연이다.

작품 23 ▶ 보리타작(打麥行)

新篘濁酒如渾白	새로 거른 막걸리 젖빛처럼 뿌옇고
大碗麥飯高一尺	큰 사발에 보리밥, 높기가 한 자로세.
飯罷取耞登場立	밥 먹자 도리깨 잡고 마당에 나서니
雙肩漆澤翻日赤	검게 탄 두 어깨 햇볕 받아 번쩍이네.
呼邪作聲擧趾齊	응헤야 소리 내며 발 맞추어 두드리니
須臾麥穗都狼藉	삽시간에 보리 낟알 온 마당에 가득하네.
雜歌互答聲轉高	주고받는 노랫가락 점점 높아지는데
但見屋角紛飛麥	보이느니 지붕 위에 보리티끌뿐이로다.
觀其氣色樂莫樂	그 기색 살펴보니 즐겁기 짝이 없어
了不以心爲形役	마음이 몸의 노예 되지 않았네.
樂園樂郊不遠有	낙원이 먼 곳에 있는 게 아닌데
何苦去作風塵客	무엇하러 벼슬길에 헤매고 있으리오.

시구

- **새로 거른 ~ 햇볕 받아 번쩍이네.**
  좋은 술과 기름진 음식은 아닐지라도 노동의 건강성과 좋은 조화를 이루는 막걸리와 보리밥이 요기로서는 부족함이 없음과 햇빛에 그을은 두 어깨로 대변되는 농민의 노동하는 건강한 삶에 화자가 감탄하고 있다. 화자는 직접 노동에 참여하지는 않는 사람으로 시적 대상이 노동하려는 모습을 관찰하고 이에 감동을 받고 있다.

- **응헤야 소리 내며 ~ 보리티끌뿐이로다.**
  노동요를 부르면서 흥겹게 도리깨질을 하는 농민이 보리 낟알이 온 마당에 날릴 정도로 적극적으로 일을 하는 모습을 묘사하고 있고, 그 노동의 강도는 시간이 점점 지나갈수록 더욱더 강해진다. 노랫가락 소리도 높아지고 동시에 마당뿐만 아니라 온 집안에 보리 낟알이 날리고 있다. 화자는 건강한 농민의 노동력에 감탄을 금치 못하고 있다.

- **그 기색 ~ 되지 않았네.**
  농민의 즐거운 노동 행위에서 건강하고 생동하는 삶을 발견하고 그로 말미암아 육신과 정신이 조화로운 통일을 이루고 있다는 인식까지 드는 것이다. 화자는 시적 대상인 농민의 건강한 노동 행위를 관찰한 끝에 삶의 본질을 깨닫고 있는 것이다.

- **낙원이 먼 곳에 ~ 헤매고 있으리오.**
  대상의 행위에서 깨달은 삶의 본질은 그것으로 멈추지 않고 화자의 내면에 변화를 가져오고 있다. 즉 화자가 벼슬길에 나서 정치적 억압을 받고 힘든 삶을 살아 온 과정이 모두 부질없는 행위였다는 생각을 하고 있다. 화자는 대상을 보기 전과는 다른 새로운 삶의 진리를 깨달았음을 토로하고 있는 것이다.

핵심정리

- **작자** 정약용(丁若鏞, 1762 ~ 1836)
- **갈래** 행(行 : 한시의 일종). 서정시. 리얼리즘 시
- **연대** 1801 년
- **구성** ① 기·승·전·결의 4 단 구성, 선경후정(先景後情)의 시상 전개
  ② 기 (1 ~ 4 행) : 노동하는 농민의 건강한 삶의 모습
  ③ 승 (5 ~ 8 행) : 보리 타작하는 마당의 정경
  ④ 전 (9 ~ 10 행) : 정신과 육체가 합일된 노동의 기쁨
  ⑤ 결 (11 ~ 12 행) : 관직에 몸담은 자신의 삶에 대한 반성
- **성격** 사실적, 반성적
- **배경** 실사구시의 실학사상
- **주제** 농민의 보리타작 노동과 거기에서 얻는 삶의 즐거운 모습
- **의의** ① 사실성과 현장성이 평민적인 시어의 구사와 함께 잘 어울리는 조선 후기 한시의 전형
  ② 다산(茶山)의 중농(重農) 사상과 현실주의 시 정신을 잘 나타내는 작품
- **출전** 『여유당전서(與猶堂全書)』

이해와 감상

해설

다산(茶山)의 한시 작품은 실학사상을 배경으로 사회 제도의 모순, 관리나 토호들의 횡포, 백성들의 고뇌, 농어촌의 가난 등이 그 주제로 나타나는 것이 특징이다. 그러므로 그의 시는 대부분이 현실적인 면을 사실적으로 그렸으며, 시어(詩語)도 평민적이라고 할 수 있다. 「보리타작」도 가난을 딛고 건실하게 일하는 농민의 건설적인 모습을 보이는 바, 악부(樂府)시체에서 전환한 한시의 한 체인 '행(行)'을 그 형식으로 하고 있다.

이 시에서 서정적 자아는 결구에서 보듯이 관직에 있었던 경험을 지닌 사대부이다. 곧 작자인 정약용 자신이라 해도 무방하다. 실학자인 작자는 현명한 목민관은 권농(勸農)을 으뜸가는 임무로 삼아야 함을 주장하고, 전정(田政)과 군정(軍政)에 치중하여 병농일치(兵農一致)를 근간으로 하는 중농 정책을 주장하였다. 이처럼 농사짓기를 중시하는 작자의 눈에 비친 당대 농민의 삶은 건강한 것이고 가치 있는 것이었다. 특히 이 작품은 농민의 건강한 노동의 모습을 잘 보여 주는 보리타작하는 모습을 소재로 이러한 작자의 생각을 잘 나타내고 있다.

1 ~ 4 행에서는 막걸리와 보리밥 한 사발을 너끈히 먹자마자 웃통을 벗고 마당에 가서 보리타작하는 농민의 모습을 통해 건강한 삶의 표상을 제시한다. 그리고 5 ~ 8 행에서는 공동 작업으로 진행되는 보리타작이라는 노동에 농민들이 몰두하는 모습을 보임으로써 노동하는 삶이야말로 기쁜 삶이라는 것을 잘 보여 주고 있다. 9 ~ 10 행에서는 육체와 정신이 통일되어 있는 농민의 모습에서 마음이 몸의 노예가 되지 않은 주체적 인간상을 느끼고, 11 ~ 12 행에서는 농민의 삶을 보고는 벼슬길을 헤매며 보잘것없는 물욕(物慾)에 시달리는 자신의 모습을 반성하기도 한다.

이 시에서 우리는 성장하는 조선 후기 민중들의 모습을 손에 잡힐 듯이 생생하게 느낄 수 있으며, 새롭고 가치 있는 삶을 민중들의 일상생활에서 찾고자 하는 당대 진보적 지식인의 세계관을 알 수 있다.

예상문제

※ (1~3) 아래 작품을 읽고 조건에 맞게 답하시오.

(가)
　　한기태심(旱旣太甚)ᄒᆞ야 시절(時節)이 다 느즌 제
　　서주(西疇) 놉흔 논애 잠깐 긴 녈비예
　　도상(道上) 무원수(無原水)을 반만깐 딕혀 두고
　　쇼 ᄒᆞᆫ 젹 듀마ᄒᆞ고 엄섬이 ᄒᆞᄂᆞᆫ 말삼
　　친절(親切)호라 너긴 집의 달 업슨 황혼(黃昏)의 허위허위 다라 가셔
　　구디 다든 문(門) 밧긔 어득히 혼자 서셔
　　큰 기ᄎᆞᆷ 아함이를 양구(良久)토록 ᄒᆞ온 후(後)에
　　어화 긔 뉘신고, 염치(廉恥) 업산 닉옵노라
　　초경(初更)도 거위ᄃᆡ 긔 엇지 와 겨신고
　　연년(年年)에 이러ᄒᆞ기 구차(苟且)ᄒᆞᆫ 줄 알건만는
　　쇼 업슨 궁가(窮家)애 혜염 만하 왓삽노라
　　공ᄒᆞ나 갑시나 주엄즉도 ᄒᆞ다마는
　　다만 어제밤의 거넨집 져 사람이
　　목 불근 수기 치(雉)를 옥지읍(玉脂泣)게 ᄭᅮ어ᄂᆡ고
　　간 이근 삼해주(三亥酒)를 취(醉)토록 권(勸)ᄒᆞ거든
　　이러한 은혜(恩惠)을 어이 아니 갑흘넌고
　　내일(來日)로 주마ᄒᆞ고 큰 언약(言約) ᄒᆞ야거든
　　실약(失約)이 미편(未便)ᄒᆞ니 사셜이 어려왜라
　　실위(實爲) 그러ᄒᆞ면 혈마 어이홀고
　　헌 먼덕 수기 스고 측 업슨 집신에 설피설피 물너오니
　　풍채(風彩) 저근 형용(形容)애 기 즈칠 ᄲᅮᆫ이로다.
　　　　〈후략〉

　　　　　　　　　　　　　　　　　　　　- 박인로(朴仁老),「누항사(陋巷詞)」

(나)
　　새로 거른 막걸리 젖빛처럼 뿌옇고　　　　　新蒭獨酒如湩白
　　큰 사발에 보리밥, 높기가 한 자로세.　　　　大碗麥飯高一尺
　　밥 먹자 도리깨 잡고 마당에 나서니　　　　　飯罷取耞登場立
　　검게 탄 두 어깨 햇볕 받아 번쩍이네.　　　　雙肩漆澤翻日赤
　　응헤야 소리 내며 발 맞추어 두드리니　　　　呼邪作聲擧趾齊
　　삽시간에 보리 낟알 온 마당에 가득하네.　　須臾麥穗都狼藉
　　주고받는 노랫가락 점점 높아지는데　　　　　雜歌互答聲轉高
　　보이느니 지붕 위에 보리티끌뿐이로다.　　　但見屋角紛飛麥
　　그 기색 살펴보니 즐겁기 짝이 없어　　　　　觀其氣色樂莫樂
　　마음이 몸의 노예 되지 않았네.　　　　　　　了不以心爲形役

	낙원이 먼 곳에 있는 게 아닌데	樂園樂郊不遠有
	무엇하러 벼슬길에 헤매고 있으리요.	何苦去作風塵客

- 정약용(丁若鏞), 「보리타작[打麥行]」

(다)
　댁(宅)들에 동난지이 사오. 져 쟝스야, 네 황후 긔 무서시라 웨는다, 사쟈.
　외골내육(外骨內肉), 양목(兩目)이 상천(上天), 전행후행(前行後行), 소(小)아리 팔족(八足) 대(大)아리 이족(二足), 청장(淸醬) 으스슥ᄒᆞ는 동난지이 사오.
　쟝스야, 하 거복이 웨지 말고 게젓이라 하렴은.

- 「宅(댁)들에 동난지이 사오」

1. (가)와 (나)에서 작자의 상황을 비교하여 차이점을 1가지 밝히고, (가)와 (나)를 소설로 드러낸다면 각각 어떤 시점이 가장 적절한지 밝히시오. 그리고 (가)가 조선 전기 가사와 다른 점을 내용과 형식면에서 각각 1가지씩 밝히시오.

📝 **예상 답안**

(가), (나) 작자 상황의 차이점		① (가) 직접 농사지음, (나) 농사짓지 않음 ② (가) 주인공의 입장, (나) 관찰자의 입장
(가), (나) 소설로 드러낼 경우 적절한 시점		(가) : 1인칭 주인공 시점 (나) : 1인칭 관찰자 시점
(가)가 조선 전기 가사와 다른 점	내용면	① 양반이 농사를 짓게 된 현실 ② 궁핍하고 어려운 삶의 모습이 드러남
	형식면	4음보를 벗어난 부분이 있음

2. 아래 예문을 참고하여 정약용의 '조선시(朝鮮詩)' 운동이 (나) 작품에 어떻게 드러났는지 구체적 내용을 2가지 밝히시오. [2점]

　　정약용은 시를 짓되 까다로운 규범을 버리고 떠오르는 느낌대로 나타내야만 시적 진실을 얻을 수 있다고 하였다. 그리하여 '아시조선인 감작조선시(我是朝鮮人 甘作朝鮮詩 : 나는 조선 사람이어서 조선 시를 즐겨 짓는다)'라고 하면서 정통 한시에서 벗어나 우리말 노래에 접근하려는 노력을 부각시켰다.

📝 **예상 답안**

① 당대 현실(농민, 민중)의 삶을 반영(현실 모순 풍자)
② 민중들의 언어 사용(막걸리, 보리밥, 옹헤야 등)
③ 노동(농사)에 대한 긍정적 인식(= 벼슬길에 대한 비판적 인식)

3. (가) 작품과 비교할 때, (다) 작품이 더 자유시에 가까운 것을 보여주는 요소를 내용과 형식면에서 각각 밝히시오. [2점]

📝 **예상 답안**

내용면	(가)의 유교적 안빈낙도(강호한정)에 비해 (다)는 자유로운 감정(유식한 체하는 장사에 대한 조롱)의 표출
형식면	(가)는 4음보인데, (다)는 4음보의 음보율에서 벗어났음(정형성의 탈피)

> **참고** (다)를 완전한 자유시로 보기 어려운 점
> ① 초·중·종 3장의 구조
> ② 종장 첫째 음보가 3음절임

제2절 한시 작품 감상 **917**

작품 24 ▶ 구우(久雨)

窮居罕人事	궁벽하게 사노라니 사람보기 드물고
恒日廢衣冠	항상 의관도 걸치지 않고 있네
敗屋香娘墜	낡은 집엔 향랑각시 떨어져 기어가고
荒畦腐婢殘	황폐한 들판엔 팥꽃이 남아 있네
睡因多病減	병 많으니 따라서 잠마저 적어지고
愁賴著書寬	글짓는 일로써 수심을 달래보네
久雨何須苦	비 오래 온다 해서 어찌 괴로워만 할 것인가
晴時也自歎	날 맑아도 또 혼자서 탄식할 것을

핵심정리

- **작자** 정약용(丁若鏞, 1762 ~ 1836)
- **갈래** 5언 율시(五言律詩)
- **연대** 정조 때
- **성격** 비판적, 우회적
- **표현** 대구법, 영탄법
- **제재** 가난
- **주제** 장마철 농촌의 궁핍한 삶, 궁핍한 사회 현실에 대한 비판

이해와 감상

| 감상 |

이 작품은 장마철 농촌의 가난한 삶을 그리고 있다. 벼슬길에서도 멀어져 찾아오는 이도 없고, 의복은 남루한데 비는 하염없이 내리고 있는 상황이다. 집 안에는 노래기가 기어 다니고 들판은 황량한 모습이니 글 짓는 선비의 마음을 짐작할 만하다. 현실을 개선할 수 있는 여지가 별로 없는 만큼 차라리 비가 그치지 않았으면 하는 마음도 가져보는 것이다. 가난의 원인이 무엇인지, 그 책임이 누구에게 있는지 뻔히 알고 있지만 자신에게 힘이 없어 괴로워해야 하는 작자의 심정이 오죽하겠는가. 민중의 생활고는 흐린 날 뿐만 아니라 맑은 날에도 계속되어 한스럽다는 것과 도탄에 빠진 민생고를 해결하기 위해서는 제도 개혁이 있어야 함을 비판하고 궁핍한 현실에 대한 비판의식이 드러난다.

- 당대의 현실 묘사와 관련해 읽을 작품 : 정약용의 한시, 김병연의 한시

작품 25 ▶ 가마꾼(肩輿歎)

❯ 출제방향
- 조선 시대 평민들의 생활 모습
- 사실성과 서사성을 추구한 작자의 시 세계

人知坐輿樂	사람들 가마 타는 즐거움은 알아도
不識肩輿苦	가마 메는 괴로움은 모르고 있네.
肩輿山峻阪	가마 메고 험한 산길 오를 때면,
捷若蹄山麞	빠르기가 산 타는 노루와 같고
肩輿不懸崿	가마 메고 비탈길 내려올 때면,
沛如歸笠羖	우리로 돌아가는 염소처럼 재빠르네.
肩輿超谽谺	가마 메고 깊은 골짜기 건너갈 때면,
慈哀無乃怒	자애로운 어버이 노하지 않겠는가.
僧輩楢胥矣	중들은 그래도 나은 편이요.
哀彼嶺下戶	영하호(嶺下戶) 백성들은 가련하구나.
巨旆雙馬轎	큰 깃대 앞세우고 쌍마(雙馬) 수레 타고 오니,
服驂傾村塢	촌마을 사람들 모조리 동원하네.
被驅如犬鷄	닭처럼 개처럼 내몰고 부리면서,
聲吼甚豺虎	소리치고 꾸중하기 범보다 더 심하네.
乘人古有戒	예로부터 가마 타는 자 지킬 계율 있었는데,
此道棄如土	지금은 이 계율 흙같이 버려졌네.
耘者棄其鋤	밭 갈다가 징발되면 호미 내던지고
飯者哺以吐	밥 먹다가 징발되면 먹던 음식 뱉어야 해.
無辜遭嗔喝	죄 없이 욕 먹고 꾸중 들으며,
萬死唯首俯	일만 번 죽어도 머리는 조아려야.
顚頓既踰艱	병들고 지쳐서 험한 고비 넘기면,
噫吁始贖擄	그 때야 비로소 포로 신세 면하지만,
浩然揚傘去	사또는 일산(日傘)쓰고 호연(浩然)히 가 버릴 뿐,
片言無慰撫	한 마디 위로의 말 남기지 않네.
力盡近其畝	기진맥진하여 논밭으로 돌아오면
呻唫命如縷	지친 몸 신음 소리 실낱같은 목숨이네.
欲作肩輿圖	이 가마 메는 그림 그려
歸而獻明主	임금님께 돌아가서 바치고 싶네.
松鼠行且舞	다람쥐도 덩달아 같이 춤추네.
側石微低肩	바위 옆을 지날 때에는 어깨 낮추고,
窄徑敏交服	오솔길 지날 때에는 종종걸음 걸어가네.
絶壁頻黝潭	검푸른 저수지 절벽에서 내려다볼 때는,
駭魄散不聚	놀라서 혼이 나가 아찔하기만 하네.
快走同履坦	평지를 밟듯이 날쌔게 달려

耳竅生風雨	귀에서 바람 소리 쌩쌩 난다네.
所以游此山	이 산에 유람하는 까닭인즉슨
此樂必先數	이 즐거움 맨 먼저 손꼽기 때문
紆回得官帖	근근히 관첩(官帖)을 얻어만 와도
役屬遵遭矩	역속(役屬)들은 법대로 모셔야 하는데
矧爾乘傳赴	하물며 말타고 행차하는 한림(翰林)에게
翰林疇敢侮	누가 감히 못 하겠다 거절하리오.
領吏操鞭扑	고을 아전은 채찍 들고 감독을 맡고,
首僧整編部	수승(首僧)은 격식 차려 맞을 준비하네.
迎候不差限	높은 분 영접에 기한을 어길쏘냐,
肅恭行接武	엄숙한 행렬이 끝없이 이어지네.
喘息雜淊瀑	가마꾼 숨소리 폭포 소리에 뒤섞이고
汗漿徹襜褸	해진 옷에 땀이 배어 속속들이 젖어 가네
度虧旁者落	외진 모퉁이 지날 때 옆엣놈 뒤처지고,
陟險前者傴	험한 곳 오를 때엔 앞엣놈 허리 숙여야 하네.
壓繩肩有瘢	밧줄에 눌리어 어깨에 자국 나고,
觸石趼未瘉	돌에 채여 부르튼 발 미처 낫지 못하네.
自痔以寧人	자기는 병들면서 남을 편케 해 주니,
職與驢馬伍	하는 일 당나귀와 다를 바 하나 없네.
爾我本同胞	너나 나나 본래는 똑같은 동포이고,
洪勻受乾父	한 하늘 부모삼아 다 같이 생겼는데,
汝愚甘此卑	너희들 어리석어 이런 천대 감수하니,
吾寧不愧憮	내 어찌 부끄럽고 안타깝지 않을쏘냐.
吾無德及汝	나의 덕이 너에게 미친 것 없었는데,
爾惠胡獨取	내 어찌 너의 은혜 혼자 받으리.
兄長不憐弟	형이 아우를 사랑치 않으니.

핵심정리

- **작자** 정약용(丁若鏞, 1762~1836)
- **갈래** 5언 장시(五言長詩)
- **연대** 1832년
- **구성** ① 60행으로 이루어짐
  ② 제1단락(1~14행): 가마꾼의 행동을 사실적으로 묘사
  ③ 제2단락(15~25행): 어쩔 수 없이 가마를 메어야 하는 백성들의 딱한 사정
  ④ 제3단락(26~42행): 가마꾼들의 천대에 대한 부당성을 고발하고 가마를 메야 하는 영하호 백성들이 가련하다고 노래함
  ⑤ 제4단락(43~끝행): 백성들을 근거 없이 가마꾼으로 징발하는 관리들의 부도덕성을 고발하면서 가마꾼들의 힘겨운 모습을 그려 임금에게 보이고 싶다는 답답한 심정을 토로
- **주제** ① 관리들의 횡포를 비판
  ② 부당한 현실에 대한 직시(直視)와 비판
- **출전** 『여유당 전서(與猶堂全書)』

이해와 감상

| 감상 |

정약용이 귀양에서 풀려나 향리로 돌아와 있을 때(1832) 지은 작품으로, 백성들의 삶에 대한 사실적인 묘사와 함께 풍자성이 강하게 나타나 모순된 시대 현실에 대한 정약용의 비판적 태도를 분명하게 감지할 수 있다. 작자는 먼저 관리의 가마를 메고 산으로 올라가는 영하호(嶺下戶) 주민들의 고통을 생생하게 묘사한 후, 가마 타는 즐거움은 알아도 가마 메는 괴로움은 모르는 관리들의 도덕적 무감각을 강하게 질타한다.

이런 비판 속에는, 한 인간이 다른 인간에게 부당한 행위를 강요해서는 안 된다는 작자의 진보적인 의식이 숨어 있다. 작자는 이러한 논리를 임금에게까지 적용시킨다. 어떤 면에서 보면 임금이야말로 백성들에게 가마 메는 괴로움을 강요하는 가장 핵심적인 주체일 수도 있기 때문이다.

> **참고** 정약용의 '조선시(朝鮮詩)'운동
>
> 정약용은 시를 짓되 까다로운 규범을 버리고 떠오르는 느낌대로 나타내야만 시적 진실을 얻을 수 있다고 하였다. 그리하여 '아시조선인 감작조선시(我是朝鮮人 甘作朝鮮詩 : 나는 조선 사람이어서 조선시를 즐겨 짓는다)'라고 하면서 정통 한시에서 벗어나 우리말 노래에 접근하려는 노력을 부각시켰다. 여기서 '조선시'란, 중국 전래의 격식에 얽매이지 않고 그 소재나 표현이 시대의 요구에 합당한 독자적인 특징을 가진 한시를 말한다.
>
> 내용적인 측면에서 조선시를 특징짓는 것은 당대 현실에 대한 충실성이다. 정약용이 당대의 현실을 정면에서 다루려고 노력했다는 사실도 바로 이런 맥락에서 이해될 수 있다. 이런 시들에는 모두 풍자적 특질이 강하게 나타나는데, 그 대표적 실례로 「용산리(龍山吏)」, 「타맥행(打麥行)」 등을 들 수 있다.

작품 26 〉〉 용산마을 아전[龍山吏]

吏打龍山村	아전들 용산* 마을 들이쳐
搜牛付官人	소 끌어내 관가로 넘기누나.
驅牛遠遠去	소 몰고 멀리멀리 사라지는 걸
家家倚門看	집집이 문밖에 서서 멍하니 바라만 보네.
勉塞官長怒	사또님 노여움 풀어 드리기 급급한데
誰知細民苦	백성의 아픔이야 누가 아랑곳하랴.
六月索稻米	유월 한 여름에 나락을 바치라니
毒痛甚征戍	그 곤경은 수자리* 살기에 못지않네.
德音竟不至	덕음*은 끝끝내 내려오지 않아
萬命相枕死	수많은 목숨이 늘비하게 죽어가는구나
窮生儘可哀	궁박한 신세 애처롭기 그지없다.
死者寧舍矣	죽는 편이 차라리 낫다 하리
婦寡無良人	아낙네 남편 없이 홀몸이요
翁老無兒孫	늙은이 자손도 없이 외로운 신세
泫然望牛泣	뺏긴 소 바라보며 눈물 글썽글썽
淚落沾衣裙	눈물이 줄줄줄 적삼 치마 다 적시네.
村色劇疲衰	마을 풍색이 극도로 황량한데
吏坐胡不歸	아전놈 버텨 앉아 어쩐 일로 아니 가나?
瓶罌久已罄	쌀독이 진작 바닥났으니
何能有夕炊	무슨 수로 저녁밥 짓는단 말인가?
坐令生理絶	살아갈 길 없도록 만드니
四隣同嗚咽	사방 이웃들 함께 목메어 흐느끼네.
脯牛歸朱門	소 잡아 포를 떠서 권문세가에 바치나니
才諝以甄別	재서(재주와 슬기)는 이로 말미암아 드러난다지.

* 용산(龍山) : 마을 이름으로 지금의 강진군 도암면 용흥리(龍興里). 당시 다산이 거주하고 있던 다산초당에서 멀지 않은 거리에 있다.
* 수자리 : 국경을 지키며 사는 병사의 삶
* 덕음(德音) : 임금의 말씀, 즉 조세를 탕감하고 굶주린 백성을 구휼하라는 뜻이 내리기를 기대한 것이다.

핵심정리

▷ **작자** 정약용(丁若鏞, 1762~1836)
▷ **갈래** 5언 배율(五言排律)
▷ **성격** 사실적, 서사적, 비판적
▷ **주제** 농민들을 괴롭히는 부패한 관리들의 횡포 고발
▷ **특징** 가렴주구의 처참한 상황을 사실적으로 그려내고 수탈의 정황을 서사적으로 묘사

이해와 감상

| 감상 |

「용산마을 아전」, 「파지방 아전」, 「해남고을 아전」의 3편은 두보(杜甫)의 유명한 서사시 「삼리(三吏)」를 차운(次韻)한 것이다. 「용산마을 아전」은 석호리(石豪吏), 「파지방 아전」은 신안리(新安吏), 「해남고을 아전」은 동관리(潼關吏)를 각기 차운하고 있다. 두보가 「삼리」에서 배치한 운자를 그대로 따랐을 뿐만 아니라, 분위기나 수법까지 서로 통합을 느끼게 한다. 그러나 두보가 악부시의 일반 관행과는 다르게 새로운 제재로 「삼리」를 구성했던 것처럼 정약용 또한 자기의 현실에서 제재를 취하여 그야말로 환골탈태의 솜씨를 발휘한 것이다.

이들 3편의 시를 쓴 시기는 "경오년 6월이다"라고 밝혀져 있다. 경오년은 1810년에 해당하는데 이 무렵 다산은 유배지인 강진의 다산 초당에 있었다. 다음 「전간기사」에 그려진 그 무서운 흉년은 바로 전년에 있었던 일이었다. 이 시는 조세징수와 관련해서 발생한 사건을 다룬 것이다.

세곡(稅穀)은 대개 음력 정월부터 수납하여 조운선을 이용 서울로 실어간다. 『목민심서』에서 "세미를 거두는 마감에 아전과 군교를 풀어서 민가를 수색해서 긁어내는 것을 검독(檢督)이라 한다. 검독이라는 것은 백성들에게는 승냥이나 범과 같은 것이다(戶典 稅法條)"고 하였다. 지난해 추수를 별로 못했으니 조세를 바치지 못하는 것은 부득이한 일이다. 그럼에도 검독이 출동하여 들볶는데 그 정황은 3편의 서사시에 그려져 있다.

「용산마을 아전」은 검독이 조세를 못내는 집에서 소를 빼앗아 가는 내용이다. 전체 4단락으로 서술의 초점은 소에 두어졌다. 첫 단락에 "소 몰고 멀리멀리 사라지는 걸 / 집집이 문밖에 서서 멍하니 바라만 보네"로 서사적 화폭이 눈앞에 드러난다. 이때 '바라본다(看)'에 비중이 있는데 실은 진술 내용이 거의 시각적으로 인지된 부분이다. 제2단락에서 소를 빼앗는 배경적 사정을 서술한 다음 역시 "뺏긴 소 바라보며 눈물 글썽글썽 / … 적삼치마 다 적시네"로 서사적 화폭은 옮기지 않으면서도 점층적으로 무겁게 바뀐다. 제3단락은 "마을 풍색 극도로 황량한데"라고 시각적 인식을 확대하면서 아전들이 소를 몰아가고 토식까지 하는 정황을 보여준다. 그리하여 제4단락에서 일련의 상황을 마무리짓는 것이다.

소는 농민에게 있어서 가장 소중한 생산 수단이다. 제2단락에서 "사또님 노여움 풀어드리기 급급한데 / 백성의 아픔이야 누가 아랑곳 하랴"듯 농민에게 없어서는 안 될 소를 빼앗아 가는 것은 원님의 노여움에 기인했다. 원님은 왜 굳이 소를 필요로 하는가? 마지막 구절에서 "소 잡아 포를 떠서 권문세가에 바치나니"라고 그 까닭을 알게 한다.

작품 27 과안락견(過安樂見 : 안락성을 지나며)

安樂城中欲暮天	안락성 안에 날이 저무는데
關西儒子聲詩肩	관서 지방 못난 것들이 시 짓는다고 우쭐대네.
村風厭客遲炊飯	마을 인심이 나그네를 싫어해 밥짓기는 미루면서
店俗慣人但索錢	주막 풍속도 야박해 돈부터 달라네.
虛腹曳雷頻有響	빈 배에선 자주 천둥 소리가 들리는데
破窓透冷更無穿	뚫릴 대로 뚫린 창문으로 냉기만 스며드네.
朝來一吸江山氣	아침이 되어서야 강산의 정기를 한 번 마셨으니
試向人間辟穀仙	인간 세상에서 벽곡의 신선이 되려 시험하는가.

핵심정리

- **작자** 김삿갓(金炳淵)
- **갈래** 7언 율시(七言律詩)
- **구성** ① 1, 2행[수련(首聯)] : 양반의 허세 비판
  ② 3, 4행[함련(頷聯)] : 야박한 마을 인심
  ③ 5, 6행[경련(頸聯)] : 나그네의 서글픔 제시
  ④ 7, 8행[미련(尾聯)] : 선비의 자부심
- **성격** 비판적, 풍자적
- **표현** 과장법
- **주제** ① 사대부의 허세와 관서 지방의 야박한 인심에 대한 풍자
  ② 현실 세태의 비판과 고발

이해와 감상

| 감상 |

　이 시는 평안도 안락성에서 하룻밤 묵게 된 작자가 그 지방의 각박한 인심과 사대부의 허세를 비판한 7언 율시의 한시다. 평안도 용강에서 일어난 홍경래의 난으로 인해 가문의 몰락을 겪은 작가의 집안 내력으로 볼 때, 작가가 애초에 관서 지방에 대해 좋은 감정을 품기는 어려웠을 것이며, 이 작품에서 관서 지방의 인심을 비판한 심리적 이유를 여기에서 찾아볼 수도 있을 것이다. 그러나 당대 사회에 대한 김삿갓의 비판이 애초에는 집안의 몰락으로 인한 개인적 입장에서 비롯되기는 했지만, 점차 봉건 질서와 신분 제도, 빈부의 격차와 양반층의 허식과 횡포에 대한 것으로 옮아갔음을 생각할 때, 이 작품을 이와 같이 해석할 수만은 없다. 이 시는, 유학적 지식과 작시(作詩) 능력을 통해 자신들의 계급적 우월을 정당화하려 했던 사대부 계급의 허세와 무식을 비판하고, 가난한 나그네를 괄시하는 각박한 인심과 세태를 풍자한 작품이라고 보는 것이 마땅하다.

작품 28 무제(無題)

四脚松盤粥一器	네 다리 소반 위에 멀건 죽 한 그릇
天光雲影共排徊	하늘에 뜬 구름 그림자가 그 속에서 함께 떠도네.
主人莫道無顔色	주인이여, 면목이 없다고 말하지 마오.
吾愛靑山倒水來	물 속에 비치는 청산을 내 좋아한다오.

핵심정리

▷ **작자** 김삿갓(金炳淵)
▷ **갈래** 7언 절구(七言絶句)
▷ **성격** 비판적, 관조적, 해학적
▷ **특징** ① 작가 자신의 삶에 대한 반성이 드러남
　　　　② 하층민에 대한 작가의 연민이 드러남
▷ **어조** 위로와 연민이 담긴 대화의 어조
▷ **주제** ① 가난에 시달리는 농민에 대한 연민과 작가의 안빈낙도
　　　　② 유유자적한 삶과 안분지족의 태도
　　　　③ 속세를 초탈한 인생관과 청빈한 삶의 추구

이해와 감상

| 감상 |

　이 시는 김삿갓이 방랑 생활 중에 한 농가에서 하게 된 식사의 모습을 그린 작품이다. '네 다리 소반 위에 멀건 죽 한 그릇'이라는 1구의 간결한 묘사에는, 여로(旅路)에 지친 나그네에게 베푸는 농민의 따스한 인정과, 그럼에도 불구하고 멀건 죽 한 그릇밖에는 대접할 것이 없는 눈물겨운 가난이 압축적으로 그려져 있다. 2구의 '하늘에 뜬 구름 그림자가 그 속에서 함께 떠도네.'라는 표현에는 방랑 생활을 하는 자신의 삶에 대한 반성이 깃들어 있다고 볼 수 있으며, 4구의 안빈낙도하는 삶의 자세, 비참한 삶을 살고 있는 하층민에게 해학적 표현을 통해 위로의 말을 건네는 따스함을 읽을 수 있다. 따라서 이 작품은 서민 생활의 애환과 시인 자신의 방랑과 고독감, 현실에 대한 신랄한 비판 의식이 녹아들어 있다고 할 수 있다.

작품 29 ▶▶ 절명시(絕命詩)

> **출제방향**
> - 나라가 위기에 처했을 때 지식인의 삶 이해
> - 구한말 우국 문학 이해

鳥獸哀鳴海岳嚬	새와 짐승들도 슬피 울고 강산도 찡그리니
槿花世界已沈淪	무궁화 온 세상이 이제 망해 버렸어라.
秋燈掩卷懷千古	가을 등불 아래 책 덮고 지난날 생각하니
難作人間識字人	인간 세상에 글 아는 사람 노릇, 어렵기도 하구나.

핵심정리

- **작자** 황현(黃玹)
- **갈래** 전 4수, 7언 절구(七言絕句)
- **성격** 우국적, 고백적, 절망적
- **표현** 의인법, 감정 이입, 대유법
- **제재** 한일 병합(경술국치)
- **주제** 나라 잃은 지식인의 비탄과 절망
- **배경** 1910년 한일 병합이 되자, 작자는 절명시 4수를 남기고 음독자살함
- **미적 범주** 비장미
- **특징** 작가에 대한 비판(적극적으로 현실에 대응하기보다 죽음을 선택함으로써 양심과 명예만을 지키려 함)

이해와 감상

| 감상 |

황현은 소년 시절부터 과거를 통하여 발신(發身)할 것을 꾀하였으나, 막상 과거에 급제했을 때는 나라의 정사(政事)가 이미 기울어져 있었으므로 범연히 서울을 떠나 고향으로 내려갔다. 이후 국권 피탈의 비보가 전해지자, 「절명시」 네 수를 남기고 조용히 죽음을 택했다. 여기에 실린 것은 그 중 세 번째 작품으로 험난한 역사 속에서 지식인으로서의 처신의 어려움을 말하고 있다.

한말의 혼란기에 태어나 세록(世祿)의 은(恩)도 입은 일이 없는 그가 죽어야 될 이유는 없었다. 그러나 500년 동안이나 선비를 길러 온 나라에서 정작 나라가 망하는 순간에 죽는 선비 하나 볼 수 없다면, 그 꼴이 무엇이겠냐는 것이었다. 이렇듯 조선 선비의 꿋꿋한 기상과 정신을 형상화한 시를 황현 이후에는 더 이상 찾아보기 힘들게 되었다. 황현을 조선의 마지막 선비라고 부르는 것은 바로 이러한 이유 때문이다.

① 작자 : 황현(1855 ~ 1910)

조선 말기의 학자, 문인. 호는 매천(梅泉). 강위, 이건창, 김택영 등과 함께 사대가(四大家)의 한 사람. 1910년 국권 피탈의 소식을 듣고 자결한 이듬해, 영·호남 선비들의 성금으로 『매천집』을 간행하였다. 저서로 한말의 역사를 쓴 『매천야록(梅泉野錄)』이 전한다.

② 『매천집(梅泉集)』

황현의 시문집. 9권 4책으로, 1913년 중국 상해에서 김택영이 정리, 간행하였다. 한말의 풍운을 예리한 비평안으로 읊은 이 시문집은 당시의 혼란한 세태를 연구하는 데 귀중한 자료가 되고 있다.

■ 지식인의 고뇌가 나타난 작품 : 최치원 「추야우중」, 윤동주 「서시」, 「참회록」 등

작품 30 무어별

十五越溪女　　열다섯 아리따운 아가씨
羞人無語別　　남 부끄러워 말 못하고 헤어졌어라.
歸來掩重門　　돌아와 중문을 닫고서는
泣向梨花月　　배꽃 사이 달을 보며 눈물 흘리네.

핵심정리

- 작자 임제
- 갈래 5언 절구(五言絶句)
- 연대 조선 중기(선조)
- 성격 서정적, 애상적, 낭만적
- 압운 별(別), 월(月)
- 제재 이별
- 주제 ① 이별의 슬픔
  ② 이별한 소녀의 애틋한 마음
- 특징
  ① 간결하고 담백한 표현으로 절제된 언어의 아름다움을 구사함
  ② 관찰자적 입장에서 객관적으로 시적 상황을 전달
- 출전 『백호집(白湖集)』

이해와 감상

| 감상 |

'규원(閨怨)'이라는 부제로도 전하는 이 작품은 5언 절구(五言絶句)로서 남성 작가가 여성적인 섬세한 감각을 바탕으로 이별하는 아가씨의 슬픔을 효과적으로 표현하였으며 간결한 형식미를 보여 주고 있다.

제목인 '무어별(無語別)'은 '말 못 하고 헤어지다'라는 뜻으로, 많은 말을 하지 않으면서도 어린 여인의 애틋한 마음을 표현하고 있어 절제된 언어의 아름다움이 충분히 드러나고 있다. 권위주의와 남녀유별이 엄격하던 시대에 절실한 사랑을 마음속으로만 간직한 채 남 모르게 흘리는 여인의 심상을 섬세하게 반영하고 있는, 낭만주의적 경향의 작품이다. 특히 결구의 '배꽃 사이 달(梨花月)'은 웅건하고도 호쾌한 남성적 기상과 함께 불굴의 기백이 넘치는 표현으로 작가의 다른 작품과는 다르게 사랑과 이별의 감정을 감각적이고 심미적으로 표현하였는데, 이것은 이 작품의 백미(白眉)라 할 수 있다.

1 시상의 전개

기	15세, 아리따운 아가씨	▶	인물 제시
승	부끄러워 말도 못하고 이별함	▶	상황 제시 : 안타까움의 고조
전	중문을 닫음	▶	이별의 슬픔을 감추려는 행동
결	배꽃 사이 달을 보며 눈물을 흘림	▶	배경의 제시 : 슬픔의 고조

2 결구의 애상적 분위기

소재	배꽃	달
색채감	백색(白色)	
정서	애상적 분위기, 애련한 느낌	
속성	금방 떨어지는 순간성	어두운 밤하늘에 홀로 걸려 있어 임을 상기시킴

- 배경의 역할을 함
- 임과의 이별의 안타까움을 더해 줌
- 이별한 임을 연상시킴으로써 임에 대한 그리움을 북돋움
- 주인공의 애달픈 심정과 절묘한 조화를 이룸

> **참고** 함께 읽으면 좋은 작품 : 허난설헌 「규원가」
>
> 「규원가」는 현전하는 최초의 규방 가사로, 봉건 제도 하에서 겪는 부녀자의 한(恨)을 표현한 작품이다. 이별의 상황에 속수무책인 여성이 등장한다는 면에서 「무어별」과 유사하다. 「무어별」은 수줍음 많은 아가씨가 이별의 상황에서 느끼는 아쉽고 슬픈 감정을 속으로 삭히면서 눈물을 흘리는 소극인 모습을 보이고 있다. 작가는 남성 작가로 독자 또한 시의 내용에 관념적으로 공감할 수 있는 상층 남성이고, 표기 또한 한문으로 되어 있다. 「규원가」는 남편에게 버림받다시피 한 여성 화자가 등장하여 슬픔을 직설적으로 드러내며 적극적인 방식으로 현실에 대처한다. 또한 여성 작가의 창작물이 자, 한글로 표기되었다는 점에서 「무어별」과 차이가 있다.

작품 31 ▶ 누항락

十年經營久	십 년 오랜 세월 경영하여
草屋一間設	초옥 한 칸을 지으니
半間淸風在	반 칸은 청풍
又半間明月	또 반 칸은 명월
江山無置處	강산을 둘 곳 없어
屛簇左右列	병풍 삼아 좌우에 벌여 두리라.

핵심정리

▷ **작자** 이형상
▷ **갈래** 한역 시조
▷ **제재** 자연 속에서의 삶
▷ **주제** 자연을 즐기는 풍류와 안빈낙도
▷ **성격** 풍류적, 자연 친화적
▷ **특징** 근경과 원경의 조화를 통해 강호가도(江湖歌道)를 표현
▷ **출전** 『병와선생문집(甁窩先生文集)』

이해와 감상

| 감상 |

이 작품은 조선 중기의 문인인 송순이 지은 시조를 한역한 것으로, 제목 「누항락」은 '누추한 거리(안빈낙도하는 삶)에서의 즐거움'을 의미한다. 자연의 아름다움에 빠져 있는 경지를 초옥의 한 칸에 청풍, 명월, 나아가 강산까지 두고 보겠다는 독특한 발상으로 표현하고 있다.

참고 「누항락」의 원시조

十年(십 년)을 經營(경영)ᄒ여 草廬三間(초려 삼간) 지여 내니,
나 ᄒᆞᆫ 간 ᄃᆞᆯ ᄒᆞᆫ 간에 淸風(청풍) ᄒᆞᆫ 간 맛겨 두고,
江山(강산)은 들일 듸 업스니 둘러 두고 보리라.

— 송순, 「누항사」

초장에서는 자연에서 은거하는 안빈낙도의 생활을, 중장에서는 화자와 달, 청풍이 함께 어우러지는 물아일체의 경지를, 종장에서는 강산마저 곁에 두고 자연에 몰입하려는 삶의 자세를 노래하고 있다.

작품 32 ▶ 원생원

日出猿生原	해 뜨자 원숭이가 언덕에 나타나고,
猫過鼠盡死	고양이 지나가자 쥐가 다 죽네.
黃昏蚊檐至	황혼이 되자 모기가 처마에 이르고
夜出蚤席射	밤 되자 벼룩이 자리에서 쏘아대네.

핵심정리

- **작자** 김병연·김삿갓
- **갈래** 5언 절구(五言絕句)
- **연대** 조선 후기
- **구성** ① '기 – 승 – 전 – 결'의 4단 구성
  ② '해뜨자 – 황혼 – 밤' 시간적 구성의 흐름(실제적 시간의 흐름이 아니라 소재에 따라 시간이 정해짐)
- **성격** 풍자적, 비판적, 냉소적, 해학적, 중의적
- **어조** 비꼬는 냉소의 목소리
- **제재** 북도 지방 어느 마을의 유지들
- **주제** ① 마땅치 않은 인물들에 대한 풍자와 희화화
  ② 상대방에 대한 은근한 조롱

이해와 감상

| 감상 |

김병연이 구천각 즉 함경남도 함흥시의 구경을 마치고 누각을 내려오면서 보니 멀리 잔디밭에서 지방 유지로 보이는 노인 네 명이 기생들과 함께 술을 마시며 시를 읊고 있었다. 마침 그곳을 지나가던 김병연은 술 생각이 간절하여 한 잔 술을 요구하였으나 김병연의 행색을 본 노인들은 오히려 푸대접을 하였다. 그러자 김병연이 그들의 이름자를 시속에 넣어 그들을 비난하는 시를 짓고서 그 자리를 급하게 떠났다. 그가 그 자리를 떠난 다음 시를 본 네 명의 노인네들은 잠시 후 격분할 수밖에 없었다. 그 이유는 원생, 서진사, 문첨지, 조석사가 바로 자신들을 지칭하는 말이었기 때문이었다. 다시 말해서 작가가 북도 지방의 어느 집에 갔다가 그곳에 모여 있던 마을 유지들을 놀리며 지은 시이다. 각 구절 끝의 세 글자는 우리말의 동음이의어를 활용하였으며, 이를 시간의 흐름에 따라 동물에 빗대어 조롱하였다. 말이나 글자를 소재로 하는 놀이, 말 잇기 놀이, 어려운 말 외우기, 새말 만들기 따위와 같은 언어유희(言語遊戲)로 상대방들의 무례함을 조롱한 것이다.

1 내용 연구

> 해 뜨자 **원숭이(원생원을 빗댐)**가 언덕에 나타나고
> 고양이 지나가자 **쥐(서진사를 빗댐)**가 다 죽네.
> 황혼이 되자 **모기(문첨지를 빗댐)**가 처마에 이르고
> 밤 되자 **벼룩(조석사를 빗댐)**이 자리에서 쏘아대네.

원생원(元生員), 서진사(徐進士), 문첨지(文僉知), 조석사(趙碩士)의 음을 빌려 쓴 것이다.
① 원생원 : 猿生原(원숭이)
② 서진사 : 鼠盡死(쥐)
③ 문첨지 : 蚊至(모기)
④ 조석사 : 蚤席射(벼룩)

작품 33 — 스무나무 밑의

二十樹下三十客
四十家中五十食
人間豈有七十事
不如歸家三十食

[풀이 1]
스무나무 아래 서른 나그네가
마흔 집안에서 쉰밥을 먹네.
인간 세상에 어찌 일흔 일이 있으랴.
차라리 집으로 돌아가 서른 밥을 먹으리라.

[풀이 2]
스무나무 아래 서러운 나그네가
망할 놈의 집안에서 쉰밥을 먹네.
인간 세상에 어찌 이런 일이 있으랴.
차라리 집으로 돌아가 선 밥을 먹으리라.

[풀이 3]
스무나무 아래 서러운 나그네에게
망할 집에서 쉰밥을 주는 구나.
인간 세상에 어찌 이런 일이 있는가.
차라리 집으로 돌아가 설은 밥 먹으리.

[풀이 4]
스무나무 밑의 설운 나그네에게
망할 놈의 마을에서 쉰밥을 주는 구나.
인간 세상에 어찌 이런 일이 있는가.
내 집에 돌아가 설익은 밥을 먹느니만 못하니라.

핵심정리

▷ **작자** 김병연, 김삿갓
▷ **갈래** 7언 절구(七言絶句)
▷ **성격** 해학적, 풍자적
▷ **표현** 발음의 유사성에 의한 언어유희
▷ **제재** 각박한 인심
▷ **주제** 자신의 신세 한탄과 각박한 인심 풍자

이해와 감상

|감상|

방랑하면서 겪은 세상의 각박한 인심을 한자어를 가지고 순수 우리말을 표기하는 파격적인 시로 발음의 유사성을 이용한 언어유희를 사용하여 쉰밥을 내 준 집에 대한 조롱과 비난을 하고 있는 시로 비록 내용은 슬프고 통탄스럽지만 해학적인 미가 느껴지는 한시이다.

❶ 내용 연구

> 스무나무 아래 서러운 나그네에게 망할 집에서 쉰밥을 주는 구나.
> → 방랑하는 서러운 나그네인 화자가 먹을 수 없는 쉰밥을 대접을 받고 있다.
>
> 인간 세상에 어찌 이런 일이 있는가.
> → 세상의 각박한 인심을 통탄한다.
>
> 차라리 집으로 돌아가 설익은 밥 먹느니만 못하리.
> → 이런 인심이라면 차라리 집에 돌아가 자기 집의 설익은 밥일지라도 그것을 먹을 수 있는 자신의 집으로 돌아가리라는 스스로의 위안을 하고 있다.

① 二十樹 : 스무나무는 느릅나무과에 속하는 나무 이름
② 三十客 : 三十은 '서른'이니 '서러운'의 뜻. 서러운 나그네
③ 四十家 : 四十은 '마흔'이니 '망할'의 뜻. 망할 놈의 집
④ 五十食 : 五十은 '쉰'이니 '쉰(상한)'의 뜻. 쉰 밥
⑤ 七十事 : 七十은 '일흔'이니 '이런'의 뜻. 이런 일
⑥ 三十食 : 三十은 '서른'이니 '선(未熟)'의 뜻. 설익은 밥

작품 34 › 유배지에서 아내의 죽음을 슬퍼하며(配所輓妻喪)

聊將月老訴冥府(요장월로소명부)	월하노인을 통하여 저승에 하소연해
來世夫妻易地爲(내세부처역지위)	내세에는 내가 아내 되고 그대가 남편 되어,
我死君生千里外(아사군생천리외)	나는 죽고 그대는 천 리 밖에 살아서,
使君知有此心悲(사군지유차심비)	그대에게 이 슬픔 알게 했으면.

핵심정리

▷ **작자** 추사 김정희(金正喜)
▷ **갈래** 한시, 정형시, 칠언절구
▷ **성격** 애상적, 비탄적, 독백적, 역설적
▷ **주제** 아내와 사별한 처절한 슬픔
▷ **특징** ① 부부의 처지를 바꾸겠다는 참신한 발상과 가정을 통해 정서를 드러냄
　　　② 구체적 수치를 제시하여 화자와 대상의 심리적 거리감을 드러냄
　　　③ 다음 생은 자신이 아내보다 먼저 죽어 아내가 슬퍼하기를 바라는데, 이것은 아내의 죽음으로 인한 화자의 슬픔과 고통이 극심함을 강조하려는 역설적 표현임.
▷ **구성** ① 1-2행 : 월하노인을 통해 내세에 남편과 아내의 처지가 바뀌기를 소망함
　　　② 3-4행 : 사별로 인한 자신의 슬픔을 아내가 알아주기를 바람

기	호소의 대상	시간적 거리
승	호소한 내용	(금생 ↔ 내세)
전	호소의 실현 가정	공간적 거리
결	호소한 이유	(여기 ↔ 천리 밖)

이해와 감상

| 감상 |

　이 시는 추사 김정희가 제주도에 유배가 있을 때, 그의 아내가 세상을 떠났다는 부고를 들은 후, 그녀를 애도하여 지은 노래이다. 이 작품에서 월하노인은 부부의 인연을 맺어준다는 신선으로 화자는 월하노인에게 하소연하여 다음 생에 자신은 부인으로 부인은 자신으로 바꿔 태어나 지금 자신이 겪은 애통함을 아내도 알게 하고 싶다고 역설적 표현으로 드러내었다. 이를 통해 유배지에서 겪은 상처의 슬픔과 아내에 대한 간절한 사랑을 극대화하였다.
　시에서 죽은 아내를 생각하며 슬퍼하는 내용의 작품들을 도망시(悼亡詩)라 하는데, 이 작품은 작가가 제주도에서 유배 생활을 할 때 아내의 부고(訃告)를 듣고 아내의 죽음을 애도하며 지은 것으로 대표적인 도망시 중의 하나이다. 이 작품에서는 현재의 삶에서 벗어난 내세에서 부부의 지위를 바꾸어 태어나서 화자 자신의 애통함이 얼마나 지극한 것인가를 죽은 아내가 알게 해 주고 싶다는 발상이 나타나는데, 이를 통해 화자의 처절한 슬픔을 느낄 수 있다.

중등 국어 임용
시험 대비

최병해 전공국어
고전시가

초판 1쇄 발행 2023년 04월 14일

편저 최병해
발행인 공태현 **발행처** (주)법률저널
등록일자 2008년 9월 26일 **등록번호** 제15-605호
주소 151-862 서울 관악구 복은4길 50 (서림동 120-32)
대표전화 02)874-1144 **팩스** 02)876-4312
홈페이지 www.lec.co.kr
ISBN 978-89-6336-789-7
정가 49,000원